DIREITO CIVIL

DIREITO DAS SUCESSÕES

6

O GEN | Grupo Editorial Nacional – maior plataforma editorial brasileira no segmento científico, técnico e profissional – publica conteúdos nas áreas de concursos, ciências jurídicas, humanas, exatas, da saúde e sociais aplicadas, além de prover serviços direcionados à educação continuada.

As editoras que integram o GEN, das mais respeitadas no mercado editorial, construíram catálogos inigualáveis, com obras decisivas para a formação acadêmica e o aperfeiçoamento de várias gerações de profissionais e estudantes, tendo se tornado sinônimo de qualidade e seriedade.

A missão do GEN e dos núcleos de conteúdo que o compõem é prover a melhor informação científica e distribuí-la de maneira flexível e conveniente, a preços justos, gerando benefícios e servindo a autores, docentes, livreiros, funcionários, colaboradores e acionistas.

Nosso comportamento ético incondicional e nossa responsabilidade social e ambiental são reforçados pela natureza educacional de nossa atividade e dão sustentabilidade ao crescimento contínuo e à rentabilidade do grupo.

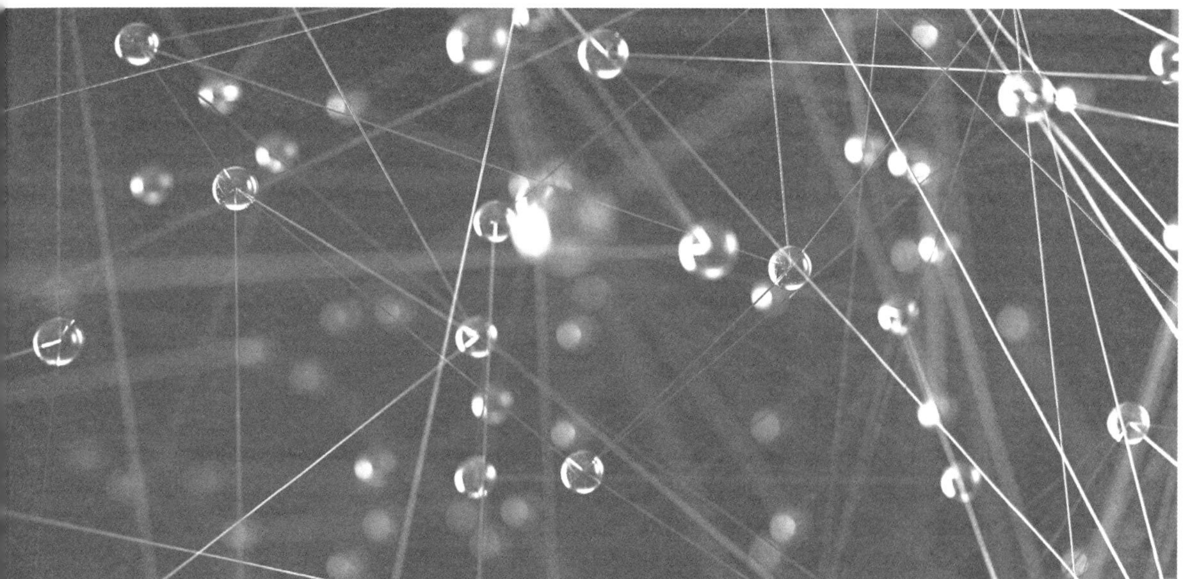

FLÁVIO **TARTUCE**

DIREITO CIVIL

DIREITO DAS SUCESSÕES

revista,
atualizada e
ampliada

■ Fechamento desta edição: *31.12.2024*

■ **Atendimento ao cliente: (11) 5080-0751 | faleconosco@grupogen.com.br**

Editora Forense Ltda.
Uma editora integrante do GEN | Grupo Editorial Nacional
Travessa do Ouvidor, 11 – Térreo e 6º andar
Rio de Janeiro – RJ – 20040-040
www.grupogen.com.br

■ Capa: Fabricio Vale

CIP-BRASIL. CATALOGAÇÃO NA PUBLICAÇÃO
SINDICATO NACIONAL DOS EDITORES DE LIVROS, RJ

T198d
18. ed.

Tartuce, Flávio, 1976-
Direito civil : direito das sucessões / Flávio Tartuce. - 18. ed., rev., atual. e ampliada - Rio de Janeiro : Forense, 2025.
608 p. ; 24 cm. (Direito civil ; 6)

Inclui bibliografia
ISBN 978-85-3099-631-4

1. Direito de família - Brasil. 2. Herança e sucessão - Brasil. I. Título. II. Série.

24-95589 CDU: 347.65(81)

Gabriela Faray Ferreira Lopes - Bibliotecária - CRB-7/6643

Aos saudosos civilistas do século XX, entre eles, Orlando Gomes, Caio Mário da Silva Pereira, Silvio Rodrigues, Washington de Barros Monteiro e Rubens Limongi França.
Por terem deixado importante legado para a nova geração.

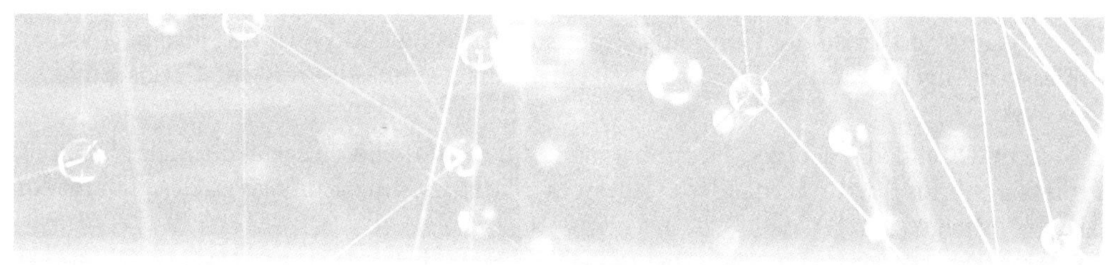

NOTA DO AUTOR À 18.ª EDIÇÃO

As edições 2025 desta minha coleção de Direito Civil, com mais de duas décadas, chegam ao meio editorial brasileiro totalmente atualizadas com o Projeto de Reforma do Código Civil, tendo sido muito intenso e desafiador o trabalho de atualização neste último ano.

Em 24 de agosto de 2023, o Presidente do Senado Federal, Rodrigo Pacheco, nomeou e formou uma Comissão de Juristas para empreender os trabalhos de reforma e de atualização do Código Civil de 2002. Como se sabe, o projeto que gerou a atual codificação privada é da década de 1970, estando desatualizada em vários aspectos, sobretudo em questões relativas ao Direito de Empresa, ao Direito de Família, ao Direito das Sucessões e diante das novas tecnologias.

Voltou-se a afirmar, com muita força, que o atual Código Civil "já nasceu velho". Trata-se de um texto com mais de cinquenta anos de elaboração e que, por óbvio, encontra-se muito desatualizado, como se pode perceber da leitura desta coleção.

A Comissão de Juristas teve a Presidência do Ministro Luis Felipe Salomão e a Vice-Presidência do Ministro Marco Aurélio Bellizze, ambos do Superior Tribunal de Justiça. Tive a honra de atuar como Relator-Geral da Comissão, ao lado da Professora Rosa Maria Andrade Nery.

O prazo para o desenvolvimento dos trabalhos foi de cento e oitenta dias, com a possibilidade de eventual prorrogação. De todo modo, os trabalhos da Comissão de Juristas foram entregues no prazo, cumprindo-se a sua missão institucional, e com a entrega formal ao Congresso Nacional em 17 de abril de 2024.

Foram formados nove grupos de trabalho, de acordo com os livros respectivos do Código Civil e também com a necessidade de inclusão de um capítulo específico sobre o *Direito Civil Digital*, o que nos foi pedido no âmbito do Congresso Nacional.

As composições das Subcomissões, com os respectivos sub-relatores, foram as seguintes, conjugando Ministros, Desembargadores, Juízes, Advogados, Professores e os principais doutrinadores do Direito Privado Brasileiro.

Na Parte Geral, Professor Rodrigo Mudrovitsch (relator), Ministro João Otávio de Noronha, Professora Estela Aranha e Juiz Rogério Marrone de Castro Sampaio.

Em Direito das Obrigações, Professor José Fernando Simão (relator) e Professor Edvaldo Brito.

Em Responsabilidade Civil, Professor Nelson Rosenvald (relator), Ministra Maria Isabel Gallotti e Juíza Patrícia Carrijo.

Quanto ao Direito dos Contratos, Professor Carlos Eduardo Elias de Oliveira (relator), Professora Angélica Carlini, Professora Claudia Lima Marques e Professor Carlos Eduardo Pianovski.

Em Direito das Coisas, Desembargador Marco Aurélio Bezerra de Melo (relator), Professor Carlos Vieira Fernandes, Professora Maria Cristina Santiago e Desembargador Marcelo Milagres.

Em Direito de Família, Juiz Pablo Stolze Gagliano (relator), Ministro Marco Buzzi, Desembargadora Maria Berenice Dias e Professor Rolf Madaleno.

No Direito das Sucessões, Professor Mário Luiz Delgado (relator), Ministro Cesar Asfor Rocha, Professora Giselda Maria Fernandes Novaes Hironaka e Professor Gustavo Tepedino.

Para o novo livro especial do *Direito Civil Digital*, Professora Laura Porto (relatora), Professor Dierle Nunes e Professor Ricardo Campos.

Por fim, para o Direito de Empresa, Professora Paula Andrea Forgioni (relatora), Professor Marcus Vinicius Furtado Coêlho, Professor Flavio Galdino, Desembargador Moacyr Lobato e Juiz Daniel Carnio.

Também foram nomeados como membros consultores da Comissão de Juristas os Professores de Direito Ana Cláudia Scalquette, Layla Abdo Ribeiro de Andrada e Maurício Bunazar, a Defensora Pública Fernanda Fernandes da Silva Rodrigues, o Professor de Língua Portuguesa Jorge Miguel e o Juiz Federal e também Professor Vicente de Paula Ataide Jr., especialista na causa animal.

No ano de 2023, foram realizadas três audiências públicas, em São Paulo (OABSP, em 23 de outubro), Porto Alegre (Tribunal de Justiça do Rio Grande do Sul, em 20 de novembro) e Salvador (Tribunal de Justiça da Bahia, em 7 de dezembro). Além da exposição de especialistas e debates ocorridos nesses eventos, muitos outros seminários jurídicos foram realizados em reuniões de cada Subcomissão.

Foram também abertos canais para envio de sugestões pelo Senado Federal e oficiados mais de quatrocentos institutos e instituições jurídicas. Mais de duzentos deles mandaram propostas para a Comissão de Juristas, em um sistema democrático de participação não visto em processos anteriores, de elaboração e alteração da Lei Geral Privada Brasileira, inclusive com ampla participação feminina.

Após um intenso trabalho no âmbito de cada grupo temático, em dezembro de 2023 foram consolidados os textos dos dispositivos sugeridos, enviados para revisão dos Relatores-Gerais.

Em 2024, foi realizada mais uma audiência pública, em Brasília, com a presença do Ministro da Suprema Corte Argentina Ricardo Lorenzetti e da Professora Aída Kemelmajer. Na oportunidade, os juristas argentinos compartilharam conosco um pouco da sua experiência com a elaboração do Novo Código Civil daquele País, de 2014.

Ocorreram, sucessivamente, os debates entre todos os membros da Comissão de Juristas, a elaboração de "emendas de consenso", a votação dos textos, em abril de 2024, e a sua elaboração final, com a posterior entrega.

Nesse momento, nos dias iniciais de abril de 2024, tivemos o *ponto alto* das nossas discussões, estando os vídeos desses encontros disponíveis para acesso nos canais do Senado Federal, com muito conteúdo técnico, cultura jurídica e interessantes embates.

Sendo assim, apresentado o Anteprojeto, a partir da edição de 2025 desta coleção de Direito Civil, trago para estudo as normas projetadas, com comentários pontuais e exposição dos debates que travamos, sendo imperiosa, sem dúvida, uma reforma e uma atualização do Código Civil de 2002 diante dos novos desafios contemporâneos e por tudo o que está exposto neste livro. Esperamos, assim, que o Projeto seja debatido no Parlamento Brasileiro ano que vem, e aprovado logo a seguir.

Como o leitor poderá perceber desta obra, é evidente a afirmação de não se tratar de uma projeção de um "Novo Código Civil", mas apenas de uma ampla reforma, com atualizações fundamentais e necessárias, para que o Direito Civil Brasileiro esteja pronto para enfrentar os desafios do século XXI.

Na grande maioria das vezes, como ficará evidente pelos estudos destes livros da coleção, as propostas apenas confirmam o entendimento majoritário da doutrina e da jurisprudência brasileiras.

Foram mantidos a organização, a estrutura e os princípios da atual Lei Geral Privada, assim como dispositivos fundamentais, que não sofreram qualquer alteração. Em muitos deles, houve apenas a correção do texto – como naqueles relativos ao Direito de Família, em que se incluiu o convivente ao lado do cônjuge –, e a atualização diante de leis recentes, de decisões dos Tribunais Superiores e dos enunciados aprovados nas *Jornadas de Direito Civil*; além da retomada do Código Civil como *protagonista legislativo* em matéria do Direito Privado, o que foi esvaziado nos últimos anos.

Muitos dos temas e institutos tratados há tempos nesta coleção possivelmente serão incorporados pela Reforma, havendo consenso quanto a vários deles. Por certo que essa deve ser a tônica do debate e do estudo do Direito Privado Brasileiro nos próximos anos, até a aprovação do Projeto.

Compreender as proposições representa entender também o sistema vigente, em uma metodologia muito útil para os estudantes e para os profissionais do Direito.

Além de um amplo estudo do texto da Reforma do Código Civil, com análise detalhada e até mesmo crítica em alguns aspectos, procurei, como sempre, atualizar os meus livros com as leis recentes que surgiram no último ano, com destaque para a Lei 14.905/2024 – que trata dos juros e da correção monetária –, com as principais decisões da jurisprudência nacional e novas reflexões doutrinárias.

Espero, assim, que os meus livros continuem o seu papel de efetivação do Direito Civil, como foram nos últimos vinte e um anos.

Como tenho afirmado sempre, se a minha história como jurista se confunde com a própria História do Código Civil de 2002, o mesmo deve ocorrer com as transformações que virão, pela minha participação neste grupo de Reforma e Atualização da codificação privada, que marcou a minha vida para sempre.

Bons estudos a todos, uma excelente leitura e que os livros mudem a vida de vocês, como mudaram a minha.

São Paulo, dezembro de 2024.

O autor.

PREFÁCIO

Ah, se eu tivesse arte e engenho para escrever o que vai no meu espírito, no meu coração, e registrar tudo o que eu gostaria de dizer para enaltecer este autor e sua obra...

Este livro não é uma renovação de lições ditas e repetidas, mas um grande trabalho. O eminente Flávio Tartuce, há pouco tempo, uma das luminosas esperanças entre os novos juristas de nosso País e, atualmente, uma realidade reconhecida nos meios científicos do Brasil, com pena de mestre consagrado, aborda o Direito das Sucessões, matéria sempre referta de dúvidas e controvérsias. O autor, do começo ao fim da exposição, foi extremamente feliz, comprovando seu amplo conhecimento, descortino, experiência e preocupação didática. Tanto os profissionais já calejados como os estudantes, que começam a trajetória por estes maravilhosos caminhos do Direito, terão imenso proveito e muito prazer com a companhia deste trabalho.

A leitura do livro é um encontro com as aulas do autor, orador primoroso, um professor, no mais alto e nobre sentido da expressão. Suas conferências são aguardadas e escutadas com atenção, respeito e deleite. O público fica prazerosamente preso, emocionado. Mágico da palavra, nosso mestre arrebata plateias, é um encantador de auditórios. Uma vez, sugeri seu nome para dar palestra em Santarém, cidade histórica do Pará. Flávio se deslocou de São Paulo, pela manhã, chegou ao local no finalzinho da tarde. Deu uma aula magnífica. Em seguida, sem poder aceitar os convites para jantar, dirigiu-se ao aeroporto e pegou um avião de volta, pois tinha outro compromisso agendado. Nem pôde ver a praia de Alter do Chão, uma das mais belas do mundo, nem apreciar o glorioso encontro das águas do Tapajós e do Amazonas, que ocorre bem em frente à cidade. Contudo, sua passagem foi marcante e inesquecível. Nas poucas horas em que lá esteve, como os antigos generais romanos, conquistou os santarenos pela inteligência, pela simpatia, pelo saber.

Este livro apresenta a mesma estrutura e divisão das edições anteriores. São quatro capítulos, em que as ideias são expostas com simplicidade e sapiência. Menciona-se e analisa-se doutrina e jurisprudência, de ontem e de hoje. Utiliza-se, praticamente, todos os autores clássicos e contemporâneos. Os enunciados aprovados nas *Jornadas de Direito Civil* são devidamente indicados e comentados. Não falta nada.

Enfrentam-se aqui os temas polêmicos, que não são poucos nem pequenos, como a sucessão do filho socioafetivo e o testamento vital. Dá-se abalizado parecer sobre a sucessão dos cônjuges e dos companheiros, a respeito da simplificação das formas testamentárias, e da invalidade e da ineficácia dos testamentos.

Sou admirador e amigo do jovem autor, não obstante as gerações que nos separam – ou que, de certo modo, nos unem. Temos mantido muito contato, permanentes debates e troca de ideias. Dividimos vários painéis em congressos e seminários por todo o País. Ele é integrante do Instituto Brasileiro de Direito de Família – IBDFAM, e ambos fazemos parte da Comissão de Direito das Sucessões, que nosso querido Instituto acaba de criar.

Na carta que enviou, pedindo-me que escrevesse este prefácio, afirmou que fazia questão que dissesse que ele me considera seu "padrinho jurídico", expressão que já usou algumas vezes a meu respeito. Emocionado, cumpro o que solicitou e garanto que seu pedido é um gesto de carinho, que comprova sua generosidade, nobreza, apreço. E "o apreço não tem preço", diz a canção. Um dos patrimônios morais de minha vida é a boa amizade e a estima que me ligam ao autor e à sua família. Aliás, quantos dias, quantas noites, quantas horas Flávio teve de privar sua mulher e seus filhos de sua companhia para que ele se dedicasse, com a abnegação que lhe é peculiar, à leitura, à meditação, à solidão dos gabinetes, pensando, pesquisando, escrevendo?

Advertido de que os prefácios têm de ser singelos e breves, sintetizo minha impressão sobre o livro numa frase: ele se insere entre os melhores, mais bem redigidos sobre o tema na literatura jurídica nacional, antiga e moderna. Nossa doutrina sai engrandecida com este *Direito das Sucessões* de Flávio Tartuce, um escritor que tem horror à ligeireza, à leviandade, que foge da literatura rés do chão e cujos olhos enxergam longe, miram o horizonte, por cima do cume das montanhas.

O leitor observará, imediatamente, que este livro foi planejado e escrito por alguém que é não apenas estudioso, mas culto. O homem culto é bem mais do que o homem erudito, porque este limita-se a resumir e justapor conhecimentos, enquanto o homem culto os unifica e anima com um sopro de espiritualidade e de entusiasmo, como diz o saudoso jusfilósofo Miguel Reale, mestre de todos nós. Tartuce tem uma visão global do fenômeno jurídico. Não se pode dissertar a respeito de sucessão *mortis causa* sem conhecer outros ramos do Direito Civil, advertindo o egrégio Carlos Maximiliano que o Direito das Sucessões é o coroamento necessário do Direito das Coisas, em conexão íntima com o de Família.

Quem ler este prefácio e, em seguida, o próprio livro vai achar que fui muito comedido e deveria ter falado mais – e melhor – a respeito deste trabalho primoroso, que o mundo do Direito, com certeza, receberá com enorme acolhimento. Ainda bem que me contive e consegui reprimir as expansões, pois não devia mesmo estender-me, até para não privá-los do raro prazer de iniciar, logo, a leitura desta obra.

Belém, fevereiro de 2014.

Zeno Veloso (*in memoriam*)

Professor de Direito Civil e Constitucional.
Doutor *Honoris Causa* pela Universidade da Amazônia.
Notório Saber reconhecido pela Universidade Federal do Pará.
Membro da Academia Brasileira de Letras. Tabelião.

SUMÁRIO

1

DIREITO DAS SUCESSÕES. CONCEITOS FUNDAMENTAIS E REGRAS GERAIS

1.1 INTRODUÇÃO. O DIREITO DAS SUCESSÕES E SEUS FUNDAMENTOS. A FUNÇÃO SOCIAL DAS HERANÇAS

O livro referente ao Direito das Sucessões é o último do Código Civil de 2002, assim como acontecia com a codificação privada brasileira de 1916 e ocorre com o vigente Código Civil português e o BGB Alemão (*Erbrecht*). E não poderia ser diferente, pois a morte deve *fechar* qualquer norma geral que se diga valorizadora da vida privada da pessoa humana.

Genericamente, ou em sentido amplo, a palavra sucessão significa *transmissão,* o que pode decorrer de ato *inter vivos* ou *mortis causa.* Como pontua Pinto Ferreira, "a palavra sucessão não é específica do direito hereditário ou do direito das heranças. O direito hereditário não a usa com exclusividade. Realmente, a sucessão tanto opera entre pessoas vivas como também por causa da morte. Quando a sucessão opera entre pessoas vivas chama-se *inter vivos*, que será sempre a título singular, como ocorre na cessão de crédito e na transferência de bens. No direito hereditário, a sucessão opera *causa mortis*, assim diferentemente. A sucessão *causa mortis* é um *vir* em seguida no espaço e no tempo" (*Tratado*..., 1990, p. 8).

Nesse contexto categórico, o termo *sucessões*, para os fins deste livro, deve ser lido apenas para incorporar a sucessão *mortis causa*, ou seja, que decorre da morte, do falecimento, do fim da pessoa natural. A sucessão por ato *inter vivos*, que pode estar presente em várias situações, está tratada em outros Volumes da presente coleção, caso do Volume 2 – dedicado à teoria geral das obrigações e em que se estudam a cessão de crédito, a cessão de débito e a cessão de contrato –, e do Volume 3 – que versa sobre os contratos, com a abordagem da cessão da posição contratual na locação e no mandato, entre outros.

Dentro da ideia de transmissão hereditária é que surge o conceito de Direito das Sucessões. Como bem define Carlos Maximiliano, "Direito das Sucessões, em *sentido objetivo*, é o conjunto de normas reguladoras da transmissão dos bens e obrigações de um indivíduo em consequência de sua morte. No *sentido subjetivo*, mais propriamente se diria – direito de suceder, isto é, de receber o acervo hereditário de um defunto" (*Direito*..., 1952, v. 1, p. 21).

Ressalte-se que esse duplo sentido é seguido por respeitados juristas, caso de Orlando Gomes, denotando muito bem o ramo do Direito Privado que ora se investiga (*Sucessões*, 2001, p. 5). Ainda entre os clássicos, Clóvis Beviláqua utiliza ainda a expressão *direito hereditário*, ao definir que "direito hereditário ou das sucessões é o complexo dos princípios, segundo os quais se realizada a transmissão do patrimônio de alguém, que deixa de existir" (*Direito*..., 1983, p. 14).

Entre os contemporâneos, Maria Helena Diniz conceitua o Direito das Sucessões como "o conjunto de normas que disciplinam a transferência do patrimônio de alguém, depois de sua morte, ao herdeiro, em virtude da lei ou de testamento (CC, art. 1.786). Consiste, portanto, no complexo de disposições jurídicas que regem a transmissão de bens ou valores e dívidas do falecido, ou seja, a transmissão do ativo e do passivo do *de cujus* ao herdeiro" (*Curso*..., 2013, v. 6, p. 17). De acordo com Francisco Cahali, o Direito das Sucessões, como ramo do Direito Civil, "trata exclusivamente da sucessão decorrente do falecimento da pessoa. Emprega-se o vocábulo *sucessão* em sentido estrito, para identificar a transmissão do patrimônio apenas em razão da morte, como fato natural, de seu titular, tornando-se, o sucessor, sujeito de todas as relações jurídicas que àquele pertenciam. Também chamada de direito hereditário, apresenta-se como o conjunto de regras e complexo de princípios jurídicos pertencentes à passagem da titularidade do patrimônio de alguém que deixa de existir aos seus sucessores" (CAHALI, Francisco José; HIRONAKA, Giselda Maria Fernandes Novaes. *Direito*..., 2012, p. 22).

Para Luiz Paulo Vieira de Carvalho, "o Direito das Sucessões é o ramo do Direito Civil, obviamente permeado por valores e princípios constitucionais, que tem por objetivo primordial estudar e regulamentar a destinação do patrimônio da pessoa física ou natural em decorrência de sua morte, momento em que se indaga qual o patrimônio transferível e quem serão as pessoas que o recolherão". Para esse doutrinador, o Direito das Sucessões seria uma disciplina do Direito Civil Constitucional, pelo necessário diálogo com os princípios e normas constitucionais (CARVALHO, Luiz Paulo Vieira de. *Direito*..., 2014, p. 18 e 20). Por fim, entre os atuais *sucessionistas brasileiros*, Paulo Lôbo leciona que o Direito das Sucessões "é o ramo do direito civil que disciplina a transmissão dos bens, valores, direitos e dívidas deixados pela pessoa física aos seus sucessores, quando falece, além dos efeitos de suas disposições de última vontade" (LÔBO, Paulo. *Direito*..., 2013, p. 15).

Em suma, a partir das categorizações expostas, de antes e de hoje, defino o Direito das Sucessões como o ramo do Direito Civil que tem como conteúdo as transmissões de direitos e deveres de uma pessoa a outra, diante do falecimento da primeira, seja por disposição de última vontade, seja por determinação da lei, que acaba por presumir a vontade do falecido. Serve como inspiração, para essa conceituação, a concepção legal que está no art. 2.024.º do Código Civil português, segundo o qual "diz-se sucessão o chamamento de uma ou mais pessoas à titularidade das relações jurídicas patrimoniais de uma pessoa falecida e a consequente devolução dos bens que a esta pertenciam".

Deve ficar claro que, como sujeitos, o Direito das Sucessões envolve basicamente duas figuras. Inicialmente, há o *falecido*, que pode ser tido como o principal personagem da transmissão de bens *mortis causa*. Para tal figura também são utilizados os termos *morto*, *autor da herança* e *de cujus (de quem)*, que simplifica a expressão *aquele de quem a herança se trata*. Como outra parte, há o herdeiro ou sucessor, que recebe a transmissão dos bens pelo falecimento do primeiro.

Partindo para a *razão de ser* dos institutos sucessórios, como leciona José de Oliveira Ascensão, um dos fundamentos da sucessão *mortis causa* é a *exigência da continuidade da pessoa humana*, sendo pertinente transcrever suas lições:

> "O Direito das Sucessões realiza a finalidade institucional de dar a continuidade possível ao descontínuo causado pela morte.
>
> A continuidade a que tende o Direito das Sucessões manifesta-se por uma pluralidade de pontos de vista.
>
> No plano individual, ele procura assegurar finalidades próprias do autor da sucessão, mesmo para além do desaparecimento deste. Basta pensar na relevância do testamento.
>
> A continuidade deixa marca forte na figura do herdeiro. Veremos que este é concebido ainda hoje como um continuador pessoal do autor da herança, ou *de cujus*. Este aspecto tem a sua manifestação mais alta na figura do herdeiro legitimário.
>
> Mas tão importante como estas é a continuidade na vida social. O falecido participou desta, fez contratos, contraiu dívidas... Não seria razoável que tudo se quebrasse com a morte, frustrando os contraentes. É necessário, para evitar sobressaltos na vida social, assegurar que os centros de interesses criados à volta do autor da sucessão prossigam quanto possível sem fracturas para além da morte deste" (ASCENSÃO, José de Oliveira. *Direito*..., 2000, p. 13).

Giselda Maria Fernandes Novaes Hironaka apresenta, como fundamento pertinente para o Direito das Sucessões, a sempre citada necessidade de alinhar o Direito de Família ao direito de propriedade, eis que "o fundamento da transmissão *causa mortis* estaria não apenas na continuidade patrimonial, ou seja, na manutenção pura e simples dos bens na família como forma de acumulação de capital que estimularia a poupança, o trabalho e a economia, mais ainda e principalmente no 'fator de proteção, coesão e de perpetuidade da família'" (*Direito*..., In: HIRONAKA, Giselda Maria Fernandes Novaes; PEREIRA, Rodrigo da Cunha (Coord.). *Direito*..., 2007, p. 5).

A partir das lições dos Mestres, conclui-se que o Direito Sucessório está baseado no direito de propriedade e na sua função social (art. 5.º, incs. XXII e XXIII, da CF/1988). No entanto, mais do que isso, a sucessão *mortis causa* tem esteio na valorização constante da dignidade humana, seja do ponto de vista individual ou coletivo, conforme os arts. 1.º, inciso III, e 3.º, inciso I, da Constituição Federal de 1988, tratando o último preceito da solidariedade social, com marcante incidência nas relações privadas.

Nesse contexto de fundamentação, deve-se atentar ao fato de ser, o direito à herança, garantido como um direito fundamental pelo art. 5.º, inc. XXX, da Constituição da República brasileira. Vários são os exemplos práticos de concreção da norma superior, em um sadio *diálogo* entre o Direito das Sucessões e o Direito Constitucional, na linha do que propõe a *Escola do Direito Civil Constitucional,* capitaneada por Gustavo Tepedino, Luiz Edson Fachin, Paulo Lôbo e Giselda Hironaka, entre outros.

De início, em julgado do ano de 2013, entendeu o Superior Tribunal de Justiça que "há considerar, ainda, que o próprio herdeiro pode requerer pessoalmente ao juízo, durante o processamento do inventário, a antecipação de recursos para a sua subsistência, podendo o magistrado conferir eventual adiantamento de quinhão necessário à sua mantença, dando assim efetividade ao direito material da parte pelos meios processuais cabíveis, sem que se ofenda, para tanto, um dos direitos fundamentais do ser humano, a sua liberdade; ademais, caso necessário, pode o juízo destituir o inventariante pelo descumprimento de seu *munus*" (STJ, *HC* 256.793/RN, 4.ª Turma, Rel. Min. Luis Felipe Salomão, j. 1.º.10.2013, *DJe* 15.10.2013).

O aresto ainda afasta a possibilidade de se pleitear a prisão civil do inventariante pelo inadimplemento de obrigação alimentar. Todavia, reconhece o direito de o herdeiro requerer a antecipação de valores visando à manutenção de sua vida digna, o que está alinhado à ideia de tutela do *patrimônio mínimo* ou *mínimo existencial* da pessoa humana (sobre o tema, por todos: FACHIN, Luiz Edson. *Estatuto*..., 2001).

Como segunda ilustração, cite-se julgamento do Tribunal de Justiça do Rio Grande do Sul, a merecer elogios, no sentido de que não há necessidade de os herdeiros terem que se desfazer de bens para conseguirem o acesso à Justiça em processo de inventário. De acordo com a ementa do acórdão, "informação de que espólio apresenta somente um bem imóvel para divisão entre nove herdeiros não permite concluir que estamos tratando de um inventário vultoso onde se possa ter segurança de que as custas do processo serão pagas sem agressão ao direito fundamental de herança dos herdeiros. E é cediço o entendimento da corte que a parte não precisa se desfazer de bens para ter acesso à justiça. Agravo provido. Em monocrática" (TJRS, Agravo de Instrumento 409202-72.2013.8.21.7000, 8.ª Câmara Cível, São Leopoldo, Rel. Des. Rui Portanova, j. 11.10.2013, *DJERS* 17.10.2013).

Da mesma Corte Estadual e relator, cite-se o comum entendimento que faz valer a norma constitucional para a interpretação da Lei 6.858/1980, que prescreve que os valores devidos pelos empregadores aos empregados e os montantes das contas individuais do

Fundo de Garantia do Tempo de Serviço e do Fundo de Participação PIS-PASEP serão pagos, em quotas iguais, aos dependentes habilitados. Vejamos uma das ementas, que deduz pela prevalência da ordem de sucessão hereditária, para tais fins:

> "Apelação cível. Inventário. Levantamento de valores do FGTS, PIS/PASEP e verbas rescisórias. Filhos. Dependentes habilitados perante a previdência social. Os valores depositados em nome da *de cujus* junto a instituições bancárias, relativos ao FGTS, ao PIS/PASEP e verbas rescisórias, devem ser levantados igualmente por todos os filhos dela. Atenção ao princípio constitucional da isonomia. A Lei 6.858/1980 não pode afastar direito fundamental constitucionalmente assegurado à herança (CR, art. 5.º, XXX). A referida Lei não alterou a ordem de vocação hereditária. Ao contrário, tem cunho mais processual do que material. Deram provimento" (TJRS, Acórdão Cível 70035087394, 8.ª Câmara Cível, Porto Alegre, Rel. Des. Rui Portanova, j. 10.06.2010, *DJERS* 18.06.2010).

Do mesmo modo, para ilustrar, subsumindo o art. 5.º, inc. XXX, da CF/1988, adianta-se que alguns julgados estaduais vinham reconhecendo a inconstitucionalidade do art. 1.790 do Código Civil de 2002, que tratava da sucessão do companheiro, por estar distante da regulamentação da sucessão do cônjuge. Nessa linha, cabe colacionar:

> "Incompatibilidade do artigo 1.790 do Código Civil com o sistema jurídico de proteção constitucional às entidades familiares e o direito fundamental à herança. Impossibilidade da legislação infraconstitucional alijar direitos fundamentais anteriormente assegurados a partícipes de entidades familiares constitucionalmente reconhecidas, em especial o direito à herança. Posição jurisprudencial que se inclina no sentido da inaplicabilidade do ilógico art. 1.790 do Código Civil. Incidência da Súmula Vinculante 10 do STF, que veda reconhecimento implícito de inconstitucionalidade de Lei ou ato normativo. Acolhimento da arguição de inconstitucionalidade, com remessa dos autos ao Órgão Especial do Tribunal de Justiça, para apreciação da matéria, em atenção à cláusula de reserva de plenário" (TJSP, Agravo de Instrumento 0191687-23.2010.8.26.0000, Acórdão 6411945, 4.ª Câmara de Direito Privado, Barretos, Rel. Des. Francisco Loureiro, j. 23.09.2010, *DJESP* 05.03.2013).

Existiam outras muitas ementas de mesmo relator no Tribunal Bandeirante, com iguais fundamentos e deduções jurídicas.

Em maio de 2017, o Supremo Tribunal Federal decidiu, por maioria, que deve haver uma equiparação sucessória entre o casamento e a união estável, reconhecendo a inconstitucionalidade do art. 1.790 do Código Civil (STF, Recurso Extraordinário 878.694/MG, Rel. Min. Luís Roberto Barroso, j. 10.05.2017). Nos termos do voto do relator, "não é legítimo desequiparar, para fins sucessórios, os cônjuges e os companheiros, isto é, a família formada pelo casamento e a formada por união estável. Tal hierarquização entre entidades familiares é incompatível com a Constituição" (julgamento com repercussão geral). A tese fixada, nesse histórico julgamento, foi a seguinte: "no sistema constitucional vigente, é inconstitucional a distinção de regimes sucessórios entre cônjuges e companheiros, devendo ser aplicado, em ambos os casos, o regime estabelecido no art. 1.829 do CC/2002" (publicado no *Informativo* n. *864* da Corte).

O tema será aprofundado em momento oportuno, no próximo capítulo deste livro, sendo um dos grandes desafios recentes do Direito Sucessório no Brasil interpretar a amplitude do *decisum*, que deixou muitos pontos em aberto, especialmente diante da rejeição dos embargos de declaração opostos pelo IBDFAM (Instituto Brasileiro de Direito de Família), em outubro de 2018.

Seguindo, tratando muito bem do direito fundamental à herança, julgou o Tribunal de Justiça de Santa Catarina, em caso de profunda divergência sucessória entre herdeiros:

> "Alegações feitas pelos herdeiros necessários em perfeita consonância com as teses jurídicas por eles defendidas. Inexistência de ofensa pessoal capaz de macular a honra ou causar dano anímico à madrasta. Questionamentos pertinentes à validade do contrato de convivência, do testamento e da venda das cotas sociais, negócios jurídicos realizados pelo sucedido pouco antes do seu passamento e após seu diagnóstico de metástase neoplásica. Defesa do direito fundamental à herança (CRFB de 1988) e da legítima (CC/2002). Garantia constitucional de acesso à justiça que não deve ser tolhida ou mesmo mitigada, notadamente quando exercida dentro dos limites da civilidade e da lealdade processual. Ausência de conduta ilícita e, por conseguinte, da perseguida obrigação ressarcitória" (TJSC, Apelação Cível 2013.050734-6, 6.ª Câmara de Direito Civil, Rio do Sul, Rel. Des. Ronei Danielli, j. 02.09.2014, *DJSC* 09.09.2014, p. 143).

Do Tribunal de Justiça do Rio de Janeiro pode ser destacado acórdão ao qual se filia plenamente, ao expressar que, pelo fato de o direito à herança ser um direito fundamental, pode o juiz reconhecer a sua proteção de ofício, independentemente de alegação da parte:

> "Direito processual civil. Embargos de declaração. Ponto omisso. Alegação de intempestividade da apelação. Rejeição. O direito à herança está previsto no artigo 5.º, XXX, da Constituição da República, no rol dos direitos fundamentais, sendo, portanto, matéria de ordem pública, cognoscível pelo magistrado de ofício, independente, até mesmo, de qualquer alegação das partes. Assim, seja como for, diante da remessa dos autos a essa instância superior, a cassação da sentença se impõe, a fim de se garantir a correta partilha dos bens a inventariar. Rejeição dos embargos" (TJRJ, Embargos de Declaração na Apelação Cível 2009.001.53173, 6.ª Câmara Cível, Rel. Des. Gilberto Rego, j. 27.01.2010, *DORJ* 12.02.2010, p. 188).

Por fim, quanto às concreções práticas do direito fundamental à herança, o Tribunal de Justiça de São Paulo julgou, com razão, que, havendo êxito em processo judicial proposto por trabalhador falecido, o valor que lhe deveria ser pago faz parte da herança, devendo ser rateada entre os seus sucessores (TJSP, Agravo de Instrumento 797.896.5/4, Acórdão 3318551, São José dos Campos, 17.ª Câmara de Direito Público, Rel. Des. Antonio José Martins Moliterno, j. 21.10.2008, *DJESP* 04.12.2008).

A encerrar o presente tópico, é preciso discorrer sobre a *função social da sucessão*, tema abordado, entre os clássicos, por Clóvis Beviláqua (*Direito...*, 1983, p. 14-15). Para defender tal finalidade, o jurista rechaça as ideias de Montesquieu e Augusto Comte, no sentido de que o direito hereditário não teria fundamento ou seria imoral, pois os filhos não deveriam esperar dos pais quaisquer bens, além do necessário, para dar início à sua carreira profissional. Afasta, também, os argumentos de Stuart Mill, "que justifica a sucessão testamentária e contratual" e "opõe-se, tenazmente, à sucessão intestada, principalmente quando esta vai beneficiar parentes colaterais" (BEVILÁQUA, Clóvis. *Direito...*, 1983, p. 14-15).

Para Beviláqua, tais visões são *perturbadas*, pois o que fundamenta a sucessão é "a continuidade da vida na humanidade, através da cadeia não interrompida das gerações, que se sucedem mediante a renovação dos elementos de que ela se compõe". E arremata: "é preciso ter a vista perturbada por algum preconceito para não reconhecer, no direito sucessório, um fator poderoso para aumento da riqueza pública: um meio de distribuí-la do modo mais apropriado à sua conservação e ao bem-estar dos indivíduos; um vínculo para a consolidação da família, se a lei lhe garante o gozo dos bens de seus membros desaparecidos na voragem da morte; e um estímulo para sentimentos altruísticos, porque traduz sempre um afeto, quer quando é a vontade que o faz mover-se, quer quando a providência parte da lei. Sendo assim, cumpre aos legisladores regularem a sucessão do modo mais consentâneo com os interesses combinados da sociedade, da família e dos indivíduos, mas nunca a eliminar por completo, como se fosse um elemento perturbador da harmonia social" (BEVILÁQUA, Clóvis. *Direito*..., 1983, p. 15-16).

Tem razão, em parte, o doutrinador, não sendo o caso de eliminar totalmente o Direito das Sucessões. Na realidade nacional, a atribuição de bens ao Estado representaria verdadeiro desastre jurídico, pois os entes públicos brasileiros não têm revelado interesse, em geral, pelos bens que recebe nos casos em que a pessoa falece sem deixar herdeiros. De qualquer maneira, alguns institutos sucessórios brasileiros merecem análise crítica.

Como últimas palavras sobre o tema, entre os contemporâneos, conforme bem ensinam Pablo Stolze Gagliano e Rodolfo Pamplona Filho, "posto em menor medida do que no exercício do direito de propriedade, também a herança possuiu uma função social, porquanto permite uma redistribuição da riqueza do *de cujus*, transmitida aos seus herdeiros. Observe-se, ademais, que certos institutos, como o direito de representação, a ser estudado posteriormente, têm um fundamento moral, respaldado no princípio da isonomia e da função social, na medida em que visam a dar um tratamento equânime a herdeiros do autor da herança, poupando-lhes da dupla tristeza da perda de seu ascendente imediatamente direto e também de benefícios potenciais que lhe seriam garantidos, se não tivesse ocorrido o falecimento daquele" (GAGLIANO, Pablo Stolze; PAMPLONA FILHO, Rodolfo. *Novo Curso*..., 2014, v. 7, p. 65).

Quando do estudo do direito de representação, no próximo capítulo desta obra, as afirmações dos doutrinadores restarão comprovadas.

1.2 DAS MODALIDADES GERAIS DE SUCESSÃO *MORTIS CAUSA* E SUAS PREMISSAS BÁSICAS

Em termos gerais, duas são as modalidades básicas de sucessão *mortis causa*, o que pode ser retirado do art. 1.786 do Código Civil de 2002, sendo primaz para a compreensão da matéria sucessória.

A primeira modalidade é a *sucessão legítima*, aquela que decorre da lei, que enuncia a ordem de vocação hereditária, presumindo a vontade do autor da herança. É também denominada sucessão *ab intestato* justamente por inexistir testamento. Como explica Inocêncio de Galvão Telles, o termo quer dizer "sucessão do *intestado*, daquele que *não testou*" (*Direito*..., 1996, p. 102).

Saliente-se que, em Roma, pelo sistema das XII Tábuas, havia plena liberdade de testar do *pater familias*. No entanto, se ele falecesse sem testamento, a sucessão seria devolvida a três classes de herdeiros: *a) sui*, que eram os filhos sob o pátrio poder, a mulher desses filhos e outros parentes sujeitos ao *de cujus*; *b) agnati*, as pessoas sob esse mesmo poder ou que se sujeitavam a ele, se o *pater familias* não estivesse morto; e *c) gentiles*, os membros da mesma *gens*. Posteriormente, o *direito justinianeu* estabeleceu que a sucessão legítima passasse a ser fundada unicamente no parentesco natural, com a seguinte ordem de vocação hereditária: *a)* descendentes; *b)* ascendentes, com irmãos bilaterais; *c)* irmãos consanguíneos ou uterinos; *d)* outros parentes colaterais (GOMES, Orlando. *Sucessões*, 2001, p. 3-4). Como se constata, a última ordem influenciou as codificações privadas, notadamente o Código Civil de 1916. Ainda sobre o sistema romano, havia superioridade do testamento em relação à sucessão *ab intestato* (CRETELLA JÚNIOR, José. *Direito...*, 1986, p. 248).

Como segunda modalidade, a *sucessão testamentária* tem origem em ato de última vontade do morto, por testamento, legado ou codicilo, mecanismos sucessórios para exercício da autonomia privada do autor da herança. Deve-se adiantar que, no Brasil, não há uma tradição testamentária, por diversos fatores que ainda serão expostos neste livro, no capítulo próprio relativo a essa forma de transmissão hereditária.

A completar tal divisão, preconiza o art. 1.788 do Código Civil Brasileiro de 2002 que, morrendo a pessoa sem deixar testamento, transmite a herança aos herdeiros legítimos. O mesmo ocorrerá quanto aos bens que não forem compreendidos no testamento. Como bem salientava o saudoso Mestre Zeno Veloso, que nos deixou no ano de 2021, no último caso a sucessão será legítima e testamentária ao mesmo tempo, sendo certo que "o nosso direito se afasta do direito romano, que não admitia a coexistência das duas espécies de sucessão – *nemo pro parte testatus et pro parte intestatus decedere potest* (ninguém pode falecer em parte com testamento e em parte intestado). Se o testador, p. ex., tivesse nomeado um herdeiro para metade de seus bens, a outra metade não iria caber aos herdeiros legítimos do testador, mas ao próprio herdeiro instituído no testamento (Inst., Liv. 2, Tít. XIV, § 5.º)" (VELOSO, Zeno. *Código...*, 2012, p. 2005).

Ainda pela dicção do art. 1.788 da codificação material vigente, vale e é eficaz a sucessão legítima se o testamento *caducar* – o que será explicado –, ou for julgado nulo, nas hipóteses de nulidade absoluta. O dispositivo é criticado por parte considerável da doutrina, de ontem e de hoje, por não fazer menção à nulidade relativa e à ruptura do testamento, ressalva que também atingia o art. 1.575 do Código Civil de 1916, seu correspondente (por todos: BEVILÁQUA, Clóvis. *Código...*, 1977, p. 746; ALVES, Jones Figueirêdo; DELGADO, Mário. *Código...*, 2005, p. 909; VELOSO, Zeno. *Código...*, 2012, p. 2005).

Para corrigir o equívoco, o antigo *Projeto de Lei Ricardo Fiuza* pretendia alterar o comando, que passaria a ter a seguinte redação: "morrendo a pessoa sem testamento, transmite a herança aos herdeiros legítimos; o mesmo ocorrerá quanto aos bens que não forem compreendidos no testamento; e subsiste a sucessão legítima se o testamento caducar, romper-se, ou for inválido". Como se nota, com a projeção passa a ser mencionado o rompimento do testamento. Ademais, o termo *inválido* está em sentido amplo, a englobar tanto a nulidade absoluta quanto a relativa, o que viria em boa hora.

No mesmo sentido é o Projeto de Reforma do Código Civil elaborado pela Comissão de Juristas nomeada no âmbito do Senado Federal, tendo sido a Subcomissão de Direito das Sucessões composta por notórios sucessionistas, os Professores Mário Luiz Delgado, Giselda Hironaka e Gustavo Tepedino, e também pelo Ministro Asfor Rocha. Nos termos da proposta que fizeram, exatamente na linha do antigo Projeto Ricardo Fiuza, o dispositivo passará a expressar o seguinte: "Art. 1.788. Morrendo a pessoa sem testamento, transmite-se a herança aos herdeiros legítimos; o mesmo ocorrerá quanto aos bens que não forem compreendidos no testamento; e subsiste a sucessão legítima se o testamento for inválido ou ineficaz". Com essas importantes melhoras técnicas, aguarda-se a sua aprovação pelo Parlamento Brasileiro.

Feitas tais considerações, em resumo quanto ao art. 1.788 do CC/2002, o que se percebe é que a ordem de raciocínio jurídico a ser seguida na sucessão é de primeiro investigar a existência de disposição de última vontade que seja válida e eficaz. Não havendo tal disposição testamentária, vige a ordem de sucessão legítima estabelecida em lei, que presume a vontade do morto.

1.3 DO MOMENTO DA ABERTURA DA SUCESSÃO. MODALIDADES DE MORTE CIVIL. O *DROIT DE SAISINE* E SUAS CONSEQUÊNCIAS

Nas duas formas da sucessão expostas no tópico anterior, o regramento fundamental consta do art. 1.784 do Código Civil, pelo qual, aberta a sucessão – o que ocorre com a morte da pessoa –, a herança transmite-se, desde logo, aos herdeiros legítimos e testamentários.

Trata-se da consagração da máxima *droit de saisine*, uma das regras fundamentais do Direito das Sucessões, tida por muitos juristas como verdadeiro *princípio jurídico sucessório*. Como anota Maria Helena Diniz, "com o óbito do hereditando, seus herdeiros recebem por efeito direto da lei (*son saisis de plein droit*), as suas obrigações, a sua propriedade de coisas móveis e imóveis e os seus direitos. Adotado está o princípio da *saisine*, o direito de saisina, ou da investidura legal na herança, que erradia efeitos jurídicos a partir do óbito do *de cujus*" (*Código*..., 2010, p. 1.264). Ou ainda, conforme ensina Zeno Veloso sobre as origens lusitanas que chegaram até nós, brasileiros, "o princípio da *saisine* foi introduzido no direito português pelo Alvará de 9 de novembro de 1754, reafirmado pelo Assento de 16 de fevereiro de 1786" (*Código*..., 2012, p. 2002). Na mesma esteira, pontuam Pablo Stolze Gagliano e Rodolfo Pamplona Filho que "o Princípio da 'Saisine', portanto à luz de todo o exposto, pode ser definido como a regra fundamental do Direito Sucessório, pelo qual a morte opera a imediata transferência da herança aos seus sucessores legítimos e testamentários" (GAGLIANO, Pablo Stolze; PAMPLONA FILHO, Rodolfo. *Novo Curso*..., 2014, v. 7, p. 59).

Antes de expor as origens da expressão, é importante abrir uma nota de comentários. A respeito do conceito de morte, é ela estudada na Parte Geral do Código Civil, quando da abordagem do fim da pessoa natural, estando tratada no Volume 1 desta coleção de Direito Civil, no seu Capítulo 3, relativo à pessoa natural. De qualquer maneira, vamos rever algumas construções fundamentais para o estudo do Direito das Sucessões.

A morte põe fim, regra geral, à personalidade, conforme consta do art. 6.º do Código Civil. Não obstante tal regra, alguns direitos do morto permanecem, diante da possibilidade de os lesados indiretos pleitearem indenização por lesão à honra ou imagem do *de cujus* (art. 12, parágrafo único; art. 20, parágrafo único, do CC/2002). Em resumo, pode-se afirmar que o morto tem *resquícios* de personalidade civil, não se aplicando o art. 6.º da codificação aos direitos da personalidade, tema igualmente aprofundado no Volume 1 desta série bibliográfica.

Pois bem, a morte civil da pessoa natural engloba três modalidades, que devem ser revistas e expostas brevemente, a saber: *a)* morte real; *b)* morte presumida sem declaração de ausência, por meio da *justificação*; e *c)* morte presumida com declaração de ausência. Nos dois últimos casos, há uma presunção relativa quanto à existência da morte. Existe também uma categoria que diz respeito à presunção do momento da morte, qual seja o instituto da *comoriência (letra d)*. Vejamos, pontualmente.

a) A morte real

A *morte real* é aquela que se dá com *corpo presente*, não havendo a necessidade de buscar socorro às presunções. A lei exige, dessa forma, a morte cerebral (morte real), ou seja, que o cérebro da pessoa pare de funcionar. Isso consta, inclusive, do art. 3.º da Lei 9.434/1997, que trata da morte para fins de remoção de órgãos para transplante. Para tanto, é necessário um laudo médico, visando à elaboração do *atestado de óbito*, a ser registrado no Cartório de Registro Civil das Pessoas Naturais, nos termos do art. 9.º, inciso I, da codificação civil. A respeito da morte cerebral, como parâmetro científico a ser utilizado para os fins sucessórios, leciona Giselda Maria Fernandes Novaes Hironaka, em sua tese de titularidade na Universidade de São Paulo:

> "Com a morte cerebral, a mente – sede do espírito humano – já se perdeu e, como se sabe, não mais se recuperará, não mais se reavivará; ao corpo, resta poder ser alimentado artificialmente enquanto se espera, por exemplo, a confirmação de que a mente se apagou, ou enquanto esse corpo é útil para a produção de outro fim, como no caso da gestante mantida 'viva' pelos aparelhos. O corpo pode estar vivo sem que a pessoa esteja viva. Significa isso que a pessoa perca a sua personalidade quando perde sua atividade cerebral, e seu corpo mantido exclusivamente por aparelhos torna-se não mais corpo dessa pessoa, mas um objeto tecnológico administrado pela técnica hospitalar. Essa é uma visão infernal, sabe-se, de um ponto de vista religioso, mas é o que ocorre de fato: temos o poder de manipular o corpo, de manter em funcionamento essa máquina humana mesmo que a pessoa já tenha morrido. A medicina só confirma, embora muitos médicos tentem argumentar de maneira dispersa, exclusivamente por conta de suas crenças religiosas ou convicções éticas" (HIRONAKA, Giselda Maria Fernandes Novaes. *Morrer...*, 2011, p. 85).

A Lei de Registros Públicos (Lei 6.015/1973 – LRP) fixa os parâmetros para a elaboração do atestado de óbito. A sua exigência está contida no art. 77 da referida norma, alterado pela Lei 13.484/2017, segundo o qual nenhum sepultamento será feito sem certidão do oficial de registro do lugar do falecimento ou do lugar de residência do *de cujus*. Nos termos da sua nova redação, essa certidão será extraída após a lavratura do assento de óbito, em vista do atestado de um médico, se houver no lugar. Não havendo médico no local, são viáveis as declarações de duas pessoas qualificadas que tiverem presenciado ou verificado a morte.

O art. 79 da mesma LRP traz as pessoas obrigadas a fazer a declaração de óbito, a saber:

- Os chefes familiares (pai e mãe), em relação aos seus filhos, hóspedes, agregados ou empregados;
- Um cônjuge em relação ao outro;
- O filho a respeito dos pais;
- O irmão a respeito dos irmãos;
- O administrador, diretor ou gerente de pessoa jurídica de Direito Público ou Privado, a respeito das pessoas que falecerem em sua sede, salvo se estiver presente no momento algum dos parentes antes indicados;
- Na falta de pessoa competente, as pessoas que tiverem assistido aos últimos momentos do falecido;
- O médico, o sacerdote ou o vizinho que tiver tido notícia do falecimento;
- A autoridade policial, a respeito das pessoas encontradas mortas.

Nos termos do art. 80 da mesma Lei 6.015/1973, o assento de óbito deverá conter: *a)* dia, mês, ano e hora (se for possível) do falecimento; *b)* lugar do falecimento, com indicação precisa; *c)* o nome completo, sexo, idade, cor, estado civil, profissão, naturalidade, domicílio e residência do morto; *d)* sendo o *de cujus* casado, o nome do cônjuge sobrevivente, mesmo estando eles separados judicialmente; se era viúvo o falecido, o nome do cônjuge premorto, devendo constar a referência quanto ao cartório do casamento nos dois casos; *e)* os nomes completos, prenomes, profissão, naturalidade e residência dos pais; *f)* se faleceu com testamento conhecido; *g)* se deixou filhos, nome e idade de cada um; *h)* se a morte foi natural ou violenta e a causa conhecida, como o nome dos atestantes; *i)* o lugar do sepultamento; *j)* se deixou bens e herdeiros menores ou interditados; *k)* se era eleitor; *l)* pelo menos uma informação quanto a documentos identificadores. A prática tem demonstrado que alguns dos dados listados são dispensáveis, como aqueles relacionados à qualificação das partes.

Além da morte real, é possível a morte presumida, em que o corpo não está presente. Vale lembrar que a presunção é uma dedução lógica feita pela lei ou pelo aplicador do Direito, que parte de algo conhecido para chegar ao desconhecido. As presunções, aqui, são legais e sempre relativas (*iuris tantum*), pois o até então suposto morto pode reaparecer vivo.

b) Morte presumida sem declaração de ausência. A justificação

Como primeira modalidade de presunção, é possível que ela se dê *sem a declaração de ausência*, em dois casos descritos no art. 7.º do Código Civil, quais sejam:

- Desaparecimento do corpo da pessoa, sendo extremamente provável a morte de quem estava em perigo de vida;
- Desaparecimento de pessoa envolvida em campanha militar ou feito prisioneiro, não sendo encontrado até dois anos após o término da guerra.

Nota-se que o art. 7.º, inciso I, do CC/2002 tem aplicação perfeita aos casos envolvendo desastres, acidentes, catástrofes naturais, sendo certo que o parágrafo único, desse dispositivo, preconiza que a declaração de morte somente será possível depois de esgotados todos os meios de buscas e averiguações do corpo da pessoa, devendo constar, da sentença, a data provável da morte da pessoa natural.

Diante dessa incidência, segue-se o posicionamento de Nelson Nery Jr. e Rosa Maria de Andrade Nery, para quem esse dispositivo (art. 7.º do CC) equivale ao art. 88 da Lei de Registros Públicos (Lei 6.015/1973), que já tratava da morte por *justificação* (*Código*..., 2005, p. 166). Para fins didáticos, é interessante transcrever o teor da regra específica da LRP, que foi encampada em parte pela codificação privada em vigor:

> "Art. 88. Poderão os juízes togados admitir justificação para o assento de óbito de pessoas desaparecidas em naufrágio, inundação, incêndio, terremoto ou qualquer outra catástrofe, quando estiver provada a sua presença no local do desastre e não for possível encontrar-se o cadáver para exame.
>
> Parágrafo único. Será também admitida a justificação no caso de desaparecimento em campanha, provados a impossibilidade de ter sido feito o registro nos termos do art. 85 e os fatos que convençam a ocorrência do óbito".

Como há certa discrepância entre o art. 7.º do CC e o art. 88 da LRP, entendo que não houve revogação tácita. Desse modo, os dois dispositivos continuam em vigor, tratando da morte por justificação, com presunção e sem ausência, em *diálogo de complementaridade*, na linha do que prega a *teoria do diálogo das fontes*. Frise-se que a presunção contida em tais dispositivos é legal e relativa, *iuris tantum*, admitindo prova em contrário, especialmente pelo retorno da pessoa viva.

Cabe também esclarecer que nos casos de justificação há uma presunção quanto à própria existência da morte, não sendo necessário o aguardo do longo prazo previsto para a ausência. Assim, expede-se imediatamente a certidão de óbito, preenchidos os seus requisitos. Como consta do parágrafo único do art. 7.º do Código Civil, "a declaração da morte presumida, nesses casos, somente poderá ser requerida depois de esgotadas as buscas e averiguações, devendo a sentença fixar a data provável do falecimento". Há, portanto, um processo judicial em que se fixa o momento da morte provável.

Trata-se de um procedimento bem mais simples do que a ausência, que ainda será aqui estudada. Em prol da simplicidade, não concordo com o teor do Enunciado n. 614, aprovado na *VIII Jornada de Direito Civil* (2018), segundo o qual "os efeitos patrimoniais da presunção de morte posterior à declaração da ausência são aplicáveis aos casos do art. 7.º, de modo que, se o presumivelmente morto reaparecer nos dez anos seguintes à abertura da sucessão, receberá igualmente os bens existentes no estado em que se acharem". A proposta doutrinária complica o que é simplificado pela lei, trazendo incerteza e instabilidade quanto ao instituto da justificação. Por isso, votamos de forma contrária ao seu teor quando daquele evento.

Ressalte-se, em complemento, que a Lei 9.140/1995 presume a morte de "pessoas que tenham participado, ou tenham sido acusadas de participação, em atividades políticas, no período de 2 de setembro de 1961 a 5 de outubro de 1988, e que, por este motivo, tenham sido detidas por agentes públicos, achando-se, deste então, desaparecidas, sem que delas haja notícias" (redação dada pela Lei 10.536/2002). O caso também é de *morte presumida sem declaração de ausência*, tratada pela legislação especial.

c) Morte presumida por ausência

Seguindo no estudo das modalidades de morte, é possível a sua presunção *com declaração de ausência*, mais um caso de presunção de falecimento em que não há o corpo presente do suposto falecido. Cabe lembrar que, na codificação de 1916, a ausência era tratada como causa de incapacidade absoluta da pessoa natural. No atual sistema da Lei Geral Privada, a ausência significa inexistência da pessoa natural por morte.

Está presente, tal figura jurídica, nas hipóteses em que a pessoa está *em local incerto e não sabido* (didaticamente, *LINS*), não havendo indícios das razões do seu desaparecimento. Não há um envolvimento do suposto falecido com qualquer fato que pudesse lhe trazer risco de morte, sendo esse o ponto crucial para diferenciar a ausência da justificação.

O Código Civil simplificou as regras quanto à ausência, caso em que igualmente há uma presunção legal relativa ou *iuris tantum*, no tocante à existência da morte da pessoa natural. Todavia, o procedimento judicial permanece longo e demorado, com três fases, tratadas pela codificação civil entre os seus arts. 22 a 39, a saber: a *curadoria de bens do ausente*, a *sucessão provisória* e a *sucessão definitiva*. Cabe retomar as suas regras principais, já expostas no Volume 1 desta série bibliográfica.

Na *primeira fase*, de *curadoria de bens do ausente*, desaparecendo a pessoa sem notícias e não deixando qualquer representante, é nomeado um curador para guardar seus bens, em ação específica proposta pelo Ministério Público ou por qualquer interessado, caso dos seus sucessores (arts. 22 do CC/2002, 744 do CPC/2015 e 1.160 do CPC/1973).

Eventualmente, deixando o ausente um representante que não quer aceitar o encargo de administrar seus bens, também será possível a nomeação do curador. Quanto à atuação deste último, cabe ao juiz fixar os seus poderes e obrigações, devendo ser aplicadas as regras previstas para a tutela e para a curatela (arts. 1.728 a 1.783 do CC).

Determina o art. 25 da codificação material privada que cabe ao cônjuge do ausente a condição de curador legítimo, sempre que não esteja separado judicialmente ou de fato há mais de dois anos. Como sigo a corrente que afirma que a separação judicial foi banida do sistema pela Emenda Constitucional 66/2010, o comando deve ser lido com reservas na sua menção, somente aplicando-se às pessoas que já estavam separadas quando da entrada em vigor da *Emenda do Divórcio*. A premissa continua valendo mesmo tendo sido a separação judicial *ressuscitada juridicamente* pelo CPC/2015. Como se sabe, em novembro de 2023, o Supremo Tribunal de Justiça entendeu pela sua incompatibilidade com o sistema constitucional (RE 1.167.478, Tema 1.053 da repercussão geral). O assunto está aprofundado no Volume 5 da presente coleção.

Ausente o cônjuge, o próprio dispositivo em questão estabelece a ordem de preferência para nomeação do curador, a saber:

1.º) serão chamados os pais do ausente;

2.º) na falta de pais, serão chamados os descendentes, não havendo impedimento, sendo certo que o grau mais próximo exclui o mais remoto;

3.º) na falta de cônjuge, pais e descendentes, deverá o juiz nomear um curador dativo ou *ad hoc*, entre pessoas idôneas de sua confiança.

Apesar da não previsão quanto ao convivente ou companheiro, ele merece o mesmo tratamento do cônjuge, pelo teor do Enunciado n. 97 do CJF/STJ, aprovado na *I Jornada de Direito Civil*, cuja redação é pertinente e com o qual se concorda, pelo que consta no art. 226, § 3.º, da CF/1988: "no que tange à tutela especial da família, as regras do Código Civil que se referem apenas ao cônjuge devem ser estendidas à situação jurídica que envolve o companheirismo, como por exemplo na hipótese de nomeação de curador dos bens do ausente (art. 25 do CC)". O Projeto de Reforma do Código Civil pretende fazer essa inclusão.

Ainda no que concerne aos procedimentos dessa primeira fase, o CPC vigente traz aperfeiçoamentos a seu respeito. Assim, o art. 745 do CPC/2015 estabelece em seu *caput* que, feita a arrecadação, o juiz mandará publicar editais na rede mundial de computadores, no sítio do tribunal a que estiver vinculado e na plataforma de editais do Conselho Nacional de Justiça, onde permanecerá por um ano. Pelo mesmo diploma, não havendo sítio, no órgão oficial e na imprensa da Comarca, o prazo de permanência é de um ano, com reproduções de dois em dois meses, anunciando-se a arrecadação e chamando-se o ausente a entrar na posse de seus bens.

Não havia menção a essas publicações eletrônicas no art. 1.161 do CPC/1973, correspondente ao preceito, sendo a norma atual mais efetiva do ponto de vista social.

Em relação à *segunda fase*, de *sucessão provisória*, nos termos da lei civil, um ano após a arrecadação de bens do ausente e da correspondente nomeação de um curador, poderá ser aberta a sucessão provisória, mediante pedido formulado pelos interessados. Deixando o ausente um representante, o prazo é excepcionado, aumentado para três anos, conforme o art. 26 do CC/2002. O Ministério Público somente poderá requerer a abertura da sucessão provisória, findo o prazo aqui mencionado, se não houver interessados em relação à herança.

O dispositivo material deve ser confrontado com o novo tratamento dado pelo Código de Processo Civil em vigor. Isso porque preconiza o § 1.º do art. 745 do CPC/2015 que, findo o prazo previsto no edital, poderão os interessados requerer a abertura da sucessão provisória, observando-se o disposto em lei material. Não há mais referência ao prazo de um ano "da publicação do primeiro edital, sem que se se saiba do ausente e não tendo comparecido seu procurador ou representante" (art. 1.163 do CPC/1973).

Como o CPC/2015 é norma posterior e trata inteiramente da matéria, parece-me que houve revogação tácita do art. 26 do CC/2002 no que diz respeito ao prazo para a abertura da sucessão provisória. Assim, deve-se considerar o lapso temporal fixado no próprio edital, e não mais um ano da arrecadação dos bens do ausente, ou, se ele deixou representante ou procurador, passando-se três anos.

Pois bem, são elencados como interessados para requerer a dita sucessão provisória, nos termos do art. 27 do CC/2002:

a) o cônjuge não separado judicialmente, o que mais uma vez deve ser lido com ressalvas, diante da Emenda do Divórcio;
b) os herdeiros, sejam eles legítimos ou testamentários, situação em que se enquadra a companheira, pelo que consta dos arts. 1.790 e 1.844 do CC;
c) os que tiverem direitos relacionados com os bens ausentes, particularmente para após a sua morte, caso dos legatários;
d) os credores de obrigações vencidas e não pagas pelo desaparecido.

A propósito, cabe pontuar que o CPC/2015 não reproduziu a regra do art. 1.163, § 1.º, do CPC/1973, que atribuía a condição de interessados ao cônjuge não separado judicialmente; aos herdeiros presumidos legítimos e os testamentários; aos que tivessem sobre os bens do ausente direito subordinado à condição de morte e aos credores de obrigações vencidas e não pagas. Assim, o tema foi concentrado no Código Civil, abrindo-se a possibilidade plena de reconhecimento de legitimidade ao companheiro, na minha opinião doutrinária.

Ainda no que diz respeito ao Estatuto Processual emergente, estabelece o seu art. 745, § 2.º, que o interessado, ao requerer a abertura da sucessão provisória, pedirá a citação pessoal dos herdeiros presentes e do curador e, por editais, a dos ausentes para requererem habilitação. Aqui não houve alteração relevante perante o art. 1.164 do CPC/1973.

A sentença de sucessão provisória somente produz efeitos após cento e oitenta dias de publicada na imprensa, não transitando em julgado no prazo geral. O art. 28 do Código Civil preceitua, contudo, que logo após o trânsito em julgado é possível a abertura de eventual testamento deixado pelo desaparecido, bem como do inventário para a partilha dos bens deixados. Aqui não houve qualquer alteração engendrada pelo CPC/2015; o que também vale para os dispositivos materiais a seguir que dizem respeito à sucessão provisória.

Se for o caso, antes mesmo da partilha, poderá o magistrado determinar que os bens móveis sujeitos a deterioração ou a extravio sejam convertidos em bens imóveis ou em títulos garantidos pela União. Lembram Nelson Nery Jr. e Rosa Maria de Andrade Nery que tal conversão deve ser "procedida nos moldes do CPC 1.113 a 1.119. Além disso, o curador pode se valer de outra medida judicial que se fizer necessária para a preservação dos bens que compõem a massa arrecadada" (*Novo*..., 2003, p. 185). De realce que esse capítulo do Código de Processo Civil de 1973 referenciado tratava justamente das alienações judiciais. No CPC/2015, há apenas um dispositivo, o art. 730, que manda aplicar as regras relativas à alienação, previstas entre os seus arts. 879 a 903.

De acordo com o art. 31 do CC/2002, quanto aos bens imóveis do ausente, estes são por regra inalienáveis, até a correspondente divisão e partilha. Eventualmente, para afastar a ruína, poderá o magistrado determinar a sua alienação, também nos termos daquele capítulo específico da lei processual.

O Código Civil continua exigindo que os herdeiros deem garantias para serem imitidos na posse dos bens do ausente, mediante penhores ou hipotecas, equivalentes aos quinhões respectivos (art. 30, *caput*, do CC). Aquele que tiver direito à posse provisória, mas não puder prestar a garantia exigida no dispositivo, será excluído, mantendo-se os bens que lhe deviam caber sob a administração do curador, ou de outro herdeiro designado pelo juiz, e que preste essa garantia (art. 30, § 1.º, do CC). Estão dispensados de prestar tais garantias, contudo, os ascendentes e descendentes, que provarem a sua qualidade de herdeiros (art. 30, § 2.º, do CC). Aplicando essa última regra, do Tribunal Paulista:

> "Ausência. Sucessão provisória. Imissão na posse dos bens do ausente. Cônjuge. Os ascendentes, os descendentes e o cônjuge, uma vez provada a sua qualidade de herdeiros, poderão, independentemente de garantia, entrar na posse dos bens do ausente (art. 30,

§ 2.º, do CC). Recurso provido para dispensar a exigência de garantia ao cônjuge para imissão na posse dos bens do ausente" (TJSP, Agravo de Instrumento 0043212-23.2013.8.26.0000, 10.ª Câmara de Direito Privado, Rel. Carlos Alberto Garbi, j. 30.04.2013).

Empossados os herdeiros quanto aos bens do ausente, passam a responder por eventuais dívidas do desaparecido, até os limites da herança, nos moldes do art. 1.792 do CC. É o que enuncia o art. 32 do Código Civil. Ocorrendo a sucessão provisória, poderão os herdeiros também representar ativamente aquele que desapareceu, no caso de ser este credor em relação a terceiro.

Sendo o herdeiro descendente, ascendente ou cônjuge do ausente, será tutelado quanto a todos os frutos (naturais, industriais e civis ou rendimentos) colhidos durante o momento de exercício da posse. Demais sucessores terão direito somente à metade desses frutos, devendo prestar contas ao juiz competente (art. 33, *caput,* do CC). Retornando o ausente e provada a sua ausência voluntária, perderá totalmente o direito quanto aos frutos para o sucessor correspondente (art. 33, parágrafo único, do CC).

Segundo o art. 34 do CC, aquele que foi excluído da posse dos bens do ausente, por não ter bens suficientes para oferecer em garantia (art. 30, § 1.º), poderá, justificada a falta de bens para tal caução, exigir que lhe seja entregue a metade dos rendimentos (frutos civis) a que teria direito estando na posse dos bens do desaparecido.

Aparecendo o ausente no momento de exercício da posse provisória, perderão os herdeiros os direitos aos bens, exceção feita aos frutos, conforme as regras antes comentadas. No entanto, até a entrega de tais bens, responderão os herdeiros, cessando a posse justa quanto aos bens que lhe foram entregues de acordo com as regras materiais que constam da codificação.

Por fim, quanto à segunda fase, determina o art. 35 da codificação material civil que, se durante a posse provisória se provar a época exata do falecimento do ausente, considerar-se-á, nessa data, aberta a sucessão em favor dos herdeiros, que o eram àquele tempo. Já o art. 36 do Código Civil dispõe que, se o ausente aparecer, ou se lhe provar a existência, depois de estabelecida a posse provisória, cessarão para logo as vantagens dos sucessores nela imitidos, ficando, todavia, obrigados a tomar as medidas assecuratórias precisas, até a entrega dos bens a seu dono, caso de eventuais ações possessórias em face de terceiros esbulhadores.

A *terceira e última fase* relativa à ausência é a de *sucessão definitiva.* O Código Civil de 2002 reduziu pela metade o prazo para conversão da sucessão provisória em definitiva, que antes era de 20 anos, para 10 anos, como consta do seu art. 37. Tal prazo conta-se do trânsito em julgado da sentença da ação de sucessão provisória. Não houve qualquer impacto do CPC/2015 quanto a esses prazos, expressando a lei processual emergente apenas que, presentes os requisitos legais, poderá ser requerida a conversão da sucessão provisória em definitiva (art. 745, § 3.º).

Na dicção do art. 38 do CC/2002, cabe requerimento de sucessão definitiva da pessoa de mais de 80 anos desaparecida há pelo menos cinco anos. Entendo doutrinariamente que, nesses casos, não há necessidade de observar as fases anteriores, ingressando-se nessa terceira fase, de forma direta.

Entretanto, tal dispositivo, cuja redação é "pode-se requerer a sucessão definitiva, também, provando-se que o ausente conta oitenta anos de idade, e que de cinco datam as últimas notícias dele", traz enunciado confuso, conforme observam Nelson Nery e Rosa Maria de Andrade Nery (*Código Civil comentado*..., 2005, p. 186). Isso porque, segundo os juristas, "dependendo da situação este artigo permite encurtamento do prazo de dez anos ou não. Ex.: a) quando desapareceu o ausente já contava 80 anos: aguarda-se cinco anos para a sua sucessão – nessa hipótese há um encurtamento de prazo; b) quando desapareceu, o ausente contava com 75 anos. A partir dos oitenta serão contados cinco: não há alteração do prazo, posto que no total será mister aguardar dez anos".

Nos termos do art. 39, *caput*, do Código Civil, regressando o ausente nos dez anos seguintes à abertura da sucessão definitiva, ou algum de seus descendentes ou ascendentes, aquele ou estes haverão só os bens existentes no estado em que se acharem, os sub-rogados em seu lugar, ou o preço que os herdeiros e demais interessados houverem recebido pelos bens alienados depois daquele tempo. Esse dispositivo era reprodução do art. 1.168 do CPC/1973.

Nesse ponto há um impacto relevante do CPC/2015. Isso porque o seu art. 745, § 4.º, passou a prever que, regressando o ausente ou algum de seus descendentes ou ascendentes para requerer ao juiz a entrega de bens, serão citados para contestar o pedido os sucessores provisórios ou definitivos, o Ministério Público e o representante da Fazenda Pública, seguindo-se o procedimento comum.

Como se nota, não há mais menção ao prazo de dez anos para regresso do ausente, restando dúvidas se ele ainda terá aplicação ou não. Acredito que sim, pelo fato de não ter sido o art. 39, *caput*, do Código Civil revogado expressamente. O mesmo deve ser dito quanto ao direito sobre os bens mencionados na lei material.

Por derradeiro no estudo do tema, também parece restar incólume o parágrafo único do art. 39 da codificação material. Desse modo, após esse prazo de dez anos, se não regressar o ausente, os bens arrecadados serão definitivamente dos herdeiros, não tendo o desaparecido qualquer direito. Também não retornando o ausente e não tendo ele herdeiros, os bens serão tidos como vagos (*bens ereptícios*), passando ao domínio do Estado, nos moldes do art. 1.844 do CC. O domínio passa a ser, portanto, do Município ou do Distrito Federal, se localizados nas respectivas circunscrições, incorporando-se à propriedade da União, quando situados em território federal.

d) Comoriência

Além dos casos de presunção quanto à própria existência da morte – justificação e ausência –, o Código Civil traz outro caso de presunção legal e relativa, agora *quanto ao momento da morte*, ou seja, a comoriência, conforme o seu art. 8.º, *in verbis*: "se dois ou mais indivíduos falecerem na mesma ocasião, não se podendo averiguar se algum dos comorientes precedeu aos outros, presumir-se-ão simultaneamente mortos". O preceito transcrito não exige que a morte tenha ocorrido no mesmo local, mas ao mesmo tempo, sendo pertinente tal regra quando os falecidos forem pessoas da mesma família, e com direitos sucessórios entre si. Não se presume que um dos envolvidos faleceu primeiro (*premoriência*), mas que morreram no mesmo momento (*comoriência*).

A título de ilustração, suponha-se o caso de mortes simultâneas de dois cônjuges (A e B), que não tenham descendentes ou ascendentes, mas que possuam dois irmãos, respectivamente, C e D (colaterais de segundo grau). Pelo instituto da comoriência, a herança de ambos é dividida à razão de 50% para os herdeiros irmãos de cada cônjuge, não sendo pertinente, aqui, observar qual era o regime de bens entre os falecidos.

Considerando ainda as mesmas pessoas do exemplo acima, no caso de um acidente automobilístico, se um policial presenciar que A morreu segundos após B, não deve ser considerada a opinião deste que presenciou a morte para fins sucessórios, não havendo laudo médico que ateste tal fato. Caso contrário, a herança de B iria para A e, automaticamente, tendo em vista a morte deste último, para C, que sequer é de sua família consanguínea (cunhados são parentes afins).

Dessa forma, não havendo laudo médico, deve-se considerar que os dois cônjuges morreram ao mesmo tempo. Como conclusão, a herança de A irá para seu colateral C e a herança de B irá para seu colateral D. Faz-se justiça, uma vez que as heranças ficam mantidas nas famílias consanguíneas correspondentes.

Repita-se, mais uma vez, que essa presunção é relativa (*iuris tantum*), podendo ser afastada por laudo médico ou outra prova efetiva e precisa do momento da morte real, conclusão reiteradamente seguida pela jurisprudência (por todos: TJSP, Apelação 9179145-82.2008.8.26.0000, 25.ª Câmara de Direito Privado, Comarca de São Paulo, Rel. Des. Hugo Crepaldi, j. 20.06.2012). Ressalte-se, em reforço, que muitas vezes a jurisprudência não tem afastado tal presunção, especialmente se houver dificuldade de prova. Para ilustrar, transcrevem-se as seguintes ementas dos Tribunais de São Paulo e Minas Gerais:

> "Comoriência. Acidente de carro. Vítima arremessada a 25 metros de distância do local, encontrada morta pelos peritos 45 minutos depois, enquanto o marido foi conduzido ainda com vida ao hospital falecendo em seguida. Presunção legal não afastada. Sentença de improcedência reformada. Recurso provido" (TJSP, Apelação com Revisão 566.202.4/5, Acórdão 2652772, 8.ª Câmara de Direito Privado, São João da Boa Vista, Rel. Des. Caetano Lagrasta, j. 11.06.2008, *DJESP* 27.06.2008).

> "Comoriência. Presunção legal. Elisão. Prova. Não se podendo afirmar com absoluta certeza, em face da prova dos autos, a premoriência de uma das vítimas de acidente em que veículo é abalroado e vem a explodir quase em seguida, deve ser mantida a presunção legal de comoriência. Apelo improvido" (TJMG, Acórdão 1.0137.06.900006-5/001, 5.ª Câmara Cível, Carlos Chagas, Rel. Des. Cláudio Renato dos Santos Costa, j. 09.11.2006, *DJMG* 1.º.12.2006).

Como outra nota a respeito do instituto da comoriência, precisa ementa doutrinária aprovada na *IX Jornada de Direito Civil*, em 2022, prevê que ela pode ocorrer em quaisquer das espécies de morte previstas no direito civil brasileiro, aqui antes estudadas (Enunciado n. 645). Consoante as suas justificativas, "a comoriência não é nova espécie de morte. Trata-se de uma circunstância de impossibilidade de se conhecer qual morte precedeu a outra. Ela terá relevância apenas se as pessoas sucederem entre si. Essa circunstância pode ocorrer na morte real, na morte presumida sem a necessidade de ausência e na morte presumida com procedimento de ausência".

Sendo expostos e relembrados esses conceitos básicos relativos à morte, bem como as suas modalidades, sobre as origens da expressão *saisine*, Caio Mário da Silva Pereira explica que na Idade Média foi instituída a prática de ser devolvida a posse dos bens, pela morte do servo, ao seu senhor. O último, sucessivamente, exigia dos herdeiros do servo um pagamento, para autorizar a imissão de posse em seu favor. Para a proteção dos sucessores, a jurisprudência costumeira da época veio a consolidar a transferência dos bens imediatamente do servo aos seus herdeiros, diante da fórmula *le serf mort saisit le vif, son hoir de plus proche*. De acordo ainda com o jurista, o *droit de saisine* firmou-se definitivamente na Europa do século XIII, pelo resumo da expressão *le mort saisit le vif*, que também tem origem no Direito Germânico antigo (PEREIRA, Caio Mário da Silva. *Instituições...*, 2012, v. VI, p. 15).

Entre os doutrinadores atuais, Eduardo de Oliveira Leite discorre que a noção de *saisine* remonta aos tempos dos francos, mas são as fontes merovíngeas e carolíngeas que "nos permitem avaliar o sentido do termo *saisine* designando na Idade Média o poder legítimo de uma pessoa obter e conservar uma coisa que pertencera a um parente" (*Comentários...*, 2003, v. XXI, p. 6). E arremata sobre essa máxima que *corria nas ruas*, segundo os franceses: "a regra costumeira era expressa por um adágio aceito desde o século XIII em todos os lugares: 'Le mort saisit le vif' (O morto prende o vivo), ou por uma forma um pouco menos lapidar: 'Le mort saisit le vif, son hoir (héritier) le plus proche, habile à lui succéder' (O morto prende o vivo, seu herdeiro mais próximo, hábil a suceder). É um dos exemplos mais antigos de norma pertencendo ao direito comum costumeiro" (LEITE, Eduardo de Oliveira. *Comentários...*, 2003, v. XXI, p. 8).

Feita tal pontuação histórica, é preciso confrontar com destaques as redações do art. 1.784 do Código Civil de 2002 e do art. 1.572 do Código Civil de 1916, o que é importante do ponto de vista técnico-jurídico, em especial para algumas decorrências que serão expostas. Vejamos o quadro comparativo dos dois comandos legais:

Art. 1.784 do CC/2002	Art. 1.572 do CC/1916
"Aberta a sucessão, **a herança** transmite-se, desde logo, aos herdeiros legítimos e testamentários."	Aberta a sucessão, **o domínio e a posse da herança** transmitem-se, desde logo, aos herdeiros legítimos e testamentários.

Para Jones Figueirêdo Alves e Mário Luiz Delgado, juristas que participaram do processo final de elaboração da atual codificação civil brasileira, "a única inovação a ser destacada neste artigo é de ordem redacional. O novel dispositivo, em linguagem mais objetiva, passa a se referir, simplesmente, à 'transmissão da herança', aí incluídos, naturalmente, o domínio e a posse" (*Código...*, 2005, p. 906). As remissões de mudanças estão pontuadas no quadro transcrito, para os devidos fins de conclusão.

No entanto, há quem veja a questão de outra forma. Para José Luiz Gavião de Almeida, "não mais fala o Código em transmissão do domínio e da posse. Fala apenas em transmissão da herança, no que foi preciso. Conquanto a sucessão aberta seja considerada como um todo, o certo é que está composta de diferentes direitos. Alguns não se adaptavam ao direito de propriedade, pelo que inconciliáveis com a regra do art. 1.572 do Código Civil de 1916. Se havia deixado o sucedido, por exemplo, enfiteuse, o que se transmitia, e imediato, era esse direito, não o domínio. E não ficava técnico falar em proprietário da enfiteuse, como parecia indicar o referido dispositivo" (*Código...*, 2003, v. XVIII, p. 30-31).

Tem total razão o Professor Titular da USP e Desembargador do Tribunal de Justiça de São Paulo. Além dos direitos reais sobre coisa alheia, podem ser citados os direitos de autor que, embora transmitidos, não mantêm relação com a propriedade ou a posse, conforme explicado no Volume 4 da presente coleção. Como ali está defendido e aqui deve ser reafirmado, a propriedade e a posse somente recaem sobre bens corpóreos ou materiais, e não sobre bens imateriais, caso dos direitos de autor.

Várias são as consequências práticas que surgem da regra – ou do princípio, como querem alguns –, como se retira da análise da jurisprudência brasileira. De início, para ilustrar, decisão publicada no *Informativo* n. *315* do Superior Tribunal de Justiça, em março de 2007, deduziu que se o falecido deixar quotas de uma sociedade aos seus herdeiros, todos eles, em condomínio, são detentores das ações, possuindo legitimidade para postular a dissolução da sociedade familiar (STJ, REsp 650.821/AM, Rel. Min. César Asfor Rocha, j. 27.03.2007).

Julgado mais atual da Corte traz importante ressalva, reconhecendo a legitimidade ao espólio, antes da efetivação da partilha:

> "A legitimidade ativa, em decorrência do direito de *saisine* e do estado de indivisibilidade da herança, pode ser estendida aos coerdeiros, antes de efetivada a partilha. Essa ampliação excepcional da legitimidade, contudo, é ressalvada tão somente para a proteção do interesse do espólio. No caso dos autos, a ação foi proposta com intuito declarado de pretender para si, exclusivamente, as quotas pertencentes ao autor da herança, independentemente da propositura da correspondente ação de inventário ou de sua partilha. Desse modo, não detém o coerdeiro necessário a legitimidade ativa para propor a presente ação" (STJ, REsp 1.645.672/SP, 3.ª Turma, Rel. Min. Marco Aurélio Bellizze, j. 22.08.2017, *DJe* 29.08.2017).

Para concretizar de outro modo a aplicação do direito de *saisine*, o mesmo Tribunal Superior concluiu que o compossuidor, que recebe a posse da herança em razão de tal regramento, tem direito à proteção possessória contra os outros compossuidores herdeiros, nos seguintes termos:

> "Existindo composse sobre o bem litigioso em razão do *droit de saisine* é direito do compossuidor esbulhado o manejo de ação de reintegração de posse, uma vez que a proteção à posse molestada não exige o efetivo exercício do poder fático – requisito exigido pelo tribunal de origem. O exercício fático da posse não encontra amparo no ordenamento jurídico, pois é indubitável que o herdeiro tem posse (mesmo que indireta) dos bens da herança, independentemente da prática de qualquer outro ato, visto que a transmissão da posse dá-se *ope legis*, motivo pelo qual lhe assiste o direito à proteção possessória contra eventuais atos de turbação ou esbulho. Isso posto, a Turma deu provimento ao recurso para julgar procedente a ação de reintegração de posse, a fim de restituir aos autores da ação a composse da área recebida por herança. Precedente citado: REsp 136.922-TO, *DJ* 16.03.1998" (STJ, REsp 537.363/RS, Rel. Min. Vasco Della Giustina (Des. convocado do TJRS), j. 20.04.2010, *Informativo* n. *431* do STJ).

Com interesse para a tutela de direitos reais, o STJ tem entendido que "os herdeiros possuem legitimidade ativa para atuarem diretamente em juízo em ações de direito real, enquanto não aberto o inventário, por aplicação do princípio de *saisine*". Trata-se da assertiva

n. 3, publicada na Edição n. 133 da ferramenta *Jurisprudência em Teses* da Corte, que trata do Direito das Coisas. Vejamos o que se retira de um de seus acórdãos precedentes:

> "A ação reivindicatória, de natureza real e fundada no direito de sequela, é a ação própria à disposição do titular do domínio para requerer a restituição da coisa de quem injustamente a possua ou detenha (CC/1916, art. 524; CC/2002, art. 1.228). Portanto, só o proprietário pode reivindicar. O direito hereditário é forma de aquisição da propriedade imóvel (direito de *Saisine*). Aberta a sucessão, o domínio e a posse da herança transmitem-se incontinenti aos herdeiros, podendo qualquer um dos coerdeiros reclamar bem, integrante do acervo hereditário, de terceiro que indevidamente o possua (CC/1916, arts. 530, IV, 1.572 e 1.580, parágrafo único; CC/2002, arts. 1.784 e 1.791, parágrafo único). Legitimidade ativa de herdeiro na ação reivindicatória reconhecida" (STJ, REsp 1.117.018/GO, 4.ª Turma, Rel. Min. Raul Araújo, j. 18.05.2017, *DJe* 14.06.2017).

Como outra ilustração, o Superior Tribunal de Justiça aplicou outra decorrência natural do *droit de saisine*, ao concluir que até a partilha o espólio responde pelas dívidas do falecido, e não os herdeiros individualmente. Conforme se retira do aresto, em trecho que merece destaque:

> "Pelo princípio da *saisine*, previsto no art. 1.784 do CC/2002, a morte do *de cujus* implica a imediata transferência do seu patrimônio aos sucessores, como um todo unitário, que permanece em situação de indivisibilidade até a partilha. Enquanto não realizada a partilha, o acervo hereditário – espólio – responde pelas dívidas do falecido (art. 597 do CPC) e, para tanto, a lei lhe confere capacidade para ser parte (art. 12, V, do CPC). Acerca da capacidade para estar em juízo, de acordo com o art. 12, V, do CPC, o espólio é representado, ativa e passivamente, pelo inventariante. No entanto, até que o inventariante preste o devido compromisso, tal representação far-se-á pelo administrador provisório, consoante determinam os arts. 985 e 986 do CPC. O espólio tem legitimidade para figurar no polo passivo de ação de execução, que poderia ser ajuizada em face do autor da herança, acaso estivesse vivo, e será representado pelo administrador provisório da herança, na hipótese de não haver inventariante compromissado" (STJ, REsp 1.386.220/PB, 3.ª Turma, Rel. Min. Nancy Andrighi, j. 03.09.2013, *DJe* 12.09.2013).

Merece ainda ser citada a correta conclusão a respeito de contrato de locação, cujo locador tenha falecido, no sentido de que, "em razão do princípio da *saisine,* o herdeiro não necessita proceder ao registro do formal de partilha para que os bens herdados lhe sejam transmitidos" (STJ, REsp 1.290.042/SP, 6.ª Turma, Rel. Min. Maria Thereza de Assis Moura, j. 1.º.12.2011, *DJe* 29.02.2012). Anote-se que esse último acórdão concerne à sucessão existente no contrato de locação de imóvel urbano, que continua em relação aos herdeiros do falecido-locador, por força do art. 10 da Lei 8.245/1991, *in verbis*: "morrendo o locador, a locação transmite-se aos herdeiros".

Dúvida prática que diz respeito à *saisine* é relacionada à possibilidade de um herdeiro usucapir o bem que está em condomínio. O tema é muito bem sintetizado por Maria Helena Diniz, que assim se posiciona, citando a jurisprudência nacional: "entendem a doutrina e a jurisprudência que é impossível a aquisição por usucapião contra os outros condôminos, enquanto subsistir o estado de indivisão (*RJTJSP* 52:187, 45:184; *JTJ* 152:209; *RT* 495:213, 547:84, 530:179), pois não pode haver usucapião de área incerta. Para que se torne possível a um condômino usucapir contra os demais, necessário seria de sua parte um comportamento de proprietário exclusivo (*RT* 427:82), ou a inversão de sua posse, abrangendo o todo e não apenas uma parte (*RT* 576:113; *RJTJESP* 62:197), ou seja, o condômino para pretender a usucapião deverá ter sobre o todo posse exclusiva, cessando o estado de comunhão" (DINIZ, Maria Helena. *Curso...*, 2007, v. 4, p. 159).

Em relação à usucapião em favor de um herdeiro contra o outro, o raciocínio deve ser o mesmo, porque a herança é um bem imóvel e indivisível antes da partilha, o que decorre da regra ora em apreço, havendo um condomínio entre os herdeiros até o momento da divisão.

Em suma, somente é possível a usucapião se o sucessor exercer posse exclusiva sobre o bem. Confirmando as lições da jurista, colaciona-se, entre os acórdãos do Superior Tribunal de Justiça:

> "Agravo regimental em agravo de instrumento. Usucapião. Condomínio. Súmula 7/STJ. Manutenção da decisão hostilizada pelas suas razões e fundamentos. Agravo improvido. I – Esta Corte firmou entendimento no sentido de ser possível ao condômino usucapir se exercer posse exclusiva sobre o imóvel. Precedentes. II – Não houve qualquer argumento capaz de modificar a conclusão alvitrada, que está em consonância com a jurisprudência consolidada desta Corte, devendo a decisão ser mantida por seus próprios fundamentos. Agravo improvido" (STJ, AgRg no Ag 731.971/MS, 3.ª Turma, Rel. Min. Sidnei Beneti, j. 23.09.2008, *DJe* 20.10.2008).

Exatamente nesse sentido, seguindo as lições ora transcritas, julgado do STJ do ano de 2018 admitiu a usucapião extraordinária na relação entre herdeiros, pois um deles exercia a posse sobre a coisa em nome próprio. Vejamos o trecho principal da ementa:

> "O condômino tem legitimidade para usucapir em nome próprio, desde que exerça a posse por si mesmo, ou seja, desde que comprovados os requisitos legais atinentes à usucapião, bem como tenha sido exercida posse exclusiva com efetivo *animus domini* pelo prazo determinado em lei, sem qualquer oposição dos demais proprietários. Sob essa ótica, tem-se, assim, que é possível à recorrente pleitear a declaração da prescrição aquisitiva em desfavor de seu irmão – o outro herdeiro/condômino –, desde que, obviamente, observados os requisitos para a configuração da usucapião extraordinária, previstos no art. 1.238 do CC/02, quais sejam, lapso temporal de 15 (quinze) anos cumulado com a posse exclusiva, ininterrupta e sem oposição do bem. A presente ação de usucapião ajuizada pela recorrente não deveria ter sido extinta, sem resolução do mérito, devendo os autos retornar à origem a fim de que a esta seja conferida a necessária dilação probatória para a comprovação da exclusividade de sua posse, bem como dos demais requisitos da usucapião extraordinária" (STJ, REsp 1.631.859/SP, 3.ª Turma, Rel. Min. Nancy Andrighi, j. 22.05.2018, *DJe* 29.05.2018).

Por derradeiro a respeito das ilustrações do *droit de saisine*, os Tribunais Superiores entendem que, para os fins tributários de incidência do Imposto de Transmissão *Causa Mortis (ITCMD)*, deve-se levar em conta o momento do falecimento do autor da herança, outra decorrência da máxima da *saisine* (Súmula 112 do STF). Apesar de a ementa ser do ano de 1963, a jurisprudência superior mais recente continua aplicando o seu teor (ver, por todos: REsp 1.142.872/RS, 2.ª Turma, Rel. Min. Humberto Martins, j. 20.10.2009, *DJe* 29.10.2009).

Como se pode notar, e isso consta da última decisão colacionada, o direito de *saisine* faz com que o inventário tenha mero intuito declaratório da morte anterior. De toda sorte, há a necessidade de um ato de confirmação do recebimento da herança, o que tem relação com a categoria da aceitação e adição da herança, a ser estudada a seguir.

1.4 DO LOCAL DA ABERTURA DA SUCESSÃO

Seguindo no estudo dos conceitos fundamentais a respeito do Direito das Sucessões, enuncia o art. 1.785 do Código Civil Brasileiro de 2002 que a sucessão abre-se no lugar do último domicílio do falecido. Como *domicílio*, deve-se entender o local onde a pessoa pode ser sujeito de direitos e deveres na ordem civil. Em regra, o local de domicílio é o local de residência, onde a pessoa se estabelece com ânimo definitivo de permanência, conforme consta do art. 70 do próprio Código Civil.

Como é possível a pluralidade domiciliar, nada obsta que exista mais de uma opção para a abertura da sucessão. Nos termos do art. 71 do CC/2002, se a pessoa natural tiver diversas residências, onde, alternadamente, viva, considerar-se-á domicílio seu qualquer delas. Assim, a título de exemplo, imagine-se que alguém tenha duplo domicílio, residindo em São Paulo e no Rio de Janeiro de forma fracionada, semana a semana.

Em caso de seu falecimento, o inventário poderá ser aberto em qualquer uma das duas Comarcas, observada a competência territorial interna, de foros centrais e regionais, de acordo com a organização judiciária respectiva. De toda sorte, é necessária a comprovação dessa pluralidade, pois, "ausente a prova de duplicidade de domicílios, o inventário deve ser processado na Comarca do último domicílio do autor da herança" (TJMG, Agravo de Instrumento 1.0549.08.012611-9/001, Rel. Des. Selma Marques, j. 15.01.2013, *DJEMG* 25.01.2013).

O dispositivo civil a respeito do local de abertura da sucessão era complementado pelo art. 96 do Código de Processo Civil de 1973, segundo o qual o foro do domicílio do autor da herança ou falecido, no Brasil, seria o competente para o inventário, a partilha, a arrecadação, o cumprimento de disposições de última vontade e todas as ações em que o espólio fosse réu, ainda que o óbito tenha ocorrido no estrangeiro.

Ainda pelo Estatuto Processual anterior, seria competente o foro da situação dos bens, se o autor da herança não possuísse domicílio certo. O dispositivo era aplicado às pessoas que não tinham domicílio fixo, caso dos nômades, dos ciganos e dos circenses. Assim, não se adotaria a regra que estabelecia como seu domicílio o local onde fossem encontradas, conforme consta do art. 73 do CC/2002, a saber: "ter-se-á por domicílio da pessoa natural, que não tenha residência habitual, o lugar onde for encontrada".

De acordo com o mesmo art. 96 do Código de Processo Civil anterior, seria competente o foro do lugar em que ocorreu o óbito, se o autor da herança não tivesse domicílio certo e possuísse bens em lugares diferentes. A título de exemplo, imagine-se um circense que tinha imóveis em São Paulo, Rio de Janeiro e Belo Horizonte e que tenha falecido em Salvador. O foro competente seria o localizado na última Comarca.

O dispositivo recebeu algumas alterações pelo Código de Processo Civil de 2015, correspondendo, agora, ao art. 48 do Estatuto Processual emergente. De início, o *caput* do novo comando dispõe que o foro de domicílio do autor da herança, no Brasil, é o competente para o inventário, a partilha, a arrecadação, o cumprimento de disposições de última vontade, a impugnação ou anulação de partilha extrajudicial e para todas as ações em que o espólio for réu, ainda que o óbito tenha ocorrido no estrangeiro. Em suma, foi mantida a regra geral anterior nessa primeira parte da norma.

No entanto, o parágrafo único do art. 48 do CPC/2015 dispõe que, se o autor da herança não possuir domicílio certo, será competente:

I) o foro de situação dos bens imóveis. Como se nota, essa nova norma menciona apenas os bens imóveis, e não os móveis, que eram englobados pela regra anterior;

II) havendo bens imóveis em foros diferentes, qualquer destes, o que é inovação legislativa;

III) não havendo bens imóveis, o foro do local de qualquer dos bens do espólio, o que passa a ser aplicado aos bens móveis.

Cumpre anotar que a regra do foro de último domicílio do falecido vinha prevalecendo mesmo nas hipóteses de *complexidade patrimonial* dos bens do falecido. Para exemplificar, o Superior Tribunal de Justiça fez preponderar a regra em situação fática em que o morto tinha 55 imóveis e 81 demandas em outra Comarca (STJ, CC 40.717/RS, publicado no *Informativo* n. *208*, de maio de 2004, Rel. Min. Nancy Andrighi). Sintetizando, não importaria a situação do patrimônio do autor da herança, sendo o preceito abordado indeclinável. Acreditamos que essa forma de julgar será mantida na vigência do Código de Processo Civil de 2015.

Questão prática relevante diz respeito à eventual possibilidade de se conhecer, de ofício, a incompetência relativa para o julgamento do inventário. Ora, como a competência em questão é de natureza territorial e, portanto, relativa, cabe exclusivamente às partes opor a referida exceção. Em suma, tratando-se de incompetência relativa, não pode ser conhecida de ofício pelo juiz, nos termos da anterior Súmula 33 do Superior Tribunal de Justiça. Consigne-se que o teor da súmula foi adotado expressamente pelo art. 337, § 5.º, do CPC/2015, segundo o qual, "excetuadas a convenção de arbitragem e a incompetência relativa, o juiz conhecerá de ofício das matérias enumeradas neste artigo".

De forma suplementar, não cabe ao Ministério Público, pelo menos em regra, a legitimidade para arguir incompetência relativa, conforme a atenta jurisprudência estadual anterior (TJRS, Agravo de Instrumento 451120-27.2011.8.21.7000, 7.ª Câmara Cível, Tenente Portela, Rel. Des. André Luiz Planella Villarinho, j. 23.09.2011, *DJERS* 29.09.2011; e TJRS, Conflito de Competência 650512-79.2010.8.21.7000, 7.ª Câmara Cível, Porto Alegre, Rel. Des. André Luiz Planella Villarinho, j. 25.05.2011, *DJERS* 03.06.2011). A legitimidade somente existiria nas ações em que o MP atuasse, como naqueles casos envolvendo interesse de incapazes. Nesse sentido, o art. 65, parágrafo único, do CPC/2015, com a seguinte dicção: "a incompetência relativa pode ser alegada pelo Ministério Público nas causas em que atuar". O dispositivo não tinha correspondente no Estatuto Processual Civil de 1973.

Eventualmente, se dois inventários forem abertos a respeito da morte da mesma pessoa, em juízos diversos, não é possível o duplo seguimento dos processos, que não podem coexistir. Portanto, é forçoso concluir, na linha de preciso aresto, que "não é possível dar prosseguimento a dois inventários, referentes ao mesmo espólio, sobretudo por questão de ordem pública, visando a entregar solução ao caso concreto, sob pena de prejuízo processual a ambos os feitos, que, inclusive, poderão ter conflitos em seu trâmite, bem como na entrega de prestação jurisdicional às partes. Assim, nos termos do art. 1.785 do Código Civil, estando tramitando em comarcas diferentes, hipótese dos autos, resta claro que prevalece a competência do Juízo onde foi a aberta a sucessão, qual seja o do último domicílio do falecido" (TJMG, Apelação Cível 1438539-92.2010.8.13.0024, 1.ª Câmara Cível, Belo Horizonte, Rel. Des. Geraldo Augusto de Almeida, j. 29.03.2011, *DJEMG* 06.05.2011).

Feitos tais esclarecimentos, não se pode esquecer que, nos casos de sucessão envolvendo estrangeiros ou bens no exterior, há regras específicas tratadas na Lei de Introdução às Normas do Direito Brasileiro, anteriormente denominada Lei de Introdução ao Código Civil, que nada mais é do que o antigo Decreto-lei 4.657/1942. Como é cediço, o nome da norma citada foi alterado pela Lei 12.376/2010, sem que houvesse qualquer mudança a respeito do seu conteúdo.

Preconiza o art. 10, *caput*, da Lei de Introdução que a sucessão por morte ou por ausência obedece à lei do país em que domiciliado o defunto ou o desaparecido, independentemente da natureza e da situação dos bens. De acordo com Gustavo Ferraz de Campos Mônaco, "pouco importa o local do falecimento, a nacionalidade do *de cujus* ou o local de situação dos bens (tal aspecto é importante para fins de fixação da competência jurisdicional, mas não para determinar a lei a aplicar. Veja-se o art. 89 do CPC). A lei a ser aplicada será aquela vigente no local do último domicílio do autor da herança" (*Código*..., 2011, p. 20).

Como se constata, o preceito exposto concerne à aplicação de normas, e não especificamente à competência territorial. A propósito, o jurista citado menciona o seguinte julgado, que merece destaque a respeito da matéria em estudo: "tratando-se da sucessão de pessoa de nacionalidade libanesa domiciliada no Brasil, aplica-se à espécie o art. 10, *caput*, da Lei de Introdução, segundo o qual 'a sucessão por morte ou por ausência obedece à lei em que era domiciliado o defunto ou desaparecido, qualquer que seja a natureza e a situação dos bens'" (STJ, REsp 275985/SP, 4.ª Turma, Rel. Min. Sálvio de Figueiredo Teixeira, j. 17.06.2003, *DJ* 13.10.2003, p. 366).

Em complemento, a sucessão de bens de estrangeiros situados no País será regulada pela lei brasileira em benefício do cônjuge ou dos filhos brasileiros, sempre que não lhes seja mais favorável a lei pessoal do *de cujus* (art. 5.º, inc. XXXI, da CF/1988 e art. 10, § 1.º, da Lei de Introdução). A regra, claramente, protege o cônjuge e os descendentes, em prejuízo de eventual direito de terceiros. Conforme explica Maria Helena Diniz, a norma especifica a não aplicação do princípio "de que a existência de herdeiro de uma classe exclui da sucessão os herdeiros da classe subsequente da ordem de vocação hereditária. Assim, a ordem de vocação hereditária, estabelecida no art. 1.829 do Código Civil, pode ser alterada, tratando-se de bens existentes no Brasil, pertencentes a estrangeiro falecido, casado com brasileira ou com filhos brasileiros ou havendo quem os represente, se a lei nacional do *de cujus* for mais vantajosa àquelas pessoas do que seria a brasileira" (DINIZ, Maria Helena. *Código*..., 2010, p. 17). Há uma clara proteção dos herdeiros, sendo certo que tanto o cônjuge quanto os descendentes são herdeiros necessários pelo sistema legal brasileiro.

Seguindo, a norma do domicílio do herdeiro ou legatário regula a sua capacidade para suceder (art. 10, § 2.º, da Lei de Introdução). A lei, nesse ponto, apenas confirma o art. 7.º, *caput*, da mesma LINDB, segundo a qual a lei do país em que domiciliada a pessoa determina as regras sobre o começo e o fim da personalidade, o nome, a capacidade e os direitos de família. A concretizar, se o herdeiro for domiciliado no Brasil, devem ser observadas as regras do Código Civil de 2002 no que concerne à sua legitimação sucessória, o que ainda será estudado neste capítulo da obra.

Para encerrar o tópico, cumpre destacar que o Código de Processo Civil de 2015 acrescenta regras instrumentais a respeito do tema, ao tratar dos limites da jurisdição nacional.

Conforme o art. 23, inc. II, do CPC/2015, compete à autoridade judiciária brasileira, com exclusão de qualquer outra, em matéria de sucessão hereditária, proceder à confirmação de testamento particular e ao inventário e à partilha de bens situados no Brasil, ainda que o autor da herança seja de nacionalidade estrangeira ou tenha domicílio fora do território nacional.

Houve a inclusão expressa quanto à confirmação do testamento particular, sendo certo que o art. 89, inc. II, do CPC/1973, seu correspondente, mencionava que a competência nacional dizia respeito apenas ao inventário e à partilha de bens situados no Brasil, ainda que o autor da herança fosse estrangeiro e tivesse residido fora do território nacional.

1.5 A APLICAÇÃO DAS NORMAS SUCESSÓRIAS NO TEMPO. PRECEITOS FUNDAMENTAIS DE DIREITO INTERTEMPORAL SUCESSÓRIO

Toda vez que uma nova norma jurídica surge no ordenamento jurídico é preciso adaptá-la à realidade, e vice-versa. Justamente para essa adaptação é que há a necessidade de *normas de direito intertemporal*, para ordenar o que pode ficar em desordem, para organizar o que, eventualmente, pode estar desorganizado. Com a entrada do então novo Código Civil, instituído pela Lei 10.406/2002, não poderia ser diferente.

Entre os autores clássicos, Carlos Maximiliano ensinava que o direito intertemporal "compreende a aplicação sucessiva das normas atinentes às diferentes ordens jurídicas, tanto às civis como às penais, processuais, constitucionais ou administrativas" (*Direito...*, 1946, p. 7). Resumindo, para esse autor, "o Direito Intertemporal fixa o alcance do império de duas normas que se seguem reciprocamente", tendo como objeto "determinar os limites de cada uma dentre duas disposições jurídicas consecutivas sobre o mesmo assunto" (MAXIMILIANO, Carlos. *Direito...*, 1946, p. 7).

Rubens Limongi França fez, talvez, a pesquisa mais profunda quanto à evolução científica do assunto em todo o mundo. Para o antigo Professor Titular da Universidade de São Paulo, o direito intertemporal constitui um complexo de normas que visam regulamentar o conflito das leis no tempo, o que também pode ser denominado teoria da irretroatividade das leis, teoria da retroatividade das leis ou direito transitório (*Direito...*, 1968, p. 10).

Como se pode perceber das transcrições expostas, na visão clássica civilística, o direito intertemporal já era objeto de estudo por renomados doutrinadores. Entretanto, analisando as obras da época, percebe-se que a ciência que tem como objeto esse conflito de normas não estava desenvolvida como no momento atual, justamente por uma escassez de normas específicas sobre o assunto à época.

Entre os contemporâneos, Maria Helena Diniz dedicou-se ao tema de forma ímpar, ensinando que o direito intertemporal surge para solicitar os eventuais conflitos da norma jurídica no tempo, "apontando critérios para aquelas questões, disciplinando fatos em transcrição temporal, passando da égide de uma lei a outra, ou que se desenvolveram entre normas temporalmente diversas" (*Comentários...*, 2003, v. 22, p. 2). Em síntese, com base nos ensinamentos de Paul Roubier, Fagella, Guilhermo Borda, José C. Tobeñas, entre outros ícones do Direito Comparado, a Professora Titular da PUCSP conceitua o direito intertemporal como o conjunto de normas destinadas a determinar "a eficácia temporal da norma, ou a resolver conflitos ocorridos entre a lei nova e a anterior, por ela revogada, adaptando os preceitos da norma mais recente às situações jurídicas nascidas sob o comando da antiga".

Constata-se que as normas em questão visam, além de ordenar o sistema, dar uma moldagem mais adequada à realidade criada pela nova normatização. Não faz diferente Fernando Noronha, ao ensinar que "o Direito Intertemporal é constituído por um conjunto de normas e princípios jurídicos que têm por finalidade resolver os problemas suscitados pela sucessão de duas leis no tempo, quando ambas entrarem em conflito, nos casos em que tanto a lei nova como a revogada tenham potencialidade para reger uma mesma situação fática" (Direito intertemporal. *Cadernos...*, 2004, p. 1).

A respeito da matéria abordada nesta obra, sabe-se que o Direito das Sucessões situa-se no *plano da eficácia* dos atos e negócios jurídicos em geral, o que justifica a regra do art. 1.787 do CC/2002, segundo a qual regula a sucessão e a legitimação para suceder a lei vigente ao tempo da abertura daquela. Quanto à capacidade de suceder, o Supremo Tribunal Federal aplicou anteriormente a regra comentada, ao concluir: "rege-se, a capacidade de suceder, pela lei da época da abertura da sucessão, não comportando, assim, eficácia retroativa, o disposto no art. 227, § 6.º, da Constituição" (STF, RE 162.350, 1.ª Turma, Rel. Min. Octavio Gallotti, j. 22.08.1995, *DJ* 22.09.1995). O aresto afastou a retroatividade do princípio da igualdade entre os filhos, o que deve ser criticado, por ser tal tutela preceito de ordem pública introduzido pela Constituição Federal de 1988, como concretização da dignidade da pessoa humana. No caso, acabou-se por amparar o direito adquirido, em desprestígio de tal proteção e privilegiando-se a certeza e a segurança jurídica.

Voltando aos efeitos do art. 1.787 da atual codificação material privada, mesmo que a pessoa tenha vivido a maior parte da sua existência na vigência do CC/1916, se o seu falecimento ocorrer na vigência do CC/2002, será regulada pelo último diploma. De outro modo, se o falecimento se deu antes de 11 de janeiro de 2003 – data da entrada em vigor do atual Código Civil, segundo o entendimento majoritário –, será regido pela codificação anterior. Nessa linha, não deixa dúvidas o art. 2.041 do CC/2002, fundamental norma de direito intertemporal a respeito da matéria, com a seguinte dicção: "as disposições deste Código relativas à ordem da vocação hereditária (arts. 1.829 a 1.844) não se aplicam à sucessão aberta antes de sua vigência, prevalecendo o disposto na lei anterior".

Fazendo incidir essa importante norma de direito intertemporal, com correção concluiu o Superior Tribunal de Justiça do seguinte modo:

> "Em sucessões abertas na vigência do Código Civil de 1916, a viúva que fora casada no regime de separação de bens com o *de cujus* tem direito ao usufruto da quarta parte

dos bens deixados, em havendo filhos (art. 1.611, § 1.º, do CC/1916). O direito real de habitação conferido pelo Código Civil de 2002 à viúva sobrevivente, qualquer que seja o regime de bens do casamento (art. 1.831 do CC/2002), não alcança as sucessões abertas na vigência da legislação revogada (art. 2.041 do CC/2002). No caso, não sendo extensível à viúva o direito real de habitação previsto no art. 1.831 do atual Código Civil, os aluguéis fixados pela sentença até 10 de janeiro de 2003 – data em que entrou em vigor o Estatuto Civil – devem ser ampliados a período posterior" (STJ, REsp 1.204.347DF, 4.ª Turma, Rel. Min. Luis Felipe Salomão, j. 12.04.2012, *DJE* 02.05.2012).

Em resumo, deduziu-se, corretamente, que a norma sucessória em vigor não poderia retroagir, atingindo morte ocorrida na vigência da legislação anterior. Na mesma linha do aresto, cabe colacionar outro acórdão, agora do Tribunal de Justiça de São Paulo, que conclui, de forma correta o seguinte:

> "Sucessão aberta sob a égide do Código Civil de 1916. Direito real de habitação. Casamento sob o regime da separação total. Inviabilidade. Direito que, nos termos da legislação vigente ao tempo do falecimento do *de cujus*, só assistia ao cônjuge casado sob o regime da comunhão universal. Art. 1.611, § 2.º, do Código Civil de 1916. Inaplicabilidade, ao caso, do art. 1.831 do atual Código Civil. Inteligência da regra de transição prevista no art. 2.041 do atual Código Civil. Decisão mantida. Recurso improvido" (TJSP, Agravo de Instrumento 990.10.215014-3, Acórdão 4652697, 2.ª Câmara de Direito Privado, São Paulo, Rel. Des. Neves Amorim, j. 17.08.2010, *DJESP* 20.09.2010).

Como se pode perceber, as ementas jurisprudenciais afastam o direito real de habitação do cônjuge em qualquer regime de bens, havendo apenas o direito ao *usufruto vidual* – decorrente da *viuvez* –, sobre parte dos bens do falecido, tema que ainda será explicado no próximo capítulo da obra.

A propósito de encerrar este tópico, pode ser colacionado outro julgamento do Tribunal Bandeirante, que reconhece o usufruto a favor da companheira pelo sistema anterior e que foi assim resumido:

> "A sucessão e a legitimação para suceder devem ser reguladas pela Lei vigente à época da abertura da sucessão, na forma do artigo 1.577 do Código Civil de 1916 e dos artigos 1.787 e 2.041 do novo Código Civil. Abertura da sucessão em 12.09.2002, quando ainda em vigor o antigo Código. Pretensão deduzida pela companheira do falecido de reconhecimento de seu direito ao usufruto da quarta parte dos bens do falecido. Benefício previsto no artigo 1.611, § 1.º, do Código Civil de 1916, e na Lei n.º 8.971/1994. Decisão reformada. Dá-se provimento ao recurso" (TJSP, Agravo de Instrumento 603.157.4/7, Acórdão 3499853, 5.ª Câmara de Direito Privado, Santo André, Rel. Des. Christine Santini, j. 04.03.2009, *DJESP* 17.04.2009).

Como não poderia ser diferente, estou filiado ao julgado.

1.6 DAS MODALIDADES DE HERDEIROS NO CÓDIGO CIVIL BRASILEIRO DE 2002

Como visto, o herdeiro ou sucessor é aquele que é beneficiado pela morte do *de cujus*, seja por disposição de ato de última vontade, seja por determinação da norma jurídica. Sendo assim, como primeiro critério classificador, *quanto à origem*, o herdeiro pode ser *testamentário* – quando instituído por testamento, legado ou codicilo –, ou *legítimo* – quando o direito de suceder decorre da lei.

Em relação aos últimos, sucessores legítimos, *quanto à amplitude de proteção do sistema sucessório nacional*, duas são as modalidades de herdeiros previstas no Direito Civil brasileiro, o que do mesmo modo é primaz para a compreensão do conteúdo desta obra.

De início, surgem os *herdeiros necessários, forçados* ou *reservatários*, aqueles que têm, a seu favor, a proteção da *legítima*, composta por metade do patrimônio do autor da herança, nos termos do art. 1.846 do atual Código Civil, que enuncia: "pertence aos herdeiros necessários, de pleno direito, a metade dos bens da herança, constituindo a legítima".

Como ainda será detalhado, são herdeiros necessários, expressamente e segundo o art. 1.845 do CC/2002, os descendentes, os ascendentes e o cônjuge. Mais à frente será aprofundado se o companheiro também deve ser tratado como herdeiro necessário. A questão será analisada diante do julgamento do STF, que concluiu pela inconstitucionalidade do art. 1.790 do Código Civil, com repercussão geral (Recurso Extraordinário 878.694/MG, Rel. Min. Luís Roberto Barroso, j. 10.05.2017). Adiante-se que a minha posição doutrinária é positiva quanto a tal inclusão do companheiro como herdeiro necessário ou reservatário, por interpretação do *decisum* superior.

De toda sorte, neste momento vale dizer que a proteção da quota dos herdeiros necessários já constava da codificação anterior, do Código Civil de 1916, por força do seu art. 1.721, *in verbis:* "o testador que tiver descendente ou ascendente sucessível, não poderá dispor de mais da metade de seus bens; a outra pertencerá de pleno direito ao descendente e, em sua falta, ao ascendente, dos quais constitui a legítima, segundo o disposto neste Código".

A proteção de legítima remonta ao Direito Romano, que já reconhecia a figura dos herdeiros necessários, como bem lembra Eduardo de Oliveira Leite. Segundo as suas lições, o testamento estruturava o sistema romano de transmissão *causa mortis*:

> "Na ótica romana, o testador que despojava sua família, sem justa causa, faltava com o dever de solidariedade (*officium pietatis*: dever de piedade), e o testamento podia ser anulado, como se tratasse da obra de um louco, através da *querela inofficiosi testamenti*: contestação do testamento que faltou com seus deveres. A nulidade podia ser evitada se o legatário liberasse ao herdeiro, parente próximo do defunto, o quarto daquilo que herdaria *ab intestat* e que se passou a chamar 'quarta legítima' (também chamada, 'legítima' ou, a quarta Falcídia, nome decorrente de uma lei Falcídia. A legítima traduzia o dever moral *post mortem* em que pesava sobre um parente em relação aos mais próximos" (LEITE, Eduardo de Oliveira. *Comentários...*, 2003, v. XXI. p. 264).

Ainda no tocante às fontes romanas, explica Beviláqua que a parte disponível no Direito Romano "era dois terços dos bens, se o testador deixasse até quatro filhos e a metade, se deixasse mais de quatro; em favor dos outros descendentes, assim como os ascendentes, a reserva hereditária variava da metade a um terço da sua parte, *ab intestato*, segundo essa parte se elevava ou não a um quarto da herança; quando o herdeiro era pessoa torpe (Cód., 3, 28, 1. 27)" (*Direito..., das* 1983, p. 748). Aderindo às fontes romanas, o sistema jurídico português antigo, consolidado nas Ordenações do Reino, acabou por adotar essa última ideia, de tutela de dois terços do patrimônio do falecido, no caso de deixar herdeiros considerados necessários. Tanto isso é verdade que o testador somente poderia dispor sobre a terça de seus bens, em detrimento de seus filhos, o que é retirado do Livro IV das Ordenações Filipinas, Título LXXXII, com a seguinte expressão: "quando no testamento o pai não faz menção ao filho, ou o filho do pai, e dispõem somente da terça".

Foi a Lei Feliciano Pena (Decreto 1.839, de 1907) que reduziu a proteção da legítima de dois terços para metade dos bens do falecido, estabelecendo o seu art. 2.º que "o testador que tiver descendente ou ascendente sucessível só poderá dispor de metade dos seus bens, constituindo a outra metade a legítima daqueles, observada a ordem legal". A redução para a metade foi mantida tanto pelo Código Civil de 1916 quanto pelo Código Civil de 2002, sendo regra consolidada do Direito Sucessório brasileiro.

Relata Clóvis Beviláqua que na tramitação do projeto do Código Civil de 1916 a regra da plena liberdade de testar – sem qualquer proteção da legítima –, chegou a ser aprovada no Senado, tendo sido rejeitada na Câmara dos Deputados, o que ele denominava como "desastrosa inovação" (*Direito*..., 1983, p. 751). O clássico jurista, na sequência, demonstra os principais argumentos de ordem moral e jurídica para essa *plena liberdade*, repelindo-os um a um, o que é uma retomada ao tema da *função social da herança* aqui outrora desenvolvido:

1.º) O direito de testar seria uma simples aplicação do direito de livre disposição atribuído ao proprietário do bem. Em suma, haveria um legítimo exercício da autonomia privada. O doutrinador procura afastar esse argumento com base no fato de não ser o direito à propriedade absoluto, tendo em vista, principalmente, a sua função social. Sobre a constatação de que a Constituição Federal da época assegurava o exercício do direito da propriedade de forma plena, Beviláqua insiste nas limitações existentes a respeito desse direito subjetivo, inclusive no Texto Superior. Em resumo, sustenta ser esse um "argumento sem valor", o que é perfeitamente plausível, em tempos atuais, diante de fortes limitações ao direito de propriedade percebidas no sistema jurídico nacional.

2.º) A herança forçosa ou forçada seria uma injusta restrição à liberdade individual. A suposta injustiça é afastada pelo *autor intelectual* da codificação anterior pelos fundamentos de proteção da família contra o arbítrio do indivíduo, "contra um impulso, momentâneo talvez, que sacrifica o bem-estar, senão a vida, de entes, que o testador tinha a obrigação de sustentar".

3.º) A liberdade de testar serviria para consolidar a autoridade paterna, porque o pai tem o direito de transmitir o seu patrimônio ao filho mais digno de sua estima. Para Beviláqua, tal argumento é uma ilusão, pois a hipocrisia, a intriga e a ganância afastam a boa-fé dos pais, lançando discórdia entre os irmãos. Tem razão especial, nesse ponto, o doutrinador, eis que o argumento, na atualidade, representa claro preconceito em relação a filhos, em afronta ao art. 227, § 6.º, da Constituição Federal. Sem falar que a norma deve ser atualizada diante da igualdade constitucional entre homens e mulheres (art. 5.º, inc. I, da CF/1988), o que atinge as relações familiares, não se podendo mais falar em *autoridade paterna*, mas em *autoridade parental*, exercida tanto pelo pai quanto pela mãe.

4.º) A liberdade de testar desenvolve a iniciativa individual, porque, quando o sujeito sabe que não pode contar com a herança, procura desempenhar atividades para lhe dar o devido sustento. De outra forma, haveria um efeito no inconsciente coletivo pela necessidade do trabalho e da labuta diária. Beviláqua aponta ser esse o argumento mais valioso – o que também é a minha percepção –, mas que deve ser afastado diante de outras considerações de maior peso. Para ele, "a educação convenientemente dirigida obterá a mesma vantagem de desenvolver a capacidade de direção da vida, sem as funestas consequências da liberdade de testar, entre as quais avultam a inflação do egoísmo, que é retrocesso à animalidade, e a dispersão do grupo familial, que impede o cultivo de afeições, que somente no circuito familiar se podem desenvolver. E esta falha prejudica, enormemente, o aperfeiçoamento moral do homem" (BEVILÁQUA, Clóvis. *Direito...*, 1983, p. 752-754).

Expostas as argumentações contra e a favor da proteção da legítima, entendo até o presente aqui que, de fato, a citada tutela ainda deve ser mantida no Direito Sucessório brasileiro, pelos próprios argumentos sustentados pelo clássico doutrinador, especialmente pelos últimos.

Sobre a eventual revisão da legítima, conforme desenvolvido na pesquisa de estágio pós-doutoral na Faculdade de Direito da USP, a pandemia de Covid-19 acabou por enfraquecer as teses e argumentos que propunham a sua extinção, ou mesmo a sua revisão para montante menor. Uma nova realidade fática foi desenhada nos últimos anos, sobretudo em virtude da crise pandêmica, a saber: *a)* incremento considerável do número de testamentos e de utilização de ferramentas de planejamento sucessório, o que já era uma tendência antes mesmo da pandemia, e que pode afastar a premissa segundo a qual o brasileiro pouco testa; *b)* diminuição da expectativa de vida da população não só no Brasil, mas em todo o mundo, o que retira a força de um dos principais argumentos pela revisão da legítima de não atendimento de sua finalidade; *c)* necessidade de se manterem reservas em tempos de crise econômica e social, como ora vivemos; e *d)* inevitabilidade em amparar a certeza, a segurança e a estabilidade em tempos de crise profunda, mantendo-se a legítima e a herança como pilares do Direito Privado Brasileiro.

A posição defendida naquele momento, portanto, foi no sentido de não fazer grandes alterações no nosso Código Civil nos próximos anos, especialmente nos seus principais fundamentos categóricos, como é a legítima.

De toda sorte, não se pode negar que o Direito das Sucessões demanda hoje alterações necessárias, como a possibilidade de trazer exceções à vedação dos pactos sucessórios, incluindo-se, *de lege ferenda*, exceções em parágrafos do art. 426 do Código Civil, com a possibilidade de renúncia prévia à herança por cônjuges e conviventes, e também a retirada da intricada concorrência sucessória dos descendentes e ascendentes com o cônjuge ou convivente do falecido.

A proposição a respeito da renúncia prévia à herança foi formulada ao Congresso Nacional durante as minhas pesquisas pós-doutorais, com sugestão feita ao Senador Rodrigo Pacheco. Está sendo agora debatida na Reforma do Código Civil justamente ao lado de outras proposições formuladas pela Comissão de Juristas, para o necessário aperfeiçoamento do Direito das Sucessões, incluindo-se a retirada da concorrência sucessória, a modernização dos testamentos, a facilitação do inventário e da partilha extrajudicialmente e a regulamentação da herança digital, entre outros temas que constam do projeto, e que serão abordados neste livro.

A conclusão final dos estudos pós-doutorais foi, assim, no sentido de que a legítima ou *reserva* deve ser mantida em seu percentual já consolidado, e de maneira fixa, o que é nossa realidade jurídica desde a Lei Feliciano Pena, de 1907. Talvez em um futuro não muito distante voltemos a um profundo debate sobre a sua eventual revisão.

Pontuo, ademais, como tentativa de modificação legislativa, que o Instituto Brasileiro de Direito de Família (IBDFAM) elaborou um projeto de lei para alteração das regras sucessórias, a exemplo da proposição do Estatuto das Famílias. Porém, em um primeiro projeto de lei elaborado, foi rejeitada a redução da legítima, mantida em 50% do patrimônio do autor da herança, como é da nossa tradição. Pontue-se que havia proposta, também, de introdução de uma *legítima variável*, como ocorre em alguns Países, somente para proteger determinadas pessoas, caso dos incapazes e dos idosos. Todavia, essa sugestão acabou por não ser acatada. A projeção está em trâmite no Senado Federal, sob o número 3.799/2019.

No Projeto de Reforma do Código Civil, elaborado pela Comissão de Juristas, reafirmo que foi mantida a legítima em cinquenta por cento do patrimônio do falecido, mas foram feitas algumas propostas de uma contratualização do Direito das Sucessões, como aqui se verá.

Feitas todas essas considerações, é pertinente lembrar que se calcula a *legítima* sobre o valor dos bens existentes na abertura da sucessão, conforme o art. 1.847 do Código Civil. O comando tem sua razão de ser na premissa de aplicação das regras de acordo com o momento da morte, eis que a sucessão envolve o plano da eficácia dos atos e negócios jurídicos relacionados à morte do falecido.

Consoante o mesmo art. 1.847 da Norma Geral Privada, para o cálculo da legítima devem ser abatidas as dívidas e as despesas do funeral, adicionando-se, em seguida, o valor dos bens sujeitos à colação. Em suma, não se leva em conta apenas o *patrimônio puro* do autor da herança, sendo forçoso abater os valores gastos com o caixão do falecido, as coroas de flores, a cremação, o enterro e os atos religiosos relativos à morte, bem como as dívidas pelas quais responde o espólio. Assim, ilustrando a aplicação do preceito do Tribunal Gaúcho:

> "As despesas do funeral, assim como os valores despendidos nas ações em que o espólio figura como parte – por restarem devidamente comprovadas –, devem ser abatidas do valor relativo à prestação de contas, na esteira do que determina o art. 1.847 do CC/2002" (TJRS, Agravo 70028578599, 8.ª Câmara Cível, Caxias do Sul, Rel. Des. José Ataídes Siqueira Trindade, j. 12.03.2009, *DOERS* 20.03.2009, p. 40).

Por outra via, devem ser adicionados no valor a ser considerado os bens que, eventualmente, os herdeiros devem trazer para a partilha, caso daqueles recebidos em doação antes do falecimento do *de cujus,* e que não estão dispensados da colação. Tais categorias estão todas explicadas no Capítulo 4 desta obra, com a abordagem do inventário e da partilha.

Para a concreta e efetiva tutela da legítima, prevê o art. 1.789 do Código Civil que, havendo herdeiros necessários, o testador só poderá dispor da metade da herança. O valor que transpor essa quota está sujeito à redução da disposição testamentária, outro instituto que ainda será explicado neste livro, em capítulo próprio.

Faz o mesmo, no plano contratual, o art. 549 do CC/2002 no tocante à doação, ao dispor que nula é a doação quanto à parte que exceder à de que o doador, no momento da liberalidade, poderia dispor em testamento. O comando consagra a nulidade parcial da *doação inoficiosa*. Verifica-se que o caso é de *nulidade absoluta textual*, conforme consta do art. 166, inc. VII, primeira parte, do Código Civil, que estabelece a nulidade nos casos em que a lei expressamente a prevê. Trata-se, contudo, de uma nulidade diferente das demais, eis que atinge tão somente a parte que excede à legítima (*nulidade parcial*). A título de ilustração, se o doador tem o patrimônio de R$ 100.000,00 e faz uma doação de R$ 70.000,00, o ato será válido até R$ 50.000,00, que é a parte disponível, e nulo nos R$ 20.000,00 que excederam a proteção da quota dos herdeiros necessários.

Em apertada síntese, o que se percebe é que o art. 549 do Código Civil tem como conteúdo o *princípio da conservação do contrato*, que é anexo à função social dos contratos, uma vez que procura preservar, dentro do possível juridicamente, a autonomia privada manifestada na doação. O julgado do Superior Tribunal de Justiça a seguir é ilustrativo dessa solução:

> "Civil. Doação inoficiosa. 1. A doação ao descendente é considerada inoficiosa quando ultrapassa a parte que poderia dispor o doador, em testamento, no momento da liberalidade. No caso, o doador possuía 50% dos imóveis, constituindo 25% a parte disponível, ou seja, de livre disposição, e 25% a legítima. Este percentual é que deve ser dividido entre os 6 (seis) herdeiros, tocando a cada um 4,16%. A metade disponível é excluída do cálculo. 2. Recurso especial não conhecido" (STJ, REsp 112.254/SP, 4.ª Turma, Rel. Min. Fernando Gonçalves, j. 16.11.2004, *DJ* 06.12.2004, p. 313).

Ainda em sede de Superior Tribunal de Justiça, pontue-se que a Corte tem entendido que o valor a ser apurado com o fim de reconhecer a nulidade deve levar em conta o momento da liberalidade. Nessa esteira:

> "Para aferir a eventual existência de nulidade em doação pela disposição patrimonial efetuada acima da parte de que o doador poderia dispor em testamento, a teor do art. 1.176 do CC/1916, deve-se considerar o patrimônio existente no momento da liberalidade, isto é, na data da doação, e não o patrimônio estimado no momento da abertura da sucessão do doador. O art. 1.176 do CC/1916 – correspondente ao art. 549 do CC/2002 – não proíbe a doação de bens, apenas a limita à metade disponível. Embora esse sistema legal possa resultar menos favorável para os herdeiros necessários, atende melhor aos interesses da sociedade, pois não deixa inseguras as relações jurídicas, dependentes de um acontecimento futuro e incerto, como o eventual empobrecimento do doador" (STJ, AR 3.493/PE, Rel. Min. Massami Uyeda, j. 12.12.2012, publicado no seu *Informativo* n. 512).

Como a questão envolve ordem pública, entendo que a ação declaratória de nulidade da parte inoficiosa – também denominada de *ação de redução* – é não sujeita à prescrição ou à decadência (didaticamente, imprescritível), podendo ser proposta a qualquer tempo. O fundamento para tal forma de pensar está no art. 169 do CC/2002, segundo o qual a nulidade não convalesce pelo decurso do tempo. Por isso, não há necessidade de aguardar o falecimento do doador para a sua propositura.

Em outras palavras, essa demanda poderá ser proposta mesmo estando vivo o doador que instituiu a liberalidade viciada. Visando a esclarecer esse aspecto, o antigo Projeto Ricardo Fiuza pretendia acrescentar um parágrafo único ao art. 549, com o seguinte teor: "Art. 549. (...) Parágrafo único. A ação de nulidade pode ser intentada mesmo em vida do doador". A proposta confirma o entendimento doutrinário atual, que pode ser invocado. Esse tema também será aprofundado em momento oportuno, inclusive quanto ao prazo para o ingresso da chamada ação de redução, que nada mais é do que a ação declaratória de nulidade dessa doação.

Feitas tais pontuações, reafirme-se que são reconhecidos como *herdeiros necessários* ou *reservatórios*, pela codificação material vigente e de forma literal, os descendentes – até o infinito, sem qualquer limitação –, os ascendentes – também sem restrição – e o cônjuge (art. 1.845). A inclusão expressa do cônjuge como herdeiro necessário é uma das grandes novidades do sistema sucessório em vigor, o que gera grandes debates, como se verá no próximo capítulo deste livro, especialmente pelo fato de não haver previsão legal a respeito do companheiro ou convivente. No Projeto de Reforma do Código Civil, destaco pela sua relevância, almeja-se a retirada do cônjuge do rol dos herdeiros necessários, a fim de se *destravar* a sucessão legítima no Brasil.

Não se pode esquecer que o herdeiro necessário, a quem o testador deixar a sua parte disponível, ou algum legado, não perde o direito à legítima, ou seja, é possível que a parte seja herdeira testamentária e legítima ao mesmo tempo, categorias que podem coexistir no sistema sucessório brasileiro (art. 1.849 do CC). Assim deduzindo com clareza e demonstrando que essa já era a solução no sistema anterior codificado:

> "A disposição testamentária que recair sobre a parte disponível da herança, em favor de herdeiro necessário, não afasta o direito à legítima deste herdeiro beneficiário. Nesse sentido é a clara disposição do art. 1.724 do Código Civil de 1916, vigente à época da abertura da sucessão do autor da herança. Dispositivo que encontra correspondência no atual art. 1.849 do novo Código Civil. Negaram provimento. Unânime" (TJRS, Agravo de Instrumento 239713-37.2013.8.21.7000, 8.ª Câmara Cível, Caxias do Sul, Rel. Des. Luiz Felipe Brasil Santos, j. 29.08.2013, *DJERS* 04.09.2013).

Além dos *herdeiros necessários*, como segunda classe, existem os *herdeiros facultativos ou não obrigatórios*, aqueles que não têm a seu favor a proteção da legítima, podendo ser preteridos totalmente por força de testamento. Em reforço, podem ser totalmente excluídos por força de doações praticadas pelo falecido enquanto era vivo, não se aplicando a regra da nulidade absoluta parcial doação inoficiosa.

O art. 1.850 do Código Civil em vigor preceitua que, para excluir da sucessão os herdeiros colaterais, basta que o testador disponha sem os contemplar. Assim sendo, são herdeiros facultativos reconhecidos pela dicção expressa da lei os colaterais até o quarto grau. Na literalidade, a norma alcança os colaterais de segundo grau, que são os irmãos, sejam bilaterais ou germanos (mesmo pai e mesma mãe) ou unilaterais (mesmo pai ou mesma mãe). Abrange também os tios e sobrinhos (colaterais de terceiro grau), bem como os primos, tios-avós e sobrinhos-netos (colaterais de quarto grau).

Não há menção expressa ao companheiro também entre os herdeiros facultativos, mas, como se verá no próximo capítulo, os entendimentos majoritários da doutrina e da jurisprudência nacionais indicavam que ele não seria herdeiro necessário, mas apenas o cônjuge. Em resumo, poderia o companheiro ou a companheira ser totalmente excluído da sucessão por testamento ou doação do autor da herança.

Na doutrina, alguns juristas já aventavam a inconstitucionalidade desse tratamento diferenciado, caso de Giselda Maria Fernandes Novaes Hironaka e Zeno Veloso, o que, reafirma-se, está aprofundado no Capítulo 2 deste livro, devidamente atualizado com a recente decisão do Supremo Tribunal Federal sobre o tema, em repercussão geral (STF, Recurso Extraordinário 878.694/MG, Rel. Min. Luís Roberto Barroso, j. 10.05.2017, publicado no seu *Informativo* n. *864*).

1.7 DO CONCEITO DE HERANÇA. O ESPÓLIO E A SUA LEGITIMIDADE PROCESSUAL. REFLEXÕES SOBRE A HERANÇA DIGITAL

A herança pode ser conceituada como o conjunto de bens, positivos e negativos, formado com o falecimento do *de cujus*. Engloba também as dívidas do morto, conforme a conceituação clássica de Itabaiana de Oliveira: "herança é o patrimônio do *de cujus,* o conjunto de direitos e obrigações que se transmitem aos herdeiros" (*Tratado*..., 1952, v. I, p. 59). Ou, ainda, nas lições contemporâneas de Sílvio de Salvo Venosa, a herança é "um patrimônio, ou seja, um conjunto de direitos reais e obrigacionais, ativos e passivos. O titular desse patrimônio do autor da herança, enquanto não ultimada definitivamente a partilhar, é o espólio" (*Código*..., 2010, p. 1.624). Como se pode perceber, a herança é um conjunto de bens, e não de pessoas.

Nos termos do entendimento majoritário da civilística nacional, a herança constitui o *espólio*, que é o titular desse patrimônio, um ente despersonalizado ou despersonificado, e não uma pessoa jurídica, havendo uma *universalidade jurídica*, criada por ficção legal, posição que igualmente serve para a herança (ver, no mesmo sentido: DINIZ, Maria Helena. *Código*..., 2010, p. 1.270; GONÇALVES, Carlos Roberto. *Direito*..., 2010, v. 7, p. 51).

Apesar da inexistência de uma pessoa jurídica, a norma processual reconhece legitimidade ativa e passiva ao espólio, devidamente representado pelo inventariante ou pelo administrador provisório, se for o caso (art. 75, inc. VII, do CPC/2015, correspondente ao art. 12, inc. V, do CPC/1973). Como primeiro e talvez mais importante exemplo dessa Norma Instrumental, o espólio deve responder passivamente pelas dívidas assumidas pelo falecido, até a partilha e até os limites da herança. Nesse contexto, julgado do Superior Tribunal de Justiça, do ano de 2013, com o seguinte trecho a ser destacado:

> "Enquanto não realizada a partilha, o acervo hereditário – espólio – responde pelas dívidas do falecido (art. 597 do CPC) e, para tanto, a lei lhe confere capacidade para ser parte (art. 12, inc. V, do CPC). Acerca da capacidade para estar em juízo, de acordo com o art. 12, inc. V, do CPC, o espólio é representado, ativa e passivamente, pelo inventariante. No entanto, até que o inventariante preste o devido compromisso, tal representação far-se-á pelo administrador provisório, consoante determinam os arts. 985 e 986 do CPC. O espólio tem legitimidade para figurar no polo passivo de ação de execução, que poderia ser ajuizada em face do autor da herança, acaso estivesse vivo, e será representado pelo administrador provisório da herança, na hipótese de não haver inventariante compromissado" (STJ, REsp 1.386.220/PB, 3.ª Turma, Rel. Min. Nancy Andrighi, j. 03.09.2013, *DJe* 12.09.2013).

Pontue-se que essas conclusões foram confirmadas em outro aresto, mais recente, do mesmo Tribunal da Cidadania, com a seguinte dicção: "o espólio responde pelas dívidas do falecido, sendo induvidoso, portanto, que o patrimônio deixado pelo *de cujus* suportará esse encargo até o momento em que for realizada a partilha, quando então cada herdeiro será chamado a responder dentro das forças do seu quinhão. Nessa linha de entendimento, em se tratando de dívida que foi contraída pessoalmente pelo autor da herança, pode a penhora ocorrer diretamente sobre os bens do espólio. Precedentes citados: REsp 1.446.893/SP, 2.ª Turma, *DJe* 19.05.2014; e REsp 293.609/RS, 4.ª Turma, *DJe* 26.11.2007" (STJ, REsp 1.318.506/RS, Rel. Min. Marco Aurélio Bellizze, j. 18.11.2014).

Eventualmente, se uma ação de cobrança em sentido amplo for proposta contra o devedor falecido, antes da citação deve-se oportunizar à parte autora a opção de corrigir o polo passivo, como aplicação do princípio da instrumentalidade processual. Exatamente nesse sentido, da recente jurisprudência superior extrai-se que:

> "A propositura de ação em face de réu preteritamente falecido não se submete à habilitação, sucessão ou substituição processual, nem tampouco deve ser suspensa até o processamento de ação de habilitação de sucessores, na medida em que tais institutos apenas são aplicáveis às hipóteses em que há o falecimento da parte no curso do processo judicial. Inteligência dos arts. 43, 265, I, e 1.055, todos do CPC/73. O correto enquadramento jurídico da situação em que uma ação judicial é ajuizada em face de réu falecido previamente à propositura da demanda é a de ilegitimidade passiva do *de cujus,* devendo ser facultado ao autor, diante da ausência de ato citatório válido, emendar a petição inicial para regularizar o polo passivo, dirigindo a sua pretensão ao espólio" (STJ, REsp 1.559.791/PB, 3.ª Turma, Rel. Min. Nancy Andrighi, j. 28.08.2018, *DJe* 31.08.2018).

Como outra concretização, entende a jurisprudência superior que "o espólio, cujo representante é a viúva do *de cujus,* com o qual residia (e permanece residindo após a sua morte) no imóvel constrito, tem legitimidade para pleitear a impenhorabilidade do bem, com base na cláusula do 'bem de família', nos moldes da Lei 8.009/90" (STJ, AgRg no REsp 1.341.070/MG, 2.ª Turma, Rel. Min. Mauro Campbell Marques, j. 03.09.2013, *DJe* 11.09.2013). Ainda, entende a Corte Superior que, "sendo a requerente viúva e representante legal do espólio, está habilitada a representá-lo em juízo e a requerer a homologação da sentença de divórcio do *de cujus* proferida pela autoridade judicial estrangeira (CPC, art. 12, V). O interesse jurídico da autora está evidenciado pela necessidade de averbar o casamento e o divórcio de seu falecido marido com a primeira esposa para que, após, possa registrar no país o seu matrimônio ulterior" (STJ, SEC 6.570/EX, Corte Especial, Rel. Min. Ari Pargendler, j. 1.º.08.2013, *DJe* 12.08.2013).

Além dos julgamentos expostos, podem ser citados os seguintes, em que se reconhece a legitimidade do espólio, na jurisprudência mais recente do Tribunal Superior em matéria de Direito Privado no País:

- O espólio tem legitimidade ativa para a ação de despejo de imóvel que era do falecido (REsp 1.252.875/SP, 3.ª Turma, Rel. Min. Paulo de Tarso Sanseverino, j. 18.12.2012, *DJe* 04.02.2013).
- Deve-se reconhecer sua legitimidade ativa para pleitear a dissolução de uma sociedade, antes de realizada a partilha, o inclui a sociedade anônima (STJ, REsp 1.645.672/SP, 3.ª

Turma, Rel. Min. Marco Aurélio Bellizze, j. 22.08.2017, *DJe* 29.08.2017; e Ag. Rg. no REsp 1.302.480/SP, 3.ª Turma, Rel. Min. Sidnei Beneti, j. 15.05.2012, *DJe* 30.05.2012).

- Há legitimidade para figurar no polo ativo de ações reivindicatórias ajuizadas contra ocupantes irregulares de loteamentos que pertenciam ao falecido (STJ, REsp 990.507/DF, 2.ª Seção, Rel. Min. Nancy Andrighi, j. 10.11.2010, *DJe* 1.º.02.2011).
- "Na ação anulatória em que se visa a desconstituir processo de usucapião, é de admitir-se a legitimidade ativa do espólio, representado pela companheira do *de cujus*, no exercício da inventariança, mormente quando a única suposta herdeira conhecida era filha menor do falecido e da inventariante" (STJ, REsp 725.456/PR, 4.ª Turma, Rel. Min. Luis Felipe Salomão, j. 05.10.2010, *DJe* 14.10.2010).
- Existe legitimidade do espólio em substituição ao sócio falecido para ajuizar a ação de nulidade de título de compra e venda lavrado à sua revelia, por meio de provimento judicial nulo (STJ, REsp 695.879/AL, 4.ª Turma, Rel. Min. Maria Isabel Gallotti, j. 21.09.2010, *DJe* 07.10.2010).
- "O espólio possui legitimidade para ajuizar ação de cobrança de indenização securitária decorrente de invalidez permanente ocorrida antes da morte do segurado. Isso porque o direito à indenização de seguro por invalidez é meramente patrimonial, ou seja, submete-se à sucessão aberta com a morte do segurado, mesmo sem ação ajuizada pelo *de cujus*. Assim, o espólio é parte legítima para a causa, pois possui legitimidade para as ações relativas a direitos e interesses do *de cujus*. Ademais, não só os bens, mas também os direitos de natureza patrimonial titularizados pelo *de cujus* integram a herança e, assim, serão pelo espólio representados em juízo. Vista por uma perspectiva subjetiva, a sucessão (forma de aquisição do patrimônio) é composta por aqueles que, em face da morte do titular dos direitos e obrigações, sub-rogam-se nessa universalidade de bens e direitos que passaram a integrar o patrimônio jurídico do falecido, em que pese não os tenha postulado junto a quem de direito quando em vida. O fato de a indenização securitária, devida por força da ocorrência do sinistro previsto contratualmente, não poder vir a ser aproveitada pelo segurado não a torna apenas por ele exigível" (STJ, REsp 1.335.407/RS, Rel. Min. Paulo de Tarso Sanseverino, j. 08.05.2014, publicado no seu *Informativo* n. *542*).
- "Conflito de competência. Espólio. Legitimidade ativa para litigar no Juizado Especial. 1. O espólio pode figurar no polo ativo em feitos dos Juizados Especiais Federais, aplicando-se, subsidiariamente, por ausência de expressa previsão na Lei 10.259/2001, as normas previstas na Lei 9.099/1995. Precedentes. 2. Conflito conhecido para declarar competente o Juízo Federal do Juizado Especial Cível de Santos – SJ/SP, o suscitante" (STJ, CC 104.151/SP, 1.ª Seção, Rel. Min. Castro Meira, j. 22.04.2009, *DJe* 04.05.2009).

Por outra via, a mesma jurisprudência superior deduz, com razão, que o espólio não tem legitimidade ativa *ad causam* para pleitear indenização por danos morais sofridos pelos herdeiros em decorrência do óbito de seu genitor (STJ, EREsp 1.292.983/AL, Corte Especial, Rel. Min. Nancy Andrighi, j. 1.º.08.2013, *DJe* 12.8.2013; e STJ, AgRg no REsp 1.396.627/ES, 2.ª Turma, Rel. Min. Humberto Martins, j. 19.11.2013, *DJe* 02.11.2013). Realmente, a ação de reparação de danos extrapatrimoniais é pessoal daquele que sofreu a lesão aos seus direitos da personalidade, não cabendo a intervenção processual do ente despersonalizado em questão que, como visto, não tem personalidade jurídica a justificar tal caminho processual.

Na mesma linha, transcreve-se outro julgado do Superior Tribunal de Justiça, relativo a danos extrapatrimoniais causados ao morto após o seu falecimento, assim publicado no seu *Informativo* n. *532*, de dezembro de 2013:

"Direito civil e processual civil. Legitimidade para buscar reparação de prejuízos decorrentes de violação da imagem e da memória de falecido. Diferentemente do que ocorre em relação ao cônjuge sobrevivente, o espólio não tem legitimidade para buscar reparação por danos morais decorrentes de ofensa *post mortem* à imagem e à memória de pessoa. De acordo com o art. 6.º do CC – segundo o qual 'a existência da pessoa natural termina com a morte (...)' –, os direitos da personalidade de pessoa natural se encerram com a sua morte. Todavia, o parágrafo único dos arts. 12 e 20 do CC estabeleceram duas formas de tutela póstuma dos direitos da personalidade. O art. 12 dispõe que, em se tratando de morto, terá legitimidade para requerer a cessação de ameaça ou lesão a direito da personalidade, e para reclamar perdas e danos, o cônjuge sobrevivente ou qualquer parente em linha reta, ou colateral até o quarto grau. O art. 20, por sua vez, determina que, em se tratando de morto, o cônjuge, os ascendentes ou os descendentes são partes legítimas para requerer a proibição de divulgação de escritos, de transmissão de palavras, ou de publicação, exposição ou utilização da imagem da pessoa falecida. O espólio, entretanto, não pode sofrer dano moral por constituir uma universalidade de bens e direitos, sendo representado pelo inventariante (art. 12, V, do CPC) para questões relativas ao patrimônio do *de cujus*. Dessa forma, nota-se que o espólio, diferentemente do cônjuge sobrevivente, não possui legitimidade para postular reparação por prejuízos decorrentes de ofensa, após a morte do *de cujus*, à memória e à imagem do falecido" (STJ, REsp 1.209.474/SP, Rel. Min. Paulo de Tarso Sanseverino, j. 10.09.2013).

Seguindo nos exemplos, o mesmo Tribunal da Cidadania conclui, conforme acórdão publicado no seu *Informativo* n. 565, que o espólio, mesmo que representado pelo inventariante, não possui legitimidade ativa para ajuizar ação de cobrança do seguro obrigatório (antigo DPVAT) em caso de morte da vítima no acidente de trânsito. Nos termos da publicação:

"Antes da vigência da Lei 11.482/2007, a indenização do seguro obrigatório DPVAT, na ocorrência do falecimento da vítima, deveria ser paga em sua totalidade ao cônjuge ou equiparado e, na sua ausência, aos herdeiros legais. Depois da modificação legislativa, o valor indenizatório passou a ser pago metade ao cônjuge não separado judicialmente e o restante aos herdeiros da vítima, segundo a ordem de vocação hereditária (art. 4.º da Lei 6.194/1974, com a redação dada pela Lei 11.482/2007). Desse modo, depreende-se que o valor oriundo do seguro obrigatório (DPVAT) não integra o patrimônio da vítima de acidente de trânsito (créditos e direitos da vítima falecida) quando se configurar o evento morte, mas passa diretamente para os beneficiários. Como se vê, a indenização do seguro obrigatório (DPVAT) em caso de morte da vítima surge somente em razão e após a sua configuração, ou seja, esse direito patrimonial não é preexistente ao óbito da pessoa acidentada, sendo, portanto, direito próprio dos beneficiários, a afastar a inclusão no espólio" (STJ, REsp 1.419.814/SC, Rel. Min. Ricardo Villas Bôas Cueva, j. 23.06.2015, *DJe* 03.08.2015).

A legitimidade, em suma, é dos herdeiros, agindo em nome do próprio, como beneficiários do valor do antigo DPVAT.

Em 2017, também com precisão, o Tribunal da Cidadania concluiu que o espólio não tem legitimidade para ajuizar ação de anulação de registro civil, mais uma vez porque se trata de uma ação pessoal, a ser proposta pelos herdeiros. Conforme a ementa do *decisum*, "cuida-se de ação anulatória de registro de nascimento fundada em vício de consentimento, com amparo no art. 1.604 do CC, a qual é suscetível de ser intentada não apenas por parentes próximos do falecido, mas também por outros legítimos interessados, seja por interesse moral ou econômico. Precedentes. Todavia, o espólio não detém legitimidade para o ajuizamento da ação, uma vez que a sua capacidade processual é voltada para a defesa de interesses que possam afetar a esfera patrimonial dos bens que compõem a herança, até que ocorra a partilha" (STJ, REsp 1.497.676/SC, 3.ª Turma, Rel. Min. Marco Aurélio Bellizze, j. 09.05.2017, *DJe* 31.05.2017).

A propósito, em complemento a tais formas de julgar, outro aresto, procura resumir qual a posição do Superior Tribunal de Justiça a respeito da legitimidade do espólio, da seguinte maneira:

> "Processual civil. Ação de indenização por danos morais e materiais. Morte de familiar. Demanda ajuizada pelo espólio. Ilegitimidade ativa. Nulidade que não se proclama. Instrumentalidade das formas. Aplicação. Prosseguimento do feito após a emenda da inicial. 1. A jurisprudência tem, de regra, conferido soluções diversas a ações i) ajuizadas pelo falecido, ainda em vida, tendo o espólio assumido o processo posteriormente; ii) ajuizadas pelo espólio pleiteando danos experimentados em vida pelo *de cujus*; e iii) ajuizadas pelo espólio, mas pleiteando direito próprio dos herdeiros (como no caso). 2. Nas hipóteses de ações ajuizadas pelo falecido, ainda em vida, tendo o espólio assumido o processo posteriormente (i), e nas ajuizadas pelo espólio pleiteando danos experimentados em vida pelo *de cujus* (ii), a jurisprudência tem reconhecido a legitimidade do espólio. 3. Diversa é a hipótese em que o espólio pleiteia bem jurídico pertencente aos herdeiros (iii) por direito próprio e não por herança, como é o caso de indenizações por danos morais experimentados pela família em razão da morte de familiar. Nessa circunstância, deveras, não há coincidência entre o postulante e o titular do direito pleiteado, sendo, a rigor, hipótese de ilegitimidade *ad causam*. 4. Porém, muito embora se reconheça que o espólio não tem legitimidade para pleitear a indenização pelos danos alegados, não se afigura razoável nem condizente com a principiologia moderna, que deve guiar a atividade jurisdicional, a extinção pura e simples do processo pela ilegitimidade ativa. A consequência prática de uma extinção dessa natureza é a de que o vício de ilegitimidade ativa seria sanado pelo advogado simplesmente ajuizando novamente a mesma demanda, com a mesma causa de pedir e o mesmo pedido, alterando apenas o nome do autor e reimprimindo a primeira página de sua petição inicial. 5. Em casos com esses contornos, a jurisprudência da Casa não tem proclamado a ilegitimidade do espólio, preferindo salvar os atos processuais praticados em ordem a observar o princípio da instrumentalidade. 6. No caso em exame, como ainda não houve julgamento de mérito, é suficiente que a emenda à inicial seja oportunizada pelo Juízo de primeiro grau, como seria mesmo de rigor. Nos termos dos arts. 284, *caput* e parágrafo único, e 295, inciso VI, do CPC, o juiz não poderia extinguir o processo de imediato e sem a oitiva do autor com base em irregularidades sanáveis, somente cabendo tal providência quando não atendida a determinação de emenda da inicial. 7. Recurso especial provido para que o feito prossiga seu curso normal na origem, abrindo-se prazo para que o autor emende a inicial e corrija a impropriedade de figurar o espólio no polo ativo, nos termos do art. 284, *caput* e parágrafo único, e 295, inciso VI, do CPC" (STJ, REsp 1143968/MG, 4.ª Turma, Rel. Min. Luis Felipe Salomão, j. 26.02.2013, *DJe* 1.º.07.2013).

Esse acórdão é louvável por oportunizar, à parte, a possibilidade de emendar a petição inicial, corrigindo o polo ativo da demanda, em prol da instrumentalidade das formas, da celeridade e da economia processual, regramentos que esteiam o Código de Processo Civil de 2015. Que bom seria se todos os julgadores brasileiros fossem movidos pelo mesmo espírito que guiou o *decisum* colacionado.

Como outra ilustração a respeito do espólio, não se pode esquecer que, realizada a partilha dos bens, a massa patrimonial de bens desaparece, não havendo mais a citada legitimidade. Assim julgando, mais uma vez do Superior Tribunal de Justiça, dando também a oportunidade para a correção do polo ativo da demanda: "encerrado o inventário, com a homologação da partilha, esgota-se a legitimidade do espólio, momento em que finda a representação conferida ao inventariante pelo artigo 12, V, do Código de Processo Civil. Dessa forma, é necessário que o Juiz possibilite, aos herdeiros, sua habilitação, em prazo razoável, para fins de regularização da substituição processual, por força dos princípios da celeridade e da economia processual" (STJ, REsp 1.162.398/SP, 3.ª Turma, Rel. Min. Massami Uyeda, j. 20.09.2011, *DJe* 29.09.2011). Estou totalmente filiado ao teor do julgado.

Por fim, a respeito do espólio, importante enunciado doutrinário aprovado na *I Jornada de Direito Notarial e Registral* do Conselho da Justiça Federal, realizada na cidade do Recife em agosto de 2022, prevê que "o espólio, representado por seu inventariante, tem legitimidade para requerer a usucapião extrajudicial" (Enunciado n. 33). O tema da usucapião extrajudicial está aprofundado no Volume 4 desta coleção.

A encerrar o presente tópico, algumas palavras devem ser ditas sobre a chamada *herança digital*. Como é notório, as novas tecnologias, especialmente as incrementadas pelas redes sociais e pelas interações digitais, trouxeram grandes repercussões para o Direito, especialmente para o Direito Privado. Como não poderia ser diferente, o Direito das Sucessões não escapa dessa influência; sendo certo que no Projeto de Reforma do Código Civil, elaborado pela Comissão de Juristas, sugere-se a criação de um novo livro sobre o *Direito Civil Digital*.

O tema é tratado por civilistas contemporâneos, especialmente no âmbito da sucessão testamentária e das manifestações de última vontade, como ainda se verá nesta obra (Capítulo 3). Fala-se, assim, em *testamento afetivo* ou *digital*, com a atribuição dos bens acumulados em vida no âmbito virtual, como páginas, contatos, postagens, manifestações, *likes*, seguidores, perfis pessoais, senhas, músicas, entre outros elementos imateriais adquiridos nas redes sociais.

Conforme ainda será estudado, o Código Civil de 2002 admite que o testamento tenha um conteúdo extrapatrimonial, pela regra constante do seu art. 1.857, § 2.º. No âmbito da herança digital, fala-se em testamento em sentido amplo, sendo certo que a atribuição de destino de tais bens digitais pode ser feita por legado, por codicilo – se envolver bens de pequena monta, como é a regra –, ou até por manifestação feita perante a empresa que administra os dados. Exatamente nesse sentido, o Enunciado n. 687, aprovado na *IX Jornada de Direito Civil* (2022), estabelece que "o patrimônio digital pode integrar o espólio de bens na sucessão legítima do titular falecido, admitindo-se, ainda, sua disposição na forma testamentária ou por codicilo".

Contudo, além dessas manifestações de vontade feitas ainda em vida, o que fazer caso o falecido não tenha se manifestado sobre sua herança digital, especialmente pelo fato de ela não estar mencionada no Código Civil em vigor? Essa é a pergunta que pretendemos começar a responder, sem prejuízo de aprofundamentos futuros que seguirão. Como exposto, a sucessão legítima acaba por presumir a vontade do falecido, estabelecendo a ordem de vocação hereditária, em prol do fundamento principal do Direito das Sucessões, qual seja a continuidade da pessoa. No Código Civil, essa ordem está prevista no art. 1.829, dispositivo que ainda será abordado de forma profunda neste livro.

A grande dúvida diz respeito ao fato de os dados digitais da pessoa humana poderem ou não compor a sua herança, conceituada como um conjunto de bens, corpóreos e incorpóreos, havido pela morte de alguém e que serão transmitidos aos seus sucessores, sejam testamentários ou legítimos. Como será ainda analisado, nos termos do art. 1.791 do Código Civil, a herança defere-se como um todo unitário, ainda que vários sejam os herdeiros, o que inclui não só o patrimônio material do falecido, como também os bens imateriais, como supostamente seriam aqueles havidos e construídos na grande rede durante a vida da pessoa.

Sendo assim, a chamada herança digital segue a transmissão, conforme a ordem de vocação hereditária? Como respondeu Giselda Maria Fernandes Hironaka, em entrevista publicada no *Boletim do IBDFAM*, "entre os bens ou itens que compõem o acervo digital, há os de valoração econômica (como músicas, poemas, textos, fotos de autoria da própria pessoa), e estes podem integrar a herança do falecido, ou mesmo podem ser objeto de disposições de última vontade, em testamento, e há os que não têm qualquer valor econômico, e geralmente não integram categoria de interesse sucessório" (*Boletim Informativo do IBDFAM*, n. 33, jun./jul. 2017, p. 9). Acrescente-se que muitos dos bens citados pela jurista que compõem o suposto acervo sucessório digital estão protegidos pela Lei 9.610/1998, especialmente pela sua notória divisão entre os direitos morais e patrimoniais do autor.

Sobre o tema, tramitam no Congresso Nacional projetos de lei que pretendem discipliná-lo no âmbito da sucessão legítima. O primeiro a ser mencionado é o de n.º 4.847, de 2012. A proposição pretende incluir os arts. 1.797-A a 1.797-C do Código Civil. Conforme a primeira norma projetada, "a herança digital defere-se como o conteúdo intangível do falecido, tudo o que é possível guardar ou acumular em espaço virtual, nas condições seguintes: I – senhas; II – redes sociais; III – contas da Internet; IV – qualquer bem e serviço virtual e digital de titularidade do falecido". Há, assim, a previsão de um rol meramente exemplificativo dos bens que compõem o acervo, o que não exclui outros, como os contatos, as fotos e os textos construídos pelo *de cujus*.

Em continuidade, nos termos do proposto art. 1.797-B, se o falecido, tendo capacidade para testar, não o tiver feito, a herança será transmitida aos herdeiros legítimos. Por fim, está sendo sugerido que "cabe ao herdeiro: I – definir o destino das contas do falecido; a) transformá-las em memorial, deixando o acesso restrito a amigos confirmados e mantendo apenas o conteúdo principal ou; b) apagar todos os dados do usuário ou; c) remover a conta do antigo usuário" (proposta do art. 1.797-C).

Esse projeto tramita em conjunto com o PL 7.742/2017, sugerido o mais recentemente, que aguarda parecer do Relator na Câmara dos Deputados. A última norma projetada visa incluir um art. 10-A no Marco Civil da Internet (Lei 12.965/2014), com a seguinte dicção:

> "Art. 10-A. Os provedores de aplicações de internet devem excluir as respectivas contas de usuários brasileiros mortos imediatamente após a comprovação do óbito.
>
> § 1.º A exclusão dependerá de requerimento aos provedores de aplicações de internet, em formulário próprio, do cônjuge, companheiro ou parente, maior de idade, obedecida a linha sucessória, reta ou colateral, até o segundo grau inclusive.

> § 2.º Mesmo após a exclusão das contas, devem os provedores de aplicações de internet manter armazenados os dados e registros dessas contas pelo prazo de 1 (um) ano, a partir da data do óbito, ressalvado requerimento cautelar da autoridade policial ou do Ministério Público de prorrogação, por igual período, da guarda de tais dados e registros.
>
> § 3.º As contas em aplicações de internet poderão ser mantidas mesmo após a comprovação do óbito do seu titular, sempre que essa opção for possibilitada pelo respectivo provedor e caso o cônjuge, companheiro ou parente do morto indicados no *caput* deste artigo formule requerimento nesse sentido, no prazo de um ano a partir do óbito, devendo ser bloqueado o seu gerenciamento por qualquer pessoa, exceto se o usuário morto tiver deixado autorização expressa indicando quem deva gerenciá-la".

Como se pode perceber, as duas proposições atribuem o poder de decisão a respeito do destino da herança digital aos herdeiros do falecido. Apesar de a última regra mencionar a exclusão imediata dos conteúdos após a comprovação do óbito, tal prerrogativa é atribuída aos familiares do *de cujus*, como se retira do seu § 1.º.

No mesmo sentido, como outra projeção a ser destacada, o Projeto de Lei 4.099-B/2012 tende a incluir um parágrafo único no art. 1.788 do Código Civil, com a seguinte redação: "serão transmitidos aos herdeiros todos os conteúdos de contas ou arquivos digitais do autor da herança". A proposta aguarda apreciação no Senado Federal e, como se percebe, procura tratar da herança digital no âmbito da sucessão legítima, atribuindo-a aos herdeiros do falecido, que terão total liberdade quanto à sua gestão e destino.

Com o devido respeito, penso que os projetos colocam em debate uma questão fundamental, qual seja a titularidade do material que é construído em vida pela pessoa na internet, bem como a tutela da privacidade, da imagem e de outros direitos da personalidade do morto. Em parecer muito bem estruturado oferecido perante o Instituto dos Advogados do Brasil (IAB), o Professor Pablo Malheiros Cunha Frota manifestou-se em sentido contrário às projeções, com razão, substancialmente pelo fato de estarmos tratando de direitos essenciais e personalíssimos do *de cujus*, que, nesse caso, não podem ser transmitidos aos herdeiros de forma automática, mas devem ser imediatamente extintos com o falecimento.

Foram as razões de suas objeções e conclusões, conforme o teor do estudo doutrinário que me foi enviado, apresentado em dezembro de 2017 perante aquele instituto: *a)* os dois projetos autorizam que todo o acervo digital do morto transmita-se automaticamente aos herdeiros, violando os direitos fundamentais à liberdade e à privacidade, notadamente nas hipóteses em que o bem digital é uma projeção da privacidade e não houve declaração expressa de vontade ou comportamento concludente do seu titular, autorizando algum herdeiro ou terceiro a acessá-lo e geri-lo; *b)* terceiros que interagiram com o falecido em vida também terão as suas privacidades expostas aos herdeiros; *c)* é necessário o respeito às eficácias pessoal, interpessoal e social da vida privada, o que concretiza a liberdade positiva de cada um decidir os rumos de sua vida, "sem indevidas interferências externas da comunidade, particular ou do Estado, no qual essa liberdade se vincula intersubjetivamente com a comunidade, o Estado e o particular"; *d)* os projetos de lei pretendem transmudar o regime de direito de propriedade do Direito das Coisas para os direitos da personalidade, uma vez que o direito de personalidade do falecido transforma-se em bem patrimonial, pois a intimidade e a imagem da pessoa morta servem como fonte de riqueza econômica; *e)* os familiares ou terceiros somente devem ter o direito de gerenciar o acervo digital se houver declaração expressa do falecido, por instrumento público ou particular, inclusive em campos destinados para tais fins nos próprios ambientes eletrônicos, sem a necessidade de testemunhas, ou se houver comportamento concludente nesse sentido; *f)* caso tal declaração ou comportamento não estejam presentes, ou estejam atingidos por problema relativo à sua validade ou eficácia, todo o acervo digital que seja expressão da personalidade não deve ser alterado, visto ou compartilhado por qualquer pessoa; *g)* bens imateriais que projetem a privacidade de quem falece não devem e não deveriam ser acessados pelos herdeiros ou por terceiros, não havendo manifestação de vontade do autor da herança.

No Projeto de Reforma do Código Civil, elaborado pela Comissão de Juristas nomeada no âmbito do Senado Federal, são feitas amplas e necessárias propostas para a regulamentação do tema dentro da Lei Geral Privada. Além dos membros das subcomissões de Direito das Sucessões e Direito Digital, fizeram sugestões para a temática os Professores Pablo Malheiros, João Aguirre, Ana Luiza Nevares, Simone Tassinari, entre outros.

Insere-se, assim, um novo art. 1.791-A no Código Civil, prevendo que os bens digitais do falecido, de valor economicamente apreciável, integram a sua herança. Ainda conforme o comando, em seu projetado § 1.º, compreende-se como bens digitais o patrimônio intangível do falecido, abrangendo, entre outros, senhas, dados financeiros, perfis de redes sociais, contas, arquivos de conversas, vídeos e fotos, arquivos de outra natureza, pontuação em programas de recompensa ou incentivo e qualquer conteúdo de natureza econômica, armazenado ou acumulado em ambiente virtual, de titularidade do autor da herança. Procurou-se, portanto, ilustrar na norma o conteúdo da herança ou patrimônio digital, o que virá em boa hora, em prol da segurança jurídica.

O projetado § 2.º desse art. 1.791-A enuncia que os direitos da personalidade e a eficácia civil dos direitos que se projetam após a morte e não possuam conteúdo econômico, tais como a privacidade, a intimidade, a imagem, o nome, a honra, os dados pessoais, entre outros, observarão o disposto em lei especial e no Capítulo II do Título I do Livro I da Parte Geral do próprio Código Civil, bem como no novo livro do *Direito Civil Digital*. Sendo assim, em regra, não caberá a sua disposição voluntária.

Nesse novo livro são inseridos quatro dispositivos sobre a temática, que trazem importantes limitações para a proteção dos direitos da personalidade do morto. Os comandos ainda não receberam numeração, pois a Comissão de Juristas deixou para o Congresso Nacional a opção de inseri-los em qualquer posição da Lei Geral Privada.

De acordo com o primeiro deles, a transmissão hereditária dos dados e informações contidas em qualquer aplicação de *internet*, bem como das senhas ou códigos de acesso, pode ser regulada em testamento. O compartilhamento de senhas ou de outras formas para acesso a contas pessoais será equiparado a disposições contratuais ou testamentárias expressas, para fins de acesso dos sucessores, desde que tais disposições estejam devidamente comprovadas. Integra também a herança o patrimônio digital de natureza econômica, seja pura, seja híbrida, conceituada a última como a que tenha relação com caracteres personalíssimos da pessoa natural ou jurídica. Os sucessores legais podem pleitear a exclusão da conta ou a sua conversão em *memorial*, diante da ausência de declaração de vontade do titular, o que já é realidade, como se verá a seguir.

Conforme o segundo artigo proposto pela Subcomissão de Direito Digital, salvo expressa disposição de última vontade e preservado o sigilo das comunicações, e a intimidade de terceiros, as mensagens privadas do autor da herança difundidas ou armazenadas em ambiente virtual não podem ser acessadas por seus herdeiros, em qualquer das categorias de bens patrimoniais digitais. Mediante autorização judicial e comprovada a sua necessidade, o herdeiro poderá ter acesso às mensagens privadas da conta do falecido, para os fins exclusivos autorizados pela sentença e resguardados os direitos à intimidade e à privacidade de terceiros. O tempo de guarda das mensagens privadas do falecido pelas plataformas deve seguir a legislação especial. Diante da ausência de declaração de vontade do titular, os sucessores ou representantes legais do falecido poderão pleitear a exclusão ou a manutenção da sua conta, bem como sua conversão em memorial, garantida a transparência de que a gestão da conta será realizada por terceiro. Serão excluídas as contas públicas de usuários brasileiros, quando, falecidos, não deixarem herdeiros ou representantes legais, contados cento e oitenta dias da comprovação do seu óbito.

A terceira proposição do novo livro de *Direito Civil Digital* considera como nulas de pleno direito, na forma do art. 166 do Código Civil, quaisquer cláusulas contratuais voltadas a restringir os poderes da pessoa, titular da conta, de dispor sobre os próprios dados e informações. No mesmo sentido, aliás, o proposto § 3.º do 1.791-A, no livro de Direito das Sucessões: "são nulas de pleno direito quaisquer cláusulas contratuais voltadas a restringir os poderes da pessoa de dispor sobre os próprios dados, salvo aqueles que, por sua natureza, estrutura e função tiverem limites de uso, de fruição ou de disposição". As hipóteses, como se nota, são de nulidade absoluta, envolvendo matéria cogente ou de ordem pública.

O quarto dispositivo proposto para o livro de *Direito Civil Digital* preceitua que o titular de um patrimônio digital tem o direito à proteção plena de seus ativos digitais, incluindo a proteção contra acesso, uso ou transferência não autorizados. E, como quinta regra a ser destacada desse livro, os prestadores de serviços digitais devem garantir medidas adequadas de segurança para proteger o patrimônio digital dos usuários e fornecer meios eficazes para que os titulares gerenciem e transfiram esses ativos, com plena segurança, de acordo com a sua vontade. Essas duas previsões aplicam-se também aos sucessores do falecido.

Voltando-se ao livro de Direito das Sucessões, dialogando perfeitamente com as propostas do novo livro, o novo art. 1.791-B enunciará que, salvo expressa disposição de última vontade e preservado o sigilo das comunicações, as mensagens privadas do autor da herança difundidas ou armazenadas em ambiente virtual não podem ser acessadas por seus herdeiros. O compartilhamento de senhas, ou de outras formas para acesso a contas pessoais, será equiparado a disposições negociais ou de última vontade, para fins de acesso dos sucessores do autor da herança (§ 1.º). E, por autorização judicial, o herdeiro poderá ter acesso às mensagens privadas do autor da herança, quando demonstrar que, por seu conteúdo, tem interesse próprio, pessoal ou econômico de conhecê-las (§ 2.º). Há assim, um claro intuito de se proteger a intimidade da pessoa falecida, como realmente deve ser, tutelando-se o patrimonial digital personalíssimo.

A última regra a respeito do tema a ser comentada é o projetado art. 1.791-C da Lei Civil, segundo o qual caberá ao inventariante, ou a qualquer herdeiro, comunicar ao juízo do inventário, ou fazer constar da escritura de inventário extrajudicial, a existência de bens de titularidade digital do sucedido, informando, também, os elementos de identificação da entidade controladora da operação da plataforma. Sendo extrajudicial o inventário, não serão praticados atos de disposição dos bens digitais até a lavratura da escritura de partilha, permitindo-se ao inventariante nomeado o acesso às informações necessárias em poder da entidade controladora (§ 1.º). A escritura ou o formal de partilha constituem título hábil à regularização da titularidade dos bens digitais junto às respectivas entidades controladoras das plataformas (§ 2.º).

Como se pode notar, as propostas são muito melhores e detalhadas do que os projetos anteriormente estudados, tendo sido a temática debatida amplamente não só com a Subcomissão de Direito Digital – formada pelos Professores Laura Porto, Ricardo Campos e Dierle Nunes –, e com a Relatoria-Geral, como também com todos os especialistas nomeados para a Comissão de Juristas.

Voltando-se no sistema ainda vigente, sobre as manifestações que podem ser feitas pelo falecido, ainda em vida, perante as redes sociais, sabe-se que o Facebook oferece duas opções. A primeira delas é de transformar o perfil da pessoa em um memorial na linha do tempo, permitindo homenagens ao falecido. A segunda opção é a exclusão do conteúdo por representante que comprove a morte do usuário. O Google, por sua vez, permite uma espécie de testamento digital informal, em que o usuário pode escolher até dez pessoas que receberão as informações acumuladas em vida. O X autoriza que os familiares baixem todos os *posts* públicos e solicitem a exclusão do perfil, em procedimento que tramita perante a própria empresa. Por fim, merece destaque a solução dada pelo Instagram, que autoriza a exclusão da conta mediante o preenchimento de formulário *on-line* com a comprovação de tratar-se de membro da família, sendo possível, igualmente, a transformação do conteúdo em um memorial.

Essas opções, como se nota, variam entre a valorização da autonomia privada e a atribuição dos bens digitais aos herdeiros. Nesse contexto ora vigente, de grandes incertezas, o melhor caminho é o de construir propostas de alteração do Código Civil a respeito do tema, no capítulo do Direito das Sucessões, como antes pontuado. Assim como Pablo Malheiros, entendo há tempos que as projeções que existiam anteriormente apresentam sérios problemas e, em certo sentido, são simplistas, devendo o debate a respeito do assunto ser ampliado e aprofundado, tendo como base o texto formulado pela Comissão de Juristas para a Reforma do Código Civil.

Pontue-se, a propósito, que a proteção dos dados pessoais acabou por ser regulamentada pela Lei 13.709, de 14 de agosto de 2018, norma que trata da matéria em 65 artigos e que entrou em vigor no País em setembro de 2020. A nova lei sofreu claras influências do Regulamento Geral de Proteção de Dados Europeu, de maio de 2018, amparando sobremaneira a intimidade. Em termos gerais, existe ampla preocupação com os dados e informações comercializáveis das pessoas naturais, inclusive nos meios digitais, e objetiva-se proteger os direitos fundamentais de liberdade e de privacidade; bem como o livre desenvolvimento da personalidade (art. 1.º).

Nos termos do preceito seguinte da norma específica, a disciplina da proteção de dados pessoais tem como fundamentos: *a)* o respeito à privacidade; *b)* a autodeterminação informativa, com amparo na autonomia privada; *c)* a liberdade de expressão, de informação, de comunicação e de opinião; *d)* a inviolabilidade da intimidade, da honra e da imagem; *e)* o desenvolvimento econômico e tecnológico e a inovação; *f)* a livre-iniciativa, a livre concorrência e a defesa do consumidor; e *g)* os direitos humanos, o livre desenvolvimento da personalidade, a dignidade e o exercício da cidadania pelas pessoas naturais. Uma eventual projeção legislativa sobre herança digital deve *dialogar* com essa lei emergente, o que não parece ter sido feito com as propostas anteriores, e foi efetivado pelo Projeto de Reforma do Código Civil elaborado pela Comissão de Juristas, após amplos e profundos debates entre os especialistas.

Entendo que é preciso diferenciar os conteúdos que envolvem a tutela da intimidade e da vida privada da pessoa daqueles que não o fazem para, talvez, criar um caminho possível de atribuição da herança digital aos herdeiros legítimos, naquilo que for possível. Os dados digitais que dizem respeito à privacidade e à intimidade da pessoa, que parecem ser a regra, devem desaparecer com ela, pois são tidos como dados e bens personalíssimos. Dito de outra forma, no último caso, *a herança digital deve morrer com a pessoa.* Adotando parcialmente esse caminho, destaco o Enunciado n. 40 do IBDFAM, aprovado no seu *XIII Congresso Brasileiro*, em outubro de 2021, segundo o qual "a herança digital pode integrar a sucessão do seu titular, ressalvadas as hipóteses envolvendo direitos personalíssimos, direitos de terceiros e disposições de última vontade em sentido contrário".

Também levando em conta aspectos personalíssimos do morto, no que diz respeito à chamada "inteligência artificial", no *XIV Congresso Brasileiro* do IBDFAM, em 2023, aprovou-se o Enunciado n. 55, segundo o qual "o direito à exploração econômica de voz ou imagem-retrato reproduzida por sistema de inteligência artificial não é absoluto, devendo os herdeiros estar limitados pelo respeito à memória e à imagem-atributo que tenha sido cultivada em vida pela pessoa falecida".

Deve-se ter, portanto, o devido cuidado na criação do que chamo de "seres espectrais" ou "fantasmagóricos", com atos e ações que não foram feitos pelo falecido quando era vivo, especialmente em "publicidades mórbidas" que têm sido reproduzidas nos últimos anos. Vale, para esses casos e atualmente, o necessário controle da publicidade enganosa e sobretudo da abusiva, previstas no art. 37 do Código de Defesa do Consumidor. Por isso, urge a regulamentação proposta pela Comissão de Juristas.

A esse propósito, novamente no novo livro sobre o Direito Civil Digital, sugere-se a inclusão de um novo preceito, prevendo ser permitida a criação de imagens de pessoas vivas ou falecidas, por meio de inteligência artificial, para utilização em atividades lícitas, desde que observadas as seguintes condições: *a)* obtenção prévia e expressa de consentimento informado da pessoa ou dos herdeiros legais ou representantes do falecido; *b)* respeito à dignidade, à reputação, à presença e ao legado da pessoa natural, viva ou falecida, cuja imagem é digitalmente representada, evitando usos que possam ser considerados difamatórios, desrespeitosos ou contrários ao seu modo de ser ou de pensar, conforme externado em vida, por seus escritos ou comportamentos ou por quaisquer outras formas pelas quais a pessoa se manifestou ou se manifesta, de natureza cultural, religiosa ou política; *c)* para que se viabilize o uso comercial da criação a respeito de pessoa falecida, prévia e expressa autorização de cônjuges, de herdeiros ou de seus representantes ou por disposição testamentária; e *d)* absoluto respeito a normas cogentes ou de ordem pública, sobretudo as previstas neste Código e na Constituição Federal de 1988.

Não se pode negar que os parâmetros criados são técnicos, objetivos e eficientes, sendo certo que a mesma proposição estabelece que a criação de imagens de pessoas vivas ou falecidas para fins de exploração comercial sem o consentimento expresso da pessoa natural viva ou, caso falecida, dos herdeiros ou representantes legais é proibida, exceto nos casos previstos em lei.

Além disso, conforme o outro parágrafo projetado para o comando, as imagens criadas estão sujeitas às leis de direitos autorais e à proteção da imagem, sendo os herdeiros legais ou representantes do falecido os titulares desses direitos. Em todas as imagens criadas por inteligência artificial, é obrigatória a menção de tal fato em sua veiculação, de forma clara, expressa e precisa. Por fim, aplicam-se, no que couber, os direitos estabelecidos na norma aos avatares e a outros mecanismos de exposição digital das pessoas jurídicas.

Em prol da segurança jurídica e da pacificação social, espero que essas projeções normativas a respeito dos "seres espectrais" ou "fantasmagóricos" sejam aprovadas pelo Parlamento Brasileiro, o que é até urgente.

1.8 DA HERANÇA COMO BEM IMÓVEL E INDIVISÍVEL. A CESSÃO DE DIREITOS HEREDITÁRIOS

Seguindo no estudo da matéria, não se pode esquecer que o direito à sucessão aberta e o direito à herança constituem bens imóveis por determinação legal, conforme consta do art. 80, inciso II, do CC/2002. Isso ocorre mesmo se a herança for composta apenas por bens móveis, caso de dinheiro e veículos. A imobilidade da herança é imposta por lei, por uma ficção da norma jurídica, o que gera uma série de consequências importantes, como se verá.

Além de sua imobilidade, a herança é um bem indivisível antes da partilha. Nos termos do já citado art. 1.791 do Código Civil, a herança defere-se como um todo unitário, *in totum*, ainda que vários sejam os herdeiros. Pelo mesmo comando legal, até a partilha, o direito dos coerdeiros, quanto à propriedade e posse da herança, será indivisível e regular-se-á pelas normas relativas ao condomínio. Forma-se, então, um *condomínio eventual pro indiviso* em relação aos bens que integram a herança, até o momento da partilha entre os herdeiros. Isso justifica, por exemplo, a impossibilidade, como regra, da usucapião de bens entre herdeiros, como antes foi esposado.

Como consequência desse condomínio, existem restrições ao direito do herdeiro em ceder o quinhão hereditário a outrem. Como é notório, o *caput* do art. 1.793 da própria codificação material consagra a possibilidade de o direito à sucessão aberta, bem como o quinhão de que disponha o coerdeiro, ser objeto de cessão por escritura pública. A cessão engloba apenas os direitos hereditários, e não os deveres jurídicos que decorrem da transmissão sucessória, pela própria dicção da lei.

Para que tal cessão seja possível, obviamente, é preciso ter a condição de herdeiro. Por isso, concluiu o Superior Tribunal de Justiça, corretamente do seguinte modo:

> "O ato para dispor da meação não se equipara à cessão de direitos hereditários, prevista no art. 1.793 do Código Civil, porque esta pressupõe a condição de herdeiro para que possa ser efetivada. Embora o art. 1.806 do Código Civil admita que a renúncia à herança possa

> ser efetivada por instrumento público ou termo judicial, a meação não se confunde com a herança. A renúncia da herança pressupõe a abertura da sucessão e só pode ser realizada por aqueles que ostentam a condição de herdeiro. O ato de disposição patrimonial representado pela cessão gratuita da meação em favor dos herdeiros configura uma verdadeira doação, a qual, nos termos do art. 541 do Código Civil, far-se-á por Escritura Pública ou instrumento particular, sendo que, na hipótese, deve ser adotado o instrumento público, por conta do disposto no art. 108 do Código Civil" (STJ, REsp 1.196.992/MS, 3.ª Turma, Rel. Min. Nancy Andrighi, j. 06.08.2013, *DJe* 22.08.2013).

Como importante restrição a tal cessão, exige-se a formalidade da escritura pública que, se não preenchida, gerará a nulidade absoluta do ato, por desrespeito à forma e à solenidade, nos termos do art. 166, incisos IV e V, do Código Civil (ver: STJ, REsp 1027884/SC, 4.ª Turma, Rel. Min. Fernando Gonçalves, j. 06.08.2009, *DJe* 24.08.2009). Como tal invalidade envolve ordem pública, a ação correspondente é não sujeita à prescrição e à decadência, mais uma vez com fundamento no art. 169 da própria codificação material, segundo o qual a nulidade não convalesce pelo decurso do tempo.

Essa nulidade pode ser reconhecida em ação judicial proposta por qualquer interessado ou pelo Ministério Público (art. 168 do CC/2002). Em reforço, o parágrafo único do último preceito estabelece que o juiz deve conhecer, de ofício, tal nulidade absoluta, quando a questão lhe é levada a conhecimento, em demanda com qualquer objeto.

Tratando-se de bens imóveis, além da escritura pública, faz-se necessário o registro do ato, sob pena de sua ineficácia perante terceiros ou *erga omnes*. Essa questão também foi levada a julgamento pelo Superior Tribunal de Justiça, concluindo a Corte Superior que "os arts. 129, n.º 9, e 130 da Lei de Registros Públicos exigem o registro de qualquer ato de cessão de direitos em Cartório de Títulos e Documentos da residência de todas as partes envolvidas no negócio jurídico, para sua validade perante terceiros. A mera lavratura de escritura de cessão de direitos hereditários, em comarca diversa da do domicílio das partes ou do processamento do inventário, não supre o requisito de publicidade do ato" (STJ, REsp 1.102.437/MS, 3.ª Turma, Rel. Min. Nancy Andrighi, j. 07.10.2010, *DJe* 15.02.2011).

Como bem explica Zeno Veloso, essa cessão pode ser gratuita ou onerosa, "correspondente à doação, no primeiro caso, e à compra e venda, no segundo. Desde a abertura da sucessão e até que se ultime a partilha, o herdeiro pode ceder seu direito" (*Código...*, 2012, p. 2.018). Como a herança é bem imóvel por determinação legal, tal transferência depende da outorga do cônjuge do cedente, por aplicação do art. 1.647 do Código Civil. No caso de cessão onerosa, a situação insere-se no inciso I do último comando, pois equivale à compra e venda. Sendo a transmissão gratuita, o enquadramento se dá no inciso IV do art. 1.647, pois similar à doação, que exige a outorga conjugal mesmo nos casos de bens móveis. A respeito de tal exigência, vejamos antigo aresto do Supremo Tribunal Federal:

> "Necessidade de outorga uxória, ainda quando se entenda que, pelo contrato, apenas, estariam compreendidos, na universalidade da cessão, bens de natureza móvel, vinculados a estabelecimento comercial. Anulação da cessão, quanto a um dos herdeiros, por falta de outorga uxória. Recurso extraordinário conhecido, em parte, e, nessa parte, provido" (STF, RE 99.486/RJ, 1.ª Turma, Rel. Min. Néri da Silveira, j. 29.10.1985, *DJU* 03.04.1987, p. 5.818).

Notório é que o *caput* do art. 1.647 dispensa a outorga no caso de ser o regime o da separação *absoluta,* entendida como a *separação convencional de bens*, aquela que decorre de pacto antenupcial. Como está explicado e aprofundado no Volume 5 desta coleção, a separação legal ou obrigatória – aquela imposta nos casos do art. 1.641 da própria codificação – não é uma *separação absoluta,* diante da comunicação dos bens havidos durante o casamento. Tal premissa de comunicação se dá por força da antiga Súmula 377 do Supremo Tribunal Federal, *in verbis*: "no regime de separação legal de bens, comunicam-se os adquiridos na constância do casamento". A posição que acabou prevalecendo na doutrina e jurisprudências brasileiras é que a referida sumular continua tendo aplicação, como no caso da pessoa maior de setenta anos.

Em resumo, para a cessão dos direitos hereditários, faz-se necessária a *outorga conjugal* – classificada em *uxória,* da esposa, e *marital,* do marido –, quando o cedente é casado pelos regimes da comunhão universal de bens, comunhão parcial de bens, separação legal ou obrigatória de bens e participação final nos aquestos. No último caso, é preciso também lembrar que o pacto antenupcial pode dispensar a necessidade da outorga para cessão onerosa de bens, conforme o art. 1.656 do CC/2002. Somente no regime da separação convencional, entre aqueles regimes que estão elencados na legislação, é que a cessão dispensa a outorga do cônjuge, diante da presença de uma separação absoluta, em que nenhum bem adquirido durante a união se comunicará entre os cônjuges.

Outro ponto que deve ser relembrado diz respeito à consequência da falta da outorga conjugal, preconizando o art. 1.649 do Código Civil vigente que o ato praticado em desrespeito à exigência do art. 1.647 será anulável, hipótese de nulidade relativa, que envolve ordem privada. A mesma norma consagra um prazo decadencial de dois anos para a propositura da demanda de nulidade relativa, contando o prazo da dissolução da sociedade conjugal, o que pode se dar com o divórcio do casal ou com a morte. Eventualmente, o juiz pode suprir a vontade do cônjuge que não quis dar a outorga, sendo essa negativa injustificada (art. 1.648 do CC). Para essa ação de anulação, há legitimidade ativa do cônjuge preterido e dos seus herdeiros (art. 1.650 do CC).

Também é pertinente pontuar que, na vigência da legislação material anterior, do Código Civil de 1916, a falta da outorga gerava nulidade absoluta do ato, o que era retirada dos arts. 235, 242 e 255 da codificação material revogada. Por isso é que podem ser encontrados acórdãos que cogitam a nulidade absoluta da cessão hereditária, como o seguinte, do Superior Tribunal de Justiça:

> "Civil e processual. Acórdão estadual. Desfundamentação e omissão não configuradas. Ação declaratória de nulidade de cessão de direitos hereditários. Ausência de outorga uxória das esposas dos herdeiros. Vício que não alcança a cessão realizada pela viúva meeira. CC antigo, arts. 153, 158 e 235, I. I. Hígido o acórdão estadual que enfrenta, suficiente e fundamentadamente, as questões essenciais ao deslinde da controvérsia, apenas que com conclusões desfavoráveis à parte. II. A ausência de outorga uxória na cessão de direitos hereditários de bem imóvel inventariado acarreta a invalidade do ato em relação à alienação da parte dos esposos e a ineficácia quanto à meação de suas esposas, casadas pelo regime da comunhão universal. III. Vício, contudo, que não atinge a mesma cessão feita pela viúva meeira, cujo patrimônio é apartado dos demais herdeiros. IV. Recurso Especial conhecido em parte e parcialmente provido" (STJ, REsp 274.432/PR, 4.ª Turma, Rel. Min. Aldir Guimarães Passarinho Junior, j. 07.12.2006, *DJU* 12.02.2007, p. 262).

Ora, como a questão da outorga conjugal envolve o plano da validade do ato praticado, por ser hipótese de *legitimação* ou de uma capacidade especial, deve-se verificar o momento da cessão para concluir pela aplicação de uma ou outra norma geral privada. Em suma, se a cessão de direitos hereditários foi praticada na vigência do Código Civil de 1916 sem a outorga do cônjuge, será nula. Se praticada na vigência do Código Civil de 2002, sem os devidos requisitos, será anulável. Trata-se de dedução retirada do art. 2.035, *caput,* da atual codificação privada, segundo o qual para o plano da validade deve-se subsumir a norma do momento da celebração ou constituição do ato.

Como outra restrição que diz respeito a tal cessão, enuncia o § 1.º do art. 1.793 que os direitos, conferidos ao herdeiro em consequência de substituição ou de direito de acrescer, presumem-se não abrangidos pela cessão feita anteriormente. A norma tem relação com institutos testamentários, que ainda serão abordados, ficando difícil a sua explicação no presente momento.

De qualquer modo, já adiantando, o comando está a determinar que para a análise dos limites da cessão deve-se levar em conta o momento da disposição. Como lecionava Zeno Veloso, a norma é uma novidade que resolve uma antiga controvérsia, que não tinha solução no Código Civil de 1916. Nessa seara, pondera o seguinte:

> "Ficou estabelecido que os direitos cedidos ficam no limite do que havia no momento da cessão. Se, depois, o cedente vem a substituir outro herdeiro ou legatário (arts. 1.947 a 1.950) ou foi beneficiado com o direito de acrescer (arts. 1.941 a 1.946), esses aumentos não são abrangidos na cessão feita anteriormente. Mas a presunção legal não é absoluta: as partes podem, por livre manifestação de vontade, regular de modo diferente, fazendo constar, expressamente, na escritura de cessão, que estão incluídos na mesma eventuais direitos que decorram da substituição ou do acrescimento" (VELOSO, Zeno. *Código...*, 2012, p. 2019).

Igualmente merece estudo o § 2.º do art. 1.793 do CC/2002, segundo o qual é ineficaz a cessão, pelo coerdeiro, de seu direito hereditário sobre qualquer bem da herança considerado singularmente. Ilustrando, se um herdeiro vender um imóvel inteiro que compõe a herança, isoladamente, tal alienação é ineficaz. Por opção do legislador a alienação não é nula ou anulável, mas apenas não gera efeitos.

Em suma, o problema não atinge o *segundo degrau da Escada Ponteana*, mas o *terceiro*. A opção pela ineficácia se deu pelo fato de ser a alienação *a non domino* – alienação por quem não é dono –, ineficaz pela codificação privada vigente, o que é equiparado ao preceito em estudo. Conforme consta da primeira parte do art. 1.268, *caput,* do próprio Código Civil, feita por quem não seja proprietário, a tradição não aliena a propriedade, ou seja, não produz efeitos.

Em complemento, a solução da ineficácia se justifica pelo fato de ser possível a concordância posterior dos demais herdeiros, a fazer com que a cessão de direitos hereditários passe a gerar efeitos plenamente. Em outras palavras, é possível que uma posterior condição – evento futuro e incerto – aperfeiçoe o ato em questão. Nessa linha, preciso julgado do Tribunal de Justiça do Rio Grande do Sul traz a lição o seguinte:

> "Conforme o § 2.º do artigo 1.793 do Código Civil, a cessão de direitos hereditários será ineficaz, quando feita em relação a bem singular do espólio. Tal restrição legal indica que a falta dos requisitos legais tem reflexo no plano da eficácia do negócio. Ou seja, ainda que feita em relação a bem singular, a cessão de direitos existe e goza de presunção de validade. Disso se concluiu que, no momento em que o Código refere apenas à ineficácia do negócio, projeta-se a possibilidade de que o contrato venha a ser eficaz, caso implementadas as condições. E dentre as condições para futura eficácia do negócio está a concordância superveniente dos demais herdeiros, que não cederam seus direitos hereditários, a solvência do espólio para pagamento de dívidas ou a acomodação do bem no quinhão do herdeiro cedente. Logo, a simples cessão de direitos hereditário sobre bem singular, por si só, não impede a habilitação do cessionário a fim de defender o seu direito. Recurso parcialmente provido" (TJRS, Agravo de Instrumento 522596-91.2012.8.21.7000, 8.ª Câmara Cível, Tupanciretã, Rel. Des. Rui Portanova, j. 19.06.2013, *DJERS* 24.06.2013).

Ainda sobre a temática, julgou o Superior Tribunal de Justiça, em 2020, que "a cessão de direitos hereditários sobre bem singular, desde que celebrada por escritura pública e não envolva o direito de incapazes, não é negócio jurídico nulo, tampouco inválido, ficando apenas a sua eficácia condicionada a evento futuro e incerto, consubstanciado na efetiva atribuição do bem ao herdeiro cedente por ocasião da partilha. Se o negócio não é nulo, mas tem apenas a sua eficácia suspensa, a cessão de direitos hereditários sobre bem singular viabiliza a transmissão da posse, que pode ser objeto de tutela específica na via dos embargos de terceiro" (STJ, REsp 1.809.548/SP, 3.ª Turma, Rel. Min. Ricardo Villas Bôas Cueva, j. 19.05.2020, *DJe* 27.05.2020).

Em sentido muito próximo ao último dispositivo, a lei considera como ineficaz a disposição por qualquer herdeiro, sem prévia autorização do juiz da sucessão, de bem componente do acervo hereditário, pendente a indivisibilidade (art. 1.793, § 3.º, do CC). Apesar dessa proximidade de conteúdo, vejamos o que ensina José Luiz Gavião de Almeida:

> "O § 3.º do art. 1.793 parece repetir o anterior. Mas encerra, melhor interpretado, determinação diversa. O parágrafo anterior proíbe o herdeiro de dispor de bem certo quando seu direito é indeterminado. O § 3.º diz que qualquer disposição, pendente a indivisibilidade, não pode ser feita. Inicialmente, então, veda que mesmo o herdeiro único faça disposição sobre bem certo, enquanto não ultimado o inventário, pois até esse ato permanece a indivisibilidade da herança. A esse entendimento leva-nos o art. 1.791 ao dizer que a herança defere-se como um todo unitário, ainda que vários sejam os herdeiros. *A contrario sensu*, mesmo que apenas um seja o herdeiro, a herança também se transfere como um todo único. Todavia, o § 3.º indica permissão à transferência de bens inventariandos. Esta se dá com permissão do juiz. Pode ocorrer de ser necessária a venda, por precisão ou interesse dos herdeiros, para custeio do inventário, para evitar perecimento do bem, para permitir a divisão, se o bem é indivisível e ninguém quer adjudicá-lo, e ele não cabe na quota de nenhum. Nesses casos, a alienação é possível, mas há exigência de autorização judicial, ou seja, do juiz da sucessão como diz a lei; do juiz que estiver responsável pelo processamento do inventário" (ALMEIDA, José Luiz Gavião de. *Código*..., 2003, v. XVIII, p. 88).

Mencione-se, a propósito de complemento das lições do Professor Titular da USP e Desembargador do Tribunal Paulista, a necessidade de alvará judicial para venda de veículos que compõem a herança. Se a venda for realizada apenas de fato, sem a citada autorização judicial, será ineficaz. Partindo para as ilustrações concretas, trazendo interessante aplicação desse último comando, colaciona-se do Tribunal do Distrito Federal:

> "Agravo de instrumento. Inventário. Direito de *saisine*. Transmissão da herança. Partilha. Indivisibilidade. Sub-rogação de bem. De acordo com o direito de *saisine*, previsto no artigo 1.784 do Código Civil, a transmissão dos bens aos herdeiros ocorre desde logo, com o falecimento de seu proprietário. Contudo, não obstante a imediata transferência da titularidade, a partilha somente ocorre em fase posterior, após a abertura do inventário e a arrecadação dos bens do falecido. Por sua vez, o artigo 1.791, *caput* e parágrafo único, do Código Civil, estabelece que, até a partilha, a herança é indivisível: 'Art. 1.791. A herança defere-se como um todo unitário, ainda que vários sejam os herdeiros. Parágrafo único. Até a partilha, o direito dos coerdeiros, quanto à propriedade e posse da herança, será indivisível, e regular-se-á pelas normas relativas ao condomínio'. O imóvel adquirido com os recursos da venda de um bem que já pertencia ao espólio passa a compor, em sub-rogação, o condomínio ainda indiviso dos herdeiros, guardadas as mesmas características do bem substituído. Não pode, portanto, ser vendido sem anuência dos demais herdeiros e autorização judicial, a teor do que dispõe o artigo 1.793, § 3.º, do Código Civil: '§ 3.º Ineficaz é a disposição, sem prévia autorização do juiz da sucessão, por qualquer herdeiro, de bem componente do acervo hereditário, pendente a indivisibilidade'. Agravo conhecido e não provido" (TJDF, Recurso 2009.00.2.003608-2, Acórdão 360.780, 6.ª Turma Cível, Rel. Des. Ana Maria Duarte Amarante Brito, *DJDFTE* 12.06.2009, p. 105).

Também como concretização prática, julgou o Tribunal de Justiça do Estado do Paraná que é ineficaz a escritura pública de compromisso de compra e venda de imóvel celebrada por um herdeiro sobre bem que compõe a massa, sem a existência de alvará judicial autorizando o negócio (TJPR, Apelação Cível 0863716-9, 12.ª Câmara Cível, Curitiba, Rel. Juiz Conv. Everton Luiz Penter Correa, *DJPR* 30.09.2013, p. 171).

Anoto que no Projeto de Reforma do Código Civil, elaborado pela Comissão de Juristas nomeada no Senado Federal, são feitas propostas para *destravar* a cessão de direitos hereditários. A primeira proposição, para o caput do art. 1.793, é que ele passe a possibilitar a cessão por autorização judicial: "o direito à sucessão aberta, bem como o quinhão de que disponha o coerdeiro, pode ser objeto de cessão por escritura pública ou termo judicial".

Ademais, passará a ser permitida a cessão de bem que componha uma universalidade, conjunto de bens, desde concordância de todos os herdeiros no novo § 2.º: "é ineficaz a cessão, feita pelo coerdeiro, tendo por objeto bem ou direito destacados da universalidade e considerados singularmente, a não ser que todos os herdeiros sejam cessionários ou, não o sendo, tenham participado todos do instrumento de cessão, concordando com ela".

Por fim, será também permitida pela lei a promessa de alienação de direitos hereditários, em um novo negócio ou contrato preliminar, positivado no seu § 3.º: "é válida a promessa de alienação, por qualquer herdeiro, de bem integrante do acervo hereditário, mesmo pendente a indivisibilidade, mas somente será eficaz se o bem vier a ser atribuído, por partilha, ao cedente". Todas as proposições facilitam o tráfego jurídico, reduzindo burocracias, merecendo aprovação imediata pelo Parlamento Brasileiro.

De volta ao sistema em vigor, outra importante limitação à autonomia privada, relativa à transmissão dos direitos hereditários, consta do art. 1.794 do Código Civil, pelo qual o coerdeiro não poderá ceder a sua quota hereditária a pessoa estranha à sucessão, se outro coerdeiro a quiser, *tanto por tanto*, ou seja, *em igualdade de condições*.

A norma consagra um *direito de preempção, preferência ou prelação legal* a favor do herdeiro condômino, a exemplo de outras previsões existentes na legislação, inclusive na própria Lei Geral Privada. Cite-se, a propósito, o art. 504 do CC/2002, que estabelece o direito de preempção do condômino de bem indivisível, no caso de o outro condômino a quiser vender a terceiro, com grande proximidade com o instituto que ora se aborda.

Em matéria sucessória, se o coerdeiro for preterido em tal direito, poderá, depositado o preço, haver para si a quota cedida a estranho (art. 1.795 do CC). Tal preterição está presente quando um dos herdeiros transmite os seus direitos a terceiros, sem notificar o condômino-coerdeiro para que se manifeste, em prazo razoável, sobre o interesse em adquirir o bem transmitido. Nessa notificação, aliás, devem constar todos os dados fundamentais a respeito da cessão, como o preço e as condições de pagamento, o que representa aplicação do princípio da boa-fé objetiva para o negócio jurídico em questão.

Nos termos da última norma, essa *ação de adjudicação* está sujeita ao prazo decadencial de cento e oitenta dias, a contar da transmissão do bem. Diante de outra valorização necessária da boa-fé objetiva, entendo que o prazo deve ser contado da ciência da realização da alienação e não da alienação em si. Concluindo desse modo a jurisprudência mineira:

> "Direito civil. Cessão de direitos hereditários. Direito de preferência. Inobservância. Demais herdeiros. Prazo decadencial para o exercício. A cessão de direitos hereditários, sem a observância do direito de preferência dos demais herdeiros, encontra óbice no art. 1.795 do Código Civil/2002, que prescreve que 'o coerdeiro, a quem não se der conhecimento da cessão, poderá, depositado o preço, haver para si a quota cedida a estranho, se o requerer até 180 (cento e oitenta) dias após a transmissão'. O prazo decadencial imposto ao coerdeiro prejudicado conta-se a partir da transmissão, contudo, será contado apenas da sua ciência acerca do negócio jurídico quando não é seguida a formalidade legal imposta pelo art. 1.793 do CC e a transmissão não se dá por escritura pública" (TJMG, Apelação Cível 1.0251.07.021397-9/0011, 11.ª Câmara Cível, Extrema, Rel. Des. Fernando Caldeira Brant, j. 08.07.2009, *DJEMG* 20.07.2009).

Em complemento, sendo vários os coerdeiros a exercer a preferência legal, entre eles se distribuirá o quinhão cedido, na proporção das respectivas quotas hereditárias (art. 1.795, parágrafo único, do CC). Por outras palavras, uma eventual ação de preferência proposta por um dos herdeiros a todos beneficiará, na proporção de suas participações da herança. A lei não estabelece critérios para beneficiar um ou outro condômino – como, aliás, determina o parágrafo único do art. 504 –, trazendo uma solução que beneficia a todos os envolvidos.

Observo que o Projeto de Reforma do Código Civil pretende deixar mais claro o início desse prazo decadencial, retirando-se do sistema o atual parágrafo único e remetendo a situação de pluralidade dos condôminos para a regra prevista no parágrafo único do art. 504, *equalizando* o tratamento da matéria. Assim, o *caput* do art. 1.795 preverá que "o coerdeiro, a quem não se der conhecimento da cessão, poderá, depositado o preço atualizado monetariamente, haver para si a quota cedida a estranho, se o requerer até cento e oitenta dias após a transmissão". E, nos termos do seu novo parágrafo único, "o prazo para o exercício do direito de preferência previsto no *caput* é decadencial de cento e oitenta dias, a contar do registro da cessão ou da sua ciência, o que ocorrer primeiro". Esse critério de início do prazo foi adotado em outras propostas da reforma, trazendo segurança para a sua aplicação concreta, aguardando-se a sua aprovação pelo Parlamento Brasileiro.

Por derradeiro, cabe retomar tema tratado em edições anteriores deste livro, aventado pelo então coautor José Fernando Simão. A questão de debate diz respeito à existência do *direito de preempção* em favor de legatários. Como antes se observava neste livro, não haveria o citado direito de preferência, em regra, em casos de legados, uma vez que o legatário sucede a título singular, recebendo um bem separado e individualizado da herança. Diante desse modo transmissão, não está presente, como premissa geral, o indesejado condomínio *pro indiviso*, a justificar a existência da prelação legal (TARTUCE, Flávio; SIMÃO, José Fernando. *Direito*..., 2013, v. 6, p. 18).

Todavia, como exceção, se duas ou mais pessoas forem beneficiadas pelo legado ao mesmo tempo, o condomínio *pro indiviso* está formado, sendo o caso de observar a preempção tratada pelos arts. 1.794 e 1.795 da codificação privada. Continuo a seguir tal forma de pensar, sendo essa igualmente a *opinium* do jurista José Luiz Gavião de Almeida (*Código*..., 2003, p. 90).

1.9 A RESPONSABILIDADE DOS HERDEIROS ATÉ AS FORÇAS DA HERANÇA. O ART. 1.792 DO CÓDIGO CIVIL E A MÁXIMA *INTRA VIRES HEREDITATIS*

Seguindo no estudo das regras gerais a respeito da sucessão, o art. 1.792 do Código Civil, a exemplo do seu antecessor, consagra a máxima sucessória *intra vires hereditatis*, estabelecendo que o herdeiro não responde por encargos superiores às forças da herança. Pelo mesmo dispositivo, ao herdeiro cabe o ônus de provar o excesso, salvo se houver inventário que a escuse ou afaste, demonstrando o valor dos bens herdados. A responsabilidade, em casos tais, deve ser proporcional à quota de cada herdeiro, não se cogitando a solidariedade entre os sucessores, que não é imposta pela norma jurídica.

Historicamente, é preciso anotar que, no Direito Romano, a responsabilidade do herdeiro pelas dívidas do falecido era ilimitada e absoluta, o que foi abrandado com o passar dos temas. Em 531 d.C., é criada, por Justiniano, a regra de que "o herdeiro só aceitará a sucessão que lhe é devolvida se, após o inventário, verificar que o ativo supera o passivo. Esse regime foi adotado na maioria dos países, como era no passado até a vigência do Código Civil de 1916. Realmente, aceitando a herança sem a ressalva de o fazer em benefício do inventário, o herdeiro assumia integral responsabilidade pelo resgate das dívidas do finado, sem qualquer que fosse o seu montante. O codificador de 1916 (art. 1.587) aboliu a regra, para consignar que a responsabilidade do herdeiro não excede as forças da herança, o que vale dizer que a aceitação é sempre a benefício do inventário, orientação seguida no Código Civil de 2002" (RODRIGUES, Sílvio. *Direito*..., 2007, v. 7, p. 25-26).

Várias são as consequências e concreções dessa premissa jurídica que constitui fundamental princípio sucessório, ao lado da *droit de saisine*. Vejamos, sucessivamente, seguindo sempre o intuito de ilustrar a prática das regras legais.

Como primeira decorrência, os herdeiros respondem pelas dívidas do *de cujus* somente até os limites da herança e proporcionalmente às suas quotas. A título de exemplo, o falecido deixou dois herdeiros e um patrimônio de R$ 500.000,00. Deixou, ainda, uma dívida de R$ 1.000.000,00. No caso descrito, cada herdeiro somente responde nos limites das suas quotas na herança, ou seja, em R$ 250.000,00.

Além dessa conclusão, como os herdeiros respondem dentro das forças da herança, eventual penhora de bens não pode recair sobre a meação dos cônjuges dos herdeiros casados pela comunhão parcial de bens, eis que excluídos da comunhão os bens recebidos por herança (nesse sentido: TJSP, Agravo de Instrumento 804.500.5/2, Acórdão 3.236.489, 8.ª Câmara de Direito Público, Itapeva, Rel. Des. Carvalho Viana, j. 03.09.2008, *DJESP* 15.10.2008).

Como terceira ilustração da máxima *intra vires hereditatis*, nos contratos impessoais, a obrigação do falecido transmite-se aos herdeiros. É o caso, por exemplo, da empreitada, como regra, nos termos do art. 626 do CC/2002. O ônus que é transmitido aos herdeiros vai até os limites da herança, conforme a precisa conclusão da jurisprudência superior (STJ, REsp 703.244/SP, 3.ª Turma, Rel. Min. Nancy Andrighi, j. 15.04.2008, *DJe* 29.04.2008).

Podem ser citados, em complemento, os negócios de transmissão onerosa de bens corpóreos, caso da compra e venda e do respectivo contrato preliminar. Ainda, nos casos de contratos bancários de financiamento, a morte do contratante não gera a sua extinção, respondendo os herdeiros até as forças do ativo recebido (por todos: TJDF, Recurso 2012.01.1.005292-6, Acórdão 650.605, 1.ª Turma Cível, Rel. Des. Teófilo Caetano, *DJDFTE* 06.02.2013, p. 339; TJRS, Apelação Cível 314613-88.2013.8.21.7000, 12.ª Câmara Cível, Santo Ângelo, Rel. Des. Mario Crespo Brum, j. 29.08.2013, *DJERS* 03.09.2013; TJMG, Apelação Cível 1.0518.10.014159-8/001, Rel. Des. Alvimar de Ávila, j. 21.11.2012, *DJEMG* 30.11.2012).

Por outra via, nos contratos pessoais ou personalíssimos (*intuitu personae*), a obrigação do falecido não se transmite aos herdeiros. Cite-se, de início, a prestação de serviços, que termina com a morte de qualquer das partes, conforme consta do art. 607 do Código Civil. O exemplo da fiança merece maiores digressões, eis que a condição de fiador não se transmite aos seus herdeiros, uma vez que o contrato é personalíssimo, fundado na confiança no fiador. No entanto, são transmitidas, aos herdeiros do fiador, as obrigações vencidas enquanto era vivo o garantidor, até os limites da herança. Essa é a correta interpretação do art. 836 do CC/2002, cuja redação é a seguinte: "a obrigação do fiador passa aos herdeiros; mas a responsabilidade da fiança se limita ao tempo decorrido até a morte do fiador, e não pode ultrapassar as forças da herança".

Nos casos de obrigações solidárias passivas, se um dos devedores solidários falecer deixando herdeiros, cada um destes será obrigado a pagar a quota que corresponder ao seu quinhão hereditário, nos limites da herança. Apesar de o art. 276 da codificação civil não mencionar a ressalva final, assim deve ser interpretado. Dessa forma, se o herdeiro receber uma herança de R$ 100.000,00, sendo a sua quota na dívida o montante de R$ 200.000,00, somente responderá pelo primeiro valor.

Sem prejuízo de todas essas aplicações, conforme conclui corretamente a jurisprudência, "o espólio sucede o *de cujus* nas suas relações fiscais e nos processos que os contemplam como objeto mediato do pedido. Consequentemente, o espólio responde pelos débitos até a abertura da sucessão, segundo a regra *intra vires hereditatis*" (STJ, REsp 499.147/PR, 1.ª Turma, Rel. Min. Luiz Fux, j. 20.11.2003, *DJ* 19.12.2003, p. 336).

A jurisprudência estadual também entende que "os sucessores do causador do acidente de trânsito respondem pelos prejuízos materiais suportados pelo demandante, até o limite da herança por eles recebida (CC, art. 1792). Os prejuízos materiais a serem reparados dizem respeito à diferença entre o valor de mercado do automóvel Vectra na data do acidente de trânsito, segundo a tabela FIPE, e o montante auferido com a sua venda (fl. 17), com correção monetária pelo IGPM a partir desta data e juros moratórios de 1% ao mês desde o evento danoso" (TJRS, Apelação Cível 556101-73.2012.8.21.7000, 12.ª Câmara Cível, Viamão, Rel. Des. Mario Crespo Brum, j. 14.03.2013, *DJERS* 20.03.2013). Na mesma linha, a merecer destaque, cabe colacionar o seguinte aresto do Tribunal Paulista:

> "Responsabilidade civil. Colisão envolvendo caminhão e veículo de passeio. Ressarcimento de danos materiais c.c. lucros cessantes. Improcedência. Incontroversa a culpa do motorista do carro que, em via de mão dupla, adentra na contramão. Óbito do motorista do carro. Ação proposta em face dos pais da vítima fatal, a fim de reaver os valores despendidos com conserto do caminhão e lucros cessantes. Questão controvertida nos autos que diz respeito à possibilidade de se responsabilizar os herdeiros do responsável pelo acidente. Observância dos artigos 943 C.C. 1.792 do CC/2002. Sentença reformada. Estando provada a culpa do motorista do veículo pela colisão, devida indenização aos autores, por provados os valores requeridos a título de danos materiais. Indevidos os referentes aos lucros cessantes que não foram cabalmente provados nos autos. Embora relevante observar que o dever de indenizar transmite-se aos herdeiros, no entanto, limitado às forças da herança, o processo de conhecimento deve culminar por uma sentença de mérito que contenha a resposta definitiva ao pedido formulado pelo autor. Se há ou não patrimônio do *de cujus* que possa responder pelo dano, não é aspecto a ser examinado aqui, e, sim, problema que será examinado e decidido no momento da execução. Recurso parcialmente provido" (TJSP, Apelação 9185852-66.2008.8.26.0000, Acórdão 6831418, 28.ª Câmara de Direito Privado, Patrocínio Paulista, Rel. Des. Manoel Justino Bezerra Filho, j. 28.05.2013, *DJESP* 05.07.2013).

Seguindo nos exemplos de incidência do art. 1.792 do Código Privado, no caso de ser desconsiderada a personalidade jurídica de uma empresa, nos termos do art. 50 do próprio Código Civil, e falecendo o sócio ou administrador, seus herdeiros devem responder pela dívida, mais uma vez nas forças da herança, desde que o citado limite de responsabilização seja provado pelos próprios herdeiros. Nessa linha, outro acórdão do Tribunal Paulista, assim ementado:

> "Agravo de instrumento. Ação de cobrança em fase de cumprimento de sentença. Desconsideração da personalidade jurídica da devedora. Inclusão dos sucessores do sócio falecido no polo passivo da demanda, para responder até o limite da herança. Legitimidade reconhecida por decisão irrecorrida. Penhora sobre os ativos financeiros dos herdeiros que se justifica, uma vez que o inventário foi arquivado por desídia da própria inventariante, que deixou de apresentar as primeiras declarações e, consequentemente, de demonstrar o valor dos bens inventariados. Agravantes que não se desincumbiram do ônus de provar que o numerário penhorado supera as forças da herança, nos termos do artigo 1.792 do

Código Civil. Constrição mantida. Recurso improvido" (TJSP, Agravo de Instrumento 0056368-78.2013.8.26.0000, Acórdão 6779918, 32.ª Câmara de Direito Privado, São José do Rio Preto, Rel. Des. Ruy Coppola, j. 06.06.2013, *DJESP* 13.06.2013).

Por fim, quanto aos exemplos da máxima *intra vires hereditatis*, podem ser mencionados os vários julgados trabalhistas que entendem pela responsabilização dos herdeiros do ex-empregador, nos limites da herança, pelas dívidas trabalhistas do falecido, dedução judicial que tem inúmeras consequências (por todos: TRT da 2.ª Região, AP 0109600-65.2001.5.02.0025, Acórdão 2012/0231136, 17.ª Turma, Rel. Des. Fed. Maria de Lourdes Antonio, *DJESP* 09.03.2012; TRT da 2.ª Região, AP 0206900-06.2000.5.02.0011, Acórdão 2012/0122140, 13.ª Turma, Rel. Des. Fed. Cintia Taffari, *DJESP* 15.02.2012; TRT da 3.ª Região, AP 17000-64.1996.5.03.0092, Rel. Juiz Conv. Paulo Maurício Ribeiro Pires, *DJEMG* 18.05.2012, p. 50; TRT da 9.ª Região, Processo 01009-1991-092-09-00-3, Acórdão 08257-2010, Seção Especializada, Rel. Des. Célio Horst Waldraff, *DJPR* 19.03.2010; e TRT da 2.ª Região, AP 00120-2008-311-02-00-0, Acórdão 2009/0326207, 4.ª Turma, Rel. Des. Fed. Paulo Augusto Câmara, *DOESP* 15.05.2009, p. 327).

1.10 DO PRAZO PARA ABERTURA DO INVENTÁRIO E PARA O SEU ENCERRAMENTO. O ADMINISTRADOR PROVISÓRIO DO INVENTÁRIO

O Código Civil brasileiro em vigor consagra um prazo de 30 dias, a contar da abertura da sucessão – o que se dá pela morte, reafirme-se –, para a instauração do inventário do patrimônio hereditário (art. 1.796 do CC). A norma civil enuncia que, "no prazo de trinta dias, a contar da abertura da sucessão, instaurar-se-á inventário do patrimônio hereditário, perante o juízo competente no lugar da sucessão, para fins de liquidação e, quando for o caso, de partilha da herança".

Todavia, a matéria também está tratada na legislação processual. O art. 983 do Código de Processo Civil de 1973, conforme redação que foi dada pela Lei 11.441/2007, estabelecia um prazo de abertura do inventário de 60 dias, igualmente a contar do falecimento. Determinava, ainda, o Estatuto Processual que o processo de inventário deveria ser encerrado nos doze meses subsequentes à abertura, podendo o juiz prorrogar tais prazos, de ofício ou a requerimento de parte.

Pois bem, a correta interpretação que se fazia era no sentido de que o dispositivo processual anterior revogou o preceito material, por ser norma posterior que tratava da matéria de forma integral. Em suma, houve uma revogação tácita, nos termos do art. 2.º, § 2.º, da Lei de Introdução às Normas do Direito Brasileiro, com bem concluía a mais conceituada doutrina (DINIZ, Maria Helena. *Código*..., 2010, p. 1.274).

O Código de Processo Civil de 2015 confirmou o sentido da norma instrumental anterior, com algumas pequenas alterações. Nos termos do seu art. 611, o processo de inventário e de partilha deve ser instaurado dentro de 2 meses, a contar da abertura da sucessão, ultimando-se nos 12 meses subsequentes, podendo o juiz prorrogar esses prazos, de ofício ou a requerimento de parte. Como se percebe, o prazo para a abertura foi modificado de 60 dias para 2 meses, o que não corresponde necessariamente ao mesmo número de dias. Em relação ao prazo de encerramento do inventário, este foi mantido em 12 meses.

Mas quais são as decorrências caso tais lapsos temporais não sejam respeitados, eis que não há qualquer sanção expressa na norma, o que é motivo de críticas? No tocante às consequências do descumprimento dessas regras, precisas são as palavras de Euclides de Oliveira e Sebastião Amorim, mantidas na vigência do CPC/2015, com as devidas adaptações:

> "É comum haver atraso na abertura do inventário. Diversas as razões, como o trauma decorrente da perda de um ente familiar, dificuldades financeiras, problemas na contratação de advogado ou necessidade de diligências para localização dos bens e sua documentação.
>
> A inércia do responsável poderá ensejar a atuação de outro interessado na herança, que tenha legitimidade concorrente (art. 988 do CPC [art. 616 do CPC/2015]), ou providência *ex officio* (art. 989 do CPC [sem correspondente no CPC/2015]).
>
> Requerimento fora do prazo não implica indeferimento de abertura do inventário pelo juiz, mesmo porque se trata de procedimento obrigatório, não sujeito a prazo fatal.
>
> Mas o atraso na abertura do processo de inventário, quando superior a 60 (sessenta) dias, acarretará acréscimo dos encargos fiscais, pela incidência de multa de 10% sobre o importe a recolher, além dos juros de mora. Se o atraso for superior a 180 (cento e oitenta) dias a multa será de 20% (previsão da lei paulista 9.591/1966, art. 27, repisada pela Lei 10.705/2000, artigo 21, inciso I)" (OLIVEIRA, Euclides de; AMORIM, Sebastião. *Inventário...*, 2009, p. 328-329).

No que concerne à última penalidade, ressalte-se que os juristas citam a legislação paulista, o que não vale para outras unidades da federação, que têm normas estaduais próprias. De todo modo, em suma, o atraso na abertura do inventário gera consequências fiscais para os herdeiros; premissa a ser mantida sob a vigência do Estatuto Processual de 2015. A Lei 14.010/2020, que instituiu o Regime Jurídico Emergencial e Transitório das relações jurídicas de Direito Privado (RJET) no período da pandemia do coronavírus (Covid-19), trouxe importante ressalva a respeito desse art. 611 do CPC/2015, que será oportunamente estudada.

A propósito dessa imposição, geralmente percebida nas unidades da Federação, cabe ressaltar que não há qualquer inconstitucionalidade. Nos termos da antiga Súmula 542 do Supremo Tribunal Federal, do remoto ano de 1969, não é inconstitucional a multa instituída pelo Estado-Membro, como sanção pelo retardamento do início ou da ultimação do inventário.

No Projeto de Reforma e Atualização do Código Civil, elaborado pela Comissão de Juristas nomeada pelo Senado Federal, pretende-se aprimoramentos necessários nesse art. 1.796 da Lei Privada. De início, no seu *caput*, não haverá mais menção a qualquer prazo, remetendo-se o seu tratamento à legislação processual: "no prazo fixado na lei processual, instaurar-se-á inventário do patrimônio hereditário, preferencialmente perante tabelionato de notas, para fins de liquidação e, quando for o caso, de partilha da herança". A preferência quanto ao inventário extrajudicial também vem em boa hora, sendo essa opção uma faculdade dos interessados.

Ademais, o comando recebe novos parágrafos, para facilitar a divisão dos bens da herança de pequena monta, trazendo o tratamento do tema para a codificação privada, visando à retomada do seu *protagonismo legislativo,* perdido nos últimos anos. Como bem justificaram os membros da Subcomissão de Direito das Sucessões, "propõe-se a extensão do procedimento já previsto na Lei nº 6.858, de 24 de novembro de 1980 para quaisquer bem móveis de pequeno valor, incluindo automóveis e valores depositados em conta corrente. Aliás, a jurisprudência já vinha admitindo a via do alvará para levantar pequenos valores depositados em conta, independentemente de inventário judicial ou extrajudicial (Apelação Cível, Nº 70079897146, Tribunal de Justiça do RS)".

Nesse contexto, nos termos do projetado art. 1.796, "os valores referentes a Fundo de Garantia do Tempo de Serviço, fundo de participação PIS/PASEP, verbas trabalhistas, e benefícios previdenciários em geral, não recebidos em vida pelo autor da herança, serão pagos, em partes iguais, aos dependentes habilitados perante a Previdência Social ou àqueles designados em testamento ou codicilo e, na sua falta, aos herdeiros legítimos nominados em alvará judicial, independentemente de inventário ou arrolamento". Consoante o seu § 2.º, "a transferência de titularidade de bens móveis cujo valor não ultrapasse a 100 (cem) salários-mínimos poderá ser efetivada por alvará judicial ou termo de autorização para alienação de bens, perante tabelionato de notas, independentemente de inventário ou arrolamento". Com isso, sem dúvidas, facilita-se o recebimento de créditos pelos herdeiros, nos termos da Lei Civil.

Ademais, consoante o proposto § 3.º para o comando, "havendo herdeiro ou interessado incapaz, proceder-se-á ao inventário judicial e o Juiz mandará ouvir, desde logo, o Ministério Público". Por fim, a respeito do inventário extrajudicial, tema que será aqui retomado, o novo § 4.º desse art. 1.796, mais uma vez em prol de uma facilitação de divisão do patrimônio, preverá que, "se não houver oposição do curador do incapaz nem conflito com o cônjuge ou convivente supérstite, e esse for o desejo de todos os herdeiros, será expedido alvará para que o inventário se processe nos termos dos §§ 1º e 2º deste artigo, com a participação do Ministério Público".

Partindo para o outro tema do tópico e voltando-se ao sistema em vigor, a administração do inventário cabe ao inventariante, como regra geral, assunto que ainda será aprofundado nesta obra, no seu Capítulo 4. Tem ele um *mandato legal* para atuar em nome dos demais herdeiros. Todavia, nos termos do art. 1.797 do CC/2002, do art. 613 do CPC/2015 e do art. 985 do CPC/1973, até o compromisso do inventariante, a administração da herança caberá a um *administrador provisório* ou *ad hoc*, de acordo com a seguinte ordem sucessiva estabelecida no preceito civil citado:

I) Ao cônjuge ou companheiro, se com o outro convivia ao tempo da abertura da sucessão.

II) Ao herdeiro que estiver na posse e administração dos bens, e, se houver mais de um nessas condições, ao mais velho.

III) Ao testamenteiro, pessoa responsável pela administração do testamento.

IV) À pessoa de confiança do juiz, na falta ou escusa das indicadas nos incisos antecedentes, ou quando tiverem de ser afastadas por motivo grave levado ao conhecimento do juiz.

Pelos exatos termos do dispositivo legal, parece que a ordem deve ser rigorosamente obedecida, pois se utiliza o termo *sucessivamente*. Todavia, conforme está exposto nos outros Volumes desta coleção, o Código Civil brasileiro de 2002 adota um sistema aberto, baseado em cláusulas gerais e conceitos legais indeterminados, com esteio na *teoria tridimensional do Direito* – segundo a qual Direito é fato, valor e norma –, e na *ontognoseologia* de seu principal idealizador, o jurista Miguel Reale. Dessa forma, filosoficamente, é inconcebível ter as relações que constam da codificação material privada, em regra, como relações fechadas e rígidas.

Nesse contexto, melhor concluir, como fazem Euclides de Oliveira e Sebastião Amorim, que a ordem de nomeação do administrador provisório é apenas uma *ordem de preferência*, devendo o juiz analisar, de acordo com as circunstâncias do caso concreto, quem tem melhor condições de exercer o encargo (*Inventários...*, 2009, p. 344-345). Adotando tal premissa, vejamos aresto do Superior Tribunal de Justiça, assim publicado no *Informativo* n. *432* daquele Tribunal Superior:

> "Representação judicial. Administrador provisório. A Turma reiterou o entendimento de que, enquanto não nomeado inventariante e prestado o compromisso (arts. 985 e 986 do CPC), a representação ativa e passiva do espólio caberá ao administrador provisório, o qual, usualmente, é o cônjuge supérstite, uma vez que detém a posse direta e a administração dos bens hereditários (art. 1.579 do CC/1916, derrogado pelo art. 990, I a IV, do CPC e art. 1.797 do CC/2002). Assim, apesar de a herança ser transmitida ao tempo da morte do *de cujus* (*princípio saisine*), os herdeiros ficarão apenas com a posse indireta dos bens, pois a administração da massa hereditária será, inicialmente, do administrador provisório, que representará o espólio judicial e extrajudicialmente, até ser aberto o inventário com a nomeação do inventariante, a quem incumbirá representar definitivamente o espólio (art. 12, V, do CPC). Precedentes citados: REsp 81.173/GO, *DJ* 02.09.1996, e REsp 4.386/MA, *DJ* 29.10.1990" (STJ, REsp 777.566/RS, Rel. Min. Vasco Della Giustina (Desembargador convocado do TJRS), j. 27.04.2010).

O julgado, implicitamente, admite a tese de que cabe ao juiz estabelecer quem deve assumir o encargo, pois afirma que, *usualmente e não obrigatoriamente*, o administrador provisório será o cônjuge do falecido. Sintetizando, traz a conclusão de que a ordem de nomeação não é obrigatória, nem rígida.

Todavia, a questão não é pacífica, pois há quem entenda pela necessidade de observação da ordem descrita no art. 1.797 da Norma Geral Privada. Nesse sentido, afirma Zeno Veloso que "o art. 1.797 indica quem deve ser o administrador provisório da herança. A ordem é sucessiva" (*Código...*, 2012, p. 2.023). Na mesma linha, essa parece ser a conclusão de Paulo Lôbo, para quem "a ordem é obrigatória e o investido legalmente na administração da herança apenas pode dela se eximir, justificadamente, por decisão judicial" (*Direito...*, 2012, p. 63). Também na jurisprudência nacional são encontradas ementas estaduais que seguem tal forma de pensar (a título de exemplo: TJSP, Agravo de Instrumento 0048281-36.2013.8.26.0000, Acórdão 6693448, 6.ª Câmara de Direito Privado, São Paulo, Rel. Des. Paulo Alcides, j. 25.04.2013, *DJESP* 10.05.2013; e TJPR, Agravo de Instrumento 351099-2, Acórdão 3340, 16.ª Câmara Cível, Curitiba, Rel. Juiz Conv. Joatan Marcos de Carvalho, j. 19.07.2006, *DJPR* 04.08.2006).

Com o devido respeito aos professores por último citados, verdadeiros *ícones doutrinários* para mim, melhor deduzir pela existência de *mera ordem de preferência*, o que está mais bem adaptado aos valores do Direito Privado Contemporâneo. Anoto que o Projeto de Reforma do Código Civil adota a posição hoje considerada como majoritária, passando o parágrafo único do art. 1.797 a prever que "a ordem estabelecida nos incisos I a IV deste artigo poderá ser alterada pelo juiz, de acordo com as circunstâncias".

Também no sentido de ampliar o sentido do texto legal, deve-se reconhecer que o rol descrito no art. 1.797 do CC/2002 é meramente exemplificativo (*numerus apertus*) e não taxativo (*numerus clausus*), o que igualmente está de acordo com o sistema aberto adotado pela codificação privada de 2002. Desse modo, pode ser tido como administrador provisório um companheiro homoafetivo do falecido ou filho socioafetivo ou de criação não registrado que esteja na posse dos bens do *de cujus*. Consigne-se que aresto do Tribunal de Justiça do Rio de Janeiro, do ano de 2008, já havia reconhecido a possibilidade de ser o companheiro homoafetivo administrador provisório dos bens do falecido (TJRJ, Apelação Cível 2006.001.09399, Rel. Des. Ronaldo Rocha Passos, j. 11.03.2008).

Entretanto, com a histórica decisão do Supremo Tribunal Federal, de maio de 2011, que equiparou, para todos os fins, a união homoafetiva à união estável heterossexual, o melhor enquadramento da hipótese parece ser no inciso I do art. 1.797 do CC. O mesmo deve ser dito no caso de casamento homoafetivo, o que passou a ser possível no Brasil como decorrência desse revolucionário *decisum*, publicado no *Informativo* n. *625* do Excelso Pretório.

Superados tais aspectos, estabelece o art. 614 do CPC/2015 – reprodução literal do art. 986 do CPC/1973, seu correspondente – que o administrador provisório representa ativa e passivamente o espólio. Como aplicação dessa legitimidade, julgou o Superior Tribunal de Justiça, mencionando o Estatuto Processual anterior da seguinte forma:

> "Enquanto não realizada a partilha, o acervo hereditário – espólio – responde pelas dívidas do falecido (art. 597 do CPC) e, para tanto, a lei lhe confere capacidade para ser parte (art. 12, V, do CPC). Acerca da capacidade para estar em juízo, de acordo com o art. 12, V, do CPC, o espólio é representado, ativa e passivamente, pelo inventariante. No entanto, até que o inventariante preste o devido compromisso, tal representação far-se-á pelo administrador provisório, consoante determinam os arts. 985 e 986 do CPC. O espólio tem legitimidade para figurar no polo passivo de ação de execução, que poderia ser ajuizada em face do autor da herança, acaso estivesse vivo, e será representado pelo administrador provisório da herança, na hipótese de não haver inventariante compromissado" (STJ, REsp 1.386.220/PB, 3.ª Turma, Rel. Min. Nancy Andrighi, j. 03.09.2013, *DJe* 12.09.2013).

Ainda pelo mesmo preceito processual, o administrador provisório é obrigado a trazer ao acervo os frutos que desde a abertura da sucessão percebeu do bem principal. Cabe lembrar, para os devidos fins de estudo, que os frutos são bens acessórios que saem do bem principal sem diminuir a sua quantidade. A título de exemplo, se o administrador provisório está na posse de uma fazenda, deve trazer para a partilha a produção desse bem, para que os frutos sejam partilhados entre os herdeiros.

O administrador provisório, ainda de acordo com o art. 614 do CPC/2015 (equivalente ao art. 986 do CPC/1973), tem direito ao reembolso das despesas necessárias e úteis que fez para manter o bem. O enquadramento de tais despesas deve ser semelhante ao tratamento das benfeitorias, constante do art. 96 do Código Civil. Sendo assim, são úteis as despesas que aumentam ou facilitam o uso do bem, caso de um acessório que vise a melhorar a segurança do bem principal. Em complemento, são necessárias as despesas que têm por fim conservar o bem ou evitar que se deteriore, como nos casos da troca de um telhado de uma casa ou do conserto de um sistema de encanamento.

Por derradeiro, estabelece tal preceito do Estatuto Processual que o administrador provisório responde pelo dano a que, por dolo ou culpa, der causa. Em suma, nota-se que a sua responsabilidade é subjetiva, fundada na culpa *lato sensu*, que engloba o dolo – intenção de causar prejuízo –, e a culpa *stricto sensu* – por imprudência, negligência e imperícia. Cabe, ao eventual prejudicado, o ônus de comprovação desse elemento subjetivo, para que surja o eventual dever de reparar do administrador. Não se cogita a sua responsabilidade objetiva ou sem culpa, pois a lei assim não a consagra.

1.11 DA HERANÇA JACENTE E DA HERANÇA VACANTE

Como ficou claro pela leitura desta obra até o presente momento, o objetivo do Direito das Sucessões é destinar os bens do falecido aos seus herdeiros, cumprindo a matéria a sua *vocação social*. Como se retira da obra de Itabaiana de Oliveira, a matéria em estudo procurou, no passar dos tempos, dar primazia à família. De acordo com suas palavras, "finalmente, aceita, de modo incontroverso, a coesão de dois fatores primordiais da existência social – a propriedade e a família – bem como a combinação harmônica dos três elementos subjetivos do direito de propriedade – o individual, o familial e o social – é claro que só uma solução era facultada ao direito: consignar, entre os modos de aquisição e de transmissão do domínio, a sucessão e fazer do herdeiro o representante do *de cujus*" (*Tratado*..., 1952, v. I, p. 51).

Entretanto, pode ocorrer de o *de cujus* não ter deixado herdeiros, enunciando o art. 1.844 do CC/2002 que, não sobrevivendo cônjuge, ou companheiro, nem parente algum sucessível, ou tendo eles renunciado à herança, esta é devolvida ao Município ou ao Distrito Federal, se localizada nas respectivas circunscrições, ou à União, quando situada em território federal. De toda sorte, como não há, na atualidade, território federal no Brasil, a última previsão tornou-se sem subsunção na realidade nacional.

Com relevância histórica para tal destinação, anote-se que foi a Lei 8.049, de 20.06.1990, que instituiu o Município e Distrito Federal como destinatários dos *bens vagos*, em detrimento dos Estados, que constavam como sucessores na ordem de vocação hereditária original do art. 1.603 do Código Civil de 1916. Diante dessa alteração legislativa, forçoso concluir que foi revogada tacitamente a disposição do art. 1.143 do Código de Processo Civil de 1973, que determinava que a herança vacante seria incorporada ao domínio da União, dos Estados ou do Distrito Federal.

Também é pertinente expor que, no Estado de São Paulo, antes da vigência da Lei 8.049/1990, os bens aqui situados eram entregues apenas à Universidade de São Paulo, por força do Decreto 27.219-A, de 1957. A partir de 1985, pelo teor do Decreto estadual 23.296, de 1.º.03.1985, os bens passaram a ser destinados à Universidade de São Paulo (USP), à Universidade Estadual Paulista (UNESP) ou à Universidade de Campinas (UNICAMP), de acordo com as suas áreas de influências. Com a modificação legislativa de 1990, ocorreu a revogação desses decretos estaduais e os bens passaram a pertencer ao Município, como regra.

Feitas essas explanações, cabe reafirmar, como se retira das lições de Itabaiana de Oliveira, que *a família tem a primazia no destino da herança*, sendo os bens atribuídos ao Estado – em sentido genérico –, somente se o falecido não deixar ninguém que mereça a natural transmissão da herança. Ao comentar a ordem de vocação hereditária na codificação anterior, pontuava o doutrinador que "esta ordem se distingue pela sua simplicidade e corresponde, com a possível exatidão, ao conceito de família, e, substituindo a este sentimento, há o da pátria, que se reflete no direito hereditário com a sucessão do Fisco" (ITABAIANA DE OLIVEIRA, Artur Vasco. *Tratado*..., 1952, v. 1, p. 51). Resumindo, conforme o clássico jurista por último citado: *primeiro a família, depois a Pátria!*

Antes do destino final de tais bens vagos, que são devolvidos ao Estado – em sentido genérico –, a lei consagra uma série de procedimentos, surgindo os conceitos de herança jacente e vacante que, do mesmo modo, constituem conjuntos de bens a formar um *ente despersonalizado*, e não uma pessoa jurídica.

Ao final de todo o processo, o Município, o Distrito Federal ou a União não é herdeiro, mas um *sucessor irregular*, não estando sujeito ao *direito de saisine*, como esclarece a doutrina nacional (por todos: DINIZ, Maria Helena. *Código*..., 2010, p. 1.305; e VENOSA, Sílvio de Salvo. *Código*..., 2010, p. 1.669). Não é diferente a conclusão da jurisprudência, cabendo a colação da seguinte decisão, do Superior Tribunal de Justiça:

> "Agravo regimental no recurso especial. Civil. Sucessão. Herança jacente. Estado/Município. Princípio da *saisine* ao ente público. Inaplicabilidade. Momento da vacância que não se confunde com o da abertura da sucessão ou da morte do *de cujus*. Declaração de vacância após a vigência da Lei 8.049/1990. Legitimidade para suceder do Município. Recurso improvido. 1. O agravante não trouxe qualquer subsídio capaz de afastar os fundamentos da decisão agravada. 2. Não se aplica o princípio da *saisine* ao ente público para a sucessão do bem jacente, pois o momento da vacância não se confunde com o da abertura da sucessão ou da morte do *de cujus*. 3. O Município é o sucessor dos bens jacentes, pois a declaração judicial da vacância ocorreu após a vigência da Lei 8.049/1990. 4. Agravo regimental improvido" (STJ, AgRg no REsp 1.099.256/RJ, 3.ª Turma, Rel. Min. Massami Uyeda, j. 17.03.2009, *DJe* 27.03.2009).

Partindo para o estudo dos procedimentos materiais e processuais, em especial tendo em vista os principais impactos do CPC/2015, antes do destino dos bens ao Município, ao Distrito Federal ou a União, preceitua o art. 1.819 do Código Civil que, falecendo alguém sem deixar testamento nem herdeiro legítimo notoriamente conhecido, os bens da herança, depois de arrecadados, ficarão sob a guarda e administração de um curador, até a sua entrega ao sucessor devidamente habilitado ou à declaração de sua vacância. Trata-se da perpetuação da *herança jacente*, que tem clara feição provisória, pois objetiva ao final a vacância da herança.

A *jacência* não representa, necessariamente, que o bem será destinado ao Município, ao Distrito Federal ou a União, sendo possível o aparecimento de um herdeiro nessa fase, afastando a devolução ao Estado em sentido genérico. Nessa esteira, vejamos trecho de acórdão muito elucidativo do Superior Tribunal de Justiça:

> "A jacência, ao reverso do que pretende demonstrar o recorrente, pressupõe a incerteza de herdeiros, não percorrendo, necessariamente, o caminho rumo à vacância, tendo em vista

que, após publicados os editais de convocação, podem eventuais herdeiros se apresentar, dando-se início ao inventário, nos termos dos arts. 1.819 a 1.823 do Código Civil" (STJ, REsp 445.653/RS, 4.ª Turma, Rel. Min. Luis Felipe Salomão, j. 15.10.2009, *DJE* 26.10.2009).

Enunciava o art. 1.142 do CPC/1973 que, nos casos em que a lei civil considerasse jacente a herança, o juiz, em cuja Comarca tivesse domicílio o falecido, procederia sem perda de tempo à arrecadação de todos os seus bens. O art. 738 do CPC/2015 praticamente reproduziu a regra, fazendo apenas uma pequena substituição de termo no seu trecho final. Assim, de acordo com o comando que agora está em vigor, "nos casos em que a lei considere jacente a herança, o juiz em cuja comarca tiver domicílio o falecido procederá imediatamente à arrecadação dos respectivos bens".

A herança jacente ficará sob a guarda, a conservação e a administração de um curador até a respectiva entrega ao sucessor legalmente habilitado, ou até a declaração de vacância (art. 739 do CPC/2015, correspondente ao art. 1.143 do CPC/1973). Pontue-se que foi retirada apenas a menção à incorporação ao domínio da União, Estado ou Distrito Federal, o que nem sempre pode ocorrer. Na esteira da jurisprudência, não se aplicaria a norma relativa ao administrador provisório, pela existência de preceitos próprios relacionados ao curador (nesse sentido: STJ, AgRg no Ag 475.911/SP, 3.ª Turma, Rel. Min. Ari Pargendler, j. 16.10.2003, *DJ* 19.12.2003, p. 454). Essa posição deve ser mantida com a emergência do Novo CPC.

Ainda conforme o art. 739, § 1.º, do CPC/2015, incumbe a esse curador: *a)* representar a herança em juízo ou fora dele, com a intervenção do órgão do Ministério Público; *b)* ter em boa guarda e conservação os bens arrecadados e promover a arrecadação de outros porventura existentes; *c)* executar as medidas conservatórias dos direitos da herança; *d)* apresentar mensalmente ao juiz um balancete da receita e da despesa; *e)* prestar contas ao final de sua gestão.

O comando é repetição do antigo art. 1.144 do CPC/1973. A respeito do último dever, vinha-se reconhecendo amplamente a legitimidade passiva do próprio curador em ação de prestação de contas proposta pelo interessado na herança, caso do Município, o que também deve ser mantido sob a égide do Novo CPC (TJSP, Apelação com Revisão 391.149.4/2, Acórdão 3515555, 8.ª Câmara de Direito Privado, São Paulo, Rel. Des. Ribeiro da Silva, j. 11.03.2009, *DJESP* 07.05.2009).

Previa o art. 1.145, *caput*, do CPC/1973 que, comparecendo à residência do morto, acompanhado do escrivão do curador, o juiz mandaria arrolar os bens e descrevê-los em auto circunstanciado. Não estando ainda nomeado o curador, o juiz designaria um depositário e lhe entregaria os bens, mediante simples termo nos autos, depois de compromissado (§ 1.º). O órgão do Ministério Público e o representante da Fazenda Pública seriam intimados a assistir à arrecadação, que se realizaria, porém, estivessem estes presentes ou não (§ 2.º).

Em tal diligência, o juiz examinaria reservadamente os papéis, as cartas missivas e os livros domésticos. Verificando que não apresentassem interesse, mandaria empacotá-los e lacrá-los para serem assim entregues aos sucessores do falecido, ou queimados quando os bens fossem declarados vacantes (art. 1.147 do CPC/1973). Não podendo comparecer imediatamente, por motivo justo ou por estarem os bens em lugar muito distante, o juiz requisitaria à autoridade policial que procedesse à arrecadação e ao arrolamento dos bens (art. 1.148 do CPC/1973).

Se constatasse o juiz a existência de bens em outra Comarca, mandaria ele expedir carta precatória a fim de serem arrecadados (art. 1.149 do CPC/1973). Durante a arrecadação dos bens, o juiz inquiriria os moradores da casa e da vizinhança sobre a qualificação do falecido, o paradeiro de seus sucessores e a existência de outros bens, lavrando-se de tudo um auto de inquirição e informação (art. 1.150 do CPC/1973).

Todos esses procedimentos foram alterados pelo Código de Processo Civil de 2015, com o intuito de facilitação, estando unificados em um único dispositivo, o seu art. 740. Desse modo, conforme o seu *caput*, o juiz ordenará que o oficial de justiça, acompanhado do escrivão ou do chefe de secretaria e do curador, arrole os bens e descreva-os em auto circunstanciado. Em suma, não ocorrerá mais o seu comparecimento pessoal que, apesar de estar previsto expressamente na legislação instrumental anterior, não se concretizava muitas vezes na prática.

Eventualmente, não podendo comparecer ao local por meio de seus prepostos indicados, o juiz requisitará à autoridade policial que proceda à arrecadação e ao arrolamento dos bens, com duas testemunhas, que assistirão às diligências (art. 740, § 1.º, do CPC/2015). Diante do antigo art. 1.148 do CPC/1973, seu correspondente, não há mais menção ao motivo justo e ao fato de estarem os bens em lugar muito distante. O não comparecimento merece agora uma análise casuística, pelo tom mais genérico do comando, o que até pode englobar essas hipóteses anteriores.

Seguindo, consoante o § 2.º do art. 740 do CPC/2015, não estando ainda nomeado o curador, o juiz designará depositário e lhe entregará os bens, mediante simples termo nos autos, depois de compromissado. Aqui não houve qualquer alteração substancial perante o § 1.º do art. 1.145 do CPC/1973, não se menciona mais, porém, a intimação do órgão do Ministério Público e do representante da Fazenda Pública para assistir à arrecadação, o que foi considerado desnecessário pelo legislador. Em suma, o antigo § 2.º do art. 1.145 do CPC/1973 não foi reproduzido pelo CPC agora em vigor, tendo sido retirada a regra do sistema jurídico.

Durante a arrecadação, o juiz ou a autoridade policial inquirirá os moradores da casa e da vizinhança sobre a qualificação do falecido, o paradeiro de seus sucessores e a existência de outros bens, lavrando-se de tudo auto de inquirição e informação (art. 740, § 3.º, do CPC/2015). Aqui a novidade, perante o antigo art. 1.150 do CPC/1973, é apenas a menção à autoridade policial, com os fins de tornar mais efetivo e fácil o procedimento.

O juiz examinará reservadamente os papéis, as cartas missivas e os livros domésticos. Verificando que não apresentam interesse, mandará empacotá-los e lacrá-los para serem assim entregues aos sucessores do falecido, ou queimados quando os bens forem declarados vacantes (art. 740, § 4.º, do CPC/2015). Mais uma vez, trata-se de reprodução integral do art. 1.147 do Estatuto Processual anterior.

O mesmo deve ser dito quanto ao art. 740, § 5.º, do CPC/2015, correspondente ao art. 1.149 do CPC/1973, *in verbis*: "se constar ao juiz a existência de bens em outra comarca, mandará expedir carta precatória a fim de serem arrecadados".

Por derradeiro, o § 6.º do art. 740 estatui que não se fará a arrecadação, ou esta será suspensa, quando, iniciada, apresentarem-se para reclamar os bens o cônjuge ou companheiro, o herdeiro ou o testamenteiro notoriamente reconhecido e não houver oposição motivada do curador, de qualquer interessado, do Ministério Público ou do representante da Fazenda Pública. Em face do art. 1.151 do CPC/1973, a novidade é a inclusão expressa do companheiro, sendo certo que o Novo CPC trouxe a equalização da união estável ao casamento em vários de seus artigos, o que veio em boa hora.

Ato contínuo de estudo, praticadas as diligências de arrecadação e ultimado o inventário, serão expedidos editais na forma da lei processual. Nos termos do art. 1.152, *caput*, do CPC/1973 os editais seriam estampados três vezes, com intervalo de 30 dias para cada um, no órgão oficial e na imprensa da comarca, para que viessem a habilitar-se os sucessores do finado no prazo de seis meses contados da primeira publicação. Verificada a existência de sucessor ou testamenteiro em lugar certo, far-se-ia a sua citação, sem prejuízo do edital (art. 1.152, § 1.º, do CPC). Quando o finado fosse estrangeiro, seria também comunicado o fato à autoridade consular (art. 1.152, § 2.º, do CPC).

O art. 741 do CPC/2015, correspondente ao último preceito, traz algumas inovações. De início, conforme o seu *caput*, "ultimada a arrecadação, o juiz mandará expedir edital, que será publicado na rede mundial de computadores, no sítio do tribunal a que estiver vinculado o juízo e na plataforma de editais do Conselho Nacional de Justiça, onde permanecerá por 3 (três) meses, ou, não havendo sítio, no órgão oficial e na imprensa da comarca, por 3 (três) vezes com intervalos de 1 (um) mês, para que os sucessores do falecido venham a habilitar-se no prazo de 6 (seis) meses contado da primeira publicação". A publicação na *internet* constitui a principal novidade da regra, na linha de outros dispositivos do próprio Código de Processo Civil de 2015, que visam à facilitação dos procedimentos.

Se verificada a existência de sucessor ou de testamenteiro em lugar certo, far-se-á a sua citação, sem prejuízo do edital, o que não representa qualquer alteração (art. 741, § 1.º, do CPC/2015). Igualmente na linha do seu antecessor, estabelece o Estatuto Processual emergente que, quando o falecido for estrangeiro, será também comunicado o fato à autoridade consular (art. 741, § 2.º, do CPC/2015).

Sendo julgada a habilitação do herdeiro, reconhecida a qualidade do testamenteiro ou provada a identidade do cônjuge ou companheiro, a arrecadação converter-se-á em inventário. É o que enuncia o art. 741, § 3.º, do CPC/2015, trazendo a novidade de inclusão do companheiro, que não constava no equivalente art. 1.153 do CPC/1973. Além disso, continua a estar previsto – conforme o art. 1.154 do CPC/1973 – que os credores da herança poderão habilitar-se como nos inventários ou propor a ação de cobrança (art. 741, § 4.º, do CPC/2015).

Decorrido um ano de sua primeira publicação, sem que haja herdeiro habilitado ou pendente a habilitação, será a herança declarada vacante, o que tem caráter definitivo para a destinação dos bens (arts. 743 do CPC/2015, 1.157 do CPC/1973 e 1.820 do CC/2002).

Vale citar a definição de Sebastião Amorim, para quem "considera-se vacante a herança, quando, realizadas todas as diligências, inclusive com a publicação de editais, e passado um ano, não surgirem pessoas sucessíveis, deferindo-se os bens arrecadados ao ente público designado na lei" (*Heranças*..., In: ALVES, Jones Figueirêdo; DELGADO, Mário Luiz. *Questões*..., 2005, v. 2, p. 361).

Transitada em julgado a sentença que declarou a vacância, o cônjuge, o companheiro os herdeiros e os credores só poderão reclamar o seu direito por ação direta (art. 743, § 2.º, do CPC/2015, que corresponde ao art. 1.158 do CPC/1973; com a inovação de inclusão do companheiro). Não se olvide que "é entendimento consolidado neste Superior Tribunal de Justiça que os bens jacentes são transferidos ao ente público no momento da declaração da vacância, não se aplicando, desta forma, o princípio da *saisine*" (STJ, AgRg no Ag 851.228/RJ, 3.ª Turma, Rel. Min. Sidnei Beneti, j. 23.09.2008, *DJe* 13.10.2008).

Com a declaração de vacância, cessa a curatela exercida em relação à herança jacente, sendo desnecessária eventual substituição de curador anteriormente nomeado. A título de ilustração, com tal dedução, vejamos julgado do Tribunal de Justiça de São Paulo:

> "Sucessão hereditária. Declaração de vacância da herança, nos termos do art. 1.157, CPC c/c art. 1.820 do CC/02. Substituição de antiga curadora da herança jacente por novo curador, que se mostra desnecessária, tendo em vista que com a declaração de vacância cessa o exercício da curatela dos bens deixados pelo *de cujus*. Herança vacante que passa ao domínio do Poder Público, submetendo-se à sua guarda e administração. Discussão sobre qual o destinatário dos bens que compõem a herança vacante, se beneficiado seria o Município ou o Estado. Conflito de Leis no tempo. Disposição original, no Código Civil de 1916, no sentido de que os bens vacantes passariam ao domínio dos Estados, Distrito Federal ou União. Superveniência da Lei n. 8.040/90, que estabeleceu como beneficiados da herança vacante o Município ou o Distrito Federal. Discussão sobre a legislação aplicável, se a vigente à época da abertura da sucessão ou a vigente ao tempo da declaração de vacância dos bens. Jurisprudência consolidada do STJ. Princípio da *saisine* que não é aplicável aos entes públicos, que adquirem o domínio dos bens jacentes apenas com a declaração de vacância, cinco anos após a abertura da sucessão. Irrelevante que o falecimento tenha ocorrido na vigência da legislação anterior, se a transferência dos bens à Fazenda Pública ocorre apenas com a declaração de vacância, sendo, portanto, alcançada pela nova Lei então vigente. Herança vacante transferida à Municipalidade de São Paulo, nos termos do art. 1.822, CC/2002. Recurso provido em parte, apenas para tornar sem efeito a nomeação de novo curador da herança" (TJSP, Apelação Cível 578.155.4/2, Acórdão 3710899, 4.ª Câmara de Direito Privado, São Paulo, Rel. Des. Francisco Loureiro, j. 18.06.2009, *DJESP* 17.07.2009).

Ademais, a jurisprudência deduz que antes da declaração de vacância é possível a discussão referente à usucapião dos bens supostamente vagos. Para ilustrar, do Superior Tribunal de Justiça:

> "Civil. Usucapião. Herança jacente. O Estado não adquire a propriedade dos bens que integram a herança jacente, até que seja declarada a vacância, de modo que, nesse interregno, estão sujeitos à usucapião. Recurso especial não conhecido" (STJ, REsp 36.959/SP, 3.ª Turma, Rel. Min. Ari Pargendler, j. 24.04.2001, *DJ* 11.06.2001, p. 196).

> "Usucapião. Herança jacente. O bem integrante de herança jacente só é devolvido ao Estado com a sentença de declaração da vacância, podendo, até ali, ser possuído *ad usucapionem*. Precedentes. Recursos não conhecidos" (STJ, REsp 253.719/RJ, 4.ª Turma, Rel. Min. Ruy Rosado de Aguiar, j. 26.09.2000, *DJ* 27.11.2000, p. 169).

As decisões são elogiáveis, pois o Estado brasileiro, infelizmente, não tem dado a devida destinação social aos bens que recebe por vacância. Nessa realidade, se surgiu um particular que tenha efetivo interesse pela propriedade, melhor que para ele seja destinado pois, em geral, o bem terá a destinação social que se espera. Também por isso, conforme defendido no Volume 4 desta coleção, é o momento de retomarmos o debate de usucapião de bens públicos dominicais, mitigando a proibição constante dos arts. 183, § 3.º, e 191, parágrafo único, da Constituição Federal de 1988.

Voltando aos procedimentos, sendo declarada a vacância definitiva, é assegurado aos credores o direito de pedir o pagamento das dívidas reconhecidas, nos limites das forças da herança ou *intra vires hereditatis* (art. 1.821 do CC). Ademais, a declaração de vacância da herança não prejudica os herdeiros que legalmente se habilitarem.

Decorridos cinco anos da abertura da sucessão, os bens arrecadados passarão ao *domínio definitivo* do Município ou do Distrito Federal, se localizados nas respectivas circunscrições, incorporando-se ao domínio da União quando situados em território federal (art. 1.822, *caput*, do CC). Não se habilitando até a declaração de vacância, os colaterais ficarão excluídos da sucessão (art. 1.822, parágrafo único, do CC). Nota-se que com a declaração da vacância o Estado tem apenas a *propriedade resolúvel* dos bens, aquela que depende de condição ou termo. A propriedade passa a ser definitiva apenas cinco anos após a abertura da sucessão, não havendo a habilitação de qualquer herdeiro.

No Projeto de Reforma do Código Civil, a Comissão de Juristas sugere melhoras quanto a esse procedimento. Com esse objetivo, a lei passará a expressar que a declaração de vacância da herança não prejudicará os herdeiros que legalmente se habilitarem; mas, decorridos cinco anos da publicação do primeiro edital, e não mais da abertura da sucessão, os bens arrecadados passarão ao domínio do Município ou do Distrito Federal, se localizados nas respectivas circunscrições, incorporando-se ao domínio da União quando situados em território federal.

Almeja-se ainda a inclusão de dois novos parágrafos, para tratar do destino dos bens arrecadados, o que virá em boa hora, em prol da moralidade pública. Nos termos do primeiro deles, após a declaração de vacância, os bens deverão ser destinados à prestação de serviços públicos de saúde, de educação ou de assistência social ou serão objeto de concessão de direito real de uso a entidades civis que comprovadamente tenham fins filantrópicos, assistenciais ou educativos, no interesse do Município, do Distrito Federal ou da União. E, consoante o segundo parágrafo ora proposto, representando um grande avanço, na hipótese de venda dos bens arrecadados, os valores deverão ser revertidos em favor da infraestrutura dos serviços públicos de saúde, de educação ou de assistência social, vedada a utilização dos recursos para pagamento de folha de pessoal. Pelo seu teor ético indiscutível, aguarde-se a sua aprovação pelo Parlamento Brasileiro.

Retornando-se ao sistema em vigor, quando todos os chamados a suceder renunciarem à herança, será esta desde logo declarada vacante (art. 1.823 do CC). A renúncia da herança ainda será estudada, oportunidade em que o sentido da norma será mais bem compreendido.

Por fim, para encerrar o estudo da herança jacente e da herança vacante, é interessante reproduzir o quadro montado por Giselda Maria Fernandes Novaes Hironaka, com a demonstração de todos os prazos (termos iniciais e finais) relativos aos seus procedimentos (*Comentários*..., 2007, v. 20, p. 190).

De qualquer modo, deve ser esclarecido que, para a Professora Titular da USP, *quatro* seriam as publicações de editais, e não *três*, como constam expressamente da lei. Apesar de tal posição ser minoritária, o quadro é bem elucidativo, servindo como um resumo da matéria.

Fenômeno	*Dies a quo* (termo inicial)	*Dies ad quem* (termo final)
Jacência	Abertura da sucessão sem herdeiros conhecidos	Aparecimento de herdeiro, habilitação procedente de herdeiro ou declaração de vacância
Prazo para publicação do primeiro edital	Término da arrecadação e do inventário	Não há
Prazo para publicação do segundo edital	Publicação do primeiro edital	30 dias
Prazo para publicação do terceiro edital	Publicação do segundo edital	30 dias
Prazo para publicação do quarto edital	Publicação do terceiro edital	30 dias
Prazo para habilitação	Publicação do primeiro edital	6 meses
Declaração de vacância	1 ano da publicação do primeiro edital	5 anos da abertura da sucessão
Aquisição da propriedade resolúvel pelo Estado	Declaração de vacância	5 anos da abertura da sucessão
Aquisição da propriedade definitiva pelo Estado	5 anos da abertura da sucessão, desde que não estejam pendentes ações diretas de reconhecimento da condição de sucessor	Não há

1.12 DA VOCAÇÃO HEREDITÁRIA E OS LEGITIMADOS A SUCEDER

Assunto dos mais relevantes tem relação com as pessoas legitimadas a suceder ou herdar. No presente ponto, o conceito central é a *legitimação*, que vem a ser uma capacidade especial para determinada categoria jurídica. No caso, a categoria em questão é a sucessão hereditária. Há tratamento legislativo diferenciado em relação a quem pode suceder por sucessão legítima ou testamentária. Vejamos, de forma pontual, separada e sucessiva.

Para começar o estudo do tema, no que interessa à sucessão legítima, dispõe o art. 1.798 do CC/2002 que são legitimados a suceder as pessoas nascidas ou *já concebidas* no momento da abertura da sucessão. O dispositivo, sem correspondente no CC/1916, inova de forma substancial, ao reconhecer legitimação sucessória para o nascituro aquele que foi concebido e ainda não nasceu.

Conforme o Volume 1 da presente coleção, sigo a *teoria concepcionista*, que reconhece direitos ao nascituro, devendo este ser tratado como pessoa humana. Cabe relembrar, na esteira do que consta daquela obra, que esse é o entendimento defendido por Silmara

Juny Chinellato, Rubens Limongi França, Giselda Maria Fernandes Novaes Hironaka, Pablo Stolze Gagliano, Rodolfo Pamplona Filho, Roberto Senise Lisboa, Cristiano Chaves de Farias, Nelson Rosenvald, Francisco Amaral, Guilherme Calmon Nogueira da Gama, Antonio Junqueira de Azevedo, Gustavo Rene Nicolau, Renan Lotufo, Maria Helena Diniz e Álvaro Villaça Azevedo. Em suma, a grande maioria dos doutrinadores, sobretudo contemporâneos, é filiada à ideia de que deve ser reconhecida a personalidade jurídica do nascituro, com a tutela dos seus direitos.

Sem prejuízo do seu art. 2.º, que afirma ter, o nascituro, direitos desde a concepção, o Código Civil de 2002 parece ter adotado o entendimento concepcionista, ao reconhecer legitimidade sucessória ao nascituro, pois somente *pessoas naturais* podem herdar por meio da sucessão legítima.

De qualquer maneira, ao tratar dessa sucessão, muitos doutrinadores apontam a existência de uma condição para que o nascituro herde, qual seja o seu nascimento com vida. Para começar o enfrentamento de mais uma questão polêmica, vejamos as palavras sempre necessárias de Zeno Veloso, um dos maiores *sucessionistas* brasileiros, que infelizmente nos deixou no ano de 2021:

> "A lei põe a salvo, desde a concepção, os direitos do nascituro (art. 2.º, segunda parte). Assim sendo, o *conceptus* (nascituro) é chamado à sucessão, mas o direito sucessório só estará definido e consolidado se nascer com vida, quando adquire personalidade civil ou capacidade de direito (art. 2.º, primeira parte). O nascituro é um ente em formação (*spes hominis*), um ser humano que ainda não nasceu. Se o concebido nascer morto, a sucessão é ineficaz" (VELOSO, Zeno. *Código...*, 6. ed., 2008, p. 1.971-1.972).

No mesmo trilhar, segundo Carlos Alberto Dabus Maluf e Adriana Caldas Dabus Maluf, no que tange ao nascituro, "se vier a nascer com vida, ainda que já falecido o autor da herança, herdará este, de acordo com o seu título sucessório; se, por outro lado, a gestação não chegar a termo, será como se nunca houvesse existido; nesse caso, defere-se a herança aos outros de sua classe, ou aos da classe imediata, caso ele fosse o único herdeiro. Retroagem seus direitos sucessórios ao momento da abertura da sucessão" (MALUF, Carlos Alberto Dabus; MALUF, Adriana Caldas Dabus. *Curso de Direito...*, 2013, p. 109-110).

Cabe citar, como suplemento, as palavras de Maria Berenice Dias, que parece seguir a *teoria natalista*: "a aquisição da capacidade sucessória está sujeita à ocorrência de condição suspensiva: o nascimento com vida. Assim, o nascituro se coloca como dotado de capacidade sucessória passiva condicional, já que ainda não tem personalidade civil" (*Manual...*, 2008, p. 115).

Não é diferente a conclusão de Maria Helena Diniz, para quem a capacidade sucessória do nascituro é excepcional, somente sucedendo se nascer com vida:

> "Havendo um estado de pendência da transmissão hereditária, recolhendo seu representante legal a herança sob condição resolutiva. O já concebido no momento da abertura da sucessão e chamado a suceder adquire desde logo o domínio e a posse da herança como se já fosse nascido, porém, em estado potencial, como lhe falta personalidade jurídica material, nomeia-se um curador de ventre. Se nascer morto, será tido como se nunca tivesse

existido, logo, a sucessão é ineficaz. Se nascer com vida, terá capacidade ou legitimação para suceder" (DINIZ, Maria Helena. *Código...*, 2010, p. 1.276).

Vale lembrar que, para a jurista, o nascituro tem *personalidade jurídica formal* – relativa aos direitos da personalidade –, mas não a *personalidade jurídica material* – relacionada a direitos patrimoniais.

Da jurisprudência, cabe transcrever acórdão do Tribunal de Justiça de São Paulo, que condicionou a entrega do valor reparatório do seguro DPVAT à pessoa concebida quando dos fatos ao seu nascimento com vida:

> "Nascituro. Sucessão legítima. Nascimento com vida. Seguro obrigatório. 1. A sentença determinou que os avós entreguem ao neto valor indenizatório que receberam de seguro (DPVAT) em razão da morte do filho deles, pai do neto. 2. A criança, na época do falecimento do pai, estava sendo gestada e, como nascituro nascido com vida, é sucessor do pai, excluindo os avós, ascendentes (Código Civil, arts. 2.º, 1.798 e 1.829). 3. Apelação não provida" (TJSP, Apelação 0001804-08.2009.8.26.0060, 6.ª Câmara de Direito Privado, Auriflama, Rel. Des. Alexandre Lazzarini, j. 06.09.2012, v.u.).

No passado, filiava-me aos ensinamentos da Professora Titular da PUCSP, minha antiga orientadora de mestrado. Ressalvava, assim, e em edições anteriores desta obra, que o nascituro é pessoa humana, tendo a *personalidade jurídica formal*, relativa aos direitos da personalidade; o que já representava adoção à teoria concepcionista, pois era reconhecida a personalidade do nascituro para tais efeitos. Faltar-lhe-ia, porém, a *personalidade jurídica material*, referente aos direitos patrimoniais, caso do direito à herança. Esse posicionamento era, anteriormente, compartilhado pelo coautor José Fernando Simão.

Todavia, agora escrevendo de forma solitária, mudei a minha posição, porque, a partir da leitura dos trabalhos de Diogo Leite de Campos e Silmara Chinellato, estou inclinado a entender que ao nascituro devem ser reconhecidos direitos sucessórios desde a concepção, o que representa a atribuição de uma *personalidade civil plena* a tal sujeito de direitos, sem qualquer restrição (CAMPOS, Diogo Leite de; CHINELLATO, Silmara Juny de Abreu. *Pessoa...*, 2009). Na mesma esteira, pondera Luiz Paulo Vieira de Carvalho que "temos para nós que, se o nascituro nascer com vida, apenas confirma o direito sucessório preexistente, não sendo o nascimento com vida condição legal para que a personalidade exista, mas sim para que esta se consolide" (CARVALHO, Luiz Paulo Vieira. *Direito...*, 2014, p. 165).

Cabe esclarecer, a propósito, que, apesar da transcrição anterior das palavras do saudoso Zeno Veloso, o jurista também pareceria tender a mudar de posicionamento, conforme palestra proferida no *I Congresso Jurídico do Instituto Brasileiro de Direito Civil* (IBDCivil), em agosto de 2013, na cidade do Rio de Janeiro, sem prejuízo de outros eventos que foram compartilhados comigo nos últimos tempos.

Seguindo a nova proposta, o direito sucessório do nascituro deve levar em conta a sua concepção, e não o nascimento com vida. Se nascer morto, os bens já recebidos serão atribuídos aos herdeiros do nascituro, e não aos herdeiros daquele que faleceu originalmente. Se nascer com vida, haverá apenas uma confirmação da transmissão anterior, do que era reconhecido naquele momento anterior.

De fato, pensar o contrário parece representar um resquício da *teoria natalista*, que nega personalidade ao nascituro. Ou, ainda, afirmar que o nascituro somente adquire o direito sucessório se nascer com vida parece reconhecer que o nascituro seria uma *meia-pessoa*, pois não teria a personalidade plena, relativa aos direitos patrimoniais sucessórios. Complementarmente, vale lembrar que, como direito fundamental que é – nos termos do art. 5.º, inciso XXX, do Texto Maior –, a herança não pode ser preterida daquele que foi concebido e ainda não nasceu. Em resumo, é preciso repensar aquela ideia consolidada, o que é a filiação a uma *teoria concepcionista aprofundada*.

Contudo, pontue-se que o entendimento majoritário permanece sendo no sentido de que o nascituro somente terá direitos sucessórios se nascer com vida, pendendo uma condição para tal reconhecimento. De qualquer modo, parece haver uma tendência de revisão dessa posição prevalecente, o que almeja o futuro do Direito Sucessório brasileiro.

Outro aspecto tormentoso tem relação à extensão da regra sucessória prevista para o nascituro aos embriões havidos das técnicas de reprodução assistida. Respondendo positivamente, o Enunciado n. 267 do CJF/STJ, da *III Jornada de Direito Civil* (2004), de autoria de Guilherme Calmon Nogueira da Gama com o seguinte teor: "a regra do art. 1.798 do Código Civil deve ser estendida aos embriões formados mediante o uso de técnicas de reprodução assistida, abrangendo, assim, a vocação hereditária da pessoa humana a nascer cujos efeitos patrimoniais se submetem às regras previstas para a petição da herança".

O enunciado doutrinário não conta com o apoio de vários juristas, que entendem que o embrião está em situação jurídica diferente em relação ao nascituro, não merecendo tratamento equânime. Essa é a opinião, por exemplo, de Francisco José Cahali (*Direito*..., 2007. p. 104), Jones Figueirêdo Alves e Mário Luiz Delgado (*Código*..., 2005, p. 918).

Sempre compartilhei da última corrente, tida até como majoritária, como constava da obra escrita em coautoria com José Fernando Simão (*Direito*..., 2010, v. 6, p. 45). Isso porque acreditava, reafirme-se, que o embrião, a exemplo do nascituro, apesar de ter *personalidade jurídica formal* (direitos da personalidade), não teria a *personalidade jurídica material* (direitos patrimoniais), e só seria herdeiro por força de disposição testamentária, conforme se verá logo a seguir. Acrescente-se, para tanto, o argumento de que o embrião estaria em uma posição diferente da do nascituro.

Todavia, mais uma vez, há uma tendência de mudança da minha opinião anterior, pois ao embrião igualmente deve ser reconhecida uma *personalidade civil plena*, inclusive no tocante à tutela sucessória, assim como acontece com o nascituro. O que ainda está em dúvidas é o momento da *concepção* do embrião, ou seja, quando há vida para a tutela sucessória. Cabe anotar que a dúvida diz respeito a dois momentos: a fecundação na clínica de reprodução assistida ou a implantação do embrião na mulher. A tendência, entretanto, é de seguir a posição que prega que a concepção ocorre no último momento.

Adotada uma ou outra posição quanto ao momento de inclusão de direitos, o embrião estaria sujeito à ação de petição de herança – que ainda será abordada neste capítulo –, para a efetiva tutela posterior dos seus direitos sucessórios. Novamente, esclareça-se que o saudoso Mestre Zeno Veloso, que nos deixou no ano de 2021, tenderia a mudar a sua posição anterior, aqui antes citada, conforme palestras ministradas em eventos no ano de 2013, especialmente no antes mencionado, promovido pelo IBDCivil, na cidade do Rio de Janeiro.

Contudo, não se pode negar que a posição por mim defendida é minoritária, pois prevalece a tese de inexistência de direitos sucessórios do embrião, conforme se retira da tabela doutrinária elaborada pelo Professor João Aguirre, quando dos debates sobre a reforma do Direito das Sucessões pelo IBDFAM, e que consta do final deste capítulo, no resumo esquemático. Reitere-se que a projeção estava em trâmite no Senado Federal, sob o número 3.799/2019.

No atual Projeto de Reforma e Atualização do Código Civil, elaborado pela Comissão de Juristas nomeada no âmbito do Senado Federal, são feitas amplas propostas de regulamentação do tema, o que virá em boa hora.

Conforme a nova redação proposta para o art. 1.798, *caput*, "legitimam-se a suceder as pessoas nascidas ou já concebidas no momento da abertura da sucessão, bem como os filhos do autor da herança gerados por técnica de reprodução humana assistida *post mortem*, nos termos e nas condições previstos nos parágrafos seguintes". Como estudado no Volume 5 desta coleção, a reprodução assistida também passará a ser amplamente tratada na Lei Privada, em prol da necessária segurança jurídica para essa importante temática.

Segundo justificaram os membros da Subcomissão de Direito das Sucessões, "a proposta de alteração do art. 1.798 tenta superar as discussões que grassam em torno da legitimidade sucessória dos embriões extracorpóreos. A doutrina majoritária já havia se firmado no sentido de que a 'regra do art. 1.798 do Código Civil deve ser estendida aos embriões formados mediante o uso de técnicas de reprodução assistida, abrangendo, assim, a vocação hereditária da pessoa humana a nascer'. A restrição da legitimidade sucessória apenas ao 'já concebidos' na data da abertura da sucessão, tal como consignado na redação atual, é incompatível com os avanços da medicina reprodutiva, notadamente no que tange à possibilidade de criopreservação de gametas e embriões, passíveis de utilização muitos anos após a abertura da sucessão. No entanto, para os filhos concebidos ou gerados por meio de técnica de procriação assistida *post mortem*, é necessário que se estabeleça termo e condição para a atribuição de direitos sucessórios". De fato, já se passou o tempo de que essas ideias passem a contar da nossa Lei Geral Privada, tendo total razão os juristas que a compuseram.

Seguindo com o estudo das proposições, nos termos do seu novo § 1.º, aos filhos gerados após a abertura da sucessão, se nascidos no prazo de até cinco anos a contar dessa data, é reconhecido direito sucessório, lapso temporal que trará certeza para o instituto. Ademais, consoante o projetado § 2.º, o direito à sucessão legítima dos filhos concebidos ou gerados por técnica de reprodução humana assistida, concluída após a morte, quer seja por meio do uso de gameta de pessoa falecida ou por transferência embrionária em genitor supérstite ou, ainda, por meio de gestação por substituição, depende da autorização expressa e inequívoca do autor da herança para o uso de seu material criopreservado, dada por escritura pública ou por testamento público. Após intensos debates na Comissão de Juristas, a opção pela escritura pública prevaleceu pelo voto da maioria dos especialistas e pelo *espírito democrático* que nos que orientou. Apesar dessa exigência formal, a autorização é plenamente revogável a qualquer tempo, conforme a proposta de um novo § 3.º para esse art. 1.798.

O juiz poderá nomear um curador ao concepturo, em caso de ausência de genitor supérstite ou conflito de interesses com o inventariante ou com os demais herdeiros, para resguardar os interesses sucessórios do futuro herdeiro, até o seu nascimento com vida (§ 4.º). O curador ou o genitor sobrevivente podem requerer a reserva do quinhão hereditário pelo período citado de cinco anos (§ 5.º); sendo certo que esse limite temporal não repercute nos vínculos de filiação e de parentesco (§ 6.º).

A conclusão derivada de todas as propostas é que, após o prazo de cinco anos, não será mais possível a petição de herança pelo filho havido pela técnica de reprodução assistida, afastados após esse período os efeitos patrimoniais sucessórios, apesar de mantido o vínculo de parentesco, com a possibilidade de utilização do nome e outros efeitos existenciais dele decorrentes.

Como se pode notar, as propostas trazem plena segurança jurídica para a sucessão de corrente do uso das técnicas de reprodução assistida, sendo fundamental a sua aprovação pelo Parlamento Brasileiro.

Esgotado o estudo da regra fundamental a respeito da legitimação sucessória para a sucessão legítima, o art. 1.799 do Código Civil em vigor elenca sujeitos que podem suceder no caso da sucessão testamentária. Vejamos, mais uma vez, de forma pontual, as suas previsões.

Conforme o seu primeiro inciso, reconhece-se a legitimação para os filhos, ainda não concebidos de pessoas indicadas pelo testador, desde que vivas estas últimas ao abrir-se a sucessão. A norma trata da prole eventual ou concepturo, não se confundindo com o nascituro. Como bem pontua a doutrina, se a pessoa que teria o filho premorrer ao testador, a disposição de última vontade será ineficaz (VELOSO, Zeno. *Código Civil...*, 2016, p. 1.901).

Em casos tais, os bens da herança serão confiados, após a liquidação ou partilha, a curador nomeado pelo juiz (art. 1.800, *caput*, do CC). Há, assim, uma *curatela especial* para proteção dos interesses da pessoa futura. É preciso abrir uma grande nota de análise desse comando legal, antes de voltar ao estudo das demais pessoas elencadas no art. 1.799 do Código de 2002.

No presente contexto de estudo, salvo disposição testamentária em contrário, a curatela caberá à pessoa cujo filho o testador esperava ter por herdeiro, ou seja, ao pai ou mãe da pessoa a ser concebida. Portanto, em regra é preciso verificar se o próprio testamento não nomeia quem exercerá o *munus*. Não havendo disposição originada da autonomia privada do testador, segue-se a determinação da lei.

Nos termos do mesmo art. 1.800, § 1.º, do Código Civil, sucessivamente, a curatela pode ser atribuída às pessoas indicadas no art. 1.775 da mesma lei, tratando o último preceito da curatela dos incapazes. Vale lembrar, a propósito, que a teoria das incapacidades sofreu consideráveis alterações pela Lei 13.146, de 2015, conhecida como Estatuto da Pessoa com Deficiência, que alterou os arts. 3.º e 4.º do Código Civil, o que ainda será aprofundado neste livro.

De todo modo, de acordo com esse último preceito, o cônjuge ou companheiro, não separado judicialmente ou de fato, é, de direito, curador do outro, quando interdito. Obviamente, nessa parte, a regra não tem incidência, pois a prole eventual não pode ser casada ou viver em união estável. Na ausência do cônjuge ou companheiro, é curador legítimo o pai ou a mãe, o que representa uma volta ao § 1.º do art. 1.800.

Na falta destes, a curatela caberá ao descendente que se demonstrar mais apto, o que mais uma vez não admite subsunção, pois o concepturo não terá filhos ou netos.

O mesmo deve ser dito quanto ao § 2.º do art. 1.775, segundo o qual, dentre os descendentes, os mais próximos precedem aos mais remotos. Por fim, na falta das pessoas mencionadas neste artigo, compete ao juiz a escolha do curador, presente uma nomeação *ad hoc* (art. 1.775, § 3.º, do CC).

O que me parece é que houve sério *cochilo legislativo* ao se mencionar a subsunção do art. 1.775 do Código Privado. Melhor seria se fosse atribuída a curatela a outros parentes da prole eventual, como avós e tios e, na falta destes, a alguém nomeado pelo juiz da causa. Com o fim de tentar corrigir o equívoco, há proposta de alteração do art. 1.800, § 1.º, do CC/2002 pelo antigo Projeto Ricardo Fiuza –. Pela projeção, a norma passaria a ter a seguinte redação: "salvo disposição testamentária em contrário, a curatela caberá à pessoa cujo filho o testador esperava ter por herdeiro, e, sucessivamente, às pessoas indicadas no art. 1.797". De acordo com as suas justificativas, "a remissão que o § 1.º deste artigo faz ao art. 1.775 não está correta. São as pessoas indicadas no art. 1.797 que devem, no caso, exercer a curatela dos bens hereditários (cf. art. 1.988 do Anteprojeto de Código Civil – Revisto (1973), in *Código Civil – Anteprojetos*, Senado Federal, Subsecretaria de Edições Técnicas, Brasília, 1989, v. 5, t. 2, p. 422)".

Nota-se, portanto, que, pelo projeto legislativo, a curatela seria atribuída às mesmas pessoas que podem assumir a condição de administrador provisório. Se o art. 1.797 do CC/2002 for interpretado no sentido de atribuição da curatela às pessoas que mantêm parentesco com o falecido, apenas *em parte* soluciona-se os problemas do dispositivo em vigor.

Diz-se *em parte* pelo fato de terem tais pessoas interesses diretos em relação aos bens da prole eventual, o que pode macular eticamente o exercício do *munus curatelar*. Se a interpretação for no sentido de terem as pessoas indicadas no art. 1.797 relação com a pessoa a ser concebida, o problema está mantido, uma vez que há menção a cônjuge, companheiro e descendentes do interessado. Salvam-se apenas as expressões relativas ao testamenteiro e ao administrador nomeado pelo juiz. Em síntese, melhor seria, cabe reafirmar, que o § 1.º do art. 1.800 do CC mencionasse os avós e tios do concepturo e, na falta deles, o administrador de confiança do magistrado da ação de curatela.

No Projeto de Reforma do Código Civil elaborado pela Comissão de Juristas, há proposições exatamente nesse sentido. Pela projeção, o seu art. 1.799 passará a enunciar no seu inciso I a legitimação sucessória testamentária da prole eventual, ainda não concebida ou ainda não assumida, pela pessoa ou pelas pessoas indicadas pelo testador, desde que vivas essas ao abrir-se a sucessão, ou desde que iniciado o processo de reprodução humana assistida antes de abrir-se a sucessão. Além disso, o § 1.º do art. 1.800 preceituará que, "salvo disposição testamentária em contrário, a curatela caberá, sucessivamente, à pessoa cujo filho ainda não concebido o testador esperava ter por herdeiro, aos avós e tios do herdeiro eventual e, na falta de todos esses, à pessoa indicada pelo juiz". Com isso, supera-se o dilema antes exposto, aguardando-se a sua aprovação pelo Parlamento Brasileiro.

Seguindo na abordagem do art. 1.800 do Código Civil em vigor, estatui o seu § 2.º que os poderes, deveres e responsabilidades do curador, assim nomeado, regem-se pelas disposições concernentes à *curatela dos incapazes*, naquilo que couber. Ora, como o art. 1.774 da própria Norma Civil enuncia a incidência das regras relativas à tutela, os preceitos fundamentais relacionados à *curatela do concepturo* dizem respeito ao último instituto assistencial. A título de exemplo de incidência legislativa, incumbe a tal curador, sob a inspeção do juiz, administrar os bens do tutelado, em proveito deste, cumprindo seus deveres com zelo e boa-fé (art. 1.741 do CC).

Ainda, se os bens e interesses do concepturo exigirem conhecimentos técnicos, forem complexos, ou realizados em lugares distantes do domicílio do curador, poderá este, mediante aprovação judicial, delegar a outras pessoas físicas ou jurídicas o exercício parcial da tutela (art. 1.743 do CC). Não se olvide que os bens da prole eventual serão entregues ao curador mediante termo especificado deles e seus valores, ainda que os pais o tenham dispensado. Se o patrimônio do concepturo for de valor considerável, poderá o juiz condicionar o exercício da curatela à prestação de caução bastante, podendo dispensá-la se o tutor for de reconhecida idoneidade (art. 1.745 do CC).

Voltando à essência do art. 1.800 do Código Civil, nascendo com vida o herdeiro esperado, ser-lhe-á deferida a sucessão, com os frutos e rendimentos relativos à deixa, a partir da morte do testador (§ 3.º). Não havia necessidade de a lei mencionar os rendimentos, pois estes já são frutos civis, na clássica divisão dos frutos, bens acessórios que saem do bem principal sem diminuir a sua quantidade. A título de exemplo, imagine-se que o bem testado para a prole eventual seja uma fazenda. Todos os frutos naturais pendentes existentes nessa fazenda devem ser atribuídos ao novo herdeiro.

Percebe-se que a norma condiciona a atribuição patrimonial ao nascimento com vida, parecendo seguir aquele entendimento majoritário, antes exposto, no sentido de que a aquisição patrimonial do nascituro depende do seu nascimento com vida. Existe, assim, certa contradição em relação ao art. 1.798 do próprio Código Civil, que reconhece a legitimação sucessória ao nascituro sem qualquer ressalva ou menção ao nascimento.

Por fim, quanto ao art. 1.800 do CC/2002, se, decorridos dois anos após a abertura da sucessão, não for concebido o herdeiro esperado, os bens reservados, salvo disposição em contrário do testador, caberão aos herdeiros legítimos (§ 4.º). A norma estabelece uma condição para que a prole eventual suceda, limitando no tempo o seu direito sucessório, por meio de prazo decadencial. Para a prole eventual, concordo com a plena incidência do preceito, que dá mais estabilidade ao Direito Sucessório.

No entanto, para muitos juristas, todos esses preceitos – inclusive o último – também devem incidir nos casos de embriões havidos de técnicas de reprodução assistida beneficiados por testamento. Conforme o Enunciado n. 268 do Conselho da Justiça Federal e Superior Tribunal de Justiça, aprovado na *III Jornada de Direito Civil*, "nos termos do inc. I do art. 1.799, pode o testador beneficiar filhos de determinada origem, não devendo ser interpretada extensivamente a cláusula testamentária respectiva". Como *determinada origem*, constante do enunciado doutrinário, pode-se entender qualquer técnica de reprodução assistida. A propósito desse entendimento, vejamos as palavras de Pablo Stolze Gagliano e Rodolfo Pamplona:

> "Em nosso sentir, ao menos enquanto não houver uma regulamentação legal específica, que leve em conta os avanços da tecnologia, a segurança jurídica recomenda que, nos limites da Sucessão Testamentária, o embrião somente poderá figurar como beneficiário se a implantação no útero materno ocorrer dentro do prazo de dois anos, na linha do § 4.º do art. 1.800 do Código Civil.

Após esse prazo, não deixará de ser considerado filho do falecido, mas não terá direito sucessório.

Sem dúvida, não se afigura como a melhor solução, mas, em nosso atual sistema, é mais adequado, mormente em se considerando que a indefinição de um prazo para a implantação geraria o grave inconveniente de prejudicar por meses ou anos o desfecho do procedimento de inventário ou arrolamento, em detrimento do direito dos demais herdeiros legítimos ou testamentários" (GAGLIANO, Pablo Stolze; PAMPLONA FILHO, Rodolfo. *Novo Curso*..., 2014, v. 7, p. 129).

Entendo que é perfeitamente possível beneficiar o embrião por testamento. Todavia, o embrião não está na mesma situação da prole eventual, pois deve ser tido como pessoa humana desde a *concepção*. Diante dessa realidade, seus direitos devem ser reconhecidos a partir desse momento, havendo a possibilidade de sua inclusão na sucessão por meio da petição de herança, conforme antes desenvolvido.

A respeito do art. 1.800, § 4.º, do CC/2002, merecem especial atenção as considerações de Cristiano Chaves de Farias e Nelson Rosenvald, no sentido de incidir o preceito para a adoção de prole eventual. Segundo os juristas em trecho que merece destaque:

> "Questão palpitante envolvendo o tema é a possibilidade de adoção da prole eventual. Poderia a prole eventual ser adotada, no prazo de dois anos, contados a partir da abertura da sucessão? Apesar de a redação do dispositivo legal insinuar uma referência somente aos filhos biológicos (concebidos pelas pessoas indicadas pelo testador), utilizando a técnica de interpretação conforme a Constituição (CF, art. 227, § 6.º), notadamente à luz do princípio da igualdade entre os filhos, que proíbe discriminações em relação à origem da prole, não se pode excluir a possibilidade de adoção da prole eventual. Dessa forma, a prole eventual pode decorrer de adoção, salvo expressa restrição imposta pelo testador. Isso porque o testador pode restringir a origem da prole eventual, estabelecendo, expressamente, que seja oriunda de fertilização pelo mecanismo biológico" (FARIAS, Cristiano Chaves; ROSENVALD, Nelson. *Curso*..., 2015, v. 7, p. 86).

Em uma primeira análise do texto, estou filiado ao pensamento dos citados professores.

Destaco que no Projeto de Reforma do Código Civil, mais uma vez, almeja-se trazer uma maior segurança jurídica para a temática, resolvendo-se divergências hoje existentes, inclusive quanto à adoção e à parentalidade socioafetiva. Nesse contexto, conforme o novo § 3.º do art. 1.800, "nascendo com vida o herdeiro esperado, efetivando-se sua adoção ou reconhecendo-se o correspondente vínculo de socioafetividade, ser-lhe-á deferida a sucessão, com os frutos e rendimentos relativos à deixa, a partir da morte do testador". E, nos termos da nova redação do seu § 4.º, "se, decorridos dois anos da abertura da sucessão, não for concebido o herdeiro esperado, ou estabelecida a filiação, os bens reservados, salvo disposição em contrário do testador, caberão aos herdeiros legítimos". Vejamos o que explica sobre as propostas José Fernando Simão, membro da Comissão de Juristas, que também colaborou efetivamente a respeito do tema:

> "O objetivo da alteração proposta é disciplinar as regras pertinentes à inclusão dos filhos adotivos e socioafetivos no rol dos legitimados a suceder por disposição de testamento que preveja prole eventual. Em relação ao § 4º do artigo em tela, a Comissão justifica como marco

inicial do prazo de dois anos, ali entabulado, como sendo a data do efetivo cadastramento, como adotante, da pessoa cujo filho o testador esperava ter por herdeiro. No entanto, o texto proposto não traz este ou algum outro marco inicial para a contagem do prazo. É preciso dizer que o processo de adoção possui diversas fases, e não é incomum que todo o trâmite se prorrogue por vários meses. O primeiro passo desde procedimento é a solicitação dos adotantes perante a Vara de Infância e Juventude com a entrega dos documentos necessários. Logo após, o pedido do adotante será cadastrado e seguirá à apreciação do juiz. Portanto, considerando o critério objetivo da data do efetivo cadastramento, a Comissão sugere ser esse o marco inicial para o prazo de dois anos estabelecido no parágrafo em questão" (SIMÃO, José Fernando. *Código Civil comentado...*, 2025, p. 1.827).

Mais uma vez, nota-se que a Comissão de Juristas foi orientada pela melhor técnica, trazendo para o texto da norma as posições hoje majoritárias entre os civilistas, em prol de uma maior certeza e estabilidade para as relações jurídicas privadas, afirmação que serve para essas projeções.

Voltando aos legitimados no atual texto do art. 1.799 do CC, podem ser beneficiadas por testamento as pessoas jurídicas, morais ou coletivas, que podem herdar por sucessão testamentária, e não por sucessão legítima (inciso II). Cabe lembrar que, tradicionalmente, a pessoa jurídica é um conjunto de pessoas ou de bens criado por ficção legal, com existência distinta dos seus membros (*teoria da realidade técnica*).

Em relação às pessoas jurídicas de Direito Privado, pode ser beneficiada por testamento uma associação, uma fundação, uma sociedade, um partido político, uma organização religiosa ou um empreendimento de economia solidária (atual rol do art. 44 do CC).

Além das pessoas jurídicas de Direito Privado, é possível beneficiar uma pessoa jurídica de Direito Público interno, da administração direta ou indireta. Cite-se a possibilidade de testamento em favor de uma autarquia ou de uma sociedade de economia mista. A mesma premissa não vale para as pessoas jurídicas de Direito Público externo que não podem adquirir bens no Brasil, não podendo ser beneficiadas por testamento, "porque permiti-lo representaria um perigo para a soberania nacional, criando dificuldades ao seu pleno exercício, dado que nesses bens os governos estrangeiros poderiam instalar os seus súditos" (DINIZ, Maria Helena. *Código...*, 2010, p. 1.277). De qualquer modo, não há qualquer óbice em beneficiar uma pessoa jurídica de Direito Privado estrangeira, ou multinacional, com sedes em vários países.

Observo que no Projeto de Reforma do Código Civil pretende-se uma maior segurança para esse benefício às pessoas jurídicas, incluindo-se um parágrafo único no art. 1.799, prevendo, em boa hora, que, "nos casos do inciso II, não estando ainda as pessoas jurídicas devidamente constituídas, com seus atos constitutivos registrados, a deixa testamentária será ineficaz". De fato, não há razão para que pessoas jurídicas irregulares sejam beneficiadas pela disposição de última vontade.

Quanto aos entes despersonalizados ou despersonificados, não é possível o benefício por testamento, justamente pela falta de personalidade jurídica que veda a aquisição de bens. A título de exemplo, podem ser citados o espólio, a massa falida, uma sociedade de fato ou uma sociedade irregular. Em relação ao condomínio edilício, conforme exposto nos Volumes 1 e 4 desta coleção, este ainda é considerado, pela maioria da doutrina e da jurisprudência, um ente dessa natureza, estando também incluído na vedação.

Entretanto, sigo a tese que pretende reconhecer a personalidade jurídica ao condomínio em questão, o que consta do Enunciado n. 90 do CJF/STJ, da *I Jornada de Direito Civil*. Como principal defensor da notável premissa destaque-se o Professor Titular da UNB, Frederico Henrique Viegas de Lima, que defendeu tese de pós-doutorado na Universidade de Genève (Suíça), tratando especificamente do assunto, estudo publicado no Brasil no segundo semestre do ano de 2010 (*Condomínio*..., 2010).

Como amparo primaz dessa premissa, basta concluir que o rol das pessoas jurídicas de Direito Privado, constante do art. 44 do CC, é exemplificativo (*numerus apertus*). Nesse sentido, aliás, é o Enunciado n. 144 do CJF/STJ, da *III Jornada de Direito Civil*, segundo o qual a relação das pessoas jurídicas de Direito Privado constante da Lei Geral Civil não é exaustiva. Tal forma de pensar, mais uma vez, está de acordo com a sistemática filosófica do Código Civil brasileiro de 2002, que adotou um sistema aberto e dinâmico, inspirado na *Teoria Tridimensional do Direito* de Miguel Reale, seu principal idealizador. A demonstrar a repercussão social da tese e o seu impacto para a comunidade, Frederico Viegas de Lima discorre o seguinte:

> "A personificação jurídica da comunidade de coproprietários em condôminos especiais em edificações é decorrente das necessidades econômicas e sociais da atualidade.
>
> (...).
>
> O direito brasileiro, buscando preencher o vazio legislativo, diante do reconhecimento de uma lacuna verdadeira, passou a admitir sua personificação jurídica, mediante o trabalho doutrinário. A jurisprudência, até o presente momento, não possui definição firme a respeito dela.
>
> (...).
>
> No Brasil, na atualidade, temos uma proliferação dos grandes condomínios – *il supercondominios*, na doutrina italiana. Compõe-se de um grande espaço de terreno onde se instalam não somente as edificações dos condomínios especiais em edificações, mas também uma série de equipamentos que facilitam a vida moderna, tais como vagas de garagem, piscinas, quadras poliesportivas e até mesmo campos de golfe. Isso sem falar em lojas e até mesmo em escolas. O principal fundamento para tanto é que no Brasil existem, até mesmo nas grandes cidades, grandes imóveis que permitem a instalação de grandes condomínios, cobrando importância crescente à admissão da personificação jurídica de comunidade de coproprietários em condomínios especiais em edificações" (LIMA, Frederico Viegas de. *Condomínio*..., 2010, p. 189-191).

Acrescente-se – como desenvolvido no Volume 4 desta coleção –, que a Lei 13.777/2018 fortaleceu a última tese, ao possibilitar a adjudicação pelo condomínio edilício das unidades em multipropriedade, como se retira do novo art. 1.358-S do Código Civil. Nos termos do comando, "na hipótese de inadimplemento, por parte do multiproprietário, da obrigação de custeio das despesas ordinárias ou extraordinárias, é cabível, na forma da lei processual civil, a adjudicação ao condomínio edilício da fração de tempo correspondente".

Em resumo, sendo adotadas as lições transcritas, é perfeitamente possível reconhecer a possibilidade de um condomínio edilício receber herança por testamento, caso seja tratado como pessoa jurídica. Na doutrina, consigne-se que essa nossa posição tem a adesão de Cristiano Chaves de Farias e Nelson Rosenvald (*Curso*..., 2015, v. 7, p. 88-89). No âmbito da jurisprudência superior, consigne-se que o Superior Tribunal de Justiça já faz esse reconhecimento para fins tributários, conforme se extrai do trecho do seguinte acórdão:

> "Se os condomínios são considerados pessoas jurídicas para fins tributários, não há como negar-lhes o direito de aderir ao programa de parcelamento instituído pela Receita Federal. Embora o Código Civil de 2002 não atribua ao condomínio a forma de pessoa jurídica, a jurisprudência do STJ tem-lhe imputado referida personalidade jurídica, para fins tributários. Essa conclusão encontra apoio em ambas as Turmas de Direito Público: REsp 411.832/RS, Rel. Min. Francisco Falcão, 1.ª Turma, j. 18.10.2005, *DJ* 19.12.2005; REsp 1064455/SP, Rel. Min. Castro Meira, 2.ª Turma, j. 19.08.2008, *DJe* 11.09.2008. Recurso especial improvido" (STJ, REsp 1.256.912/AL, 2.ª Turma, Rel. Min. Humberto Martins, j. 07.02.2012, *DJe* 13.02.2012).

A propósito, espera-se que a problemática seja estabilizada com a aprovação de um dos projetos de lei que visam à inclusão do condomínio edilício no rol das pessoas jurídicas de Direito Privado, que consta do art. 44 do Código Civil. Pode ser citado, com esse fim, o Projeto de Lei 7.983/2014, do Deputado Arthur Oliveira Maia. Conforme as justificativas da proposição, às quais se filia:

> "Ressalte-se que essa ausência de personalidade jurídica combinada com a capacidade de ser parte em juízo tem causado sérios problemas para os condomínios. Um deles consiste na impossibilidade de o condomínio registrar em cartório bens imóveis auferidos em ação de cobrança contra condômino inadimplente. Ou seja, o condomínio pode litigar, mas não pode adquirir alguns bens por não ter personalidade jurídica. Ora, essa é uma situação teratológica que não deve persistir em nosso ordenamento jurídico. Sendo assim, é de bom alvitre que essa lacuna seja suprimida. É por isso que a aprovação deste projeto de lei é de grande importância para os condomínios".

No Projeto de Reforma e Atualização do Código Civil, elaborado pela Comissão de Juristas nomeada no âmbito do Senado Federal, segue-se o mesmo caminho, mas com a positivação do tema não na sua Parte Geral, mas no livro de Direito das Coisas, o que nos pareceu ser a melhor solução. Com isso, o art. 1.332 receberá um § 1.º, prevendo que "ao condomínio edilício poderá ser atribuída personalidade jurídica, para a prática de atos de seu interesse".

A encerrar o estudo do art. 1.799 do Código Civil, dispõe o seu inciso III que igualmente podem ser herdeiras testamentárias as pessoas jurídicas, cuja organização for determinada pelo testador sob a forma de fundação. Como é notório, a fundação é um conjunto de bens afetados para um *fim nobre*, descrito no art. 62, parágrafo único, do CC/2002, recentemente alterado pela Lei 13.151/2015, que ampliou as suas finalidades.

Com a nova redação, a fundação pode desenvolver as seguintes atividades, muitas delas já admitidas na prática: *a)* assistência social; *b)* cultura, defesa e conservação do patrimônio histórico e artístico; *c)* educação; *d)* saúde; *e)* segurança alimentar e nutricional; *f)* defesa, preservação e conservação do meio ambiente e promoção do desenvolvimento sustentável; *g)* pesquisa científica, desenvolvimento de tecnologias alternativas, modernização de sistemas de gestão, produção e divulgação de informações e conhecimentos técnicos e científicos; *h)* promoção da ética, da cidadania, da democracia e dos direitos humanos; e *i)* atividades religiosas.

De acordo com o mesmo preceito, a criação da fundação deve-se dar por escritura pública ou testamento, com a dotação especial de bens livres, especificando-se o fim a que se destina, e declarando-se, se a parte quiser, a maneira de administrá-la. Como exemplo, o testador quer criar uma fundação com o seu nome, destinando parte de seus bens para essa nova pessoa jurídica de Direito Privado.

Deve ficar claro, contudo, que, se forem insuficientes para constituir a fundação, os bens a ela destinados serão, se de outro modo não dispuser o testador, incorporados em outra fundação que se proponha a fim igual ou semelhante. Essa a regra do art. 63 do Código Civil. Fica em dúvida se o último dispositivo tem incidência para os casos de sucessão em estudo, pois o testamento é um ato personalíssimo. O Professor e Desembargador Paulista José Luiz Gavião de Almeida entende que sim, sustentando o seguinte:

> "Em regra, como se viu, a disposição testamentária é personalíssima. Não podendo ou não querendo o beneficiário receber, proceder-se-á à sucessão legítima, salvo direito de acrescer, ou em havendo herdeiros, ou legatário, substituto. No entanto, se os bens destinados forem insuficientes para sua constituição, será a deixa incorporada a outra fundação, de fins iguais ou semelhantes (art. 63). Não se trata de aplicação da sucessão legítima, pois nesta não se admite transmissão a pessoa jurídica. Não se trata de substituição, pois dispensa o legislador a indicação do testador. E não se trata de direitos de acrescer, pois não há necessidade de essa outra fundação estar contemplada entre os herdeiros ou legatário. É regra excepcional, que tem natureza de sucessão anômala" (*Código*..., 2003, p. 108).

Com o devido respeito ao nosso Professor Titular das Arcadas, não se filia a tal forma de pensar, porque a aplicação do art. 63 do CC/2002 quebraria com o caráter personalíssimo do testamento. Em reforço, se o testador pretendeu o destino para uma fundação que ainda seria criada, não se pode ampliar sobremaneira a sua vontade para o destino de bens a outra entidade. Como é notório, os atos benévolos não admitem interpretação extensiva, antiga regra de hermenêutica que consta do art. 114 da própria Lei Civil. Por fim, é necessário prestigiar a sucessão legítima em casos de insuficiência de bens da fundação, pois essa forma de sucessão presume a vontade do morto, estando relacionada a normas de ordem pública.

Superado o estudo daqueles que podem suceder pela via testamentária, determina o art. 1.801 do CC/2002 um rol de pessoas que não podem ser nomeadas como herdeiras ou legatárias, não tendo legitimação sucessória. Vejamos, mais uma vez, pontualmente, inciso por inciso.

De início, menciona-se a pessoa que, *a rogo* – a pedido –, escreveu o testamento, o seu cônjuge ou companheiro, ou os seus ascendentes e irmãos. A previsão tem um caráter ético indiscutível, tendendo a proteger a idoneidade do testamento como exercício da autonomia plena da liberdade individual. Com o fim de demonstrar que o preceito tem grande incidência na prática, colaciona-se julgado do Tribunal de Justiça de São Paulo:

> "Agravo retido. Contradita. Amizade íntima não caracterizada entre as partes, não existindo interesse na lide. Desprovimento do recurso. Testamento particular. Requisitos extrínsecos não preenchidos. Testamento datilografado e lido por um dos beneficiários. Impossibilidade. Artigo 1.801, inciso I, do Código Civil. Formalidade que não pode ser

mitigada. Nega-se provimento ao recurso de agravo retido e dá-se provimento ao recurso de apelação" (TJSP, Apelação 994.06.025553-4, Acórdão 4341811, 5.ª Câmara de Direito Privado, São Paulo, Rel. Des. Christine Santini, j. 24.02.2010, *DJESP* 09.04.2010).

No inciso II do art. 1.801 do CC/2002, afasta-se a legitimação sucessória das testemunhas do testamento, proibição que tem o mesmo fundamento da norma anterior, uma vez que não podem ter qualquer interesse direto no negócio jurídico em questão. Conforme preciso julgado do Tribunal do Rio Grande do Sul, a proibição não pode ser afastada mesmo em casos excepcionais, tendo caráter cogente inquestionável. Vale destacar o trecho:

> "Testamento particular que beneficia as testemunhas do ato. Irregularidade não superável pela alegação de situação excepcional. Cerceamento de defesa. Inocorrência. Não se verifica o propalado cerceamento de defesa, pois a prova testemunhal pretendida não teria o condão de conferir validade ao testamento, que beneficia as próprias testemunhas do ato, o que invalida a disposição de vontade, já que, nos termos do art. 1.801, II, do Código Civil, não podem ser nomeados herdeiros nem legatários as testemunhas do testamento" (TJRS, Apelação Cível 393669-10.2012.8.21.7000, 8.ª Câmara Cível, Tramandaí, Rel. Des. Luiz Felipe Brasil Santos, j. 29.11.2012, *DJERS* 05.12.2012).

O inciso III do art. 1.801 do CC determina que não pode ser nomeado, como herdeiro ou legatário, o concubino do testador casado, salvo se este (o testador casado), sem culpa sua, estiver separado de fato do cônjuge há mais de cinco anos. A norma pretende proteger o cônjuge, afastando qualquer direito do concubino ou amante de seu consorte. Lembre-se de que o concubinato está presente no caso de uma relação não eventual entre pessoas impedidas de casar (art. 1.727 do CC).

Como bem apontava Zeno Veloso, a proibição não abrange a disposição feita pelo testador solteiro, separado judicial ou extrajudicialmente, divorciado ou viúvo (*Código...*, 2008, p. 1.979). Ademais, conforme destaca o jurista, na linha da melhor jurisprudência, a proibição não se impõe se o testador já viver em união estável com o antigo concubino. Não se pode esquecer que o Código Civil de 2002 admite no seu art. 1.723, § 1.º, que o separado de fato tenha uma união estável sem a exigência de qualquer prazo para tanto. Nessa linha, o Enunciado n. 269 do CJF/STJ, da *III Jornada de Direito Civil:* "a vedação do art. 1.801, inc. III, do Código Civil não se aplica à união estável, independentemente do período de separação de fato (art. 1.723, § 1.º)". Em suma, havendo outra entidade familiar entre o testador e o beneficiado, a proibição não se aplica.

A propósito dessa situação concreta, o antigo Projeto Ricardo Fiuza pretendia reparar o preceito, que passaria a ter a seguinte redação: "o concubino do testador casado, salvo se este, sem culpa sua, estiver separado de fato do cônjuge". Como se constata, retira-se a menção ao prazo de cinco anos, eis que, conforme as suas justificativas, "esse inciso faz alusão ao prazo de cinco anos de separação. Este prazo é excessivo, e até entra em contradição com a regra do art. 1.830, que não reconhece direito sucessório ao cônjuge sobrevivente se, ao tempo da morte do outro, estava separado de fato há mais de dois anos, salvo prova, neste caso, de que essa convivência se tornara impossível sem culpa do sobrevivente".

Com o devido respeito ao projeto legislativo anterior, penso que deve ser retirada qualquer menção de prazo para a separação de fato, acreditando-se que somente após determinado período será possível constituir a união estável. Ora, não há qualquer exigência de prazo para a constituição da união estável prevista no art. 1.723 do Código Civil, podendo ela ser constituída logo após a separação de fato do testador casado. A análise é caso a caso, sem qualquer parâmetro objetivo de tempo.

Além da menção ao prazo, é criticável ainda a referência à culpa, o que tem difícil concreção prática. Como bem leciona Rolf Madaleno, trata-se da indesejável *culpa mortuária ou funerária*, que surge em outros comandos da codificação, conforme ainda será estudado. Ora, como provar se o testador e autor da herança foi o culpado pelo fim de um relacionamento, se ele povoa o *mundo dos mortos*? O tema ainda será retomado nesta obra, no próximo capítulo, quando do estudo do art. 1.830 do CC/2002.

A encerrar o estudo do atual art. 1.801 do Código Civil, o seu inciso IV estabelece que não será nomeado, como herdeiro ou legatário, o tabelião, civil ou militar, ou o comandante ou escrivão, perante quem se fizer, assim como o que fizer ou aprovar o testamento. Mais uma vez, na esteira dos dois primeiros incisos do artigo, o dispositivo tende a proteger a integridade ética do ato testamentário, sendo louvável.

Observo que no Projeto de Reforma do Código Civil são feitos aprimoramentos necessários para o comando. Assim, com inclusão das modalidades de testamento por vídeo, o seu inciso I passará a prever que não pode ser nomeado como herdeiro nem como legatário "a pessoa que, a rogo, escreveu ou realizou a gravação do testamento, nem o seu cônjuge ou convivente, ou os seus ascendentes e irmãos".

O inciso III será revogado expressamente, pois a Comissão de Juristas entendeu que não há mais razão para a sua permanência no nosso sistema, sobretudo porque o próprio concubinato é retirado do Código Civil. A situação ficará em aberto, não cabendo ao legislador fazer julgamentos prévios sobre ela, podendo ainda ensejar a nulidade do ato, pela teoria das nulidades previstas na Parte Geral da codificação privada.

Seguindo a respeito das proposições para o comando em estudo, o seu inciso IV, de forma mais técnica quanto à atividade extrajudicial, e sem mais mencionar as autoridades relativas às formas de testamento especiais, que são revogadas, expressará "o delegatário perante quem se fizer lavrar ou aprovar o testamento".

Ademais, são incluídos dois novos comandos nesse art. 1.801, expressando o seu novo V o caso dos pais que, no exercício da autoridade parental, instituam, por testamento público, herdeiros ou legatários aos filhos absolutamente incapazes, para o caso de eles falecerem nesse estado, ficando sem efeito a disposição logo que cesse a incapacidade. Trata-se de vedação que decorre da regulação do *testamento pupilar* e do *quase pupilar*, sobre os quais voltarei a tratar.

Por fim, também não pode será nomeado como herdeiro ou legatário, nos termos do novo inciso VI, "o apoiador do testador, de que trata o art. 1.783-A deste Código". Essa inovação se justifica, pois passará a ser possível a tomada de decisão apoiada, para as pessoas com deficiência, expressamente para o testamento, o que virá em boa hora.

Voltando-se ao sistema vigente, em qualquer uma das situações legais descritas no art. 1.801, são nulas – no sentido de *nulidade absoluta textual* – as disposições testamentárias em favor de pessoas não legitimadas a suceder, ainda quando simuladas sob a forma de contrato oneroso, ou feitas mediante interposta pessoa (art. 1.802 do CC). Vale lembrar que a simulação é um vício social do negócio jurídico presente quando há uma discrepância entre a vontade interna e a vontade manifestada, ou seja, entre a aparência e a essência.

Consoante o art. 167 do Código Civil, a simulação enseja nulidade absoluta do ato correspondente, o que é confirmado pelo comando sucessório em análise. A norma menciona o ato praticado por *interposta pessoa*, aquela que não é verdadeira. Trata-se, na verdade, de uma modalidade de simulação, denominada *simulação subjetiva* e tratada pelo art. 167, § 1.º, I, do CC/2002; presente quando os negócios aparentarem conferir ou transmitir direitos a pessoas diversas daquelas às quais realmente se conferem, ou transmitem. É o tão conhecido e notório negócio praticado com o *testa de ferro*, *laranja* ou *homem de palha*.

Presumem-se pessoas interpostas os ascendentes, os descendentes, os irmãos e o cônjuge ou companheiro do não legitimado a suceder (art. 1.802, parágrafo único, do CC). Na esteira da melhor doutrina, a presunção é absoluta (*iure et de iure*), não se admitindo prova em contrário, uma vez que fica claro o intuito de fraude em casos tais, estando revestida a proteção por normas cogentes ou de ordem pública (DINIZ, Maria Helena. *Código...*, 2010, p. 1.280; VENOSA, Sílvio de Salvo. *Código...*, 2010, p. 1.635; VELOSO, Zeno. *Código...*, 2008, p. 1.979; ALMEIDA, José Luiz Gavião de. *Código...*, 2003, v. XVIII, p. 120).

Como os casos são de nulidade absoluta, deve-se reconhecer a imprescritibilidade da ação declaratória de nulidade, pois esse vício não convalesce como decurso do tempo (art. 169 do CC). Em complemento, como a matéria é de ordem pública, a nulidade pode ser arguida por qualquer interessado ou pelo MP; cabendo, ainda, conhecimento de ofício pelo juiz (art. 168 do CC).

Finalizando o presente tópico, prescreve o art. 1.803 do Código Civil ainda em vigor que é lícita a deixa testamentária ao filho do concubino ou amante, quando também o for do testador. A inovação segue a esteira do entendimento jurisprudencial, pois a antiga Súmula 447 do Supremo Tribunal Federal já estabelecia que: "é válida a disposição testamentária em favor do filho adulterino do testador com a sua concubina".

Trata-se de aplicação inafastável do *princípio da igualdade entre os filhos*, retirado do art. 227, § 6.º, da CF/1988 e do art. 1.596 do CC. Como é notório, todos os filhos são iguais, havidos ou não da relação de casamento, não cabendo mais qualquer expressão discriminatória, como a que consta da antiga súmula, que qualifica o filho como adulterino. *Filho é filho, e ponto-final.*

De todo modo, com a retirada do concubinato do Código Civil, a Comissão de Juristas encarregada da Reforma do Código Civil sugere a revogação expressa também desse preceito, não havendo mais qualquer justificativa para essa previsão, sobretudo diante do princípio da igualdade entre filhos.

1.13 DA ACEITAÇÃO E RENÚNCIA DA HERANÇA

1.13.1 Conceitos básicos. A ideia de *delação sucessória*

Nos termos expressos do Código Civil, aceita a herança, torna-se definitiva a sua transmissão ao herdeiro, desde a abertura da sucessão (art. 1.804, *caput*, do CC). Em complemento, a transmissão tem-se por não verificada quando o herdeiro renuncia à herança (art. 1.804, parágrafo único, do CC). Como se nota, além da morte, que gera a transmissão imediata da herança aos sucessores por força do *droit de saisine*, entram em cena outras duas categorias que são primordiais ao Direito das Sucessões, quais sejam a aceitação e a renúncia à herança.

Os institutos em questão não dizem respeito apenas à sucessão legítima, tendo incidência igualmente para a sucessão testamentária. Conforme o art. 1.808, § 1.º, do CC/2002, o herdeiro, a quem se testarem legados, pode aceitá-los, renunciando a herança; ou, aceitando-a, repudiá-los. O dispositivo ainda será devidamente abordado neste capítulo.

No presente contexto, surge o conceito de *delação hereditária* ou *devolução sucessória* que, segundo a doutrina, vem a ser o período que separa ou *medeia* a abertura sucessória, pela morte, e a aceitação ou a renúncia à herança (PEREIRA, Caio Mário da Silva. *Instituições...*, 2012, v. VI; BARROS, Flávio Augusto Monteiro de. *Manual...*, 2004, v. 4, p. 186). Adotando tais lições doutrinárias e com o fim de esclarecer a construção, colaciona-se trecho de acórdão do Tribunal do Rio Grande do Sul, em que se expõe que "com a morte do autor da herança, ocorre a abertura da sucessão e, também, simultaneamente, o fenômeno da delação, período no qual a herança é oferecida ao sucessor, esperando sua aceitação ou renúncia" (TJRS, Agravo de Instrumento 70024749871, 7.ª Câmara Cível, Cruz Alta, Rel. Des. Sérgio Fernando Silva de Vasconcellos Chaves, j. 24.09.2008, *DOERS* 03.10.2008, p. 24).

Para Orlando Gomes, a categoria deve ser analisada sob duplo aspecto: *objetivo* e *subjetivo*. Do ponto de vista *objetivo*, a delação "é a possibilidade de aceitação da herança, o momento em que passa à disposição dos herdeiros designados no testamento, ou na lei". No aspecto *subjetivo*, a delação confunde-se com a vocação hereditária (*Sucessões*, 2001, p. 15). De qualquer modo, apesar do seu parecer, melhor considerar a delação como o período de tempo antes explicado.

Expostas tais considerações iniciais, vejamos os institutos da aceitação e da renúncia à herança, tratados separadamente de acordo com os seus conceitos, modalidades e regras próprias. Depois, serão verificadas as regras comuns às duas categorias.

1.13.2 Das regras específicas da aceitação ou adição da herança

A aceitação ou adição da herança – *additio hereditatis* – é o ato do herdeiro que *confirma* a transmissão da herança. Repise-se que não se trata do ato que gera a transmissão da herança em si, o que ocorre por força do art. 1.784 do CC/2002 e da *droit de saisine*, com abertura da sucessão, que se dá pela morte do falecido. Na esteira das lições de Zeno Veloso, "a aceitação é necessária porque ninguém pode ser herdeiro contra a sua vontade, conforme o antigo brocardo: *invito non datur beneficium* (ao constrangido, ou a quem não quer, não se dá o benefício" (*Código...*, 2008, p. 1.982-1.983).

Nos termos do antes exposto art. 1.804 do Código Civil brasileiro, aceita a herança, torna-se definitiva a sua transmissão ao herdeiro, desde a abertura da sucessão. Fala-se justamente em *adição* pelo fato de que esse ato posterior retroage até o momento da morte do *de cujus*. A aceitação da herança é um ato jurídico unilateral, que produz efeitos independentemente da concordância de terceiros, tendo, portanto, natureza não receptícia, uma vez que não há a necessidade de qualquer comunicação para produzir os efeitos previstos em lei. Pelo que consta dos arts. 1.805 e 1.807 da codificação material privada, três são as formas de aceitação da herança, a saber: *a)* aceitação expressa; *b)* aceitação tácita; *c)* aceitação presumida. Cabem os seus estudos em separado.

Iniciando-se pela *aceitação expressa*, esta é realizada por declaração escrita do herdeiro, por meio de instrumento público, particular ou por uma manifestação clara e inequívoca no processo de inventário, seja ele judicial ou extrajudicial (art. 1.805, *caput*, do CC).

A *aceitação tácita* é aquela tão somente de atos próprios da qualidade de herdeiro, ou seja, do seu comportamento inequívoco como tal. Como exemplo, cite-se a hipótese em que o herdeiro toma posse de um bem e começa a administrá-lo e a geri-lo como se fosse seu. Ou, ainda, da realidade prática, "havendo sido ajuizada a abertura de inventário, com a partilha de bens, e recolhimento do imposto *causa mortis*, evidente é a configuração da aceitação tácita da herança do *de cujus*" (TJGO, Agravo de Instrumento 0425838-34.2012.8.09.0000, 6.ª Câmara Cível, Anápolis, Rel. Des. Norival Santome, *DJGO* 19.06.2013, p. 37).

Seguindo nas ilustrações, no Superior Tribunal de Justiça, entendeu-se que "o pedido de abertura de inventário e o arrolamento de bens, com a regularização processual por meio de nomeação de advogado, implicam a aceitação tácita da herança" (STJ, REsp 1.622.331/SP, 3.ª Turma, Rel. Min. Ricardo Villas Bôas Cueva, j. 08.11.2016, *DJe* 14.11.2016). Em complemento, serve a concretização a seguir: "se o herdeiro se deu por citado nos autos do inventário e não renunciou expressamente à herança, conclui-se que este a aceitou tacitamente, não sendo necessária a sua intimação pessoal para se manifestar sobre a herança em questão" (TJMG, Agravo de Instrumento 1.0024.08.062758-1/003, Rel. Des. Edilson Olímpio Fernandes, j. 13.11.2012, *DJEMG* 27.11.2012).

Nos termos da lei, não significam a aceitação tácita de herança os atos oficiosos, como o funeral do finado, os meramente conservatórios, ou os de administração e guarda provisória de bens (art. 1.805, § 1.º, do CC). Todavia se a administração e a guarda forem efetivadas com claro intuito definitivo, demonstrando a parte o *querer ser herdeiro*, a aceitação tácita estará presente, o que comporta análise caso a caso.

De forma suplementar, na dicção do art. 1.805, § 2.º, do CC/2002, não importa igualmente em aceitação a cessão gratuita, pura e simples, da herança, aos demais coerdeiros, o que é hipótese de *renúncia abdicativa ou translativa*, como bem aponta Maria Helena Diniz (*Código...*, 2010, p. 1.282).

Apesar desse entendimento, que parece plausível, há quem veja uma falta de sentido no comando em questão. Nessa linha, vejamos as ponderações de José Fernando Simão, constantes em edições anteriores desta obra:

> "Curiosa é a regra segundo a qual não importa igualmente a aceitação da herança sua cessão gratuita, pura e simples, aos demais coerdeiros (art. 1.805, § 2.º, do CC),

introduzida pelo Código Civil de 2002 e que reproduz parcialmente o art. 1.582 do diploma revogado. Se houve a cessão de direitos aos coerdeiros é porque se aceitou a herança. Ninguém pode transmitir direitos que não tem. Explica Eduardo de Oliveira Leite que 'na realidade, embora o legislador equivocadamente refira-se à 'cessão', que implica a ideia de transferência de um direito que se acha em nosso patrimônio, está a se referir à renúncia, que indica abstenção, recusa da herança. Estamos diante de um caso típico de repúdio tácito' (*Comentários*..., 2004, p. 129). Zeno Veloso também mostra sua estranheza em relação ao dispositivo, porque 'no rigor dos princípios, se há cessão de direitos, temos que houve aceitação e posterior transmissão da herança para os cessionários. Mas a lei considera que não houve aceitação, pois, no caso, a herança vai ficar com as mesmas pessoas que seriam chamadas para ocupar a quota do cedente, se ele tivesse renunciado' (*Novo Código Civil*..., 2006, p. 1.503). Como se nota, o art. 1.805, § 2.º, do CC é amplamente criticado, o que se justifica. Aliás, ainda sob a égide do Código Civil de 1916, dizia Clóvis Beviláqua que 'melhor fôra usar o termo renúncia que indica abstenção, recusa da herança, do que cessão, que implica a ideia de transferência de um direito que se acha em nosso patrimônio' (*Código Civil*..., 1955, v. VI, p. 22). Nesse sentido, concorda-se mais uma vez com José Luiz Gavião de Almeida que 'a renúncia, porém, beneficiaria os mesmos coerdeiros, sem necessidade de pagamento de imposto de transmissão inter vivos. Provocaria idêntico efeito, apenas por outra via. Se idêntica a situação, não pode a cessão gratuita de todos os bens para os demais coerdeiros ter efeitos jurídicos diversos da renúncia' (*Código Civil*..., 2003, v. XVIII, p. 129). Note-se que mesmo equivalendo à renúncia, para que a cessão tenha validade, seguirá a forma pública nos termos do art. 1.793, *caput*, do atual CC" (TARTUCE, Flávio; SIMÃO, José Fernando. *Direito*..., 2013, v. 6, p. 42).

Apesar das qualificadas palavras transcritas, entendo ser melhor concluir que o dispositivo em análise equivale a uma renúncia, o que acaba dando-lhe sentido. Assim, há uma mudança de posição em relação ao que se sustentava em edições anteriores deste livro.

A terceira modalidade de aceitação, a *presumida*, está tratada pelo art. 1.807 do CC/2002, segundo o qual o interessado, em que o herdeiro declare se aceita ou não a herança, poderá, 20 dias após aberta a sucessão, requerer ao juiz do inventário prazo razoável, não maior de 30 dias, para, nele, se pronunciar o herdeiro. Isso, sob pena de haver a herança por aceita. Nota-se que a parte final do dispositivo consagra exceção à regra da teoria geral do Direito Civil pela qual *quem cala não consente*, retirada do art. 111 da própria codificação.

O prazo de 30 dias mencionado é o *mínimo legal*, podendo o juiz aumentá-lo de acordo com as circunstâncias do caso concreto. Podem ser referidos os casos em que o herdeiro foi citado em outra cidade ou em local de difícil acesso. O prazo não se aplica à renúncia, que deve sempre ser expressa. Nesse trilhar, do Tribunal de Justiça de Minas Gerais: "o prazo a que se refere o artigo 1.807 do Código Civil não é para que o herdeiro possa renunciar à herança" (TJMG, Agravo de Instrumento 1.0342.05.053464-9/0011, 4.ª Câmara Cível, Ituiutaba, Rel. Des. Audebert Delage, j. 17.04.2008, *DJEMG* 30.04.2008).

Destaco que no Projeto de Reforma do Código Civil, são feitas propostas relevantes para aprimorar o instituto da aceitação da herança e melhorar o texto da lei, que passará a ser mais claro e compreensível. Assim, de forma mais técnica, o *caput* do seu art. 1.805 enunciará que "a aceitação da herança pode ser expressa ou tácita". Sobre a primeira delas, o seu § 1.º preverá, de forma detalhada e com inclusão do meio digital e em boa hora, que "a aceitação é havida como expressa quando em documento escrito, em formato físico ou digital, o herdeiro declara aceitar a herança ou assume o título ou a condição de herdeiro".

No que diz respeito à aceitação tácita, enunciando hipóteses em que ela não se configura, em prol da segurança jurídica, o novo § 2.º do art. 1.805 preverá que o requerimento de abertura do inventário, a simples manifestação nos autos e os atos de mera administração ou conservação dos bens hereditários, incluindo a ocupação, a habitação e proposição de medidas judiciais em defesa do patrimônio, praticados pelo eventual herdeiro, não implicam aceitação tácita da herança. Também não importará igualmente aceitação tácita a cessão da herança, quando feita gratuitamente em benefício de todos aqueles a quem ela caberia se o cedente a repudiasse (§ 3.º).

Por fim, novamente com vistas a deixar clara a sua configuração, o § 4.º do art. 1.805 preverá que haverá aceitação tácita da herança nos casos de a cessão ou alienação da herança em favor de apenas algum ou alguns dos coerdeiros. Como justificaram os membros da Subcomissão de Direito das Sucessões, "a alteração distingue, portanto, as hipóteses de aceitação expressa e tácita, mencionando as *fattispecie* de cada uma, ao mesmo tempo em que exclui da aceitação da herança, para fins de incidência tributária, a conduta do herdeiro de cedê-la, gratuitamente, a todos os demais coerdeiros que integrem a mesma classe dos sucessíveis, Com isso, espanca-se, em definitivo, a referência a esse tipo de cessão como 'renúncia translativa'. De fato, esse parece ser a melhor solução". De fato, essa parece ser a melhor solução.

Observo, por fim, que a aceitação presumida da herança é integralmente mantida no art. 1.807 da Lei, sem qualquer modificação proposta pela Comissão de Juristas encarregada da Reforma do Código Civil.

Voltando-se ao sistema vigente, falecendo o herdeiro antes de declarar se aceita a herança, o poder de aceitar é transmitido aos seus sucessores, a menos que se trate de vocação adstrita a uma condição suspensiva, ainda não verificada (art. 1.809, *caput*, do CC). Os chamados à sucessão do herdeiro falecido antes da aceitação, desde que concordem em receber a segunda herança, poderão aceitar ou renunciar à primeira (art. 1.809, parágrafo único, do CC). Os preceitos têm redação confusa, devendo ser explicados a partir de exemplificações concretas. A ilustração de Giselda Maria Fernandes Novaes Hironaka é interessante para a compreensão da matéria:

> "Morto um avô, A, viúvo, sucedem-no seus filhos, B e C. B, pai de D e unido maritalmente a F, falece posteriormente a seu pai, A, sem que tenha deliberado a respeito do acervo de seu pai. D, então, resolve repudiar a herança de seu pai, B, herança esta que é devolvida inteiramente a F, perdendo D o direito a deliberar quanto à herança de seu avô, A, que a lei entende pertencer ao patrimônio de B. F, por sua vez, aceita o patrimônio de B, podendo, então, deliberar a respeito da herança de A, aceitando-a ou renunciando a ela" (*Comentários...*, 2007, v. 20, p. 138-139).

Vejamos de forma esquematizada:

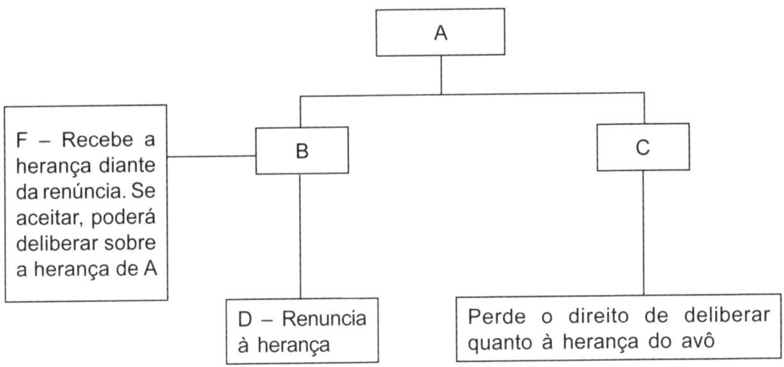

Como se percebe, o último dispositivo ingressa no tratamento da renúncia à herança, instituto abordado a seguir, a partir do presente momento.

1.13.3 Das regras específicas da renúncia à herança

Segundo as clássicas lições de Carlos Maximiliano, a renúncia é o "repúdio formal da herança ou legado" (*Direito*..., 1952, v, 1, p. 64). Para Sílvio Rodrigues, "é o ato solene pelo qual uma pessoa, chamada à sucessão de outra, declara que a não aceita" (*Direito*..., 2007, v. 7, p. 58). Como bem pondera Paulo Lôbo, trata-se de um ato jurídico unilateral, que representa o exercício de um direito potestativo, estando cercado de formalidades impostas pela lei (*Direito*..., 2013, p. 59).

Nesse contexto de respeito à forma prescrita em lei, a renúncia deve ser sempre *expressa*, constando de instrumento público ou termo judicial (art. 1.806 do CC). Não se admite a renúncia tácita, presumida ou verbal; muito menos que o ato seja feito por instrumento particular, mesmo que com assinaturas com firmas reconhecidas. Cabe lembrar que a escritura pública é lavrada perante o Tabelionato de Notas, sem qualquer competência territorial no ato a ser celebrado.

O desrespeito a essa regra importa em nulidade absoluta do ato, por desrespeito à forma e à solenidade, nos termos do art. 166, incisos IV e V, do Código Civil. Concluindo desse modo, aplicando a pena da mais grave das invalidades, cabe colacionar os seguintes julgados que dizem respeito à renúncia realizada por instrumento particular:

> "Sucessões. Exclusão de herdeiro em razão de renúncia à herança. Renúncia é ato solene que requer escritura pública ou termo nos autos do inventário. Renúncia lançada em instrumento particular. Invalidade. Sentença de improcedência. Recurso dos autores improvido" (TJSP, Apelação 0102795-20.2008.8.26.0547, Acórdão 6528433, 2.ª Câmara de Direito Privado, Santa Rita do Passa Quatro, Rel. Des. Flavio Abramovici, j. 26.02.2013, *DJESP* 13.03.2013).

> "Apelação cível. Ação de anulação de partilha. Sentença que reconhece a prescrição. Pretensão de nulidade do instrumento particular de renúncia de herança que está contido no pleito de anulação de partilha. Renúncia que deve ser constituída por escritura pública ou termo judicial. Art. 1.581 CC/1916. Inobservância. Vício de forma. Ademais, documento

dando conta da condição de analfabeto do autor. Nulidade absoluta do ato. Ausência de efeitos no mundo jurídico. Inocorrência de prescrição. Sentença cassada. Nulidade da partilha que decorre do reconhecimento de nulidade do instrumento de renúncia de quinhão hereditário. Nova divisão do legado, garantindo o direito de participação do autor. Recurso provido" (TJSC, Apelação Cível 2006.015533-4, Gaspar, Rel. Des. Sérgio Izidoro Heil, j. 17.06.2010, *DJSC* 29.06.2010, p. 21).

Com tom suplementar para esclarecer dúvidas práticas, a renúncia igualmente será inválida se efetivada por simples petição nos autos do inventário, sendo necessária a homologação judicial em casos tais. Não deixa dúvidas quanto a isso o seguinte aresto do Superior Tribunal de Justiça:

> "A renúncia à herança depende de ato solene, a saber, escritura pública ou termo nos autos de inventário; petição manifestando a renúncia, com a promessa de assinatura do termo judicial, não produz efeitos sem que essa formalidade seja ultimada. Recurso especial não conhecido" (STJ, REsp 431.695/SP, 3.ª Turma, Rel. Min. Ari Pargendler, j. 21.05.2002, *DJ* 05.08.2002, p. 339).

Conforme alguns julgados, tal renúncia pode se dar por intermédio de advogado, desde que regularmente constituído para esses fins, não sendo necessário o instrumento público nessa instituição. Nesse trilhar:

> "Agravo de instrumento. Arrolamento. Renúncia à herança tomada por termo judicial. Validade. Renunciantes representados por advogado constituído mediante instrumento particular, com poderes específicos para o ato. Desnecessidade de que o mandato seja outorgado mediante instrumento público, sendo suficiente a forma particular. Inteligência dos artigos 661, § 1.º, e 1.806 do Código Civil e 38 do Código de Processo Civil. Vícios de consentimento que deverão ser comprovados e postulados em ação própria. Decisão reformada. Recurso provido" (TJSP, Agravo de Instrumento 994.09.278493-4, Acórdão 4333984, 8.ª Câmara de Direito Privado, Piracicaba, Rel. Des. Salles Rossi, j. 24.02.2010, *DJESP* 26.03.2010).

Não obstante essa forma de julgar, consoante a melhor jurisprudência superior, quando a renúncia à herança é realizada por meio de procurador, este não pode ser constituído mediante instrumento particular.

Em outras palavras, há necessidade de que a outorga da procuração seja feita por instrumento público ou termo judicial. Nessa esteira, conforme *decisum* do Superior Tribunal de Justiça, no Recurso Especial 1.236.671/SP:

> "A exigência do instrumento público ou termo judicial, que também se caracteriza como instrumento público, constante do art. 1.806 do Código Civil/2001, é corolário necessário do disposto no art. 80, II, do mesmo Código, que considera bem imóvel a sucessão aberta, e do art. 108, ainda do mesmo Código, que exige a escritura pública como essencial à validade dos negócios jurídicos que visem 'à constituição, transferência, modificação ou renúncia de direitos reais sobre imóveis' – abrindo exceção apenas para imóveis de valor inferior a trinta vezes o maior salário mínimo vigente no País, o que, aqui, não vem ao caso. Ora, se o art. 1.806 estabelece que a renúncia deve constar expressamente de instrumento público ou termo judicial, daí se segue que a outorga de poderes para essa renúncia também tem de se realizar por instrumento público ou termo judicial. Ineficaz, portanto,

> a transmissão de poderes sem a instrumentalização por intermédio de instrumento público ou termo judicial" (STJ, REsp 1.236.671/SP, acórdão da 3.ª Turma, Rel. Min. Sidnei Beneti, j. 09.10.2012).

Apesar de não me apegar muito a questões formais e a solenidades que muitas vezes tornam o Direito Civil excessivamente burocrático, a última conclusão parece ser a mais correta do ponto de vista técnico. Isso porque, nos termos do art. 657 da Lei Geral Privada, a outorga do mandato está sujeita à forma exigida por lei para o ato a ser praticado. Em resumo, se a renúncia exige a escritura pública ou termo judicial, o mesmo deve ser dito ao ato que outorga poderes para tantos. Entre os arestos mais recentes daquela Corte Superior, ainda a ilustrar, cabe a transcrição do seguinte, confirmando tais premissas jurídicas:

> "Direito civil e processual civil. Renúncia à herança. Requisitos formais. Mandato. Transmissão de poderes. 1. O ato de renúncia à herança deve constar expressamente de instrumento público ou de termo nos autos, sob pena de invalidade. Daí se segue que a constituição de mandatário para a renúncia à herança deve obedecer à mesma forma, não tendo a validade a outorga por instrumento particular. 2. Recurso Especial provido" (STJ, REsp 1.236.671/SP, 3.ª Turma, Rel. Min. Massami Uyeda, j. 09.10.2012, *DJE* 04.03.2013).

Além disso, também não se admite a renúncia prévia da herança, pois ela deve atender aos rígidos requisitos legais, sendo sempre posterior à morte. A renúncia prévia à herança constitui atualmente um *pacto sucessório*, que é vedado pelo art. 426 do Código Civil. A consequência, no sistema jurídico em vigor, é a sua nulidade absoluta do ato, por *nulidade virtual*, pois a lei proíbe a prática do ato sem cominar sanção (art. 166, inc. VII, segunda parte, do CC).

Todavia, penso ser o momento de rever essa impossibilidade de renúncia prévia, incluindo-se no art. 426 regras específicas a respeito da viabilidade de renúncia à herança pelo cônjuge ou companheiro, notadamente no caso de escolha pelo regime de separação convencional de bens, o que foi sugerido por mim e pelos Professores José Fernando Simão e Maurício Bunazar ao Senador Rodrigo Pacheco, que consta do atual Projeto de Reforma do Código Civil.

Feitos tais esclarecimentos, essenciais para a validade da renúncia, conforme se extrai da melhor doutrina, duas são as modalidades de renúncia à herança (ver, entre os contemporâneos: DINIZ, Maria Helena. *Código*..., 2010, p. 1.382; CAHALI, Francisco. *Direito*..., 2007, p. 78; GONÇALVES, Carlos Roberto. *Direito*..., 2010, v. 7, p. 104-105).

A primeira modalidade é a *renúncia abdicativa*, em que o herdeiro diz simplesmente que não quer a herança, havendo uma cessão simples a todos os coerdeiros, o que equivale a uma *renúncia pura*. Em casos tais, não há incidência de Imposto de Transmissão *Inter Vivos* contra o renunciante, mas apenas do Imposto de *Transmissão Causa Mortis* por aquele que recebe os bens renunciados. Nessa linha, entre os antigos acórdãos do Superior Tribunal de Justiça:

> "Renúncia à herança. Inexistência de doação ou alienação. ITBI. Fato gerador. Ausência de implemento. A renúncia de todos os herdeiros da mesma classe, em favor do monte,

não impede seus filhos de sucederem por direito próprio ou por cabeça. Homologada a renúncia, a herança não passa à viúva, e sim aos herdeiros remanescentes. Esta renúncia não configura doação ou alienação à viúva, não caracterizando o fato gerador do ITBI, que é a transmissão da propriedade ou do domínio útil de bens imóveis. Recurso provido" (STJ, REsp 36.076/MG, 1.ª Turma, Rel. Min. Garcia Vieira, j. 03.12.1998, *DJ* 29.03.1999, p. 76).

A segunda categoria é a *renúncia translativa*, presente quando o herdeiro cede os seus direitos *a favor de determinada pessoa*. Por isso é denominada como renúncia *in favorem*. Como há um negócio jurídico de transmissão gratuita, incide o Imposto de Transmissão *Inter Vivos*, conforme entende a jurisprudência, o que se impõe ao renunciante, que faz verdadeiro ato de doação (STJ, AgRg no REsp 1254813/RJ, 2.ª Turma, Rel. Min. Castro Meira, j. 1.º.12.2011, *DJe* 19.12.2011; TJSP, Agravo de Instrumento 218.709-4, 1.ª Câmara de Direito Privado, São Paulo, Rel. Des. Elliot Akel, j. 25.09.2001; TJSP, Agravo de Instrumento 208.959-1, São Paulo, Rel. Des. Márcio Martins Bonilha, j. 14.10.1993). Reafirme-se que essa última modalidade parece estar tratada no art. 1.805, § 2.º, do CC/2002, quando há menção à cessão gratuita de bens entre herdeiros, na esteira das lições de Maria Helena Diniz antes apontadas.

Na renúncia translativa deve constar a menção clara de quem seja o beneficiado. Além disso, há necessidade do ato de adição, confirmação ou aceitação da herança por parte do renunciante, não pairando dúvidas quanto à legitimação para o ato de transmissão. Nessa esteira, julgado do Superior Tribunal de Justiça, do qual se extrai o seguinte trecho: "para haver a renúncia *in favorem*, é mister que haja a aceitação tácita da herança pelos herdeiros que, em ato subsequente, transferem os direitos hereditários a beneficiário certo, configurando verdadeira doação" (STJ, REsp 33.698/MG, 3.ª Turma, Rel. Min. Cláudio Santos, j. 29.03.1994, *DJ* 16.05.1994, p. 11.759).

Como principal efeito da renúncia à herança, determina o art. 1.810 do Código Civil que, na sucessão legítima, a parte do renunciante acresce à dos outros herdeiros da mesma classe e, sendo ele o único desta, devolve-se aos da subsequente. Como *herdeiros da mesma classe* entendem-se aqueles que *estão no mesmo grau de parentesco*, conforme explicação que consta do primeiro tópico do próximo capítulo, para onde se remetem aqueles que queiram maiores explicações.

Esclarecendo o teor do comando, na *VI Jornada de Direito Civil*, evento promovido pelo Conselho da Justiça Federal e pelo Superior Tribunal de Justiça em 2013, aprovou-se o Enunciado n. 575, *in verbis:* "concorrendo herdeiros de classes diversas, a renúncia de qualquer deles devolve sua parte aos que integram a mesma ordem dos chamados a suceder". O enunciado doutrinário visa a deixar, cristalina, a hipótese de coexistência sucessória de filhos – um deles renunciante –, com cônjuge ou companheiro. Na dicção das suas justificativas:

"Com o advento do Código Civil de 2002, a ordem de vocação hereditária passou a compreender herdeiros de classes diferentes na mesma ordem, em concorrência sucessória. Alguns dispositivos do Código Civil, entretanto, permaneceram inalterados em comparação com a legislação anterior. É o caso do art. 1.810, que prevê, na hipótese de renúncia, que a parte do herdeiro renunciante seja devolvida aos herdeiros da mesma classe. Em interpretação literal, *v.g.*, concorrendo à sucessão cônjuge e filhos, em caso de renúncia de um dos filhos, sua parte seria redistribuída apenas aos filhos remanescentes, não ao cônjuge, que pertence à classe diversa. Tal interpretação, entretanto, não se coaduna com a melhor doutrina, visto que a distribuição do quinhão dos herdeiros legítimos (arts. 1.790, 1.832, 1.837) não comporta exceção, devendo ser mantida mesmo no caso de renúncia".

Estou totalmente filiado à ementa transcrita, sendo certo que o art. 1.810 do CC/2002 menciona a mesma classe por não ter considerado a inserção da concorrência sucessória, que deve ser levada em conta. Exemplificando, se um filho renuncia à herança, a sua parte deve ser acrescida às quotas dos seus irmãos e de sua mãe, ex-esposa ou ex-companheira do falecido. De toda sorte, nos esquemas que serão expostos, o autor da herança será sempre considerado como viúvo, para que as regras básicas sejam compreendidas pelo estudioso e leitor.

Outra regra fundamental é aquela que enuncia que ninguém pode suceder representando o herdeiro renunciante. Se, porém, ele – o renunciante – for o único legítimo da sua classe, ou se todos os outros da mesma classe renunciarem à herança, poderão os filhos vir à sucessão, por direito próprio e por cabeça (art. 1.811 do CC).

A respeito dos dois preceitos, conforme explica Zeno Veloso, "o herdeiro que renuncia é considerado como se não tivesse chamado, como se nunca tivesse sido herdeiro" (*Código...*, 2008, p. 1.988). Em outras palavras, o herdeiro renunciante é considerado como se nunca tivesse existido, pensamento que é fundamental para a categoria que ora se estuda. Tal premissa atinge o direito de representação de outros herdeiros, o que igualmente é fulcral para a presente matéria. Vejamos alguns exemplos práticos de aplicação dessas importantes regras relativas à renúncia à herança.

Como primeira concreção, A, falecido e viúvo, tem três filhos, B, C e D, que, em regra, recebem 1/3 da herança cada um. Se B renuncia à herança, a sua parte é acrescida aos herdeiros C e D, que são da mesma classe ou grau – filhos do falecido –, recebendo cada um deles metade da herança. De forma esquematizada:

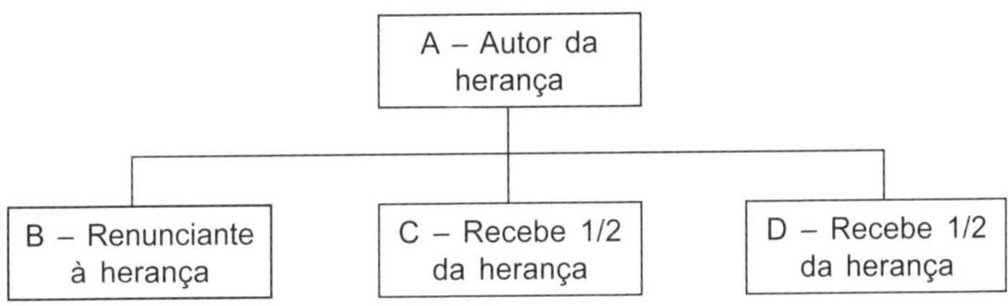

Seguindo nas exemplificações práticas, aproveitando a mesma ilustração, se B, renunciante, tiver dois filhos, E e F, os últimos nada receberão por direito de representação, tema que ainda será abordado. Isso porque, frise-se, a renúncia de seu pai afasta qualquer direito à herança dos filhos, pois seu pai é tratado como se nunca tivesse existido. Eis o gráfico que explica o caso descrito:

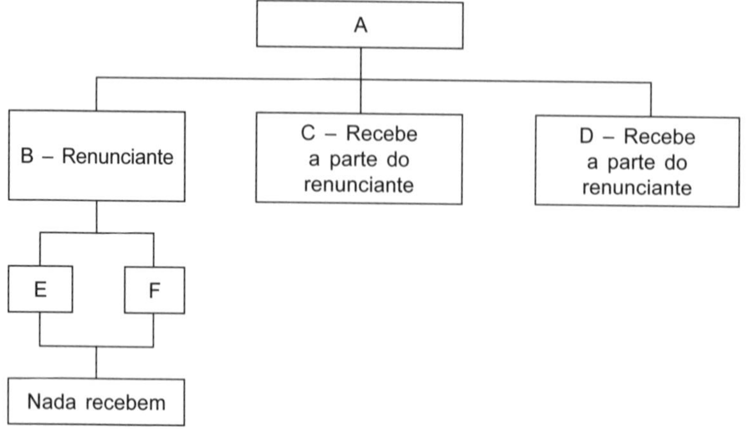

Como outro exemplo, A, falece viúvo deixando dois filhos (B e C) e um neto (E), filho de D. Caso E renuncie à herança, a sua quota será destinada para B e C, que serão herdeiros de classe anterior. Vejamos o esquema:

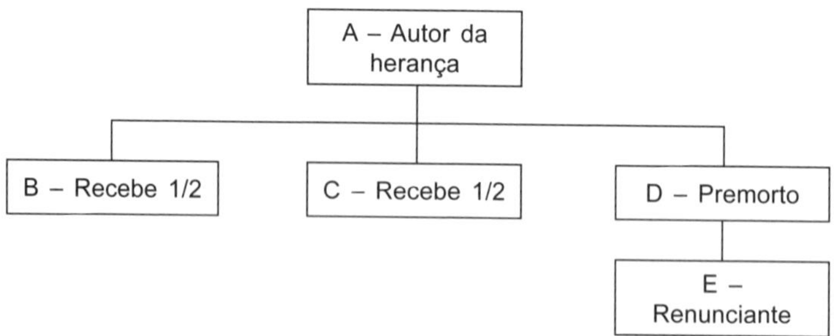

De igual modo, merece abordagem a regra da parte final do art. 1.811 da codificação material privada, segundo a qual, se o renunciante for o único legítimo da sua classe, ou se todos os outros da mesma classe renunciarem à herança, poderão os seus filhos vir à sucessão, por direito próprio – por cabeça –, e não por direito de representação, o que também será explicado no próximo capítulo deste livro. A título de concretização da norma, se o falecido (A, viúvo) tiver um único filho (B) renunciante, os seus três filhos (C, D e E) terão direitos sucessórios por cabeça, conforme esquema a seguir, dividindo-se a herança em três partes. Eis o diagrama sucessório para tal situação:

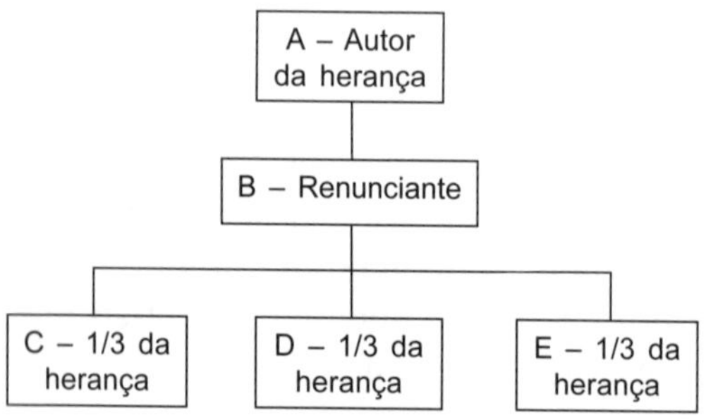

Ainda com o fim de ilustrar, A, falecido viúvo, tem três filhos (B, C e D), cada um com dois filhos, netos de A (E e F, G e H, e I e J). Se B, C e D, herdeiros da mesma classe, renunciarem à herança, os netos recebem por cabeça, em quotas iguais (1/6 cada um). Concretizando:

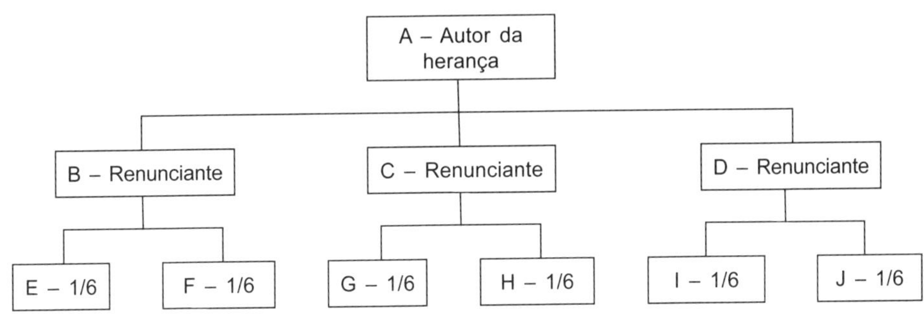

Por derradeiro, sobre as regras da renúncia, quando o herdeiro prejudicar os seus credores, renunciando à herança, poderão eles – os credores –, com autorização do juiz, aceitá-la em nome do renunciante (art. 1.813, *caput*, do CC). A habilitação judicial dos credores no inventário se fará no prazo decadencial de 30 dias, a contar do conhecimento da renúncia (§ 1.º). Pagas as dívidas do renunciante, prevalece a renúncia quanto ao remanescente, que será devolvido aos demais herdeiros (§ 2.º).

Para parte da doutrina, a aceitação da herança pelos credores é figura que se aproxima da *ação pauliana*, que decorre da fraude contra credores (VELOSO, Zeno. *Código...*, 2008, p. 1.990). Como é cediço, a fraude contra credores, tratada entre os arts. 158 a 165 do Código Civil, é vício social do negócio jurídico, presente quando o devedor insolvente – o que beira à insolvência – realiza atos de disposição onerosa ou gratuita de bens, com o intuito de prejudicar credores.

Em casos de disposição onerosa, a fraude contra credores exige dois requisitos, quais sejam o conluio fraudulento entre os negociantes (*consilium fraudis*) e o prejuízo ao credor (*eventus damni*). Havendo disposição gratuita ou perdão de dívidas, basta o prejuízo ao credor (*eventus damni*). Tais atos praticados são anuláveis, por meio da citada *ação pauliana*, que nada mais é do que a ação anulatória, recebendo essa denominação diante de sua origem romana.

Na linha do que constava das edições anteriores desta obra, reafirme-se que as figuras jurídicas são distintas, eis que a fraude contra credores gera a invalidade, no sentido de nulidade relativa ou anulabilidade dos negócios praticados, o que tem fundamento no art. 171 do CC/2002. Por outra via, o art. 1.813 do Código Civil resolve a questão no plano da eficácia da renúncia, dando ao credor um direito direto de receber o seu crédito, pela via da habilitação no inventário.

O acórdão, a seguir, do Superior Tribunal de Justiça demonstra que há uma aproximação do dispositivo sucessório em relação à fraude à execução, que igualmente acarreta a ineficácia dos atos praticados, por força do então art. 593 do Código de Processo Civil de 1973:

"Processual civil. Recurso especial. Fraude de execução. Devedor citado em ação que procede à renúncia da herança, tornando-se insolvente. Ato atentatório à dignidade da justiça, caracterizando fraude à execução. Ineficácia perante o exequente. Pronunciamento incidental reconhecendo a fraude, de ofício ou a requerimento do exequente prejudicado, nos autos da execução ou do processo de conhecimento. Possibilidade. Renúncia translativa. Ato gratuito. Desnecessidade de demonstração da má-fé do beneficiado. Imposição de multa pela fraude, que prejudica a atividade jurisdicional e a efetividade do processo. Cabimento. 1. Os bens presentes e futuros. À exceção daqueles impenhoráveis, respondem pelo inadimplemento da obrigação, conforme disposto nos arts. 591 do Código de Processo Civil e 391 do Código Civil. Com efeito, como é o patrimônio do devedor que garante suas dívidas, caracteriza fraude à execução a disponibilidade de bens pelo demandado, após a citação, que resulte em sua insolvência, frustrando a atuação da justiça, podendo ser pronunciada incidentalmente nos autos da execução, de ofício ou a requerimento do credor prejudicado, sem necessidade de ajuizamento de ação própria. 2. O art. 592, V, do Código de Processo Civil prevê a ineficácia (relativa) da alienação de bens em fraude de execução, nos limites do débito do devedor para com o autor da ação. Nesse passo, não se trata de invalidação da renúncia da herança, mas sim na sua ineficácia perante o credor. O que não implica deficiência do negócio jurídico, atingindo apenas as consequências jurídicas exsurgidas do ato; por isso não há cogitar das alegadas supressão de competência do juízo do inventário, anulação da sentença daquele juízo, tampouco violação à coisa julgada. 3. Assim, mesmo em se tratando de renúncia translativa da herança, e não propriamente abdicação, se extrai do conteúdo do art. 1.813, do Código Civil/2002, combinado com o art. 593, III, do CPC que, se o herdeiro prejudicar seus credores, renunciando à herança, o ato será ineficaz perante aqueles que com quem litiga. Destarte, muito embora não se possa presumir a má-fé do beneficiado pela renúncia, não há como permitir o enriquecimento daquele que recebeu gratuitamente os bens do quinhão hereditário do executado, em detrimento do lídimo interesse do credor e da atividade jurisdicional da execução. 4. 'É o próprio sistema de Direito Civil que revela sua intolerância com o enriquecimento de terceiros, beneficiados por atos gratuitos do devedor, em detrimento de credores, e isso independentemente de suposições acerca da má-fé dos donatários' (*v.g.*, arts. 1.997, 1.813, 158 e 552 do Código Civil de 2002) (REsp 1.163.114/MG, Rel. Min. Luis Felipe Salomão, 4.ª Turma, j. 16.06.2011, *DJE* 01.08.2011) 5. Recurso especial não provido" (STJ, Resp 1.252.353/SP, 4.ª Turma, Rel. Min. Luis Felipe Salomão, *DJE* 21.06.2013, p. 136).

Vale lembrar que o art. 593 do CPC/1973 equivale ao art. 792 do CPC/2015, com mudanças relevantes a respeito da configuração da fraude à execução, tema tratado no Volume 1 desta coleção.

Ressalte-se, contudo, que a questão não é pacífica, pois existem arestos estaduais que concluem pela inexistência de fraude à execução. Por todos: "executado que renunciou aos direitos hereditários. Instituto que não se confunde com a fraude à execução. Credor que pode se valer do disposto no art. 1.813, *caput,* do Código Civil, para buscar seu crédito" (TJRS, Agravo de Instrumento 70031111958, 11.ª Câmara Cível, Porto Alegre, Rel. Des. Bayard Ney de Freitas Barcellos, j. 12.05.2010, *DJERS* 20.05.2010).

Estou filiado ao entendimento anterior do STJ, uma vez que o ato de renúncia é um ato atentatório à justiça, como o é a fraude à execução, havendo, de fato, certa aproximação entre as categorias. Essa posição é mantida e renovada na emergência do CPC/2015.

Igualmente em sede de Superior Tribunal de Justiça, aplicou-se a solução do art. 1.813 para caso de renúncia à herança com o fim de prejudicar credores de dívida de alimentos. Julgou-se:

> "Os credores de prestações alimentícias podem aceitar a herança deixada ao devedor de alimentos e à qual ele renunciou (art. 1.813 do Código Civil). A aceitação de herança pelos credores não importa em alteração de rito da ação de execução, sendo cabível apenas que o valor recebido seja subtraído do valor cobrado. Não carece de liquidez a dívida de alimentos quantificável por simples cálculos matemáticos. É cabível o Decreto de prisão civil em razão do inadimplemento de dívida atual, assim consideradas as parcelas alimentares vencidas nos três meses antecedentes ao ajuizamento da execução, bem como aquelas que se vencerem no curso da lide. Súmula 309/STJ. Recurso em *habeas corpus* desprovido. Ordem concedida de ofício para que o Decreto de prisão se adéque à Súmula 309/STJ" (STJ, RHC 31.942/SP, 3.ª Turma, Rel. Min. João Otávio de Noronha, *DJE* 13.06.2013, p. 1.671).

O julgado merece aplausos por manter o rito da execução de alimentos, inclusive com a possibilidade da prisão dos devedores.

De qualquer modo, na linha do que defendia José Fernando Simão em edições anteriores deste livro, o ato dos credores não representa uma aceitação propriamente dita, "pois se o credor agisse na qualidade de mandatário ou representante do herdeiro ao aceitar a herança, ainda que bens restassem ou sobrassem, após pagas as dívidas, este remanescente pertenceria ao renunciante, o que não ocorre no caso descrito. É o que Eduardo de Oliveira Leite chama de sub-rogação de credores em exceção ao princípio da pessoalidade (*Comentários*..., 2004, v. XXI, p. 151)" (TARTUCE, Flávio; SIMÃO, José Fernando. *Direito*..., 2013, v. 6, p. 53). Continuo seguindo tal posicionamento, perfeito tecnicamente, apesar de a lei mencionar a existência de uma aceitação. Aguarda-se a publicação da obra solitária do antigo coautor para que o seu posicionamento seja devidamente citado e confirmado.

Voltando ao problema da existência de uma fraude contra credores, na esteira da melhor jurisprudência, a incidência do art. 1.813 do CC/2002 dispensa a prova do conluio fraudulento, o que é requisito, em regra, para a fraude contra credores (ver: TJSP, Agravo de Instrumento 990.10.173632-2, Acórdão 4512767, 6.ª Câmara de Direito Privado, Suzano, Rel. Des. Paulo Alcides, j. 20.05.2010, *DJESP* 30.07.2010). Em resumo, basta provar que a renúncia prejudicou os credores para que a norma tenha subsunção, o que representa uma aproximação, mais uma vez e sem dúvidas, com a fraude à execução, eis que há um ato atentatório à justiça (nesse sentido: TJSP, Agravo de Instrumento 272.454-4/6, 1.ª Câmara de Direito Privado, Batatais, Rel. Des. Guimarães e Souza, j. 25.02.2003).

Por fim a respeito da temática, anoto que no Projeto de Reforma do Código Civil, em boa hora, pretende-se aprimorar o texto do seu art. 1.813. Quanto ao seu *caput*, inclui-se regra expressa a respeito da habilitação dos credores: "quando o herdeiro prejudicar os seus credores, renunciando à herança, poderão eles requerer habilitação no inventário, para satisfação de seu crédito à conta do quinhão que caberia ao renunciante". Como bem justificaram os juristas da Subcomissão, "corrigiu-se uma imprecisão terminológica, uma vez que não se trata, propriamente, de transmissão aos credores do direito de aceitar, mas, sim, de ineficácia da renúncia em relação àqueles".

Além disso, é imperiosa o acréscimo de regra específica a respeito da renúncia em inventário extrajudicial, omissão legislativa hoje presente, prevendo o novo e projetado § 3.º do comando que, "tratando-se de inventário extrajudicial, a renúncia será ineficaz em relação aos credores do renunciante, que poderão dirigir o seu crédito contra os coerdeiros beneficiados pelo repúdio". Espera-se a aprovação das propostas, até porque, no último caso, as fraudes são frequentes na prática.

Expostas as regras específicas da aceitação e da renúncia à herança, separadamente, vejamos os preceitos legais em comum para os dois institutos e suas consequências práticas.

1.13.4 Das regras comuns à aceitação e à renúncia à herança

Existem regras que são comuns tanto à aceitação quanto à renúncia à herança, e, para os fins de facilitação do trabalho didático e metodológico, merecem abordagem em mesmo bloco.

De início, norma importante de legitimação que serve para as duas categorias em estudo, estabelece o art. 1.808, *caput*, do Código Civil que não se pode aceitar ou renunciar à herança em partes (de forma fracionada), sob condição (evento futuro e incerto) ou a termo (evento futuro e certo). Em resumo, tanto a aceitação quanto a renúncia à herança são *atos jurídicos puros*, não sujeitos aos mencionados elementos acidentais. Segundo Paulo Lôbo a respeito da aceitação, "a condição e o termo são considerados ineficazes, como se aceitação a eles não aludisse. Todavia, se a condição e o termo foram considerados essenciais, ou seja, sem eles não interessa ao sucessível confirmar a herança, então sua manifestação será recebida como renúncia irrevogável" (*Direito*..., 2013, p. 57).

A conclusão está correta no caso de aceitação da herança, que pode ser tácita ou presumida, conforme antes se expôs. No entanto, com o devido respeito ao notável jurista, não se pode dizer que a condição e o termo serão essenciais, a gerar a renúncia da herança, pois esta deve sempre ser expressa, com o preenchimento de requisitos formais. Aliás, se houver a presença de tais elementos acidentais na renúncia, esta deve ser tida como nula, pois a lei proíbe a prática do ato sem cominar sanção (art. 166, inc. VI, do CC). Essa já era a posição defendida em edições anteriores desta obra, com a citação da obra clássica de Carvalho Santos (TARTUCE, Flávio; SIMÃO, José Fernando. *Direito*..., 2013, v. 6, p. 56).

Também no que diz respeito a essas características, como se retira de julgado superior, "a renúncia e a aceitação à herança são atos jurídicos puros não sujeitos a elementos acidentais. Essa a regra estabelecida no *caput* do art. 1.808 do Código Civil, segundo o qual não se pode aceitar ou renunciar a herança em partes, sob condição (evento futuro incerto) ou termo (evento futuro e certo)". Ao final, contudo, concluiu-se que "no caso dos autos, a renúncia operada pelos recorrentes realizou-se nos termos da legislação de regência, produzindo todos os seus efeitos: a) ocorreu após a abertura da sucessão, antes que os herdeiros aceitassem a herança, mesmo que presumidamente, nos termos do art. 1.807, do CC/2002; b) observou-se a forma por escritura pública; c) por agentes capazes, havendo de se considerar que os efeitos advindos do ato se verificaram" (STJ, Resp 1.433.650/GO, 4.ª Turma, Rel. Min. Luis Felipe Salomão, j. 19.11.2019, *Dje* 04.02.2020).

Voltando ao âmago do art. 1.808, especialmente a respeito da indivisibilidade da aceitação e da renúncia, de acordo com as lições de Giselda Maria Fernandes Novaes Hironaka:

> "A herança se apresenta, por determinação legal, como um bem único e indivisível, dissolvendo-se essa condição apenas no momento da partilha. Bem por isso, a herança deverá ser aceita pelo herdeiro, ou este a ela renunciará, *in totum*. Ou seja: a lei veda que se renuncie ou aceite a herança em parte, sempre que deferida ao sucessor por um mesmo e único título. Assim, não poderá aceitar a herança relativamente a um imóvel quitado e renunciar à mesma herança no que se refere a um imóvel com saldo a pagar. Também será vedada a renúncia ou aceitação que busque ver alcançada uma condição ou aquelas feitas com a previsão de valerem a partir de determinada data" (HIRONAKA, Giselda Maria Fernandes Novaes. *Comentários...*, 2007, v. 20, p. 131-132).

A título de exemplo de incidência dessa indivisibilidade, conforme se extrai de trecho de ementa do Tribunal de Justiça do Rio Grande do Sul:

> "Renúncia parcial à herança. Impossibilidade. Vedação legal. Inteligência do art. 1.808 do Código Civil. A renúncia à herança é ato jurídico formal, único e de vontade do herdeiro, não sendo possível que o beneficiado venha expressar renúncia apenas em relação aos bens que não lhe interessam ou que não tragam proveito econômico, sem abrir mão do direito em relação aos demais bens que compõem o monte-mor. Agravo de instrumento parcialmente acolhido" (TJRS, Agravo de Instrumento 221657-24.2011.8.21.7000, 7.ª Câmara Cível, Novo Hamburgo, Rel. Des. André Luiz Planella Villarinho, j. 26.05.2011, *DJERS* 06.06.2011).

De forma suplementar e didática, julga-se que "o artigo 1.808 veda a renúncia parcial, ou seja, aquela relacionada a apenas uma fração da herança deixada. Tanto a aceitação como a renúncia não podem ser submetidas a condição ou a termo, devendo sempre ser incondicionadas e imediatas" (TJMG, Agravo de Instrumento 1.0024.04.288515-2/001, 7.ª Câmara Cível, Belo Horizonte, Rel. Des. Heloísa Combat, j. 27.02.2007, *DJMG* 13.04.2007).

Merece ainda relevo aresto do Tribunal de São Paulo, segundo o qual "inviabilidade, nesse passo, de se restringir o alcance da renúncia aos bens arrolados à época da sua exteriorização, até porque não se pode aceitar ou renunciar à herança em parte, sob condição ou a termo (arts. 1.583 do CC de 1916 e 1.808 do CC de 2002). Herdeiro renunciante que é considerado estranho à herança, ainda que no futuro sejam submetidos à sobrepartilha outros bens. Apelo não provido" (TJSP, Acórdão 130.156-4/0, 10.ª Câmara de Direito Privado, São Paulo, Rel. Des. Paulo Dimas Mascaretti, j. 25.03.2003). Da última Corte deve ainda ser citado *decisum* que afasta a renúncia à herança com intuito de remissão ou perdão parcial da dívida (TJSP, Apelação 991.09.051843-9, Acórdão 4217411, 11.ª Câmara de Direito Privado, Campinas, Rel. Des. Gilberto dos Santos, j. 26.11.2009, *DJESP* 08.01.2010).

Entretanto, a regra da indivisibilidade da aceitação e da renúncia não é absoluta, comportando afastamentos legais. Como primeira exceção à regra geral, enuncia o § 1.º do art. 1.808 do Código Civil que o herdeiro, a quem se testarem legados, pode aceitá-los, renunciando à herança; ou, aceitando-a, repudiá-los. A título de ilustração, um herdeiro pode aceitar o legado de um carro e renunciar à herança legítima, ou vice-versa.

Além disso, como outra exceção muito próxima, o herdeiro, chamado, na mesma sucessão, a mais de um quinhão hereditário, sob títulos sucessórios diversos, pode livremente deliberar quanto aos quinhões que aceita e aos que renuncia (art. 1.808, § 2.º, do CC). Para concretizar, se determinado herdeiro for também sucessor testamentário, poderá ele renunciar à sucessão legítima e aceitar os bens transmitidos por ato de última vontade. Pode, ainda, aceitar os bens a que tem direito por força de lei e renunciar àqueles que compõem o testamento.

No Projeto de Reforma do Código Civil, são feitos aprimoramentos a respeito desse art. 1.808. No seu § 3.º, a proposta é de melhora no texto, para explicar o seu conteúdo e deixá-lo mais compreensível, a saber: "o herdeiro, chamado, na mesma sucessão, a mais de um quinhão hereditário, sob títulos sucessórios diversos, pode livremente deliberar quanto aos quinhões que aceita e aos que renuncia. Se chamado a suceder em direitos sucessórios diversos, ainda que sob o mesmo título, pode aceitar uns e repudiar outros".

Ainda sobre a Reforma, pontuo que se pretende elucidar, no seu novo § 4.º, que o herdeiro necessário que também é chamado à sucessão por testamento pode renunciar quanto à quota disponível e aceitar quanto à legítima, ou vice-versa.

Será considerada ineficaz a renúncia de todos os direitos sucessórios, quando o renunciante, na data de abertura da sucessão, não possuir outros bens ou renda suficiente para a própria subsistência, o que visa a manter o seu patrimônio mínimo (§ 5.º). Passará a ser expressamente vedada, portanto, a *renúncia universal*, a exemplo do que já ocorre com a doação universal (art. 548 do CC). Essa foi uma das principais preocupações da outra Relatora-Geral do projeto, a Professora Rosa Nery, prevendo o proposto § 6.º desse art. 1.808 que, "na hipótese do parágrafo anterior, o renunciante interessado, no prazo de 180 dias, pedirá ao juiz que fixe os limites e a extensão da renúncia, de modo a assegurar a sua subsistência".

Voltando-se ao sistema vigente, do mesmo modo com aplicação concomitante à aceitação e à renúncia da herança, considera a lei que ambos os atos jurídicos são totalmente irrevogáveis (art. 1.812 do CC). Como anota Sílvio de Salvo Venosa, a norma é transposição da antiga máxima *uma vez herdeiro, sempre herdeiro* ou *semel heres semper heres* (VENOSA, Sílvio de Salvo. *Código*..., 2010, p. 1.640). Trata-se de uma inovação no Código Civil de 2002, eis que o art. 1.590 do CC/1916, seu correspondente, admitia a retratação da renúncia, quando fosse proveniente de violência (coação), erro ou dolo. Do mesmo modo, no sistema anterior cabia a ampla retratação da aceitação, desde que não houvesse prejuízos a terceiros.

De início, houve, na atual codificação, a correção de um equívoco técnico, pois o erro, o dolo e a coação dizem respeito ao plano da validade (segundo degrau da *Escada Ponteana*) e a revogação ou retratação, à eficácia (terceiro degrau da *Escada Ponteana*). Para aqueles que não conhecem o termo, a expressão *Escada Ponteana* concerne à célebre divisão do negócio jurídico em três planos, atribuída, no Brasil, ao genial trabalho de Pontes de Miranda: plano da existência, da validade e da eficácia.

No sistema atual, ainda são viáveis as alegações de erro, dolo, coação e dos demais vícios do ato ou negócio jurídico, mas não para a retratação do ato, e sim para a sua invalidade, conforme a teoria geral das nulidades, tratada na Parte Geral do Código Civil em vigor (assim entendendo, por todos: ALVES, Jones Figueirêdo; DELGADO, Mário

Luiz. *Código*..., 2005, p. 928). Anote-se que a nova previsão de irrevogabilidade já vem recebendo o devido tratamento pela jurisprudência, sendo interessante a colação dos seguintes acórdãos estaduais:

> "Herança. Renúncia. Pretensão do recorrente de que, com a renúncia de sua mãe à herança, os bens lhe sejam transmitidos, na qualidade de filho, nos termos do artigo 1.810 do Código Civil. Descabimento. Hipótese em que não houve renúncia abdicativa, mas translativa em favor de pessoa certa, a saber, a mãe da herdeira (...). Irrevogabilidade da aceitação da herança (art. 1.812 do CC). Recurso desprovido" (TJSP, Agravo de Instrumento 567.864.4/2, Acórdão 3292047, 10.ª Câmara de Direito Privado, Olímpia, Rel. Des. Ana de Lourdes, j. 23.09.2008, *DJESP* 16.12.2008).

> "Inventário. Renúncia à herança. Indeferimento. Acerto. Prática de atos compatíveis com aceitação e incompatíveis com renúncia. Irrevogabilidade do ato de aceitação. Art. 1.812 do Código Civil. Recurso não provido" (TJSP, Agravo de Instrumento 579.000.4/3, Acórdão 3165420, 7.ª Câmara de Direito Privado, Presidente Prudente, Rel. Des. Souza Lima, j. 06.08.2008, *DJESP* 22.08.2008).

Mais recentemente, a norma foi subsumida para situação em que a herdeira renunciou à herança e, aparentemente e em momento posterior, arrependeu-se do ato de afastamento da sucessão, pretendendo a discussão de eventual vício de vontade. O julgamento foi no sentido de que eventuais defeitos do ato devem ser debatidos em ação própria, e não no juízo de inventário, que não comporta questões de maior complexidade:

> "Discussão sobre eventuais vícios envolvendo a renúncia deve ser travada em demanda apartada. Homologação da partilha mantida. Apelo improvido" (TJSP, Apelação 990.10.208873-1 Acórdão 4781111, 3.ª Câmara de Direito Privado, Araçatuba, Rel. Des. Donegá Morandini, j. 26.10.2010, *DJESP* 29.11.2010).

Seguindo no estudo da matéria, surge a seguinte dúvida: se o herdeiro aceitar a herança, poderá renunciá-la posteriormente? Para Maria Helena Diniz, a resposta é negativa, valendo também a recíproca: "se aceitar, não poderá mais renunciar: se houver renúncia, não mais será possível pleitear a herança" (DINIZ, Maria Helena. *Código*..., 2010, p. 1.285).

Por outro caminho, opina José Luiz Gavião de Almeida que a renúncia posterior é até possível, desde que seja translativa: "sendo irretratável a aceitação, há que ser precedida de cautela, por se constituir ato perfeito, acabado e não desconstituível pela simples vontade do herdeiro aceitante. Eventual desinteresse pela herança, posteriormente, só pela via da transmissão desse herdeiro a terceiros, que o vence inúmeros efeitos, como por exemplo, o fiscal" (ALMEIDA, José Luiz Gavião de. *Código*..., 2003, p. 150).

Nesse *choque doutrinário*, interessante trazer à tona julgado do Tribunal de Justiça de Minas Gerais, que admitiu a renúncia translativa posterior, mesmo havendo uma aceitação inicial. Conforme consta da ementa, que merece destaque:

> "Se, além da constituição de advogado para a formulação de pedido de abertura de inventário, o agravante, por intermédio do procurador, se afirma o único herdeiro da *de cujus*, e, nessa qualidade, requer a sua nomeação como inventariante e ainda postula a expedição de alvará judicial para levantamento de numerário proveniente no monte-mor para o pagamento de dívidas da falecida, induvidosamente está aceitando a herança,

ainda que tacitamente. E, nos termos do art. 1.812 do Código Civil, é irrevogável o ato de aceitação da herança. Assim, evidenciada nos autos a ocorrência de renúncia translativa, que envolve duas declarações de vontade. Aceitação da herança e subsequente alienação ao favorecido –, inarredável a incidência do imposto de transmissão *inter vivos* sobre tal operação. Recurso desprovido" (TJMG, Agravo de Instrumento 1.0024.12.247169-1/001, Rel. Des. Eduardo Guimarães Andrade, j. 11.06.2013, *DJEMG* 20.06.2013).

Sigo doutrinariamente a segunda corrente antes apontada e encartada no *decisum*, que admite a renúncia translativa, uma vez que essa não seria uma *renúncia pura*, ou propriamente dita, mas verdadeiro ato de doação ou cessão gratuita da herança, sujeita aos encargos fiscais de um ato de disposição gratuita. Assim, filia-se ao Professor e Desembargador do Tribunal Paulista Gavião de Almeida.

Cabe anotar que a antiga regra de que a aceitação admitia ampla retratação era alvo de algumas críticas. Como sempre afirmou, com total razão, o saudoso Mestre Zeno Veloso, o novel tratamento assegurou mais certeza e segurança no tráfego jurídico, tendo clara inspiração nos arts. 2.061 e 2.066 do Código Civil português (VELOSO, Zeno. *Código...*, 2012, p. 2.041).

De todo modo, para encerrar o tópico, no Projeto de Reforma do Código Civil, elaborado pela Comissão de Juristas, sugere-se a retirada da aceitação do art. 1.812, passando ele a expressar somente que "é irrevogável o ato de renúncia da herança". Como explica José Fernando Simão, "tal medida visa a uma correção terminológica, já que o ato de renúncia da herança deve ser expresso e seguir solenidade de forma, conforme o art. 1.806, já comentado, e a aceitação da herança pode ser feita de forma tácita – *vide* art. 1.805. Em outras palavras, a aceitação da herança pode se dar por ato-fato jurídico, ao passo que a renúncia é sempre ato jurídico irrevogável" (SIMÃO, José Fernando. *Código Civil comentado...*, 2025, p. 1.840).

De fato, essa parece ser a melhor solução, do ponto de vista técnico, aguardando-se a sua aprovação pelo Parlamento Brasileiro.

1.14 DOS EXCLUÍDOS DA SUCESSÃO. INDIGNIDADE SUCESSÓRIA E DESERDAÇÃO. SEMELHANÇAS E DIFERENÇAS

1.14.1 Conceitos elementares

Existem situações previstas em lei, somadas ou não a ato de última vontade do autor da herança, em que é excluído o direito sucessório do herdeiro ou legatário. Nesse contexto, surgem os conceitos de indignidade sucessória e deserdação como *penas civis*. Sobre a indignidade, leciona Carlos Maximiliano que, "na tecnologia jurídica, é uma pecha e consequente pena civil sobre si atrai o herdeiro ou legatário que atentar dolosamente contra a vida, a honra e ou o direito hereditário ativo daquele a quem lhe cabe suceder" (MAXIMILIANO, Carlos. *Direito...*, 1952, v. I, p. 90). O clássico doutrinador aponta que também na deserdação há uma pena civil, havendo de comum entre ambos os institutos o intuito de "punir civilmente o mau e ingrato com a perda das vantagens da sucessão; e decorrem da mesma causa – a conduta reprovável do herdeiro para com o *de cujus*" (MAXIMILIANO, Carlos. *Direito...*, 1952, v. I, p. 92).

Ambos os institutos de penalização ainda se justificam na contemporaneidade, pois o Direito deve trazer mecanismos de coerção contra a maldade, a traição, a deslealdade, a falta de respeito, a quebra da confiança e outras agressões praticadas em clara lesão à dignidade humana, um dos fundamentos da Constituição da República, encartado no seu art. 1.º, inc. III. Sendo assim, entendo que não podem prosperar as teses que pregam a extinção das categorias em estudo, pois o indigno e o ingrato devem ser devidamente penalizados pelo sistema jurídico, como acontece na revogação da doação por ingratidão do donatário (art. 555 do CC/2002).

Como alerta Giselda Maria Fernandes Novaes Hironaka, não se pode confundir a falta de legitimação para suceder com a exclusão por indignidade e a deserdação. Isso porque, no primeiro caso, há um afastamento do direito por *razão de ordem objetiva*. Por outra via, na indignidade e na deserdação há uma *razão subjetiva* de afastamento, uma vez que o herdeiro é considerado como *desprovido de moral* para receber a herança, diante de uma infeliz atitude praticada (*Comentários...*, 2007, v. 20, p. 148-149).

Expostas tais considerações a respeito das duas categorias objeto deste tópico, a diferença inicial fundamental entre a exclusão por indignidade sucessória e a deserdação é que, no primeiro caso, o isolamento sucessório se dá por simples incidência da norma e por decisão judicial, o que pode atingir qualquer herdeiro, legítimo ou testamentário, necessário ou facultativo (art. 1.815 do CC). Por isso, pode-se afirmar que a indignidade é matéria tanto de sucessão legítima quanto testamentária.

Doutrinariamente, já se reconhecia que a ação de indignidade poderia ser proposta pelo interessado ou pelo Ministério Público, o último quando houver questão de interesse público, conforme o Enunciado n. 116 do CJF/STJ, da *I Jornada de Direito Civil*, do ano de 2002 ("o Ministério Público, por força do art. 1.815 do novo Código Civil, desde que presente o interesse público, tem legitimidade para promover ação visando à declaração da indignidade de herdeiro ou legatário").

A Lei 13.532, de 7 de dezembro de 2017, introduziu um § 2.º neste art. 1.815, prevendo expressamente que o Ministério Público tem legitimidade para promover a ação de indignidade, quando houver crime de homicídio doloso ou sua tentativa praticado pelo herdeiro contra o falecido ou seus familiares (hipóteses do art. 1.814, inc. I). Apesar da fundamentação no interesse público, existem críticas ao novo comando e até alegações de sua suposta inconstitucionalidade, por afronta ao art. 127 do Texto Maior. Isso porque a atuação do MP estaria adstrita a questões relativas a direitos indisponíveis, o que não ocorre com a herança, que constitui um direito patrimonial disponível.

Com o devido respeito, não me filio a tal entendimento e às críticas, uma vez que o Ministério Público deve atuar nas questões atinentes ao interesse público, entendido esse como aquele relacionado à defesa da ordem jurídica e dos interesses sociais, expressos no citado art. 127 da Constituição Federal. Além disso, vale lembrar que a herança é direito fundamental, por força do art. 5.º, inc. XXX, da mesma Carta, não tendo um caráter patrimonial puro.

Seguindo no estudo do tema da indignidade, o direito de demandar a exclusão do herdeiro ou legatário extingue-se no prazo decadencial de quatro anos, contados da abertura da sucessão (art. 1.815, § 1.º, do CC). Pelo antigo Projeto de Lei 6.960/2002, de autoria do Deputado Ricardo Fiuza, havia proposição de reduzir esse prazo decadencial para dois anos. Isso porque, segundo as suas justificativas, o prazo de quatro anos seria excessivo:

"Decorridos quatro anos após o óbito do 'de cujus', o inventário normalmente já está concluído e a partilha feita, acabada e julgada, não parecendo conveniente, em benefício da própria segurança jurídica, permitir-se, até aquela data, a introdução de uma questão que não foi suscitada antes, contra herdeiro ou legatário que se habilitou oportunamente. Este novo Código, por seu turno, vem diminuindo os prazos de prescrição, bastando comparar-se o art. 205 do CC/2002 com o art. 177 do CC/16. Por essa razão, proponho a redução de quatro para dois anos do prazo mencionado no parágrafo único do art. 1.815, à semelhança do que já ocorre no CC português (arts. 2.036 e 2.167)".

Sem dúvidas, as razões são plausíveis, mas no Projeto de Reforma do Código Civil, elaborado pela Comissão de Juristas e hoje em tramitação, o prazo de quatro anos é mantido. Além dessa manutenção do prazo de quatro anos, no projetado § 4.º art. 1.815, são sugeridas melhoras no texto e a inclusão de regras procedimentais para a ação de indignidade. Nesse contexto, de forma mais completa, o seu *caput* enunciará que "a exclusão do herdeiro ou legatário, em qualquer desses casos de indignidade, será declarada por sentença, em ação proposta por qualquer herdeiro sucessível do autor da herança ou pelo Ministério Público, nos crimes de ação penal pública incondicionada".

Ainda nos termos da projeção, sendo a ação proposta pelo Ministério Público, os demais herdeiros devem ser cientificados da demanda para que declarem se concordam com ou não com a propositura da ação (§ 1.º do art. 1.815). Caso discordem os demais herdeiros e a ação seja julgada procedente, o quinhão do indigno, não havendo direito de representação (art. 1.816), será apenas dos herdeiros que com ela concordaram (§ 2.º). Se todos discordarem, a quota do renunciante será revertida em favor de estabelecimento local de beneficência, a critério do juiz (§ 3.º). A não manifestação no prazo decadencial de 30 dias implica concordância (§ 4.º). Sem dúvidas que essas regras trazem maior segurança jurídica para o procedimento de exclusão e para o destino dos bens, esperando-se a sua aprovação pelo Congresso Nacional.

Voltando-se à confrontação entre os institutos e o sistema vigente, por outra via, na deserdação há um ato de última vontade que afasta herdeiro necessário, sendo imprescindível, também, a confirmação por sentença judicial. São seus requisitos, segundo a doutrina de ontem e de hoje: *a)* existência de herdeiros necessários: *b)* testamento válido; *c)* declaração de causa (GOMES, Orlando. *Sucessões...*, 2001, p. 208). Em suma, é indispensável a presença de um testamento em que consta a causa do afastamento sucessório.

Diante da existência do ato de última vontade é que a deserdação é tratada pelo Código Civil Brasileiro de 2002 no capítulo próprio da sucessão testamentária, interessando apenas à última modalidade de sucessão (arts. 1.961 a 1.965). De qualquer maneira para a devida facilitação didática e metodológica, ambos os institutos serão tratados neste capítulo inicial da obra, pois os seus estudos isolados dificultam as suas correspondentes compreensões. Além disso, é comum, na prática e na teoria, a diferenciação dessa importante *dupla categórica sucessória.*

Apesar da diferenciação antes apontada, mais uma vez, tanto a indignidade quanto a deserdação têm regras em comum, conforme se depreende do próximo tópico, que trata das suas hipóteses legais.

1.14.2 Das hipóteses legais de indignidade e de deserdação

Para começar, as hipóteses de indignidade e de deserdação estão *unificadas em parte*, e não totalmente, pela atual codificação privada. Nesse diapasão, são considerados herdeiros indignos, nos termos do art. 1.814 do CC:

I) Os herdeiros que tiverem sido autores, coautores ou partícipes de homicídio doloso, ou tentativa deste, contra a pessoa de cuja sucessão se tratar, seu cônjuge, companheiro, ascendente ou descendente.

II) Os herdeiros que houverem acusado caluniosamente em juízo o autor da herança ou incorrerem em crime contra a sua honra, ou de seu cônjuge ou companheiro.

III) Os herdeiros que, por violência ou meios fraudulentos, inibirem ou obstarem o autor da herança de dispor livremente de seus bens por ato de última vontade.

A respeito dos crimes mencionados nos incisos I e II do comando em questão, há necessidade do trânsito em julgado da sentença penal condenatória. Além disso, essa sentença penal condenatória, por si só, não tem o condão de excluir o herdeiro, sendo necessária a ação de indignidade tratada no antes citado art. 1.815 do Código Civil. Nesse contexto, leciona Maria Helena Diniz:

> "A exclusão do herdeiro pela prática de um dos atos do art. 1.814 não se opera *ipso iure*. Imprescindível será o pronunciamento da indignidade por sentença proferida em ação ordinária (por ser matéria de alta indagação), movida, dentro do prazo decadencial de quatro anos, contado da abertura da sucessão, contra o herdeiro que praticou ato passível de excluí-lo da herança por quem tenha legítimo interesse na sucessão, isto é, coerdeiro, legatário, donatário, fisco, ou melhor, o Município, o Distrito Federal ou a União, inexistindo herdeiro legítimo ou testamentário, e qualquer credor prejudicado com a inércia desses interessados, ou, então, o Ministério Público, diante da omissão legal, por ser guardião da ordem jurídica (CF, art. 127) e por haver interesse público e social de que o herdeiro desnaturado venha a receber a fortuna do *auctor sucessionis*, que foi, por ele, ofendido" (DINIZ, Maria Helena. *Código...*, 2010, p. 1.287).

A ausência de uma punição civil automática diante da condenação penal gerou comoção social recentemente no Brasil, devido ao caso da ex-estudante de Direito Suzane von Richthofen, que assassinou seus pais, Manfred e Marísia, com o auxílio dos irmãos Cravinhos.

Diante disso, em momento próximo à época dos fatos, foi proposto no Congresso Nacional o então Projeto de Lei 141/2003, de autoria do Deputado Paulo Baltazar, com o propósito de alterar o art. 92 do Código Penal, que passaria a ter o seguinte inciso, a respeito dos efeitos da condenação penal: "IV. A exclusão dos herdeiros ou legatários que houverem sido autores, coautores ou partícipes de homicídio doloso, ou tentativa deste, contra a pessoa de cuja sucessão se tratar, seu cônjuge, companheiro, ascendente ou descendente".

A proposição estava assim justificada: "o caso recente noticiado com destaque em todos os meios de comunicação – o de Suzane Loise von Richthofen pelo assassinato dos seus genitores, Manfred e Marísia – é, hoje, alvo prioritário do estudo de criminalistas, psicoterapeutas, psiquiatras e legisladores que tentam barrar a onda de violência familiar. Este tipo de delito é gravíssimo e deve ser reprimido com penas severas, porém não deixará de existir, já que, desde os tempos bíblicos, ele ocorre, vez por outra, motivado pela ganância humana ou pela insensatez dos que deveriam amar àqueles a quem o Direito salvaguarda a legitimidade da Sucessão, seja na qualidade de herdeiro ou de legatário, em vez disso expõe a fragilidade dos valores morais e humanos de uma sociedade que regula, através do Estado, os limites da vida familiar". Constata-se que o projeto atinge apenas o inciso I do art. 1.814, e não o inciso II, que trata dos crimes contra a honra.

A proposta foi apensada ao PL 7.418/2002, de mesmo autor e conteúdo, que tramitou na Câmara dos Deputados, tendo sido este último aprovado com algumas alterações. De início, o novo inciso do art. 92 do Código Penal foi consolidado assim: "a exclusão da sucessão dos herdeiros ou legatários que houverem sido autores, coautores ou partícipes de homicídio doloso ou tentativa deste contra a pessoa a quem deveriam suceder ou seu cônjuge, companheiro, ascendente ou descendente". Em complemento, o projetado art. 93, parágrafo único, do mesmo CP afastaria a reintegração ao estado anterior nos casos de indignidade sucessória. Após a aprovação, o texto foi remetido ao Senado Federal. O antigo PL 141/2003 foi arquivado, pois seu conteúdo restou prejudicado pela outra aprovação.

Sempre defendi ser a proposta louvável, sustentando anteriormente a necessidade de sua aprovação pelo Poder Legislativo brasileiro. Apesar da separação entre os juízos criminal e cível, alguns atos promovidos, praticados e consolidados em um âmbito devem ser aproveitados em outro, como nos casos de condenação criminal por homicídio ou tentativa de homicídio a ensejar a indignidade sucessória. Em reforço, a lei civil aponta no inciso I do art. 1.814 o requisito dos crimes contra a vida que, por si só, é motivo plausível bastante para o afastamento sucessório do herdeiro, sem a necessidade de repetir a condenação na esfera cível.

Em agosto de 2023, em boa hora e em prol da economia processual, surgiu a Lei 14.661, que incluiu o novo art. 1.815-A no Código Civil, determinando que, em havendo indignidade, o trânsito em julgado da sentença penal condenatória prévia acarretará a exclusão imediata do herdeiro ou legatário considerado indigno. Essa norma, modificadora do Código Civil e não do Código Penal, teve origem no Senado Federal, no Projeto de Lei 168/2006, de autoria da então Senadora Serys Slhessarenko. Depois de uma longa tramitação, foi aprovado o seguinte texto, agora em vigor:

> "Art. 1.815-A. Em qualquer dos casos de indignidade previstos no art. 1.814, o trânsito em julgado da sentença penal condenatória acarretará a imediata exclusão do herdeiro ou legatário indigno, independentemente da sentença prevista no *caput* do art. 1.815 deste Código".

Assim, perde função, pelo menos em parte, a regra que estabelece o prazo decadencial de quatro anos para o ingresso da ação de indignidade, uma vez que em muitas situações concretas a sentença penal condenatória gerará, de forma automática e imediatamente, o reconhecimento da indignidade e a exclusão da herança. Desaparece, dessa maneira, a necessidade de duas ações para tanto.

Feita essa nota de atualização, quanto ao inciso II do art. 1.814 do CC/2002, relativo a crimes contra a honra do falecido, esclareça-se que é igualmente necessária a prévia condenação criminal, no meu entendimento. A questão não é pacífica, pois para Paulo Lôbo não haveria a necessidade desse pré-requisito. O jurista cita que pensam de forma contrária, ou seja, assim como eu, Maria Helena Diniz e Sílvio Rodrigues (LÔBO, Paulo. *Direito...*, 2013, p. 177). Em suma, aqui, é forçoso concluir que há necessidade de dupla sentença, inclusive no âmbito privado. O Superior Tribunal de Justiça já concluiu dessa forma, conforme se retira de julgado do ano de 2011, relativo à injúria praticada por herdeiro:

> "Recurso especial. Ação de deserdação. Mero ajuizamento de ação de interdição e instauração do incidente de remoção da herança, ambos em desfavor do testador sucedido. 'Injúria grave'. Não ocorrência. Expedientes que se encontram sob o pálio do exercício regular do direito de ação. Denunciação caluniosa. Exigência de que a acusação se dê em juízo criminal. Ausência de comprovação de que as afirmações do herdeiro tenham dado início a qualquer procedimento investigatório ou mesmo ação penal ou de improbidade administrativa contra o seu genitor. Inviabilidade, *in casu*, de se aplicar a penalidade civil. Recurso improvido. 1. Se a sucessão consiste na transmissão das relações jurídicas economicamente apreciáveis do falecido para o seu sucessor e tem em seu âmago, além da solidariedade, o laço, sanguíneo ou, por vezes, meramente afetuoso estabelecido entre ambos, não se pode admitir, por absoluta incompatibilidade com o primado da justiça, que o ofensor do autor da herança venha dela se beneficiar posteriormente. 2. Para fins de fixação de tese jurídica, deve-se compreender que o mero exercício do direito de ação mediante o ajuizamento de ação de interdição do testador, bem como a instauração do incidente tendente a removê-lo (testador sucedido) do cargo de inventariante, não é, por si, fato hábil a induzir a pena deserdação do herdeiro nos moldes do artigo 1.744, II, do Código Civil e 1916 ('injúria grave'), o que poderia, ocorrer, ao menos em tese, se restasse devidamente caracterizado o abuso de tal direito, circunstância não verificada na espécie. 3. Realçando-se o viés punitivo da deserdação, entende-se que a melhor interpretação jurídica acerca da questão consiste em compreender que o artigo 1.595, II, do Código Civil 1916 não se contenta com a acusação caluniosa em juízo qualquer, senão em juízo criminal. 4. Ausente a comprovação de que as manifestações do herdeiro recorrido tenham ensejado 'investigação policial, processo judicial, instauração de investigação administrativa, inquérito civil ou ação de improbidade administrativa' (artigo 339 do Código Penal) em desfavor do testador, a improcedência da ação de deserdação é medida que se impõe. 5. Recurso especial improvido" (STJ, REsp 1185122/RJ, 3.ª Turma, Rel. Min. Massami Uyeda, j. 17.02.2011, *DJe* 02.03.2011).

Como se nota, o *decisum* transcrito diz respeito à ação de deserdação, que ainda será abordada. Todavia, a conclusão final que consta do aresto deve ser exatamente a mesma nos casos de indignidade sucessória, o que representa uma tendência de aproximação das categorias, confirmada pela análise deste capítulo.

Tanto isso é verdade que esse entendimento se repetiu em novo aresto, de 2023, que cita a posição firmada nesta obra. Consoante trecho da ementa, "para que seja declarada a indignidade com base no art. 1.814, II, 2.ª figura, do CC/2002, é imprescindível, por expressa disposição legal, que o herdeiro ou legatário tenha sido condenado pela prática de crime contra a honra do autor da herança. A imprescindibilidade da prévia condenação criminal também decorre do fato de que, nas relações familiares, é razoavelmente comum a existência de desavenças e de desentendimentos que, por vezes, infelizmente desbordam para palavras mais ríspidas, inadequadas e até mesmo ofensivas. Em razão disso, para que haja a declaração de indignidade e consequente exclusão da sucessão, a ofensa à honra desferida pelo herdeiro deve ser tão grave a ponto de estimular o autor da herança a propor uma ação penal privada em face dele e gerar a prolação de decisão condenatória pelo juízo criminal reconhecendo que a presença de todos os elementos configuradores da infração penal" (STJ, REsp 2.023.098/DF, 3.ª Turma, Rel. Min. Nancy Andrighi, j. 07.03.2023, *DJe* 10.03.2023).

De todo modo, com a nova Lei 14.661/2023, a sentença penal condenatória por crime contra a honra passa a gerar a exclusão imediata e automática do indigno, não sendo mais necessária a duplicidade das ações a partir da sua entrada em vigor.

Em complemento, na linha do último aresto, frise-se que, para que o afastamento sucessório esteja presente, não podem existir dúvidas quanto ao crime contra a honra praticado pelo herdeiro a ser excluído. Simples divergências entre os envolvidos, animosidades entre as partes ou agressões verbais corriqueiras não têm o condão de imputar a grave pena civil em estudo. Nessa seara, destaca-se acórdão paulista, com o seguinte trecho: "hipótese de animosidade entre filha e madrasta que não configura causa prevista no art. 1.814, II, do Código Civil. Recurso desprovido" (TJSP, Apelação 9108370-08.2009.8.26.0000, Acórdão 5733670, 4.ª Câmara de Direito Privado, São Paulo, Rel. Des. Teixeira Leite, j. 1.º.03.2012, *DJESP* 09.03.2012).

Em tom suplementar ao que foi defendido, vejamos outro acórdão, agora do Superior Tribunal de Justiça, que declina a decretação de indignidade diante de meras discussões familiares entre as partes:

> "Recurso especial. Ação de exclusão de herança. Sentença. Arguição de nulidade. Decisão judicial proferida enquanto suspenso o trâmite processual. Circunstância não verificada, na espécie. Julgamento antecipado da lide. Indeferimento de produção de prova testemunhal. Possibilidade. Cerceamento do direito de defesa não caracterizado. Indignidade. Discussões familiares. Exclusão do herdeiro. Inadmissibilidade. Honorários advocatícios. Condenação em quantia certa. Correção monetária. Termo inicial. Data da decisão judicial que os fixou. Recurso especial improvido. 1. Inexiste nulidade na sentença que, ao contrário do que afirma a parte ora recorrente, não é proferida durante o período em que o trâmite processual encontrava-se suspenso. 2. Não há falar em cerceamento do direito de defesa quando o magistrado, destinatário final das provas, dispensa a produção daquelas que julga impertinentes, formando sua convicção com aqueloutras já constantes nos autos e, nesta medida, julga antecipadamente a lide, como sucede na hipótese *sub examine*. 3. A indignidade tem como finalidade impedir que aquele que atente contra os princípios basilares de justiça e da moral, nas hipóteses taxativamente previstas em lei, venha receber determinado acervo patrimonial, circunstâncias não verificadas na espécie. 4. A abertura desta Instância especial exige o prévio prequestionamento da matéria na Corte de origem, requisito não verificado quanto ao termo inicial da correção monetária do valor da verba honorária (Súmula 211/STJ). 5. Recurso especial improvido" (STJ, REsp 1102360/RJ, 3.ª Turma, Rel. Min. Massami Uyeda, j. 09.02.2010, *DJe* 1.º.07.2010).

No que diz respeito ao inciso III do art. 1.814 do Código Civil, cabe pontuar que a hipótese trata de violência ou fraude à vontade do autor da herança. A violência deve ser tida em sentido amplo, englobando tanto a física quanto a psicológica. Já o termo *fraude* deve ser entendido como qualquer atuação que burle a vontade do falecido, inclusive as praticadas em abuso de confiança. Nos dizeres de Eduardo de Oliveira Leite, "a liberdade é a tônica da disposição do patrimônio *causa mortis* e, por isso, a lei pune 'o que atenta contra ele, por violência ou dolo, coação ou artifício; não só quando impede a feitura do instrumento, ou consegue alterar o que estava pronto, como abusar da confiança do testador, exercer pressão sobre ele, iludi-lo, fazer maliciosamente, crer em fatos não reais; mas também quando oculta, vicia, inutiliza, falsifica o escrito revelador das disposições derradeiras do *de cujus*, ou embaraça o cumprimento das mesmas'" (LEITE, Eduardo de Oliveira. *Comentários...*, 2003, v. XXI, p. 162).

Em todos os casos, cabe ao interessado construir a efetiva prova do enquadramento na previsão legal, conforme bem se posiciona a jurisprudência (TJSP, Apelação 0005860-57.2009.8.26.0457, Acórdão 6894304, 7.ª Câmara de Direito Privado, Pirassununga, Rel. Des. Luiz Antonio Costa, j. 31.07.2013, *DJESP* 08.08.2013).

Expostas as hipóteses de indignidade, surge, mais uma vez, a seguinte dúvida, tão comum na realidade do Direito Civil contemporâneo: o rol do art. 1.814 do Código Civil é taxativo (*numerus clausus*) ou exemplificativo (*numerus apertus*)?

Existem argumentos consideráveis – geralmente utilizados para defender minhas teses – para as duas correntes. Para a afirmação de que o rol é taxativo, pode-se dizer que a norma é de exceção e restritiva de direitos e, como tal, não admite interpretação extensiva. Para a premissa da relação aberta, volta-se ao argumento de que o Código Civil de 2002 adotou um sistema aberto, baseado em cláusulas gerais e conceitos indeterminados, na linha da *teoria tridimensional do Direito* e da *ontognoseologia* de Miguel Reale.

Entre as duas argumentações, para o presente ponto da matéria, fico com a primeira. Excluir um herdeiro é algo extremamente grave, somente admitido em casos em que a lei expõe. Merecem transcrições, mais uma vez, as lições de Paulo Lôbo, destacado doutrinador contemporâneo, ao qual, agora, se filia: "as hipóteses legais constituem *numerus clausus*, ou seja, encerram em tipicidade fechada, não podendo outras condutas, por mais graves que sejam, fundamentar a exclusão do herdeiro. Assim é porque em nosso direito as restrições de direito são apenas as que a lei explicita, sendo vedada a interpretação extensiva" (LÔBO, Paulo. *Direito...*, 2013, p. 175).

E nem se argumente que defendo, no Volume 3 desta coleção, que os casos para a revogação da doação por ingratidão do donatário estão em rol exemplificativo no art. 557 do próprio Código Civil, na linha do que consta do Enunciado n. 33 da *I Jornada de Direito Civil*. Ora, as hipóteses e categorias são bem diferentes. A doação é um ato de liberalidade, devendo existir maior liberdade na revogação pelo doador ou seus herdeiros, pois envolve a liberdade individual. Neste Volume da coleção, estamos tratando da exclusão de um herdeiro, que, por força de norma de ordem pública, tem o direito à herança reconhecido como direito fundamental (art. 5.º, inc. XXX, da CF/1988). Por isso, não há qualquer contradição entre as teses de aqui e de lá.

A concretizar a tese por mim seguida, que parece ser a majoritária na jurisprudência nacional, vejamos três decisões estaduais, sem prejuízo do último *decisum* do STJ colacionado, que traz tal forma de pensar o Direito em seu corpo:

> "Exclusão de herdeira por indignidade. Homicídio doloso praticado contra o cônjuge. Pretendida exclusão sobre a meação. Procedência em parte dos pedidos. Insurgência recursal

quanto à manutenção ao direito de meação. Impossibilidade. Hipótese não contemplada na legislação civil. Rol taxativo do art. 1.814 do Código Civil de 2002 que impede a aplicação da analogia. Meação que é direito próprio do cônjuge. Sentença mantida. Recurso desprovido" (TJSP, Apelação 0039709-38.2007.8.26.0506, Acórdão 6431629, 5.ª Câmara de Direito Privado, Ribeirão Preto, Rel. Des. Moreira Viegas, j. 19.12.2012, *DJESP* 18.01.2013).

"A indignidade é uma pena aplicada ao sucessor que pratica atos indignos contra o autor da herança, taxativamente previstos em Lei, não sendo permitida interpretação extensiva. Inteligência do artigo 1.814, do Código Civil. 2. É inviável a exclusão de herdeiro pela suposta prática de atos ilícitos em relação a outra herdeira, diante da ausência de fato típico autorizador da declaração de indignidade. Recurso desprovido" (TJRS, Apelação Cível 639346-50.2010.8.21.7000, 7.ª Câmara Cível, Porto Alegre, Rel. Des. Sérgio Fernando de Vasconcellos Chaves, j. 24.08.2011, *DJERS* 29.08.2011).

"Mantém-se a sentença que julga improcedente o pedido inicial formulado na ação de exclusão de herdeiro por indignidade quando não configurada, no caso concreto, qualquer das hipóteses previstas pelo artigo 1.814, do Código Civil. Preliminar rejeitada, recurso a que se nega provimento" (TJMG, Apelação Cível 1.0145.08.437850-7/0011, 3.ª Câmara Cível, Juiz de Fora, Rel. Des. Kildare Gonçalves Carvalho, j. 19.02.2009, *DJEMG* 31.03.2009).

De todo modo, em 2022 surgiu acórdão muito debatido no âmbito da Terceira Turma do Superior Tribunal de Justiça que, apesar de reafirmar o rol taxativo do art. 1.814 do Código Civil, admitiu por interpretação teleológica e sociológica do seu inciso I que a indignidade sucessória também abrangesse ato infracional análogo a homicídio, praticado por menor de idade. Vejamos trecho de sua longa ementa, em destaque:

"Na esteira da majoritária doutrina, o rol do art. 1.814 do CC/2002, que prevê as hipóteses autorizadoras de exclusão de herdeiros ou legatários da sucessão, é taxativo, razão pela qual se conclui não ser admissível a criação de hipóteses não previstas no dispositivo legal por intermédio da analogia ou da interpretação extensiva. (...). O fato de o rol do art. 1.814 do CC/2002 ser taxativo não induz à necessidade de interpretação literal de seu conteúdo e alcance, uma vez que a taxatividade do rol é compatível com as interpretações lógica, histórico-evolutiva, sistemática, teleológica e sociológica das hipóteses taxativamente listadas. (...). A regra do art. 1.814, I, do CC/2002, se interpretada literalmente, *prima facie*, de forma irreflexiva, não contextual e adstrita ao aspecto semântico ou sintático da língua, induziria ao resultado de que o uso da palavra homicídio possuiria um sentido único, técnico e importado diretamente da legislação penal para a civil, razão pela qual o ato infracional análogo ao homicídio praticado pelo filho contra os pais não poderia acarretar a exclusão da sucessão, pois, tecnicamente, homicídio não houve. (...). A exclusão do herdeiro que atenta contra a vida dos pais, cláusula geral com raiz ética, moral e jurídica existente desde o direito romano, está presente na maioria dos ordenamentos jurídicos contemporâneos e, no Brasil, possui, como núcleo essencial, a exigência de que a conduta ilícita do herdeiro seja dolosa, ainda que meramente tentada, sendo irrelevante investigar se a motivação foi ou não o recolhimento da herança. (...). A finalidade da regra que exclui da sucessão o herdeiro que atenta contra a vida dos pais é, a um só tempo, prevenir a ocorrência do ato ilícito, tutelando bem jurídico mais valioso do ordenamento jurídico, e reprimir o ato ilícito porventura praticado, estabelecendo sanção civil consubstanciado na perda do quinhão por quem praticá-lo. (...). Se o enunciado normativo do art. 1.814, I, do CC/2002, na perspectiva teleológico-finalística, é de que não terá direito à herança quem atentar, propositalmente, contra a vida de seus pais, ainda que a conduta não se consume, independentemente do motivo, a diferença técnico-jurídica entre o homicídio doloso e o ato análogo ao homicídio doloso, conquanto relevante para o âmbito penal diante das substanciais diferenças nas consequências e nas repercussões jurídicas do ato ilícito, não se reveste da mesma relevância no âmbito civil, sob pena de ofensa aos valores e às finalidades que nortearam a criação da norma e de completo esvaziamento de seu conteúdo. (...). Hipótese em que é incontroverso o fato de que o recorrente, que à época dos fatos possuía 17 anos e 06 meses, ceifou propositalmente a vida de seu pai e de sua mãe, motivo pelo qual é correta a interpretação segundo a qual a regra do art. 1.814, I, do CC/2002, contempla também o ato análogo ao homicídio, devendo ser mantida a exclusão do recorrente da sucessão de seus pais" (STJ, REsp 1.943.848/PR, 3.ª Turma, Rel. Min. Nancy Andrighi, j. 15.02.2022, *DJe* 18.02.2022).

Tenho a honra de ser citado no voto da Ministra Relatora como um dos defensores da relação fechada e não entendo que se trata de conclusão pelo rol exemplificativo, pela analogia ou pela interpretação extensiva. A solução dada parece-me estar no campo da busca da finalidade da norma, exatamente como está no trecho destacado.

O mesmo – pela relação fechada – deve ser considerado quanto à deserdação, até com maior contundência, pelo fato de se excluir herdeiro necessário, protegido pela legítima. Conforme os arts. 1.962 e 1.963 do CC/2002, além das causas mencionadas no art. 1.814, autorizam a deserdação dos descendentes por seus ascendentes, e vice-versa, os fatos seguintes:

I) A prática de ofensa física entre tais pessoas, sendo a lei mais branda, pois não exige expressamente o crime contra a honra, como ocorre na indignidade. Pode ser o caso até de uma ofensa leve praticada pelo deserdado. Subsumindo a previsão, para ilustrar, trecho de julgado do Tribunal Fluminense, com a seguinte dedução: "Ação proposta pelos herdeiros instituídos da testadora, buscando comprovar as alegadas causas que motivaram a testadora a deserdar o filho adotivo. Prova existente nos autos suficiente no sentido de caracterizar conduta indigna do herdeiro deserdado. Agressões físicas pelo mesmo praticadas contra a testadora, o que configura a ocorrência da violação do disposto no artigo 1.962 do Código Civil. Contemporaneidade da escritura de deserdação com a existência de registro policial de ocorrência dos maus-tratos impostos pelo deserdado à testadora. Sentença que julgou procedente o pedido inicial, excluindo o herdeiro réu e ora apelante da sucessão de sua mãe adotiva, em perfeita harmonia com a legislação civil aplicável. Artigo 1962, I, do Código Civil" (TJRJ, Apelação Cível 2009.001.05870, 13.ª Câmara Cível, Rel. Des. Sirley Abreu Biondi, j. 17.06.2009, *DORJ* 13.07.2009, p. 182).

II) A injúria grave entre descendentes e ascendentes. Como se retira da obra de Washington de Barros Monteiro e Ana Cristina Barros Monteiro, não é qualquer ofensa que gera a deserdação, "de mister que ela seja grave, intolerável, assinalada pela presença do *animus injuriandi*. A gravidade represente requisito *sine qua non* para que se caracterize mencionada causa de exclusão, confiando-se-lhe a aferição ao prudente arbítrio do juiz" (*Curso...*, 2009, p. 241). De acordo com Eduardo de Oliveira Leite, tal injúria "pode se materializar tanto através da palavra falada quanto da escrita dependendo da opinião, dos hábitos, valores e crenças sociais da pessoa atingida, variando conforme as circunstâncias, de onde se deva deixar ao prudente arbítrio judicial decidir se o fato constitui ou não injúria grave, intolerável e propositada que justifique a deserdação do ofensor" (*Comentários...*, vol. XXI, 2003, p. 640).

III) As relações ilícitas com a madrasta ou com o padrasto, bem como as relações ilícitas com a mulher ou companheira do filho ou do neto, o que também vale para a filha ou neta. Como relações *ilícitas*, a doutrina entende as práticas de atos sexuais e envolvimentos afetivos entre as pessoas elencadas, tidos como adúlteros – no sentido de infidelidades – ou incestuosos (assim pensando: DINIZ, Maria Helena. *Código Civil...*, 2010, p. 1.362; VELOSO, Zeno. *Código Civil...*, 2008, p. 2.140-2.141; VENOSA, Sílvio de Salvo. *Código Civil...*, 2010, p. 1.766). De qualquer modo, a ilicitude da traição fica em xeque, pois a Lei 11.106/2005 retirou definitivamente do sistema jurídico nacional o crime do adultério. Em reforço, conforme consta do Volume 5 desta coleção, a infidelidade que não causa dano não é ilícito civil. Na verdade, essa previsão legal deve ser revista e retirada do sistema jurídico nacional, estando há tempos superada.

IV) O desamparo praticado entre essas pessoas, havendo alienação mental ou grave enfermidade. O desamparo deve ser entendido tanto no aspecto material quanto afetivo, comportando, como sempre, análise casuística.

Em todas as hipóteses listadas, a causa deve preexistir ao testamento, não podendo ser posterior ou superveniente à declaração feita pelo testador. Nesse ínterim, acertada decisão do Superior Tribunal de Justiça, que chancela a opinião doutrinária nacional:

> "Acertada a interpretação do tribunal de origem quanto ao mencionado art. 1.744, do CC/1916, ao estabelecer que a causa invocada para justificar a deserdação constante de testamento deve preexistir ao momento de sua celebração, não podendo contemplar situações futuras e incertas" (STJ, REsp 124.313/SP, 4.ª Turma, Rel. Min. Luis Felipe Salomão, j. 16.04.2009, *DJe* 08.06.2009).

No Projeto de Reforma do Código Civil, elaborado pela Comissão de Juristas nomeada no Senado Federal, pretende-se ampliar as hipóteses de indignidade e de deserdação, sendo a principal delas, *de lege ferenda*, o abandono afetivo. Nesse contexto, o inciso I do art. 1.814 passará a mencionar que são excluídos da sucessão os herdeiros ou legatários que tiverem sido autores, coautores ou partícipes de crime doloso, ato infracional, ou tentativa destes, contra a pessoa de cuja sucessão se tratar, seu cônjuge, convivente, ascendente ou descendente. No inciso II, passarão a ser mencionados aqueles que tiverem sido destituídos da autoridade parental da pessoa de cuja sucessão se tratar. E, por fim, no inciso IV os que tiverem deixado de prestar assistência material ou incorrido em abandono afetivo voluntário e injustificado contra o autor da herança.

A respeito da deserdação, o art. 1.962 passará a mencionar, também com o texto ampliado, no seu inciso I, a ofensa à integridade física ou psicológica; e no seu III, o desamparo material e abandono afetivo voluntário e injustificado do ascendente pelo descendente. Revoga-se o inciso IV do comando, que trata das antes mencionadas relações ilícitas, hoje superadas, como pontuei há pouco. Em espelhamento necessário, essas mudanças são efetivadas no art. 1.963, incluindo-se no seu inciso IV o desamparo material e abandono afetivo voluntário e injustificado do filho ou neto.

Penso que essa ampliação é hoje mais do que necessária, atendendo-se ao *clamor doutrinário*, sobretudo na inclusão do abandono afetivo, hoje inexistente na norma, e que não pode fundamentar atualmente a indignidade ou a deserdação, por ser a herança um direito fundamental protegido no Texto Maior.

Também se almeja alterar o art. 92 do Código Penal, para se prever que é efeito da condenação criminal, de forma automática, no seu novo inciso VI, "a indignidade sucessória, quando o autor, coautor ou partícipe de crime doloso, tentado ou consumado: a) for herdeiro legítimo, herdeiro testamentário ou legatário da vítima; b) praticar o crime com interesse na destinação do patrimônio hereditário, mesmo que não possua vínculo". Essa proposição também é salutar, sendo há tempos pleiteada pelos sucessionistas brasileiros, como é o meu caso, de Mário Delgado e de Giselda Hironaka, que integraram a Subcomissão de Direito das Sucessões.

Pois bem, retornando-se ao sistema atual, surge outra questão controvertida a respeito do Direito das Sucessões brasileiro, porque o Código Civil de 2002, ao tratar da deserdação, não expressa a possibilidade de exclusão do cônjuge, que foi incluído no rol dos herdeiros necessários, pelo atual art. 1.845 da própria legislação geral privada. Trata-se de mais um *cochilo do legislador*, que *não passou a limpo* a revisão de todo o Código Civil após a última inserção. O debate era concernente apenas ao cônjuge, e não ao companheiro, pois o último não é reconhecido como herdeiro necessário, de forma expressa, pela vigente Lei Civil.

Porém, com a decisão de 2017 do STF que reconheceu a inconstitucionalidade do art. 1.790 do Código Civil, o panorama mudou. Isso porque, com tal julgamento, deve ocorrer a equiparação sucessória da união estável ao casamento para todos os fins, inclusive para o tratamento do companheiro como herdeiro necessário. Assim sendo, toda a discussão relativa à deserdação do cônjuge alcança a do companheiro, na minha visão doutrinária. Todavia, como o julgado do STF não afirmou expressamente se o convivente deve ou não ser incluído no rol do art. 1.845 da codificação privada, tal questão segue debatida arduamente pela doutrina, o que deve repercutir na jurisprudência nos próximos anos.

Como se verá no próximo capítulo, o Projeto de Reforma do Código Civil ora em discussão no Congresso Nacional pretende resolver mais esse dilema, retirando tanto o cônjuge como o convivente do rol dos herdeiros necessários, simplificando o sistema sucessório brasileiro.

Voltando-se ao cerne principal do assunto, na esteira do que consta desde a primeira edição desta obra, filio-me à posição que admite a deserdação do cônjuge, por se tratar de herdeiro necessário. Todavia, entendo que as hipóteses acima listadas ao cônjuge não se aplicam, pois são normas restritivas de direitos, que não admitem analogia. Em suma, ao cônjuge somente subsumem-se as situações tratadas pelo art. 1.814 do CC/2002, podendo ele ser deserdado em casos tais (TARTUCE, Flávio; SIMÃO, José Fernando. *Direito...*, 2006, v. 6, p. 91; ALVES, Jones Figueirêdo; DELGADO, Mário Luiz. *Código...*, 2005, p. 996-997; MALUF, Carlos Alberto Dabus; MALUF, Adriana Caldas do Rego Freitas. *Direito...*, 2013, p. 439; VELOSO, Zeno. *Código...*, 2012, p. 2.171). Com a decisão do STF, repise-se que todas essas afirmações devem ser aplicadas ao companheiro.

Cumpre pontuar que, para afastar qualquer dúvida quanto a essa problemática, o último doutrinador acima citado formulou proposta de alteração legislativa, via o anterior Projeto Ricardo Fiuza, para introdução de um art. 1.963-A na codificação material, com a seguinte redação projetada: "Além das causas enumeradas no art. 1.814, autorizam a deserdação do cônjuge: I – prática de ato que importe grave violação dos deveres do casamento, ou que determine a perda do poder familiar; II – recusar-se, injustificadamente, a dar alimentos ao outro cônjuge ou aos filhos comuns". Penso que a proposta deve ser ampliada, com o fim de incluir também o convivente.

De acordo com as justificativas ao original PL 6.960/2002, formulada pelo então Deputado Ricardo Fiuza e substancialmente baseadas na doutrina de Zeno Veloso:

> "Ao regular a deserdação, o novo código, embora anunciando, no art. 1.961, que os herdeiros necessários podem ser deserdados, nos artigos seguintes, indicando as causas que autorizam a privação da legítima, só menciona a deserdação dos descendentes por seus ascendentes (art. 1.962) e a deserdação dos ascendentes por seus descendentes (art. 1.963). E o cônjuge, que é, também, herdeiro necessário? Sem dúvida foi um esquecimento, e esta omissão tem de ser preenchida, para resolver o problema. Em muitas legislações, numa tendência que é universal, a posição sucessória do cônjuge foi privilegiada, mas prevê-se, igualmente, a possibilidade de ele ser deserdado, com as respectivas causas (BGB, art. 2.335; Código Civil suíço, art. 477; Código Civil peruano, art. 746; Código Civil espanhol, art. 855; Código Civil português, art. 2.166)".

Mais uma vez, como toda questão controvertida, não há unanimidade doutrinária sobre o tema. Para Paulo Lôbo, o legislador fez *silêncio eloquente*, não sendo o caso de admitir a deserdação do cônjuge, não obstante ser ele herdeiro necessário (*Direito*..., 2013, p. 184). Em outras palavras, estaria ele apenas sujeito à indignidade sucessória. Do mesmo modo é a posição de Carlos Roberto Gonçalves, que ressalta a ausência de previsão legal sobre a questão (GONÇALVES, Carlos Roberto. *Direito*..., 2010, v. 7, p. 432).

Apesar do respeito a tal forma de pensar, reafirme-se a primeira corrente, fundamentada substancialmente no tratamento do cônjuge – e agora também do companheiro – como herdeiro necessário e no reparo ao *cochilo legislativo*, tese que pode ser adotada independentemente da alteração da lei.

A encerrar o tópico, mais uma vez, com a retirada do cônjuge como herdeiro necessário do Código Civil, o que é proposto pelo atual Projeto de Reforma elaborado pela Comissão de Juristas nomeada no âmbito do Senado Federal, esse dilema restará resolvido.

1.14.3 Dos efeitos jurídicos da indignidade sucessória e da deserdação

Não obstante a unificação parcial das hipóteses, indignidade e deserdação têm efeitos jurídicos distintos. Muitas vezes, a dificuldade está em saber se as regras de uma categoria têm incidência para a outra.

Começando pela deserdação, na esteira do que antes foi mencionado sobre os seus elementos ou requisitos, somente com expressa declaração das causas expostas pode ser ordenada em testamento (art. 1.964 do CC). Isso, sob pena de nulidade absoluta, por desrespeito à forma e à solenidade (art. 166, IV e V, do CC), conforme bem pontua Maria Helena Diniz. Segundo a jurista, com base em julgados, "a lei retira do arbítrio do testador a decisão quanto aos motivos da deserdação, devido à gravidade do fato. Logo, imprescindível será que o disponente, sob pena de nulidade, especifique a causa legal (CC, arts. 1.814, 1.962 e 1.963) que o levou a deserdar herdeiro necessário (*RT* 726:269, 263:135 e 160:717; *JTJ* 213:188)" (DINIZ, Maria Helena. *Código*..., 2010, p. 1.363).

Ao herdeiro instituído, ou àquele a quem aproveite a deserdação, incumbe o ônus de provar a veracidade da causa alegada pelo testador na ação de confirmação da deserdação (art. 1.965, *caput*, do CC). A título de exemplo de aplicação da norma, julgado do Tribunal de Justiça de Sergipe, com o seguinte trecho, a respeito da falta de prova de ilícito praticado:

> "Escritura pública constando deserdação de herdeiro necessário. Impossibilidade. Eficácia da disposição testamentária de deserdação subordina-se à comprovação da veracidade da causa arguida pelo testador. Aplicação do artigo 1965 do Código Civil. Prática de apropriação indébita pelo apelante não restou demonstrada através de ação própria" (TJSE, Apelação Cível 2010211989, Acórdão 13772/2012, 1.ª Câmara Cível, Rel. Des. Suzana Maria Carvalho Oliveira, *DJSE* 24.09.2012, p. 1).

Assim como ocorre com a indignidade (art. 1.815), o direito de provar a causa da deserdação extingue-se no prazo decadencial de quatro anos, a contar da data da abertura do testamento (art. 1.965, parágrafo único, do CC). Novamente, havia proposição legislativa, pelo Projeto Ricardo Fiuza, de reduzir esse prazo de dois anos, diante do entendimento de que o prazo de quatro anos é excessivo. Porém, no Projeto de Reforma do Código Civil, elaborado pela Comissão de Juristas, o prazo de quatro anos é mantido.

Voltando-se para a indignidade, diante de uma importante conexão com a deserdação, enuncia o art. 1.816 do CC/2002 que são pessoais os efeitos da exclusão. Nesse contexto, os descendentes do herdeiro excluído sucedem, como se ele morto fosse antes da abertura da sucessão. Como se nota, a indignidade não atinge o direito de representação dos herdeiros do indigno, como ocorre na renúncia à herança. Em suplemento, o excluído da sucessão não terá direito ao usufruto ou à administração dos bens que a seus sucessores couberem na herança (ex.: filhos menores), nem à sucessão eventual desses bens (art. 1.816, parágrafo único, do CC).

Mais uma vez, conforme opinião exarada em edições anteriores deste livro, quando em coautoria com José Fernando Simão, o efeito da indignidade constante do art. 1.816 do CC/2002 do mesmo modo aplica-se à deserdação, em uma tentativa de unificação dos institutos (TARTUCE, Flávio; SIMÃO, José Fernando. *Direito...*, 2010, v. 6, p. 83). Em resumo, os efeitos da deserdação também devem ser tidos como pessoais ou personalíssimos, não atingindo os sucessores do deserdado.

Anote-se que o antigo Projeto de autoria do Deputado Ricardo Fiuza pretendeu incluir um § 2.º no art. 1.965 da codificação nesse sentido, com a seguinte dicção: "são pessoas os efeitos da deserdação: os descendentes do herdeiro deserdado sucedem, como se ele morto fosse antes da abertura da sucessão. Mas o deserdado não terá direito ao usufruto ou à administração dos bens que a seus sucessores couberem na herança, nem à sucessão eventual desses bens".

Conforme as justificativas do original PL 6.960/2002 sobre o art. 1.965, "proponho duas alterações ao presente artigo. No parágrafo único, que passa a denominar-se parágrafo primeiro, estou reduzindo de quatro para dois anos o prazo decadencial, tendo em vista as considerações expendidas na proposta de alteração do art. 1.815. Em seguida, deve ser acrescentado o parágrafo segundo, acatando sugestão do Professor Zeno Veloso, para quem, 'embora, sob a égide do Código Civil de 1916, haja a opinião dominante de que os descendentes do deserdado tomam o lugar dele na herança, exercendo o direito de representação, pois a pena não pode se irradiar aos descendentes do que praticou os atos desabonadores, para espancar dúvidas, convém que esta solução seja dada expressamente na lei".

Como se pode perceber, novamente, a projeção está amparada na qualificada doutrina de Zeno Veloso, prefaciador deste livro, uma das maiores autoridades sucessórias neste País. Em complemento doutrinário, acrescente-se que Eduardo de Oliveira Leite também pensa da mesma forma e, em apurada pesquisa, cita que essa é igualmente as posições de Itabaiana de Oliveira, Carlos Maximiliano, Pontes de Miranda, Orosimbo Nonato, Orlando Gomes, Caio Mário da Silva Pereira, Arnoldo Wald, Silvio Rodrigues e Maria Helena Diniz (LEITE, Eduardo de Oliveira. *Comentários*..., 2003, v. XXI, p. 636). Sintetizando, trata-se de forma da posição da doutrina majoritária, de ontem e de hoje. Não discrepa o entendimento jurisprudencial, cabendo a transcrição das seguintes ementas:

> "Agravo de instrumento. Inventário. Decisão que determinou à inventariante apresentação de plano de partilha, levando em conta que somente a parte disponível dos bens da falecida pode ser objeto do testamento e os efeitos da deserdação não afetam o filho do herdeiro excluído. Cabimento. Os descendentes do herdeiro excluído sucedem, como se ele morto fosse antes da abertura da sucessão. São pessoais os efeitos da pena de deserdação. Inteligência do art. 1.816 do Código Civil. Adequada a inclusão do descendente do herdeiro deserdado na herança, que sucederá por representação seu genitor. Decisão mantida. Recurso desprovido" (TJSP, Agravo de Instrumento 0086580-82.2013.8.26.0000, Acórdão 6921622, 8.ª Câmara de Direito Privado, Cubatão, Rel. Des. Salles Rossi, j. 07.08.2013, *DJESP* 04.09.2013).

> "Apelação cível. Ação de deserdação. Efeitos pessoais. Descendentes do deserdado herdam por representação. Art. 1.816 do Código Civil. Recurso improvido. A deserdação é ato do testador que visa a afastar herdeiro necessário que se revelou ingrato. Na forma do art. 1.816 do Código Civil, os efeitos da referida exclusão são pessoais, logo, os descendentes do herdeiro excluído sucedem. Decisão unânime" (TJPI, Apelação Cível 2010.0001.000201-4, 2.ª Câmara Especializada Cível, Rel. Des. Luiz Gonzaga Brandão de Carvalho, *DJPI* 10.03.2010, p. 5).

No Projeto de Reforma do Código Civil elaborado pela tão citada Comissão de Juristas do Senado, entre 2023 e 2024, segue-se o mesmo caminho, incluindo-se um § 2.º no art. 1.965 para que preveja o seguinte: "são pessoais os efeitos da deserdação, sucedendo os descendentes do herdeiro deserdado por representação". De todo modo, mantém-se no sistema o prazo de quatro anos, que passa a ser contado do registro do testamento, conforme a nova redação do seu § 1.º.

No *caput*, passa-se a prever que "ao herdeiro deserdado é permitido impugnar a causa alegada pelo testador", pois, segundo os membros da Subcomissão de Direito das Sucessões, propõe-se "a inversão da lógica da ação de deserdação, cuja legitimidade ativa é transferida ao deserdado, a quem caberá impugnar a causa da deserdação, retirando esse ônus dos demais herdeiros, em fortalecimento e valorização do princípio da prevalência da vontade do testador".

Por fim, também se inclui um novo § 3.º nesse art. 1.965 prevendo que o deserdado não terá direito ao usufruto ou à administração dos bens que a seus sucessores couberem na herança, nem à sucessão eventual desses bens; proposta que hoje é necessária, havendo lacuna a respeito desses efeitos.

Voltando-se ao sistema em vigor e seguindo-se no estudo da indignidade, como a sentença que a reconhece tem natureza declaratória, devem os bens ser devolvidos aos herdeiros reais, denominados desde a clássica doutrina como *erepticios*. Entretanto, na dicção do *caput* do art. 1.817 do CC/2002, são válidas as alienações onerosas de bens hereditários a terceiros de boa-fé, e os atos de administração legalmente praticados pelo herdeiro, antes da sentença de exclusão (art. 1.817, *caput*, do CC).

Em outras palavras, pode-se dizer que a boa-fé de terceiro *vence* a sentença de exclusão, o que é salutar em uma legislação que consagra a eticidade como um dos seus fundamentos. A boa-fé mencionada pode ser tanto a subjetiva quanto a objetiva, sendo a última reconhecida como princípio de ordem pública pela doutrina contemporânea (Enunciado n. 363 do CJF/STJ, da *IV Jornada de Direito Civil*). Valoriza-se a *teoria da aparência*, tratando o dispositivo da figura do *herdeiro aparente*, que ainda será conceituado nesta obra, quando do estudo da ação de petição de herança.

No entanto, aos herdeiros que obtêm a sentença de indignidade subsiste ou mantém-se, quando prejudicados, o direito de demandar-lhe perdas e danos. A título de ilustração, se o bem recebido por herdeiro indigno for vendido para terceiro de boa-fé, não é possível reivindicá-lo deste terceiro. Entretanto, o prejudicado poderá pleitear do excluído todos os danos materiais e extrapatrimoniais suportados, diante da ideia de *reparação integral dos danos*.

O excluído da sucessão é obrigado a restituir os frutos e rendimentos que dos bens da herança houver percebido, mas tem direito a ser indenizado das despesas com a conservação deles (art. 1.817, parágrafo único, do CC). Trata-se de decorrência natural do efeito retro-operante ou *ex tunc* da sentença declaratória de indignidade. Assim sendo, a concretizar, se o herdeiro indigno auferiu aluguéis, que são frutos civis do bem recebido, deverá reembolsar tais valores ao herdeiro que obteve a sua exclusão. Por outro lado, diante da vedação do enriquecimento sem causa, o indigno deverá ser indenizado pelas despesas que fez na coisa, visando a sua conservação, como no caso de introdução de benfeitorias necessárias.

José Fernando Simão, em edições anteriores desta obra, analisava, com afinco, a última previsão, merecendo ser transcritas as suas palavras, que contam ainda com o meu apoio doutrinário:

> "Por outro lado, pelo mesmo dispositivo citado, o herdeiro aparente terá direito a ser indenizado pela conservação dos bens. Todavia, não determina o Código Civil quais seriam as espécies de despesas reembolsáveis. Silvio Rodrigues afirma que seriam 'todas as que teve o indigno com a conservação dos bens hereditários, conferindo ao juiz um maior arbítrio no fixar tais despesas, para evitar que os beneficiados com a exclusão aufiram vantagens indevidas, coibindo-se, afinal, o enriquecimento sem causa (CC, art. 884)' (*Direito civil*..., 2002, v. 7, p. 76).
>
> Não nos parece ser esta a melhor interpretação. Na qualidade de indigno, ciente dos atos praticados contra o falecido, entendemos que sua situação se equipara à do possuidor de má-fé, e, portanto, suportará tais consequências. Essa é a opinião de Clóvis Beviláqua (*Código Civil*..., 1955, v. VI, p. 40) e Maria Helena Diniz (*Curso*..., 2005, v. 6, p. 58). Curioso notar, por outra via, que Silvio Rodrigues também reconhece que o indigno 'não ignora a existência do vício que lhe impede adquirir o domínio e a posse da herança', sendo, portanto, possuidor de má-fé (*Direito civil*..., 1995, v. 7, p. 73). Percebemos certa contradição

hereditário: por inteiro, por se tratar de herdeiro de uma classe mais privilegiada; de quota-parte, por ser herdeiro de mesma classe de quem recebeu a herança" (DIAS, Maria Berenice. *Manual...*, 2011, p. 592).

Na mesma esteira é o posicionamento jurisprudencial, merecendo colação o seguinte trecho de acórdão do Tribunal Gaúcho, com didática ímpar: "a ação de petição de herança é uma ação de natureza real, para a qual só tem legitimidade ativa aquele que já é herdeiro desde antes do ajuizamento, e através da qual ele pode buscar ver reconhecido seu direito hereditário sobre bem específico que entende deveria integrar o espólio, mas que está em poder de outrem" (TJRS, Apelação Cível 36960-28.2012.8.21.7000, 8.ª Câmara Cível, Santa Rosa, Rel. Des. Rui Portanova, j. 18.10.2012, *DJERS* 25.10.2012). Essa natureza real gera a consequência de retomada dos bens que compõem o acervo hereditário, como se verá a seguir.

Por ser uma *ação universal*, a ação de petição de herança não se confunde com a ação reivindicatória, que visa a um bem específico. Aplicando tal forma de pensar, aresto do Superior Tribunal de Justiça, com a seguinte conclusão:

> "Ocorre turbação à posse de bem imóvel quando coerdeiros reconhecidos em ação de petição de herança molestam a posse anterior de outros herdeiros que exerciam tal direito com base em formal de partilha. Isso porque a ação de petição de herança tem natureza universal, pela qual o autor pretende o reconhecimento de seu direito sucessório, o recebimento da fração correspondente da herança, e não a restituição de bens específicos. Isso é o que a diferencia de uma ação reivindicatória, de natureza singular, que tem por objeto bens particularmente considerados. Desse modo, é equivocado concluir que, por força da ação de petição de herança, foram transmitidos o domínio e a posse dos bens herdados, quando, em verdade, transferiu-se o direito à propriedade e a posse comum da universalidade e não dos bens singularmente considerados. Por força da procedência da ação de petição de herança, os herdeiros que exerciam a posse anterior ficam obrigados a devolver, no plano jurídico e não fático, os bens do acervo hereditário, que voltam a ser de todos em comunhão até que nova partilha se realize" (STJ, REsp 1.244.118/SC, 3.ª Turma, Rel. Min. Nancy Andrighi, j. 22.10.2013, *DJe* 28.10.2013).

Ao final, o julgamento foi assim ementado, merecendo destaque:

> "Direito civil. Ação de manutenção de posse de imóvel herdado. Reconhecimento de paternidade *post mortem* e do direito sucessório da herdeira preterida. Prática de atos de autodefesa da posse. Turbação caracterizada. Artigos analisados: 488, 1.572 e 1.580 do CC/1916. 1. Ação de manutenção de posse, distribuída em 21.01.2005, da qual foi extraído o presente recurso especial, concluso ao Gabinete em 24.09.2012. 2. Discute-se a possibilidade de propositura de interditos possessórios entre compossuidores, no particular, entre coerdeiros, e a ocorrência de turbação à posse do bem herdado. 3. Aberta a sucessão, a transmissão do patrimônio faz-se como um todo unitário (condomínio hereditário), e assim permanece, até a partilha, em situação de indivisibilidade (art. 1.580 do CC/16), a que a lei atribui natureza imóvel (art. 44, III, do CC/16), independentemente dos bens que o compõem. 4. Adquirem os sucessores, em consequência, a composse *pro indiviso* do acervo hereditário, que confere a cada um deles a legitimidade para, em relação a terceiros, se valer dos interditos possessórios em defesa da herança como um todo, em favor de todos, ainda que titular de apenas uma fração ideal. De igual modo, entre eles, quando

um ou alguns compossuidores excluem o outro ou os demais do exercício de sua posse sobre determinada área, admite-se o manejo dos interditos possessórios. 5. Essa imissão *ipso jure* se dá na posse da universalidade e não de um ou outro bem individuado e, por isso, não confere aos coerdeiros o direito à imediata apreensão material dos bens em si que compõem o acervo, o que só ocorrerá com a partilha. 6. No particular, o reconhecimento do direito sucessório da recorrente não lhe autoriza, automaticamente, agir como em desforço imediato contra os recorridos que, até então, exerciam a posse direta e legítima do imóvel. 7. Recurso especial conhecido em parte, e, nessa parte, desprovido" (STJ, REsp 1.244.118/SC, 3.ª Turma, Rel. Min. Nancy Andrighi, j. 22.10.2013, *DJe* 28.10.2013).

Feitas essas considerações gerais, estabelece o art. 1.824 da codificação privada que pode o herdeiro, em ação de petição de herança, demandar a tutela de seu direito sucessório, para obter a restituição da herança, ou de parte dela, contra quem, na qualidade de herdeiro, ou mesmo sem título, a possua. A situação típica, geralmente vista na prática sucessória, é a de um filho não reconhecido que pretende o seu reconhecimento posterior e inclusão na herança. Nessas hipóteses, a ação de petição de herança é cumulada com uma ação de investigação de paternidade.

Contudo, não é só, uma vez que pode também ser citado o caso de um companheiro que foi preterido na partilha, até por não ter conhecimento dela. As seguintes ementas jurisprudenciais trazem casos em que o direito do companheiro foi debatido, merecendo destaque:

"Declaratória. Nulidade de partilha c/c petição de herança. União estável. Companheiro falecido em 1992. Capacidade sucessória definida pela Lei vigente ao tempo da abertura da sucessão. Incidência das regras do Código Civil de 1916. Existência de descendentes a afastar o pedido inicial da autora. Óbito anterior à Lei n.º 8.971/1994. Irretroatividade da citada Lei. Carência da ação, por falta de interesse de agir. Sentença mantida. Recurso não provido" (TJSP, Apelação 994.06.146875-0, Acórdão 4276768, 7.ª Câmara de Direito Privado, São Bernardo do Campo, Rel. Des. Élcio Trujillo, j. 16.12.2009, *DJESP* 12.02.2010).

"Apelação cível. Ação declaratória. União estável e petição de herança. Direito sucessório. Conflito aparente de normas. Princípio da especialidade. Recurso provido. 1. Uma das consequências do reconhecimento da união estável é a aquisição de direitos pelo companheiro sobrevivente sobre a herança deixada pelo outro. 2. Reconhecida a união estável, existe o direito sucessório. 3. O art. 2.º, § 2.º, da Lei de Introdução ao Código Civil, dispõe que a Lei nova que estabeleça normas gerais ou especiais a par das já existentes não revoga nem modifica a Lei anterior. 4. Em decorrência do princípio da especialidade mencionado, a Lei n.º 8.971, de 1994, que contém normas especiais sobre o direito dos companheiros à sucessão, prevalece sobre o Código Civil, que é Lei geral, ainda que posterior. 5. A companheira sobrevivente, na falta de descendentes e ascendentes, ainda que não tenha contribuído para a aquisição onerosa de bens durante a união estável, tem direito à totalidade da herança. 6. Apelação cível conhecida e provida para reformar em parte a sentença e reconhecer o direito da apelante à totalidade da herança do ex-companheiro" (TJMG, Apelação Cível 1.0209.04.040904-4/0011, 2.ª Câmara Cível, Curvelo, Rel. Des. Caetano Levi Lopes, j. 22.09.2009, *DJEMG* 07.10.2009).

Releve-se, também, na linha do que antes foi defendido neste livro, a inclusão, via ação de petição de herança, de um embrião nascido após o falecimento, inventário e partilha de bens que eram de seu pai. Para não pensar que isso é impossível na prática, basta imaginar que o inventário e a partilha foram feitos extrajudicialmente, por escritura pública, na forma do que passou a possibilitar a Lei 11.441/2007, com agilidade e rapidez; possibilidade confirmada pelo Código de Processo Civil de 2015 (art. 610).

A ação de petição de herança, ainda que exercida por um só dos herdeiros, poderá compreender todos os bens hereditários (art. 1.825 do CC), porque a herança, antes da partilha, constitui um bem indivisível, por força do outrora estudado art. 1.791 da própria codificação material. A título de ilustração, imagine-se que um filho ingressa com ação de investigação de paternidade cumulada com petição de herança em face de ascendentes do falecido, que receberam todos os bens de seu pai. Como o filho tem prioridade sucessória em relação a tais ascendentes, conforme a ordem que está descrita no art. 1.829 do CC/2002, todos os bens lhe serão atribuídos.

Como ensina Maria Helena Diniz, a citada demanda gera a devolução sucessória dos bens e todos os seus acessórios, podendo privilegiar outros herdeiros da mesma classe que não participaram da ação, caso de uma irmã daquele que promoveu a medida (*Código...*, 2010, p. 1.293). Como bem se posicionou a jurisprudência bandeirante, não há obrigatoriedade de inclusão desses outros supostos herdeiros na ação, cabendo o aproveitamento dos atos em posterior momento. Vejamos a ementa:

> "Sucessão. Petição de herança determinação para que outros herdeiros, irmãos do autor, fossem incluídos no polo ativo da demanda. Inexigibilidade. Ausência de disposição legal, facultando a Lei Civil ao herdeiro interessado demandar para ver reconhecido o seu direito sucessório Inteligência do art. 1825 do CC/2002. Recurso provido" (TJSP, Agravo de Instrumento n. 614.193.4/6, Acórdão 3381157, 7.ª Câmara de Direito Privado, Mirante do Paranapanema, Rel. Des. Álvaro Augusto dos Passos, j. 03.12.2008, *DJESP* 14.01.2009).

Mais do que isso, consoante aresto do Superior Tribunal de Justiça, publicado no seu *Informativo* n. *578*, de 2016, a viúva meeira que não ostente a condição de herdeira é parte ilegítima para figurar no polo passivo de ação de petição de herança, na qual não tenha sido questionada a meação. Tal afirmação vale ainda que os bens integrantes de sua fração se encontrem em condomínio *pro indiviso* com os bens pertencentes ao quinhão hereditário. Conforme explica a Ministra Relatora:

> "Isso porque eventual procedência da ação de petição de herança em nada refletirá na esfera de direitos da viúva meeira, tendo em vista que não será possível subtrair nenhuma fração de sua meação, que permanecerá invariável, motivo pela qual não deve ser qualificada como litisconsorte passiva necessária (REsp 331.781/MG, Terceira Turma, *DJ* 19/4/2004). Deve-se ressaltar, ainda, a natureza universal da ação de petição de herança, na qual, segundo esclarece entendimento doutrinário, não ocorre a devolução de coisas destacadas, mas do patrimônio hereditário: por inteiro, caso o autor seja herdeiro de uma classe mais privilegiada; ou de quota-parte, caso seja herdeiro de mesma classe de quem recebeu a herança (REsp 1.244.118/SC, Terceira Turma, *DJe* 28/10/2013). Desse modo, o autor terá o reconhecimento de seu direito sucessório e o recebimento de sua quota-parte, e não de bens singularmente considerados, motivo pelo qual não haverá alteração na situação fática dos bens, que permanecerão em condomínio *pro indiviso*. Assim, caso não se questione a fração atribuída à meeira, eventual procedência do pedido em nada a alterará. Ressalte-se

que diversa seria a situação se os bens houvessem sido repartidos entre meeira e herdeiros de forma desigual, e o autor da ação se insurgisse contra a avaliação e especificação dos bens atribuídos à meeira, alegando prejuízo à metade destinada aos herdeiros" (STJ, REsp 1.500.756/GO, Rel. Min. Maria Isabel Gallotti, j. 23.02.2016, *DJe* 02.03.2016).

Em havendo a citada *devolução sucessória*, com a procedência final da ação de petição de herança, o possuidor da herança está obrigado à restituição dos bens do acervo, sendo fixada a sua responsabilidade segundo a sua posse, se de boa ou má-fé (art. 1.826, *caput*, do CC).

Em complemento, a partir da citação na ação de petição de herança, a responsabilidade do herdeiro possuidor será aferida de acordo com as regras concernentes à posse de má-fé e à mora (art. 1.826, parágrafo único, do CC). Resumindo, após o ato processual, a boa-fé do possuidor fica afastada pelo fato de ter ciência da demanda proposta.

No presente momento, cabe lembrar as regras relativas ao possuidor de boa e má-fé, tratada pelo Direito das Coisas. A boa-fé mencionada, em regra, é a subjetiva, retirada do art. 1.201 da própria codificação, segundo o qual é possuidor de boa-fé aquele que ignora obstáculo para a aquisição do domínio, ou tem um justo título. Projetando esse conceito para a sucessão, se o herdeiro que recebeu os bens tinha ou pudesse ter conhecimento do potencial direito daquele que foi incluído, e mesmo assim toma medidas para excluí-lo da sucessão ou processa o inventário, deve ser reputado possuidor de má-fé. Aplicando exatamente tais premissas, vejamos julgado do Tribunal Fluminense:

> "Petição de herança. Reconhecimento de herdeira necessária. Retificação da partilha. Restituição dos frutos. Responsabilidade pelos prejuízos a partir da citação. O herdeiro excluído da sucessão pode demandar o reconhecimento do seu direito sucessório e obter em juízo a sua parte na herança, consoante art. 1.824 do Código Civil. Os herdeiros que exercem com exclusividade a posse dos bens do monte, excluindo herdeiro necessário, cuja existência é do seu conhecimento, agem de má-fé e respondem pelos prejuízos a partir da citação nesta ação, consoante o art. 1.826, parágrafo único, do Código Civil. Provimento do recurso" (TJRJ, Apelação 2009.001.07769, 7.ª Câmara Cível, Rel. Des. Ricardo Couto, j. 24.03.2009, *DORJ* 05.06.2009, p. 148).

Caso contrário, não sabendo sequer da existência do herdeiro preterido, corre contra o possuidor da herança a presunção de boa-fé. Cite-se o caso comum, dos irmãos que não sabiam da existência do autor da ação de petição de herança. No presente momento, para que a matéria fique bem clara, cabe relembrar tais efeitos jurídicos relativos à posse e que estão tratados no Volume 4 desta coleção.

De início, existem decorrências quanto aos frutos, que são bens acessórios que saem do principal sem diminuir a sua quantidade. Em termos gerais, prevê o art. 95 do CC/2002 que, apesar de ainda não separados do bem principal, os frutos e produtos podem ser objeto de negócio jurídico. Reafirme-se que os frutos não se confundem com os produtos, pois, enquanto os frutos não geram a diminuição do principal, isso não ocorre com os produtos.

Estatui o art. 1.214 do Código Civil que "o possuidor de boa-fé tem direito, enquanto ela durar, aos frutos percebidos". Complementando, dispõe o parágrafo único desse comando legal que os frutos pendentes ao tempo em que cessar a boa-fé devem ser restituídos, depois de deduzidas as despesas da produção e custeio. Devem ser também restituídos os frutos colhidos com antecipação. Ilustrando, se um herdeiro de boa-fé está com a posse de um imóvel e, no fundo deste, há uma mangueira, os frutos pendentes ao final da ação devem ser devolvidos. Os anteriores, que foram colhidos e consumidos, não.

Não se pode esquecer a norma do art. 1.215 do CC/2002, segundo a qual os frutos naturais e industriais reputam-se colhidos e percebidos logo que são separados. Já os frutos civis consideram-se percebidos dia por dia. Nesse contexto, a manga da mangueira é tida como colhida quando separada da mangueira; os juros de capital são percebidos nos exatos vencimentos dos rendimentos, como é comum em cadernetas de poupança.

No que concerne ao possuidor de má-fé, nos termos do art. 1.216 do CC, ele responde por todos os frutos colhidos e percebidos, bem como pelos que, por culpa sua, deixou de perceber, desde o momento em que se constituiu de má-fé. Todavia, esse possuidor tem direito às despesas de produção e de custeio. Como exemplo, se um herdeiro que sabe da situação do autor da ação e toma medidas para afastá-lo da sucessão, colhe as mangas da mangueira de um imóvel que está sob sua posse, deverá indenizá-las, mas será ressarcido pelas despesas realizadas com a colheita. Por outra via, se as mangas deixaram de ser colhidas e, em razão disso, vierem a apodrecer, o herdeiro-possuidor também será responsabilizado.

Surge questão controvertida relativa à aplicação desses efeitos para os produtos, debate que igualmente serve para o campo sucessório. Orlando Gomes responde negativamente, pois quanto aos produtos há um dever de restituição mesmo quanto ao possuidor de boa-fé. Ademais, se a restituição tornou-se impossível, o possuidor deverá indenizar a outra parte por perdas e danos e, "por motivo de equidade, a indenização deve corresponder ao proveito real que o possuidor obteve com a alienação dos produtos da coisa" (GOMES, Orlando. *Direitos...*, 2004, p. 82).

O jurista tem razão, uma vez que os produtos, quando retirados, desfalcam a substância do principal. Diante dessa constatação, a aplicação do regime dos frutos para os produtos poderia gerar uma perda substancial da coisa possuída, o que não pode ser admitido. Em suma, os problemas envolvendo os produtos devem ser resolvidos com as regras que vedam o enriquecimento sem causa, também no plano da sucessão e da ação de petição de herança (arts. 884 a 886 do CC).

Partindo-se para a relação entre posse e benfeitorias, relembre-se que estas são bens acessórios introduzidos em um bem móvel ou imóvel, visando a sua conservação ou melhora da sua utilidade. Dessa forma, enquanto os frutos e produtos decorrem do bem principal, as benfeitorias são nele introduzidas, como acréscimos e melhoramentos. Nos termos do art. 96 do CC/2002, as benfeitorias podem ser *necessárias* (as essenciais, pois visam à conservação da coisa principal), *úteis* (que aumentam ou facilitam o uso da coisa principal) e *voluptuárias* (de mero luxo ou deleite, pois facilitam a utilidade da coisa principal).

Complemente-se que as benfeitorias não se confundem com as acessões que, nos termos do art. 97 do CC/2002, são as incorporações introduzidas em outro bem, imóvel, sem a intervenção do proprietário, possuidor e detentor. Como *intervenção* pode-se entender a transmissão do bem, por meio de contrato ou outro negócio jurídico.

No que toca à interação entre a posse e as benfeitorias, enuncia o art. 1.219 do Código Civil que o possuidor de boa-fé tem direito à indenização das benfeitorias necessárias e úteis, bem como, quanto às voluptuárias, se não lhe forem pagas, a levantá-las, quando puder fazê-lo sem detrimento da coisa. Além disso, poderá exercer o direito de retenção pelo valor das benfeitorias necessárias e úteis. Partindo as cabíveis concreções, o sucessor, que é possuidor de boa-fé, terá direito de indenização pela reforma do telhado (benfeitoria necessária) e pela grade da janela (benfeitoria útil), que introduziu no imóvel que está sob o seu domínio.

Se não for reparado pelas despesas, terá ainda o direito de reter o bem – *ius retentionis* –, até que receba o que lhe é devido. No entanto, esse mesmo sucessor não terá direito de ser indenizado pela churrasqueira ou pela piscina que construiu no imóvel, eis que ambas são benfeitorias voluptuárias, de mero luxo, recreio ou deleite.

Ainda em relação ao possuidor de boa-fé, na *I Jornada de Direito Civil*, foi aprovado o Enunciado n. 81 do CJF/STJ, determinando que o direito de retenção previsto no art. 1.219 do CC, decorrente da realização de benfeitorias necessárias e úteis, também se aplica às acessões (plantações e construções) nas mesmas circunstâncias. Sendo assim, mesmo com a diferenciação antes apontada, entre os conceitos de benfeitorias e acessões, aqui, os efeitos jurídicos são os mesmos, o que tem incidência no caso do sucessor réu da ação de petição de herança.

O enunciado doutrinário aprovado, na verdade, apenas confirma parte do entendimento jurisprudencial consolidado, inclusive quanto ao direito de indenização das acessões (nesse sentido, ver, por todos: TJSP, Apelação Cível 287.115-5/8, 7.ª Câmara de Direito Público, Presidente Venceslau, Rel. Torres de Carvalho, j. 07.03.2005, v.u.; e TJSP, Apelação Cível 354.847-4/7-00, 3.ª Câmara de Direito Privado, São José dos Campos, Rel. Beretta da Silveira, j. 18.04.2006, v.u.).

No que se refere às benfeitorias e ao possuidor de má-fé é a regra do art. 1.220 do Código Civil brasileiro, *in verbis*: "ao possuidor de má-fé serão ressarcidas somente as benfeitorias necessárias; não lhe assiste o direito de retenção pela importância destas, nem o de levantar as voluptuárias". Em suma, o possuidor e sucessor de má-fé não têm qualquer direito de retenção ou de levantamento. No tocante à indenização, assiste-lhe somente direito quanto às benfeitorias necessárias.

A última premissa tem justo motivo. Imagine-se o caso desse sucessor que procurou tomar medidas para afastar o real herdeiro e que tem a posse de imóvel objeto da herança. Percebendo que o seu telhado está em péssimo estado de conservação, o que pode comprometer a própria estrutura do imóvel, esse possuidor de má-fé o troca, introduzindo benfeitorias necessárias. Ora, a sua posse é de má-fé quanto à origem, mas a conduta de troca do telhado é movida pela boa-fé, em sentido objetivo. Há, portanto, uma *justaposição da boa-fé objetiva em relação à má-fé subjetiva*, o que ampara o sentido do comando legal por último transcrito.

Findando os efeitos da posse de boa e má-fé, o Código Civil de 2002, a exemplo do seu antecessor, continua trazendo regras relativas às responsabilidades do possuidor, considerando-o como de boa ou de má-fé. Nos termos do art. 1.217 do CC/2002, o possuidor de boa-fé não responde pela perda ou deterioração da coisa, a que não der causa. Assim sendo, a responsabilidade do sucessor, que é possuidor de boa-fé, quanto à coisa, depende da comprovação da culpa em sentido amplo (*responsabilidade subjetiva*).

Por outro lado, de acordo com o art. 1.218 da mesma Lei Geral Privada, "o possuidor de má-fé responde pela perda, ou deterioração da coisa, ainda que acidentais, salvo se provar que de igual modo se teriam dado, estando ela na posse do reivindicante". A responsabilidade do possuidor de má-fé é objetiva, independentemente de culpa, a não ser que prove que a coisa se perderia mesmo se estivesse com o reivindicante.

O dispositivo acaba consagrando a responsabilidade do possuidor de má-fé mesmo por caso fortuito (evento totalmente imprevisível) ou força maior (evento previsível, mas inevitável). A relação fica clara como a do devedor em mora, pois o sentido é o mesmo do art. 399 do CC/2002, ao estabelecer que este responde pela perda ou deterioração da coisa, ainda que por caso fortuito ou força maior, a não ser que prove ausência total de culpa ou que a perda ocorreria mesmo se a obrigação fosse oportunamente desempenhada. Por isso é que o art. 1.826, parágrafo único, coloca o possuidor de má-fé ao lado da menção à mora.

Em complemento, ainda no que toca às responsabilidades, segundo o art. 1.221 do CC/2002, as benfeitorias compensam-se com os danos, e só obrigam ao ressarcimento se ao tempo da evicção ainda existirem. O comando possibilita, portanto, que as benfeitorias necessárias a que teria direito o sucessor de má-fé sejam compensadas com os danos sofridos pelo autor da ação de petição de herança, hipótese de *compensação legal*, pela reciprocidade de dívidas. Contudo, se a benfeitoria não mais existia quando a coisa se perdeu, não há que falar em compensação e muito menos em indenização. A norma está inspirada na vedação do enriquecimento sem causa.

Ato contínuo de estudo, pode o herdeiro demandar os bens da herança, mesmo em poder de terceiros, o que denota o caráter real da ação de petição de herança (art. 1.827 do CC). Isso, sem prejuízo da responsabilidade do possuidor originário pelo valor dos bens alienados.

Entretanto, se a pessoa que detinha a posse da herança for considerada um *herdeiro aparente*, os atos por ela praticados, a título oneroso e a terceiros de boa-fé, são considerados válidos e eficazes (art. 1.827, parágrafo único, do CC). Como explica Maria Helena Diniz, "herdeiro aparente é aquele que, por ser possuidor de bens hereditários, faz supor que seja o seu legítimo titular, quando, na verdade, não o é, pois a herança passará ao real herdeiro, porque foi declarado não legitimado para suceder, indigno ou deserdado, ou porque foi contemplado por testamento nulo ou anulável, caduco ou revogado" (*Código...*, 2010, p. 1.294).

Nota-se, assim, mais uma vez, que a boa-fé do terceiro e a teoria da aparência têm a força de *vencer a ação de petição de herança*. Desse modo, só resta ao herdeiro reconhecido posteriormente pleitear perdas e danos do suposto herdeiro aparente, que realizou a alienação, conforme consta de julgados estaduais (por todos: TJSC, Agravo de Instrumento 2004.028002-6, 4.ª Câmara de Direito Civil, São João Batista, Rel. Des. José Trindade dos Santos, *DJSC* 28.01.2008, p. 191).

A ilustrar a aplicação do conceito de herdeiro aparente, concluiu mais recentemente o Superior Tribunal de Justiça que "as alienações feitas por herdeiro aparente a terceiros de boa-fé, a título oneroso, são juridicamente eficazes. Art. 1.827, parágrafo único, do CC/2002. Na hipótese dos autos, o negócio jurídico foi aperfeiçoado antes do trânsito em julgado da sentença que decretou a nulidade da partilha e inexistiam, à época em que foi celebrado o contrato de compra e venda, quaisquer indícios de que o imóvel fosse objeto de disputa entre os herdeiros do espólio" (STJ, AgRg na MC 17.349/RJ, 3.ª Turma, Rel. Min. Nancy Andrighi, j. 28.06.2011, *DJe* 1.º.08.2011).

Para encerrar o estudo da petição de herança e o presente capítulo, cabe tecer palavras a respeito do prazo para a sua propositura. A questão sempre esteve na pauta dos Tribunais brasileiros. De acordo com a antiga Súmula 149 do Supremo Tribunal Federal, antes citada, "é imprescritível a ação de investigação de paternidade, mas não o é a de petição de herança". O fundamento da prescrição é relacionado ao fato de a herança envolver direitos subjetivos de cunho patrimonial, que são submetidos aos prazos prescricionais.

O entendimento sumulado é ainda considerado majoritário, para todos os fins, teóricos e práticos, inclusive na doutrina brasileira. Nesse contexto, na vigência do CC/1916, a ação de petição de herança estaria sujeita ao prazo geral de prescrição, que era de vinte anos, conforme o seu art. 177. Nesse propósito, veja-se recente julgado do Superior Tribunal de Justiça, que se refere à codificação anterior: STJ, AgRg no Ag 1.247.622/SP, 3.ª Turma, Rel. Min. Sidnei Beneti, j. 05.08.2010, *DJe* 16.08.2010. Em complemento, para que não pairem dúvidas a respeito de tal forma de julgar, outro acórdão da mesma Corte Superior pode ser colacionado:

> "Direito civil e processual civil. Recurso especial. Ação de investigação de paternidade c/c petição de herança e anulação de partilha. Decadência. Prescrição. Anulação da paternidade constante do registro civil. Decorrência lógica e jurídica da eventual procedência do pedido de reconhecimento da nova paternidade. Citação do pai registral. Litisconsórcio passivo necessário. Não se extingue o direito ao reconhecimento do estado de filiação exercido com fundamento em falso registro. Na petição de herança e anulação de partilha o prazo prescricional é de vinte anos, porque ainda na vigência do CC/1916. O cancelamento da paternidade constante do registro civil é decorrência lógica e jurídica da eventual procedência do pedido de reconhecimento da nova paternidade, o que torna dispensável o prévio ajuizamento de ação com tal finalidade. Não se pode prescindir da citação daquele que figura como pai na certidão de nascimento do investigante para integrar a relação processual na condição de litisconsórcio passivo necessário. Recurso especial parcialmente conhecido e, nessa parte, provido" (STJ, REsp 693.230/MG, 3.ª Turma, Rel. Min. Nancy Andrighi, j. 11.04.2006, *DJ* 02.05.2006, p. 307).

Na vigência do Código Civil Brasileiro de 2002, para os fatos ocorridos a partir de 11.03.2003, segundo a posição majoritária, a jurisprudência entende que deve incidir o prazo geral de dez anos, do art. 205 da atual codificação material (nesse sentido: TJMG, Apelação Cível 1.0479.08.141331-8/001, Rel. Des. Wander Paulo Marotta Moreira, j. 06.08.2013, *DJEMG* 09.08.2013; TJGO, Apelação Cível 492022-11.2008.8.09.0000, Goiânia, Rel. Des. Francisco Vildon José Valente, *DJGO* 17.12.2010, p. 601; TJSP, Agravo de Instrumento 994.09.275968-7, Acórdão 4468003, 4.ª Câmara de Direito Privado, Santo

André, Rel. Des. Teixeira Leite, j. 29.04.2010, *DJESP* 08.07.2010; e TJSP, Agravo Regimental 618.546.4/7, Acórdão 3407245, 3.ª Câmara de Direito Privado, Osasco, Rel. Des. Egidio Jorge Giacoia, j. 16.12.2008, *DJESP* 06.02.2009).

Em ambas as hipóteses, entende-se desde os tempos remotos que o prazo teria início da abertura da sucessão, como regra, que se dá pela morte (STF, RE 741.00/SE, Tribunal Pleno, Rel. Min. Eloy da Rocha, j. 03.10.1973, *DJU* 02.01.1974). Essa é a *visão clássica*, que se consolidou no passado.

Todavia, a questão não era pacífica na jurisprudência superior, pois alguns arestos mais recentes traziam a conclusão de que o prazo deve ter início do reconhecimento do vínculo parental, o que parece ser mais justo, encerrando uma *visão contemporânea*. Julgando desse modo, por todos os acórdãos estaduais:

> "Família. Apelação. Ação de investigação de paternidade c/c petição de herança. Reconhecimento da paternidade. Direito à herança do *de cujus*. Prescrição. Inocorrência. Qualidade de herdeiro. Legislação aplicável. Momento da abertura da sucessão. Litigância de má-fé. Inocorrência. A ação de petição de herança é indubitavelmente prescritível, por remeter a direito de cunho patrimonial; entretanto, o prazo prescricional a ela aplicável deve ter seu início a partir do reconhecimento, judicial ou voluntário, da paternidade do filho ilegítimo, por sequer existir direito à herança antes do reconhecimento da paternidade. A procedência do pedido investigatório implica, por óbvio, o reconhecimento do direito do investigante à herança do *de cujus*, já que o vínculo de paternidade, embora até então desconhecido, existia desde o momento da concepção. O direito à herança é definido de acordo com as normas vigentes quando da abertura da sucessão. Não há cogitar de condenação por litigância de má-fé quando inocorrente qualquer ato que denote a má-fé processual da parte" (TJMG, Apelação Cível 1.0151.02.004911-1/0011, 3.ª Câmara Cível, Cássia, Rel. Des. Dídimo Inocêncio de Paula, j. 02.10.2008, *DJEMG* 18.11.2008).

Em 2016, surgiu importante julgamento do Superior Tribunal de Justiça no mesmo sentido, considerando como termo inicial o trânsito em julgado da ação de reconhecimento de paternidade. Vejamos a sua publicação, constante do *Informativo* n. *583* do Tribunal da Cidadania:

> "Na hipótese em que ação de investigação de paternidade *post mortem* tenha sido ajuizada após o trânsito em julgado da decisão de partilha de bens deixados pelo *de cujus*, o termo inicial do prazo prescricional para o ajuizamento de ação de petição de herança é a data do trânsito em julgado da decisão que reconheceu a paternidade, e não o trânsito em julgado da sentença que julgou a ação de inventário. A petição de herança, objeto dos arts. 1.824 a 1.828 do CC, é ação a ser proposta por herdeiro para o reconhecimento de direito sucessório ou a restituição da universalidade de bens ou de quota ideal da herança da qual não participou. Trata-se de ação fundamental para que um herdeiro preterido possa reivindicar a totalidade ou parte do acervo hereditário, sendo movida em desfavor do detentor da herança, de modo que seja promovida nova partilha dos bens. A teor do que dispõe o art. 189 do CC, a fluência do prazo prescricional, mais propriamente no tocante ao direito de ação, somente surge quando há violação do direito subjetivo alegado. Assim, conforme entendimento doutrinário, não há falar em petição de herança enquanto não se der a confirmação da paternidade. Dessa forma, conclui-se que o termo inicial para o ajuizamento da ação de petição de herança é a data do trânsito em julgado da ação de

investigação de paternidade, quando, em síntese, confirma-se a condição de herdeiro" (STJ, REsp 1.475.759/DF, Rel. Min. João Otávio de Noronha, j. 17.05.2016, *DJe* 20.05.2016).

Ainda mais recentemente, de 2018, seguindo essa ideia e da Terceira Turma do Tribunal da Cidadania, citando a *actio nata subjetiva*, no sentido de que o prazo deve ter início da ciência da lesão ao direito subjetivo:

> "Recurso especial. Civil. Direito das sucessões. Ação de petição de herança. Filiação reconhecida e declarada após a morte do autor da herança. Termo inicial. Teoria da 'actio nata'. Data do trânsito em julgado da ação de investigação de paternidade. 1. Controvérsia doutrinária acerca da prescritibilidade da pretensão de petição de herança que restou superada na jurisprudência com a edição pelo STF da Súmula n.º 149: 'É imprescritível a ação de investigação de paternidade, mas não o é a de petição de herança'. 2. Ausência de previsão, tanto no Código Civil de 2002, como no Código Civil de 1916, de prazo prescricional específico para o ajuizamento da ação de petição de herança, sujeitando-se, portanto, ao prazo geral de prescrição previsto em cada codificação civil: vinte anos e dez anos, respectivamente, conforme previsto no art. 177 do CC/16 e no art. 205 do CC/2002. 3. Nas hipóteses de reconhecimento 'post mortem' da paternidade, o prazo para o herdeiro preterido buscar a nulidade da partilha e reivindicar a sua parte na herança só se inicia a partir do trânsito em julgado da ação de investigação de paternidade, quando resta confirmada a sua condição de herdeiro. Precedentes específicos desta Terceira do STJ. 4. Superação do entendimento do Supremo Tribunal Federal, firmado quando ainda detinha competência para o julgamento de matérias infraconstitucionais, no sentido de que o prazo prescricional da ação de petição de herança corria da abertura da sucessão do pretendido pai, seguindo a exegese do art. 1.572 do Código Civil de 1916. 5. Aplicação da teoria da 'actio nata'. Precedentes. 6. Recurso especial desprovido" (STJ, REsp 1.368.677/MG, 3.ª Turma, Rel. Min. Paulo de Tarso Sanseverino, j. 05.12.2017, *DJe* 15.02.2018).

No final de 2019, todavia, instaurou-se divergência na atual composição do Superior Tribunal de Justiça, pois surgiu outro acórdão, da sua Quarta Turma, voltando a aplicar a visão clássica anterior, de que o prazo prescricional deve ter início na abertura da sucessão. O julgamento se deu nos autos do Agravo Interno no Recurso Especial 479.648/MS, em dezembro de 2019. O Ministro Relator, Raul Araújo, seguiu os fundamentos apresentados pela Ministra Isabel Gallotti, na linha de que o entendimento de que o trânsito em julgado da sentença de reconhecimento de paternidade marca o início do prazo prescricional para a petição de herança conduz, na prática, à imprescritibilidade dessa ação, causando grave insegurança às relações sociais (AgInt no AREsp 479.648/MS, 4.ª Turma, Rel. Min. Raul Araújo, j. 10.12.2019, *DJe* 06.03.2020). Trata-se de um profundo debate que envolve a segurança e a certeza – de um lado –, e a efetividade da herança como direito fundamental, previsto no art. 5.º, inc. XXX, da Constituição da República.

Como se percebe, a questão pendia de pacificação no âmbito da Segunda Seção do STJ, o que parecia ter ocorrido em novembro de 2022, conforme o aresto a seguir transcrito:

> "Processual civil. Embargos de divergência em agravo em recurso especial. Ação de reconhecimento de paternidade *post mortem* c/c pedido de herança. Provas indiciárias do relacionamento. Exame de DNA. Recusa pelos réus. Súmula 301 do STJ. Dissídio jurisprudencial.

Ausência. Petição de herança. Prescrição. Súmula n. 149 do STF. Termo inicial. Abertura da sucessão ou trânsito em julgado da ação investigatória de paternidade. Divergência caracterizada. 1. Embargos de divergência que não merecem ser conhecidos na parte em que os embargantes buscam afastar a aplicação da Súmula n. 301 do STJ, tendo em vista a efetiva ausência de teses conflitantes nos acórdãos confrontados. No acórdão indicado como paradigma, da Quarta Turma (REsp n. 1.068.836/RJ), foi decidido que a aplicação da Súmula n. 301 do STJ dependeria da existência de provas indiciárias quanto à paternidade, citando, inclusive precedente da Terceira Turma. No acórdão embargado, igualmente, a Terceira Turma aplicou a Súmula n. 301 do STJ, deixando claro, ainda, que haveria outros elementos que confirmariam, ao menos indiciariamente, a filiação. 2. O prazo prescricional para propor ação de petição de herança conta-se da abertura da sucessão, aplicada a corrente objetiva acerca do princípio da *actio nata* (arts. 177 do CC/1916 e 189 do CC/2002). 3. A ausência de prévia propositura de ação de investigação de paternidade, imprescritível, e de seu julgamento definitivo não constitui óbice para o ajuizamento de ação de petição de herança e para o início da contagem do prazo prescricional. A definição da paternidade e da afronta ao direito hereditário, na verdade, apenas interfere na procedência da ação de petição de herança. 4. Embargos de divergência parcialmente conhecidos e, nessa parte, providos, declarada a prescrição vintenária quanto à petição de herança" (STJ, EAREsp 1.260.418/MG, 2.ª Seção, Rel. Min. Antonio Carlos Ferreira, jj. 26.10.2022, *DJe* 24.11.2022).

Votaram com o Relator os Ministros Marco Buzzi, Luis Felipe Salomão, Raul Araújo, Maria Isabel Gallotti, Moura Ribeiro e Nancy Andrighi, os dois últimos alterando a sua posição anterior, da *visão contemporânea* para a *clássica*. Foram vencidos os Ministros Marco Aurélio Bellizze e Paulo de Tarso Sanseverino, que mantiveram seus entendimentos, quando dos julgamentos anteriores da Terceira Turma. O Ministro Villas Bôas Cueva, presidente, não prolatou voto.

Além das afirmações já conhecidas a respeito da certeza e da segurança jurídica, acabou prevalecendo nesse *decisum* a incidência da teoria da *actio nata objetiva*, ou de viés objetivo, para tais situações, correndo o prazo de prescrição a partir da suposta lesão ao direito subjetivo, que se daria com a abertura da sucessão, ou seja, com a morte daquele a quem a petição de herança se refere. Aplicou-se, assim, o teor do Enunciado n. 14, aprovado na *I Jornada de Direito Civil*, que sintetiza a *actio nata objetiva*: "1) O início do prazo prescricional ocorre com o surgimento da pretensão, que decorre da exigibilidade do direito subjetivo; 2) o art. 189 diz respeito a casos em que a pretensão nasce imediatamente após a violação do direito absoluto ou da obrigação de não fazer".

Todavia, ao contrário do que pensava, a questão não restou totalmente consolidada no âmbito da Corte, uma vez que, em junho de 2023, a própria Segunda Seção reconheceu repercussão geral do assunto, com o fim de se pacificar, em forma definitiva, o tema. Consoante publicação constante do *Informativo* n. *778* do STJ, "a Segunda Seção acolheu a proposta de afetação dos REsps 2.029.809/MG e 2.34.650/SP ao rito dos recursos repetitivos, a fim de uniformizar o entendimento a respeito da seguinte controvérsia: 'definir o termo inicial do prazo prescricional da petição de herança proposta por filho cujo reconhecimento da paternidade tenha ocorrido após a morte'" (STJ, ProAfR no REsp 2.029.809/MG, 2.ª Seção, Rel. Min. Marco Aurélio Bellizze, julgamento virtual iniciado em 31.05.2023 e finalizado em 06.06.2023 – Tema 1.200).

Em 2024, a questão foi julgada de forma definitiva pela Corte Superior, que firmou a seguinte tese de repercussão geral, a ser aplicada para os devidos fins práticos e com efeitos vinculativos para as decisões de inferior instância: "o prazo prescricional para propor ação de petição de herança conta-se da abertura da sucessão, cuja fluência não é impedida, suspensa ou interrompida pelo ajuizamento de ação de reconhecimento de filiação, independentemente do seu trânsito em julgado" (STJ, REsp 2.029.809/MG, 2.ª Seção, Rel. Min. Marco Aurélio Bellizze, j. 22.05.2024, *DJe* 28.05.2024).

Anoto que esse entendimento consta do projeto de Reforma do Código Civil, citado no último julgamento, tendo sido essa posição que prevaleceu na Comissão de Juristas, pelo voto da maioria, e com a derrota da posição que eu defendia, seguindo a *teoria contemporânea* aqui antes exposta.

Nesse contexto, propõe-se que o art. 1.824 do Código Civil receba dois novos parágrafos. Nos termos do § 1.º, "o prazo de prescrição da pretensão de petição de herança tem como termo inicial a abertura da sucessão". E, nos termos do novo § 2.º, "o prazo previsto no § 1º não se interrompe nem se suspende com a propositura de ação de investigação de paternidade, de declaração de paternidade socioafetiva ou com o nascimento do filho havido após aquela data com o emprego de técnica de procriação assistida". Como se pode perceber, o texto amplia a impossibilidade de interrupção do prazo mesmo nas hipóteses de parentesco civil decorrente da parentalidade socioafetiva e do emprego de técnica de reprodução assistida.

Seja como for, entre vitórias e derrotas doutrinárias, tenho defendido ferrenhamente nos últimos anos a necessidade de manutenção e de respeito às decisões do Superior Tribunal de Justiça que consolidam a sua posição em matéria de Direito Privado, para que o Direito Civil mantenha a sua funcionalidade, em prol da certeza e da segurança esperadas para as relações jurídicas. Que assim seja, mesmo não sendo a solução a adotada e seguida por mim, entre as duas que encartam a citada discussão. De forma definitiva, penso que essa mesma solução deve ser adotada pelo legislador, para encerrar o embate e trazer segurança jurídica para os inventários.

Superado esse ponto, não se pode esquecer, ademais, das regras relativas ao impedimento e à suspensão da prescrição (arts. 197 a 199 do CC), bem como das relacionadas à sua interrupção (art. 202 do CC). Desse modo, por exemplo, o prazo não corre em face dos absolutamente incapazes, caso dos menores de 16 anos. Exemplificando, do Tribunal de Justiça de Santa Catarina, o que tem grande incidência prática:

> "Sucessão aberta e ação ajuizada, ambas, na vigência do Código Civil de 1916. Observância do prazo prescricional de 20 (vinte) anos para reclamar os direitos hereditários (art. 177 daquele CODEX e Súmula n.º 149 do STF), cujo início se deu a partir da idade de 16 anos da demandante, posto não correr a prescrição contra os absolutamente incapazes. Recurso conhecido e provido para julgar procedente, também, o pedido de petição de herança, com a condenação dos requeridos/apelados a entregarem à autora o que lhe cabe em virtude da morte de seu genitor, do que resulta nula a partilha antes homologada" (TJSC, Apelação Cível 2009.019580-1, 4.ª Câmara de Direito Civil, Blumenau, Rel. Des. Luiz Fernando Boller, j. 14.07.2011, *DJSC* 04.08.2011, p. 88).

Voltando-se ao ponto central do debate, apesar de certa precisão técnica dos julgados do STJ anteriormente transcritos, pela aplicação da teoria da *actio nata subjetiva* – no sentido de ter o prazo início do conhecimento da lesão ao direito subjetivo –, com o devido respeito à incidência do prazo geral de prescrição, sustento doutrinariamente que a ação de petição de herança deve ser reconhecida como imprescritível, ou seja, não sujeita à prescrição ou à decadência, na linha do que defende Giselda Maria Fernandes Novaes Hironaka. São suas as seguintes palavras:

> "A petição de herança não prescreve. A ação é imprescritível, podendo, por isso, ser intentada a qualquer tempo. Isso assim se passa porque a qualidade de herdeiro não se perde (*semei heres semper heres*), assim como o não exercício do direito de propriedade não lhe causa a extinção. A herança é transferida ao sucessor no momento mesmo da morte de seu autor, e, como se viu, isso assim se dá pela transmissão da propriedade do todo hereditário. Toda essa construção, coordenada, implica o reconhecimento da imprescritibilidade da ação, que pode ser intentada a todo tempo, como já se afirmou" (HIRONAKA, Giselda Maria Fernandes Novaes. *Comentários*..., 2007, v. 20, p. 202).

Aos argumentos da Mestra das Arcadas, somam-se premissas fundadas no Direito Civil Constitucional. Ora, o direito à herança é um direito fundamental, protegido pela CF/1988 (art. 5.º, inc. XXX), que, por envolver a própria existência digna da pessoa humana, para o sustento de um patrimônio mínimo, não estaria sujeito à prescrição ou à decadência.

A propósito, na mesma esteira, pondera Luiz Paulo Vieira de Carvalho que, "em nosso sentido, as ações de petição de herança são imprescritíveis, podendo o réu alegar em sede de defesa apenas a exceção de usucapião (Súmula 237 do STF), que atualmente tem como prazo máximo 15 anos (na usucapião extraordinária sem posse social, art. 1.238, *caput*, do CC)" (CARVALHO, Luiz Paulo Vieira de. *Direito*..., 2014, p. 282-283). Acrescente-se que o Código Civil italiano é expresso em reconhecer que a ação de petição de herança não se sujeita à prescrição (arts. 533 e 2.934), ressalvando-se a possibilidade de alegação de usucapião a respeito de bens singularizados. Essa opção legislativa também consta do art. 664 do Código Civil Peruano.

Cabe acrescentar o argumento de que, na grande maioria das vezes, a ação de petição de herança está cumulada com investigação de paternidade, sendo decorrência natural do reconhecimento da verdade biológica e do vínculo parental. De nada adianta o reconhecimento do vínculo parental se, ao final, não ocorrer a inclusão patrimonial do herdeiro que, em caso de ser filho havido fora do casamento, ainda será tido como um excluído. Tal forma de pensar faz com que os valores existenciais relacionados com a petição de herança prevaleçam sobre questões patrimoniais que fundamentam a prescritibilidade da referida pretensão.

1.16 RESUMO ESQUEMÁTICO

Regras básicas da sucessão

- Art. 1.784 do CC. Aberta a sucessão, a herança transmite-se, desde logo, aos herdeiros legítimos e testamentários (*droit de saisine*). Trata-se de uma das mais importantes regras do Direito das Sucessões, verdadeiro princípio sucessório. Herdeiro legítimo é aquele apontado pela lei; herdeiro testamentário é aquele nomeado por testamento, legado ou codicilo (art. 1.796 do CC).

- Art. 1.785 do CC. A sucessão deve ser aberta no lugar do último domicílio do falecido, o que é importante para o processamento do inventário. A norma é completada pelo art. 48 do CPC/2015, correspondente ao art. 96 do CPC/1973, segundo o qual, "O foro de domicílio do autor da herança, no Brasil, é o competente para o inventário, a partilha, a arrecadação, o cumprimento de disposições de última vontade, a impugnação ou anulação de partilha extrajudicial e para todas as ações em que o espólio for réu, ainda que o óbito tenha ocorrido no estrangeiro. Parágrafo único. Se o autor da herança não possuía domicílio certo, é competente: I – o foro de situação dos bens imóveis; II – havendo bens imóveis em foros diferentes, qualquer destes; III – não havendo bens imóveis, o foro do local de qualquer dos bens do espólio".
- Art. 1.787 do CC. A sucessão e a legitimação para suceder serão reguladas pela lei do tempo da abertura da sucessão, o que é fundamental para resolver problemas de Direito Intertemporal, surgidos principalmente com a entrada em vigor do Código Civil de 2002.
- Art. 1.788 do CC. Se a pessoa falecer sem testamento, a sua herança será transmitida aos herdeiros legítimos. O mesmo vale para os casos de ausência de testamento, de caducidade ou nulidade absoluta do ato de disposição. A lei não menciona, mas também devem ser consideradas as hipóteses de rompimento do testamento e de sua nulidade relativa ou anulabilidade.
- Art. 1.789 do CC. Havendo herdeiros necessários (descendentes, ascendentes e cônjuge), o testador somente poderá dispor de metade da herança. Trata-se da famosa proteção *da legítima*, que é a quota dos herdeiros necessários. Clóvis Beviláqua sempre foi um dos grandes defensores da sua manutenção no sistema sucessório brasileiro.

Da herança e de sua administração

- A herança defere-se de forma unitária, ainda que haja pluralidade de herdeiros. A herança, antes da partilha, constitui um bem imóvel por determinação legal, indivisível e universal (universalidade jurídica), nos termos do art. 1.791 do CC. A herança é administrada pelo inventariante, que exerce um mandato legal e, na sua falta, pelo administrador provisório (art. 1.797 do CC). A herança forma o espólio, que também é um ente despersonalizado. Todavia, o espólio tem legitimidade ativa e passiva no campo processual (art. 75, VII, do CPC/2015, correspondente ao art. 12, V, do CPC/1973), o que gera grandes repercussões práticas.
- O herdeiro não pode responder além das forças da herança (art. 1.792 do CC) – responde *intra vires hereditatis*.

Herança jacente e vacante

- Ocorrendo a morte de alguém, sem deixar herdeiros, ou se todos renunciarem à herança, os bens da sucessão devem ser arrecadados e ficam sob a guarda e a administração de um curador até a sua entrega ao sucessor ou a declaração de vacância (art. 1.819 do CC). Esse é o fenômeno da *jacência da herança*. A jacência é provisória, pois terminará com a entrega da herança aos herdeiros ou com a declaração de vacância. Nesse ponto, a *jacência* difere da *vacância*.
- Segundo Sebastião Amorim, "considera-se vacante a herança, quando, realizadas todas as diligências, inclusive com a publicação de editais, e passado um ano, não surgirem pessoas sucessíveis, deferindo-se os bens arrecadados ao ente público designado na lei" (*Heranças...*, In: ALVES, Jones Figueirêdo; DELGADO, Mário Luiz. *Questões...*, 2005. v. 2, p. 361).
- Sobre a natureza jurídica da herança jacente e da herança vacante, não se pode dizer que se trata de pessoas jurídicas, pois não há uma personalidade jurídica, havendo

apenas um conjunto de bens arrecadados. Por isso é que se afirma que ambas as heranças são *entes despersonalizados*. Quanto aos procedimentos, há um detalhamento tanto no Código Civil quanto no Código de Processo Civil, expostos neste Capítulo.

Da aceitação e da renúncia à herança

- A aceitação ou adição da herança é o ato pelo qual o herdeiro manifesta a sua vontade de receber os bens do falecido, confirmando a transmissão sucessória. Trata-se de um ato jurídico unilateral, que produz efeitos independentemente da concordância de terceiros, tendo, portanto, natureza não receptícia, uma vez que não há a necessidade de qualquer comunicação para produzir os efeitos previstos em lei. Atenção para o conceito de delação ou devolução sucessória, que é o momento existente entre a abertura sucessória – que se dá pela morte – e a aceitação da herança. Pelo que consta dos arts. 1.805 e 1.807 da codificação privada, três são as formas de aceitação da herança, a saber:

  a) Aceitação expressa – feita por declaração escrita do herdeiro, por meio de instrumento público ou particular.

  b) Aceitação tácita – resultante tão somente de atos próprios da qualidade de herdeiro. Como exemplo, cite-se a hipótese em que o herdeiro toma posse de um bem e começa a administrá-lo e a geri-lo como se fosse seu. Nos termos da lei, não exprimem aceitação de herança os atos oficiosos, como o funeral do finado, os meramente conservatórios, ou os de administração e guarda provisória de bens (art. 1.805, § 1.º, do CC). Ademais, não importa igualmente em aceitação a cessão gratuita, pura e simples, da herança, aos demais coerdeiros (art. 1.805, § 2.º, do CC).

  c) Aceitação presumida – tratada pelo art. 1.807 do CC, segundo o qual o interessado em que o herdeiro declare se aceita ou não a herança, poderá, 20 dias após aberta a sucessão, requerer ao juiz prazo razoável, não maior de 30 dias, para, nele, se pronunciar o herdeiro. Isso, sob pena de haver a herança por aceita. Nota-se que a parte final do dispositivo consagra exceção à regra da teoria geral do Direito Civil pela qual quem cala não consente, retirada do art. 111 da própria Lei Geral Privada.

- Quanto à renúncia, segundo as clássicas lições de Carlos Maximiliano, trata-se do "repúdio formal da herança ou legado" (*Direito*..., 1952, v. I, p. 64). Para Sílvio Rodrigues, "é o ato solene pelo qual uma pessoa, chamada à sucessão de outra, declara que a não aceita" (*Direito*..., 2007, v. 7, p. 58). Como bem pondera Paulo Lôbo, a renúncia é um ato jurídico unilateral, que representa o exercício de um direito potestativo, estando cercado de formalidades impostas pela lei (*Direito*..., 2013, p. 59). A renúncia é sempre expressa, devendo ser efetuada por escritura pública ou termo judicial (art. 1.806 do CC). Não se admite a renúncia tácita ou presumida. Com a renúncia, o herdeiro excluído é tratado como se nunca tivesse existido, o que atinge o direito de representação. Conforme se extrai da melhor doutrina, duas são as modalidades de renúncia à herança:

  a) Renúncia abdicativa – o herdeiro diz simplesmente que não quer a herança, havendo cessão pura e simples a todos os coerdeiros, o que equivale à renúncia pura. Em casos tais, não há incidência de Imposto de Transmissão *Inter Vivos* contra o renunciante, mas apenas do Imposto de Transmissão *Causa Mortis* pelos beneficiados pela renúncia.

  b) Renúncia translativa – quando o herdeiro cede os seus direitos a favor de determinada pessoa (*in favorem*). Como há um negócio jurídico de transmissão, verdadeira doação, incide o Imposto de Transmissão *Inter Vivos* contra o renunciante, segundo o entendimento jurisprudencial.

Indignidade e deserdação. Quadro comparativo. Diferenças fundamentais

Indignidade sucessória	Deserdação
Matéria de sucessão legítima e testamentária.	Matéria de sucessão testamentária.
Alcança qualquer classe de herdeiro, seja ele necessário ou facultativo.	Somente atinge os herdeiros necessários (ascendentes, descendentes e cônjuge, na literalidade da norma). Todavia, com o fim do julgamento do STF no Recurso Extraordinário 878.694/MG, a tendência parece ser a equiparação sucessória total da união estável ao casamento, o que inclui o convivente no art. 1.845 do CC, como herdeiro necessário. Essa é a minha posição doutrinária, em interpretação ao julgado superior.
As hipóteses de indignidade servem para a deserdação.	Existem hipóteses de deserdação que não alcançam a indignidade (arts. 1.962 e 1.963).
Há pedido de terceiros interessados ou do MP, com confirmação em sentença transitada em julgado.	Realizada por testamento, com declaração de causa e posterior confirmação por sentença.

Atenção: Apesar das diferenças pontuais, doutrina e jurisprudência entendem pela aplicação de muitas regras da indignidade para a deserdação, caso dos efeitos pessoais e da reabilitação do indigno.

Petição de herança

- Inovação do Código Civil atual, prevê o seu art. 1.824 que o herdeiro pode, em ação de petição de herança, demandar o reconhecimento de seu direito sucessório, para obter a restituição da herança, ou de parte dela, contra quem, na qualidade de herdeiro, ou mesmo sem título, a possua. O exemplo típico de aplicação do instituto envolve os casos de investigação de paternidade de filho que foi preterido da herança. Para esses casos, prevê a Súmula 149 do STF que é imprescritível a ação de investigação de paternidade, mas não o é a de petição de herança. O entendimento majoritário manda aplicar para esses casos o prazo prescricional geral de dez anos, previsto no art. 205 do CC/2002 para os casos ocorridos após a entrada em vigor da atual codificação. Para os fatos anteriores, o prazo é de 20 anos, previsto no art. 177 do CC/1916.

Tabela doutrinária elaborada pelo Professor João Aguirre, sobre a situação sucessória do embrião, quando dos estudos para a elaboração da Reforma do Direito das Sucessões pelo IBDFAM

	Embriões excedentários são pessoas e estão legitimados a suceder?	Existe prazo extintivo da pretensão à petição de herança nesse caso?
ALEXANDRE BARBOSA	**NÃO** Apenas terá direito quando da implantação no útero materno	**SIM**
ANA LUIZA MAIA NEVARES	**SIM** O embrião já é sujeito de direitos	**NÃO** A ação é imprescritível

	Embriões excedentários são pessoas e estão legitimados a suceder?	Existe prazo extintivo da pretensão à petição de herança nesse caso?
CESAR PEGHINI	**SIM** O embrião já é sujeito de direitos	**NÃO** A ação é imprescritível
DEBORA BRANDÃO	**SIM** O embrião já é sujeito de direitos	**NÃO** A ação é imprescritível
EDUARDO BUSSATA	**NÃO** Apenas terá direito quando da implantação no útero materno	**SIM**
EROULTHS CORTIANO	**NÃO** Apenas terá direito quando da implantação no útero materno	**SIM**
FABIO AZEVEDO	Embrião (ainda) não é pessoa humana (assim como não é coisa, por isso merecendo tutela diferenciada. Daí ser interessantíssima a tese da titularidade de direitos, sem precisar reconhecê-lo como pessoa), pois não se confunde com o nascituro, este, sim, titular de capacidade sucessória pela clara opção legislativa.	Dúvida sobre a natureza da ação de petição de herança
FERNANDO SARTORI	**NÃO** Apenas terá direito quando da implantação no útero materno	**SIM**
FLÁVIO TARTUCE	**SIM** O embrião já é sujeito de direitos	**NÃO** A ação é imprescritível
JOÃO AGUIRRE	**NÃO** Apenas terá direito quando da implantação no útero materno	**SIM**
JOSÉ FERNANDO SIMÃO	**NÃO** Apenas terá direito quando da implantação no útero materno	Defende a existência de prazo decadencial para anulação da partilha
MARCELO TRUZZI	**NÃO** Apenas terá direito quando da implantação no útero materno	**SIM**
MARCO AURELIO BEZERRA DE MELO	**NÃO** Apenas terá direito quando da implantação no útero materno	**SIM** Prescrição decenal que se iniciará no momento da incapacidade relativa, isto é, na premissa da continuidade da vida extrauterina
MARCOS CATALAN	**SIM** O embrião já é sujeito de direitos e está legitimado a suceder ao transformar-se em pessoa	Dúvidas quanto à natureza da petição de herança

	Embriões excedentários são pessoas e estão legitimados a suceder?	Existe prazo extintivo da pretensão à petição de herança nesse caso?
MARCOS EHRHARDT JUNIOR	**NÃO** Embrião é sujeito de direito (não pessoa), só está legitimado após nidação	**SIM**
MARIA BERENICE DIAS	**SIM** O embrião já é sujeito de direitos e tem garantidos os seus direitos sucessórios	**NÃO** Descabido estabelecer prazo
MÁRIO DELGADO	**NÃO** Apenas terá direito quando da implantação no útero materno	**SIM**
MAURÍCIO BUNAZAR	**NÃO** Apenas terá direito quando da implantação no útero materno	**SIM**
MAURÍCIO LACERDA	**NÃO** Apenas terá direito quando da implantação no útero materno	**SIM**
PABLO MALHEIROS	**SIM** O embrião já é sujeito de direitos	**NÃO** A ação é imprescritível
RICARDO CALDERON	**NÃO** Apenas terá direito quando da implantação no útero materno	**SIM**
ROBERTO FIGUEIREDO	**SIM** O direito hereditário do embrião é condicionado ao seu nascimento com vida	**SIM** Existe o prazo é prescricional de dez anos (art. 205 do CC) para se obter o efeito patrimonial de uma quota hereditária
RODRIGO TOSCANO	**NÃO** Apenas terá direito quando da implantação no útero materno	**SIM**
WLADIMIR ALCIBÍADES	**NÃO** Apenas terá direito quando da implantação no útero materno	**SIM**

1.17 QUESTÕES CORRELATAS

01. (TJPB – IESES – Titular de Serviços de Notas e de Registros – 2015) Acerca da aceitação, cessão e renúncia de quinhão hereditário é correto afirmar:

I. A renúncia pode ser expressa ou tácita, mas a cessão deve ser sempre manifestada expressamente por escritura pública.

II. A aceitação, uma vez manifestada, não pode ser retratada, embora seja possível a anulação, provando-se vício do consentimento.

III. A renúncia translativa equivale à cessão do direito hereditário para fins tributários.

IV. Não se admite a aceitação ou a renúncia em parte da herança.

(A) Todas as assertivas estão corretas.
(B) Estão corretas apenas as assertivas I, II e IV.
(C) Estão corretas apenas as assertivas II, III e IV.
(D) Estão corretas apenas as assertivas I e IV.

02. (TJRR – FCC – Juiz Substituto – 2015) Falecendo alguém sem deixar testamento nem herdeiro legítimo notoriamente conhecido, os bens da herança, depois de arrecadados,

(A) passarão imediatamente ao patrimônio do Município em que se encontrarem, que os manterá sob a condição resolutiva do aparecimento de herdeiros, pelo prazo de dez anos.
(B) ficarão sob a guarda do Município onde se encontrarem, que os administrará, até que seja declarada a vacância e incorporados definitivamente ao seu patrimônio.
(C) serão declarados vacantes, tendo os possíveis herdeiros de se habilitar no prazo de cinco anos, a partir da abertura da sucessão, findo o qual passarão ao patrimônio do Município em que se encontrarem.
(D) consideram-se de herança jacente, da qual são excluídos os herdeiros colaterais e os necessários que não se habilitarem no prazo de um ano, a partir da abertura da sucessão, findo o qual a herança se considerará vacante e incorporada ao patrimônio do Município em que os bens se encontrarem.
(E) ficarão sob a guarda e administração de um curador até sua entrega ao sucessor, devidamente habilitado, ou à declaração de sua vacância.

03. (TJPE – FCC – Juiz Substituto – 2015) Antônio, que possui três filhos, foi condenado criminalmente pelo Tribunal do Júri, por tentativa de homicídio contra seu pai, Serafim, que possui outro filho. Nesse caso, Antônio

(A) não poderá ser admitido a suceder nos bens deixados por morte de Serafim, ainda que este o tenha expressamente reabilitado em testamento, porque a sentença criminal o impede de suceder.
(B) será excluído da sucessão de Serafim, independentemente de demanda de exclusão, porque a condenação criminal a supre, e os bens que lhe caberiam serão distribuídos, em partes iguais, entre os filhos e o irmão de Antônio.
(C) será excluído da sucessão de Serafim, desde que procedente demanda de exclusão, e os bens que lhe caberiam serão destinados aos filhos do excluído, como se ele morto fosse antes da abertura da sucessão.
(D) poderá ser deserdado, mas não excluído da sucessão de Serafim, porque o crime se deu na modalidade tentada.
(E) será excluído da sucessão de Serafim, desde que procedente demanda de exclusão, e os bens que lhe caberiam serão destinados ao irmão de Antônio.

04. (DPE-BA – FCC – Defensor Público – 2016) No direito das sucessões, o *droit de saisine*

(A) se aplica ao Município quando ele é sucessor em razão da vacância da herança, conforme entendimento do Superior Tribunal de Justiça.
(B) determina que a herança será transmitida, desde logo, tanto aos herdeiros legítimos como aos testamentários, no exato momento da morte, independentemente de quaisquer outros atos.
(C) permite que o herdeiro ceda qualquer bem da herança considerado singularmente antes da ultimação da partilha.
(D) estabelece que os herdeiros legítimos adquirem a posse da herança no exato momento em que tomam ciência do falecimento do autor da herança.
(E) não foi incorporado ao direito brasileiro, uma vez que é necessária a aceitação da herança para que seja transferida a propriedade e a posse dos bens herdados.

05. (MPE-GO – Promotor de Justiça Substituto – 2016) O ato do herdeiro renunciar a herança prejudicando os seus credores é considerado:

(A) Inexistente e ineficaz em relação aos credores.
(B) Válido, mas será considerado ineficaz em relação aos credores.

(C) Nulo por fraudar os direitos dos credores.

(D) Anulável por fraudar os direitos dos credores.

06. (TRF-3.ª Região – Juiz Federal Substituto – 2016) Assinale a alternativa incorreta:

(A) A expromissão é uma forma de novação subjetiva ativa, que implica a extinção da obrigação em favor do devedor secundário.

(B) São susceptíveis de cessão, por meio de escritura pública o direito à sucessão aberta e o quinhão do herdeiro.

(C) São irrevogáveis os atos de aceitação ou de renúncia da herança.

(D) Quando a obrigação for divisível, só incorre na pena o devedor ou o herdeiro do devedor que a infringir, e proporcionalmente à sua parte na obrigação.

07. (Segep-MA – FCC – Procurador do Estado de Segunda Classe – 2016) Sérgio, domiciliado durante toda a vida em São Luís, faleceu, em um acidente de trânsito em Bacabal, em 20 de outubro de 2014. Seu inventário foi aberto em 19 de dezembro de 2014 e a partilha de seus bens foi homologada em 15 de março de 2015. De acordo com o Código Civil, a herança de Sérgio foi transmitida a seus herdeiros no momento da:

(A) homologação da partilha, em 15 de março de março de 2014, e sua sucessão será aberta no local do falecimento, Bacabal.

(B) sua morte, em 20 de outubro de 2014, e sua sucessão será aberta no local de seu último domicílio, São Luís.

(C) abertura do inventário, em 19 de dezembro de 2014, e sua sucessão será aberta no local do falecimento, Bacabal.

(D) homologação da partilha, em 15 de março de 2014, e sua sucessão será aberta no local de seu último domicílio, São Luís.

(E) sua morte, em 20 de outubro de 2014, e sua sucessão será aberta no local do falecimento, Bacabal.

08. (TJ-SP – Vunesp – Titular de Serviços de Notas e de Registros – Provimento – 2016) A renúncia da herança

(A) é irrevogável e deve constar de instrumento público, instrumento particular ou termo judicial.

(B) é revogável e deve constar de instrumento público ou termo judicial.

(C) é irrevogável e deve constar de instrumento público ou termo judicial.

(D) é revogável e deve constar de instrumento público, instrumento particular ou termo judicial.

09. (TJ-RS – FAURGS – Juiz de Direito Substituto – 2016) Assinale a alternativa correta a respeito do direito das sucessões no Código Civil.

(A) O herdeiro não responde por encargos superiores às forças da herança; incumbe-lhe, porém, a prova do excesso, salvo se houver inventário que a escuse, demonstrando o valor dos bens herdados.

(B) O direito à sucessão aberta, bem como o quinhão de que disponha o coerdeiro, não pode ser objeto de cessão por escritura pública.

(C) Somente as pessoas já nascidas no momento da abertura da sucessão legitimam-se a suceder.

(D) A incapacidade superveniente do testador invalida o testamento, e o testamento do incapaz se valida com a superveniência da capacidade.

(E) O herdeiro necessário, a quem o testador deixar a sua parte disponível, ou algum legado, perde o direito à legítima.

10. (Prefeitura Municipal de Teresina – FCC – Auditor Fiscal da Receita Municipal – 2016) Na sucessão legítima e testamentária,

(A) a renúncia abdicativa confere aos descendentes do renunciante participar da herança por estirpe, em representação ao herdeiro renunciante, como se morto fosse.

(B) a aceitação da herança pode ser expressa, tácita ou presumida, mas a renúncia válida sempre deve ser expressa e por instrumento público ou por termo judicial, de modo que a renúncia por instrumento particular é nula de pleno direito.

(C) a aceitação da herança somente se faz necessária na sucessão testamentária, uma vez que na legítima vale a regra de *saisine*.

(D) falecendo alguém sem deixar testamento nem herdeiro necessário notoriamente conhecido, os bens da herança, depois de arrecadados, ficarão sob a guarda e administração de um curador, até a entrega ao sucessor devidamente habilitado ou à declaração de sua vacância.

(E) a renúncia de todos os herdeiros de uma mesma classe, em favor do monte hereditário, na verdade constitui forma de renúncia *in favorem* ou translativa e, assim, configura ato de transmissão *inter vivos* e incide o respectivo imposto.

11. (MPE-RS/MPE-RS – Promotor de Justiça – Reaplicação – 2017) Considerando o Direito das Sucessões, assinale com V (verdadeiro) ou com F (falso) as seguintes afirmações.

( ) O coerdeiro tomou ciência da cessão de direito hereditário efetuado por outro coerdeiro quando foi apresentada nos autos do processo de inventário na data de 27/04/2015. Intentou ação declaratória de nulidade de ato jurídico em 10/11/2015 e efetuou o depósito necessário; no entanto, o ajuizamento da demanda ultrapassou o prazo legal para o reconhecimento do direito de preferência.

( ) O direito à sucessão aberta e o direito à herança constituem bens móveis por determinação legal, isso ocorre mesmo se a herança for composta apenas de bens imóveis.

( ) Os atos de aceitação ou de renúncia da herança são irrevogáveis, todavia, viável alegação de erro, dolo e demais vícios do ato ou negócio jurídico visando sua invalidade.

( ) Pedro falece e tem um único filho, Marco, que renuncia a herança expressamente, por termo judicial. Este possui três filhos: Mário, Maria e Marlon, que poderão vir à sucessão, por direito próprio, não por representação, e receberão um terço da herança.

A sequência correta de preenchimento dos parênteses, de cima para baixo, é

(A) V – F – V – V.

(B) F – F – F – V.

(C) V – V – F – F.

(D) F – V – V – F.

(E) V – F – V – F.

12. (MPE-PR/MPE-PR – Promotor Substituto – 2017) Assinale a alternativa incorreta:

(A) A aceitação da herança pode ser expressa ou tácita.

(B) A renúncia da herança pode ser expressa ou tácita.

(C) Não se pode aceitar ou renunciar a herança parcialmente.

(D) Não se pode aceitar herança sob condição.

(E) O herdeiro pode aceitar legado e renunciar herança e vice-versa.

13. (TJ-RO – IESES – Titular de Serviços de Notas e de Registros – 2017) São excluídos da sucessão os herdeiros ou legatários:

I. Que houverem acusado caluniosamente em juízo o autor da herança.

II. Que, por violência ou meios fraudulentos, inibirem ou obstarem o autor da herança de dispor livremente de seus bens por ato de última vontade.

III. Que houverem sido autores, coautores ou partícipes de homicídio culposo, ou tentativa deste, contra a pessoa de cuja sucessão se tratar, seu cônjuge, companheiro, ascendente ou descendente.

IV. Que incorrerem em crime contra honra do autor da herança, ou de seu cônjuge ou companheiro.

A sequência correta é:

(A) As assertivas I, II, III e IV estão corretas.

(B) Apenas a assertiva II está correta.

(C) Apenas as assertivas I e IV estão corretas.

(D) A assertiva III está incorreta.

14. **(TJ-SP – Vunesp – Juiz Substituto – 2017) Arlindo casa-se com Joana pelo regime da comunhão universal de bens e com ela tem dois filhos, Bruno e Lucas, ambos solteiros e sem conviventes em união estável. Arlindo e Lucas morrem em um mesmo acidente de trânsito, tendo Lucas deixado um filho menor. Dos atestados de óbito, consta que o falecimento de Arlindo ocorreu cinco minutos antes do de Lucas.**

Assinale a alternativa correta.

(A) Os bens deixados por Arlindo serão transmitidos a Joana, Bruno e ao filho de Lucas.

(B) Em razão dos falecimentos no mesmo acidente, a presunção é a de que a morte do mais velho precede a do mais jovem, o que faz com que a herança do filho de Lucas fique restrita à parte em que seu pai sucederia, se vivo fosse.

(C) Os bens deixados por Arlindo serão transmitidos a Bruno e a Lucas, observada a meação de Joana.

(D) Em razão dos falecimentos no mesmo acidente e da comoriência, a presunção é a de que Arlindo e Lucas morreram simultaneamente, o que exclui a transmissão de bens entre eles.

15. **(ALERJ – FGV – Procurador – 2017) Semprônio morre sem deixar herdeiros legitimários. Em seu testamento, deixa seu único bem, um imóvel rural de 40 (quarenta) hectares, para Túlio, que renuncia à herança. Duas semanas após o falecimento de Semprônio, Caio invade o imóvel e nele passa a residir com sua família, cultivando a terra para seu sustento. Oito anos após o falecimento de Semprônio, depois de praticadas as diligências de arrecadação, ultimado o inventário e realizadas as formalidades exigidas, a herança é declarada vacante. O Estado, então, pretende obter a posse do bem imóvel que teria adquirido.**

Sobre a questão, é correto afirmar que:

(A) a partir da renúncia de Túlio, a administração do patrimônio passa a um curador que representa os interesses do Estado, inviabilizando, portanto, a posse *ad usucapionem*, de modo que o Estado, tornando-se proprietário do bem, poderá ser imitido na posse;

(B) o Estado não poderá obter a posse do bem, pois, embora a posse exercida por Caio não seja, efetivamente, *ad usucapionem*, a função social da posse permite reconhecer a Caio e sua família o direito de permanecer no imóvel enquanto este lhes sirva de residência e fonte de subsistência;

(C) o bem foi adquirido por Caio, tendo em vista que o bem integrante de herança jacente só é devolvido ao Estado com a sentença de declaração da vacância, sujeitando-se, até aquele momento, à aquisição por usucapião;

(D) jamais exerceu-se posse sobre o bem após o falecimento de Semprônio, considerando que, sendo o bem público na hipótese de falecimento sem herdeiros legitimários, Caio exerceu mera detenção, podendo o Estado, com a declaração de vacância, imitir-se na posse;

(E) não obstante a posse exercida por Caio seja, efetivamente, *ad usucapionem*, já que a propriedade do bem arrecadado somente é deferida ao ente público com a declaração judicial de vacância, o Estado poderá ser imitido na posse, tendo em vista a situação excepcional de demora no inventário, atendendo-se, dessa forma, ao princípio de prevalência do interesse público.

16. **(VII Exame de Ordem Unificado – FGV) Edgar, solteiro, maior e capaz, faleceu deixando bens, mas sem deixar testamento e contando com dois filhos maiores, capazes e também solteiros, Lúcio e Arthur. Lúcio foi regularmente excluído da sucessão de Edgar, por tê-lo acusado caluniosamente em juízo, conforme apurado na esfera criminal. Sabendo-se que Lúcio possui um filho menor, chamado Miguel, assinale a alternativa correta.**

(A) O quinhão de Lúcio será acrescido à parte da herança a ser recebida por seu irmão, Arthur, tendo em vista que Lúcio é considerado como se morto fosse antes da abertura da sucessão.

(B) O quinhão de Lúcio será herdado por Miguel, seu filho, por representação, tendo em vista que Lúcio é considerado como se morto fosse antes da abertura da sucessão.

(C) O quinhão de Lúcio será acrescido à parte da herança a ser recebida por seu irmão, Arthur, tendo em vista que a exclusão do herdeiro produz os mesmos efeitos da renúncia à herança.

(D) O quinhão de Lúcio se equipara, para todos os efeitos legais, à herança jacente, ficando sob a guarda e administração de um curador, até a sua entrega ao sucessor devidamente habilitado ou à declaração de sua vacância.

17. (MPE-PB – Promotor de Justiça Substituto – FCC – 2018) A sucessão por morte ou ausência obedece à lei

(A) brasileira, quanto aos bens situados no Brasil, se aqui abrir-se a sucessão, independentemente do domicílio ou nacionalidade do defunto ou desaparecido.

(B) da nacionalidade do defunto ou desaparecido, qualquer que seja a natureza e a situação dos bens, mas a sucessão de bens de estrangeiros, situados no Brasil, será regulada pela lei brasileira em benefício do cônjuge ou dos filhos brasileiros, ou de quem os represente, sempre que não lhes seja mais favorável a lei pessoal do *de cujus*.

(C) do país em que se abriu a sucessão, mas a capacidade para suceder se regula pela lei do domicílio do herdeiro, salvo se brasileiro, quanto aos bens situados no Brasil, se a lei brasileira lhe for mais favorável, sendo então esta a aplicável.

(D) do país em que se abrir a sucessão, mas a capacidade para suceder se regula pela lei da nacionalidade do herdeiro.

(E) do país em que era domiciliado o defunto ou o desaparecido, qualquer que seja a natureza e a situação dos bens, mas a sucessão de bens de estrangeiros situados no Brasil será regulada pela lei brasileira, em benefício do cônjuge ou dos filhos brasileiros, ou de quem os represente, sempre que não lhes seja mais favorável a lei pessoal do *de cujus*.

18. (PGE-AP – Procurador do Estado – FCC – 2018) A sucessão hereditária abre-se

(A) na comarca em que se realizar o inventário, deferindo-se a herança como um todo unitário, ainda que vários sejam os herdeiros, por isso, cada um deles é legitimado isoladamente para reclamar a restituição de bens da herança que se encontrem na posse de terceiros.

(B) no lugar em que ocorrer o óbito, deferindo-se a herança como um todo unitário, ainda que vários sejam os herdeiros, e, nesse caso, a ação de petição de herança pode ser intentada por um só deles.

(C) no lugar em que ocorrer o óbito, deferindo-se a herança como bem divisível em tantos quantos forem os herdeiros, cada qual sendo legitimado para intentar ação de petição de herança de sua cota parte.

(D) no lugar do último domicílio do falecido, deferindo-se a herança como um todo unitário, ainda que vários sejam os herdeiros, e, nesse caso, a ação de petição de herança pode ser intentada por um só deles.

(E) na comarca em que se realizar o inventário, deferindo-se a herança como um todo unitário, ainda que vários sejam os herdeiros, mas, nesse caso, a ação de petição de herança só pode ser intentada por todos em conjunto.

19. (TJ-MG – Juiz de Direito Substituto – Consulplan – 2018) Quanto ao direito das sucessões, analise as afirmativas a seguir.

I. Na petição de herança, o herdeiro aparente, que de boa-fé houver pago um legado, não está obrigado a prestar o equivalente ao verdadeiro sucessor, ressalvado a este o direito de proceder contra quem o recebeu.

II. A sucessão de bens de estrangeiros, situados no Brasil, será regulada na lei do país em que era domiciliado o defunto, qualquer que seja a natureza e a situação dos bens, exceto quando houver cônjuge ou filhos brasileiros, ou de quem os represente, quando se utilizará a lei material brasileira, sempre que não lhes for mais favorável a lei pessoal do "de cujus".

III. Havendo a concorrência de herdeiros de classes diversas, a renúncia de qualquer deles devolve sua parte aos que integram a mesma ordem dos chamados a suceder.

IV. Quando os netos, representando seus pais, sucedem aos avós, estão obrigados a trazer à colação, ainda que não o hajam herdado, o que os pais teriam de conferir, sob pena de sonegação.

Estão corretas as afirmativas

(A) I, II, III e IV.

(B) I e IV, apenas.

(C) I, II e III, apenas.

(D) II, III e IV, apenas.

20. (MPE-AL – Analista do Ministério Público – Área Jurídica – FGV – 2018) Joaquim faleceu e deixou, como herança, 04 (quatro) apartamentos iguais (101, 102, 103 e 104), todos localizados em um mesmo edifício e com idênticos preços de mercado. Sem deixar testamento, seus únicos herdeiros são seus filhos Jorge, Maria, Ana e Carlos. Passando por dificuldades financeiras, Carlos resolve alienar, antes de findado o inventário, um dos apartamentos (o 101), mediante cessão de direitos sobre o imóvel a Marcos. A respeito desta cessão, assinale a afirmativa correta.

(A) Representa renúncia translativa da herança, pelo que Marcos, em substituição a Carlos, deve se habilitar no inventário.

(B) Tem efeito de cessão de direitos hereditários, mas Marcos poderá receber, contudo, qualquer um dos bens.

(C) Os demais herdeiros poderão se opor à alienação, mediante o exercício do direito de preferência.

(D) É ineficaz e, portanto, Marcos não fará jus ao apartamento 101.

(E) Trata-se de renúncia abdicativa, pelo que os demais herdeiros deverão pagar o preço do imóvel a Marcos.

21. (TJ-MG – Titular de Serviços de Notas e de Registros – Remoção – Consulplan – 2018) Em relação à sucessão provisória, assinale a afirmação INCORRETA.

(A) Findo o prazo a que se refere o art. 26, do Código Civil, e não havendo interessados na sucessão provisória, cumpre ao Ministério Público requerê-la ao juízo competente.

(B) Os herdeiros, para se imitirem na posse dos bens do ausente, não darão garantias da restituição deles, mediante penhores ou hipotecas equivalentes aos quinhões respectivos.

(C) Não comparecendo herdeiro ou interessado para requerer o inventário até 30 (trinta) dias depois de passar em julgado a sentença que mandar abrir a sucessão provisória, proceder-se-á à arrecadação dos bens do ausente pela forma estabelecida nos arts. 1.819 a 1.823 do Código Civil.

(D) A sentença que determinar a abertura da sucessão provisória só produzirá efeito 180 (cento e oitenta) dias depois de publicada pela imprensa; mas, logo que passe em julgado, proceder-se-á à abertura do testamento, se houver, e ao inventário e partilha dos bens, como se o ausente fosse falecido.

22. (TJ-MG – Titular de Serviços de Notas e de Registros – Remoção – Consulplan – 2018) É INCORRETO afirmar que são excluídos da sucessão os herdeiros ou legatários

(A) em qualquer dos casos de indignidade, não sendo necessária a declaração por sentença.

(B) que, por violência ou meios fraudulentos, inibirem ou obstarem o autor da herança de dispor livremente de seus bens por ato de última vontade.

(C) que houverem acusado caluniosamente em juízo o autor da herança ou incorrerem em crime contra a sua honra, ou de seu cônjuge ou companheiro.

(D) que houverem sido autores, coautores ou partícipes de homicídio doloso, ou tentativa deste, contra a pessoa de cuja sucessão se tratar, seu cônjuge, companheiro, ascendente ou descendente.

23. (PC-SP – Delegado de Polícia – Vunesp – 2018) Sobre a exclusão da sucessão, assinale a alternativa correta.

(A) Aquele que caluniou em juízo o autor da herança não será admitido a suceder, ainda que o ofendido o tiver reabilitado em testamento de forma expressa.

(B) Aquele que, por meios fraudulentos, inibir o autor da herança de dispor livremente de seus bens por ato de última vontade será excluído da sucessão, bastando, para tanto, decisão administrativa do juiz.

(C) O direto de demandar a exclusão do herdeiro extingue-se em quatro anos, a contar da data de abertura do testamento.

(D) Os descendentes do herdeiro excluído sucedem como se ele morto fosse antes da abertura da sucessão, uma vez que são pessoais os efeitos da exclusão.

(E) O excluído da sucessão é obrigado a restituir os frutos e rendimentos que dos bens da herança houver percebido, sem direito a indenização pelas despesas com a conservação deles.

24. (Advogado – UFPR – Coren-PR – 2018) Sabe-se que a existência da pessoa natural termina com a morte. Acerca dos temas da morte presumida, ausência e comoriência, assinale a alternativa correta.

(A) O ausente é considerado morto nos casos em que a lei autoriza a abertura da sucessão provisória, isto é, quando já se passaram mais de dez anos da curadoria dos bens do ausente.

(B) Na fase de sucessão provisória, os imóveis do ausente só se poderão alienar, não sendo por desapropriação, ou hipotecar, quando o ordene o juiz, para lhes evitar a ruína.

(C) A declaração de morte presumida, sem decretação de ausência, pode ocorrer quando alguém não é encontrado após dois anos do término de guerra, ainda que antes de finalizadas as buscas.

(D) Na curadoria dos bens do ausente, caso o ausente não tenha cônjuge, caberá o encargo aos descendentes ou aos pais, nessa ordem.

(E) Caso dois indivíduos sucessíveis entre si faleçam na mesma ocasião sem que seja possível determinar quem morreu primeiro, a presunção legal será a de que o mais velho faleceu antes do mais novo.

25. (Titular de Serviços de Notas e de Registros – Provimento – TJ-MG – Consulplan – 2019) Conforme o Código Civil Brasileiro, analise as seguintes afirmativas sobre o direito das sucessões. I. Aberta a sucessão, a herança transmite-se automática e imediatamente aos herdeiros legítimos e testamentários, independentemente de qualquer ato dos sucessores. II. O inventário extrajudicial será lavrado, por escritura pública, no lugar do último domicílio do autor da herança. III. O nascituro possui legitimidade para suceder, mas a transmissão da herança está condicionada ao nascimento com vida. IV. A aceitação da herança sob benefício de inventário consiste no princípio de que o herdeiro não responde por encargos superiores às forças da herança, cabendo-lhe, porém, a prova do excesso.

Estão corretas as afirmativas

(A) I, II, III e IV.

(B) II e III, apenas.

(C) I, II e IV, apenas.

(D) I, III e IV, apenas.

26. (Procurador do Município – Prefeitura de São José do Rio Preto – SP – Vunesp – 2019) Romeu, proprietário de 30 (trinta) imóveis, faleceu aos 78 (setenta e oito) anos sem deixar testamento nem herdeiro legítimo notoriamente conhecido.

Em relação ao fato hipotético, assinale a alternativa correta.

(A) Não se habilitando até a declaração de vacância, os colaterais ficarão excluídos da sucessão.

(B) Os bens da herança, depois de arrecadados, ficarão sob a guarda e administração do Município até a sua entrega ao sucessor devidamente habilitado.

(C) Realizado o inventário, serão expedidos editais na forma da lei processual, e, decorridos dois anos de sua primeira publicação, sem que haja herdeiro habilitado, será a herança declarada vacante.

(D) A declaração de vacância da herança não prejudicará os herdeiros que se habilitarem; mas, decorridos cinco anos da abertura da sucessão, os bens arrecadados passarão ao domínio do Estado.

(E) Quando todos os chamados a suceder renunciarem à herança, será esta desde logo declarada jacente.

27. (Promotor de Justiça Substituto – MPE-SP – 2019) Roberto Nascimento faleceu sem deixar testamento nem herdeiros notoriamente conhecidos. Com relação à sua herança, é correto afirmar que

(A) praticadas as diligências de arrecadação e ultimado o inventário, serão expedidos editais na forma da lei processual, e, decorrido um ano de sua primeira publicação, sem que haja herdeiro habilitado, ou penda habilitação, será a herança declarada jacente.

(B) os credores de Roberto têm o direito de pedir o pagamento das dívidas, desde que reconhecidas judicialmente, nos limites das forças da herança.

(C) seus bens serão arrecadados, ficando sob a guarda e a administração de um curador, até a sua entrega ao sucessor devidamente habilitado ou à declaração de sua vacância.

(D) quando todos os chamados a suceder renunciarem à herança, será esta desde logo declarada jacente.

(E) a declaração de vacância da herança não prejudicará os herdeiros que legalmente se habilitarem; mas, decorridos cinco anos da abertura da sucessão, os bens arrecadados passarão ao domínio do Município ou do Distrito Federal, se localizados nas respectivas circunscrições, incorporando-se ao domínio da União quando situados em território federal. Não se habilitando até a declaração de jacência, os colaterais ficarão excluídos da sucessão.

28. (Promotor de Justiça – Matutina – MPE-SC – 2019) O interessado em que o herdeiro declare se aceita, ou não, a herança, poderá, quinze dias após aberta a sucessão, requerer ao juiz prazo razoável, não maior de trinta dias, para, nele, se pronunciar o herdeiro, sob pena de se haver a herança por aceita.

( ) Certo

( ) Errado

29. (Titular de Serviços de Notas e de Registros – Provimento – TJ-PR – NC-UFPR – 2019) Leonel faleceu em decorrência de acidente automobilístico. Deixou cinco filhos e cônjuge. Tendo em vista o relacionamento muito difícil com o pai falecido, um de seus filhos resolve renunciar à herança. Os demais filhos desejam aceitá-la. A cônjuge supérstite impõe como condição ao seu aceite à herança que todos os filhos também aceitem. A respeito do assunto, assinale a alternativa correta.

(A) Exprimem aceitação de herança os atos oficiosos, como o funeral do finado.

(B) Importa em aceitação a cessão gratuita, pura e simples, da herança, aos demais coerdeiros.

(C) A renúncia da herança deve constar expressamente de instrumento público ou particular.

(D) Não se pode aceitar ou renunciar a herança em parte, sob condição ou a termo.

(E) São revogáveis os atos de aceitação ou de renúncia da herança.

30. (Promotor de Justiça Substituto – MPE-SP – 2019) Assinale a alternativa correta.

(A) Aceita a herança, torna-se definitiva a sua transmissão ao herdeiro, desde a abertura da sucessão, sendo que a transmissão tem-se por não verificada quando o herdeiro renuncia à herança ou se retrata da aceitação antes da partilha.

(B) Aberta a sucessão e se ainda não estiver concebido o herdeiro esperado, os bens reservados em testamento, salvo disposição em contrário do testador, caberão aos herdeiros legítimos.

(C) O herdeiro pode, em ação de petição de herança, demandar o reconhecimento de seu direito sucessório, para obter a restituição da herança, ou de parte dela, contra quem, na qualidade de herdeiro, ou mesmo sem título, a possua.

(D) A responsabilidade do possuidor da herança afere-se pelas regras concernentes à posse de má-fé e a mora, no momento em que o ato foi praticado.

(E) Não são eficazes as alienações feitas, ainda que a título oneroso, pelo herdeiro aparente a terceiro de boa-fé.

31. (Promotor de Justiça – Matutina – MPE-SC – 2019) Sendo o herdeiro renunciante o único de determinado grau ou se todos do mesmo grau renunciarem, serão chamados a suceder os do grau seguinte, por direito próprio, e por cabeça.

( ) Certo

( ) Errado

32. (Fiscal de Tributos – Prefeitura de Morro Agudo – SP – Vunesp – 2020) A respeito da sucessão, assinale a alternativa correta segundo o Código Civil.

(A) São irrevogáveis os atos de renúncia da herança, mas não os de aceitação.

(B) É lícita a deixa ao filho do concubino, quando também o for do testador.

(C) A renúncia e a aceitação da herança deverão constar expressamente de instrumento público ou termo judicial.

(D) São excluídos da sucessão os herdeiros ou legatários que incorrerem em crime contra a honra do autor da herança ou de seus descendentes.

(E) Os efeitos da exclusão da sucessão estendem-se aos descendentes do herdeiro excluído.

33. (Juiz Substituto – TJ-MS – FCC – 2020) No tocante à sucessão, é correto afirmar:

(A) morrendo a pessoa sem testamento, transmite a herança aos herdeiros legítimos; o mesmo ocorrerá quanto aos bens que não forem compreendidos no testamento, mas não subsiste a sucessão legítima se o testamento caducar, ou for julgado nulo.

(B) legitimam-se a suceder as pessoas já nascidas, somente, no momento da abertura da sucessão.

(C) na sucessão testamentária é possível chamar a suceder os filhos ainda não concebidos, mas não as pessoas jurídicas.

(D) a herança transmite-se aos herdeiros legítimos e testamentários com o pedido de abertura do inventário dos bens deixados pelo falecido.

(E) o herdeiro não responde por encargos superiores às forças da herança; incumbe-lhe, porém, a prova do excesso, salvo se houver inventário que a escuse, demonstrando o valor dos bens herdados.

34. (Auditor de Finanças e Controle de Arrecadação da Fazenda Estadual – Sefaz-AL – Cespe/ Cebraspe – 2020) Com base no Código Civil, julgue o item a seguir.

O direito à sucessão aberta é considerado, para os efeitos legais, bem imóvel, ainda que os bens deixados pela pessoa falecida sejam todos móveis.

( ) Certo

( ) Errado

35. (Procurador Municipal – Prefeitura de Marabá – PA – Fadesp – 2019) É incorreto afirmar que

(A) o proprietário tem a faculdade de usar, gozar e dispor da coisa, e o direito de reavê-la do poder de quem quer que injustamente a possua ou detenha.

(B) de acordo com disposição expressa no Código Civil, a sucessão dá-se por lei ou por disposição de última vontade. Regula a sucessão e a legitimação para suceder a lei vigente ao tempo da abertura daquela, porém, podem os herdeiros optar, por instrumento público, se no domicílio onde residem ou no local da situação bens móveis e imóveis.

(C) prescreve em três anos a pretensão de reparação civil de acordo com o Código Civil.

(D) a obrigação de dar coisa certa abrange os acessórios dela embora não mencionados, salvo se o contrário resultar do título ou das circunstâncias do caso.

36. (Juiz Substituto – TJPR – FGV – 2021) Lucas deliberadamente matou seu próprio pai, Leônidas, movido pelo rancor de o pai ter se oposto ao seu casamento. Aberto o testamento de Leônidas, redigido dois meses antes de sua morte, ele deixava para Lucas, além da sua parte na legítima, um relógio de ouro de seu uso pessoal. Leônidas deixou uma neta, Melina, filha de Lucas, seu filho único. Diante disso, é correto afirmar que:

(A) Lucas mantém seus direitos à herança do pai, tanto na parte legítima quanto especificamente ao relógio, pois não foi deserdado expressamente no testamento;

(B) Lucas fica excluído da sucessão no tocante à parte legítima do acervo hereditário, mas mantém o direito a receber o relógio de ouro;

(C) Lucas fica excluído de pleno direito da sucessão, herdando Melina, automaticamente, em seu lugar, como se Lucas fosse pré-morto;

(D) Melina poderá herdar no lugar de Lucas, como se ele fosse pré-morto, se, em até quatro anos, ajuizar ação de indignidade, e esta for reconhecida por sentença judicial;

(E) tanto Lucas como Melina serão excluídos da sucessão de Leônidas, devendo o juiz pronunciar de ofício a indignidade no âmbito do procedimento sucessório.

37. **(Promotor de Justiça Substituto – MPE-SC – Cespe/Cebraspe – 2021) A respeito do direito de família, do direito das sucessões e do registro público, julgue o item seguinte.**

É válida a renúncia à herança realizada por mandatário constituído para tal fim por instrumento particular.

( ) Certo

( ) Errado

38. **(Juiz Substituto – TJGO – FCC – 2021) Em sucessão legítima, o direito de representação dar-se-á apenas**

(A) na linha reta descendente e na linha transversal até o quarto grau.

(B) na linha reta descendente.

(C) entre parentes até o terceiro grau, na linha reta ou na linha colateral.

(D) nas linhas retas descendente e ascendente.

(E) na linha reta descendente e, na linha transversal, em favor dos filhos de irmãos do falecido, quando com irmãos deste concorrerem.

39. **(Promotor de Justiça Substituto – MPE-AP – Cespe/Cebraspe – 2021) A renúncia da herança se comprova por**

(A) atos contrários à aceitação.

(B) termo judicial.

(C) instrumento particular.

(D) cessão gratuita aos demais co-herdeiros.

(E) declaração escrita dada a qualquer herdeiro.

40. **(Advogado – CRM-MS – Quadrix – 2021) Com relação às regras do Código Civil sobre sucessão, assinale a alternativa correta.**

(A) O direito à sucessão aberta e o quinhão de que dispunha o coerdeiro podem ser objeto de cessão por escritura pública ou por instrumento particular.

(B) A aceitação ou a renúncia da herança devem constar expressamente de instrumento público ou termo judicial.

(C) Os atos meramente conservatórios e os atos oficiosos, como, por exemplo, o funeral do finado, indicam a aceitação tácita da herança.

(D) Falecendo o herdeiro antes de declarar se aceita a herança, o poder de aceitá-la passará aos herdeiros, a menos que se trate de vocação adstrita a uma condição suspensiva ainda não verificada.

(E) Na sucessão testamentária, apenas as pessoas jurídicas organizadas sob forma de fundação serão chamadas a suceder.

41. **(Defensor Público – DPE-MS – FGV – 2022) Quando Hermenegildo morreu, deixou o pequeno casebre onde residiu nos últimos anos da sua vida e alguns bens pessoais. Sua vizinha tentou alegar que era companheira do falecido, mas não houve comprovação satisfatória dessa alegação. Há notícia de que ele teria deixado um filho, que o abandonara há muitos anos, bem como teria um primo em outro Estado, mas não há elementos indicativos de quem sejam.**

Diante disso, é correto afirmar que:

(A) a herança ficará jacente, figurando sua vizinha como curadora até que se obtenha a localização do filho e, na ausência deste por cinco anos, ela se torna proprietária dos bens;

(B) o juiz mandará arrolar e arrecadar os bens, mas pode ser dispensada a expedição de editais, ante a notícia de que haveria herdeiros;

(C) findo o prazo de um ano, a herança passará à propriedade do ente público, extinguindo-se os direitos de eventuais herdeiros;

(D) declarada a vacância da herança, seu primo não terá mais qualquer direito, mas seu filho ainda poderá reivindicar os bens por cinco anos.

42. (Promotor de Justiça Substituto – MPE-SE – Cespe/Cebraspe – 2022) Caso o inventário judicial para a divisão de uma herança seja aberto algum tempo depois do falecimento da pessoa que deixou os bens a serem herdados, a sucessão será regulada pela lei vigente ao tempo do(a)

(A) abertura do inventário.
(B) homologação da partilha.
(C) julgamento da partilha.
(D) falecimento da pessoa.
(E) assinatura do compromisso.

43. (Promotor de Justiça e Promotor de Justiça Substituto – MPE-PE – FCC – 2022) Com relação às disposições gerais aplicáveis em tema de direitos sucessórios, e ao momento da transferência da propriedade dos bens deixados por pessoa falecida, é correto afirmar que os bens se transferem aos herdeiros ou sucessores

(A) na oportunidade da decisão que homologa a partilha.
(B) quando da apresentação do formal de partilha ao Oficial do Registro Imobiliário.
(C) na abertura do inventário judicial ou do arrolamento dos bens.
(D) no momento em que o formal de partilha ingressa ao Registro Imobiliário, mediante lançamento feito nas matrículas de cada imóvel.
(E) no momento da morte.

44. (Defensor Público – DPE-PI – Cespe/Cebraspe – 2022) A respeito da sucessão, assinale a opção correta.

(A) O princípio de Saisine dispõe que, aberta a sucessão, a herança transmite-se, desde logo, aos herdeiros legítimos e testamentários.
(B) A realização de inventário extrajudicial prescinde da participação de advogado ou defensor público.
(C) A sucessão legítima é aquela resultante da vontade ilimitada do testador.
(D) O processo de sucessão abre-se no domicílio onde o de cujus tenha vivido por mais tempo.
(E) A preferência para ser nomeado inventariante recai sobre a pessoa de confiança do juiz.

45. (Analista Jurídico – CRC-RJ – Instituto Consulplan – 2023) A aceitação e a renúncia da herança são procedimentos legais relacionados à sucessão, que diz respeito à transferência dos bens, direitos e obrigações de uma pessoa falecida para seus herdeiros. Ambos os processos têm implicações significativas para os sucessores e envolvem considerações legais e financeiras importantes. Considerando os referidos institutos, analise as afirmativas a seguir.

I. Não exprimem aceitação de herança os atos oficiosos, como o funeral do finado, os meramente conservatórios, ou os de administração e guarda provisória.

II. A renúncia da herança deve constar expressamente de instrumento privado ou termo judicial.

III. Ninguém pode suceder, representando herdeiro renunciante. Se, porém, ele for o único legítimo da sua classe, ou se todos os outros da mesma classe renunciarem à herança, poderão os filhos vir à sucessão, por direito próprio, e por cabeça.

IV. São revogáveis os atos de aceitação ou de renúncia da herança.

Está correto o que se afirma apenas em

(A) I e II.
(B) I e III.
(C) II e III.
(D) II e IV.

46. (Promotor de Justiça Substituto – MPE-PA – Cespe – 2023) De acordo com o Código Civil, são excluídos da sucessão os herdeiros ou legatários que

I – tiverem sido autores, coautores ou partícipes de homicídio doloso, ou tentativa deste, contra a pessoa de cuja sucessão se tratar seu cônjuge, companheiro, ascendente ou descendente.

II – tiverem acusado caluniosamente em juízo o autor da herança ou incorrerem em crime contra a sua honra, ou de seu cônjuge ou de seu companheiro.

III – por violência ou meios fraudulentos, inibirem ou obstarem o autor da herança de dispor livremente de seus bens por ato de última vontade.

Assinale a opção correta.

(A) Apenas o item II está certo.
(B) Apenas o item III está certo.
(C) Apenas os itens I e II estão certos.
(D) Apenas os itens I e III estão certos.
(E) Todos os itens estão certos.

47. (Titular de Serviços de Notas e de Registros – TJAM – TJAM – 2023) A cessão de direitos hereditários é ato permitido aos herdeiros, em conformidade com o disposto no Código Civil. A respeito do assunto, leia as assertivas abaixo.

I. O coerdeiro não poderá ceder onerosamente a sua quota hereditária à pessoa estranha à sucessão se outro coerdeiro a quiser adquirir, pelo mesmo valor.

II. É ineficaz a cessão pelo coerdeiro de qualquer bem do acervo hereditário considerado singularmente.

III. Realizada a cessão de direitos hereditários, os direitos conferidos ao herdeiro cedente em consequência de substituição ou de direito de acrescer, presumem-se abrangidos pela cessão feita anteriormente.

Considerando as assertivas acima, assinale a alternativa correta:

(A) Apenas estão corretas as assertivas II e III.
(B) Apenas estão corretas as assertivas I e II.
(C) Apenas a assertiva III está correta.
(D) Estão corretas as assertivas I, II, III.

48. (Procurador do Município – PGM-SP – Cespe/Cebraspe – 2023) A respeito da herança jacente, assinale a opção correta, considerando a legislação vigente acerca do assunto e o entendimento do STJ.

(A) Até a declaração de vacância, corre o prazo para que o imóvel possa ser usucapido pelo particular que o detém.
(B) O estado-membro é o sucessor dos bens jacentes.
(C) É vedado ao juiz do domicílio do autor da herança determinar, de ofício, a abertura do procedimento de arrecadação da herança jacente.
(D) Logo que aberta a sucessão, os bens que compõem a herança jacente passam a integrar o patrimônio do ente público.
(E) A jacência, por pressupor incerteza quanto à existência dos herdeiros, tem como consequência necessária a declaração de vacância.

49. (Juiz Substituto – TJSP – Vunesp – 2023) Sobre o direito sucessório, é correto afirmar:

(A) com a morte do autor da herança, o legatário torna-se titular do domínio da coisa certa existente no acervo hereditário, ainda que o legado esteja sujeito a condição suspensiva. Contudo, a posse da coisa legada não é deferida de imediato quando da abertura da sucessão, diferentemente do que se aplica com a posse do acervo hereditário.
(B) a renúncia abdicativa da herança deve constar expressamente de instrumento público ou termo judicial. Para que se caracterize a renúncia, o renunciante deve renunciar indistintamente em favor de todos os coerdeiros. A renúncia feita sem observância da forma prescrita no Código Civil pode ser anulada.
(C) aberta a sucessão, a herança transmite-se, desde logo, aos herdeiros legítimos e testamentários. O princípio da saisine não se aplica ao Poder Público, pois este não é considerado herdeiro no Código Civil de 2002. Sendo jacente a herança, somente depois da declaração expressa da vacância, decorrido o prazo de 5 (cinco) anos da abertura da sucessão, é que estes bens passarão ao domínio do Município ou do Distrito Federal, se localizados nas respectivas circunscrições, ou incorporados ao domínio da União quando situados em território federal.

(D) o Código Civil protege o cônjuge, qualquer que seja o regime de bens, garantindo-lhe direito real de habitação relativamente ao imóvel destinado à residência da família, ainda que não seja o único daquela natureza a inventariar.

50. (Promotor de Justiça Substituto – MPE-RR – Instituto AOCP – 2023) O art. 1.787 do Código Civil de 2002 determina: "Regula a sucessão e a legitimação para suceder a lei vigente ao tempo da abertura daquela". Em relação às sucessões hereditárias abertas antes da vigência desse Código de 2002, é correto afirmar que

(A) o Código Civil de 1916 continua em vigência.

(B) ocorre a repristinação do Código Civil de 1916.

(C) conquanto expressamente revogado, o Código Civil de 1916 continua a reger tais relações jurídicas.

(D) no que for compatível, aplicar-se-á o Código Civil de 2002.

51. (Promotor de Justiça Substituto – MPE-AM – Cespe/Cebraspe – 2023) Com relação aos excluídos da sucessão nos moldes da legislação civil em vigor, assinale a opção correta, referente à deserdação e à indignidade.

(A) A deserdação foi abolida pelo legislador no atual Código Civil, que trata apenas da exclusão por indignidade.

(B) A deserdação diz respeito a qualquer tipo de sucessão, enquanto a exclusão por indignidade atinge apenas os herdeiros necessários.

(C) A deserdação diz respeito apenas aos herdeiros necessários, enquanto a exclusão por indignidade se refere a qualquer tipo de sucessão.

(D) Tanto a deserdação quanto a exclusão por indignidade se referem exclusivamente aos herdeiros necessários.

(E) Tanto a deserdação quanto a exclusão por indignidade se referem a qualquer tipo de sucessão.

52. (MPE-MG – Promotor de Justiça Substituto – IBGP – 2024) Sobre a exclusão da sucessão, assinale a alternativa CORRETA, nos termos da legislação civil vigente:

(A) Pode ser excluído da sucessão o herdeiro condenado por homicídio culposo contra o autor da herança, seu cônjuge, companheiro, ascendente ou descendente.

(B) Os descendentes e ascendentes do herdeiro excluído nunca sucederão ao autor da herança.

(C) Aquele que incorreu em atos que determinem a exclusão da herança será admitido a suceder, se o ofendido o tiver expressamente indicado em testamento válido.

(D) Pode ser excluído da sucessão o herdeiro que houver acusado caluniosamente em juízo o autor da herança ou seus descendentes e ascendentes.

(E) São inválidas as alienações onerosas de bens hereditários a terceiros de boa-fé, e os atos de administração legalmente praticados pelo herdeiro, antes da sentença de exclusão.

53. (TJSP – Juiz Substituto – Vunesp – 2024) Em relação aos efeitos da renúncia à herança, na sucessão legítima é correto afirmar

(A) a habilitação dos credores do renunciante que se virem prejudicados com o ato de renúncia se fará por meio de ação de petição herança, no prazo decadencial de 90 (noventa) dias.

(B) a obrigatoriedade da colação não se aplica a renunciante.

(C) a renúncia é anulável e retratável.

(D) não haverá direito de representação aos descendentes do renunciante, considerado inexistente, de modo que, a sua parte acresce a dos demais herdeiros do mesmo grau dentro da mesma classe.

54. (Câmara de Campinas-SP – Procurador – Vunesp – 2024) A renúncia da herança é um ato jurídico que, quanto à manifestação da vontade, pode ser caracterizado como

(A) não solene.

(B) não receptício.

(C) plurilateral.

(D) simples.
(E) sinalagmático.

55. (TJSP – Titular de Serviços de Notas e de Registros – Vunesp – 2024) Assinale a alternativa correta sobre a sucessão em geral.

(A) Até a partilha, o direito dos coerdeiros, quanto à propriedade e posse da herança, será indivisível, e regular-se-á pelas normas relativas ao condomínio.
(B) É válida e eficaz a cessão, feita por escritura pública, de direitos hereditários sobre bem da herança considerado singularmente.
(C) A exclusão da sucessão, em qualquer dos casos de indignidade, deverá ser declarada por sentença, ainda que o herdeiro ou legatário venha a ser condenado, pelo mesmo fato, por sentença penal transitada em julgado, porquanto as esferas cível e criminal são independentes.
(D) A aceitação ou renúncia da herança pode ser parcial, sob condição ou a termo, devendo constar expressamente de instrumento público ou termo judicial.

56. (DPE-AC – Defensor Público – Cespe/Cebraspe – 2024) De acordo com o Código Civil, configura-se comoriência quando dois ou mais indivíduos,

(A) independentemente de serem sucessores entre si, falecerem no mesmo local, vindo todos eles a óbito concomitantemente.
(B) que são sucessores entre si, falecerem no mesmo local, vindo todos eles a óbito concomitantemente.
(C) independentemente de serem sucessores entre si, falecerem na mesma ocasião, não sendo possível averiguar se a morte de algum deles precedeu à dos outros.
(D) que são sucessores entre si, falecerem na mesma ocasião, não sendo possível averiguar se a morte de algum deles precedeu à dos outros.
(E) independentemente de serem sucessores entre si, falecerem no mesmo local, sendo impossível averiguar se a morte de algum deles precedeu à dos outros.

57. (TJSC – Juiz Substituto – FGV – 2024) No contexto das Olimpíadas de 2024, determinado fornecedor de produtos esportivos produziu comercial em que, a partir de inteligência artificial generativa, diversos atletas brasileiros, já falecidos, apareciam recebendo medalhas de ouro.

Nesse caso, é correto afirmar que:

(A) como o direito brasileiro ainda não contempla a solução para essas questões, nomeadamente a herança digital e a exploração de imagens de pessoas falecidas, por inteligência artificial, por ora não seria possível responsabilizar a empresa que produziu o comercial;
(B) embora o direito brasileiro ainda não contemple solução específica para estas questões, podem-se utilizar, por ora, os dispositivos que versam sobre direitos da personalidade, de modo que, nesse contexto, tocará ao espólio requerer que cesse a exploração da imagem, mas não caberá indenização por perdas e danos;
(C) embora o direito brasileiro ainda não contemple solução específica para essas questões, podem-se utilizar, por ora, os dispositivos que versam sobre direitos da personalidade, de modo que, nesse contexto, tocará ao cônjuge, aos ascendentes ou aos descendentes requerer que cesse a exploração da imagem, mas não caberá indenização por perdas e danos;
(D) embora o direito brasileiro ainda não contemple solução específica para essas questões, podem-se utilizar, por ora, os dispositivos que versam sobre direitos da personalidade, de modo que, nesse contexto, tocará ao cônjuge, aos ascendentes ou aos descendentes requerer que cesse a exploração da imagem e, bem assim, perdas e danos, sem presunção de prejuízo;
(E) embora o direito brasileiro ainda não contemple solução específica para essas questões, podem-se utilizar, por ora, os dispositivos que versam sobre direitos da personalidade, de modo que, nesse contexto, tocará ao cônjuge, aos ascendentes ou aos descendentes requerer que cesse a exploração da imagem e, bem assim, perdas e danos, com presunção de prejuízo.

GABARITO

01 – C	02 – E	03 – C
04 – B	05 – B	06 – A
07 – B	08 – C	09 – A
10 – B	11 – A	12 – B
13 – D	14 – C	15 – C
16 – B	17 – E	18 – D
19 – A	20 – D	21 – B
22 – A	23 – D	24 – B
25 – D	26 – A	27 – C
28 – CERTO	29 – D	30 – C
31 – CERTO	32 – B	33 – E
34 – CERTO	35 – B	36 – D
37 – ERRADO	38 – E	39 – B
40 – D	41 – D	42 – D
43 – E	44 – A	45 – B
46 – E	47 – B	48 – A
49 – C	50 – C	51 – C
52 – C	53 – D	54 – B
55 – A	56 – D	57 – E

2

DA SUCESSÃO LEGÍTIMA

2.1 INTRODUÇÃO. AS RELAÇÕES DE PARENTESCO E A SUCESSÃO LEGÍTIMA

Como ficou claro pelo Capítulo 1 deste livro, a sucessão legítima é aquela que decorre de imposição da norma jurídica, uma vez que o legislador *presume* a vontade do morto, ao trazer a ordem de vocação hereditária que deve ser observada no caso de seu falecimento sem testamento.

Antes de adentrar no estudo das regras de sucessão legítima, é imperioso lembrar as categorias relativas ao parentesco, pois primaz para a compreensão de muitas das regras sucessórias que serão expostas a partir deste momento. Neste ponto, existe outra interação importante entre o Direito de Família e o Direito das Sucessões, o que ratifica a afirmação de que o fundamento do último ramo do Direito Civil é de sincronização entre a primeira esfera privatística e o direito de propriedade. Voltarei, então, ao estudo de matérias e categorias jurídicas que estão desenvolvidas no Volume 5 desta coleção, dedicado ao Direito de Família, especialmente no seu Capítulo 6, mas que devem ser retomadas.

Como é cediço, o direito parental ou as relações de parentesco trazem, como conteúdo, as relações jurídicas estabelecidas entre pessoas que mantêm entre si um vínculo familiar, sobretudo de afetividade. Segundo Rubens Limongi França, parentesco vem de parente, do latim *parens-tis*, particípio passado do verbo *pario-ere*, que significa parir, dar à luz, gerar. Define o doutrinador que o parentesco "é o liame que vincula as pessoas oriundas de uma ascendência comum (parentesco consanguíneo), ou jungidas quer pela transmissão do pátrio poder (parentesco civil) quer pelos efeitos do matrimônio (parentesco afim) (*Instituições*..., 1999, p. 291). Não se olvide que o conceito é *clássico*, devendo a expressão *pátrio poder* ser substituída por *poder familiar* ou por *autoridade parental.*

No mesmo sentido, Maria Helena Diniz, igualmente em uma visão clássica, conceitua o parentesco como "o vínculo existente não só entre pessoas que descendem umas das outras ou de um mesmo tronco comum, mas também entre o cônjuge ou companheiro e os parentes do outro e entre adotante e o adotado" (*Código*..., 2010, p. 1.122). Ou, ainda, segundo Sílvio de Salvo Venosa, "o parentesco é o vínculo que une duas ou mais pessoas, em decorrência de uma delas descender ou de ambas procederem de um genitor comum" (*Código*..., 2010, p. 1.448).

De tais construções teóricas podem ser retiradas três formas ou modalidades de parentesco, levando-se em conta a sua origem:

a) *Parentesco consanguíneo ou natural* – aquele existente entre pessoas que mantêm entre si um vínculo biológico ou *de sangue*, ou seja, que descendem de um ancestral comum, de forma direta ou indireta. O termo *natural* é criticado por alguns, com razão, pois traria a ideia de que as outras modalidades de parentesco seriam *artificiais*.

b) *Parentesco por afinidade* – existente entre um cônjuge ou companheiro e os parentes do outro cônjuge ou companheiro. Lembre-se que marido e mulher e companheiros não são parentes entre si, havendo vínculo de outra natureza, decorrente da conjugalidade ou da convivência. A grande inovação do Código Civil de 2002 é reconhecer o parentesco de afinidade decorrente da união estável (art. 1.595 do CC). O parentesco por afinidade limita-se aos ascendentes, aos descendentes e aos irmãos do cônjuge ou companheiro (art. 1.595, § 1.º). Na linha reta, até o infinito, a afinidade não se extingue com a dissolução do casamento ou da união estável. Por isso, repise-se, é que se afirma que *sogra é para a vida inteira*.

c) *Parentesco civil* – decorrente de outra origem, que não seja a consanguinidade ou a afinidade, conforme estabelece o art. 1.593 do Código Civil.

Tradicionalmente, no que tange ao parentesco civil, este sempre foi relacionado com a adoção, como sustentam os doutrinadores antes transcritos. Entretanto, diante dos progressos científicos e da valorização dos vínculos afetivos de cunho social, devem ser reconhecidas duas outras formas de parentesco civil. A primeira é concernente à *técnica de reprodução assistida heteróloga*, efetivada com material genético de terceiro, sêmen ou óvulo captado em clínica especializada, presente o vínculo parental quanto às pessoas que planejaram a técnica. A segunda forma de parentesco civil é a *parentalidade socioafetiva*, fundada na *posse de estado de filhos*.

Nessa esteira de ampliação do parentesco civil, podem ser citados alguns enunciados doutrinários aprovados em *Jornadas de Direito Civil*, que sintetizam o pensamento majoritário da civilística brasileira, aqui seguido. O primeiro deles, da *I Jornada de Direito Civil* (2002), preceitua que "o Código Civil reconhece, no art. 1.593, outras espécies de parentesco civil além daquele decorrente da adoção, acolhendo, assim, a noção de que há também parentesco civil no vínculo parental proveniente quer das técnicas de reprodução assistida heteróloga relativamente ao pai (ou mãe) que não contribuiu com seu material fecundante, quer da paternidade socioafetiva, fundada na posse do estado de filho". O segundo enunciado, da *III Jornada* (2004), é o de número 256, *in verbis:* "a posse do estado de filho (parentalidade socioafetiva) constitui modalidade de parentesco civil".

A valorização da parentalidade socioafetiva foi confirmada na *IV Jornada de Direito Civil*, realizada em outubro de 2006, com a aprovação do Enunciado n. 339 do CJF/STJ, estabelecendo que "a paternidade socioafetiva, calcada na vontade livre, não pode ser rompida em detrimento do melhor interesse do filho". O mesmo ocorreu na *V Jornada de Direito Civil*, de 2011, com o seguinte enunciado doutrinário, de autoria de Heloísa Helena Barboza, Professora Titular da Universidade Estadual do Rio de Janeiro: "o reconhecimento judicial do vínculo de parentesco em virtude de socioafetividade deve ocorrer a partir da relação entre pai(s) e filho(s), com base na posse do estado de filho, para que produza efeitos pessoais e patrimoniais" (Enunciado n. 519 do CJF/STJ).

Com amplo impacto para o reconhecimento de que a parentalidade socioafetiva é forma de parentesco civil, merece grande relevo a decisão do Supremo Tribunal Federal do ano de 2016, em que se analisou repercussão geral sobre o tema. Conforme a tese ali firmada, "a paternidade socioafetiva, declarada ou não em registro, não impede o reconhecimento do vínculo de filiação concomitante, baseada na origem biológica, com os efeitos jurídicos próprios" (Recurso Extraordinário 898.060/SC, com repercussão geral, Rel. Min. Luiz Fux, j. 21.09.2016, publicado no *Informativo* n. *840* da Corte – Tema n. 622).

Além de reconhecer a possibilidade de vínculos múltiplos parentais, a denominada *multiparentalidade*, uma das grandes contribuições do aresto foi consolidar a posição de que a socioafetividade é forma de parentesco civil. Nesse sentido, destaque-se o seguinte trecho do voto do Ministro Relator:

> "A compreensão jurídica cosmopolita das famílias exige a ampliação da tutela normativa a todas as formas pelas quais a parentalidade pode se manifestar, a saber: (i) pela presunção decorrente do casamento ou outras hipóteses legais; (ii) pela descendência biológica; ou (iii) pela afetividade. A evolução científica responsável pela popularização do exame de DNA conduziu ao reforço de importância do critério biológico, tanto para fins de filiação quanto para concretizar o direito fundamental à busca da identidade genética, como natural emanação do direito de personalidade de um ser. A afetividade enquanto critério, por sua vez, gozava de aplicação por doutrina e jurisprudência desde o Código Civil de 1916 para evitar situações de extrema injustiça, reconhecendo-se a posse do estado de filho, e consequentemente o vínculo parental, em favor daquele utilizasse o nome da família (*nominatio*), fosse tratado como filho pelo pai (*tractatio*) e gozasse do reconhecimento da sua condição de descendente pela comunidade (*reputatio*)".

Como se extrai do julgamento, tal reconhecimento deve se dar para todos os fins jurídicos, inclusive alimentares e sucessórios, o que ainda será analisado nesta obra, quando da abordagem do direito sucessório do descendente socioafetivo, sem prejuízo de outros tópicos. Nessa linha, o Enunciado n. 632 da *VIII Jornada de Direito Civil*, promovida pelo Conselho da Justiça Federal em 2018, estabelece que, "nos casos de reconhecimento de multiparentalidade paterna ou materna, o filho terá direito à participação na herança de todos os ascendentes reconhecidos".

No mesmo sentido, o Enunciado n. 33 do IBDFAM, aprovado no seu *XII Congresso Brasileiro*, em outubro de 2019: "o reconhecimento da filiação socioafetiva ou da multiparentalidade gera efeitos jurídicos sucessórios, sendo certo que o filho faz *jus* às heranças, assim como os genitores, de forma recíproca, bem como dos respectivos ascendentes e parentes, tanto por direito próprio como por representação". Por fim, destaco o Enunciado n. 44 do IBDFAM, do seu *XIII Congresso Brasileiro,* do ano de 2021, segundo o qual, "existindo consenso sobre a filiação socioafetiva, esta poderá ser reconhecida no inventário judicial ou extrajudicial".

Pontue-se, como está mais bem desenvolvido no Volume 5 desta coleção, que a multiparentalidade pode ser reconhecida diretamente no Cartório de Registro Civil, outra consequência do *decisum* do STF, nos termos do Provimento 63 do Conselho Nacional de Justiça, de novembro de 2017. Conforme o seu art. 14, "o reconhecimento da paternidade ou maternidade socioafetiva somente poderá ser realizado de forma unilateral e não implicará o registro de mais de dois pais e de duas mães no campo FILIAÇÃO no assento de nascimento". A menção aos dois pais e duas mães já trazia a admissão da *multiparentalidade extrajudicial.*

Em 2019, essa norma administrativa anterior foi aperfeiçoada pelo Provimento n. 83 do próprio CNJ, de 15 de agosto. Foi mantido o *caput* do art. 14, sem qualquer mudança estrutural. Porém, não se pode negar que a previsão vinha gerando muitas dúvidas e incertezas a respeito da possibilidade ou não desse reconhecimento extrajudicial da multiparentalidade e talvez poderia ser até aperfeiçoada, com mais clareza. Com o texto atual, acrescido dos dois novos parágrafos, a minha resposta continua sendo positiva quanto a essa polêmica, apesar de o *caput* não ter sido modificado.

Na dicção do então alterado § 1.º do art. 14 do Provimento n. 63 do CNJ, "somente é permitida a inclusão de um ascendente socioafetivo, seja do lado paterno ou do materno". Além disso, se o caso envolver a inclusão de mais de um ascendente socioafetivo, deverá tramitar pela via judicial (§ 2.º). Penso que, evidenciado e se confirma, portanto, o registro da multiparentalidade no cartório. Porém, tal reconhecimento fica limitado a apenas um pai ou mãe que tenha a posse de estado de filho. Se o caso for de inclusão de mais um ascendente, um segundo genitor baseado na afetividade, será necessário ingressar com ação específica de reconhecimento perante o Poder Judiciário.

Nota-se, assim, a preocupação de evitar vínculos sucessivos, que, aliás, são difíceis de se concretizar na prática, pois geralmente a posse de estado de filhos demanda certo tempo de convivência.De todo modo, pela redação então mantida no *caput* do art. 14, não é possível que alguém tenha mais de dois pais ou duas mães no registro, ou seja, três pais e duas mães ou até mais do que isso. Esclareceu-se o real sentido do termo "unilateral" que consta do *caput* e que era objeto dos citados calorosos debates. Exatamente como opina Ricardo Calderón:

> "A redação destes novos parágrafos deixa mais claro o sentido do termo unilateral utilizado na redação originária do respectivo artigo 14. Como se percebe, o que se quer limitar é apenas a inclusão de mais um ascendente socioafetivo, pela via extrajudicial. Esta opção parece pretender acolher as situações mais comuns e singelas que se apresentam na realidade concreta, que geralmente correspondem a existência de apenas mais um ascendente socioafetivo. Os casos com a presença de um pai e uma mãe socioafetivos, por exemplo, são mais raros e podem pretender mascarar 'adoções à brasileira' – o que não se quer admitir. Daí a opção do CNJ em limitar este expediente extrajudicial a apenas mais um ascendente socioafetivo. Dessa forma, eventual segundo ascendente socioafetivo terá que se socorrer da via jurisdicional. Em consequência, restou esclarecida com estes novos parágrafos a manutenção da admissão da multiparentalidade unilateral: ou seja, a inclusão de um ascendente socioafetivo ao lado de um outro biológico que já preexista, mesmo que da mesma linha (dois pais, por exemplo)" (CALDERÓN, Ricardo Lucas. *Primeiras impressões...*, Disponível em: <http://ibdfam.org.br>. Acesso em: 23 ago. 2019).

Assim como ele, é de se elogiar o aperfeiçoamento do texto, que deve trazer mais certeza a respeito da temática. Como última observação a respeito do tema, cabe lembrar que, em 2023, essas normas administrativas a respeito da parentalidade socioafetiva foram incorporadas ao Código Nacional de Normas do CNJ, estando todos esses comandos mantidos (arts. 505 a 511).

Cabe também destacar que o Projeto de Reforma do Código Civil pretende inserir expressamente na Lei Geral Privada um amplo tratamento a respeito da parentalidade socioafetiva, da multiparentalidade e da reprodução assistida, tudo analisado no Volume 5 desta coleção.

Feitas tais considerações gerais a respeito do conceito de parentesco e suas modalidades, eis o momento de relembrar como se contam os graus de parentesco consanguíneo, pois a matéria é fundamental para o estudo da sucessão legítima.

De início, enuncia o art. 1.591 do atual Código Civil que são parentes em linha reta as pessoas que estão umas para com as outras na relação de ascendentes e descendentes. O parentesco na linha reta é contado de forma muito simples: à medida que se sobe – linha reta ascendente –, ou se desce – linha reta descendente – a *escada parental*, tem-se um grau de parentesco. Nesse sentido, é clara a primeira parte do art. 1.594 do CC/2002, no sentido de que: "contam-se, na linha reta, os graus de parentesco pelo número de gerações".

Para facilitar a compreensão do tema, é interessante sempre levar em conta você mesmo (o "eu" dos esquemas a seguir, termo utilizado para facilitar a compreensão da matéria, com fins didáticos). Dessa forma, o grau de parentesco entre *eu* e meu pai é de primeiro grau na linha reta ascendente. O parentesco entre *eu* e meu avô é de segundo grau na linha reta ascendente. O parentesco entre *eu* e meu bisavô é de terceiro grau na linha reta ascendente, e assim de forma sucessiva. Esquematizando:

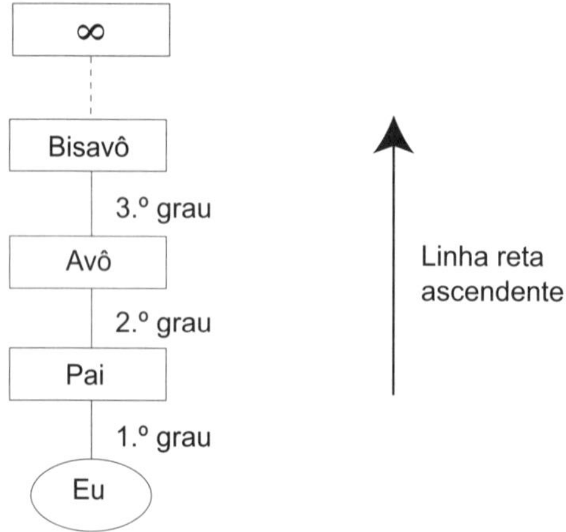

Por outra via, o parentesco entre *eu* e meu filho é de primeiro grau na linha reta descendente. O parentesco entre *eu* e meu neto é de segundo grau na linha reta descendente; entre *eu* e meu bisneto o parentesco é de terceiro grau na linha reta descendente, e assim sucessivamente. Vejamos:

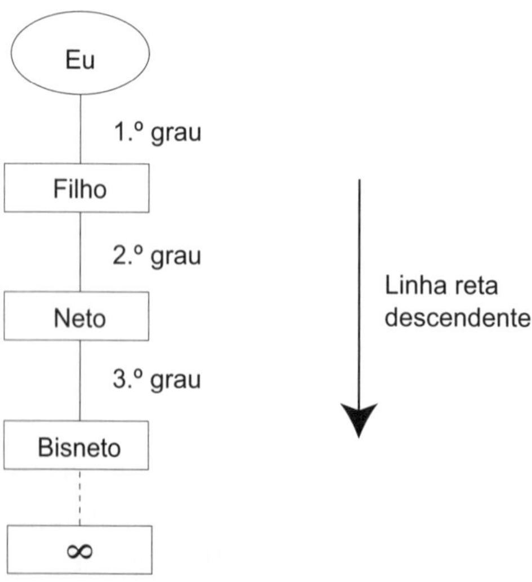

Muito simples, portanto. Simples demais, não havendo maiores dificuldades nessa seara. Cabe adiantar que, para vários fins sucessórios, o grau de parentesco mais próximo exclui o mais remoto: o filho exclui o neto, que exclui o bisneto, que exclui o trineto. O pai exclui o avô, que exclui o bisavô e assim na sequência lógica.

Em reforço, o parentesco pode ser dividido em duas linhas: a masculina e a feminina. Nos exemplos esquematizados apenas se considerou a linha masculina. Entretanto, na linha reta ascendente e linha feminina estão a mãe (1.º grau), a avó (2.º grau), a bisavó (3.º grau) e assim sucessivamente. Na linha reta descendente e linha feminina estão a filha (1.º grau), a neta (2.º grau), a bisneta (3.º grau) e as demais na sequência.

As maiores dificuldades encontradas pelos estudiosos do Direito de Família se referem à contagem de grau de parentesco colateral ou transversal, que merecerá maiores detalhamentos. Prescreve o art. 1.592 do CC/2002: "são parentes em linha colateral ou transversal, até o quarto grau, as pessoas provenientes de um só tronco, sem descenderem uma da outra". A grande inovação desse dispositivo está na redução do limite do parentesco colateral que pela codificação anterior era de sexto grau (art. 331 do CC/1916). O tratamento dessa sucessão dos colaterais passou por várias mudanças no sistema legislativo nacional, conforme ainda será exposto neste capítulo.

Agora, como se nota, o limite é o quarto grau, o que está de acordo com a busca da facilitação do Direito Privado (*princípio da operabilidade*). Tal regra repercute diretamente para o Direito de Sucessões, pois somente até esse grau reconhece-se a sucessão dos transversais ou colaterais. Aqui pode ser feita a crítica de que o atual Código Civil restringiu as relações familiares, quando a tendência é justamente a oposta.

De toda sorte, no Projeto de Reforma do Código Civil, elaborado pela Comissão de Juristas nomeada no Senado Federal e ora em tramitação, não se chegou a debater proposta para ampliação desses vínculos de parentesco. Cheguei a pensar no assunto, mas a ideia não foi bem-aceita pelos demais especialistas consultados na referida comissão. Então, ficou tudo como está no Anteprojeto.

Completando a nova regra, a segunda parte do art. 1.594 da Lei Geral Privada estabelece que se conta, na linha colateral, o número de graus também de acordo com o número de gerações, subindo de um dos parentes até o ascendente comum, e descendo até encontrar o outro parente. Cumpre observar que a premissa fundamental é a seguinte: deve-se subir *ao máximo*, até o parente comum, para depois descer e encontrar o parente procurado.

Primeiramente, ilustrando, qual é o grau de parentesco entre eu e minha irmã? Deve-se subir um grau até o pai (ancestral comum), para depois descer até a irmã. A conclusão é que o parentesco é colateral em segundo grau:

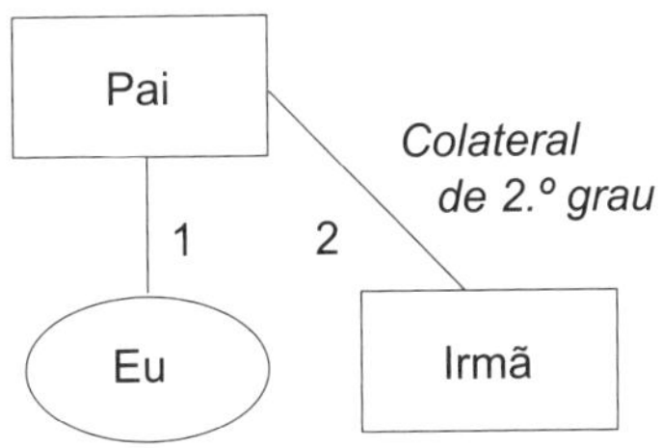

Pontue-se que o mínimo parentesco colateral existente é de segundo grau, justamente diante da regra de subir ao máximo, até o tronco comum, para depois descer. *Não há, portanto, parentesco colateral de primeiro grau.*

Quanto aos irmãos, vale ainda dizer que estes podem ser classificados em *bilaterais ou germanos* (mesmo pai e mesma mãe) e *unilaterais* (mesmo pai ou mesma mãe). Os irmãos unilaterais podem ser *uterinos* (mesma mãe e pais diferentes) ou *consanguíneos* (mesmo pai e mães diferentes). Eis outra classificação importante para o Direito das Sucessões, como se verá do estudo da sucessão dos colaterais, especialmente pelo que consta do art. 1.841 do Código Civil, que diferencia tais irmãos quanto ao recebimento da herança.

Em outro caso típico, qual é o grau de parentesco entre mim e meu tio? Ora, deve-se subir dois graus até o avô, que é o ancestral comum. A atenção aqui deve ser redobrada, pois o erro mais comum é subir até o pai, o que não está correto. Repita-se que é necessário subir até o avô, que é o tronco comum, para depois descer ao tio.

Portanto, o parentesco é colateral de terceiro grau. Ato contínuo, percebe-se que o grau de parentesco entre primos (*eu* e o filho do meu tio) é de quarto grau, o máximo previsto em lei. Essas duas relações de parentesco constam do esquema a seguir:

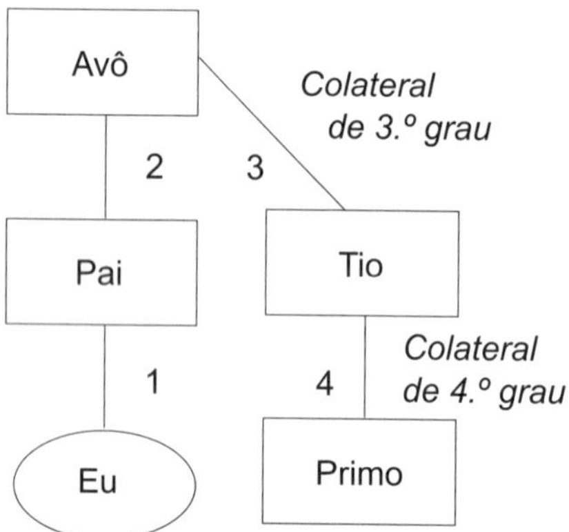

E, por fim, o que desperta algumas dúvidas no meio jurídico, surge a questão: qual o grau de parentesco entre sobrinho-neto e tio-avô? No caso em questão, o ponto-chave está em escolher um *papel* ou *personagem* entre os dois. Escolheremos ser o sobrinho-neto, o que torna a análise mais fácil. A pergunta então é: qual o grau de parentesco entre *eu* e o meu tio-avô (irmão do meu avô). Deve-se subir o máximo, até o bisavô (terceiro grau) para então descer até o tio-avô. A resposta é que o parentesco é colateral de quarto grau, mais uma vez o máximo previsto em lei. Vejamos:

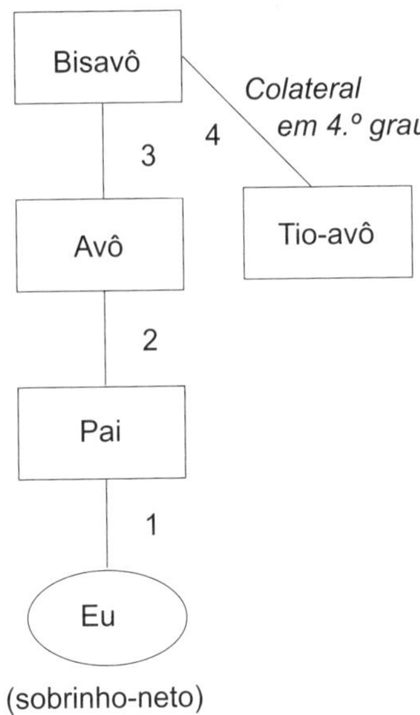

Superadas essas regras básicas, é fundamental ressaltar que o parentesco natural colateral ainda pode ser assim classificado, o que remonta à doutrina clássica do Direito Civil:

a) *Parentesco colateral igual* – situação em que a distância que separa os parentes do tronco comum é a mesma quanto ao número de gerações. É o que ocorre no parentesco entre irmãos, pois se sobe uma geração e desce-se também uma geração (*parentesco colateral de segundo grau igual*). Ocorre o mesmo no parentesco entre primos, pois se sobem duas gerações e descem-se duas gerações (*parentesco colateral de quarto grau igual*).
b) *Parentesco colateral desigual* – hipótese em que a distância que separa os parentes do tronco comum não é a mesma. Em outras palavras, a medida de subida de gerações não é igual à medida da descida. É o que acontece no parentesco entre tio e sobrinho (*parentesco colateral de terceiro grau desigual*: "subi dois e desci um") e sobrinho-neto e tio-avô (*parentesco de quarto grau desigual*: "subi três e desci um").

O parentesco natural pode ainda ser *duplicado*. A título de exemplo, ilustre-se com a situação em que dois irmãos se casam com duas irmãs. Nessa situação, os filhos que nascerem dos dois casais serão parentes colaterais em linha duplicada.

Sem prejuízo de todos os esquemas demonstrados, cabe reproduzir a seguinte *tabela parental*, que nos foi entregue no curso de graduação na Faculdade de Direito da Universidade de São Paulo, em 1996, pela nossa então Professora Giselda Maria Fernandes Novaes Hironaka. Conforme se constata, a tabela inclui outras pessoas que não são parentes, além do quarto grau. A exposição é bem didática, com o fim de demonstrar aqueles que são ou não parentes.

RESUMO – TABELA DE GRAUS DE PARENTESCO NATURAL

Linha reta

Linha Colateral			Trisavô 4.º grau			Linha Colateral
Feminina			Bisavô 3.º grau			Masculina
Tia-avó 4.º grau			Avô 2.º grau			Tio-avô 4.º grau
Filha da tia-avó 5.º grau	Tia 3.º grau		Pai/mãe 1.º grau		Tio 3.º grau	Filho do tio-avô 5.º grau
Neta da tia-avó 6.º grau	Prima 4.º grau	Irmã 2.º grau	<u>EU</u>	Irmão 2.º grau	Primo 4.º grau	Neto do tio-avô 6.º grau
Bisneta da tia-avó 7.º grau	Filha da prima 5.º grau	Sobrinha 3.º grau	Filho(a) 1.º grau	Sobrinho 3.º grau	Filho do primo 5.º grau	Bisneto do tio-avô 7.º grau
Trineta da tia-avó 8.º grau	Neta da prima 6.º grau	Neta da irmã 4.º grau	Neto 2.º grau	Neto do irmão 4.º grau	Neto do primo 6.º grau	Trineto do tio-avô 8.º grau
	Bisneta da prima 7.º grau	Bisneta da irmã 5.º grau	Bisneto 3.º grau	Bisneto do irmão 5.º grau	Bisneto do primo 7.º grau	
	Trineta da prima 8.º grau	Trineta da irmã 6.º grau	Trineto 4.º grau	Trineto do irmão 6.º grau	Trineto do primo 8.º grau	

Superada a análise do parentesco consanguíneo, vejamos a contagem de graus no parentesco por afinidade, aquele existente entre um cônjuge ou companheiro e os parentes do outro, conforme aqui comentado. Em regra, pela lei, não há sucessão em relação a esses parentes, a não ser que se considere a equiparação, como se filhos fossem, e pela socioafetividade, dos direitos relativos ao enteado ou à enteada, tema que merecerá um desenvolvimento especial neste capítulo.

De todo modo, adianto que, com a citada decisão do Supremo Tribunal Federal que, em repercussão geral, equiparou a parentalidade socioafetiva à biológica, a tendência é atribuir amplos direitos sucessórios entre padrastos, madrastas e enteados, desde que configurados os elementos da posse de estado de filhos (Recurso Extraordinário 898.060/SC, Rel. Min. Luiz Fux, j. 21.09.2016, publicado no *Informativo* n. *840* do STF). De todo modo, não se pode dizer que toda madrasta ou padrasto é mãe ou pai socioafetivo.

Pois bem, quanto à essência dessa modalidade parental, para cima, haverá parentesco por afinidade na linha reta ascendente em relação à sogra, à mãe da sogra, à avó da sogra e assim sucessivamente até o infinito. O mesmo deve ser dito em relação ao sogro, ao pai do sogro, ao avô do sogro, e assim de forma sucessiva. Nessa seara, não há que falar em sucessão, definitivamente.

Para baixo, na linha descendente, haverá parentesco por afinidade na linha reta descendente em relação ao enteado, ao filho do enteado, ao neto do enteado etc. Se o enteado for tratado como filho consanguíneo, presentes a posse de estado de filho e a parentalidade socioafetiva, pode ser considerado o seu Direito Sucessório, o que ainda será desenvolvido neste capítulo do livro. O mesmo vale para o padrasto ou madrasta, tratado de forma equiparada como pai ou como mãe, incidindo-se as regras relativas à sucessão dos ascendentes. Vejamos o esquema a seguir sobre o parentesco por afinidade:

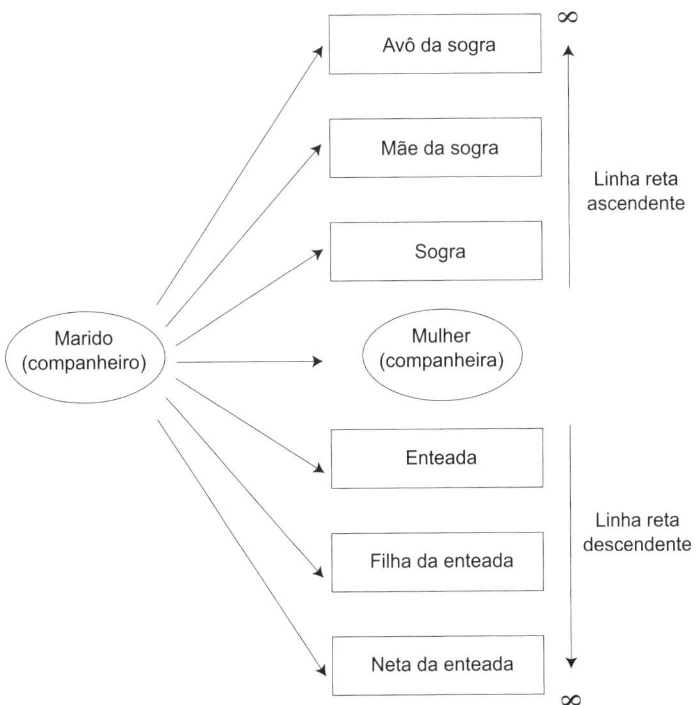

No que concerne ao parentesco por afinidade colateral, aquele existente entre cunhados (irmã ou irmão do cônjuge ou companheiro), não há, igualmente, qualquer Direito Sucessório.

Outra situação de parentesco por afinidade colateral pode dizer respeito aos enteados entre si. Esclarecendo, imagine-se que um homem, que tem filho de um relacionamento anterior, se casa com uma mulher que tem uma filha, igualmente de outra relação. Haveria sucessão legítima entre tais pessoas, tratadas como irmãs, colaterais de segundo grau? Essa situação igualmente será aprofundada até o final deste capítulo, pois quando do estudo dos efeitos sucessórios da parentalidade socioafetiva essa dedução poderá ser retirada da equiparação sucessória do filho socioafetivo.

Novamente, penso que a afirmação de tais direitos ganhou grande força jurídica com a recente decisão do STF sobre a repercussão geral do parentesco socioafetivo (Recurso Extraordinário 898.060/SC, Rel. Min. Luiz Fux, j. 21.09.2016, publicado no seu *Informativo* n. *840* – Tema n. 622).

Anoto que, no Projeto de Reforma do Código Civil, reconhece-se o vínculo colateral também nos casos de parentalidade socioafetiva, o que atinge os irmãos. Consoante a nova redação proposta para o seu art. 1.512-A, "a relação de parentesco pode ter causa natural ou civil. § 1º O parentesco é natural se resultar de consanguinidade, ainda que o nascimento tenha sido propiciado por cessão temporária de útero. § 2º O parentesco é civil, conforme resulte de socioafetividade, de adoção ou de reprodução assistida em que há a utilização de material genético de doador". E mais, consoante o projetado art. 1.512-B: "qualquer que seja a causa, o parentesco pode se dar em linha reta ou colateral".

Com as aprovações dos textos pelo Parlamento Brasileiro, portanto, esse dilema estará resolvido.

2.2 PANORAMA GERAL DAS INOVAÇÕES INTRODUZIDAS PELO CÓDIGO CIVIL DE 2002 QUANTO À SUCESSÃO LEGÍTIMA. ANOTAÇÕES SOBRE A DECISÃO DO STF A RESPEITO DA INCONSTITUCIONALIDADE DO ART. 1.790 DO CÓDIGO CIVIL

Como é notório, a atual codificação privada alterou substancialmente o tratamento da sucessão legítima. Esse talvez seja, na atualidade, um dos aspectos mais comentados e criticados do atual sistema civil brasileiro, havendo, no presente, uma verdadeira *Torre de Babel doutrinária e jurisprudencial* a respeito do tema, o que se almeja reparar pelo Projeto de Reforma do Código Civil, elaborado pela Comissão de Juristas nomeada no Senado Federal.

Na verdade, em resumo, dois pontos sempre geraram os principais dilemas sucessórios brasileiros. *Primeiro*, a introdução do sistema de concorrência sucessória, envolvendo o cônjuge e o companheiro, em relação a descendentes, ascendentes e colaterais. *Segundo*, o tratamento diferenciado sucessório entre o cônjuge e o companheiro, residindo neste último aspecto as principais controvérsias, incluindo arguições de inconstitucionalidade.

Sobre o segundo ponto, em outra decisão de grande impacto, encerrada no ano de 2017, o Supremo Tribunal Federal acabou por concluir pela inconstitucionalidade do art. 1.790 do Código Civil, que tratava dos direitos sucessórios do companheiro. Por maioria de votos, entendeu-se pela equiparação sucessória entre o casamento e a união estável, para os fins de repercussão geral (STF, Recurso Extraordinário 878.694/MG, Rel. Min. Luís Roberto Barroso, publicado no seu *Informativo* n. *864* – Temas n. 489 e 809).

Nos termos do voto do relator, "não é legítimo desequiparar, para fins sucessórios, os cônjuges e os companheiros, isto é, a família formada pelo casamento e a formada por união estável. Tal hierarquização entre entidades familiares é incompatível com a Constituição". No dia 31 de agosto de 2016, foram prolatados sete votos na linha do entendimento do Ministro Barroso (além do Relator, dos Ministros Luiz Edson Fachin, Teori Zavascki, Rosa Weber, Luiz Fux, Celso de Mello e Cármen Lúcia).

O Ministro Dias Toffoli pediu vista dos autos, não encerrando o julgamento naquela ocasião, o que não me impedia de afirmar, desde a 10.ª edição deste livro, que a posição estaria praticamente consolidada naquele Tribunal, tendo repercussão geral para outros casos. A tese fixada foi a seguinte: "no sistema constitucional vigente, é inconstitucional a distinção de regimes sucessórios entre cônjuges e companheiros, devendo ser aplicado, em ambos os casos, o regime estabelecido no art. 1.829 do CC/2002".

Após pedido de vistas do Ministro Dias Toffoli, o processo retomou seu destino em 2017, tendo este último julgador concluído pela constitucionalidade da norma, pois haveria justificativa constitucional para o tratamento diferenciado entre o casamento e a união estável (voto prolatado em 30 de março de 2017). O Ministro Marco Aurélio pediu novas vistas, unindo também o julgamento do Recurso Extraordinário 646.721/RS, que tratava da sucessão de companheiro homoafetivo, do qual era Relator, justamente o segundo processo (Tema 498).

Em maio de 2017, foram retomados os julgamentos das duas demandas, iniciando-se pela última. Para começar, o Ministro Marco Aurélio apontou não haver razão para a distinção entre a união estável homoafetiva e a união estável heteroafetiva, na linha do que fora decidido pela Corte quando do julgamento da ADPF 132/RJ, em 2011. Porém, no que concerne ao tratamento diferenciado da união estável diante do casamento, asseverou não haver qualquer inconstitucionalidade, devendo ser preservado o teor do art. 1.790 do Código Civil, na linha do que consta do art. 226, § 3.º, do Texto Maior, que, ao tratar da conversão da união estável em casamento, reconheceu uma hierarquia entre as duas entidades familiares.

Ao final, restou vencido, prevalecendo a posição dos Ministros Luís Roberto Barroso, Luiz Edson Fachin, Rosa Weber, Luiz Fux, Gilmar Mendes, Cármen Lúcia e Alexandre de Moraes. Frise-se que o último julgador não votou no processo anterior – pois ainda era magistrado o Ministro Teori Zavascki –, mas prolatou sua visão na demanda envolvendo a sucessão homoafetiva. Com o Relator, apenas votou o Ministro Ricardo Lewandowski, que adotou a premissa *in dubio pro legislatore* (na dúvida, prevalece o texto da lei).

Assim, o placar do julgamento do Tema 498 foi de 7 votos a 2, ausentes os Ministros Dias Toffoli e Celso de Mello. Conforme consta da publicação inserida no *Informativo* n. *864* da Corte:

> "O Supremo Tribunal Federal (STF) afirmou que a Constituição prevê diferentes modalidades de família, além da que resulta do casamento. Entre essas modalidades, está a que deriva das uniões estáveis, seja a convencional, seja a homoafetiva. Frisou que, após a vigência da Constituição de 1988, duas leis ordinárias equipararam os regimes jurídicos sucessórios do casamento e da união estável (Lei 8.971/1994 e Lei 9.278/1996). O Código Civil, no entanto, desequiparou, para fins de sucessão, o casamento e as uniões estáveis. Dessa forma, promoveu retrocesso e hierarquização entre as famílias, o que não é admitido pela Constituição, que trata todas as famílias com o mesmo grau de valia, respeito e consideração. O art. 1.790 do mencionado código é inconstitucional, porque viola os princípios constitucionais da igualdade, da dignidade da pessoa humana, da proporcionalidade na modalidade de proibição à proteção deficiente e da vedação ao retrocesso".

Quanto ao processo original, o que iniciou o julgamento da questão (RE 878.694/MG), apenas se confirmou o que estava consolidado desde 2016, entendendo pela constitucionalidade do art. 1.790 do Código Civil os Ministros Marco Aurélio e Ricardo Lewandowski, e mantendo-se a coerência de posições com a demanda anterior. Nesse primeiro processo, o placar foi de 7 a 3, ausente novamente o Ministro Gilmar Mendes (Tema 809). Mais uma vez, vejamos o que consta do *Informativo* n. *864* do STF:

> "O Supremo Tribunal Federal afirmou que a Constituição contempla diferentes formas de família, além da que resulta do casamento. Nesse rol incluem-se as famílias formadas mediante união estável. Portanto, não é legítimo desequiparar, para fins sucessórios, os cônjuges e os companheiros, isto é, a família formada por casamento e a constituída por união estável. Tal hierarquização entre entidades familiares mostra-se incompatível com a Constituição. O art. 1.790 do Código Civil de 2002, ao revogar as Leis 8.971/1994 e 9.278/1996 e discriminar a companheira (ou companheiro), dando-lhe direitos sucessórios inferiores aos conferidos à esposa (ou ao marido), entra em contraste com os princípios da igualdade, da dignidade da pessoa humana, da proporcionalidade na modalidade de proibição à proteção deficiente e da vedação ao retrocesso".

Desse modo, encerrado finalmente esse histórico julgamento, para a prática do Direito das Sucessões, penso que passou a ser firme e majoritária a premissa da equiparação da união estável ao casamento para fins sucessórios (*equalização sucessória*), igualdade também adotada pelo CPC de 2015, como está exposto nesta obra.

Quanto à modulação dos efeitos do *decisum*, de acordo com o Ministro Relator Roberto Barroso, merece destaque:

> "É importante observar que o tema possui enorme repercussão na sociedade, em virtude da multiplicidade de sucessões de companheiros ocorridas desde o advento do CC/2002. Assim, levando-se em consideração o fato de que as partilhas judiciais e extrajudiciais que versam sobre as referidas sucessões encontram-se em diferentes estágios de desenvolvimento (muitas já finalizadas sob as regras antigas), entendo ser recomendável modular os efeitos da aplicação do entendimento ora afirmado. Assim, com o intuito de reduzir a insegurança jurídica, entendo que a solução ora alcançada deve ser aplicada apenas aos processos judiciais em que ainda não tenha havido trânsito em julgado da sentença de partilha, assim como às partilhas extrajudiciais em que ainda não tenha sido lavrada escritura pública" (STF, Recurso Extraordinário 878.694/MG, Rel. Min. Luís Roberto Barroso).

Findo o julgamento pelo STF, trarei as observações que podem ser feitas sobre o acórdão, sem prejuízo de aspectos que restaram em aberto, pois não enfrentados pelo *decisum*. Acrescente-se que, em outubro de 2018, a Corte julgou os embargos de declaração opostos pelo Instituto Brasileiro de Direito de Família (IBDFAM), com o fim de esclarecer tais aspectos. Porém, os embargos foram rejeitados, sob o argumento processual de não terem sido ventiladas tais questões na demanda original.

O primeiro deles, frise-se, diz respeito à inclusão ou não do companheiro como herdeiro necessário no art. 1.845 do Código Civil, outra tormentosa questão relativa ao Direito das Sucessões e que tem numerosas consequências. O julgamento original nada expressa a respeito da dúvida. Todavia, lendo os votos prevalecentes, especialmente o do Relator, a conclusão parece ser positiva, sendo essa a minha posição doutrinária, conforme destacado em outros trechos deste livro.

Como consequências, alguns efeitos podem ser destacados, a saber: *a*) incidência das regras previstas entre os arts. 1.846 e 1.849 do CC/2002 para o companheiro, o que gera restrições na doação e no testamento, uma vez que o convivente deve ter a sua parte legítima protegida, como herdeiro reservatário ou necessário; *b*) o companheiro passa a ser incluído no art. 1.974 do Código Civil, para os fins de rompimento de testamento, caso ali também se inclua o cônjuge; *c*) o convivente tem o dever de colacionar os bens recebidos em antecipação (arts. 2.002 a 2.012 do CC), sob pena de sonegados (arts. 1.992 a 1.996), caso isso igualmente seja reconhecido ao cônjuge.

Sobre tal reconhecimento expresso pela Corte, quando do julgamento dos citados embargos de declaração, aduziu o Ministro Roberto Barroso, no que foi seguido de forma unânime, que "a embargante sustenta que o regime sucessório do cônjuge não se restringe ao art. 1.829 do Código Civil, de forma que o acórdão embargado teria se omitido com relação a diversos dispositivos que conformam esse regime jurídico, em particular o art. 1.845 do Código Civil. Requer que se esclareça o alcance da tese de repercussão geral, no sentido de mencionar as regras e dispositivos legais do regime sucessório co cônjuge que devem se aplicar aos companheiros".

Entretanto, ao enfrentar a questão, pontuou que "não há que se falar em omissão do acórdão embargado por ausência de manifestação com relação ao art. 1.845 ou qualquer outro dispositivo do Código Civil, pois o objeto da repercussão geral reconhecida não os abrangeu. Não houve discussão a respeito da integração do companheiro ao rol de herdeiros necessários, de forma que inexiste omissão a ser sanada".

Entendo que essa rejeição desses embargos, ocorrida em outubro de 2018, não resolveu o dilema, devendo a doutrina e a jurisprudência – notadamente do STJ – responder, em interpretação ao *decisum* anterior do STF, se o companheiro é ou não herdeiro necessário.

No que concerne ao direito real de habitação do companheiro, também não mencionado nos julgamentos originais, não resta dúvida da sua existência, na linha do que vinham reconhecendo a doutrina e a jurisprudência superior, e conforme será aqui desenvolvido, no presente capítulo. Mas qual a extensão desse direito real de habitação ao companheiro? Terá o direito porque subsiste no sistema o art. 7.º, parágrafo único, da Lei 9.278/1996, na linha do último julgado? Ou lhe será reconhecido esse direito real de forma equiparada ao cônjuge, por força do art. 1.831 do Código Civil? Como será exposto, os dois dispositivos têm conteúdos distintos. O Supremo Tribunal Federal não enunciou expressamente essa questão, apesar de tender à última resposta, cabendo à doutrina e à própria jurisprudência ainda resolvê-la. Esse é outro aspecto que o Projeto de Reforma do Código Civil pretende resolver, unificando o seu tratamento em uma norma em comum.

Por derradeiro, a equiparação feita pelo STF também inclui os devidos fins familiares, sendo, portanto, total? Há quem entenda que sim, caso de Mário Luiz Delgado, para quem a união estável passaria a ser um *casamento forçado*. Lembro, como sempre pontuo, que o Código de Processo Civil de 2015 já fez essa equiparação, para quase todos os fins processuais.

A minha posição doutrinária, reafirme-se, não é nesse sentido, tendo a decisão do STF apenas repercussões para o plano sucessório. A propósito, há corrente respeitável e considerada hoje como majoritária, encabeçada por Anderson Schreiber, Ana Luiza Nevares e outros, no sentido de haver equiparação das duas entidades familiares somente para os fins de *normas de solidariedade*, caso das regras sucessórias, de alimentos e de regime de bens. Em relação às *normas de formalidade*, como as relativas à existência formal da união estável e do casamento, aos requisitos para a ação de alteração do regime de bens do casamento (art. 1.639, § 2.º, do CC e art. 734 do CPC) e às exigências de outorga conjugal, a equiparação não deve ser total.

Adotando esse entendimento, por mim compartilhado, na *VIII Jornada de Direito Civil*, promovida pelo Conselho da Justiça Federal em abril de 2018, aprovou-se o Enunciado n. 641, com a seguinte dicção: "a decisão do Supremo Tribunal Federal que declarou a inconstitucionalidade do art. 1.790 do Código Civil não importa equiparação absoluta entre o casamento e a união estável. Estendem-se à união estável apenas as regras aplicáveis ao casamento que tenham por fundamento a solidariedade familiar. Por outro lado, é constitucional a distinção entre os regimes, quando baseada na solenidade do ato jurídico que funda o casamento, ausente na união estável".

Insta observar que já existem decisões do Superior Tribunal de Justiça, de suas Terceira e Quarta Turmas, prolatadas após o emblemático julgamento do STF, nos anos de 2017 e 2018, e que aqui também serão devidamente estudadas, reconhecendo ser o convivente herdeiro necessário, de forma expressa e implícita.

Com o intuito didático, também será demonstrado todo o sistema sucessório anterior, até culminar com essa impactante decisão do Supremo Tribunal Federal.

Pois bem, consigne-se que, para demonstrar a grande variação doutrinária que sempre existiu sobre o tema, não só na sucessão do companheiro, mas também na do cônjuge, Francisco José Cahali, Professor da PUCSP, elaborou *tabela* com o posicionamento de 27 doutrinadores brasileiros a respeito das principais divergências relativas ao nosso Direito das Sucessões.

Originalmente, a *tabela Francisco Cahali* – nomenclatura que aqui será utilizada – foi publicada em obra de 2005, sobre decisões pioneiras da então nova codificação brasileira sobre as matérias familiar e sucessória (CAHALI, Francisco José. *Família*..., 2005, v. 2). Sucessivamente, o esquema doutrinário passou a integrar o *manual* escrito em coautoria com Giselda Maria Fernandes Novaes Hironaka (*Direito*..., 2007). Para facilitar a compreensão do estudioso, essa pesquisa sempre consistiu em um *norte doutrinário* desta obra, e continuará sendo, pela preciosidade de seu conteúdo e pela facilitação que oferece.

Destaque-se que, originalmente, a *tabela* trazia os entendimentos de Caio Mário da Silva Pereira, Christiano Cassettari, Eduardo de Oliveira Leite, Francisco Cahali, Giselda Maria Fernandes Novaes Hironaka, Guilherme Calmon Nogueira da Gama, Gustavo René Nicolau, Inácio de Carvalho Neto, Jorge Fujita, José Fernando Simão, Luiz Paulo Vieira de Carvalho, Maria Berenice Dias, Maria Helena Diniz, Maria Helena Braceiro Daneluzzi, Mário Delgado, Mário Roberto Carvalho de Faria, Rodrigo da Cunha Pereira, Rolf Madaleno, Sebastião Amorim, Euclides de Oliveira, Sílvio de Salvo Venosa, Zeno Veloso, além do presente autor.

Na edição de 2012 do seu *manual* de Direito das Sucessões, Francisco Cahali introduziu as posições de Flávio Augusto Monteiro de Barros, Marcelo Truzzi Otero e Nelson Nery Jr., mas somente a respeito das principais polêmicas anteriores relativas à sucessão do companheiro (CAHALI, Francisco José; HIRONAKA, Giselda Maria Fernandes Novaes. *Direito*..., 2012, p. 225-228). Ao final deste capítulo, no tópico *Resumo Esquemático* consta a referida tabela, devidamente resumida, com a exposição dos principais dilemas sucessórios brasileiros debatidos nos últimos anos.

De qualquer maneira, para iniciar bem este estudo, é preciso verificar, em quadro comparativo, como era, basicamente, o sistema sucessório na realidade jurídica anterior, sob a égide do Código Civil de 1916 e da legislação esparsa antecedente, e como ele ficou com o Código Civil de 2002.

Tal visão panorâmica facilitará sobremaneira a compreensão da matéria, estando a confrontação atualizada também com a aquela recente decisão superior sobre a sucessão na união estável (STF, RE 878.694/MG, Rel. Min. Roberto Barroso, j. 10.05.2017). Na sequência, serão expostas e analisadas também as propostas formuladas pela Comissão de Juristas nomeada no Senado Federal para a Reforma do Código Civil. Vejamos:

Sucessão no sistema anterior	Sucessão no sistema atual
Não existia a concorrência sucessória envolvendo o cônjuge e o companheiro.	Foi introduzido o sistema de concorrência sucessória envolvendo o cônjuge (art. 1.829 do CC/2002) e o companheiro (art. 1.790 do CC/2002).
A ordem de sucessão legítima estava prevista no art. 1.603 do CC/1916 ("A sucessão legítima defere-se na ordem seguinte: I – aos descendentes; II – aos ascendentes; III – ao cônjuge sobrevivente; IV – aos colaterais; V – aos Municípios, ao Distrito Federal ou à União"). Não havia maiores complicações na ordem, justamente diante da inexistência do instituto da concorrência sucessória.	A ordem relativa à sucessão legítima consta do art. 1.829 do CC/2002, com a introdução da complicada concorrência sucessória do cônjuge ("A sucessão legítima defere-se na ordem seguinte: I – aos descendentes, em concorrência com o cônjuge sobrevivente, salvo se casado este com o falecido no regime da comunhão universal, ou no da separação obrigatória de bens [art. 1.640, parágrafo único]; ou se, no regime da comunhão parcial, o autor da herança não houver deixado bens particulares; II – aos ascendentes, em concorrência com o cônjuge; III – ao cônjuge sobrevivente; IV – aos colaterais").
Existia previsão de um *usufruto vidual* a favor do cônjuge do falecido no art. 1.611 do CC/1916 ("À falta de descendentes ou ascendentes será deferida a sucessão ao cônjuge sobrevivente, se, ao tempo da morte do outro, não estava dissolvida a sociedade conjugal. § 1.º O cônjuge viúvo, se o regime de bens do casamento não era o da comunhão universal, terá direito, enquanto durar a viuvez, ao usufruto da quarta parte dos bens do cônjuge falecido, se houver filhos, deste ou do casal, e à metade, se não houver filhos embora sobrevivam ascendentes do *de cujus*").	Não há mais o *usufruto vidual* a favor do cônjuge, pois esse foi supostamente substituído pelo instituto da concorrência sucessória.
A sucessão do companheiro não constava do CC/1916, mas de duas leis que regulamentavam a união estável: a Lei 8.971/1994 e a Lei 9.278/1996. O art. 2.º da Lei 8.971/1994 tratava substancialmente dos direitos sucessórios decorrentes da união estável, nos seguintes termos: "As pessoas referidas	O confuso e tão criticado art. 1.790 do CC/2002 tratava especificamente da sucessão do companheiro ou convivente nos seguintes termos: "A companheira ou o companheiro participará da sucessão do outro, quanto aos bens adquiridos onerosamente na vigência da união estável, nas

Sucessão no sistema anterior	Sucessão no sistema atual
no artigo anterior participarão da sucessão do(a) companheiro(a) nas seguintes condições: I – o(a) companheiro(a) sobrevivente terá direito enquanto não constituir nova união, ao usufruto de quarta parte dos bens do de cujos, se houver filhos ou comuns; II – o(a) companheiro(a) sobrevivente terá direito, enquanto não constituir nova união, ao usufruto da metade dos bens do de cujos, se não houver filhos, embora sobrevivam ascendentes; III – na falta de descendentes e de ascendentes, o(a) companheiro(a) sobrevivente terá direito à totalidade da herança". Já havia uma tendência doutrinária e jurisprudencial de equipar a sucessão do companheiro à do cônjuge, unificando o tratamento sucessório de ambos.	condições seguintes: I – se concorrer com filhos comuns, terá direito a uma quota equivalente à que por lei for atribuída ao filho; II – se concorrer com descendentes só do autor da herança, tocar-lhe-á a metade do que couber a cada um daqueles; III – se concorrer com outros parentes sucessíveis, terá direito a um terço da herança; IV – não havendo parentes sucessíveis, terá direito à totalidade da herança". Não há mais o usufruto a favor do companheiro ou convivente, mais uma vez supostamente substituído pela concorrência sucessória. Muitos doutrinadores e julgadores já reputavam como inconstitucional o tratamento diferenciado sucessório do companheiro em relação ao cônjuge, caso de Zeno Veloso e Giselda Hironaka, o que acabou sendo adotado pelo STF, por maioria já obtida no ano de 2016 e confirmada em 2017 (Recurso Extraordinário 878.694/MG, Rel. Min. Luís Roberto Barroso, com repercussão geral). A tese firmada foi de inclusão do companheiro na ordem do art. 1.829 do Código Civil, equiparado ao cônjuge.
O CC/1916 reconhecia direito real de habitação sobre o imóvel do casal como direito sucessório, somente ao cônjuge casado pelo regime da comunhão universal de bens, conforme os parágrafos do seu art. 1.611, cujas redações eram as seguintes: "§ 2.º Ao cônjuge sobrevivente, casado sob regime de comunhão universal, enquanto viver e permanecer viúvo, será assegurado, sem prejuízo da participação que lhe caiba na herança, o direito real de habitação relativamente ao imóvel destinado à residência da família, desde que seja o único bem daquela natureza a inventariar. § 3.º Na falta do pai ou da mãe, estende-se o benefício previsto no § 2.º ao filho portador de deficiência que o impossibilite para o trabalho".	O CC/2002 consagra o direito real de habitação como direito sucessório a favor do cônjuge casado por qualquer regime de bens. Nos termos do seu art. 1.831: "Ao cônjuge sobrevivente, qualquer que seja o regime de bens, será assegurado, sem prejuízo da participação que lhe caiba na herança, o direito real de habitação relativamente ao imóvel destinado à residência da família, desde que seja o único daquela natureza a inventariar".
O direito real de habitação como direito sucessório do companheiro constava expressamente do art. 7.º, parágrafo único, da Lei 9.278/1996, *in verbis*: "Dissolvida a união estável por morte de um dos conviventes, o sobrevivente terá direito real de habitação, enquanto viver ou não constituir nova união ou casamento, relativamente ao imóvel destinado à residência da família".	O direito real de habitação como direito sucessório do convivente não é expresso no CC/2002. Todavia, como se verá, já prevalecia o entendimento pela sua manutenção, segundo doutrina e jurisprudência majoritárias. Com a tão comentada decisão do STF, de equiparação sucessória da união estável ao casamento, a afirmação ganha força. Veremos qual a extensão desse direito.
Eram reconhecidos como herdeiros necessários os descendentes e os ascendentes (art. 1.721 do CC/1916).	São herdeiros necessários, expressamente na lei, os descendentes, os ascendentes e o cônjuge (art. 1.845 do CC/2002). Mais uma vez, com a decisão do STF deve-se concretizar a anterior tese de inclusão do companheiro no rol dos herdeiros necessários, o que já era defendido por parte da doutrina brasileira.

Com essa visão panorâmica, já é possível perceber o impacto teórico e prático trazido pela codificação privada de 2002, perante o seu antecessor, o que ainda deixa muitas dúvidas e margem a várias interpretações, como será devidamente desenvolvido a partir de agora.

2.3 DA ORDEM DE VOCAÇÃO HEREDITÁRIA DO ART. 1.829 DO CÓDIGO CIVIL. A INTRODUÇÃO DA CONCORRÊNCIA SUCESSÓRIA DO CÔNJUGE NO SISTEMA SUCESSÓRIO NACIONAL. ANÁLISE CRÍTICA, COM A INCLUSÃO DO COMPANHEIRO NA NORMA, DIANTE DA DECISÃO DO STF, DE MAIO DE 2017 (*INFORMATIVO* N. *864* DA CORTE)

Como se retira da última tabela exposta, o art. 1.829 do Código Civil inovou substancialmente ao trazer para o sistema sucessório brasileiro a concorrência sucessória do cônjuge. O dispositivo merece transcrição integral para os devidos aprofundamentos, teóricos e práticos:

> "Art. 1.829. A sucessão legítima defere-se na ordem seguinte:
>
> I – aos descendentes, em concorrência com o cônjuge sobrevivente, salvo se casado este com o falecido no regime da comunhão universal, ou no da separação obrigatória de bens (art. 1.640, parágrafo único); ou se, no regime da comunhão parcial, o autor da herança não houver deixado bens particulares;
>
> II – aos ascendentes, em concorrência com o cônjuge;
>
> III – ao cônjuge sobrevivente;
>
> IV – aos colaterais".

O dispositivo deve ser abordado com a inclusão do companheiro nas menções que dele constam a respeito do cônjuge, o que acabou sendo adotado pelo Supremo Tribunal Federal naquela revolucionária decisão, em repercussão geral (Recurso Extraordinário 878.694/MG, Rel. Min. Luís Roberto Barroso, julgado em 10 de maio de 2017, publicado no seu *Informativo* n. *864*).

Assim, esse artigo consagra *quatro classes* de sucessores, como se constata. Na *primeira classe* estão os descendentes – até o infinito –, o cônjuge e agora também o companheiro. Na *segunda classe*, os ascendentes – também até o infinito –, o cônjuge e o companheiro. Na *terceira classe*, estão o cônjuge e o companheiro, isoladamente. Por fim, a quarta classe é composta pelos colaterais, até o quarto grau. Vale lembrar que, expressamente na lei, os herdeiros que estão até a terceira classe são herdeiros necessários, tendo a seu favor a proteção da legítima (art. 1.845 do CC). A norma não menciona expressamente o companheiro, mas é o caso de incluí-lo também nessa previsão e no atual sistema, repise-se, por interpretação do *decisum* do STF, aqui tão comentado.

Nota-se, em complemento, que, nos termos literais do dispositivo, o cônjuge passou a concorrer com os descendentes, o que depende do regime de bens a ser adotado no casamento com o falecido; e com os ascendentes, o que independe do regime, temas que serão devidamente estudados. Esclareça-se de imediato que, conforme enunciado aprovado na *VII Jornada de Direito Civil*, em 2015, que "o regime de bens no casamento somente interfere na concorrência sucessória do cônjuge com descendentes do falecido" (Enunciado n. 609).

Em suma, da *terceira classe* na ordem de vocação hereditária – como constava do art. 1.603, inc. III, do CC/1916 –, o cônjuge salta para a *primeira classe*, ao lado dos descendentes, e para a *segunda classe*, ao lado dos ascendentes. Entretanto, isso ocorre sem que o cônjuge deixe também de fazer parte da *terceira classe*. A única concorrência inexistente a respeito do cônjuge concerne aos colaterais, até porque o cônjuge está na posição sucessória anterior. Por isso, pode-se dizer que, sem dúvidas, o cônjuge está em posição sucessória privilegiada na vigente codificação privada. Como corretamente sustenta Luiz Paulo Vieira de Carvalho, o cônjuge seria a "estrela" do direito sucessório brasileiro na atualidade (CARVALHO, Luiz Paulo Vieira de. *Direito*..., 2014, p. 315). Com a decisão do STF de equiparação, o companheiro passa a dividir esse *papel principal, de estrela*.

Observação que deve ser feita diz respeito à inclusão dos companheiros e cônjuges homoafetivos nesse tratamento, uma vez que a união estável e o casamento homoafetivo tornaram-se realidade jurídica no Brasil. Como marco inicial consolidativo, cite-se a revolucionária decisão do Supremo Tribunal Federal, de 05 de maio de 2011, entendendo que todas as regras previstas para a união estável heteroafetiva subsomem, sem exceção ou limites, para a união estável homoafetiva (decisão publicada no *Informativo* n. *625* do STF).

Nesse contexto de subsunção, como é possível a conversão da união estável em casamento, por força do art. 1.726 do Código Civil, também o é a conversão para o casamento homoafetivo. Como raciocínio seguinte dessas afirmações, se é viável a conversão para o casamento homoafetivo, pode ele ser celebrado diretamente no Cartório de Registro Civil, o que foi reconhecido pelo Superior Tribunal de Justiça já no ano de 2011, conforme aresto a seguir colacionado, que cita a decisão anterior do Supremo Tribunal Federal:

> "Direito de família. Casamento civil entre pessoas do mesmo sexo (homoafetivo). Interpretação dos arts. 1.514, 1.521, 1.523, 1.535 e 1.565 do Código Civil de 2002. Inexistência de vedação expressa a que se habilitem para o casamento pessoas do mesmo sexo. Vedação implícita constitucionalmente inaceitável. Orientação principiológica conferida pelo STF no julgamento da ADPF n. 132/RJ e da ADI n. 4.277/DF. 1. Embora criado pela Constituição Federal como guardião do direito infraconstitucional, no estado atual em que se encontra a evolução do direito privado, vigorante a fase histórica da constitucionalização do direito civil, não é possível ao STJ analisar as celeumas que lhe aportam 'de costas' para a Constituição Federal, sob pena de ser entregue ao jurisdicionado um direito desatualizado e sem lastro na Lei Maior. Vale dizer, o Superior Tribunal de Justiça, cumprindo sua missão de uniformizar o direito infraconstitucional, não pode conferir à lei uma interpretação que não seja constitucionalmente aceita. 2. O Supremo Tribunal Federal, no julgamento conjunto da ADPF n. 132/RJ e da ADI n. 4.277/DF, conferiu ao art. 1.723 do Código Civil de 2002 interpretação conforme à Constituição para dele excluir todo significado que impeça o reconhecimento da união contínua, pública e duradoura entre pessoas do mesmo sexo como entidade familiar, entendida esta como sinônimo perfeito de família. 3. Inaugura-se, com a Constituição Federal de 1988, uma nova fase do direito de família e, consequentemente, do casamento, baseada na adoção de um explícito poliformismo familiar em que arranjos multifacetados são igualmente aptos a constituir esse núcleo doméstico chamado 'família', recebendo todos eles a 'especial proteção do Estado'. Assim, é bem de ver que, em 1988, não houve uma recepção constitucional do conceito histórico de casamento, sempre considerado como via única para a constituição de família e, por vezes, um ambiente de subversão dos ora consagrados princípios da igualdade e da dignidade da pessoa humana. Agora, a concepção constitucional do casamento – diferentemente do que ocorria com

os diplomas superados – deve ser necessariamente plural, porque plurais também são as famílias e, ademais, não é ele, o casamento, o destinatário final da proteção do Estado, mas apenas o intermediário de um propósito maior, que é a proteção da pessoa humana em sua inalienável dignidade. 4. O pluralismo familiar engendrado pela Constituição – explicitamente reconhecido em precedentes tanto desta Corte quanto do STF – impede se pretenda afirmar que as famílias formadas por pares homoafetivos sejam menos dignas de proteção do Estado, se comparadas com aquelas apoiadas na tradição e formadas por casais heteroafetivos. 5. O que importa agora, sob a égide da Carta de 1988, é que essas famílias multiformes recebam efetivamente a 'especial proteção do Estado', e é tão somente em razão desse desígnio de especial proteção que a lei deve facilitar a conversão da união estável em casamento, ciente o constituinte que, pelo casamento, o Estado melhor protege esse núcleo doméstico chamado família. 6. Com efeito, se é verdade que o casamento civil é a forma pela qual o Estado melhor protege a família, e sendo múltiplos os 'arranjos' familiares reconhecidos pela Carta Magna, não há de ser negada essa via a nenhuma família que por ela optar, independentemente de orientação sexual dos partícipes, uma vez que as famílias constituídas por pares homoafetivos possuem os mesmos núcleos axiológicos daquelas constituídas por casais heteroafetivos, quais sejam, a dignidade das pessoas de seus membros e o afeto. 7. A igualdade e o tratamento isonômico supõem o direito a ser diferente, o direito à autoafirmação e a um projeto de vida independente de tradições e ortodoxias. Em uma palavra: o direito à igualdade somente se realiza com plenitude se é garantido o direito à diferença. Conclusão diversa também não se mostra consentânea com um ordenamento constitucional que prevê o princípio do livre planejamento familiar (§ 7.º do art. 226). E é importante ressaltar, nesse ponto, que o planejamento familiar se faz presente tão logo haja a decisão de duas pessoas em se unir, com escopo de constituir família, e desde esse momento a Constituição lhes franqueia ampla liberdade de escolha pela forma em que se dará a união. 8. Os arts. 1.514, 1.521, 1.523, 1.535 e 1.565, todos do Código Civil de 2002, não vedam expressamente o casamento entre pessoas do mesmo sexo, e não há como enxergar uma vedação implícita ao casamento homoafetivo sem afronta a caros princípios constitucionais, como o da igualdade, o da não discriminação, o da dignidade da pessoa humana e os do pluralismo e livre planejamento familiar. 9. Não obstante a omissão legislativa sobre o tema, a maioria, mediante seus representantes eleitos, não poderia mesmo 'democraticamente' decretar a perda de direitos civis da minoria pela qual eventualmente nutre alguma aversão. Nesse cenário, em regra é o Poder Judiciário – e não o Legislativo – que exerce um papel contramajoritário e protetivo de especialíssima importância, exatamente por não ser compromissado com as maiorias votantes, mas apenas com a lei e com a Constituição, sempre em vista à proteção dos direitos humanos fundamentais, sejam eles das minorias, sejam das maiorias. Dessa forma, ao contrário do que pensam os críticos, a democracia se fortalece, porquanto esta se reafirma como forma de governo, não das maiorias ocasionais, mas de todos. 10. Enquanto o Congresso Nacional, no caso brasileiro, não assume, explicitamente, sua coparticipação nesse processo constitucional de defesa e proteção dos socialmente vulneráveis, não pode o Poder Judiciário demitir-se desse mister, sob pena de aceitação tácita de um Estado que somente é 'democrático' formalmente, sem que tal predicativo resista a uma mínima investigação acerca da universalização dos direitos civis. 11. Recurso especial provido" (STJ, REsp 1183378/RS, 4.ª Turma, Rel. Min. Luis Felipe Salomão, j. 25.10.2011, *DJe* 1.º.02.2012).

Na sequência desses reconhecimentos nos Tribunais Superiores, a questão passou a ser regulamentada nos Estados da Federação, por meio de normas da corregedoria dos Tribunais Estaduais, como ocorreu em São Paulo, em dezembro de 2012, mediante alterações no seu Provimento 14.

Em maio de 2013, em âmbito nacional, a questão se estabilizou definitivamente, pois o Conselho Nacional de Justiça editou a Resolução 175, determinando que os Cartórios de Registro Civil não podem se negar a celebrar os casamentos homoafetivos. De acordo com o texto da resolução, "é vedada às autoridades competentes a recusa de habilitação, celebração de casamento civil ou de conversão de união estável em casamento entre pessoas de mesmo sexo". Sendo assim, todas as menções sucessórias aos cônjuges constantes desse capítulo devem abranger os casamentos homoafetivos, entre pessoas do mesmo sexo.

No âmbito doutrinário, essa conclusão acabou por se consolidar com a aprovação de enunciado na *VII Jornada de Direito Civil*, em 2015, evento que congregou mais de setenta especialistas em Direito de Família do País, com as mais diversas visões sobre esse ramo de Direito Civil. Assim, aprovou-se ementa no sentido de ser existente e válido o casamento entre pessoas do mesmo sexo (Enunciado n. 601).

Como outra anotação relevante sobre o tema, para o plano sucessório, vale lembrar que o STF, em um dos acórdãos que concluiu pela inconstitucionalidade do art. 1.790 do Código Civil, entendeu que todas as regras relativas ao casamento ou união estável heteroafetiva aplicam-se aos relacionamentos homoafetivos (Recurso Extraordinário 646.721/RS, julgado em 10 de maio de 2017, *Informativo* n. *864* da Corte).

Cabe ainda destacar que, no Projeto de Reforma do Código Civil, elaborado pela Comissão de Juristas nomeada no Senado Federal, pretende-se mencionar na Lei Geral Privada, em vários de seus dispositivos, que o casamento e a união estável são constituídos por duas pessoas, não importando o seu gênero. Com essa alteração legislativa, será encerrado definitivamente qualquer debate que possa haver sobre o tema, esperando-se a sua aprovação pelo Parlamento Brasileiro, confirmando-se a posição hoje consolidada, da doutrina e da jurisprudência nacionais.

Voltando à situação sucessória e isolada do cônjuge no Código Civil brasileiro em vigor, como expõe Eduardo de Oliveira Leite, citando Clóvis Beviláqua, o art. 1.829, inciso I, altera uma "tradição secular que não se revelara válida no terreno sucessório, como igualmente, distinguia-se 'pela simplicidade (correspondendo), com a possível exatidão, ao conceito de família, na sociedade, para a qual se organizou: descendentes, ascendentes, cônjuge e colaterais'" (*Comentários*..., 2003, v. XXI, p. 214). E arremata o doutrinador contemporâneo, apontando que a então nova posição do cônjuge sobrevivente, "na primeira e na segunda classe dos sucessíveis legítimos necessários", "que marca decisivamente, o novo perfil do art. 1.829" (LEITE, Eduardo de Oliveira. *Comentários*..., 2003, v. XXI, p. 216).

De fato, tem razão o jurista, sendo certo que a concorrência sucessória complicou sobremaneira as divisões das heranças no País, tornando-se muitos inventários insolúveis, razão pela qual, como se verá, a Comissão de Juristas encarregada da Reforma do Código Civil propõe uma volta parcial ao sistema anterior, do Código Civil de 1916.

Sabe-se que a concorrência sucessória do cônjuge – a incluir agora o companheiro – foi um artifício jurídico utilizado para substituir o *usufruto legal vidual* – decorrente da viuvez – que existia a favor do cônjuge, e que foi extinto pela codificação civil em vigor. Nos termos do art. 1.611, § 1.º, do Código Civil de 1916, ora revogado, o cônjuge viúvo, se o regime de bens do casamento não fosse o da comunhão universal de bens, teria direito, enquanto durasse a viuvez, ao usufruto da quarta parte dos bens do cônjuge falecido, se houvesse filhos, deste ou do casal. Se não houvesse filhos, embora sobrevivessem ascendentes do *de cujus*, o cônjuge supérstite teria direito ao usufruto sobre a metade dos bens do falecido. O sistema anterior também não era simples, mas o atual é ainda mais complexo, gerando enormes desafios para a civilística nacional.

Cumpre relevar que sistema de concorrência sucessória do cônjuge introduzido foi inspirado substancialmente em duas outras codificações privadas europeias: o Código Civil italiano de 1942 e o Código Civil português de 1966. As duas normas gerais citadas são consideradas as mais importantes daquele continente na segunda metade do século XX, tendo influenciado o Código Civil Brasileiro em vários de seus livros.

Iniciando-se pelo *Codice Italiano*, o seu art. 581 estabelece a concorrência do cônjuge com os filhos, preceituando que, quando com o cônjuge concorrem filhos, o cônjuge tem direito à metade da herança, se à sucessão concorre apenas um filho; e a um terço nos outros casos. A concorrência do cônjuge com ascendentes legítimos e também com irmãos e irmãs do falecido está tratada no comando legal seguinte, segundo o qual ao cônjuge é atribuído um terço da herança se ele concorre com tais parentes, mesmo sendo os irmãos unilaterais. Por fim, conforme o art. 583 do Código Civil italiano, na falta de filhos de descendentes, de irmãos ou irmãs, ao cônjuge será destinada toda a herança.

Em relação ao sistema lusitano, consagra o art. 2.133.º do Código Civil português, em termos gerais, a classe de sucessíveis. Nesse contexto, na dicção da norma, a ordem daqueles que devem ser chamados como herdeiros, inclusive em caso de adoção, é a seguinte: 1.º) cônjuge e descendentes; 2.º) cônjuge e ascendentes; 3.º) irmãos e seus descendentes; 4.º) outros colaterais até ao quarto grau; e 5.º) Estado. Pela mesma lei, o cônjuge sobrevivo integra a primeira classe de sucessíveis, salvo se o autor da sucessão falecer sem descendentes e deixar ascendentes, caso em que integra a segunda classe.

De acordo com as lições de José de Oliveira Ascensão, a posição sucessória do cônjuge passou por várias alterações no sistema português. Na versão primitiva do Código Civil português anterior – de 1867 –, o cônjuge estava na quarta classe dos sucessíveis, atrás dos irmãos e seus descendentes, que estavam na terceira. Em 1910, houve uma inversão de posições, passando o cônjuge à terceira classe, e os irmãos e descendentes à quarta. Com a reforma de 1930, voltou-se ao sistema original da codificação portuguesa. Por fim, o novo Código Civil português, de 1966, incluiu a concorrência sucessória do cônjuge como ela está atualmente, tendo sido o cônjuge reconhecido como herdeiro necessário (*Direito*..., 2000, p. 340-341). Todavia, vale a recomendação feita pelo doutrinador, também para o sistema brasileiro, no sentido de que "este grande reforço da posição sucessória do cônjuge vai obrigar a atender com redobrado rigor ao estado do vínculo conjugal. A fragilidade crescente desse vínculo obriga a distinguir melhor os casos em que já não há base para a intervenção sucessória" (ASCENSÃO, José Oliveira. *Direito*..., 2000, p. 342).

Na verdade, passados mais de vinte anos da entrada em vigor do Código Civil brasileiro de 2002, estou filiado aos críticos do sistema de concorrência sucessória, pois ele não se coaduna com a realidade social e familiar, tendo sido um grande equívoco a sua inclusão no sistema jurídico nacional. A ordem de vocação hereditária que constava da codificação brasileira de 1916 era muito mais simples e *presumia melhor* a vontade do morto, seja para ele mesmo, seja no âmbito social.

Imperioso verificar o momento histórico da entrada em vigor das legislações europeias. A italiana é de 1942; a portuguesa é de 1966. Ainda, o Código Civil Brasileiro teve o seu processo embrionário surgido em 1972. Nessas épocas, quando eu nem sequer havia nascido, os valores da sociedade eram outros, totalmente diversos da contemporaneidade. Eram valorizadas sobremaneira o casamento tradicional, a família típica e a propriedade irretocável. Imaginavam as gerações anteriores, como premissa-regra, que o casamento era para toda a vida, até que a morte separasse os cônjuges. Por isso, era imperioso valorizar a figura do cônjuge, ao lado dos descendentes, como fizeram as três legislações civis citadas.

Não é isso que se constata socialmente nas gerações atuais. Estudos antropológicos demonstram que os mais jovens – componentes das gerações denominadas de *X*, *Y* e *Z* – tendem a ter casamentos menos duradouros, instáveis, que dificilmente chegam a uma ou duas décadas. Muitos, aliás, têm feito a opção de casamentos pelo regime da separação convencional ou por regimes mistos, que afastam a comunicação de alguns bens. O casamento perpétuo está em crise. Não o casamento em si, pois as pessoas das gerações mais novas continuam se casando e cada vez mais, mas aquele modelo tradicional, cativo no tempo, indissolúvel, está em derrocada. Aqui já existem motivos sociais consideráveis para se abandonar o sistema introduzido pelo Código Civil de 2002.

Em reforço, como se verá a partir de agora, o sistema sucessório criou muita divergência nos últimos anos, uma verdadeira confusão doutrinária e jurisprudencial. Da simplicidade passou-se a um sistema hipercomplexo, dificilmente explicado aos leigos. O Código Civil de 2002, nesta matéria, distanciou-se de um dos seus princípios fundamentais, a *operabilidade*, no sentido de facilitação ou simplicidade dos institutos privados.

O Direito das Sucessões no Brasil conviveu, nos últimos anos, com a necessidade de criação de teses de difícil compreensão, de elaboração de fórmulas matemáticas, de solução com dízimas periódicas, de divergências insuperáveis entre a doutrina e a jurisprudência e entre ambas respectiva e internamente. O ambiente jurídico conturbado se dá, também em parte, pela relação estabelecida em lei entre concorrência sucessória do cônjuge com os descendentes e o regime de bens no casamento.

Por isso o termo *Torre de Babel* doutrinária e jurisprudencial, utilizado no início do capítulo, pois há uma miríade de línguas faladas sobre o tema. Além da confusão entre os estudiosos, o sistema de concorrência aumenta o conflito entre os herdeiros, incrementando as colisões de vontade pela falta de clareza legislativa. Seguindo as palavras de Maria Berenice Dias, citando duas outras expoentes do Direito Privado brasileiro, "é necessário concordar com Aguida Barbosa e Giselle Groeninga ao afirmarem que o instituto da concorrência atropelou a vida, fomentando a confusão, dificultando as novas uniões e ampliando os conflitos, frise-se: em vida" (DIAS, Maria Berenice. *Manual*..., 2011, p. 140).

De fato, muitas vezes os herdeiros estão em *pé de guerra* e a concorrência sucessória serve como pólvora para o barril que está para explodir. Em momento em que se debate a diminuição das contendas perante o Poder Judiciário, na linha da tendência de *desjudicialização*, inclusive adotada pelo Código de Processo Civil de 2015, a concorrência sucessória alimenta o argumento do conflito. Não incentiva a paz, mas, muito pelo contrário, alimenta a *cultura da guerra*.

Assim, penso que, diante dessa realidade composta de vários fatores, jurídicos e sociais, seria interessante voltar ao sistema sucessório anterior, simples e sem a concorrência sucessória, que funcionava muito bem e já estava nas mentes dos componentes da sociedade brasileira.

De todo modo, essa volta deve ser parcial, a fim de proteger determinadas pessoas que se encontram em situação de vulnerabilidade. Constata-se que, no momento atual, muitos têm buscado mecanismos de planejamento sucessório, com o fim de afastar o confuso sistema de sucessão legítima inaugurado no País com a infeliz concorrência do cônjuge.

Eis outro aspecto que foi debatido quando da elaboração do projeto de lei para a reforma do Direito das Sucessões, conforme fez o Instituto Brasileiro de Direito de Família, o IBDFAM, projeto que contou com a minha participação, que teve os trabalhos iniciados em 2016 e com desenvolvimento em 2017 e 2018. Na versão atual da proposição, porém, apesar das críticas por nós formuladas – ao lado de Giselda Hironaka e José Fernando Simão –, a concorrência sucessória do cônjuge e do companheiro foi mantida. O projeto de lei está em trâmite no Senado Federal, sob o número 3.799/2019.

No atual Projeto de Reforma do Código Civil, elaborado pela Comissão de Juristas nomeada no âmbito do Senado Federal, porém, adota-se outro caminho, com a retirada em definitivo e a extinção da concorrência do cônjuge e do convivente quanto aos descendentes e ascendentes do falecido, estando ela muito distante de uma segura e justa pacificação das controvérsias familiares e sucessórias.

Como está desenvolvido no Volume 5 desta coleção, restou decidido na citada Comissão que muito melhor será a ampliação considerável da comunicação de bens na comunhão parcial (art. 1.660) e a participação patrimonial do cônjuge e do convivente na separação convencional (art. 1.668), que compensarão a retirada da hoje injustificada concorrência do cônjuge ou do convivente com os descendentes e ascendentes do falecido.

Por isso, sugere-se uma volta parcial ao sistema do Código Civil de 1916, muito mais efetivo, com a retirada da concorrência sucessória e passando o art. 1.829 do Código Civil a prever pura e simplesmente que "a sucessão legítima defere-se na ordem seguinte: I – aos descendentes; II – aos ascendentes; III – ao cônjuge ou ao convivente sobrevivente; IV – aos colaterais até o quarto grau".

Também se retirou o cônjuge – hoje expresso na lei –, e o convivente – por interpretação da decisão do STF aqui antes destacada –, do rol dos herdeiros necessários do art. 1.845 do Código Civil. A esse propósito, vejamos as justificativas apresentadas pela Subcomissão de Direito das Sucessões – formada pelos Professores Mário Luiz Delgado, Gustavo Tepedino, Giselda Maria Fernandes Novaes Hironaka e pelo Ministro Asfor Rocha – ao texto do anteprojeto:

> "Uma das preocupações, na condução dos trabalhos, foi a de atender a determinadas demandas da sociedade civil, a exemplo da extinção do direito de concorrência sucessória de cônjuges e companheiros com descendentes e ascendentes, especialmente quando submetidos ao regime de separação convencional de bens, alvo de grande rejeição da sociedade em geral. O mesmo se diga em relação à ampliação do rol de herdeiros necessários, promovida pelo CCB/2002, a incluir o cônjuge sobrevivente no rol taxativo do art. 1.845. Diante da progressiva igualdade entre homens e mulheres na família e do ingresso

da mulher no mercado de trabalho, bem como do fenômeno cada vez mais crescente das famílias recompostas, foi preciso repensar a posição do cônjuge e do companheiro na sucessão legítima, chegando-se à conclusão de que eles não deveriam mais figurar como herdeiros necessários, nem muito menos concorrer com os descendentes e ascendentes do autor da herança. Importante destacar que grande parte das sugestões recebidas nos canais disponibilizados pelo Senado Federal e por outras instituições tiveram por objeto afastar do cônjuge a condição de herdeiro necessário e de herdeiro concorrente. Dessa forma, estão sendo propostas alterações na ordem da vocação hereditária (art. 1.829), para que cônjuges e companheiros permaneçam como herdeiros legítimos da terceira classe, mas sem direito à concorrência sucessória; bem como no rol de herdeiros necessários (art. 1.845), restrito, *de lege ferenda*, a descendentes e ascendentes. A proposta volta sua atenção para as pessoas em situação de vulnerabilidade, preocupação que se concretizou com a ampliação do direito real de habitação, de modo a extrapolar a titularidade de cônjuges e companheiros, dando maior concretude ao seu caráter protetivo, passando a alcançar, também, outros herdeiros ou sucessores vulneráveis cujas moradias dependiam daquela do autor da herança por ocasião da abertura da sucessão, podendo o referido benefício ser exercido coletivamente, enquanto os titulares não adquirirem renda ou patrimônio suficiente para manter sua respectiva moradia, ou não casarem nem constituírem união estável".

De fato, a posição amplamente majoritária na doutrina tem sido no sentido de se criticar duramente a concorrência sucessória, propondo-se inclusive a sua extinção. O mesmo se diga quanto aos julgadores, diante das dificuldades em resolver os inventários pelo País. Essas críticas também foram ouvidas no âmbito da Comissão dos Juristas no Senado Federal.

Além do que está devidamente justificado, para a posição que ali prevaleceu não faria sentido retirar a concorrência sucessória do cônjuge e do convivente e mantê-los no rol dos herdeiros necessários, por haver uma relação de interdependência entre os dois tratamentos legais, presente um grave desvio técnico se houvesse uma regulação fracionada e diferenciada quanto a esses institutos. Dito de outro modo, para os técnicos e especialistas em Direito Civil, para os juristas, não faz qualquer sentido técnico a retirada da concorrência sucessória e a manutenção do cônjuge e do convivente como herdeiros necessários.

Nesse contexto, acreditamos e entendemos de forma conjunta que a retirada da concorrência sucessória foi compensada pela ampliação da meação e da participação patrimonial nos dois regimes citados em que ela hoje é reconhecida, como antes pontuado: o da comunhão parcial de bens – opção da grande maioria da população brasileira – e o da separação convencional de bens.

Acrescente-se que no regime da comunhão universal não há a citada concorrência sucessória, diante do amplo reconhecimento da meação. E, no que diz respeito à separação obrigatória de bens, sugere-se no Anteprojeto a sua retirada do sistema jurídico brasileiro, tudo conforme está estudado no Volume 5 desta série bibliográfica, para onde se remete quem queira maiores aprofundamentos.

Mas não é só, pois, com o intuito de se proteger o cônjuge ou convivente sobrevivente, outros direitos, de cunho sucessório, foram-lhe atribuídos, o que merece uma especial atenção para a compreensão das propostas formuladas pela Comissão de Juristas.

De início, foi instituído um *usufruto legal e judicial sucessório* em favor do cônjuge ou convivente sobrevivente que esteja em situação de vulnerabilidade ou hipossuficiência, sobretudo econômica. Nos termos da nova redação do art. 1.850 do Código Civil, em seu *caput*, "para excluir da herança o cônjuge, o convivente, ou os herdeiros colaterais, basta que o testador o faça expressamente ou disponha de seu patrimônio sem os contemplar". De todo modo, enunciará o seu § 1.º que, "sem prejuízo do direito real de habitação, nos termos do art. 1.831 deste Código, o juiz instituirá usufruto sobre determinados bens da herança para garantir a subsistência do cônjuge ou convivente sobrevivente que comprovar insuficiência de recursos ou de patrimônio". Ademais, cessará o usufruto legal e judicial quando o usufrutuário tiver renda ou patrimônio suficiente para manter sua subsistência ou quando constituir nova família (novo § 2.º do art. 1.850 do CC/2002).

Deve ficar claro que esse *usufruto legal e judicial sucessório* será instituído no inventário não só nos casos em que houver a exclusão do cônjuge ou do convivente da sucessão por força de testamento, mas em todas as situações concretas em que ele se encontrar em dificuldades para a sua subsistência. Como se sabe, o usufruto é hoje a principal forma de planejamento sucessório efetivada nos inventários, sobretudo quando há a morte de um dos consortes, com a presença de bens imóveis do falecido ou de ambos. A nua-propriedade geralmente é instituída aos filhos enquanto o cônjuge ou convivente sobrevivente permanece com o usufruto dos bens, podendo locá-los, por exemplo. A proposta afasta totalmente as alegadas situações de desamparo do cônjuge ou convivente, presente um direito sucessório do viúvo ou viúva em tal previsão. Assim, nota-se que o cônjuge não deixou de ser herdeiro, mas apenas herdeiro necessário.

O mesmo se diga em relação ao direito real de habitação, outro direito sucessório que foi mantido, em qualquer regime de bens, e ampliado textualmente para a união estável. Consoante a proposta que se faz ao art. 1.831 do Código Civil, em seu *caput*, "ao cônjuge ou ao convivente sobrevivente que residia com o autor da herança ao tempo de sua morte, será assegurado, qualquer que seja o regime de bens e sem prejuízo da participação que lhe caiba na herança, o direito real de habitação, relativamente ao imóvel que era destinado à moradia da família, desde que seja o único bem a inventariar". Ao contrário do que alguns afirmam, não passará a haver uma concorrência do direito real de habitação do consorte sobrevivente em relação aos filhos, como premissa geral. O texto é bem claro no sentido de ser esse direito do cônjuge ou convivente, como regra.

De todo modo, essa regra poderá ser quebrada em casos excepcionais e devidamente justificados, em prol da proteção de filhos ou outros descendentes que estejam em situações de vulnerabilidade ou hipossuficiência. Assim, "se, ao tempo da morte, viviam juntamente com o casal descendentes incapazes ou com deficiência, bem como ascendentes vulneráveis ou, ainda, as pessoas referidas no art. 1.831-A *caput* e seus parágrafos deste Código, o direito de habitação há de ser compartilhado por todos" (§ 1.º do art. 1.831). Ademais, "cessa o direito quando qualquer um dos titulares do direito à habitação tiver renda ou patrimônio suficiente para manter sua respectiva moradia, ou quando constituir nova família", assim como ocorre com o usufruto, proposta que traz uma ideia de concretização da justiça de forma inquestionável (proposição do § 2.º do art. 1.831). Voltarei à temática em momento oportuno, inclusive com a análise da proposta de um art. 1.831-A para a codificação, que trata da possibilidade do direito real de habitação em favor da família parental, como nas situações de irmãos e outros membros da mesma família que vivem juntos.

Por fim, além da ampliação da meação na comunhão parcial, da instituição da participação de bens na separação de bens, da criação de um usufruto legal e judicial sucessório, da manutenção do direito real de habitação em qualquer regime de bens, cria-se no art. 1.832 do Código Civil a possibilidade de antecipação de bens da herança.

Nos termos dessa norma projetada, "o herdeiro com quem comprovadamente o autor da herança conviveu, e que não mediu esforços para praticar atos de zelo e de cuidado em seu favor, durante os últimos tempos de sua vida, se concorrer à herança com outros herdeiros, com quem disputa o volume do acervo ou a forma de partilhá-lo: I – terá direito de ter imediatamente, antes da partilha, destacado do monte-mor e disponibilizado para sua posse e uso imediato, o valor correspondente a 10% (dez por cento) de sua quota hereditária; II – se forem mais de um os herdeiros nas condições previstas no caput deste artigo, igual direito lhes será garantido, nos termos do § 1º; III – se a herança não comportar as soluções previstas nos §§ 1º e 2º e ela consistir apenas em único imóvel de morada do autor da herança, terão as pessoas apontadas no *caput* deste artigo direito de ali manterem-se, com exclusividade, a título de direito real de habitação".

Ao contrário do que alguns têm também sustentado, penso que esta última norma não só poderá como deverá ser aplicada ao cônjuge ou convivente sobrevivente, nos casos em que estiver reconhecido o direito real de habitação – regra do sistema –, ou o direito de usufruto legal e judicial sucessório. Basta a presença de um dos dois institutos no caso concreto em favor do cônjuge ou convivente para que essa antecipação da herança seja deferida.

Isso porque os dois institutos constituem, sim, direitos hereditários, ou seja, herança, e, sendo reconhecidos, haverá a sua concorrência com os descendentes em casos tais. Sendo assim, não restam dúvidas de que, em situações como essa, devem ser atribuídos os direitos hereditários em antecipação, caso o consorte preencha os requisitos da norma, com destaque para o fato de ter cuidado do falecido em seus últimos dias. A proposta tem um caráter ético e humanitário inquestionável, devendo ser aprovada, no meu entender.

Por tudo o que foi aqui desenvolvido, percebe-se que não se pode dizer que, com o Anteprojeto proposto pela Comissão de Juristas no âmbito do Senado Federal, "a viúva deixou de ser herdeira". Também não se pode afirmar que a norma projetada traz retrocessos, mas muito ao contrário, como está claro pelo que foi ora desenvolvido.

Penso haver graves equívocos técnicos nessas afirmações até porque, como regra geral, terá o cônjuge ou convivente reconhecido, como herança, ao menos o direito real de habitação sobre o imóvel do casal. Observe-se que nas hipóteses de sua hipossuficiência, vulnerabilidade e de cuidado com o falecido haverá a instituição não só do tão citado usufruto legal e judicial sucessório como também da antecipação da herança do proposto art. 1.832 da codificação privada.

Na verdade, o que se propõe no texto é a retirada do tratamento do cônjuge ou convivente como herdeiro necessário do rol do art. 1.845, bem como da concorrência sucessória com os descendentes e ascendentes do art. 1.829 da codificação privada, pois a prática e a experiência demonstraram que esses tratamentos não foram eficientes nos vinte anos de vigência do Código Civil de 2002. Deixará ele de ser herdeiro necessário, mas não herdeiro!

Em resumo e arremate final para o tema, essas foram as propostas da Comissão de Juristas para tornar o Direito Sucessório Brasileiro mais efetivo na prática, sem se esquecer da tutela de vulnerabilidades e hipossuficiências, cabendo agora ao Congresso Nacional analisá-las, com três opções ou caminhos possíveis.

O primeiro deles é o de manter o sistema atual, que é lamentavelmente caótico, não sendo essa a melhor opção, no entender de todos os membros da Comissão de Juristas nomeada no âmbito do Senado Federal. O segundo é a adoção dessa proposta elaborada para o Projeto, que nos pareceu a mais equilibrada e eficiente, por todas as razões expostas e por tudo o que se escreveu, pesquisou, estudou e julgou sobre Direito das Sucessões nos mais de vinte anos de vigência da codificação privada. O terceiro caminho é o da adoção de outra proposição que surgir entre os parlamentares, que fique entre o sistema hoje existente e as proposições que foram formuladas.

Caberá, assim, ao Parlamento Brasileiro uma profunda análise dessa temática, uma das mais importantes do Direito Privado Brasileiro, para se chegar a uma necessária conclusão.

Feitas tais considerações de crítica e de análise do Projeto de Reforma do Código Civil, cabe relembrar, por fim, que o Estado deixou de compor a ordem de sucessão legítima, como estava no art. 1.603 do Código Civil brasileiro de 1916, e ainda consta do art. 2.033.º do Código Civil português, por exemplo.

Reafirme-se que o Estado – Município, Distrito Federal e União – não é herdeiro, segundo a posição seguida por mim, assumindo a condição de um *sucessor irregular*, pois os bens lhe são *devolvidos*, conforme correta interpretação do art. 1.844 do CC/2002. Essa ideia é mantida com o Projeto de Reforma do Código Civil, sendo a melhor solução, sem dúvidas.

Encerrado este tópico de análise geral do art. 1.829 do Código Civil, vejamos, de forma separada, o estudo das situações sucessórias tratadas nesse comando, de maneira pontual.

2.4 DA SUCESSÃO DOS DESCENDENTES E A SUA CONCORRÊNCIA COM O CÔNJUGE E O COMPANHEIRO. ANÁLISE DAS PRINCIPAIS POLÊMICAS. AS CONTROVÉRSIAS RELATIVAS À CONCORRÊNCIA NOS REGIMES DA COMUNHÃO PARCIAL E DA SEPARAÇÃO DE BENS

Como exposto nos dois primeiros tópicos deste capítulo, o art. 1.829 do CC/2002 introduziu a concorrência do cônjuge do falecido com os descendentes na ordem de vocação hereditária, dependendo do regime de bens adotado entre o falecido e o cônjuge sobrevivente, denominado supérstite.

A importância do tema e os desafios surgidos são tão grandes que a concorrência ganhou especial cuidado de Giselda Maria Fernandes Novaes Hironaka em sua tese de titularidade defendida na Universidade de São Paulo, ao final de 2010 (*Morrer*..., 2011). Não se pode esquecer, mais uma vez, da inclusão do cônjuge homoafetivo, para todos os fins, inclusive de concorrência sucessória. Com a tão citada decisão do STF de equalização das duas entidades familiares, frise-se que o companheiro passa a compor o art. 1.829 ao lado do cônjuge em todas as suas previsões, e com todos os problemas que serão aqui expostos.

Repise-se, portanto, pela sua importância para este tópico, a redação do art. 1.829, I, da atual codificação privada, com a inclusão anotada do companheiro:

> "Art. 1.829. A sucessão legítima defere-se na ordem seguinte:
>
> I – aos descendentes, em concorrência com o cônjuge (ou companheiro) sobrevivente, salvo se casado este com o falecido no regime da comunhão universal, ou no da separação obrigatória de bens (art. 1.640, parágrafo único); ou se, no regime da comunhão parcial, o autor da herança não houver deixado bens particulares" (anotamos a inclusão do companheiro).

Reafirme-se, mais uma vez para que não pairem dúvidas, que os descendentes, o cônjuge e o companheiro ou convivente são atualmente *herdeiros de primeira classe*, em um sistema de concorrência, presente ou não de acordo com o regime de bens adotado no casamento ou na união estável com o falecido, conforme tabela a seguir, agora com inclusão da união estável:

Regimes em que o cônjuge ou companheiro herda em concorrência	Regimes em que o cônjuge ou companheiro não herda em concorrência
• Regime da comunhão parcial de bens, havendo bens particulares do falecido. • Regime da participação final nos aquestos. • Regime da separação convencional de bens, decorrente de pacto antenupcial.	• Regime da comunhão parcial de bens, não havendo bens particulares do falecido. • Regime da comunhão universal de bens. • Regime da separação legal ou obrigatória de bens.

Várias são as decorrências do quadro elaborado e que devem ser trazidas ao estudo. Constata-se que objetivo do legislador foi separar claramente a meação da herança. Assim, pelo sistema instituído, quando o cônjuge – e agora o companheiro – é meeiro, não é herdeiro; quando é herdeiro, não é meeiro. Nesse sentido, mencione-se a didática afirmação de Cláudio Luiz Bueno de Godoy, citada por Gustavo Rene Nicolau: "onde o cônjuge herda, não meia; onde meia, não herda" (NICOLAU, Gustavo Rene. *Direito*..., 2011, p. 85).

Nunca se pode esquecer *que a meação não se confunde com a herança*, sendo este baralhamento muito comum entre os operadores do Direito. Meação é instituto de Direito de Família, que depende do regime de bens adotado e da autonomia privada dos envolvidos, que estão vivos. Herança é instituto de Direito das Sucessões, que decorre da morte do falecido. Nessa linha, conforme a tese número 1, publicada na ferramenta *Jurisprudência em Teses* do STJ, que trata da união estável (Edição n. 50, de 2016), "os princípios legais que regem a sucessão e a partilha não se confundem: a sucessão é disciplinada pela lei em vigor na data do óbito; a partilha deve observar o regime de bens e o ordenamento jurídico vigente ao tempo da aquisição de cada bem a partilhar". Cabe esclarecer que a premissa firmada aplica-se integralmente à sucessão do cônjuge ou do companheiro.

A ilustrar caso prático que afasta tal confusão, como se retira de didático acórdão da 10.ª Câmara de Direito Privado do Tribunal de Justiça de São Paulo, com citação das edições anteriores deste livro:

> "Desse modo, nos termos do artigo 1.829, inciso I, do Código Civil, o agravante não concorrerá com os descendentes. Caber-lhe-á somente a meação dos bens. (...). Nesse contexto, o levantamento da quantia de R$ 344.087,24, valor decorrente do arrendamento do imóvel rural denominado Fazenda Santa'Ana, refere-se à meação, que resulta do regime de bens. Referido valor nem mesmo integra a herança e, consequentemente, não será objeto de partilha entre os herdeiros" (TJSP, Agravo de Instrumento 0071439-28.2010.8.26.0000, Rel. Des. Ana de Lourdes Coutinho Silva, j. 27.03.2012).

Feitos tais importantes esclarecimentos, vejamos as principais consequências teóricas e práticas da concorrência do cônjuge com os descendentes, regime por regime.

a) Regime da comunhão parcial de bens

Iniciarei o estudo da matéria pelo regime da comunhão parcial, aquele que é o regime legal ou supletório no Direito brasileiro, prevalecente entre os cônjuges ou companheiros não havendo convenção, ou sendo ela nula ou ineficaz, nos termos dos arts. 1.640, *caput,* e 1.725 do CC/2002. Vale lembrar que a premissa-regra desse regime é a comunicação somente dos bens havidos durante o casamento, excluindo-se os bens anteriores e havidos por doação ou sucessão.

Em casos tais, pelo texto legal, haverá concorrência sucessória do cônjuge – e agora também do companheiro – se o falecido deixar bens particulares. Como *bens particulares* entendem-se justamente os bens que não se comunicam nesse regime, como aqueles anteriores ao casamento ou união estável, ou que o cônjuge ou convivente recebeu por doação ou herança, além de outros descritos no art. 1.659 do Código Civil.

Fica em xeque a hipótese em que o regime em relação ao falecido é o da comunhão parcial de bens, não tendo o *de cujus* deixado bens particulares, porque, como observava Zeno Veloso em suas inesquecíveis palestras e exposições, é provável que o morto tenha deixado pelo menos a roupa do corpo, sendo esta um bem particular. Ilustrando didaticamente, um mendigo, por exemplo, tem pelo menos uma roupa e um cachorro.

Veja-se que a lei não expressa a existência de bens imóveis, ou um patrimônio mínimo para a incidência ou não da concorrência, tornando o texto praticamente sem incidência prática. Eis mais um *cochilo do legislador*, que não pensou a norma de acordo com o seu substrato social, demonstrando estar ela distante do mundo real. De qualquer modo, podem ser encontrados arestos que afastam a concorrência sucessória pela ausência de tais bens. Por todos:

> "Arrolamento de bens. Esboço de partilha. Casamento sob o regime de comunhão parcial de bens. Patrimônio que foi adquirido por esforço conjunto. Ausência de bens particulares do falecido. Cônjuge que não é herdeira, mas meeira em 50% do patrimônio a partilhar. Única filha do *de cujus*, de relacionamento anterior, que deve figurar como herdeira da metade remanescente do patrimônio. Interpretação do artigo 1.829 do Código Civil. Impugnação ao esboço de partilha acolhida. Agravo desprovido. Cônjuge supérstite não

concorre, na sucessão, com os descendentes se, casado pelo regime da comunhão parcial, não existirem bens particulares do *de cujus*. Inteligência do artigo 1.829 do Código Civil" (TJSP, Agravo de Instrumento 0180127-84.2010.8.26.0000, Acórdão 4859235, 1.ª Câmara de Direito Privado, Lins, Rel. Des. Elliot Akel, j. 07.12.2010, *DJESP* 20.01.2011).

Na verdade, o julgado transcrito considerou apenas os bens imóveis que entrariam na partilha, cometendo um equívoco ao restringir o texto legal para determinado patrimônio do *de cujus*.

Ainda a respeito da comunhão parcial, surge dúvida concernente aos bens sobre os quais há concorrência sucessória. Consultando *tabela doutrinária* do Professor Francisco Cahali, três são as correntes encontradas, em mais um intenso debate que envolve os sucessionistas nacionais.

Para a *primeira corrente*, no regime da comunhão parcial de bens, a concorrência sucessória somente se refere aos bens particulares, aqueles que não entram na meação. Nesse sentido, o Enunciado n. 270 do CJF/STJ, da *III Jornada de Direito Civil*: "o art. 1.829, inc. I, só assegura ao cônjuge sobrevivente o direito de concorrência com os descendentes do autor da herança quando casados no regime da separação convencional de bens ou, se casados nos regimes da comunhão parcial ou participação final nos aquestos, o falecido possuísse bens particulares, hipóteses em que a concorrência se restringe a tais bens, devendo os bens comuns (meação) ser partilhados exclusivamente entre os descendentes". Na citada *tabela*, esse também é o entendimento de Christiano Cassettari, Eduardo de Oliveira Leite, Giselda Maria Fernandes Novaes Hironaka, Gustavo Nicolau, Jorge Fujita, José Fernando Simão, Maria Helena Daneluzzi, Mário Delgado, Rodrigo da Cunha Pereira, Rolf Madaleno, Sebastião Amorim, Euclides de Oliveira e Zeno Veloso; além do presente autor.

Cite-se que assim também entendem os Professores Pablo Stolze Gagliano e Rodolfo Pamplona Filho, conforme consta de sua obra lançada no ano de 2014, com os seguintes dizeres: "de acordo com a lógica linha de raciocínio, a teor do critério escolhido pelo legislador – no sentido de que o cônjuge sobrevivente (que fora casado em regime de comunhão parcial) somente terá direito concorrencial quando o falecido houver deixado bens particulares –, é forçoso concluir que tal direito incidirá apenas sobre essa parcela de bens" (*Novo Curso*..., 2014, v. 7, p. 212).

O argumento dessa premissa é que a concorrência sucessória deve ocorrer justamente naqueles bens sobre os quais não há meação, ou seja, *o cônjuge herda onde não meia*, na linha da conhecida frase de Cláudio Luiz Bueno de Godoy. Tal corrente, prevalecente na doutrina, é adotada por vários julgados estaduais, podendo ser colacionados os seguintes:

> "Agravo de instrumento. Sucessão. Partilha dos bens do inventariado. Viúva. Regime de casamento. Comunhão parcial de bens. Direito à meação em relação aos bens adquiridos na constância do casamento. Direito de herança, em concorrência com os descendentes, em relação aos bens particulares do inventariado. Decisão mantida. 1. No regime da comunhão parcial de bens, o cônjuge supérstite tem direito à sua meação, em relação aos bens adquiridos na constância do casamento e direito de herança, em concorrência com os descendentes do *de cujus*, dos bens particulares do inventariado, consoante a ordem de vocação hereditária estabelecida no artigo 1.829, I, do Código Civil. 2. Recurso conhecido e desprovido. Unânime" (TJDF, Recurso 2013.00.2.014096-8, Acórdão 708.581, 3.ª Turma Cível, Rel. Des. Otávio Augusto, *DJDFTE* 09.09.2013, p. 211).

"Agravo de instrumento. Inventário. Rito de arrolamento sumário. Composição do monte-mor a ser partilhado e divisão de bens adotada no esboço do plano de partilha apresentado pelo inventariante. Regime de comunhão parcial de bens. Existência de bens particulares. Cônjuge sobrevivente. Direito à meação do bem comum e concorrência com a descendente apenas na partilha dos bens particulares. Direito real de habitação não evidenciado, sob pena de vulneração ao artigo 1.831 do Código Civil de 2002. Recurso desprovido. 1. No regime da comunhão parcial, comunicam-se os bens que sobrevierem ao casal na constância do casamento, excluindo-se aqueles que cada cônjuge possuía antes do enlace matrimonial, os oriundos de doação ou sucessão, bem como os sub-rogados em seu lugar e os que tenham por título de aquisição causa anterior ao casamento, conforme expressamente preveem os artigos 1.658, 1.659 e 1.661 do Código Civil de 2002. 2. Se o cônjuge sobrevivente era casado sob o regime de comunhão parcial e tendo o *de cujus* deixado bens particulares, será ele herdeiro necessário em concorrência com os descendentes do(a) falecido(a). (...)" (TJMG, Agravo de Instrumento 0402270-75.2012.8.13.0000, 3.ª Câmara Cível, Rel. Des. Elias Camilo, *DJEMG* 22.06.2012).

"Agravo de instrumento. Sucessão do cônjuge. Art. 1.829, I, do Código civil. Casamento sob o regime da comunhão parcial de bens. Meação sobre os aquestos e direitos hereditários apenas sobre os bens particulares. Quando casados sob o regime da comunhão parcial de bens, a sucessão do cônjuge defere-se ao sobrevivente em concorrência com os descendentes apenas em relação aos bens particulares, uma vez que sobre os bens comuns, já lhe tocará a meação. Negaram provimento. Unânime" (TJRS, Agravo de Instrumento 556243-14.2011.8.21.7000, 8.ª Câmara Cível, Porto Alegre, Rel. Des. Luiz Felipe Brasil Santos, j. 26.01.2012, *DJERS* 1.º.02.2012).

"*De cujus* casado no regime de comunhão parcial e que deixa bens particulares proporciona concorrência do cônjuge com descendentes sobre metade dos bens particulares [art. 1.829, I, do CC]. Provimento, em parte" (TJSP, Agravo de Instrumento 635.958.4/1, Acórdão 3651464, 4.ª Câmara de Direito Privado, Araçatuba, Rel. Des. Ênio Santarelli Zuliani, j. 14.05.2009, *DJESP* 15.06.2009).

Na mesma esteira, pode ser encontrado aresto do Superior Tribunal de Justiça, do ano de 2011, merecendo especial destaque pela divergência posterior existente naquela Corte, a seguir exposta:

"Civil. Sucessão. Cônjuge sobrevivente e filha do falecido. Concorrência. Casamento. Comunhão parcial de bens. Bens particulares. Código Civil, art. 1.829, inc. I. Dissídio não configurado. 1. No regime da comunhão parcial de bens, o cônjuge sobrevivente não concorre com os descendentes em relação aos bens integrantes da meação do falecido. Interpretação do art. 1.829, inc. I, do Código Civil. 2. Tendo em vista as circunstâncias da causa, restaura-se a decisão que determinou a partilha, entre o cônjuge sobrevivente e a descendente, apenas dos bens particulares do falecido. 3. Recurso especial conhecido em parte e, nesta parte, provido" (STJ, REsp 974.241/DF, 4.ª Turma, Rel. Min. Honildo Amaral de Mello Castro (Desembargador convocado do TJAP), Rel. p/ Acórdão Min. Maria Isabel Gallotti, j. 07.06.2011, *DJe* 05.10.2011).

Todavia, o entendimento está longe de ser unânime, pois há quem entenda na citada *tabela* que a concorrência na comunhão parcial deve se dar tanto em relação aos bens particulares quanto aos comuns. Assim pensam Francisco Cahali, Guilherme Calmon Nogueira da Gama, Inácio de Carvalho Neto, Luiz Paulo Vieira de Carvalho,

Maria Helena Diniz e Mário Roberto Carvalho de Faria, sob o argumento de que o legislador não limitou os bens sobre os quais há a concorrência.

Portanto, a concorrência sucessória deve abranger tanto os bens que eram somente do falecido quanto aqueles alcançados pela meação. De acordo com a argumentação desenvolvida por Francisco José Cahali "porém, como apresentado no texto, sem referência a esta incidência da herança apenas sobre o acervo individual, fácil sustentar que a regra estabelece um *critério de convocação*, se preenchidos os seus requisitos, para concorrer na universalidade do acervo. Aliás, entendimento diverso leva a uma significativa vantagem ao viúvo na sucessão decorrente da união estável, pois nesta se defere ao sobrevivente o quinhão sobre bens já integrantes de eventual meação. E na maioria das vezes, a realidade tem demonstrado que parcela significativa do acervo hereditário forma-se exatamente na constância do casamento ou da união" (*Direito*..., 2012, p. 196).

Por fim, isoladamente na *tabela Cahali*, Maria Berenice Dias entende que a concorrência somente se refere aos bens comuns. Seus argumentos têm origem em três artigos que escreveu logo após a emergência do Código Civil de 2002, sob os títulos *Ponto e vírgula, ponto final* e *O inc. I do art. 1.829 do CC: algumas interrogações*, publicados no seu sítio na internet. Leciona a doutrinadora: "(...) buscando contornar ao menos em parte a incongruência da norma legal, sustento que o direito de concorrência deve ser calculado exclusivamente sobre os bens comuns, ou seja, os adquiridos durante o casamento. Esta posição, ainda que minoritária, utiliza o mesmo critério que a lei prevê para o cálculo do direito concorrente na união estável. E nada, absolutamente nada, justifica adotar soluções díspares para situações iguais" (DIAS, Maria Berenice. *Manual*..., 2011, p. 143). Em um dos seus artigos científicos citados, a questão está mais bem explicada, baseada no ponto e vírgula que consta do inciso I do art. 1.829 da codificação:

> "Um sinal de pontuação tem tumultuado o direito sucessório, no que diz concorrência sucessória, de quem casou pelo regime da comunhão parcial de bens. Talvez a novidade do instituto, talvez a difícil redação do inc. I do art. 1.829 do Código Civil não têm permitido a ninguém atentar para um fato notório: existe um ponto e vírgula no artigo dividindo as hipóteses que afastam o direito à concorrência do cônjuge com os filhos a depender do regime de bens do casamento.
>
> (...).
>
> Voltando ao texto legal. É certo que o estado condominial entre cônjuge e descendentes ou ascendentes é a regra, apontando o inc. I as hipóteses em que, tendo o autor da herança filhos, não surge o direito à concorrência. Em um primeiro momento, o legislador ressalva duas exceções. Fazendo uso da expressão 'salvo se' exclui a concorrência quando o regime do casamento é o da comunhão universal e quando o regime é o da separação obrigatória. Ao depois, é usado o sinal de pontuação ponto e vírgula, que tem por finalidade estabelecer um seccionamento entre duas ideias. Assim, imperioso reconhecer que a parte final da norma regula o direito concorrente quando o regime é o da comunhão parcial. Aqui abre a lei duas hipóteses, a depender da existência ou não de bens particulares. De forma clara diz o texto: no regime da comunhão parcial há a concorrência 'se' o autor da herança não houver deixado bens particulares.
>
> *A contrario sensu*, se deixou bens exclusivos, o cônjuge não concorrerá com os descendentes. Outra não pode ser a leitura deste artigo. Não há como 'transportar' para o momento em que é tratado o regime da comunhão parcial a expressão 'salvo se' utilizada exclusivamente para excluir a concorrência nas duas primeiras modalidades: no regime da

comunhão e no da separação legal. Não existe dupla negativa no dispositivo legal, pois na parte final – após o ponto-e-vírgula – passa a lei a tratar de hipótese diversa, ou seja, o regime da comunhão parcial, oportunidade em que é feita a distinção quanto a existência ou não de bens particulares. Essa diferenciação nem cabe nos regimes antecedentes, daí a divisão levada a efeito por meio do ponto e vírgula. Imperiosa a correta compreensão da norma legal, até porque, ao colocar 'o ponto na vírgula' o legislador visou, exatamente, afastar a perplexidade que tem assaltado todos os intérpretes do novo Código. A apressada leitura desse dispositivo tem levado todos os que buscam na lei uma resposta justa, a um estado de verdadeira perplexidade e de certa indignação, ao flagrarem uma aparente injustiça quando há filhos do autor da herança e existem bens anteriores ao casamento" (DIAS, Maria Berenice. *Ponto e vírgula...*, 2013).

Firmam a mesma posição Cristiano Chaves de Farias e Nelson Rosenvald, pontuando que "sustentamos que a melhor interpretação para o cálculo da herança do cônjuge sobrevivente, em concorrência com os descendentes, sinaliza na direção de reconhecer que, havendo bens particulares do falecido, haveria direito sucessório somente sobre os bens comuns" (*Curso...*, 2015, v. 7, p. 261). Como se pode notar, essa posição também tem adeptos na doutrina nacional.

De polêmico e tão debatido acórdão do Superior Tribunal de Justiça retira-se a exposição dessa divergência, levada para caso concreto envolvendo a união estável. Como se verá, o aresto acabou por adotar a corrente seguida por Maria Berenice Dias, apesar de citar que essa seria uma *quarta corrente*.

Na verdade, a terceira corrente citada no *decisum* não existe, pois, na comunhão parcial, somente haverá direito sucessório do cônjuge se ele tiver deixado bens particulares, não residindo qualquer polêmica a respeito de tal ponto. Vejamos o resumo da ementa desse controverso acórdão do Tribunal da Cidadania:

"(...). A regra do art. 1.829, I, do CC/2002, que seria aplicável caso a companheira tivesse se casado com o *de cujus* pelo regime da comunhão parcial de bens, tem interpretação muito controvertida na doutrina, identificando-se três correntes de pensamento sobre a matéria: (i) a primeira, baseada no Enunciado n. 270 das Jornadas de Direito Civil, estabelece que a sucessão do cônjuge, pela comunhão parcial, somente se dá na hipótese em que o falecido tenha deixado bens particulares, incidindo apenas sobre esses bens; (ii) a segunda, capitaneada por parte da doutrina, defende que a sucessão na comunhão parcial também ocorre apenas se o *de cujus* tiver deixado bens particulares, mas incide sobre todo o patrimônio, sem distinção; (iii) a terceira defende que a sucessão do cônjuge, na comunhão parcial, só ocorre se o falecido não tiver deixado bens particulares. (...). É possível encontrar, paralelamente às três linhas de interpretação do art. 1.829, I, do CC/2002, defendidas pela doutrina, uma quarta linha de interpretação, que toma em consideração a vontade manifestada no momento da celebração do casamento, como norte para a interpretação das regras sucessórias. Impositiva a análise do art. 1.829, I, do CC/2002, dentro do contexto do sistema jurídico, interpretando o dispositivo em harmonia com os demais que enfeixam a temática, em atenta observância dos princípios e diretrizes teóricas que lhe dão forma, marcadamente, a dignidade da pessoa humana, que se espraia, no plano da livre manifestação da vontade humana, por meio da autonomia privada e da consequente autorresponsabilidade, bem como da confiança legítima, da qual brota a boa-fé; a eticidade, por fim, vem complementar o sustentáculo principiológico que deve delinear os contornos da norma jurídica. Até o advento da Lei n.º 6.515/1977 (Lei do Divórcio), vigeu no Direito brasileiro, como regime legal de bens, o da comunhão universal, no qual o cônjuge sobrevivente não concorre à herança, por já lhe ser conferida a meação sobre a totalidade do patrimônio do casal; a partir da vigência da Lei do Divórcio, contudo, o regime legal de bens no casamento passou a ser o da comunhão parcial, o que foi referendado pelo art. 1.640 do CC/2002. Preserva-se o regime da comunhão parcial de bens, de acordo com o postulado da autodeterminação, ao contemplar o cônjuge sobrevivente com o direito à meação, além da concorrência hereditária sobre os bens comuns, mesmo que haja bens particulares, os quais, em qualquer hipótese, são partilhados apenas entre os descendentes. Recurso especial improvido" (STJ, REsp 1.117.563/SP, 3.ª Turma, Rel. Min. Nancy Andrighi, j. 17.12.2009, *DJe* 06.04.2010).

O raciocínio foi desenvolvido em outro julgamento superior, de mesma relatoria, mas aplicado especificamente a casamento contraído pela comunhão parcial de bens. Vejamos:

"Direito civil. Recurso especial. Inventário. Cônjuge supérstite casado com o *de cujus* pelo regime da comunhão parcial de bens. Herança composta de bens particulares e bem comum. Herdeiro necessário. Concorrência com os descendentes. Artigos analisados: 1.658, 1.659, 1.661, e 1.829, I, do CC/2002. 1. Inventário distribuído em 24.01.2006, do qual foi extraído o presente recurso especial, concluso ao Gabinete em 27.05.2013. 2. Cinge-se a controvérsia a definir se o cônjuge supérstite, casado com o falecido pelo regime da comunhão parcial de bens, concorre com os descendentes dele na partilha dos bens particulares. 3. No regime da comunhão parcial, os bens exclusivos de um cônjuge não são partilhados com o outro no divórcio e, pela mesma razão, não o devem ser após a sua morte, sob pena de infringir o que ficou acordado entre os nubentes no momento em que decidiram se unir em matrimônio. Acaso a vontade deles seja a de compartilhar todo o seu patrimônio, a partir do casamento, assim devem instituir em pacto antenupcial. 4. O fato de o cônjuge não concorrer com os descendentes na partilha dos bens particulares do *de cujus* não exclui a possibilidade de qualquer dos consortes, em vida, dispor desses bens por testamento, desde que respeitada a legítima, reservando-os ou parte deles ao sobrevivente, a fim de resguardá-lo acaso venha a antes dele falecer. 5. Se o espírito das mudanças operadas no CC/2002 foi evitar que um cônjuge fique ao desamparo com a morte do outro, essa celeuma não se resolve simplesmente atribuindo-lhe participação na partilha apenas dos bens particulares, quando houver, porque podem eles ser insignificantes, se comparados aos bens comuns existentes e amealhados durante toda a vida conjugal. 6. Mais justo e consentâneo com a preocupação do legislador é permitir que o sobrevivente herde, em concorrência com os descendentes, a parte do patrimônio que ele próprio construiu com o falecido, não lhe tocando qualquer fração daqueles outros bens que, no exercício da autonomia da vontade, optou – seja por não ter elegido regime diverso do legal, seja pela celebração do pacto antenupcial – por manter incomunicáveis, excluindo-os expressamente da comunhão. 7. Recurso especial conhecido em parte e parcialmente provido" (STJ, REsp 1.377.084/MG, 3.ª Turma, Rel. Min. Nancy Andrighi, j. 08.10.2013, *DJe* 15.10.2013).

Podem ser encontrados julgados estaduais que seguiam essa orientação, supostamente por ser até então a majoritária em sede daquela Corte Superior. Assim deduzindo:

"Sucessão. Cônjuge supérstite. Meação. Concorrência sucessória. Regime da comunhão parcial de bens. Descendentes. Sobrepartilha. Meação. Bens comuns. Bens particulares. Exclusão. Precedente do STJ. Inobstante as celeumas que se formaram em torno da concorrência sucessória, disciplinada pelo art. 1.829, I, do Código Civil, entre o cônjuge supérstite, casado com o falecido pelo regime da comunhão parcial de bens, e os descendentes do autor da herança, o STJ fixou o entendimento de que a sucessão, por ser uma projeção do regime patrimonial vigente na vida do casal, incide justamente sobre os bens comuns e não sobre os particulares" (TJMG, Apelação Cível 1.0024.03.040496-6/001, Rel. Des. Selma Marques, j. 03.09.2013, *DJEMG* 13.09.2013).

"Agravo de instrumento. Ação de inventário. Art. 1829, I, do Código Civil. Cônjuge sobrevivente. Bens particulares. Ausência de direito sucessório. 1. A regra do art. 1.829, I, do CC/02, tem interpretação muito controvertida na doutrina, identificando-se três correntes de pensamento sobre a matéria: 1.ª) que a sucessão do cônjuge, pela comunhão parcial, somente se dá na hipótese em que o falecido tenha deixado bens particulares, incidindo apenas sobre esses bens; 2.ª) que a sucessão na comunhão parcial também ocorre apenas se o *de cujus* tiver deixado bens particulares, mas incide sobre todo o patrimônio, sem distinção; 3.ª) que a sucessão do cônjuge, na comunhão parcial, só ocorre se o falecido não tiver deixado bens particulares. 2. No regime da comunhão parcial de bens, o cônjuge sobrevivente tem direito à meação, além da concorrência hereditária sobre os bens comuns, mesmo que haja bens particulares, os quais, em qualquer hipótese, são partilhados apenas entre os descendentes (precedentes do STJ). Agravo provido" (TJGO, Agravo de Instrumento 335623-46.2011.8.09.0000, Edeia, Rel. Des. Carlos Escher, *DJGO* 03.05.2012, p. 236).

Apesar do devido respeito a essa forma de pensar, sempre entendi que ela confunde meação com sucessão, ao projetar, para a última, aquilo que foi planejado pelos cônjuges em relação ao regime de bens. Em outras palavras, haveria um baralhamento entre a autonomia privada e a morte do *de cujus, entre meação e herança.* Por isso, sempre reafirmei a posição da primeira corrente, no sentido de que a concorrência somente deveria se dar somente quanto aos bens particulares na comunhão parcial.

Esse anterior e criticado entendimento superior acabou por ser superado pelo Tribunal da Cidadania em 2015, consolidando-se a posição majoritária da doutrina, no sentido de que a concorrência do cônjuge, no regime da comunhão parcial de bens, diz respeito aos bens particulares, aqueles que não fazem parte da meação. Vejamos a publicação da ementa, prolatada em sede de incidente de recursos repetitivos pela Segunda Seção do STJ:

"Recurso especial. Civil. Direito das sucessões. Cônjuge sobrevivente. Regime de comunhão parcial de bens. Herdeiro necessário. Existência de descendentes do cônjuge falecido. Concorrência. Acervo hereditário. Existência de bens particulares do *de cujus*. Interpretação do art. 1.829, I, do Código Civil. Violação ao art. 535 do CPC. Inexistência. (...). 2. Nos termos do art. 1.829, I, do Código Civil de 2002, o cônjuge sobrevivente, casado no regime de comunhão parcial de bens, concorrerá com os descendentes do cônjuge falecido somente quando este tiver deixado bens particulares. 3. A referida concorrência dar-se-á exclusivamente quanto aos bens particulares constantes do acervo hereditário do 'de cujus'. 4. Recurso especial provido" (STJ, REsp 1.368.123/SP, 2.ª Seção, Rel. Min. Sidnei Beneti, Rel. p/ Acórdão Ministro Raul Araújo, j. 22.04.2015, *DJe* 08.06.2015).

Diante dessa consolidação de julgamento, a última decisão trouxe maior estabilidade na análise do tema, sanando a grande divergência que se instaurou nos últimos anos. Como é notório, as decisões prolatadas pelo Superior Tribunal de Justiça em sede de recursos repetitivos ou em pacificação das questões divergentes, notadamente pela sua Segunda Seção (em matéria de Direito Privado), têm força vinculativa para os advogados (art. 332, inciso III, do CPC/2015); e para os juízes de primeira e segunda instância (art. 489, § 1.º, inciso VI, do CPC/2015). Essa conclusão aplica-se também ao companheiro, diante da decisão do STF, de equiparação sucessória das duas entidades familiares e inclusão do convivente no inciso I do art. 1.829 do Código Civil. Vale lembrar, a propósito, que a comunhão parcial de bens é o regime legal também na união estável, por força do art. 1.725 da codificação privada.

Na verdade, para encerrar o estudo da concorrência na comunhão parcial, a *turbação* que sempre verificou entre as teses é até justificável, pois o próprio Código Civil relaciona a concorrência do cônjuge ao regime de bens. A confusão feita não é causada pelas mentes dos doutrinadores e julgadores, que não medem esforços para resolver os problemas que lhe são levados à análise.

A variação perigosa de pensamento jurídico e a *miríade de teorias* foram geradas pelo legislador, ao fazer a infeliz opção pela concorrência sucessória, voltando-se à crítica formulada nesta obra quanto a tal categoria introduzida pelo Código Civil de 2002.

Por isso, reafirmo, justifica-se plenamente a necessidade de alteração do presente quadro legislativo a respeito da sucessão legítima e da concorrência do cônjuge e do convivente com os descendentes, o que está sendo proposto pela Comissão de Juristas nomeada no âmbito do Senado Federal e encarregada da Reforma do Código Civil.

b) Regime da separação de bens

Outro sério problema a respeito da concorrência sucessória está relacionado ao regime da separação de bens. Ao tratar do afastamento da concorrência sucessória, o legislador utilizou a expressão *separação obrigatória*, mas mencionou, entre parênteses, o art. 1.640, parágrafo único, da codificação privada, com a seguinte redação: "poderão os nubentes, no processo de habilitação, optar por qualquer dos regimes que este código regula. Quanto à forma, reduzir-se-á a termo a opção pela comunhão parcial, fazendo-se o pacto antenupcial por escritura pública, nas demais escolhas".

Como fica claro perceber, esse último preceito não diz respeito à *separação legal* ou *obrigatória* – aquela imposta pelo art. 1.641 do Código Civil, segundo a nossa tradição civilística –, mas à *separação convencional*, decorrente de pacto antenupcial ou contrato de convivência. A separação legal ou obrigatória, nos termos da lei, é impositiva em três casos: *a)* das pessoas que se casam em inobservância das causas suspensivas do casamento, previstas no art. 1.523 da própria norma codificada; *b)* das pessoas maiores de 70 anos, tendo sido aumentada a idade anterior de 60 anos, por força da Lei 12.344/2010; *c)* das pessoas que necessitam de suprimento judicial para o casamento, caso dos menores entre a idade de 16 e 18 anos.

Eis outro grave erro do legislador, que somente causa confusão na prática, devendo ser reparado, como está sendo proposto pelo Projeto de Reforma do Código Civil.

Como desenvolvido no Volume 5 desta coleção, a jurisprudência superior tem entendido que o regime da separação obrigatória também se aplica à união estável, especialmente nos casos de companheiros com idade superior ao previsto no inciso II do art. 1.641 do CC/2002, equivalente parcial ao inciso II do art. 258 do CC/1916. Nesse sentido: "Nos moldes do art. 258, II, do Código Civil de 1916, vigente à época dos fatos (matéria atualmente regida pelo art. 1.641, II, do Código Civil de 2002), à união estável de sexagenário, se homem, ou cinquentenária, se mulher, impõe-se o regime da separação obrigatória de bens" (STJ, EREsp 1.171.820/PR, 2.ª Seção, Rel. Min. Raul Araújo, j. 26.08.2015, *DJe* 21.09.2015). Ou, ainda, por todos: "apesar do inciso II do art. 1.641 do CC/02 impor o regime da separação obrigatória de bens somente no casamento da pessoa maior de 60 anos (70 anos após a vigência da Lei n.º 12.344/2010), a jurisprudência desta egrégia Corte Superior estendeu essa limitação à união estável quando ao menos um dos companheiros contar tal idade à época do início do relacionamento" (STJ, REsp 1.383.624/MG, 3.ª Turma, Rel. Min. Moura Ribeiro, j. 02.06.2015, *DJe* 12.06.2015).

Voltando-se à essência da norma sucessória em estudo, para corrigir o que parece ser mais um *cochilo legislativo*, o antigo Projeto Ricardo Fiuza pretendia alterar a menção constante do inciso I do art. 1.829 para o art. 1.641 da própria codificação. No Projeto de Reforma do Código Civil, como visto, a proposta é mais arrojada, de se retirar do sistema a concorrência sucessória e também o próprio regime da separação obrigatória de bens.

Na linha do que sustenta a grande maioria da doutrina, nos termos da lei, não haveria concorrência sucessória somente na separação legal ou obrigatória de bens. Ao contrário, na separação convencional de bens, a concorrência sucessória está presente, pois esta não está abrangida pela exclusão que consta da parte final do art. 1.829, inciso I, da codificação privada. Esse, aliás, é o teor do Enunciado n. 270, aprovado na *III Jornada de Direito Civil,* antes transcrito, que resume como pensa a maioria dos civilistas.

Cabe pontuar que o afastamento sucessório na separação legal ou obrigatória se deve ao fato de que, nesse regime, há comunicação dos bens havidos durante o casamento, na dicção da antiga Súmula 377 do Supremo Tribunal Federal. Como está exposto no Volume 5 desta série bibliográfica, houve grande debate nos anos iniciais de vigência do Código Civil de 2002 a respeito da permanência prática ou não dessa sumular. Acabou por prevalecer a sua aplicação, o que é majoritário na doutrina e na jurisprudência superior (ver, por todos: STJ, REsp 1.199.790/MG, 3.ª Turma, Rel. Min. Vasco Della Giustina (Desembargador convocado do TJRS), j. 14.12.2010, *DJe* 02.02.2011; e REsp 736.627/PR, 3.ª Turma, Rel. Min. Carlos Alberto Menezes Direito, j. 11.04.2006, *DJ* 1.º.08.2006, p. 436).

Em anos recentes, a jurisprudência do Superior Tribunal de Justiça vinha aplicando a Súmula 377 do STF para o casamento, sem a necessidade de prova do esforço comum. Nessa linha, sem prejuízo de muitos outros arestos:

> "A partilha dos bens adquiridos na constância da sociedade conjugal, erigida sob a forma de separação legal de bens (art. 258, parágrafo único, I, do CC/1916), não exige a comprovação ou demonstração de comunhão de esforços na formação desse patrimônio, a qual é presumida, à luz do entendimento cristalizado na Súmula n. 377/STF. Precedentes do STJ. A necessidade de preservação da dignidade da pessoa humana e de outras garantias constitucionais de igual relevância vem mitigando a importância da análise estritamente financeira da contribuição de cada um dos cônjuges em ações desse jaez, a qual cede espaço à demonstração da existência de vida em comum e comunhão de esforços para o

êxito pessoal e profissional dos consortes, o que evidentemente terá reflexos na formação do patrimônio do casal" (STJ, Ag. Rg. no REsp 1.008.684/RJ, 4.ª Turma, Rel. Min. Antonio Carlos Ferreira, j. 24.04.2012, *DJe* 02.05.2012).

Poder-se-ia afirmar, assim, que a jurisprudência superior havia transformado a separação legal ou obrigatória de bens em uma comunhão parcial, havendo direito a uma meação dos bens havidos durante o casamento, independentemente da prova do esforço das partes. Havendo meação, por lógico, não há que falar em sucessão. De todo modo, sempre estive filiado à corrente de que o conteúdo da Súmula 377 não pode interferir na questão sucessória, pois diz respeito a regime de bens, não havendo menção a ela no texto legal, que apenas afasta a concorrência sucessória do cônjuge no regime da separação obrigatória de bens.

Porém, em casos relativos à união estável, o tratamento que vinha sendo dado pela jurisprudência superior era outro. O Superior Tribunal de Justiça, como antes demonstrado, vinha aplicando a imposição do regime da separação obrigatória em casos tais, como no caso da pessoa com idade superior a setenta anos. Como consequência, incidiria o teor da Súmula 377 do STF, com uma diferença, qual seja a necessidade de prova do esforço para que exista a comunicação de bens em situações tais.

Nesse sentido, é a premissa número 6, publicada na Edição n. 50 da ferramenta *Jurisprudência em Teses*, da Corte: "na união estável de pessoa maior de setenta anos (art. 1.641, II, do CC/02), impõe-se o regime da separação obrigatória, sendo possível a partilha de bens adquiridos na constância da relação, desde que comprovado o esforço comum". São citados como precedentes da tese, entre outros: STJ, EREsp 1.171.820/PR, 2.ª Seção, Rel. Min. Raul Araújo, j. 26.08.2015, *DJe* 21.09.2015; Ag. Rg. no AREsp 675.912/SC, 3.ª Turma, Rel. Min. Moura Ribeiro, j. 02.06.2015, *DJe* 11.06.2015; REsp 1.403.419/MG, 3.ª Turma, Rel. Min. Ricardo Villas Bôas Cueva, j. 11.11.2014, *DJe* 14.11.2014; REsp 1.369.860/PR, 3.ª Turma, Rel. Min. Sidnei Beneti, Rel. p/ acórdão Min. João Otávio de Noronha, j. 19.08.2014, *DJe* 04.09.2014 e REsp 646.259/RS, 4.ª Turma, Rel. Min. Luis Felipe Salomão, j. 22.06.2010, *DJe* 24.08.2010.

Nas três últimas edições desta obra, pontuava aqui a crença de que a *equalização sucessória* feita pelo emblemático julgamento do STF mudaria tal posição do STJ, que tenderia a dispensar a prova do esforço comum para que haja a comunicação dos bens havidos também durante a união estável. Isso para que a consequência sucessória fosse mantida com igualdade nos dois casos. O fundamento da tese anterior era a discrepância sucessória das duas entidades familiares, o que não existe mais.

Todavia, de forma surpreendente, o Superior Tribunal de Justiça percorreu caminho inverso, pacificando na sua Segunda Seção, em maio de 2018, que a correta interpretação da Súmula 377 do Supremo Tribunal Federal indica a necessidade de prova do esforço comum para que haja a comunicação de bens no casamento. Assim, percorreu-se o caminho da solução *do casamento para a união estável*, e não o oposto. A ementa do acórdão, que cita a minha posição exatamente na mesma linha do que restou pacificado, foi assim publicada:

> "Embargos de divergência no recurso especial. Direito de família. União estável. Casamento contraído sob causa suspensiva. Separação obrigatória de bens (CC/1916, art. 258, II; CC/2002, art. 1.641, II). Partilha. Bens adquiridos onerosamente. Necessidade de

prova do esforço comum. Pressuposto da pretensão. Moderna compreensão da Súmula 377/STF. Embargos de divergência providos. 1. Nos moldes do art. 1.641, II, do Código Civil de 2002, ao casamento contraído sob causa suspensiva, impõe-se o regime da separação obrigatória de bens. 2. No regime de separação legal de bens, comunicam-se os adquiridos na constância do casamento, desde que comprovado o esforço comum para sua aquisição. 3. Releitura da antiga Súmula 377/STF (No regime de separação legal de bens, comunicam-se os adquiridos na constância do casamento), editada com o intuito de interpretar o art. 259 do CC/1916, ainda na época em que cabia à Suprema Corte decidir em última instância acerca da interpretação da legislação federal, mister que hoje cabe ao Superior Tribunal de Justiça. 4. Embargos de divergência conhecidos e providos, para dar provimento ao recurso especial" (STJ, EREsp 1.623.858/MG, 2.ª Seção, Rel. Min. Lázaro Guimarães (Desembargador convocado do TRF 5.ª Região), j. 23.05.2018, *DJe* 30.05.2018).

Desse modo, reconhecida a força vinculativa da decisão transcrita – pelo que consta dos arts. 489 e 927 do CPC/2015, entre outros –, os Tribunais devem seguir a afirmação de incidência da Súmula 377 do STF para os casos do regime de separação obrigatória de bens, seja no casamento e na união estável, sendo necessária a prova do esforço comum para que haja a comunicação de bens, em ambos os casos. Não se trata de comunhão parcial de bens, pois nesta não se exige a prova do esforço comum para que se reconheça a meação. De todo modo, está mantida a afirmação de que a separação legal ou obrigatória não é uma *separação absoluta*, pois alguns bens se comunicam.

Feitas tais considerações, na separação convencional de bens há uma *separação absoluta de bens*, não havendo comunicação de qualquer componente do patrimônio dos envolvidos e plena liberdade em dispor sobre os bens particulares. Nesse sentido, não deixa dúvidas o art. 1.687 do Código Civil, segundo o qual, "estipulada a separação de bens, estes permanecerão sob a administração exclusiva de cada um dos cônjuges, que os poderá livremente alienar ou gravar de ônus real". Como não há meação ou qualquer outra participação do cônjuge ou do companheiro sobre os bens do outro, deve-se reconhecer a concorrência sucessória. Mantém-se a ideia antes deduzida, no sentido de que o espírito da codificação é trazer a premissa de que o cônjuge – e agora também o companheiro – ou *meia ou herda sobre os bens do falecido.*

Assim sempre pensaram e ainda pensam, por exemplo, Maria Helena Diniz (*Código...*, 2010, p. 1.296), Zeno Veloso (*Código...*, 2012, p. 2.059), Maria Berenice Dias (*Manual...*, 2011, p. 145), Carlos Roberto Gonçalves (*Direito...*, 2010, v. 7, p. 174), Carlos Alberto Dabus Maluf e Adriana Caldas Dabus Maluf (*Curso...*, 2013, p. 206-207), Euclides de Oliveira e Sebastião Amorim (*Inventário...*, 2009, p. 96). Muitos julgados anteriores seguem tal entendimento, que sempre foi tido como majoritário, podendo ser colacionados os seguintes:

> "Inventário. Viúva casada com o autor da herança no regime de separação convencional de bens. Direito à sucessão legítima em concorrência com a filha do falecido. Inteligência do artigo 1.829, I, do Código Civil. Vedação que somente ocorre, entre outras causas, se o regime de casamento for o de separação obrigatória de bens. Recurso improvido" (TJSP, Agravo de Instrumento 313.414-4/1, 3.ª Câmara de Direito Privado, Barretos, Rel. Des. Flavio Pinheiro, j. 04.11.2003).

"Agravo de instrumento. Partilha. Regime de bens. Inexistência de meação sobre bem clausulado. Regime de separação total de bens. Herança. Concorrência sucessória do cônjuge vivo com os descendentes do falecido sobre os bens particulares deixados. No casamento realizado pelo regime da separação total de bens, com pacto antenupcial, há a incomunicabilidade total dos bens anteriores e posteriores ao matrimônio. O bem doado com cláusula de incomunicabilidade não integra a meação do cônjuge, seja qual for o regime de bens. Ademais, o gravame que incide sobre o bem o torna bem particular, afastando-o da meação, admitindo-se, contudo, que sobre ele concorra na sucessão o cônjuge sobrevivente com os herdeiros descendentes, na esteira do que dispõe o artigo 1.829, inc. I, do Código Civil. Agravo desprovido" (TJRS, Agravo de Instrumento 70021504923, 8.ª Câmara Cível, Pelotas, Rel. Des. José Ataídes Siqueira Trindade, j. 11.12.2007, *DOERS* 28.12.2007, p. 20).

Essa posição – de que não há concorrência sucessória somente no regime da separação obrigatória imposta pelo art. 1.641 do CC/2002, e sim na separação convencional de bens – constava em edições anteriores desta obra, sendo igualmente seguida pelo então coautor José Fernando Simão, outro grande expoente do Direito Sucessório nacional. A posição do jurista consta também do nosso *Código Civil Comentado*, escrito em coautoria, publicado por esta mesma casa editorial. Cabe, aqui e solitariamente, reforçá-la.

O reforço é necessário diante da emergência de um polêmico entendimento anterior da jurisprudência superior, no sentido de inexistir a concorrência sucessória do cônjuge também na separação convencional de bens. Em decisão surpreendente, o Superior Tribunal de Justiça concluiu que "o regime da separação obrigatória de bens, previsto no art. 1.829, inc. I, do CC/2002, é gênero que congrega duas espécies: *(i) separação legal, (ii) separação convencional.* Uma decorre da lei e outra da vontade das partes, e ambas obrigam os cônjuges, uma vez estipulado o regime da separação de bens, à sua observância. Não remanesce, para o cônjuge casado mediante separação de bens, direito à meação, tampouco à concorrência sucessória, respeitando-se o regime de bens estipulado, que obriga as partes na vida e na morte. Nos dois casos, portanto, o cônjuge não é herdeiro necessário" (STJ, REsp 992.749/MS, 3.ª Turma, Rel. Min. Nancy Andrighi, j. 1.º.12.2009, *DJe* 05.02.2010). O julgado considerou a separação convencional de bens como *obrigatória,* pelo fato de vincular os cônjuges, em sentido diverso do que geralmente se desenvolveu na doutrina nacional, seja clássica ou contemporânea.

Na verdade, a situação fática que envolveu o julgado referia-se a uma situação peculiar, de um homem viúvo, com 51 anos de idade e graves problemas de saúde, que se casou com uma mulher de 21 anos de idade pelo regime da separação convencional de bens. Pela evidência, no caso, de um suposto *golpe do baú*, houve-se por bem desenvolver a tese exposta, a fim de afastar o direito sucessório da esposa.

O *decisum* está fundado em texto de Miguel Reale, principal idealizador da atual codificação material civil. Em artigo publicado pelo jornal *O Estado de S. Paulo*, em 12 de abril de 2003, sustenta o jurista que o art. 1.829, inciso I, do Código Civil, ao mencionar o regime da separação obrigatória de bens, disse menos do que deveria, e, portanto, também estaria excluído da concorrência com os descendentes o cônjuge casado pelo regime da separação convencional de bens.

No mesmo trabalho, Reale leciona que não concorrem, com os descendentes, os cônjuges casados pelo regime da separação de bens, seja ela obrigatória (art. 1.641 do CC) ou convencional (art. 1.687 do CC), em razão de uma interpretação sistemática do sistema privatístico. Não haveria, assim e para ele, um *cochilo legislativo* na menção que conta do art. 1.640, parágrafo único, no divergente primeiro inciso do art. 1.829. De acordo com suas lições:

> "Essa minha conclusão ainda mais se impõe ao verificarmos que, se o cônjuge casado no regime de separação de bens fosse considerado herdeiro necessário do autor da herança, estaríamos ferindo substancialmente o disposto no art. 1.687, sem o qual desapareceria todo o regime da separação de bens, em razão do conflito inadmissível entre esse artigo e o art. 1.829, I, fato que jamais poderá ocorrer numa codificação à qual é inerente o princípio da unidade sistemática (...). 'Em um Código os artigos se interpretam uns pelos outros.' Eis a primeira regra de hermenêutica jurídica estabelecida pelo jurisconsulto Jean Portalis, um dos principais elaboradores do Código Napoleão" (REALE, Miguel. *História...*, 2005, p. 229).

Carlos Alberto Dabus Maluf, Professor Titular da USP, logo em seguida a tal publicação, escreveu outro texto, discordando dessa forma de pensar de Miguel Reale, ao pontuar o seguinte:

> "Com efeito, se o próprio articulista entende que deverá haver uma alteração legislativa para deixar claro que o cônjuge casado no regime da separação convencional de bens não é herdeiro necessário, nos é lícito concluir que enquanto não ocorrer a alteração por ele proposta o cônjuge que convolou núpcias no regime da separação convencional de bens é sim herdeiro necessário. De mais a mais, a norma em debate é clara e 'in claris cessat interpretatio'. Assim concluímos que o cônjuge sobrevivente casado no regime da separação convencional de bens é herdeiro necessário, não estando abrangido pelas exceções previstas no inciso I do artigo 1.829 do Código Civil de 2002, e que só perderá ele esta condição quando ocorrer uma alteração legislativa eliminando o adjetivo 'obrigatória'" (MALUF, Carlos Alberto Dabus. *A sucessão...*, 2008).

Na minha opinião, tem total razão o último doutrinador citado, pelas palavras expostas. Consigne-se que o artigo de Miguel Reale tem origem em parecer dado pelo jurista em determinado caso concreto, o que até poderia suscitar uma quebra de parcialidade no pensamento esposado, o que é ouvido em algumas exposições. De qualquer modo, em regra, a elaboração de pareceres não pode levantar dúvidas a respeito da idoneidade do pensamento, pois as situações concretas servem muito bem para reforçar pontos de vistas e reflexões dos juristas, concretizados na prática.

Continuando-se no estudo da jurisprudência, posteriormente àquela polêmica ementa do Superior Tribunal de Justiça, surgiram alguns acórdãos estaduais seguindo essa então nova posição superior, cabendo a colação do seguinte, por todos:

> "Agravo de instrumento. Sucessões. Cônjuge supérstite casado pelo regime da separação convencional de bens. Descabimento do direito de concorrência com os descendentes na sucessão legítima. Inteligência do art. 1.829, inc. I, do Código Civil. Da análise sistemática dos dispositivos constantes do novo Código Civil se extrai que o cônjuge supérstite casado pelo regime da separação convencional de bens não possui direito à concorrência com os descendentes na sucessão legítima, com fulcro no art. 1.829, inciso I, do Código Civil. Precedente do STJ (REsp 992.749/MS), com amparo em lição de Miguel Reale. Negaram provimento. Unânime" (TJRS, Agravo de Instrumento 195882-36.2013.8.21.7000, 8.ª Câmara Cível, Porto Alegre, Rel. Des. Luiz Felipe Brasil Santos, j. 29.08.2013, *DJERS* 05.09.2013).

Na doutrina, também são encontrados autores que se perfilham a essa forma de pensar, instaurando mais uma polêmica sucessória, que poderia ser inserida na *tabela Cahali*. Para Paulo Lôbo, por exemplo, o julgado do Superior Tribunal de Justiça em análise teria conclusão perfeita. Vejamos suas lições:

> "Quando os nubentes escolhem livremente o regime de bens, mediante pacto antenupcial, ou aceitam (o que é também expressão da liberdade e da autodeterminação) o regime legal supletivo (comunhão parcial de bens), têm como um dos objetivos principais, exatamente, os efeitos da sucessão por morte. A interpretação que postula a extinção do efeito essencial do regime de separação convencional de bens (incomunicabilidade), quando for o cônjuge, esvazia de sentido lógico suas finalidades e nega respeito à liberdade de escolha e, consequentemente, ao princípio constitucional da liberdade (art. 5.º da Constituição) que é expressão do macroprincípio da dignidade da pessoa humana (art. 1.º, III, da Constituição), pois não há dignidade se a pessoa não pode organizar livremente o seu projeto de vida privada e familiar" (LÔBO, Paulo. *Direito...*, 2013, p. 136).

Na sequência, o doutrinador adota a premissa de que tanto a separação legal quanto a convencional são obrigatórias, pois obrigam os cônjuges, citando a posição de Miguel Reale.

Como argumento complementar para o afastamento da concorrência sucessória também na separação convencional, Paulo Lôbo mencionava a vedação do comportamento contraditório, a máxima *venire contra factum proprium non potest*, uma vez que "ninguém é obrigado a casar se o regime de bens lhes não convém. Portanto, a interpretação que levasse à sucessão na hipótese de regime convencional de bens levaria à legitimação da má-fé" (*Direito...*, 2013, p. 138).

Francisco José Cahali igualmente era simpático ao precedente, trazendo mais argumentos para a questão da concorrência na comunhão parcial e reafirmando sua tese a respeito da concorrência sucessória sobre todos os bens naquele regime:

> "Da nossa parte, embora com muita simpatia à inexistência de direito sucessório decorrente do casamento pelo regime da separação convencional de bens, não há como negar, e esta questão talvez tenha passado despercebida por muitos ao que festejaram aqueles precedentes, que parte do fundamento declinado – em última análise, a preservação do regime de bens, autorizará, também, a exclusão do direito sucessório quanto aos bens particulares, o regime da comunhão parcial de bens.
>
> Ora, se se quer pelo pacto de separação firmado pelo casal, a reserva ao cônjuge dos bens em seu nome titulados, e assim sua destinação exclusivamente aos descendentes após a sua morte, da mesma forma ao se optar pelo regime da comunhão parcial (escolha esta feita pelo silêncio das partes, mas no exercício de sua autonomia da vontade) igualmente se quer a reserva dos bens particulares (anteriores ao casamento, e/ou recebidos por doação ou herança), ao cônjuge e seus descendentes. E, assim, ter-se-á por esvaziado o que se contém na literalidade do art. 1.829, I, em exame: dar ao cônjuge direito sucessório sobre bens particulares" (CAHALI, Francisco José. *Direito...*, 2012, p. 195).

Cristiano Chaves de Farias e Nelson Rosenvald também entendem que a autonomia privada manifestada no pacto antenupcial deve trazer projeções para a divisão dos bens decorrente da sucessão. Sendo assim, sintetizam sua posição: "entendemos, firmemente, que as pessoas casadas no regime da separação convencional de bens não podem herdar, em concorrência com os descendentes, sob pena de afronta direta à autonomia privada e a todos os princípios garantidores da autodeterminação" (*Curso*..., 2015, v. 7, p. 253).

As premissas teóricas desenvolvidas estão bem amparadas. Contudo, com o devido respeito, a forma de julgar e doutrinar que afasta a concorrência sucessória do cônjuge na separação convencional de bens merece críticas, como sempre fizeram José Fernando Simão (*Separação*..., 2010, p. 5-19) e Zeno Veloso (*Direito*..., 2010, p. 71-72). Também da obra atualizada de Caio Mário da Silva Pereira podem ser retiradas censuras doutrinárias formuladas por Carlos Roberto Barbosa Moreira, que denomina o julgado superior em estudo como *infeliz* (*Instituições*..., 2012, v. VI, p. 132). Na mesma linha, escrevem Pablo Stolze Gagliano e Rodolfo Pamplona Filho que "trata-se de uma argumentação bem-intencionada, que busca sanar a incoerência legislativa, mas que, data vênia, não se afigura a mais adequada" (*Novo Curso*..., 2014, v. 7, p. 221).

A principal crítica se refere ao fato de o julgado ignorar a norma jurídica de regência, bem como todo o tratamento doutrinário referente às categorias da separação legal e da separação convencional de bens, sendo apenas a primeira a *obrigatória*, imposta pela lei. Mais uma vez há o equívoco de se confundir a meação com a sucessão, o que não pode ser admitido. Some-se a constatação pela qual o acórdão supostamente solucionou um caso concreto, mas criou problemas para tantos outros, pela incerteza que gerou. Em suma, como sempre afirmou Zeno Veloso, esperava-se que tal forma de conclusão permaneça sozinha e isolada (*Direito*..., 2010, p. 72).

Merece relevo o fato de que os ensinamentos acima foram adotados pela 2.ª Câmara de Direito Privado do Tribunal de Justiça do Estado de São Paulo, em decisão do final do ano de 2011, que afasta a concorrência sucessória do cônjuge no regime da separação convencional de bens, julgando como equivocada a decisão do Superior Tribunal de Justiça. O acórdão foi assim ementado:

> "Agravo de instrumento. Inventário. Decisão que declarou que o cônjuge supérstite não é herdeiro nem meeiro. Viúva que foi casada com o autor da herança pelo regime da separação convencional. Decisão que contraria a lei, em especial os artigos 1.845 e 1.829 do Código Civil. Decisão reformada. Agravo provido" (TJSP, Agravo de Instrumento 0007645-96.2011, Comarca: São Paulo, Rel. Des. José Carlos Ferreira Alves, j. 04.10.2011).

Outros arestos do mesmo Tribunal de Justiça de São Paulo se seguiram, citando esse precedente anterior e a minha posição constante em outra obra jurídica, com base em Simão e Veloso (TARTUCE, Flávio. *Manual*..., 2010, volume único). Assim, os julgamentos da 4.ª Câmara de Direito Privado nos Agravos de Instrumento 0080738-58.2012.8.26.0000 e 0265463-22.2011.8.26.0000, ambos de relatoria do Desembargador Milton Paulo de Carvalho Filho, e julgados em 2012. Na mesma esteira, não considerando o novel entendimento superior, dos Tribunais de Justiça de Minas Gerais e do Rio Grande do Sul:

> "Agravo de instrumento. Inventário. Direitos sucessórios. Cônjuge sobrevivente. Regime da separação convencional de bens. Artigos 1.829, inciso I, e 1.845, ambos do CC/2002. Interpretação. Cônjuge como herdeiro legítimo e necessário, em concorrência com os herdeiros do autor da herança. Habilitação no inventário. Necessidade. A mais adequada interpretação, no que respeita à separação convencional de bens, é aquela que entende ter

o cônjuge direitos sucessórios em concorrência com os herdeiros do autor da herança, sendo essa, de resto, a interpretação literal e lógica do próprio dispositivo. Soma-se a isso o fato de que o direito à meação não se confunde com o direito à sucessão" (TJMG, Agravo de Instrumento 1.0701.13.009162-5/001, Rel. Des. Geraldo Augusto de Almeida, j. 03.12.2013, *DJEMG* 12.12.2013).

"Agravo regimental. Agravo interno. Decisão monocrática. Agravo de instrumento. Inventário. Ordem de vocação hereditária. Concorrência do cônjuge supérstite com o filho. Cabimento. 1. Comporta decisão monocrática o recurso que versa sobre matéria já pacificada no tribunal de justiça. Inteligência do art. 557 do CPC. 2. A Lei que rege a capacidade sucessória é aquela vigente no momento da abertura da sucessão. Inteligência dos art. 1.787 do CCB. 3. Tendo o casamento sido realizado pelo regime da separação convencional de bens, a cônjuge supérstite deve ser chamada para suceder, concorrendo com o filho do casal aos bens deixados pelo falecido. 4. Se a cônjuge supérstite cedeu os seus direitos hereditários à irmã do falecido, é descabida a exclusão da cessionária do processo de inventário. Inteligência do art. 1.829, inc. I, do CCB. Recurso desprovido" (TJRS, Agravo Regimental 212228-62.2013.8.21.7000, 7.ª Câmara Cível, Porto Alegre, Rel. Des. Sérgio Fernando de Vasconcellos Chaves, j. 17.07.2013, *DJERS* 22.07.2013).

Por bem, e de forma correta, ao final de 2014, a Terceira Turma do Superior Tribunal de Justiça seguiu essa mesma lógica, ao concluir pela concorrência sucessória do cônjuge casado pela separação convencional de bens. Para o relator, Ministro Villas Bôas Cueva, a regra do art. 1.829, inciso I, do CC/2002 é norma de ordem pública, que não pode ser contrariada pelas partes, não tendo sido a separação convencional arrolada entre as exceções de não concorrência (Recurso Especial 1.472.945/RJ, j. 23.10.2014, publicado em 19.11.2014).

Em 2015, a Segunda Seção do Tribunal da Cidadania acabou por consolidar o seu entendimento pela presença da concorrência sucessória no regime da separação convencional de bens, estabilizando também essa divergência, que foi pacificada. Conforme aresto publicado no *Informativo* n. *562* da Corte, com citação à nossa posição doutrinária:

"No regime de separação convencional de bens, o cônjuge sobrevivente concorre na sucessão *causa mortis* com os descendentes do autor da herança. Quem determina a ordem da vocação hereditária é o legislador, que pode construir um sistema para a separação em vida diverso do da separação por morte. E ele o fez, estabelecendo um sistema para a partilha dos bens por *causa mortis* e outro sistema para a separação em vida decorrente do divórcio. Se a mulher se separa, se divorcia, e o marido morre, ela não herda. Esse é o sistema de partilha em vida. Contudo, se ele vier a morrer durante a união, ela herda porque o Código a elevou à categoria de herdeira. São, como se vê, coisas diferentes. Ademais, se a lei fez algumas ressalvas quanto ao direito de herdar em razão do regime de casamento ser o de comunhão universal ou parcial, ou de separação obrigatória, não fez nenhuma quando o regime escolhido for o de separação de bens não obrigatório, de forma que, nesta hipótese, o cônjuge casado sob tal regime, bem como sob comunhão parcial na qual não haja bens comuns, é exatamente aquele que a lei buscou proteger, pois, em tese, ele ficaria sem quaisquer bens, sem amparo, já que, segundo a regra anterior, além de não herdar (em razão da presença de descendentes) ainda não haveria bens a partilhar. Essa, aliás, é a posição dominante hoje na doutrina nacional, embora não uníssona. No mesmo sentido, caminha o Enunciado n. 270 do CJF, aprovado na *III Jornada de Direito Civil*, ao dispor que: 'O art. 1.829, inc. I, só assegura ao cônjuge sobrevivente o direito de concorrência com os descendentes do autor da herança quando casados no regime da separação convencional de bens ou, se casados nos regimes da comunhão parcial ou participação final nos aquestos, o falecido possuísse bens particulares, hipóteses em que a concorrência se restringe a tais bens, devendo os bens comuns (meação) ser partilhados exclusivamente entre os descendentes'. Ressalta-se ainda que o art. 1.829, I, do CC, ao elencar os regimes de bens nos quais não há concorrência entre cônjuge supérstite e descendentes do falecido, menciona o da separação obrigatória e faz constar entre parênteses o art. 1.640, parágrafo único. Significa dizer que a separação obrigatória a que alude o dispositivo é aquela prevista no artigo mencionado entre parênteses. Como registrado na doutrina, a menção ao art. 1.640 constitui equívoco a ser sanado. Tal dispositivo legal não trata da questão. A referência correta é ao art. 1.641, que elenca os casos em que é obrigatória a adoção do regime de separação. Nessas circunstâncias, uma única conclusão é possível: quando o art. 1.829, I, do CC diz separação obrigatória, está referindo-se apenas à separação legal prevista no art. 1.641, cujo rol não inclui a separação convencional. Assim, de acordo com art. 1.829, I, do CC, a concorrência é afastada apenas quanto ao regime da separação legal de bens prevista no art. 1.641 do CC, uma vez que o cônjuge, qualquer que seja o regime de bens adotado pelo casal, é herdeiro necessário (art. 1.845 do CC). Precedentes citados: REsp 1.430.763/SP, 3.ª Turma, *DJe* 02.12.2014; e REsp 1.346.324/SP, 3.ª Turma, *DJe* 02.12.2014" (STJ, REsp 1.382.170/SP, Rel. Min. Moura Ribeiro, Rel. para acórdão Min. João Otávio de Noronha, j. 22.04.2015, *DJe* 26.05.2015).

Portanto, eis outra divergência que foi supostamente pacificada em sede da jurisprudência superior, seguindo os julgadores, por bem, a posição majoritária da doutrina brasileira. Reitere-se que, pelo CPC/2015, tal posição vincula os advogados (art. 332, inciso III) e os julgadores de primeira e segunda instância (art. 489, § 1.º, inciso VI).

De qualquer maneira, toda essa divergência anterior demonstra novamente a confusão instaurada pela concorrência sucessória do cônjuge, agora incidente também para o companheiro ou convivente, surgindo, mais uma vez, fortes argumentos para a sua extinção e volta ao sistema anterior, simples e direto, sem a concorrência, como está sendo proposto pelo Projeto de Reforma do Código Civil, elaborado pela Comissão de Juristas nomeada no âmbito do Senado Federal. Acrescento que, de fato, causa perplexidade perante a sociedade o fato de que a escolha do regime da separação convencional de bens, em que nada se comunica em vida, gera a concorrência sucessória do cônjuge sobrevivente com os descentes do falecido no caso de sua morte.

O *caos jurídico* é percebido no tratamento da sucessão legítima, o que ainda será confirmado por outros tópicos deste capítulo. Em complemento, como bem sinaliza Francisco Cahali, "pouco clara, mas compreensível em sua literalidade, a exegese do artigo 1.829 em exame, porém, agita estudiosos e magistrados, instiga o debate e, então, faz emergir posições antagônicas. Assim, cria uma total insegurança ao destinatário da norma, pois não se sabe qual a posição que irá prevalecer. Aliás, como se verá, a mesma insegurança se tem na sucessão decorrente da união estável" (CAHALI, Francisco. *Direito...*, 2012, p. 192-193). Essa insegurança justifica plenamente a mudança do sistema legal ora em vigor.

Para encerrar o tópico, há outra questão que traz ainda mais argumentos para a mudança do sistema sucessório brasileiro, surgida em 2024, com o julgamento do Supremo Tribunal Federal a respeito da inconstitucionalidade do art. 1.641, inc. II, do Código Civil, que impõe ao maior de setenta anos o regime da separação obrigatória de bens.

Pois bem, em outubro de 2022, o Supremo Tribunal Federal reconheceu repercussão geral a respeito dessa afirmação de inconstitucionalidade do art. 1.641, inc. II, do Código Civil, o que se deu nos autos do Agravo no Recurso Extraordinário 1.309.642/SP, com a Relatoria do Ministro Luis Roberto Barroso (Tema n. 1.236).

Em 1.º de fevereiro de 2024, logo na volta das atividades da Corte após o recesso, a questão acabou por ser julgada, concluindo o Tribunal, de forma unânime, que o regime da separação obrigatória de bens nos casamentos e uniões estáveis envolvendo pessoas com mais de setenta anos pode ser alterado pela vontade das partes, pelo exercício da autonomia privada, desde que seja feito por escritura pública, a ser lavrada no Tabelionato de Notas.

De forma totalmente surpreendente, portanto, em afirmação não defendida por qualquer doutrinador de que se tenha notícia ou por qualquer Tribunal Brasileiro, inclusive no Superior Tribunal de Justiça, o Supremo Tribunal Federal inaugurou a tese segundo a qual o art. 1.641, inc. II, do Código Civil é norma dispositiva ou de ordem privada – e não norma cogente ou de ordem pública, como antes se sustentava de forma unânime –, podendo ser afastada por convenção entre as partes.

Apesar da afirmação dos Ministros, quando do julgamento, no sentido de que manter essa obrigatoriedade da separação legal de bens desrespeitaria o direito de autodeterminação das pessoas idosas, a verdade é que não se declarou inconstitucional o preceito, como parte considerável da doutrina entendia, fazendo que a norma continue em plena vigência no ordenamento jurídico brasileiro.

Com o devido respeito – aos julgadores e aos que *cantaram vitória* com o *decisum*, em prol da liberdade –, entendo que, por continuar a ser a regra geral no nosso sistema civil, a vontade das pessoas idosas continua sendo aviltada. De todo modo, há possibilidade de se afastar a previsão extrajudicialmente pela escritura pública, lavrada em Tabelionato de Notas, o que está na contramão da tendência de redução das burocracias para os atos existenciais familiares, percebida, por exemplo, com a entrada em vigor da Lei n. 14.382/2022, conhecida como Lei do SERP (Sistema Eletrônico de Registros Públicos). Sem falar que, pelos seus custos, a escritura pública não é acessível para grande parte da população.

A Corte também entendeu que, além da opção da escritura pública, as pessoas acima dos setenta anos que sejam casadas ou vivam em união estável até a data do julgamento podem alterar o regime de bens por meio de uma ação judicial, nos termos do art. 1.639, § 2.º, do Código Civil e do art. 734 do Código de Processo Civil, o que até já era admitido por alguns julgados anteriores, expostos no Volume 5 desta coleção.

Em todos os casos, a alteração produzirá efeitos patrimoniais apenas para o futuro, ou seja, efeitos *ex nunc*, e não *ex tunc*. Nesse contexto, para os casamentos e uniões estáveis firmados antes do julgamento, as partes podem manifestar imediatamente – perante o juiz ou o Tabelião – a sua vontade de mudança para outro regime, caso da comunhão parcial, por exemplo, que é o adotado pela grande maioria da população brasileira.

Quanto à modulação dos efeitos da decisão, julgou-se que, em respeito à segurança jurídica, ela somente passa a valer para os casos futuros, sem afetar os processos de herança ou divisão de bens que já estejam em andamento. Foi incluída na decisão do Ministro Relator a seguinte ressalva: "a presente decisão tem efeitos prospectivos, não afetando as situações jurídicas já definitivamente constituídas". Ao final, a tese de repercussão geral fixada para o Tema n. 1.236, para os fins de atingir todos os processos judiciais em curso e os futuros, de todas as instâncias, e até eventual mudança da lei, foi a seguinte: "nos casamentos e uniões estáveis envolvendo pessoa maior de 70 anos, o regime de separação de bens previsto no artigo 1.641, II, do Código Civil, pode ser afastado por expressa manifestação de vontade das partes mediante escritura pública".

Como já adiantei, trata-se de uma conclusão inédita, não encontrada nas páginas da doutrina e em outros julgados, porque até aqui se afirmou que a separação do maior de setenta anos era *totalmente obrigatória*, sem a possibilidade de convenção em contrário, por ser o art. 1.641, inc. II, do Código Civil norma cogente ou de ordem pública. Como separação obrigatória entende-se algo *peremptório*, que não admite escolhas, que não oferece opções para as partes, que não aceita outros caminhos de planejamento ou convenção pelos consortes ou conviventes, excluindo totalmente o exercício da autonomia privada.

Entendo que o Supremo Tribunal Federal passou a dizer que não há mais, no caso do art. 1.641, inc. II, do Código Civil, uma *separação realmente obrigatória*, pois, muito além da possibilidade de se alterar o regime de bens por meio de uma ação judicial, as partes podem afastar o regime e escolher outro por meio de uma escritura pública. Não se pode negar, portanto, que a separação de bens do maior de setenta anos deixou de ser uma *separação obrigatória*. Passou a ser uma *separação legal*, mas obrigatória não é mais, uma vez que as partes podem convencionar em sentido contrário, afastando a previsão.

Sendo assim, passa-se a haver no sistema civilístico duas separações legais: a *obrigatória* - prevista nos incisos I e III do art. 1.641 do Código Civil; e a *não obrigatória* - que está no inciso II do mesmo dispositivo, para os maiores de setenta anos. Além disso, existem agora *dois regimes legais* ou supletivos, na ausência de previsão em sentido contrário em pacto antenupcial ou contrato de convivência, e com a possibilidade de serem afastados por escritura pública.

Para as pessoas em geral, esse regime é o da comunhão parcial de bens, como está no art. 1.640 do Código Civil - para o casamento - e no art. 1.725 do Código Civil - para a união estável. Para as pessoas maiores de setenta anos, o regime que vale como regra geral é a separação legal de bens, na linha do que foi definido pelo Supremo Tribunal Federal, em seu julgamento.

A existência de dois regimes legais confirma o meu entendimento anterior de contínuo aviltamento à vontade dos maiores de setenta anos. Parece-me que a nova decisão, portanto, altera a nossa realidade jurídica a respeito do tema, devendo a matéria ser repensada pelas Cortes Brasileiras e pela doutrina, em *dois aspectos principais* que trago para debate, sem prejuízo de outros que poderão surgir no futuro.

O primeiro deles diz respeito à Súmula n. 377 do Supremo Tribunal Federal, que, como visto, remonta ao ano de 1963 e segundo a qual, "no regime de separação legal de bens, comunicam-se os adquiridos na constância do casamento". Como visto, na interpretação que hoje predomina no Superior Tribunal de Justiça, a sumular somente tem incidência para a divisão dos bens havidos pelo esforço comum, seja no casamento, seja na união estável (STJ, EREsp 1.623.858/MG, 2.ª Seção, Rel. Min. Lázaro Guimarães (Desembargador convocado do TRF 5.ª Região), *DJe* 30.05.2018; e Súmula n. 655 do STJ).

Ora, o que sempre fundamentou a permanência da Súmula n. 377 do Supremo Tribunal Federal no sistema após a entrada em vigor do Código Civil de 2002 foi a conclusão de se tratar de uma *separação obrigatória, peremptória*, regida por norma cogente ou de ordem pública, sem a possibilidade de se estabelecer o contrário. Foi justamente por isso, e pela vedação do enriquecimento sem causa, que me alinhei aos doutrinadores que defenderam a permanência da sumular no nosso ordenamento jurídico, o que gerou as decisões posteriores do Tribunal da Cidadania.

Com a decisão do STF no seu Tema n. 1.236 de repercussão geral, esse pilar do sistema é alterado, pois, se há a possibilidade de as partes com idade superior a setenta anos preverem ou convencionarem o contrário da separação de bens, escolhendo outro regime, ou alterarem o regime judicialmente, não há que se falar mais em aplicação da sumular, pois ela era justificada pela falta de opções de outros caminhos de escolha aos cônjuges ou conviventes. Se essa posição não prevalecer na jurisprudência, é preciso, ao menos, que as Cortes Brasileiras, especialmente o STJ, debatam e digam se isso foi alterado ou não.

Em outras palavras, é preciso que o Tribunal da Cidadania analise se houve ou não a superação do seu entendimento anterior pacificado, o chamado *overruling*, nos termos da parte final do art. 489, § 1.º, inc. VI, do Código de Processo Civil, segundo o qual "não se considera fundamentada qualquer decisão judicial, seja ela interlocutória, sentença ou acórdão, que: (...) deixar de seguir enunciado de súmula, jurisprudência ou precedente invocado pela parte, sem demonstrar a existência de distinção no caso em julgamento ou a superação do entendimento".

Para tanto, a propósito, o próprio Tribunal poderá realizar audiências públicas com a oitiva de especialistas sobre a temática, como está no art. 927, § 2.º, do próprio Estatuto Processual: "a alteração de tese jurídica adotada em enunciado de súmula ou em julgamento de casos repetitivos poderá ser precedida de audiências públicas e da participação de pessoas, órgãos ou entidades que possam contribuir para a rediscussão da tese".

Ora, se o quadro fático e jurídico que criou e consolidou o sistema anterior de precedentes e a jurisprudência a respeito da temática - com a aplicação da Súmula n. 377 do STF, o julgamento do EREsp 1.623.858/MG pelo STJ e a sua Súmula n. 655 - foram alterados com a nova decisão da Corte Suprema com o que foi prolatado no Tema 1.236, é mais do que necessário rever as balizas anteriores e discutir novamente o assunto, a fim de se manter a jurisprudência estável, íntegra e coerente, como impõe o art. 926 do Código de Processo Civil.

Reitero que a jurisprudência brasileira, sobretudo do Superior Tribunal de Justiça, precisa dizer novamente se a Súmula n. 377 ainda é aplicável, mesmo com a possibilidade de afastamento do regime de separação por escritura pública ou por uma ação judicial de mudança do regime de bens.

A *segunda questão* de relevo, esta fundamental para esta obra, diz respeito à sucessão hereditária, sobretudo quanto à concorrência dos descendentes com o cônjuge ou convivente do falecido, nos termos da correta interpretação do art. 1.829, inc. I, do vigente Código Civil.

Como foi aqui exposto, é afastada a concorrência sucessória dos descendentes com o cônjuge ou convivente do *de cujus* no "regime da separação obrigatória de bens". Porém, como defendi, com a decisão do STF não há mais uma autêntica *separação obrigatória* no caso do inciso II do art. 1.641, pois os cônjuges ou conviventes podem convencionar em sentido contrário, o que traz a conclusão pela concorrência em casos tais, assim como se dá na separação convencional de bens e como restou decidido pela Segunda Seção do Superior Tribunal de Justiça e aqui foi exposto (STJ, REsp 1.382.170/SP, 2.ª Seção, Rel. Min. Moura Ribeiro, Rel. p/ Acórdão Min. João Otávio de Noronha, j. 22.04.2015, *DJe* 26.05.2015).

Sendo assim, entendo que esse tema também deverá ser revisto pela jurisprudência do Superior Tribunal de Justiça, sobretudo porque não havia essa opção de convencionar ao contrário antes do novo julgamento do Supremo Tribunal Federal.

Por tudo o que foi exposto e desenvolvido, não se pode negar que a nova decisão do Supremo Tribunal Federal intensifica as razões da proposta de Reforma do Código Civil sobre o tema, ora em discussão que, como já adiantado, propõe a extinção do regime da separação obrigatória de bens, em todas as suas modalidades

Desde o início dos debates, houve propostas nesse sentido das Subcomissões de Direito de Família, de Direito Contratual e de Direito das Sucessões nomeadas no âmbito do Senado Federal. Sem dúvidas que seria mais fácil para o nosso trabalho que a separação obrigatória do maior de setenta anos tivesse sido retirada do sistema por julgamento do STF, no seu Tema n. 1.236, assim como ocorreu com a separação judicial (Tema n. 1.053). De todo modo, não tendo sido esse o caminho adotado pela Suprema Corte, a Relatoria-Geral, formada pela Professora Rosa Maria de Andrade Nery e por mim, levou para os debates finais *duas propostas* para votação pela Comissão de Juristas.

A *primeira delas*, adotada por mim e seguindo as citadas subcomissões, era de retirada da separação obrigatória do sistema, em todas as situações, fazendo que as questões relativas a eventuais fraudes fossem resolvidas pelos institutos da Teoria Geral do Direito Civil, e de acordo com as peculiaridades do caso concreto, sem sacrificar a vontade de todas as pessoas com idade superior a setenta anos. Dito de outro modo, não seria possível afastar a manifestação de vontade da sociedade brasileira, pelo argumento da fraude, problema que atinge a minoria da população brasileira. Como pontuado, na proposta que prevaleceu e para os fins de uma necessária proteção sem se restringir a autonomia privada, foi mantida e até ampliada, ademais, a hipoteca legal em favor dos filhos, sobre os imóveis do pai ou da mãe que passar a outras núpcias ou estabelecer união estável, antes de fazer o inventário do casal anterior (art. 1.489, inc. II, e atual art. 1.523, inc. I, do Código Civil).

A *segunda proposta*, da Professora Rosa Maria de Andrade Nery, era no sentido de retirar a imposição do regime da separação obrigatória de bens para a pessoa com idade superior aos setenta anos, mantendo-se apenas para as atuais previsões do art. 1.641, incs. I e III, presente uma causa suspensiva do casamento e no caso de pessoas que dependem de suprimento judicial para se casarem. Também se visava a um novo art. 1.641-A na codificação privada, prevendo que "é vedado o regime da comunhão universal de bens no casamento ou na união estável para os maiores de 80 anos, que tenham herdeiros necessários".

Entre as duas proposições, acabou prevalecendo, por voto da maioria dos membros da Comissão de Juristas e pelo *espírito democrático* que guiou os nossos trabalhos, a primeira delas, mais simples e menos limitativa da liberdade, retirando-se do nosso sistema, definitivamente, o regime da separação obrigatória de bens, e revogando-se expressamente o art. 1.641 do CC/2002.

Caberá, agora, ao Parlamento Brasileiro, dentro do regime democrático, decidir entre o sistema atual e o caminho que por nós foi proposto - ou mesmo um outro -, sendo certo que a temática representa um dos maiores desafios do Direito de Família e do Direito das Sucessões na atualidade, não tendo encontrado a necessária estabilidade nos mais de vinte anos de vigência do Código Civil de 2002.

Os meus comentários doutrinários e anotações jurisprudenciais evidenciam novamente o verdadeiro *caos* existente sobre o tema em nosso País. E, ainda para os fins de justificar a nossa proposta prevalecente e com o devido respeito a quem pensa de forma contrária, debates técnicos profundos, desnecessários em muitos casos, e com questões técnicas complicadas até para os mais experientes juristas, nunca se justificaram, ainda mais quando totalmente distantes da realidade e da compreensão pela sociedade.

A grande maioria da população sequer entende o início dos debates que dizem respeito à separação obrigatória de bens, um dos assuntos mais complexos de todo o nosso sistema jurídico. Além disso, hoje, com a decisão do STF, aqueles que têm condições financeiras de arcar com uma escritura pública podem afastar o regime da separação obrigatória. Os que não têm, a grande maioria da população brasileira, não podem, o que é totalmente injusto.

Como bem justificou a Subcomissão de Direito de Família – composta por Pablo Stolze Gagliano, Maria Berenice Dias, Rolf Madaleno e pelo Ministro Marco Buzzi, grandes expoentes e especialistas no assunto do Direito Civil Brasileiro –, "o Estado precisava dar mais espaço à vontade de quem pretende autodeterminar o seu próprio destino. Suprimiu-se todo o confuso regramento do regime de participação final nos aquestos, bem como a injustificada, senão inconstitucional, separação obrigatória de bens". Ainda de acordo com eles, "foi proposta a revogação de todo o art. 1.641, com consequente ajuste redacional no art. 1.654. Com a revogação, o instituto da separação obrigatória de bens em razão da idade ou da pseudoconfusão de bens por não haver sido feita a partilha ou o inventário de um relacionamento anterior deixa de existir em nosso sistema. A normatização revogada discrimina as pessoas no tocante à sua capacidade de discernimento, apenas porque septuagenários, assim como é incoerente impor um regime obrigatório de separação de bens por supor que pudessem ser confundidos os bens da relação afetiva anterior com o novo relacionamento conjugal ou convivencial, sabido que toda classe de bens goza de fácil comprovação quanto à sua aquisição, quer se tratem de imóveis, móveis, semoventes, automóveis, depósitos e aplicações financeiras, constituições de sociedades empresárias etc.".

Faço minhas as palavras dos juristas, e espero que esse caminho, de revogação expressa do art. 1.641 e de alteração substancial do art. 1.829 do vigente Código Civil, seja o adotado pelo Congresso Nacional Brasileiro.

c) Regime da comunhão universal de bens

Na comunhão universal de bens, de acordo com o texto legislativo, não há a concorrência sucessória, uma vez que o cônjuge – e agora o companheiro que adotar tal regime por contrato de convivência – é beneficiado pela meação dos bens adquiridos durante o casamento ou união e pelos bens anteriores; e também por outros particulares do outro cônjuge ou companheiro, não se justificando que, além desse montante, receba também a herança em conjunto com os descendentes do falecido. Frise-se que esse regime era o legal para o casamento até a vigência da Lei do Divórcio (ou seja, até 26.12.1977), tendo sido a opção de muitos casais das gerações anteriores, caso dos pais e dos avós do autor deste livro.

No entanto, também nesse regime, em que se poderia supor não existir qualquer divergência, surge questão de debate, relativa à possibilidade de concorrência sucessória do cônjuge com os descendentes quanto aos bens particulares, que não se comunicam na comunhão universal, descritos no art. 1.668 do Código Civil, a saber: *a)* os bens doados ou herdados com a cláusula de incomunicabilidade e os sub-rogados em seu lugar; *b)* os bens gravados de fideicomisso e o direito do herdeiro fideicomissário, antes de realizada a condição suspensiva; *c)* as dívidas anteriores ao casamento, salvo se provierem de despesas relativas ao casamento em si, ou reverterem em proveito comum; *d)* as doações antenupciais feitas por um dos cônjuges ao outro com a cláusula de incomunicabilidade; *e)* os bens de uso pessoal, os livros e instrumentos de profissão; *f)* os proventos do trabalho pessoal de cada cônjuge, previsão que sempre merece interpretação restritiva; e *g)* as pensões, meios-soldos, montepios e outras rendas semelhantes. Anote-se, mais uma vez, que a regra agora passa a valer para os casos de união estável em que se fez a opção por tal regime.

Na linha do que já era exposto em edições anteriores deste livro, José Luiz Gavião de Almeida aponta que "é equivocada a ideia de que o cônjuge, casado pelo regime da comunhão universal de bens, sempre recebe. Por isso, o dispositivo deve ser entendido no sentido que ficará ele privado da sucessão concorrente se houver patrimônio comum. Não havendo, cabe-lhe quota na sucessão dos bens particulares do falecido" (*Código...*, 2003, v. XVIII, p. 224).

No mesmo caminho doutrinário, para Francisco José Cahali "haverá de se questionar se terá o viúvo direito sucessório, quando casado no regime da comunhão universal de bens, ou qualquer outro regime convencional, e o falecido possuir apenas bens particulares (por exemplo, gravados por cláusula de incomunicabilidade na doação ou por testamento). A coerência recomendaria seja deferida a sucessão ao cônjuge sobre os bens particulares, se a estes for restrita a herança do viúvo, a despeito da literalidade do texto ser de diverso conteúdo" (CAHALI, Francisco José. *Direito...*, 2012, p. 198).

Vale também citar os argumentos anteriores de José Fernando Simão, no sentido de existência da concorrência sucessória na comunhão universal, quanto aos bens que são incomunicáveis nesse regime: "seguindo o espírito da legislação, pelo qual em havendo meação não há concorrência com os descendentes, porque o cônjuge não estará desamparado, parece lógica a opinião dos mestres segundo a qual, se houver bem particular, apesar de o regime ser o da comunhão universal, deverá haver concorrência sucessória. A interpretação literal pela qual não haverá concorrência sobre os bens particulares torna o casamento pelo regime da comunhão universal menos protetivo aos cônjuges que o da comunhão parcial em termos de concorrência com os descendentes, conforme será demonstrado no presente capítulo" (TARTUCE, Flávio; SIMÃO, José Fernando. *Direito...*, 2013, v. 6, p. 157). Essa continua sendo a minha posição, entendimento que deve ser considerado para os devidos fins, inclusive para o companheiro ou convivente.

Em pesquisa jurisprudencial anterior não encontrei qualquer julgado aplicando as lições expostas. Apenas existem arestos que afastam a concorrência sucessória do cônjuge na comunhão universal, sem qualquer ressalva (por todos: STJ, RMS 22.684/RJ, 3.ª Turma, Rel. Min. Fátima Nancy Andrighi, j. 07.05.2007, *DJU* 28.05.2007, p. 319; TJRS, Apelação Cível 70073625667, 8.ª Câmara Cível, Rel. Ricardo Moreira Lins Pastl, j. 22.06.2017; TJSP, Agravo de Instrumento 20054318820178260000, 8.ª Câmara de Direito Privado, Rel. Pedro de Alcântara da Silva Leme Filho, j. 14.06.2017, Data de Publicação: 14.06.2017; TJGO, Apelação Cível 47104-57.2010.8.09.0051, Goiânia, Rel. Des. Luiz Eduardo de Sousa, *DJGO* 11.11.2010, p. 13; e TJMG, Apelação Cível 1.0024.04.302587-3/0011, 5.ª Câmara Cível, Belo Horizonte, Rel. Des. Mauro Soares de Freitas, j. 04.12.2008, *DJEMG* 09.01.2009).

De toda sorte, em 2024, fui consultado em um caso e emiti parecer jurídico que agora será analisado pelo Superior Tribunal de Justiça, justamente sobre essa hipótese. No âmbito do Tribunal de Justiça de São Paulo, entendeu-se pela ausência de concorrência sucessória no regime da comunhão universal nesses casos, em havendo apenas bens particulares do falecido. Vejamos a sua ementa:

> "Agravo de instrumento. Inventário. Regime de comunhão universal de bens. Imóveis particulares do de cujus gravados com cláusula de incomunicabilidade. Meação ou herança de cônjuge sobrevivente. Não cabimento. Ainda que se reconheça a distinção entre as regras de regime de bens e sucessão, há imperativo legal afastando a concorrência do cônjuge supérstite com os descentes do *de cujus*. Inteligência do art. 1.829, inciso I, do Código Civil. Recurso conhecido e provido" (TJSP, Agravo de Instrumento 2143899-22.2023.8.26.0000, Acórdão 17258516, Itapetininga, 6.ª Câmara de Direito Privado, Rel. Des. Marcia Monassi, j. 18.10.2023, *DJESP* 23.10.2023, p. 2.358).

Nos termos da minha opinião doutrinária apresentada no caso concreto, sustentei, na linha da doutrina aqui citada, a necessidade de concorrência sucessória do cônjuge sobrevivente com os descendentes do falecido quanto a esses bens particulares, únicos do falecido. Citei, como fundamento principal, o *espírito* do Código Civil, segundo o qual, *quando o cônjuge não meia, ele herda*; ou seja, não havendo meação deve haver herança, em concorrência do cônjuge com os descendentes do morto.

De fato, se assim não for, a ex-esposa do falecido ficará totalmente desamparada patrimonialmente, pois todos os bens deixados eram particulares dele, diante da previsão de cláusula de incomunicabilidade. Em minhas novas pesquisas para a elaboração do parecer, a propósito, encontrei aresto do próprio Tribunal de Justiça que adota essa ideia:

> "Agravo de instrumento. Inventário. Cônjuge supérstite. Meação e direito sucessório – regime da comunhão universal de bens. Imóveis gravados com cláusula de inalienabilidade. Inexistência de bens particulares deixados pela falecida. Cônjuge que não tem

o direito à meação e nem o direito à herança concorrente com os filhos. Art. 1.829, I, CC. Segundo a regra do art. 1.829, I, do CC, no regime da comunhão universal de bens, o cônjuge supérstite não concorre com os herdeiros filhos salvo com relação a eventual bem particular, em razão da comunicação dos bens entre os cônjuges (meação). Caso em que, dos quatro imóveis deixados pela falecida, dois deles estavam gravados com a cláusula de inalienabilidade, a qual impediu a comunicabilidade destes últimos entre os cônjuges (meação). Decisão mantida. Negaram provimento ao recurso" (TJSP, Agravo de Instrumento 2244361-94.2017.8.26.0000, 8.ª Câmara de Direito Privado, Foro de Lençóis Paulista, 2.ª Vara, Rel. Des. Alexandre Coelho, j. 15.06.2018, data de registro: 15.06.2018).

Aguarda-se, assim, a análise do tema pelo Superior Tribunal de Justiça, pacificando-se a questão e resolvendo-se mais uma profunda divergência criada pelo confuso e intricado sistema sucessório consagrado pelo Código Civil de 2002.

d) Regime da participação final nos aquestos

Como exposto no Volume 5 desta coleção, o regime da participação final nos aquestos foi introduzido pela codificação de 2002, novidade na nossa legislação, tratado entre os seus arts. 1.672 a 1.686, e com pouca incidência prática. Para Silmara Juny Chinellato, que fez estudo aprofundado do tema, esse regime é bastante complexo, podendo ser denominado "regime contábil, o que por si só já parece desestimular seja adotado" (*Comentários*..., 2004, v. 18, p. 372).

Para a Professora Titular da USP, "há aproximação com a comunhão parcial, tendo com ela o traço comum de não se comunicarem bens anteriores ao casamento e haver comunicação de certos bens adquiridos depois. Como ele não se identifica, porém, pois não há presunção de aquisição por ambos os cônjuges de bens que sobrevierem ao casal, conforme o art. 1.658, com exclusão dos que constam do rol do art. 1.659" (CHINELLATO, Silmara Juny de Abreu. *Comentários*..., 2003, v. 18, p. 361). Ou, ainda, segundo Walsir Rodrigues Júnior, "no regime de comunhão parcial, os bens adquiridos na constância do casamento comunicam-se no ato da aquisição formando um patrimônio comum cuja administração pode ser comum ou de qualquer dos cônjuges; já no regime da participação final nos aquestos não são os bens que se comunicam, mas os eventuais ganhos" (*Código*..., 2011, p. 418).

Como regra fundamental, no regime de participação final nos aquestos, cada cônjuge possui patrimônio próprio, cabendo-lhe, à época da dissolução do casamento e da sociedade conjugal, direito à metade dos bens adquiridos pelo casal, a título oneroso, na constância do casamento (art. 1.672 do CC). Desse modo, durante o casamento há uma separação de bens. No caso de dissolução, não há propriamente uma meação, como estabelece o Código Civil em vários de seus dispositivos, mas uma *participação* de acordo com a contribuição de cada um para a aquisição do patrimônio, a título oneroso.

Conforme o art. 1.673 da Norma Geral Privada, integram o patrimônio próprio os bens que cada cônjuge possuía ao casar e os por ele adquiridos, a qualquer título, na constância do casamento. A administração desses bens é exclusiva de cada cônjuge, que os poderá livremente alienar, se forem móveis, na constância da união. Aqui reside diferença em relação à comunhão parcial, pois no último caso os bens adquiridos durante a união, em regra, presumem-se de ambos. Essas são as suas regras fundamentais.

Pois bem, na literalidade da norma estabelecida no art. 1.829, inciso I, do Código Civil, há concorrência sucessória nesse regime. Tal conclusão encontra protestos doutrinários nas obras de Francisco José Cahali (*Direito*..., 2012, p. 199-200), Maria Berenice Dias (*Manual*..., 2011, p. 167-168), Euclides de Oliveira (*Direito*..., 2005, p. 110) e Mário Luiz Delgado (*Controvérsias*..., v. 4, 2002). Para os juristas, o tratamento deveria ser semelhante à comunhão parcial, pela similaridade dos regimes.

Com o devido respeito, não se perfilha tal forma de pensar. Durante o casamento, a participação final dos aquestos é próxima de uma separação convencional de bens, o que já justificaria a concorrência. Em reforço, quando de sua dissolução, a proximidade com a comunhão parcial não é tão grande assim, pois, para a comunicação de bens, há necessidade de prova de esforço patrimonial comum na participação final nos aquestos. Além disso, não há, na participação final, meação, ao contrário da comunhão parcial de bens, conforme está bem exposto no Volume 5 desta série bibliográfica. Em suma, é justa e correta a previsão legal, que aponta a concorrência sucessória do cônjuge caso seja adotado tal novo regime.

Como outra questão a ser pontuada, se eventualmente tal regime tiver sido a opção dos companheiros ou conviventes, por força de contrato de convivência (art. 1.725 do CC), todas as afirmações ora desenvolvidas aplicam-se à união estável, diante da recente equiparação sucessória feita pelo STF, no julgado publicado no *Informativo* n. *864* da Corte.

Para finalizar o tópico, diante de sua inutilidade prática, no Projeto de Reforma do Código Civil, elaborado pela Comissão de Juristas nomeada no Senado Federal, sugere-se a retirada desse regime de bens do sistema legal brasileiro, revogando-se expressamente todos os dispositivos da codificação privada que o regulam atualmente (arts. 1.672 a 1.686).

e) Regime de bens atípico misto

Além dos regimes tipificados pelo Código Civil de 2002, pode ser que os cônjuges ou companheiros façam a opção por um *regime atípico*, não tratado em lei. Surge, nesse contexto, a possibilidade de que o casamento ou união estável seja celebrado por um *regime misto*, na linha do que consta do Enunciado n. 331 do CJF/STJ, aprovado na *IV Jornada de Direito Civil*, em 2006: "o estatuto patrimonial do casal pode ser definido por escolha de regime de bens distinto daqueles tipificados no Código Civil (art. 1.639 e parágrafo único do art. 1.640), e, para efeito de fiel observância do disposto no art. 1.528 do Código Civil, cumpre certificação a respeito, nos autos do processo de habilitação matrimonial". A conclusão do enunciado doutrinário, que traduz o pensamento esmagador da doutrina nacional, é de que o rol dos regimes tratados pela Norma Geral Privada é meramente exemplificativo (*numerus apertus*), e não taxativo (*numerus clausus*), o que está em sincronia com a feição filosófica aberta, adotada pela codificação de 2002.

Observo, a esse propósito, e para chancelar a posição majoritária da doutrina, que no Projeto de Reforma do Código Civil almeja-se incluir no seu art. 1.640 um novo § 2.º, prevendo que "é lícito aos cônjuges ou conviventes criarem regime atípico ou misto, conjugando regras dos regimes previstos neste Código, desde que não haja contrariedade a normas cogentes ou de ordem pública". Eis outra proposição que precisa ser aprovada, para suprir lacuna hoje existente no sistema civil, em prol da segurança jurídica e da estabilidade das relações privadas.

Tenho percebido, em minha atuação consultiva, que muitos jovens casais têm feito a opção por regimes atípicos e mistos. Aliás, temos recomendado, para muitos profissionais liberais, inclusive da área jurídica, a adoção de um regime que combina a comunhão parcial com a separação convencional de bens.

A título de exemplo, cite-se a hipótese de se convencionar a comunicação somente dos bens imóveis adquiridos na constância do casamento, excluindo-se os bens móveis, caso de dinheiro e proventos do trabalho de forma absoluta. Ou ainda, em complemento, convencionar a comunhão parcial quanto aos imóveis e de quantias que foram depositadas em determinada conta bancária conjunta; excluindo-se todos os outros bens havidos durante a união. As últimas gerações, tão apegadas ao trabalho pessoal e ao sucesso profissional, têm aceitado tais recomendações.

Então, surge a dúvida: haverá concorrência sucessória, se for adotado um regime atípico e misto? Na minha opinião doutrinária, deve-se verificar qual a correspondência que se faz em relação aos regimes para constatar se haverá a concorrência sucessória ou não. Isso abre a possibilidade de uma *concorrência fracionada de bens.*

Aproveitando-se as duas ilustrações de regimes mistos propostos, no primeiro caso, não haverá concorrência sucessória quanto aos imóveis adquiridos durante o casamento ou união estável, pois vige uma comunhão parcial quanto a eles, já presente a meação. Pela similaridade com a comunhão parcial e segundo a posição que seguimos, somente haverá concorrência quanto aos imóveis anteriores, tratados como bens particulares. No tocante aos bens móveis, como há uma separação convencional de bens, a comunicação estará presente.

No segundo caso, em que se complementou a *mistura* dos regimes com a comunicação de dinheiro depositado em determinada conta bancária, mantêm-se as premissas acima, com a ressalva de que não haverá concorrência sucessória do cônjuge ou companheiro sobrevivente no que tange a tais valores depositados, pois, como há comunhão parcial, já se tutela a meação, não estando presente a herança do cônjuge ou companheiro quanto ao citado numerário.

Como se pode perceber, as soluções não são simples, mas ao contrário. Cabe mais uma vez aquela notória crítica ao sistema concorrencial sucessório. Se o sistema sucessório fosse simplificado, sem a concorrência sucessória do cônjuge, o presente tópico sequer existiria nesta obra.

Nota-se, mais uma vez, argumento para que seja aprovado o Projeto de Reforma do Código Civil proposto pela Comissão de Juristas, a fim de simplificar o sistema sucessório brasileiro e facilitar a vida das pessoas.

A encerrar o estudo da concorrência sucessória no regime misto, ressalte-se que outros doutrinadores propõem soluções diversas. Francisco José Cahali, por exemplo, posiciona-se no sentido de que no regime misto, em regra, há convocação do viúvo, "salvo se o regime proposto for idêntico ou muito próximo (só diferenciado por detalhes), àqueles em que o direito sucessório é excluído (por exemplo, misto entre comunhão universal e parcial, sem bens particulares") (*Direito...*, 2012, p. 200). Fica difícil imaginar a falta de proximidade de um regime atípico com aqueles que estão tratados pela Lei Privada, razão pela qual a primeira posição citada pelo jurista não tem quase nenhuma relevância prática.

2.5 DA RESERVA DA QUARTA PARTE DA HERANÇA PARA O CÔNJUGE OU COMPANHEIRO NA CONCORRÊNCIA COM OS DESCENDENTES. O PROBLEMA DA *CONCORRÊNCIA HÍBRIDA* NA SUCESSÃO DO CÔNJUGE OU COMPANHEIRO COM OS DESCENDENTES

Superado o estudo de todas essas intrincadas questões, outra regra importante a respeito da concorrência do cônjuge com os descendentes consta do art. 1.832 do Código Civil brasileiro de 2002, mais uma novidade introduzida no sistema e com aplicação muito confusa, cuja redação merece destaque:

> "Art. 1.832. Em concorrência com os descendentes (art. 1.829, inciso I) caberá ao cônjuge quinhão igual ao dos que sucederem por cabeça, não podendo a sua quota ser inferior à quarta parte da herança, se for ascendente dos herdeiros com que concorrer".

Novamente, diante da equiparação sucessória feita pelo STF, em julgamento encerrado no ano de 2017 (*Informativo* n. *864* da Corte), o comando transcrito passa a ter incidência para a união estável, pois entendo que tal *decisum* consagrou a *equalização sucessória* entre o cônjuge e o companheiro. Exatamente nesse sentido entendeu o Superior Tribunal de Justiça, em acórdão de 2019, que cita a minha posição e que terá o estudo mais à frente aprofundado (STJ, REsp 1.617.501/RS, 3.ª Turma, Rel. Min. Paulo de Tarso Sanseverino, j. 11.06.2019, *DJe* 1.º.07.2019).

De início, a norma enuncia que o cônjuge supérstite – e agora também o companheiro ou convivente – terá direito ao mesmo quinhão que receberem os descendentes que sucederem por cabeça, ou seja, por direito próprio, e não por direito de representação. Nesse ponto não importa se o filho é havido de ambos (filhos comuns) ou só do autor da herança (filhos exclusivos).

Em suplemento, o comando consagra a reserva de 1/4 da herança ao cônjuge (ou companheiro), se ele for ascendente dos descendentes com quem concorrer. A tutela dessa *quarta parte da herança* ou de vinte e cinco por cento sobre o patrimônio sucessível visa a manter um *mínimo vital* a favor do cônjuge (ou convivente), um *patrimônio mínimo* do sucessor, em citação à célebre obra de Luiz Edson Fachin (*Estatuto*..., 2001).

Acredita-se que tal reserva também foi introduzida no Código Civil com o intuito de substituir o antigo *usufruto legal vidual*, tratado anteriormente no art. 1.611, § 1.º, do Código Civil de 1916. Vale relembrar que, nos termos da codificação revogada, o cônjuge viúvo, se o regime de bens do casamento não fosse o da comunhão universal de bens, teria direito, enquanto durasse a viuvez, ao usufruto da quarta parte dos bens do cônjuge falecido, se houvesse filhos, deste ou do casal. Se não houvesse filhos, embora sobrevivessem ascendentes do *de cujus*, o cônjuge supérstite teria direito ao usufruto sobre a metade dos bens do falecido.

Acrescente-se que a Lei 8.971/1994 também estatuía um direito de usufruto ao companheiro, por força do seu art. 2.º. Conforme essa norma, um convivente participaria da sucessão do outro nas seguintes proporções: *a*) teria direito, enquanto não constituísse nova união, ao usufruto de quarta parte dos bens do *de cujus*, se houvesse filhos; *b*) teria direito, mais uma vez enquanto não constituir nova união, ao usufruto da metade dos bens do falecido, se não houvesse filhos de ambos, embora sobrevivessem ascendentes do *de cujus*; *c*) na falta de descendentes e de ascendentes do falecido, o companheiro sobrevivente teria direito à totalidade da herança.

Ainda pela norma em vigor, art. 1.832 do Código Civil, se o cônjuge ou companheiro concorrer somente com descendentes exclusivos do falecido, do autor da herança, não haverá a referida reserva patrimonial da quarta parte. Alguns julgados aplicam a inovação, entendendo que a referida reserva é cumulável com o direito real de habitação, tema que ainda será abordado no presente capítulo:

> "Inventário. Sucessão legítima. Cônjuge supérstite casada com o *de cujus* no regime da comunhão parcial de bens. Falecido que deixou apenas um bem imóvel, adquirido antes do casamento. Direito da mulher de concorrer com os descendentes na proporção determinada pelo artigo 1.832 do Código Civil, assegurado ainda o direito real de habitação. Aplicação dos artigos 1.829, I, e 1.831, do Código Civil. Recurso provido" (TJSP, Agravo de Instrumento 990.09.371315-2, Acórdão 4529290, 2.ª Câmara de Direito Privado, Fernandópolis, Rel. Des. Morato de Andrade, j. 1.º.06.2010, *DJESP* 02.07.2010).

> "Arrolamento. Casamento presumivelmente celebrado pelo regime da comunhão parcial de bens. Imóvel próprio do falecido, adquirido antes das núpcias. Aplicação do disposto no art. 1.829, I, parte final, do Código Civil. Viúva que concorre com a filha do falecido, na forma prevista no art. 1.832 do Código Civil. Incidência, em tese, também de direito real de habitação a favor da viúva, se esta habitava o imóvel com o falecido. Correta determinação de inclusão da viúva nas primeiras declarações como herdeira, com subsequente citação como herdeira. Recurso improvido" (TJSP, Agravo de Instrumento 595.996.4/4, Acórdão 3298536, 4.ª Câmara de Direito Privado, São Paulo, Rel. Des. Francisco Eduardo Loureiro, j. 09.10.2008, *DJESP* 17.11.2008).

Na verdade, a questão de efetivar ou não a reserva da quarta parte somente ganhará relevo se houver a concorrência com mais de três descendentes do falecido, situação em que a reserva poderia ficar em xeque. Em outras palavras, quando o cônjuge – ou o convivente – concorre com um, dois ou três descendentes do *de cujus,* a citada reserva já lhe é garantida pela obviedade da situação concreta, não havendo maiores dificuldades.

Todavia, surge, no presente ponto da matéria, outra polêmica sucessória. O debate que o dispositivo desperta tem relação com a chamada *sucessão híbrida*, expressão criada por Giselda Maria Fernandes Novaes Hironaka, presente quando o cônjuge – e agora também o companheiro – concorre com descendentes comuns (de ambos) e com descendentes exclusivos do autor da herança (*Comentários...*, 2007, v. 20, p. 235-236). Isso porque tal hipótese, de existência de descendentes em situações de origens diversas, não foi prevista pelo legislador, presente uma lacuna normativa.

Podem ser destacadas duas correntes fundamentais a respeito do dilema, retiradas da *tabela Cahali*. Aqui, há uma primeira corrente que prevalece de forma considerável sobre a outra, o que torna a questão mais tranquila no âmbito doutrinário.

Para a *primeira vertente,* majoritária, havendo *sucessão híbrida*, não se deve fazer a reserva da quarta parte ao cônjuge ou companheiro, tratando-se todos os descendentes como exclusivos do autor da herança. Nessa esteira posicionam-se Caio Mário da Silva Pereira, Christiano Cassettari, Guilherme Calmon Nogueira da Gama, Gustavo René Nicolau, Inácio de Carvalho Neto, Jorge Fujita, Luiz Paulo Vieira de Carvalho, Maria Berenice Dias, Maria Helena Diniz, Maria Helena Braceiro Daneluzzi, Mário Delgado, Mário Roberto Carvalho de Faria, Rodrigo da Cunha Pereira, Rolf Madaleno, Sebastião Amorim, Euclides de Oliveira e Zeno Veloso, além do presente autor. Em sua obra lançada no ano de 2014, a essa corrente se alinham Pablo Stolze Gagliano e Rodolfo Pamplona Filho (*Novo Curso...*, 2014, v. 7, p. 234).

Esse posicionamento prestigia os filhos em detrimento do cônjuge (ou convivente), sendo essa a opção constitucional, na minha visão. Adotando a premissa, na *V Jornada de Direito Civil*, evento promovido pelo Conselho da Justiça Federal e pelo Superior Tribunal de Justiça em 2011, aprovou-se o seguinte enunciado doutrinário, que confirma essa visão da maioria: "na concorrência entre o cônjuge e os herdeiros do *de cujus*, não será reservada a quarta parte da herança para o sobrevivente no caso de filiação híbrida" (Enunciado n. 527).

Para uma *segunda corrente*, havendo sucessão híbrida, deve ser feita a reserva da quarta parte ao cônjuge (ou companheiro), tratando-se todos os descendentes como se fossem comuns. Assim pensam Francisco José Cahali, José Fernando Simão e Sílvio de Salvo Venosa. Sustenta-se que a existência de filhos comuns justifica a incidência da reserva, não importando que com eles existam filhos exclusivos do autor da herança. Para fundar tal forma de pensar, em edições anteriores deste livro, apontava José Fernando Simão o seguinte:

> "Se a lei não exigiu que concorresse o cônjuge com a totalidade dos descendentes para ter o direito à reserva de 1/4 da herança, basta que um descendente seja comum para que a reserva exista, ainda que o falecido tenha deixado outros descendentes exclusivos. Ademais, essa posição privilegia o cônjuge com relação aos descendentes e atende ao objetivo do sistema de concorrência criado pelo Código Civil de 2002. Toda a mudança legislativa teve por escopo a proteção do cônjuge, ainda que em detrimento da participação dos descendentes na sucessão. A reserva da quarta parte vem de encontro com o objetivo do legislador: o amparo ao cônjuge sobrevivente" (TARTUCE, Flávio; SIMÃO, José Fernando. *Direito...*, 2013, v. 6, p. 184).

No entanto, além dessas duas correntes primordiais, existem outros pensamentos isolados de alguns doutrinadores que também devem ser expostos. Tais pensamentos estão baseados no que se denomina *teoria das sub-heranças,* tendo sido desenvolvidos pelos juristas Eduardo de Oliveira Leite, Giselda Maria Fernandes Novaes Hironaka e Flávio Augusto Monteiro de Barros. Vejamos essas teses, que agora passam a incidir igualmente para os casos de união estável, repise-se.

a) Teoria de Eduardo de Oliveira Leite

O Professor Titular da Universidade Federal do Paraná propõe a "composição pela solução mista, dividindo-se proporcionalmente a herança, segundo a quantidade de descendentes, com posterior abatimento da reserva na quota dos herdeiros comuns" (LEITE, Eduardo de Oliveira. A nova... In: ALVES, Jones Figueirêdo; DELGADO, Mário Luiz. *Questões...*, 2003, v. 1, p. 459).

O jurista opina pela divisão da herança de forma igualitária entre todos os filhos. Posteriormente, a herança deve ser fracionada em blocos, um dos filhos comuns e outro dos filhos exclusivos do falecido. Sobre o valor do primeiro bloco haveria a reserva da quarta parte e o restante deve ser partilhado entre os filhos do segundo bloco. Com isso, preserva-se, para ele, a igualdade entre os filhos, consagrada no art. 227, § 6.º, da Constituição Federal e no art. 1.832 do Código Civil em relação à divisão igualitária entre os descendentes. Na verdade, isso não ocorre, pois os filhos recebem montantes diversos. O exemplo concreto criado por José Fernando Simão, e exposto em edições anteriores deste livro, traz essa constatação:

> "Imagine-se que o falecido tenha deixado 5 filhos, sendo 3 comuns e 2 exclusivos, além de seu cônjuge. Consideraremos que a herança é de R$ 100.000,00. Vamos seguir os passos indicados pelo Professor Eduardo de Oliveira Leite:
>
> 1.º passo – Divisão da herança entre todos os filhos – R$ 20.000,00 para cada filho.
>
> 2.º passo – Divisão da herança em blocos – Bloco A – Filhos comuns – R$ 60.000,00 (porque são 3). Bloco B – filhos exclusivos – R$ 40.000,00 (porque são 2).
>
> 3.º passo – Sobre o valor do bloco A (sub-herança dos filhos comuns), haveria a reserva de quinhão de 1/4 para o cônjuge que corresponde a R$ 15.000,00 (correspondente a 1/4 de R$ 60.000,00) e os outros R$ 45.000,00 seriam partilhados entre os 3 filhos comuns" (TARTUCE, Flávio; SIMÃO, José Fernando. *Direito...*, 2013, v. 6, p. 186).

O quadro a seguir, apresentado pelo então coautor na mesma página da edição anterior, não deixa dúvidas quanto ao tratamento diferenciado dos herdeiros, em afronta à igualdade constitucional entre os filhos:

Divisão final da herança		
Cônjuge ou companheiro – 1/4 reservado da parte dos filhos comuns	R$ 15.000,00	R$ 15.000,00
Quota de cada filho comum	R$ 15.000,00	(x 3) R$ 45.000,00
Quota de cada filho exclusivo	R$ 20.000,00	(x 2) R$ 40.000,00
Total		R$ 100.000,00

Diante da afronta ao Texto Maior da legislação brasileira, não há como seguir tal forma de julgar a questão da reserva da quarta parte na sucessão híbrida, sendo importante frisar a impossibilidade de tratamento diferenciado entre os filhos.

b) Teoria exposta por Giselda Maria Fernandes Novaes Hironaka

A Professora Titular da USP apresenta outra solução para a suposta solução do problema da reserva ou não da quarta parte na *sucessão híbrida*, apesar de não a seguir como opinião pessoal (HIRONAKA, Giselda Maria Fernandes Novaes. *Concorrência...*, Disponível em: <www.flaviotartuce.adv.br>. Acesso em: 20 dez. 2013). Nesse mesmo texto, a jurista critica duramente as todas as posições existentes sobre a matéria, especialmente aquelas que apontam pura e simplesmente que a reserva deve ocorrer ou não.

Para a doutrinadora, deve-se proceder à divisão da herança entre todos os filhos. Sucessivamente, são criadas duas sub-heranças, uma dos filhos comuns e outra dos filhos não comuns. Como terceiro passo, divide-se o quinhão dos filhos exclusivos de acordo com o número de herdeiros, somados tais descendentes e o cônjuge (ou companheiro). Faz-se o mesmo no quinhão dos filhos comuns, incluindo-se também o cônjuge. São somadas as duas quotas do cônjuge em cada um dos grupos, e o valor final será superior à quarta parte que a lei assegura.

Aqui existem dois inconvenientes. Mais uma vez, os filhos recebem quotas diversas ao ingressarem em grupos distintos para o cálculo, em afronta ao Texto Maior. Além disso, a quota do cônjuge ou convivente será superior à quarta parte, a 25% da herança, não tendo sido esta a intenção da lei. Reafirme-se que a Professora Giselda Maria Fernandes Novaes Hironaka apenas apresenta a solução, mas não a segue, o que é por mim compartilhado.

c) Teoria de Flávio Augusto Monteiro de Barros

O ex-magistrado e professor paulista igualmente apresenta uma suposta solução baseada na *teoria das sub-heranças* para resolver o problema da sucessão híbrida e da reserva da quarta parte do cônjuge (MONTEIRO DE BARROS, Flávio Augusto. *Manual*..., 2004, v. 4, p. 208).

Para ele, é necessário dividir a herança pela soma de herdeiros, ou seja, pelo número total de filhos e o cônjuge (ou companheiro). Na sequência, subtrai-se da herança a parte dos filhos exclusivos, que ele denomina *filhos incomuns*. Sucessivamente, apura-se qual seria o montante de 1/4 da herança para a devida reserva ao cônjuge (e agora ao convivente), sem a parte dos filhos incomuns. Subtrai-se da herança a parte do cônjuge (ou companheiro), dividindo o resultado pelo número de filhos. Dentre as soluções apresentadas, esta é a única em que os filhos recebem quotas iguais, mantendo-se o regramento de igualdade constitucional.

O próprio Flávio Augusto Monteiro de Barros apresenta um caso concreto. O falecido deixa cônjuge supérstite, quatro filhos comuns e um filho exclusivo e a herança de R$ 1.200,00 (mil e duzentos reais). Deve-se dividir a herança de R$ 1.200,00 por 6 (5 filhos + 1 cônjuge), totalizando a importância de R$ 200,00. Ato contínuo, extrai-se da herança a parte do filho exclusivo, restando a quantia de R$ 1.000,00. Verifica-se a parte do cônjuge que corresponde à quarta parte, sem a parte desse filho exclusivo ou incomum. Assim, 1/4 sobre R$ 1.000,00 representa o montante de R$ 250,00, que é aquilo que o cônjuge recebe como herança. Subtrai-se da herança a parte do cônjuge, dividindo o resultado entre os filhos. Em suma, retira-se R$ 250,00 dos R$ 1.200,00, restando R$ 950,00. Essa última importância será dividida entre os cinco filhos, o que totaliza R$ 190,00 para cada (BARROS, Flávio Augusto Monteiro de. *Manual*..., 2004, v. 4, p. 209).

A vantagem da teoria apresentada é que ela preserva a igualdade constitucional, pois os filhos recebem quotas iguais. Todavia, a solução é pouco operável, de difícil aplicação pelo julgador, até porque os aplicadores do Direito não são afeitos a cálculos matemáticos. Em resumo, apesar de correta, prefiro seguir o entendimento mais simples, que afasta a reserva da quarta parte havendo sucessão híbrida em concorrência do cônjuge (ou companheiro).

Na prática jurisprudencial, em 2019 surgiu importante precedente no âmbito do Superior Tribunal de Justiça, aqui outrora mencionado, citando a presente obra e seguindo posição por mim compartilhada, de que não deve ocorrer a reserva da quarta parte, em havendo concorrência híbrida. Pontue-se que o caso dizia respeito a união estável e não a casamento, fazendo incidir a equalização sucessória entre as entidades familiares, conforme a tão citada decisão do STF. Vejamos os seus exatos termos:

> "A interpretação mais razoável do enunciado normativo do art. 1.832 do Código Civil é a de que a reserva de 1/4 da herança restringe-se à hipótese em que o cônjuge ou companheiro concorrem com os descendentes comuns. Enunciado 527 da Jornada de Direito Civil. A interpretação restritiva dessa disposição legal assegura a igualdade entre os filhos, que dimana do Código Civil (art. 1.834 do CCB) e da própria Constituição Federal (art. 227, § 6.º, da CF), bem como o direito dos descendentes exclusivos não verem seu patrimônio injustificadamente reduzido mediante interpretação extensiva de norma. Não haverá falar em reserva quando a concorrência se estabelece entre o cônjuge/companheiro e os descendentes apenas do autor da herança ou, ainda, na hipótese de concorrência híbrida, ou seja, quando concorrem descendentes comuns e exclusivos do falecido. Especificamente na hipótese de concorrência híbrida o quinhão hereditário do consorte há de ser igual ao dos descendentes" (STJ, REsp 1.617.501/RS, 3.ª Turma, Rel. Min. Paulo de Tarso Sanseverino, j. 11.06.2019, *DJe* 1.º.07.2019).

Espera-se que outros julgados estaduais sigam esse mesmo entendimento superior, que traduz a mais correta interpretação do vigente sistema sucessório brasileiro, mais uma vez confuso e caótico.

Em verdade, tudo o que foi exposto no presente tópico demonstra, mais uma vez, a necessidade de se alterar o sistema sucessória brasileiro, retirando-se a concorrência sucessória do cônjuge ou convivente do falecido com os descendentes do falecido, como está sendo proposto pelo Projeto de Reforma do Código Civil, elaborado pela Comissão de Juristas nomeada no Senado Federal.

Nesse sentido, com a retirada dessa intricada e anacrônica concorrência sucessória, o seu art. 1.832 deixará de tratar da confusa reserva da quarta parte para o cônjuge ou convivente, e passará a tratar do adiantamento da herança em favor do herdeiro com quem comprovadamente o autor da herança conviveu, e que não mediu esforços para praticar atos de zelo e de cuidado em seu favor, durante os últimos tempos de sua vida.

Por essa previsão, que, como visto, poderá ser perfeitamente aplicada ao cônjuge ou convivente sobrevivente, se esse herdeiro concorrer à herança com outros, com quem disputa o volume do acervo ou a forma de partilhá-lo: *a)* terá direito de ser imediatamente e antes da partilha destacado do monte-mor e disponibilizado para sua posse e uso imediato, o valor correspondente a dez por cento de sua quota hereditária; *b)* se forem mais de um os herdeiros nas condições previstas na norma, igual direito lhes será garantido; e, *c)* se a herança não comportar essas duas soluções previstas e ela consistir apenas em único imóvel de morada do autor da herança, terão as pessoas apontadas no dispositivo o direito de ali manterem-se, com exclusividade, a título de direito real de habitação.

Por tudo o que foi desenvolvido no estudo de mais esse tema, espera-se a aprovação dessas mudanças pelo Congresso Nacional, tornando a sucessão legítima mais simples e efetiva, tutelando-se igualmente vulnerabilidades e hipossuficiências de acordo com as circunstâncias que o caso concreto exigir.

2.6 DA SUCESSÃO DOS DESCENDENTES E DO DIREITO DE REPRESENTAÇÃO

Superado o estudo da concorrência do cônjuge supérstite com os descendentes, incluindo-se agora o companheiro, por força de decisão superior, é preciso abordar as regras relativas à sucessão dos últimos, especialmente entre si.

De início, reafirme-se que, nos termos do art. 1.833 da codificação privada, os descendentes de grau mais próximo excluem aqueles de grau mais remoto, salvo o chamado direito de representação. Voltando aos exemplos concretos, se o falecido deixou dois filhos e quatro netos, filhos dos primeiros, a herança será atribuída aos filhos (descendentes de primeiro grau), que excluem os netos (descendentes de segundo grau). Se o falecido deixar apenas quatro netos (descendentes de segundo grau), e dois bisnetos (descendentes de terceiro grau), os últimos filhos dos primeiros, são os netos quem herdam. Se o *de cujus* não deixou filhos ou netos, mas apenas um bisneto (descendentes de terceiro grau) e três trinetos (descendentes de quarto grau), é o bisneto quem herda.

Em todos os casos apontados, os descendentes da mesma classe ou grau têm os mesmos direitos à sucessão de seus ascendentes, conforme consta expressamente do art. 1.834 do Código Civil. O dispositivo traz um *pleonasmo técnico*, pois, como sempre ensinou Zeno Veloso, os descendentes já são da mesma classe sucessória, qual seja a *primeira classe* (*Código...*, 2012, p. 2.069). Por isso, novamente seguindo a doutrina do jurista, o antigo Projeto Fiuza pretendia excluir a menção à palavra *classe*. Vejamos as suas justificativas:

> "Os descendentes já são de uma mesma classe. O que o dispositivo quis dizer, atualizando a regra do art. 1.605 do Código Civil de 1916, é que estão proibidas quaisquer discriminações ou restrições baseadas na origem do parentesco. Proclama a Constituição, enfaticamente, no art. 227, § 6.º, que os filhos, havidos ou não da relação de casamento, ou por adoção, terão os mesmos direitos e qualificações, o que este Código repete e reitera no art. 1.596. Obviamente, o princípio da não discriminação, até por ser uma regra fundamental, se estende e projeta a todos os descendentes. Para efeitos sucessórios, aos descendentes que estejam no mesmo grau".

De fato, conforme se retira das justificativas do projeto legislativo, a grande finalidade do comando em análise é equalizar os direitos de todos os filhos. Anoto que no Projeto de Reforma do Código Civil, aqui tão mencionado, não foi feita proposta semelhante, o que pode ser complementado no âmbito da sua tramitação no Congresso Nacional.

Ainda sobre o tema, como antes exposto neste livro em vários de seus trechos, um filho não pode receber por sucessão legítima mais do que outro, o que representaria atentado ao *princípio da igualdade entre os filhos*, retirado do art. 227, § 6.º, da CF/1988 e do art. 1.596 da própria lei privada, que enunciam: "os filhos, havidos ou não da relação do casamento, ou por adoção, terão os mesmos direitos e qualificações, proibidas quaisquer designações discriminatórias relativas à filiação".

Não se deve mais admitir, nesse contexto, distinções sucessórias em relação a filhos havidos fora do casamento, outrora denominados *filhos ilegítimos, espúrios* ou *adulterinos*. Reafirme-se que tais filhos podem ter os seus direitos incluídos por meio da ação de investigação de paternidade cumulada com petição de herança, tema desenvolvido no capítulo anterior desta obra. Com a inclusão, reabre-se a sucessão, com a divisão do acervo de forma igualitária entre os filhos.

Em tom suplementar, como decorrência natural do art. 1.834 da codificação privada, não se deve admitir homologações de partilhas que colocam os filhos havidos fora do casamento em posição de desprestígio. Como há um objetivo de fraude à lei imperativa, e assim devem ser encarados os preceitos relativos à igualdade sucessória dos descendentes, verdadeiras normas de ordem pública, tais partilhas serão nulas de pleno direito, por infração à regra constante do art. 166, inciso VI, do Código Civil de 2002.

Do mesmo modo, não devem ser admitidos atos de simulação praticados por pais a filhos, como no caso de uma dação em pagamento que visa apenas a preterir um filho havido fora do casamento, ou a constituição de pessoas jurídicas com a mesma finalidade, caso de muitas "*holdings familiares*". Em havendo simulação absoluta, presente um negócio jurídico que na verdade não representa qualquer transmissão onerosa, há que reconhecer a nulidade do ato correspondente, com esteio no art. 167 do CC/2002.

Seguindo no estudo da sucessão dos descendentes, os filhos sempre herdam *por cabeça*, e os outros descendentes, *por cabeça* ou *por estirpe*, conforme se achem ou não no mesmo grau (art. 1.835 do CC). Na esteira dos ensinamentos de Giselda Maria Fernandes Novaes Hironaka, "diz-se por cabeça a sucessão em que a herança se reparte um a um, no sentido de cada parte vir a ser entregue a um sucessor direto" (*Comentários...*, 2007, v. 20, p. 243). Por outra via, "a sucessão, diz-se por estirpe quando a herança não se reparte um a um relativamente aos chamados a herdar, mas sim na proporção dos parentes de mesmo grau vivo ou que, sendo mortos, tenham deixado prole ainda viva" (HIRONAKA, Giselda Maria Fernandes Novaes. *Comentários...*, 2007, v. 20, p. 244).

Nesse contexto, sendo herdeiros dois filhos do falecido, que são irmãos, eles sucedem por cabeça. Sendo herdeiros um filho e um neto do falecido, o último por *direito de representação*, o primeiro herda por cabeça e o último, por estirpe. Historicamente, conforme se retira dos ensinamentos de Itabaiana de Oliveira, "o direito de representação, inventado para reparar, em parte, o mal sofrido pelos filhos com a morte prematura dos pais, foi conhecido dos povos antigos, e o direito romano regulou-o nas institutas justinianas, passando, depois, para o direito moderno" (*Tratado...*, 1952, v. I, p. 156). O jurista cita, à época, as codificações de Portugal, da Itália, da Alemanha, da França, da Espanha e da Argentina como consolidadoras da categoria, não tendo sido diferente a opção brasileira.

Observo que no Projeto de Reforma do Código Civil pretende-se simplificar a dicção do seu art. 1.835, para que deixe de utilizar o termo "estirpe" e passe a expressar, de forma mais compreensível, que, "na linha descendente, os filhos sucedem por direito próprio, e os outros descendentes, por direito próprio ou por representação, conforme se achem ou não no mesmo grau".

Como define a própria lei brasileira, dá-se o *direito de representação* quando a lei chama certos parentes do falecido a suceder em todos os direitos, em que ele sucederia, se vivo fosse (art. 1.851 do CC/2002). Ou, ainda, nos termos da construção que consta do Código Civil português, no seu art. 2.039.º, "dá-se a representação sucessória, quando a lei chama os descendentes de um herdeiro ou legatário a ocupar a posição daquele que não pôde ou não quis aceitar a herança ou o legado". Como se percebe, no sistema português, o direito de representação também atinge a sucessão testamentária, o que não é realidade no Brasil, pois, aqui, a representação somente existe no âmbito da sucessão legítima.

Em suma, pelo direito de representação um herdeiro substitui outro por força de convocação realizada pela lei. É essa categoria que gera a *sucessão por estirpe*, efetivada em nome de outro parente que está em posição sucessória privilegiada. Como se retira de recente aresto superior, "a herança por representação tem clara finalidade de reparar o mal sofrido pelos filhos em razão da morte prematura de seus pais, viabilizando, por convocação exclusivamente legal, que os netos, em linha reta descendente, ou os sobrinhos, em linha colateral descendente – também denominada linha transversal – possam vir a participar da herança dos avós ou tios, conforme o caso" (STJ, REsp 1.627.110/GO, 3.ª Turma, Rel. Min. Marco Aurélio Bellizze, j. 12.09.2017, *DJe* 15.09.2017). A conclusão final do julgado é no sentido de que o patrimônio herdado por direito de representação não integra o patrimônio do descendente premorto. Sendo assim, não pode ser alcançado para pagamento de suas dívidas.

Pois bem, em duas situações específicas a norma jurídica consagra o direito de representação, devendo ser analisadas pontualmente, para uma total compreensão categórica da temática.

A primeira delas é a *representação na linha reta descendente*, estabelecida pelo art. 1.852 do Código Privado Brasileiro. Deve ficar claro que, pelo mesmo preceito civil, nunca há direito de representação na linha reta ascendente, sendo esse um dos seus regramentos principais. Por razões óbvias, também não há direito de representação entre cônjuges e companheiros, que sequer são parentes entre si, presente outro vínculo jurídico, de conjugalidade e convivência, respectivamente.

A segunda modalidade é a *representação na linha colateral ou transversal*, existente somente em favor dos filhos de irmãos do falecido, quando com irmãos deste concorrerem (art. 1.853 do CC). Em outras palavras, o sobrinho concorre com seus tios, pois seu pai é premorto. O tema será aprofundado quando do estudo da sucessão dos colaterais.

Conforme correto enunciado aprovado na *VII Jornada de Direito Civil*, evento promovido pelo Conselho da Justiça Federal em setembro de 2015, também nos casos de comoriência entre ascendentes e descendentes, ou entre irmãos, reconhece-se o direito de representação aos descendentes e aos filhos dos irmãos (Enunciado n. 610). Como visto, a comoriência, retirada do art. 8.º do Código Civil, significa a presunção relativa de morte simultânea, presente quando não for possível verificar qual pessoa faleceu primeiro. Nos termos das esclarecedoras justificativas do enunciado citado:

> "Parece claro que o direito de representação é concedido aos filhos de herdeiros premorto. Nasce, no entanto, a dúvida se o direito de representação deve ser concedido aos filhos do herdeiro que falece simultaneamente ao autor da herança, em casos de comoriência. Maioria da doutrina não tem admitido o direito de representação, mas a jurisprudência tem se mostrado no sentido de concedê-lo aos filhos de herdeiros mortos em comoriência. Da leitura do artigo 1.851, do Código Civil, vê-se a possibilidade de se reconhecer o direito de representação em casos de comoriência, uma vez que o artigo não faz menção à necessidade de pré-morte, estabelecendo apenas que os parentes do falecido podem

suceder em todos os direitos em que ele sucederia se vivo fosse. Significa, então, que ele pode ter morrido conjuntamente com o autor da herança, não havendo necessidade de ter morrido antes. Não reconhecer o direito de representação aos filhos de herdeiro falecido em concomitância com o autor da herança gera uma situação de verdadeira injustiça".

Aplicando o seu teor, merece ser destacado julgado do Superior Tribunal de Justiça, de 2024, que afirmou a tese segundo a qual, "mesmo em caso de comoriência, é cabível o direito de representação para fins de identificação dos beneficiários de seguro de vida, quando o contrato é omisso e os beneficiários são definidos pela ordem de vocação sucessória" (STJ, REsp 2.095.584/SP, 3.ª Turma, Rel. Min. Nancy Andrighi, por unanimidade, j. 10.09.2024, *DJe* 12.09.2024).

Conforme asseverou a Ministra Relatora, "em momento algum, a legislação brasileira determina que a situação de mortes simultâneas por presunção (comoriência) afasta o direito de representação (ou por estirpe). E não haveria razão de assim o prever. Pois, conferir tratamento jurídico diferente a pessoas que se encontram em situações fáticas semelhantes representaria afronta ao princípio da isonomia consagrado no art. 5º da CF". E mais, "é preciso interpretar o art. 1.851 e o art. 1.854 do CC de acordo com a finalidade do direito de representação, que se destina a resguardar o interesse daquele que perdeu precocemente seus genitores – seja antes ou simultaneamente à morte do autor da herança. Ainda mais quando os que pleiteiam o direito de representação são crianças e adolescentes – inseridos na condição peculiar de pessoas em desenvolvimento, conforme reconhecido pelo art. 6º do ECA, e cuja proteção deve ser garantida com absoluta prioridade pela família, pela sociedade e pelo Estado (art. 227 da CF)" (REsp 2.095.584/SP). Por tudo isso, o aresto corretamente aplicou o citado enunciado doutrinário.

Em todas as hipóteses de representação, cabe lembrar que os representantes só podem herdar, como tais, o que receberia o representado, se vivo fosse (art. 1.854 do CC). Desse modo, fica clara a existência de uma substituição sucessória plena do representante em relação ao representado, uma *sub-rogação subjetiva legal*, nos mesmos direitos e deveres do falecido. Eis o atendimento ao escopo histórico da clássica categoria, antes mencionado.

Como outra regra fundamental a respeito do instituto, o quinhão do representado deve ser partilhado de forma igualitária entre os representantes (art. 1.855 do CC). Exemplificando, se o falecido A deixar três filhos B, C e D e dois netos F e G, filhos de E (premorto), o quinhão do último deve ser dividido igualmente entre seus sucessores, que têm direito de representação. Vejamos o esquema gráfico:

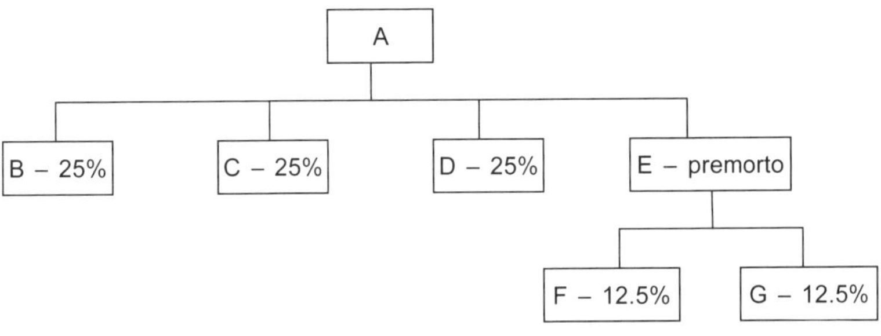

Todavia, se A for falecido deixando apenas netos (E, F e G), filhos de seus filhos premortos (B, C e D), não se cogita o direito de representação, recebendo os netos quotas iguais, um terço da herança, e por cabeça. O esclarecimento é necessário, pois muito comum na prática e em provas sobre a matéria. Vejamos novamente o diagrama sucessório.

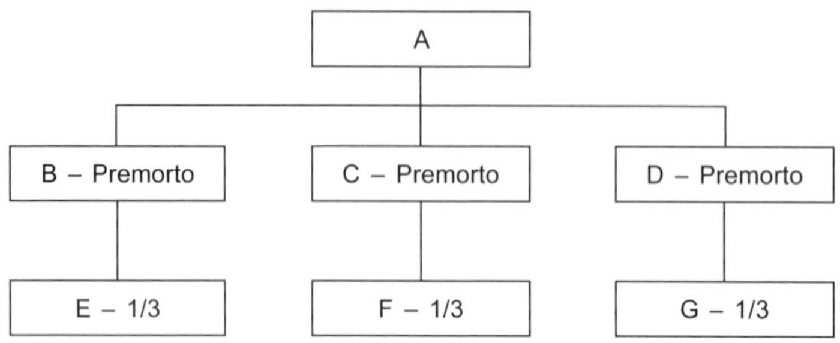

Por fim, trazendo outra interação entre a representação e a renúncia à herança, prescreve o art. 1.856 do Código Civil que o renunciante à herança de uma pessoa poderá representá-la na sucessão de outra. Vale o exemplo de Maria Helena Diniz: "se um dos filhos do *auctor sucessionis* renunciar à herança, seus descendentes, netos do finado, não herdarão por representação, pois o renunciante é tido como estranho à herança. Entretanto, o renunciante poderá representar o *de cujus* (seu pai) na sucessão de terceira pessoa (seu avô, p. ex., CC, art. 1.851), pois o repúdio não se estende a outra herança. O filho, assim, herdará por direito de representação. Representará seu pai, na sucessão do avô, embora tenha repudiado a herança de seu genitor" (DINIZ, Maria Helena. *Código*..., 2010, p. 1.311).

Como é notório, a renúncia é pessoal e prevista para determinada situação concreta, não admitindo interpretação extensiva, como consta do art. 111 do Código Civil. Em suma, não se pode ampliar a renúncia para outra hipótese.

2.7 DA SUCESSÃO DOS DESCENDENTES SOCIOAFETIVOS. ANÁLISE A PARTIR DA RECENTE DECISÃO DO STF SOBRE O TEMA, EM REPERCUSSÃO GERAL (RECURSO EXTRAORDINÁRIO 898.060/SC, JULGADO EM 21 DE SETEMBRO DE 2016, PUBLICADO NO SEU *INFORMATIVO* N. *840*)

Como exposto no tópico inicial deste capítulo, a *parentalidade socioafetiva* vinha sendo reconhecida, amplamente, como nova forma de parentesco civil, ao lado da adoção e daquela havida da técnica de reprodução assistida heteróloga.

O surgimento da premissa teórica que reconhece essa nova modalidade de parentesco remonta ao brilhante trabalho de João Baptista Villela, jurista de primeira grandeza, escrito em 1979, tratando da *desbiologização da paternidade*. Na essência, o trabalho procura dizer que o vínculo familiar constitui mais um vínculo de afeto do que um vínculo biológico. É o resumo do estudo:

> "A paternidade em si mesma não é um fato da natureza, mas um fato cultural. Embora a coabitação sexual, da qual pode resultar gravidez, seja fonte de responsabilidade civil, a paternidade, enquanto tal, só nasce de uma decisão espontânea. Tanto no registro histórico

como no tendencial, a paternidade reside antes no serviço e no amor que na procriação. As transformações mais recentes por que passou a família, deixando de ser unidade de caráter econômico, social e religioso, para se afirmar fundamentalmente como grupo de afetividade e companheirismo, imprimiram considerável esforço ao esvaziamento biológico da paternidade. Na adoção, pelo seu caráter afetivo, tem-se a prefigura da paternidade do futuro, que radica essencialmente a ideia de liberdade" (VILLELA, João Baptista. *Desbiologização...*, 2007).

Surgida no final da década de 1970, a tese *repousou no silêncio doutrinário e jurisprudencial* pelas duas décadas seguintes, surgindo os primeiros arestos de sua aplicação ao final da década de 1990 e início do decênio seguinte.

Entre os estudiosos do Direito de Família, o tema é abordado amplamente em *manuais*, obras monográficas e artigos científicos, escritos, entre outros, por Luiz Edson Fachin, Álvaro Villaça Azevedo, Giselda Maria Fernandes Novaes Hironaka, Paulo Luiz Netto Lôbo, Silmara Chinellato, Maria Helena Diniz, Gustavo Tepedino, Heloísa Helena Barboza, Maria Celina Bodin de Moraes, Sílvio de Salvo Venosa, José Fernando Simão, Carlos Roberto Gonçalves, Rodrigo da Cunha Pereira, Zeno Veloso, Euclides de Oliveira, Antonio Carlos Mathias Coltro, Caetano Lagrasta Neto, Maria Berenice Dias, Giselle Groeninga, Jorge Fujita, Rolf Madaleno, Mário Luiz Delgado, Jones Figueirêdo Alves, Carlos Alberto Dabus Maluf, Adriana Caldas Dabus Maluf, Cristiano Chaves de Farias, Nelson Rosenvald, Pablo Stolze Gagliano e Rodolfo Pamplona Filho. A grande maioria dos doutrinadores enquadra a parentalidade socioafetiva como forma de parentesco civil, assim como foi construído nesta obra e reconhecido pela recente decisão do STF. Igualmente, na jurisprudência, numerosos são os julgados, do Superior Tribunal de Justiça e das Cortes Estaduais, a respeito do tema, crescentes ano a ano.

Na linha dos doutrinadores retrocitados, a parentalidade socioafetiva está fundada na *posse de estado de filhos*, que vem a ser a situação fática e social de serem as pessoas envolvidas reconhecidas como unidas pelo vínculo de filiação. Conforme pontua Rolf Madaleno, em palavras que merecem destaque:

> "Não obstante a codificação em vigor não reconheça a filiação socioafetiva, inquestionavelmente a jurisprudência dos pretórios brasileiros vem paulatina e reiteradamente prestigiando a prevalência da chamada posse do estado de filho, representando em essência o substrato fático da verdadeira e única filiação, sustentada no amor e no desejo de ser pai ou de ser mãe, em suma, de estabelecer espontaneamente os vínculos da cristalina relação filial. A noção de posse do estado de filho vem recebendo abrigo nas reformas do direito comparado, o qual não estabelece os vínculos parentais com o nascimento, mas sim na vontade de ser genitor, e esse desejo é sedimentado no terreno da afetividade, e põe em xeque tanto a verdade jurídica como a certeza científica no estabelecimento da filiação. O real valor jurídico está na verdade afetiva e jamais sustentada na ascendência genética, porque essa, quando desligada do afeto e da convivência, apenas representa um efeito da natureza, quase sempre fruto de um indesejado acaso, obra de um indesejado descuido e da pronta rejeição" (MADALENO, Ralf. *Curso...*, 2011, p. 471-472).

Nesse contexto, para configuração da posse de estado de filhos, são utilizados os clássicos critérios relativos à posse de estado de casados, conceito que constava do art. 203

do Código Civil de 1916 e que está no art. 1.545 do Código Civil de 2002. Da prova de estado de casados igualmente decorre a posse de estado de filhos, não havendo qualquer documento que possa atestar o vínculo anterior. Os três critérios para tal configuração são bem delineados pela doutrina (por todos, ver: LEITE, Eduardo de Oliveira. *Direito*..., 2005, v. 5, p. 92). Como antes exposto, o voto do relator Ministro Luiz Fux, no famoso julgamento do STF sobre o tema, em sede de repercussão geral, analisou tais requisitos (Recurso Extraordinário 898.060/SC, j. 21.09.2016, publicado no seu *Informativo* n. *840*).

O primeiro deles é o tratamento (*tractatus* ou *tractatio*), relativo ao fato de que, entre si e perante a sociedade, as partes se relacionam como se fossem unidas pelo vínculo de filiação, ou seja, como pais e filhos.

A fama ou *reputatio*, segundo elemento, representa uma repercussão desse tratamento, constituindo o reconhecimento geral da situação que se concretiza. A entidade familiar é analisada de acordo com o meio social, como projeção natural da expressão *base da sociedade*, conforme consta do art. 226, *caput*, da Constituição Federal de 1988.

Por fim, com tom complementar e acessório, há o nome (*nomen* ou *nominatio*), presente quando a situação fática revela que o declarado filho utiliza o sobrenome do seu suposto pai. Alerte-se que é levado em conta não somente o nome registral civil, mas também o *nome social*, especialmente nos casos em que o filho é conhecido pelo nome do pai perante a comunidade onde vive, ou vice-versa. De toda sorte, cabe frisar que esse último elemento não é primordial para que a posse de estado de filhos e a consequente parentalidade socioafetiva estejam reconhecidas.

Para a *concretude* da configuração do tratamento e da reputação como elementos da posse de estado de filhos, entra em cena o reconhecimento do afeto como valor jurídico e como verdadeiro princípio do Direito de Família Contemporâneo. Como bem leciona Giselle Câmara Groeninga, "o papel dado à subjetividade e à afetividade tem sido crescente no Direito de Família, que não mais pode excluir de suas considerações a qualidade dos vínculos existentes entre os membros de uma família, de forma que possa buscar a necessária objetividade na subjetividade inerente às relações. Cada vez mais se dá importância ao afeto nas considerações das relações familiares; aliás, um outro princípio do Direito de Família é o da afetividade" (*Direito*..., In: HIRONAKA, Giselda M. F. Novaes (Orientação); BARBOSA, Aguida Arruda; VIEIRA, Cláudia Stein (Coord.). *Direito*..., 2008, v. 7, p. 28).

A propósito, esclareça-se, para os devidos fins de delimitação conceitual, que *o afeto não se confunde necessariamente com o amor*. Afeto quer dizer interação, impulso ou ligação entre pessoas, podendo ter carga positiva ou negativa. O afeto positivo, por excelência, é o amor; o negativo é o ódio. Obviamente, ambas as *cargas* estão presentes nas relações familiares. Como bem pondera José Fernando Simão em suas palestras e exposições, *afeto quer dizer cuidado com responsabilidade*.

Apesar de algumas críticas contundentes e de polêmicas levantadas por alguns juristas, não resta a menor dúvida de que a afetividade constitui um princípio jurídico aplicado ao âmbito familiar e com repercussões sucessórias. Conforme bem desenvolve Ricardo Lucas Calderon, em sua dissertação de mestrado defendida na UFPR, "parece possível sustentar que o Direito deve laborar com a afetividade e que sua atual consistência indica que se constitui em princípio no sistema jurídico brasileiro. A solidificação da afetividade nas relações sociais é forte indicativo de que a análise jurídica não pode restar alheia a este relevante aspecto dos relacionamentos. A afetividade é um dos princípios do direito de família brasileiro, implícito na Constituição, explícito e implícito no Código Civil e nas diversas outras regras do ordenamento. Oriundo da força construtiva dos fatos sociais, o princípio possui densidade legislativa, doutrinária e jurisprudencial que permite a sua atual sustentação *de lege lata*" (*Princípio*..., 2013, p. 401). Pontue-se que o Professor Calderon atuou como advogado naquele revolucionário julgamento do STF, representando o IBDFAM, como *amicus curiae*.

O último estudioso demonstra que são seguidores desse caminho, entre outros, Maria Helena Diniz, José Fernando Simão, Caio Mário da Silva Pereira, Jorge Fujita, Adriana Caldas Dabus Maluf, Rolf Madaleno, Carlos Roberto Gonçalves, Pablo Stolze Gagliano, Rodolfo Pamplona Filho, Maria Berenice Dias, Carlos Dias Mota, Guilherme Calmon Nogueira da Gama, Rodrigo da Cunha Pereira, Cristiano Chaves de Farias, Nelson Rosenvald, Luiz Edson Fachin, além da já citada Giselle Groeninga e deste autor. Em suma, também aqui, a doutrina majoritária brasileira tem reconhecido que o afeto gera consequências efetivas para o Direito de Família e das Sucessões, o que já justificava a inserção do tema nesta obra, em edições anteriores.

Nesse contexto, apesar da falta de sua previsão expressa na legislação, percebe-se que a sensibilidade dos juristas já era capaz de demonstrar que a afetividade é um princípio do nosso sistema. Como é cediço, os princípios jurídicos são concebidos como abstrações realizadas pelos intérpretes, a partir das normas, dos costumes, da doutrina, da jurisprudência e de aspectos políticos, econômicos e sociais. Na linha do exposto por José de Oliveira Ascensão, os princípios são como "grandes orientações que se depreendem não apenas do complexo legal, mas de toda a ordem jurídica" (*Introdução*..., 2005, p. 404). Eles estruturam o ordenamento, gerando consequências concretas, por sua marcante função para a sociedade.

No mesmo sentido foi a tão comentada decisão do Supremo Tribunal Federal, sendo um dos seus grandes méritos o reconhecimento do afeto como valor jurídico. Isso pode ser retirado do seguinte trecho do voto do Ministro Relator, aqui transcrito novamente, diante de seu grande impacto, teórico e prático:

> "A compreensão jurídica cosmopolita das famílias exige a ampliação da tutela normativa a todas as formas pelas quais a parentalidade pode se manifestar, a saber: (i) pela presunção decorrente do casamento ou outras hipóteses legais; (ii) pela descendência biológica; ou (iii) pela afetividade. A evolução científica responsável pela popularização do exame de DNA conduziu ao reforço de importância do critério biológico, tanto para fins de filiação quanto para concretizar o direito fundamental à busca da identidade genética, como natural emanação do direito de personalidade de um ser. A afetividade enquanto critério, por sua vez, gozava de aplicação por doutrina e jurisprudência desde o Código Civil de 1916 para evitar situações de extrema injustiça, reconhecendo-se a posse do estado de filho, e consequentemente o vínculo parental, em favor daquele que utilizasse o nome da família (*nominatio*), fosse tratado como filho pelo pai (*tractatio*) e gozasse do reconhecimento da sua condição de descendente pela comunidade (*reputatio*)" (RE 898.060/SC, Rel. Min. Luiz Fux, j. 21.09.2016, publicado no seu *Informativo* n. *840* – Tema n. 622 de repercussão geral).

Interessante mencionar, ainda, o voto do Ministro Celso de Mello, que afirmou ser a afetividade um princípio implícito do sistema civil-constitucional brasileiro, com valor inquestionável.

Reitere-se, mais uma vez, a tese firmada, o que ampara as conclusões a que já se chegava em edições anteriores desta obra: "a paternidade socioafetiva, declarada ou não em registro, não impede o reconhecimento do vínculo de filiação concomitante, baseada na origem biológica, com os efeitos jurídicos próprios". Assim, o que se nota é que um vínculo de parentalidade não exclui o outro, devendo ser reconhecida a possibilidade jurídica da multiparentalidade, para todos os fins jurídicos, inclusive os sucessórios.

Assim, por tudo isso, não restam dúvidas de que a afetividade constitui um *código forte* no Direito Privado Contemporâneo, gerando alterações profundas na forma de pensar a família brasileira, repercutindo na esfera sucessória. Uma das consequências de ser a afetividade um princípio jurídico é justamente a parentalidade socioafetiva, conforme antes desenvolvido. Como já apontava Paulo Lôbo em seu livro dedicado ao Direito das Sucessões:

> "O despertar do interesse pela socioafetividade no direito de família e no direito das sucessões, no Brasil, especialmente na filiação e na descendência, deu-se, paradoxalmente, ao mesmo tempo em que os juristas se sentiam atraídos pela perspectiva de certeza quase absoluta da origem biológica, asseguradas pelos exames de DNA. Alguns ficaram tentados a resolver todas as dúvidas sobre filiação no laboratório. Porém, a complexidade da vida familiar é insuscetível de ser apreendida em um exame laboratorial. Pai, com todas as dimensões culturais, afetivas e jurídicas que o envolvem, não se confunde com o genitor biológico; é mais do que este" (LÔBO, Paulo. *Direito...*, 2013, p. 110).

Em apertada síntese, três são as situações fáticas em que se pode admitir a *parentalidade socioafetiva*, a repercutir diretamente no âmbito da vocação hereditária e da sucessão legítima. Antes de expô-las, imperioso verificar que a expressão destacada é ampla, englobando os dois gêneros, quais sejam, a *paternidade* e a *maternidade socioafetiva*. Além do problema de gênero, pontue-se que a jurisprudência superior já reconheceu a possibilidade de o último vínculo estar presente (ver: STJ, REsp 1.189.663/RS, 3.ª Turma, Rel. Min. Nancy Andrighi, j. 06.09.2011, *DJe* 15.09.2011).

A *primeira hipótese* em que se tem admitido a parentalidade socioafetiva envolve os casos de *adoção à brasileira*, presente quando um homem registra de forma espontânea um filho como seu, mesmo sabendo não sê-lo (ou tendo dúvidas a respeito disso). Concretizado pelo tratamento e pela reputação, não poderá ser desfeito o vínculo de afeto, tido como *inquebrável*. A título de ilustração, se um marido, depois de quinze anos de convivência, descobre que o filho de sua mulher não é seu filho, diante de exame de DNA feito em laboratório, não poderá mais desconstituir a filiação, pois a afetividade, nessa hipótese, prevalece sobre o vínculo biológico. Pela prevalência do vínculo fundado na posse de estado de filhos, estarão presentes direitos sucessórios do filho em relação a esse pai registral. Muitos julgados de Cortes Estaduais já seguiam tal caminho, cabendo colacionar os seguintes, somente para exemplificar:

> "Investigação de paternidade. Prova hematológica. Paternidade biológica reconhecida por exame de DNA. Criança, todavia, registrada anteriormente pelo companheiro de sua

mãe. Paternidade socioafetiva ou adoção à brasileira configurada. Prevalecimento desta última, pois a filha está perfeitamente integrada na família formada pela genitora biológica e o pai socioafetivo. Inconveniência para a criança, em prol de que existem normas de proteção de seu desenvolvimento socioafetivo, de se alterar a situação já existente e consolidada. Restrição da sentença aos efeitos meramente declaratórios, sem alterar o registro de nascimento da filha, com a observância do procedimento determinado pelo art. 47, § 2.º, do Estatuto da Criança e do Adolescente. Recurso provido em parte para esse fim" (TJSP, Apelação 369958-4/8-00, 9.ª Câmara de Direito Privado, Novo Horizonte, 31.01.2006, Rel. Des. João Carlos Garcia, v.u., Voto 9.975).

"Registro civil. Assento de nascimento. Ação de nulidade cumulada com declaração de inexistência de parentesco e de invalidade de cláusula testamentária que atribuiu à ré bens do acervo do espólio. Alegação de inexistência de consanguinidade entre 'pai' e 'filha' voluntariamente reconhecida em ato notarial. Não reconhecimento. Ausência de prova taxativa da paternidade pela recusa da ré a submeter-se à perícia técnica pelo sistema de 'DNA'. Ampla comprovação, porém, da relação de afeto e desvelos entre 'pai' e 'filha' suficientes para caracterizar a chamada paternidade socioafetiva. Evolução no Direito do conceito de paternidade, que em busca da formação de uma sociedade mais humana e solidária, erigiu à condição de pai, atribuindo-lhe direitos e obrigações, não só àquele que contribuiu geneticamente para o nascimento, mas também àquele que por seus atos revelem o desejo de sê-lo. Inequívoca intenção do falecido, ademais, de amparar financeiramente a recorrida após a sua morte. Sentença de improcedência mantida. Recurso não provido" (TJSP, Apelação Cível 370.957-4/6, 10.ª Câmara de Direito Privado, Comarca de São Paulo, Rel. Galdino Toledo Júnior, j. 05.09.2006, v.u., Voto 1.352).

O Superior Tribunal de Justiça não discrepava de tal solução, afastando o direito do pai registral de desfazer o vínculo estabelecido. Entre vários arestos, cabe colacionar os seguintes:

"Recurso especial. Processual civil. Declaratória de inexistência de filiação. Interesse. Existência. I. O pedido deduzido por irmão, que visa alterar o registro de nascimento de sua irmã, atualmente com mais de 60 anos de idade, para dele excluir o pai comum, deve ser apreciado à luz da verdade socioafetiva, mormente quando decorridos mais de 40 anos do ato inquinado de falso, que foi praticado pelo pai registral sem a concorrência da filha. II. Mesmo na ausência de ascendência genética, o registro da recorrida como filha, realizado de forma consciente, consolidou a filiação socioafetiva, devendo essa relação de fato ser reconhecida e amparada juridicamente. Isso porque a parentalidade que nasce de uma decisão espontânea deve ter guarida no Direito de Família. III. O exercício de direito potestativo daquele que estabelece uma filiação socioafetiva, pela sua própria natureza, não pode ser questionado por seu filho biológico, mesmo na hipótese de indevida declaração no assento de nascimento da recorrida. IV. A falta de interesse de agir que determina a carência de ação é extraída, tão só, das afirmações daquele que ajuíza a demanda – *in status assertionis* –, em exercício de abstração que não engloba as provas produzidas no processo, porquanto a incursão em seara probatória determinará a resolução de mérito, nos precisos termos do art. 269, I, do CPC. Recurso não provido" (STJ, REsp 1.259.460/SP, 3.ª Turma, Rel. Min. Nancy Andrighi, j. 19.06.2012, *DJe* 29.06.2012).

Todavia, a prevalência do vínculo socioafetivo não vinha sendo considerada como absoluta na jurisprudência superior do STJ, podendo ser encontrados acórdãos mais recentes que possibilitavam a quebra do vínculo estabelecido, no caso de ação proposta pelo próprio filho. Tratando especificamente de questão sucessória, vejamos julgado do Superior Tribunal de Justiça, do ano de 2013:

> "Família. Filiação. Civil. Recurso especial. Ação de investigação de paternidade e petição de herança. Vínculo biológico. Paternidade socioafetiva. Identidade genética. Ancestralidade. Direitos sucessórios. Artigos analisados: arts. 1.593; 1.604 e 1.609 do Código Civil; art. 48 do ECA; e do art. 1.º da Lei 8.560/92. 1. Ação de petição de herança, ajuizada em 07.03.2008. Recurso especial concluso ao Gabinete em 25.08.2011. 2. Discussão relativa à possibilidade do vínculo socioafetivo com o pai registrário impedir o reconhecimento da paternidade biológica. 3. A maternidade/paternidade socioafetiva tem seu reconhecimento jurídico decorrente da relação jurídica de afeto, marcadamente nos casos em que, sem nenhum vínculo biológico, os pais criam uma criança por escolha própria, destinando-lhe todo o amor, ternura e cuidados inerentes à relação pai-filho. 4. A prevalência da paternidade/maternidade socioafetiva frente à biológica tem como principal fundamento o interesse do próprio menor, ou seja, visa garantir direitos aos filhos face às pretensões negatórias de paternidade, quando é inequívoco (i) o conhecimento da verdade biológica pelos pais que assim o declararam no registro de nascimento e (ii) a existência de uma relação de afeto, cuidado, assistência moral, patrimonial e respeito, construída ao longo dos anos. 5. Se é o próprio filho quem busca o reconhecimento do vínculo biológico com outrem, porque durante toda a sua vida foi induzido a acreditar em uma verdade que lhe foi imposta por aqueles que o registraram, não é razoável que se lhe imponha a prevalência da paternidade socioafetiva, a fim de impedir sua pretensão. 6. O reconhecimento do estado de filiação constitui direito personalíssimo, indisponível e imprescritível, que pode ser exercitado, portanto, sem qualquer restrição, em face dos pais ou seus herdeiros. 7. A paternidade traz em seu bojo diversas responsabilidades, sejam de ordem moral ou patrimonial, devendo ser assegurados os direitos sucessórios decorrentes da comprovação do estado de filiação. 8. Todos os filhos são iguais, não sendo admitida qualquer distinção entre eles, sendo desinfluente a existência, ou não, de qualquer contribuição para a formação do patrimônio familiar. 9. Recurso especial desprovido" (STJ, REsp 1.274.240/SC, 3.ª Turma, Rel. Min. Nancy Andrighi, j. 08.10.2013, *DJe* 15.10.2013).

Essa tendência de tutelar o desejo do filho já era percebida desde o final do ano de 2012, havendo outro *decisum* que concluiu pela não prevalência da parentalidade socioafetiva sobre a biológica. Assim, merecendo críticas o acórdão publicado no *Informativo* n. *512* do STJ, com o seguinte trecho:

> "É possível o reconhecimento da paternidade biológica e a anulação do registro de nascimento na hipótese em que pleiteados pelo filho adotado conforme prática conhecida como 'adoção à brasileira'. A paternidade biológica traz em si responsabilidades que lhe são intrínsecas e que, somente em situações excepcionais, previstas em lei, podem ser afastadas. O direito da pessoa ao reconhecimento de sua ancestralidade e origem genética insere-se nos atributos da própria personalidade. A prática conhecida como 'adoção à brasileira', ao contrário da adoção legal, não tem a aptidão de romper os vínculos civis entre o filho e os pais biológicos, que devem ser restabelecidos sempre que o filho manifestar o seu desejo de desfazer o liame jurídico advindo do registro ilegalmente levado a efeito, restaurando-se, por conseguinte, todos os consectários legais da paternidade biológica, como os registrais, os patrimoniais e os hereditários. Dessa forma, a filiação socioafetiva desenvolvida com os pais registrais não afasta os direitos do filho resultantes da filiação biológica, não podendo,

nesse sentido, haver equiparação entre a 'adoção à brasileira' e a adoção regular. Ademais, embora a 'adoção à brasileira', muitas vezes, não denote torpeza de quem a pratica, pode ela ser instrumental de diversos ilícitos, como os relacionados ao tráfico internacional de crianças, além de poder não refletir o melhor interesse do menor" (STJ, REsp 1.167.993/RS, Rel. Min. Luis Felipe Salomão, j. 18.12.2012).

Diante desses conflitos mais recentes, no âmbito do Supremo Tribunal Federal é que foi reconhecida a *repercussão geral* da matéria, especialmente a respeito da colisão entre o vínculo socioafetivo e o biológico. A ementa da decisão de reconhecimento da repercussão foi assim publicada:

> "Recurso extraordinário com agravo. Direito civil. Ação de anulação de assento de nascimento. Investigação de paternidade. Imprescritibilidade. Retificação de registro. Paternidade biológica. Paternidade socioafetiva. Controvérsia gravitante em torno da prevalência da paternidade socioafetiva em detrimento da paternidade biológica. Art. 226, *caput*, da Constituição Federal. Plenário virtual. Repercussão geral reconhecida" (STF, ARE 692186 RG/DF, Rel. Min. Luiz Fux, j. 29.11.2012).

Assim, o Supremo Tribunal Federal acabou julgando a repercussão geral em outro processo, com fixação da tese segundo a qual um vínculo parental não exclui o outro (RE 898.060/SC, Rel. Min. Luiz Fux, j. 21.09.2016, publicado no seu *Informativo* n. *840* – Tema n. 622 de repercussão geral). A regra, assim, passou a ser a multiparentalidade, merecendo destaque outro trecho do voto do relator, em que cita como paradigma um caso julgado nos Estados Unidos da América. Foram suas palavras:

> "A pluriparentalidade, no Direito Comparado, pode ser exemplificada pelo conceito de 'dupla paternidade' (*dual paternity*), construído pela Suprema Corte do Estado da Louisiana, EUA, desde a década de 1980 para atender, ao mesmo tempo, ao melhor interesse da criança e ao direito do genitor à declaração da paternidade. Doutrina. Os arranjos familiares alheios à regulação estatal, por omissão, não podem restar ao desabrigo da proteção a situações de pluriparentalidade, por isso que merecem tutela jurídica concomitante, para todos os fins de direito, os vínculos parentais de origem afetiva e biológica, a fim de prover a mais completa e adequada tutela aos sujeitos envolvidos, ante os princípios constitucionais da dignidade da pessoa humana (art. 1.º, III) e da paternidade responsável (art. 226, § 7.º)" (STF, RE 898.060/SC, Tribunal Pleno, Rel. Min. Luiz Fux, j. 21.09.2016, publicado no seu *Informativo* n. *840*).

A premissa fixada também acaba por possibilitar que os filhos demandem os pais biológicos para obter o vínculo de filiação com intuitos alimentares e sucessórios. Segue-se, assim, o caminho que já vinha sendo percorrido pelo STJ, e que era por mim criticado. Esse foi um dos pontos negativos da tese firmada, no meu entender, pois possibilita *demandas frívolas* promovidas pelos filhos, com claro intuito patrimonial. Penso que o Judiciário deve estar atento a tais ações, procurando evitar ao máximo pedidos com claro intuito econômico.

Voltando aos casos de reconhecimento da parentalidade socioafetiva, a *segunda hipótese* envolve os padrastos e madrastas, enteados e enteadas, situações de convivência em que a relação de parentalidade merece especial qualificação. Como antes destacado, há, em casos tais, um parentesco por afinidade na linha reta que, *a priori*, não geraria efeitos sucessórios, por ausência de previsão legal.

No entanto, em tais relacionamentos, é forçoso defender, na linha da decisão do STF, que devem emergir direitos e deveres dos padrastos e madrastas, com grandes repercussões práticas no meio social, inclusive no âmbito sucessório. Ora, se a existência de vínculo socioafetivo não afasta o reconhecimento da filiação biológica, o inverso também é verdadeiro. Em outras palavras, a paternidade biológica anterior não afasta uma parentalidade socioafetiva posterior.

Como fundamento legal para tal conclusão, a Lei 11.924/2009, de autoria do então Deputado Clodovil Hernandes, passou a possibilitar que o enteado ou enteada utilize o sobrenome do padrasto ou madrasta, desde que haja um motivo relevante para tanto. Foi introduzido um novo parágrafo ao art. 57 da Lei de Registros Públicos (Lei 6.015/1973), que atualmente tem a seguinte redação, após as alterações pela Lei do Sistema Eletrônico de Registros Públicos (SERP, Lei 14.382/2022):

> "Art. 57 (...) § 8.º O enteado ou a enteada, se houver motivo justificável, poderá requerer ao oficial de registro civil que, nos registros de nascimento e de casamento, seja averbado o nome de família de seu padrasto ou de sua madrasta, desde que haja expressa concordância destes, sem prejuízo de seus sobrenomes de família".

Desde o surgimento original da última norma, estavam em debate, nos meios jurídicos, quais seriam as reais consequências dessa inclusão do sobrenome. Porém, seria perfeitamente possível sustentar, já no passado e quando a norma surgiu originalmente, que a inclusão deveria gerar amplos efeitos, inclusive familiares e sucessórios, mormente na linha da multiparentalidade, desde que presentes os requisitos da posse de estado de filhos. Como aqui defendia, se a sociedade pós-moderna é pluralista, a família também o deve ser e para todos os fins.

A conclusão vale para os casos, por exemplo, em que o padrasto se comporta como verdadeiro pai biológico, com cabal comprometimento de assumir tal papel, o que deve ser a regra na prática, pelo efetivo *espírito de solidariedade* que deve guiar as relações de convivência familiar. Com a tão citada decisão do Supremo Tribunal Federal em sede de repercussão social, em seu Tema n. 622, não restam dúvidas quanto à extensão dos efeitos jurídicos em casos tais.

A título de exemplo, imagine-se o caso de um padrasto que cria o enteado por cerca de vinte anos, passando o último a adotar o sobrenome do primeiro, com a devida retificação do registro civil. A utilização desse sobrenome somada à parentalidade socioafetiva pode fazer com que o enteado passe a figurar como sucessor do padrasto, ao lado dos seus filhos biológicos. Tal forma de julgar o caso pode repercutir igualmente no tratamento de eventuais *irmãos socioafetivos*, que mantêm entre si um suposto parentesco por afinidade colateral.

Como antes demonstrado, imagine-se que um homem, que tem filho de um relacionamento anterior, se casa com uma mulher que tem uma filha, igualmente de outra relação, concretizando-se entre todos os vínculos socioafetivos qualificados. Haveria sucessão legítima entre tais pessoas, tratadas como irmãs, colaterais de segundo grau? Sempre entendi que é possível defender a premissa sucessória entre tais irmãos. Mais uma vez, repise-se, com a decisão do STF sobre o tema, não restam dúvidas quanto a essa possibilidade jurídica. Exatamente nessa linha decidiu a Quarta Turma do Superior Tribunal de Justiça em outubro de 2022, utilizando o termo "fraternidade socioafetiva". Nos termos da publicação constante do *Informativo* n. 453 da Corte, que teve como Relator o Ministro Marco Buzzi: "Inexiste qualquer vedação legal ao reconhecimento da fraternidade/irmandade socioafetiva, ainda que *post mortem*, pois a declaração da existência de relação de parentesco de segundo grau na linha colateral é admissível no ordenamento jurídico pátrio, merecendo a apreciação do Poder Judiciário". E mais:

> "Não há falar, portanto, em condição essencial à caracterização do parentesco colateral por afetividade, consistente em prévia declaração judicial de filiação (linha reta) socioafetiva, em demanda movida pela *de cujus* em relação aos genitores dos requerentes. Desse modo, não se visualiza óbice, em tese, à pretensão autônoma deduzida, calcada na configuração da posse do estado de irmãos. Afigurou-se prematuro, portanto, o indeferimento da petição inicial, sem que pudessem os demandantes efetivamente demonstrar os requisitos necessários à caracterização do citado *status*. No âmbito das relações de parentesco, a ideia de posse de estado traduz-se em comportamentos reiterados, hábeis a constituírem situações jurídicas passíveis de tutela. Assim, além da própria aparência e reconhecimento social, o vínculo constituído qualifica a real dimensão da relação familiar/parentesco, erigida sobre a socioafetividade, a qual não pode ser ignorada pelo sistema jurídico. A partir desse pressuposto, infere-se que a citada relação/vínculo, identificada por meio da posse de estado, é passível de ser declarada judicialmente. Trata-se, com efeito, de objeto de declaração a existência de uma situação jurídica consolidada, da qual defluem efeitos jurídicos – pessoais e patrimoniais –, a exemplo do eventual direito sucessório alegado na exordial".

O número do processo não foi divulgado por questão de segredo de justiça.

A *terceira e última situação* a ser pontuada referente ao reconhecimento de efeitos jurídicos à parentalidade socioafetiva diz respeito à possibilidade de propositura de uma *ação declaratória de parentalidade socioafetiva*. A título de ilustração, imagine-se a situação de alguém que cria, como seu, um filho cujo pai biológico não consta do registro. Após a concretização da posse de estado de filhos, parece ser totalmente viável uma ação proposta pelo *filho social* para a inclusão de seu pai socioafetivo no registro civil.

Aliás, em casos tais, a expressão *filhos de criação* ganha contundente amplitude para todos os fins que o Direito Privado pode tutelar. Poucos julgados ainda são encontrados sobre o assunto, mas a demanda em questão tem sido encontrada de forma crescente nos foros de todo o País, o que deve ser ampliado nos próximos anos, por conta da recente decisão do Supremo Tribunal Federal, em repercussão geral. A título de exemplo:

> "Possibilidade jurídica do pedido de declaração de paternidade socioafetiva. Fundamentação consubstanciada em doutrina e precedentes jurisprudenciais. Os autores comprovaram a posse do estado de filho em relação ao falecido mediante prova documental vasta e também testemunhal que dão conta da presença de seus elementos caracterizadores, quais sejam, nome, trato e fama. Agravo retido desprovido e preliminares rejeitadas, à unanimidade. Apelo provido, por maioria" (TJRS, Apelação Cível 225334-28.2012.8.21.7000, 8.ª Câmara Cível, Porto Alegre, Rel. Des. Ricardo Moreira Lins Pastl, j. 06.09.2012, *DJERS* 17.10.2012; ou, ainda: Tribunal de Justiça do Rio Grande do Sul. Apelação provida por

maioria. Apelação Cível 70008795775, 7.ª Câmara de Direito Privado, Rel. José Carlos Teixeira Giorgis, 23.06.2004).

Também nesta última hipótese, se o vínculo baseado na posse de estado de filhos gerar o registro posterior do descendente, o último deve ser reconhecido como herdeiro, com a sua inclusão na vocação hereditária, como se filho biológico do falecido fosse.

Reafirme-se, o que igualmente repercute para os fins sucessórios, a possibilidade de se reconhecer mais de um vínculo parental, o que se denomina *multiparentalidade*. Na doutrina brasileira, vozes de relevante importância já alertavam para tal viabilidade, o que contava com a minha concordância (ver: TEIXEIRA, Ana Carolina Brochado; RODRIGUES, Renata de Lima. *Multiparentalidade*..., 2010, p. 190-218; ALMEIDA, Renata Barbosa de; RODRIGUES JR., Walsir Edson. *Direito*..., 2010, p. 381-383; BUNAZAR, Maurício. *Pelas portas*..., p. 63-73, 2010; PÓVOAS, Maurício Cavallazzi. *Multiparentalidade*..., 2012; CASSETTARI, Christiano. *Multiparentalidade e parentalidade*..., 2014).

O que se via na jurisprudência até então, a respeito dos debates entre os vínculos biológico e socioafetivo, era, por regra, uma *escolha de Sofia*, o que não pode mais prosperar, notadamente diante da decisão superior, em repercussão geral, prolatada em setembro de 2016.

Como já interrogava a doutrina consultada, por que não seria possível a hipótese de ter a pessoa dois pais ou duas mães no registro civil, para todos os fins jurídicos, inclusive familiares e sucessórios? Pontuava Maurício Bunazar que, "a partir do momento em que a sociedade passa a encarar como pais e/ou mães aqueles perante os quais se exerce a posse do estado de filho, juridiciza-se tal situação, gerando, de maneira inevitável, entre os participantes da relação filial direitos e deveres; obrigações e pretensões; ações e exceções, sem que haja nada que justifique a ruptura da relação filial primeva" (BUNAZAR, Maurício. *Pelas portas*..., 2010, p. 73).

Reconhecendo tais premissas, anote-se a até então inédita sentença prolatada pela magistrada Deisy Cristhian Lorena de Oliveira Ferraz, da Comarca de Ariquemes, Estado de Rondônia, determinando o duplo registro da criança, em nome do pai biológico e do pai socioafetivo (padrasto), diante de pedido de ambos para que a multiparentalidade fosse reconhecida. O julgado não analisou a questão sucessória, abordando a possibilidade de ambos serem responsáveis pelo pagamento dos alimentos. No entanto, com o trânsito em julgado da sentença, o filho passaria a ser herdeiro de dois pais: o biológico e o padrasto (Disponível em: <http://www.flaviotartuce.adv.br/jurisprudencias>. Acesso em: 28 ago. 2013).

Na mesma esteira, colacione-se acórdão do Tribunal de Justiça do Estado de São Paulo, que determinou o registro de madrasta como *mãe civil* de enteado, mantendo-se a mãe biológica, que havia falecido quando do parto. A ementa da instigante decisão foi assim publicada:

> "Maternidade socioafetiva. Preservação da maternidade biológica. Respeito à memória da mãe biológica, falecida em decorrência do parto, e de sua família. Enteado criado como filho desde dois anos de idade. Filiação socioafetiva que tem amparo no art. 1.593 do Código Civil e decorre da posse do estado de filho, fruto de longa e estável convivência, aliado ao afeto e considerações mútuos, e sua manifestação pública, de forma a não deixar

dúvida, a quem não conhece, de que se trata de parentes. A formação da família moderna não consanguínea tem sua base na afetividade e nos princípios da dignidade da pessoa humana e da solidariedade. Recurso provido" (TJSP, Apelação 0006422-26.2011.8.26.0286, 1.ª Câmara de Direito Privado, Itu, Rel. Des. Alcides Leopoldo e Silva Junior, j. 14.08.2012).

Como se percebe, o aresto segue muitas das premissas delineadas neste estudo. Como consequência final do *decisum*, o enteado passou a ter seis avós no registro, devendo ser reconhecido como herdeiro de todos os ascendentes que passou a ter, inclusive e principalmente, de sua madrasta.

Outras decisões jurisprudenciais surgiram nos anos sucessivos, especialmente em primeira instância e, como aqui afirmávamos, a multiparentalidade seria *um caminho sem volta do Direito de Família contemporâneo*, consolidando-se as novas teorias e os princípios constitucionais nesse campo do pensamento jurídico. A decisão do STF é o *fim do caminho*. A regra passou a ser a multiparentalidade, nos casos de dilemas entre a parentalidade socioafetiva e a biológica. Uma não exclui a outra, devendo ambas conviver, em igualdade plena.

Como aqui já se sustentava em edições anteriores, o reconhecimento da multiparentalidade em algumas situações, demonstrava que não se poderia afirmar, genericamente, que o vínculo socioafetivo prevaleceria sobre o biológico, ou vice-versa, o que poderia prejudicar a repercussão geral levantada perante o Supremo Tribunal Federal. Todavia, felizmente, o STF acabou por priorizar a multiparentalidade como regra.

Com a consolidação da tese, é possível que alguém herde de dois pais e uma mãe ou de um pai e duas mães, mais um grande desafio para ser analisado e refletido pelos estudiosos do Direito das Sucessões no Brasil. Como se verá a seguir, dois pais – o biológico e o socioafetivo – também podem herdar concomitantemente de um mesmo filho, não tendo o nosso legislador previsto tal situação expressamente, o que gera mais uma dúvida a ser sanada pela doutrina e pela jurisprudência nos próximos anos.

Importante observar que os julgados anteriores ora citados envolvem situações em que houve consenso entre todos para o duplo registro. A grande dúvida era saber se o vínculo poderia ser imposto pelo magistrado, caso não existisse tal acordo. Esse parecia ser o grande desafio que envolvia a matéria.

Aliás, no final de 2015, o Superior Tribunal de Justiça enfrentou a questão, entendendo pela impossibilidade de se impor a multiparentalidade, sem que exista a vontade expressa de todos os envolvidos. Conforme consta da publicação da ementa:

> "Cinge-se a controvérsia a verificar a possibilidade de registro de dupla paternidade, requerido unicamente pelo Ministério Público estadual, na certidão de nascimento do menor para assegurar direito futuro de escolha do infante. Esta Corte tem entendimento no sentido de ser possível o duplo registro na certidão de nascimento do filho nos casos de adoção por homoafetivos. Precedente. Infere-se dos autos que o pai socioafetivo não tem interesse em figurar também na certidão de nascimento da criança. Ele poderá, a qualquer tempo, dispor do seu patrimônio, na forma da lei, por testamento ou doação em favor do menor. Não se justifica o pedido do *Parquet* para registro de dupla paternidade quando não demonstrado prejuízo evidente ao interesse do menor" (STJ, REsp 1.333.086/RO, 3.ª Turma, Rel. Min. Ricardo Villas Bôas Cueva, j. 06.10.2015, *DJe* 15.10.2015).

Porém, essa posição anterior do STJ está superada pelo julgamento do STF de setembro de 2016 no Recurso Especial 898.060/SC, publicado no *Informativo* n. *840* da Corte. Fica claro, pela tese da repercussão geral, que é possível reconhecer o duplo vínculo mesmo contra a vontade das partes envolvidas, inclusive para fins sucessórios. Exatamente nesse sentido, o Enunciado n. 632 da *VIII Jornada de Direito Civil*, promovida pelo Conselho da Justiça Federal em abril de 2018, prevê que, "nos casos de reconhecimento de multiparentalidade paterna ou materna, o filho terá direito à participação na herança de todos os ascendentes reconhecidos".

Na mesma linha, o Enunciado n. 33 do IBDFAM, aprovado no *X Congresso Brasileiro de Direito das Família e das Sucessões*, em outubro de 2019: "o reconhecimento da filiação socioafetiva ou da multiparentalidade gera efeitos jurídicos sucessórios, sendo certo que o filho faz jus às heranças, assim como os genitores, de forma recíproca, bem como dos respectivos ascendentes e parentes, tanto por direito próprio como por representação". O último enunciado trata também da sucessão em favor dos ascendentes socioafetivos, tema que será enfrentado no próximo tópico desta obra.

A propósito, já sob a égide da nova posição do Supremo Tribunal Federal, a mesma Terceira Turma do STJ proferiu decisão em sentido oposto à última e com mesma relatoria, reconhecendo ser possível a multiparentalidade, mesmo que contra a vontade dos envolvidos. Vejamos sua ementa:

> "O Supremo Tribunal Federal, ao julgar o Recurso Extraordinário n.º 898.060, com repercussão geral reconhecida, admitiu a coexistência entre as paternidades biológica e a socioafetiva, afastando qualquer interpretação apta a ensejar a hierarquização dos vínculos. A existência de vínculo com o pai registral não é obstáculo ao exercício do direito de busca da origem genética ou de reconhecimento de paternidade biológica. Os direitos à ancestralidade, à origem genética e ao afeto são, portanto, compatíveis. O reconhecimento do estado de filiação configura direito personalíssimo, indisponível e imprescritível, que pode ser exercitado, portanto, sem nenhuma restrição, contra os pais ou seus herdeiros" (STJ, REsp 1.618.230/RS, 3.ª Turma, Rel. Min. Ricardo Villas Bôas Cueva, j. 28.03.2017, *DJe* 10.05.2017).

Acredita-se que novas decisões, superiores e estaduais, surgirão na mesma linha deste último acórdão, havendo novos paradigmas não só para o Direito de Família como também para o Direito das Sucessões.

Para encerrar o tópico, lembro que no Projeto de Reforma do Código Civil também se almeja regulamentar no campo legislativo o tratamento da parentalidade socioafetiva e da multiparentalidade, encerrando-se qualquer debate que possa haver quanto à temática, inclusive para fins sucessórios.

Como visto, confirmando-se toda a evolução doutrinária e jurisprudencial aqui exposta, a Comissão de Juristas propõe que todas as modalidades de parentesco sejam colocadas em um artigo inicial, com um sentido de equalização, sem que se reconheça qualquer hierarquia entre elas, exatamente como restou decidido pelo Supremo Tribunal Federal, no julgado aqui tão citado, em seu Tema n. 622 de repercussão geral.

Por isso se justifica o novo art. 1.512-A, prevendo o seu *caput* que "a relação de parentesco pode ter causa natural ou civil". Ademais, "o parentesco é natural se resultar de consanguinidade, ainda que o nascimento tenha sido propiciado por cessão temporária de útero" (§ 1.º). Igualmente na linha da posição consolidada em doutrina e jurisprudência, inclui-se o § 2.º no art. 1.512-A, prevendo que "o parentesco é civil, conforme resulte de socioafetividade, de adoção ou de reprodução assistida em que há a utilização de material genético de doador". Retira-se, portanto, o atual termo "outra origem", constante do art. 1.593, que é genérico, sendo necessária a definição do que seja o parentesco civil.

Ademais, além dessas regras gerais, são incluídas previsões específicas sobre a parentalidade socioafetiva, entre os novos arts. 1.617-A e 1.617-C. De acordo com o novo 1.617-A, e na linha do entendimento jurisprudencial antes exposto, "a inexistência de vínculo genético não exclui a filiação se comprovada a presença de vínculo de socioafetividade".

Em outras palavras, admite-se a multiparentalidade, com a presença de vínculos concomitantes, consanguíneo e socioafetivo, o que confirma tese julgada pelo STF, em repercussão geral (Tema n. 622), bem como o entendimento majoritário da doutrina e da jurisprudência. E, a respeito dos deveres parentais advindos da parentalidade socioafetiva, o novo art. 1.617-B da Lei Geral Privada passará a prever que "a socioafetividade não exclui nem limita a autoridade dos genitores naturais, sendo todos responsáveis pelo sustento, zelo e cuidado dos filhos em caso de multiparentalidade".

Como afirmações derradeiras para a temática, não se pode negar que essas proposições representam um notável legislativo, passando a parentalidade socioafetiva e a multiparentalidade, pelo texto expresso da lei, a gerar efeitos não somente familiares, como também sucessórios, abrangendo os irmãos socioafetivos, como realmente deve ser. Espera-se, assim, a sua aprovação pelo Parlamento Brasileiro, em necessário avanço legal para o Direito Civil Brasileiro.

2.8 DA SUCESSÃO DOS ASCENDENTES E A CONCORRÊNCIA DO CÔNJUGE E DO COMPANHEIRO

Analisadas as regras relativas à sucessão dos descendentes, nos termos dos arts. 1.829, inciso II, e 1.836 do Código Civil, na falta de descendentes, são chamados à sucessão os ascendentes, que são *herdeiros de segunda classe*, do mesmo modo em concorrência com o cônjuge sobrevivente; incluindo-se agora também o companheiro, por conta da impactante decisão do STF, de maio de 2017 (*Informativo* n. *864*). Aqui não há qualquer influência do regime de bens na concorrência sucessória, que diz respeito a todos os bens, sem qualquer limitação, conforme reconhecido na *VII Jornada de Direito Civil*, promovida pelo Conselho da Justiça Federal em setembro de 2015 (Enunciado n. 609).

Dessa forma, ilustrando, se o falecido não deixou filhos, mas apenas pais e uma esposa ou companheira, o direito sucessório é reconhecido a favor dos três: pai + mãe + esposa ou convivente; de forma igualitária. Mais uma vez, devem ser considerados o casamento e a união estável homoafetivos como equiparados ao casamento e à união estável heteroafetivos, para a inclusão de direitos hereditários (STF, Recurso Extraordinário 646.721/RS, j. 10.05.2017).

Assim, por exemplo, um homem falecido pode deixar um pai, uma mãe e um marido ou companheiro, devendo-se reconhecer a concorrência sucessória entre os três (pai + mãe + marido ou companheiro). Ou, ainda, uma mulher pode deixar uma mãe e uma esposa ou companheira, havendo concorrência sucessória entre as últimas (mãe + esposa ou companheira).

Com o amplo reconhecimento da multiparentalidade, se o falecido deixar um pai biológico, um pai socioafetivo, uma mãe e uma esposa ou companheira, os seus bens serão divididos entre os quatro, também em concorrência.

Reafirme-se, para que não pairem dúvidas, que, na concorrência do cônjuge – e agora também do convivente – com os ascendentes, não há qualquer influência quanto ao regime de bens, o que torna a sucessão mais simples, como realmente deve ser. Diante da simplicidade, não existem grandes divergências doutrinárias e jurisprudenciais nesta seara da concorrência.

Da mesma forma como ocorre com a sucessão dos descendentes, na classe dos ascendentes, o grau mais próximo exclui o mais remoto, sem distinção de linhas, conforme enuncia o art. 1.836, § 1.º, do CC/2002. Não se pode esquecer que *não existe direito de representação em relação aos ascendentes*. Exemplificando, se o falecido deixou pais e avós, os dois primeiros – seus pais – herdam na mesma proporção, sendo excluídos os avós. Se o *de cujus* deixa a mãe – sendo seu pai premorto – e avós, somente a sua mãe herdará.

Em complemento, havendo igualdade em grau e diversidade em linha, os ascendentes da linha paterna herdam a metade, cabendo a outra aos da linha materna (art. 1.836, § 2.º, do CC/2002). Para ilustrar, se o falecido com patrimônio de R$ 1.200.000,00 não deixou pais, mas apenas avós paternos e maternos, a herança é dividida inicialmente em duas partes, uma para cada linha. Depois a herança é fracionada entre os avós em cada grupo, que recebem quotas iguais, ou seja, R$ 300.000,00 cada um. Todavia, se o falecido com patrimônio de R$ 1.200.000,00 deixou três avós, dois na linha paterna e um na linha materna, estão presentes a igualdade de graus e a diversidade de linhas. Por isso, metade da herança é atribuída aos avós paternos – R$ 600.000,00, recebendo R$ 300.000,00 cada um – e outra metade para a avó materna – que receberá R$ 600.000,00, na linha do exemplo explicativo de Zeno Veloso (*Código...*, 2008, p. 2.022).

Como a última norma fala em linha paterna e materna, é necessário fazer ajustes conceituais em virtude do reconhecimento das uniões homoafetivas e da multiparentalidade. Nessa linha, na *IX Jornada de Direito Civil*, promovida em maio de 2022, aprovou-se o Enunciado n. 676, prevendo que "a expressão diversidade em linha, constante do § 2.º do art. 1.836 do Código Civil, não deve mais ser restrita à linha paterna e à linha materna, devendo ser compreendidas como linhas ascendentes".

Aqui surge a questão a ser resolvida justamente quanto à multiparentalidade, e que antes foi destacada. O problema foi levantado, na doutrina e de forma pioneira, por Anderson Schreiber. Segundo as palavras do jurista, Professor Titular de Direito Civil da UERJ:

> "Se uma pessoa pode receber herança de dois pais, é preciso recordar que também pode ocorrer o contrário, pois a tese aprovada produz efeitos em ambas as direções: direito do filho em relação aos múltiplos pais ou mães, mas também direitos dos múltiplos pais ou

mães em relação ao filho. Assim, o que ocorre caso o filho venha a falecer antes dos pais, sem deixar descendentes? A resposta da lei brasileira sempre foi a de que 'os ascendentes da linha paterna herdam a metade, cabendo a outra metade aos da linha materna' (Código Civil, art. 1.836). Em primeiro grau, isso significava que o pai recebia a metade dos bens, e a mãe, a outra metade. Agora, indaga-se como será feita a distribuição nessa hipótese: a mãe recebe metade e cada pai recebe um quarto da herança? Ou se divide a herança igualmente entre os três, para que a posição de pai não seja 'diminuída' em relação à posição de mãe (ou vice-versa)?" (SCHREIBER, Anderson. STF, Repercussão Geral 622... Disponível em: <http://flaviotartuce.jusbrasil.com.br/artigos>. Acesso em: 3 out. 2016).

Aplicando-se os princípios da proporcionalidade e da razoabilidade, entendo que a herança deve ser dividida de forma igualitária entre todos os ascendentes, sejam biológicos ou socioafetivos. Exatamente nesse sentido, na *VIII Jornada de Direito Civil*, em abril de 2018, aprovou-se o Enunciado n. 642, preceituando que "nas hipóteses de multiparentalidade, havendo o falecimento do descendente com o chamamento de seus ascendentes à sucessão legítima, se houver igualdade em grau e diversidade em linha entre os ascendentes convocados a herdar, a herança deverá ser dividida em tantas linhas quantos sejam os genitores".

Para sanar essas lacunas, mais uma vez, o Projeto de Reforma do Código Civil, elaborado pela Comissão de Juristas nomeada no âmbito do Senado Federal, propõe a incorporação desses enunciados doutrinários aprovados nas *Jornadas de Direito Civil*, expressamente no texto de lei. Assim, o *caput* do art. 1.836 passará a prever, sem mais mencionar o cônjuge, cuja concorrência é retirada da norma, que, "na falta de descendentes, são chamados à sucessão os ascendentes". Nos termos do seu § 1.º, que é mantido, "na classe dos ascendentes, o grau mais próximo exclui o mais remoto, sem distinção de linhas". Por fim, resolvendo-se as questões relativas ao gênero e à multiparentalidade, o projetado § 2.º do comando: "havendo igualdade em grau e diversidade em linha, a herança deverá ser dividida em tantas linhas quantos sejam os ascendentes chamados à sucessão". Em prol da estabilidade do Direito das Sucessões Brasileiro, espera-se a sua aprovação pelo Congresso Nacional.

Voltando-se ao texto em vigor, além desse reconhecimento sucessório, é preciso verificar qual o montante da herança a que tem direito o cônjuge ou companheiro quando concorre com os ascendentes. A respeito de tal aspecto duas são as intrincadas regras tratadas pelo art. 1.837 da codificação privada, sendo fundamental, para compreendê-las, dominar os conceitos relativos aos graus de parentesco que constam do tópico inaugural do capítulo.

Como *primeira regra*, concorrendo o cônjuge – e agora o companheiro – com os dois ascendentes de primeiro grau, pai ou mãe, terá direito a um terço da herança. Então, naquela visualização em que o falecido deixou os pais e a esposa ou companheira, os três terão direitos sucessórios na mesma proporção, ou seja, em 1/3 da herança. Se o falecido deixou o patrimônio final de R$ 1.200.000,00 cada um de seus herdeiros elencados receberá R$ 400.000,00. Esclareça-se que nesse e nos exemplos a seguir não se está considerando a meação do cônjuge ou companheiro, mas apenas sua herança.

A *segunda regra* dita que, concorrendo o cônjuge ou convivente somente com um ascendente de primeiro grau ou com outros ascendentes de graus diversos, terá direito à metade da herança. Vejamos algumas concretizações a fim de facilitar a compreensão da máxima legal.

Como primeiro exemplo, se o falecido com patrimônio de R$ 1.200.000,00 deixou a mãe e a esposa ou companheira, cada uma recebe metade da herança (R$ 600.000,00). Julgando caso próximo, cabe colacionar, do Tribunal de Justiça do Distrito Federal:

> "Civil e processo civil. Arrolamento. Cônjuge sobrevivente e ascendente concorrendo à herança. Imóvel adquirido em período anterior ao matrimônio. Cinquenta por cento para cada parte. Bem adquirido na constância do matrimônio. O cônjuge sobrevivente concorre na condição de meeiro e herdeiro. Recurso desprovido. Os pontos retratados pela apelante em sede de recurso foram cuidadosamente analisados pelo MM. Juiz *a quo*, que dirimiu, com acerto, a controvérsia, uma vez que bem observou os ditames dos artigos 1.829 e 1.837, ambos do Código Civil" (TJDF, Recurso 2007.06.1.015237-5, Acórdão 582.000, 1.ª Turma Cível, Rel. Des. Lecir Manoel da Luz, *DJDFTE* 04.05.2012, p. 90).

Na segunda ilustração, o falecido deixou R$ 1.200.000,00 em bens e dois avós maternos, além da esposa ou convivente. A esposa ou companheira recebe metade da herança, ou seja, R$ 600.000,00. A outra metade é dividida entre os avós do falecido, de forma igualitária, recebendo R$ 300.000,00 cada um.

Como terceiro e último exemplo, o falecido deixou R$ 2.000.000,00 em bens, uma esposa ou companheira e os quatro avós. A esposa ou companheira receberá metade da herança, ou seja, R$ 1.000.000,00. A outra metade deve ser dividida de forma igualitária entre os avós, recebendo R$ 250.000,00 cada um deles.

Outros problemas práticos podem surgir quanto à multiparentalidade, eis que é preciso saber qual será a quota do cônjuge ou convivente concorrendo com mais de dois pais ou mais de quatro avós do falecido, agora incluindo os socioafetivos e os biológicos. Assim, por exemplo, o cônjuge ou convivente pode concorrer com cinco, seis, sete ou oito avós do *de cujus* ou com três ou quatro pais do falecido.

A priori, respondia eu na edição 2018 desta obra que deveria ser preservada a quota do cônjuge ou companheiro, dividindo-se o restante, de forma igualitária, entre todos os pais ou avós, biológicos e socioafetivos.

Entretanto, influenciado por artigo publicado pelo Professor José Fernando Simão, a minha primeira reflexão foi modificada. Isso porque o jurista propõe uma interpretação teleológica do art. 1.837 do Código Civil, buscando a sua finalidade. Nas suas palavras, "se o objetivo da lei foi igualar pai, mãe e cônjuge em matéria sucessória, no caso de multiparentalidade a divisão da herança se dará por cabeça, com grande facilitação do cálculo dos quinhões". Vale repetir a seguinte ilustração aprestada pelo doutrinador: "João morre e deixa sua mulher, Maria, seu pai Antonio, seu pai Pedro, sua mãe Eduarda e sua mãe Rita: 1/5 para Maria, 1/5 para Antonio, 1/5 para Pedro, 1/5 para Rita e 1/5 para Eduarda. Nesse exemplo, a herança se divide em partes iguais".

E arremata, com total razão, o jurista e coautor do nosso *Código Civil comentado*, publicado por esta mesma casa editorial: "essa é a solução a qual me filio porque também se filiava Zeno Veloso. Em leitura histórica, o dispositivo não menciona 'partes iguais', mas, sim, 1/3, pois não se poderia conceber alguém com mais de um pai ou uma mãe. A multiparentalidade era algo inconcebível até bem pouco tempo. Se tivesse a Comissão

Elaboradora do Anteprojeto do Código Civil imaginado que a multiparentalidade seria algo viável, certamente o artigo 1.837 teria a seguinte redação: 'Art. 1.837. Concorrendo com ascendentes em primeiro grau, ao cônjuge tocará quinhão igual ao que a eles couber; caber-lhe-á a metade da herança se houver um só ascendente, ou se maior for aquele grau'" (SIMÃO, José Fernando. *A concorrência*... Disponível em: <www.flaviotartuce.adv.br>. Acesso em: 17 out. 2018).

De todo modo, também nessa concorrência com os ascendentes, nota-se que o cônjuge, pelo menos em regra, está em posição privilegiada, passando a ser um importante *personagem* do Direito Sucessório Brasileiro, com uma proteção exagerada na minha opinião doutrinária.

Anoto, a esse propósito, que no Projeto de Reforma do Código Civil, com a retirada da concorrência sucessória do art. 1.829 também em relação aos ascendentes, todas essas intricadas e descritas situações não precisam ser mais analisadas, revogando-se expressamente o art. 1.837 da Lei Geral Privada. Mais uma vez são buscadas uma maior efetividade e simplicidade para o Direito das Sucessões, em prol do princípio da operabilidade, um dos fundamentos da codificação privada de 2002.

Voltando-se ao sistema em vigor e aos seus problemas, entretanto, não é só, pois, além de ser herdeiro de *primeira* e *segunda classes*, há um tratamento do cônjuge como herdeiro de *terceira classe*, quando sucede isoladamente, sem concorrência.

Vejamos tal hipótese, a partir do presente momento. Esclareça-se, com os devidos fins didáticos, que com o acórdão do STF sobre a inconstitucionalidade do art. 1.790, encerrado em 2017, todas essas afirmações passam a servir também para o companheiro.

2.9 DA SUCESSÃO DO CÔNJUGE OU COMPANHEIRO, ISOLADAMENTE. DO CÔNJUGE E DO CONVIVENTE COMO HERDEIROS DE TERCEIRA CLASSE, APÓS A DECISÃO DO STF, DE MAIO DE 2017

Faltando descendentes e ascendentes, será deferida a sucessão por inteiro e isoladamente ao cônjuge sobrevivente, que está na *terceira classe de herdeiros*, conforme a redação expressa do art. 1.829, inciso III, do Código Civil. Expressa o art. 1.838 da mesma norma que, "em falta de descendentes e ascendentes, será deferida a sucessão por inteiro ao cônjuge sobrevivente". Com o *decisum* do STF, de reconhecimento de inconstitucionalidade do art. 1.790 do Código Civil, todas essas menções passam a englobar o companheiro ou convivente, com tratamento sucessório equalizado ao cônjuge.

Sobre a Reforma do Código Civil, almeja-se a alteração desse art. 1.838, passando ele a prever, incluindo-se o convivente, como deve ser, que, "em falta de descendentes e ascendentes, será deferida a sucessão por inteiro ao cônjuge ou ao convivente sobrevivente". Com isso, chancela-se esse julgamento do STF, aqui tão citado, propondo a Comissão de Juristas, ainda, a revogação expressa do art. 1.790 da codificação privada em vigor.

Mais uma vez e retornando-se ao sistema sucessório atual, acrescente-se que o tratamento deve ser o mesmo no caso de cônjuge ou companheiro homoafetivo, diante da evolução doutrinária e jurisprudencial que culminou com o pleno reconhecimento das famílias homoafetivas no Brasil, apesar da falta de regulamentação legal até o presente momento jurídico nacional. Reitere-se, mais uma vez, que tal afirmação de equalização total vale também para o âmbito sucessório (STF, Recurso Extraordinário 646.721/RS, julgado em 10 de maio de 2017).

Como se pode notar, tal direito é hoje reconhecido ao cônjuge ou companheiro independentemente do regime de bens adotado no casamento ou na união estável com o falecido, que mais uma vez não influencia no presente tópico sucessório, mas apenas na meação. De forma suplementar, sendo herdeiro de *terceira classe*, o cônjuge – e agora o convivente – exclui totalmente os colaterais, que são herdeiros de *quarta classe*, não havendo concorrência com os últimos em hipótese alguma. Eis aqui um dos grandes avanços da decisão do STF, como ainda será desenvolvido a seguir.

A ilustrar, se o falecido era casado ou vivia em união estável, não importando o regime de bens, deixando um patrimônio de R$ 1.200.000,00 e como parentes sucessíveis a esposa ou companheira e dois irmãos, a primeira receberá todo o montante da dívida. Da prática, adotando todas essas premissas, podem ser transcritos os seguintes acórdãos estaduais:

> "Agravo. Decisão monocrática que nega provimento de plano a recurso de apelação. Sucessões. Ação de petição de herança. Ordem da vocação hereditária. Ausência de descendentes e ascendentes. Cônjuge supérstite. Direito à totalidade da herança. Preferência em relação aos colaterais. Regime de bens do casamento. Irrelevância. Na ausência de descendentes e ascendentes, o cônjuge supérstite antecede os colaterais, conforme a ordem de vocação hereditária, razão por que receberá a totalidade da herança, sendo irrelevante o regime de bens que regulou o casamento. Inteligência dos artigos 1.829 c/c 1.838 do atual Código Civil, legislação aplicável ao caso concreto. Sentença confirmada. Decisão da relatora chancelada pelo colegiado. Agravo desprovido" (TJRS, Agravo 208345-10.2013.8.21.7000, 7.ª Câmara Cível, Porto Alegre, Rel. Des. Sandra Brisolara Medeiros, j. 26.06.2013, *DJERS* 1.º.07.2013).

> "Arrolamento. Ordem da vocação hereditária. Cônjuge sobrevivente que precede os colaterais, independentemente do regime de bens do casamento. Inteligência dos artigos 1.829 e 1.838, ambos do Código Civil. Decisão mantida. Recurso improvido" (TJSP, Agravo de Instrumento 990.10.031097-6, Acórdão 4374703, 2.ª Câmara de Direito Privado, São Paulo, Rel. Des. Neves Amorim, j. 16.03.2010, *DJESP* 03.05.2010).

> "Agravo de instrumento. Sucessão. Ausência de descendentes e ascendentes. Ordem de vocação hereditária. Cônjuge sobrevivente. Habilitação de colaterais. Na falta de descendentes e ascendentes, o cônjuge supérstite é chamado a recolher a totalidade da herança, independentemente do regime de bens adotado no casamento, por força dos arts. 1.829 c/c 1.838 do Código Civil. A transmissão da herança se opera na data do falecimento daquele de que se trata a herança, quando, então, se abre a sucessão. Incabível a habilitação de herdeiro colateral da inventariada, quando exista cônjuge sobrevivente, sem descendentes ou ascendentes" (TJMG, Agravo 1.0056.01.013650-7/001, 7.ª Câmara Cível, Barbacena, Rel. Des. Heloisa Combat, j. 31.10.2006, *DJMG* 30.11.2006).

Entretanto, a respeito do direito hereditário do cônjuge, é fundamental o estudo do polêmico e totalmente anacrônico art. 1.830 do Código Civil brasileiro, que tem aplicação tanto para os casos em que o cônjuge sucede isoladamente quanto em concorrência com os descendentes e ascendentes. O dispositivo agora também pode incidir no companheiro ou convivente, podendo haver grandes dificuldades práticas nessa subsunção, como se verá seguir.

Fiz a opção didática e metodológica de abordar tal comando no presente momento pelo fato de ser mais um preceito muito divergente. Todavia, deve ficar claro que a norma tem subsunção também nos casos em que o cônjuge – e agora o convivente – é herdeiro de *primeira* ou *segunda* classe, em concorrência, pois leva em conta a ideia de *comunhão plena de vida*, a sincronizar a existência efetiva de uma família com a sucessão legítima.

2.10 DAS CONDIÇÕES PARA O CÔNJUGE OU COMPANHEIRO HERDAR ISOLADAMENTE OU EM CONCORRÊNCIA. O POLÊMICO ART. 1.830 DO CÓDIGO CIVIL. A HERANÇA DO CÔNJUGE E O CASAMENTO PUTATIVO

Estatui o polêmico art. 1.830 do Código Civil, mais um comando que gera muitos debates na doutrina nacional, quais as condições fáticas em que deve estar o cônjuge para que seja reconhecido como herdeiro, isoladamente na *terceira classe* ou em concorrência com os descendentes – na *primeira classe* – e com os ascendentes – na *segunda classe*. Eis a sua redação, que merece atenção destacada:

> "Art. 1.830. Somente é reconhecido direito sucessório ao cônjuge sobrevivente se, ao tempo da morte do outro, não estavam separados judicialmente, nem separados de fato há mais de dois anos, salvo prova, neste caso, de que essa convivência se tornara impossível sem culpa do sobrevivente".

Vejamos, de início, a aplicação da norma ao casamento, para depois demonstrar a sua incidência para a união estável, agora equiparada sucessoriamente à primeira entidade familiar.

Assim, resumidamente, consagra-se a premissa de que o cônjuge sobrevivente somente terá direitos sucessórios se mantiver efetivamente e no plano real a comunhão plena de vida que justifica o tratamento sucessório. Frise-se, novamente, que o preceito subsome-se aos casamentos homoafetivos, como sempre deve ser.

De acordo com a primeira parte do dispositivo, se o cônjuge sobrevivente estiver separado judicialmente ao tempo da morte do outro, não terá seu direito sucessório reconhecido. No entanto, há aqui um problema, pelo fato de o preceito não mencionar a separação extrajudicial, efetivada por escritura pública no Tabelionato de Notas, incluída no sistema por força da Lei 11.441/2007, tratada pelo art. 1.124-A do CPC/1973 e confirmada pelo art. 733 do CPC/2015. Em suma, para os devidos fins de atualização do dispositivo material, deve ser incluída, em tese, essa forma de separação *desjudicializada* ou administrativa.

Não há menção ao divórcio por razões óbvias, uma vez que dissolvidos o casamento e o vínculo matrimonial não há que falar em direito sucessório do ex-cônjuge que, com o falecido, não mantém mais qualquer vínculo familiar.

Em complemento, deve-se atentar ao fato de sempre segui a corrente que sustenta que a Emenda Constitucional 66/2010, conhecida como *Emenda do Divórcio*, retirou do sistema a separação de direito – a incluir a separação judicial e a extrajudicial –, restando apenas o divórcio como forma de extinção do casamento. Isso porque não há mais a menção à separação judicial como requisito anterior para a conversão ao divórcio na atual redação do art. 226, § 6.º, da Constituição Federal. Essa posição é confirmada mesmo tendo o CPC/2015, infelizmente, tratado da separação de direito em vários de seus dispositivos, o que é um profundo e lamentável retrocesso.

O entendimento foi mantido mesmo com o surgimento, em 2017, de acórdão da Quarta Turma do Superior Tribunal Justiça no sentido de que separação judicial ainda é possível juridicamente (STJ, REsp 1.247.098/MS, 4.ª Turma, Rel. Min. Maria Isabel Gallotti, j. 14.03.2017, *DJe* 16.05.2017). Como não poderia ser diferente, sempre me filiei ao voto vencido do Ministro Salomão, em especial pelas citações à nossa posição e de muitos outros juristas como Luiz Edson Fachin, Paulo Lôbo, Rolf Madaleno, Zeno Veloso, Álvaro Villaça Azevedo, Maria Berenice Dias, Cristiano Chaves, Nelson Rosenvald, Pablo Stolze Gagliano, Rodolfo Pamplona Filho e Daniel Amorim Assumpção Neves; este último com o forte argumento de que o CPC/2015 não poderia ter *repristinado* a separação de direito.

Cerca de cinco meses depois, e mais uma vez lamentavelmente, fez o mesmo a Terceira Turma da Corte Superior, ao julgar do seguinte modo:

> "A dissolução da sociedade conjugal pela separação não se confunde com a dissolução definitiva do casamento pelo divórcio, pois versam acerca de institutos autônomos e distintos. A Emenda à Constituição n.º 66/2010 apenas excluiu os requisitos temporais para facilitar o divórcio. O constituinte derivado reformador não revogou, expressa ou tacitamente, a legislação ordinária que cuida da separação judicial, que remanesce incólume no ordenamento pátrio, conforme previsto pelo Código de Processo Civil de 2015 (arts. 693, 731, 732 e 733 da Lei n.º 13.105/2015). A opção pela separação faculta às partes uma futura reconciliação e permite discussões subjacentes e laterais ao rompimento da relação. A possibilidade de eventual arrependimento durante o período de separação preserva, indubitavelmente, a autonomia da vontade das partes, princípio basilar do direito privado. O atual sistema brasileiro se amolda ao sistema dualista opcional que não condiciona o divórcio à prévia separação judicial ou de fato" (STJ, REsp 1.431.370/SP, 3.ª Turma, Rel. Min. Ricardo Villas Bôas Cueva, j. 15.08.2017, *DJe* 22.08.2017).

Apesar do surgimento desses acórdãos superiores, reafirme-se, mantive a minha posição de que a separação de direito, a incluir tanto a separação judicial quanto a extrajudicial, não persiste mais no sistema jurídico brasileiro. Até porque a temática pendia de análise pelo Supremo Tribunal Federal, que, nos autos do Recurso Extraordinário 1.167.478/RJ, reconheceu a repercussão geral de questão constitucional, o que se deu em junho de 2019 – Rel. Min. Luiz Fux (Tema 1.053).

Pois bem, em novembro de 2023, o STF analisou se o instituto da separação judicial permanece ou não no ordenamento jurídico brasileiro, encerrando esse longo debate, de treze anos.

Por maioria de votos, 7 a 3, seguiu-se o voto do Ministro Relator, com a afirmação da seguinte tese, que tem o meu total apoio doutrinário: "após a promulgação da EC 66/10, a separação judicial não é mais requisito para o divórcio, nem subsiste como figura autônoma no ordenamento jurídico. Sem prejuízo, preserva-se o estado civil das pessoas que já estão separadas por decisão judicial ou escritura pública, por se tratar de ato jurídico perfeito" (Tema n. 1.053 de repercussão geral do Supremo Tribunal Federal).

Destaco que a decisão foi prolatada pela Corte em sede de repercussão geral, tendo efeito vinculativo para decisões de primeira e segunda instância, nos termos dos arts. 489, 926, 927 e outros do Código de Processo Civil. Assim, para os devidos fins práticos, a tese deve prevalecer, não se podendo admitir mais vozes em contrário, em prol da certeza, da estabilidade, da segurança jurídica e do respeito institucional.

O tema está aprofundado no Volume 5 desta coleção, no seu Capítulo 4, com as devidas justificativas teóricas e práticas para tal forma de pensar. Por esse caminho que sempre segui, a primeira parte do comando somente se aplica às pessoas separadas judicialmente (ou extrajudicialmente) quando da entrada em vigor da Emenda Constitucional, perdendo em parte considerável a sua subsunção social.

Seguindo no estudo do polêmico e anacrônico dispositivo, a segunda parte do art. 1.830 do CC/2002 preconiza que o cônjuge separado de fato há mais de dois anos também não tem reconhecido o seu direito sucessório, salvo se provar que o fim do casamento não se deu por culpa sua, mas sim por culpa do falecido. A menção à culpa é amplamente criticada pelos doutrinadores brasileiros.

Na doutrina, quem melhor percebeu os problemas do dispositivo foi Rolf Madaleno, apontando a existência de uma *culpa mortuária* ou *culpa funerária*, a conduzir a uma prova diabólica, pois o falecido não estará mais no mundo dos vivos para atestar a presença de sua culpa ou não. Vejamos as suas lições:

> "Contudo, se ainda é possível entender, sem mais concordar, que possam os cônjuges desafetos eternizar suas disputas no ventre de uma morosa e inútil separação judicial causal, qualquer sentido pode ser encontrado na possibilidade aberta pelo atual codificador ao permitir, pelo atual art. 1.830 do Código Civil, que o cônjuge sobrevivente acione o Judiciário para discutir a culpa do esposo que já morreu. Abre a nova lei o exame da culpa funerária, ao prescrever que só conhece o direito sucessório do cônjuge sobrevivente se, ao tempo da morte do outro, não estavam separados judicialmente, nem separados de fato há mais de dois anos, salvo prova, neste caso, de que essa convivência se tornara impossível sem culpa do sobrevivente. É a pesquisa oficial da culpa mortuária passados até dois anos de fática separação, quando toda a construção doutrinária e jurisprudencial já vinha apontando para a extinção do regime de comunicação patrimonial com a física separação dos cônjuges, numa consequência de lógica coerência da separação objetiva, pela mera aferição do tempo, que por si mesmo sepulta qualquer antiga comunhão de vida" (MADALENO, Rolf. *Concorrência*..., 2010).

Entretanto, não é só, pois outros grandes juristas igualmente condenam a previsão, agregando outros argumentos de relevo. Para Paulo Lôbo, a menção à culpa para os devidos fins sucessórios representa afronta aos princípios constitucionais da ampla defesa e do contraditório, estampados no art. 5.º, inciso LV, da Constituição da República, uma vez que "o falecido não pode exercê-los nem contraditar a acusação de culpa" (*Direito*..., 2013, p. 124). Segundo pontuava o saudoso Mestre Zeno Veloso a norma gera discussões indesejadas intermináveis, sendo um retrocesso, pois a jurisprudência anterior ao Código Civil de 2002 considerava apenas a separação de fato do casal, sem qualquer imputação de culpa (*Código*..., 2012, p. 2.063). Em complemento, de acordo com as palavras de Maria Berenice Dias, o preceito traz absurdos, "não tendo o legislador atentado que a jurisprudência considera rompido o casamento quando cessa a convivência. Não mais persistindo os deveres do casamento e nem o regime de bens, subtrai a possibilidade de o sobrevivente ser reconhecido como herdeiro" (*Manual*..., 2011, p. 133).

De fato, nota-se que o problema não está somente na menção à culpa, mas também no prazo de separação de fato de dois anos, filiando-se a todas as opiniões expostas. Para reforçá-las, as digressões de Pablo Stolze e Rodolfo Pamplona: "discordamos, outrossim, da menção ao prazo mínimo de dois anos. Na medida em que, como se sabe, a união estável, pode configurar-se a qualquer tempo, não é razoável estabelecer-se um lapso mínimo de separação de fato – como *conditio sine qua non* que para a legitimidade sucessória – se antes mesmo da consumação do biênio, a parte já pode ter formado outro núcleo familiar" (*Novo Curso*..., 2014, v. 7, p. 232).

Na mesma linha, Francisco José Cahali critica tais previsões, ensinando que a menção ao prazo de dois anos está em desarmonia com o art. 1.723 do próprio Código Civil, que não exige qualquer prazo para a união estável (*Direito*..., 2012, p. 205). Isso porque presumiu o legislador no art. 1.830 que, após tal período de separação de fato, é possível que o falecido constitua outra entidade familiar desse quilate.

Ora, como se sabe, há tempos entende-se que não há prazo mínimo para a existência de uma união estável, tendo o requisito temporal sido afastado definitivamente desde a entrada em vigor da Lei 9.278, de 1996. Em relação à menção da culpa, pondera ainda Francisco Cahali que "a segunda parte da regra, porém, merece severa crítica. No caminhar da busca pela separação judicial com base no princípio da ruptura, como existente na legislação estrangeira, vislumbrando-se a sociedade libertar-se da culpa no rompimento afetivo, já facilitado o fundamento para a separação (CC, art. 1.573, parágrafo único), e há tempos permitido o divórcio direto sem qualquer questionamento do motivo da ruptura, mostra-se retrógrada a previsão agora ainda mais frágil diante da EC 66/2010, que trouxe a possibilidade da dissolução do casamento diretamente por divórcio, sem observação de tempo mínimo de vivência ou discussão de culpa" (CAHALI, Francisco José. *Direito*..., 2012, p. 205-206).

Na esteira de todas essas lições e conforme já manifestado nesta obra em suas edições anteriores, quando escrita em coautoria com José Fernando Simão (até 2013), é necessário fazer uma *leitura idealizada* art. 1.830 do Código Civil com a seguinte dicção: "somente é reconhecido direito sucessório ao cônjuge sobrevivente se, ao tempo da morte do outro, não estavam separados judicialmente ou extrajudicialmente, nem separados de fato". Como se verá, no Projeto de Reforma do Código Civil, elaborado pela Comissão de Juristas nomeada no âmbito do Senado Federal, segue-se exatamente a mesma linha, para que o dispositivo seja alterado com esse sentido.

Vários julgados, inclusive do Superior Tribunal de Justiça, já fazem essa *leitura idealizada* e consideram que a separação de fato por longo período põe fim à sociedade conjugal e ao regime de bens, sendo necessário analisar as circunstâncias do caso concreto, sem apego ao rigor do prazo de dois anos. Nessa linha, inclusive analisando as decorrências sucessórias da separação de fato, cabe trazer à colação os seguintes arestos:

> "Direito civil. Família. Sucessão. Comunhão universal de bens. Sucessão aberta quando havia separação de fato. Impossibilidade de comunicação dos bens adquiridos após a ruptura da vida conjugal. 1. O cônjuge que se encontra separado de fato não faz *jus* ao recebimento de quaisquer bens havidos pelo outro por herança transmitida após decisão liminar de separação de corpos. 2. Na data em que se concede a separação de corpos, desfazem-se os deveres conjugais, bem como o regime matrimonial de bens; e a essa data

retroagem os efeitos da sentença de separação judicial ou divórcio. 3. Recurso especial não conhecido" (STJ, REsp 1065209/SP, 4.ª Turma, Rel. Min. João Otávio de Noronha, j. 08.06.2010, *DJe* 16.06.2010).

"Direito civil. Família. Sucessão. Comunhão universal de bens. Inclusão da esposa de herdeiro, nos autos de inventário, na defesa de sua meação. Sucessão aberta quando havia separação de fato. Impossibilidade de comunicação dos bens adquiridos após a ruptura da vida conjugal. Recurso especial provido. 1. Em regra, o recurso especial originário de decisão interlocutória proferida em inventário não pode ficar retido nos autos, uma vez que o procedimento se encerra sem que haja, propriamente, decisão final de mérito, o que impossibilitaria a reiteração futura das razões recursais. 2. Não faz *jus* à meação dos bens havidos pelo marido na qualidade de herdeiro do irmão, o cônjuge que encontrava-se separado de fato quando transmitida a herança. 3. Tal fato ocasionaria enriquecimento sem causa, porquanto o patrimônio foi adquirido individualmente, sem qualquer colaboração do cônjuge. 4. A preservação do condomínio patrimonial entre cônjuges após a separação de fato é incompatível com orientação do novo Código Civil, que reconhece a união estável estabelecida nesse período, regulada pelo regime da comunhão parcial de bens (CC 1.725) 5. Assim, em regime de comunhão universal, a comunicação de bens e dívidas deve cessar com a ruptura da vida comum, respeitado o direito de meação do patrimônio adquirido na constância da vida conjugal. 6. Recurso especial provido" (STJ, REsp 555.771/SP, 4.ª Turma, Rel. Min. Luis Felipe Salomão, j. 05.05.2009, *DJe* 18.05.2009).

"Civil e processual. Sociedade conjugal. Separação de fato. Ação de divórcio em curso. Falecimento do genitor do cônjuge-varão. Habilitação da esposa. Impossibilidade. I. Não faz *jus* à sucessão pelo falecimento do pai do cônjuge-varão a esposa que, à época do óbito, já se achava há vários anos separada de fato, inclusive com ação de divórcio em andamento. II. Recurso especial conhecido e provido, para excluir a recorrida do inventário" (STJ, REsp 226.288/PA, 4.ª Turma, Rel. Min. Aldir Passarinho Junior, j. 13.09.2000, *DJ* 30.10.2000, p. 161).

A propósito, na doutrina contemporânea, a *leitura idealizada* do art. 1.830 do CC/2002 é muito bem sustentada por Cristiano Chaves e Nelson Rosenvald, para quem, "singrando os mares desbravados pela orientação da jurisprudência superior, mantendo a mesma linha de intelecção sobre a separação de fato, é de se reconhecer, por conta da cessação do afeto e, por conseguinte, dos efeitos do casamento, a solução no sentido de que a simples separação de fato, independentemente de qualquer prazo, implica, também, em extinção do direito do cônjuge à herança" (*Curso*..., 2015, v. 7, p. 247).

A respeito da culpa, reafirme-se a questão relativa à emergência da Emenda do Divórcio. Conforme está exposto no Volume 5 desta série, há quem entenda que, com o surgimento da EC 66/2010, a culpa não gera qualquer influência no sistema de dissolução do casamento, caso de Rodrigo da Cunha Pereira, Maria Berenice Dias, Rolf Madaleno, Giselda Hironaka, Pablo Stolze Gagliano e Rodolfo Pamplona Filho. Apesar de ser essa a posição majoritária, pensamos de outro modo, concluindo que a culpa influencia nas questões relativas aos alimentos entre os cônjuges e na responsabilidade civil entre eles, como consideram Álvaro Villaça Azevedo, José Fernando Simão, Cristiano Chaves de Farias e Nelson Rosenvald.

Entretanto, a culpa não pode repercutir na questão sucessória, em especial diante das dificuldades que gera a sua prova ou não. Como buscar a verdade se um dos envolvidos já não está mais presente entre nós? Por meio de prova psicografada? A jocosa indagação tem o fim de demonstrar a falta de sentido na menção a esse elemento subjetivo para perquirir a existência ou não do direito sucessório do cônjuge sobrevivente. Sem falar no claro aumento do conflito, pois os demais descendentes lutarão ao máximo para afastar o direito do cônjuge. Eis mais um comando legal que incentiva a *cultura da guerra*, e não a *cultura da paz,* na contramão de uma tendência que tem ganhado cada vez mais adeptos no País, inclusive de extrajudicialização das contendas do Direito Privado.

De qualquer modo, existem alguns acórdãos estaduais que subsomem o art. 1.830 do Código Civil sem qualquer ressalva, podendo ser trazidos à colação os seguintes:

> "Agravo de instrumento. Direito sucessório. Artigos 1.829, inciso II, e 1.837, ambos do Código Civil. Artigo 1.830 do Código Civil. Inaplicabilidade. Encontrando-se o casal separado de fato em período inferior a 01 (um) ano quando do falecimento do varão, não há falar em aplicação do disposto no artigo 1.830 do Código Civil. O disposto no inciso II, do artigo 1.829, c/c artigo 1.837, ambos do Código Civil, é claro, ou seja, o cônjuge sobrevivente herdará, quando concorrer com ascendentes do autor da herança, a terça parte (1/3) desta. Decisão agravada reformada. Deram provimento ao recurso" (TJRS, Agravo de Instrumento 648675-86.2010.8.21.7000, 8.ª Câmara Cível, Viamão, Rel. Des. Alzir Felippe Schmitz, j. 24.02.2011, *DJERS* 09.03.2011).

> "Direito das sucessões. Apelação. Ação declaratória. Sucessão do cônjuge. Código Civil, art. 1.830. Separação de fato. Abandono do lar. Ocorrência. Recurso desprovido. Segundo o artigo 1.830 do Código Civil, somente é reconhecido direito sucessório ao cônjuge sobrevivente se, ao tempo da morte do outro, não estavam separados judicialmente, nem separados de fato há mais de dois anos, salvo prova, neste caso, de que essa convivência se tornara impossível sem culpa do sobrevivente" (TJMG, Apelação 1.0479.05.094351-9/0011, 4.ª Câmara Cível, Passos, Rel. Des. Moreira Diniz, j. 05.02.2009, *DJEMG* 27.02.2009).

> "Arrolamento. Direito sucessório. Separação de fato não reconhecida por acórdão proferido pelo Tribunal de Justiça de Minas Gerais. Culpa do cônjuge sobrevivente não demonstrada. Aplicação do art. 1830 do Código Civil. Recurso provido para reconhecer, à agravante, o direito de sucessão quanto aos bens deixados pelo falecido" (TJSP, Agravo de Instrumento 582.605.4/1, Acórdão 3509289, 10.ª Câmara de Direito Privado, Batatais, Rel. Des. Octavio Helena, j. 03.03.2009, *DJESP* 09.06.2009).

Julgado do Superior Tribunal de Justiça de 2015 adotou o mesmo caminho, desconsiderando todas as manifestações doutrinárias no sentido de condenar a necessidade de prova da *culpa mortuária*, inclusive citadas no acórdão. Conforme o aresto, que analisa o ônus da prova a respeito dessa culpa:

> "A sucessão do cônjuge separado de fato há mais de dois anos é exceção à regra geral, de modo que somente terá direito à sucessão se comprovar, nos termos do art. 1.830 do Código Civil, que a convivência se tornara impossível sem sua culpa. Na espécie, consignou o Tribunal de origem que a prova dos autos é inconclusiva no sentido de demonstrar que a convivência da ré com o ex-marido tornou-se impossível sem que culpa sua houvesse. Não tendo o cônjuge sobrevivente se desincumbido de seu ônus probatório, não ostenta a qualidade de herdeiro" (STJ, REsp 1.513.252/SP, 4.ª Turma, Rel. Min. Maria Isabel Gallotti, j. 03.11.2015, *DJe* 12.11.2015).

Exposta a divergência jurisprudencial, não restam dúvidas de que os limites de subsunção do polêmico artigo é outro assunto ainda em aberto na doutrina e na jurisprudência nacionais, residindo, na norma, mais um dos grandes desafios da civilística sucessória brasileira. Como se verá a seguir, o preceito ainda voltará a debate, pois é possível a concorrência sucessória de um cônjuge com o companheiro, outra situação fática que igualmente oferece grandes desafios para o civilista contemporâneo.

Por isso, mais uma vez, é preciso reformar o conteúdo do dispositivo, o que foi recomendado pela Comissão de Juristas nomeada no âmbito do Senado Federal, para que o seu art. 1.830 passe a prever, pura e simplesmente, que "somente é reconhecido direito sucessório ao cônjuge ou ao convivente sobrevivente se, ao tempo da morte do outro, não estavam separados de fato, judicial ou extrajudicialmente". Como justificaram os membros da Subcomissão de Direito das Sucessões – Mário Luiz Delgado, Giselda Hironaka, Gustavo Tepedino e Ministro Asfor Rocha –, "os direitos sucessórios de cônjuges e companheiros passam a ser equalizados. A equalização, no entanto, fez surgir a necessidade de compatibilização sistêmica de casamento e união estável em vários outros dispositivos, que somente se referiam aos cônjuges, como é o caso do art. 1.830, em que se suprimiu o prazo de separação de fato como causa de afastamento dos direitos sucessórios de cônjuges e companheiros, que somente serão considerados herdeiros se estiverem convivendo com o outro na data de abertura da sucessão".

A propósito do que está nas justificativas dos juristas, e como destacado no início do tópico, o art. 1.830 do Código Civil pode incidir também sobre as hipóteses fáticas relativas à união estável, diante da recente decisão do Supremo Tribunal Federal, de equiparação sucessória total das entidades familiares (*Informativo* n. *864* da Corte). Assim, deve-se considerar, em vez do divórcio ou da separação de direito, a dissolução da união estável, que pode ser feita de forma judicial ou extrajudicial, litigiosa ou consensual, conforme o tratamento que consta do Código de Processo Civil de 2015 (arts. 693 a 699; 731 a 733).

Também nos casos de união estável deve-se considerar que a separação de fato do casal põe fim ao relacionamento e afasta o direito sucessório do companheiro, na mesma linha da *leitura idealizada* que aqui foi proposta, seguindo farta doutrina. Reiterem-se, nesse contexto, as críticas antes formuladas sobre a aplicação do comando sucessório sem qualquer ressalva, com as menções ao prazo de dois anos e à *culpa mortuária*, o que pode gerar grandes dificuldades também para a visualização dos direitos hereditários do convivente.

Acrescento que há julgado do Superior Tribunal de Justiça, do ano de 2021, que aplicou o dispositivo para a união estável. Nos seus termos, "tendo o falecido deixado apenas bens particulares que sobrevieram na constância da união estável mantida no regime da comunhão parcial, é cabível a concorrência da companheira sobrevivente com os descendentes daquele. A teor do art. 1.830 do CC/02, deve ser reconhecido o direito sucessório ao cônjuge ou companheiro sobrevivente se, ao tempo da morte do outro, não estavam separados nem judicialmente e nem fato, havendo concurso quanto aos bens particulares" (STJ, REsp 1.844.229/MT, 3.ª Turma, Rel. Min. Moura Ribeiro, j. 17.08.2021, *DJe* 20.08.2021). Há também outro aresto, de 2024, do qual voltarei a tratar, mais à frente.

Para encerrar o presente tema, é preciso verificar o direito sucessório do cônjuge em caso de casamento inválido, nulo ou anulável, inclusive se houver boa-fé do cônjuge sobrevivente, ou seja, sua putatividade. Como é notório, duas são as hipóteses tratadas na legislação a respeito da invalidade do casamento, quais sejam a nulidade absoluta e a nulidade relativa ou anulabilidade.

Quanto ao casamento nulo, duas eram as situações descritas, originalmente, no art. 1.548 do Código Civil, envolvendo: *a)* o enfermo mental sem discernimento para a prática dos atos da vida civil; e *b)* os impedidos de casar, nas situações listadas no art. 1.521 da mesma codificação material. Todavia, a menção ao enfermo mental foi retirada do comando privado pelo Estatuto da Pessoa com Deficiência (Lei 13.146/2015), que pretende a plena inclusão civil da pessoa com deficiência. Assim, não se considera mais como inválido o casamento do sujeito com problemas mentais, o que vem em boa hora, pois o sistema anterior presumia que o casamento seria ruim para essas pessoas.

Por outra via, o casamento anulável diz respeito aos tipos relacionados no art. 1.550 da Norma Geral Privada, a saber: *a)* do menor que não completou a idade núbil, tendo menos de 16 anos; *b)* do menor em idade núbil – entre 16 e 18 anos –, não havendo autorização do seu representante legal; *c)* havendo o vício da vontade da coação moral; *d)* presente o vício do erro essencial quanto à pessoa do outro cônjuge; *e)* o casamento do incapaz de consentir e de manifestar de forma inequívoca a sua vontade; *f)* no caso de casamento celebrado por procuração, havendo a revogação do mandato, sem que ela chegue ao conhecimento do mandatário e do outro cônjuge; e *g)* havendo incompetência relativa da autoridade celebrante. Mais uma vez, o Estatuto da Pessoa com Deficiência trouxe alterações substanciais a respeito do casamento anulável, tendo sido incluído um § 2.º nesse art. 1.550, segundo o qual "a pessoa com deficiência mental ou intelectual em idade núbia poderá contrair matrimônio, expressando sua vontade diretamente ou por meio de seu responsável ou curado".

Cabe lembrar que na invalidade do casamento o vínculo entre os cônjuges é dissolvido por causa anterior ao casamento. Nesse ponto, diferencia-se do divórcio, pois o vínculo é extinto por motivo posterior ao casamento. Todavia, o casamento inválido – nulo ou anulável – pode gerar efeitos, o que depende da boa-fé de um ou de ambos os cônjuges.

Nesse contexto, o art. 1.561 do Código Civil trata do *casamento putativo*, aquele que, embora nulo ou anulável, gera efeitos em relação a quem esteja movido pela boa-fé subjetiva, aquela que existe no plano intencional. Assim, havendo boa-fé de ambos os cônjuges, o casamento gera efeitos para ambos e para os filhos. Presentes a boa-fé de um dos cônjuges e a má-fé do outro, o casamento gera efeitos apenas para o primeiro e para os filhos. O cônjuge de má-fé é considerado culpado e perde todas as vantagens havidas do casamento para o cônjuge inocente; além de ter que cumprir as eventuais obrigações constantes em promessa antenupcial (art. 1.564 do CC). Por fim, existindo má-fé de ambos os cônjuges, o casamento gera efeitos apenas para os filhos havidos da união, sendo os direitos dos cônjuges resolvidos no campo do direito obrigacional.

Pois bem, mas como fica o direito sucessório do cônjuge se o casamento for tido como inválido? Na doutrina, a questão é muito bem abordada por Zeno Veloso (*Código...*,

2012, p. 2061), Francisco José Cahali (*Direito*..., 2012, p. 205), Carlos Alberto Dabus Maluf e Adriana Caldas Dabus Maluf (*Curso*..., 2013, p. 203).

A conclusão a que chegam – e que também é a minha opinião doutrinária – é que, sendo inválido o casamento e reconhecida a putatividade, o cônjuge sobrevivente de boa-fé tem direito sucessório, se a sentença de anulação for posterior à morte do outro cônjuge. Trata-se de uma decorrência natural do *caput* do art. 1.561 do CC/2002, segundo o qual o casamento produz efeitos até a data do trânsito em julgado da sentença anulatória. No entanto, se o falecimento ocorrer antes do trânsito em julgado da decisão definitiva ou presente a má-fé do cônjuge sobrevivente, não há que reconhecer o seu direito hereditário.

Cabe anotar que essa solução consta, parcialmente, do art. 584 do Código Civil italiano, segundo o qual quando o matrimônio é declarado nulo depois da morte de um dos cônjuges, ao cônjuge supérstite de boa-fé será atribuída a quota que normalmente é dada ao cônjuge. No entanto, se o falecido já estiver casado com outra pessoa quando do seu falecimento, o cônjuge de boa-fé nada herdará.

Com as devidas adaptações ao sistema nacional, similar é a solução no caso brasileiro. Todavia, devem ser restringidos os efeitos da putatividade até o trânsito em julgado da sentença de invalidade. Desse modo, não é necessária a regra de que, se o cônjuge estiver casado com outra pessoa, o ex-consorte putativo nada herdará, uma vez que tal premissa é óbvia pelo sistema jurídico nacional e pela ideia constante do art. 1.830 do Código Civil Brasileiro.

2.11 DO DIREITO REAL DE HABITAÇÃO COMO DIREITO SUCESSÓRIO DO CÔNJUGE

Em todas as hipóteses fáticas envolvendo a sucessão do cônjuge, em concorrência ou não, heteroafetivo ou homoafetivo, terá ele mais um direito sucessório, qual seja o direito real de habitação sobre o imóvel de residência do casal. Diante do tratamento sucessório anterior em separado, o direito real de habitação do convivente será abordado em tópico próprio.

O art. 1.831 do Código Civil reconhece ao cônjuge sobrevivente, independentemente do regime de bens do casamento, esse direito real de habitação relativamente ao imóvel destinado à residência da família, desde que seja o único daquela natureza a inventariar. Esclareça-se, de imediato, que também esse direito sucessório só é reconhecido se preenchidos os requisitos do art. 1.830 da própria codificação, estudado no tópico anterior.

Como é notório, esse direito real recai sobre a coisa, conforme o art. 1.225, inc. VI, da codificação, dando ao habitante, seu beneficiado, o direito de residir no bem, sem a necessidade de pagamento de qualquer valor aos demais herdeiros, caso de eventuais aluguéis. Nesse sentido, do Superior Tribunal de Justiça:

> "O direito real de habitação é *ex lege* (art. 1.831 do CC/2015 e art. 7.º da Lei 9.278), vitalício e personalíssimo, o que significa que o cônjuge ou companheiro sobrevivente pode permanecer no imóvel até o momento do falecimento. Sua finalidade é assegurar que o viúvo ou viúva permaneça no local em que antes residia com sua família, garantindo-lhe

> uma moradia digna. (...) O direito real de habitação tem caráter gratuito, razão pela qual os herdeiros não podem exigir remuneração do companheiro sobrevivente pelo uso do imóvel. Seria um contrassenso atribuir-lhe a prerrogativa de permanecer no imóvel em que residia antes do falecimento do seu companheiro, e, ao mesmo tempo, exigir dele uma contrapartida pelo uso exclusivo" (STJ, REsp 1.846.167/SP, 3.ª Turma, Rel. Min. Nancy Andrighi, j. 09.02.2021, *DJe* 11.02.2021).

Em continuidade de estudo, a propriedade do bem é atribuída a quem de direito, caso do herdeiro legítimo ou testamentário, mantendo-se a restrição real, que não impede a venda do imóvel para terceiros. A propriedade do bem clausulado pode ser vendida, mas não o direito real de habitação, que é inalienável como o é o usufruto, por combinação dos arts. 1.393 e 1.416 do Código Civil.

Trata-se do mais restrito dos direitos reais sobre coisa alheia, pois, em tese, autoriza o seu uso apenas com os fins de residência, não concedendo a utilização para outras finalidades, ou a retirada de frutos, caso da locação, como ocorre no usufruto. Em sua literalidade, enuncia o art. 1.414 do CC/2002 que, "quando o uso consistir no direito de habitar gratuitamente casa alheia, o titular deste direito não a pode alugar, nem emprestar, mas simplesmente ocupá-la com sua família". De toda sorte, mais à frente veremos que tal regra pode ser quebrada, na linha doutrinária seguida por mim.

Na esteira da melhor jurisprudência, não importa se o imóvel é comum ou exclusivo do falecido, reconhecendo-se o direito real em ambos os casos (STJ, REsp 826.838/RJ, 3.ª Turma, Rel. Min. Castro Filho, j. 25.09.2006, *DJU* 16.10.2006, p. 373). E não poderia ser diferente, pois a lei ora em vigor menciona que o imóvel deve ser o único objeto de inventário do falecido e destinado para a residência do casal. Em havendo mais de um imóvel com essas características a inventariar, o direito não deve ser reconhecido, pela literalidade da norma. Julgando desse modo, vejamos duas ementas estaduais:

> "O direito real de habitação está previsto no art. 1.831 do Código Civil e visa proteger o cônjuge sobrevivente, garantindo-lhe o direito de habitação no único imóvel que compõe a herança e sirva de residência para a família. Não há que ser concedido o direito real de habitação ao cônjuge sobrevivente, pois a pluralidade de imóveis residenciais a ser inventariados vai de encontro ao próprio instituto" (TJMG, Agravo de Instrumento 0710355-45.2010.8.13.0000, 4.ª Câmara Cível, Juiz de Fora, Rel. Des. Darcio Lopardi Mendes, j. 26.05.2011, *DJEMG* 08.06.2011).

> "Apelação cível. Sucessões. Medida cautelar inominada. Direito real de habitação. Descabimento. Dos documentos trazidos por ambas as partes sobressai que o imóvel referido na exordial sobre o qual o recorrente pretende a incidência do direito real de habitação não é o único bem residencial e, assim, ausente pressuposto de incidência do art. 1.831 do Código Civil. Negaram provimento. Unânime" (TJRS, Apelação Cível 25367-36.2011.8.21.7000, 8.ª Câmara Cível, Viamão, Rel. Des. Luiz Felipe Brasil Santos, j. 13.10.2011, *DJERS* 18.10.2011).

Em outra situação concreta, surge a indagação: e se a viúva possuir outro imóvel próprio, o direito deve ser reconhecido? A jurisprudência do Tribunal de Justiça de São Paulo já entendeu que sim, pois o intuito é a proteção da residência, e não da propriedade, cabendo trazer à colação:

> "Inventário. Desocupação do imóvel pela viúva. Inadmissibilidade. Direito real de habitação previsto no art. 1.831 do Código Civil. Existência de imóvel próprio não afasta a norma. Recurso improvido" (TJSP, Agravo de Instrumento 0029149-90.2013.8.26.0000, Acórdão 6584777, 6.ª Câmara de Direito Privado, Votorantim, Rel. Des. Eduardo Sá Pinto Sandeville, j. 14.03.2013, *DJESP* 26.03.2013).

A priori, pela expressão da norma jurídica, não se filia a tal julgamento. Porém, o direito real de habitação deve ser analisado sob a perspectiva da *técnica da ponderação* e da tutela constitucional da moradia, previsto no art. 6.º do Texto Maior, como será exposto no presente tópico.

Obviamente, também nos termos da lei, se o imóvel for de proprietário de um terceiro, caso de um filho, de um genro, de um neto ou de um sobrinho do falecido, não se deve reconhecer tal direito. Também não há que reconhecer o direito real de habitação se o falecido for um mero usufrutuário do imóvel, sendo a nua-propriedade de um terceiro. Nessa linha, outro aresto do Superior Tribunal de Justiça, assim resumido:

> "Conforme a jurisprudência desta Corte, o cônjuge sobrevivente tem direito real de habitação sobre o imóvel em que residia o casal, desde que seja o único dessa natureza e que integre o patrimônio comum ou particular do cônjuge falecido no momento da abertura da sucessão. Peculiaridade do caso, pois o cônjuge falecido já não era mais proprietário do imóvel residencial, mas mero usufrutuário, tendo sido extinto o usufruto pela sua morte. Figurando a viúva sobrevivente como mera comodatária, correta a decisão concessiva da reintegração de posse em favor dos herdeiros do falecido" (STJ, REsp 1.273.222/SP, 3.ª Turma, Rel. Min. Paulo de Tarso Sanseverino, j. 18.06.2013, *DJe* 21.06.2013).

Mais recentemente, na mesma esteira e em situação parecida, relativa à copropriedade do imóvel do falecido com seus irmãos, concluiu o mesmo Tribunal da Cidadania em *decisum* publicado no seu *Informativo* n. *441* que:

> "A viúva não pode opor o direito real de habitação aos irmãos de seu falecido cônjuge na hipótese em que eles forem, desde antes da abertura da sucessão, coproprietários do imóvel em que ela residia com o marido. De fato, o direito real de habitação (arts. 1.611, § 2.º, do CC/1916 e 1.831 do CC/2002) tem como essência a proteção do direito de moradia do cônjuge supérstite, dando aplicação ao princípio da solidariedade familiar. Nesse contexto, de um lado, vislumbrou-se que os filhos devem, em nome da solidariedade familiar, garantir ao seu ascendente a manutenção do lar; de outro lado, extraiu-se da ordem natural da vida que os filhos provavelmente sobreviverão ao habitador, momento em que poderão exercer, na sua plenitude, os poderes inerentes à propriedade que detêm. Ocorre que, no caso em que o cônjuge sobrevivente residia em imóvel de copropriedade do cônjuge falecido com os irmãos, adquirida muito antes do óbito, deixa de ter razoabilidade toda a matriz sociológica e constitucional que justifica a concessão do direito real de habitação ao cônjuge sobrevivente, pois não há elos de solidariedade entre um cônjuge e os parentes do outro, com quem tem apenas vínculo de afinidade, que se extingue, à exceção da linha reta, quando da dissolução do casamento. Além do mais, do contrário, estar-se-ia admitindo o direito real de habitação sobre imóvel de terceiros, em especial porque o condomínio formado pelos familiares do falecido preexiste à abertura da sucessão" (STJ, REsp 1.184.492/SE, Rel. Min. Nancy Andrighi, j. 1.º.04.2014).

Em 2020, o Superior Tribunal de Justiça firmou o entendimento, na sua Segunda Seção, de que "o direito real de habitação possui como finalidade precípua garantir o direito à moradia ao cônjuge/companheiro supérstite, preservando o imóvel que era destinado à residência do casal, restringindo temporariamente os direitos de propriedade originados da transmissão da herança em prol da solidariedade familiar". Como consequência, "a copropriedade anterior à abertura da sucessão impede o reconhecimento do direito real de habitação, visto que de titularidade comum a terceiros estranhos à relação sucessória que ampararia o pretendido direito" (STJ, EREsp 1.520.294/SP, 2.ª Seção, Rel. Min. Maria Isabel Gallotti, j. 26.08.2020, *DJe* 02.09.2020).

Como consequência dessa forma de julgar, a Corte Superior entendeu, em 2022, que é possível a cobrança de aluguéis do cônjuge sobrevivente quando o imóvel já havia sido atribuído, pelo menos em parte, à filha do falecido. Conforme trecho do *decisum*, "discute-se a oponibilidade do direito real de habitação da cônjuge supérstite à coproprietária do imóvel em que ela residia com o falecido. (...). Aplicabilidade das razões de decidir do precedente da 2.ª Seção do STJ ao caso concreto, tendo em vista que o *de cujus* já não era mais proprietário exclusivo do imóvel residencial, em razão da anterior partilha do bem decorrente da sucessão da genitora da autora. Ausência de solidariedade familiar e de vínculo de parentalidade da autora em relação à cônjuge supérstite" (STJ, REsp 1.830.080/SP, 3.ª Turma, Rel. Min. Paulo de Tarso Sanseverino, j. 26.04.2022, *DJe* 29.04.2022).

Reafirme-se que o direito de habitação é reconhecido sucedendo o cônjuge isoladamente ou em concorrência com os descendentes – comuns e/ou exclusivos do falecido –, ou com os ascendentes. Em outras palavras, o cônjuge tem o direito aqui tratado em qualquer *classe sucessória*, na *primeira*, na *segunda* ou na *terceira, e* em qualquer combinação sucessória. Não deixa dúvidas o seguinte *decisum* do Tribunal da Cidadania, que reconhece tal direito mesmo havendo apenas filhos exclusivos do autor da herança:

> "O direito real de habitação sobre o imóvel que servia de residência do casal deve ser conferido ao cônjuge/companheiro sobrevivente não apenas quando houver descendentes comuns, mas também quando concorrerem filhos exclusivos do *de cujus*" (STJ, REsp 1.134.387/SP, 3.ª Turma, Rel. Min. Nancy Andrighi, Rel. p/ Acórdão Ministro Sidnei Beneti, j. 16.04.2013, *DJe* 29.05.2013).

O Código Civil de 2002 inova substancialmente no tratamento desse *direito real de habitação legal causa mortis*, conforme outrora exposto, pois, no sistema anterior, esse direito real somente era reconhecido se o casamento fosse celebrado no regime da comunhão universal, na dicção do art. 1.611 do Código Civil de 1916, que prescrevia nos seus §§ 2.º e 3.º: "Ao cônjuge sobrevivente, casado sob regime de comunhão universal, enquanto viver e permanecer viúvo, será assegurado, sem prejuízo da participação que lhe caiba na herança, o direito real de habitação relativamente ao imóvel destinado à residência da família, desde que seja o único bem daquela natureza a inventariar. (...) Na falta do pai ou da mãe, estende-se o benefício previsto no § 2.º ao filho portador de deficiência que o impossibilite para o trabalho".

Para a correspondente subsunção legislativa no tempo, é preciso verificar quando ocorreu a abertura da sucessão, ou seja, o falecimento do *de cujus*, conforme consta do art. 1.787 da atual codificação. Em resumo, se o falecimento se deu antes de 11.01.2003, incide a lei anterior. Se for posterior, tem aplicação o Código Civil de 2002. Nesse sentido, merece destaque o seguinte julgado do Superior Tribunal de Justiça, que analisa a extinção do direito real de habitação estabelecido na vigência da codificação de 1916, tendo em vista a existência de uma união estável posterior:

> "Direito das sucessões. Recurso especial. Sucessão aberta na vigência do Código Civil de 1916. Cônjuge sobrevivente. Direito real de habitação. Art. 1.611, § 2.º, do Código Civil de 1916. Extinção. Constituição de nova entidade familiar. União estável. Recurso especial provido. 1. O recurso especial debate a possibilidade de equiparação da união estável ao casamento, para fins de extinção do direito real de habitação assegurado ao cônjuge supérstite. 2. Em sucessões abertas na vigência do Código Civil de 1916, o cônjuge sobrevivente tem direito real de habitação enquanto permanecer viúvo. 3. A atribuição do direto real de habitação consiste em garantia do direito de moradia por meio da limitação do direito de propriedade de terceiros, uma vez que herdeiros e legatários adquirem o patrimônio do acervo hereditário desde a abertura da sucessão, por força do princípio da *saisine*. 4. Conquanto o marco para extinção fizesse referência ao estado civil, o qual somente se alteraria pela contração de novas núpcias, não se pode perder de vista que apenas o casamento era instituição admitida para a constituição de novas famílias. 5. Após a introdução da união estável no sistema jurídico nacional, especialmente com o reconhecimento da família informal pelo constituinte originário, o direito e a jurisprudência paulatinamente asseguram a equiparação dos institutos quanto aos efeitos jurídicos, especialmente no âmbito sucessório, o que deve ser observado também para os fins de extinção do direito real de habitação. 6. Tendo em vista a novidade do debate nesta Corte Superior, bem como a existência de um provimento jurisdicional que favorecia o recorrido e o induzia a acreditar na legitimidade do direito real de habitação exercido até o presente julgamento, deve o aluguel ser fixado com efeitos prospectivos em relação à apreciação deste recurso especial. 7. Recurso especial provido" (STJ, REsp 1.617.636/DF, 3.ª Turma, Rel. Min. Marco Aurélio Bellizze, j. 27.08.2019, *DJe* 03.09.2019).

Dúvida pode surgir se o citado direito real existe, no sistema atual, se o casamento é celebrado pelo regime da separação de bens, seja legal ou convencional. A resposta é positiva para ambos os casos, mesmo não sendo reconhecido qualquer outro direito sucessório a favor do cônjuge, como ocorre na separação obrigatória e pela existência de descendentes que excluem o cônjuge.

Nota-se que o fim social da norma é proteger o *direito de moradia* do cônjuge, direito fundamental reconhecido pelo art. 6.º da Constituição Federal. Em sintonia com o comando, pode ser citada, mais uma vez, a célebre tese do *patrimônio mínimo*, do Ministro Luiz Edson Fachin, pela qual é imperioso assegurar à pessoa um mínimo de direitos patrimoniais para a manutenção de sua dignidade (*Estatuto*..., 2001). Todas essas conclusões sobre o instituto podem ser retiradas do seguinte aresto do Superior Tribunal de Justiça, prolatado no ano de 2013:

> "Recurso especial. Pedido de retificação da partilha homologada judicialmente, para constar direito da viúva ao usufruto de 1/4 dos bens deixados pelo autor da herança (art. 1.611, § 1.º, do CC/1916). Reconhecimento, pelas instâncias ordinárias, do direito real de habitação ao cônjuge supérstite, com fulcro no art. 1.831, CC/2002. Insurgência dos

herdeiros. 1. Hipótese em que o inventariante, ante a impugnação à averbação do formal de partilha exarada pelo Cartório de Registro de Imóveis, requereu a retificação, por omissão, do auto de partilha, para que dele constasse o direito da viúva ao usufruto de 1/4 sobre o imóvel deixado pelo autor da herança, enquanto perdurasse o estado de viuvez, nos termos do artigo 1.611, § 1.º, do Código Civil de 1916. Indeferimento do requerimento, ante o reconhecimento, pelas instâncias ordinárias, do direito real de habitação do cônjuge sobrevivente, com base no artigo 1.831 do Código Civil de 2002. 2. O direito real de habitação, instituído *causa mortis*, seja na vigência do Código Civil de 1916 (§ 2.º do artigo 1.611), ou sob a égide da atual lei substantiva civil (artigo 1.831), ainda que com contornos bem diversificados, sempre foi compreendido como direito sucessório, a considerar o Livro em que inseridas as correspondentes disposições legais – Do Direito das Sucessões. Sob esse prisma, a sucessão, assim como a legitimação para suceder, é regulada pela lei vigente ao tempo da abertura daquela, ou seja, por ocasião do evento morte do autor da herança, que, no caso dos autos, deu-se em 3 de abril de 2006. Sobressai, assim, clarividente a incidência do atual Código Civil, a reger a presente relação jurídica controvertida, conforme preceitua o artigo 1.787 do Código Civil. 3. A constituição do direito real de habitação do cônjuge supérstite emana exclusivamente da lei, sendo certo que seu reconhecimento de forma alguma repercute na definição de propriedade dos bens partilhados. Em se tratando de direito *ex vi lege*, seu reconhecimento não precisa necessariamente dar-se por ocasião da partilha dos bens deixados pelo *de cujus*, inocorrendo, por conseguinte, ofensa à coisa julgada. Nesse quadro, a superveniente declaração do direito real de habitação dispensa prévia rescisão ou anulação da partilha, pois com ela não encerra qualquer oposição. 4. De acordo com os contornos fixados pelo Código Civil de 2002, o direito real de habitação confere ao cônjuge supérstite a utilização do bem, com o fim de que nele seja mantida sua residência, independente do regime de bens do casamento e da titularidade do imóvel, afastado, inclusive, o caráter vidual estabelecido na legislação precedente. Substancia-se, assim, o direito à moradia previsto no art. 6.º da Constituição Federal, assegurado ao cônjuge supérstite. 5. Recurso especial improvido" (STJ, REsp 1125901/RS, 4.ª Turma, Rel. Min. Marco Buzzi, j. 20.06.2013, *DJe* 06.09.2013).

Na linha do que consta do último acórdão, o direito real de habitação do cônjuge decorre automaticamente da lei, não havendo a necessidade do correspondente registro imobiliário para o seu reconhecimento jurídico. Aliás, essa já era a posição da Corte Superior em outros precedentes, podendo ser destacado o seguinte, em posição à qual estou totalmente filiado: "o direito real de habitação em favor do cônjuge sobrevivente se dá 'ex vi legis', dispensando registro no álbum imobiliário, já que guarda estreita relação com o direito de família" (STJ, REsp 74.729/SP, 4.ª Turma, Rel. Min. Sálvio de Figueiredo Teixeira, j. 09.12.1997, *DJ* 02.03.1998, p. 93).

Eventualmente, caso os herdeiros ameacem, turbem ou esbulhem a posse do cônjuge, terá ele legitimidade para a promoção da cabível ação possessória, seja a demanda um interdito possessório, uma ação de manutenção ou uma ação de reintegração de posse, conforme decidem as Cortes Estaduais reiteradamente (por exemplo: TJMG, Apelação Cível 1.0145.10.052521-4/001, Rel. Des. Marcos Lincoln, j. 23.05.2013, *DJEMG* 28.05.2013; TJPR, Agravo de Instrumento 0998815-8, 17.ª Câmara Cível, Telêmaco Borba, Rel. Des. Mário Helton Jorge, *DJPR* 14.08.2013, p. 402; TJDF, Recurso 2011.00.2.022744-3, Acórdão 586.892, 5.ª Turma Cível, Rel. Des. Angelo Passareli, *DJDFTE* 24.05.2012, p. 109; e TJSP, Apelação 9157121-26.2009.8.26.0000, Acórdão 5095087, 8.ª Câmara de Direito Privado, Ribeirão Preto, Rel. Des. Luiz Ambra, j. 27.04.2011, *DJESP* 22.07.2011).

No mesmo sentido, a premissa número 9, publicada na Edição n. 50 da ferramenta *Jurisprudência em Teses* do STJ: "o direito real de habitação poder ser invocado em demanda possessória pelo companheiro sobrevivente, ainda que não se tenha buscado em ação declaratória própria o reconhecimento de união estável". A ideia, como não poderia ser diferente, também tem aplicação para o cônjuge.

Por outro turno, em situação inversa, "com o falecimento do cônjuge proprietário do imóvel, não têm os herdeiros liminar de reintegração de posse contra o cônjuge sobrevivente que utiliza o imóvel como moradia familiar. Isso se dá independentemente do regime de bens do casamento e de haver ou não direito de herança, haja vista o contido no art. 1.831 do Código Civil. Logo, a liminar de reintegração de posse requerida contra a viúva que reside no imóvel do falecido pai dos agravantes não pode, de fato, ser concedida" (TJMG, Agravo de Instrumento 1.0452.13.002090-5/001, Rel. Des. Luciano Pinto, j. 11.07.2013, *DJEMG* 23.07.2013). Em resumo, caso um filho ingresse com ação de reintegração de posse em face do cônjuge supérstite que habita o imóvel, essa será julgada improcedente, pela prevalência do direito real de habitação do consorte.

Adotando-se o mesmo caminho, porém relativo à hipótese de união estável, deduz julgado do Superior Tribunal de Justiça, do ano de 2014, que "é possível a arguição do direito real de habitação para fins exclusivamente possessórios, independentemente de seu reconhecimento anterior em ação própria declaratória de união estável. (...) Ademais, levando-se em conta a posse, considerada por si mesma, enquanto mero exercício fático dos poderes inerentes ao domínio, há de ser mantida a recorrida no imóvel, até porque é ela quem vem conferindo à posse a sua função social" (STJ, REsp 1.203.144/RS, Rel. Min. Luis Felipe Salomão, 4.ª Turma, j. 27.05.2014, *DJe* 15.08.2014).

Sempre ponderou o saudoso Mestre Zeno Veloso que o direito real de habitação é personalíssimo ou *intuitu personae*, tendo como destinação específica a moradia do titular, que não poderá emprestar ou locar o imóvel a terceiro, conforme antes exposto e os exatos termos da dicção legal. Aponta ainda o jurista paraense não parecer justo manter tal direito se o cônjuge constituir nova família, seja por meio de um casamento ou de uma união estável (VELOSO, Zeno. *Código*..., 2008. p. 2.018). Vale adiantar, o que igualmente fundamentaria essa forma de pensar, que a última restrição consta expressamente do art. 7.º, parágrafo único, da Lei 9278/1996, que reconhece o direito real de habitação sucessório para o companheiro ou convivente.

Nessa linha doutrinária, mais uma vez, havia projeção de modificar o citado comando civil, via os antigos PLs 6.960/2002 e 699/2011, de autoria do então Deputado Fiuza, passando o art. 1.831 do Código Civil a ser assim escrito: "Ao cônjuge sobrevivente, qualquer que seja o regime de bens, enquanto permanecer viúvo ou não constituir união estável, será assegurado, sem prejuízo da participação que lhe caiba na herança, o direito real de habitação relativamente ao imóvel destinado à residência da família, desde que seja o único daquela natureza a inventariar". Foram as justificativas da proposta: "Não há razão para manter o direito real de habitação, se o cônjuge sobrevivente constituir nova família. 'Quem casa, faz casa', proclama o dito popular. Melhor e mais previdente a restrição do art. 1.611, § 2.º, do Código Civil de 1916".

Com o devido respeito às lições e à projeção, em casos excepcionais, entendo que as duas premissas expostas por Zeno Veloso podem ser quebradas, aplicando-se a *ponderação* a favor da moradia. Cita-se a *ponderação* em alusão à técnica desenvolvida pelo jurista alemão Robert Alexy, que propõe a solução de problemas e conflitos jurídicos a partir do *sopesamento* dos valores ou princípios em colisão, inclusive constitucionais, envolvidos no caso concreto, que foi adotada expressamente pelo art. 489, § 2.º, do CPC/2015 (ALEXY, Robert. *Teoria*..., 2008).

Também levando em conta o necessário sopesamento dos direitos envolvidos, cito o Enunciado n. 56 do Instituto Brasileiro de Direito de Família (IBDFAM), aprovado no seu XIV Congresso Brasileiro, em outubro de 2023. Nos seus termos, "o direito real de habitação não deve ser interpretado de modo absoluto, devendo a decisão que o conceder sopesar os interesses do cônjuge ou companheiro com os interesses de herdeiros incapazes que sejam filhos apenas do falecido, em atenção aos princípios da prioridade absoluta e da supremacia do interesse da criança e do adolescente".

No sentido de *ponderar* os direitos envolvidos, penso ser muito melhor a proposta formulada pelo atual Projeto de Reforma do Código Civil, elaborado pela Comissão de Juristas nomeada no Senado Federal, para que o seu art. 1.831 seja aplicado tanto para o casamento como para a união estável, unificando-se o tratamento do instituto, e prevendo-se algumas exceções para o reconhecimento desse direito real.

Pela proposição, aqui já adiantada, o comando passará a enunciar, em seu *caput*, que, "ao cônjuge ou ao convivente sobrevivente que residia com o autor da herança ao tempo de sua morte, será assegurado, qualquer que seja o regime de bens e sem prejuízo da participação que lhe caiba na herança, o direito real de habitação, relativamente ao imóvel que era destinado à moradia da família, desde que seja o único bem a inventariar". Valoriza-se, assim, a moradia anterior do cônjuge ou convivente, sendo a manutenção do seu direito real de habitação a regra do sistema legal proposto pela Comissão de Juristas.

De todo modo, como primeira exceção, hoje mais do que necessária, preverá o § 1.º do art. 1.831 que, "se, ao tempo da morte, viviam juntamente com o casal descendentes incapazes ou com deficiência, bem como ascendentes vulneráveis ou, ainda, as pessoas referidas no art. 1.831-A, *caput* e seus parágrafos, deste Código, o direito de habitação há de ser compartilhado por todos". A norma visa à tutela de vulnerabilidades e hipossuficiências específicas, na linha de outras proposições formuladas pelos especialistas que atuaram no Senado Federal.

Também merece ser destacado, por trazer como conteúdo o correto senso de justiça, o projetado § 2.º do art. 1.831 para o Código Civil, segundo o qual cessará o direito real de habitação quando qualquer um dos titulares do direito à habitação tiver renda ou patrimônio suficiente para manter sua respectiva moradia, ou quando constituir nova família. Como se pode notar pela leitura deste tópico, vários julgados já aplicam essa ideia, em prol da efetiva proteção da moradia.

Além dessas necessárias exceções, como outra, também será reconhecido o direito real de habitação em favor da chamada *família parental*, desde que registrada no Cartório de Registro Civil, nos termos do novo art. 10, § 1.º, que é sugerido para a codificação privada pelo mesmo projeto. Assim, consoante o proposto art. 1.831-A da Lei Geral Privada, "terão direito de habitação sobre o imóvel de moradia do autor da herança, as pessoas remanescentes da família parental, podendo habilitar-se para esse direito os que demonstrarem o convívio familiar comum por prova documental, conforme anotações feitas na forma do § 1º do art. 10 deste Código".

Vale lembrar que, nos termos do novo art. 1.511-B, em seu § 1.º, "a família parental é a composta por, pelo menos, um ascendente e seu descendente, qualquer que seja a natureza da filiação, bem como a que resulta do convívio entre parentes colaterais que vivam sob o mesmo teto com compartilhamento de responsabilidades familiares pessoais e patrimoniais". Nessa previsão, portanto, haverá a *família* monoparental – constituída por um dos ascendentes e seus descendentes, como no caso de um pai solteiro e seus filhos – e a *família anaparental*, sem pais – como nas situações que envolvem irmãos ou primos idosos que vivem juntos. Como se pode perceber, também esta última previsão tem um conteúdo humanista incontestável, esperando-se a sua aprovação pelo Parlamento Brasileiro.

Feitas essas importantes notas sobre o Projeto de Reforma do Código Civil, e partindo-se para exemplos concretos dessa ponderação no sistema vigente, de início, imagine-se que o cônjuge loque esse imóvel por questão de necessidade mínima, utilizando o aluguel da coisa para a locação de outro bem, destinado para a sua moradia. Nessas situações, entendo que o direito pode ser mantido, conforme decidiu, analisando socialmente a questão, o Tribunal de Justiça Gaúcho:

> "Agravo interno. Agravo de instrumento. Decisão monocrática. Inventário. Bem locado. Direito real de aquisição do cônjuge sobrevivente. Ainda que o cônjuge não resida no imóvel, sendo este o único bem, possui direito real de habitação. Estando o imóvel locado, e sendo o valor dos aluguéis utilizados na subsistência do cônjuge, o valor deve ser auferido integralmente pelo cônjuge. Deram parcial provimento" (TJRS, Agravo 70027892637, 8.ª Câmara Cível, Caxias do Sul, Rel. Des. Rui Portanova, j. 12.03.2009, *DOERS* 20.03.2009, p. 40).

Em complemento e acompanhando em parte essa forma de julgar, cite-se ementa do Tribunal Paulista, que confirmou a existência do direito real de habitação mesmo estando parte do imóvel locado a terceiros:

> "Ação de inventário e partilha de bens. Direito real de habitação. *De cujus* que era casado com a apelante em regime de separação de bens. Direito do cônjuge supérstite a permanecer no imóvel de residência comum do casal. Locação da edícula localizada nos fundos da casa principal que não impede o direito real de habitação. Sentença reformada. Recurso provido" (TJSP, Apelação Cível 0331626-38.2007.8.26.0577, Acórdão 6388912, 8.ª Câmara de Direito Privado, São José dos Campos, Rel. Des. Helio Faria, j. 05.12.2012, *DJESP* 14.01.2013).

Cabe pontuar que a proteção desse direito real de habitação *ex vi lege* é muito próxima da *tutela do bem de família legal*, constante da Lei 8.009/1990. Essa importante lei especial considera como impenhorável, de forma automática, o imóvel destinado para a residência da entidade familiar, proteção ampliada pela jurisprudência também o imóvel onde reside a pessoa solteira, como consta da Súmula 364 do Superior Tribunal de Justiça.

Igualmente, em um sentido de necessária ampliação para a tutela da moradia, entende há tempos o Superior Tribunal de Justiça que também é bem de família, e portando impenhorável, o único imóvel locado a terceiro, cujo produto da locação é utilizado para alugar outro imóvel, esse sim destinado à moradia (entre os mais antigos precedentes: STJ, REsp 159.213/ES, 4.ª Turma, Rel. Min. Sálvio de Figueiredo Teixeira, j. 20.04.1999, *DJ* 21.06.1999, p. 162). A questão se consolidou de tal forma que, em 2012, a Corte Superior editou a Súmula 486, *in verbis:* "único imóvel residencial alugado a terceiros é impenhorável, desde que a renda obtida com o aluguel seja para subsistência do proprietário". Denomino tal situação como do *bem de família indireto*. De forma similar, aqui, para pode-se falar em *direito real de habitação indireto*, raciocínio que de forma equânime serve para a tutela do direito real de habitação do companheiro, instituto que ainda receberá abordagem própria.

Todavia, não obstante todas essas afirmações, recente julgado superior considerou que não se deve reconhecer o direito real de habitação quando o imóvel estiver locado ou cedido em comodato a terceiros. Conforme trecho da ementa, que analisa hipótese relativa a companheiro:

> "A interpretação sistemática do art. 7.º, parágrafo único, da Lei n.º 9.278/96, em sintonia com as regras do CC/1916 que regem a concessão do direito real de habitação, conduzem à conclusão de que ao companheiro sobrevivente é igualmente vedada a celebração de contrato de locação ou de comodato, não havendo justificativa teórica para, nesse particular, estabelecer-se distinção em relação à disciplina do direito real de habitação a que faz jus o cônjuge sobrevivente, especialmente quando o acórdão recorrido, soberano no exame dos fatos, concluiu inexistir prova de que a titular do direito ainda reside no imóvel que serviu de moradia com o companheiro falecido" (STJ, REsp 1.654.060/RJ, 3.ª Turma, Rel. Min. Nancy Andrighi, j. 02.10.2018, *DJe* 04.10.2018).

O julgado superior também afastou a incidência das mesmas regras do bem de família para a categoria em questão, na linha do que aqui defendemos, pela falta de questionamento dessa matéria: "não se admite o recurso especial quando a questão que se pretende ver examinada – analogia do direito real de habitação em relação ao bem de família – não foi suscitada e decidida pelo acórdão recorrido, nem tampouco foi suscitada em embargos de declaração" (REsp 1.654.060/RJ). Aguardemos novos acórdãos do Tribunal da Cidadania, especialmente quanto ao último aspecto, que precisa ser enfrentado com profundidade.

No que toca à constituição de uma nova família pelo habitante, vislumbra-se a hipótese em que o cônjuge sobrevivente não tem boas condições econômicas e financeiras, ao contrário dos outros herdeiros, descendentes, que são inclusive proprietários de outros imóveis. Seria justo desalojar o cônjuge pelo simples fato de constituir nova família? Penso que não, sendo necessário ponderar a favor da moradia e da família, a partir dos valores constantes dos arts. 6.º e 1.º, inciso III, do Texto Maior. Cite-se, ainda, o art. 226, *caput,* da Constituição Federal, segundo o qual a família é a base da sociedade.

Em suma, é o caso concreto que vai determinar se o direito real de habitação do cônjuge persiste ou não. A propósito de caso antes aventado, em que o cônjuge já é proprietário de outro imóvel ou tenha bens e patrimônio suficiente, a solução deve ser a mesma. Assim, se o falecido, casado por separação obrigatória, deixou dois filhos que não possuem casa própria e a esposa, que já tem um imóvel anterior, o direito real de habitação pode não ser atribuído à última, para a efetiva tutela da moradia dos filhos. Nota-se que, tratando-se de proteção da moradia, direito social e fundamental reconhecido pela Constituição Federal de 1988, não é possível trabalhar com ideias fechadas e imutáveis.

Essas afirmações foram adotadas pelo Superior Tribunal de Justiça em outro julgado do ano de 2018, que analisou "se o reconhecimento do direito real de habitação, a que se refere o artigo 1.831 do Código Civil, pressupõe a inexistência de outros bens no patrimônio do cônjuge/companheiro sobrevivente". Como se afirmou no *decisum*, "os dispositivos legais relacionados com a matéria não impõem como requisito para o reconhecimento do direito real de habitação a inexistência de outros bens, seja de que natureza for, no patrimônio próprio do cônjuge/companheiro sobrevivente". Isso porque "o objetivo da lei é permitir que o cônjuge/companheiro sobrevivente permaneça no mesmo imóvel familiar que residia ao tempo da abertura da sucessão como forma, não apenas de concretizar o direito constitucional à moradia, mas também por razões de ordem humanitária e social, já que não se pode negar a existência de vínculo afetivo e psicológico estabelecido pelos cônjuges/companheiros com o imóvel em que, no transcurso de sua convivência, constituíram não somente residência, mas um lar" (STJ, REsp 1.582.178/RJ, 3.ª Turma, Rel. Min. Ricardo Villas Bôas Cueva, j. 11.09.2018, *DJe* 14.09.2018).

A posição consolidou-se de tal forma na Corte que, em 2019, passou a compor a Edição n. 133 da sua ferramenta *Jurisprudência em Teses*, dedicada ao Direito das Coisas nos termos da assertiva n. 10, "a inexistência de outros bens imóveis no patrimônio de cônjuge/companheiro sobrevivente não é requisito para o reconhecimento do direito real de habitação". Nota-se, assim, um claro abrandamento do texto legal, mitigando-se a norma e com vistas a proteger a moradia, o que é correto e preciso tecnicamente. Há, portanto, certa contradição entre este último julgado e o anterior, que não admitiu o reconhecimento do direito real de habitação no caso de imóvel cedido a terceiro.

A verdade é que, mais recentemente, surgiu outro acórdão superior trazendo em seu conteúdo a mitigação das regras de proteção do direito real de habitação. A discussão disse respeito à possibilidade de se afastar a proteção constante do art. 1.831 do Código Civil em quadro fático que revelava a existência de um único imóvel a inventariar entre os descendentes, possuindo o convivente supérstite recursos financeiros suficientes para assegurar a sua subsistência e moradia dignas. Vejamos o aresto, que cita o *último decisum*:

"Inobstante a sua notável envergadura no cenário nacional, o direito real de habitação não é absoluto e, em hipóteses específicas e excepcionais, quando não atender a finalidade social a que se propõe, poderá sofrer mitigação. Eventual relativização do direito real de habitação, somente excepcionalmente admitida, deverá ser examinada de modo casuístico, confrontando-se concretamente a necessidade de prevalência do direito dos herdeiros em face do direito do consorte. O art. 1.831 do Código Civil deve ser interpretado da seguinte maneira: (I) como regra geral, preenchidos os requisitos legais, é assegurado ao cônjuge ou companheiro supérstite o direito real de habitação relativamente ao imóvel destinado à residência da família; e (II) é possível relativizar o direito real de habitação em situações excepcionais, nas quais devidamente comprovado que a sua manutenção não apenas acarreta prejuízos insustentáveis aos herdeiros/proprietários do imóvel, mas também não se justifica em relação às qualidades e necessidades pessoais do convivente supérstite" (STJ, REsp 2.151.939/RJ, 3.ª Turma, Rel. Min. Nancy Andrighi, j. 24.09.2024, *DJe* 27.09.2024).

Ao final, portanto, afastou-se a aplicação do instituto para o convivente, de forma correta.

No tocante ao exercício da autonomia privada quanto ao direito real de habitação do cônjuge, merece críticas, mais uma vez pelo necessário amparo da moradia, o Enunciado n. 271 do CJF/STJ, da *III Jornada de Direito Civil* (2004), segundo o qual: "o cônjuge pode renunciar ao direito real de habitação, nos autos do inventário ou por escritura pública, sem prejuízo de sua participação na herança". Sustento ser o direito real de habitação irrenunciável, atualmente, por envolver a consagração desse direito fundamental à moradia, com plena incidência nas relações privadas, ou seja, com *eficácia horizontal*. Assim, no atual sistema, não concordo com o teor do enunciado doutrinário em destaque.

Mais uma vez, em comparação com o instituto do bem de família, a jurisprudência do Superior Tribunal de Justiça, após certa divergência na Corte, acabou por consolidar a premissa de que o bem de família legal é absolutamente irrenunciável, sendo pertinente a colação dos seguintes acórdãos, por todas as numerosas ementas:

> "Direito civil e processual civil. Execução. Cédula de crédito comercial com hipoteca. Imóvel hipotecado de propriedade de pessoa jurídica. Único bem a servir de morada à entidade familiar. Lei 8.009/1990. Imóvel dado em garantia em favor de terceira pessoa jurídica. Intervenientes hipotecantes não beneficiários do empréstimo. Bem de família. Matéria de ordem pública. Benefício que não admite renúncia por parte de seu titular. Caracterização do bem, objeto da execução, como bem de família. Convicção formada com base no suporte fático-probatório. Súmula 7/STJ. Incidência. 1. 'Para que seja reconhecida a impenhorabilidade do bem de família, de acordo com o artigo 1.º, da Lei n.º 8.009/1990, basta que o imóvel sirva de residência para a família do devedor, sendo irrelevante o valor do bem' (REsp 1.178.469/SP, Rel. Min. Massami Uyeda, 3.ª Turma, j. 18.11.2010, *DJe* 10.12.2010) 2. A jurisprudência do STJ tem, de forma reiterada e inequívoca, pontuado que a incidência da proteção dada ao bem de família somente é afastada se caracterizada alguma das hipóteses descritas nos incisos I a IV do art. 3.º da Lei 8.009/1990. Precedentes. 3. O benefício conferido pela Lei n.º 8.009/1990 ao instituto do bem de família constitui princípio de ordem pública, prevalente mesmo sobre a vontade manifestada, não admitindo sua renúncia por parte de seu titular. A propósito, entre outros: REsp 875.687/RS, Rel. Min. Luiz Felipe Salomão, 4.ª Turma, j. 09.08.2011, *DJe* 22.08.2011; REsp 805.713/DF, Rel. Ministro Aldir Passarinho Junior, 4.ª Turma, j. 15.03.2007, *DJ* 16.04.2007. 4. A firme jurisprudência do STJ é no sentido de que a excepcionalidade da regra que autoriza a penhora de bem de família dado em garantia (art. 3.º, V, da Lei 8.009/1990) limita-se à hipótese de a dívida ter sido constituída em favor da entidade familiar, não se aplicando na hipótese de ter sido em favor de terceiros – caso dos autos (AgRg no Ag 1.126.623/SP, Rel. Min. Paulo de Tarso Sanseverino, 3.ª Turma, j. 16.09.2010, *DJe* 06.10.2010; REsp 268.690/SP, Rel. Min. Ruy Rosado de Aguiar, 4.ª Turma, *DJ* 12.03.2001). 5. No caso, as instâncias ordinárias, com suporte no conjunto fático-probatório produzido nos autos, firmaram convicção de que o bem dado em garantia é a própria moradia da entidade familiar dos sócios da pessoa jurídica – proprietária do imóvel e interveniente hipotecante do contrato de mútuo celebrado –, situação que não desnatura sua condição de 'bem de família'. Com efeito, inviável, em sede de especial, desconstituir a conclusão a que chegou o Tribunal *a quo* quanto à realidade fática do uso do imóvel – a de que o bem hipotecado é bem de família. 6. Agravo regimental não provido" (STJ, AgRg no AREsp 264.431/SE, 4.ª Turma, Rel. Min. Luis Felipe Salomão, j. 05.03.2013, *DJe* 11.03.2013).

"Recurso especial. Ação anulatória. Acordo homologado judicialmente. Oferecimento de bem em garantia. Pequena propriedade rural. Impenhorabilidade. Equiparação à garantia real hipotecária. Descabimento. 1. A proteção legal assegurada ao bem de família pela Lei 8.009/1990 não pode ser afastada por renúncia, por tratar-se de princípio de ordem pública, que visa a garantia da entidade familiar. 2. A ressalva prevista no art. 3.º, inciso V, da Lei 8.009/1990 não alcança a hipótese dos autos, limitando-se, unicamente, à execução hipotecária, não podendo benefício da impenhorabilidade ser afastado para a execução de outras dívidas. Por tratar-se de norma de ordem pública, que visa à proteção da entidade familiar, e não do devedor, a sua interpretação há de ser restritiva à hipótese contida na norma. 3. Recurso especial improvido" (STJ, REsp 1.115.265/RS, 3.ª Turma, Rel. Min. Sidnei Beneti, j. 24.04.2012, *DJe* 10.05.2012).

Ora, se não se admite o *bem de família ofertado*, não é possível, juridicamente, o *direito real de habitação legal ofertado*. Eis mais um tema que não é pacífico, pois são encontrados arestos estaduais que reconhecem tal renúncia ao direito em questão, inclusive em casos envolvendo a união estável e com citação ao Enunciado n. 271 da *III Jornada de Direito Civil*. Assim deduzindo:

"Agravo de instrumento. Sucessões. Direito real de habitação à companheira sobrevivente sobre o imóvel onde residiu com o autor da herança. Imóvel de propriedade exclusiva do extinto. Possibilidade. Renúncia. Exigência de manifestação formal da companheira. 1. Sendo incontroversa a existência da união estável, o direito real de habitação da companheira sobrevivente sobre o imóvel onde residiu com o autor da herança é de ser reconhecido, pois se trata de uma garantia legal que lhe foi alcançada pelo parágrafo único do art. 7.º da Lei n.º 9.278/1996. 2. Para que se conceda ao cônjuge ou companheiro sobrevivente o direito real de habitação, não se exige que o bem seja de propriedade única e exclusiva do autor da herança, também não interessando a data de aquisição de tal bem – que pode ser inclusive anterior ao início do relacionamento. 3. Eventual renúncia ao direito real de habitação necessita de manifestação de vontade por ato formal da companheira, seja no bojo do inventário, seja através de escritura pública, na esteira do Enunciado n. 271 das Jornadas de Direito Civil do CECJF. Negaram provimento. Unânime" (TJRS, Agravo de Instrumento 189200-65.2013.8.21.7000, 8.ª Câmara Cível, Bagé, Rel. Des. Luiz Felipe Brasil Santos, j. 1.º.08.2013, *DJERS* 07.08.2013).

"Agravo de instrumento. Inventário. Direito real de habitação à companheira sobrevivente. Art. 7.º, registro que foi observado o disposto nos artigos 549, 551 e 552 do Código de Processo Civil, tendo em vista a adoção do sistema informatizado. Art. 7.º, parágrafo único, da Lei n.º 9.278/1996. Inexistência de renúncia, tampouco preclusão. 1) O direito real de habitação é assegurado ao companheiro sobrevivente, malgrado o silêncio do novo Código Civil, pela previsão contida no parágrafo único do art. 7.º da Lei n.º 9.278/1996. 2) A renúncia ao direito é ato próprio da parte e somente pode ocorrer por termo nos autos ou por escritura pública. Enunciado n.º 271 da *III Jornada de Direito Civil*. 3) Ausência de procuração com poderes específicos inabilita ao causídico a abdicar de direito de sua constituinte. Agravo de instrumento desprovido" (TJRS, Agravo de Instrumento 512499-66.2011.8.21.7000, 8.ª Câmara Cível, Porto Alegre, Rel. Des. Ricardo Moreira Lins Pastl, j. 16.02.2012, *DJERS* 24.02.2012).

Porém, em sentido contrário, julgou inicialmente o Conselho Superior da Magistratura do Estado de São Paulo, em setembro de 2023, concluindo então não ser possível a renúncia prévia ao direito real de habitação em contrato de convivência, o que ocasiona a impossibilidade de seu registro imobiliário (TJSP, Apelação Cível 1007525-42.2022.8.26.0132, Apelantes: Guilherme Rojas Fernandes e Rafaella Ghannage Pereira, Apelado: 1.º Oficial de Registro de Imóveis e Anexos da Comarca de Catanduva, Rel. Corregedor-Geral de Justiça Des. Fernando Torres de Garcia, j. 22.09.2023). Para o Estado de São Paulo, portanto, esse era o entendimento a ser considerado, para os devidos fins práticos.

De toda sorte, tem 2024, o mesmo Conselho Superior da Magistratura do Tribunal Paulista afastou esse entendimento anterior, concluindo ser possível o registro das renúncias à herança por exercício da autonomia privada, a incluir a do ora estudado direito real de habitação (TJSP, Apelação Cível 1000348-35.2024.8.26.0236, Apelantes: Maria Teresa Antonelli Caldas e João Anselmo Montanari da Cunha, Apelado: Oficial de Registro de Imóveis e Anexos da Comarca de Ibitinga, Rel. Corregedor-Geral de Justiça Des. Francisco Loureiro, j. 1.º.10.2024). Ao final, concluiu-se que "o registro não significa a chancela judicial à validade da cláusula, mas tão somente que não se deve negar eficácia perante terceiros ao pacto antenupcial, até que em momento e na esfera própria a questão da nulidade eventualmente seja arguida e decidida na esfera jurisdicional".

Com o devido respeito, penso que essa nova forma de julgar trouxe um aumento da insegurança jurídica para a questão, a justificar mais ainda a necessidade de Reforma do Código Civil a respeito do assunto.

Ainda no que diz respeito à renúncia ao direito real de habitação, com relevância somente para as sucessões abertas na vigência da legislação anterior, entende o Superior Tribunal de Justiça que a renúncia ao usufruto vidual pelo cônjuge não atinge o direito real de habitação. Vejamos esse antigo acórdão, do ano de 2005:

> "Embargos de terceiro. Direito real de habitação. Art. 1.611, § 2.º, do Código Civil de 1916. Usufruto. Renúncia do usufruto: repercussão no direito real de habitação. Registro imobiliário do direito real de habitação. Precedentes da Corte. 1. A renúncia ao usufruto não alcança o direito real de habitação, que decorre de lei e se destina a proteger o cônjuge sobrevivente mantendo-o no imóvel destinado à residência da família. 2. O direito real de habitação não exige o registro imobiliário. 3. Recurso especial conhecido e provido" (STJ, REsp 565.820/PR, 3.ª Turma, Rel. Min. Carlos Alberto Menezes Direito, j. 16.09.2004, *DJ* 14.03.2005, p. 323).

O julgamento sustenta a afirmação de que esse direito real de habitação legal a favor do cônjuge independe de registro imobiliário. Além disso, aplica a antiga regra de que a renúncia não admite interpretação extensiva, conforme determina o art. 111 da atual codificação privada. Esclareça-se que toda a problemática somente interessa às sucessões abertas até 10.01.2003, pelo fato de o Código Civil brasileiro de 2002 ter extinguido o usufruto vidual.

Feitas todas essas observações a respeito da temática, com enorme variação no entendimento jurisprudencial, destaco que no Projeto de Reforma do Código Civil, elaborado pela Comissão de Juristas nomeada no Senado Federal, pretende-se incluir essa possibilidade de renúncia ao direito real de habitação, como exceção à proibição do pacto sucessório do art. 426.

Insere-se nessa norma a possibilidade de renúncia prévia à herança pelo cônjuge ou convivente, nos seguintes novos parágrafos: "§ 2º Os nubentes podem, por meio de pacto antenupcial ou por escritura pública pós-nupcial, e os conviventes, por meio de escritura pública de união estável, renunciar reciprocamente à condição de herdeiro do outro cônjuge ou convivente. § 3º A renúncia pode ser condicionada, ainda, à sobrevivência ou não de parentes sucessíveis de qualquer classe, bem como de outras pessoas, nos termos do art. 1.829 deste Código, não sendo necessário que a condição seja recíproca". E, no que diz respeito ao direito real de habitação, o seu novo § 4.º: "a renúncia não implica perda do direito real de habitação previsto o no art. 1.831 deste Código, salvo expressa previsão dos cônjuges ou conviventes". De toda sorte, nos termos do projetado § 6.º para esse art. 426, "a renúncia será ineficaz se, no momento da morte do cônjuge ou convivente, o falecido não deixar parentes sucessíveis, segundo a ordem de vocação hereditária".

Com a aprovação das propostas, e as suas inserções no texto de lei, resolve-se mais um dilema verificado nos mais de vinte anos de vigência do Código Civil de 2002, com enorme variação no entendimento jurisprudencial a gerar grande insegurança e instabilidade, como aqui se expôs. Com a aprovação dos novos textos legais, não haverá mais polêmicas quanto à possibilidade de renúncia ao direito real de habitação, como válido e eficaz exercício da autonomia privada.

Por derradeiro, para encerrar o tópico, cabe trazer à tona questão relativa aos bens móveis que guarnecem o imóvel objeto de direito real de habitação, tratada pelo Código Civil português como *direito ao recheio*. Nos termos do art. 2.103.º-A da codificação lusitana: "1. O cônjuge sobrevivo tem direito a ser encabeçado, no momento da partilha, no direito de habitação da casa de morada da família e no direito de uso do respectivo recheio, devendo tornas aos co-herdeiros se o valor recebido exceder o da sua parte sucessória e meação, se a houver. 2. Salvo nos casos previstos no n.º 2 do artigo 1.093.º, caducam os direitos atribuídos no número anterior se o cônjuge não habitar a casa por prazo superior a um ano. 3. A pedido dos proprietários, pode o tribunal, quando o considere justificado, impor ao cônjuge a obrigação de prestar caução". No que interessa à prática relativa a esta obra, surge a seguinte dúvida: haveria o citado *direito ao recheio* no sistema brasileiro?

A minha posição doutrinária é que sim, por vários argumentos. *Primeiro*, pelo *princípio da gravitação jurídica*, segundo o qual os acessórios devem seguir o bem principal. *Segundo*, pela *teoria do patrimônio mínimo* ou *mínimo existencial*, pois deve-se assegurar à pessoa humana um mínimo de direitos patrimoniais para que viva com dignidade, o que engloba também bens móveis. *Terceiro*, pelo princípio da função social da propriedade e da posse, pois o imóvel atinge sua funcionalidade plena pelos bens móveis que o guarnecem. *Quarto*, mais uma vez pelo tratamento equânime relativo ao bem de família legal aqui defendido, prescrevendo o art. 1.º da Lei 8.009/1990 a amplitude a respeito dos bens móveis. Eventualmente, diante dessa analogia, podem ser excluídos da proteção os adornos suntuosos e as obras de artes, na esteira do que consta do art. 2.º da mesma Lei do Bem de Família. Entendendo por tal extensão, do Tribunal de Justiça do Rio Grande do Sul, em mais um caso concreto relativo a companheiro ou convivente:

> "Agravo de instrumento. Ação de reconhecimento de união estável, cumulada com pedido de partilha de bens e reconhecimento do direito real de habitação. Antecipação de tutela.

Hipótese de deferimento. O direito real de habitação decorre do reconhecimento da união estável, assegurando-se ao companheiro supérstite o direito de permanecer residindo na casa que servia de residência familiar, com todos os bens móveis que a guarneciam. Havendo verossimilhança na alegação de que a autora e o *de cujus* mantiveram união estável, deve ser assegurado o direito real de habitação em relação ao imóvel destinado à residência da família (art. 7.º, parágrafo único, da Lei n.º 9.278/1996). Dicotomia de versões, desafiando dilação probatória para comprovação, já que a questão não restou dirimida na estreita via do agravo de instrumento. Possibilidade de dano irreparável à recorrente no caso de ser retirada do lar e posteriormente comprovar suas alegações. Ao contrário, menor potencial de dano ao espólio que poderá recuperar a posse e direitos sobre o bem, caso prevaleçam suas alegações. Agravo de instrumento provido" (TJRS, Agravo de Instrumento 87802-46.2011.8.21.7000, 7.ª Câmara Cível, Porto Alegre, Rel. Des. André Luiz Planella Villarinho, j. 25.05.2011, *DJERS* 02.06.2011).

Com a abordagem do direito real de habitação, encerra-se o estudo da sucessão do cônjuge. Realiza-se, a partir do presente momento, o estudo da sucessão dos colaterais.

2.12 DA SUCESSÃO DOS COLATERAIS. DO DIREITO DE REPRESENTAÇÃO TRANSVERSAL

Os colaterais são *herdeiros de quarta e última classe* na ordem de vocação hereditária (art. 1.829, inc. IV, do CC). Como outrora já se destacou, os colaterais são *herdeiros facultativos* e *não necessários*, podendo ser excluídos totalmente pela vontade do autor da herança.

Cabe também lembrar que, na linha do que é seguido por mim, em relação ao Estado, não se trata de um herdeiro submetido à sucessão legítima, razão pela qual não merece abordagem no presente capítulo, mas no anterior, quando do estudo das heranças jacente e vacante. A questão não é pacífica, pois há quem veja na Fazenda Pública a figura de herdeira legítima, caso de Paulo Lôbo (*Direito*..., 2013, p. 164). Entretanto, essa corrente parece ser minoritária, com o devido respeito.

Outro aspecto importante a ser esclarecido novamente é que em relação a tais parentes o cônjuge (e agora também o companheiro) não concorre em hipótese alguma. Estabelece o art. 1.839 do Código Civil que, se não houver cônjuge sobrevivente, nas condições dispostas no art. 1.830, serão chamados a suceder os colaterais até o quarto grau.

Desse modo, são herdeiros os irmãos (colaterais de segundo grau); os tios e os sobrinhos (colaterais de terceiro grau); os primos, os tios-avós e os sobrinhos-netos (colaterais de quarto grau). Na leitura desse preceito, frise-se, deve ser incluído o convivente, por força da recente decisão do STF, de equiparação sucessória das duas entidades familiares (*Informativo* n. *864* da Corte).

O Projeto de Reforma do Código Civil pretende incluir na norma o entendimento constante dessa decisão, passando o seu art. 1.839 a prever que, "se não houver cônjuge ou convivente sobrevivente, nas condições estabelecidas no art. 1.830, serão chamados a suceder os colaterais até o quarto grau".

Além desses *personagens familiares*, não há direitos sucessórios, tampouco relação de parentesco, nos termos do que preconiza o art. 1.592 do CC/2002. A título de exemplo, o filho de seu primo, comumente chamado de *primo de segundo grau*, não é seu parente, nem seu sucessor. Na verdade, esse *personagem familiar* é um parente de quinto grau, não havendo vínculo jurídico a ser considerado.

Na história jurídica brasileira, o tratamento dos colaterais sempre foi objeto de alterações, sendo instável a sua regulamentação legislativa, o que é muito bem relatado por Caio Mário da Silva Pereira (*Instituições...*, 2012, v. VI, p. 155-156). No sistema luso-brasileiro das *Ordenações*, o parentesco colateral era reconhecido até o décimo grau, o que era objeto de crítica pela sua *exagerada largueza*, estando os colaterais em posição de primazia em relação ao cônjuge.

A Lei Feliciano Pena – Decreto 1.839, de 31.12.1907 –, que recebeu esse nome em homenagem ao Senador mineiro, seu autor, inverteu a ordem colocando o cônjuge na terceira classe sucessória, antes dos colaterais. Ademais, limitou o parentesco colateral sucessível ao sexto grau. Tal sistemática foi confirmada pelo Código Civil de 1916, em sua redação original.

Posteriormente, surgiu o Decreto-lei 1.907, de dezembro de 1939, de cunho ditatorial, que limitou o direito sucessório dos colaterais ao segundo grau. Como leciona Caio Mário da Silva Pereira, a então nova norma estava fundada mais em razões políticas do que jurídicas e "recebeu a crítica dos civilistas que entenderam ter o Legislativo avançado além da meta. Todos os juristas a combateram, pela odiosa retroatividade que continha, alcançando as sucessões já abertas antes de sua vigência, o que não pecava então de inconstitucionalidade, porque a Carta Política de 1937 não consignava a proteção aos direitos adquiridos, mas atentava contra essa tradição" (*Instituições...*, 2012, v. VI, p. 155-156).

Superado aquele modelo ditatorial, veio o Decreto-lei 8.207, de 22.11.1945, que revogou o anterior, ampliando a vocação hereditária para os colaterais ao terceiro grau. Sucessivamente, o Decreto-lei 9.461, de 15.07.1946 modificou novamente o sistema do art. 1.612 do Código Civil de 1916, ampliando a sucessão dos parentes transversais ao quarto grau. Tal sistemática foi mantida pelo Código Civil de 2002.

Fez bem o Código Civil ao limitar o parentesco colateral até o quarto grau? Há quem entenda que não, sustentando que a limitação deveria ser ainda maior. Para Caio Mário da Silva Pereira, por exemplo, a vocação hereditária dos colaterais deveria ser restrita ao segundo grau, ou seja, somente até os irmãos, porque o Estado teria mais legitimidade em ficar com o patrimônio do indivíduo do que os parentes, além desse grau colateral (*Instituições...*, 2012, v. VI, p. 156).

Com o devido respeito, tenho visão totalmente oposta. Como antes desenvolvido, o Estado brasileiro tem demonstrado uma corriqueira falta de interesse em relação aos bens que recebe em devolução, quando o falecido os deixa sem herdeiros, especialmente os imóveis. Os Municípios e o Distrito Federal, em geral, não atendem à função social da propriedade imóvel em relação a tais bens que, muitas vezes, estão em situação de total abandono. Sem falar da nossa atual realidade tributária, em que o Estado Brasileiro onera substancialmente o cidadão, dando-lhe pouco em troca, o que lhe retiraria a citada legitimidade para o recebimento do acervo sucessório. Em reforço, vale a premissa antes fixada, a partir das palavras de Itabaiana de Oliveira, no sentido de que *primeiro a família, depois a Pátria*! Na minha visão, existe uma clara tendência de ampliação dos vínculos familiares, o que foi exposto no tópico relativo à sucessão dos descendentes socioafetivos. Leis recentes seguem esse salutar caminho.

De início, a Lei Maria da Penha (Lei 11.340/2006) dispõe no seu art. 5.º, inciso II, que se deve entender como família a comunidade formada por indivíduos que são ou se consideram aparentados, unidos por laços naturais, por afinidade ou por vontade expressa. Na mesma esteira de ampliação, a Lei da Adoção (Lei 12.010/2009) consagra o conceito de *família extensa* ou *ampliada*, que vem a ser aquela que se estende para além da unidade de pais e filhos ou da unidade do casal, formada por parentes próximos com os quais a criança ou adolescente convive e mantém vínculos de afinidade e afetividade (alteração do art. 25 do Estatuto da Criança e do Adolescente – Lei 8.069/1990). Tudo isso consta expressamente da lei, sem falar da clara ampliação da ideia de família que se percebe na doutrina e na jurisprudência, cabendo citar os efeitos da parentalidade socioafetiva, principalmente no reconhecimento da multiparentalidade.

Como se nota, a vertente da contemporaneidade é o oposto daquilo que é sustentado por Caio Mário da Silva Pereira. Assim, entendo há tempos que a vocação hereditária dos colaterais deveria voltar ao sexto grau, como era nos sistemas da Lei Feliciano Pena e do original Código Civil de 1916.

De qualquer modo, a ampliação não poderia conviver com o sistema atual, sendo necessários outros ajustes, alguns propostos pelo Projeto de Reforma do Código Civil, aqui tão mencionado, mormente na concorrência do companheiro com os colaterais.

De toda sorte, por ocasião dos seus trabalhos, cheguei a cogitar, como Relator-Geral da Comissão de Juristas, a possibilidade de retomada da sucessão dos colaterais até o sexto grau e fiz essa proposição a alguns colegas da citada comissão. Porém, essas minhas sugestões não foram bem recebidas e não prosseguiriam para os debates, razão pela qual resolvi não seguir adiante.

Feitas essas considerações teóricas, vejamos as regras existentes a respeito da sucessão dos colaterais, que são bem complexas, devendo ter a devida atenção do estudioso do Direito das Sucessões.

Como *primeira regra*, na classe dos colaterais, os mais próximos excluem os mais remotos, salvo o direito de representação concedido aos filhos de irmãos (art. 1.840 do CC). Assim sendo, os irmãos (colaterais de segundo grau) excluem os sobrinhos e tios (colaterais de terceiro grau). Ainda ilustrando, os sobrinhos e tios (colaterais de terceiro grau) excluem os primos, sobrinhos-netos e tios-avós (colaterais de quarto grau).

No entanto, se o falecido deixou um irmão e um sobrinho, filho de outro irmão premorto, o último terá direito sucessório junto ao irmão do falecido vivo, por força do *direito de representação colateral ou transversal*. Como visto, estabelece o art. 1.853 do Código Civil que "na linha transversal, somente se dá o direito de representação em favor dos filhos de irmãos do falecido, quando com irmãos deste concorrerem". Ainda para exemplificar, se o falecido deixar dois irmãos vivos e um sobrinho, filho de outro irmão já falecido quando da morte do autor da herança, o sobrinho tem direito de representação, concorrendo com os dois tios.

Deve ficar claro que o direito de representação não se estende aos sobrinhos-netos do falecido, mas somente aos sobrinhos. Nessa linha decidiu o Superior Tribunal de Justiça, em decisão publicada no seu *Informativo* n. 485, que: "a Turma negou provimento ao recurso com o entendimento de que, embora fosse o pai da recorrente sobrinho da inventariada, ele já havia falecido, e o direito de representação, na sucessão colateral, por expressa disposição legal, limita-se aos filhos dos irmãos, não se estendendo aos sobrinhos-netos, como é o caso da recorrente" (STJ, REsp 1.064.363/SP, Rel. Min. Nancy Andrighi, j. 11.10.2011).

Ainda, não há que falar em direito de representação de primos, que são colaterais de grau mais remoto do que os irmãos e os tios e, portanto, excluídos por estes. Julgando desse modo, do Tribunal Paulista:

> "Direito de representação na linha colateral que se dá apenas aos tios da falecida habilitação dos agravantes. Inadmissibilidade, tendo em vista que eles são primos da *de cujus*. Parentes mais próximos excluem os mais remotos. Exegese dos artigos 1.840, 1.843 e 1.853, ambos do Código Civil. Descabimento. Recurso improvido" (TJSP, Apelação 0027503-13.2011.8.26.0001, Acórdão 6682809, 2.ª Câmara de Direito Privado, São Paulo, Rel. Des. Giffoni Ferreira, j. 23.04.2013, *DJESP* 13.05.2013).

Em todas as hipóteses de representação sucessória, cabe lembrar que os representantes só podem herdar, como tais, o que receberia o representado, se vivo fosse (art. 1.854 do CC). O dispositivo não deve ser aplicado, na representação transversal, se todos os irmãos do falecido renunciarem à herança, não se cogitando, nesse caso, o direito de representação. Em suma, os sobrinhos do falecido herdam todos por direito próprio, por cabeça, e não por estirpe. Nesse diapasão, preciso julgado do Tribunal de Justiça de São Paulo:

> "Concorrência à herança exclusivamente pelos sobrinhos, filhos dos irmãos premortos. Irmãos vivos que renunciaram à herança. Decisão agravada que determina a divisão do acervo na forma do art. 1.854 do Código Civil. Inadmissibilidade. Direito de representação que, na linha transversal, somente se verifica em favor dos filhos de irmãos do falecido, quando com irmãos deste concorrerem. Art. 1.853 do CC. Análise dos efeitos da renúncia à herança. Inteligência do art. 1.804 do CC. Ausentes colaterais de segundo grau, os sobrinhos herdam por cabeça, e não por estirpe. Observância da regra do art. 1.843, §§ 1.º e 3.º. Sobrinhos que concorrem em igualdade de condições, devendo ser dividida a herança em partes iguais. Recolhimento do tributo. Justa causa configurada. Art. 27, parágrafo único, da Lei Estadual n.º 10.705/2000. Isenção de juros e multa concedida. Recurso provido, com observação" (TJSP, Agravo de Instrumento 0185775-74.2012.8.26.0000, Acórdão 6474162, 6.ª Câmara de Direito Privado, São Paulo, Rel. Des. Paulo Alcides, j. 31.01.2013, *DJESP* 08.02.2013).

Como *segunda regra,* dizendo respeito aos colaterais de segundo grau, estabelece o polêmico art. 1.841 do Código Civil que, concorrendo à herança do falecido irmãos bilaterais ou germanos com irmãos unilaterais, cada um destes herdará metade do que cada um daqueles herdar. Como se lê na clássica obra de Carlos Maximiliano, em sua origem romana, a norma era até mais dura com os irmãos unilaterais, pois estes eram excluídos da sucessão pelos irmãos germanos: "conforme a Novela 84, de Justiniano, em Roma os irmãos germanos preteriam os unilaterais; a Novela 11 estendeu a prerrogativa aos sobrinhos, filhos de irmão bilateral. Assim se praticava em Portugal e no Brasil" (*Direito*..., 1952, v. I, p. 184).

Reafirme-se que os *irmãos bilaterais ou germanos* são aqueles com mesmo pai e mesma mãe. Os *irmãos unilaterais* ou *meio-irmãos* são aqueles com mesmo pai ou mesma mãe. Se a identidade for de pai, os irmãos são *unilaterais consanguíneos*; se de mãe, os irmãos são *unilaterais uterinos*.

De acordo com a norma, ilustrando, se o falecido deixar um irmão bilateral e um unilateral, o primeiro recebe 66,66% da herança e o último, 33,33%. Para parte da doutrina, a norma é inconstitucional, ao trazer o tratamento diferenciado entre os irmãos, o que não seria admissível pelo princípio constitucional da igualdade entre os filhos, retirado do art. 227, § 6.º, da Constituição Federal e do art. 1.596 do Código Civil. Assim se posiciona, por exemplo, Eduardo de Oliveira Leite, para quem "perdeu o legislador oportunidade ímpar de resgatar o princípio da igualdade constitucional também no terreno sucessório e, inexplicavelmente, como se disse, retoma literalmente a fórmula antiga – e, agora, inconstitucional – de devolução desigual, em decorrência da origem da prole. Independentemente do inadmissível descuido, em flagrante inconstitucionalidade, certamente o trabalho renovador e corajoso da jurisprudência nacional vai resgatar o princípio da igualdade de filiação projetando-a devida e justamente no terreno sucessório, promovendo a releitura do artigo sob análise nos seguintes termos: 'Concorrendo à sucessão irmãos germanos e irmãos consanguíneos ou uterinos, tocará a todos, quinhão igual, bem como àqueles que representem" (LEITE, Eduardo de Oliveira. *Comentários*..., 2003, v. XXI, p. 250-251).

Também opina pela inconstitucionalidade do art. 1.841 do Código Civil, Maria Berenice Dias, afirmando com veemência que a norma é um *pecado* e *desarrazoada*, além de apontar que "insiste a doutrina em não ver inconstitucionalidade na concessão de direitos diferenciados a irmãos e sobrinhos, sob o fundamento de que a estes não se estendem as normas que garantem a igualdade" (*Manual*..., 2009, p. 135). Não discrepa desse entendimento Paulo Lôbo, porque "a vedação da discriminação entre filhos repercute necessariamente nos irmãos, pois a qualidade de irmão vem do fato de essa relação de parentesco decorrer do estado de filiação" (*Direito*..., 2013, p. 160).

Penso que, no atual sistema, não há qualquer inconstitucionalidade nesse artigo privado, por suposta discriminação aos irmãos. De início, destaque-se que a norma se refere a irmãos, e não a filhos, não sendo o caso de invocar o art. 227, § 6.º, da CF/1988 e o art. 1.596 do CC/2002, que tratam da igualdade entre os descendentes de primeiro grau.

Em complemento, o dispositivo parece estar situado na segunda parte da isonomia constitucional (art. 5.º, *caput*, da CF/1988), na especialidade, eis que a lei deve tratar de maneira igual os iguais e de maneira desigual os desiguais, de acordo com as suas desigualdades. Como bem aponta Zeno Veloso, "a solução deste artigo se justifica porque, como se diz, o irmão bilateral é irmão duas vezes; o vínculo parental que une os irmãos germanos é duplicado. Por esse fato, o irmão bilateral deve receber quota hereditária dobrada da que couber ao irmão unilateral" (*Código*..., 2008, p. 2.026). Cabem também as ponderações feitas por Inácio de Carvalho Neto, com as seguintes palavras:

> "A regra constitucional supostamente ferida estabelece igualdade entre os filhos, nas relações de paternidade-filiação, não aos irmãos entre si. Não se impede, assim, que se

> distinga a sucessão dos colaterais. Inconstitucional seria, *v.g.*, a regra que determinasse que filhos legítimos herdassem o dobro dos ilegítimos. Não é este o caso. Em segundo lugar, a distinção em questão não é arbitrária. Trata desigualmente os desiguais, na medida de suas desigualdades. Se há duplo laço sanguíneo (pai e mãe) a ligar os irmãos, nada mais justo que recebam o dobro do que cabe ao irmão ligado por laço simples (pai ou mãe).
>
> Em terceiro lugar, a inconstitucionalidade não se presume; só pode ser declarada quando for flagrante a ofensa à Constituição. Neste sentido a precisa lição de Cooley: 'É um dever de justo respeito à sabedoria, à integridade e ao patriotismo do corpo legislativo pelo qual passou uma lei, presumir a favor da sua validade, até que a violação do Código fundamental seja provada de maneira que não reste a menor dúvida razoável'.
>
> Observe-se ainda que este dispositivo é repetido na legislação de diversos países, como o Código francês (art. 752), o italiano (art. 570), o português (art. 2.146), o espanhol (art. 949), o mexicano (art. 1.631) e o argentino (art. 3.586)" (NETO, Inácio de Carvalho. *A constitucional...*, 2014).

Seguindo na exposição de posições doutrinárias, leciona Luiz Paulo Vieira de Carvalho, tanto em relação ao art. 1.841 quanto ao art. 1.843 da codificação – a seguir estudado –, que, "em nosso entender, *data venia,* dos que pensam em contrário, não há de se falar aqui em inconstitucionalidade dos referidos dispositivos, por caracterizar tão somente privilégio sucessório quantitativo a favor de *irmãos* do morto, porquanto a Constituição da República apenas proíbe em seu art. 227, § 6.º, a discriminação entre *filhos* da pessoa falecida, incluindo-se aí os adotivos, e não entre irmãos e sobrinhos do autor da herança" (CARVALHO, Luiz Paulo Vieira de. *Direito...*, 2014, p. 423).

Essa é também a opinião de José Fernando Simão, conforme constava em edições anteriores deste livro e está no nosso *Código Civil comentado*, publicado pela Editora Forense. Da prática jurisprudencial podem ser encontrados julgados que subsomem o art. 1.841 do Código Civil sem que seja reconhecida qualquer inconstitucionalidade, como realmente deve ser. Assim concluindo, cabe trazer à colação o seguinte acórdão do Superior Tribunal de Justiça:

> "Recurso especial. Direito civil. Sucessão. Inventário. Depósito judicial dos aluguéis auferidos de imóvel do espólio. Concorrência de irmão bilateral com irmãs unilaterais. Inteligência do art. 1.841 do Código Civil. 1. Controvérsia acerca do percentual da herança cabível em favor das irmãs unilaterais no inventário do *de cujus*, que também deixou um irmão bilateral a quem indicara em testamento como herdeiro único. 2. Discussão judicial acerca da validade do testamento. 3. Possibilidade de o irmão bilateral levantar a parte incontroversa dos aluguéis do imóvel deixado pelo *de cujus*. 4. Necessidade, porém, de depósito judicial da parcela controvertida. 5. Cálculo do valor a ser depositado em conformidade com o disposto no art. 1.841 do Código Civil ('concorrendo à herança do falecido irmãos bilaterais com irmãos unilaterais, cada um destes herdará metade do que cada um daqueles herdar'). 6. Recurso especial provido" (STJ, REsp 1.203.182/MG, 3.ª Turma, Rel. Min. Paulo de Tarso Sanseverino, *DJE* 24.09.2013, p. 242).

Consigne-se que não houve, até o presente momento, qualquer arguição ou declaração de inconstitucionalidade do art. 1.841 do Código Civil em qualquer Tribunal, apesar de a questão ser dividida na doutrina nacional.

De todo modo, com o fim de se resolver mais essa divergência, simplificando-se o sistema sucessório brasileiro, a Comissão de Juristas encarregada da Reforma do

Código Civil pretende alterar a redação desse dispositivo, passando a prever, pura e simplesmente, o seguinte: "Art. 1.841. Na falta de irmãos, herdarão os filhos destes e, não os havendo, os tios".

De fato, como justificaram os membros da Subcomissão de Direito das Sucessões – Mário Luiz Delgado, Giselda Hironaka, Gustavo Tepedino e Ministro Asfor Rocha –, "na sucessão dos colaterais, a distinção entre irmãos germanos ou bilaterais e irmãos unilaterais perdeu a sua atualidade, especialmente a partir do momento em que os vínculos afetivos se sobrepuseram aos biológicos na definição das relações de filiação e de parentesco. Sem falar que, segundo autores como Maria Berenice Dias, trata-se de discriminação sem amparo na Constituição. A proposta, nesse particular, coincide com o que consta do projeto de Lei n. 7722, de 2017, da Deputada Laura Carneiro, cuja motivação, segundo consta do texto, foi o 'atendimento prestado em inventário judicial, em que pude constatar a discriminação feita pelo irmão bilateral em face da irmã unilateral, carregado de preconceito e discriminação'. Por fim, tratando-se (os irmãos) de herdeiros colaterais e facultativos, a distinção entre eles, no que toca à participação na herança, deve ficar exclusivamente a cargo do testador, que poderá contemplar uns ou outros, da forma e na proporção, que melhor lhe aprouver". Concordei totalmente com as justificativas e, como Relator-Geral da citada Comissão de Juristas, apoiei a proposição de mudança, que supera a divergência, apesar do meu entendimento atual de não haver qualquer inconstitucionalidade.

Voltando-se ao sistema vigente, como *terceira regra* relativa à sucessão dos colaterais, não concorrendo à herança irmão bilateral, herdarão, em partes iguais, os irmãos unilaterais (art. 1.842 do CC). A título ilustrativo, se o falecido deixar quatro irmãos, dois unilaterais uterinos e dois unilaterais consanguíneos, cada um destes receberá 25% da herança.

Como não poderia ser diferente, a Comissão de Juristas encarregada da Reforma do Código Civil também sugere a alteração deste último comando, na linha das justificativas anteriores, passando a prever que, "se concorrerem à herança somente filhos de irmãos falecidos, herdarão por direito próprio" (art. 1.842 do CC).

Por fim, as últimas regras que dizem respeito à sucessão dos colaterais estão no art. 1.843 do Código Civil. A *quarta premissa*, tratada no seu *caput*, enuncia que, na falta de irmãos, herdarão os filhos destes (sobrinhos). Na falta dos sobrinhos, herdarão os tios. Como se observa, os sobrinhos têm prioridade sobre os tios, por opção legislativa que remonta ao Direito Romano, apesar de serem parentes de mesmo grau transversal ou colateral (terceiro grau).

Conforme explicava José Fernando Simão em edições anteriores deste livro, a origem desse tratamento está no Direito Romano, nas Novelas de Justiniano, merecendo destaque suas lições:

> "No presente momento, pode o estudioso do Direito Sucessório formular a seguinte pergunta: por que a opção do legislador em beneficiar o sobrinho do morto em detrimento do tio do falecido? Como primeiro argumento, pode-se pensar que o falecido tenha uma relação afetiva mais estreita com seus sobrinhos (filhos de sua irmã ou irmão) do que com seu tio (irmão de seu pai ou de sua mãe). Como segundo argumento, imagina o

legislador que, enquanto o sobrinho do morto é alguém jovem, iniciando a vida, o tio do falecido é mais velho e já está com sua vida resolvida. Assim, melhor beneficiar aquele que mais precisaria de ajuda e auxílio. O último argumento parece-nos bem plausível, mas, na realidade, a regra toma por base uma questão histórica que remonta ao direito romano, mais especificamente às Novelas CXVIII (543 d.C.) e CXXVII (548 d.C.) de Justiniano.

As Novelas CXVIII e CXXVII de Justiniano modificam profundamente a questão da sucessão na linha colateral. Explica Moreira Alves, ao mencionar a sucessão dos ingênuos, ou seja, pessoas livres que nunca foram escravas, que se o *de cujus* deixar somente irmãos e irmãs germanos e seus filhos, os irmãos herdam por cabeça (direito próprio) e, caso um deles seja falecido e tenha filhos, os sobrinhos sucedem por representação (partilha por estirpe) (*Direito romano*, 1986, v. 2, p. 482).

Eugéne Petit, em seu *Tratado Elementar de Direito Romano*, conclui que, se o falecido deixasse apenas sobrinhos, apesar da Novela CXVIII nada mencionar, a lógica e espírito geral da Novela impunham a divisão por estirpes, ou seja, o direito de representação seria mantido ainda que só sobrinhos houvesse (lembra que essa é a posição de Accursio, seguido por Dumoulin, mas não de Azón, para quem a herança seria partilhada por cabeça) (*Tratado elementar*..., 2003, p. 801). Dessa forma, conclui o doutrinador que os sobrinhos do morto sempre herdavam, no direito romano, por representação, e nunca por direito próprio.

Da leitura da Novela CXVIII, concluindo-se que os sobrinhos sempre herdam por representação (são parentes de 3.º grau, mas representam herdeiros de 2.º grau), facilmente se conclui que, se concorrerem com os tios do falecido (parentes de 3.º grau), os sobrinhos recebem 100% da herança, pois estão representando seus pais (irmãos do falecido), que são parentes de 2.º grau. Recebem tudo, pois seriam considerados, em razão da representação, parentes de 2.º grau.

Sobre a questão, ao comentar as Ordenações Filipinas de 1603, em suas Instituições de Direito Civil português, esclarece Coelho da Rocha que os colaterais sucedem na falta de descendente e ascendente na ordem seguinte: o direito de representação não aproveita senão aos sobrinhos, filhos de irmão ou irmã do defunto e, por isso, os tios do defunto, ainda que estejam no mesmo grau, são excluídos pelos sobrinhos deste, mas não pelos filhos dos sobrinhos (*Instituições*..., 1907, t. I, p. 235). Teixeira de Freitas, ao analisar o art. 972 de sua Consolidação das leis civis, sobre a classe dos colaterais, explica que os sobrinhos sucedem por direito de representação e, por isso, precedem aos tios do falecido, posto que, como eles, sejam colaterais em 3.º grau. É como se seus pais (irmãos do morto e parentes de 2.º grau) vivos fossem. Todos os demais colaterais, com exceção dos sobrinhos, herdam *per capta*, não havendo representação (Novella 118, Capítulo 3.º, § 1.º) (*Consolidação*..., 2003, v. II, p. 577).

Esse é o fundamento histórico da regra presente nos arts. 1.617 do CC/1916 e 1.843 do CC/2002. Como os sobrinhos herdavam sempre representando os irmãos do morto, estariam um grau na frente dos tios do falecido" (TARTUCE, Flávio; SIMÃO, José Fernando. *Direito*..., 2013, v. 6, p. 262-263).

Em complemento, como *quinta regra*, se concorrerem à herança somente filhos de irmãos falecidos, herdarão por cabeça, ou seja, por direito, e não por direito de representação (art. 1.843, § 1.º, do CC/2002). A título de exemplo, o falecido tinha três irmãos premortos e seis sobrinhos, dois filhos de cada um desses irmãos. Cada um dos sobrinhos receberá, assim, um sexto da herança.

A *sexta regra* preceitua que, se concorrem filhos de irmãos bilaterais com filhos de irmãos unilaterais, cada um destes herdará a metade do que herdar cada um daqueles (art. 1.843, § 2.º, do CC). Trata-se de decorrência natural da distinção entre os irmãos, não havendo mais uma vez, na corrente seguida por mim, qualquer inconstitucionalidade no dispositivo. Deve-se realmente diferenciar o *meio-sobrinho* do sobrinho com duplo vínculo.

Por fim, como *sétima e última regra*, se todos forem filhos de irmãos bilaterais, ou todos de irmãos unilaterais, herdarão por igual (art. 1.843, § 3.º, do CC). Como os sobrinhos são todos de mesma qualificação, não há que fazer qualquer discrepância sucessória quanto aos valores recebidos, assim como acontece com os irmãos.

Não havendo sobrinhos, como ficou claro, os tios receberão a herança, de forma igualitária. Se o morto não deixar tios, serão convocados os demais colaterais até o quarto grau (primos, tios-avós e sobrinhos netos). O Código Civil de 2002, a exemplo de seu antecessor, não traz qualquer regra a respeito dessa última hipótese, de convocação dos colaterais de quarto grau, o que inclui a eventual situação de haver sobrinhos-netos bilaterais e sobrinhos-netos unilaterais.

Seguindo a doutrina de antes e de hoje, deve-se concluir que a sucessão deve se dar de forma igualitária, por direito próprio de cada parente de quarto grau. Entre os clássicos, leciona Itabaiana de Oliveira que "a sucessão, em qualquer dos casos enumerados no parágrafo antecedente, tem lugar por direito próprio, partilhando-se a herança por cabeça entre tais herdeiros, nunca se dando a favor deles o direito de representação" (*Tratado...*, 1952, v. I, p. 217). De acordo com Orlando Gomes, sobre tais parentes, "uma vez que estão todos no mesmo grau de parentesco, o quarto", deve-se partilhar "a herança *por cabeça*, sempre" (*Sucessões*, 2001, p. 59).

Entre os contemporâneos, merecem destaque as didáticas lições de José Luiz Gavião de Almeida, a respeito dos colaterais de quarto grau: "não previu o Código a hipótese de esses colaterais receberem de forma diversa consoante venham de parentesco simples ou complexo. Não se pode, por isso, estabelecer aos sobrinhos-netos de parentesco incompleto metade da capacidade sucessória que têm os sobrinhos-netos de parentesco completo. A capacidade é regra. A incapacidade, total ou parcial, é exceção, que, no caso, não veio prevista" (*Código...*, 2003, v. XVIII, p. 245). Conforme Paulo Lôbo, "na falta de tios de terceiro grau, são chamados, igualmente e sem precedência, os parentes de quarto grau do *de cujus*, ou seja, os sobrinhos-netos e os primos (filhos dos tios)" (*Direito...*, 2013, p. 163).

Por derradeiro, a respeito da doutrina, consoante aduz Giselda Maria Fernandes Novaes Hironaka, "a regra, portanto, é que, chegando-se ao 4.º grau de vocação hereditária, todos os primos serão chamados, como também os tios-avós e eventuais sobrinhos-netos do autor da herança, concorrendo todos eles em igualdades de condições. Isso se deve ao fato de que não pode o intérprete da lei distinguir onde o legislador não o fez" (*Comentários...*, 2003, v. 20, p. 247).

A solução exposta tem por base o *princípio da proporcionalidade*. Tecnicamente, como a lei é omissa, serve como socorro o art. 4.º da Lei de Introdução às Normas do Direito Brasileiro. Assim, não havendo analogia ou costume, busca-se solução nos princípios jurídicos, caso do regramento em questão, tão utilizado nas teses jurídicas de ontem e de hoje.

Para encerrar o tópico, no Projeto de Reforma do Código Civil, mais uma vez, essa lacuna e divergência são resolvidas, simplificando-se o sistema sucessório brasileiro, como deve ser.

Como visto, o seu art. 1.841 passará a prever que, na falta de irmãos, herdarão os filhos destes, os sobrinhos, e, não os havendo, os tios. Consoante o projetado art. 1.842, se concorrerem à herança somente filhos de irmãos falecidos, os sobrinhos, herdarão por direito próprio. Por fim, prevendo-se a regra da divisão igualitária entre os demais colaterais, expressará o novo art. 1.843 da Lei Geral Privada que, "se concorrerem apenas os tios, herdarão por direito próprio e, na sua falta, de igual modo, os colaterais até o quarto grau".

Espera-se, em prol do princípio da operabilidade, com uma melhor efetividade das normas privadas, a sua aprovação pelo Parlamento Brasileiro.

2.13 DA SUCESSÃO DO COMPANHEIRO E SUAS CONTROVÉRSIAS. A INCONSTITUCIONALIDADE DO ART. 1.790 DO CÓDIGO CIVIL, RECONHECIDA PELO SUPREMO TRIBUNAL FEDERAL, E SUAS CONSEQUÊNCIAS. AS PRIMEIRAS DECISÕES DO SUPERIOR TRIBUNAL DE JUSTIÇA SOBRE O TEMA

2.13.1 A sucessão do companheiro antes do Código Civil de 2002

A união estável ou a união livre sempre foi reconhecida como um fato jurídico, seja no Direito Comparado, seja entre nós. Por certo é que, atualmente, a união estável assume um papel relevante como entidade familiar na sociedade brasileira, eis que muitas pessoas, principalmente das últimas gerações, têm preferido essa forma de união em detrimento do casamento.

Na verdade, em um passado não tão remoto, o que se via era a união estável como alternativa para casais que estavam separados de fato e que não poderiam se casar, pois não se admitia, no Brasil, o divórcio como forma de dissolução definitiva do vínculo matrimonial. Hoje, tal situação vem sendo substituída paulatinamente pela escolha dessa entidade familiar por muitos casais na contemporaneidade. Em suma, no passado, a união estável era constituída, em regra, por *falta de opção*. Hoje, muitas vezes, por *clara opção*.

No caso do Brasil, a primeira norma a tratar do assunto foi o Decreto-lei 7.036/1944, que reconheceu a companheira como beneficiária da indenização no caso de acidente de trabalho de que foi vítima o companheiro, lei que ainda é aplicada na prática.

Posteriormente, a jurisprudência passou a reconhecer direitos aos conviventes, tratados, antes da Constituição Federal de 1988, como *concubinos*. Como explica Euclides de Oliveira: "mesmo antes das mudanças ocorridas na esfera legislativa, a questão da vida concubinária já evoluía em outras direções, desde seu reconhecimento como fato gerador de direitos entre as partes, como pioneiramente sustentado por Edgard de Moura Bittencourt, em sua monumental obra 'Concubinato', abrindo caminho ao reconhecimento judicial da sociedade de fato estabelecida entre pessoas unidas por laços distintos dos vínculos conjugais" (*União*..., 2003, p. 76).

Euclides de Oliveira cita, nesse ínterim, a antiga jurisprudência do Supremo Tribunal Federal, com grandes contribuições à inclusão dos direitos do convivente. Destaca, inicialmente, a sua Súmula n. 35, que reconhecia o direito à indenização acidentária em favor da companheira, antes mesmo da norma citada. Releva, ainda, a notável Súmula n.

380, do ano de 1964, com a seguinte redação: "comprovada a existência de sociedade de fato entre os concubinos, é cabível sua dissolução judicial com a partilha do patrimônio adquirido pelo esforço comum". De forma continuada no tempo, acrescentando a esse tratamento anterior um novo direito, a Lei 6.015/1973 (Lei de Registros Públicos) passou a admitir a possibilidade de a companheira usar o sobrenome do seu companheiro (art. 57, § 2.º).

A Constituição Federal de 1988 reconheceu, no seu art. 226, § 3.º, a união estável como entidade familiar, nos seguintes termos: "para efeito de proteção do Estado, é reconhecida a união estável entre o homem e a mulher como entidade familiar, devendo a lei facilitar a sua conversão em casamento". Diante do que consta do texto constitucional, sempre nos filiamos ao entendimento segundo o qual a união estável *não seria igual* ao casamento, uma vez que institutos iguais não se convertem um no outro. Justamente por isso é que havia um tratamento diferenciado no tocante ao Direito das Sucessões. Todavia, reitere-se que, com a decisão do STF que reconheceu a inconstitucionalidade do art. 1.790 do Código Civil e que equiparou a união estável ao casamento para os fins sucessórios, essa afirmação de distinção sucessória desapareceu (STF, Recurso Extraordinário 878.694/MG, Rel. Min. Luís Roberto Barroso, com repercussão geral e por maioria, julgado em 10.05.2017).

Em reforço, com o tratamento familiar encartado no Texto Maior, a união estável deixou de ser denominada como *concubinato*, o que deve ser observado pelo aplicador do Direito, pois a confusão ainda existe no foro familiarista e sucessionista.

De qualquer forma, sempre lembro que a união estável, assim como o casamento, constitui uma entidade familiar, base da sociedade, nos termos do art. 226, *caput,* do Texto Maior, não havendo hierarquia entre os institutos (Cf. LÔBO, Paulo. *Famílias*..., 2008, p. 151; SIMÃO, José Fernando. *Efeitos*..., In: SIMÃO, José Fernando; CHINELLATO, Silmara Juny de Abreu; FUJITA, Jorge; ZUCCHI, Maria Cristina (Coord.). *Direito*..., 2010, p. 351).

No tocante à legislação aplicável, após a Constituição Federal de 1988, exatamente para dar efetividade ao dispositivo constitucional, entrou em vigor a Lei 8.971/1994, com amplos direitos reconhecidos aos conviventes. Em relação ao direito sucessório, reafirme-se que estabelecia o seu art. 2.º que o companheiro era reconhecido como herdeiro, nas seguintes condições: *a)* o(a) companheiro(a) sobrevivente teria direito, enquanto não constituísse nova união, ao usufruto da quarta parte dos bens do *de cujus,* se houvesse filhos ou comuns; *b)* o(a) companheiro(a) sobrevivente teria direito, enquanto não constituísse nova união, ao usufruto da metade dos bens do *de cujus*, se não houvesse filhos, embora sobrevivessem ascendentes; *c)* na falta de descendentes e de ascendentes, o(a) companheiro(a) sobrevivente teria direito à totalidade da herança.

Como se constata, o sistema jurídico estabelecia um confuso regime sucessório que combinava o usufruto sobre bens com a atribuição da propriedade plena. Além disso, o companheiro teria ainda reconhecido o direito à meação dos bens adquiridos por sua colaboração, o que não correspondia à comunhão parcial, mas a um regime que dependia da prova do esforço comum, na linha do que era estabelecido pela antiga Súmula 380 do STF (art. 3.º da Lei 8.971/1994).

Cabe pontuar que antes da entrada em vigor dessa lei especial, por falta de regulamentação, a jurisprudência superior entendia que o convivente não teria qualquer direito sucessório. Concretizando, como exemplo, se o falecido deixasse uma companheira e colaterais, os últimos deveriam receber a totalidade da herança:

> "União estável. Sucessão. Lei vigente. Antes da edição da Lei 8.971/94, o colateral do *de cujus* recebia a herança, a falta de descendente e de ascendente (art. 1.603 do CC). Recurso provido em parte" (STJ, REsp 79.511/GO, 4.ª Turma, Rel. Min. Ruy Rosado de Aguiar, j. 28.02.1996, *DJ* 22.04.1996, p. 12.578).

Depois, seguindo no tempo, surge a Lei 9.278/1996, que para o seu *mentor intelectual* e idealizador, o Professor Álvaro Villaça Azevedo, não revogou totalmente a primeira, havendo, no passado, uma aplicação concomitante das normas, uma *colcha de retalhos legislativa.* Quanto à participação patrimonial ou regime de bens, previa o seu art. 5.º que "os bens móveis e imóveis adquiridos por um ou por ambos os conviventes, na constância da união estável e a título oneroso, são considerados fruto do trabalho e da colaboração comum, passando a pertencer a ambos, em condomínio e em partes iguais, salvo estipulação contrária em contrato escrito".

Nota-se que a lei mencionava a existência de um condomínio e não de uma comunhão, havendo grande divergência doutrinária e jurisprudencial se a comunhão parcial já era o regime da união estável antes do Código Civil de 2002, assunto abordado no Volume 5 desta coleção.

No âmbito sucessório, reconhecia o seu art. 7.º, parágrafo único, o direito real de habitação a favor do companheiro, enquanto vivesse ou não constituísse nova união ou casamento, relativamente ao imóvel destinado à residência da família. A persistência desse direito foi muito debatida nos últimos anos, como ainda será abordado.

Como restou claro, e isso era balizado por doutrina e jurisprudência anteriores, as duas leis conviviam. Tanto isso é verdade que poderia ser utilizada a expressão *companheiros,* constante da primeira lei, bem como o termo *conviventes,* prevista na última.

Pontue-se, a propósito, que um dos temas mais polêmicos a respeito da convivência das duas leis dizia respeito justamente à possibilidade de o companheiro cumular, em matéria sucessória, o usufruto e a propriedade plena – tratados pela Lei 8.971/1994 –, e o direito real de habitação – consagrado pela Lei 9.278/1996. A doutrina majoritária entendia e ainda conclui por essa cumulação, o que é plenamente apoiado doutrinariamente por mim (HIRONAKA, Giselda Maria Fernandes Novaes. *Comentários...*, 2003, v. 20, p. 55; ALMEIDA, José Luiz Gavião de. *Código...*, 2003, v. XVIII, p. 68; VELOSO, Zeno. *Código...*, 2012, p. 2008-2009; CAHALI, Francisco José. *Direito...*, 2012, p. 210; LÔBO, Paulo. *Direito...*, 2013, p. 143; TARTUCE, Flávio; SIMÃO, José Fernando. *Direito...*, 2010, v. 6, p. 206).

Cabe consignar, em complemento, que a jurisprudência superior, na mesma linha, vinha admitindo tal conjugação de direitos, com a cumulação de tratamento sucessório nas duas leis, e dando ao companheiro um tratamento similar ao cônjuge, para fins sucessórios. Assim julgando, por todos:

> "Recurso especial. União estável. Direito de herança. Lei 8.971/1994. Lei 9.278/1996. Com a entrada em vigor da Lei 9.278/1996 não foi revogado o art. 2.º da Lei 8.971/1994

que garante à companheira sobrevivente direito à totalidade da herança, quando inexistirem ascendentes e descendentes. Quanto aos direitos do companheiro sobrevivente, não há incompatibilidade entre a Lei 9.278/1996 e a Lei 8.971/1994, sendo possível a convivência dos dois diplomas. Recurso especial não conhecido" (STJ, REsp 747.619/SP, 3.ª Turma, Rel. Min. Nancy Andrighi, j. 07.06.2005, *DJ* 1.º.07.2005, p. 534).

"União estável. Direito da companheira à herança. Lei 8.971/1994. Lei 9.278/1996. 1. O advento da Lei 9.278/1996 não revogou o art. 2.º da Lei 8.971/1994, que regulou o direito da companheira à herança de seu falecido companheiro, reconhecida a união estável. 2. Recurso especial conhecido e provido" (STJ, REsp 418.365/SP, 3.ª Turma, Rel. Min. Carlos Alberto Menezes Direito, j. 21.11.2002, *DJ* 28.04.2003, p. 198).

Nesse sistema anterior, diante da não inclusão do companheiro na vocação hereditária do antigo art. 1.603 do Código Civil de 1916, já existiam críticas a respeito de um sistema supostamente discriminatório, o que é sustentado por vários juristas que compõem o IBDFAM desde a sua fundação, que ocorreu no ano de 1997.

De qualquer modo, sempre houve na doutrina quem visse nesse sistema anterior o reconhecimento de mais direitos sucessórios aos companheiros do que no sistema então vigente, até o julgamento do STF, encerrado em maio de 2017, sobre a inconstitucionalidade do art. 1.790 do CC/2002.

Conforme ponderava Zeno Veloso, a respeito das leis anteriores, houve uma "nítida intenção de equiparar a situação destes com a dos cônjuges", sendo a legislação em vigor um retrocesso (*Código*..., 2012, p. 2.009). Igualmente, Euclides de Oliveira e Sebastião Amorim ensinavam que "com o novo Código Civil deu-se um visível retrocesso no tratamento igualitário antes dispensado ao companheiro. Foi limitada sua participação na herança, em descompasso com o tratamento mais benéfico dispensado ao cônjuge viúvo" (AMORIM, Sebastião; OLIVEIRA, Euclides. *Inventários*..., 2009, p. 163).

Em suma, alguns doutrinadores sustentavam que o companheiro deveria ser equiparado ao cônjuge e incluído na ordem de vocação hereditária do então art. 1.603 do Código Civil de 1916, o que era acompanhado por alguns julgados, aqui antes colacionados.

De fato, a matéria relativa à união estável encontra-se tratada expressamente pelo Código Civil de 2002, que traz um capítulo próprio a respeito dessa entidade familiar, entre os seus arts. 1.723 a 1.727; além de um dispositivo sucessório, o polêmico e tão alvejado e ora tido como inconstitucional art. 1.790, tema do próximo tópico deste capítulo, a seguir desenvolvido.

2.13.2 Do polêmico art. 1.790 do Código Civil. Visão geral até a declaração de inconstitucionalidade pelo Supremo Tribunal Federal. Os primeiros julgados sobre o tema, prolatados pelo Superior Tribunal de Justiça em 2017

Como adiantado há pouco, um dos dispositivos mais criticados e comentados da atual codificação privada é o relativo à sucessão do companheiro, merecendo destaque especial para os devidos aprofundamentos:

"Art. 1.790. A companheira ou o companheiro participará da sucessão do outro, quanto aos bens adquiridos onerosamente na vigência da união estável, nas condições seguintes:

I – se concorrer com filhos comuns, terá direito a uma quota equivalente à que por lei for atribuída ao filho;

II – se concorrer com descendentes só do autor da herança, tocar-lhe-á a metade do que couber a cada um daqueles;

III – se concorrer com outros parentes sucessíveis, terá direito a um terço da herança;

IV – não havendo parentes sucessíveis, terá direito à totalidade da herança".

De início, constata-se que a norma sempre esteve mal colocada, introduzida entre as disposições gerais do Direito das Sucessões. Isso se deu pelo fato de o tratamento relativo à união estável ter sido incluído no Código Civil de 2002 nos últimos momentos de sua elaboração. Pelo mesmo fato, o companheiro não consta expressamente da ordem de vocação hereditária, sendo tratado, no sistema anterior, como um *herdeiro especial*.

De qualquer modo, sempre entendi ser o companheiro um sucessor legítimo, o que justifica o seu tratamento neste capítulo do livro. Como explica, por todos, Zeno Veloso, "sem dúvidas, o companheiro é sucessor legítimo, mas o Código Civil dedica ao tema o art. 1.790 que estão no capítulo denominado 'Das Disposições Gerais'. A sucessão dos companheiros, por óbvio, tinha de ficar no capítulo que regula a ordem de sucessão hereditária. Estamos diante de uma topografia ilógica" (*Código...*, 2012, p. 2.009).

Deve ficar claro, mais uma vez, que o comando tinha aplicação para os companheiros ou conviventes homoafetivos, diante da histórica decisão de equiparação do Supremo Tribunal Federal, de 05.05.2011, na ADPF 132/RJ (*Informativo* n. *625* do STF). Sendo assim, todas as menções sucessórias antes feitas aos companheiros deveriam abranger aqueles que vivem em união homoafetiva, sem qualquer distinção prática ou teórica, conforme julgou, no ano de 2014, o Superior Tribunal de Justiça (STJ, REsp 1.204.425/MG, Rel. Min. Luis Felipe Salomão, 4.ª Turma, publicado em 05.05.2014).

Reitere-se que o STF entendeu dessa forma quando do julgamento de maio de 2017, agora de modo unificado com o casamento. Conforme consta do *Informativo* n. *864* da Corte:

"O Supremo Tribunal Federal (STF) afirmou que a Constituição prevê diferentes modalidades de família, além da que resulta do casamento. Entre essas modalidades, está a que deriva das uniões estáveis, seja a convencional, seja a homoafetiva. Frisou que, após a vigência da Constituição de 1988, duas leis ordinárias equipararam os regimes jurídicos sucessórios do casamento e da união estável (Lei 8.971/1994 e Lei 9.278/1996). O Código Civil, no entanto, desequiparou, para fins de sucessão, o casamento e as uniões estáveis. Dessa forma, promoveu retrocesso e hierarquização entre as famílias, o que não é admitido pela Constituição, que trata todas as famílias com o mesmo grau de valia, respeito e consideração. O art. 1.790 do mencionado código é inconstitucional, porque viola os princípios constitucionais da igualdade, da dignidade da pessoa humana, da proporcionalidade na modalidade de proibição à proteção deficiente e da vedação ao retrocesso. Na espécie, a sucessão foi aberta antes de ser reconhecida, pelo STF, a equiparação da união homoafetiva à união estável e antes de o Conselho Nacional de Justiça ter regulamentado o casamento de pessoas do mesmo sexo. Tal situação impede a conversão da união estável em casamento, nos termos do art. 226, § 3.º, da CF. Diante disso, a desequiparação é ainda mais injusta" (STJ, RE 646.721/RS, Rel. Min. Marco Aurélio, red. p/ o ac. Min. Roberto Barroso, j. 10.05.2017).

Voltando ao centro do debate, nota-se, claramente, que a intenção original do legislador foi diferenciar o tratamento sucessório do convivente em relação ao cônjuge, pelas supostas diferenças existentes entre as duas entidades familiares em questão. Conforme consta do relatório final do projeto do então *Novo Código Civil*, elaborado pelo Deputado Ricardo Fiuza, seu relator, "as diretrizes imprimidas à elaboração do Projeto, fiéis, nesse ponto, às regras constitucionais e legais vigorantes, aconselham ou, melhor dizendo, impõem um tratamento diversificado, no plano sucessório, das figuras do cônjuge supérstite e do companheiro sobrevivo, notadamente se ocorrer qualquer superposição ou confusão de direitos à sucessão aberta. Impossibilitado que seja um tratamento igualitário, inclusive por descaracterizar tanto a união estável – enquanto instituição-meio – quanto a casamento – enquanto instituição-fim – na conformidade do preceito constitucional. A natureza tutelar da união estável constitui, na verdade, uma parcial correção da desigualdade reconhecida no plano social e familiar, desde que atentemos ser o casamento mais estável do que a estabilidade da convivência duradoura".

As palavras transcritas, sem dúvidas, demonstram que o legislador *olhou* para o casamento como uma instituição em posição hierárquica superior em relação à união estável, tese que nunca contou com o meu apoio doutrinário, como antes foi aduzido. Assim, parece-me que houve certa discriminação quanto à união estável nesse tratamento originário do Código Civil de 2002.

A propósito, essa distinção não foi feita pelo Código de Processo Civil de 2015, que equiparou o companheiro ao cônjuge para os fins processuais. Há, assim, uma *mensagem de isonomia* dada pelo legislador mais recente, o que parecia ter o condão de afastar as teses que propõem a distinção entre a união estável e o casamento no âmbito sucessório. Esse pressentimento acabou por consolidar na decisão do STF, que mais à frente será exposta e analisada.

Feitas todas essas considerações, atente-se que, como premissa fundamental para o reconhecimento do direito sucessório do companheiro ou companheira, o *caput* do comando enunciava que somente haveria direitos quanto aos *bens adquiridos onerosamente* durante a união. Desse modo, existiriam direitos hereditários sobre os bens havidos pelo trabalho de um ou de ambos durante a existência da união estável, excluindo-se bens recebidos a título gratuito, por doação ou sucessão. Também estariam excluídos os bens adquiridos a título oneroso antes da união estável, conforme reconhecido no seguinte aresto anterior, do Tribunal de Justiça da Paraíba:

> "Não há omissão no julgado que restringe o direito sucessório do companheiro aos bens adquiridos a título oneroso durante a união estável. O silêncio do art. 1.790 do Código Civil a respeito dos bens adquiridos a título gratuito e aos bens adquiridos a título oneroso antes da união significa que o legislador excluiu o companheiro do direito à sucessão quanto a eles, não havendo, portanto, omissão no acórdão ao não mencioná-los. 2. A companheira, quando concorrendo com filhos exclusivos do falecido, tem direito à metade do que lhes foi atribuído quanto aos bens adquiridos a título oneroso durante a convivência. Essa é a disposição expressa do art. 1.790, *caput* e inciso I, do Código Civil, norma especial, não sendo aplicável a regra do art. 1.832 do mesmo diploma, previsto para os cônjuges. 3. Sendo a fixação dos honorários questão de ordem pública, pode ser apreciada a qualquer tempo e em qualquer grau de jurisdição. 4. O fato de o sucumbente

ser beneficiário da justiça gratuita não impede sua condenação em honorários, ficando essa obrigação suspensa enquanto perdurar a situação de pobreza" (TJPB, Embargos de Declaração 0798174-68.2007.815.0000, 2.ª Câmara Especializada Cível, Rel. Juiz Conv. João Batista Barbosa, *DJPB* 09.10.2013, p. 15).

Deve ficar claro que a norma não tratava de meação, mas de *sucessão* ou *herança*, independentemente do regime de bens adotado. Por isso, em regra, poder-se-ia afirmar que o companheiro seria meeiro e herdeiro, eis que, no silêncio das partes, valia para a união estável o regime da comunhão parcial de bens, conforme consta do art. 1.725 do próprio Código Civil: "na união estável, salvo contrato escrito entre os companheiros, aplica-se às relações patrimoniais, no que couber, o regime da comunhão parcial de bens". Cumpre destacar que essas afirmações técnicas eram adotadas em acórdão do Superior Tribunal de Justiça, assim ementado:

> "Recurso especial. Direito das sucessões. Arts. 1.659, VI, e 1.790, II, ambos do Código Civil. Distinção entre herança e participação na sociedade conjugal. Proporção do direito sucessório da companheira em relação ao do descendente exclusivo do autor da herança. 1. Os arts. 1.659, VI, e o art. 1.790, II, ambos do Código Civil, referem-se a institutos diversos: o primeiro dirige-se ao regime de comunhão parcial de bens no casamento, enquanto o segundo direciona-se à regulação dos direitos sucessórios, ressoando inequívoca a distinção entre os institutos da herança e da participação na sociedade conjugal. 2. Tratando-se de direito sucessório, incide o mandamento insculpido no art. 1.790, II, do Código Civil, razão pela qual a companheira concorre com o descendente exclusivo do autor da herança, que deve ser calculada sobre todo o patrimônio adquirido pelo falecido durante a convivência, excetuando-se o recebido mediante doação ou herança. Por isso que lhe cabe a proporção de 1/3 do patrimônio (a metade da quota-parte destinada ao herdeiro). 3. Recurso especial parcialmente provido, acompanhando o voto do Relator" (STJ, REsp 887990/PE, 4.ª Turma, Rel. Min. Fernando Gonçalves, Rel. Min. Luis Felipe Salomão, j. 24.05.2011, *DJe* 23.11.2011).

Neste ponto, alguns doutrinadores já viam no dispositivo flagrante inconstitucionalidade, pelo fato de limitar a sucessão do companheiro somente em relação aos bens adquiridos onerosamente durante a união estável, em total discrepância no tocante ao cônjuge. Em reforço, a inconstitucionalidade estaria fundada na distinção sucessória existente concernente ao tratamento do cônjuge.

De início, cite-se mais uma vez a tese de titularidade defendida na Faculdade de Direito da Universidade de São Paulo pela Professora Giselda Maria Fernandes Novaes Hironaka, que teve como um dos pontos centrais a alegação de afronta à Constituição pelo art. 1.790. Segundo a *Mestra das Arcadas*, em trecho que merece destaque:

> "O art. 1.790 do CC restringiu a possibilidade de incidência do direito sucessório do companheiro à parcela patrimonial do monte partível que houvesse sido adquirido na constância da união estável, não se estendendo, portanto, àquela outra quota patrimonial relativa aos bens particulares do falecido, amealhados antes da evolução da vida em comum. A nova lei limitou e restringiu, assim, a incidência do direito a suceder do companheiro apenas àquela parcela de bens que houvessem sido adquiridos na constância da união estável a título oneroso. Que discriminação flagrante perpetuou o legislador, diante da idêntica

hipótese, se a relação entre o falecido e o sobrevivente fosse uma relação de casamento, e não de união estável!" (HIRONAKA, Giselda Maria Fernandes Novaes. *Morrer*..., 2011, p. 420).

Igualmente, Zeno Veloso comentava que a restrição aos bens adquiridos onerosamente durante a união estável, prevista no art. 1.790 do CC/2002, não teria "nenhuma razão, quebra todo o sistema, podendo gerar consequências extremamente injustas: a companheira de muitos anos de um homem rico, que possuía vários bens na época que iniciou o relacionamento afetivo, não herdará coisa alguma do companheiro, se este não adquiriu (onerosamente!) outros bens durante o tempo de convivência. Ficará essa mulher – se for pobre – literalmente desamparada, a não ser que o falecido, vencendo as superstições que rodeiam o assunto, tivesse feito um testamento que a beneficiasse" (*Código*..., 2012, p. 2.010). Em outra obra de sua autoria, o jurista demonstra claramente seguir a tese da inconstitucionalidade do art. 1.790 do Código Civil, aduzindo que: "ao longo desta exposição, e diversas vezes, mencionei que a sucessão dos companheiros foi regulada de maneira lastimável, incidindo na eiva da inconstitucionalidade, violando princípios fundamentais, especialmente o da dignidade da pessoa humana, o da igualdade, o da não discriminação" (VELOSO, Zeno. *Direito*..., 2010, p. 185).

Paulo Lôbo, citando a visão idêntica do Ministro Luiz Edson Fachin, também se filiava à tese de inconstitucionalidade de todo o art. 1.790 do Código Civil, com amparo nos princípios da dignidade da pessoa humana (art. 1.º, inciso III, CF/1988) e da igualdade (art. 5.º, *caput*, da CF/1988), "uma vez que, por meio da diferenciação entre os efeitos sucessórios da união estável e do casamento, dá menos (ou mais) condições (reais) de desenvolvimento a determinada pessoa tão somente pela escolha da entidade familiar, que dever ser livre e desvinculada de quaisquer aspectos patrimoniais, implicando negar a própria condição existencial de sujeitos concretos. Não há razão constitucional, lógica ou ética para tal *discrime*, em relação ao direito sucessório das pessoas, que tiveram a liberdade de escolha assegurada pela Constituição e não podem sofrer restrições de seus direitos em razão dessa escolha" (*Direito*..., 2013, p. 150).

Compartilhando essa forma de pensar, entre os contemporâneos, segundo Pablo Stolze Gagliano e Rodolfo Pamplona Filho, "o mal localizado, pessimamente redigido e – em nosso entender – inconstitucional art. 1.790 do vigente Código Civil brasileiro confere à companheira(o) viúva(o) – em total dissonância com o tratamento dispensado ao cônjuge – um direito sucessório limitado aos bens adquiridos onerosamente no curso da união (o que poderia resultar na aquisição de bens pelo próprio Município), além de colocá-la(o) em situação inferior aos colaterais do morto (um tio ou um primo, por exemplo)" (*Novo Curso*..., 2014, v. 7, p. 238-239). Para Cristiano Chaves de Farias e Nelson Rosenvald, na mesma esteira, "onde há proteção sucessória para o cônjuge, tem de existir, por igual, para o companheiro. Pensar diferente, nesse caso, importaria em colidir, frontalmente, com a Carta Maior, fazendo pouco de seus ideais solidários" (*Curso*..., 2015, v. 7, p. 281).

Todas essas alegações e argumentações doutrinárias fizeram com que o Supremo Tribunal Federal reconhecesse repercussão geral a respeito do tratamento sucessório distinto dado à união estável. Conforme ementa inicialmente retirada do Recurso Extraordinário 878.694, de maio de 2015, e relatoria do Ministro Luís Roberto Barroso, "possui caráter constitucional a controvérsia acerca da validade do art. 1.790 do Código Civil, que prevê ao companheiro direitos sucessórios distintos daqueles outorgados ao cônjuge pelo art. 1.829 do mesmo Código. Questão de relevância social e jurídica que ultrapassa os interesses subjetivos da causa. Repercussão geral reconhecida".

Em 31 de agosto de 2016, o Supremo Tribunal Federal começou a julgar a controvérsia, em sede de repercussão geral, já existindo, no fim daquele ano, sete votos reconhecendo a inconstitucionalidade do art. 1.790 do Código Civil, e a necessidade de equiparação da união estável ao casamento para os fins sucessórios.

Em 2017, o julgamento retomou e, com votos vencidos dos Ministros Dias Toffoli, Ricardo Lewandowski e Marco Aurélio, foi formada a maioria no mês de maio. A tese firmada, para os fins de repercussão geral, foi a seguinte: "No sistema constitucional vigente, é inconstitucional a distinção de regimes sucessórios entre cônjuges e companheiros, devendo ser aplicado, em ambos os casos, o regime estabelecido no art. 1.829 do CC/2002". Reitere-se que votaram pela inconstitucionalidade, além do Ministro Relator Luís Roberto Barroso, os Ministros Luiz Edson Fachin, Teori Zavascki, Rosa Weber, Luiz Fux, Celso de Mello e Cármen Lúcia. O Ministro Gilmar Mendes não participou do julgamento dos dois processos. A ementa desse tão importante e impactante *decisum* foi assim elaborada pelo Ministro Relator:

> "Direito constitucional e civil. Recurso extraordinário. Repercussão geral. Inconstitucionalidade da distinção de regime sucessório entre cônjuges e companheiros. 1. A Constituição brasileira contempla diferentes formas de família legítima, além da que resulta do casamento. Nesse rol incluem-se as famílias formadas mediante união estável. 2. Não é legítimo desequiparar, para fins sucessórios, os cônjuges e os companheiros, isto é, a família formada pelo casamento e a formada por união estável. Tal hierarquização entre entidades familiares é incompatível com a Constituição. 3. Assim sendo, o art. 1790 do Código Civil, ao revogar as Leis n.ºs 8.971/94 e 9.278/96 e discriminar a companheira (ou companheiro), dando-lhe direitos sucessórios bem inferiores aos conferidos à esposa (ou ao marido), entra em contraste com os princípios da igualdade, da dignidade humana, da proporcionalidade como vedação à proteção deficiente e da vedação do retrocesso. 4. Com a finalidade de preservar a segurança jurídica, o entendimento ora firmado é aplicável apenas aos inventários judiciais em que não tenha havido trânsito em julgado da sentença de partilha, e às partilhas extrajudiciais em que ainda não haja escritura pública. 5. Provimento do recurso extraordinário. Afirmação, em repercussão geral, da seguinte tese: 'No sistema constitucional vigente, é inconstitucional a distinção de regimes sucessórios entre cônjuges e companheiros, devendo ser aplicado, em ambos os casos, o regime estabelecido no art. 1.829 do CC/2002'" (STF, Recurso Extraordinário 878.694/MG, Tribunal Pleno, Rel. Min. Luís Roberto Barroso, j. 10.05.2017, publicado no *Informativo* n. *864* da Corte).

O voto inicia-se com a demonstração da grande divergência sobre o assunto, havendo julgamentos conflitantes entre os Tribunais Estaduais sobre a inconstitucionalidade da norma. Assim, "a título ilustrativo, os Tribunais de Justiça de São Paulo e do Rio de Janeiro chegaram a conclusões opostas sobre a questão, ambos em sede de arguição de inconstitucionalidade. O TJSP – a exemplo do TJMG – entendeu pela constitucionalidade do art. 1.790 do CC/2002, enquanto o TJRJ manifestou-se pela sua inconstitucionalidade.

No Superior Tribunal de Justiça, a controvérsia acerca da constitucionalidade do dispositivo do Código Civil chegou a ser afetada à Corte Especial. No entanto, ainda não houve decisão final de mérito. Por fim, vale observar que o Supremo Tribunal Federal, no RE 646.721, reconheceu repercussão geral a outro recurso que trata da validade do art. 1.790 do Código Civil de 2002, mas que tem como foco sua aplicação às uniões homoafetiva". A variação existente nos Tribunais Estaduais ainda será exposta nesta edição do livro, mais à frente, para eventuais estudos sobre a evolução histórico-jurisprudencial da controvérsia.

Na sequência, o voto demonstra, na linha do que foi exposto no Capítulo 1 deste livro e citando a doutrina de Giselda Hironaka, que o fundamento do Direito das Sucessões "é a noção de continuidade patrimonial como fator de proteção, de coesão e de perpetuidade da família. O regime sucessório no país envolve a ideia de proteção em dois graus de intensidade. O grau fraco aplica-se à parte disponível da herança, em relação à qual o sucedido tem liberdade para dispor, desde que respeitados os requisitos legais para sua manifestação de vontade. Quanto a essa parte, a lei tem caráter supletivo, conferindo direito de herança aos herdeiros vocacionados somente no caso de inexistir testamento. Já o grau forte refere-se à parte indisponível da herança (a chamada legítima), que corresponde à metade dos bens da herança que a lei impõe seja transferida a determinadas pessoas da família (os herdeiros necessários), que só deixarão de recebê-la em casos excepcionais também previstos em lei. Sobre essa parcela, o sucedido não tem liberdade de decisão, pois se trata de norma cogente".

Expõe-se, assim, a evolução do conceito de família, desde o casamento indissolúvel, passando pelos novos vínculos de filiação, e chegando-se ao reconhecimento da união estável. Conforme o Ministro Barroso, "durante a segunda metade do século XX, porém, operou-se uma lenta e gradual evolução nesta concepção na sociedade brasileira, com o reconhecimento de múltiplos modelos de família. Nesse período, parcela significativa da população já integrava, de fato, núcleos familiares que, embora não constituídos pelo casamento, eram caracterizados pelo vínculo afetivo e pelo projeto de vida em comum. Era o caso de uniões estáveis, de uniões homoafetivas e também de famílias monoparentais, pluriparentais ou anaparentais (sem pais, como a formada por irmãos ou primos). Na estrutura social, o pluralismo das relações familiares sobrepôs-se à rigidez conceitual da família matrimonial".

Também de acordo com o voto condutor do Ministro Roberto Barroso, a Constituição Federal reconheceu expressamente como entidades familiares o casamento, a união estável entre o homem e a mulher e a família monoparental. Afirma-se o pluralismo das entidades familiares, sendo o rol previsto no art. 226 do Texto Maior meramente exemplificativo ou *numerus apertus*. Destaca-se a visão civil-constitucional do ordenamento jurídico, com a valorização da dignidade da pessoa humana e da *repersonalização* do Direito Civil:

> "A consagração da dignidade da pessoa humana como valor central do ordenamento jurídico e como um dos fundamentos da República brasileira (art. 1.º, III, CF/1988) foi o vetor e o ponto de virada para essa gradativa ressignificação da família. A Carta de 1988 inspirou a repersonalização do Direito Civil, fazendo com que as normas civilistas passassem a ser lidas a partir da premissa de que a pessoa humana é o centro das preocupações do Direito, que é dotada de dignidade e que constitui um fim em si próprio. A família passou, então, a ser compreendida juridicamente de forma funcionalizada, ou seja, como

um instrumento (provavelmente o principal) para o desenvolvimento dos indivíduos e para a realização de seus projetos existenciais. Não é mais o indivíduo que deve servir à família, mas a família que deve servir ao indivíduo" (STF, Recurso Extraordinário 878.694/MG, Tribunal Pleno, Rel. Min. Luís Roberto Barroso, j. 10.05.2017).

Como um dos fundamentos para a tese de inconstitucionalidade do art. 1.790 do CC/2002, o Ministro Relator argumentou que o sistema sucessório anterior ao Código Civil de 2002, construído sob a égide das Leis 8.971/1994 e 9.278/1996, era mais favorável ao companheiro do que o então vigente, tendo ocorrido verdadeiro retrocesso social.

Isso porque havia uma tendência anterior de equiparar o casamento à união estável na sucessão, como antes se expôs, incluindo-se o companheiro no rol do art. 1.603 do Código Civil de 1916, ao lado do cônjuge. Assim, foi dado *um passo atrás*, o que não pode ser admitido no sistema constitucional brasileiro. Suas palavras, mais uma vez, merecem destaque:

> "Após a Constituição de 1988 e antes da edição do CC/2002, o regime jurídico da união estável foi objeto de duas leis específicas, as Leis n.º 8.971, de 29.12.1994, e n.º 9.278, de 10.02.1996. A primeira delas (Lei n.º 8.971/1994) praticamente reproduziu o regime sucessório estabelecido para os cônjuges no CC/1916, vigente à época. Desse modo, (i) estabeleceu que o companheiro seria o terceiro na ordem sucessória (atrás dos descendentes e dos ascendentes); (ii) concedeu-lhe direito de usufruto idêntico ao do cônjuge sobrevivente; e (iii) previu o direito do companheiro à meação quanto aos bens da herança adquiridos com sua colaboração. Embora esta Lei não tenha tornado o companheiro um herdeiro necessário (era apenas herdeiro legítimo), tal regramento em nada diferia daquele previsto para o cônjuge, que também não era herdeiro necessário no CC/1916. Diferença entre os dois regimes sucessórios era basicamente a ausência de direito real de habitação para o companheiro. Tal direito era concedido somente aos cônjuges casados sob o regime da comunhão universal, apenas enquanto permanecessem viúvos, e, ainda assim, só incidia sobre o imóvel residencial da família que fosse o único daquela natureza a inventariar. Porém, logo essa diferença foi suprimida. A Lei n.º 9.278/1996, ao reforçar a proteção às uniões estáveis, concedeu direito real de habitação aos companheiros. E o fez sem exigir o regime de comunhão universal de bens, nem que o imóvel residencial fosse o único de tal natureza. Ou seja, a legislação existente até a entrada em vigor do Código Civil de 2002 previa um regime jurídico sucessório até mesmo mais favorável ao companheiro do que ao cônjuge. As leis relativas ao regime sucessório nas uniões estáveis foram, portanto, progressivamente concretizando aquilo que a CF/1988 já sinalizava: cônjuges e companheiros devem receber a mesma proteção quanto aos direitos sucessórios, pois, independentemente do tipo de entidade familiar, o objetivo estatal da sucessão é garantir ao parceiro remanescente meios para que viva uma vida digna. Conforme já adiantado, o Direito Sucessório brasileiro funda-se na noção de que a continuidade patrimonial é fator fundamental para a proteção, para a coesão e para a perpetuação da família" (STF, Recurso Extraordinário 878.694/MG, Tribunal Pleno, Rel. Min. Luís Roberto Barroso, j. 10.05.2017, com repercussão geral).

Tendo como *norte* a doutrina de Zeno Veloso e Giselda Hironaka, o Ministro Barroso demonstrou as então discrepâncias sucessórias existentes entre o casamento e a união estável, o que para ele não tem qualquer razão de ser, no plano sucessório. Reconheceu que, de fato, existem diferenças entre casamento e união estável, não se podendo falar em equiparação absoluta. Porém, não se pode admitir qualquer hierarquia entre as duas entidades familiares. Para tanto, o Relator utilizou alguns mecanismos de interpretação jurídica.

Iniciando-se pela *interpretação semântica* ou *literal*, firmou a premissa segundo a qual a Constituição estabelece, de forma inequívoca, que a família tem especial proteção do Estado, sem que exista qualquer menção a um modelo de família que seja "mais ou menos merecedor desta proteção".

Utilizando-se da *interpretação teleológica*, interrogou quais seriam os fins sociais do art. 226 da Constituição Federal. Para o julgador, parece inequívoco que a finalidade da norma seria a de garantir a proteção das famílias como instrumento para a tutela dos seus membros, impedindo-se qualquer discriminação entre os indivíduos, unicamente como resultado do tipo de entidade familiar que constituírem.

Partindo para a *interpretação histórica*, o citado dispositivo da Constituição é inclusivo e não exclusivo ou *segregativo*, não havendo qualquer intuito de divisão ou fracionamento das famílias em primeira e segunda classe.

Por fim, pela *interpretação sistemática*, busca-se a unidade e a harmonia do sistema jurídico. Nesse contexto, "o legislador pode atribuir regimes jurídicos diversos ao casamento e à união estável. Todavia, como será detalhado adiante, a partir da interpretação conjunta de diversos dispositivos da Constituição de 1988, que trazem a noção de funcionalização da família, alcança-se uma segunda constatação importante: só será legítima a diferenciação de regimes entre casamento e união estável se não implicar hierarquização de uma entidade familiar em relação à outra, desigualando o nível de proteção estatal conferido aos indivíduos".

Quanto ao fato de o art. 226 da Constituição Federal mencionar a conversão da união estável em casamento, concluiu o Ministro Barroso que isso não reflete qualquer preferência hierarquizada do casamento perante a união estável. O objetivo da previsão foi apenas representar o desejo do Estado em garantir maior segurança jurídica às relações sociais. Nesse contexto, ponderou que "seria mais seguro e conveniente para o sistema jurídico que todas as uniões fossem formalizadas pelo casamento. Mas uma coisa é ser mais seguro, e outra, totalmente diferente, é constituir condição para que os indivíduos sejam tratados com igual respeito e dignidade".

Partindo para o cerne fundamental de seu voto, para o Ministro Relator, haveria inconstitucionalidade no art. 1.790 do Código Civil pela violação a três princípios constitucionais: *a)* o da dignidade da pessoa humana; *b)* o da proporcionalidade como vedação à proteção deficiente; e *c)* o da vedação ao retrocesso.

No que concerne à *dignidade humana*, para o Ministro Barroso, deve ser entendida "como valor intrínseco, postula que todos os indivíduos têm igual valor e por isso merecem o mesmo respeito e consideração. Isso implica a proibição de discriminações ilegítimas devido à raça, cor, etnia, nacionalidade, sexo ou idade, e também devido à forma de constituição de família adotada. Se o Direito Sucessório brasileiro tem como fundamento a proteção da família, por meio da transferência de recursos para que os familiares mais próximos do falecido possam levar suas vidas adiante de forma digna, é incompatível com a ordem de valores consagrada pela Constituição de 1988 definir que cônjuges e companheiros podem receber maior ou menor proteção do Estado simplesmente porque adotaram um ou outro tipo familiar".

A violação da *proporcionalidade*, por seu turno, estaria presente diante da vedação à proteção estatal insuficiente de direitos e princípios constitucionalmente tutelados, o que ocorria em relação à união estável no plano sucessório:

> "O conjunto normativo resultante do art. 1.790 do Código Civil veicula uma proteção insuficiente ao princípio da dignidade da pessoa humana em relação aos casais que vivem em união estável. A depender das circunstâncias, tal regime jurídico sucessório pode privar o companheiro supérstite dos recursos necessários para seguir com sua vida de forma digna. Porém, a deficiência da atuação estatal em favor da dignidade humana dos companheiros não é justificada pela tutela de nenhum outro interesse constitucional contraposto. Conforme já analisado, não se pode defender uma preferência constitucional ao casamento para justificar a manutenção da norma do Código Civil menos protetiva da união estável em relação ao regime sucessório aplicável. À luz da Constituição de 1988, não há hierarquia entre as famílias e, por isso, não se pode desigualar o nível de proteção estatal a elas conferido".

No tocante ao *princípio da vedação do retrocesso social*, o julgador reafirmou que o sistema sucessório anterior, das Leis 8.971/19994 e 9.278/1996, era mais substancialmente favorável ao companheiro do que o inaugurado pelo Código Civil de 2002, o que não se pode admitir. Assim, reafirme-se, foi fixada a tese final, no sentido de ser inconstitucional a distinção de regimes sucessórios entre cônjuges e companheiros prevista no art. 1.790 do CC/2002, devendo ser aplicado, tanto nas hipóteses de casamento quanto nas de união estável, o regime do art. 1.829 do CC/2002. Em outras palavras, o companheiro deve ser atualmente incluído na ordem de sucessão legítima, nos incisos I, II e III do último comando, aplicando-se a ele todas as regras e controvérsias neste livro antes estudadas.

Segundo o voto do Ministro Relator, tal decisão não tem o condão de atingir as partilhas judiciais e extrajudiciais já realizadas, em prol da proteção do direito adquirido e da segurança jurídica. Nesse contexto, é pontuado que, "levando-se em consideração o fato de que as partilhas judiciais e extrajudiciais que versam sobre as referidas sucessões encontram-se em diferentes estágios de desenvolvimento (muitas já finalizadas sob as regras antigas), entendo ser recomendável modular os efeitos da aplicação do entendimento ora afirmado. Assim, com o intuito de reduzir a insegurança jurídica, entendo que a solução ora alcançada deve ser aplicada apenas aos processos judiciais em que ainda não tenha havido trânsito em julgado da sentença de partilha, assim como às partilhas extrajudiciais em que ainda não tenha sido lavrada escritura pública" (STF, Recurso Extraordinário 878.694/MG, Tribunal Pleno, Rel. Min. Luís Roberto Barroso, j. 10.05.2017, com repercussão geral).

Cabe relembrar que o julgamento, mesmo encerrado, deixou pendentes muitas questões sobre o tema, pois não as enfrentou diretamente. Sempre devem ser destacados o tratamento do companheiro como herdeiro necessário e o relativo ao seu direito real de habitação. A minha posição doutrinária, que merece mais uma vez ser esclarecida, é que o companheiro deve ser equiparado ao cônjuge para todos os fins sucessórios, sendo reconhecido como herdeiro necessário e com tratamento unificado quanto ao direito real de habitação, tema ainda a ser exposto e desenvolvido.

Repise-se que, em outubro de 2018, o mesmo STF julgou os embargos de declaração opostos pelo IBDFAM, com o fim de esclarecer tais questões. Todavia, foram eles rejeitados pela Corte, sob o argumento de que esses aspectos, notadamente o debate de ser o companheiro herdeiro necessário ou não, fogem ao objeto da demanda original. Como decidiu o Ministro Barroso, "não há que se falar em omissão do acórdão embargado por ausência de manifestação com relação ao art. 1.845 ou qualquer outro dispositivo do Código Civil, pois o objeto da repercussão geral reconhecida não os abrangeu. Não houve discussão a respeito da integração do companheiro ao rol de herdeiros necessários, de forma que inexiste omissão a ser sanada".

Como se pode perceber, o acórdão teve fundamentos processuais, e não materiais, não enfrentando os pontos de divergência aqui destacados. A minha leitura do último julgamento, portanto, é que ele não sanou os problemas anteriores, seja para uma visão ou outra, devendo ser resolvidos pela doutrina e pela jurisprudência. Em suma, o debate a respeito de tais aspectos, especialmente no tocante ao enquadramento do companheiro como herdeiro necessário, continua vivo, devendo ser intensificado.

A propósito, nos anos de 2017 e 2018, surgiram decisões do Superior Tribunal de Justiça sobre a equiparação sucessória feita pelo Supremo Tribunal Federal. Na primeira delas, da Terceira Turma do Tribunal da Cidadania, restou ementado o seguinte:

> "Recurso especial. Civil. Processual civil. Direito de família e das sucessões. Distinção de regime sucessório entre cônjuges e companheiros. Impossibilidade. Art. 1.790 do Código Civil de 2002. Inconstitucionalidade. STF. Repercussão geral reconhecida. Art. 1.829 do Código Civil de 2002. Princípios da igualdade, dignidade humana, proporcionalidade e da razoabilidade. Incidência. Vedação ao retrocesso. Aplicabilidade. 1. No sistema constitucional vigente é inconstitucional a distinção de regimes sucessórios entre cônjuges e companheiros, devendo ser aplicado em ambos os casos o regime estabelecido no artigo 1.829 do CC/2002, conforme tese estabelecida pelo Supremo Tribunal Federal em julgamento sob o rito da repercussão geral (Recursos Extraordinários n.ºs 646.721 e 878.694). 2. O tratamento diferenciado acerca da participação na herança do companheiro ou cônjuge falecido conferido pelo art. 1.790 do Código Civil/2002 ofende frontalmente os princípios da igualdade, da dignidade humana, da proporcionalidade e da vedação ao retrocesso. 3. Ausência de razoabilidade do discrímen à falta de justo motivo no plano sucessório. 4. Recurso especial provido" (STJ, REsp 1.332.773/MS, 3.ª Turma, Rel. Min. Ricardo Villas Bôas Cueva, j. 27.06.2017, *DJe* 1.º.08.2017).

Na situação fática exposta, a Corte acabou por dar provimento a recurso superior, afastando a sucessão de colaterais do falecido, e atribuindo todo o acervo hereditário ao companheiro, por aplicação analógica da mesma regra relativa ao cônjuge (art. 1.829 do CC).

O outro acórdão foi prolatado pela Quarta Turma do STJ, quando do julgamento do Recurso Especial 1.337.420/RS, na sessão plenária de 22 de agosto de 2017, tendo sido como relator o Ministro Luis Felipe Salomão. No caso, irmãos e sobrinho de adotante falecido ajuizaram ação de anulação de adoção em face do adotado, sob o fundamento de que a adoção de menor não atendeu às exigências legais, principalmente no que dizia respeito à hígida manifestação de vontade do adotante. Os autores da ação afirmaram que o adotante-falecido nunca teve a real intenção de adotar a criança, argumentando que a sua capacidade mental estava prejudicada quando do processo de adoção, em virtude de acidente de carro anos atrás.

A controvérsia do processo consistiu em definir se os irmãos e sobrinhos do adotante seriam legitimados para a ação de anulação de adoção proposta após o falecimento do adotante, especialmente pelo fato de ter o falecido uma companheira sobrevivente. Como consta do voto do Relator, sendo declarada a nulidade da adoção, "se acolhido o pedido dos autores, irmãos e sobrinhos do *de cujus*, não subsistiria a descendência, pois a filha adotiva perderia esse título, deixando, consequentemente, de ser herdeira, e, diante da inexistência de ascendentes, os irmãos e sobrinhos seriam chamados a suceder. Nessa esteira, os autores da anulatória de adoção afirmaram que, acolhida a demanda, a companheira sobrevivente não ocuparia a posição seguinte na ordem de vocação hereditária, nos termos do dispositivo invocado" (STJ, REsp 1.337.420/RS, 4.ª Turma, Rel. Min. Luis Felipe Salomão, j. 22.08.2017). Na sequência, como desenvolve o julgador o seguinte, o que merece especial atenção:

> "O novo perfil da sociedade se tornou tão evidente e contrastante com o ordenamento então vigente, impondo-se a realidade à ficção jurídica, que se fez necessária uma revolução normativa, com reconhecimento expresso de outros arranjos familiares, rompendo-se, assim, com uma tradição secular de se considerar o casamento, civil ou religioso, com exclusividade, o instrumento por excelência vocacionado à formação de uma família. Seguindo esse rumo, uma nova fase do direito de família e, consequentemente, do casamento, surgiu em 1988, baseada num explícito poliformismo familiar, cujos arranjos multifacetados foram reconhecidos como aptos a constituir esse núcleo doméstico chamado 'família', dignos da 'especial proteção do Estado', antes conferida unicamente àquela edificada a partir do casamento. Neste ponto, refiro-me ao art. 226 da Constituição Federal de 1988, que, de maneira eloquente, abandona de vez a antiga fórmula que vinculava, inexoravelmente, a família ao casamento, consagrada em todos os demais diplomas anteriores. Com efeito, quanto à forma de constituição dessa família, estabeleceu a Carta Cidadã, no *caput* do mencionado dispositivo, que 'a família, base da sociedade, tem especial proteção do Estado', sem ressalvas, sem reservas, sem 'poréns'" (REsp 1.337.420/RS).

Diante desses e de outros argumentos de inclusão de todas as entidades familiares, bem como da recente decisão do Supremo Tribunal Federal, o aresto reconhece a inconstitucionalidade do art. 1.790 do Código Civil para dar procedência às razões recursais, concluindo pela ilegitimidade ativa dos colaterais do falecido para propor a ação de anulação da adoção. Ainda conforme as palavras do Ministro Salomão, sobre o último dispositivo, sua "aplicabilidade não se sustenta diante da nova ordem instaurada, mormente após o julgamento do STF havido em maio deste ano. Com efeito, tendo sido retirado do ordenamento jurídico as disposições previstas no art. 1.790 do Código Civil, o companheiro passa a figurar ao lado do cônjuge na ordem de sucessão legítima (art. 1.829)" (STJ, REsp 1.337.420/RS, 4.ª Turma, Rel. Min. Luis Felipe Salomão, j. 22.08.2017).

A minha posição doutrinária é citada em vários trechos do voto do Ministro Relator, notadamente em quatro aspectos que pendem a respeito do julgamento do STF e que devem ser sanados por outros julgadores: *a*) necessidade de se colocar o companheiro sempre ao lado do cônjuge, no tratamento constante do art. 1.829 do Código Civil, como aqui antes desenvolvido; *b*) reconhecimento do convivente como herdeiro necessário, incluído no art. 1.845 do Código Civil; *c*) obrigatoriedade de o companheiro declarar os bens recebidos em antecipação, sob pena de serem considerados sonegados (arts. 1.992 a 1.996), caso isso igualmente seja reconhecido ao cônjuge; *d*) confirmação do direito real de habitação do companheiro, havendo uma tendência de unificação de tratamento, como ainda será aqui apontado. Essas diretrizes, portanto, são fundamentais para a compreensão prática da sucessão existente na união estável.

De fevereiro de 2018, destaque-se um outro acórdão superior, também com a afirmação implícita de que o companheiro é herdeiro necessário. Trata-se de mais um julgado da Quarta Turma do STJ, prolatado em sede do Recurso Especial 1.139.054/PR, tendo sido seu relator o Desembargador Lázaro Guimarães, convocado do TRF da 5.ª Região. Conforme consta do seguinte trecho da ementa, deve ocorrer a equiparação sucessória entre as duas entidades familiares: "o recurso especial deve ser provido apenas para negar o direito da recorrida ao usufruto vidual, mantendo-a habilitada nos autos do arrolamento/inventário, devendo ser observados e conferidos a ela os direitos assegurados pelo CC/2002 aos cônjuges sobreviventes, conforme o que for apurado nas instâncias ordinárias acerca de eventual direito real de habitação".

O reconhecimento expresso de ser a companheira herdeira necessária se deu em outro julgado de 2018 da mesma Corte Superior, prolatado pela Terceira Turma e tendo novamente como relator o Ministro Villas Bôas Cueva. Como consta do trecho final do seu voto, após citar o meu posicionamento sobre o conceito de herdeiros colaterais, "a companheira, ora recorrida, é de fato a herdeira necessária do seu ex-companheiro, devendo receber unilateralmente a herança do falecido, incluindo-se os bens particulares, ainda que adquiridos anteriormente ao início da união estável" (STJ, REsp 1.357.117/MG, 3.ª Turma, Rel. Min. Ricardo Villas Bôas Cueva, j. 13.03.2018, *DJe* 26.03.2018).

Como outro a ser citado, em 2021, o Superior Tribunal de Justiça proveu recurso de uma companheira, que pretendia a sua inclusão na herança como herdeira necessária e com base no art. 1.845 do Código Civil. O voto do Ministro Moura Ribeiro reconheceu o direito da companheira de "concorrer com os também herdeiros necessários", na cota do seu companheiro falecido (STJ, REsp 1.844.229/MT, 3.ª Turma, Rel. Min. Moura Ribeiro, j. 17.08.2021, *DJe* 20.08.2021).

Por fim, destaco a decisão monocrática proferida pelo Ministro Luis Felipe Salomão, em 2022, que não deixa dúvidas, ao dizer que, "embora não tenha sido explicitamente incluída no rol do art. 1.845 do Código Civil, a figura do companheiro já é considerada como herdeiro necessário, em atendimento a equiparação ao cônjuge para fins sucessórios" (STJ, REsp 1.9823.43/SC, 4.ª Turma, Rel. Min. Luis Felipe Salomão, data da publicação: 22.02.2022).

Pontue-se que tal entendimento ainda pende de pacificação, o que deve ser feito na Segunda Seção do STJ, para trazer mais segurança e certeza a respeito do Direito Sucessório Brasileiro. O debate a respeito de ser o companheiro herdeiro necessário ou não, com todas as suas decorrências práticas, também pode ser resolvido no âmbito do STF, caso uma demanda com essa finalidade seja levada à sua apreciação.

Por fim, merece especial destaque o Projeto de Reforma do Código Civil que, de forma definitiva, parece ser a melhor solução para esse profundo dilema, propondo como herdeiros necessários, no art. 1.845, somente os descendentes e ascendentes, sem mencionar o cônjuge e o convivente.

Expostos os recentes arestos do STJ, de todo modo, ainda é necessário abordar e confrontar a nova realidade com todos os debates doutrinários e jurisprudenciais anteriores ao julgamento do STF, a fim de se fazer uma análise profunda do tema da sucessão do companheiro e compreender como era o sistema até o surgimento desse *decisum*.

Pois bem, com esse intuito didático e metodológico, nos termos literais do inciso I do art. 1.790, se o companheiro concorresse com *filhos comuns* – de ambos, falecido e convivente –, teria direito a uma quota equivalente à que por lei for atribuída ao filho. A concorrência deveria ser lida em consonância com o *caput*, somente dizendo respeito aos bens adquiridos onerosamente durante a união. O mesmo deveria ser dito no tocante ao inciso II do preceito. Assim, se o companheiro concorresse em relação a tais bens com descendentes só do autor da herança, os chamados *descendentes exclusivos*, tocar-lhe-ia a metade do que couber a cada um daqueles.

O equívoco sempre foi claro na redação dos incisos, uma vez que o primeiro fazia menção aos filhos, enquanto o segundo, aos descendentes. Eis mais um notório *cochilo legislativo* do codificador civil de 2002 que, felizmente, é afastado pela decisão do STF e pelas recentes interpretações dadas pelo STJ.

Na esteira da melhor doutrina, sempre concluí que o inciso I do art. 1.790 também incidiria nas hipóteses em que estivessem presentes outros descendentes do falecido e do sobrevivente, comuns de ambos, caso de seus netos. Nesse sentido, o Enunciado n. 266 do Conselho da Justiça Federal e do Superior Tribunal de Justiça, da *III Jornada de Direito Civil*, realizada em 2004, *in verbis:* "aplica-se o inc. I do art. 1.790 também na hipótese de concorrência do companheiro sobrevivente com outros descendentes comuns, e não apenas na concorrência com filhos comuns".

Essa era a conclusão majoritária na versão mais atualizada da *Tabela Francisco Cahali*, sendo compartilhada por Caio Mário da Silva Pereira, Christiano Cassettari, Flávio Augusto Monteiro de Barros, Francisco José Cahali, Giselda Maria Fernandes Novaes Hironaka, Guilherme Calmon Nogueira da Gama, Gustavo René Nicolau, Inácio de Carvalho Neto, Jorge Fujita, José Fernando Simão, Luiz Paulo Vieira de Carvalho, Marcelo Truzzi Otero, Mário Delgado, Roberto Senise Lisboa, Rodrigo da Cunha Pereira, Rolf Madaleno, Sebastião Amorim e Euclides de Oliveira; além do presente autor. Tratava-se da questão que mais próxima fica da unanimidade, sendo certo que apenas Maria Berenice Dias e Mário Roberto Carvalho de Faria entendiam pela incidência do inciso III do art. 1.790, diante da presença de *outros parentes sucessíveis* em situações tais (CAHALI, Francisco José. *Direito...*, 2012, p. 227-228).

Seguindo-se neste estudo geral e ainda necessário do art. 1.790 do CC/2002, enunciava o seu inciso III que, se o companheiro ou convivente concorresse com outros parentes sucessíveis, teria direito a um terço da herança, mais uma vez sobre os bens adquiridos onerosamente durante a união. Como *outros parentes sucessíveis*, eram entendidos os ascendentes e os colaterais até quarto grau (irmãos, sobrinhos, tios, primos, tios-avós e sobrinhos-netos).

União, pois o companheiro somente herdava os bens adquiridos a título oneroso durante a união estável. No entanto, sempre me filiei à posição de *transmissão plena* dos bens ao companheiro em situações tais, pela clareza do art. 1.844 do Código Civil, segundo o qual os bens somente serão destinados ao Estado se o falecido não deixar cônjuge, *companheiro* ou outro herdeiro.

Na *tabela doutrinária Cahali*, esse sempre foi o entendimento majoritário, eis que exposta a dúvida em relação à possibilidade de o companheiro concorrer com o Estado em casos tais. A maioria dos doutrinadores respondeu negativamente para tal concorrência, caso de Caio Mário da Silva Pereira, Christiano Cassettari, Eduardo de Oliveira Leite, Flávio Augusto Monteiro de Barros, Guilherme Calmon Nogueira da Gama, Gustavo René Nicolau, Jorge Fujita, José Fernando Simão, Luiz Paulo Vieira de Carvalho, Maria Berenice Dias, Maria Helena Diniz, Marcelo Truzzi Otero, Mario Roberto de Faria, Nelson Nery Jr., Rolf Madaleno, Sebastião Amorim, Euclides de Oliveira e Sílvio de Salvo Venosa, além do presente autor.

Por outra via, sustentando que o companheiro deveria concorrer com o Estado em casos tais, filiavam-se Francisco José Cahali, Giselda Maria Fernandes Novaes Hironaka, Inácio de Carvalho Neto, Maria Helena Daneluzzi, Mário Delgado, Roberto Senise Lisboa, Rodrigo da Cunha Pereira e Zeno Veloso. A opinião do último doutrinador, como se viu, deveria ser atualizada, pois o jurista mudou sua posição, como antes transcrito.

O fundamento dessa vertente estaria no conflito entre o *caput* do art. 1.790 – que somente faz referência aos bens adquiridos onerosamente – com o outrora citado art. 1.844, da mesma codificação. Sendo assim, diante do princípio da proporcionalidade, os bens havidos a título gratuito deveriam ser divididos entre ambos, Estado + companheiro.

Com o devido respeito à última forma de pensar, repise-se que tenho descrença na atribuição dos bens ao Município, ao Distrito Federal ou à União, pela falta de interesse que esses entes públicos acabam manifestando no mundo real em relação a tais bens, principalmente os imóveis, que são muitas vezes abandonados.

Cabe aqui ilustrar com uma percepção social recente. Há, na Zona Sul da cidade do Rio de Janeiro, uma famosa casa de espetáculos que acabou sendo atribuída a uma autarquia universitária federal. No passado, o estabelecimento estava em pleno funcionamento, oferecendo os melhores *shows* da cidade. Hoje, os sinais de abandono são visíveis, e os eventos são raros. Não se condena a retomada do imóvel, mas a falta de interesse estatal.

Voltando ao problema sucessório, acredito ser melhor atribuir o bem à iniciativa privada, ainda mais para aquele que vivia com o falecido os seus últimos momentos, em relação de convivência afetiva, por meio de uma entidade qualificada pelo Texto Maior.

De toda sorte, reafirme-se que toda essa polêmica desaparece com a declaração de inconstitucionalidade do art. 1.790 do CC, pois, para o Supremo Tribunal Federal, o convivente deve ser equiparado ao cônjuge para os fins sucessórios, e incluído nos incisos I, II e III do art. 1.829 da mesma codificação material (STF, Recurso Extraordinário 878.694/MG, Tribunal Pleno, Rel. Min. Luís Roberto Barroso, j. 10.05.2017, por maioria e com repercussão geral).

2.13.4 Da concorrência do companheiro com os descendentes na *sucessão híbrida*. As teorias anteriores existentes e sua superação

Como antes exposto, nos termos da correta leitura do inciso I do art. 1.790 do Código Civil, se o companheiro concorresse com *descendentes comuns* (de ambos), teria direito a uma quota equivalente à que por lei fosse atribuída ao descendente. Por outra via, conforme o inciso II do mesmo diploma legal, se o companheiro concorresse com descendentes só do autor da herança (*descendentes exclusivos*), tocar-lhe-ia metade do que couber a cada um destes.

Mais uma vez, situação não descrita na legislação referia-se à *sucessão híbrida* – conforme a expressão cunhada por Giselda Hironaka –, ou seja, caso em que o companheiro concorresse, ao mesmo tempo, com descendentes comuns e exclusivos do autor da herança. Novamente, a *Torre de Babel* doutrinária emergia, surgindo, sobre o problema, quatro correntes fundamentais bem definidas, que sempre geraram grande instabilidade jurídica, ora superada.

Para uma *primeira corrente doutrinária*, em casos de sucessão híbrida, dever-se-ia aplicar o inciso I do art. 1.790, tratando-se todos os descendentes como se fossem comuns, uma vez que os comuns estariam presentes. Em outras palavras, como existiam descendentes comuns, parar-se-ia a leitura no inciso I, sem descer para o inciso II.

Esse entendimento era o majoritário na *tabela doutrinária de Francisco Cahali*, sendo seguido por Caio Mário da Silva Pereira, Christiano Cassettari, Francisco Cahali, Inácio de Carvalho Neto, Jorge Fujita, José Fernando Simão, Luiz Paulo Vieira de Carvalho, Maria Berenice Dias, Maria Helena Daneluzzi, Marcelo Truzzi Otero, Mário Delgado, Roberto Senise Lisboa, Rodrigo da Cunha Pereira, Rolf Madaleno e Sílvio de Salvo Venosa. Perfilhando-se a essa vertente, o companheiro ficaria em situação privilegiada, recebendo a mesma quota dos descendentes.

Adotando tal forma de pensar, cabe trazer à colação o seguinte acórdão anterior, do Tribunal de Justiça do Distrito Federal:

> "Civil. Agravo de instrumento. União estável. Sucessão. Concorrência da companheira com filhos comuns e exclusivos do autor da herança. Aplicação do art. 1.790, I, CC. 1. Predomina na doutrina o entendimento de que, diante da lacuna da Lei quanto à hipótese de concorrência entre a companheira, herdeiros comuns e herdeiros apenas do autor da herança, a melhor solução é dividir de forma igualitária os quinhões hereditários entre o companheiro sobrevivente e todos os filhos. 2. Negou-se provimento ao agravo do Ministério Público do Distrito Federal" (TJDF, Recurso 2010.00.2.012714-7, Acórdão 459.890, 2.ª Turma Cível, Rel. Des. Sérgio Rocha, *DJDFTE* 11.11.2010, p. 82).

Para uma *segunda corrente*, presente a sucessão híbrida, teria subsunção o inciso II do art. 1.790, tratando-se todos os descendentes como se fossem exclusivos, só do autor da herança. Estava filiado a tal corrente, assim como Gustavo René Nicolau, Maria Helena Diniz, Sebastião Amorim, Euclides de Oliveira e Zeno Veloso. Ora, como a sucessão é do *falecido*, havendo dúvida por omissão legislativa, os descendentes deveriam ser tratados como se fossem só dele, do *falecido*.

Essa corrente parecia ser a melhor a ser seguida também pelo fato de que, entre tutelar o companheiro e filhos, a preferência deveria ser pelos últimos, pois o companheiro receberia meia quota daquilo que fosse atribuído aos descendentes. O mandamento constitucional prefere os filhos ao companheiro, o que pode ser facilmente percebido pela leitura de várias regras que estão no art. 227 do Texto Maior.

Anote-se que, na jurisprudência estadual, também eram encontrados arestos de aplicação dessa segunda corrente, pela prevalência do inciso II do art. 1.790 da codificação material, justamente porque é fundamental privilegiar os filhos em detrimento do companheiro ou convivente. Dessa forma julgando, do Tribunal de Justiça de São Paulo:

> "Inventário. Partilha judicial. Participação da companheira na sucessão do *de cujus* em relação aos bens adquiridos onerosamente na constância da união estável. Concorrência da companheira com descendentes comuns e exclusivos do falecido. Hipótese não prevista em lei. Atribuição de cotas iguais a todos. Descabimento. Critério que prejudica o direito hereditário dos descendentes exclusivos, afrontando a norma constitucional de igualdade entre os filhos (art. 227, § 6.º, da CF/1988). Aplicação, por analogia, do art. 1.790, II, do Código Civil. Possibilidade. Solução mais razoável, que preserva a igualdade de quinhões entre os filhos, atribuindo à companheira, além de sua meação, a metade do que couber a cada um deles. Decisão reformada. Recurso provido" (TJSP, Agravo de Instrumento 994.08.138700-0, Acórdão 4395653, 7.ª Câmara de Direito Privado, São Paulo, Rel. Des. Álvaro Passos, j. 24.03.2010, *DJESP* 15.04.2010).

> "Direito sucessório. Companheira que concorre com filho comum e filho exclusivo do autor da herança. Ausência de regra legal específica para. A hipótese. Solução que contempla o direito sucessório da companheira apenas no que toca à metade do que couber a cada um dos filhos. Aplicação por analogia do art. 1.790, II, do CC, de modo a preservar a igualdade entre os filhos. Observância do art. 227, § 6.º, CF/88 e do art. 1.834 do CC. Recurso não provido" (TJSP, Agravo de Instrumento 652.505.4/0, Acórdão 4068323, 5.ª Câmara de Direito Privado, São Paulo, Rel. Des. Roberto Nussinkis Mac Cracken, j. 09.09.2009, *DJESP* 05.10.2009).

Continuando a controvérsia, para uma *terceira corrente*, seguida apenas por Mário Roberto Carvalho de Faria na *tabela Cahali*, havendo concorrência híbrida na união estável, deveria ser aplicado o inciso III do art. 1.790 do Código Civil, pela impossibilidade de enquadramento nos dispositivos antecedentes. Desse modo, seria dada uma interpretação extensiva à expressão *outros parentes sucessíveis* constantes no preceito a ser subsumido.

Por fim, havia a *quarta corrente,* baseada em engenhosas fórmulas matemáticas que procuravam resolver mais esse dilema sucessório. Entre as várias fórmulas existentes, cabe destacar duas: a *Fórmula Tusa* – criada pelo Professor ítalo-brasileiro Gabriele Tusa – e a desenvolvida por Flávio Augusto Monteiro de Barros.

a) A Fórmula Tusa

A primeira fórmula que foi criada para resolver o problema exposto estava baseada no *critério da ponderação*, tendo sido elaborada com o auxílio do economista Fernando Curi Peres. Gabriele Tusa a apresentou pela primeira vez à comunidade jurídica nacional por ocasião do *V Congresso Brasileiro de Direito de Família do IBDFAM*, realizado em Belo Horizonte, em outubro de 2005.

Giselda Maria Fernandes Novaes Hironaka era uma das grandes defensoras dessa solução, caso não fosse reconhecida a inconstitucionalidade do art. 1.790 do CC/2002, o que acabou ocorrendo. Para a jurista, "as conclusões do Professor Gabriele Tusa permitem que se chegue a uma homogeneidade de resultados proporcionais em todos os casos de concorrência sucessória do companheiro com descendentes do falecido (mesmo no caso de descendência híbrida, isto é, a descendência formada por descendentes exclusivos do falecido e por descendentes comuns a ele e ao companheiro sobrevivente) para definir o quinhão hereditário que deve ser destinado a cada herdeiro-descendente e ao companheiro concorrente. Ele explica que isso se viabiliza pelo uso do conceito de média ponderada que permite se encontre, proporcionalmente, a maneira de se atender aos dois incisos do art. 1.790, simultaneamente, de acordo com a quantidade de filhos que se apresentam em cada modalidade" (HIRONAKA, Giselda Maria Fernandes Novaes. *Comentários...*, 2007, v. 20, p. 66). A fórmula elaborada era a seguinte:

$$X = \frac{2(F + S)}{2(F + S)^2 + 2F + S} \cdot H$$

$$C = \frac{2F + S}{2(F + S)} \cdot X$$

Legenda

X = o quinhão hereditário que caberá a cada um dos filhos.

C = o quinhão hereditário que caberá ao companheiro sobrevivente.

H = o valor dos bens hereditários sobre os quais recairá a concorrência do companheiro sobrevivente.

F = número de descendentes comuns com os quais concorra o companheiro sobrevivente.

S = o número de descendentes exclusivos com os quais concorra o companheiro sobrevivente.

A própria Professora Giselda Maria Fernandes Novaes Hironaka vinha apresentando soluções de casos concretos com base na fórmula Tusa em suas aulas, palestras e exposições. Vejamos duas delas, que constam da sua última obra citada (*Comentários...*, 2007, v. 20, p. 67-69).

Primeiro exemplo:

H = R$ 100.000,00

F = oito filhos comuns.

S = dois filhos exclusivos.

- **Cada filho deverá receber:**

$$X = \frac{2(8 + 2)}{2(8 + 2)^2 + 2 \times 8 + 2} \cdot 100.000$$

$$X = \frac{20}{218} \cdot 100.000$$

1.ª Fase

$$PC = \frac{1 \times 3 + 0{,}5 \times 2}{5}$$

$$PC = \frac{3 + 1}{5}$$

$$PC = \frac{4}{5}$$

PC = 0,8. A parte da companheira corresponde a 0,8 do que receber cada filho.

2.ª Fase

$$PF = \frac{5.800{,}00}{5 + 0{,}8}$$

$$PF = \frac{5.800{,}00}{5{,}8}$$

PF = R$ 1.000,00. Se cada filho recebe tal valor, a parte da companheira é R$ 800,00.

A solução de Flávio Augusto Monteiro de Barros também era encontrada na doutrina, mas apenas na obra de Francisco José Cahali (*Direito*..., 2012, p. 233-237), além deste livro. Igual à Fórmula Tusa, ela resolveria o problema da concorrência híbrida na união estável. Contudo, valem as mesmas críticas feitas anteriormente, de afastamento da fórmula de sua operacionalidade. Nunca tive ciência de sua utilização por qualquer julgado.

Como palavras finais, toda a discussão exposta neste tópico encontra-se superada com a declaração de inconstitucionalidade do art. 1.790 do Código Civil pelo Supremo Tribunal Federal (STF, Recurso Extraordinário 878.694/MG, Tribunal Pleno, Rel. Min. Luís Roberto Barroso, j. 10.05.2017, por maioria e com repercussão geral). Reitere-se, nesse contexto, que o convivente, com a decisão superior, deve ser incluído no rol do art. 1.829 do Código Civil, equiparado ao cônjuge, entrando em cena outros debates jurídicos, aqui antes expostos.

Em verdade, o tema da concorrência do companheiro na *sucessão híbrida* nunca encontrou a devida estabilidade jurídica no ordenamento jurídico brasileiro, seja nos âmbitos da doutrina e da jurisprudência. Tanto isso é verdade que, quando daquele julgamento superior, um pouco antes de pedir vistas, o Ministro Dias Toffoli argumentou que a norma não se sustentava matematicamente, citando a doutrina de Giselda Hironaka. Assim, penso que foi mais uma vez louvável a decisão do STF por afastar todas essas divergências e fórmulas matemáticas, que têm pouca afeição pelos aplicadores do Direito.

2.13.5 Da hipótese de concorrência sucessória entre o cônjuge e o companheiro

Seguindo-se no estudo da sucessão na união estável, pende ainda um problema, que é aquele relacionado à possibilidade de *concorrência sucessória entre o cônjuge e o companheiro*, ao mesmo tempo. Como é cediço, o Código Civil brasileiro de 2002 admite que o cônjuge separado de fato constitua uma união estável, conforme se retira do seu art. 1.723, § 1.º. Eis um tema que também não foi resolvido expressamente pela decisão do STF sobre a inconstitucionalidade do art. 1.790 do CC (*Informativo* n. *864* da Corte, maio de 2017).

A título de exemplo, imagine-se a situação, bem comum em nosso País, de um homem separado de fato que vive em união estável com outra mulher. Em caso de sua morte, quem irá suceder os seus bens? A esposa, com quem ainda mantém vínculo matrimonial formal, ou a companheira, com quem vive efetivamente no plano material?

A atual codificação privada nunca trouxe traz solução a respeito dessa hipótese, variando a doutrina nas suas propostas. Volta-se ao problema anterior, da leitura do art. 1.830 da codificação privada, que traz os requisitos para que o cônjuge seja reconhecido como herdeiro, afastando-se o direito sucessório se o cônjuge estiver separado de fato há mais de dois anos, salvo a prova de culpa do falecido. No sistema anterior, à decisão do STF, seria necessário adaptar o último comando ao então vigente art. 1.790 do Código Civil.

Assim, como *primeira visão* a respeito do tema, Euclides de Oliveira propunha que todos os bens fossem divididos de forma igualitária entre o cônjuge e o companheiro (*Direito...*, 2005, p. 182). Trata-se de uma *solução salomônica*, que, na minha opinião doutrinária, acabava por aumentar o problema, pois geralmente as envolvidas estariam em constante conflito e, como regra, haveria a instituição de um condomínio de bens em relação à esposa e à companheira.

Como *segunda solução*, entendia José Luiz Gavião de Almeida que o companheiro teria direito a um terço dos bens adquiridos onerosamente durante a união estável, o que representava aplicação do inciso III do art. 1.790 do CC. O restante dos bens deveria ser destinado ao cônjuge e aos descendentes, estando estes presentes (*Código...*, 2003, v. XVIII, p. 217). Segundo o jurista, isso se devia ao fato da existência de *outro parente sucessível*, qual seja o cônjuge. Com o devido respeito, cabe lembrar que os cônjuges não são parentes entre si, havendo outro tipo de vínculo, qual seja a conjugalidade. Portanto, não se filiava a essa corrente.

A *terceira via* era seguida por Eduardo de Oliveira Leite e Guilherme Calmon Nogueira da Gama. Segundo o primeiro doutrinador, citando o segundo, "será de considerar, nesta hipótese excepcional, que o companheiro e o cônjuge herdam conjuntamente a herança deixada pelo falecido, devendo-se considerar a conjunção aditiva 'e' no inciso III do art. 1.603 Código Civil – de 1916 –, para o fim de se deferir a sucessão legítima, desde que, é claro, não haja testamento (ou o testamento não se refira a todo o patrimônio), descendente, ou ascendente'. Evidentemente, o cônjuge sobrevivente não ficará privado de sua eventual meação sobre o patrimônio adquirido na constância do casamento. E o companheiro, da mesma forma e pela mesma razão, não terá direito à comunhão, já que bens adquiridos onerosamente anteriormente à união estável" (LEITE, Eduardo de Oliveira. *Comentários...*, 2003, v. XXI, p. 230).

Esse era o entendimento que constava do Enunciado n. 525, aprovado na *V Jornada de Direito Civil*, em 2011, de autoria justamente de Guilherme Calmon Nogueira da Gama: "os arts. 1.723, § 1.º, 1.790, 1.829 e 1.830, do Código Civil, admitem a concorrência sucessória entre cônjuge e companheiro sobreviventes na sucessão legítima, quanto aos bens adquiridos onerosamente na união estável".

A *quarta corrente* era aquela que deduzia pela atribuição de todos os bens, a título de herança, para a companheira, uma vez que prevaleceria fática e materialmente a união estável, diante do *afeto vivo* que une os conviventes. Assim entendiam, por exemplo, Christiano Cassettari (*Direito*..., 2008, p. 104), Maria Berenice Dias (*Manual*..., 2011, p. 87) e Francisco José Cahali (*Direito*..., 2012, p. 206), para quem a esposa separada de fato deveria ser totalmente excluída da herança.

Sempre segui a solução apontada por José Fernando Simão em edições anteriores desta obra, que acabava conjugando a terceira e a quarta correntes expostas nessa nova versão, o que dependeria da leitura que se fazia do art. 1.830 do Código Civil (TARTUCE, Flávio; SIMÃO, José Fernando. *Direito*..., 2013, v. 6, p. 236-237).

De início, considerando-se a *literalidade* do art. 1.830 da codificação privada e toda a orientação jurisprudencial no sentido de que a separação de fato põe fim ao regime de bens, o patrimônio do falecido deveria ser dividido em dois montes. O primeiro monte seria composto pelos bens adquiridos na constância fática do casamento. Sobre tais bens, somente o cônjuge teria direito de herança. A segunda massa de bens seria constituída pelos bens adquiridos durante a união estável. Quanto aos bens adquiridos onerosamente durante a união, a companheira teria direito à herança. Em relação aos bens adquiridos a outro título durante a união estável, o cônjuge teria direito à herança.

Deve ficar claro que a presente tese foi criada pelo então coautor, a quem se atribuíam todos os créditos da invenção. Reafirme-se que esse entendimento deveria prevalecer se aplicado o art. 1.830 do CC/2002 em sua integralidade e redação original. Essa solução representaria uma variação da terceira corrente doutrinária antes exposta, constante do Enunciado n. 525 da *V Jornada de Direito Civil*, diferenciando-se no sistema de atribuição dos bens ao cônjuge e ao companheiro. Pelo enunciado doutrinário, haveria concorrência entre ambos quanto aos bens adquiridos onerosamente durante a união estável. Pela solução que seguíamos, tais bens seriam todos do convivente.

Todavia, se seguida a correta interpretação proposta para o art. 1.830 do Código Civil, em uma *leitura idealizada*, segundo a qual o cônjuge somente terá direito sucessório se não separado de fato, somente o companheiro terá direitos sucessórios, na esteira do que entende a quarta corrente doutrinária antes exposta.

Com a decisão do Supremo Tribunal Federal, como visto, o art. 1.790 do Código Civil desaparece totalmente do sistema, devendo o companheiro ser incluído no art. 1.829 do Código Civil (STF, Recurso Extraordinário 878.694/MG, Tribunal Pleno, Rel. Min. Luís Roberto Barroso, j. 10.05.2017, *Informativo* n. *864* da Corte).

Sendo assim, aplicando-se a *literalidade* do art. 1.830 do Código Civil, a interpretação não se dá mais de forma conjugada com o art. 1.790 do CC. Sendo assim, das correntes anteriores e com a interpretação literal da primeira norma, parece prevalecer a solução antes dada por Euclides de Oliveira, de modo a se dividirem os bens, de forma igualitária, entre a esposa e a companheira. Repise-se, entretanto, que tal divisão será fonte de grande conflito, no caso concreto.

Quanto à *leitura idealizada* do art. 1.830 do CC, fica ela mantida, na essência, com a declaração de inconstitucionalidade do art. 1.790, com a atribuição de todos os bens à companheira. Todavia, passa ela a receber os bens na forma do que está descrito no art. 1.829, incisos I, II e III, da codificação material. Pontue-se que julgados estaduais têm aplicado o art. 1.830 do CC para a união estável. Assim, por exemplo:

> "Pretensão ao reconhecimento da convivência declarada em escritura pública de união estável e à manutenção no imóvel de propriedade do falecido. Impossibilidade. Inteligência do artigo 1.830 do Código Civil e artigo 7.º, parágrafo único, da Lei n.º 9278/96. Apelante que não convivia maritalmente com o *de cujus* à época do falecimento, mas exercia função de cuidadora. Circunstância comprovada nos autos" (TJSP, Apelação 0002405-12.2014.8.26.0101, Acórdão 11757841, 7.ª Câmara de Direito Privado, Caçapava, Rel. Des. José Rubens Queiroz Gomes, j. 28.08.2018, *DJESP* 23.10.2018, p. 1844).

Do Superior Tribunal de Justiça, no mesmo sentido, merece destaque, de 2024:

> "O direito sucessório do cônjuge ou do companheiro sobrevivente tem por pressuposto, por ocasião da abertura da sucessão, a subsistência ou a higidez da sociedade conjugal, no caso de casamento e, na hipótese de união estável, a existência efetiva de convivência com o *de cujus*. Como entidade familiar, a união estável é livre na sua constituição, ou seja, não existem aspectos formais para a sua configuração como acontece no casamento, ato eminentemente solene, sendo bastante o fato de os conviventes optarem por estabelecer a vida em comum, independentemente de qualquer formalidade. Dada a natureza acima de tudo informal da união estável, ela pode ser dissolvida por mero consenso entre os conviventes ou pela simples vontade de um deles sem necessitar, por vezes, de qualquer negócio jurídico entre eles ou decisão judicial, ao passo que o casamento exige, em alguns casos, indispensável intervenção do Poder Judiciário para que seja dissolvido. Para desfazer a união estável, em princípio, basta o rompimento de fato do vínculo existente entre os conviventes, como na hipótese dos autos, em que antes do óbito do autor da herança, a companheira já havia ajuizado ação de dissolução de união estável (17/11/2010) e já havia obtido medida protetiva em seu favor para salvaguardar sua integridade física, revelando o seu efetivo ânimo de quebrar a vida em comum havida anteriormente entre eles. Para que o companheiro sobrevivente ostente a qualidade de herdeiro, a união estável deve subsistir até a morte do outro parceiro, não podendo haver entre eles a ruptura da vida em comum, existindo a convivência na posse do estado de casados. No caso, a recorrente postulou a dissolução da união estável, antes do óbito do seu companheiro" (STJ, REsp 1.990.792/RS, 3.ª Turma, Rel. Min. Moura Ribeiro, j. 20.08.2024, *DJe* 22.08.2024).

Eis mais um assunto delicado, polêmico e complexo do Direito Sucessório brasileiro, mantida a divergência com a decisão do STF, que o Projeto de Reforma do Código Civil pretende resolver, com a nova redação que é dada ao art. 1.830, a saber: "somente é reconhecido direito sucessório ao cônjuge ou ao convivente sobrevivente se, ao tempo da morte do outro, não estavam separados de fato, judicial ou extrajudicialmente". Mais uma vez, como se pode notar, a proposta é irretocável, trazendo certeza e segurança jurídica para o Direito Sucessório Brasileiro.

Encerrando o tópico, como bem ensina Zeno Veloso, "estamos longe de ter a completa elucidação do problema que, no momento presente, está impregnado de perplexidade, confusão. Só a jurisprudência, mansa e pacífica, dará a palavra final. E vale registrar a ponderação de Eduardo de Oliveira Leite (*Comentários ao novo Código Civil*;

do direito das sucessões, cit., v. 21, p. 230) de que, nesta questão, não se pode cair no perigoso radicalismo dos excessos, do tipo 'tudo para o cônjuge, nada ao companheiro', ou vice-versa, evitando-se medidas extremas, quase sempre injustas" (VELOSO, Zeno. *Direito*..., 2010, p. 97). Acompanharemos novas posições sobre o assunto, especialmente do Superior Tribunal de Justiça e da jurisprudência estadual, até que a lei seja alterada.

2.13.6 Do direito real de habitação do companheiro

Outra questão controvertida a respeito da sucessão do companheiro se refere ao direito real de habitação sobre o imóvel do casal, eis que o Código Civil de 2002 não o consagra expressamente em qualquer um dos seus dispositivos. Como dito, não houve qualquer menção a esse direito na tese final extraída da decisão do STF (STF, Recurso Extraordinário 878.694/MG, Tribunal Pleno, Rel. Min. Luís Roberto Barroso, j. 10.05.2017). Há apenas menção a esse direito no corpo do voto do relator, para quem não se justificaria negá-lo ao companheiro ou convivente.

No Projeto de Reforma do Código Civil, elaborado pela Comissão de Juristas, como visto, pretende-se resolver de forma definitiva mais essa polêmica, incluindo-se expressamente o convivente na regra relativa ao direito real de habitação do cônjuge (art. 1.830), de forma unificada.

De todo modo, no sistema ainda em vigor, mais uma vez, duas são as correntes doutrinárias concernentes ao assunto, retiradas da versão mais atualizada *tabela doutrinária* do Professor Francisco Cahali (*Direito*..., 2012, p. 227-228).

Para uma *primeira vertente*, o companheiro não teria o citado direito real de habitação, o que é defendido por Flávio Augusto Monteiro de Barros, Francisco José Cahali, Inácio de Carvalho Neto, Mário Roberto Carvalho de Faria e Mário Luiz Delgado, expressamente na citada *tabela*. Argumentava-se que o legislador fez *silêncio eloquente*, não pretendendo tratar desse direito, pois não quis incluí-lo, como doutrina Francisco Cahali.

Essa também *era* a posição de Mário Delgado. No entanto, conforme mensagem eletrônica enviada a mim, em janeiro de 2014, o último jurista passou a se posicionar pela existência do direito real de habitação do companheiro, filiando-se à segunda corrente. Nesse sentido, vejamos as palavras do doutrinador, que teve atuação no processo de elaboração do Código Civil de 2002, como assessor do então Deputado Ricardo Fiuza:

> "Em um primeiro momento adotamos a segunda interpretação, entendendo que, no caso do nosso Código Civil, o que houve foi um silêncio eloquente do legislador, não havendo nenhuma possibilidade de se pugnar pela sobrevivência do art. 7.º da Lei n. 9.278, salvo no tocante às sucessões abertas antes de 11 de janeiro de 2003. Entretanto, revisitamos o nosso ponto de vista, especialmente depois das reiteradas manifestações de nossas cortes superiores a favor de uma quase equiparação entre casamento e união estável em matéria de direitos e obrigações. E na linha do que vem decidindo o Supremo Tribunal Federal, a exemplo da possibilidade de casamento e de união estável entre pessoas do mesmo sexo, aderimos à corrente dos que entendem possível sustentar a aplicação analógica do art. 1.831 à união estável, estendendo, ao companheiro, em idênticas condições, o mesmo direito real de habitação assegurado ao cônjuge sobrevivente".

Como outro argumento para a não existência do direito real de habitação do companheiro, sempre se afirmou, como fazia Flávio Augusto Monteiro de Barros, que houve revogação tácita de todos os preceitos materiais que não foram incorporados pelo Código Civil de 2002, na linha de uma *leitura ao contrário* do seu art. 2.043, importante norma de direito intertemporal, *in verbis*: "até que por outra forma se disciplinem, continuam em vigor as disposições de natureza processual, administrativa ou penal, constantes de leis cujos preceitos de natureza civil hajam sido incorporados a este Código". Para o professor paulista, como a Lei 9.278/1996 teve vários preceitos relativos à união estável incorporados pelo Código Civil, com exceção do seu art. 7.º, parágrafo único, que tratava do direito real de habitação do companheiro, não persiste mais o último dispositivo (BARROS, Flávio Augusto Monteiro de. *Manual*..., 2006, v. 4, p. 216).

Alguns poucos julgados seguiam tal modo de pensar o direito sucessório do companheiro, não contando com meu apoio e da maioria da doutrina (cite-se: TJSP, Apelação 991.06.028671-7, Acórdão 4621644, 22.ª Câmara de Direito Privado, São Paulo, Rel. Des. Campos Mello, j. 26.07.2010, *DJESP* 12.08.2010; e TJSP, Apelação com Revisão 473.746.4/4, Acórdão 4147571, 7.ª Câmara de Direito Privado B, Fernandópolis, Rel. Des. Daise Fajardo Nogueira Jacot, j. 27.10.2009, *DJESP* 10.11.2009).

Com o devido respeito a quem pensa de forma contrária, apesar do suposto *silêncio* do legislador, venceu o entendimento pela manutenção de tal direito sucessório. Nesse sentido, o Enunciado n. 117 do CJF/STJ, da *I Jornada de Direito Civil*, com o seguinte texto: "o direito real de habitação deve ser estendido ao companheiro, seja por não ter sido revogada a previsão da Lei n. 9.278/1996, seja em razão da interpretação analógica do art. 1.831, informado pelo art. 6.º, *caput*, da CF/1988".

Dois são os argumentos que constam do enunciado doutrinário em questão. O primeiro é que não houve a revogação expressa da Lei 9.278/1996, na parte que tratava do citado direito real de habitação (art. 7.º, parágrafo único). O segundo argumento, mais forte, é a prevalência do citado direito diante da proteção constitucional da moradia, retirada do art. 6.º da CF/1988, o que está em sintonia com o Direito Civil Constitucional e com a teoria do *patrimônio mínimo*, desenvolvida pelo Ministro Luiz Edson Fachin.

Esse modo de pensar sempre prevaleceu com largueza na doutrina nacional, devendo ser considerada como amplamente majoritária para os devidos fins práticos. Na sempre citada *tabela doutrinária* do Professor Francisco Cahali, assim deduzem Christiano Cassettari, Giselda Maria Fernandes Novaes Hironaka, Guilherme Calmon Nogueira da Gama, Gustavo René Nicolau, Jorge Fujita, José Fernando Simão, Luiz Paulo Vieira de Carvalho, Maria Berenice Dias, Maria Helena Diniz, Maria Helena Daneluzzi, Roberto Senise Lisboa, Rodrigo da Cunha Pereira, Rolf Madaleno, Sebastião Amorim, Euclides de Oliveira, Sílvio de Salvo Venosa e Zeno Veloso; além do presente autor.

Não era diferente a forma de julgar da jurisprudência majoritária, havendo numerosos julgados que concluem pela manutenção do direito real de habitação a favor do companheiro. De início, vejamos três ementas do Superior Tribunal de Justiça, que afastam qualquer debate a respeito de qual corrente prevalece na prática jurisdicional. O primeiro, mais recente, merece relevo pelo fato de afirmar a existência de um *silêncio não eloquente*:

"Direito civil. Sucessão. Direito real de habitação. Companheiro sobrevivente. Possibilidade. Vigência do art. 7.º da Lei n. 9.278/1996. Recurso improvido. 1. Direito real de habitação. Aplicação ao companheiro sobrevivente. Ausência de disciplina no Código Civil. Silêncio não eloquente. Princípio da especialidade. Vigência do art. 7.º da Lei n. 9.278/1996. Precedente: REsp 1.220.838/PR, Rel. Min. Sidnei Beneti, 3.ª Turma, j. 19.06.2012, *DJe* 27.06.2012. 2. O instituto do direito real de habitação possui por escopo garantir o direito fundamental à moradia constitucionalmente protegido (art. 6.º, *caput*, da CRFB). Observância, ademais, ao postulado da dignidade da pessoa humana (art. 1.º, III, da CRFB). 3. A disciplina geral promovida pelo Código Civil acerca do regime sucessório dos companheiros não revogou as disposições constantes da Lei 9.278/1996 nas questões em que verificada a compatibilidade. A legislação especial, ao conferir direito real de habitação ao companheiro sobrevivente, subsiste diante da omissão do Código Civil em disciplinar tal direito àqueles que convivem em união estável. Prevalência do princípio da especialidade. 4. Recurso improvido" (STJ, REsp 1.156.744/MG, 4.ª Turma, Rel. Min. Marco Buzzi, j. 09.10.2012, *DJe* 18.10.2012).

"União estável. 1) Direito real de habitação do cônjuge sobrevivente, na residência em que vivia o casal. Existência de outro imóvel residencial que não exclui esse direito. 2) Honorários advocatícios. Fixação por equidade. Majoração necessária. 3) Recurso especial conhecido e provido. 1. O direito real de habitação, assegurado, devido à união estável, ao cônjuge sobrevivente, pelo art. 7.º da Lei 9.278/1996, incide, relativamente ao imóvel em que residia o casal, ainda que haja mais de um imóvel residencial a inventariar. 2. Esta Corte admite a revisão de honorários, pelo critério da equidade (CPC, art. 20, § 4.º), quando o valor fixado destoa da razoabilidade, revelando-se irrisório ou exagerado, ocorrendo, no caso concreto, a primeira hipótese, pois estabelecidos em R$ 750,00, devendo ser majorados para R$ 10.000,00. Inviável conhecimento em parte para elevação maior pretendida, em respeito ao valor dado à causa pela autora. 3. Recurso especial conhecido, em parte, e nessa parte provido, reconhecendo-se o direito real de habitação, relativamente ao imóvel em que residia o casal quando do óbito, bem como elevando-se o valor dos honorários advocatícios" (STJ, REsp 1.220.838/PR, 3.ª Turma, Rel. Min. Sidnei Beneti, j. 19.06.2012, *DJe* 27.06.2012).

"Direito civil. Sucessões. Direito real de habitação do cônjuge supérstite. Evolução legislativa. Situação jurídica mais vantajosa para o companheiro que para o cônjuge. Equiparação da união estável. 1. O Código Civil de 1916, com a redação que lhe foi dada pelo Estatuto da Mulher Casada, conferia ao cônjuge sobrevivente direito real de habitação sobre o imóvel destinado à residência da família, desde que casado sob o regime da comunhão universal de bens. 2. A Lei n.º 9.278/1996 conferiu direito equivalente aos companheiros e o Código Civil de 2002 abandonou a postura restritiva do anterior, estendendo o benefício a todos os cônjuges sobreviventes, independentemente do regime de bens do casamento. 3. A Constituição Federal (artigo 226, § 3.º), ao incumbir o legislador de criar uma moldura normativa isonômica entre a união estável e o casamento, conduz também o intérprete da norma a concluir pela derrogação parcial do § 2.º do artigo 1.611 do Código Civil de 1916, de modo a equiparar a situação do cônjuge e do companheiro no que respeita ao direito real de habitação, em antecipação ao que foi finalmente reconhecido pelo Código Civil de 2002. 4. Recurso especial improvido" (STJ, REsp 821.660/DF, 3.ª Turma, Rel. Min. Sidnei Beneti, j. 14.06.2011, *DJe* 17.06.2011).

Acrescente-se, no mesmo sentido, a premissa número 8, publicada na ferramenta *Jurisprudência em Teses do STJ*, que trata da união estável (Edição n. 50, de 2016), com o seguinte teor: "o companheiro sobrevivente tem direito real de habitação sobre o imóvel no qual convivia com o falecido, ainda que silente o art. 1.831 do atual Código Civil".

Nas Cortes Estaduais, do mesmo modo, são encontrados vários arestos que julgam pela prevalência desse direito real de habitação do companheiro (ver, por todos: TJDF, Recurso 2013.00.2.020205-2, Acórdão 739.646, 5.ª Turma Cível, Rel. Des. João Egmont, *DJDFTE* 03.12.2013, p. 230; TJSP, Agravo de Instrumento 0097922-90.2013.8.26.0000, Acórdão 7187911, 7.ª Câmara de Direito Privado, São Paulo, Rel. Des. Miguel Brandi, j. 06.11.2013, *DJESP* 03.12.2013; TJMG, Apelação Cível 1.0024.09.586918-6/001, Rel. Des. Alberto Vilas Boas, j. 16.07.2013, *DJEMG* 24.07.2013; TJPR, Apelação Cível 0811723-1, 12.ª Câmara Cível, Apucarana, Rel. Juiz Conv. Benjamin Acacio de Moura e Costa, *DJPR* 19.04.2013, 226; TJSP, Agravo de Instrumento 0151129-38.2012.8.26.0000, Acórdão 6365220, 7.ª Câmara de Direito Privado, Ribeirão Preto, Rel. Des. Luiz Antonio Costa, j. 28.11.2012, *DJESP* 11.01.2013; TJSP, Agravo de Instrumento 990.10.007582-9, Acórdão 4569452, 1.ª Câmara de Direito Privado, Araçatuba, Rel. Des. De Santi Ribeiro, j. 29.06.2010, *DJESP* 28.07.2010; TJRS, Apelação Cível 70029616836, 7.ª Câmara Cível, Porto Alegre, Rel. Des. André Luiz Planella Villarinho, j. 16.12.2009, *DJERS* 06.01.2010, p. 35; TJDF, Recurso 2006.08.1.007959-5, Acórdão 355.521, 6.ª Turma Cível, Rel. Des. Ana Maria Duarte Amarante Brito, *DJDFTE* 13.05.2009, p. 145; TJSP, Apelação 573.553.4/2, Acórdão 4005883, 4.ª Câmara de Direito Privado, Guarulhos, Rel. Des. Ênio Santarelli Zuliani, j. 30.07.2009, *DJESP* 16.09.2009; TJSP, Apelação com Revisão 619.599.4/5, Acórdão 3692033, 6.ª Câmara de Direito Privado, São Paulo, Rel. Des. Percival Nogueira, j. 18.06.2009, *DJESP* 14.07.2009).

Aprofunde-se que a decisão do STF sobre a inconstitucionalidade do art. 1.790 do CC/2002 não fez qualquer referência quanto ao direito real de habitação do companheiro na sua tese final, para os fins de repercussão geral. O mesmo não ocorreu no julgamento dos embargos de declaração opostos pelo IBDFAM, em outubro de 2018, que rejeitou a omissão no acórdão a respeito do tema, pois não foi ventilada na demanda a aplicação do art. 1.831 do Código Civil para a união estável.

Todavia, o voto do Ministro Barroso analisa a atribuição desse direito pela Lei 9.278/1996 e o tratamento dado pelo Código Civil. Conforme o Relator, "o CC/2002 não previu direito real de habitação para o companheiro, embora o tenha feito para o cônjuge (art. 1.831, CC/2002). Passou-se, então, a debater se o companheiro ainda teria esse direito com base na Lei n.º 9.278/1996 ou se ele teria sido revogado pelo novo Código Civil. O mais curioso é que, relativamente ao direito real de habitação do cônjuge, o CC/2002 incorporou os requisitos mais brandos que a Lei n.º 9.278/96 previa para as uniões estáveis. Ou seja, melhorou a situação do cônjuge, dando a ele os direitos atribuídos ao companheiro, mas nada disse em relação a este último" (STF, Recurso Extraordinário 878.694/MG, Tribunal Pleno, Rel. Min. Luís Roberto Barroso, j. 10.05.2017, com repercussão geral e com maiorias de votos).

Assim, pelo texto transcrito, penso que o que se pode extrair é que o companheiro deve ter o citado direito real reconhecido, na linha da posição anterior da doutrina e da jurisprudência. Esse, portanto, é o entendimento a ser considerado, para os devidos fins práticos.

Contudo, parece permanecer o grande desafio em saber os limites ou a amplitude do direito real de habitação do companheiro, especialmente se confrontado com o direito real de habitação do cônjuge, antes estudado. Há diferenças substanciais de redação entre o art. 7.º, parágrafo único, da Lei 9.278/1996 e o art. 1.831 do Código Civil, conforme tabela a seguir, devidamente anotada:

Art. 1.831 do Código Civil. **Direito real de habitação do cônjuge.**	Art. 7.º, parágrafo único, da Lei 9.278/1996. **Direito real de habitação do companheiro.**
"Ao cônjuge sobrevivente, qualquer que seja o regime de bens, será assegurado, sem prejuízo da participação que lhe caiba na herança, o direito real de habitação relativamente ao imóvel destinado à residência da família, desde que seja o único daquela natureza a inventariar." O imóvel deve ser destinado à residência do casal, sendo o único dessa natureza a inventariar. Como visto, o imóvel deve ser de propriedade de ambos os cônjuges ou somente do falecido. Não há menção expressa à sua extinção caso o cônjuge constitua nova família, tema que é debatido pela doutrina.	"Dissolvida a união estável por morte de um dos conviventes, o sobrevivente terá direito real de habitação, enquanto viver ou não constituir nova união ou casamento, relativamente ao imóvel destinado à residência da família." Não há menção de quem seja o proprietário do bem imóvel, para que o direito seja reconhecido. Também não há previsão a respeito de sua unicidade. Exige-se apenas que o imóvel seja destinado para a residência da família. Se o companheiro constituir nova família, o direito é extinto, pelo que consta expressamente no texto legal.

Com a decisão do Supremo Tribunal Federal, o direito real de habitação do companheiro deve ser igualado ao do cônjuge, nos termos do art. 1.831 do Código Civil? A resposta parece ser positiva, pela essência do voto do Ministro Barroso, no acórdão sobre a repercussão geral sobre o tema. Porém, será necessário aguardar novas posições doutrinárias e jurisprudenciais sobre o assunto.

Desse modo, mantida a tabela, como se percebe da comparação elaborada, não há qualquer menção se o direito real de habitação do companheiro persiste ou não se o imóvel for de terceiro, caso de um filho do falecido ou de um sobrinho.

Imagine-se a situação fática bem comum de um filho abastado que cede em comodato um imóvel de sua propriedade para a residência de sua mãe, que tem um companheiro, obviamente que não é pai do comodante. No caso de falecimento da mãe do comodante, o direito real de habitação será reconhecido para o seu companheiro? Em uma interpretação literal, a resposta poderia ser positiva. Os julgados a seguir seguem tal caminho, não fazendo qualquer ressalva, além dos termos legais, para o reconhecimento do direito real:

> "Ação de imissão na posse. Imóvel inventariado. Propriedade dos herdeiros da companheira. Direito real de habitação. União estável reconhecida. Direito do companheiro supérstite. Posse indireta legítima, justa e fundada. Na ação de imissão na posse cabe ao proprietário/autor demonstrar que o exercício de fato da posse pela parte demandada ocorre de forma injusta. A posse indireta respaldada no direito de propriedade não anula a posse direta fundada no direito real de habitação. O direito real de habitação pode ser invocado como defesa na ação de imissão na posse e sua constituição e exercício independem de registro público. O direito real de habitação é conferido tanto ao cônjuge casado quanto ao companheiro, com fulcro no art. 7.º, parágrafo único, da Lei n.º 9.278/1996, no art. 226, § 3.º, da Constituição Federal e no direito social à moradia. Recurso não provido" (TJMG, Apelação Cível 0298999-11.2009.8.13.0144, 4.ª Câmara Cível, Carmo do Rio Claro, Rel. Des. Heloisa Combat, j. 20.10.2011, *DJEMG* 09.11.2011).

"Civil e processual civil. Apelação cível. Imissão de posse julgada improcedente. Imóvel pertencente à companheira falecida. Direito real de habitação assegurado ao companheiro sobrevivente enquanto viver ou não constituir nova união ou casamento. Aplicação do parágrafo único do art. 7.º da Lei n.º 9.278/1996. Configuração dos requisitos legais. Companheiro supérstite que não contraiu casamento. Direito do companheiro que se sobrepõe ao direito de imissão na posse dos herdeiros legais. Conhecimento e desprovimento do recurso. 1. Continua válido, no ordenamento jurídico brasileiro, o parágrafo único do art. 7.º da Lei n.º 9.278/1996, que assegura ao companheiro sobrevivente da relação estável o direito real de habitação no imóvel que residia com a falecida. 2. Deve ser reconhecido o direito do companheiro supérstite de permanecer morando na habitação do casal, desde que não contraia nova união ou casamento" (TJRN, Apelação Cível 2011.002237-8, 2.ª Câmara Cível, Natal, Rel. Des. Aderson Silvino, *DJRN* 08.06.2011, p. 123).

Por outra via, podem ser encontrados acórdãos que concluem de forma diversa, como o seguinte do Superior Tribunal de Justiça, que afastou o direito real de habitação da companheira pelo fato de o imóvel ser também da propriedade de outros doze irmãos do falecido companheiro:

"Direito das sucessões. Recurso especial. Sucessão aberta anteriormente à vigência do Código Civil de 2002. Companheira sobrevivente. Direito real de habitação não reconhecido no caso concreto. 1. Em matéria de direito sucessório, a Lei de regência é aquela referente a data do óbito. Assim, é de se aplicar ao caso a Lei n. 9.278/1996, uma vez que o Código Civil ainda não havia entrado em vigor quando do falecimento do companheiro da autora, ocorrido em 19.10.2002. 2. Não há direito real de habitação se o imóvel no qual os companheiros residiam era propriedade conjunta do falecido e de mais doze irmãos. 3. O direito real à habitação limita os direitos de propriedade, porém quem deve suportar tal limitação são os herdeiros do *de cujus*, e não quem já era proprietário do imóvel antes do óbito e havia permitido sua utilização a título de comodato. 4. Recurso especial não provido" (STJ, REsp 1.212.121/RJ, 4.ª Turma, Rel. Min. Luis Felipe Salomão, *DJE* 18.12.2013).

No mesmo sentido, o seguinte julgado, do sempre citado Tribunal de Justiça do Rio Grande do Sul:

"Apelação cível. Ação declaratória de união estável *post mortem*. Manutenção do marco inicial delimitado na origem. Reconhecimento do direito real de habitação em favor da convivente sobrevivente. Inviabilidade, no caso. 1. O conjunto probatório carreado aos autos não autoriza o reconhecimento de que o relacionamento mantido pela autora e o *de cujus* assumiu os contornos de uma entidade familiar no ano de 2007, devendo ser mantido o marco inicial reconhecido na origem. 2. Inviável, no caso, o reconhecimento do direito real de habitação em favor da companheira sobrevivente, pois o imóvel que servia de residência ao casal não pertencia exclusivamente ao companheiro falecido, não sendo viável privar os demais coproprietários (que não são partes) da fruição dos atributos ínsitos à propriedade. Apelo desprovido, por maioria" (TJRS, Apelação Cível 351482-50.2013.8.21.7000, 8.ª Câmara Cível, Porto Alegre, Rel. Des. Ricardo Moreira Lins Pastl, j. 14.11.2013, *DJERS* 10.12.2013).

Na linha do que outrora foi exposto quando do estudo do direito real de habitação do cônjuge, entendo que como o instituto visa à tutela do direito fundamental à moradia, estampado no art. 6.º da Constituição da República, sempre demanda análise caso a caso. Se, eventualmente, o companheiro sobrevivente estiver em situação de total desamparo quanto à moradia, o direito de habitação lhe deve ser atribuído. Se ele possuir pelo menos um imóvel, não há de merecer tutela. O mesmo deve ser dito se os outros herdeiros tiverem a premente necessidade de inclusão de seu direito à residência, hipótese em que se deve afastar o direito do companheiro.

Em complemento, *a priori*, sendo o imóvel de terceiro, não há que reconhecer o direito real de habitação do companheiro, a não ser nos casos de patente necessidade, aqui relatados. Como regra, para que o direito real de habitação do convivente seja amparado, o imóvel deve ser de ambos ou do falecido, assim como ocorre com o tratamento relativo ao cônjuge. Cabe anotar que o antigo Projeto Fiuza pretendia incluir um parágrafo único no art. 1.790 do Código Civil, reconhecendo expressamente o direito real de habitação do convivente, nos mesmos moldes limitativos daquele que é reconhecido ao cônjuge.

Pela proposição, que contava com a minha concordância parcial, o dispositivo seria assim redigido: "ao companheiro sobrevivente, enquanto não constituir nova união ou casamento, será assegurado, sem prejuízo da participação que lhe caiba na herança, o direito real de habitação relativamente ao imóvel destinado à residência da família, desde que seja o único daquela natureza a inventariar". Todavia, com a decisão do STF e a declaração de inconstitucionalidade do art. 1.790, penso que tal proposição está agora prejudicada, ainda mais se a tendência for de concentrar tanto o direito real de habitação do cônjuge como o do companheiro na regra do art. 1.830 do Código Civil.

Com propostas melhores, no atual Projeto de Reforma do Código Civil, elaborado pela Comissão de Juristas nomeada no Senado Federal, reitero, pretende-se resolver mais essa divergência, incluindo-se expressamente o convivente na regra relativa ao direito real de habitação do cônjuge (art. 1.830), de forma unificada. Em complemento, o seu § 2.º preverá que "cessa o direito quando qualquer um dos titulares do direito à habitação tiver renda ou patrimônio suficiente para manter sua respectiva moradia, ou quando constituir nova família". Com isso, mais um problema que surge constantemente na prática será solucionado, em prol da simplificação do sistema sucessório brasileiro, hoje complexo e até caótico.

De toda sorte, estas são as grandes dificuldades práticas relativas ao instituto, que ainda gera dúvidas e controvérsias na prática do Direito das Sucessões. Contudo, não é só. Vejamos mais um tema polêmico no próximo tópico.

2.13.7 Os direitos sucessórios do concubino e o problema das uniões estáveis plúrimas

Como é notório, o concubinato não é reconhecido como entidade familiar pelo Direito Civil Brasileiro, matéria que foi tratada no Volume 5 desta coleção e que aqui deve ser retomada, pois de especial relevância para a sucessão legítima. Nos termos do art. 1.727 do Código Civil brasileiro, as relações não eventuais, estabelecidas entre pessoas impedidas de casar, constituem concubinato.

Como se retira da última norma, o parâmetro inicial para a configuração do concubinato é o art. 1.521 da própria codificação material, que elenca os impedimentos do casamento, nas seguintes hipóteses: *a)* havendo parentesco consanguíneo na linha reta, até o infinito; *b)* presente o parentesco consanguíneo colateral até o terceiro grau, inclusive, exceção feita para os tios e sobrinhos, se uma junta médica apontar que não há risco biológico à prole, nos termos do Decreto-lei 3.200/1941; *c)* existindo parentesco por afinidade na linha reta, até o infinito, caso da sogra e do genro, do padrasto e da enteada; *d)* se presente vínculo de adoção, nos mesmos moldes do parentesco consanguíneo; *e)* se a pessoa for casada; *f)* se houver a condenação pelo cometimento de crime de homicídio ou tentativa de homicídio, não podendo o outro cônjuge se casar contra o condenado pelo atentado contra o consorte.

A respeito do inciso VI do art. 1.521, ressalve-se a situação da pessoa casada que seja separada, de fato, judicial ou extrajudicialmente, nos termos do que consta do art. 1.723, § 1.º, do CC/2002, lido de forma atualizada com a Lei 11.441/2007 e com o art. 733 do CPC/2015, pois é possível, em casos tais, a constituição de uma união estável.

O exemplo típico de concubinato é do sujeito casado que tem uma amante, havendo um *concubinato impuro*, ou concubinato em sentido estrito (*stricto sensu*), segundo é retirado das páginas da doutrina. O Professor Villaça utiliza para tal hipótese a expressão *concubinato adulterino*. Nas situações de concubinato entre pessoas que estão impedidas de casar, diante de impedimentos decorrentes do parentesco, o concubinato é denominado *incestuoso*. Ainda, se a pessoa tiver outra união de fato, o concubinato é chamado de *desleal* (AZEVEDO, Álvaro Villaça. *Estatuto...*, 2002, p. 460). De toda sorte, prefiro adotar somente o termo *concubinato* para os casos elencados, pois a união estável não pode ser mais chamada de *concubinato puro*, o que causa confusão. Ademais, o art. 1.727 do Código Civil não emprega qualquer adjetivação para a categoria ali tratada.

Em resumo, estará caracterizado o concubinato nas seguintes hipóteses, conforme desenvolvido no Volume 5 desta coleção:

- Se um ou ambos os concubinos forem casados não separados (de fato, extrajudicial ou judicialmente) – art. 1.521, inc. VI, com exceção da previsão do art. 1.723, § 1.º, do CC. Cumpre lembrar, mais uma vez, que a norma deve ser lida com ressalvas, a partir da Emenda Constitucional 66/2010, no sentido de ter sido retirada do sistema jurídico nacional a separação de direito ou jurídica, que abrange a separação judicial e a extrajudicial. Como antes pontuada, essa posição foi adotada pelo STF em novembro de 2023, em julgamento com repercussão geral e com a seguinte tese, que sempre teve o meu apoio: "Após a promulgação da EC 66/10, a separação judicial não é mais requisito para o divórcio, nem subsiste como figura autônoma no ordenamento jurídico. Sem prejuízo, preserva-se o estado civil das pessoas que já estão separadas por decisão judicial ou escritura pública, por se tratar de ato jurídico perfeito" (STF, RE 1.167.478/RJ, Tribunal Pleno, Rel. Min. Luiz Fux, j. 08.11.2023 – Tema 1.053).
- Se os concubinos tiverem entre si impedimentos decorrentes de parentesco consanguíneo (ascendentes e descendentes ou irmãos). Não se aplica o impedimento entre colaterais de terceiro grau (tios e sobrinhos), se não houver risco à prole (interpretação sistemática, à luz do Decreto-lei 3.200/1941 e do Enunciado n. 98 do CJF/STJ) – art. 1.521, incs. I e IV, do CC.
- Se os concubinos tiverem entre si impedimentos decorrentes de adoção – art. 1.521, incs. III e V, do CC.

- Se os concubinos tiverem entre si impedimentos decorrentes de parentesco por afinidade (sogra e genro, sogro e nora, padrasto e enteada, madrasta e enteado) – art. 1.521, inc. II, do CC.
- Se os concubinos tiverem entre si impedimento decorrente de crime – art. 1.521, inc. VII, do CC.

Deve ficar claro que não se trata de aplicação de tais impedimentos por analogia, o que seria vedado, pois a norma do art. 1.521 do CC/2002 é restritiva da autonomia privada e de exceção. Na verdade, são os próprios arts. 1.723 e 1.727 do Código Civil que determinam a incidência dos impedimentos decorrentes do casamento com exceção, logicamente, da previsão do caso do separado de fato ou juridicamente (art. 1.723, § 1.º, do CC), apesar da falta de previsão expressa no próprio art. 1.727.

Pois bem, o concubinato, antigamente denominado *impuro*, e, atualmente apenas de *concubinato*, não é entidade familiar, mas mera sociedade de fato, segundo o entendimento que prevalece no Direito Privado Brasileiro. Aplica-se a antiga Súmula 380 do Supremo Tribunal Federal, tendo direito o concubino à participação nos bens adquiridos pelo esforço comum. A competência para apreciar questões envolvendo esse concubinato é da Vara Cível, não da Vara da Família, eis que não se trata de uma família, frise-se. A ação correspondente é denominada *ação de reconhecimento e dissolução de sociedade de* fato (pelo procedimento comum, antigo rito ordinário), nome este que não pode ser utilizado para a ação relacionada com a união estável.

Por óbvio que o concubino não tem direito a alimentos, direito à meação e, especialmente, a direitos sucessórios, porque não se trata de uma entidade familiar ou de uma união estável, por interpretação literal das normas sobre o tema. Assim, no tratamento da matéria não houve qualquer impacto da recente decisão do STF, sobre a inconstitucionalidade do art. 1.790 do CC.

Nesse sentido, de afastamento da existência de uma união estável, tem decidido o Superior Tribunal de Justiça por reiteradas vezes, cabendo trazer à colação os seguintes arestos:

> "Sociedade de fato entre concubinos. Homem casado. Dissolução judicial. Admissibilidade. É admissível a pretensão de dissolver a sociedade de fato, embora um dos concubinos seja casado. Tal situação não impede a aplicação do princípio inscrito na Súmula 380/STF. Recurso especial conhecido e provido" (STJ, REsp 5.537/PR, 3.ª Turma, Rel. Min. Waldemar Zveiter, Rel. p/ acórdão Min. Nilson Naves, j. 28.06.1991, *DJ* 09.09.1991, p. 12.196).

> "Concubinato. Sociedade de fato. Direito das obrigações. 1. Segundo entendimento pretoriano, na sociedade de fato entre concubinos, é, para as consequências jurídicas que lhe decorram das relações obrigacionais, irrelevante o casamento de qualquer deles, sobretudo, porque a censurabilidade do adultério não pode justificar que se locuplete com o esforço alheio, exatamente aquele que o pratica. 2. Recurso não conhecido" (STJ, REsp 229.069/SP, 4.ª Turma, Rel. Min. Fernando Gonçalves, j. 26.04.2005, *DJ* 16.05.2005, p. 351).

> "Direito civil. Recurso especial. Reconhecimento e dissolução de sociedade de fato c/c partilha de bens e indenizatória. Arts. 513, 524, 1.177 e 1.572 do CC/1916. Ausência de prequestionamento. Súmula 356/STF. Prescrição vintenária. Art. 177, 1.ª parte, do CC/1916. Ação de natureza pessoal. Sociedade de fato. Companheiro casado. Possibilidade. Súmula

83/STJ. Dissídio pretoriano não comprovado. 2. Encontrando-se o v. acórdão impugnado em consonância com a jurisprudência desta Corte, no sentido da possibilidade do reconhecimento e dissolução de sociedade de fato quando se tratar de pessoa casada, aplica-se a Súmula 83/STJ (cf. REsp 362.743/PB, 257.115/RJ, 195.157/ES). (...) 4. Possuindo a Ação de Reconhecimento e Dissolução de Sociedade de Fato c/c Partilha de Bens e Indenizatória natureza pessoal, o prazo prescricional é de 20 (vinte) anos, a contar da ruptura da vida em comum, de acordo com o art. 177, 1.ª parte, do Código Civil de 1916. 5. Precedente (REsp 79.818/SP). 6. Recurso não conhecido" (STJ, REsp 418.910/DF, 4.ª Turma, Rel. Min. Jorge Scartezzini, j. 09.11.2004, *DJ* 06.12.2004, p. 317).

Justamente para afastar dúvidas, ressalte-se que o antigo Projeto Ricardo Fiuza, o PL 6.960/2002, pretendia alterar o art. 1.727 do CC/2002 e introduzir outras previsões, que ficariam com a seguinte redação: "Art. 1.727. As relações não eventuais entre o homem e a mulher, impedidos de casar e que não estejam separados de fato, constituem concubinato, aplicando-se a este, mediante comprovação da existência de sociedade de fato, as regras do contrato de sociedade. Parágrafo único. As relações meramente afetivas e sexuais, entre o homem e a mulher, não geram efeitos patrimoniais, nem existenciais"; "Art. 1.727-A. As disposições contidas nos artigos anteriores (1.723 a 1.727) aplicam-se, no que couber, às uniões fáticas, de pessoas capazes, que vivam em economia comum, de forma pública e notória, desde que não contrariem as normas de ordem pública e os bons costumes". Pontue-se que a última proposição abriria a possibilidade de reconhecer a união de pessoas do mesmo sexo, o que acabou sendo superado pela jurisprudência superior aqui exposta e analisada.

As temáticas do concubinato e da união estável têm sido tratadas amplamente, tanto pelo Supremo Tribunal Federal quanto pelo Superior Tribunal de Justiça. Entra em cena o debate acerca da possibilidade de reconhecimento das *famílias simultâneas*, seja a existência de duas ou mais uniões estáveis concomitantes, seja a união estável concorrendo com o casamento. Caso haja tal reconhecimento, abre-se a possibilidade de reconhecer direitos sucessórios em hipóteses fáticas tais, o que, atualmente, não seria possível, pela *letra fria da lei*.

O Supremo Tribunal Federal, em caso rumoroso, analisou tal problema jurídico no caso de um sujeito que tinha duas uniões concomitantes – um casamento e uma união estável –, em que ambas as mulheres requeriam pensão previdenciária do falecido. O interessante da situação em julgamento é que o falecido nunca se separou de fato da esposa. Assim, era casado de fato e de direito, e com a esposa tinha 11 filhos, mas mantinha relação duradoura de 37 anos com outra mulher da qual nasceram 9 filhos (STF, RE 397.762-8/BA, j. 03.06.2008). Na hipótese fática descrita, o Relator Ministro Marco Aurélio Mello assim decidiu:

"É certo que o atual Código Civil versa, ao contrário do anterior, de 1916, sobre a união estável, realidade a consubstanciar o núcleo familiar. Entretanto, na previsão, está excepcionada a proteção do Estado quando existente impedimento para o casamento relativamente aos integrantes da união, sendo que, se um deles é casado, o estado civil deixa de ser óbice quando verificada a separação de fato. A regra é fruto do texto constitucional e, portanto, não se pode olvidar que, ao falecer, o varão encontrava-se na chefia da família oficial, vivendo com a esposa. O que se percebe é que houve envolvimento forte (...) projetado no tempo – 37 anos – dele surgindo prole numerosa – 9 filhos – mas que não surte efeitos jurídicos ante a ilegitimidade, ante o fato de o companheiro ter mantido casamento, com quem contraíra núpcias e tivera 11 filhos. Abandone-se a tentação de implementar o que poderia ser tido como uma justiça salomônica, porquanto a segurança jurídica pressupõe respeito às balizas legais, à obediência irrestrita às balizas constitucionais. No caso, vislumbrou-se união estável, quando na verdade, verificado simples concubinato, conforme pedagogicamente previsto no art. 1.727 do CC".

No entanto, em sentido divergente, o então Ministro Carlos Ayres Brito concluiu do seguinte modo:

> "Minha resposta é afirmativa para todas as perguntas. Francamente afirmativa, acrescento, porque a união estável se define por exclusão do casamento civil e da formação da família monoparental. É o que sobra dessas duas formatações, de modo a constituir uma terceira via: o *tertium genus* do companheirismo, abarcante assim dos casais desimpedidos para o casamento civil, ou, reversamente, ainda sem condições jurídicas para tanto. Daí ela própria, Constituição, falar explicitamente de 'cônjuge ou companheiro' no inciso V do seu art. 201, a propósito do direito a pensão por parte de segurado da previdência social geral. 'Companheiro' como situação jurídico-ativa de quem mantinha com o segurado falecido uma relação doméstica de franca estabilidade ('união estável'). Sem essa palavra azeda, feia, discriminadora, preconceituosa, do *concubinato*. Estou a dizer: não há concubinos para a Lei Mais Alta do nosso país, porém casais em situação de companheirismo. Até porque o concubinato implicaria discriminar os eventuais filhos do casal, que passariam a ser rotulados de 'filhos concubinários'. Designação pejorativa, essa, incontornavelmente agressora do enunciado constitucional de que 'Os filhos, havidos ou não da relação do casamento, ou por adoção, terão os mesmos direitos e qualificações, proibidas quaisquer designações discriminatórias relativas à filiação' (§ 6.º do art. 227). 13. Com efeito, à luz do Direito Constitucional brasileiro, o que importa é a formação, em si, de um novo e duradouro núcleo doméstico. A concreta disposição do casal para construir um lar com um subjetivo ânimo de permanência que o tempo objetivamente confirma. Isto é família, pouco importando se um dos parceiros mantém uma concomitante relação sentimental *a dois*. No que *andou bem* a nossa Lei Maior, ajuízo, pois ao Direito não é dado sentir ciúmes pela parte supostamente traída, sabido que esse órgão chamado coração '*é terra que ninguém nunca pisou*'. Ele, coração humano, a se integrar num contexto empírico da mais entranhada privacidade, perante a qual o Ordenamento Jurídico somente pode atuar como instância protetiva. Não censora ou por qualquer modo embaraçante (...) 17. No caso dos presentes autos, o acórdão de que se recorre tem lastro factual comprobatório da estabilidade da relação de companheirismo que mantinha a parte recorrida com o *de cujus*, então segurado da previdência social. Relação amorosa de que resultou filiação e que fez da companheira uma dependente econômica do seu então parceiro, de modo a atrair para a resolução deste litígio o § 3.º do art. 226 da Constituição Federal. Pelo que, também desconsiderando a relação de casamento civil que o então segurado mantinha com outra mulher, perfilho o entendimento da Corte Estadual para desprover, como efetivamente desprovejo, o excepcional apelo. O que faço com as vênias de estilo ao relator do feito, ministro Marco Aurélio".

Os Ministros Carlos Alberto Menezes Direito, Cármen Lúcia Antunes Rocha e Ricardo Lewandowski acompanharam o relator, sendo que essa orientação prevaleceu, ao final. Com o devido respeito aos Ilustres Julgadores, o Ministro Ayres Brito, na situação descrita e pelas peculiaridades do caso concreto, parece ter razão. Certamente a esposa sabia do relacionamento paralelo, aceitando-o por anos a fio. Sendo assim, deveria, naquela peculiar situação e do mesmo modo, aceitar a partilha dos direitos com a concubina, que deve ser tratada, no caso em análise, como companheira.

Pode até ser invocada a aplicação do princípio da boa-fé objetiva ao Direito de Família e das Sucessões, notadamente da máxima que veda o comportamento contraditório (*venire contra factum proprium non potest*). O comportamento contraditório está claro, uma vez que a esposa aceitou socialmente o relacionamento paralelo do marido. Sendo assim, igualmente deve concordar com a divisão de seus direitos em relação à outra mulher. O mesmo poderia ser dito quanto a outros bens sucessórios, caso de imóveis do falecido ou de dinheiro que ele tivesse deixado.

No que concerne ao Superior Tribunal de Justiça, igualmente tem-se entendido, na maioria dos julgados, pela impossibilidade do reconhecimento do paralelismo da união estável com o casamento, devendo a relação não oficial ser tratada como mero concubinato, a excluir totalmente os direitos sucessórios da concubina. A título de exemplo, a ilustrar e confirmar os julgados antes trazidos à colação:

> "Civil e processual civil. Recurso especial. Preliminares de ilegitimidade passiva, inépcia da inicial e impossibilidade jurídica do pedido afastadas. Ação de reconhecimento de união estável, sociedade de fato ou concubinato. Partilha de pensão previdenciária. Servidor público casado. Impossibilidade. Recurso especial provido. 1. Inexistindo vedação normativa explícita a que a concubina peça, em juízo, o reconhecimento jurídico de uma determinada situação para fins de recebimento de pensão previdenciária, a impossibilidade jurídica do pedido aventada pelo recorrente há de ser afastada. 2. Em princípio, a viúva titular da pensão previdenciária deixada pelo marido é parte legítima para figurar no polo passivo de ação movida pela concubina, visando ao rateio da verba. 3. Não se declara a nulidade do processo por ausência de intimação do órgão previdenciário, quando o mérito é decidido favoravelmente à recorrente. 4. Não é juridicamente possível conferir ao concubinato adulterino o mesmo tratamento da união estável. 5. 'A titularidade da pensão decorrente do falecimento de servidor público pressupõe vínculo agasalhado pelo ordenamento jurídico, mostrando-se impróprio o implemento de divisão a beneficiar, em detrimento da família, a concubina' (RE 590.779-1/ES; Rel. Min. Marco Aurélio, *DJ* 26.03.2009). 6. Recurso especial provido" (STJ, REsp 1.185.653/PE, 4.ª Turma, Rel. Min. Luis Felipe Salomão, j. 07.12.2010, *DJe* 1.º.03.2011).

> "Direito civil. Família. Recurso especial. Ação de reconhecimento de união estável. Casamento e concubinato simultâneos. Improcedência do pedido. A união estável pressupõe a ausência de impedimentos para o casamento, ou, pelo menos, que esteja o companheiro(a) separado de fato, enquanto que a figura do concubinato repousa sobre pessoas impedidas de casar. Se os elementos probatórios atestam a simultaneidade das relações conjugal e de concubinato, impõe-se a prevalência dos interesses da mulher casada, cujo matrimônio não foi dissolvido, aos alegados direitos subjetivos pretendidos pela concubina, pois não há, sob o prisma do Direito de Família, prerrogativa desta à partilha dos bens deixados pelo concubino. Não há, portanto, como ser conferido *status* de união estável à relação concubinária concomitante a casamento válido. Recurso especial provido" (STJ, REsp 931.155/RS, 3.ª Turma, Rel. Min. Nancy Andrighi, j. 07.08.2007, *DJ* 20.08.2007, p. 281).

De toda sorte, em 2015, surgiu julgado do Tribunal da Cidadania com solução muito interessante, reconhecendo alimentos em uma relação concubinária pelo fato de existirem justas expectativas geradas pelo seu pagamento durante muitos anos. Nos termos da sua ementa:

> "De regra, o reconhecimento da existência e dissolução de concubinato impuro, ainda que de longa duração, não gera o dever de prestar alimentos a concubina, pois a família é um bem a ser preservado a qualquer custo. Nada obstante, dada a peculiaridade do caso e em face da incidência dos princípios da dignidade e solidariedade humanas, há de se manter a obrigação de prestação de alimentos a concubina idosa que os recebeu por mais de quatro décadas, sob pena de causar-lhe desamparo, mormente quando o longo decurso do tempo afasta qualquer risco de desestruturação familiar para o prestador de alimentos. O acórdão recorrido, com base na existência de circunstâncias peculiaríssimas – ser a alimentanda septuagenária e ter, na sua juventude, desistido de sua atividade profissional para dedicar-se ao alimentante; haver prova inconteste da dependência econômica; ter o alimentante, ao longo dos quarenta anos em que perdurou o relacionamento amoroso, provido espontaneamente o sustento da alimentanda –, determinou que o recorrente voltasse a prover o sustento da recorrida. Ao assim decidir, amparou-se em interpretação que evitou solução absurda e manifestamente injusta do caso submetido à deliberação jurisprudencial" (STJ, REsp 1.185.337/RS, 3.ª Turma, Rel. Min. João Otávio de Noronha, j. 17.03.2015, *DJe* 31.03.2015).

Além da menção à proteção constante do Estatuto da Pessoa Idosa, parece-me que há certa fundamentação na boa-fé, especialmente na máxima *venire contra factum proprium* aqui antes referida. Ora, se o concubino contribuiu para o sustento de sua concubina por anos a fio não poderá, a qualquer momento, negar o pagamento pelo simples fato de não existir uma entidade familiar. Na minha opinião, essa conclusão também pode repercutir para o plano sucessório.

Em suma, não obstante esse último julgamento, tem prevalecido e se consolidou nos Tribunais Superiores o entendimento de não se admitir uma relação de concomitância entre um casamento vigente e eficaz, em que não há separação de fato, e uma união estável. Nesse contexto, o direito sucessório do concubino deve ser afastado, atribuindo-se todos os bens do falecido à esposa e aos seus demais herdeiros. No entanto, deve-se acrescentar que, por outro lado, o Tribunal Gaúcho concluiu o seguinte:

> "Apelação. União dúplice. União estável. Possibilidade. A prova dos autos é robusta e firme a demonstrar a existência de união entre a autora e o *de cujus* em período concomitante ao casamento de 'papel'. Reconhecimento de união dúplice. Precedentes jurisprudenciais. Os bens adquiridos na constância da união dúplice são partilhados entre a esposa, a companheira e o *de cujus*. Meação que se transmuda em 'triação', pela duplicidade de uniões. Deram provimento, por maioria, vencido o des. relator" (TJRS, Apelação Cível 70019387455, 8.ª Câmara Cível, Rel. Rui Portanova, j. 24.05.2007).

Outros julgados daquela Corte Estadual podem ser colacionados, concluindo de forma diversa. A primeira decisão transcrita é interessante por utilizar o termo *triação*, expressando a divisão igualitária dos bens entre a esposa e a concubina:

> "Apelação. União estável concomitante ao casamento. Possibilidade. Divisão de bem. 'Triação'. Viável o reconhecimento de união estável paralela ao casamento. Precedentes jurisprudenciais. Caso em que a prova dos autos é robusta em demonstrar que a apelante manteve união estável com o falecido, mesmo antes dele se separar de fato da esposa. Necessidade de dividir o único bem adquirido no período em que o casamento foi concomitante à união estável em três partes. 'Triação'. Precedentes jurisprudenciais. Deram provimento, por maioria" (TJRS, Acórdão 70024804015, 8.ª Câmara Cível, Guaíba, Rel. Des. Rui Portanova, j. 13.08.2009, *DJERS* 04.09.2009, p. 49).

> "Apelação cível. União estável. Relacionamento paralelo ao casamento. Se mesmo não estando separado de fato da esposa, vivia o falecido em união estável com a autora/companheira, entidade familiar perfeitamente caracterizada nos autos, deve ser reconhecida a sua existência, paralela ao casamento, com a consequente partilha de bens. Precedentes. Apelação parcialmente provida, por maioria" (TJRS, Acórdão 70021968433, 8.ª Câmara Cível, Canoas, Rel. Des. José Ataídes Siqueira Trindade, j. 06.12.2007, *DOERS* 07.01.2008, p. 35).

No plano doutrinário, anote-se o destaque que se tem dado ao reconhecimento de direitos ao amante, como se pode retirar da obra de Pablo Stolze e Rodolfo Pamplona Filho, que expõem essa tendência de equiparação do concubinato à união estável, em algumas hipóteses, inclusive para os fins de sucessão (*Novo*..., 2011, v. VI, p. 457-469). Giselda Maria Fernandes Novaes Hironaka também aborda o tema, em artigo recente denominado *Famílias paralelas*. Merecem destaque as palavras da Professora Titular da USP:

> "O que se intentou mostrar, até aqui, são os reais reflexos jurídicos advindos das relações familiais simultâneas, buscando desdobrar e desvendar esse assunto da atualidade da vida dos homens, hoje com maior visibilidade do que já teve antes, no tempo em que se ignorava juridicamente tais relacionamentos, jogando-os 'para baixo dos tapetes', de resto como tantas outras situações e circunstâncias da vida como ela efetivamente é. Que o direito não permaneça alheio à realidade humana, à realidade das situações existentes, às mudanças sociais importantes que, sem dúvida, têm se multiplicado na história das famílias, exatamente como ela é. Cerrar os olhos talvez seja mais um dos inúmeros momentos de hipocrisia que o Legislativo e o Judiciário têm repetido deixar acontecer, numa era em que já não mais se coaduna com as histórias guardadas a sete chaves" (HIRONAKA, Giselda Maria Fernandes Novaes. *Famílias*..., 2012).

O que se notava, assim, era uma tendência doutrinária, para uma solução diferente, de valorização do afeto nos relacionamentos plúrimos, o que repercute diretamente em uma concorrência sucessória plena entre cônjuge e concubino. Isso pode ser percebido pelo teor do julgamento constante do REsp 1.185.337/RS, de 2015, que dá um passo adiante no entendimento do Superior Tribunal de Justiça sobre a temática.

A questão do concubinato e da união estável não se restringe às hipóteses apenas de pessoas impedidas de se casar. Poderia um sujeito ter mais de uma união estável simultânea ou haveria o concubinato denominado por Álvaro Villaça Azevedo de *desleal*? Seria possível a existência concomitante de duas ou mais uniões estáveis? Seria viável juridicamente reconhecer direitos sucessórios para todos os envolvidos em casos tais?

O debate surge porque o art. 1.723 do CC/2002 traz alguns requisitos para a união estável que devem ser revistos. O *primeiro* é que a união seja entre pessoas de sexos distintos, assim como consta do Texto Maior, o que já foi mitigado pela jurisprudência superior brasileira. O *segundo requisito* é que a relação seja pública, no sentido de notoriedade social. Não constitui união estável a relação mantida às escondidas, principalmente no tocante aos familiares dos supostos companheiros. Como *terceiro elemento essencial*, a união deve ser duradoura, o que comporta análise caso a caso. Por fim, deve estar configurada a intenção dos companheiros de constituição de família. A própria atuação dos conviventes pode presumir a existência da união estável; se o comportamento dos companheiros indicar tal intenção, no tratamento entre eles (*tractatus*) haverá a presunção de existir a referida entidade familiar.

A exclusividade, apesar de não constar expressamente no art. 1.723 do CC/2002, constituiria, para parte da doutrina, um dos requisitos para a caracterização da união estável, relacionada com a intenção de constituição de família e decorrente dos seus deveres, constantes do art. 1.724 da atual codificação material. Nesse sentido, para Arnaldo Rizzardo, "a fidelidade dá ensejo à presunção da sociedade de fato. Não que se configure como condição indispensável, pois nada impede que duas pessoas constituam um patrimônio comum, sem que mantenham a fidelidade. Daí se apresentar um tanto forte o pensamento de Adhyil Lourenço Dias: 'O elemento essencial dessa união é a fidelidade, a dedicação monogâmica, recíproca vivendo em *more uxorio,* em atitude ostensiva de dedicação em laços íntimos, que o direito espanhol chama de barrangania, ou seja, la unión sexual permanente y de cierta fidelidad entre hombre y mujer no ligados por matrimonio'" (RIZZARDO, Arnaldo. Direito..., 2004, p. 891).

Sobre essa exclusividade, pretende-se analisar a denominada *união estável plúrima ou múltipla (uniões paralelas)*, situação em que a pessoa mantém relações amorosas, enquadradas no art. 1.723 do Código Civil, com várias pessoas e ao mesmo tempo.

Imagine-se um caso prático, já exposto no Volume 5 desta coleção, a fim de facilitar a visualização concreta dessa questão polêmica. Tício, residente na cidade de Ribeirão Preto, interior de São Paulo, vive em união estável, nessa cidade, com *Maria Antonia*, desde o ano de 2002. A união apresenta todos os requisitos constantes na lei civil. Toda a sociedade local reconhece a existência da entidade familiar, tratando os companheiros como se casados fossem.

Todavia, Tício é viajante e, desde o ano de 2003, encontra-se com *Maria Figueiredo* todas as segundas-feiras, na cidade de Franca, onde mantém um escritório. A relação também se enquadra nos termos do art. 1.723 do CC/2002. Tício e Maria Figueiredo têm um filho comum: João Henrique, de um ano de idade.

Tício mantém ainda uma união pública, notória e contínua com *Maria Augusta*, na cidade de Batatais, para onde vai todas as quintas-feiras vender seus produtos. Aliás, *Maria Augusta* é dona de um estabelecimento empresarial em que Tício consta como sócio. Ambos têm um negócio lucrativo naquela cidade do interior paulista. O relacionamento amoroso existe desde 2004.

Por fim, Tício tem um apartamento montado na cidade de São Paulo, onde vai ocasionalmente, de quinze em quinze dias, a fim de comprar produtos para vender no interior paulista. Nesse apartamento reside *Maria Carmem*, com quem Tício tem um relacionamento desde o final do ano de 2004. Essa sua convivente está grávida e espera um filho seu.

No caso hipotético, uma *Maria* não sabe da existência da outra como convivente de seu companheiro, até que, um dia, o pior acontece. Tício falece, e todas comparecem ao seu enterro.

Por mais incrível que possa parecer, a situação descrita é comum na prática. A dúvida fulcral que surge é a seguinte: constitui cada um dos relacionamentos uma união estável, nos termos do que consta do Código Civil e da Constituição Federal, a gerar direitos sucessórios em favor de todas as Marias? Três posicionamentos surgem quanto aos direitos familiares, dedução que é a mesma no plano sucessório.

Um *primeiro entendimento* aponta que nenhum dos relacionamentos constitui união estável, não sendo o caso de reconhecer direitos sucessórios em relação a quaisquer das Marias. Havendo deslealdade nas relações plúrimas a impedir a caracterização da união estável, trata-se do *concubinato impuro desleal*, nas palavras de Álvaro Villaça Azevedo. Também filiada a essa forma de pensar está Maria Helena Diniz, para quem a fidelidade ou lealdade constitui um dos requisitos da união estável, sem o qual não há a referida entidade familiar nos três relacionamentos descritos (DINIZ, Maria Helena. *Curso*..., 2002, v. 5, p. 321).

Entretanto, diante do desrespeito à boa-fé, as *Marias* poderão pleitear que Tício indenize-as por danos materiais e morais, pela caracterização do abuso de direito, por desrespeito à boa-fé objetiva, que igualmente se aplica à união estável. No caso de seu falecimento, a responsabilidade civil recai sobre os herdeiros de Tício, até os limites da herança. Reafirme-se, contudo, a inexistência de direitos sucessórios no caso descrito a favor de nenhuma das mulheres, para esta primeira corrente.

Esse primeiro entendimento pode ser afastado pela conclusão de que a fidelidade e o respeito mútuos não constituem elementos essenciais para a caracterização da união estável, mas apenas deveres dela decorrentes, constantes do art. 1.724 do CC/2002. De toda sorte, é a posição que prevalece na jurisprudência nacional, ao se entender ser a monogamia princípio da união estável, assim como ocorre com o casamento (por todos: TJRS, Apelação Cível 580085-86.2012.8.21.7000, 7.ª Câmara Cível, Porto Alegre, Rel. Des. Sérgio Fernando de Vasconcellos Chaves, j. 27.02.2013, *DJERS* 05.03.2013; TJMG, Apelação Cível 1.0518.10.015356-9/002, Rel. Des. Eduardo Guimarães Andrade, j. 09.10.2012, *DJEMG* 19.10.2012; TJSC, Agravo de Instrumento 2012.004122-3, 6.ª Câmara de Direito Civil, Laguna, Rel. Des. Ronei Danielli, j. 16.08.2012, *DJSC* 21.08.2012, p. 296; e TJSP, Apelação 0132648-04.2008.8.26.0053, Acórdão 5552592, 9.ª Câmara de Direito Público, São Paulo, Rel. Des. Oswaldo Luiz Palu, j. 23.11.2011, *DJESP* 19.12.2011).

Ainda reconhecendo a monogamia como princípio, podem ser encontrados acórdãos que concluem por legitimar apenas uma união estável, aquela que primeiro é levada ao conhecimento do Poder Judiciário. Assim, a título de exemplo:

> "Concessão de pensão a duas companheiras do *de cujus*. Sentença cível reconhecendo união estável entre o falecido e a autora. Exclusão da ré como beneficiária. Reconhecida a união estável entre autora e falecido, por sentença transitada em julgado no juízo cível, pondo fim à discussão, não pode isso tornar a ser discutido no âmbito administrativo ou em outro processo. Não se pode reconhecer a condição de companheiras do *de cujus* a duas mulheres simultaneamente. Apenas uma relação é legítima. Não se pode confundir união estável com concubinato. Pensão concedida indevidamente a quem não preenche os requisitos. Negado provimento ao recurso de ofício e aos recursos voluntários" (TJSP,

Apelação com Revisão 267.616.5/8, Acórdão 3977873, 2.ª Câmara de Direito Público, São Paulo, Rel. Des. José Luiz Germano, j. 14.07.2009, *DJESP* 1.º.09.2009).

Para uma *segunda corrente*, devem ser aplicadas, para o caso em questão, as regras previstas para o casamento putativo. Assim sendo, as *Marias* que ignorarem a existência da primeira união constituída – com *Maria Antonia* – podem pleitear a aplicação analógica do que consta do art. 1.561 do CC/2002. Filia-se a esse entendimento Euclides de Oliveira. Ensina o renomado jurista paulista o seguinte:

> "O mesmo se diga das uniões desleais, isto é, de pessoa que viva em união estável e mantenha uma outra simultânea relação amorosa. Uma prejudica a outra, descaracterizando a estabilidade da segunda união, caso persista a primeira, ou implicando eventual dissolução desta, não só pelas razões expostas, como pela quebra dos deveres de mútuo respeito. Do que ficou exposto, conclui-se que não é possível que haja simultaneidade de casamento e união estável, ou de mais de uma união estável. Mas cumpre lembrar a possibilidade de união estável putativa, à semelhança do casamento putativo, mesmo em casos de nulidade ou anulação da segunda união, quando haja boa-fé por parte de um ou de ambos os cônjuges, com reconhecimento de direitos (art. 221 do CC/1916; art. 1.561 do NCC). A segunda, terceira ou múltipla união de boa-fé pode ocorrer em hipótese de desconhecimento, pelo companheiro inocente, da existência de casamento ou de anterior ou paralela união estável por parte do outro. Subsistirão, em tais condições, os direitos assegurados por lei ao companheiro de boa-fé, desde que a união por ele mantida se caracterize como duradoura, contínua, pública e com o propósito de constituição de família, enquanto não reconhecida ou declarada a nulidade" (OLIVEIRA, Euclides de. *União...*, 2003, p. 128).

Na mesma esteira, opina Rodrigo da Cunha Pereira que, "se porventura substituir a caracterização simultânea de duas ou mais uniões, socorre à parte que ignorava a situação o instituto da União Estável putativa, ou seja, aquele em que um dos partícipes desconhecia por completo a existência de outra união *more uxorio* – matrimonial ou extramatrimonial – do outro, devendo esta produzir os mesmos efeitos, previstos para uma união monogâmica" (*Concubinato...*, 2004, p. 75).

Igualmente, esse é o parecer de Rolf Madaleno, inclusive no caso de existência concomitante de uma união estável e um casamento. Vejamos as suas palavras:

> "Desconhecendo a deslealdade do parceiro casado, instaura-se uma nítida situação de união estável putativa, devendo ser reconhecidos os direitos do companheiro inocente, o qual ignorava o estado civil de seu parceiro afetivo, e tampouco a coexistência fática e jurídica do precedente matrimônio, fazendo jus, salvo contrato escrito, à meação dos bens amealhados onerosamente na constância da união estável putativa em nome do parceiro infiel, sem prejuízo de outras reivindicações judiciais, como uma pensão alimentícia, se provar a dependência financeira do companheiro casado, e, se porventura o seu parceiro vier a falecer na constância da união estável putativa, poderá se habilitar à herança do *de cujus*, em relação aos bens comuns, se concorrer com filhos próprios ou a toda herança se concorrer com outros parentes" (MADALENO, Rolf. *Curso...*, 2011, p. 1.094).

Paulo Lôbo também traz essa solução, inclusive no âmbito sucessório, ponderando que, "se apenas um dos companheiros uniu-se de boa-fé, desconhecendo o fato obstativo, os efeitos civis, inclusive os sucessórios, só a ela aproveitam" (*Direito...*, 2013, p. 156).

Esse segundo entendimento, como o anterior, apresenta alguns problemas. O primeiro é que a união estável não se iguala totalmente ao casamento, conclusão retirada do próprio Texto Constitucional. Por certo, o conceito e os requisitos do casamento são diferentes dos previstos para a união estável e o tratamento sucessório também o é. O segundo problema reside na necessidade de provar o início dos relacionamentos, a fim de ordenar as uniões paralelas no tempo e apontar qual é a união estável e quais são as uniões putativas.

De qualquer forma, conforme já afirmado no Volume 5 desta coleção, essa sempre me pareceu ser a posição mais justa dentro dos limites do princípio da eticidade, com intuito de proteger aquele que, dotado de boa-fé subjetiva, ignorava um vício a acometer a união. Por isso, merecerá aplicação analógica o dispositivo que trata do casamento putativo também para a *união estável putativa*. Essa solução já foi dada pela jurisprudência nacional, cabendo colacionar:

> "União estável. Disputa entre duas companheiras. Situação putativa. Prova oral. Reconhecimento. Reconhecimento de união estável. Conviventes, uma desde 1978 e outra desde 1960 que mantiveram relações concomitantes, notórias e ininterruptas com o *de cujus*, até o seu falecimento. Prova oral que confirma o reconhecimento do companheirismo concomitante com ambas perante parcelas distintas da sociedade pela qual transitava o falecido, tendo elas vivido em *affectio maritalis* com o *de cujus*, cada qual à sua forma. Pessoas de boa índole e bem intencionadas que firmemente acreditavam na inexistência de uma relação amorosa intensa do obituado com a outra, havendo êxito deste em ludibriá-las por longos anos, e de se reconhecer a existência de união estável putativa com a apelante e com a apelada. Aplicação, por analogia do art. 221 do CC de 1916. Desprovimento do recurso" (TJRJ, Acórdão 15225/2005, 2.ª Câmara Cível, Rio de Janeiro, Rel. Des. Leila Maria Carrilo Cavalcante Ribeiro Mariano, j. 10.08.2005).

Em relação ao Direito das Sucessões, como antes exposto, a doutrina soluciona o problema do direito sucessório do cônjuge, se houver putatividade no casamento nulo ou anulável. A solução deve ser próxima em havendo uma *união estável putativa*, com as devidas diferenças práticas relativas à convivência, reconhecendo-se os direitos sucessórios da companheira putativa até o falecimento, e não até a sentença anulatória do casamento que, aqui, não se faz presente. De todo modo, vale lembrar que o reconhecimento do direito sucessório do companheiro putativo, em casos tais, dá-se por enquadramento no art. 1.829 do Código Civil, e não mais no art. 1.790 da codificação material, reconhecido como inconstitucional.

Após a análise dessa segunda corrente, repita-se, a mais justa, há um *terceiro entendimento*, segundo o qual todas as uniões constituem entidade familiar, devendo ser reconhecidos os direitos de todas as *Marias*, independentemente de qualquer outra consideração, desde que preenchidos os requisitos do art. 1.723 do CC/2002. Essa corrente é encabeçada por Maria Berenice Dias (*Manual*..., 2011, p. 87). Alguns julgados admitem tal posição, podendo ser colacionados os seguintes:

> "Direito civil. Família. União estável. Relacionamento dúplice. Reconhecimento como entidade familiar. O fato de o falecido ter convivido, simultaneamente, com duas companheiras não afasta o reconhecimento de união estável, desde que restou provada a vida

em comum contínua, duradoura e afetiva, próprias de uma entidade familiar, inclusive sobrevindo prole" (TJPE, Apelação Cível 0174249-6, 2.ª Câmara Cível, Palmares, Rel. Des. Adalberto de Oliveira Melo, j. 22.07.2009, *DOEPE* 04.09.2009).

"Apelação cível. Consignação em pagamento pela seguradora. Dúvida quanto a quem pagar. Duas companheiras. Pagamento da indenização securitária a ambas, por metade. 1. A apelante teve reconhecida judicialmente a união estável com o falecido, mas das provas dos autos é possível concluir, com segurança, que ao tempo do óbito a outra demandada vivia na condição de companheira. 2. Consideradas todas as circunstâncias destacadas, correta a sentença que mandou partilhar, por metade, o valor da indenização securitária. Negaram provimento. Unânime" (TJRS, Apelação Cível 148723-05.2010.8.21.7000, 8.ª Câmara Cível, Viamão, Rel. Des. Luiz Felipe Brasil Santos, j. 07.04.2011, *DJERS* 18.04.2011).

Com o mesmo argumento, existem acórdãos federais que determinam a divisão igualitária de benefício previdenciário entre as duas companheiras que se apresentam como tal, preenchidos os requisitos legais da união estável (ver: TRF da 1.ª Região, Processo 21520-48.2010.4.01.3800/BA, 2.ª Turma, Rel. Des. Fed. Neuza Maria Alves da Silva, j. 06.08.2012, *DJF1* 27.09.2012, p. 15; TRF da 2.ª Região, Apelação 0808322-60.2007.4.02.5101, 1.ª Turma Especializada, Rel. Des. Fed. Paulo Espírito Santo, j. 27.06.2012, *DEJF* 09.07.2012, p. 55; e TRF da 4.ª Região, Apelação Cível 0005300-18.2010.404.9999, SC, 5.ª Turma, Rel. Juiz Fed. Roger Raupp Rios, j. 04.09.2012, *DEJF* 14.09.2012, p. 338). A divisão igualitária, para essa corrente, também atinge o direito sucessório, concorrendo todas as *Marias*.

Também há problemas nesse entendimento. De início, por desprezar a lealdade como fator essencial ou quase essencial à união estável; depois, por afastar os próprios requisitos da sua caracterização, pois a união, supostamente, deve ser exclusiva. Como se nota, todas as vertentes apresentam entraves no sistema jurídico e nos fatos correlatos.

No tocante à jurisprudência superior, em fevereiro de 2006, decidiu o Superior Tribunal de Justiça pela impossibilidade de reconhecimento de *uniões plúrimas ou paralelas*. Vejamos a ementa do julgado:

"União estável. Reconhecimento de duas uniões concomitantes. Equiparação ao casamento putativo. Lei 9.278/1996. 1. Mantendo o autor da herança união estável com uma mulher, o posterior relacionamento com outra, sem que se haja desvinculado da primeira, com quem continuou a viver como se fossem marido e mulher, não há como configurar união estável concomitante, incabível a equiparação ao casamento putativo. 2. Recurso especial conhecido e provido" (STJ, REsp 789.293/RJ, 3.ª Turma, Rel. Min. Carlos Alberto Menezes Direito, j. 16.02.2006, *DJ* 20.03.2006, p. 271).

Em suma, julgou-se que reconhecer uniões plúrimas seria o mesmo que admitir a pluralidade de casamentos, ou seja, a bigamia. O que se percebe é que foi adotado o entendimento de Maria Helena Diniz e de Álvaro Villaça Azevedo, ou seja, a primeira corrente antes esposada. Confirmando aquele julgado anterior, transcreve-se mais recente decisão publicada no *Informativo* n. *435* do STJ, com citação ao meu trabalho doutrinário:

"Família. Uniões estáveis simultâneas. Pensão. *In casu*, o *de cujus* foi casado com a recorrida e, ao separar-se consensualmente dela, iniciou um relacionamento afetivo com a recorrente, o qual durou de 1994 até o óbito dele em 2003. Sucede que, com a decretação do divórcio em 1999, a recorrida e o falecido voltaram a se relacionar, e esse novo relacionamento também durou até sua morte. Diante disso, as duas buscaram, mediante ação judicial, o reconhecimento de união estável, consequentemente, o direito à pensão do falecido. O juiz de primeiro grau, entendendo haver elementos inconfundíveis caracterizadores de união estável existente entre o *de cujus* e as demandantes, julgou ambos os pedidos procedentes, reconhecendo as uniões estáveis simultâneas e, por conseguinte, determinou o pagamento da pensão em favor de ambas, na proporção de 50% para cada uma. Na apelação interposta pela ora recorrente, a sentença foi mantida. Assim, a questão está em saber, sob a perspectiva do Direito de Família, se há viabilidade jurídica a amparar o reconhecimento de uniões estáveis simultâneas. Nesta instância especial, ao apreciar o REsp, inicialmente se observou que a análise dos requisitos ínsitos à união estável deve centrar-se na conjunção de fatores presentes em cada hipótese, como a *affectio societatis* familiar, a participação de esforços, a posse do estado de casado, a continuidade da união, a fidelidade, entre outros. Desse modo, entendeu-se que, no caso, a despeito do reconhecimento, na dicção do acórdão recorrido, da união estável entre o falecido e sua ex-mulher em concomitância com união estável preexistente por ele mantida com a recorrente, é certo que o casamento válido entre os ex-cônjuges já fora dissolvido pelo divórcio nos termos do art. 1.571, § 1.º, do CC/2002, rompendo-se, definitivamente, os laços matrimoniais outrora existentes. Destarte, a continuidade da relação sob a roupagem de união estável não se enquadra nos moldes da norma civil vigente (art. 1.724 do CC/2002), porquanto esse relacionamento encontra obstáculo intransponível no dever de lealdade a ser observado entre os companheiros. Ressaltou-se que uma sociedade que apresenta como elemento estrutural a monogamia não pode atenuar o dever de fidelidade, que integra o conceito de lealdade, para o fim de inserir, no âmbito do Direito de Família, relações afetivas paralelas e, por consequência, desleais, sem descurar do fato de que o núcleo familiar contemporâneo tem como escopo a realização de seus integrantes, vale dizer, a busca da felicidade. Assinalou-se que, na espécie, a relação mantida entre o falecido e a recorrida (ex-esposa), despida dos requisitos caracterizadores da união estável, poderá ser reconhecida como sociedade de fato, caso deduzido pedido em processo diverso, para que o Poder Judiciário não deite, em solo infértil, relacionamentos que efetivamente existem no cenário dinâmico e fluido dessa nossa atual sociedade volátil. Assentou-se, também, que ignorar os desdobramentos familiares em suas infinitas incursões, em que núcleos afetivos justapõem-se, em relações paralelas, concomitantes e simultâneas, seria o mesmo que deixar de julgar com base na ausência de lei específica. Dessa forma, na hipótese de eventual interesse na partilha de bens deixados pelo falecido, deverá a recorrida fazer prova, em processo diverso, repita-se, de eventual esforço comum. Com essas considerações, entre outras, a Turma deu provimento ao recurso, para declarar o reconhecimento da união estável mantida entre o falecido e a recorrente e determinar, por conseguinte, o pagamento da pensão por morte em favor unicamente dela, companheira do falecido" (STJ, REsp 1.157.273/RN, Rel. Min. Nancy Andrighi, j. 18.05.2010).

Partilhando dessa forma de pensar o Direito de Família e das Sucessões, acrescente-se a afirmação número 4, publicada na Edição n. 50 da ferramenta *Jurisprudência em Teses* do STJ, publicada em 2016 e sobre união estável: "não é possível o reconhecimento de uniões estáveis simultâneas". Pela forma de publicação da ementa, essa é, sem dúvida, a posição majoritária superior, a ser considerada para os devidos fins práticos.

Com o fim de encerrar todos esses debates, o tema estava pendente de julgamento no Supremo Tribunal Federal, especialmente para o âmbito do Direito Previdenciário e em repercussão geral (Tema 529), tendo sido encerrado em dezembro de 2020. Em setembro de 2019 iniciou-se a sua análise, em sede do Recurso Extraordinário 1.045.273/SE, que analisava concomitância de uma união estável homoafetiva com uma heteroafetiva.

O Ministro Luiz Edson Fachin votou exatamente na linha do que sempre sustentei, de que são possíveis efeitos previdenciários para atingir companheiros de boa-fé nas uniões estáveis plúrimas. No mesmo sentido julgaram os Ministros Marco Aurélio e Rosa Maria Weber. Os Ministros Barroso e Carmen Lúcia votaram também pelo reconhecimento desses efeitos, mas sem a necessidade da boa-fé, pois prevalece a equidade que deve guiar o Direito Previdenciário.

Por seu turno, os Ministros Alexandre de Moraes (Relator), Gilmar Mendes, Ricardo Lewandowski, Dias Toffoli, Luiz Fux e Nunes Marques entenderam pela impossibilidade de se reconhecer quaisquer efeitos previdenciários nas uniões concomitantes, diante do princípio da monogamia, que se aplica plenamente à união estável. Assim sendo, apenas o primeiro vínculo de união estável deve ser admitido. A tese final fixada, votação apertada de 6 a 5, portanto, foi a seguinte: "a preexistência de casamento ou de união estável de um dos conviventes, ressalvada a exceção do artigo 1.723, parágrafo 1.º, do Código Civil, impede o reconhecimento de novo vínculo referente ao mesmo período, inclusive para fins previdenciários, em virtude da consagração do dever de fidelidade e da monogamia pelo ordenamento jurídico-constitucional brasileiro" (Tema n. 529 de repercussão geral do STF).

Como se pode perceber, a única exceção admitida diz respeito à pessoa separada de fato. Parece-me que o julgamento fechou totalmente a possibilidade de admitir as uniões estáveis plúrimas, para os fins de gerarem efeitos para o Direito de Família e das Sucessões, sendo essa a posição a ser adotada para os devidos fins práticos.

Deve ficar claro que não se analisou a concomitância de casamento e de concubinato (ou união estável) – o que é objeto de outro processo na Corte, também em repercussão geral (Recurso Extraordinário 883.168/SC – Tema 526) –, mas a existência de várias uniões estáveis ao mesmo tempo.

De qualquer forma, não se pode negar que também há problemas no entendimento que sempre defendi, minoria no último julgamento do STF, encerrado em dezembro de 2020. De início, por desprezar a lealdade como fator essencial ou quase essencial à união estável; depois, por afastar os próprios requisitos da sua caracterização, pois a união, supostamente, deve ser exclusiva. Como se nota, todos os posicionamentos apresentam entraves no sistema jurídico e nos fatos correlatos.

De fato, todo o debate aqui exposto gira em torno de saber se a monogamia é ou não princípio informador da união estável, o que repercutirá no reconhecimento de direitos sucessórios. Em relação ao casamento não há dúvidas, eis que não podem casar as pessoas casadas, hipótese que, caso infringida, gera a nulidade absoluta do casamento (arts. 1.521, inciso VI, e 1.548, inciso II, do CC). Além disso, o primeiro dever do casamento é a fidelidade (art. 1.566, inciso I, do CC).

Restam dúvidas em relação ao companheirismo ou convivência, pois não há normas expressas no Código Civil ou na Constituição Federal no mesmo sentido. Quanto ao Texto Maior, como visto, o rol das entidades familiares é meramente exemplificativo, sendo a união estável entre um homem e uma mulher, ali referida, apenas um dos modelos possíveis de família.

Com tom suplementar, o próprio sistema admite uma quebra do relacionamento exclusivo ao admitir que uma pessoa casada, desde que separada, constitua união estável (art. 1.723, § 1.º, do CC). Em reforço, a fidelidade não é, expressamente, dever da união estável, mas sim a lealdade (art. 1.724 do CC), que pode ter outro sentido. Por fim, o sistema jurídico não pune com veemência o concubinato, eis que, por exemplo, uma doação ao concubino não é nula, mas anulável, nos termos do art. 550 da própria codificação civil. Em resumo, a citada doação não envolve ordem pública, mas interesse particular.

Toda essa discussão ganha relevo, ainda, diante da elaboração de uma escritura pública de *união poliafetiva* pela tabeliã da cidade de Tupã, interior de São Paulo. Conforme se extrai do *site* do IBDFAM, é fundamental o seguinte trecho do documento, assinado por um homem e duas mulheres: "Os declarantes, diante da lacuna legal no reconhecimento desse modelo de união afetiva múltipla e simultânea, intentam estabelecer as regras para garantia de seus direitos e deveres, pretendendo vê-las reconhecidas e respeitadas social, econômica e juridicamente, em caso de questionamentos ou litígios surgidos entre si ou com terceiros, tendo por base os princípios constitucionais da liberdade, dignidade e igualdade".

Ora, ao contrário do que defendem alguns juristas – caso de José Fernando Simão, em série de artigos publicados no *site* Carta Forense –, não parece haver nulidade absoluta no ato, por suposta ilicitude do objeto (art. 166, inciso II, do CC). Como aqui exposto, a monogamia não está expressa na legislação como princípio da união estável, parecendo haver maior liberdade nesse tipo de relacionamento. Não haveria, em reforço, afronta à ordem pública ou prejuízo a qualquer um que seja, a justificar a presença de um *ilícito nulificante*. Não há que falar, ainda, em dano social, como quer o jurista, pois esse pressupõe uma conduta socialmente reprovável, o que não é o caso (SIMÃO, José Fernando. *Poligamia...*, 2014).

O reconhecimento de um afeto espontâneo entre duas ou mais pessoas não parece ser o caso de dano à coletividade, mas, muito ao contrário, de reafirmação de solidariedade entre as partes, algo que deve ser incentivado perante a sociedade. Por fim, o texto da escritura é bem sutil, de mera valorização de um relacionamento que já existe no mundo dos fatos, podendo gerar ou não efeitos jurídicos, inclusive sucessórios, o que depende da análise do pedido e das circunstâncias do caso concreto. Sendo assim, não há que se falar em nulidade dessas escrituras públicas.

Na verdade, parece que ainda existem sérios entraves para quebrar a monogamia em nosso país, inclusive no caso de união estável. Há, ainda, pelo menos no *discurso*, um grande apego à moral e aos bons costumes, apesar de não se saber exatamente o que esses conceitos representam.

Acrescente-se, a propósito, que, em julgamento encerrado em junho de 2018, o Conselho Nacional de Justiça proibiu a elaboração de escrituras públicas de uniões poliafetivas pelos Tabelionatos de Notas no Brasil, diante da aplicação do princípio da monogamia para a união estável. Por maioria, seguiu-se o voto do Ministro João Otávio de Noronha, para quem "eu não discuto se é possível uma união poliafetiva ou não. O corregedor normatiza os atos dos cartórios. Os atos cartorários devem estar em consonância com o sistema jurídico, está dito na lei. As escrituras públicas servem para representar as manifestações de vontade consideradas lícitas. Um cartório não pode lavrar em escritura um ato ilícito como um assassinato, por exemplo". Todavia, crê-se que o futuro reserva uma nova forma de pensar a família e a sucessão hereditária, e que poderão ser admitidos relacionamentos plúrimos, seja a concomitância de mais de uma união estável, seja a presença desta em comum com o casamento. Acredita-se que o futuro é das famílias paralelas. Na verdade, se a família é plural, essa deve ser mais uma opção oferecida pelo sistema, para quem desejar tal forma de constituição. Na atual geração de juristas e julgadores, contudo, essa visão não tem prevalecido ainda.

Sendo feito tal reconhecimento, incluem-se amplamente os direitos sucessórios dos envolvidos com o fato social. Como ensina Maria Berenice Dias, "deixar de reconhecer a família paralela como entidade familiar leva à exclusão de todos os direitos do âmbito do direito das famílias e sucessório. Assim, não há direito à herança nem à meação dos adquiridos em comum. Somente divisão do patrimônio mediante prova da participação. Ainda bem que algumas decisões começaram a fazer justiça e dar um basta à irresponsabilidade. Assim, quando ocorre o falecimento de um dos figurantes do triângulo amoroso, é necessário identificar se havia casamento e união estável, ou se ambas as uniões eram extramatrimoniais. Na hipótese de manter o varão duas uniões estáveis, impõe-se a divisão igualitária de todo o acervo sucessório entre os companheiros sobreviventes" (DIAS, Maria Berenice. *Manual*..., 2011, p. 87).

Para encerrar o tópico, no que diz respeito ao Projeto de Reforma e Atualização do Código Civil, tendo em vista a posição hoje consolidada do STF, do STJ e do CNJ, aqui exposta, não se admitiu a inclusão na lei de relacionamentos familiares paralelos ou da união poliafetiva, tendo sido essa a posição da ampla maioria dos membros da Comissão de Juristas, inclusive acompanhada por mim, apesar das minhas ressalvas aqui expostas.

Como antes pontuado, um dos *nortes* da Reforma do Código Civil foi de seguir o entendimento consolidado da jurisprudência superior, em prol da segurança jurídica. Segundo o entendimento hoje majoritário, aqui exposto, a monogamia é aplicada tanto ao casamento quanto à união estável e, por isso, não se inseriu nas propostas o tratamento de relações paralelas ou de casais formados por mais de duas pessoas, como os *trisais*. Assim, nesses casos, não devem ser reconhecidos efeitos familiares e sucessórios.

De todo modo, desde a Subcomissão de Direito de Família, houve proposta de se retirar a expressão "concubinato", tida como discriminatória: "Art. 1.727. As relações não eventuais entre duas ou mais pessoas impedidas de casar não constituem união estável, ressalvada a hipótese do § 1º do art. 1.723 deste Código". De acordo com as suas justificativas, "a proposta ajusta a regra que trata do concubinato, evitando o uso dessa expressão, que traz, em seu histórico, acentuada carga pejorativa".

Após intensos debates, alterações feitas pela Relatora-Geral, Rosa Maria de Andrade Nery, e contribuições do consultor Maurício Bunazar, acabou prevalecendo o seguinte texto do art. 1.564-D, revogando-se expressamente o art. 1.727: "a relação não eventual entre pessoas impedidas de casar não constitui família. Parágrafo único. As questões patrimoniais oriundas da relação prevista no caput serão reguladas pelas regras da proibição do enriquecimento sem causa previstas nos arts. 884 a 886". Assim, o condenado termo "concubinato" é retirado do sistema. Porém, muito além de não se mencionar a existência de uma união estável, a proposição que prevaleceu, por voto da maioria nas reuniões de abril de 2024, é de não haver sequer uma família entre os amantes ou pessoas impedidas de se casarem, como nas situações de incesto ou de impedimentos decorrentes de parentesco. Sendo assim, não serão gerados efeitos para o Direito de Família e das Sucessões, a incluir a herança.

Todavia, poderá haver a geração de efeitos patrimoniais em tais hipóteses, nos termos da antiga e aqui citada Súmula n. 380 do STF, com a divisão dos bens havidos por esforço patrimonial comum, presente e efetivo, e desde que ele comprovado por quem o alega, tendo em vista a menção à vedação do enriquecimento sem causa no parágrafo único, nos termos dos comandos ali mencionados.

Essa foi a *solução intermediária* encontrada na Comissão de Juristas, que consolida a posição majoritária da jurisprudência superior e traz segurança jurídica e estabilidade para o tema, mas afastando os efeitos sucessórios em tais relacionamentos. Não se pode negar que o tema é altamente controverso e desperta paixões, aguardando-se uma análise criteriosa pelo Parlamento Brasileiro.

2.13.8 Das teses anteriores de inconstitucionalidade do art. 1.790 do Código Civil. O *estado da arte* na doutrina e na jurisprudência brasileira até a declaração de inconstitucionalidade pelo Supremo Tribunal Federal

Seguindo no estudo dos direitos sucessórios do companheiro, é interessante expor com os aprofundamentos necessários o problema anterior relativo à inconstitucionalidade do art. 1.790 do Código Civil, que culminou com a decisão do STF no Recurso Extraordinário 878.694/MG, em 10 de maio de 2017, por maioria; julgada em conjunto com o Recurso Extraordinário 646.721/RS, no tocante às uniões homoafetivas.

O objetivo, agora, é mostrar como vinham se posicionando a doutrina, os Tribunais Estaduais, e a divergência que surgiu em sede de Superior Tribunal de Justiça e de Supremo Tribunal Federal, culminando com o revolucionário acórdão sobre a repercussão geral da matéria.

Como antes exposto, parte considerável da doutrina contemporânea julga como inconstitucional o dispositivo sucessório relativo à sucessão do companheiro, por trazer um suposto tratamento discriminatório do companheiro em relação ao cônjuge.

Primeiro, porque a concorrência sucessória com os descendentes, ascendentes e colaterais somente dizia respeito aos bens adquiridos onerosamente durante a união estável, o que restringe sobremaneira os seus direitos.

Segundo, pois a concorrência com os colaterais de até quarto grau daria ao companheiro apenas um terço da herança. Aliás, a concorrência com tais parentes já era considerada um absurdo jurídico, eis que o cônjuge exclui os colaterais, o que não ocorria antes com o companheiro.

Criticava-se, ainda, o fato de estar o convivente fora da ordem de vocação hereditária do art. 1.829 da codificação privada, o que não mais ocorre, com a decisão do STF.

Por fim, não se admitia o fato de o companheiro não ser herdeiro necessário, não constando expressamente na relação do art. 1.845 da codificação material, o que deve mudar com o *decisum* superior. Todos esses argumentos fizeram que o Supremo Tribunal Federal, em 2015, levantasse a repercussão geral sobre a temática.

Em relação ao último aspecto, consigne-se que muitos juristas sustentavam anteriormente ser o convivente herdeiro necessário. Mais uma vez, procurando socorro na *tabela do Professor Francisco Cahali*, constata-se que essa era a opinião de Caio Mário da Silva Pereira, Giselda Maria Fernandes Novaes Hironaka, Luiz Paulo Vieira de Carvalho e Maria Berenice Dias.

Essa também era a posição de Gustavo Tepedino, Heloísa Helena Barboza e Maria Celina Bodin de Moraes, para quem "não parece razoável excluir o companheiro do rol dos herdeiros necessários, apenas por não ter sido mencionado expressamente no rol do artigo em análise. Ainda que não tivesse fundamento constitucional o direito sucessório do companheiro, o art. 1.790 tem redação de natureza imperativa, deixando evidente que não se trata apenas de um herdeiro legítimo, mas de um herdeiro legítimo que não pode ser afastado da sucessão, nos termos ali previstos" (TEPEDINO, Gustavo; BARBOZA, Heloísa Helena; MORAES, Maria Celina Bodin de. *Código Civil...*, 2014, v. IV, p. 655).

A premissa, contudo, era minoritária, pois a grande maioria dos doutrinadores pensava de forma contrária, amparada na dicção do art. 1.845 do CC/2002, caso de Christiano Cassettari, Eduardo de Oliveira Leite, Flávio Augusto Monteiro de Barros, Francisco José Cahali, Guilherme Calmon Nogueira da Gama, Gustavo René Nicolau, Inácio de Carvalho Neto, Jorge Fujita, José Fernando Simão, Maria Helena Diniz, Maria Helena Marques Braceiro Daneluzzi, Marcelo Truzzi Otero, Mário Delgado, Mário Roberto Carvalho de Faria, Roberto Senise Lisboa, Rodrigo da Cunha Pereira, Rolf Madaleno, Sebastião Amorim, Euclides de Oliveira e Sílvio de Salvo Venosa; além do presente autor; todos vencidos pelo revolucionário *decisum* superior.

No tocante ao cerne da tese da inconstitucionalidade do art. 1.790, retomem-se as lições de Giselda Maria Fernandes Novaes Hironaka que sempre sustentou ser o dispositivo inconstitucional, por desprezar a *equalização do companheiro ao cônjuge*, constante do art. 226, § 3.º, da CF/1988 (*Morrer...*, 2011, p. 447-457). Consigne-se que um dos principais aspectos da tese da jurista sempre foi de defesa da inconstitucionalidade de todo esse tratamento discrepante.

Do mesmo modo, repise-se que Zeno Veloso lamentava a redação do comando, lecionando que "as famílias são iguais, dotadas da mesma dignidade e respeito. Não há, em nosso país, família de primeira, segunda ou terceira classe. Qualquer discriminação, neste campo, é nitidamente inconstitucional. O art. 1.790 do Código Civil desiguala as famílias. É dispositivo passadista, retrógrado, perverso. Deve ser eliminado o quanto antes. O Código ficaria melhor – e muito melhor – sem essa excrescência" (*Código...*, 2008, p. 1.955).

Com a finalidade de tentar resolver o problema, o último professor fez proposta de alteração do dispositivo por meio do antigo Projeto Fiuza. Pela projeção, em curso no Congresso Nacional, e agora prejudicada, a sua redação passaria a ser a seguinte: "Art. 1.790. O companheiro participará da sucessão do outro na forma seguinte: I – em concorrência com descendentes, terá direito a uma quota equivalente à metade do que couber a cada um destes, salvo se tiver havido comunhão de bens durante a união estável e o autor da herança não houver deixado bens particulares, ou se o casamento dos companheiros se tivesse ocorrido, observada a situação existente no começo da convivência, fosse pelo regime da separação obrigatória (art. 1.641); II – em concorrência com ascendentes, terá direito a uma quota equivalente à metade do que couber a cada um destes; III – em falta de descendentes e ascendentes, terá direito à totalidade da herança". Com a retirada da menção aos bens adquiridos onerosamente no *caput*, estaria supostamente solucionado o problema da sua inconstitucionalidade. Ademais, os incisos propostos acabavam por solucionar alguns problemas que aqui foram levantados, do sistema anterior, equiparando em parte o companheiro ao cônjuge na concorrência com os descendentes. Afastava-se, também, a concorrência com os colaterais, colocando o companheiro na mesma posição da pessoa casada.

De toda sorte, o julgamento do STF no Recurso Extraordinário 878.694/MG foi além, equiparando-se o convivente ao cônjuge para os fins sucessórios e colocando-o na ordem do art. 1.829 do CC. Assim, reafirme-se, a projeção elaborada pelo saudoso Mestre Zeno Veloso não tem mais finalidade.

Justamente por isso, vale lembrar que no atual Projeto de Reforma do Código Civil, elaborado pela Comissão de Juristas, segue-se outro caminho, com a revogação expressa do art. 1.790, como já deve ser considerado atualmente.

Retornem-se ainda aos argumentos de Paulo Lôbo, baseados em Luiz Edson Fachin – que julgou pela inconstitucionalidade da norma quando do julgamento no STF –, no sentido que o tratamento diferenciado atentaria contra a dignidade humana e a isonomia entre as entidades familiares (LÔBO, Paulo. *Direito*..., 2013, p. 150). Os argumentos sempre foram por nós considerados como de *autoridade*, eis que os autores citados são dois dos grandes expoentes da escola que procura analisar os institutos civis a partir da Constituição Federal de 1988, na linha do que prega o Direito Civil Constitucional. Aliás, frise-se que a visão civil-constitucional do sistema jurídico orientou o Ministro Barroso em suas convicções, conforme ora se transcreveu.

Contudo, não é só. Quando da realização do *IX Congresso Brasileiro de Direito de Família*, pelo IBDFAM, em Araxá, em novembro de 2013, foram aprovados *enunciados paradigmáticos* da instituição. Entre eles, destaca-se o Enunciado n. 3, com os seguintes dizeres: "Em face do princípio da igualdade das entidades familiares, é inconstitucional tratamento discriminatório conferido ao cônjuge e ao companheiro". Além dos juristas antes citados, o enunciado contou com o apoio, entre outros, de Maria Berenice Dias e Rolf Madaleno. Entre os doutrinadores que compõem o Instituto Brasileiro de Direito de Família, sempre foi majoritária a tese que afirma a inconstitucionalidade desse tratamento sucessório diferenciado.

Para Maria Berenice Dias, vice-presidente nacional do IBDFAM, o tratamento diferenciado no plano sucessório é, realmente, inconstitucional, uma vez que "as diferenças são absurdas. O tratamento diferenciado não é somente perverso, é escancaradamente inconstitucional. No mesmo dispositivo em que se assegura especial proteção à família, a Constituição Federal reconhece a união estável como entidade familiar, não manifestando preferência por qualquer de suas formas" (*Manual*..., 2011, p. 152). Entretanto, a questão nunca foi pacífica entre os doutrinadores. Francisco José Cahali, por exemplo, opinava que o dispositivo seria impróprio e inadequado, "mas daí inferir-se a sua inconstitucionalidade há certa distância. A lei ordinária não deveria, mas pode dar tratamento diferenciado à união estável em comparação ao casamento no que se refere às questões patrimoniais" (*Direito*..., 2012, p. 212). Sílvio de Salvo Venosa condenava o inciso III da norma ao trazer a concorrência do convivente com os colaterais longínquos em apenas um terço da herança recebível, mas não suscitava inconstitucionalidades da previsão (*Código*..., 2010, p. 1623). Carlos Roberto Gonçalves também estava situado nessa linha, lecionando que, "embora o tratamento díspar da sucessão do companheiro tenha resultado de opção do legislador e não ofenda os cânones constitucionais, merece as críticas que lhe são endereçadas" (*Direito*..., 2010, v. 7, p. 192).

Eduardo de Oliveira Leite, por seu turno, também não invocava inconstitucionalidades do preceito, mas, muito pelo contrário, apontava que houve avanços em relação ao sistema anterior, vigente antes da emergência do Código Civil de 2002 (*Comentários*..., 2003, v. XXI, p. 62). Como se constata, e isso repercutia na jurisprudência, alguns autores viam no art. 1.790 do Código Civil benefícios excessivos na concessão de direitos sucessórios ao convivente.

Parcialmente nessa esteira, Euclides de Oliveira e Sebastião Amorim também não falavam propriamente em inconstitucionalidade, mas suscitavam a isonomia constitucional para criticar o tratamento diferenciado, inclusive porque, em alguns casos, o companheiro teria mais direitos sucessórios do que o cônjuge (*Inventários*..., 2009, p. 179-180). Carlos Alberto Dabus Maluf e Adriana Caldas Dabus Maluf igualmente observavam que o companheiro poderia ter situação mais favorável do que o cônjuge, "quando só existirem bens havidos onerosamente durante a convivência" (*Curso*..., 2013, p. 216).

De fato, neste último aspecto, entendia eu pela razão dos doutrinadores por último citados, até porque a regra, na prática, é que tanto o casamento quanto a união estável sejam regidos pela comunhão parcial de bens, sendo a maioria dos bens adquirida após os relacionamentos.

Imagine-se a situação mais comum, de um casal de jovens, que constituem sua primeira entidade familiar, tendo dois filhos comuns. Se falecido o marido, a esposa terá direito à meação e concorrerá nos bens particulares do falecido com os seus filhos, segundo o entendimento que reputo ser o majoritário. A companheira, além da meação, concorreria sobre os mesmos bens, recebendo a mesma quota dos filhos, ou seja, mais um terço da herança. Esse exemplo valia para o sistema anterior à decisão do Supremo Tribunal Federal. Agora, as situações do cônjuge e do companheiro foram igualadas na divisão de bens.

Por fim, havia quem sustentasse, de forma veemente, que não haveria inconstitucionalidade no art. 1.790 do Código Civil, caso de Mário Luiz Delgado. Vejamos os seus principais argumentos, desenvolvidos em astuto artigo científico sobre a matéria:

> "Com o devido respeito aos partidários do pleno igualitarismo entre união estável e casamento, perfilamos o entendimento oposto.
>
> O artigo 226, § 3.º, da CF/88, quando reconheceu a união estável como entidade familiar, não pretendeu assegurar a sua equiparação com o casamento, tanto que manifestou, expressamente, a determinação de que a legislação infraconstitucional facilitasse a sua conversão em matrimônio. Por óbvio não se converte o que já é igual e a Constituição não contém termos ou expressões inúteis, máxima exegética que convém relembrar.

(...).

Ambos (casamento e união estável) são entidades familiares? Não há dúvida! Porém com características fundamentalmente distintas. A equiparação total, em direitos e obrigações, da união estável e do casamento, por outro lado, desestimularia a conversão de um em outro, esvaziando o sentido da norma constitucional.

(...).

Quanto ao art. 1.790, é preciso separar os argumentos de ordem axiológica, relativos à justiça do dispositivo, daqueles referentes à sua aplicação prática. No que tange à justiça ou injustiça da norma, deve-se lembrar ter sido opção do legislador o tratamento diferenciado da sucessão do companheiro, sem que tal disparidade venha a representar discriminação, mas o pleno atendimento ao mandamento constitucional que, em momento algum, equiparou a união estável ao casamento" (DELGADO, Mário Luiz. *A união...*, In: LEITE, Eduardo de Oliveira (Coord.). *Grandes...*, 2009, v. 8, p. 265-286).

Repito que não via inconstitucionalidade *em todo* o art. 1.790, mas apenas no seu inciso III, pois tratava a união estável com patente inferioridade ao reconhecer a concorrência com os colaterais e ascendentes com reserva de apenas um terço da herança. Porém, agora, é necessário se curvar à decisão do Supremo Tribunal Federal e às antigas lições de Giselda Hironaka e Zeno Veloso, ora vitoriosas. Não se pode negar que essa equiparação do companheiro ao cônjuge resolveu um dos grandes dilemas jurídicos do nosso Direito Privado, e tornou o Direito das Sucessões brasileiro mais certo e estável.

Se as opiniões variavam muito na doutrina, não era diferente na jurisprudência, merecendo abordagem de acordo com a tese que respectivamente era adotada pelas Turmas dos Tribunais. Vejamos, pontualmente e de forma sucessiva:

a) Julgados que sustentavam a inconstitucionalidade de todo o art. 1.790 do CC, por trazer menos direitos sucessórios ao companheiro, se confrontado com os direitos sucessórios do cônjuge (art. 1.829).

Começando o estudo dos acórdãos que debatiam a inconstitucionalidade do art. 1.790 do Código Civil, para um primeiro grupo, haveria inconstitucionalidade em todo o comando, por trazer menos direitos ao companheiro do que ao cônjuge. Assim concluindo, vejamos um primeiro aresto do Tribunal de Justiça do Rio Grande do Sul, que levantou a questão, apesar de não ingressar no tema, pela presença de uma questão técnica prejudicial:

"Agravo de instrumento. Inventário ajuizado por sedizente companheira do *de cujus*. Questão prejudicial. Colaterais ainda não citados. Necessário o reconhecimento, por primeiro, da existência de união estável para posterior pronunciamento sobre a aplicabilidade e alegada inconstitucionalidade do art. 1.790 do CC/2002. Exige-se – antes do pronunciamento por este Tribunal de Justiça sobre a questão relativa à constitucionalidade ou não do art. 1.790 do CC/02 – que se determine se a agravante foi ou não companheira do falecido. Ou seja, primeiro se deverá determinar a vinculação existente entre o falecido e a agravante, para depois se enfrentar a alegação da recorrente de que seria herdeira exclusiva do falecido, pois questão prejudicial. Ademais, existentes parentes colaterais, que, enquanto não solvida a questão da existência ou não da união, devem ser citados. Agravo desprovido" (TJRS, Agravo de Instrumento 70021945092, 8.ª Câmara Cível, Porto Alegre, Rel. Des. José Ataídes Siqueira Trindade, j. 05.12.2007, *DOERS* 19.12.2007, p. 31).

No ano seguinte, surgiram os primeiros acórdãos no Tribunal Gaúcho entrando no mérito da questão, e reputando o art. 1.790 do CC/2002 como inconstitucional, por trazer menos direitos sucessórios para a união estável. Vejamos:

> "Agravo de instrumento. Direito sucessório. Conforme o entendimento uníssono desta Câmara, é inconstitucional a aplicabilidade do artigo 1.790, do Código Civil, uma vez que o artigo 226, § 3.º, da Constituição Federal, equiparou o companheiro ao cônjuge. Logo, é inviável a diferenciação hereditária entre o companheiro e o cônjuge supérstite. Usufruto vidual. O Código Civil atual não prevê o usufruto vidual ao cônjuge, o que implica que, reconhecida a paridade entre cônjuge e companheiro, não há falar na incidência da Lei n.º 9.278/1996 e, via de consequência, do direito do companheiro ao usufruto vidual. Deram parcial provimento ao agravo" (TJRS, Agravo de Instrumento 70022652879, 8.ª Câmara Cível, Bom Jesus, Rel. Des. Alzir Felippe Schmitz, j. 10.04.2008, *DOERS* 16.04.2008, p. 39).

De forma continuada no tempo, do ano de 2009, colaciona-se julgado do Tribunal de Justiça de São Paulo, com o seguinte trecho:

> "Equiparação constitucional das entidades familiares matrimoniais e extramatrimoniais, em razão de serem oriundas do mesmo vínculo, qual seja, a afeição, de que decorrem a solidariedade e o respeito mútuo entre os familiares. Entidades destinatárias da mesma proteção especial do Estado, de modo que a disparidade de tratamento em matéria sucessória fere a ordem constitucional. Ponderação dos princípios da dignidade da pessoa humana, isonomia e direito fundamental à herança. Proibição do retrocesso social" (TJSP, Apelação com Revisão 587.852.4/4, Acórdão 4131706, 9.ª Câmara de Direito Privado, Jundiaí, Rel. Des. Piva Rodrigues, j. 25.08.2009, *DJESP* 25.11.2009).

Entretanto, ao invés de julgar definitivamente a questão, remeteu-se o processo ao Órgão Especial do Tribunal para julgamento.

No entanto, havia entendimento diverso na Corte Bandeirante, podendo ser encontradas ementas que, diante do reconhecimento da inconstitucionalidade do art. 1.790 da codificação material, aplicavam o mesmo tratamento relativo ao cônjuge, em concorrência com os descendentes, dependendo do regime de bens. Como visto, foi essa a tese que logrou vitória, em sede de repercussão geral, no julgamento do STF (Recurso Extraordinário 878.694/MG, *Informativo* n. *864* da Corte, j. 10.05.2017). Vejamos um dos julgados anteriores do Tribunal paulista:

> "União estável. Reconhecimento e dissolução. Companheiro falecido. Sucessão. Inconstitucionalidade do art. 1.790 II do CC/2002. Falecido o companheiro deixando apenas um filho, sua companheira herda em concorrência com este, nos bens adquiridos a título gratuito. Interpretação sistemática da atual ordem constitucional. Art. 1.829, I, CC/2002 c/c 226 CF. Bem imóvel adquirido na constância da sociedade de fato deve ser partilhado. Recursos desprovidos" (TJSP, Apelação Cível 520.626.4/3, Acórdão 4223691, 4.ª Câmara de Direito Privado, Piracicaba, Rel. Des. Teixeira Leite, j. 26.11.2009, *DJESP* 18.12.2009).

O *decisum* era surpreendente, pois, ao final, determinou a concorrência sucessória do companheiro quanto aos bens havidos durante a união a título gratuito. Aplicou-se a mesma premissa relativa ao cônjuge, pois em casos tais a concorrência se dá somente quanto aos bens particulares, segundo a posição que prevalece no Direito Sucessório brasileiro.

Seguindo a mesma ideia, vejamos outros acórdãos, do mesmo Tribunal Paulista, mais recentes, e que adotam a afirmação que agora prevalece, com a decisão do Supremo Tribunal Federal:

> "Inventários. Sucessão da companheira. Inconstitucionalidade do art. 1.790 do Código Civil. Regime sucessório do cônjuge sobrevivente. Não havendo descendentes e ascendentes, a companheira recolhe toda a herança. Recurso provido" (TJSP, 6.ª Câmara de Direito Privado, Agravo de Instrumento 0078186-86.2013.8.26.0000, Acórdão 6878634, Peruíbe, Rel. Des. Eduardo Sá Pinto Sandeville, j. 25.07.2013, *DJESP* 06.08.2013).

> "Sucessão do(a) companheiro(a). Decisão agravada que declarou *incidenter tantum* a inconstitucionalidade do artigo 1.790 do Código Civil de 2002 e determinou a retificação do plano de partilha apresentado pela companheira sobrevivente do autor da herança. Correção. Inaplicabilidade do artigo 1.790 do CC/2002. Tratamento desigual dado pelo legislador aos viúvos (casados ou não) que afronta os postulados constitucionais da igualdade substancial e da dignidade da pessoa humana. Sucessão que deverá obedecer às regras da sucessão legítima dos cônjuges (art. 1.829 do CC/2002). Decisão mantida. Recurso desprovido, revogado o efeito suspensivo" (TJSP, Agravo de Instrumento 994.09.283225-0, Acórdão 4391378, 1.ª Câmara de Direito Privado, Bauru, Rel. Des. De Santi Ribeiro, j. 23.03.2010, *DJESP* 12.05.2010).

A propósito, por ocasião do *I Encontro dos Juízes de Família do Interior de São Paulo*, na cidade de Piracicaba, em 10.11.2006, foram aprovados enunciados que apontavam a citada inconstitucionalidade. De início, estabelecia o Enunciado n. 49 que "o art. 1.790 do Código Civil, ao tratar de forma diferenciada a sucessão legítima do companheiro em relação ao cônjuge, incide em inconstitucionalidade, pois a Constituição não permite diferenciação entre famílias assentadas no casamento e na união estável, nos aspectos em que são idênticas, que são os vínculos de afeto, solidariedade e respeito, vínculos norteadores da sucessão legítima".

Procurando dar uma solução para o problema, previa o Enunciado n. 50, *in verbis:* "ante a inconstitucionalidade do art. 1.790, a sucessão do companheiro deve observar a mesma disciplina da sucessão legítima do cônjuge, com os mesmos direitos e limitações, de modo que o companheiro, na concorrência com descendentes, herda nos bens particulares, não nos quais tem meação". Mais uma vez, nota-se que essa é a solução que deve prevalecer, tendo em vista o julgamento do STF no Recurso Extraordinário 878.694/MG, com repercussão geral.

Entretanto, a questão não se resume apenas a essas Cortes. No Tribunal de Justiça de Sergipe também era encontrado julgado que seguia a mesma forma de pensar, tendo ementa bem didática e exemplar. Conforme se retira do aresto, "a questão relativa à sucessão na união estável e a consequente distribuição dos bens deixados pelo companheiro falecido, conforme previsão do art. 1.790 do Código Civil de 2002, reclamam a análise da prejudicial de inconstitucionalidade do referido dispositivo, pois, ao dispor sobre o direito sucessório da companheira sobrevivente, ignorou a equiparação da união estável ao casamento prevista no art. 226, § 2.º, da CF, configurando ofensa aos princípios constitucionais da isonomia e da dignidade humana" (TJSE, Apelação Cível 2010202129, Acórdão 7687/2010, 2.ª Câmara Cível, Rel. Des. Marilza Maynard Salgado de Carvalho, *DJSE* 23.08.2010, p. 13).

Como se nota, vários eram os julgamentos que adotavam a visão de parte da doutrina, e agora também do STF, no sentido de não admitir o tratamento sucessório diferenciado do companheiro em relação ao cônjuge, reputando como totalmente inconstitucional o art. 1.790 do Código Civil e colocando o convivente na ordem de sucessão legítima do art. 1.829 da codificação material. No entanto, existiam magistrados que pensavam de forma distinta.

b) Julgados que sustentavam a inconstitucionalidade de todo o art. 1.790 do CC, por trazer mais direitos sucessórios ao companheiro, se confrontado com os direitos sucessórios do cônjuge (art. 1.829).

Em sentido diametralmente oposto ao grupo anterior, podem ser citados acórdãos que sustentavam a inconstitucionalidade do art. 1.790 do Código Civil por trazer mais direitos ao companheiro do que ao cônjuge.

Argumentava-se pela existência de uma hierarquia constitucional entre o casamento – em posição de privilégio – e a união estável. Isso porque o Texto Maior menciona, no seu art. 226, § 3.º, a facilitação da conversão da convivência em casamento. Em suplemento, ao se dispor sobre tal conversão, denota-se a inexistência de igualdade entre as citadas entidades familiares.

Como se viu pelo estudo do voto do Ministro Relator Luís Roberto Barroso, prolatado quando do julgamento do Recurso Extraordinário 878.694/MG, essas premissas foram veementemente afastadas. Todavia, a existência de tais arestos demonstra a grande divergência jurisprudencial que sempre existiu quanto à interpretação constitucional das entidades familiares.

De início, vejamos outro surpreendente julgado do Tribunal de Justiça de São Paulo que, por adotar tal pensamento, entendeu pela subsunção das regras relativas à sucessão do cônjuge:

> "Direito sucessório. Bens adquiridos onerosamente durante a união estável. Concorrência da companheira com filhos comuns e exclusivo do autor da herança. Omissão legislativa nessa hipótese. Irrelevância. Impossibilidade de se conferir à companheira mais do que teria se casada fosse. Proteção constitucional a amparar ambas as entidades familiares. Inaplicabilidade do art. 1.790 do Código Civil. Reconhecido direito de meação da companheira, afastado o direito de concorrência com os descendentes. Aplicação da regra do art. 1.829, inciso I, do Código Civil. Sentença mantida. Recurso não provido" (TJSP, Apelação 994.08.061243-8, Acórdão 4421651, 7.ª Câmara de Direito Privado, Piracicaba, Rel. Des. Élcio Trujillo, j. 07.04.2010, *DJESP* 22.04.2010).

Igualmente acolhendo a premissa de superioridade do casamento, e determinando a remessa do processo ao Órgão Especial do Tribunal, outra ementa do Tribunal Paulista:

> "Inventário. Partilha. Meação da companheira. Decisão que aplica o artigo 1.790, II, do Código Civil. Determinação de concorrência entre a companheira e os filhos do *de cujus* quanto aos bens adquiridos na constância da união, afora a meação. Inconformismo. Alegação de ofensa ao artigo 226, § 3.º, da CF/1988. Concessão de direitos mais amplos à companheira que a esposa. Acolhimento da arguição de inconstitucionalidade. Questão submetida ao Órgão Especial. Incidência dos arts. 481, do CPC, e 97, da CF/1988. Aplicação

da Súmula Vinculante n. 10, do STF. Recurso conhecido, sendo determinada a remessa dos autos ao Órgão Especial, nos termos do art. 657, do Regimento Interno desta Corte" (TJSP, Agravo de Instrumento 598.268.4/4, Acórdão 3446085, 9.ª Câmara de Direito Privado, Barueri, Rel. Des. Grava Brasil, j. 20.01.2009, *DJESP* 10.03.2009).

Reafirme-se que a questão da necessária apreciação pelo Órgão Especial será desenvolvida em tópico seguinte desta seção.

Confirma-se, portanto, que a questão relativa ao art. 1.790 do Código Civil era extremamente delicada, pois colocava, na pauta do debate, opiniões a respeito do tratamento constitucional das entidades familiares. O tratamento deve ser sempre igual ou pode ser diferente para alguns fins? Esse era o grande dilema, ora superado, pois o STF adotou a premissa da igualdade entre as entidades familiares para fins sucessórios. Contudo, não eram somente esses dois os caminhos percorridos pelos magistrados, pois existiam outras opiniões jurisprudenciais a respeito dessa profunda problemática anterior.

c) Julgados que reconheciam a inconstitucionalidade somente do inciso III do art. 1.790, ao prever que o companheiro recebe 1/3 da herança na concorrência com ascendentes e colaterais até quarto grau.

Seguindo as mesmas premissas aqui adotadas, eram encontrados acórdãos que concluíam pela inconstitucionalidade somente do inciso III do art. 1.790 do Código Civil, ao enunciar que o companheiro receberia 1/3 da herança, se concorresse com outros parentes sucessíveis, que não fossem os descendentes.

Como sempre pontuei neste livro, já havia certo exagero da norma na concorrência com os ascendentes, pois o convivente receberia menos que estes. No entanto, na concorrência com os colaterais a norma era, de fato, totalmente inconstitucional, não só porque o companheiro deveria estar em posição privilegiada em relação a tais parentes, mas também porque a quota que lhe era atribuída era de montante diminuto.

Adotando essa forma de pensar, podem ser colacionados vários acórdãos estaduais anteriores. Vejamos apenas três, que acabavam, em certas situações, prestigiando o companheiro com toda a herança, por equiparação ao cônjuge, o que é agora a solução, tendo em vista a decisão do STF no RE 878.694/MG, com repercussão geral:

"Inventário. Sucessão do companheiro. Inconstitucionalidade do art. 1.790, III, do CC/2002. Falecida a companheira, sem deixar descendentes ou ascendentes, herda com exclusividade seu companheiro. Interpretação sistemática da atual ordem constitucional. Art. 1.829, III, CC/2002 c/c 226 CF. Falecido o companheiro-herdeiro no curso do inventário, sucede-o seu filho, único herdeiro, ao qual devem ser adjudicados todos os bens inventariados, em detrimento dos colaterais da autora da herança. Recurso provido" (TJSP, Agravo de Instrumento 654.999.4/7, Acórdão 4034200, 4.ª Câmara de Direito Privado, São Paulo, Rel. Des. Teixeira Leite, j. 27.08.2009, *DJESP* 23.09.2009).

"Arrolamento. Companheiro sobrevivente. Reconhecimento incidental da união estável, à vista das provas produzidas nos autos. Possibilidade. Exclusão do colateral. Inaplicabilidade do art. 1.790, III, do CC, por afronta aos princípios da igualdade e da dignidade da pessoa humana e leitura sistematizada do próprio Código Civil. Equiparação ao cônjuge supérstite. Precedentes. Agravo improvido" (TJSP, Agravo de Instrumento 609.024.4/4, Acórdão 3618121, 8.ª Câmara de Direito Privado, São Paulo, Rel. Des. Caetano Lagrasta, j. 06.05.2009, *DJESP* 17.06.2009).

> "Agravo de instrumento. Inventário. Companheiro sobrevivente. Direito à totalidade da herança. Colaterais. Exclusão do processo. Cabimento. Inconstitucionalidade artigo 1.790, inciso III, do Código Civil. A decisão agravada está correta. No caso, apenas o companheiro sobrevivente tem direito sucessório, não havendo razão para os parentes colaterais permanecerem no inventário. As regras sucessórias previstas para a sucessão entre companheiros, no Novo Código Civil, são inconstitucionais. Isso porque a nova Lei substantiva – artigo 1.790, inciso III, do Código Civil – rebaixou o *status* hereditário do companheiro sobrevivente em relação ao cônjuge supérstite. Violação dos princípios fundamentais da igualdade e da dignidade. Diante do reconhecimento da inconstitucionalidade da Lei acima citada, deve o incidente de inconstitucionalidade ser apreciado pelo Tribunal Pleno desta Corte de Justiça, mediante seu Órgão Especial, nos termos do artigo 97 da Constituição Federal, artigo 481 e seguintes do Código de Processo Civil e artigo 209 do RITJRGS. Incidente de inconstitucionalidade suscitado" (TJRS, Agravo de Instrumento 70027138007, 8.ª Câmara Cível, Porto Alegre, Rel. Des. José Ataídes Siqueira Trindade, j. 18.12.2008, *DOERS* 11.03.2009, p. 31).

Como se retira da última colação, mais uma vez entrava em cena a necessidade anterior de apreciação da matéria pelo Órgão Especial do Tribunal, o que ainda será abordado em tópico deste capítulo.

d) Julgados que entendiam pela inexistência de qualquer inconstitucionalidade na redação do art. 1.790 do Código Civil.

Na contramão de todos os posicionamentos anteriores, existiam decisões que se posicionavam pela inexistência de qualquer inconstitucionalidade no art. 1.790 do CC/2002, seja no seu *caput* ou nos seus incisos. Havia variação na linha seguida para tal forma de julgar.

De início, anota-se decisão anterior que entendeu que a CF/1988 não equiparou a união estável ao casamento, o que justificaria o tratamento diferenciado:

> "A Constituição Federal não equiparou o instituto da união estável ao do casamento, tendo tão somente reconhecido aquele como entidade familiar (art. 226, § 3.º, CF/1988). Dessa forma, é possível verificar que a legislação civil buscou resguardar, de forma especial, o direito do cônjuge, o qual possui prerrogativas que não são asseguradas ao companheiro. Sendo assim, o tratamento diferenciado dado pelo Código Civil a esses institutos, especialmente no tocante ao direito sobre a participação na herança do companheiro ou cônjuge falecido, não ofende o princípio da isonomia, mesmo que, em determinados casos, como o dos presentes autos, possa parecer que o companheiro tenha sido privilegiado. O artigo 1.790 do Código Civil, portanto, é constitucional, pois não fere o princípio da isonomia" (TJDF, Recurso 2009.00.2.001862-2, Acórdão 355.492, 1.ª Turma Cível, Rel. Des. Natanael Caetano, *DJDFTE* 12.05.2009, p. 81).

Mais uma vez, tal forma de pensar o Direito de Família e das Sucessões foi totalmente afastada pela decisão do STF, que adotou a premissa da equalização sucessória.

Colacione-se, ainda, aresto que julgou pela inexistência de inconstitucionalidade no art. 1.790 do CC/2002, pelo fato de o casamento estar em posição privilegiada em relação à união estável, premissa à qual não se filiava, mas que era adotada por vários magistrados:

"União estável. Direito sucessório. Vantagens e desvantagens dos cônjuges e companheiros segundo a disciplina do novo Código Civil. Participação do cônjuge, em concorrência com os descendentes, na sucessão dos bens particulares do *de cujus* e sua exclusão da herança no que tange aos bens comuns, dos quais recebe apenas a meação que sempre lhe pertenceu situação exatamente inversa na sucessão do companheiro. Regra do artigo 1.790 do Código Civil que, entretanto, não se considera inconstitucional, pois, na comparação global dos direitos concedidos a uns e outros pelo novo Código Civil, a conclusão é a de que o cônjuge restou mais beneficiado, não havendo assim ofensa ao artigo 226, § 3.º, da Carta Magna. Reconhecimento, no presente processo, do direito da agravante de concorrer com a filha do falecido na partilha da meação ideal pertencente ao mesmo no imóvel adquirido onerosamente durante a união estável. Direito real de habitação também reconhecido à agravante, em face da regra do artigo 7.º, § único, da Lei n. 9.278/1996, não revogada pelo novo estatuto de direito privado. Recurso provido em parte" (TJSP, Agravo de Instrumento 589.196.4/4, Acórdão 3474069, 2.ª Câmara de Direito Privado, Bragança Paulista, Rel. Des. Morato de Andrade, j. 03.02.2009, *DJESP* 26.03.2009).

Essa forma de julgar, como muitas vezes se afirmou, foi afastada pelo Supremo Tribunal Federal, não podendo mais ser repetida.

No entanto, não era só, cabendo a reprodução dos seguintes acórdãos, por todos, para que não se transcreva com excesso. Percebe-se, pelas suas leituras, uma variação nas teses adotadas, a confirmar a *Torre de Babel jurisprudencial*:

"Agravo de instrumento. Sucessão. União estável. Companheira. Constitucionalidade do art. 1.190 do Código Civil. Recurso provido. Embora o art. 226, § 3.º, da Constituição Federal de 1988 reconheça a união estável como entidade familiar, não a equiparou ao casamento, tanto que a referida norma constitucional prevê que a Lei deve facilitar sua conversão. Não é inconstitucional o tratamento conferido pelo art. 1.790 do Código Civil acerca do direito sucessório do companheiro" (TJMG, Agravo de Instrumento 1.0261.09.073944-0/001, Rel. Des. Ana Paula Caixeta, j. 23.05.2013, *DJEMG* 29.05.2013).

"Constitucional e civil. Inventário e partilha. Sucessão. Companheiro. Concorrência com descendente comum. Constitucionalidade do inciso I do art. 1.790 do Código Civil. Inexistência de afronta ao princípio da isonomia. Nos termos do inciso I do art. 1.790 do Código Civil, a companheira concorre na herança com filhos comuns, tendo direito a uma quota equivalente à que por Lei foi atribuída ao filho. Não existe tratamento diferenciado à sucessão do companheiro e do cônjuge, não padecendo de inconstitucionalidade o artigo 1.790 do Código Civil, pois, segundo orientação do STJ, o cônjuge também é herdeiro no regime de comunhão parcial de bens em relação aos bens adquiridos na constância do casamento, não se vislumbrando, portanto, violação ao princípio da isonomia" (TJDF, Recurso 2012.05.1.008499-9, Acórdão 742.035, 6.ª Turma Cível, Rel. Des. Esdras Neves, *DJDFTE* 11.12.2013, p. 139).

"Companheira sobrevivente. Direito à totalidade da herança. Colaterais. Possibilidade de exclusão. Não afastamento, no caso em exame, da regra do artigo 1.790, III, do Código Civil. Não é inconstitucional o artigo 1.790, III, do Código Civil, ao dispor que a companheira, concorrendo com outros parentes sucessíveis do companheiro, terá direito a um terço da herança, quanto aos bens adquiridos onerosamente na vigência da união estável. Regula a sucessão e a legitimação para suceder a Lei vigente ao tempo da abertura daquela. Aplicação do artigo 1.787, do Código Civil. Recurso provido, por maioria" (TJRS, Agravo de Instrumento 70025169244, 8.ª Câmara Cível, Porto Alegre, Rel. Des. Claudir Fidelis Faccenda, j. 21.08.2008, *DOERS* 1.º.09.2008, p. 36).

Sem prejuízo dessas decisões, alguns Órgãos Especiais de Tribunais Estaduais seguiram o mesmo caminho, pela constitucionalidade do art. 1.790 do Código Civil. Entrava em cena, antes da decisão superior, a questão da *reserva de plenário*, um sério problema técnico que atingia o debate da sucessão do companheiro, não percebido por muitos, mas agora superado.

e) Julgados que determinavam a remessa do processo para o Órgão Especial do Tribunal para o julgamento da questão. O problema da cláusula reserva de plenário e as posições já existentes nos colegiados das Cortes Estaduais. O entendimento atual dos Tribunais Superiores, especialmente do Supremo Tribunal Federal (Recurso Extraordinário 878.694/MG).

Para encerrar o tratamento do tema, como bem exposto por Zeno Veloso, havia um sério problema técnico que dizia respeito à possibilidade de se julgar a inconstitucionalidade do art. 1.790 do Código Civil, qual seja a *cláusula de reserva de plenário,* o *full bench,* na doutrina norte-americana (*Direito...*, 2010, p. 190-191).

Conforme consta expressamente do art. 97 da Constituição Federal de 1988, "somente pelo voto da maioria absoluta de seus membros ou dos membros do respectivo órgão especial poderão os tribunais declarar a inconstitucionalidade de lei ou ato normativo do Poder Público". Ainda, estatuía o art. 480 do Código de Processo Civil de 1973 que, arguida a inconstitucionalidade de lei ou de ato normativo do poder público, o relator, ouvido o Ministério Público, submeteria a questão à turma ou câmara, a que tocar o conhecimento do processo. Se a alegação fosse rejeitada, prosseguiria o julgamento; se fosse acolhida, seria lavrado o acórdão, a fim de ser submetida a questão ao tribunal pleno (art. 481, *caput*, do CPC/1973).

Em sentido muito próximo, prescreve o art. 948 do CPC/2015, correspondente ao antigo art. 480 do CPC/1973, que, "arguida, em controle difuso, a inconstitucionalidade de lei ou de ato normativo do poder público, o relator, após ouvir o Ministério Público e as partes, submeterá a questão à turma ou à câmara à qual competir o conhecimento do processo". Como se percebe, a principal diferença diz respeito à menção ao controle difuso.

Em complemento, conforme o art. 949 do Estatuto Processual emergente, se a arguição for rejeitada, prosseguirá o julgamento. Se for acolhida, a questão será submetida ao plenário do tribunal ou ao seu Órgão Especial, onde houver. Houve a inclusão expressa ao Órgão Especial da Corte, existente em algumas unidades da federação, caso do Estado de São Paulo.

Por derradeiro, conforme o parágrafo único do último dispositivo, na mesma linha do preceito anterior correspondente – art. 481, parágrafo único, do CPC/1973 –, "os órgãos fracionários dos tribunais não submeterão ao plenário ou ao órgão especial a arguição de inconstitucionalidade quando já houver pronunciamento destes ou do plenário do Supremo Tribunal Federal sobre a questão".

As normas processuais – de ontem e de hoje, sem grande alteração no seu sentido, como exposto – são completadas pela Súmula Vinculante 10, do Supremo Tribunal Federal, segundo a qual a vedação também atinge a declaração de inconstitucionalidade implícita, *in verbis:* "viola a cláusula de reserva de plenário (CF, artigo 97) a decisão de órgão fracionário de tribunal que, embora não declare expressamente a inconstitucionalidade de lei ou ato normativo do poder público, afasta sua incidência, no todo ou em parte". Em outras palavras, há vedação constitucional para que Câmaras ou Turmas isoladas dos Tribunais brasileiros reconheçam a inconstitucionalidade de leis, ainda que de forma não expressa.

Valem as lições de complemento de Zeno Veloso, que também se dedica ao estudo do tema da declaração de inconstitucionalidade (*Controle*..., 2003, p. 106). Vejamos suas palavras em sua obra sobre a sucessão do cônjuge e do companheiro:

> "Para que os órgãos judiciais coletivos declarem a inconstitucionalidade, requer-se o voto, nesse sentido, da maioria absoluta; e não está certo dizer que esta significa 'metade mais um dos membros do tribunal', mas 'o primeiro número inteiro superior à metade'. Não basta a maioria dos presentes, devendo ser considerada a totalidade dos membros do tribunal, ou do correspondente órgão especial, onde houver. Órgãos fracionários dos tribunais (câmaras, grupos de câmaras, turmas ou seções) não têm competência para declarar a inconstitucionalidade de lei ou de ato normativo do poder público; só o Plenário poderá fazê-lo, observado o *quorum* constitucional, ou o respectivo órgão especial. Se a arguição de inconstitucionalidade for submetida a órgão fracionário, e este rejeitá-la, seguirá o julgamento. Se a alegação for acolhida, será lavrado o acórdão, a fim de ser submetida a questão ao tribunal pleno ou órgão especial – cisão funcional da competência –, ocorrendo o *per saltum* por alegação de inconstitucionalidade" (VELOSO, Zeno. *Direito*..., 2010, p. 190-191).

Numerosos eram os acórdãos que seguiam essa orientação, cabendo trazer à colação os seguintes, por todos:

> "Embargos infringentes. Questão preliminar. Discussão relativa à constitucionalidade ou inconstitucionalidade do artigo 1.790, III, do Código Civil. Encaminhamento da questão ao órgão especial do Tribunal de Justiça, pelo incidente de inconstitucionalidade" (TJRS, Embargos Infringentes 70026238170, 4.º Grupo Cível, Nova Petrópolis, Rel. Des. Ricardo Raupp Ruschel, j. 12.09.2008, *DOERS* 25.09.2008, p. 108).

> "Agravo de instrumento. Constitucional. Arguição de inconstitucionalidade acatada pelo magistrado de 1.º grau. Artigo 1.790, inciso III, do Código Civil. Recurso que visa ao reconhecimento da constitucionalidade da norma legal. Competência para julgá-la do órgão especial. Art. 97 da Constituição Federal. Suspensão do julgamento do recurso de agravo. Remessa dos autos ao órgão especial. 1. Nos tribunais em que há órgão especial, a declaração de inconstitucionalidade de Lei ou ato normativo do poder público, tanto a hipótese de controle concentrado como na de incidental, por força da norma contida no art. 97 da Constituição Federal, somente pode ser declarada pelo voto da maioria absoluta dos membros que o compõem. 2. Se os integrantes do órgão fracionário – Câmara Cível – se inclinam em manter a arguição de inconstitucionalidade formulada pelos recorridos em 1.º grau, o julgamento do recurso de agravo de instrumento deve ser suspenso, com a remessa dos autos ao órgão especial para que o incidente de inconstitucionalidade seja julgado, ficando a câmara, quando os autos lhe forem restituídos para que o julgamento do recurso tenha prosseguimento, vinculada, quanto à questão constitucional, à decisão do órgão especial" (TJPR, Agravo de Instrumento 0536589-9, 12.ª Câmara Cível, Curitiba, Rel. Des. Costa Barros, *DJPR* 29.06.2009, p. 223).

> "Sucessão da companheira. Arguição de inconstitucionalidade. Incompatibilidade do artigo 1.790 do Código Civil com o sistema jurídico de proteção constitucional às

entidades familiares e o direito fundamental à herança. Impossibilidade da legislação infraconstitucional alijar direitos fundamentais anteriormente assegurados a partícipes de entidades familiares constitucionalmente reconhecidas, em especial o direito à herança. Posição jurisprudencial que se inclina no sentido da inaplicabilidade do ilógico art. 1.790 do Código Civil. Incidência da Súmula Vinculante 10 do STF, que veda reconhecimento implícito de inconstitucionalidade de Lei ou ato normativo. Acolhimento da arguição de inconstitucionalidade, com remessa dos autos ao Órgão Especial do Tribunal de Justiça, para apreciação da matéria, em atenção à cláusula de reserva de plenário" (TJSP, Agravo de Instrumento 0191687-23.2010.8.26.0000, Acórdão 6411945, 4.ª Câmara de Direito Privado, Barretos, Rel. Des. Francisco Loureiro, j. 23.09.2010; *DJESP* 05.03.2013).

Como se extrai do próprio voto do Ministro Barroso, quando do julgamento da repercussão geral pelo STF, alguns Órgãos Especiais e Plenos de Cortes Estaduais já haviam decidido a questão da inconstitucionalidade do art. 1.790 do CC, cabendo trazer à obra o julgamento de alguns deles, que chegaram ao meu conhecimento.

Inicialmente, a Corte Especial do Tribunal de Justiça do Paraná adotou a premissa da inconstitucionalidade do art. 1.790, mas apenas do seu inciso III, pelos argumentos outrora expostos, de colocar o convivente em posição de enorme desprestígio, em concorrência com os colaterais, o que é seguido por mim (TJPR, Incidente de Declaração de Inconstitucionalidade 536.589-9/01, da 18.ª Vara Cível do Foro Central da Comarca da Região Metropolitana de Curitiba. Suscitante: 12.ª Câmara Cível do Tribunal de Justiça do Estado do Paraná. Relator: Des. Sérgio Arenhart, j. 04.12.2009).

Fez o mesmo o Pleno do Tribunal de Justiça de Sergipe, ao julgar o Incidente de inconstitucionalidade n. 8/2010, em decisão de relatoria da Desa. Marilza Maynard Salgado de Carvalho, de 30 de março de 2011. O trecho final do acórdão demonstra que a conclusão atingiu todo o conteúdo do art. 1.790 da codificação privada:

> "Logo, merece ser reconhecida a inconstitucionalidade do disposto no art. 1.790 do CC, não só por afrontar o princípio da igualdade e o art. 226, § 3.º, da Constituição Federal, mas também, ainda que de forma reflexa, o princípio da vedação do enriquecimento sem causa, o que ocorreria por parte dos herdeiros colaterais, em detrimento da companheira sobrevivente que com o falecido conviveu durante muitos anos. Diante de tais considerações, em que pese jamais ter sido declarada a inconstitucionalidade do art. 1.790 do Código Civil de 2002 em sede de controle de constitucionalidade concentrado, nada impede que, neste momento, seja declarado referido vício no bojo da presente ação, por meio de controle difuso de constitucionalidade. Ante os argumentos expendidos e com base no farto entendimento jurisprudencial, voto pela declaração de inconstitucionalidade do art. 1.790 do Código Civil de 2002, posto que em desarmonia com o art. 226, § 3.º, da Constituição Federal e com os princípios da isonomia e da dignidade da pessoa humana".

Na mesma esteira o Pleno do Tribunal de Justiça do Rio de Janeiro, com a seguinte ementa de conclusão final: "Arguição de inconstitucionalidade. Art. 1.790, inciso III, do Código Civil. Sucessão do companheiro. Concorrência com parentes sucessíveis. Violação à isonomia estabelecida pela Constituição Federal entre cônjuges e companheiros (art. 226, § 3.º). Enunciado da *IV Jornada de Direito Civil* do Conselho da Justiça Federal. Incabível o retrocesso dos direitos reconhecidos à união estável. Inconstitucionalidade reconhecida. Procedência do incidente" (TJRJ, Arguição de Inconstitucionalidade

00326554020118190000, Rel. Des. Bernardo Moreira Garcez Neto, Secretaria do Tribunal Pleno e Órgão Especial, j. 11.06.2012). Cite-se, igualmente, *decisum* da Corte Especial do Tribunal de Justiça de Goiás, de abril de 2015, com a ementa:

> "Arguição de inconstitucionalidade em apelação cível. Art. 1.790, inciso III, do Código Civil. Direito sucessório do companheiro diferenciado em relação ao cônjuge supérstite. União estável equiparada ao casamento pela constituição. Ofensa ao art. 226, § 3.º, da Constituição Federal. 1. O tratamento conferido aos companheiros e aos cônjuges deve seguir os ditames sociais da Constituição de 1988 e respeitar, efetivamente, todos os direitos fundamentais nela previstos pois, sendo todas as formas de entidade familiar entendidas no conceito de família, não há como se estabelecer qualquer compreensão restritiva de direitos fundamentais a qualquer uma delas. 2. Tendo a Constituição Federal, em seu artigo 226, § 3.º, equiparado a união estável ao casamento, o disposto o artigo 1.790, inciso III, do Código Civil vigente colide com a norma constitucional prevista, afrontando os princípios da igualdade e da dignidade da pessoa humana, resguardados na Carta Constitucional, razão pela qual há de ser negada vigência ao dispositivo legal mencionado. Incidente julgado procedente. Reconhecida a inconstitucionalidade do inciso III, do artigo 1.790 do Código Civil/02" (Rel. Des. Jeová Sardinha de Moraes).

Por outra via, o Órgão Especial do Tribunal Gaúcho, por maioria e com grande divergência, acabou por concluir de forma contrária pela constitucionalidade do art. 1.790, diante da inexistência de igualdade plena entre união estável e casamento. Conforme consta de sua ementa:

> "A Constituição da República não equiparou a união estável ao casamento. Atento à distinção constitucional, o Código Civil dispensou tratamento diverso ao casamento e à união estável. Segundo o Código Civil, o companheiro não é herdeiro necessário. Aliás, nem todo cônjuge sobrevivente é herdeiro. O direito sucessório do companheiro está disciplinado no art. 1.790 do CC, cujo inciso III não é inconstitucional. Trata-se de regra criada pelo legislador ordinário, no exercício do poder constitucional de disciplina das relações jurídicas patrimoniais decorrentes de união estável. Eventual antinomia com o art. 1.725 do Código Civil não leva a sua inconstitucionalidade, devendo ser solvida à luz dos critérios de interpretação do conjunto das normas que regulam a união estável" (TJRS, Incidente 70029390374, Porto Alegre, Órgão Especial, Rel. Originário Des. Leo Lima (vencido), Rel. para o Acórdão Des. Maria Isabel de Azevedo Souza, j. 09.11.2009).

Ao final do ano de 2011, o Órgão Especial do Tribunal Paulista julgou, igualmente, pela inexistência de qualquer inconstitucionalidade no comando em destaque, como já havia feito o Tribunal Gaúcho, adotando as mesmas premissas (TJSP, Processo 0434423-72.2010.8.26.0000 (990.10.434423-9), Órgão Especial, Rel. Corrêa Viana, j. 14.09.2011). Mais uma vez houve intensa discussão técnica, com votos vencidos, prevalecendo a visão que colocava o cônjuge em posição de superioridade perante o companheiro, e que agora, com a decisão do STF em repercussão geral, perdeu toda a sua força jurídica.

De acordo com o trecho final do voto do relator, Des. Cauduro Padin, "assim, a questão da igualdade de tratamento não é tão simples o que significa dizer que eventual equiparação deve ser total e não apenas em alguns aspectos da vida civil. Portanto, não se vislumbra a alardeada violação ao Texto Constitucional e aos seus princípios".

A demonstrar a divergência, interessante verificar trecho do voto do Des. Antonio Carlos Malheiros, um dos vencidos na votação: "O texto legal esculpido no art. 1.790 do Código Civil é deficiente na sua totalidade e conduz o operador do Direito ao erro, residindo o problema na essência de sua construção, havendo também erro de técnica legislativa, tornando inevitável a comparação entre este artigo e o art. 1.829 deste diploma legal, pois a sucessão do cônjuge e do companheiro ocorre em diferentes quotas da herança, sendo que a sucessão pelo companheiro só ocorre sobre os bens adquiridos onerosamente durante a convivência dos companheiros".

Também o Tribunal Mineiro seguiu a mesma trilha, conforme decisão da Corte Superior, publicada em 2012. Vejamos sua ementa, sendo certo que a arguição de inconstitucionalidade dizia respeito apenas ao inciso III do art. 1.790:

> "Incidente de inconstitucionalidade. Direito de família. União estável. Sucessão. Companheiro sobrevivente. Artigo 1.790, inciso III, do Código Civil. O tratamento diferenciado entre cônjuge e companheiro encontra guarida na própria Constituição Federal, que distinguiu entre as duas situações jurídicas. Não é inconstitucional o artigo 1.790, III, do Código Civil, que garante ao companheiro sobrevivente, em concurso com outros parentes sucessíveis, o direito a 1/3 da herança dos bens comuns" (TJMG, Processo 0322132-50.2006.8.13.0512, Pirapora, Corte Superior, Rel. Des. Paulo Cézar Dias, j. 09.11.2011, *DJEMG* 1.º.02.2012).

Mais uma vez, a votação teve grande divergência, seguindo-se um ou outro argumento exposto neste livro. No entanto, de acordo com o voto do relator:

> "Dessa forma, o que se verifica é o respeito à autonomia da vontade, tanto para quem assumiu o ônus do casamento tanto para quem não o assumiu e viveu em união estável, estando ambas as situações devidamente regulamentadas e protegidas. Em ambos os casos, há limitações aos quinhões, no primeiro decorrente do regime de bens adotado, e no segundo, da regulamentação legal do direito sucessório dos companheiros. O tratamento diferenciado entre cônjuge e companheiro pode não ter sido a melhor opção do legislador ordinário, mas encontra guarida na própria Constituição Federal. Cumpre, por oportuno, observar que os colaterais não são herdeiros necessários, assim nada impede que o autor da herança, como no casamento civil, disponha em testamento dos seus bens particulares e da sua meação relativamente ao patrimônio comum nomeando seu companheiro herdeiro universal. Logo, não representa ofensa à norma constitucional, que reconhece a união estável como entidade familiar, ou a qualquer princípio constitucional, o tratamento conferido pelo artigo 1.790, inciso III, do Código Civil, que garante ao companheiro sobrevivente, em concurso com demais parentes sucessíveis – ascendentes e colaterais até quarto grau, o direito a 1/3 da herança, resguardados, diga-se de passagem, o direito à meação dos bens adquiridos onerosamente durante a convivência".

No Tribunal de Justiça do Espírito Santo, o tema foi analisado pelo Tribunal Pleno, com o encerramento do julgamento em 15 de setembro de 2011, no Incidente de Inconstitucionalidade no Agravo de Instrumento 024099165979. Novamente, ficou-se muito longe da unanimidade, pelas visões discrepantes dos magistrados a respeito das entidades familiares. O relator originário, Des. Alemar Ferraz Moulin, votou pela inconstitucionalidade, concluindo ser o art. 1.790 do Código Civil um grande retrocesso, uma *teratologia jurídica.*

Entretanto, acabou por ser vencido, pela prevalência do voto do Des. Adalto Dias Tristão, para quem, "a Constituição não equiparou união estável ao casamento e, admitindo-se a não equiparação, conclui-se que ao legislador ordinário é facultado tratar diferentemente os dois institutos. Normas regulatórias, embora diferenciadas, desde que orientadas pelo sentido de proteção à família, são, por certo, constitucionais. Também o é o artigo do Código Civil, porque não afrontou, ao meu sentir, o texto constitucional. Não houve, em termos de direito hereditário, arbitrariedade acerca do *status* sucessório do convivente supérstite, na verdade o legislador tratou diferentemente situações distintas – casamento e união estável".

Na minha percepção, vinha prevalecendo, nos Tribunais Estaduais, a *tese de constitucionalidade* de todo o art. 1.790 do Código Civil. Essa era a posição dos Órgãos Especiais dos Tribunais de Justiça do Rio Grande do Sul, Minas Gerais, São Paulo e Espírito Santo. Os Tribunais do Paraná, Rio de Janeiro e Goiás julgaram pela inconstitucionalidade apenas do inciso III da norma. Por fim, apenas o Tribunal de Sergipe decidiu, na linha do STF, pela inconstitucionalidade de todo o comando.

Quanto ao Superior Tribunal de Justiça, decisão do ano de 2011, seguindo a linha esposada, suscitou a inconstitucionalidade dos incisos III e IV do art. 1.790, remetendo a questão para julgamento pelo Órgão Especial da Corte: "Incidente de arguição de inconstitucionalidade. Art. 1.790, incisos III e IV, do Código Civil de 2002. União estável. Sucessão do companheiro. Concorrência com parentes sucessíveis. Preenchidos os requisitos legais e regimentais, cabível o incidente de inconstitucionalidade dos incisos III e IV, do art. 1.790, Código Civil, diante do intenso debate doutrinário e jurisprudencial acerca da matéria tratada" (STJ, AI no REsp 1.135.354/PB, 4.ª Turma, Rel. Min. Luis Felipe Salomão, j. 24.05.2011, *DJe* 02.06.2011).

Entretanto, em outubro de 2012, o Órgão Especial da Corte Superior concluiu pela não apreciação dessa inconstitucionalidade suscitada pela 4.ª Turma, eis que o recurso próprio para tanto deve ser o extraordinário, a ser julgado pelo Supremo Tribunal Federal, o que acabou ocorrendo (publicado no *Informativo* n. *505* do STJ). Em suma, a questão da inconstitucionalidade não foi resolvida em sede de Superior Tribunal de Justiça. Com o *decisum*, o recurso especial deve voltar à 4.ª Turma para ser julgado apenas nos aspectos infraconstitucionais.

Todavia, sucessivamente no tempo, pode ser encontrado novo acórdão do Superior Tribunal de Justiça, que continuava a remeter a questão para a sua Corte Especial, a demonstrar que aquele julgamento anterior não era definitivo na Corte:

> "Recurso especial. União estável. Regime sucessório. Art. 1.790, *caput*, do Código Civil. Arguição de inconstitucionalidade. Preenchidos os requisitos legais e regimentais, cabível o incidente de inconstitucionalidade do art. 1.790, *caput*, do Código Civil, diante do intenso debate doutrinário e jurisprudencial acerca da matéria" (STJ, AI no REsp 1.291.636/DF, 4.ª Turma, Rel. Min. Luis Felipe Salomão, j. 11.06.2013, *DJe* 21.11.2013).

Diante dessas remessas sucessivas, o tema voltou à pauta de julgamento da Corte Especial do Tribunal da Cidadania em 2014, havendo divergência entre os Ministros sobre quem deve julgar o tema, se o STJ ou o STF. Quando da última atualização desta obra, o julgamento encontrava-se suspenso, e deve ser encerrado com base do que decidiu o Supremo Tribunal Federal.

No plano da nossa Corte Máxima, os problemas relativos ao art. 1.790 do Código Civil igualmente chegaram a ser apreciados em pelo menos três processos, mas que disseram respeito principalmente à cláusula de reserva de plenário. Todavia, como se verá, o último julgado acaba por ingressar no tema da inconstitucionalidade do dispositivo em estudo, na linha do que foi a conclusão final da Corte.

O primeiro aresto é um recurso extraordinário interposto contra acórdão da 8.ª Câmara Cível do Tribunal de Justiça do Estado do Rio Grande do Sul, que afastou a aplicação do inciso III do art. 1.790 do Código Civil por reputá-lo inconstitucional. Como a decisão não é Órgão Especial, entendeu o relator, Ministro Carlos Ayres Brito, pela necessidade de devolução ao processo para a inferior instância, para que a questão fosse apreciada em observância ao que consta do art. 97 da CF/1988 e na Súmula Vinculante 10, ou seja, pelo Órgão Especial da Corte gaúcha. O seguinte trecho do voto merece ser destacado:

> "Observo que a Oitava Câmara Cível afastou a aplicação do inciso III do artigo 1.790 do Código Civil de 2002 no caso concreto. E o fez sem a observância do disposto no artigo 97 da Carta Magna. A parte agravante, a seu turno, alega afronta ao artigo 5.º e ao § 3.º do artigo 226 da Constituição Federal. Sustenta que 'deveria o colegiado ter remetido a apreciação da declaração de inconstitucionalidade do dispositivo (art. 1.790, III) para julgamento perante o Pleno do Tribunal de Justiça do ERGS' (fls. 153). 4. Tenho que a insurgência merece acolhida. Isso porque, no caso, é de incidir a Súmula Vinculante n.º 10 do Supremo Tribunal Federal (...). Isso posto, e frente ao § 1.º-A do art. 557 do CPC, dou provimento ao recurso. O que faço para cassar o acórdão recorrido e determinar o retorno dos autos ao Tribunal de origem a fim de que se proceda a novo julgamento, nos termos do art. 97 da Constituição Federal" (STF, RE 59.7952, Rel. Min. Carlos Britto, j. 24.06.2009, *DJE* 145, divulgação 03.08.2009, publicação 04.08.2009).

O mesmo caminho foi percorrido em reclamação, com pedido liminar, proposta contra decisão do Tribunal de Justiça de São Paulo que, ao afastar a subsunção do mesmo diploma civil, teria violado a *cláusula de reserva de plenário*. Conforme as palavras do relator, Ministro Gilmar Mendes, "verifico, portanto, que o tribunal de origem, embora não o declare expressamente, deixou de aplicar, no caso concreto, o artigo 1.790, III, do Código Civil, sem obediência ao princípio da reserva de plenário. (...). Ante o exposto, com base na jurisprudência desta Corte (art. 161, parágrafo único, RISTF), conheço da reclamação e julgo-a procedente, para cassar o acórdão reclamado e determinar que outro seja proferido em seu lugar, de acordo com o art. 97 da Constituição" (STF, Reclamação 10813, Rel. Min. Gilmar Mendes, j. 17.03.2011, publicado em Processo eletrônico n. *DJE* 054, divulgação 22.03.2011, publicação 23.03.2011).

Por fim, merece destaque a Reclamação 18.896, originária do Estado de São Paulo, que teve como relator o Ministro Roberto Barroso, proferindo decisão monocrática em 30 de outubro de 2014. Nos termos do seu voto, que parece ingressar no mérito da inconstitucionalidade da distinção sucessória entre casamento e união estável, "nenhum sentido lógico-sistemático, portanto, se vê na diferenciação entre cônjuge e companheiro para fins sucessórios. Em outras palavras, dentro da racionalidade própria do Código, revelada ao ordenar os efeitos internos do casamento e da união estável, nenhuma a coerência que se entrevê na aplicação, *tout court*, literalmente, da previsão, no caso, do artigo 1.790, II, tal qual se pretende na origem. (...). Assim, adotada a interpretação lógico-sistemática do Código Civil, merece ser mantida a r. decisão agravada, reconhecendo-se o direito da companheira inventariante à totalidade da herança, na condição de única herdeira de José Eugênio Berti Fonseca, devendo ser mantida no cargo de inventariante, observando-se o disposto no inciso I do artigo 990 do Código de Processo Civil".

E, para arrematar, enfrentado o tema da reserva de plenário, decidiu o Ministro Barroso: "assim, sob o pretexto de dar harmônica interpretação à legislação infraconstitucional, e invocando a igualdade substancial entre união estável e casamento, o acórdão reclamado acabou por negar vigência ao art. 1.790 do Código Civil, sem a observância de cláusula de reserva de plenário, em clara afronta à segunda parte da Súmula Vinculante 10. (...). Não é o caso de aferir se está certa ou errada a decisão, mas apenas de constatar a inobservância do rito exigido pela cláusula de reserva de plenário (CPC, arts. 480 e seguintes)" (STF, Reclamação 18.896/SP, Rel. Min. Roberto Barroso, j. 30.10.2014).

Como palavras finais deste tópico, reafirme-se mais uma vez que o Supremo Tribunal Federal acabou por concluir pela inconstitucionalidade de todo o art. 1.790 do Código Civil. Por maioria de votos, entendeu-se pela equiparação sucessória total entre o casamento e a união estável, para os fins de repercussão geral (STF, Recurso Extraordinário 878.694/MG, Rel. Min. Luís Roberto Barroso, j. 10.05.2017). Nos termos do voto do relator, repise-se, "não é legítimo desequiparar, para fins sucessórios, os cônjuges e os companheiros, isto é, a família formada pelo casamento e a formada por união estável. Tal hierarquização entre entidades familiares é incompatível com a Constituição". Cabe mais uma vez destacar a tese firmada, com fins didáticos e metodológicos: "no sistema constitucional vigente, é inconstitucional a distinção de regimes sucessórios entre cônjuges e companheiros, devendo ser aplicado, em ambos os casos, o regime estabelecido no art. 1.829 do CC/2002".

Desse modo, para a prática do Direito das Sucessões, penso que passa a ser firme e majoritária a premissa da equiparação da união estável ao casamento para fins sucessórios, igualdade também adotada pelo CPC de 2015.

Quanto à modulação dos efeitos da decisão, de acordo também com o Ministro Relator:

> "É importante observar que o tema possui enorme repercussão na sociedade, em virtude da multiplicidade de sucessões de companheiros ocorridas desde o advento do CC/2002. Assim, levando-se em consideração o fato de que as partilhas judiciais e extrajudiciais que versam sobre as referidas sucessões encontram-se em diferentes estágios de desenvolvimento (muitas já finalizadas sob as regras antigas), entendo ser recomendável modular os efeitos da aplicação do entendimento ora afirmado. Assim, com o intuito de reduzir a insegurança jurídica, entendo que a solução ora alcançada deve ser aplicada apenas aos processos judiciais em que ainda não tenha havido trânsito em julgado da sentença de partilha, assim como às partilhas extrajudiciais em que ainda não tenha sido lavrada escritura pública" (STF, Recurso Extraordinário 878.694/MG, Rel. Min. Luís Roberto Barroso).

Acrescente-se que o Superior Tribunal de Justiça já analisou, em 2021, a modulação dos efeitos desse *decisum*. Conforme julgado da sua Terceira Turma, a tese deve ser aplicada ao inventário em que a exclusão da concorrência entre herdeiros ocorreu em decisão anterior ao julgamento superior. Nos termos da ementa, com a qual concordo, "aplica-se a tese fixada no tema 809/STF às ações de inventário em que ainda não foi proferida a sentença de partilha, ainda que tenha havido, no curso do processo, a prolação de decisão que, aplicando o art. 1.790 do CC/2002, excluiu herdeiro da sucessão e que a ela deverá retornar após a declaração de inconstitucionalidade e a consequente aplicação do art. 1.829 do CC/2002". Ademais, "não são equiparáveis, para os fins da aplicação do tema 809/STF, as sentenças de partilha transitadas em julgado e as decisões que, incidentalmente, versam sobre bens pertencentes ao espólio, uma vez que a inconstitucionalidade de lei, enquanto questão de ordem pública, é matéria suscetível de arguição em impugnação ao cumprimento de sentença e que, com muito mais razão, pode ser examinada na fase de conhecimento" (STJ, REsp 1.904.374/DF, 3.ª Turma, Rel. Min. Nancy Andrighi, j. 13.04.2021, *DJe* 15.04.2021).

Em outro aresto de relevo, o mesmo Tribunal da Cidadania, de forma correta e novamente tratando da modulação dos efeitos do *decisum* do STF, entendeu que "é lícito ao juiz proferir nova decisão para ajustar questão sucessória, existente em inventário ainda não concluído, à orientação vinculante emanada do Supremo Tribunal Federal" (STJ, REsp 2.017.064/SP, 3.ª Turma, Rel. Min. Nancy Andrighi, por unanimidade, j. 11.04.2023).

Como palavras finais para o tema, a leitura deste capítulo demonstrou que o STF não esclareceu todas as questões relativas à sucessão na união estável, especialmente se o companheiro deve ou não ser tido como herdeiro necessário e qual deve ser o tratamento relativo ao seu direito real de habitação. A minha resposta, reafirme-se, é positiva para a primeira questão, pois o *decisum* repercute para todos os fins sucessórios. Em relação ao direito real de habitação, a tendência também parece ser de equalização das duas entidades familiares, com tratamento unificado no art. 1.830 do Código Civil. Todavia, é preciso aguardar novas posições doutrinárias e jurisprudenciais, para que a questão encontre estabilidade na prática.

2.14 ANÁLISE DE CASOS SUCESSÓRIOS CONCRETOS. APROFUNDAMENTO DAS REGRAS DA SUCESSÃO LEGÍTIMA

A finalizar o capítulo, e com o fim de aplicar todos os conceitos e todas as divergências expostas até o presente momento, insta trazer à exposição alguns casos concretos sucessórios, comuns à prática, com a finalidade de concretizar o Direito Privado brasileiro.

Como é notório, tornou-se comum, na metodologia jurídica, a exposição das razões fáticas que amparam uma tese ou uma premissa levantada. Conforme demonstra Castanheira Neves, o *caso jurídico é um concreto problema jurídico:* "nesses termos, o caso jurídico é um concreto problema jurídico: a pré-síntese de um interrogativo sentido concreto de intenção jurídica que conjuga uma intenção normativa geral ou de validade com uma situação concreta, enquanto fundamenta naquela intenção a pergunta que dirige a esta situação" (*Metodologia...*, 1993, p. 162).

Na esteira dessa constatação, Francisco Amaral demonstra que, do ponto de vista prático, uma das funções que se pode atribuir ao Direito Civil é a de *resolução dos conflitos de natureza privada*. Nasce daí, para ele, a vivência social que interessa ao âmbito jurídico, a *experiência jurídica*, que constitui "uma concreta experiência de conflitos de interesses que o direito é chamado a disciplinar no exercício de uma das suas mais importantes funções, a de resolver tais problemas, visando garantir a realização dos ideais humanos de ordem, justiça e bem comum" (*Direito*..., 2003, p. 10).

Cabe lembrar que a *visão tridimensional do Direito* gera demandas de buscas reais do alcance das normas jurídicas, que, além de válidas e eficazes, devem ser eficientes no campo prático. Por isso, Miguel Reale fala em um *normativismo concreto*, "consubstanciando-se nas regras de direito toda a gama de valores, interesses e motivos de que se compõe a vida humana, e que o intérprete deve procurar captar, não apenas segundo as significações particulares emergentes da 'práxis social', mas também na unidade sistemática e objetiva do ordenamento vigente" (REALE, Miguel. *Teoria*..., 2003, p. 77).

Na linha do exposto pelos notáveis juristas citados, uma boa obra que se propõe não pode ficar alheia a essa experiência. Desse modo, é essencial demonstrar como as regras jurídicas estudadas têm as correspondentes soluções práticas, o que, a partir do presente momento, será empreendido por este livro, a partir da análise detalhada de dez casos sucessórios propostos.

Alerte-se que todas as hipóteses fáticas envolvem sucessões abertas na vigência da atual legislação e que os problemas, definitivamente, não esgotam a matéria, servindo apenas para cumprir a missão que dever ser desempenhada por um *manual* de Direito Civil.

Como muitas dúvidas percebidas na prática dizem respeito também à meação – que, como dito em vários momentos deste livro, não se confunde com a herança –, essa categoria também estará em cena a partir de agora. Cabe ressaltar que serão utilizados os termos *recebe* e *receberá* também para meação, mas apenas para fins didáticos, pois tais bens já são do cônjuge ou companheiro sobrevivente. Vejamos caso a caso, atualizados com a recente decisão do Supremo Tribunal Federal, sobre a inconstitucionalidade do art. 1.790 do CC.

1.º CASO. Concorrência sucessória do cônjuge com descendentes na comunhão parcial. O caso sucessório mais comum

João e Maria casaram-se em 2003, muito jovens e sem patrimônio, pelo regime da comunhão parcial de bens. Da união nasceram dois filhos, José e Carlos. Em 10.10.2013 João faleceu, deixando um patrimônio de R$ 2.000.000,00, adquirido na constância do casamento. O falecido deixou bens particulares, porém apenas bens de uso pessoal de pequena monta. Como serão partilhados tais bens, levando-se em conta a meação e a sucessão?

Resposta: No caso descrito, deve-se, inicialmente, assegurar a meação de Maria, que é de R$ 1.000.000,00. Em relação ao restante dos bens, adquirido durante o casamento (bens comuns), será dividido igualmente entre os filhos, José e Carlos, a título de herança, que recebem R$ 500.000,00 cada um, interpretação do art. 1.829, inciso I, do Código Civil. Isso porque, na linha do entendimento majoritário antes exposto, da doutrina e agora também da jurisprudência do STJ, a concorrência do cônjuge, no caso descrito e por ser o regime de bens do casamento, o da comunhão parcial, somente diz respeito aos bens particulares do falecido, que não são relatados no problema. Por esse caminho, a esposa é reconhecida apenas como meeira, e não como herdeira.

No entanto, se adotada a posição anterior do Superior Tribunal de Justiça no REsp 1.117.563/SP e no REsp 1.377.084/MG, no sentido de que a concorrência sucessória diz respeito aos bens comuns, Maria receberia, além de sua meação, o valor de R$ 166.666,66, em conjunto com os filhos José e Carlos, que recebem a mesma quota. Pela última ideia, a esposa passaria a ser meeira e herdeira, o que não contava com a minha concordância, pois sempre segui aquela posição majoritária.

Cabe ressaltar que essa posição anterior parece ter sido superada pelo próprio Tribunal da Cidadania, que acabou por consolidar em sua Segunda Seção que a concorrência sucessória do cônjuge, na comunhão parcial, diz respeito apenas aos bens particulares (ver: REsp 1.368.123/SP, 2.ª Seção, Rel. Min. Sidnei Beneti, Rel. p/ Acórdão Min. Raul Araújo, j. 22.04.2015, *DJe* 08.06.2015).

2.º CASO. Concorrência sucessória do companheiro com descendentes comuns. Soluções anterior e posterior ao julgamento do STF, de inconstitucionalidade do art. 1.790 do CC

João e Maria passaram a viver em união estável em 2003, muito jovens, sem patrimônio e sem a celebração de um contrato de convivência. Da união nasceram dois filhos, José e Carlos. Em 10.10.2013 João faleceu, deixando um patrimônio de R$ 2.000.000,00, todo ele adquirido onerosamente na constância da união estável. Como serão partilhados tais bens, levando-se em conta a meação e a sucessão?

Resposta anterior à decisão do STF: A presente análise é interessante, a fim de demonstrar a premissa antes exposta, de que o companheiro poderia ser beneficiado em relação ao cônjuge nas situações em que todo o patrimônio é adquirido durante o relacionamento. Não se pode negar, aliás, que essas hipóteses são a maioria no meio social, pelo menos pelas experiências narradas na minha atuação nos âmbitos familiarista e sucessório.

Pois bem, como não há contrato de convivência fazendo a opção por outro regime, aplica-se à união estável o regime da comunhão parcial de bens (art. 1.725 do CC). Assim sendo, dever-se-ia assegurar a meação de Maria, que é de R$ 1.000.000,00. No tocante à herança, que engloba o restante dos bens (R$ 1.000.000,00) – todos eles adquiridos onerosamente durante a união estável –, dever-se-ia reconhecer a concorrência sucessória de Maria em relação aos descendentes comuns, recebendo ela a mesma quota que os filhos, conforme o art. 1.790, inciso I, do Código Civil. Assim, todos eles – Maria, José e Carlos – receberiam o valor de R$ 333.333,33, ficando bem claro que a companheira era meeira e herdeira, no sistema de vigência do art. 1.790 do CC.

Resposta posterior à decisão do STF: Como a união estável deve ser equiparada ao casamento, o companheiro deve ser colocado na ordem de sucessão legítima do art. 1.829 do Código Civil. Assim, inicialmente, deve-se assegurar a meação de Maria, que é de R$ 1.000.000,00. Em relação ao restante dos bens, adquirido durante o casamento (bens comuns), será dividido igualmente entre os filhos, José e Carlos, a título de herança, que recebem R$ 500.000,00 cada um, interpretação do art. 1.829, inciso I, do Código Civil. Como se nota, com a decisão do STF, a companheira recebe menos do que receberia no sistema anterior, ficando em dúvida o argumento da vedação do retrocesso, lançado no voto do Ministro Barroso. Eis aqui um interessante debate que pode ser realizado em sala de aula, em todos os níveis de ensino do Direito das Sucessões, desde a graduação até o doutorado em Direito.

3.º CASO. Concorrência sucessória do cônjuge com descendentes na comunhão universal de bens

João e Maria se casaram em 1973, pelo então regime legal, que era o da comunhão universal de bens; ele com um patrimônio que corresponde hoje a R$ 1.000.000,00, ela sem bens. Da união nasceram dois filhos, José e Carlos. Durante o casamento, foi amealhado um patrimônio total de R$ 5.000.000,00, pelo trabalho de ambos. Além disso, João recebeu uma herança de R$ 3.000.000. No ano de 2012, João faleceu, vítima de um infarto. Como deve ser dividido todo o patrimônio, de R$ 9.000.000,00, levando-se em conta a meação e a sucessão?

Resposta: Mais uma vez, é necessário assegurar a meação de Maria, que é de metade de todos os bens, anteriores e posteriores ao casamento, ou seja, o montante de R$ 4.500.000,00. Como o regime é o da comunhão universal de bens, não haverá concorrência sucessória do cônjuge com os descendentes em relação aos bens comuns adquiridos durante o casamento e os recebidos por herança, pois eles entram na meação e sobre eles não há sucessão. Ou seja, os R$ 4.500.000,00 serão atribuídos exclusivamente aos filhos do falecido, José e Carlos, que receberão R$ 2.250.000,00 cada um. Assim resumindo:

- Maria receberá só os R$ 4.500.000,00, de sua meação.
- José receberá R$ 2.250.000,00 (herança sem concorrência do cônjuge, pois tais bens já integram a meação).
- Carlos receberá R$ 2.250.000,00 (herança sem concorrência do cônjuge, pois tais bens já integram a meação).
- SOMA TOTAL DOS VALORES = R$ 9.000.000,00.

4.º CASO. Concorrência do cônjuge com descendentes do falecido na separação obrigatória de bens

João e Maria se casaram em 2005, ele então com sessenta e dois anos de idade, ela com trinta e cinco anos. Foi imposto o regime da separação obrigatória de bens, que até então atingia o maior de sessenta anos, pela redação originária do art. 1.641, inciso II, do Código Civil. Quando do casamento, João tinha um patrimônio de R$ 3.000.000,00 e dois filhos, José e Sílvia, havidos de um casamento anterior. Nada foi adquirido durante o casamento. João faleceu no ano de 2013. Como deve ser dividido todo o patrimônio, de R$ 3.000.000,00, levando-se em conta a meação e a sucessão?

Resposta: De início, não há qualquer meação a ser reconhecida para Maria, pois o regime foi o da separação obrigatória de bens, imposto pela norma jurídica, não havendo nenhum bem adquirido durante a relação. Se houvesse, seria cogitada a aplicação da Súmula 377 do Supremo Tribunal Federal, que estabelece a comunicação dos bens adquiridos durante a constância do casamento, com debate a respeito da necessidade da prova ou não do esforço comum. Partindo-se para a divisão da herança, não há concorrência sucessória do cônjuge no regime da separação obrigatória, por expressa dicção do art. 1.829, inciso I, do CC/2002. Desse modo, todo o patrimônio do *de cujus* será dividido igualmente entre José e Silvia, que recebem R$ 1.500.000,00 cada um.

5.º CASO. Concorrência do cônjuge com descendentes na separação convencional de bens

João e Maria se casaram em 2003 e fizeram a opção pelo regime da separação convencional de bens, firmando um pacto antenupcial nesse sentido. Quando do casamento, João já tinha um patrimônio de R$ 3.000.000,00 e, durante o relacionamento, aumentou os seus bens em mais R$ 2.000.000,00. Do casamento nasceram dois filhos, José e Sílvia, únicos de ambos. João faleceu no ano de 2012. Como deve ser dividido todo o patrimônio do morto, de R$ 5.000.000,00, levando-se em conta a meação e a sucessão?

Resposta: Quanto à meação, nada deve ser reconhecido para Maria, diante da adoção do regime da separação convencional de bens. Em relação à herança, adotando-se o entendimento majoritário de interpretação do art. 1.829, inciso I, do CC/2002, deve ser reconhecida a concorrência sucessória de Maria com os seus descendentes, o que engloba todo o monte. Assim, Maria, José e Sílvia recebem R$ 1.666.666,66. Cabe lembrar que essa posição acabou por ser consolidada pela Segunda Seção do Superior Tribunal de Justiça, encerrando grande divergência anterior na Corte (REsp 1.382.170/SP, 2.ª Seção, Rel. Min. Moura Ribeiro, Rel. p/ Acórdão Min. João Otávio de Noronha, j. 22.04.2015, *DJe* 26.05.2015).

Contudo, se adotada posição anterior e ora superada do Superior Tribunal de Justiça no REsp 992.749/MS, no sentido de que o regime da separação convencional é espécie do regime da separação obrigatória, há que afastar a concorrência sucessória do cônjuge. Por esse último caminho, Maria nada herdaria, sendo o patrimônio de R$ 5.000.000,00 dividido igualmente entre José e Sílvia, que recebem R$ 2.5000.000,00 cada um.

6.º CASO. Concorrência do cônjuge com ascendentes do falecido, que não deixou filhos. Casamento celebrado pelo regime da comunhão parcial de bens

João e Maria se casaram em 1998, pelo então regime legal, qual seja o da comunhão parcial de bens. Não tiveram filhos. Em 2010, João faleceu, deixando apenas a esposa e os pais, Carlos e Josefina. João se casou sem bens e adquiriu um patrimônio de R$ 6.000.000,00. Como deve ser dividido todo o patrimônio do morto, levando-se em conta a meação e a sucessão?

Resposta: Maria deve ter assegurada a sua meação de R$ 3.000.00,00, pois todos os bens foram adquiridos durante o casamento. Quanto à outra metade, o cônjuge concorre com os ascendentes em relação a todos os bens, e sem qualquer influência do regime de bens adotado (art. 1.829, inciso II, do CC/2002). Nos termos do art. 1.837 da codificação, como o cônjuge concorre com ascendente em primeiro grau, terá direito a um terço da herança. Em suma, Maria recebe mais R$ 1.000.000,00, totalizando o seu montante recebido R$ 4.000.000,00. Carlos e Josefina, pais do morto, recebem R$ 1.000.000,00 cada um.

7.º CASO. Concorrência do companheiro com descendentes exclusivos do autor da herança. Soluções anterior e posterior ao julgamento do STF, de inconstitucionalidade do art. 1.790 do CC

João e Maria passaram a viver em união estável em 2003, quando João já tinha dois filhos, Carlos e Silvia. Não houve a celebração de contrato de convivência, sendo o regime o da comunhão parcial de bens. Em 2013, João faleceu, deixando um patrimônio de R$ 3.000.000,00. Desse montante, João já tinha R$ 1.000.000,00 quando teve início o relacionamento. O restante – R$ 2.000.000,00 – foi adquirido onerosamente durante a união estável. Como serão partilhados tais bens, levando-se em conta a meação e a sucessão?

Resposta anterior à decisão do STF: Reservava-se, inicialmente, a meação de Maria, que corresponderia a R$ 1.000.000,00, metade dos bens havidos durante a união estável. Em relação aos bens anteriores à união estável (R$ 1.000.000,00), não havia qualquer meação ou direito sucessório da companheira, recebendo os filhos do *de cujus* R$ 500.000,00 cada um. Haveria concorrência sucessória de Maria com Carlos e Sílvia quanto à parte do morto nos bens adquiridos onerosamente durante a união, nos termos do art. 1.790, *caput*, do CC/2002, ou seja, no montante de R$ 1.000.000,00. Conforme constava do inciso II do último preceito, se o companheiro concorresse com descendentes só do autor da herança, tocar-lhe-ia a metade do que coubesse a cada um daquele. Então, era preciso dividir tal valor em cinco partes, para que se chegasse ao valor de cada um, pois os filhos recebem 2x o que o convivente teria como direito. O valor de x era R$ 200.000,00, sendo esse o monte do companheiro. Os filhos receberiam 2x, ou seja, R$ 400.000,00. Em resumo:

- Maria receberia R$ 1.000.000,00 (meação dos adquiridos durante a união estável) + R$ 200.000,00 (herança, em concorrência com descendentes do falecido) = Total de R$ 1.200.000,00.
- Carlos receberia R$ 500.00.00 (herança dos bens anteriores à união) + R$ 400.000,00 (concorrência com o companheiro quanto aos bens havidos onerosamente durante a união) = R$ 900.000,00.
- Sílvia receberia R$ 500.00.00 (herança dos bens anteriores à união) + R$ 400.000,00 (concorrência com o companheiro quanto aos bens havidos onerosamente durante a união) = R$ 900.000,00.
- SOMA TOTAL DOS VALORES = R$ 3.000.000,00.

Resposta posterior à decisão do STF: Com a equiparação da união estável ao casamento, a solução é simplificada. De início, é preciso reservar a meação de Maria quanto aos bens havidos durante a união, que é de R$1.000,00. Quanto ao restante dos bens, aplicando-se o art. 1.829, I, do Código Civil, o companheiro irá concorrer com os filhos quanto aos bens particulares do falecido, havidos antes da união (R$ 1.000.000,00). Assim, Maria, Carlos e Silvia recebem R$ 333.333,33 cada um.

Quanto aos R$ 1.000.00,00 restantes e que são posteriores ao casamento, devem ser atribuídos apenas aos filhos Carlos e Sílvia, que recebem R$ 500.000,00 cada um. Em resumo, o que agora coloca a companheira em situação de privilégio perante o sistema anterior:

- Maria recebe R$ 1.000.000,00 (meação dos adquiridos durante a união estável) + R$ 333.333,33 (herança, em concorrência com descendentes do falecido, quanto aos bens particulares) = Total de R$ 1.333.333,33.
- Carlos recebe R$ 500.000,00 (metade dos bens posteriores à união estável) + R$ 333.333,33 (concorrência com o companheiro e outro descendente quanto aos bens particulares) = Total de R$ 833.333,33.
- Sílvia recebe a R$ 500.000,00 (metade dos bens posteriores à união estável) + R$ 333.333,33 (concorrência com o companheiro e outro descendente quanto aos bens particulares) = Total de R$ 833.333,33.
- SOMA TOTAL DOS VALORES = R$ 3.000.000,00.

8.º CASO. Concorrência do companheiro com descendentes comuns e não comuns. Problema anterior atinente à filiação híbrida e a sua solução atual, com a decisão do STF

João e Maria passaram a viver em união estável em 2003, quando João já tinha dois filhos, Carlos e Sílvia. Não houve a celebração de contrato de convivência, sendo o regime o da comunhão parcial de bens. Em 2013, João faleceu, deixando um patrimônio de R$ 6.000.000,00, todo ele adquirido onerosamente durante a união estável. Da união nasceram dois filhos, Mário e Luiza. Como serão partilhados tais bens, levando-se em conta a meação e a sucessão?

Resposta anterior à decisão do STF: Reservava-se, inicialmente, a meação de Maria, que corresponderia a R$ 3.000.000,00, metade dos bens adquiridos durante a relação. Quanto aos bens adquiridos onerosamente, durante a união estável, haveria concorrência do companheiro com os descendentes. Como existem filhos comuns e exclusivos do falecido, a hipótese era de concorrência na *sucessão híbrida, não* tratada expressamente na legislação.

Deixando-se de lado as soluções matemáticas, a divergência dizia respeito à incidência do inciso I ou II do art. 1.790 do CC/2002. A maioria da doutrina entendia pela subsunção do inciso I. Sendo assim, por tal visão, o companheiro concorreria com os descendentes recebendo a mesma quota que estes. Desse modo, os R$ 3.000.000,00 restantes seriam divididos em cinco partes iguais (4 descendentes + companheira), recebendo cada um R$ 600.000,00. Então, resumindo, seguindo a corrente majoritária na doutrina anterior:

- Maria receberia R$ 3.000.000,00 (meação) + R$ 600.000,00 (concorrência com os descendentes) = R$ 3.600.000,00.
- Carlos receberia R$ 600.000,00 (concorrência com a companheira).
- Sílvia receberia R$ 600.000,00 (concorrência com a companheira).
- Mário receberia R$ 600.000,00 (concorrência com a companheira).
- Luiza receberia R$ 600.000,00 (concorrência com a companheira).
- SOMA TOTAL DOS VALORES = R$ 6.000.000,00.

Todavia, como antes exposto, alguns julgados concluíam pela subsunção do inciso II em casos tais, tese que era seguida por mim. Sendo assim, a companheira passaria a concorrer com os descendentes recebendo meia quota destes. Assim, a parte relativa à concorrência deveria ser dividida em 9 partes, sendo x a quota da companheira e $2x$ as quotas dos filhos. Dividindo-se os R$ 3.000.000,00 por 9 chegar-se-ia ao montante de R$ 333.333,33, que é a quota da companheira, recebendo cada descendente R$ 666.666,66. Em resumo, seguindo-se essa corrente, a divisão passaria a ser a seguinte:

- Maria receberia R$ 3.000.000,00 (meação) + R$ 333.333,33 (concorrência com os descendentes) = R$ 3.333.333,33.
- Carlos receberia R$ 666.666,66 (concorrência com a companheira).
- Sílvia receberia R$ 666.666,66 (concorrência com a companheira).
- Mário receberia R$ 666.666,66 (concorrência com a companheira).
- Luiza receberia R$ 666.666,66 (concorrência com a companheira).
- SOMA TOTAL DOS VALORES = R$ 5.999.999,99, valor mais próximo de R$ 6.000.000,00.

Resposta posterior à decisão do STF: Mais uma vez, toda a polêmica acima relatada desaparece, devendo o companheiro ser equiparado ao cônjuge e aplicando-se o art. 1.829 do Código Civil. Todavia, surgirá outro problema da sucessão híbrida, qual seja a necessidade de reserva ou não da quarta parte para o companheiro, assim como ocorre com o cônjuge. Como exposto neste capítulo, acredito que, com a decisão do STF, o art. 1.832 do CC também se aplica à união estável, diante da necessidade de equiparação sucessória de ambas as entidades familiares, como decidiu em 2019 o Superior Tribunal de Justiça (REsp 1.617.501/RS, 3.ª Turma, Rel. Min. Paulo de Tarso Sanseverino, j. 11.06.2019, *DJe* 1.º.07.2019).

Ademais, seguiremos a doutrina amplamente majoritária, posição compartilhada por mim e recentemente adotada pelo STJ no último acórdão citado, no sentido de não se fazer a reserva dessa quarta parte na sucessão híbrida. Pois bem, para a companheira, de início, é necessário reservar a meação de R$ 3.000,000, sendo certo que todos os bens foram adquiridos durante a união estável. Desse modo, não há concorrência sucessória de Maria com os descendentes, pois não existem bens particulares. Ato contínuo, o restante dos bens será dividido entre os quatro filhos do falecido, de forma igualitária, que receberão R$ 750.000,00 cada um. Como se nota, mais uma vez, a companheira ficou em situação pior do que no sistema anterior, seja por uma ou outra corrente que antes se seguia.

9.º CASO. Concorrência do companheiro com ascendentes do falecido, que não deixou filhos. Soluções anterior e posterior ao julgamento do STF, de inconstitucionalidade do art. 1.790 do CC

João e Maria passaram a viver em união estável em 2003, ambos sem filhos. Da união também não foram havidos descendentes. Não houve a celebração de contrato de convivência, sendo o regime o da comunhão parcial de bens. Em 2013, João faleceu, deixando um patrimônio de R$ 3.000.000,00, todo ele adquirido onerosamente durante a união estável. Além da companheira, João deixou os pais Lúcio e Cláudia. Como serão partilhados tais bens, levando-se em conta a meação e a sucessão?

Resposta anterior à decisão do STF: Para começar, seria necessário reservar a meação de Maria, que corresponderia a R$ 1.500.000,00, a metade dos bens adquiridos. Quanto à outra metade, a companheira concorreria com os ascendentes, recebendo um terço da herança (art. 1.790, inciso III, do CC/2002). Diante desse último preceito, Maria, Lúcio e Cláudia receberiam R$ 500.000,00 cada um, ficando a questão assim solucionada:

- Maria receberia R$ 1.500.000,00 (meação) + R$ 500.000,00 (concorrência com os ascendentes) = R$ 2.000.000,00.
- Lúcio receberia R$ 500.000,00 (concorrência com a convivente).
- Cláudia receberia R$ 500.000,00 (concorrência com a convivente).
- SOMA TOTAL DOS VALORES = R$ 3.000.000,00.

Resposta posterior à decisão do STF: Para começar, seria necessário reservar a meação de Maria, que corresponderia a R$ 1.500.000,00, a metade dos bens adquiridos durante a união. Quanto à outra metade, aplicando-se agora o art. 1.829, inciso II, e o art. 1.837 do CC/2002, a companheira receberá um terço da herança (R$ 500.000,00), cabendo o restante aos pais do falecido Lúcio e Cláudia, que recebem R$ 500.000,00 cada um. Como se nota, não há qualquer mudança na situação prática com a decisão do STF.

10.º CASO. Falecido que deixa descendentes, cônjuge e companheiro, estando separado de fato

João e Maria se casaram em 1993, pelo regime da comunhão parcial de bens, tendo sido adquirido um patrimônio de R$ 2.000.000,00 durante esse relacionamento. Do casamento nasceram dois filhos, Carlos e Sílvia. Em 2003, João separou-se de fato de Maria e passou a viver com Cláudia, com quem já tinha um relacionamento anterior. Viveram juntos, em união estável, até o dia 20 de novembro de 2011, quando João faleceu. Durante a união estável – em que não se celebrou contrato de convivência –, foi adquirido um patrimônio de R$ 1.000.000,00. Não existem filhos desse último relacionamento. Como deve ser dividido o patrimônio total, de R$ 3.000.000,00, levando-se em conta a meação e a sucessão?

Resposta anterior à decisão do STF: Para começar, seria necessário reservar as meações de Maria e Cláudia. A de Maria é de R$ 1.000.000,00 e a de Cláudia R$ 500.000,00, dizendo respeito aos bens adquiridos durante o casamento e à união estável, respectivamente. A herança recairia sobre o restante (R$ 1.500.000,00). Como João e Maria já estavam separados de fato há mais de dois anos quando do falecimento, não haveria qualquer direito sucessório da esposa, mas apenas da convivente, o que era interpretação do art. 1.830 do CC/2002. Então, a companheira Cláudia concorreria com os filhos exclusivos do falecido recebendo a meia quota do que fosse atribuído a estes (art. 1.790 do CC). Sendo assim, o montante que restava de R$ 1.500.000,00 seria dividido em cinco partes, sendo 2*x* a quota dos filhos e *x* a quota da companheira. Feito o cálculo, os filhos receberiam R$ 600.000,00 e a companheira R$ 300.000,00. Em resumo:

- Maria receberia R$ 1.000.000,00 (meação dos bens havidos durante o casamento).
- Cláudia receberia R$ 500.000,00 (meação dos bens havidos durante a união estável) + R$ 300.000,00 (concorrência com os filhos exclusivos do autor da herança) = R$ 800.000,00.

- Carlos receberia R$ 600.000,00.
- Sílvia receberia R$ 600.000,00.
- SOMA TOTAL DOS VALORES = R$ 3.000.000,00.

Resposta posterior à decisão do STF: Mais uma vez, é necessário reservar as meações de Maria e Cláudia. A de Maria é de R$ 1.000.000,00 e a de Cláudia R$ 500.000,00, dizendo respeito aos bens adquiridos durante o casamento e à união estável, respectivamente. A herança recairá sobre o restante (R$ 1.500.000,00). Como João e Maria já estavam separados de fato há mais de dois anos quando do falecimento, não há qualquer direito sucessório da esposa Maria, mas apenas da convivente Cláudia, o que decorre da mesma interpretação do art. 1.830 do CC/2002. Todavia, não incide mais o art. 1.790 do CC, mas o art. 1.829, inciso I, do Código Civil. Então, a companheira Cláudia concorre com os filhos do falecido, Carlos e Silvia, no montante de R$ 1.000.000,00, que são os bens particulares do falecido, recebendo cada um R$ 333.333,33. Quanto ao restante dos bens, posteriores à união (R$ 500.000,00), herdarão apenas os filhos (R$ 250.000,00 cada um), aplicando-se a mesma regra do casamento.

Em resumo:

- Maria continua recebendo R$ 1.000.000,00 (meação dos bens havidos durante o casamento).
- Cláudia recebe R$ 500.000,00 (meação dos bens havidos durante a união estável) + R$ 333.333,33 (concorrência com os filhos descendentes do autor da herança, quanto aos bens particulares) = R$ 833.333,33. Assim, recebe mais do que na realidade anterior à decisão do STF.
- Carlos recebe R$ 333.333,33 (em concorrência com a companheira e com o outro descendente do autor da herança, quanto aos bens particulares) + R$ 250.000,00 (metade da herança quanto aos bens havidos durante a união estável, sobre os quais não há sucessão da companheira, equipara à esposa) = R$ 583.333,33. Recebe menos do que no sistema anterior à decisão do STF.
- Sílvia recebe R$ 333.333,33 (em concorrência com a companheira e com o outro descendente do autor da herança, quanto aos bens particulares) + R$ 250.000,00 (metade da herança quanto aos bens havidos durante a união estável, sobre os quais não há sucessão da companheira, equiparada à esposa) = R$ 583.333,33. Também recebe menos do que no sistema anterior à decisão do STF.
- SOMA TOTAL DOS VALORES = R$ 3.000.000,00.

2.15 RESUMO ESQUEMÁTICO

Versão atual da *Tabela Francisco Cahali* (*Direito...*, 2012, p. 225-228)

Polêmicas na sucessão do cônjuge

Doutrinador(es)	No regime da comunhão parcial, o cônjuge herda	Filiação híbrida – cônjuge
Caio Mário da Silva Pereira		Sem reserva de ¼
Christiano Cassettari	Somente bens particulares	Sem reserva de ¼

Doutrinador(es)	No regime da comunhão parcial, o cônjuge herda	Filiação híbrida – cônjuge
Eduardo de Oliveira Leite	Somente bens particulares	
Flávio Tartuce	Somente bens particulares	Sem reserva de ¼
Francisco José Cahali	Defende a comunicação sobre todos os bens (bens particulares e comuns). No entanto, na tabela consta que a norma contém um problema intransponível, havendo necessidade de reforma legislativa	Com reserva de ¼
Giselda Maria Fernandes Novaes Hironaka	Somente bens particulares	Não há posição firme e definitiva. Jurisprudência variará perigosamente. Solução: mudança da lei (CC) ou consolidação de súmula, futuramente
Guilherme Calmon Nogueira da Gama	Bens particulares e comuns	Sem reserva de ¼
Gustavo René Nicolau	Somente bens particulares	Sem reserva de ¼
Inácio de Carvalho Neto	Bens particulares e comuns	Sem reserva de ¼
Jorge Shiguemitsu Fujita	Somente bens particulares	Sem reserva de ¼
José Fernando Simão	Somente bens particulares	Com reserva de ¼
Luiz Paulo Vieira de Carvalho	Bens particulares e comuns	Sem reserva de ¼
Maria Berenice Dias	Somente bens comuns	Sem reserva de ¼
Maria Helena Diniz	Bens particulares e comuns	Sem reserva de ¼
Maria Helena Braceiro Daneluzzi	Somente bens particulares	Sem reserva de ¼
Mário Delgado	Somente bens particulares	Sem reserva de ¼
Mario Roberto Carvalho de Farias	Bens particulares e comuns	Sem reserva de ¼
Rodrigo da Cunha Pereira	Somente bens particulares	Sem reserva de ¼
Rolf Madaleno	Somente bens particulares	Sem reserva de ¼
Sebastião Amorim e Euclides de Oliveira	Somente bens particulares	Sem reserva de ¼
Sílvio de Salvo Venosa		Com reserva de ¼
Zeno Veloso	Somente bens particulares	Sem reserva de ¼

Polêmicas que existiam na sucessão do companheiro – Despareceram com a decisão do STF, em repercussão geral. Em relação ao tratamento do companheiro como herdeiro necessário, deverá ser elaborada uma nova pesquisa

Doutrinador(es)	Concorrência com filiação híbrida	Concorrência com o Poder Público	Direito Real de Habitação	Companheiro como herdeiro necessário	Concorrência com netos comuns
Caio Mário da Silva Pereira	Aplica-se o art. 1.790, I	Não		Sim	Aplica-se o art. 1.790, I
Christiano Cassettari	Aplica-se o art. 1.790, I	Não	Sim	Não	Aplica-se o art. 1.790, I
Eduardo de Oliveira Leite		Não		Não	
Flávio Augusto Monteiro de Barros	Solução matemática	Não	Não	Não	Aplica-se o art. 1.790, I
Flávio Tartuce	Aplica-se o art. 1.790, II	Não	Sim	Não	Aplica-se o art. 1.790, I
Francisco José Cahali	Aplica-se o art. 1.790, I	Sim	Não	Não	Aplica-se o art. 1.790, I
Giselda Maria Fernandes Novaes Hironaka	Não há posição firme e definitiva. Jurisprudência variará perigosamente. Solução: mudança da lei (CC) ou consolidação de súmula, futuramente	Sim	Sim	Sim	Aplica-se o art. 1.790, I
Guilherme Calmon Nogueira da Gama	Aplica-se o art. 1.790, I	Não	Sim	Não	Aplica-se o art. 1.790, I
Gustavo René Nicolau	Aplica-se o art. 1.790, II	Não	Sim	Não	Aplica-se o art. 1.790, I
Inácio de Carvalho Neto	Aplica-se o art. 1.790, I	Sim	Não	Não	Aplica-se o art. 1.790, I

Doutrinador(es)	Concorrência com filiação híbrida	Concorrência com o Poder Público	Direito Real de Habitação	Companheiro como herdeiro necessário	Concorrência com netos comuns
Jorge Shiguemitsu Fujita	Aplica-se o art. 1.790, I	Não	Sim	Não	Aplica-se o art. 1.790, I
José Fernando Simão	Aplica-se o art. 1.790, I	Não	Sim	Não	Aplica-se o art. 1.790, I
Luiz Paulo Vieira de Carvalho	Aplica-se o art. 1.790, I	Não	Sim	Sim	Aplica-se o art. 1.790, I
Maria Berenice Dias	Aplica-se o art. 1.790, I	Não	Sim	Sim	Aplica-se o art. 1.790, III
Maria Helena Diniz	Aplica-se o art. 1.790, II	Não	Sim	Não	
Maria Helena Braceiro Daneluzzi	Aplica-se o art. 1.790, I	Sim	Sim	Não	
Marcelo Truzzi Otero	Aplica-se o art. 1.790, I	Não		Não	Aplica-se o art. 1.790, I
Mário Delgado	Aplica-se o art. 1.790, I	Sim	Na tabela consta que não. Entretanto, o doutrinador mudou de opinião, conforme relatado a mim, sendo a resposta, agora, positiva	Não	Aplica-se o art. 1.790, I
Mario Roberto Carvalho de Farias	Aplica-se o art. 1.790, III	Não	Não	Não	Aplica-se a regra do art. 1.790, III
Nelson Nery Jr.		Não			
Roberto Senise Lisboa	Aplica-se o art. 1.790, I	Sim	Sim e usufruto	Não	Aplica-se o art. 1.790, I

Doutrinador(es)	Concorrência com filiação híbrida	Concorrência com o Poder Público	Direito Real de Habitação	Companheiro como herdeiro necessário	Concorrência com netos comuns
Rodrigo da Cunha Pereira	Aplica-se o art. 1.790, I	Sim	Sim	Não	Aplica-se o art. 1.790, I
Rolf Madaleno	Aplica-se o art. 1.790, I	Não	Sim	Não	Aplica-se o art. 1.790, I
Sebastião Amorim e Euclides de Oliveira	Aplica-se o art. 1.790, II	Não	Sim	Não	Aplica-se o art. 1.790, I
Sílvio de Salvo Venosa	Aplica-se o art. 1.790, I	Não	Sim	Não	
Zeno Veloso	Aplica-se o art. 1.790, II.	Na tabela consta que sim. Contudo, conforme consta desta obra, o doutrinador mudou de posição e entende que não	Sim	Não	

2.16 QUESTÕES CORRELATAS

01. (TJ-RR – FCC – Juiz Substituto – 2015) Na sucessão de colateral, não existindo outros parentes que prefiram na ordem da vocação hereditária, mas havendo do *de cujus*

(A) sobrinho neto e primo-irmão, a herança será atribuída somente ao primo-irmão.
(B) sobrinho-neto, tio-avô e primo-irmão, a herança será partilhada entre eles, por estirpe.
(C) tio e sobrinho, a herança será dividida entre eles.
(D) tio e sobrinho, a herança será atribuída apenas ao tio.
(E) sobrinho-neto, tio-avô e primo-irmão, a herança será partilhada entre eles, por cabeça.

02. (PGE-MT – FCC – Procurador do Estado – 2016) O cônjuge sobrevivente sucede,

(A) em concorrência com os descendentes, independentemente do regime em que era casado.
(B) ainda que separado de fato do falecido, há mais de dois anos, desde que haja prova de que a convivência se tornou impossível sem culpa do sobrevivente.
(C) por inteiro, na falta de descendentes, ainda que haja ascendentes.
(D) em concorrência com os descendentes, no regime da comunhão parcial, sejam os bens comuns ou particulares.
(E) em concorrência com os ascendentes em primeiro grau, ainda que haja descendentes.

03. (DPE-MT – UFMT – Defensor Público – 2016) Segundo o Código Civil de 2002, em relação à ordem da vocação hereditária na sucessão legítima, assinale a assertiva INCORRETA.

(A) A sucessão legítima defere-se ao cônjuge sobrevivente, casado no regime de comunhão parcial de bens, em concorrência com os descendentes do cônjuge falecido somente quando este tiver deixado bens particulares. A referida concorrência dar-se-á exclusivamente quanto aos bens particulares constantes do acervo hereditário do *de cujus*.
(B) No regime de separação convencional de bens, o cônjuge sobrevivente concorre na sucessão *causa mortis* com os descendentes do autor da herança.
(C) No regime de separação legal ou obrigatória de bens, o cônjuge sobrevivente não tem direito à sucessão *causa mortis* em concorrência com os descendentes do autor da herança.
(D) O Código Civil assegura ao cônjuge sobrevivente, casado sob o regime da comunhão universal de bens, o direito à herança do *de cujus* em concorrência com os descendentes do falecido.
(E) Na falta de descendentes, são chamados à sucessão os ascendentes, em concorrência com o cônjuge sobrevivente.

04. (TJ-AM – Cespe – Juiz Substituto – 2016) Em relação ao direito das sucessões, assinale a opção correta.

(A) Não havendo descendentes ou ascendentes, os herdeiros colaterais do autor da herança concorrem com o cônjuge sobrevivente.
(B) Em se tratando de casamento sob o regime de comunhão parcial de bens, o cônjuge supérstite concorrerá com os descendentes do cônjuge falecido apenas em relação aos bens particulares deste.
(C) Será rompido o testamento válido se o legatário for excluído da sucessão ou falecer antes do legante.
(D) Não goza da igualdade de condições com filho legítimo o filho adotado no ano de 1980, se a morte do autor da herança tiver ocorrido antes da vigência da Lei n.º 10.406/2012.
(E) Tratando-se de sucessão colateral, o direito de representação estende-se ao sobrinho-neto do autor da herança.

05. (DPE-ES – FCC – Defensor Público – 2016) Torquato tem quatro filhos, sendo Joaquim, do seu primeiro casamento com Mariana; José, Romeu e Pedro de seu casamento com Benedita. Mariana e Benedita são falecidas e não possuíam ascendentes nem outros descendentes. Vítimas de um acidente de veículo, em que Torquato e todos os seus filhos se encontravam, morreram Torquato, instantaneamente, e José, algumas horas depois. Pedro, Romeu e Joaquim sobreviveram. Torquato tinha um patrimônio avaliado em R$ 3.600.000,00 e era

casado com Amélia sob o regime da separação obrigatória de bens e nada havia adquirido durante esse casamento, mas Amélia é beneficiária de um seguro de vida, contratado pelo marido, cuja indenização por morte acidental é de R$ 3.600.000,00. Nesse caso, Amélia

(A) receberá integralmente a indenização do seguro; cada um dos filhos de Torquato receberá R$ 900.000,00, a título de herança e em razão da morte subsequente de José, os irmãos sobreviventes Romeu e Pedro receberão cada um R$ 360.000,00 e Joaquim R$ 180.000,00.

(B) receberá metade da indenização do seguro e a outra metade será rateada entre os filhos vivos de Torquato; cada filho de Torquato receberá R$ 900.000,00 e, em razão da morte subsequente de José, cada um de seus irmãos sobreviventes receberá R$ 300.000,00.

(C) receberá da indenização do seguro R$ 1.800.000,00, porque o segurado, tendo herdeiros necessários, não poderia dispor de mais da metade de seu patrimônio, rateando-se entre os filhos vivos de Torquato R$ 1.200.000,00; cada um dos filhos de Torquato receberá R$ 900.000,00, a título de herança e em razão da morte subsequente de José, os irmãos sobreviventes Romeu e Pedro receberão R$ 360.000,00 cada um e Joaquim, R$ 180.000,00.

(D) não poderá receber a indenização do seguro, em virtude do regime de bens do casamento, a qual será rateada igualmente entre os filhos vivos de Torquato; cada um dos filhos de Torquato receberá R$ 900.000,00, a título de herança e em razão da morte subsequente de José cada um de seus irmãos sobreviventes receberá R$ 300.000,00.

(E) receberá integralmente a indenização do seguro, cada um dos filhos sobreviventes de Torquato receberá R$ 900.000,00 e, em razão da morte subsequente de José, cada um de seus irmãos sobreviventes receberá R$ 300.000,00.

06. (TJ-MG – Consulplan – Outorga de Delegações de Notas e de Registro do Estado de Minas Gerais – Provimento – 2015) A tinha três filhos, B, C e D. B tinha dois filhos, E e F. C tinha um filho, G, e D não tinha filhos. Primeiro morreu B. Depois morreu A e, por último, morreu C. Quanto à sucessão dos descendentes, assinale a alternativa correta, de como será distribuída a herança de A.

(A) Um terço para D, que recebe por cabeça. Um terço para os filhos de B, que recebem por estirpe e por direito de transmissão. O último terço irá para o filho de C, que herda por estirpe e por direito de representação.

(B) Um terço para D, que recebe por cabeça. Um terço para os filhos de B, que recebem por estirpe e por direito de representação. O último terço irá para o filho de C, que herda por estirpe e por direito de transmissão.

(C) Um terço para D, que recebe por cabeça. Dois terços distribuídos igualmente entre os filhos de B e C, que herdam por cabeça por se acharem no mesmo grau.

(D) Um terço para D, que recebe por estirpe. Dois terços distribuídos igualmente entre os filhos de B e C, que herdam por estirpe e direito de representação.

07. (Prefeitura Municipal de Paulínia – FGV – Procurador – 2016) Davi e Lúcia são casados sob o regime de comunhão parcial de bens e pais de Roberta e Maria, maiores e capazes. O casal doou um de seus dois imóveis, no valor de R$ 20 mil, a suas duas filhas, permanecendo na propriedade do outro imóvel, no qual residiam. Cinco anos depois de realizada a doação do imóvel, Davi e Lúcia vendem o imóvel em que residiam e se tornam pais de Isabel. Lúcia vem a falecer quando Isabel contava com dez anos, deixando um patrimônio no total de R$ 40 mil e nenhum bem particular. Roberta e Maria renunciam validamente à herança. Quanto aos fatos descritos, é correto afirmar que:

(A) Isabel e Davi dividirão entre si o valor de R$ 40 mil, referentes ao patrimônio total de Lúcia ao falecer.

(B) Davi não terá direito de herança sobre o patrimônio de Lúcia, pois eram casados em regime de comunhão parcial e Lúcia não deixou bens particulares.

(C) O inventário de Lúcia não deverá considerar os imóveis doados a Roberta e Maria.

(D) Isabel não é parte legítima para suceder Lúcia, pois não era nascida no momento da formação de seu patrimônio.

(E) Isabel terá direito à totalidade do patrimônio de Lúcia, não fazendo jus ao valor do imóvel doado à Roberta e Maria.

08. (Prefeitura Municipal de São Luís – FCC – Procurador do Município – 2016) Quanto à sucessão dos ascendentes:

(A) Não havendo descendentes, por consequência, são chamados a suceder os ascendentes em concorrência com o cônjuge ou companheiro sobrevivente, exceto se casado este com o falecido no regime da comunhão parcial de bens, ou da separação obrigatória, desde que haja bens particulares.

(B) Em todos os casos, concorrendo os descendentes, os em grau mais próximo excluem os mais remotos, independentemente de haver ou não direito de representação.

(C) Havendo concorrência com ascendente em primeiro grau, ao cônjuge, consequentemente, tocará a metade da herança, mas caber-lhe-á, de outro lado, um quarto desta se houver um só ascendente ou se maior for aquele grau.

(D) Havendo igualdade em grau e diversidade em linha, os ascendentes da linha paterna herdam a metade, cabendo a outra aos da linha materna.

(E) Não havendo descendentes, são chamados à sucessão os ascendentes em concorrência com o cônjuge sobrevivente, exceto se casado este com o falecido no regime da comunhão universal, participação final nos aquestos, ou da separação obrigatória de bens se, no regime da comunhão parcial, o autor da herança houver deixado bens particulares.

09. (TJ-PA – Ieses – Titular de Serviços de Notas e de Registros – Provimento – 2016) Em relação à sucessão legítima prevista no Código Civil, responda:

I. Na classe dos descendentes, o grau mais próximo exclui o mais remoto, sendo concedido direito de representação somente até o quarto grau.

II. Entre os colaterais, a sucessão se defere até o terceiro grau, sendo concedido direito de representação.

III. Na classe dos ascendentes, o grau mais próximo exclui o mais remoto, não sendo concedido direito de representação.

Assinale a alternativa correta:

(A) Apenas a assertiva III é verdadeira.

(B) Apenas a assertiva II é verdadeira.

(C) Todas as assertivas são verdadeiras.

(D) Apenas as assertivas I e III são verdadeiras.

10. (TJ-SE – FCC – Juiz de Direito – 2015) Joaquim faleceu em 20/9/2010, deixando os filhos Pedro, Antonio e João. João renunciou à herança de seu pai, que não era muito significativa. Em 15/10/2014, faleceu Manoel, pai de Joaquim, premorto, de Augusto e de Romeu, sendo, então, seus herdeiros Augusto, Romeu, Pedro, Antonio e João. Todos aceitaram a herança, que era polpuda. Nesse caso, herdarão de Manoel

(A) Augusto e Romeu por estirpe; Pedro e Antonio, por cabeça e João nada herdará, sendo ineficaz sua aceitação da herança, porque já renunciara à herança de Joaquim, a quem representaria.

(B) Augusto e Romeu por estirpe; Pedro, Antonio e João, por cabeça.

(C) Augusto e Romeu por cabeça; Pedro e Antonio, por estirpe e João nada herdará, sendo ineficaz sua aceitação da herança, porque já renunciara à herança de Joaquim, a quem representaria na sucessão de Manoel.

(D) Augusto e Romeu, por cabeça; Pedro, Antonio e João, por estirpe.

(E) somente Augusto e Romeu, porque os herdeiros mais próximos afastam os mais remotos, não sendo eficaz a aceitação da herança pelos netos.

11. (TJ-PR – Cespe – Juiz Substituto – 2017) César, casado sob o regime da comunhão universal de bens, separou-se de fato de sua esposa, Lina, em 2003. No ano de 2005, após o

falecimento de seus pais, César iniciou união estável com Lídia. Posteriormente, no ano de 2006, Hugo, irmão de César, que não possuía vínculo matrimonial ou de convivência, sem descendentes, faleceu, deixando bens. Iniciado o processo de inventário por César, Lina ingressou pleiteando o reconhecimento da sua qualidade de meeira.

Considerando essa situação hipotética à luz do Código Civil, do entendimento doutrinário sobre o tema e da jurisprudência do STJ, assinale a opção correta.

(A) Segundo a ordem de vocação hereditária estabelecida no Código Civil, César não é herdeiro de Hugo.

(B) A separação de fato de César e Lina é causa que enseja o encerramento do regime de bens entre eles.

(C) A união estável havida entre César e Lídia não é reconhecida pelo ordenamento jurídico.

(D) Com o falecimento de Hugo, a transmissão da herança ao herdeiro ocorrerá mediante a imissão na posse, a qual, entretanto, será condicionada ao ajuizamento, pelo interessado, de manifestação nesse sentido.

12. (MPE-RO – FMP Concursos – Promotor de Justiça Substituto –2017) Acerca da ordem de vocação hereditária, assinale a alternativa CORRETA.

(A) No regime de comunhão parcial em que o autor da herança não tenha deixado bens particulares, o cônjuge sobrevivente não concorre com os descendentes.

(B) Não há limite de direito de representação na classe dos colaterais.

(C) Em concorrência com descendentes apenas do autor da herança, caberá ao cônjuge sobrevivente quota nunca inferior à quarta parte da herança.

(D) Concorrendo com ascendentes em segundo grau, ao cônjuge tocará um terço da herança.

(E) Não há distinção entre irmãos, cabendo o mesmo quinhão tanto aos irmãos bilaterais quanto aos unilaterais do irmão falecido.

13. (TJ-SP – Vunesp – Juiz Substituto – 2017) Pedro casa-se com Maria, pelo regime da comunhão parcial de bens, e com ela tem três filhos: Paulo, Luciana e João. Após ficar viúvo, Pedro se casa com Luísa, pelo regime da comunhão universal, e com ela tem um filho: Antônio.

Pedro e Luísa morrem. Em momentos posteriores, morrem Paulo e Luciana e, depois, Antônio, cada qual deixando dois filhos. Último dos irmãos a morrer, João era solteiro, não vivia em união estável e não deixou filhos.

Como fica a partilha dos bens deixados por João?

(A) Os filhos de Paulo, Luciana e Antônio herdarão por representação e em partes iguais, uma vez que não há distinção entre colaterais de mesmo grau.

(B) Os filhos de Paulo, Luciana e Antônio herdarão por cabeça, mas aos de Antônio, por ser irmão unilateral, caberá a metade dos demais.

(C) Os filhos de Paulo, Luciana e Antônio herdarão por cabeça e em partes iguais.

(D) Os filhos de Paulo, Luciana e Antônio herdarão por representação, mas aos de Antônio caberá a metade dos demais, uma vez que na classe dos colaterais os mais próximos excluem os mais remotos.

14. (TJ-SC – FCC – Juiz Substituto – 2017) Na sucessão legítima, aplicam-se as seguintes regras:

I. Havendo renúncia à herança, a parte do renunciante devolver-se-á sempre aos herdeiros da classe subsequente.

II. Quando o herdeiro prejudicar os seus credores, renunciando à herança, poderão eles, com autorização do juiz, aceitá-la em nome do renunciante, mas, pagas as dívidas do renunciante, prevalece a renúncia quanto ao remanescente, que será devolvido aos demais herdeiros da mesma classe, salvo se for o único, caso em que se devolve aos herdeiros da classe subsequente.

III. Na classe dos colaterais, os mais próximos excluem os mais remotos, salvo o direito de representação concedido aos filhos de irmãos.

IV. Na falta de irmãos herdarão igualmente os tios e sobrinhos, que são colaterais de terceiro grau.

V. Na linha descendente, os filhos sucedem por cabeça, e os outros descendentes por cabeça ou por estirpe, conforme se achem ou não no mesmo grau.

Está correto o que se afirma APENAS em

(A) I, IV e V.
(B) I, II e III.
(C) III, IV e V.
(D) I, II e IV.
(E) II, III e V.

15. (TJ-RS – Vunesp – Juiz de Direito Substituto – 2018) Maria vivia em união estável com José, sob o regime da comunhão parcial de bens. Este possuía dois filhos decorrentes de relacionamento anterior e três filhos com Maria. José faleceu. Considerando a disciplina constante do Código Civil, bem como o entendimento do STF proferido em Repercussão Geral sobre o tema, podemos afirmar que caberá a Maria, na sucessão dos bens particulares de José:

(A) um terço da herança;
(B) um sexto da herança;
(C) metade da herança;
(D) metade do que couber a cada um dos filhos de José;
(E) um quarto da herança.

16. (Câmara de Salvador – BA – Especialista – Advogado Legislativo – FGV – 2018) Joana era companheira de Antônio, sem que houvessem, contudo, formalizado por documento escrito a relação. Ao longo da união estável, iniciada quando ambos não tinham bens próprios, o casal teve quatro filhos e amealhou considerável patrimônio comum.

Diante do falecimento de Antônio, a Joana caberá:

(A) metade dos bens do casal;
(B) metade do que couber a cada um dos filhos;
(C) metade dos bens do casal e um quinto da meação de Antônio;
(D) um quarto dos bens do casal;
(E) metade dos bens do casal e um quarto da meação de Antônio.

17. (IPSM – Procurador – Vunesp – 2018) José, funcionário público, casou-se com Maria em 2015. Entretanto, ambos tinham uma relação tumultuada, razão pela qual José saiu de casa no mês de dezembro do ano de 2016 e foi morar em outro imóvel alugado, não tendo se divorciado. O casal não teve filhos. Em janeiro de 2017 José conheceu Paulo e Renata, irmãos, e iniciou, concomitantemente, uma relação amorosa com ambos, pública e notória. José faleceu em outubro de 2017 em razão de um infarto fulminante, em sua residência, onde morava sozinho. Nesse caso hipotético, a pensão

(A) por morte não será paga nem a Maria e nem a Renata e/ou Paulo. Houve a dissolução do vínculo conjugal existente entre Maria e José, em razão do abandono do lar. A união homoafetiva não é reconhecida para fins previdenciários. Como não havia coabitação, Renata não ostentava a condição de companheira de José.

(B) por morte deverá ser paga a Renata e Paulo. Pela atual disciplina constitucional, havendo a separação de fato, independentemente do prazo, considera-se imediatamente extinto o vínculo conjugal. Não há impedimentos legais ao reconhecimento de uniões estáveis poliafetivas para fins previdenciários.

(C) por morte deverá ser paga exclusivamente a Maria, que ostentava a condição legal de cônjuge de José. Mesmo com o abandono do lar, não houve dissolução do vínculo conjugal. Renata e Paulo ostentam a condição de concubinos de José, não tendo, assim direitos previdenciários.

(D) somente poderá ser paga a Renata e Paulo. Entretanto, ambos devem, preliminarmente, obter o reconhecimento judicial da existência de uma sociedade de fato com José, configurada pela confusão patrimonial e rateio de despesas comuns. Tal ação deverá correr perante a Vara Cível.

(E) será paga exclusivamente a Renata. O vínculo conjugal com Maria estava dissolvido pelo abandono do lar. A união homoafetiva não é prevista na Constituição Federal e leis civis, não podendo, assim, ser reconhecida para fins previdenciários. A inexistência de coabitação não impede o reconhecimento da união estável.

18. (TJ-MG – Titular de Serviços de Notas e de Registros – Remoção – Consulplan – 2018) Assinale a afirmativa correta.

(A) Na linha descendente, os filhos sucedem por cabeça, e os outros descendentes, por cabeça ou por estirpe, se estiverem no mesmo grau.

(B) Concorrendo à herança do falecido irmãos bilaterais com irmãos unilaterais, cada um destes herdará um terço do que cada um daqueles herdar.

(C) Em concorrência com os descendentes (art. 1.829, inciso I) caberá ao cônjuge quinhão igual ao dos que sucederem por cabeça, podendo a sua quota ser inferior à quarta parte da herança, se for ascendente dos herdeiros com que concorrer.

(D) Ao cônjuge sobrevivente, qualquer que seja o regime de bens, será assegurado, sem prejuízo da participação que lhe caiba na herança, o direito real de habitação relativamente ao imóvel destinado à residência da família, desde que seja o único daquela natureza a inventariar.

19. (TJ-MG – Titular de Serviços de Notas e de Registros – Remoção – Consulplan – 2018) Assinale a alternativa INCORRETA.

(A) O direito de representação dá-se na linha reta descendente, mas nunca na ascendente.

(B) O renunciante à herança de uma pessoa não poderá representá-la na sucessão de outra.

(C) Na linha transversal, somente se dá o direito de representação em favor dos filhos de irmãos do falecido, quando com irmãos deste concorrerem.

(D) Dá-se o direito de representação, quando a lei chama certos parentes do falecido a suceder em todos os direitos, em que ele sucederia, se vivo fosse.

20. (TJ-MG – Titular de Serviços de Notas e de Registros – Provimento – Consulplan – 2018) O companheiro sobrevivente

(A) é herdeiro necessário.

(B) é herdeiro, aplicando-se-lhe a regra própria de sucessão do companheiro, distinta da sucessão entre cônjuges.

(C) não é herdeiro necessário, portanto, não tendo o autor da herança deixado descendente nem ascendente vivo, a herança será deferida ao colateral de até quarto grau, em prejuízo do companheiro sobrevivente.

(D) é herdeiro, mas não necessário, e, portanto, serão válidas e eficazes as disposições testamentárias do autor da herança que, mesmo não tendo deixado descendente nem ascendente, haja excluído o companheiro, por inteiro, da herança.

21. (DPE-PE – Defensor Público – Cespe – 2018) Joaquim, que era casado com Sônia no regime de comunhão parcial de bens, faleceu deixando apenas uma casa adquirida onerosamente quando do casamento. O falecido não deixou bens particulares. O casal residia no imóvel e não teve filhos, mas Joaquim tinha um filho de relacionamento anterior.

Acerca dessa situação hipotética e dos direitos sucessórios, assinale a opção correta.

(A) Por ter sido o imóvel adquirido onerosamente na constância do casamento, o filho de Joaquim não concorre na sucessão legítima, sendo Sônia a única herdeira do imóvel.

(B) Sônia concorre na sucessão legítima com o filho de Joaquim, mas não terá direito à sua cota-parte do imóvel decorrente do regime de bens do casamento.

(C) Tendo sido a casa adquirida na constância do casamento, Sônia concorre na sucessão legítima com o filho de Joaquim, inclusive com o direito de habitação.

(D) Sônia não concorre na sucessão legítima com o filho de Joaquim, mas tem o direito real de habitação.

(E) Conforme jurisprudência do STJ, Sônia somente tem o direito real de habitação se proceder ao registro no cartório de imóveis.

22. (DPE-AP – Defensor Público – FCC – 2018) Ricardo viveu em união estável com Viviane, com quem teve quatro filhos, Bruno, Cleber, Daiane e Flávia. Durante a união, que perdurou por 35 anos, até a morte de Ricardo, Viviane se dedicava aos cuidados da casa e dos filhos, enquanto Ricardo trabalhava como motorista. Antes da união estável, Ricardo havia adquirido um pequeno terreno em área rural. Na constância do relacionamento, adquiriram a casa em que a família morava e um automóvel. Com a morte de Ricardo, foi aberto inventário e a família procura a Defensoria Pública para obter orientação quanto à forma correta a ser realizada a partilha. Ricardo faleceu *ab intestatio* e não tinha pacto de convivência com Viviane. Diante desta situação e, em conformidade com o entendimento dos Tribunais Superiores, o Defensor deverá apresentar orientação esclarecendo que, em relação aos bens adquiridos na constância da união estável (casa e veículo), Viviane

(A) tem direito à meação em relação a todos os bens a serem inventariados, mas não concorrerá com os descendentes em relação à herança, de modo que metade dos bens deixados por Ricardo serão destinados a Viviane, e a outra metade, aos descendentes, em partes iguais.

(B) não tem direito à meação por não ter contribuído financeiramente para a aquisição dos bens, mas concorrerá com os filhos em relação a todos os bens da herança de Ricardo, sendo-lhe reservado o quinhão mínimo de um quarto da herança, enquanto que os outros três quartos serão divididos pelos descendentes em partes iguais.

(C) tem direito à meação, mesmo não tendo contribuído financeiramente para a sua aquisição, ao passo que a outra metade será dividida exclusivamente pelos filhos (um quarto para cada); já quanto ao terreno adquirido antes da união estável, haverá concorrência de Viviane com os descendentes do autor da herança, sendo reservado a Viviane um quarto, enquanto os outros três quartos serão divididos pelos descendentes em partes iguais.

(D) tem direito à meação, mesmo não tendo contribuído financeiramente para a sua aquisição, ao passo que a outra metade será dividida exclusivamente pelos filhos (um quarto para cada); já quanto ao terreno adquirido antes da união estável, haverá concorrência de Viviane com os descendentes do autor da herança, sendo a divisão por cabeça e em partes iguais.

(E) tem direito à meação em relação a todos os bens a serem inventariados e ainda concorrerá com os descendentes em relação à outra metade (herança), de modo que Viviane terá direito à metade de todos os bens deixados por Ricardo, ao passo que a outra metade deve ser dividida na seguinte proporção: um quarto para Viviane, e os outros três quartos serão divididos pelos descendentes, em partes iguais.

23. (Juiz Substituto – TJ-SP – Vunesp – 2018) Augusto, que tem um vultoso patrimônio, foi condenado criminalmente por lesão corporal seguida de morte, de que foi vítima Josué. O processo criminal durou 18 meses; transitada em julgado a sentença, o condenado empreendeu fuga, e, após um ano, foi morto resistindo à prisão. Josué, quando de sua morte, tinha um filho, Rodolfo, com 15 anos de idade. Augusto era viúvo e não convivia em união estável, só tendo como parentes dois tios e dois sobrinhos. Nesse caso, a herança de Augusto será

(A) considerada jacente e, antes da vacância, será paga a indenização devida a Rodolfo, passando depois os bens ao município em que se situarem, aos quais, porém, não aproveita a prescrição iniciada.

(B) recebida pelos dois sobrinhos, mas nada será devido a Rodolfo a título de indenização, porque a morte não resultou direta e imediatamente da atuação de Augusto.

(C) recebida pelos dois tios e pelos dois sobrinhos, mas não responderão eles pela indenização, porque a dívida fundada na responsabilidade civil não se transmite com a herança.

(D) recebida pelos dois sobrinhos, aproveitando-lhes a prescrição iniciada, mas responderão pela indenização devida a Rodolfo, nos limites da força da herança, proporcionalmente ao que se atribuir a cada um, se a ação indenizatória for proposta depois da partilha.

24. (Defensor Público – DPE-MA – FCC – 2018) Em recente julgamento sobre a sucessão do companheiro (Recurso Extraordinário 878/694/MG, Rel. Luís Roberto Barroso, j. 10.05.2017), o Supremo Tribunal Federal:

(A) reconheceu a inconstitucionalidade do art. 1790, do Código Civil, determinando a aplicação das regras sucessórias do casamento à união estável, mas reconheceu expressamente que o companheiro não deve ser considerado herdeiro necessário.

(B) reconheceu a constitucionalidade do art. 1790, do Código Civil, admitindo a aplicação de regime sucessório diverso para o casamento e a união estável, além da distinção das espécies para a configuração de herdeiro necessário.

(C) reconheceu a inconstitucionalidade do art. 1790, do Código Civil, determinando a aplicação das regras sucessórias do casamento à união estável e reconheceu expressamente que o companheiro deve ser considerado herdeiro necessário.

(D) reconheceu a inconstitucionalidade do art. 1790, do Código Civil, determinando a aplicação das regras sucessórias do casamento à união estável, mas não se manifestou se o companheiro deve ou não ser considerado herdeiro necessário.

(E) reconheceu a parcialmente inconstitucionalidade do art. 1790, do Código Civil, determinando a aplicação das regras sucessórias do casamento à união estável apenas quando mais favoráveis do que aquelas previstas para a união estável, mas reconheceu expressamente que o companheiro não deve ser considerado herdeiro necessário.

25. (Juiz Substituto – TJ-SP – Vunesp – 2018) Falecendo uma pessoa, cuja herança monta R$ 12.000.000,00, sem descendentes, ascendentes, cônjuge ou convivente, mas que possuía cinco irmãos, sendo premorto um deles, deixando mãe viva, que não era mãe do hereditando; dois irmãos bilaterais e dois unilaterais, sendo um desses unilaterais também já falecido, deixando dois filhos. Cada irmão

(A) sobrevivente receberá R$ 4.000.000,00, e nada receberão os sobrinhos e a mãe do irmão premorto.

(B) bilateral receberá R$ 4.000.000,00, o irmão unilateral receberá R$ 2.000.000,00, e os sobrinhos R$ 1.000.000,00 cada um, nada recebendo a mãe do irmão premorto.

(C) e a mãe do premorto receberão R$ 2.400.000,00, e os sobrinhos, R$ 1.200.000,00 cada um.

(D) receberá R$ 3.000.000,00, e os sobrinhos receberão cada um R$ 1.500.000,00.

26. (Juiz Substituto – TJ-AL – FCC – 2019) André, solteiro, não teve filhos e morreu sem deixar ascendentes vivos. Por testamento, deixou todos os seus bens para o seu melhor amigo, Antônio, com quem não tinha nenhum grau de parentesco. Sentindo-se injustamente preteridos, os três únicos irmãos de André ajuizaram ação visando à declaração da nulidade total do testamento, argumentando que, devido ao parentesco, não poderiam ter sido excluídos da sucessão. O pedido deduzido nessa ação é

(A) procedente, pois os irmãos de André são herdeiros necessários, devendo ser declarada a nulidade total do testamento.

(B) procedente em parte, pois os irmãos de André são herdeiros necessários, devendo ser declarada a nulidade parcial do testamento, apenas quanto a três quartos dos bens.

(C) procedente em parte, pois os irmãos de André são herdeiros necessários, devendo ser declarada a nulidade parcial do testamento, apenas quanto a metade dos bens.

(D) improcedente, pois os irmãos de André não são herdeiros necessários.

(E) improcedente, pois os irmãos de André, embora sejam herdeiros necessários, podem ser excluídos da sucessão mediante testamento.

27. (Titular de Serviços de Notas e de Registros – Remoção – TJ-RS – Vunesp – 2019) João vivia com José em união estável homoafetiva. João faleceu, deixando, como único bem, um apartamento adquirido antes do início da união estável com José. Maria e Joana são filhas de João. Sobre a partilha dos bens de João, assinale a alternativa correta.

(A) José tem direito a receber um quarto da herança.

(B) José tem direito a receber 50% do valor da herança.

(C) José, Maria e Joana irão receber o mesmo quinhão da herança deixada por João.

(D) José receberá metade do valor atribuído aos filhos de João.

(E) José não participará da sucessão de João, tendo em vista a inexistência de bens adquiridos durante a união estável.

28. (Titular de Serviços de Notas e de Registros – Provimento – TJ-RS – Vunesp – 2019) São herdeiros necessários, além dos descendentes, apenas

(A) os ascendentes.

(B) o cônjuge.

(C) os ascendentes e o cônjuge.

(D) os ascendentes, o cônjuge e os colaterais até o terceiro grau.

(E) o cônjuge e os colaterais até o quarto grau.

29. (Juiz de Direito Substituto – TJ-AC – Vunesp – 2019) Mário e Joana, casados pelo regime da comunhão parcial de bens, têm 2 (dois) descendentes (filhos) comuns, Lucas e Joaquim. Lucas tem apenas uma filha, Renata. Lucas faleceu em 10/01/2019 e Mário faleceu em 20/01/2019. Considerando que Mário tem patrimônio total de R$ 120.000,00 (cento e vinte mil reais), integralmente adquirido na constância do casamento, de forma onerosa, é correto afirmar que:

(A) à Joana caberão R$ 90.000,00, sendo R$ 60.000,00 a título de meação e R$ 30.000,00, a título de herança; ao Joaquim caberão R$ 15.000,00 a título de herança; e à Renata caberão R$ 15.000,00, a título de herança.

(B) à Joana caberão R$ 60.000,00, a título de meação; ao Joaquim caberão R$ 30.000,00, a título de herança; e à Renata caberão R$ 30.000,00, a título de herança.

(C) à Joana caberão R$ 60.000,00, a título de meação, e ao Joaquim caberão R$ 60.000,00, a título de herança.

(D) à Joana caberão R$ 75.000,00, sendo R$ 60.000,00 a título de meação e R$ 15.000,00, a título de herança; ao Joaquim caberão R$ 30.000,00, a título de herança; e à Renata caberão R$ 15.000,00, a título de herança.

30. (Juiz de Direito Substituto – TJ-AC – Vunesp – 2019) De acordo com o Código Civil de 2002, é titular de direito real de habitação o cônjuge sobrevivente

(A) apenas se for casado pelo regime da separação total de bens, relativamente ao imóvel destinado à residência familiar, desde que seja o único daquela natureza a inventariar.

(B) apenas se for casado pelo regime da separação total de bens, relativamente ao imóvel destinado à residência familiar, independentemente da existência de outros bens residenciais a inventariar.

(C) qualquer que seja o regime de bens, relativamente ao imóvel destinado à residência familiar, independentemente da existência de outros bens residenciais a inventariar.

(D) qualquer que seja o regime de bens, relativamente ao imóvel destinado à residência familiar, desde que seja o único daquela natureza a inventariar.

31. (Defensor Público – DPE-SP – FCC – 2019) Marcos e Antônia casaram-se em 20 de dezembro de 2017. Antônia tem um filho de 20 anos com José, de quem ficou viúva em 1998. Nessa primeira união, cujo regime era de comunhão parcial de bens, Antônia adquiriu um apartamento e, após o casamento com Marcos, adquiriu uma casa na praia com recursos exclusivamente próprios. Antônia faleceu em 15 de março de 2018, sem realizar inventário dos bens do primeiro esposo. Considerando a situação acima exposta, de acordo com o que dispõe o Código Civil em vigor, Marcos

(A) será herdeiro com relação a todos os bens.

(B) será herdeiro de Antônia com relação ao apartamento e meeiro com relação à casa na praia.

(C) não será herdeiro de Antônia.

(D) não terá direito ao apartamento e será meeiro da casa na praia.

(E) terá direito à meação de todos os bens.

32. (Advogado – Câmara de Caldazinha – GO – Itame – 2020) Sobre a ordem de vocação hereditária e a possibilidade do Município ser alcançado pelos bens deixados pelo autor da herança, podemos afirmar:

(A) Não sobrevivendo cônjuge, ou companheiro, nem parente algum sucessível, ou tendo eles renunciado a herança, esta se devolve ao Município se localizada nas respectivas circunscrições.

(B) Concorre à herança do falecido com os irmãos bilaterais na condição de herdeiro.

(C) Na falta de irmãos do autor de herança, concorrerá com os filhos daqueles, caso haja, na condição de herdeiro.

(D) Por se tratar de bens particulares, o Município não tem vocação hereditária segundo o Código Civil.

33. (Auditor Fiscal da Receita Estadual – Sefaz-AL – Cespe/Cebraspe – 2020) Com base no Código Civil, julgue o item a seguir.

Os bens de pessoa que falecer sem deixar testamento serão destinados aos sucessores legítimos, que são, de acordo com a lei, os seus descendentes, ascendentes, cônjuge, companheiro e os colaterais até o quarto grau.

( ) Certo

( ) Errado

34. (Técnico de Nível Superior – Direito – Prefeitura de Cuiabá – MT – Selecon – 2019) J. falece e deixa vários bens para seus filhos Bernadete, Howard, Penny e Winston. Um de seus filhos, Howard, veio a falecer deixando Martius e Cassandra como seus herdeiros. Nos termos das regras do Código Civil, os herdeiros de Howard receberão a herança de J. pelo denominado direito de:

(A) coligação

(B) graduação

(C) assunção

(D) representação

35. (Analista Jurídico de Defensoria – Ciências Jurídicas – DPE – AM – FCC – 2019) Rogério e Matilde foram casados no regime da comunhão parcial de bens e tiveram dois filhos, que são menores. Durante o casamento, adquiriram onerosamente uma única casa, que serve de moradia para a família. Matilde faleceu sem deixar outros bens ou disposição testamentária e, além do marido e filhos, também deixou os pais, idosos, vivos. Diante desses fatos,

(A) como os filhos são comuns do casal, o imóvel deve ser destinado exclusivamente ao cônjuge supérstite, em razão da meação e da sucessão, pois os filhos receberão a herança de seu genitor oportunamente.

(B) o imóvel deve ser partilhado por cabeça, em porções iguais entre Rogério, os dois filhos do casal e os ascendentes da autora da herança.

(C) Rogério é proprietário de metade do imóvel, em razão da meação, e a outra metade deve ser dividida em porções iguais entre os pais e os filhos da autora da herança.

(D) o imóvel deve ser dividido somente entre os filhos da autora da herança, uma vez que são menores, cabendo a Rogério somente o direito real de habitação, não havendo direitos sucessórios aos ascendentes nesse caso.

(E) Rogério é proprietário de metade do imóvel, em razão da meação, e tem direito real de habitação, ao passo que a outra metade deve ser dividida entre os dois filhos, excluídos os ascendentes.

36. (Juiz Substituto – TJ-RJ – Vunesp – 2019) João e Maria viviam em união estável, formalizada mediante escritura pública, em que elegeram o regime da comunhão parcial de bens. Da relação entre João e Maria, resultaram duas filhas, Madalena e Sara. João também tinha outros dois filhos, Mateus e Paulo, decorrentes de relações eventuais que manteve. João faleceu. Na data da sua morte, João possuía um patrimônio adquirido totalmente antes da constituição da união estável com Maria. É correto afirmar que o patrimônio de João será dividido da seguinte forma:

(A) um quarto (1/4) para cada um dos filhos de João.
(B) um quarto (1/4) da herança para Maria e o restante dividido igualmente entre todos os filhos de João.
(C) Maria e todos os filhos de João receberão, cada um, um quinto (1/5) da herança.
(D) um terço (1/3) para Maria e o restante dividido igualmente entre todos os filhos de João.
(E) 10% para Maria e 15% para cada um dos filhos de João.

37. (Juiz Substituto – TJSP – Vunesp – 2021) "A" vivia em união estável com "B" pelo regime da separação obrigatória de bens e veio a falecer no ano de 2020, sem deixar testamento ou descendentes. Deixou "A", porém, o pai, dois avós paternos e dois avós maternos vivos (a mãe era pré-morta). Assinale a alternativa correta, no que se refere à partilha dos bens da herança, segundo entendimento dominante e atual do Superior Tribunal de Justiça.

(A) A viúva "B" receberá 1/3 parte da herança e 2/3 caberão ao pai do falecido.
(B) A viúva "B" receberá metade da herança e o pai do falecido, a outra metade.
(C) A viúva "B" nada receberá, em razão do regime da separação obrigatória de bens, e a herança será inteiramente recolhida pelo pai do falecido.
(D) A viúva "B" receberá 1/3 parte; o pai do falecido, 1/3 parte e cada um dos avós maternos do falecido, 1/6 parte da herança.

38. (Defensor Público – DPE-SC – FCC – 2021) Alberto e Bianca conviveram em união estável desde 2003, sem realizar qualquer pacto de convivência, pois não tinham quaisquer bens naquela ocasião. Durante esse relacionamento, tiveram dois filhos, e Bianca se dedicava aos cuidados da casa, de modo que não desenvolvia atividades remuneradas. Alberto adquiriu um imóvel em 2005, mediante financiamento imobiliário, que foi adimplido em 2015, com todas as prestações pagas com o esforço financeiro de Alberto. No ano de 2018, contraíram casamento civil, adotando o regime da comunhão parcial de bens. Na vigência do casamento, não adquiriram bens. Em 2021, Alberto faleceu. De acordo com as disposições legais e entendimento do Superior Tribunal de Justiça, na condição de viúva, Bianca

(A) terá direito à meação sobre o único bem deixado por Alberto, bem como será herdeira, em concorrência com os filhos comuns do casal.
(B) não terá direito à meação sobre o único bem imóvel deixado por Alberto, pois foi este adquirido com seu exclusivo esforço financeiro, de modo que, não sendo meeira, será herdeira, em concorrência com os filhos comuns do casal.
(C) não terá direito à meação nem direitos sucessórios sobre o único bem deixado por Alberto, pois a aquisição foi anterior ao casamento, de modo que o imóvel deverá ser dividido entre os filhos.
(D) não terá direito à meação sobre o único bem deixado por Alberto, pois a aquisição foi anterior ao casamento, de modo que será herdeira em concorrência com os filhos comuns do casal.
(E) terá somente direito à meação sobre o único bem deixado por Alberto, sendo a outra metade dividida entre os filhos.

39. (Auditor Fiscal da Receita Estadual – Sefaz-ES – FGV – 2021) Com relação a direitos sucessórios de companheiros que concorrem com filhos comuns, analise as afirmativas a seguir. I. O(A) companheiro(a) sobrevivente fará jus aos bens adquiridos onerosamente durante a união estável. II. Os bens particulares serão herdados pelos(as) companheiros(as) sobreviventes, salvo na hipótese de separação obrigatória de bens. III. Os(As) companheiros(as) sobreviventes participam da meação deixada pelo(a) companheiro(a) falecido. Está correto o que se afirma em

(A) I, somente.
(B) II, somente.
(C) III, somente.
(D) I e III, somente.
(E) I, II e III.

40. (Promotor de Justiça adjunto – MPDFT – MPDFT – 2021) De acordo com a legislação constitucional e infraconstitucional vigentes, podemos afirmar:

I. No sistema constitucional vigente, é inconstitucional a diferenciação de regime sucessório entre cônjuges e companheiros devendo ser aplicado em ambos os casos o regime estabelecido no artigo 1.829 do Código Civil;

II. Os avós paternos de de cujus herdarão por direito de representação, quando no momento da abertura da sucessão o pai do falecido for pré-morto;

III. Quando o testador instituir vários legatários para diferentes bens, se um deles não quiser ou não puder receber o legado, os demais receberão pelo direito de acrescer;

IV. A deserdação somente se aplica aos herdeiros necessários;

V. Denomina-se de bem ereptício aquele que é retirado do indigno, devendo ser devolvido à pessoa que o recebe como se o indigno nunca tivesse sido herdeiro.

(A) Estão corretas I, IV e V.
(B) Estão corretas II, IV e V.
(C) Estão corretas II, IV e V.
(D) Apenas uma está incorreta.
(E) Todas são falsas.

41. (Residência jurídica – DPE-RJ – FGV – 2021) Paula procura a Defensoria Pública para saber se tem direito à herança de sua recém falecida companheira, com quem conviveu por 20 anos. A falecida companheira deixou apenas um bem imóvel, que foi adquirido onerosamente na constância da união estável. Ela não tinha filhos e os pais já eram falecidos há muito tempo. Deixou apenas dois irmãos e três sobrinhos, filhos de um irmão pré-morto. Considerando o posicionamento atual do Supremo Tribunal Federal sobre o tema, qual o direito sucessório da companheira sobrevivente?

(A) Tem direito a 1/3 da herança.
(B) Tem direito a 1/2 da herança.
(C) Tem direito a 1/4 da herança.
(D) Tem direito à totalidade da herança.
(E) A companheira sobrevivente não tem direito à herança.

42. (Promotor de Justiça Substituto – MPE-MG – Fundep – 2021) Sobre o Direito das Sucessões, assinale a alternativa INCORRETA:

(A) Não havendo descendentes ou ascendentes do falecido, o cônjuge sobrevivente casado com o *de cujus* pelo regime da separação obrigatória de bens receberá a integralidade do patrimônio, ainda que haja irmãos do falecido.
(B) O cônjuge sobrevivente casado pelo regime da comunhão universal de bens, sem descendentes, concorrerá na herança com o pai e a mãe do falecido, na proporção de 1/3 (um terço) para cada.
(C) Se concorrerem filhos de irmãos bilaterais com filhos de irmãos unilaterais, cada um destes herdará a metade do que herdar cada um daqueles.
(D) Havendo apenas tios e sobrinhos do falecido, a herança será dividida de forma igualitária entre eles, considerando que são parentes do falecido em terceiro grau na linha colateral.

43. (Defensor Público – DPE-PR – Instituto AOCP – 2022) Assinale a alternativa correta acerca das regras de sucessão legítima no Código Civil.

(A) São herdeiros necessários o cônjuge, os descendentes, os ascendentes e os irmãos.
(B) O direito de representação dá-se na linha reta ascendente.
(C) A sucessão legítima defere-se aos descendentes, em concorrência com o cônjuge sobrevivente, salvo se casado este com o falecido no regime da separação convencional de bens.
(D) Concorrendo com ascendente em primeiro grau, ao cônjuge tocará um a quarta parte da herança.
(E) Em concorrência com os descendentes, caberá ao cônjuge quinhão igual ao dos que sucederem por cabeça, não podendo a sua quota ser inferior à quarta parte da herança, se for ascendente dos herdeiros com que concorrer.

44. (Defensor Público de Entrância Inicial – DPE-CE – FCC – 2022) Lucas, que vivia em união estável com Lara, sem filhos, sofreu um acidente de carro e faleceu. Ambos os genitores de Lucas ainda eram vivos. Neste caso, aberta a sucessão, em relação aos bens particulares de Lucas, Lara

(A) terá direito à totalidade da herança, pois os ascendentes não concorrem com a companheira.

(B) concorrerá com os ascendentes de Lucas e terá garantida metade da herança.

(C) concorrerá com os ascendentes de Lucas e terá garantido um terço da herança.

(D) terá direito à herança somente quanto aos bens adquiridos onerosamente na vigência da união estável.

(E) concorrerá com os ascendentes de Lucas e terá garantido dois terços da herança.

45. (Promotor de Justiça Substituto – MPE-MG – Fundep – 2022) O Título I do Livro V do Código Civil de 2002 disciplinou, na sucessão em geral, o direito de representação. Considerando os critérios legislativos, assinale a alternativa CORRETA:

(A) Trata-se de direito conferido ao inventariante como representante judicial e extrajudicial do espólio.

(B) É o direito conferido pelo parente mais próximo a um parente mais distante para representá-lo na sucessão legal e testamentária.

(C) Trata-se da substituição do herdeiro pré-morto, na sucessão em geral, pelos parentes mais próximos nas linhas ascendente e descendente.

(D) Ocorre na linha transversal somente em favor dos filhos de irmãos do autor da herança, quando com irmãos deste concorrerem.

46. (Defensor Público – DPE-RJ – FGV – 2023) Rômulo é casado com Isabella pelo regime legal de bens, casamento este contraído em 1975. Na constância do matrimônio, o casal comprou um imóvel residencial e Rômulo recebeu, através de inventário de sua mãe, outro imóvel. O casal teve três filhos, Lucas, Maria e Marta, tendo a última falecido em 2010, casada com Vitor pelo regime da comunhão parcial de bens, deixando ainda filha única, Nina, neta de Rômulo e Isabella.

O patriarca da família faleceu subitamente em 2020 sem deixar testamento. Ao procurarem a Defensoria Pública, têm como afirmação que são herdeiros legítimos do *de cujus*:

(A) Isabella, Lucas, Maria, Vitor e Nina;

(B) Lucas, Maria, Vitor e Nina;

(C) Isabella, Lucas, Maria e Nina;

(D) Lucas, Maria e Nina;

(E) Lucas e Maria.

47. (Auditor Fiscal da Receita Estadual – Sefaz-MG – FGV – 2023) Bento faleceu na última segunda-feira deixando um vasto patrimônio. Ele era casado com Glória, pelo regime de separação convencional de bens, e deixou dois filhos vivos, Cosme e José. Ocorre que Justina, também filha de Bento e Glória, que falecera dois anos antes de Bento, tinha dois filhos absolutamente incapazes, Pedro (5 anos de idade) e Valentina (3 anos), que se encontram vivos na presente data. Com base no ordenamento jurídico vigente, assinale a opção que apresenta a correta partilha de bens de Bento. *Obs.: para a solução do caso, Bento nunca realizou testamento.*

(A) O patrimônio de Bento será dividido em parte iguais entre Cosme e José.

(B) Glória terá direito a metade dos bens de Bento, na qualidade de meeira, e o restante divido em parte iguais entre Cosme e José

(C) O patrimônio de Bento será dividido em quatro partes. Glória, Cosme e José herdarão, cada um, a quarta parte do patrimônio, sendo que a outra quarta parte será dividida entre Pedro e Valentina, que herdarão por representação.

(D) O patrimônio de Bento será dividido em parte iguais entre Glória, Cosme e José.

(E) O patrimônio de Bento será dividido em três partes. Cosme e José herdarão, cada um, a terça parte do patrimônio, sendo que a outra terça parte será dividida entre Pedro e Valentina, que herdarão por representação.

48. **(Promotor de Justiça Substituto – MPE-BA – Cespe – 2023) Após a morte de Renato, que vivia em união estável com Carla, sua dependente econômica, Jorge requereu o reconhecimento de união estável com o falecido, para fins previdenciários, alegando que os dois possuíam vida em comum, pagavam juntos o aluguel de um apartamento e compareciam a eventos sociais como um casal. Nesse caso hipotético,**

(A) assiste razão a Jorge dada a existência de dois núcleos familiares distintos e simultâneos.

(B) não assiste razão a Jorge, dada a inexistência de efeitos jurídicos decorrentes da relação que mantinha com Renato.

(C) não assiste razão a Jorge, porquanto sua alegação não comprova sua dependência econômica em relação a Renato.

(D) assiste razão a Jorge, porquanto, comprovada a sociedade de fato, a pensão previdenciária pode ser dividida.

(E) assistiria razão a Jorge se este comprovasse que não tinha conhecimento da união estável do falecido com Carla.

49. **(Procurador do Estado do Pará – PGE-PA – Cespe/Cebraspe – 2023) Considerando o direito das sucessões, julgue os itens a seguir.**

I – Na chamada sucessão legitimária, pertence aos herdeiros, de pleno direito, a metade dos bens da herança.

II – Ocorre sucessão irregular quando, não sobrevivendo cônjuge, ou companheiro, nem parente algum sucessível, ou tendo eles renunciado à herança, esta se devolve ao município ou ao Distrito Federal, se localizada nas respectivas circunscrições, ou à União, quando situada em território federal.

III – Na linha descendente, os filhos sucedem por cabeça e os outros descendentes sempre sucedem por estirpe.

IV – Na classe dos colaterais, os mais próximos excluem os mais remotos, salvo o direito de representação concedido aos filhos de irmãos.

Estão certos apenas os itens

(A) I e III.

(B) I e IV.

(C) II e III.

(D) I, II e IV.

(E) II, III e IV.

50. **(Defensor Público – DPE-RJ – FGV – 2023) Mariana falece em outubro de 2020 sem deixar testamento e também sem herdeiros necessários. De seus quatro irmãos germanos, Marcos, Mário, Mirtes e Maitê, Mário, pai de Augusto, por ter muito boa situação financeira, renuncia à herança. Mirtes, mãe de Jéssica, foi declarada indigna em relação à sucessão de Mariana por sentença transitada em julgado proferida junto ao Juízo Orfanológico. Por fim, Maitê e seu único filho Igor faleceram em acidente de carro no ano de 2018, tendo Igor deixado filha única, Ana, sobrinha-neta de Mariana.**

Serão chamados à sucessão de Mariana:

(A) Marcos, Jéssica e Ana;

(B) Marcos e Jéssica;

(C) Marcos e Augusto;

(D) Marcos e Ana;

(E) Marcos, Augusto e Ana.

51. **(TJSP – Juiz Substituto – Vunesp – 2024) Na sucessão por estirpe, em linha transversal, é correto afirmar:**

(A) há direito de representação, exclusivamente, em favor dos filhos de irmãos do falecido, quando com irmãos deste concorrerem.

(B) não há direito de representação na linha transversal.

(C) o direito de representação é limitado à dupla convocação.

(D) o direito de representação dá-se em favor dos filhos de irmãos falecidos e dos filhos destes, sem limitação (*ad infinitum*).

52. (MPE-PE – Residente Jurídico – Igeduc – 2024) João faleceu deixando esposa, dois filhos e um pai vivo. Ele não deixou testamento. Como será distribuída a herança de João, de acordo com o Código Civil?

(A) A esposa receberá metade da herança, e os filhos dividirão a outra metade.

(B) A herança será dividida em partes iguais, entre a esposa, os filhos e o pai.

(C) Será distribuída aos descendentes, em concorrência com o cônjuge sobrevivente, salvo se casado este com o falecido no regime da comunhão universal, ou no da separação obrigatória de bens (art. 1.640, parágrafo único); ou se, no regime da comunhão parcial, o autor da herança não houver deixado bens particulares.

(D) Os filhos receberão a totalidade da herança, excluindo a esposa e o pai.

(E) A herança será dividida igualmente entre os filhos e o pai, excluindo a esposa.

GABARITO

01 – E	02 – B	03 – D
04 – B	05 – A	06 – B
07 – B	08 – D	09 – A
10 – D	11 – B	12 – A
13 – B	14 – E	15 – A
16 – A	17 – C	18 – D
19 – B	20 – A	21 – D
22 – C	23 – D	24 – D
25 – B	26 – D	27 – C
28 – C	29 – B	30 – D
31 – C	32 – A	33 – CERTO
34 – D	35 – E	36 – C
37 – B	38 – E	39 – B
40 – A	41 – D	42 – D
43 – E	44 – C	45 – D
46 – D	47 – C	48 – B
49 – D	50 – B	51 – A
52 – C		

3

DA SUCESSÃO TESTAMENTÁRIA

3.1 DO CONCEITO DE TESTAMENTO E SEU CONTEÚDO. DAS DIFICULDADES PRÁTICAS DE SUA ELABORAÇÃO NO BRASIL

O testamento representa, em sede de Direito das Sucessões, a principal forma de expressão e exercício da autonomia privada, da liberdade individual, como típico instituto *mortis causa*. Como se extrai da obra clássica de Arthur Vasco Itabaiana de Oliveira, "a testamentificação é uma das faculdades resultantes do direito de propriedade" (*Tratado*..., 1952, v. II, p. 404).

A palavra vem de *testatiomentis*, que significa a *atestação da vontade*, a confirmação daquilo que está na mente do autor da herança. Além de constituir o cerne da modalidade *sucessão testamentária*, por ato de última vontade, o testamento também é a via adequada para outras manifestações da liberdade pessoal.

O Código Civil brasileiro de 2002, ao contrário do seu antecessor, não conceituou o testamento, o que era retirado do art. 1.626 do CC/1916, *in verbis:* "considera-se testamento o ato revogável pelo qual alguém, de conformidade com a lei, dispõe, no todo ou em parte, do seu patrimônio, para depois da sua morte". Esse conceito anterior recebia críticas contundentes da doutrina clássica, por ser uma construção falha e incompleta.

Ressalta-se, nesse sentido de crítica, a menção apenas ao conteúdo patrimonial do testamento. No propósito de reprovação, as palavras de Orosimbo Nonato, segundo as quais, "ao testamento, como observa Clóvis Beviláqua, em comento ao art. 1.626 do Código Civil, não somente as disposições patrimoniais lhe formam o conteúdo; pode deixar de se referir ao patrimônio do testador e, por exemplo, limitar-se ao reconhecimento dos filhos naturais. Testamento é declaração de última vontade e, nesse sentido, parece irreprochável a definição de Modestino, muito mais lata e compreensiva que as dos Códigos modernos, como reconhecem Planiol, Vitali e outros" (NONATO, Orosimbo. *Estudos*..., 1957, v. I, p. 83-84). Em reforço, como ensina Silvio Rodrigues, "tal definição suscitou muita crítica, não só por omitir a circunstância de ser o testamento ato pessoal, unilateral, solene e gratuito, como também por circunscrever o objeto do testamento à mera disposição de bens" (*Direito*..., 2007, v. 7, p. 145).

A par dessa deficiência, à doutrina sempre coube o trabalho de conceituar o instituto *testamento*. Vejamos algumas construções dos clássicos aos contemporâneos.

De início, do Direito Romano, cabe trazer a lume a ideia de Ulpiano, para quem *testamentum est voluntatis nostrae iusta sententia de eo, solemniter factum, ut post mortem nostram valeat*, ou seja, o testamento é o testemunho justo de nossa mente, feito na forma solene para que valha depois de nossa morte.

Como ressalta Giselda Maria Fernandes Novaes Hironaka, que traz esse conceito em sua obra, o sistema romano já reconhecia formas normais e especiais de testamento, destacando-se, entre as últimas, os testamentos realizados nos meios rurais, os celebrados em tempos de peste, os de pais para filhos, o do cego, o do analfabeto e o do surdo-mudo (HIRONAKA, Giselda Maria Fernandes Novaes. *Direito*..., 2012, p. 262-263).

Nas definições clássicas nacionais, para Pontes de Miranda: "testamento (diz-se) é o ato pelo qual a vontade de um morto cria, transmite ou extingue direitos. Porque 'vontade de um morto cria', e não 'vontade de um vivo, para depois da morte'? Quando o testador quis, vivia. Os efeitos, sim, por serem dependentes da morte, somente começam a partir dali. Tanto é certo que se trata de querer de vivo, que direitos há (excepcionalíssimos, é certo), que podem partir do ato testamentário e serem realizados desde esse momento. Digamos, pois, que o testamento é o ato pelo qual a vontade de alguém se declara para o caso de morte, com eficácia de reconhecer, criar, transmitir ou extinguir direitos" (MIRANDA, Pontes de. *Tratado*..., 1972, t. LVI, p. 59). Da *Enciclopédia Saraiva de Direito*, em verbete de Francisco Amaral, extrai-se que o "testamento é ato solene em que se dispõe dos direitos para depois da morte. Destina-se o patrimônio ou fazem outras declarações de natureza pessoal" (*Enciclopédia*..., 1977, v. 73, p. 32).

Entre os contemporâneos, Maria Helena Diniz conceitua o testamento como "o ato personalíssimo e revogável pelo qual alguém, de conformidade com a lei, não só dispõe, para depois da sua morte, no todo ou em parte (CC, art. 1.857, *caput*), do seu patrimônio, mas também faz outras estipulações" (*Curso*..., 2007, v. 6, p. 175). De acordo com o sempre citado Zeno Veloso, uma das principais referências do Direito das Sucessões no Brasil e que infelizmente nos deixou no ano de 2021: "o testamento é um negócio jurídico pelo qual uma pessoa dispõe de seus bens, no todo ou em parte, ou faz determinações não patrimoniais, para depois de sua morte" (*Código*..., 2012, p. 2.089).

Com base em todos esses ensinamentos, pode-se definir o testamento como um negócio jurídico unilateral, personalíssimo e revogável pelo qual o testador faz disposições de caráter patrimonial ou extrapatrimonial, para depois de sua morte. Trata-se do ato sucessório de exercício da autonomia privada por excelência.

A partir dessa construção, deve ficar claro que o testamento pode ter conteúdo não patrimonial, conforme se retira do art. 1.857, § 2.º, do CC/2002 ("São válidas as disposições testamentárias de caráter não patrimonial, ainda que o testador somente a elas se tenha limitado"). Assim, o Código Civil de 2002 supre aquela deficiência anterior que era duramente criticada, no sentido de estar o seu conteúdo apegado a questões estritamente patrimoniais.

Em outras palavras, o objeto do testamento pode ser *existencial*, relacionado à tutela da pessoa humana, e aos direitos da personalidade, aqueles inerentes à pessoa humana, no sentido de serem originários *(inatos)*. Por isso, pode-se falar na *função promocional do testamento*, de acordo com a sua tese de doutorado desenvolvida por Ana Luiza Maia Nevares perante a Universidade do Estado do Rio de Janeiro (*A função*..., 2009).

Ilustrando, por meio de um testamento é possível constituir uma fundação, nos termos do art. 62 do Código Civil em vigor, ou instituir Bem de Família Convencional, segundo a dicção do art. 1.711 da própria codificação. Na linha do que foi outrora demonstrado, também é possível que o testamento reconheça um filho havido fora do casamento, sendo tal ato absolutamente irrevogável, mesmo sendo admitida a revogabilidade do testamento (art. 1.610 do CC).

Por meio do testamento, também é possível determinar a destinação de material genético para a reprodução assistida *post mortem*, surgindo a idade de *testamento genético*, conforme artigo de Jones Figueirêdo Alves publicado no meu *site* (ALVES, Jones Figueirêdo. *Testamento*..., disponível em: <www.flaviotartuce.adv.br>. Acesso em: 9 mar. 2014). Como visto, o Projeto de Reforma do Código Civil, elaborado pela Comissão de Juristas nomeada no Senado Federal, pretende regulamentar a reprodução assistida e a possibilidade dessa disposição.

Em texto mais recente, o jurista expõe sobre *os testamentos afetivos*. Para ele, "de efeito, a par da curadoria de dados dos usuários da internet, com a manutenção de perfis de pessoas falecidas, a serviço da memória digital, como já tem sido exercitada (Pierre Lévy, 2006), o instituto do testamento afetivo, notadamente no plano da curadoria de memórias da afeição, apresenta-se, agora, não apenas como uma outra inovação jurídica, pelo viés tecnológico. Mais precisamente, os testamentos afetivos poderão ser o instrumento, eloquente e romântico (um novo 'L'hymne à L'amour'), de pessoas, apesar de mortas, continuarem existindo pelo amor que elas possuíam e por eles também continuarem vivendo" (ALVES, Jones Figueirêdo. A extensão... Disponível em: <www.flaviotartuce.adv.br>. Acesso em: 31 jul. 2017).

Além do testamento afetivo, pode-se falar também em *testamento digital*, com a atribuição dos bens adquiridos em vida no âmbito virtual, como contatos, postagens, manifestações, seguidores e amigos adquiridos nas redes sociais. Nesse contexto, cite-se novamente o Enunciado n. 687 da *IX Jornada de Direito Civil* (2022), segundo o qual "o patrimônio digital pode integrar o espólio de bens na sucessão legítima do titular falecido, admitindo-se, ainda, sua disposição na forma testamentária ou por codicilo". Como visto nesta obra, o tão citado Projeto de Reforma do Código Civil pretende regular essa modalidade de testamento.

Igualmente, não há qualquer vedação para que o testamento traga como conteúdo questões relativas aos projetos de vida dos sucessores, aos caminhos a serem escolhidos pelos filhos no futuro. Surge, nesse diapasão, a ideia de *testamento ético*. Como bem pondera o Professor da PUCRJ, Mário Roberto Carvalho de Faria, "o 'Testamento Ético' se presta a transmitir aos familiares valores éticos, morais, espirituais, de condutas, conselhos e experiências que possam ser objeto de reflexão àqueles que se destinam. É um documento onde se dá mais relevância aos valores morais que aos patrimoniais" (FARIA, Mário Roberto Carvalho de. Novas... *Revista IBDFAM*..., p. 14).

Em julgado de 2019, o Superior Tribunal de Justiça acabou por admitir o chamado *testamento criogênico*, com o destino do corpo para congelamento e eventual ressuscitação no futuro, em virtude da evolução e aprimoramento da medicina e de outras ciências; sem a necessidade de observância de qualquer formalidade quanto ao ato de última vontade. Conforme a tese fixada no *decisum*, "não há exigência de formalidade específica acerca da manifestação de última vontade do indivíduo sobre a destinação de seu corpo após a morte, sendo possível a submissão do cadáver ao procedimento de criogenia em atenção à vontade manifestada em vida" (STJ, REsp 1.693.718/RJ, 3.ª Turma, Rel. Min. Marco Aurélio Bellizze, j. 26.03.2019, *DJe* 04.04.2019).

Ainda, o testamento pode trazer, como conteúdo, direitos morais do autor, que são direitos da personalidade por excelência, elencados no art. 24 da Lei 9.610/1998. A título de exemplo, o autor deste livro pode estipular que, após a sua morte, todas as suas obras sejam retiradas do mercado editorial, conforme o inciso V do dispositivo: "são direitos morais do autor: (...). V – o de retirar de circulação a obra ou de suspender qualquer forma de utilização já autorizada, quando a circulação ou utilização implicarem afronta à sua reputação e imagem". Pode, igualmente, o autor nomear um atualizador dos livros, para após a sua morte, ou manifestar o desejo da troca da editora que publica as obras.

Anoto que no atual Projeto de Reforma do Código Civil, além das propostas de regulamentação citadas, pretende-se ampliar a regra do art. 1.857, para que fique ainda mais clara e expressa a respeito do conteúdo extrapatrimonial. Nesse contexto, o seu § 2.º passará a prever que "são válidas as disposições testamentárias de caráter não patrimonial, inclusive as que tenham por objeto situações existenciais, ainda que o testador somente a elas se tenha limitado".

Seguindo-se nas concretizações do conteúdo não patrimonial do testamento, cabe trazer um caso prático geralmente analisado em aulas e seminários aplicados em sede de cursos de pós-graduação *lato sensu* em Direito de Família e das Sucessões. Um testador detalhou fatos da sua vida e de outras pessoas, pois elaborou uma autobiografia. Como disposição aos herdeiros, consta do testamento um pedido do *de cujus* para que essa biografia seja publicada, o que é atendido pelos sucessores. O relato é, então, lançado na forma de livro. Surgem algumas dúvidas. Cabem as tutelas inibitória e reparatória por parte de terceiros eventualmente prejudicados em seus valores existenciais pelo livro publicado? Quem responde pela publicação em casos de lesão a direitos da personalidade praticada pelo morto em suas declarações?

Como é notório, o tema das biografias, autorizadas ou não, está no palco principal do debate jurídico no Brasil nos últimos tempos. Fazendo uma análise preliminar da hipótese descrita, os terceiros eventualmente prejudicados têm direito à prevenção e à reparação integral pelos danos sofridos. O fundamento para tanto está no art. 12, *caput*, do Código Civil, *in verbis*: "pode-se exigir que cesse a ameaça, ou a lesão, a direito da personalidade, e reclamar perdas e danos, sem prejuízo de outras sanções previstas em lei". Assim, cabe uma ação de obrigação de fazer e não fazer, com fixação de multa diária (*astreintes*), para retirar o livro do mercado e vedar novas publicações, sem prejuízo da indenização material e imaterial.

Alerte-se que, nas eventuais ações propostas por terceiros, os direitos da personalidade e fundamentais dos envolvidos devem ser sopesados, na linha da *técnica de ponderação*, de Robert Alexy, adotada expressamente pelo art. 489, § 2.º, do CPC/2015, *in verbis*: "no caso de colisão entre normas, o juiz deve justificar o objeto e os critérios gerais da ponderação efetuada, enunciando as razões que autorizam a interferência na norma afastada e as premissas fáticas que fundamentam a conclusão".

Assim, deve-se ponderar, inicialmente, a intimidade dos terceiros (art. 5.º, incisos V e X, da Constituição Federal), com a liberdade de pensamento e o direito de informar do falecido e de seus familiares (art. 5.º, incisos IV e IX, da Constituição Federal). Quanto ao falecido, trata-se de verdadeiro *direito da personalidade do morto*, como reconhece o parágrafo único do próprio art. 12 do Código Civil.

Deve-se, em complemento, levar em conta os interesses da coletividade quanto às informações que constam do livro, especialmente nos casos de pessoas famosas ou históricas já falecidas. Dessa maneira, deve ser interpretado o tão criticado art. 20, *caput*, do Código Civil, segundo o qual, "salvo se autorizadas, ou se necessárias à administração da justiça ou à manutenção da ordem pública, a divulgação de escritos, a transmissão da palavra, ou a publicação, a exposição ou a utilização da imagem de uma pessoa poderão ser proibidas, a seu requerimento e sem prejuízo da indenização que couber, se lhe atingirem a honra, a boa fama ou a respeitabilidade, ou se se destinarem a fins comerciais".

Partilhando dessa premissa, na *IV Jornada de Direito Civil*, realizada em 2006, foi aprovado o Enunciado n. 279 do CJF/STJ, no seguinte sentido: "a proteção à imagem deve ser ponderada com outros interesses constitucionalmente tutelados, especialmente em face do direito de amplo acesso à informação e da liberdade de imprensa. Em caso de colisão, levar-se-á em conta a notoriedade do retratado e dos fatos abordados, bem como a veracidade destes e, ainda, as características de sua utilização (comercial, informativa, biográfica), privilegiando-se medidas que não restrinjam a divulgação de informações".

De acordo com o enunciado doutrinário, recomendam-se prudência e razoabilidade na análise das questões envolvendo a divulgação de notícias sobre determinadas pessoas, sendo interessante ponderar os direitos protegidos no caso concreto. De qualquer modo, deve-se dar prevalência à divulgação de imagens ou de informações que sejam verdadeiras, desde que elas interessem à coletividade. Pode-se falar, assim, em *função social da imagem* ou em *função social da informação*.

Vários julgados superiores têm desenvolvido a solução a partir da ponderação, cabendo trazer a lume o seguinte trecho de recente aresto do Superior Tribunal de Justiça:

> "O Min. Relator, com base na doutrina, consignou que, para verificação da gravidade do dano sofrido pela pessoa cuja imagem é utilizada sem autorização prévia, devem ser analisados: (i) o grau de consciência do retratado em relação à possibilidade de captação da sua imagem no contexto da imagem do qual foi extraída; (ii) o grau de identificação do retratado na imagem veiculada; (iii) a amplitude da exposição do retratado; e (iv) a natureza e o grau de repercussão do meio pelo qual se dá a divulgação. De outra parte, o direito de informar deve ser garantido, observando os seguintes parâmetros: (i) o grau de utilidade para o público do fato informado por meio da imagem; (ii) o grau de atualidade da imagem; (iii) o grau de necessidade da veiculação da imagem para informar o fato; e (iv) o grau de preservação do contexto originário do qual a imagem foi colhida" (STJ, REsp 794.586/RJ, Rel. Min. Raul Araújo, j. 15.03.2012, *Informativo* n. *493* do STJ).

A propósito, sabe-se que foi proposta uma Ação Direta de Inconstitucionalidade perante o Supremo Tribunal Federal contra o citado art. 20 do Código Civil, pela Associação Nacional dos Editores de Livros (ADIn 4.815, intentada em julho de 2012). O pedido da ação era no sentido de ser reconhecida a inconstitucionalidade parcial dos arts. 20 e 21 do CC/2002, sem redução de texto, "para que, mediante interpretação conforme a Constituição, seja afastada do ordenamento jurídico brasileiro a necessidade do consentimento da pessoa biografada e, *a fortiori*, das pessoas retratadas como coadjuvantes (ou de seus familiares, em caso de pessoas falecidas) para a publicação ou veiculação de obras biográficas, literárias ou audiovisuais, elaboradas a respeito de pessoas públicas ou envolvidas em acontecimentos de interesse coletivo". A petição inicial da demanda estava acompanhada de parecer muito bem construído pelo Professor Gustavo Tepedino.

Corretamente, no início de junho de 2015, o Supremo Tribunal Federal, com unanimidade, julgou procedente a referida ação, prestigiando a liberdade de expressão e afastando a censura prévia das biografias não autorizadas no Brasil. Na dicção da decisão final da Relatora, Ministra Cármen Lúcia:

> "Pelo exposto, julgo procedente a presente ação direta de inconstitucionalidade para dar interpretação conforme à Constituição aos arts. 20 e 21 do Código Civil, sem redução de texto, para, *a)* em consonância com os direitos fundamentais à liberdade de pensamento e de sua expressão, de criação artística, produção científica, declarar inexigível o consentimento de pessoa biografada relativamente a obras biográficas literárias ou audiovisuais, sendo por igual desnecessária autorização de pessoas retratadas como coadjuvantes (ou de seus familiares, em caso de pessoas falecidas); *b)* reafirmar o direito à inviolabilidade da intimidade, da privacidade, da honra e da imagem da pessoa, nos termos do inc. X do art. 5.º da Constituição da República, cuja transgressão haverá de se reparar mediante indenização" (ADIn 4.815).

Em suma, julgou-se pela impossibilidade da censura prévia das obras, devendo os abusos e excessos ser resolvidos a partir do abuso de direito e da correspondente responsabilização civil do agente causador do dano. Uma frase dita pela Ministra Relatora quando do julgamento, muito comum nos meios populares, resumiu sua posição: "o cala-boca já morreu".

Além da precisa relatoria, merecem destaque as anotações do Ministro Luís Roberto Barroso, amparando suas conclusões na técnica de ponderação, aqui antes mencionada. Conforme suas lições, "a ponderação é uma forma de estruturar o raciocínio jurídico. Há diferentes modos de trabalhar com ela. Do modo como eu opero a ponderação, ela se desenvolve em três etapas: *a)* na primeira, verificam-se as normas que postulam incidência ao caso; *b)* na segunda, selecionam-se os fatos relevantes; *c)* e, por fim, testam-se as soluções possíveis para verificar, em concreto, qual delas melhor realiza a vontade constitucional. Idealmente, a ponderação deve procurar fazer concessões recíprocas, preservando o máximo possível dos direitos em disputa".

Ao tratar dos arts. 20 e 21 do Código Civil, leciona o Ministro Barroso em seu voto que afirmar a liberdade da expressão como preponderante em relação à intimidade decorre de três razões. A primeira razão é que "o passado condena. A história da liberdade de expressão no Brasil é uma história acidentada. A censura vem de longe: ao divulgar a Carta de Pero Vaz de Caminha, certidão de nascimento do País, o Padre Manuel Aires do Casal cortou vários trechos que considerou 'indecorosos'". Como segunda razão, destaca o ministro Barroso que "a liberdade de expressão é pressuposto para o exercício dos outros direitos fundamentais. Os direitos políticos, a possibilidade de participar no debate público, reunir-se, associar-se e o próprio desenvolvimento da personalidade humana dependem da livre circulação de fatos, informações e opiniões. Sem liberdade de expressão e de informação não há cidadania plena, não há autonomia privada nem autonomia pública". Por fim, a terceira razão está relacionada ao fato de ser a liberdade de expressão "indispensável para o conhecimento da história, para o progresso social e para o aprendizado das novas gerações". Com isso, felizmente, as biografias não autorizadas passam a ser possíveis no Brasil, não se admitindo mais a censura prévia.

Por derradeiro, como bem demonstrou o Ministro Barroso, citando exemplos concretos: "eu aqui lembro que esses dispositivos do Código Civil que aqui deveremos fulminar não é apenas inconstitucional em tese. Ele tem causado danos reais à cultura nacional e aos legítimos interesses de autores e editores de livros. Os exemplos de interferência judicial na divulgação de biografias são inúmeros: (i) Ruy Castro, 'Estrela Solitária: um brasileiro chamado Garrincha'; (ii) Paulo César Araújo, 'Roberto Carlos em Detalhes'; (iii) Alaor Barbosa dos Santos, 'Sinfonia de Minas Gerais – a vida e a literatura de João Guimarães Rosa'; (iv) Toninho Vaz, 'O Bandido que Sabia Latim'; (v) Eduardo Ohata, 'Anderson Spider Silva – o relato de um campeão nos ringues da vida'; (vi) Pedro de Morais, 'Lampião – O Mata Sete'".

Sendo assim, por bem, a questão das biografias não autorizadas parece ter sido resolvida em nosso país, não sendo juridicamente possível a censura prévia ou *a priori* em casos tais.

Feitas todas essas considerações, voltando ao caso antes exposto, se for reconhecido o direito de reparação de danos a favor dos terceiros, a responsabilidade, inicialmente, recairá sobre o espólio – antes da partilha –, e aos herdeiros – após a divisão dos bens –, nos dois casos até as forças da herança, conforme dita o art. 1.792 do Código Civil. Pode-se até cogitar a responsabilidade pessoal e solidária dos herdeiros pelo fato de terem realizado a publicação da biografia, agindo em coautoria com o testador. Para tanto, serve como fundamento jurídico a segunda parte do art. 942, *caput*, do Código Civil, segundo o qual, se a ofensa tiver mais de um autor, todos responderão solidariamente pela reparação de danos.

Em relação à editora que publicou a obra, é comum a previsão de sua irresponsabilidade no próprio material publicado. Todavia, tal expressão nos livros, por si só, não tem o condão de afastar o seu dever de reparar. Nesse contexto, vale lembrar o teor da Súmula 221 do Superior Tribunal de Justiça que pode ser aplicada à situação descrita, por analogia: "são civilmente responsáveis pelo ressarcimento de dano, decorrente de publicação pela imprensa, tanto o autor do escrito quanto o proprietário do veículo de divulgação". Muitos arestos fazem incidir a súmula para as hipóteses de danos causados a terceiros pela publicação de livros, incluindo a solidariedade da editora (por todos: TJRS, Apelação Cível 622590-29.2011.8.21.7000, 6.ª Câmara Cível, Porto Alegre, Rel. Des. Artur Arnildo Ludwig, j. 27.09.2012, *DJERS* 03.10.2012; e TJRS, Apelação Cível 70031865140, 10.ª Câmara Cível, Porto Alegre, Rel. Des. Jorge Alberto Schreiner Pestana, j. 28.10.2010, *DJERS* 17.12.2010).

Com tom suplementar, é pertinente a análise da eventual responsabilidade civil da editora na linha da *técnica de ponderação* antes exposta, tendo como ponto fulcral os limites para o exercício do direito de informar. Servem como parâmetros os conceitos de função social, boa-fé e bons costumes que constam do art. 187 do Código Civil, que consagra o abuso de direito como ato ilícito civil.

Exposto e resolvido preliminarmente o problema, a verdade é que no Brasil não há o costume de se elaborarem testamentos, por vários fatores. Como leciona Paulo Lôbo, na tradição de alguns povos, o testamento é a forma de sucessão preferencial, o que não ocorre no Brasil. Aqui, o testamento "teve sempre utilidade secundária e residual, não penetrando nos hábitos da população, como se vê na imensa predominância da sucessão legítima nos inventários abertos" (*Direito*..., 2013, p. 189). O jurista ressalta também que a doutrina nacional sempre se dedicou mais à sucessão legítima do que à testamentária, o que é verdade.

De início, como primeiro fator do *afastamento testamentário*, cite-se a falta de patrimônio para dispor, o que atinge muitos dos brasileiros, ainda na atualidade, mesmo com a melhora do nível econômico no *brasileiro médio*. O que testar, se não há nada de relevante que pode ser objeto do conteúdo testamentário?

Como segundo aspecto, há aquele tão conhecido *medo da morte*, o que faz com que as pessoas fujam dos mecanismos de *planejamento sucessório*. Nas palavras de Giselda Hironaka, "o brasileiro não gosta, em princípio, de falar a respeito da morte, e sua circunstância é ainda bastante mistificada e resguardada, como se isso servisse para 'afastar maus fluídos e más agruras...'. Assim, por exemplo, não se encontra arraigado em nossos costumes o hábito de adquirir, por antecipação, o lugar destinado ao nosso túmulo ou sepultura, bem como não temos, de modo mais amplamente difundido, o hábito de contratar seguro de vida, assim como, ainda não praticamos, em escala significativa, a doação de órgãos para serem utilizados após a morte. Parece que essas atitudes, no dito popular, 'atraem o azar'" (HIRONAKA, Giselda Maria Fernandes Novaes. *Direito*..., 2012, p. 263-264). Sem falar que o brasileiro não é muito afeito a planejamentos, movido socialmente pelo popular *jeitinho* e deixando a resolução de seus problemas para a *última hora*. No caso da morte, cabe ressaltar, *a última hora já passou*.

O terceiro aspecto que pode ser citado é a existência de custos e formalidades para a elaboração do testamento, mormente se realizada a opção pela modalidade pública, perante o Tabelionato de Notas, mais certa e segura.

O anterior Provimento n. 100 do Conselho Nacional de Justiça, de maio de 2020, ao possibilitar a realização de testamentos pela via digital ou eletrônica, reduziu a burocracia, sem dúvidas, apesar de os custos ainda serem altos. Em 2023, o seu conteúdo foi incorporado ao Código Nacional de Normas do próprio CNJ (CNN).

No Projeto de Reforma do Código Civil, como ficará evidente por este capítulo, há propostas de redução de burocracias para a sua elaboração, com vistas à redução de custos, e de incentivo para a sua elaboração, e também de outras formas de planejamento sucessório.

Como último fator a ser destacado, muitos não fazem testamentos por pensarem que a ordem de vocação hereditária prevista em lei é justa e correta, premissa que não é mais a verdadeira, conforme demonstrado no capítulo anterior desta obra. Aqui, a falta de esclarecimento sobre o sistema legal brasileiro continua a guiar muitos em um *ato de preguiça* de se elaborar o ato de última vontade.

Nesse contexto, concluo que melhor seria se esse costume de não testar fosse alterado no futuro, passando o brasileiro a pensar mais no planejamento sucessório ou *post mortem*, especialmente porque as confusas e intrincadas regras da sucessão legítima em vigor no País não atendem mais aos anseios da sociedade, não presumindo realmente a vontade do morto.

Não se pode negar, contudo, que a pandemia da Covid-19, sobretudo a sua devastadora segunda onda vivida em 2021, trouxe uma tendência de reversão desse quadro, uma vez que passamos a ver que a morte é real, e pode estar próxima, o que gerou um aumento considerável de testamentos no Brasil nos últimos tempos pandêmicos. Estudos do Colégio Notarial do Brasil, realizados em 2020 e 2021, trazem dados nesse sentido, cujas repercussões para o Direito das Sucessões ainda não podem ser dimensionadas.

Observo que no Projeto de Reforma do Código Civil também há um incentivo para a celebração de testamentos, com a redução de burocracias, *digitalização* e normas que visam a incluir as pessoas com deficiência, como se verá. Em relação às últimas, vale destacar as excelentes proposições feitas à Comissão de Juristas pelo Professor e Promotor de Justiça do Estado da Bahia, Fernando Gaburri, que participou da audiência pública em Salvador, em dezembro de 2023.

Como não poderia ser diferente, foram elas acatadas integralmente, representado enormes avanços que estão sendo propostos para a codificação privada, hoje ausente e excludente quanto a esse tema

Fica o tema para as devidas reflexões dos estudiosos do Direito das Sucessões.

3.2 DAS PRINCIPAIS CARACTERÍSTICAS DO TESTAMENTO

Após o estudo do conceito de testamento e do seu conteúdo, é pertinente expor suas características fundamentais, assim como fazem todos os autores que se dedicam ao tema, de ontem e de hoje.

Para começar, constata-se que o testamento é um negócio jurídico por excelência. Como negócio jurídico entenda-se a manifestação de vontade, com conteúdo lícito, que visa a regulamentar o interesse do envolvido, com uma finalidade específica. Ao lado do contrato, reafirme-se que o instituto ora em estudo representa importante forma de manifestação da liberdade individual, da autonomia privada. Entretanto, a grande diferença entre as categorias expostas está na natureza jurídica e na produção de efeitos, uma vez que o contrato é um negócio jurídico *inter vivos* e o testamento, um negócio jurídico *mortis causa.*

Trata-se o último de um negócio jurídico especial ou *sui generis,* visto que tem características próprias, não encontráveis em qualquer outro ato ou negócio. Em apertada síntese, pode-se dizer que o testamento é um *negócio jurídico único*, especialíssimo, diferenciado pela vontade manifestada e por seu conteúdo.

O testamento constitui um *negócio jurídico unilateral*, pois tem aperfeiçoamento com uma única manifestação de vontade. Dessa forma, basta a vontade do declarante – do testador – para que produza efeitos jurídicos. A aceitação ou renúncia dos bens deixados, manifestada pelo beneficiário do testamento, é irrelevante juridicamente para a essência do ato. Discorre muito bem Pontes de Miranda sobre essa característica do testamento, sendo pertinente transcrever suas palavras:

> "Trata-se de declaração *unilateral* de vontade, não receptícia (não existe qualquer aceitante ou recebedor da declaração de última vontade). Ninguém é comparte, ou destinatário. No testamento público ou no testamento cerrado, o tabelião recebe o que se lhe dita, sem participar do negócio jurídico em si: inscreve, quiçá escreva pelo testador. Mero instrumento, com funções acauteladoras. Tanto assim que poderia o disponente escrever o testamento particular: seria válido. A sombra que se vê, o outro polo da relação jurídica, é a mesma dos outros negócios jurídicos unilaterais, nos direitos reais, nas aquisições não consensuais da propriedade. A voz social, que obriga ao prometido, ou faculta a disposição, ou reconhece o nascer do direito de propriedade. Por isso mesmo, para ser válido o testamento, não é de mister que dele se saiba: opera os seus efeitos, à abertura da sucessão, ainda que os herdeiros e legatários nada saibam. Mas ainda: não é preciso, para sua perfeição, que faleça o testador, menos ainda que nas cláusulas consintam os beneficiados, o que importa é que o testador tenha capacidade para fazê-lo e o faça dentro da lei. Tanto ele independe da morte, ou de qualquer ato de outrem, que se lhe há de aplicar, e só se lhe pode exigir, a lei do tempo em que foi feito. Enlouqueça o testador, mude-se a legislação, nada importa: estava *perfeito* quando se fez" (PONTES DE MIRANDA, Francisco Cavalcanti. *Tratado*..., 1972, t. LVI, p. 72).

O testamento é *negócio jurídico gratuito* ou *benévolo*, pois não existe vantagem para o autor da herança, ou seja, não há o sacrifício bilateral que identifica os negócios jurídicos onerosos. Desse modo, não há qualquer remuneração ou contraprestação para a aquisição dos bens ou direitos decorrentes de um testamento. Sendo *negócio jurídico benévolo*, aplica-se o art. 114 do CC/2002, com a notória interpretação restritiva. Portanto, *a contrario sensu*, o testamento não comporta interpretação extensiva.

A título de ilustração, imagine-se que o testamento engloba apenas um apartamento em um condomínio edilício, não havendo menção à vaga de garagem, que tem matrícula autônoma. Pelo último dispositivo citado, a garagem não deve ser incluída na disposição, que não admite interpretação extensiva. De toda sorte, é possível percorrer outro caminho, afirmando que a vaga de garagem, como acessório que é, deve acompanhar a sorte do bem principal, diante do *princípio da gravitação jurídica*. Como alento para a última argumentação, também pode ser utilizada a função social da propriedade, eis que um apartamento sem vaga de garagem perde a sua *funcionalidade* de forma considerável nos dias atuais, principalmente nos grandes centros urbanos. O problema exposto, que parece simples, portanto, pode levantar certa polêmica.

Seguindo no estudo de suas características, trata-se de um negócio *mortis causa*, uma vez que somente produz efeitos após a morte do testador. Antes da morte, o testamento é ato ineficaz, o que não prejudica a sua validade, como regra.

Constitui um *negócio formal*, pois a norma jurídica contém todas as formalidades necessárias à sua validade, particularmente quanto à modalidade assumida no caso concreto. Talvez o testamento, ao lado do casamento, seja o negócio jurídico que apresenta o maior número de formalidades, daqueles previstos na atual codificação privada. Faltando as formalidades ou havendo falhas, a sanção será a nulidade absoluta do testamento, nos termos do art. 166, incisos IV e V, do Código Civil.

O testamento é ato *revogável*, na expressão do art. 1.858 do CC/2002, pois o testador pode revogá-lo ou modificá-lo a qualquer momento. Há, assim, o que Pontes de Miranda conceitua como *revogabilidade essencial* (*Tratado*..., 1972, t. LVI, p. 72). Qualquer cláusula estabelecendo a irrevogabilidade será considerada nula, por fraude à lei imperativa (art. 166, inciso VI, do CC) e não produzirá os desejados efeitos jurídicos. Em contrapartida, é importante repisar a regra prevista no art. 1.610 da codificação privada, segundo a qual o reconhecimento de filhos é sempre irrevogável, mesmo quando constante de testamento, que é, na essência, revogável.

Por fim, pelo mesmo art. 1.858 da Lei Privada, o testamento é *ato personalíssimo por excelência* (*intuitu personae*), porque ninguém poderá testar conjuntamente em um mesmo instrumento ou por procuração. Se mais de uma pessoa testar em um mesmo instrumento, o testamento será nulo, pela proibição expressa do *testamento conjuntivo*, prevista no art. 1.863 do CC/2002, dispositivo que ainda será devidamente aprofundado no próximo tópico do capítulo.

3.3 REGRAS FUNDAMENTAIS A RESPEITO DO TESTAMENTO NO CÓDIGO CIVIL DE 2002 E A CAPACIDADE DE TESTAR. O PRAZO PARA INVALIDAR O TESTAMENTO. HIPÓTESES DE INVALIDADE TESTAMENTÁRIA

Superadas as características principais do testamento, é interessante expor as regras fundamentais a respeito da categoria, bem como estudar os preceitos relativos à capacidade de testar.

Para começar, enuncia o art. 1.857 do Código Civil brasileiro de 2002 que "toda pessoa capaz pode dispor, por testamento, da totalidade dos seus bens, ou de parte deles, para depois de sua morte". Desse modo, o testamento exige a capacidade geral prevista para os atos e negócios jurídicos, retirada a Parte Geral do CC/2002, especialmente dos seus arts. 3.º e 4.º, que elencam os absoluta e relativamente incapazes, respectivamente.

Em complemento, desrespeitadas as regras correspondentes, aplica-se a *teoria das nulidades* constante do livro inaugural da codificação privada, com as devidas ressalvas de regras especiais a seguir expostas. No que tange ao tratamento constante da Parte Geral, vale lembrar que o negócio celebrado por absolutamente incapaz, sem a devida representação, é nulo, hipótese de nulidade absoluta (art. 166, inciso I, do CC). Por seu turno, o negócio jurídico do relativamente incapaz sem assistência é anulável, caso de nulidade relativa ou anulabilidade (art. 171, inciso I, do CC).

Partindo para os requisitos específicos de *capacidade testamentária ativa*, enuncia o art. 1.860, *caput*, do Código Privado que, além dos incapazes, tratados pelos arts. 3.º e 4.º do CC/2002, não podem testar os que, no ato de fazê-lo, não tiverem pleno discernimento para tanto. Como se percebe, a incapacidade deve ser analisada especificamente, para o ato em si. O seu parágrafo único já traz a ressalva importante de que podem testar os menores púberes, com idade entre dezesseis e dezoito anos, tratados na Parte Geral como relativamente incapazes (art. 4.º, inciso I, do CC). Eis uma regra especial a respeito do testamento, o que demonstra tratar-se realmente de um negócio jurídico especial, *sui generis*, com características próprias.

Fazendo a devida confrontação, o atual preceito é mais genérico (art. 1.860 do CC/2002), pois o seu correspondente no Código Civil de 1916 procurava elencar os sujeitos que não poderiam testar. Conforme o art. 1.627 da lei geral revogada, seriam incapazes para testar: "I – Os menores de dezesseis anos. II – Os loucos de todo o gênero. III – Os que, ao testar, não estejam em seu perfeito juízo. IV – Os surdos-mudos, que não puderem manifestar a sua vontade". Na redação anterior, havia previsão expressa apenas quanto aos absolutamente incapazes e em relação a pessoas que pudessem não ter o discernimento específico para testar. No sistema atual, fala-se em *incapazes* em sentido amplo e em pessoas que não tenham o discernimento específico.

Em complemento, não se olvide que o Estatuto da Pessoa com Deficiência (Lei 13.146/2015), em vigor no Brasil a partir de janeiro de 2016, trouxe profundas modificações no sistema de incapacidades, alterando substancialmente os arts. 3.º e 4.º do Código Civil. O objetivo foi a inclusão civil das pessoas com deficiência, na linha da Convenção de Nova York, convenção de direitos humanos da qual o País é signatário, que tem força de Emenda à Constituição (art. 5.º, § 3.º, da CF/1988 e Decreto 6.949/2009).

Com as modificações, passaram a ser absolutamente incapazes apenas os menores de 16 anos, não havendo mais menção no art. 3.º do CC/2002 aos enfermos e deficientes mentais e às pessoas que por causa transitória e definitiva não puderem exprimir vontade.

Como relativamente incapazes, estão previstos atualmente: *a)* os maiores de 16 anos e menores de 18 anos; *b)* os ébrios habituais (alcoólatras) e viciados em tóxicos; *c)* as pessoas que por causa transitória ou definitiva não puderam exprimir vontade (antiga previsão do art. 3.º, III); e *d)* os pródigos. Nota-se, na linha da citada inclusão, que o inciso II do art. 4.º não menciona mais as pessoas com discernimento mental reduzido; enquanto o seu inciso III não expressa mais os excepcionais sem desenvolvimento completo, tendo o último preceito aplicação anterior à pessoa com síndrome de Down.

Reafirme-se que o objetivo do citado Estatuto foi a inclusão plena das pessoas com deficiência para os atos existenciais, especialmente aqueles relativos à constituição de família, como se casar, constituir união estável e reconhecer um filho (art. 6.º da Lei 13.146/2015). Substituiu-se a dignidade no sentido de proteção da vulnerabilidade pela *dignidade-liberdade.*

Esse é o sentido do art. 84 do Estatuto, ao preceituar que a pessoa com deficiência tem assegurado o direito ao exercício de sua capacidade legal em igualdade de condições com as demais pessoas. Eventualmente, pelo mesmo comando, quando necessário, a pessoa com deficiência será submetida à curatela, conforme a lei. Além disso, é facultada à pessoa com deficiência a adoção de processo de tomada de decisão apoiada, nova categoria que foi incluída na codificação material (novo art. 1.783-A do CC). O mesmo comando prescreve que a definição de curatela de pessoa com deficiência constitui medida protetiva extraordinária, proporcional às necessidades e às circunstâncias de cada caso, e durará o menor tempo possível. Por fim, está previsto que os curadores são obrigados a prestar, anualmente, contas de sua administração ao juiz, apresentando o balanço do respectivo ano.

O art. 85 da Lei 13.146/2015 estabelece que a curatela afetará tão somente os atos relacionados aos direitos de natureza patrimonial e negocial, caso do testamento. Nos termos do seu § 1.º, a definição da curatela não alcança o direito ao próprio corpo, à sexualidade, ao matrimônio, à privacidade, à educação, à saúde, ao trabalho e ao voto. Ademais, a curatela constitui medida extraordinária, devendo constar da sentença as razões e motivações de sua definição, preservados os interesses do curatelado (§ 2.º do art. 85). O parágrafo seguinte, e último do diploma, dita que, no caso de pessoa em situação de institucionalização, ao nomear curador, o juiz deve dar preferência a pessoa que tenha vínculo de natureza familiar, afetiva ou comunitária com o curatelado.

Vejamos quais os impactos do Estatuto da Pessoa com Deficiência para o ato testamentário, salvo um melhor juízo posterior, pois o tema é controverso.

No âmbito doutrinário, tratando da situação dos incapazes para o testamento no sistema antes em vigor, Maria Helena Diniz citava como impedidos para testar os menores de dezesseis anos e os desprovidos de discernimento, por estarem impedidos de emitir vontade livre, caso das pessoas com arteriosclerose, com mal de Alzheimer, com sonambulismo, com embriaguez completa e os surdos-mudos que não pudessem exprimir vontade, por não terem recebido a educação apropriada (DINIZ, Maria Helena. *Código...*, 2010, p. 1.315). E arrematava, lecionando que "Idade avançada, falência, analfabetismo (CC, art. 1.865), surdez (CC, art. 1.866), cegueira (CC, art. 1.867) e enfermidade grave não inibem o indivíduo de testar (*RT* 736:236; *JTJ* 194:169), pois já se decidiu que a 'incapacidade mental do testador não pode ser deduzida de sua saúde física' (*RT* 563:75)" (DINIZ, Maria Helena. *Código...*, 2010, p. 1.315).

Também conforme as regras anteriores, Zeno Veloso apontava a existência de problemas técnicos no diploma vigente – art. 1.860 do CC/2002 –, ao fazer alusão aos *incapazes*, incluindo os elencados nos arts. 3.º e 4.º da codificação material sem qualquer ressalva. Como primeiro aspecto da crítica, sempre alertou o professor que, "mencionando-se os incapazes, sem distinguir, estão abrangidos os absolutamente incapazes (art. 3.º) e os relativamente incapazes (art. 4.º). Trata-se de um equívoco que precisa ser corrigido, sabendo-se que o testamento outorgado por incapaz é nulo de pleno direito". Além disso, segundo ele, não haveria "razão para afirmar que os ébrios habituais, os viciados em tóxicos e os que, por deficiência mental, tenham discernimento reduzido sejam proibidos de testar, se, apesar de reduzido, tenham entendimento ou compreensão suficiente para saber o que estão fazendo no momento em que outorgam a disposição de última vontade. É uma questão de fato, a ser apurada em cada caso concreto. O mesmo se pode dizer dos excepcionais, sem desenvolvimento mental completo" (VELOSO, Zeno. *Código*..., 2012, p. 2.094).

Seguindo proposta do doutrinador citado, o antigo Projeto de Lei de autoria original do Deputado Ricardo Fiuza propunha uma nova redação para o art. 1.860 do CC/2002, a saber: "além dos absolutamente incapazes, não podem testar os que, no ato de fazê-lo, não tiverem o necessário discernimento". As sábias justificativas da proposta, que sempre contavam com meu apoio doutrinário, representam uma volta segura parcial ao sistema revogado, de 1916.

Em suma, pela proposição deveria ser reconhecida a incapacidade testamentária ativa daqueles que estão expressos no art. 3.º da codificação material, atualmente apenas os menores de 16 anos; além das pessoas que não apresentaram um discernimento específico para a manifestação de última vontade.

Ora, essa última solução está plenamente de acordo com o *espírito* do Estatuto com Pessoa com Deficiência. Assim, quanto aos maiores, a regra é a capacidade testamentária, o que inclui as pessoas com deficiência. Eventualmente, caso essas pessoas sejam tidas como relativamente incapazes, pois faltam-lhes condições para exprimir vontade específica no ato de última vontade, o negócio testamentário deve ser considerado anulável, pela conjugação do novo art. 4.º, inc. III, com os arts. 171, inc. I, e 1.860 da codificação material. Mesmo com a redação atual do último preceito, esse parece ser o melhor caminho a ser percorrido, como opinião doutrinária a ser aplicada pela jurisprudência a partir de agora.

No atual Projeto de Reforma do Código Civil, elaborado pela Comissão de Juristas nomeada no Senado Federal, segue-se a mesma solução, passando o seu art. 1.860 a prever que, "além dos absolutamente incapazes, não podem testar os que não estiverem em condições de expressar sua vontade de forma livre e consciente, no momento do ato". E, consoante o proposto parágrafo único para o comando, que visa propiciar que a pessoa com deficiência elabore seus atos de última vontade, na linha do que restou consagrado pelo Estatuto da Pessoa com Deficiência, "à pessoa com deficiência, que assim a solicitar, será assegurada a utilização de tecnologia assistiva de sua escolha para manifestar sua última vontade, por testamento ou codicilo".

A propósito da falta de discernimento específico para o ato testamentário, vale citar julgado do Superior Tribunal de Justiça que confirmou decisão do Tribunal de Justiça de Minas Gerais no sentido de reconhecer como nulo o testamento feito por uma senhora para a Santa Casa de Misericórdia de Belo Horizonte. Como constou do acórdão, superior: "i) 'ficou claro que a testadora apresentava episódios de grande confusão mental e esquecimentos, além de memória remota' (e-STJ 2491); ii) 'a demência senil da testadora comprometia seriamente sua lucidez, inclusive antes e após a data do ato de disposição de última vontade, sendo forçoso concluir que não estava gozando da plena capacidade para os atos da vida civil, quando da lavratura do ato impugnado' (e-STJ fl.

2495); iii) 'a prova dos autos demonstra que o testamento possui vício insanável, uma vez que não há quaisquer dúvidas sobre o precário estado de lucidez da Sra. B. P. O. A. desde 1995, que abrangeu o momento da lavratura dos atos' (e-STJ fl. 2501)". E mais, ainda de acordo com a mesma decisão:

> "O TJ/MG, ao confirmar a sentença, registrou que a testadora, após a morte do marido, já não reconhecia os próprios membros da família, confundia o filho como se seu namorado fosse e achava que sua nora era uma amante do marido falecido. Já não mais reconhecia amigos e vizinhos de longa data, frequentava salão de beleza com joias caras, utilizava 'estolas e blusas de pelo em dia de temperaturas altas' e em dado episódio quis temperar comida com água sanitária, por supostamente ser de costume". Como também constou desse importante *decisum*, a capacidade para testar deve ser tida presumida, "tornando-se indispensável prova robusta de que efetivamente o testador não se encontrava em condições de exprimir, livre e conscientemente, sua vontade acerca do próprio patrimônio ao tempo em que redigido o testamento" (STJ, REsp 1.694,965/MG, 3.ª Turma, Rel. Min. Nancy Andrighi, j. 05.12.2017, *DJe* 07.12.2017).

Continuando no problema relativo aos incapazes, sigo a firme opinião de que o pródigo pode testar, uma vez que a sua interdição somente atinge os atos de alienação direta de bens, praticados em vida. Oportuno pontuar que o Estatuto da Pessoa com Deficiência não alterou a situação do pródigo, que continua elencado como relativamente incapaz no art. 4.º, inc. IV, do Código Civil. O sempre citado Zeno Veloso chega à mesma conclusão, demonstrando a existência de intensos debates a respeito da questão no passado. Anota que, no sistema das Ordenações do Reino, o pródigo estava inibido de testar e que o Código Civil de 1916 não manteve tal regra, condenada por Carlos Maximiliano, Clóvis Beviláqua, Teixeira de Freitas e Pontes de Miranda (VELOSO, Zeno. *Código*..., 2012, p. 2.094).

Cabe expor, em complemento, as palavras de Carlos Roberto Gonçalves sobre o pródigo, no sentido de que "a simples manifestação da sua última vontade não lhe poderá acarretar nenhum prejuízo, pois não estará dilapidando o seu patrimônio, uma vez que as disposições testamentárias hão de vigorar somente depois de sua morte" (GONÇALVES, Carlos Roberto. *Direito*..., 2010, v. 7, p. 240). E, em nota de rodapé, o último doutrinador cita as opiniões confluentes de Washington de Barros Monteiro, Silvio Rodrigues e Arnaldo Rizzardo, além dos juristas antes mencionados por Zeno Veloso.

Vale lembrar que o pródigo é aquele que gasta de maneira destemperada o seu patrimônio, o que pode levá-lo à situação de total penúria. Estabelece o art. 1.782 do Código Civil que "a interdição do pródigo só o privará de, sem curador, emprestar, transigir, dar quitação, alienar, hipotecar, demandar ou ser demandado, e praticar, em geral, os atos que não sejam de mera administração". Como se percebe, não há qualquer menção ao testamento no diploma transcrito, não sendo o caso de impor a restrição testamentária, posição majoritária na civilística nacional. De toda sorte, a solução não é pacífica, como se retira do seguinte julgado do Tribunal de Justiça de Minas Gerais, que deduz pela invalidade do testamento do pródigo:

> "Ação anulatória. Testador pródigo. Interdição provisória decretada. Testamento. Nulidade caracterizada. Voto vencido. Não podem testar os que, no ato de fazê-lo, não disporem do

pleno discernimento. Tendo sido decretada a interdição provisória do testador, não há como prevalecer o testamento por ele produzido, mormente à revelia do curador, nos termos da Lei Civil. Voto vencido: Sujeita-se à interdição a pessoa que comprovadamente demonstre não possuir aptidão para gerir atos de sua vida civil. Ausentes provas suficientes acerca da suposta prodigalidade do testador, de rigor a manutenção da revogação da interdição provisória, mormente em face da inexistência de perícia e do fato de a cassação da providência acautelatória ter se dado após interrogatório com o interditando, procedimento previsto no artigo 1.181 do CPC. A sentença que declara a interdição gera efeitos a partir de sua publicação, sendo os atos anteriormente praticados sujeitos à anulação desde que cabalmente demonstrada a incapacidade à época de sua realização. Havendo alegação de excesso nas disposições testamentárias, e diante da impossibilidade de se aferir se o adiantamento da legítima praticado anteriormente se refere ao quinhão reservado aos herdeiros necessários, haverá apuração em liquidação de sentença, consoante previsão ao artigo 475-C, do estatuto processualista. Caso comprovada, impõe-se a aplicação da redução das determinações, nos termos do artigo 1.967, do Código Civil de 2002" (TJMG, Apelação Cível 1.0137.06.000436-3/0011, 11.ª Câmara Cível, Carlos Chagas, Rel. Des. Fernando Caldeira Brant, j. 16.04.2008, *DJEMG* 17.05.2008).

Ressalte-se que a incapacidade superveniente do testador, manifestada após a sua elaboração, não invalida o testamento (art. 1.861 do CC/2002). Isso porque, quanto ao plano da validade, deve ser analisada a realidade existente quando da constituição ou celebração do negócio. Além disso, pelo mesmo comando, o testamento do incapaz não se valida com a superveniência da capacidade. Nesse *último* caso, será necessário fazer outro testamento para que a disposição de *última* vontade tenha concreção de eficácia.

A título de exemplo, imagine-se que alguém elabora um testamento no ano de 2005, quando era hígida a sua vontade, sendo a pessoa plenamente capaz. Um ano depois a pessoa começa a apresentar um problema, não podendo mais exprimir sua vontade, enquadrando-se no novo art. 4.º, inc. III, do CC/2002. Segue um processo de interdição – ou de nomeação de um curador –, com laudo médico indicativo do problema e sentença transitada em julgado no ano de 2013. Ora, no caso descrito, o testamento é plenamente válido, pois, em 2005, a vontade do testador era plena, sem qualquer problema que a acometesse.

Além de tudo isso, é pertinente relembrar que a lei estabelece algumas pessoas *legitimadas* a suceder pela via testamentária, expressamente. Conforme o art. 1.798, legitimam-se a suceder as pessoas nascidas ou já concebidas no momento da abertura da sucessão, sendo a sucessão legítima ou por ato de última vontade. Em complemento, nos termos do art. 1.799 da codificação privada, na sucessão testamentária podem ser ainda chamados a suceder: *a)* os filhos, ainda não concebidos, de pessoas indicadas pelo testador, desde que vivas estas ao abrir-se a sucessão; *b)* as pessoas jurídicas; e *c)* as pessoas jurídicas, cuja organização for determinada pelo testador sob a forma de fundação.

Por outra via, o art. 1.801 da mesma norma material elenca aqueles que não podem ser nomeados herdeiros nem legatários: *a)* a pessoa que, a rogo (a pedido), escreveu o testamento, nem o seu cônjuge ou companheiro, ou os seus ascendentes e irmãos; *b)* as testemunhas do testamento; *c)* o concubino do testador casado, salvo se este, sem culpa sua, estiver separado de fato do cônjuge há mais de cinco anos; e *d)* o tabelião, civil ou militar, ou o comandante ou escrivão, perante quem se fizer, assim como o que fizer ou aprovar o testamento. Esses comandos estão todos abordados no Capítulo 1 desta obra, cabendo repisá-los apenas para que se tenha a devida atenção em relação a tais regras, importantes para a capacidade testamentária. Naquele capítulo estão também analisadas as propostas do Projeto de Reforma do Código Civil, para atualizar as normas, o que é hoje fundamental.

Vistas as regras fundamentais a respeito da capacidade testamentária ativa, partindo para o conteúdo patrimonial do testamento, estabelece o § 1.º do art. 1.857 do Código de 2002 que os bens da legítima (*bens legitimários*) não podem ser objeto de testamento. Trata-se de mais um preceito que protege a quota dos herdeiros necessários, quais sejam os descendentes, os ascendentes e o cônjuge (art. 1.845 do CC), pelas razões expostas no Capítulo 1 desta obra. Caso ocorra o desrespeito a essa regra, o testamento está sujeito à *redução* da disposição testamentária, conforme os arts. 1.966 a 1.968 da própria codificação privada.

Em rumoroso julgado de 2023, envolvendo a herança do apresentador Gugu Liberato, entendeu a Terceira Turma do Superior Tribunal de Justiça que o testamento até pode tratar de todo o patrimônio, desde que respeitada a parte dos herdeiros necessários. No caso concreto, o apresentador fez testamento em que dispôs sobre a totalidade de seu patrimônio, dividindo-o entre seus filhos e sobrinhos; ficando os primeiros com 75% da herança e os últimos com os 25% restantes. No inventário, com total razão no meu entendimento, duas filhas do falecido questionaram a inclusão da legítima dos herdeiros necessários na base de cálculo dessa divisão, sob a alegação de que o testamento deve compreender apenas a metade disponível do patrimônio.

Porém, entendeu o Tribunal da Cidadania que "a legítima dos herdeiros necessários poderá ser referida no testamento porque é lícito ao autor da herança, em vida e desde logo, organizar e estruturar a sucessão, desde que seja mencionada justamente para destinar a metade indisponível, ou mais, aos referidos herdeiros, sem que haja privação ou redução da parcela a que fazem jus por força de lei. Hipótese em que, examinando-se a disposição testamentária transcrita no acórdão recorrido, conclui-se que o testador pretendeu dispor de todo o seu patrimônio e não apenas da parcela disponível. Isso porque o testador se referiu, no ato de disposição, reiteradamente, à totalidade de seu patrimônio, inclusive quando promoveu a divisão dos percentuais entre os filhos, herdeiros necessários que tiveram a legítima respeitada, e os sobrinhos, herdeiros testamentários" (STJ, REsp 2.039.541/SP, 3.ª Turma, Rel. Min. Nancy Andrighi, j. 20.06.2023, *DJe* 23.06.2023).

Com o devido respeito, entendo que o aresto traz em seu conteúdo lesão à legítima, violando a clareza da norma peremptória do art. 1.857, § 1.º, do Código Civil, norma cogente que não pode ser contrariada, sob pena de caracterização de fraude à lei e a correspondente nulidade absoluta da disposição, nos termos do art. 166, inc. VI, do Código Civil.

Em verdade é preciso reparar a norma, para que se afaste mais essa divergência, o que está sendo proposto pelo Projeto de Reforma do Código Civil, a saber: "§ 1º O testador pode individualizar os bens da legítima dos herdeiros necessários, bem como partilhá-los entre eles, respeitado o limite e a proporção legal". A proposição, portanto, segue a mesma linha do julgado superior destacado.

Reafirme-se que mesmo no sistema vigente o conteúdo do testamento pode ser extrapatrimonial. Na dicção do § 2.º do art. 1.857 do CC, "são válidas as disposições testamentárias de caráter não patrimonial, ainda que o testador somente a elas se tenha limitado". Vale frisar que o testamento pode ter o conteúdo apenas existencial, sem qualquer consequência para o patrimônio. Cite-se o ato de última vontade que reconhece um filho, sem que testador tenha deixado a ele qualquer bem, pelo exercício da autonomia privada ou em decorrência da sucessão legítima.

Anoto que no Projeto de Reforma do Código Civil pretende-se incluir nesse art. 1.857 dois novos parágrafos, tratando-se das figuras do *testamento pupilar* e *quase pupilar*. Conforme o novo § 3.º, "os pais, no exercício da autoridade parental, podem instituir, por testamento público, herdeiros ou legatários aos filhos absolutamente incapazes, para o caso de eles falecerem nesse estado, ficando sem efeito a disposição logo que cesse a incapacidade". E, nos termos do § 4.º, essa norma tem aplicação "a todos os filhos, sem distinção de idade, que não estiverem em condições de expressar sua vontade de forma livre e consciente, no momento do ato, ficando sem efeito a disposição logo que cesse a limitação volitiva".

Nas exatas justificativas da Subcomissão de Direito das Sucessões, as proposições têm "o objetivo de trazer de volta ao direito interno os testamentos pupilar e quase-pupilar, já bem conhecidos do direito romano e de diversos outros códigos civis da família romanista. O saudoso jurista Zeno Veloso já havia elaborado uma proposta semelhante, a partir de realidades que havia experimentado como tabelião". Foram prestadas, como se nota, justas homenagens ao Mestre do Pará, sendo os institutos muito interessantes para a prática.

Seguindo-se na abordagem das regras fundamentais do testamento, cabe o estudo do polêmico art. 1.859 do Código Civil pelo qual "extingue-se em cinco anos o direito de impugnar a validade do testamento, contado o prazo da data do seu registro". Não há dúvidas de que a norma se aplica aos casos de nulidade relativa ou anulabilidade do testamento, sendo regra especial que prevalece sobre os preceitos gerais de prazos para anulação do negócio jurídico, constantes da Parte Geral do CC/2002, quais sejam os seus arts. 178 e 179.

Como é cediço, em termos gerais para qualquer negócio jurídico, o art. 178 do CC/2002 consagra o prazo decadencial de quatro anos, para os casos de incapacidade relativa, erro, dolo, coação moral, estado de perigo, lesão e fraude contra credores. Os prazos são contados da *realização* do negócio jurídico, como regra, com exceção da incapacidade relativa e do vício da coação moral, em que o prazo é contado da sua cessação. Por outra via, o art. 179 do Código Privado consagra prazo decadencial de dois anos quando a lei dispuser que determinado ato é anulável, sem estabelecer prazo, contado da *conclusão* do ato. Existe polêmica a respeito do sentido das palavras *realização e conclusão*, conforme está exposto no Volume 1 desta série bibliográfica. No presente momento, não cabe relembrar tais controvérsias.

Pois bem, em casos específicos de testamento anulável o prazo decadencial é de cinco anos, devendo ser contado especificamente do seu registro, o que afasta aquela polêmica percebida na teoria geral das nulidades do negócio jurídico a respeito do seu termo *a quo*. A ilustrar, tratando da possibilidade de se anular o testamento pelos defeitos da vontade, vejamos dois julgados estaduais:

> "Ação anulatória de testamento público. Pedido em preliminar de anulação do testamento por ser uma das testemunhas irmã da beneficiária. Proibição disposta no art. 1.650 do CC de 1916. Falta de formalidade que gera nulidade do testamento (art. 1.634 do CC/1916). Testadora idosa que na promessa de ser amparada pela requerida a beneficiou exclusivamente em seu testamento. Testadora que somente, após arrombamento da residência pela polícia militar, pôde ser socorrida do estado de abandono pela ré, vindo a falecer poucos meses após a lavratura do testamento. Caracterização de erro substancial de vontade, nos termos dos arts. 86 e 87 do Código Civil/1916. Sentença reformada. Recurso provido" (TJSP, Apelação Cível 9147434-93.2007.8.26.0000, Acórdão 5767266, 2.ª Câmara de Direito Privado, Santos, Rel. Des. Neves Amorim, j. 20.03.2012, *DJESP* 21.06.2012).

> "Ação anulatória de testamento. Negócio jurídico *causa mortis*. Vício de consentimento. Presença. Incompatibilidade de dois atos de última vontade realizados em curto espaço de tempo. Ausência de motivos para exclusão de um dos herdeiros. Declaração de testemunha herdeira de que o testamento foi forjado, em prejuízo próprio. Procedência da ação. Manutenção da sentença. Os negócios jurídicos *causa mortis* podem ser anulados, em virtude de vícios no consentimento da manifestação, sendo eles: Erro, dolo, coação, simulação e fraude. A incompatibilidade entre dois atos de última vontade, em pouco espaço de tempo, e excluindo herdeiro sem motivo aparente, pode levar à anulação das disposições de última vontade. A declaração em audiência que relata que o testamento foi forjado, feita pela testemunha herdeira, em prejuízo próprio, e em conformidade com as demais provas, é passível de anulação. Comprovado que beneficiários do testamento viciaram a declaração de última vontade da *de cujus*, com intuito de serem agraciados com o patrimônio deixado, em conluio com as testemunhas, também beneficiadas indiretamente, em detrimento do irmão da falecida, a ação anulatória deve ser julgada procedente" (TJMG, Apelação Cível 0000022-15.2003.8.13.0358, 6.ª Câmara Cível, Jequitinhonha, Rel. Des. Sandra Fonseca, j. 23.08.2011, *DJEMG* 02.09.2011).

De qualquer modo, cabe esclarecer que, havendo os vícios do erro, do dolo e da coação moral, o próprio Código Civil estabelece um prazo decadencial de quatro anos, a contar de quando o interessado tiver conhecimento do vício (art. 1.909, parágrafo único, do CC). Sendo assim, o art. 1.859 da codificação material somente incide para os demais casos de anulabilidade, quais sejam a incapacidade relativa específica e pela presença dos vícios da lesão, do estado de perigo e da fraude contra credores. O tema ainda será aprofundado no presente capítulo, quando do estudo das disposições testamentárias.

Resta saber se tal prazo decadencial de cinco anos também se aplica à nulidade absoluta ou à nulidade, nos casos especificados nos arts. 166 e 167 do Código Civil. Vale lembrar que o primeiro comando elenca como casos de nulidade absoluta: *a)* negócio celebrado por absolutamente incapaz, sem a devida representação (art. 166, inciso I); *b)* objeto ilícito, impossível ou indeterminável (art. 166, inciso II); *c)* quando o motivo comum, a ambas as partes, for ilícito (art. 166, inciso III); *d)* quando houver desrespeito à forma ou à solenidade (art. 166, incisos IV e V); *e)* quando estiver presente, no negócio, a finalidade de fraude à lei imperativa (art. 166, inciso VI); e *f)* quando a lei dispuser expressamente que o negócio é nulo – *nulidade textual* –, ou proibir-lhe a prática do ato sem cominar sanção – *nulidade virtual* (art. 166, inciso VII), sendo certo que uma dessas situações está tratada no art. 1.863 do CC/2002, estudado a seguir.

Além dessas hipóteses, o art. 167 do Código Civil envolve a nulidade absoluta do negócio sempre que houver uma simulação, uma discrepância entre a aparência e a essência. Entendo que todas essas regras são perfeitamente aplicáveis para a nulidade absoluta testamentária, eis que o testamento é um negócio jurídico por excelência.

A doutrina majoritária responde positivamente quanto à subsunção do prazo decadencial de cinco anos também para os casos de nulidade absoluta do casamento. Segundo Sílvio de Salvo Venosa, se o legislador não distinguiu a nulidade absoluta da relativa, não cabe ao intérprete fazê-lo (VENOSA, Sílvio de Salvo. *Código*..., 2010, p. 1687-1688). Na mesma esteira, segundo Zeno Veloso, como a lei não distingue, não cabe ao intérprete diferenciar, subsumindo-se o prazo de caducidade tanto ao caso de nulidade quanto ao de anulabilidade, eis que a invalidade é gênero, que comporta as duas espécies (VELOSO, Zeno. *Código*..., 2008, p. 2.046). Igualmente, para Eduardo de Oliveira Leite, há uma quebra à regra geral constante do art. 169 da própria codificação, segundo a qual a nulidade não convalesce com o decurso do tempo (LEITE, Eduardo de Oliveira. *Comentários*..., 2003, v. XXI, p. 318).

Com opinião compartilhada, aduz Paulo Lôbo que "esse prazo não é de prescrição, e sim de caducidade, aplicando-se tanto para a nulidade quanto para a anulabilidade" (LÔBO, Paulo. *Direito*..., 2013, p. 200-201). Segundo Pablo Stolze Gagliano e Rodolfo Pamplona Filho, "em nossa linha de pensamento, entendemos ser tal prazo aplicável tanto para as nulidades absolutas quanto para as relativas, por se tratar de regra específica da disciplina testamentária, o que tem encontrado respaldo na doutrina majoritária" (FILHO PAMPLONA, Rodolfo. *Novo Curso*..., 2014, v. 7, p. 390). Por fim, pondera Carlos Roberto Gonçalves que, "em matéria de testamento, porém, o art. 1.859 supracitado inova, introduzindo em nosso sistema um regime especial para nulidade do negócio jurídico testamentário, fixando um prazo de caducidade para que a ação própria seja intentada e derrogando, *ipso facto*, a regra geral estabelecida no art. 169" (*Direito*..., 2010, v. 7, p. 245).

Entretanto, com o devido respeito a todos os juristas referidos, entendo que no sistema atual, nos casos de nulidade absoluta, deve ser aplicado o art. 169 do Código Civil, segundo o qual a nulidade não convalesce pelo decurso do tempo. Isso porque tal grau de invalidade envolve a ordem pública, não estando a ação declaratória de nulidade de testamento sujeita a qualquer prazo, seja ele prescricional ou decadencial.

Em complemento, pelo fato de o testamento afastar, como premissa-regra, a sucessão legítima, deve-se ampliar a possibilidade de ingresso da ação de invalidade a qualquer tempo, eis que o direito à herança é um direito fundamental consagrado na Constituição da República (art. 5.º, inciso XXX).

Essa minha posição era praticamente isolada na doutrina nacional. Todavia, em obra lançada em 2015, Cristiano Chaves de Farias e Nelson Rosenvald a ela aderiram. Segundo os juristas, com argumentos relevantes, "por conta do elevado grau de comprometimento, o testamento nulo, como sói ocorrer com qualquer outra figura jurídica inválida absolutamente, não se submete a prazo decadencial, podendo sofrer ataque a qualquer tempo. Com isso, o prazo referido no multicitado dispositivo estaria a aludir, tão só, às hipóteses de anulabilidade" (FARIAS, Cristiano Chaves; ROSENVALD, Nelson. *Curso...*, 2015, v. 7, p. 338). Ademais, de qualquer modo, pode ser encontrado aresto do Tribunal Paranaense adotando esse caminho:

> "Apelação cível. Ação de nulidade de ato jurídico. Testamento forjado. Falsidade da assinatura do testador e do tabelião. Nulidade inextinguível pela prescrição (CC/1916, art. 1.632). Provas suficientes. Fatos impeditivos e modificativos não demonstrados (CPC, art. 333, II). Apelo não acolhido. É absolutamente nulo e por isso imprescritível o testamento público no qual o testador não participou do ato, nem tampouco o tabelião que o teria lavrado. Sendo forjado, segundo a prova dos autos, não produz qualquer efeito (CC/1916, art. 1.632), pois a nulidade decorre de ofensa à predeterminação legal e configura sanção que, na ordem prática, priva o ato irregular de sua eficácia" (TJPR, Apelação Cível 0385159-8, 12.ª Câmara Cível, São José dos Pinhais, Rel. Des. Ivan Bortoleto, *DJPR* 26.09.2008, p. 169).

Por derradeiro, cabe mais uma vez demonstrar que o antigo Projeto Ricardo Fiuza tendia a alterar o art. 1.859 do Código Civil, passando o dispositivo a ter a seguinte expressão: "extingue-se em cinco anos o direito de requerer a declaração de nulidade do testamento ou de disposição testamentária, e em quatro anos o de pleitear a anulação do testamento ou de disposição testamentária, contado o prazo da data do registro do testamento".

O objetivo era trazer dois prazos decadenciais distintos, um para a nulidade absoluta e outro para a relativa, até com o fim de afastar a dúvida por último levantada. Vejamos suas longas justificativas, mais uma vez baseadas na doutrina de Zeno Veloso:

> "Como a lei não distingue, não cabe ao intérprete distinguir: o prazo de caducidade se aplica tanto ao caso de nulidade como de anulabilidade. A invalidade é o gênero, que comporta as duas espécies (arts. 166 e 171), e não deve ser confundida com a revogação (arts. 1.969 a 1.972), a caducidade (art. 1.971) e o rompimento do testamento (arts. 1.973 a 1.975). No art. 1.909, o Código afirma que são anuláveis as disposições testamentárias inquinadas de erro, dolo ou coação, e o parágrafo único desse artigo prevê: 'Extingue-se em quatro anos o direito de anular a disposição, contados de quando o interessado tiver conhecimento do vício'. Como se vê, o prazo para que a ação seja interposta, no caso de anulabilidade da disposição testamentária é elástico, não tem termo inicial rígido, certo, e, embora possa servir melhor ao interesse puramente individual, não convém à sociedade, pois introduz um fator de insegurança jurídica. O testamento é negócio jurídico *mortis causa*, que tem eficácia quando o seu autor já não mais está presente. Manter a possibilidade de questionar e atacar uma disposição, por vício de vontade que teria sofrido o testador, e isto por um tempo variável, indeterminado, tornando instável e vacilante o processo de transmissão hereditária, com certeza, não é de melhor política legislativa. Pode ocorrer, inclusive, em muitos casos, que o prazo para anular a mera disposição testamentária – portanto, para anular parcialmente o testamento – seja maior, e muito maior do que o prazo para arguir a anulação ou para declarar a nulidade do testamento inteiro. A nulidade pode ser total ou parcial, fulminar todo o testamento, ou parte dele, ocorrendo o mesmo com a anulabilidade (art. 184). Pode ser nula, ou anulável, apenas uma cláusula, somente uma disposição do testamento. Como está posto, a anulação da disposição testamentária, cuja ação é cabível a partir do momento em que o interessado tiver conhecimento do vício, pode ocorrer num prazo variável, algumas vezes extremamente longo, ocorrendo, eventualmente, muito depois da própria execução da disposição testamentária. Isto gera

instabilidade, e não é bom. Um testamento nulo, por exemplo, não pode mais ter a validade impugnada depois de cinco anos do seu registro. Mas uma disposição que ele contém, sob o argumento de que o testador errou, deliberou mediante dolo, ou foi vítima de coação, pode ser anulada muito depois daquele prazo, pois a decadência do direito de atacar a disposição começa a ser contada de 'quando o interessado tiver conhecimento do vício'. É necessário promover uma alteração nos arts. 1.859 e 1.909, parágrafo único, para evitar a contradição e os conflitos que eles podem gerar. O prazo para pleitear a anulação deve corresponder ao que está previsto no art. 178".

Novamente com o devido respeito, não aderi a esta proposição especificamente, pois em caso de nulidade absoluta é forçoso concluir pela não sujeição da demanda a qualquer lapso temporal extintivo, como antes foi desenvolvido, pela notória existência de matéria de ordem pública, a fundamentar a mais grave das invalidades.

De toda sorte, ressalvada e vencida a minha posição doutrinária, após intensos debates na Comissão de Juristas nomeada no Senado Federal, aprovou-se a mesma solução para o Projeto de Reforma do Código Civil, o que resolve mais uma grande divergência, doutrinária e jurisprudencial, verificada nos mais de vinte anos de vigência da codificação privada de 2002. Com isso, o seu art. 1.859 passará a prever que "extingue-se em cinco anos o direito de requerer a invalidade, por nulidade ou anulabilidade, do testamento ou de disposição testamentária, contado o prazo da data do seu registro".

Além disso, com vistas à facilitação e à operabilidade, no dispositivo citado estarão concentradas todas as hipóteses de invalidade, a englobar a nulidade absoluta e a relativa, revogando-se expressamente todo o art. 1.909 da Lei Privada.

Nas intensas discussões, pelo *espírito democrático* que guiou a nossa Comissão, prevaleceram as razões expostas por Mário Luiz Delgado e José Fernando Simão, entre outros.

3.4 DAS MODALIDADES OU FORMAS DE TESTAMENTO

3.4.1 Primeiras palavras

Como é realidade desde o Direito Romano, o testamento admite formas ordinárias e especiais, conforme o tratamento da atual codificação privada, a exemplo de sua normatização geral antecessora.

De acordo com o art. 1.862 da Lei Privada vigente, são *testamentos ordinários* ou *comuns*: *a)* o testamento público; *b)* o testamento cerrado; e *c)* o testamento particular. Anote-se que tais categorias são exatamente as mesmas que eram tratadas pela codificação de 1916.

Em complemento, estabelece o art. 1.886 do CC/2002 as únicas formas admitidas de *testamento especial*, a saber: *a)* o marítimo; *b)* o aeronáutico; e *c)* o militar. Essas modalidades são também denominadas *testamentos extraordinários*, *excepcionais* ou *emergenciais*, sendo novidade no atual Código Civil apenas o testamento aeronáutico.

De toda sorte, as modalidades especiais praticamente não tiveram aplicação prática nos mais de vinte anos da Lei Geral Privada, razão pela qual se sugere, no atual Projeto de Reforma do Código Civil, a sua retirada do sistema, revogando-se expressamente os arts. 1.886 a 1.896.

Também com vistas à simplificação e à inclusão para os atos testamentários, a Comissão de Juristas, como se verá ainda de forma mais detalhada, propõe a utilização de novas tecnologias para a elaboração dos atos de última vontade. A esse propósito, em boa hora, o art. 1.862 receberá um parágrafo único, estabelecendo que "os testamentos ordinários podem ser escritos, digitados, filmados ou gravados, em língua nacional ou estrangeira, em Braille ou Linguagem Brasileira de Sinais (LIBRAS), pelo próprio testador, ou por outrem, a seu rogo". Destaco novamente que, para todas as proposições nesse sentido, houve a efetiva contribuição do Professor e Promotor de Justiça no Estado da Bahia Fernando Gaburri.

Voltando-se ao sistema vigente, tal relação encerra rol taxativo (*numerus clausus*) e não exemplificativo (*numerus apertus*). Nesse sentido, é cristalino o art. 1.887 da codificação privada, segundo a qual "Não se admitem outros testamentos especiais além dos contemplados neste Código". Na verdade, essas formas especiais quase ou nenhuma aplicação prática têm, até porque encerram tipos bem específicos, de difícil concreção no mundo real contemporâneo. Se no Brasil já não são comuns os testamentos ordinários ou comuns, imagine-se a pouca incidência das formas emergenciais.

Em todas as hipóteses, a lei proíbe o *testamento comum ou conjuntivo*, seja ele *simultâneo*, *recíproco* ou *correspectivo*. Isso sob pena de *nulidade absoluta virtual*, pois a norma proíbe a prática do ato sem cominar sanção (arts. 1.863 e 166, VII, segunda parte, do CC/2002). Como é notório, o primeiro comando especial expressa que *é proibido* o testamento conjuntivo nas modalidades expostas.

Apesar de o diploma estar incluído na seção que diz respeito às formas ordinárias de testamento, deve-se entender que a proibição alcança também as formas especiais, pois em todos os casos estar-se-á atingindo a essência do ato testamentário. Em reforço, como se verá, as modalidades especiais podem assumir as formas assemelhadas ao testamento público, particular ou cerrado, o que confirma a premissa de vedação geral para todas as categorias.

Como bem expõe a doutrina, o *testamento comum, conjuntivo, uno contextu* ou de *mão comum* constitui gênero, sendo o celebrado por duas ou mais pessoas, que fazem um único testamento, existindo a proibição diante de seu caráter personalíssimo e unilateral.

Além disso, pela vedação argumenta-se que as modalidades ora em estudo constituem pactos sucessórios – o que é vedado pelo atual art. 426 do Código Civil –, e entram em conflito com a *revogabilidade essencial* do ato testamentário (BEVILÁQUA, Clóvis. *Código...*, 1977, v. VI, p. 827; VELOSO, Zeno. *Código...*, 2012, p. 2.096-2.097; DINIZ, Maria Helena. *Código...*, 2010, p. 1.316-1.317; VENOSA, Silvio de Salvo. *Código...*, 2010, p. 1.694). Na linha dos ensinamentos dos professores citados, como espécies do testamento conjuntivo, temos as seguintes definições categóricas:

a) Testamento simultâneo – dois testadores, no mesmo negócio, beneficiam terceira pessoa.
b) Testamento recíproco – realizado por duas pessoas que se beneficiam reciprocamente, no mesmo ato.
c) Testamento correspectivo – os testadores fazem em um mesmo instrumento disposições de retribuição um ao outro, na mesma proporção.

Da prática jurisprudencial podem ser encontrados acórdãos que aplicam muito bem as citadas proibições, cabendo trazer à colação os seguintes, para ilustrar:

> "Apelações cíveis e recurso adesivo. Ação de nulidade de testamento particular. Manifestação de vontade. Dispensa da colação das ações nominativas anteriormente doadas. Testamento conjuntivo. Vedação legal. Exegese do art. 1.863 do Código Civil. Nulidade reconhecida. Sentença reformada. Recurso da autora provido e prejudicados os demais. O testamento é negócio jurídico solene. Só pode ser escrito e seguir espécies e formalidades previstas em Lei. E personalíssimo, a ser utilizado por alguém que queira dispor de seu patrimônio para depois da morte. Só é válida a dispensa da colação quando efetivada pelo doador no título constitutivo da liberalidade ou por meio de testamento. É nulo o testamento elaborado por mais de uma pessoa, porquanto a legislação em vigor proíbe expressamente o testamento conjuntivo" (TJSC, Apelação Cível 2008.060086-6, 3.ª Câmara Cível, Mafra, Rel. Desig. Des. Fernando Carioni, j. 28.02.2011, *DJSC* 15.03.2011, p. 308).

> "Inventário. Testamento particular firmado com afronta à norma do art. 1.863 do Código Civil (testamento conjuntivo). Pretensão no sentido de que a partilha de bens seja realizada nos termos do referido instrumento particular considerado não como testamento, e sim 'declaração de última vontade'. Inadmissibilidade Nulidade absoluta e incontornável do ato. Sucessão que, na ausência de testamento válido, deve ser regida pelas normas dos artigos 1.829 e seguintes do Código Civil, que tratam da sucessão legítima. Recurso desprovido" (TJSP, Agravo de Instrumento 565.649.4/7, Acórdão 2725131, 2.ª Câmara Cível, São Paulo, Rel. Des. Morato de Andrade, j. 29.07.2008, *DJESP* 22.08.2008).

Por outra via, também para facilitar o trabalho de compreensão das proibições, *decisum* do Superior Tribunal de Justiça afastou a configuração de um testamento conjuntivo em situação em que o *de cujus* deixou cotas de sua empresa para sua ex-sócia e concubina, tendo esta efetuado outro ato testamentário, mas no mesmo momento e por mesmo tabelião. Julgou-se pela presença de dois negócios jurídicos *mortis causa* distintos, em que cada um dos envolvidos compareceu individualmente para expressar o seu *desejo sucessório*, o que manteve o caráter unilateral e personalíssimo dos atos respectivos (STJ, REsp 88.388/SP, 4.ª Turma, Rel. Min. Aldir Passarinho Junior, j. 05.10.2000, *DJ* 27.11.2000, p. 164). Essa a conclusão que deve imperar na interpretação do art. 1.863 do Código Civil, prestigiando-se sempre a vontade dos testadores dos atos que não se confundem, pois não fundidos.

Na mesma esteira, pode ser encontrada ementa ainda mais remota do Supremo Tribunal Federal, com conteúdo bem interessante. Foram celebrados dois atos distintos, porém constituídos pelo mesmo tabelião, perante as mesmas testemunhas, no mesmo momento e com estipulações recíprocas para as partes, marido e mulher. Deduziu-se pela inaplicabilidade das vedações em análise, pois elas dizem respeito ao conteúdo no mesmo negócio, o que não ocorreu no feito. A transcrição da ementa é pertinente para os devidos fins de estudo:

> "Recurso extraordinário. Testamentos públicos, em instrumentos distintos e sucessivos, feitos por marido e mulher, na mesma data, no mesmo local e perante as mesmas testemunhas e tabelião. 2. Testadores casados pelo regime de comunhão universal de bens sem descendentes, que legaram, nos testamentos aludidos, um ao outro, a respectiva meação

> disponível. Cada qual, na cédula testamentária própria, estipulou que, por falta do legatário instituído, a parte disponível se destinaria aos irmãos e sobrinhos por consanguinidade. 3. Ação declaratória de nulidade dos referidos testamentos, alegando-se infringência ao art. 1.630 do Código Civil, que proíbe o testamento conjunto, seja simultâneo, recíproco ou correspectivo. 4. Recurso extraordinário, por negativa de vigência do art. 1.630 do Código Civil. 5. Não ocorreu, no caso, testamento conjuntivo, 'uno contextu', ou de mão comum, mas foram feitos dois testamentos em separado, relativamente aos quais o tabelião, com sua fé, certificou, sem qualquer elemento de prova em contrário, a plena capacidade dos testadores e a livre manifestação de sua vontade. 6. Não incidem na proibição do art. 1.630 do Código Civil os testamentos de duas pessoas, feitos na mesma data, no mesmo tabelião e em termos semelhantes, deixando os bens um para o outro, pois, cada um deles, isoladamente, conserva a própria autonomia e unipessoalidade. Cada testador pode livremente modificar ou revogar o seu testamento. A eventual reciprocidade, resultante de atos distintos, unilateralmente revogáveis, não sacrifica a revogabilidade, que é da essência do testamento. Não cabe, também, falar em pacto sucessório, em se tratando de testamentos distintos. 6. Exame da doutrina e da jurisprudência sobre a compreensão do art. 1.630 do Código Civil. Precedentes. 7. O fato de marido e mulher fazerem, cada qual, o seu testamento, na mesma data, local e perante as mesmas testemunhas e tabelião, legando um ao outro a respectiva parte disponível, não importa em se tolherem, mutuamente, a liberdade, desde que o façam em testamentos distintos. Cada um conserva a liberdade de revogar ou modificar o seu testamento. 8. No caso concreto, o acórdão, ao anular dois testamentos feitos em 1936, com atenção às formalidades da Lei, fazendo incidir o art. 1.630 do Código Civil, relativamente à hipótese não compreendida em sua proibição, negou-lhe vigência. 9. Recurso extraordinário conhecido, por negativa de vigência do art. 1.630 do Código Civil, e provido, para julgar improcedente a ação declaratória de nulidade dos referidos testamentos" (STF, RE 93603/GO, 1.ª Turma, Rel. Min. Néri da Silveira, j. 31.05.1994, *DJU* 04.08.1995, p. 22.643).

Como alertam Gustavo Tepedino, Heloísa Helena Barboza e Maria Celina Bodin de Moraes, citando outros doutrinadores de escol e em comentários ao art. 1.863 da codificação material, "tal proibição não impede que duas pessoas combinem o modo de dispor dos seus bens, desde que o façam em atos separados, conservando cada testador a sua plena liberdade de ação (Carlos Maximiliano, *Direito das sucessões*, vol. I, p. 415). No mesmo sentido é a opinião de Caio Mário da Silva Pereira (*Instituições*, VI, p. 217). Isso porque essencial é assegurar a autonomia do ato, sendo vedada qualquer espécie de pacto sucessório" (TEPEDINO, Gustavo; BARBOZA, Heloísa Helena; MORAES, Maria Celina Bodin de. *Código Civil...*, 2014, p. 683). Os juristas mencionam o último aresto e, com razão, a ele se filiam plenamente, como correta incidência do princípio da conservação dos negócios jurídicos.

Na mesma esteira, aliás, as lições de Pablo Stolze Gagliano e Rodolfo Pamplona Filho, para quem "nada impede que duas pessoas, em testamentos separados (ainda que realizados na mesma data e no mesmo local), façam disposições de seu patrimônio, elegendo um ao outro como destinatário de sua herança" (*Novo Curso...*, 2014, v. 7, p. 290). Cite-se, ainda, que igualmente se posiciona Luiz Paulo Vieira de Carvalho (*Direito...*, 2014, p. 521-522). Por fim, como aludem Cristiano Chaves de Farias e Nelson Rosenvald, "é possível a duas ou mais pessoas utilizar de cédulas testamentárias distintas para dispor de sua vontade, autonomamente. Seria o exemplo de cônjuges ou de pai e filho que elaboram testamentos individuais, sem que contenham eventuais beneplácitos comuns" (*Curso...*, 2015, v. 7, p. 326). Reafirme-se que essa é a minha posição doutrinária, sem qualquer ressalva.

No atual Projeto de Reforma do Código Civil, novamente para se resolver mais um dilema, teórico e prático, trazendo segurança e previsibilidade para o sistema civil, a Comissão de Juristas sugere a inclusão de um novo parágrafo único no art. 1.863, com a seguinte redação: "admite-se o testamento conjuntivo recíproco entre cônjuges e conviventes, qualquer que seja o regime de bens, sem perda da sua revogabilidade por qualquer dos testadores, nos limites de sua disposição".

Por todas as razões doutrinárias e entendimentos jurisprudenciais expostos, espera-se a sua aprovação pelo Parlamento Brasileiro.

Vistas tais proibições e algumas de suas aplicações concretas, passa-se à abordagem específica das modalidades ordinárias e especiais de testamento, de forma sucessiva e pontual.

3.4.2 Dos testamentos ordinários ou comuns

3.4.2.1 Do testamento público

Iniciando-se o estudo das suas modalidades ordinárias ou comuns, o testamento público é aquele que traz maior segurança para as partes envolvidas, pois lavrado pelo Tabelião de Notas ou por seu substituto, que recebe as declarações do testador ou autor da herança.

Diante de confusões que são percebidas no meio jurídico, é necessário esclarecer as atribuições e a atuação dos Tabelionatos de Notas, cuja atividade consta da Lei 8.935/1994, conhecida como *Lei dos Notários e Registradores.*

Trata-se de norma que regulamenta o art. 236 da Constituição Federal, segundo o qual os serviços notariais e de registro são exercidos em caráter privado, por delegação do Poder Público. Conforme o art. 1.º dessa lei especial, os serviços notariais e os de registro são os de organização técnica e administrativa destinados a garantir a publicidade, autenticidade, segurança e eficácia dos atos jurídicos. Em complemento, está estabelecido que notário, ou tabelião, e oficial de registro, ou registrador, são profissionais do direito, dotados de *fé pública*, a quem é delegado o exercício da atividade notarial e de registro, respectivamente (art. 3.º da Lei 8.935/1994). A menção à fé pública também consta do art. 215, *caput*, do Código Civil, segundo o qual "a escritura pública, lavrada em notas de tabelião, é documento dotado de fé pública, fazendo prova plena".

O notário ou tabelião tem as competências para: *a)* formalizar juridicamente a vontade das partes; *b)* intervir nos atos e negócios jurídicos a que as partes devam ou queiram dar forma legal ou autenticidade, autorizando a redação ou redigindo os instrumentos adequados, conservando os originais e expedindo cópias fidedignas de seu conteúdo; e *c)* autenticar fatos jurídicos (art. 6.º da Lei 8.935/1994).

A competência exclusiva para a elaboração de testamentos públicos consta do art. 7.º, inciso II, do mesmo diploma específico. Em suma, nota-se que ao tabelião compete o aperfeiçoamento formal de atos ou negócios jurídicos, deixando clara e confirmada pela fé pública a vontade do declarante. Os atos do tabelião ou notário dizem respeito à *forma prescrita em lei*, conforme o art. 104, inciso III, do Código Civil, estando relacionados à validade dos atos e negócios. Assim, pode-se dizer que a sua atuação é relativa ao *segundo degrau* da *Escada Ponteana*, qual seja o *plano da validade*.

Cabe deixar consignado que, a respeito da escritura pública, inclusive da de testamento, o art. 215, § 1.º, do Código Civil elenca os seus requisitos formais gerais. Nos termos da lei, salvo quando exigidos por lei outros requisitos, a escritura pública deve conter: *a)* data e local de sua realização; *b)* o reconhecimento da identidade e da capacidade das partes e de quantos hajam comparecido ao ato, por si, como representantes, intervenientes ou testemunhas; *c)* o nome, a nacionalidade, o estado civil, a profissão, o domicílio e a residência das partes e demais comparecentes, com a indicação, quando necessário, do regime de bens do casamento, nome do outro cônjuge e filiação; *d)* a manifestação clara da vontade das partes e dos intervenientes; *e)* a referência ao cumprimento das exigências legais e fiscais inerentes à legitimidade do ato; *f)* a declaração de ter sido lida na presença das partes e demais comparecentes, ou de que todos a leram; e *g)* a assinatura das partes e dos demais comparecentes, bem como a do tabelião ou seu substituto legal, encerrando o ato.

Pois bem, o desempenho das funções do notário ou tabelião não se confunde com as atribuições do registrador, uma vez que ao último cabe, quando previamente exigida, proceder à distribuição equitativa pelos serviços da mesma natureza, registrando os atos praticados. Compete também ao registrador efetuar as averbações e os cancelamentos de sua competência. Por fim, tem ele a incumbência de expedir certidões de atos e documentos que constem de seus registros e papéis (art. 13 da Lei 8.935/1994).

O registro, especialmente o imobiliário, diz respeito não ao plano da validade dos atos ou negócios jurídicos, sendo atinente ao *plano da eficácia*, relativo às consequências do ato ou negócio verificadas no plano concreto, relacionadas à modificação e extinção de direitos. O registro envolve, desse modo, o *terceiro degrau* da *Escada Ponteana*.

Insta perceber que o art. 20 da Lei 8.935/1994 estabelece que os notários e os oficiais de registro poderão, para o desempenho de suas funções, contratar escreventes como prepostos, dentre eles escolhendo os substitutos, e auxiliares como empregados, com remuneração livremente ajustada e sob o regime da legislação do trabalho. Em cada serviço notarial ou de registro haverá tantos substitutos, escreventes e auxiliares quantos necessários, a critério de cada notário ou oficial de registro (§ 1.º desse art. 20 da Lei dos Notários e Registradores). Os notários e os oficiais de registro encaminharão ao juízo competente os nomes dos substitutos (§ 2.º). Os escreventes poderão praticar somente os atos que o notário ou o oficial de registro autorizar (§ 3.º). Por fim, estabelece o último parágrafo do preceito que os substitutos poderão, simultaneamente com o notário ou o oficial de registro, praticar todos os atos que lhe sejam próprios, exceto, nos tabelionatos de notas, lavrar testamentos (§ 4.º).

Pois bem, existe a respeito do tema aqui tratado um problema técnico, de antinomia ou conflito de normas, porque o último comando especial está em contradição com o art. 1.864 do Código Civil, que elenca os requisitos essenciais para o testamento público, sob pena de sua nulidade absoluta por desrespeito à forma (art. 166, inciso IV, do CC). Nos termos do inciso I do art. 1.864 do CC/2002, o ato pode ser escrito por tabelião ou por seu *substituto legal* em seu livro de notas, de acordo com as declarações do testador, podendo este servir-se de minuta, notas ou apontamentos. Qual o dispositivo deve prevalecer? O constante da lei especial ou o da codificação privada, que autoriza a elaboração do testamento público pelo substituto do Tabelião?

Aqui, a doutrina de Zeno Veloso ganha especial destaque pelo fato de ser ele um experiente Tabelião, que atuou por muitos anos nessa atividade na cidade de Belém do Pará. Na esteira de suas lições, "com a entrada em vigor deste Código Civil, admitindo que o substituto escreva o testamento público, fica revogada, nesta parte, a Lei n. 8.935/1994, pois a norma que ela exprime é incompatível com a posterior (Lei de Introdução às Normas do Direito Brasileiro – antiga Lei de Introdução ao Código Civil, art. 2.º, § 1.º)" (VELOSO, Zeno. *Código...*, 2012, p. 2.098). Igualmente, para Carlos Roberto Gonçalves, "não só o tabelião, mas também o seu substituto legal (*oficial-maior* ou *escrevente* autorizado a substituí-lo, nos termos do art. 20 da Lei n. 8.935, de 18.11.1994, que dispõe sobre os serviços notariais e de registro), podem lavrar testamento. Fica, em consequência, tacitamente revogado o § 4.º do aludido art. 20, que proibia os substitutos legais de praticar tal ato" (GONÇALVES, Carlos Roberto. *Direito...*, 2010, v. 7, p. 254-255).

Esse também é o meu entendimento. O art. 1.864, inciso I, do Código Civil revogou tacitamente o art. 20, § 4.º, da Lei 8.935/1994, diante de incompatibilidade dos seus conteúdos, na linha do que consta do art. 2.º, § 1.º, da Lei de Introdução. E nem se argumente que o dispositivo da Lei dos Notários e Registradores é especial, devendo prevalecer sobre o Código Civil, que é lei geral.

A análise da especialidade de uma norma deve ser feita *artigo por artigo*, e de acordo com as circunstâncias do caso concreto, sendo o preceito da codificação privada também *especial* a respeito desse requisito formal, prevalecendo pelo *critério cronológico*. Em reforço, a possibilidade de o substituto lavrar o testamento está na linha da *operabilidade*, um dos princípios fundamentais da atual Lei Geral Privada, que busca a facilitação e a concreção dos atos e negócios civis. Entre o *formal* e o *material*, como regra, deve-se priorizar o último, na civilística contemporânea.

No âmbito do Estado de São Paulo, a questão era ainda mais intrincada, pois a Lei Estadual Paulista 12.227, de 11 de janeiro de 2006, reproduziu o texto da Lei Federal 8.935/1994, e em seu art. 13, § 2.º, estabeleceu que o substituto não poderia lavrar o testamento público, em clara colisão com o texto do Código Civil brasileiro de 2002. O problema aqui surgia pelo fato de ser a lei estadual posterior ao CC/2002, o que traria o entendimento de sua prevalência, pelo mesmo *critério cronológico*.

No entanto, já se concluía nesta obra pela supremacia da codificação privada diante do *critério hierárquico*, eis que a norma superior – no caso, o CC/2002 –, prevalece sobre a inferior – a Lei Estadual 12.227/2006. Em complemento, cabe pontuar que a citada norma estadual foi declarada como inconstitucional pelo Supremo Tribunal Federal na ADIn. 3.733, julgada em 2009. Concluiu-se que os cartórios são serviços auxiliares do Poder Judiciário o que faz com que a sua organização seja de competência privativa deste Poder. Como consequência natural da premissa, também a iniciativa de lei que trate do assunto é de sua exclusiva competência – no caso, do Tribunal de Justiça do Estado de São Paulo –, e não do governador do Estado, como ocorreu em relação à norma em questão.

Partindo-se para a prática, ementa do Superior Tribunal de Justiça expressa que "o testamento público exige, para sua validade, que sua lavratura seja realizada por tabelião ou seu substituto legal, na presença do testador e de duas testemunhas que, após leitura em voz alta, deverão assinar o instrumento" (STJ, REsp 1.155.641/GO, 4.ª Turma, Rel. Min. Raul Araújo, j. 13.12.2011, *DJE* 28.09.2012). Dessa forma, nota-se que não há dúvida na jurisprudência superior recente quanto à possibilidade de o escrevente substituto lavrar o ato.

Em complemento, do Tribunal de Justiça do Rio de Janeiro, já na vigência da Lei 8.935/1994 e ainda sem o dispositivo expresso da codificação em vigor, foi pronunciado há tempos que "não é o caso de nulidade ter participado, como testemunha, funcionário do cartório onde foi lavrado o documento, muito menos escrito por tabelião substituto, em exercício no respectivo cargo" (TJRJ, Apelação Cível 2008/1995, 6.ª Câmara Cível, Rel. Des. Luiz Carlos Perlingeiro, j. 10.10.1995).

Seguindo-se no estudo dos requisitos essenciais do testamento público, o instrumento deve ser lavrado, lido em voz alta pelo tabelião – ou por seu substituto –, ao testador e a duas testemunhas, a um só tempo; ou pelo testador, se o quiser, na presença destas testemunhas e do oficial (art. 1.864, inciso II, do Código Civil). Diante do citado *princípio da operabilidade*, no sentido de facilitação dos institutos privados, cabe anotar, em boa hora, a redução do número de testemunhas, que era de cinco, na vigência do art. 1.632 do Código Civil de 1916.

No presente momento, surge outro problema de direito intertemporal relativo à emergência da codificação material de 2002, agora a respeito desse número de testemunhas exigido por lei como solenidade essencial à validade do negócio jurídico em estudo. A questão a ser formulada concerne ao testamento celebrado na vigência do Código Civil de 1916 e que contou com a presença de somente duas testemunhas, e não cinco, tendo o falecimento do testador ocorrido na vigência do Código Civil de 2002. Apegando-se ao rigor formal da norma, esse testamento será válido ou nulo?

Tendo-se como parâmetro o art. 2.035, *caput*, do Código Civil em vigor, quanto ao plano da validade dos atos e negócios jurídicos, deve-se aplicar a norma do momento da sua celebração ou constituição. Sendo assim, como o testamento foi constituído na vigência da lei anterior, os requisitos de validade relativos às solenidades são os da lei vigente naquele momento, que exigia cinco testemunhas. Portanto, deve-se concluir que o testamento será nulo de pleno direito pelo fato de ter sido preterida uma solenidade que a lei considerava como essencial para o ato (art. 145, inciso IV, do CC/1916). De toda sorte, como se verá, tal resposta pode ser afastada, pois a jurisprudência superior contemporânea tem demonstrado um desapego às estritas regularidades formais.

Com grande relevo para a prática dos testamentos, o então Provimento n. 100 do Conselho Nacional de Justiça (CNJ), de maio de 2020, passou a possibilitar que a escritura pública do testamento seja feita pela via digital ou eletrônica. Em 2023, as suas previsões foram incorporadas ao Código Nacional de Normas do próprio CNJ (CNN).

Assim, tais atos eletrônicos são possíveis desde que observados os requisitos de validade do art. 286 do CNN, com os seguintes atos: *a)* a realização de videoconferência notarial para captação do consentimento das partes sobre os termos do ato jurídico; *b)* a concordância expressada pelas partes com os termos do ato notarial eletrônico; *c)* a assinatura digital pelas partes, exclusivamente através do *e-notariado*; *d)* a assinatura do Tabelião de Notas com a utilização de certificado digital ICP-Brasil; e *e)* o uso de formatos de documentos de longa duração com assinatura digital.

Sobre a gravação da videoconferência notarial, nos termos do parágrafo único desse art. 286 do CNN, deverá conter ela, no mínimo: *a)* a identificação, a demonstração da capacidade e a livre manifestação das partes atestadas pelo tabelião de notas; *b)* o consentimento das partes e a concordância com a escritura pública; *c)* o objeto e o preço do negócio pactuado; *d)* a declaração da data e horário da prática do ato notarial; e *e)* a declaração acerca da indicação do livro, da página e do tabelionato onde será lavrado o ato notarial. O desrespeito a qualquer um desses requisitos de validade gera a nulidade absoluta do negócio jurídico, nos termos dos sempre citados incs. IV e V do art. 166 do Código Civil.

O mesmo se diga quanto à necessidade de se observar a regra de competência do então art. 6.º do Provimento n. 100, atual art. 299 do Código Nacional de Normas, o que visa a afastar práticas predatórias de mercado. Conforme esse comando, "a competência para a prática dos atos regulados neste Provimento é absoluta e observará a circunscrição territorial em que o tabelião recebeu sua delegação, nos termos do art. 9.º da Lei n. 8.935/1994".

Há crítica profunda quanto ao tratamento desse tema por força de norma administrativa do Conselho Nacional de Justiça, pois a competência para legislar sobre a matéria seria do Poder Legislativo da União, por se tratar de tema de Direito Civil, afeito à forma e à solenidade dos atos e negócios jurídicos, nos termos do art. 22, inc. I, da Constituição Federal. A crítica procede, no meu entender, e é preciso aguardar ainda se a busca da redução de formalidades e de burocracias vencerá esse argumento de inconstitucionalidade, a ser eventualmente debatida no âmbito do Supremo Tribunal Federal.

De todo modo, para resolver esse eventual problema, o Projeto de Reforma do Código Civil pretende inserir todo esse tratamento a respeito das escrituras digitais, que está no Código Nacional de Norma, no novo livro de *Direito Civil Digital*, a ser adicionado à codificação privada de 2002, o que virá em bora hora.

Feitas essas considerações, tratando da prova dos atos e negócios jurídicos, não se podem esquecer as vedações constantes do art. 228 do Código Civil de 2002, no sentido de que não podem ser admitidas como testemunhas determinadas pessoas, o que tem aplicação direta para o testamento. Vejamos as hipóteses do diploma, que também foi alterado pelo Estatuto da Pessoa com Deficiência:

a) Os menores de dezesseis anos (menores impúberes), sendo certo que não há proibição para os menores púberes, com idade entre dezesseis e dezoito anos. E não poderia ser diferente, eis que tais menores podem praticar o ato testamentário (art. 1.860, parágrafo único, do CC/2002).

b) O inciso II do art. 228 do CC expressava que aqueles que, por enfermidade ou retardamento mental, não tivessem discernimento para a prática dos atos da vida civil. Tratava-se da mesma hipótese de incapacidade absoluta para os atos e negócios em geral, prevista originalmente no art. 3.º, inciso II, do CC/2002. Todavia, esse artigo foi expressamente revogado pelo art. 123, II, da Lei 13.146/2015. Além disso, foi incluído um § 2.º no art. 228 pelo Estatuto da Pessoa com Deficiência, prevendo que "a pessoa com deficiência poderá testemunhar em igualdade de condições com as demais pessoas, sendo-lhe assegurados todos os recursos de tecnologia assistiva".

c) O inciso III do comando em estudo elencava os cegos e os surdos, quando a ciência do fato que se quer provar dependesse dos sentidos que lhes faltavam. Esse dispositivo também foi revogado pelo art. 123, III, do citado Estatuto da Pessoa com Deficiência, aplicando-se a premissa da inclusão das pessoas com deficiência.

d) O interessado no litígio, o amigo íntimo ou o inimigo capital das partes. A ilustrar a subsunção deste e de inciso sucessivo, vejamos outro trecho de julgamento já trazido à colação, no sentido de que, "*in casu*, houve violação dos referidos dispositivos legais, na medida em que o testamento público teve como testemunhas um amigo íntimo e a nora da única beneficiária da disposição de última vontade. O acórdão recorrido, com base no exame dos elementos fático-probatórios dos autos, consignou a ausência do pleno discernimento do testador para a prática do ato, bem como reconheceu a interferência da beneficiária na celebração do testamento e o reflexo de sua vontade na do testador, de modo que é inviável, em sede de recurso especial, a revisão de tais questões, haja vista o óbice da Súmula n. 7 desta Corte Superior" (STJ, REsp 1.155.641/GO, 4.ª Turma, Rel. Min. Raul Araújo, j. 13.12.2011, *DJe* 28.09.2012).

e) Os cônjuges, os ascendentes, os descendentes e os colaterais, até o terceiro grau de alguma das partes, por consanguinidade, ou afinidade. De acordo com a proteção constitucional da união estável, constante do art. 226, § 3.º, da CF/1988, forçoso entender que o mesmo impedimento existe para as relações decorrentes da união estável, conforme vem há tempos entendendo a jurisprudência (STJ, REsp 81.551/TO, 3.ª Turma, Rel. Min. Waldemar Zveiter, j. 23.09.1997). Como reforço, vale lembrar que, em matéria de prova processual, CPC/2015 equiparou o companheiro ao cônjuge para todos os fins, o que conduz ao caminho sem volta de incluir o companheiro no dispositivo em estudo. Mencione-se, ainda como argumento, a recente decisão do STF, que equiparou a união estável ao casamento, para todos os fins sucessórios (*Informativo* n. *864* da Corte, julgada em 10 de maio de 2017).

Sem prejuízo dos acórdãos citados, também a ilustrar outra incidência a respeito do requisito formal relativo às testemunhas, instigante julgado do Tribunal de Justiça de São Paulo não admitiu a tese de que o testamento seria nulo pelo fato de uma testemunha ter afirmado, em ação judicial, não se lembrar do ato e se retratado posteriormente. A ementa paulista mantém íntegro o ato, preservando a vontade do autor da herança, como sempre deve ser:

> "Ação de anulação de testamento. Preterição de solenidade essencial à validade do ato. Testemunha do testamento que afirmou, em outro processo, desconhecer a existência de testamento deixado pelo *de cujus*. Audiência de instrução e julgamento designada, na qual as partes celebraram acordo. Processo extinto com fundamento no art. 269, inc. III, do Código de Processo Civil. Inconformismo do Ministério Público. Alegação de que a matéria (nulidade absoluta) é de ordem pública e não permite transação. Necessidade de manutenção da sentença homologatória. Composição patrimonial válida e eficaz celebrada entre os requerentes e a requerida. Testemunha do testamento que, perante o Promotor de Justiça recorrente, apresentou retratação, enfatizando que acompanhou a lavratura do testamento, mas se esqueceu de tal fato em razão de grave acidente automobilístico do qual resultou traumatismo cranioencefálico. Retratação que enfraquece a tese do *parquet* quanto à nulidade do testamento. Recurso desprovido" (TJSP, Apelação Cível 994.00.097339-8, Acórdão 4308867, 5.ª Câmara de Direito Privado, Cerquilho, Rel. Des. J.L. Mônaco da Silva, j. 27.01.2010, *DJESP* 23.03.2010).

Por outro lado, é interessante também trazer à tona acórdão da mesma Corte Bandeirante que reconhece a nulidade absoluta do testamento porque o que foi declarado pelas testemunhas não estava alinhado à realidade dos fatos. Conforme trecho da ementa, o *de cujus*, então paciente médico, não havia deixado as dependências do hospital onde se encontrava, o que contrariava aquilo que foi lavrado na escritura de testamento. Quanto às testemunhas, especificamente, nada souberam declarar acerca da realização do ato (TJSP, Apelação Cível 0113883-23.2003.8.26.0000, Acórdão 5612353, 10.ª Câmara de Direito Privado, Lins, Rel. Des. Márcia Regina Dalla Déa Barone, j. 13.12.2011, *DJESP* 19.06.2011).

No atual Projeto de Reforma do Código Civil, elaborado pela Comissão de Juristas nomeada no Senado Federal, pretende-se atualizar a norma ora em vigor, inserindo-se ainda regra específica a respeito das testemunhas para o testamento no novo art. 1.859-A, o que parece ser a melhor solução técnica, tratando-se especificamente desse negócio jurídico de disposição de última vontade. Consoante a proposição, não podem ser testemunhas em testamentos: *a)* as pessoas com menos de dezesseis anos de idade; *b)* aqueles que não estiverem em condições de expressar sua vontade de forma livre e consciente, no momento do ato; *c)* o herdeiro ou legatário instituído, seus ascendentes e descendentes, irmãos, colaterais até o quarto grau, cônjuge ou convivente; *d)* o amigo íntimo ou o inimigo de qualquer herdeiro ou legatário instituído; e *e)* os que mantenham vínculo de subordinação ou prestem serviços ao herdeiro ou legatário instituído.

Voltando-se ao sistema vigente, como outro requisito essencial e formal para o ato testamentário, deve ser o instrumento público, em seguida à leitura, assinado pelo testador, pelas testemunhas e pelo tabelião (art. 1.864, inciso III, do Código Civil). Em complemento, o parágrafo único do preceito reconhece que o testamento público pode ser escrito manualmente ou mecanicamente (*v.g.*, digitado em computador ou na antiga máquina de escrever), bem como ser feito pela inserção da declaração de vontade em partes impressas de livro de notas, desde que rubricadas todas as páginas pelo testador, se mais de uma.

Todos esses atos sucessivos e simultâneos engendram o que se denomina como *princípio da unidade* ou *unicidade do ato testamentário*. Sobre tal regramento, interessante, mais uma vez, o socorro às lições de Zeno Veloso:

> "Desde o direito romano, a unidade do ato testamentário (*uno actu*), ou melhor dizendo, a unidade do contexto (*uno contextu*), é uma rigorosa exigência: o tabelião e as testemunhas devem estar presentes simultaneamente, do começo até o fim da solenidade, sem intervalos e lacunas. Mas o tema não deve escravizar-se à rigidez romana, merecendo temperamentos, uma interpretação inteligente, considerando as circunstâncias de cada caso, que consinta breves interrupções, por falta de energia elétrica, para resolver uma emergência passageira, para o atendimento de um telefonema urgente, ou para remediar uma necessidade corporal do tabelião ou das testemunhas, por exemplo" (VELOSO, Zeno. *Código*..., 2012, p. 2.098).

Como se nota, o jurista prega a flexibilização da regra, o que conta com o meu pleno apoio, pela premissa antes aduzida de que *o material deve prevalecer sobre o formal.*

A ilustrar a pregada flexibilização, cabe colacionar julgado publicado no *Informativo* n. *457* do Superior Tribunal de Justiça, de novembro de 2010:

> "Testamento. Princípio da unicidade. O testamento em questão foi lavrado da seguinte forma: primeiro, o oficial do cartório remeteu espécie de minuta do testamento ao testador octogenário (de delicada saúde), que fez nela correções, e, só após isso, foi à residência do testador com o texto final do testamento, que foi lido pelo oficial e assinado pelo testador e testemunhas. Nesse contexto, não há como ter por ofendido o art. 1.632 do CC/1916 pela falta de observância do princípio da unicidade do ato; pois, antes de tudo, há que privilegiar a vontade do testador, ainda que se sustente a ocorrência de eventual inobservância dos requisitos formais do testamento. Tal não ocorreria se existente fato concreto passível de causar dúvidas quanto à própria faculdade do testador de livremente dispor de seus bens, o que não é o caso, pois o TJ afastou a alegação de incapacidade mental do testador no momento da elaboração do testamento, decisão contra a qual sequer se insurgiram os recorrentes. Assim, as assertivas do TJ referentes à perfeição formal do ato testamentário (certificada pelo oficial), sua veracidade e regularidade encontram-se abrigadas na Súm. n. 7-STJ, que impede sua revisão nesta sede especial. Ao acolher esse entendimento, a Turma, dando prosseguimento ao julgamento, negou provimento ao especial. O voto vista do Min. Vasco Della Giustina (Desembargador convocado do TJRS) alude a parecer inserto nos autos que assinala ser possível mitigar as formalidades testamentárias desde que justificado, como no caso. Já o Min. Sidnei Beneti ressaltou que essa é interpretação mais moderna das formalidades constantes do art. 1.632 do CC/1916, que dizem respeito a outros tempos em que os documentos realmente se produziam manuscritos e diretamente na presença de todas as pessoas envolvidas. Precedentes citados do STF: RE 21.731-CE, *DJ* 05.10.1953; do STJ: REsp 1.001.674-SC, *DJe* 15.10.2010; REsp 223.799-SP, *DJ* 17.12.1999; REsp 828.616-MG, *DJ* 23.10.2006, e REsp 228-MG, *DJ* 04.12.1989" (STJ, REsp 753.261/SP, Rel. Min. Paulo de Tarso Sanseverino, j. 23.11.2010).

Esse entendimento, pela quebra do *princípio da unicidade do ato testamentário*, foi confirmado pela Segunda Seção da Corte, em *decisum* de 2023, segundo o qual se afirmou que "é válido o testamento público que, a despeito da existência de vício formal, reflete a real vontade emanada livre e conscientemente do testador, aferível diante das circunstâncias do caso concreto, e a mácula decorre de conduta atribuível exclusivamente ao notário responsável pela prática do ato" (STJ, AR 6.052/SP, 2.ª Seção, Rel. Min. Marco Aurélio Bellizze, por unanimidade, j. 08.02.2023, *DJe* 14.02.2023). De todo modo, não se pode admitir um testamento sem o respeito mínimo às formalidades, como parece ter ocorrido nesse caso julgado, com o devido respeito.

Como é notório, não existe qualquer competência territorial para a elaboração das escrituras públicas, o que tem incidência para o testamento público. Conforme o art. 8.º da Lei dos Notários e Registradores, é livre a escolha do tabelião de notas, qualquer que seja o domicílio das partes ou o lugar de situação dos bens objeto do ato ou negócio. Por isso, a título de exemplo, uma pessoa residente na cidade de São Paulo pode lavrar seu testamento público em qualquer tabelionato do Brasil. Entretanto, é imperioso advertir o que estabelece o art. 9.º da mesma Lei 8.935/1994, *in verbis:* " o tabelião de notas não poderá praticar atos de seu ofício fora do Município para o qual recebeu delegação".

Resumindo, é perfeitamente possível que o testador se desloque, com o fim de fazer o testamento em Tabelionato fora de sua Comarca de domicílio. Contudo, não poderá o notário ou tabelião fazer tal deslocamento para o ato, sob pena de sua nulidade absoluta. Para tal invalidade máxima, pode-se argumentar pela presença de fraude à lei imperativa (art. 166, inciso VI, do CC/2002); ou de uma *nulidade virtual*, pois a lei proíbe a prática do ato sem cominar sanção (art. 166, inciso VII, segunda parte, do CC/2002). Seguindo o caminho da nulidade absoluta do ato testamentário diante desse deslocamento do tabelião, colaciona-se:

> "Testamento público. Lavrado fora da circunscrição delegada ao tabelião. Nulidade da escritura pública de testamento. Apelação. Prescrição quinquenal para impugnação do ato. Inocorrência. Inteligência do art. 1.859 do CC. Mérito. Simultaneidade de testamentos. Impossibilidade. Art. 1.863 do CC. Testamento lavrado fora dos limites da circunscrição delegada ao tabelião. Aplicação do art. 9.º da Lei Federal n.º 8.935/94. Manutenção da sentença. Recurso desprovido. Extingue-se em cinco anos o direito de impugnar a validade do testamento, contado o prazo da data do seu registro. Inteligência do art. 1.859 do CC/2002. A simultaneidade de testamentos é vedada pelo art. 1.863 do Código Civil. O tabelião não pode praticar atos fora do município para o qual recebeu delegação, não tendo validade, se assim o fizer, consoante art. 9.º da Lei federal n.º 8.935/94" (TJPB, Apelação Cível 055.2011.000499-5/001, 4.ª Câmara Especializada Cível, Rel. Des. Romero Marcelo da Fonseca Oliveira, *DJPB* 21.05.2013, p. 13).

> "Apelação cível. Anulação testamento. Ausência dos requisitos necessários à validade do instrumento de última vontade. Descumprimento do diploma legal. Limite geográfico para atuação dos ofícios de cartório de títulos e documentos. Aplicação do art. 9.º da Lei n.º 8.935/94, a qual veda a prática de atos fora do município para o qual se recebeu a delegação. A parte não se dirigiu ao cartório, o que validaria o testamento, mesmo fora da área da delegação, mas, sim, o tabelião inverteu o deslocamento. Recurso conhecido e negado provimento. Decisão unânime. 1. O tabelião deve ser competente para a lavratura do testamento, sob pena de incorrer em nulidade do ato, consoante estabelece a Lei n.º 8.935, de 18 de novembro de 1994; 2. Da análise da escritura pública de testamento (fl. 7/9), vislumbra-se que esta fora lavrada nas dependências do Hospital Memorial Arthur Ramos, situado no município de Maceió, pelo 2.º tabelião público do 2.º ofício de notas da Comarca de Coruripe. Em que pese o art. 8.º da Lei n.º 8.935/1994 dispor que a escolha do Tabelião é independente do domicílio das partes ou do lugar da situação dos bens, há de se ressaltar que o disposto no art. 9.º é no sentido de que o tabelião de notas não poderá praticar atos de seu ofício fora do município para o qual fora delegado; 3. Recurso conhecido e não provido. Unanimidade" (TJAL, Processo 2011.003823-0, Acórdão 6-1487/2012, 3.ª Câmara Cível, Rel. Des. Klever Rêgo Loureiro, *DJAL* 06.09.2012, p. 74).

De todo modo, a jurisprudência superior tem afastado o rigor formal do ato testamentário, fazendo prevalecer a vontade do morto, ou seja, a autonomia privada manifestada no ato de última expressão volitiva. Sendo assim, a norma que prevê a nulidade absoluta do testamento pelo deslocamento do Tabelião pode ser afastada, conservando-se o negócio jurídico.

Nesse contexto de afirmação, analisados os requisitos formais de validade para o testamento público, insta repisar se há necessidade de um estrito apego formal a esses elementos essenciais, o que já foi debatido a respeito do *princípio da unicidade do ato testamentário*. Pela literalidade da lei a resposta seria positiva, e muitos arestos estaduais alinham-se à necessidade desse controle rigoroso (por todos: TJSP, Apelação 0018578-12.2012.8.26.0577, Acórdão 6485825, 3.ª Câmara de Direito Privado, São José dos Campos, Rel. Des. Donegá Morandini, j. 05.02.2013, *DJESP* 19.04.2013; TJRJ, Apelação Cível 2005.001.47610, 9.ª Câmara Cível, Rel. Des. Carlos Eduardo Moreira Silva, j. 21.03.2006; TJMG, Apelação Cível 1.0000.00.193985-9/000, 3.ª Câmara Cível, Belo Horizonte, Rel. Des. Isalino Romualdo da Silva Lisboa, j. 11.06.2001, *DJMG* 10.08.2001; TJPR, Embargos Infringentes Cíveis 0061200-2/01, Acórdão 3489, 1.º Grupo de Câmara Cível, Guairá, Rel. Des. Ruy Fernando de Oliveira, *DJPR* 23.10.2000).

No âmbito do Superior Tribunal de Justiça igualmente existem julgamentos que seguem tal apego, caso do seguinte, do ano de 2001:

> "Direito civil. Testamento público. Falecimento da herdeira testamentária antes da testadora. Nomeação posterior das filhas da herdeira por procuração particular. Impossibilidade. Rigor formal. Solenidade essencial. Arts. 1.592, II, 1.717 e 1.746, CC. Conversão de inventário em herança jacente. Possibilidade. Economia processual. Art. 1.142, CPC. Recurso desacolhido. I – A mitigação do rigor formal em prol da finalidade é critério que se impõe na interpretação dos textos legais. Entretanto, no caso dos testamentos, deve-se redobrar o zelo na observância da forma, tanto por não viver o testador no momento de esclarecer suas intenções quanto pela suscetibilidade de fraudes na elaboração do instrumento e, consequentemente, na deturpação da vontade de quem dispõe dos bens para após a morte. II – A revogação parcial do testamento, para substituir a herdeira anteriormente nomeada e já falecida, deve dar-se pelo mesmo modo e forma do anterior (art. 1.746 do Código Civil), não tendo a procuração *ad judicia* por instrumento particular esse condão revogador. III – A capacidade para adquirir por testamento pressupõe a existência do herdeiro, ou legatário, à época da morte do testador. Tendo falecido antes o herdeiro, perde validade a cédula testamentária. IV – Na lição de Pontes, 'a nulidade dos atos jurídicos de intercâmbio ou *inter vivos* é, praticamente, reparável: Fazem-se outros, com as formalidades legais, ou se intentam ações que compensem o prejuízo, como a ação de *in rem verso*. Não se dá o mesmo com as declarações de última vontade: Nulas, por defeito de forma, ou por outro motivo, não podem ser renovadas, pois morreu quem as fez. Razão maior para se evitar, no zelo do respeito à forma, o sacrifício do fundo' (Tratado de Direito Privado, t. LVIII, 2. ed., Rio de Janeiro: Borsoi, 1969, § 5.849, p. 283). V – Iniciado o inventário e, no seu curso, verificada a inexistência de herdeiro testamentário, é de considerar-se jacente a herança, nos termos do art. 1.592, II, CC, caso em que 'o juiz, em cuja Comarca tiver domicílio o falecido, procederá sem perda de tempo à arrecadação de todos os seus bens' (art. 1.142, CPC). A conversão do procedimento e a nomeação do curador dão cumprimento a essa norma e atende ao princípio da economia processual, nele expressamente assentado" (STJ, REsp 147.959/SP, 4.ª Turma, Rel. Min. Sálvio de Figueiredo Teixeira, j. 14.12.2000, *DJU* 19.03.2001, p. 111).

Todavia, mais recentemente, essa mesma jurisprudência superior tem mitigado a rigorosa observância dos requisitos formais e solenes relativos ao testamento público. Ilustrando, vejamos julgado publicado no *Informativo* n. *435* do STJ, que se refere a fatos ocorridos na vigência do CC/1916, o que justifica a menção a cinco, e não a duas testemunhas. Como se percebe, o *decisum* acaba por afastar a necessidade da presença de todas as testemunhas antes exigidas, na linha do que consta de questão de direito intertemporal aqui outrora demonstrada:

> "Busca-se, no recurso, a nulidade de testamento, aduzindo o ora recorrente que a escritura não foi lavrada pelo oficial de cartório, mas por terceiro, bem como que as cinco testemunhas não acompanharam integralmente o ato. O tribunal *a quo* afirmou que não

foi o tabelião que lavrou o testamento, mas isso foi feito sob sua supervisão, pois ali se encontrava, tendo, inclusive, lido e subscrito o ato na presença das cinco testemunhas. Ressaltou, ainda, que, diante da realidade dos tabelionatos, não se pode exigir que o próprio titular, em todos os casos, escreva, datilografe ou digite as palavras ditadas ou declaradas pelo testador. Daí, não há que declarar nulo o testamento que não foi lavrado pelo titular da serventia, mas possui os requisitos mínimos de segurança, de autenticidade e de fidelidade. Quanto à questão de as cinco testemunhas não terem acompanhado integralmente a lavratura de testamento, o TJ afirmou que quatro se faziam presentes e cinco ouviram a leitura integral dos últimos desejos da testadora, feita pelo titular da serventia. Assim, a Turma não conheceu do recurso por entender que o vício formal somente invalidará o ato quando comprometer sua essência, qual seja, a livre manifestação da vontade da testadora, sob pena de prestigiar a literalidade em detrimento da outorga legal à disponibilização patrimonial pelo seu titular. Não havendo fraude ou incoerência nas disposições de última vontade e não evidenciada incapacidade mental da testadora, não há falar em nulidade no caso. Precedente citado: REsp 302.767/PR, *DJ* 24.09.2001" (STJ, REsp 600.746/PR, Rel. Min. Aldir Passarinho Junior, j. 20.05.2010).

Essa mitigação de requisitos formais e solenes, fazendo prevalecer a *materialização* do Direito Privado contemporâneo, foi confirmada em acórdão do Tribunal da Cidadania mais recente, do ano de 2013. Conforme se depreende de sua ementa, que também merece destaque:

"A Corte Local, ao interpretar as disposições de última vontade, considerou não haver qualquer dificuldade sobre o destino dos bens, pois o *de cujus* dispôs de todos os seus bens. Igualmente, em relação à qualificação dos beneficiários pelo testamento, o tribunal de origem assentou que estes se encontram suficientemente identificados. Ademais, a instância ordinária considerou inexistir qualquer mácula na entrega da minuta do testamento 2 (dois) dias antes de sua leitura e assinatura, mormente porque a autora da herança, após a sua leitura, ratificou o seu conteúdo na presença das 5 (cinco) testemunhas e do tabelião, sendo alegada irregularidade insuscetível de viciar a vontade da testadora. (...) A corte de origem asseverou que a vontade da testadora foi externada de modo livre e consciente, sendo perfeitamente compreensível e identificável as disposições testamentárias. Assim, 'a análise da regularidade da disposição de última vontade (testamento particular ou público) deve considerar a máxima preservação do intuito do testador, sendo certo que a constatação de vício formal, por si só, não deve ensejar a invalidação do ato, máxime se demonstrada a capacidade mental do testador, por ocasião do ato, para livremente dispor de seus bens' (AgRg no REsp 1.073.860/PR, Rel. Min. Antonio Carlos Ferreira, 4.ª Turma, j. 21.03.2013, *DJE* 01.04.2013)" (STJ, AgRg-AgRg-REsp 1.230.609/PR, 4.ª Turma, Rel. Min. Marco Buzzi, *DJE* 02.10.2013, p. 458).

Ainda mais recentemente, do ano de 2017, em caso envolvendo testamento público celebrado por cego e citando a minha posição doutrinária, deduziu o mesmo Tribunal da Cidadania:

1. Atendidos os pressupostos básicos da sucessão testamentária – i) capacidade do testador; ii) atendimento aos limites do que pode dispor e; iii) lídima declaração de vontade – a ausência de umas das formalidades exigidas por lei, pode e deve ser colmatada para a preservação da vontade do testador, pois as regulações atinentes ao testamento têm por escopo único a preservação da vontade do testador. 2. (...). Evidenciada, tanto a capacidade

cognitiva do testador quanto o fato de que testamento, lido pelo tabelião, correspondia, exatamente à manifestação de vontade do *de cujus*, não cabe, então, reputar como nulo o testamento, por ter sido preterida solenidades fixadas em lei, porquanto o fim dessas – assegurar a higidez da manifestação do *de cujus* –, foi completamente satisfeita com os procedimentos adotados" (STJ, REsp 1.677.931/MG, 3.ª Turma, Rel. Min. Nancy Andrighi, j. 15.08.2017, *DJe* 22.08.2017).

Todas as últimas decisões citadas são louváveis, contando com o meu apoio, pois reafirme-se que a tendência contemporânea é que o *material* prevaleça sobre o *formal;* que o concreto prepondere sobre as ficções jurídicas, conforme argumentado em vários outros trechos deste livro. Repise-se, mais uma vez, que tal constatação tem relação direta com o *princípio da operabilidade*, adotado pela codificação privada de 2002, que busca um Direito Privado real e efetivo, na linha da *concretude* pregada por Miguel Reale.

De toda sorte, vale a advertência de que não se pode admitir um testamento público celebrado sem qualquer uma das formalidades previstas em lei, pois nesse caso o instituto se distanciaria da sua principal finalidade, qual seja de *atestar* a vontade do morto. Assim, existem limites para a incidência do princípio da conservação do negócio jurídico no âmbito das disposições de última vontade. A mitigação das formalidades não significa o seu total desaparecimento no sistema jurídico nacional. Vejamos, no mesmo sentido, as precisas palavras de Gustavo Tepedino, Heloísa Helena Barboza e Maria Celina Bodin de Moraes:

> "A preconizada atenuação do rigor formal do testamento deve ser aplicada com cautela. Afirma-se que a forma dos atos negociais não pode ser um fim em si mesma, arbitrária e caprichosa. Essa deve ser disposta não para uma função qualquer, mas para uma função que seja constitucionalmente apreciável (Pietro Perlingieri, Forma dei negozi, p. 61). Sem dúvida, a manifestação da última vontade, através do testamento, constitui expressão da personalidade humana. Por este motivo, em virtude dos efeitos *causa mortis* do ato, as formalidades testamentárias atendem aos interesses superiores do ordenamento jurídico, na medida em que garantem a espontaneidade da manifestação da última vontade e a sua fiel execução quando da abertura da sucessão, em estreita conexão com a tutela da dignidade da pessoa humana (CR, art. 1.º, III)" (TEPEDINO, Gustavo; BARBOZA, Heloísa Helena; MORAES, Maria Celina Bodin de. *Código Civil...*, 2014, p. 681).

Superado tal aspecto, se o testador não souber, ou não puder assinar, o tabelião ou seu substituto legal assim o declarará, assinando, neste caso, pelo testador, e, a seu rogo – a seu pedido –, uma das testemunhas instrumentárias (art. 1.865 do CC). Assim, confirma-se a premissa antes exposta, segundo a qual a pessoa analfabeta pode testar, desde que preenchidos esses requisitos complementares.

Nos termos do art. 1.866 do Código Civil, o indivíduo *inteiramente surdo*, sabendo ler, poderá testar. Nesses casos, lerá o seu testamento, e, se não o souber, designará quem o leia em seu lugar, presentes as duas testemunhas e o tabelião.

Não há dúvidas de que o dispositivo somente é subsumido à pessoa totalmente surda, e não para o sujeito que tenha problema de surdez relativa, premissa que é confirmada pelo *espírito* da Lei 13.146/2015 (Estatuto da Pessoa com Deficiência). Conforme consta de teor de acórdão da 1.ª Câmara do Tribunal de Justiça de São Paulo, de relatoria do magistrado Cláudio Luiz Bueno de Godoy, que analisa a situação da testadora: "por fim, anote-se que em momento algum demonstrado que (...) fosse completamente surda, de modo a fazer aplicável a regra do artigo 1.866 do CC (art. 1.636 do CC/1916), afinal, como expresso em seu texto, apenas concernente a quem seja inteiramente surdo. A testadora tinha problemas de surdez, usava aparelho, mas ouvia (fls. 17 e 30, por exemplo). E o reclamado conhecimento, pelas testemunhas, da pessoa do testador remonta às Ordenações e à Consolidação de Teixeira de Freitas, porém exigível quando o Tabelião não conhecesse o declarante (v., a respeito: Eduardo Oliveira Leite, in Comentários, Coord.; Min. Sálvio de Figueiredo, Forense, v. XXI, p. 339)" (Apelação 994.07.088777-6, j. 03.08.2010). Na minha opinião, a regra em comento não sofreu qualquer alteração pelo citado Estatuto da Pessoa com Deficiência.

Ao cego só se permite o testamento público, e não as outras modalidades ordinárias que ainda serão estudadas, como se retira do art. 1.867 do Código Civil; norma que igualmente não foi alterada pelo recente Estatuto da Pessoa com Deficiência. O testamento lhe será lido, em voz alta, duas vezes, uma pelo tabelião ou por seu substituto legal, e a outra por uma das testemunhas, designada pelo testador, fazendo-se de tudo circunstanciada menção no testamento.

Consoante se depreende de antigo julgamento do Tribunal Fluminense, "o testador cego não está incluído entre os incapazes de dispor dos seus bens através de testamento. Comparecendo ao ato de disposição de sua última vontade, acompanhada do marido, do testamenteiro e das cinco testemunhas, e, assinando a escritura de testamento, depois de lida em voz alta na sua presença, pelo tabelião, não tem relevância se não consta, ou mesmo se não houve, a segunda leitura a que se refere o art. 1.637 do Código Civil" (TJRJ, Apelação Cível 3030/1997, 10.ª Câmara Cível, Rel. Des. Bernardino M. Leituga, j. 18.11.1997).

Como se nota, apesar de ser *decisum* da década de 90, há clara e forte mitigação de solenidade, pela dispensa da segunda leitura, seguindo a tendência hoje consolidada em sede de Superior Tribunal de Justiça, pela prevalência do material sobre o formal.

Todas essas regras relativas ao analfabeto, ao inteiramente surdo e ao cego, ratificam a afirmação antes esposada de que o testamento é um negócio jurídico *sui generis* ou especial. Em complemento, reafirme-se que o que interessa essencialmente ao ato é o discernimento específico para o seu pleno aperfeiçoamento, o que deve ser analisado em conjunto com o recente Estatuto da Pessoa com Deficiência.

No Projeto de Reforma do Código Civil, como já adiantado, almeja-se uma funcionalização do instituto, reduzindo-se burocracias, incluindo-se as pessoas com deficiência e permitindo o uso de novas tecnologias, especialmente para esse fim.

Com esse propósito, o art. 1.864 da Lei Civil passará a prever, como requisitos do testamento público: *a)* ser escrito e, também, gravado em sistema digital de som e imagem por tabelião ou por seu substituto legal, de acordo com as declarações do testador, podendo este servir-se de minuta, notas ou apontamentos, ao tempo da manifestação da vontade; *b)* o testamento escrito, depois de lavrado o instrumento, deve ser lido em voz alta pelo tabelião ao testador ou pelo testador ao oficial. Em seguida à leitura, o instrumento será assinado pelo testador e pelo tabelião que deverá, obrigatoriamente, realizar a gravação do ato em sistema digital de som e imagem; e *c)* a gravação em sistema digital de som e imagem será exibida pelo tabelião ao testador que confirmará, por escrito, o teor das declarações. Pela mesma proposição, em seu § 1.º, a certidão do testamento público, enquanto vivo o testador, só poderá ser fornecida a requerimento deste ou por ordem judicial. Ademais, conforme o projetado § 2.º, caberá ao tabelião fornecer todos os recursos de acessibilidade e de tecnologia assistida disponíveis para que a pessoa com deficiência tenha garantido o direito de testar, o que visa a sua inclusão na linha do que está assegurado no Estatuto da Pessoa com Deficiência.

Como outra proposta de caráter social indiscutível, o novo art. 1.864-A do Código Civil passará a enunciar que os hospitais, as clínicas, os asilos, as casas de repouso ou os donos da residência em que esteja pessoa que não possa se movimentar, ambular ou deslocar-se não podem impedir o ingresso de oficiais que venham praticar atos notariais em suas dependências, cabendo ao tabelião, quando solicitado, identificar-se perante o estabelecimento, ou perante os donos da casa, declarando com precisão quem os contatou e solicitou sua presença. O estabelecimento fará constar por escrito, no prontuário do paciente, a ocorrência e dará ao oficial declaração, subscrita por médico, quanto à solicitação do tabelião e quanto a eventual causa de proibição de o paciente receber visitas. Eventualmente, se entender necessário, o tabelião solicitará a presença do médico que atende o declarante ou, na sua falta, trará médico de sua própria confiança para acompanhá-lo. Se a gravação para o testamento público, a juízo do tabelião, expuser o declarante à especial constrangimento, será feita apenas para captar sua voz. A gravação de som e imagem será realizada se o declarante, informado pelo tabelião, expressamente a consentir ou tratar-se de caso em que a gravação completa não possa ser dispensada.

O mesmo projetado art. 1864-A da codificação privada preverá que, ao lavrar o ato notarial solicitado, o tabelião declinará na escritura todos os dados que permitam identificar quem o contatou e solicitou os seus serviços, o momento, o lugar e a forma como a manifestação de vontade foi colhida e a impressão que lhe causou o paciente, bem como alguma observação que o médico assistente tenha feito, a respeito do estado de saúde mental e da lucidez do declarante, bem como as razões pelas quais a gravação de imagem foi ou não realizada.

Como último dos seis parágrafos propostos para o comando, se o tabelião notar alguma irregularidade que faça supor estar a pessoa idosa ou o paciente em condições de subjugação moral ou física, por parte de familiares, de cuidadores ou dos administradores do lugar onde se encontram internados, dará notícias desse fato às autoridades competentes. Espera-se a aprovação da nova norma, a respeito desse testamento que atenderá pessoas vulneráveis, especialmente as pessoas idosas, tendo sido formulada pela Professora Rosa Maria de Andrade Nery.

O *testamento em vídeo* também passará a ser opção para a pessoa analfabeta, passando o art. 1.865 da Lei Privada a prever que, se o testador não souber ler ou assinar, o testamento público será obrigatoriamente realizado mediante gravação em sistema digital de som e imagem e a assinatura será lançada na escritura pública pelo sistema digital.

No que diz respeito à pessoa com deficiência, é urgente adaptar a atualizar o Código Civil diante do Estatuto da Pessoa com Deficiência e da Convenção de Nova Iorque. Nesse contexto, o novo art. 1.866: "O testamento público da pessoa surda ou com deficiência auditiva, total ou parcial, será obrigatoriamente gravado em sistema digital de som e imagem. § 1º Se souber ler, lerá o seu testamento, diante do tabelião. Não sabendo ou não podendo se expressar, designará quem o leia em seu lugar, podendo indicar um intérprete da Língua Brasileira de Sinais (LIBRAS), para simultaneamente lhe dar conhecimento do conteúdo. § 2º O tabelião deverá, obrigatoriamente, realizar a gravação do ato em sistema digital de som e imagem". E, ainda, o projetado art. 1.867: "A pessoa com deficiência visual poderá testar por qualquer forma, com a gravação obrigatória do ato em sistema digital de som e imagem. Parágrafo único. Em se tratando de testamento público, o testador com deficiência visual pode solicitar cópia do seu testamento em formato acessível, incluindo Braille, áudio, fonte ampliada e arquivo digital acessível". Espera-se a sua imediata aprovação pelo Parlamento Brasileiro, tendo contribuído para as sugestões o Professor e Promotor de Justiça Fernando Gaburri, que participou da audiência pública de debates do Projeto na cidade de Salvador, em 2023.

De volta ao sistema vigente, partindo-se para as regras processuais a respeito da *abertura e cumprimento em juízo* do testamento público, é preciso atualizar a obra em face do Código de Processo Civil de 2015. Em verdade, o Estatuto Processual emergente insistiu na abertura e no cumprimento judiciais, perdendo a chance de dar um passo determinante para a *desjudicialização*, pois seria interessante que tivesse admitido que pelo menos a abertura fosse processada perante o Tabelionato de Notas.

Ocorrendo o falecimento do testador, enunciava o art. 1.128 do CPC/1973 que, quando o testamento fosse público, qualquer interessado, exibindo-lhe o traslado ou certidão, poderia requerer ao juiz que ordenasse o seu cumprimento. No CPC/2015, o seu correspondente é o art. 736, segundo o qual, "qualquer interessado, exibindo o traslado ou a certidão de testamento público, poderá requerer ao juiz que ordene o seu cumprimento, observando-se, no que couber, o disposto nos parágrafos do art. 735". A menção ao art. 735 diz respeito ao processamento conforme o testamento cerrado, o que já estava previsto no sistema anterior, e ainda será estudado neste livro. Aqui, não houve qualquer alteração de relevo.

Todavia, dispunha o art. 1.129 do CPC/1973 que o juiz, de ofício ou a requerimento de qualquer interessado, ordenaria ao detentor de testamento que o exibisse em juízo para os fins legais, se ele, após a morte do testador, não tivesse se antecipado em fazê-lo. Em complemento, não sendo cumprida a ordem, caberia uma ação de busca e apreensão do testamento público.

Esse último comando não tem correspondente na novel legislação instrumental e, em uma primeira análise, pode-se afirmar que tais medidas não são mais cabíveis, o que inclui a citada ação de busca e apreensão.

Entendeu-se que tais drásticos instrumentos não se coadunariam com o caráter particular ou privado do testamento, mesmo que pela forma pública. Ademais, como o testamento público tem, geralmente, uma via arquivada no Cartório, não se justificaria a citada demanda de busca e apreensão na grande maioria dos casos concretos.

No Projeto de Reforma do Código Civil, inclui-se a possibilidade de todos os testamentos serem abertos ou cumpridos extrajudicialmente, conforme o seu novo art. 1.990-A, o que passará a ser uma faculdade das partes, se assim o quiserem. Nos termos da proposição, se todos os herdeiros e legatários concordarem, a abertura do testamento cerrado ou a apresentação dos testamentos público e particular, bem como o seu registro e cumprimento, a nomeação de testamenteiro e a prestação de contas poderão ser feitos por escritura pública, cuja eficácia dependerá de anuência do Ministério Público.

A proposta traz três parágrafos a respeito dos procedimentos extrajudiciais para tanto, que poderão ser eletrônicos ou digitais, o que vem em boa hora, concretizando os motes da *extrajudicialização* e da *digitalização*, que orientaram os trabalhos da Comissão de Juristas. Nesse contexto, a abertura do testamento cerrado ou a apresentação do testamento público deverá ocorrer perante o tabelião de notas, na forma física ou virtual, que lavrará escritura pública específica, atestando os fatos e indicando se há, ou não, vício externo que torne o testamento eivado de nulidade ou suspeito de falsidade; havendo qualquer vício, o tabelião não lavrará a escritura pública. Não havendo vício, o tabelião de notas submeterá a cédula à anuência do Ministério Público; e, com a discordância do último, o tabelião não lavrará a escritura. A aprovação das propostas representa um pleito antigo, sobretudo da doutrina especializada do Direito das Sucessões Brasileiro.

A finalizar o estudo dessa modalidade de testamento, é interessante trazer ao debate o problema relativo à sua *publicidade*, eis que a modalidade é tida como *pública*, como a sua própria nomenclatura indica.

A respeito desse problema, há uma primeira corrente que sustenta que o conteúdo do testamento público não deve ser colocado à disposição de toda a coletividade, para a consulta de seu conteúdo, uma vez que o ato somente produz efeitos após a morte do testador.

Essa posição era sustentada por José Fernando Simão em edições anteriores deste livro, sendo suas as seguintes palavras:

> "É necessário frisar que, apesar de ser elaborado pela forma pública, o testamento não deveria ser deixado à disposição de todos para consulta, pois só produzirá efeitos após a morte do testador. O conceito de publicidade não significa amplo acesso a toda e qualquer pessoa, incluindo-se aí eventuais curiosos. Melhor seria entender que o acesso não é realmente livre, pois qualquer pessoa poderia, conhecendo o conteúdo do testamento, pressionar o testador para alterá-lo. De qualquer forma, não há nada na atual legislação que impeça o acesso ao instrumento por esses curiosos" (TARTUCE, Flávio; SIMÃO, José Fernando. *Direito...*, 2013, v. 6, p. 300).

Na mesma esteira, acrescentem-se as lições de Zeno Veloso, notário de grande experiência no assunto no Brasil: "deve-se evitar que terceiros tenham acesso livre ao testamento, que se trata de um ato que, embora válido desde a data de sua confecção, só terá eficácia após a morte do testador. Não é razoável, pois, só porque é chamado de 'público', que fique aberto, exposto, permitindo-se que qualquer pessoa tenha prévio conhecimento" (*Código...*, 2008, p. 2.054).

Seguindo novamente proposta do último jurista, o antigo Projeto de Lei Ricardo Fiuza pretendia incluir um § 2.º no art. 1.864 do Código Civil, com a seguinte redação: "a certidão do testamento público, enquanto vivo o testador, só poderá ser fornecida a requerimento deste ou por ordem judicial". Com isso, a publicidade do testamento público somente seria alcançada por ato de vontade do seu autor ou por determinação judicial. As justificativas da proposição merecem destaque pela análise de Direito Comparado e pela citação doutrinária que traz:

> "A proposta, seguindo sugestão que já constava do 'Anteprojeto Orlando Gomes', pretende acrescentar o parágrafo segundo ao art. 1.864, para evitar que terceiros tenham acesso a um ato que, embora válido desde a data de sua confecção, só terá eficácia após morte do testador. Não deve, pois, só porque chamado de 'público', ficar aberto, permitindo-se o seu acesso a qualquer pessoa. Nesse sentido, é a melhor doutrina, como resume o mestre José de Oliveira Ascensão: 'Note-se que a qualificação como público de um testamento não significa que ele esteja aberto desde logo ao conhecimento de todos: a publicidade, aqui, refere-se antes à oficialidade na sua autoria material. Enquanto o testador vive, o testamento é mantido secreto e só após a morte dele se poderá dar conhecimento a outras pessoas' (in Direito Civil – Sucessões, Coimbra Editora, 2000, n. 33, p. 63). Além das disposições patrimoniais, o testamento pode conter outras disposições de caráter pessoal – uma confissão, o reconhecimento de um filho havido fora do casamento, uma deserdação – e é de extrema inconveniência que essas disposições sejam conhecidas de terceiros. Na Espanha (Código Notarial, art. 226) e em Portugal (Código do Notariado, art. 176.2) proíbe-se que seja fornecida certidão do testamento público antes do óbito do testado. Devemos seguir esse modelo. Enquanto vivo, somente o testador, a princípio, tem legítimo interesse para requerer a certidão de seu testamento".

No entanto, há quem analise a questão de outra forma. Para Paulo Dorón Rehder de Araújo, "a característica principal, portanto, desta espécie de testamento é justamente seu caráter público. É a participação, no ato de declaração da última vontade do testador, do tabelião e de duas testemunhas e é a lavratura do ato em livro de acesso franqueado ao público mediante requerimento de certidão. O problema é que, embora o testamento seja público, ele ainda não produz os efeitos queridos pelo testador e isso dá margem à confusão, pois, no nosso entender, leva à equivocada conclusão de que, somente por não ser eficaz, o testamento é também protegido por certo sigilo, por uma aura de segredo, como se fosse parte da própria personalidade do testador" (*Testamento...*, In: HIRONAKA, Giselda Maria Fernandes Novaes; TARTUCE, Flávio; SIMÃO, José Fernando (Coord.). *Direito...*, 2009, p. 543). E arremata, criticando o Projeto de Lei do Deputado Ricardo Fiuza:

> "Porém, ousamos aqui discordar daqueles que elogiam tais iniciativas. Conforme aqui já restou claro, entendemos que a publicidade é inerente ao testamento público, seja por conta de seu nome, seja porque sua forma e validade assim exigem, seja para evitar ofensas a direito alheio, seja porque o Código Civil concebeu uma estrutura tripartite de formas testamentárias ordinárias, em que os valores publicidade e segurança variam conforme a modalidade escolhida.
>
> Daí por que, afirmarmos, para terminar, que o testamento público deve ter seu conteúdo franqueado a quem assim o requerer e qualquer norma administrativa que se oriente em posição oposta é ilegal. Da mesma forma, nos posicionamos contrários a alterações legislativas que pretendam modificar essa realidade, embora democraticamente as respeitemos, colocando-nos sempre abertos ao debate" (ARAÚJO, Paulo Dorón Rehder. *Testamento...*, In: HIRONAKA, Giselda Maria Fernandes Novaes; TARTUCE, Flávio; SIMÃO, José Fernando (Coord.). *Direito...*, 2009, p. 543).

O último autor também condenava os preceitos então constantes de Provimento das Normas de Serviço da Corregedoria-Geral de Justiça do Tribunal Paulista, que trata da atuação dos cartórios extrajudiciais na região demográfica em que esta obra foi escrita. Criticava, originalmente, do Provimento 58/1989, que já passou por diversas alterações. Fazia-se a crítica pelo fato de que, quando da elaboração do último texto doutrinário citado, a norma paulista estabelecia que o acesso ao conteúdo dos testamentos públicos somente seria possível mediante requisição judicial ou a pedido do interessado, munido de comprovação documental do óbito do testador.

De acordo com o preceito agora em vigor, devidamente atualizado pelo Provimento 7/2013, os Tabeliães de Notas e os Registradores Civis com atribuição notarial para lavratura de testamentos remeterão, quinzenalmente, ao Colégio Notarial do Brasil – Conselho Federal (CNB-CF), por meio da Central Notarial de Serviços Eletrônicos Compartilhados (CENESC), relação dos nomes constantes dos testamentos lavrados em seus livros e respectivas revogações, bem como dos instrumentos de aprovação de testamentos cerrados, ou informação negativa da prática de qualquer um desses atos. Esses dados enviados compõem o "Registro Central de Testamentos *On-line*". Cabe anotar que esse registro central foi criado originalmente no ano de 2002, pelo próprio Colégio Notarial do Brasil.

Em complemento, ainda de acordo com a norma administrativa vigente, a informação sobre a existência ou não de testamento somente será fornecida pelo CNB-CF nos seguintes casos: *a)* mediante requisição judicial ou do Ministério Público, gratuitamente; *b)* de pessoa viva, a pedido do próprio testador, mediante apresentação da cópia do documento de identidade; *c)* de pessoa falecida, a pedido de interessado, mediante apresentação da certidão de óbito expedida pelo Registro Civil de Pessoas Naturais. Como se nota, abre-se a possibilidade de o Ministério Público ter acesso ao conteúdo do testamento, o que é um abrandamento do rígido sistema anterior.

Nesse debate, opino que o acesso livre, sem qualquer restrição, ao conteúdo dos testamentos públicos não pode ser admitido. Acrescente-se aos argumentos anteriores que, em tempos de intensa violência urbana, alguns meliantes poderiam ter interesses escusos em obter tal acesso. Sem falar na tutela da privacidade e o direito ao segredo, protegidos como direitos da personalidade e fundamentais, tanto no Código Civil (art. 21) quanto na CF/1988 (art. 5.º, incisos V e X).

Todavia, seria interessante ampliar os casos de acesso ao conteúdo testamentário, atribuindo quiçá ao notário ou tabelião local o poder de analisar se aquele que pretende ter o acesso o faz com motivos justos e cabíveis, de acordo com as circunstâncias do caso concreto. Eis mais uma tentativa de *desjudicialização* de contendas, uma das tendências do Direito Contemporâneo.

Como palavras derradeiras do presente tópico, destaco que no atual Projeto de Reforma do Código Civil, elaborado pela Comissão de Juristas, como visto, adota-se essa solução, prevendo o novo § 1.º do seu art. 1.874 que "a certidão do testamento público, enquanto vivo o testador, só poderá ser fornecida a requerimento deste ou por ordem judicial". Espera-se, assim, que o texto sugerido seja aprovado, resolvendo-se mais um debate doutrinário travado nos mais de vinte anos de vigência da Lei Geral Privada de 2002.

3.4.2.2 Do testamento cerrado

O testamento cerrado tem origem no Direito Romano, na figura do *testamentum per aes libram*, em que "o testador se reunia na presença das cinco classes censitárias que foram instituídas por Sérvio Túlio, e estas cinco classes representavam o papel de cinco testemunhas dos testamentos modernos" (FERREIRA, Pinto. *Tratado*..., 1990, p. 241).

Havia um ato solene com a presença das figuras do bronze (*aes*) e da balança (*libra*), inicialmente feito oralmente. No entanto, com o decorrer dos tempos, passou-se a admitir que o negócio fosse realizado por escrito, em tabuinhas de cera, presas e fechadas por cordões. As testemunhas passaram a inserir na sua parte externa, através de um sinete, o seu brasão d'armas, ou seja, seu símbolo designativo (FERREIRA, Pinto. *Tratado*..., 1990, p. 241). No Brasil, a figura era tratada pelas Ordenações do Reino, tendo sido transposta para as duas codificações privadas, tanto para a presente quanto para a anterior.

Como leciona Orosimbo Nonato, "o testamento cerrado, secreto ou místico é uma carta sigilada", em que não se sabe o conteúdo (*Estudos*..., 1957, v. I, p. 279). Isso justifica as denominações *místico e secreto*, pois o seu teor permanece em segredo até a morte do testador. Trata-se de instituto sem grande aplicação no presente, tendo pouca operabilidade na prática sucessionista brasileira.

Na elaboração do Projeto de Reforma do Código Civil, pela Comissão de Juristas nomeada no Senado Federal, chegou-se a cogitar a sua retirada da Lei Privada, prevalecendo a tese pela sua manutenção, mas com ajustes necessários para a mitigação de solenidades, para a extrajudicialização e a digitalização, que serão ainda analisadas no presente tópico.

O fato de não saber, como regra, o conteúdo gera vantagens e desvantagens. Como principal desvantagem, se a integralidade do documento for atingida de alguma forma, o testamento pode não gerar efeitos, por revogação tácita, como se verá. Cite-se, inicialmente, a possibilidade de deterioração do documento pela umidade, pelo calor excessivo ou por mudanças abruptas de temperatura. Ou, ainda, a viabilidade de alguém, que não conhece a sua finalidade, jogar no lixo o documento testamentário ou abri-lo. Nota-se, assim, que a cédula testamentária deve ser cuidada e vigiada por aquele que pretende dar aplicabilidade ao seu objeto no futuro.

Por outra via, a vantagem do desconhecimento de seu conteúdo é de trazer ao testador maior segurança nos seus relacionamentos sociais, afastando pessoas interessadas apenas em seu patrimônio, pois ninguém saberá qual foi a sua disposição de última vontade. Em complemento, na linha dos ensinamentos de Sílvio de Salvo Venosa, o testamento cerrado evita "polêmicas desnecessárias e problemas familiares entre os beneficiados e os preteridos. Dessa forma, mantém-se sua utilidade e permanece neste Código" (*Código*..., 2010, p. 1.700).

De qualquer maneira, como expõe Giselda Maria Fernandes Novaes Hironaka, não é o sigilo do conteúdo do ato testamentário um requisito essencial para o testamento cerrado, mas "revela-se uma faculdade do testador, e a seu favor opera. É verdade que na maior parte das vezes o testador prefere manter em sigilo as suas últimas declarações de vontade, razão pela qual nomeia esta modalidade testamentária como a que melhor lhe convém. Assim, poderá o testador dar conhecimento dele, se deste modo preferir, não só às testemunhas, mas ao notário, ou a qualquer outra pessoa" (*Direito*..., 2012, p. 279). Na prática, contudo, não se saberá se aquilo que o testador diz oral e socialmente é mesmo a *verdade testamentária*.

Partindo para os seus requisitos essenciais, sob pena de sua nulidade absoluta, o testamento cerrado escrito pelo testador, ou por outra pessoa, a seu rogo (a pedido), e por aquele assinado, será válido se aprovado pelo tabelião ou seu substituto legal (art. 1.868 do CC/2002). Nos termos do mesmo comando, devem ser observadas as seguintes formalidades:

a) Que o testador o entregue ao tabelião em presença de duas testemunhas. Mais uma vez, diante do princípio da operabilidade e em boa hora, houve a redução do número de testemunhas, que era de cinco no art. 1.638 do Código Civil de 1916.
b) Que o testador declare que aquele é o seu testamento e quer que seja aprovado.
c) Que o tabelião lavre, desde logo, o auto de aprovação, na presença de duas testemunhas, e o leia, em seguida, ao testador e testemunhas.
d) Que o auto de aprovação seja assinado pelo tabelião, pelas testemunhas e pelo testador.

Ato contínuo, prescreve o parágrafo único do art. 1.868 do CC/2002 que o testamento cerrado pode ser escrito mecanicamente (*v.g.*, digitado em computador ou datilografado em máquina de escrever), desde que seu subscritor numere e autentique, com a sua assinatura, todas as páginas do documento.

O Tabelião deve começar o auto de aprovação imediatamente depois da última palavra do testador, declarando, sob sua fé, que o testador lhe entregou para ser aprovado na presença das testemunhas. Depois disso, o Tabelião passa a cerrar e a coser o instrumento aprovado, com *cinco pontos de retrós*, como vem do costume antigo, sendo o testamento lacrado nos pontos de costura (art. 1.869, *caput*, do CC). Em relação ao lacre, "seguindo um velho costume, os tabeliães colocam pingos de lacre sobre os nós da linha que utilizaram para coser o testamento. É mera praxe notarial, não havendo exigência legal para tal providência" (RODRIGUES, Silvio. *Direito*..., 2007, v. 7, p. 162-163).

Se não houver espaço na última folha do testamento, para início da aprovação, o Tabelião colocará nele o seu sinal público, mencionando a circunstância no auto (art. 1.869, parágrafo único, do CC).

Mais uma vez, insta saber se esses requisitos solenes devem ser rigorosamente obedecidos para que o ato seja plenamente válido e eficaz, ou seja, para que não seja maculado pela nulidade absoluta.

De início, existem julgamentos que respondem positivamente à indagação, como o seguinte, relativo a fatos praticados na vigência da legislação anterior:

> "A teor do art. 1.638 e seguintes do Código Civil de 1916, em se tratando de testamento cerrado, a cédula testamentária é feita e assinada pelo testador, ou a rogo, entregue ao tabelião e completada por auto de aprovação lavrado pelo oficial, tudo na presença de cinco testemunhas idôneas. Aprovado e cerrado, o testamento é devolvido ao testador e registrado em livro próprio. Os requisitos legais visam, primordialmente, garantir a autenticidade da

declaração de última vontade, haja vista que o testador não poderá mais fazê-lo quando o testamento passar a produzir efeitos, devendo ser relevados eventuais vícios formais a fim de atender à finalidade do ato. No caso, contudo, os vícios são relevantes e não podem ser desconsiderados, pois as testemunhas não estavam presentes quando dos atos de aprovação do testamento, há dúvidas de se tratar do mesmo documento apresentado à tabeliã e inexiste registro nos livros do Cartório onde teria sido lavrado o auto. A inobservância de quase todos os requisitos legais quando da feitura da auto de aprovação do testamento cerrado é capaz de invalidar o ato jurídico" (TJMG, Apelação Cível 1.0210.09.061083-8/001, Rel. Des. Bitencourt Marcondes, j. 07.02.2013, *DJEMG* 19.02.2013).

Na verdade, a ementa transcrita considerou como nulo o testamento pelo fato de terem sido inobservadas quase todas as solenidades prescritas em lei, o que realmente deve ser o caminho do julgador em casos tais. A mitigação das formalidades não pode importar em seu total desaparecimento, o que representaria uma negação absoluta da natureza do instituto.

Todavia, consigne-se que, assim como ocorre com o testamento público, a jurisprudência superior brasileira tem mitigado as exigências formais para o testamento cerrado. Nessa linha:

> "Testamento cerrado. Auto de aprovação. Falta de assinatura do testador. Inexistindo qualquer impugnação à manifestação da vontade, com a efetiva entrega do documento ao oficial, tudo confirmado na presença das testemunhas numerárias, a falta de assinatura do testador no auto de aprovação é irregularidade insuficiente para, na espécie, causar a invalidade do ato. Art. 1.638 do Código Civil. Recurso não conhecido" (STJ, REsp 223.799/SP, 4.ª Turma, Rel. Min. Ruy Rosado de Aguiar, j. 18.11.1999, *DJ* 17.12.1999, p. 379).

Em sentido muito próximo, também a merecer destaque o seguinte trecho de outro aresto: "em matéria testamentária, a interpretação deve ter por fim o intuito de fazer prevalecer a vontade do testador, a qual deverá orientar, inclusive, o magistrado quanto à aplicação do sistema de nulidades, que apenas não poderá ser mitigado diante da existência de fato concreto, passível de colocar em dúvida a própria faculdade que tem o testador de livremente dispor de seus bens, o que não se faz presente nos autos" (STJ, AgRg no Ag 570.748/SC, 3.ª Turma, Rel. Min. Castro Filho, j. 10.04.2007, *DJ* 04.06.2007, p. 340).

Ademais, igualmente no que concerne aos aspectos formais e solenes do *negócio testamentário místico*, concluiu mais recentemente a jurisprudência do mesmo Superior Tribunal de Justiça que é válido o testamento cerrado elaborado por testadora com grave deficiência visual. A conclusão foi no sentido de que deve prevalecer respeito à vontade real do testador. Vejamos a ementa da decisão que, mais uma vez, faz preponderar *o material sobre o formal,* tendência do Direito Contemporâneo:

> "Ação de anulação de testamento cerrado. Inobservância de formalidades legais. Incapacidade da autora. Quebra do sigilo. Captação da vontade. Presença simultânea das testemunhas. Reexame de prova. Súmula 7/STJ. 1. Em matéria testamentária, a interpretação deve ser voltada no sentido da prevalência da manifestação de vontade do testador, orientando, inclusive, o magistrado quanto à aplicação do sistema de nulidades, que apenas não poderá

ser mitigado, diante da existência de fato concreto, passível de colocar em dúvida a própria faculdade que tem o testador de livremente dispor acerca de seus bens, o que não se faz presente nos autos. 2. O acórdão recorrido, forte na análise do acervo fático-probatório dos autos, afastou as alegações da incapacidade física e mental da testadora; de captação de sua vontade; de quebra do sigilo do testamento, e da não simultaneidade das testemunhas ao ato de assinatura do termo de encerramento. 3. A questão da nulidade do testamento pela não observância dos requisitos legais à sua validade, no caso, não prescinde do reexame do acervo fático-probatório carreado ao processo, o que é vedado em âmbito de especial, em consonância com o enunciado 7 da Súmula desta Corte. 4. Recurso especial a que se nega provimento" (STJ, REsp 1.001.674/SC, 3.ª Turma, Rel. Min. Paulo de Tarso Sanseverino, j. 05.10.2010, *DJe* 15.10.2010).

Exposta mais uma vez essa importante controvérsia sobre as solenidades, e repetindo-se que essa mitigação não pode gerar a negação absoluta de todas elas, se o tabelião tiver escrito o testamento a pedido do testador, poderá, não obstante, aprová-lo (art. 1.870 do CC). Como leciona Zeno Veloso, "se foi o tabelião, a rogo do testador, que escreveu a cédula testamentária (art. 1.868, *caput*), funciona, nesta primeira parte do testamento, como pessoa particular. Depois, quando o mesmo tabelião lavra o auto de aprovação, já procede com outra qualidade: a de delegado do Poder Público" (*Código...*, 2012, p. 2.105). Como se constata, não há qualquer problema formal no fato de o tabelião escrever o ato e o aprovar, entendendo o legislador pela inexistência de qualquer vício em casos tais.

O testamento cerrado pode ser escrito em língua nacional ou estrangeira, pelo próprio testador, ou por outrem, a seu pedido (art. 1.871 do CC). Como bem sinaliza a doutrina, não há qualquer exigência de que as testemunhas conheçam o idioma, "uma vez que não será lido, logo àquelas testemunhas apenas atestarão a entrega da cédula testamentária ao oficial pelo testador. O mesmo se diga em relação ao oficial, pois tão somente deverá aprovar o testamento, não tomando conhecimento do seu conteúdo" (DINIZ, Maria Helena. *Código...* 2010, p. 1.321). E, de fato, não poderia ser diferente, uma vez que a testemunha testamentária tem a finalidade de comprovar o ato místico em si, e não o seu conteúdo que, como visto, não é revelado, *a priori*.

Por razões óbvias, não pode dispor de seus bens em testamento cerrado quem não saiba ou não possa ler, caso do analfabeto e do cego (art. 1.872 do CC). Como leciona Giselda Maria Fernandes Novaes Hironaka, "quanto ao testador, é condição inafastável que saiba ler e assinar, para que possa se utilizar desta espécie de testamento. Por essa razão, estão excluídos da qualidade de testadores, por meio desta modalidade, o cego e a pessoa inteiramente analfabeta. Podem, no entanto, testar por esta via aquelas pessoas que, em decorrência da idade avançada ou outra causa, possam ler, ainda que com dificuldade e vagar" (HIRONAKA, Giselda Maria Fernandes Novaes. *Direito...* 2012, p. 281). Aqui não houve qualquer alteração feita pelo Estatuto da Pessoa com Deficiência e, sendo assim, tanto a regra específica como as lições doutrinárias ainda persistem no sistema. Da prática jurisprudencial, é interessante o acórdão que concluiu:

"O testador que não saber ler e escrever não poderá dispor de seus bens ou fazer declarações de última vontade por meio de testamento cerrado, nos termos do que prescreve o artigo 1.641, do Código Civil de 1916. Para a validade do negócio jurídico é necessário que o agente seja capaz, o objeto lícito e a forma prescrita ou não defesa em Lei, sendo que a ausência de quaisquer desses requisitos leva à nulidade do negócio jurídico celebrado. A arguição de nulidade de ato jurídico, dotado de fé pública, só pode ser combatida com a demonstração cabal e concludente de que a sua prática se deu por vício de consentimento" (TJGO, Apelação Cível 264960-48.2007.8.09.0118, Panamá, Rel. Des. Francisco Vildon José Valente, *DJGO* 11.05.2011, p. 277).

Reafirme-se que essa forma de ver o Direito ainda subsiste, mesmo na vigência do Estatuto da Pessoa com Deficiência.

Entretanto, como outra regra específica, pode fazer testamento cerrado o surdo-mudo, contanto que o escreva todo, e o assine de sua mão, e que, ao entregá-lo ao oficial público, ante duas testemunhas, escreva, na face externa do papel ou do envoltório, que aquele é o seu testamento, cuja aprovação lhe pede (art. 1.873 do CC). Como se percebe, se o surdo-mudo não souber ler e escrever, não é o caso de se aplicar o permissivo legal, afirmação a ser mantida na vigência da Lei 13.146/2015.

Expostas essas condições especiais do testador, depois de aprovado e cerrado, será o testamento entregue ao testador, e o tabelião lançará, no seu livro, nota do lugar, dia, mês e ano em que o testamento foi aprovado e entregue (art. 1.874 do CC).

Ocorrendo o falecimento do testador ou autor da herança, o testamento cerrado será apresentado ao juiz, que o abrirá e o fará registrar, ordenando que seja cumprido, se não achar vício externo que o torne eivado de nulidade ou suspeito de falsidade (art. 1.875 do CC).

No Projeto de Reforma do Código Civil, como antes pontuado, há propostas que almejam a redução de burocracias, a extrajudicialização, a digitalização e a inclusão das pessoas para as disposições de última vontade, o que é necessário, pelas mudanças recentes pelas quais passou a sociedade brasileira

Nesse contexto, o *caput* e o inciso I do seu art. 1.868 passarão a prever que "o testamento escrito ou gravado em sistema digital de som e imagem pelo testador, será válido se aprovado pelo tabelião ou seu substituto legal, observadas as seguintes formalidades: I – que o testador entregue a declaração escrita em documento físico ou o arquivo digital de som e imagem ao tabelião diante de pelo menos duas testemunhas". São mantidos na sequência os incisos II e III do preceito, passando o seu inciso IV a prever que o auto de aprovação seja assinado pelo tabelião, pela testemunha e pelo testador ou por outra pessoa, a seu rogo ou pedido, sendo esta última proposta incorporadora do atual art. 1.870, que será revogado expressamente. E, conforme o reformado parágrafo único que é proposto para a norma, quando digitado o testamento cerrado, o subscritor deve numerar e autenticar, com a sua assinatura, todas as páginas; quando gravado em sistema digital de som e imagem, deve o testador verbalizar, com a própria voz, antes de encerrar a gravação, ser aquele o seu testamento.

O art. 1.869 do Código Civil, como não poderia ser diferente, passará a mencionar que o tabelião deve começar o auto de aprovação declarando, sob sua fé, que o testador lhe entregou a declaração escrita em documento físico ou o arquivo digital de som e imagem para ser aprovado diante das testemunhas; passando a lacrar o invólucro em que inserido o arquivo digital. E também passará a ser permitido ao testador, pelo seu parágrafo único, o mesmo invólucro em que colocado o instrumento ou o arquivo digital do testamento, outros dispositivos eletrônicos que tenham sido dispostos em favor de herdeiros ou legatários, cabendo ao tabelião mencioná-los no auto de aprovação. Como se pode notar, portanto, existem amplas propostas de digitalização do testamento.

No mesmo sentido a proposta para o art. 1.871, que procura a inclusão da pessoa com deficiência para o testamento cerrado: "o testamento pode ser manuscrito, gravado ou digitado em língua nacional ou estrangeira, em Braille ou arquivo digital acessível, pelo próprio testador, ou por outrem, a seu rogo".

Quanto à pessoa analfabeta, a nova redação do art. 1.872: quem não saiba ou não possa ler e escrever, só pode dispor de seus bens em testamento cerrado gravado em arquivo digital de áudio visual. Por fim, com as mesmas premissas, o novel art. 1.873: "as pessoas com deficiência visual ou auditiva podem fazer testamento cerrado por escrito ou por gravação em sistema digital de som e imagem, sendo-lhes facultada a utilização de Língua Brasileira de Sinais (LIBRAS), braile ou qualquer tecnologia assistiva de sua escolha".

Assim como as propostas feitas para o testamento público, as proposições estão mais do que justificadas, sendo urgente a sua aprovação pelo Parlamento Brasileiro.

De volta ao sistema vigente, a respeito da abertura e cumprimento judiciais do testamento cerrado, vejamos, mais uma vez, um estudo confrontado entre o CPC/2015 e o CPC/1973. Repise-se que tais procedimentos também se aplicam para o testamento público e que o Estatuto Processual emergente perdeu a oportunidade de trazer um procedimento *desjudicializado* para tanto, sendo certo que o Projeto de Reforma do Código Civil pretende resolver esse problema, com a proposta de um novo art. 1.990-A aqui analisado.

De início, preceituava o art. 1.125 do CPC/1973 que, ao receber o testamento cerrado, o juiz, após verificar se estaria intacto, o abriria e mandaria que o escrivão o lesse em presença de quem o entregou. Lavrar-se-ia, em seguida, o ato de abertura que, rubricado pelo juiz e assinado pelo apresentante, mencionaria: *a)* a data e o lugar em que o testamento foi aberto; *b)* o nome do apresentante e como houve ele o testamento; *c)* a data e o lugar do falecimento do testador; *d)* qualquer circunstância digna de nota, encontrada no invólucro ou no interior do testamento.

No CPC/2015, art. 735, algumas modificações merecem ser destacadas. Na dicção do seu *caput*, recebendo o testamento cerrado, o juiz, se não achar vício externo que o torne suspeito de nulidade ou falsidade, o abrirá e mandará que o escrivão o leia em presença do apresentante. Como se nota, não há menção apenas à sua integralidade, conforme a lei anterior, mas a qualquer vício externo que pode causar a sua nulidade ou a falsidade do ato.

Do termo de abertura constarão o nome do apresentante e como ele obteve o testamento, a data e o lugar do falecimento do testador, com as respectivas provas, e qualquer circunstância digna de nota. Esse é o § 1.º do art. 735 do CPC/2015, que praticamente repetiu o parágrafo único do art. 1.125 do CPC/1973. Pontue-se, todavia, que o sistema passa a exigir provas desses requisitos. Ademais, as *circunstâncias dignas de nota* não são apenas as que estão no invólucro ou no interior do testamento. Assim, por exemplo, o juiz pode fazer constar do termo de abertura eventual motivo de ineficácia ou invalidade do ato testamentário.

Depois de ouvido o Ministério Público, não havendo dúvidas a serem esclarecidas, o juiz mandará registrar, arquivar e cumprir o testamento (art. 735, § 2.º, do CPC/2015). A oitiva do Ministério Público já constava do art. 1.126 do CPC/1973, especialmente para os casos de sua nulidade ou falsidade. Fica em xeque a necessidade dessa oitiva, pelo fato de o testamento, inclusive o cerrado, envolver interesse particular ou privado, como há pouco se expôs.

Consigne-se que esse mesmo art. 1.126 do CPC/1973 prescrevia, em seu parágrafo único, que o testamento seria registrado e arquivado no Cartório a que tocasse, dele remetendo o escrivão uma cópia, no prazo de oito dias, à repartição fiscal. Essa norma não tem correspondente na novel legislação processual e, sendo assim, parece que tal procedimento não é mais cabível.

Voltando à nova legislação processual, feito o registro, será intimado o testamenteiro para assinar o termo da testamentária (art. 735, § 3.º, do CPC/2015). Eventualmente, se não houver testamenteiro nomeado ou se ele estiver ausente ou não aceitar o encargo, o juiz nomeará testamenteiro dativo, observando-se a preferência legal (art. 735, § 3.º, do CPC/2015). Com pequenas alterações de redação, tais regras já eram retiradas do *caput* do art. 1.127 do CPC/1973.

Como notas procedimentais finais, constata-se que também não foi reproduzido o parágrafo único do art. 1.127 do CPC/1973, *in verbis*: "assinado o termo de aceitação da testamentaria, o escrivão extrairá cópia autêntica do testamento para ser juntada aos autos de inventário ou de arrecadação da herança". Essa omissão demonstra que tal procedimento também passa a ser dispensado.

Por outro turno, incluiu-se um § 5.º no art. 735 do CPC/2015, prevendo que o testamenteiro deverá cumprir as disposições testamentárias e prestar contas em juízo do que recebeu e despendeu, observando-se o disposto em lei. Fica em dúvida a necessidade dessa última regra, naturalmente retirada do encargo da testamentaria, especialmente do art. 1.980 do Código Civil, com a seguinte redação: "o testamenteiro é obrigado a cumprir as disposições testamentárias, no prazo marcado pelo testador, e a dar contas do que recebeu e despendeu, subsistindo sua responsabilidade enquanto durar a execução do testamento".

Analisados tais procedimentos e para encerrar o tópico, adiante-se, pois essencial ao tema, que o testamento cerrado que o testador abrir ou dilacerar, ou for aberto ou dilacerado com seu consentimento, haver-se-á como *revogado tacitamente* (art. 1.972 do CC). Confirma-se, aqui, a antes exposta desvantagem do ato testamentário em questão, pois há um grande risco de que a abertura seja acidental ou o dilaceramento ou a deterioração do conteúdo decorram de um fato natural.

3.4.2.3 Do testamento particular

Eis a forma mais acessível de testamento, pois é a que apresenta a menor quantidade de formalidades, não sendo essencial a presença do notário ou tabelião para que seja elaborado. É chamado de *testamento hológrafo*, eis que escrito pelo próprio testador. Carlos Maximiliano apresenta outras denominações: "chama-se hológrafo, particular, aberto, privado ou do próprio punho (*eigenhändiges*, dos alemães, suíços e austríacos) ao testamento escrito e assinado pelo testador" (*Direito*..., 1952, v. I, p. 531).

O clássico jurista demonstra que a figura surgiu no ano 446, pois o imperador romano Valentiniano III admitiu, por ato de gentileza para com duas damas virtuosas, "o testamento só escrito e assinado pelo disponente, sem o concurso de testemunha nem de oficial público" (MAXIMILIANO, Carlos. *Direito*..., 1952, v. I, p. 531). De qualquer modo, alerte-se que, no caso brasileiro, a dispensa das formalidades não tem a mesma amplitude de liberdade, como se verá logo a seguir.

Apesar de ser a categoria mais fácil e acessível para ser concretizada na prática, a modalidade particular não tem a mesma certeza e segurança do testamento público, sendo essa sua principal desvantagem. Ademais, existem algumas formalidades que devem ser preenchidas, o que demonstra que o negócio *mortis causa* em questão não é tão acessível assim, pois certa burocracia faz-se presente, havendo propostas de sua redução e da necessária digitalização do testamento particular pelo Projeto de Reforma do Código Civil, como se verá a seguir.

Nesse contexto, de acordo com o art. 1.876, *caput*, do Código Civil brasileiro de 2002, o testamento particular pode ser escrito de próprio punho ou mediante processo mecânico (*v.g.*, máquina de escrever ou por computador). Como bem aponta Giselda Maria Fernandes Novaes Hironaka, a atual codificação privada encerrou polêmica anterior a respeito da possibilidade do processo mecânico. Cita que eram contrários a tal possibilidade Itabaiana de Oliveira, Pontes de Miranda, Carvalho Santos, Carlos Maximiliano, Ferreira Alves, Caio Mário da Silva Pereira e Orlando Gomes. Por outra via, favoráveis ao que confirmado pela lei brasileira vigente estavam Cândido de Oliveira Filho, Zeno Veloso, Maria Helena Diniz, Silvio Rodrigues e Ney de Mello Almada, além da própria doutrinadora (HIRONAKA, Giselda Maria Fernandes Novaes. *Direito*..., 2012, p. 284). Possivelmente, se os juristas da primeira corrente tivessem vivido a realidade cibernética atual, teriam outra opinião.

Se escrito de próprio punho, são requisitos essenciais à sua validade, sob pena de nulidade absoluta, que seja lido e assinado por quem o escreveu, na presença de *pelo menos três testemunhas*, que o devem subscrever, confirmando o ato (§ 1.º do art. 1.876). Se elaborado por processo mecânico, não pode conter rasuras ou espaços em branco, devendo ser assinado pelo testador, depois de tê-lo lido na presença de *pelo menos três testemunhas*, que o subscreverão (§ 2.º do art. 1.876). Mais uma vez, em prol da *operabilidade*, no sentido de facilitação dos institutos civis, houve a redução do número de testemunhas, que era de cinco no art. 1.645 do Código Civil de 1916.

Sobre o § 1.º do art. 1.876 da codificação privada, julgados estaduais mantiveram a regra da confirmação mesmo com a pandemia de Covid-19, podendo ser colacionados os seguintes, apenas a título de ilustração:

> "Apelação cível. Direito de sucessões. Testamento particular. Ação de confirmação e cumprimento. Art. 1.876, § 1.º, do Código Civil. Formalidades legais. Ausência de testemunhas. Situação excepcional. Art. 1.879, Código Civil. Não configuração. Nulidade confirmada. O

art. 1.876, § 1.º, do Código Civil prevê os requisitos essenciais para a validade do testamento particular. Embora se reconheçam as dificuldades trazidas pela pandemia da Covid-19, com o fechamento de cartórios de registro público, como também diante da internação da autora por outra doença grave, não há como confirmar-se o testamento particular, que não observou os requisitos legais de art. 1.879, § 1.º, do Código Civil, na falta de declaração, no próprio instrumento, da excepcionalidade que justificasse a dispensa das testemunhas testamentárias e a condição mental da testadora, especialmente sem qualquer prova de que a testadora estivesse em completa situação de isolamento no hospital do SUS. Recurso não provido" (TJMG, Apelação Cível 5000637-85.2021.8.13.0002, 8.ª Câmara Cível Especializada, Rel. Juiz Conv. Paulo Rogério de Souza Abrantes, j. 05.08.2022, *DJEMG* 11.08.2022).

"Apelação. Procedimento de registro, abertura e cumprimento de testamento. Sentença de extinção sem julgamento de mérito. Alegação da apelante de que o documento apresentado estaria apto a demonstrar a vontade do testador, embora não tivesse sido finalizado em cartório, pois o falecido acabou sendo internado, sendo impedido, por sua filha, de formalizar o ato perante o Tabelião, no hospital, antes de seu falecimento. Testamento que é ato eminentemente solene, possuindo forma prescrita em Lei, em suas diversas modalidades. O artigo 1.864 do Código Civil/2002 estabelece como requisitos essenciais que o testamento público seja lavrado por tabelião, ou seu substituto legal, de acordo com as declarações do testador, na presença de duas testemunhas. Ao que se infere dos autos, a apelante apresentou o documento de fls. 138/140 que, em verdade, se trata de uma minuta de testamento público, o qual, todavia, sequer foi firmado. Ainda que se considere a dificuldade em formalizar o testamento público em razão da pandemia, como alega a apelante, poderia o testador ter elaborado um testamento particular, na presença de, pelo menos, três testemunhas, conforme disposto no § 1.º do artigo 1.876 do Código Civil, o que não fez. Desta forma, conclui-se que as circunstâncias dos autos não indicam, com o necessário grau de certeza, que aquele documento reflete a vontade do falecido. Sentença mantida. Recurso desprovido" (TJRJ, Apelação 0097013-93.2020.8.19.0001, Rio de Janeiro, 27.ª Câmara Cível, Rel. Des. Maria Luiza de Freitas Carvalho, *DORJ* 07.06.2021, p. 899).

Com o devido respeito, não estou filiado, *a priori*, aos julgados transcritos, pois penso que em tempos pandêmicos, e a depender das circunstâncias fáticas, a regra do art. 1.876, § 1.º, do Código Civil, poderia ser mitigada em prol da autonomia privada e da conservação do negócio jurídico testamentário.

Obviamente, como o testamento é feito de forma escrita pelo próprio interessado e pelas opções antes expostas, não poderá ser elaborado pelo analfabeto. Quanto ao cego, também não há tal possibilidade, pois este somente pode testar pela forma pública, conforme antes exposto (art. 1.867 do CC).

Novamente, entra em debate o problema relativo ao *apego duro e ferrenho* aos requisitos formais, a ensejar a nulidade absoluta do testamento, por desrespeito à forma (art. 166, inciso IV, do CC/2002). Trazendo esse *apego*, podem ser colacionados os seguintes acórdãos estaduais, por todos:

"Testamento particular. Inexistência de assinaturas de testemunhas na cédula. Formalidade inafastável, no interesse da preservação da última vontade do testador e do patrimônio dos herdeiros. Inteligência do art. 1.876 do Código Civil. Tentativa posterior de transformá-lo em testamento público, o que não se realizou porque o testador não conseguiu reunir testemunhas. Justificativa inverossímil, tendo em vista a prática notarial. Sentença mantida. Recurso desprovido" (TJSP, Embargos de Declaração 0034216-96.2008.8.26.0554/50000,

Acórdão 7177516, 7.ª Câmara de Direito Privado, Santo André, Rel. Des. Mendes Pereira, j. 14.08.2013, *DJESP* 28.11.2013).

"Apelação cível. Sucessões. Confirmação de testamento particular. Ausência de requisitos essenciais de validade. Nulidade do ato testamentário. Recurso conhecido e não provido. 1. A confirmação de testamento particular é procedimento de jurisdição voluntária que visa a garantir eficácia a direito preexistente, cabendo ao juiz o exame de sua validade formal. 2. Ausentes as formalidades legais de validade do testamento particular (art. 1.876, §§ 1.º e 2.º do Código Civil), o indeferimento do pedido de confirmação é medida que se impõe" (TJMG, Apelação Cível 1.0680.10.001291-2/001, Rel. Des. Bitencourt Marcondes, j. 24.10.2013, *DJEMG* 04.11.2013).

Todavia, mais uma vez, a jurisprudência superior vem mitigando os requisitos formais do testamento particular. A ilustrar, cabe trazer à tona os seguintes acórdãos, de momentos distintos do STJ:

"Civil. Processual civil. Procedimento de jurisdição voluntária de confirmação de testamento. Flexibilização das formalidades exigidas em testamento particular. Possibilidade. Critérios. Vícios menos graves, puramente formais e que não atingem a substância do ato de disposição. Leitura do testamento na presença de testemunhas em número inferior ao mínimo legal. Inexistência de vício grave apto a invalidar o testamento. Ausência, ademais, de dúvidas acerca da capacidade civil do testador ou de sua vontade de dispor. Flexibilização admissível. Divergência jurisprudencial. Ausência de cotejo analítico. (...). 3. A jurisprudência desta Corte se consolidou no sentido de que, para preservar a vontade do testador, são admissíveis determinadas flexibilizações nas formalidades legais exigidas para a validade do testamento particular, a depender da gravidade do vício de que padece o ato de disposição. Precedentes. 4. São suscetíveis de superação os vícios de menor gravidade, que podem ser denominados de puramente formais e que se relacionam essencialmente com aspectos externos do testamento particular, ao passo que vícios de maior gravidade, que podem ser chamados de formais-materiais porque transcendem a forma do ato e contaminam o seu próprio conteúdo, acarretam a invalidade do testamento lavrado sem a observância das formalidades que servem para conferir exatidão à vontade do testador. 5. Na hipótese, o vício que impediu a confirmação do testamento consiste apenas no fato de que a declaração de vontade da testadora não foi realizada na presença de três, mas, sim, de somente duas testemunhas, espécie de vício puramente formal incapaz de, por si só, invalidar o testamento, especialmente quando inexistentes dúvidas ou questionamentos relacionados à capacidade civil do testador, nem tampouco sobre a sua real vontade de dispor dos seus bens na forma constante no documento. (...)" (STJ, REsp 1.583.314/MG, 3.ª Turma, Rel. Min. Nancy Andrighi, j. 21.08.2018, *DJe* 23.08.2018).

"Civil e processual civil. Testamento particular. Assinado por quatro testemunhas e confirmado em audiência por três delas. Validade do ato. Interpretação consentânea com a doutrina e com o novo Código Civil, artigo 1.876, §§ 1.º e 2.º. Recurso especial conhecido e provido. 1. Testamento particular. Artigo 1.645, II, do CC/1916. Interpretação: Ainda que seja imprescindível o cumprimento das formalidades legais a fim de preservar a segurança, a veracidade e legitimidade do ato praticado, deve se interpretar o texto legal com vistas à finalidade por ele colimada. Na hipótese vertente, o testamento particular foi digitado e assinado por quatro testemunhas, das quais três o confirmaram em audiência de instrução e julgamento. Não há, pois, motivo para tê-lo por inválido. 2. Interpretação consentânea com a doutrina e com o novo Código Civil, artigo 1.876, §§ 1.º e 2.º. A leitura dos preceitos insertos nos artigos 1.133 do CPC e 1.648 CC/1916 deve conduzir a uma exegese mais flexível do artigo 1.645 do CC/1916, confirmada inclusive, pelo novo Código Civil cujo artigo 1.876, §§ 1.º e 2.º, dispõe: 'o testamento, ato de disposição de última vontade, não pode ser invalidado sob alegativa de preterição de formalidade essencial, pois não pairam dúvidas que o documento foi firmado pela testadora de forma consciente e no uso pleno de sua capacidade mental'. Precedentes deste STJ. 3. Recurso especial conhecido e provido" (STJ, REsp 701.917/SP, 4.ª Turma, Rel. Min. Luis Felipe Salomão, j. 02.02.2010, *DJe* 1.º.03.2010).

"Recurso especial. Testamento particular. Validade. Abrandamento do rigor formal. Reconhecimento pelas instâncias de origem da manifestação livre de vontade do testador e de sua capacidade mental. Reapreciação probatória. Inadmissibilidade. Súmula 7/STJ. I – A reapreciação das provas que nortearam o acórdão hostilizado é vedada nesta Corte, à luz do Enunciado 7 da Súmula do Superior Tribunal de Justiça. II – Não há falar em nulidade do ato de disposição de última vontade (testamento particular), apontando-se preterição de formalidade essencial (leitura do testamento perante as três testemunhas), quando as provas dos autos confirmam, de forma inequívoca, que o documento foi firmado pelo próprio testador, por livre e espontânea vontade, e por três testemunhas idôneas, não pairando qualquer dúvida quanto à capacidade mental do *de cujus*, no momento do ato. O rigor formal deve ceder ante a necessidade de se atender à finalidade do ato, regularmente praticado pelo testador. Recurso especial não conhecido, com ressalva quanto à terminologia" (STJ, REsp 828.616/MG, 3.ª Turma, Rel. Min. Castro Filho, j. 05.09.2006, *DJ* 23.10.2006, p. 313).

Em 2020, essa mitigação consolidou-se de tal forma no âmbito do Superior Tribunal de Justiça que a sua Segunda Seção passou a admitir a feitura de testamento particular com a assinatura digital do testador. Conforme parte da ementa do acórdão, "em se tratando de sucessão testamentária, o objetivo a ser alcançado é a preservação da manifestação de última vontade do falecido, devendo as formalidades previstas em lei serem examinadas à luz dessa diretriz máxima, sopesando-se, sempre casuisticamente, se a ausência de uma delas é suficiente para comprometer a validade do testamento em confronto com os demais elementos de prova produzidos, sob pena de ser frustrado o real desejo do testador. Conquanto a jurisprudência do Superior Tribunal de Justiça permita, sempre excepcionalmente, a relativização de apenas algumas das formalidades exigidas pelo Código Civil e somente em determinadas hipóteses, o critério segundo o qual se estipulam, previamente, quais vícios são sanáveis e quais vícios são insanáveis é nitidamente insuficiente, devendo a questão ser examinada sob diferente prisma, examinando-se se da ausência da formalidade exigida em lei efetivamente resulta alguma dúvida quanto à vontade do testador". Assim sendo, ainda conforme o julgado e analisando diretamente a questão:

"Em uma sociedade que é comprovadamente menos formalista, na qual as pessoas não mais se individualizam por sua assinatura de próprio punho, mas, sim, pelos seus *tokens*, chaves, *logins* e senhas, ID's, certificações digitais, reconhecimentos faciais, digitais e oculares e, até mesmo, pelos seus hábitos profissionais, de consumo e de vida captados a partir da reiterada e diária coleta de seus dados pessoais, e na qual se admite a celebração de negócios jurídicos complexos e vultosos até mesmo por redes sociais ou por meros cliques, o papel e a caneta esferográfica perdem diariamente o seu valor e a sua relevância, devendo ser examinados em conjunto com os demais elementos que permitam aferir ser aquela a real vontade do contratante. A regra segundo a qual a assinatura de próprio punho é requisito de validade do testamento particular, pois, traz consigo a presunção de que aquela é a real vontade do testador, tratando-se, todavia, de uma presunção *juris tantum*, admitindo-se, ainda que excepcionalmente, a prova de que, se porventura ausente a assinatura nos moldes exigidos pela lei, ainda assim era aquela a real vontade do testador. Hipótese em que, a despeito da ausência de assinatura de próprio punho do testador e do testamento ter sido lavrado a rogo e apenas com a aposição de sua impressão digital, não havia dúvida acerca da manifestação de última vontade da testadora que, embora sofrendo com limitações físicas, não possuía nenhuma restrição cognitiva" (STJ, REsp 1.633.254/MG, 2.ª Seção, Rel. Min. Nancy Andrighi, j. 11.03.2020, *DJe* 18.03.2020).

Como não poderia ser diferente, estou filiado a essa forma de julgar, que prestigia a vontade material do autor do ato testamentário.

Todavia, ressalte-se que essa mitigação é afastada em casos de maior gravidade, como na hipótese em que falta a própria assinatura do testador, o que está correto tecnicamente, pois, reafirme-se, não se pode negar a essência formal do ato, que visa atestar a vontade do morto. Nos termos de aresto do mesmo STJ, publicado no seu *Informativo* n. *551*:

> "Será inválido o testamento particular redigido de próprio punho quando não for assinado pelo testador. De fato, diante da falta de assinatura, não é possível concluir, de modo seguro, que o testamento escrito de próprio punho exprime a real vontade do testador. A propósito, a inafastabilidade da regra que estatui a assinatura do testador como requisito essencial do testamento particular (art. 1.645, I, do CC/1916 e art. 1.876, § 1.º, CC/2002) faz-se ainda mais evidente se considerada a inovação trazida pelos arts. 1.878 e 1.879 do CC/2002, que passaram a admitir a possibilidade excepcional de confirmação do testamento particular escrito de próprio punho nas hipóteses em que ausentes as testemunhas, desde que, frise-se, assinado pelo testador. Nota-se, nesse contexto, que a assinatura, além de requisito legal, é mais que mera formalidade, consistindo verdadeiro pressuposto de validade do ato, que não pode ser relativizado" (STJ, REsp 1.444.867/DF, Rel. Min. Ricardo Villas Bôas Cueva, j. 23.09.2014).

Ainda sobre as formalidades, Zeno Veloso traz questão prática interessante, que deve ser elucidada. Leciona o jurista paraense que o legislador não trouxe previsão a respeito de ser o testamento particular elaborado pela forma mecânica e ter mais de uma página. Comenta que, sem dúvidas, deve constar a assinatura ou a rubrica do testador em todo o seu conteúdo, em todas as páginas. No entanto, lança as dúvidas:

> "E as outras páginas, se foram duas, pode aparecer sem rubrica, sem assinatura? E as outras páginas, se forem mais de duas? É fácil imaginar as dúvidas que ocorrerão diante de um testamento que tem várias páginas, sendo apenas a derradeira assinada pelo testador.
>
> Como os requisitos e as formalidades testamentárias devem ser expressamente mencionadas em lei, não podendo ser criados pela doutrina ou pelo juiz, atém em razão do descumprimento de qualquer deles determinar a nulidade do ato, concluo que não há a necessidade legal de o testador rubricar ou assinar todas as folhas do testamento público elaborado por processo mecânico, bastando que o faça na última, ao final do documento. Isso, todavia, não me impede de sugerir, por medida de segurança e prudência, que os testadores assinem e rubriquem todas as folhas do testamento datilografado ou redigido

por computador, evitando, com essa providência, a desconfiança com relação ao conteúdo das folhas não rubricadas, a suspeita de que não são genuínas, fidedignas, e impedindo que muitas questões sejam suscitadas, no futuro, quando da abertura da sucessão, a respeito da autenticidade e veracidade das folhas não assinadas, nem rubricadas" (VELOSO, Zeno. *Código*..., 2012, p. 2.109).

Mais uma vez, tem razão o jurista, tanto em relação às conclusões quanto no que toca à sugestão realizada, sendo essas também as minhas posições doutrinárias. Todavia, toda essa problemática revela como ainda somos apegados às formalidades dos atos e negócios jurídicos. Veja-se que estamos tratando da forma mais simples entre os atos testamentários e questão de profundo apego formal é levantada pela doutrina, certamente por provocações práticas percebidas no campo de atuação do Direito Sucessório, dilema que o Projeto de Reforma do Código Civil pretende resolver.

Assim, de início, projeta-se no art. 1.876 a possibilidade de o testamento particular ser escrito de próprio punho ou mediante processo mecânico, ou pode ser gravado em sistema digital de som e imagem. Mais uma vez, portanto, possibilita-se o *testamento por vídeo*, que já era pleiteado pela doutrina especializada há tempos. Nos termos do seu novo § 2.º, reduzindo-se as burocracias, e o seu número de testemunhas de três para duas, "se elaborado por processo mecânico, não pode conter rasuras ou espaços em branco, devendo ser assinado pelo testador, depois de o ter lido diante de pelo menos duas testemunhas, que o subscreverão". Eventualmente, consoante o § 3.º desse comando, se o testamento particular for realizado por sistema digital de som e imagem, deve haver nitidez e clareza na gravação das imagens e sons, bem como declarar a data da gravação, sendo esses os requisitos essenciais à sua validade, além da intervenção simultânea de duas testemunhas identificadas nas imagens.

Por fim, destaco a norma proposta em seu último e § 4.º, segundo a qual o testamento particular deverá ser gravado em formato compatível com os programas computadorizados de leitura existentes na data da celebração do ato, contendo a declaração do testador de que no vídeo consta o seu testamento, bem como sua qualificação completa e a das testemunhas. Tudo isso para que possa efetivamente *atestar* a vontade do morto.

Ainda quanto ao instituto, no Projeto de Reforma sugere-se que o seu art. 1.878 também passe a mencionar o testamento por vídeo, da seguinte forma: "se as testemunhas forem contestes sobre o fato da disposição, e se reconhecerem as próprias assinaturas, ou quando, por programa de gravação, reconhecerem as suas imagens e falas, assim como as do testador, o testamento será confirmado". Se no caso concreto, nos termos do seu remodelado parágrafo único, faltarem as testemunhas, por morte ou ausência, o testamento poderá ser confirmado, se, a partir dos demais elementos de prova, não houver dúvida fundamentada sobre a autenticidade da assinatura, das imagens ou sobre a higidez das declarações manifestadas pelo testador. A aprovação das propostas é mais do que necessária, para a citada redução de burocracias.

Voltando-se ao sistema vigente, morto o testador, publicar-se-á em juízo o testamento particular, com citação dos herdeiros legítimos (art. 1.877 do CC). Com tal publicação em juízo, tem início a fase de execução ou de eficácia do testamento hológrafo, presente uma *confirmação judicial* do seu conteúdo (DINIZ, Maria Helena. *Código*...,

2010, p. 1.324; VENOSA, Sílvio de Salvo. *Código*..., 2010, p. 1.706; e VELOSO, Zeno. *Código*..., 2012, p. 2.110).

Conforme se retira de *decisum* do Tribunal de Justiça de Minas Gerais, "a ausência de citação do herdeiro legítimo, bem como de intimação dos legatários para audiência de confirmação do testamento particular, configuram vícios de validade formal do processo, impondo-se a nulidade do processo para renovação do ato" (TJMG, Apelação Cível 1.0024.12.200530-9/001, Rel. Des. Afrânio Vilela, j. 24.09.2013, *DJEMG* 04.10.2013). Ou, ainda, do Tribunal Paulista:

> "Cônjuge supérstite não intimado a comparecer à audiência de confirmação. Formalidade indispensável que macula o reconhecimento do ato de última vontade. Inteligência dos arts. 1.877 do Código Civil e 1.131 do Código de Processo Civil" (TJSP, Apelação 0298591-04.2009.8.26.0000, Acórdão 6598366, 7.ª Câmara de Direito Privado, Itaquaquecetuba, Rel. Des. Gilberto de Souza Moreira, j. 30.01.2013, *DJESP* 1.º.04.2013).

No que diz respeito ao procedimento de abertura e de confirmação do testamento particular, vejamos a confrontação entre as duas normas instrumentais, a anterior e a vigente a partir de março de 2016; sendo certo que o Projeto de Reforma do Código Civil traz proposta de desjudicializar as medidas, com a faculdade de o cumprimento ser feito perante o Tabelionato de Notas (novo art. 1.990-A do CC/2002).

De início, expressava o art. 1.130 do CPC/1973 que o herdeiro, o legatário ou o testamenteiro poderia requerer, depois da morte do testador, a publicação em juízo do testamento particular, inquirindo-se as testemunhas que lhe ouviram a leitura e, depois disso, o assinaram. A petição inicial seria instruída com a cédula do testamento particular, com o intuito dessa confirmação.

O CPC/2015 concentra essa regulamentação da publicação e confirmação do testamento particular no art. 737. Nos termos do seu *caput*, a publicação do testamento particular poderá ser requerida, depois da morte do testador, pelo herdeiro, pelo legatário ou pelo testamenteiro, bem como pelo terceiro detentor do testamento, se impossibilitado de entregá-lo a algum dos outros legitimados para requerê-la. Essa menção ao terceiro é uma inovação festejada, pois, de fato, o portador do testamento pode ser alguém de confiança do autor da herança, que não é beneficiado pelo ato.

Previa o art. 1.131 do CPC/1973, ainda, sobre o processo de confirmação judicial do testamento particular, que seriam intimados para a inquirição: *a)* aqueles a quem caberia a sucessão legítima; *b)* o testamenteiro, os herdeiros e os legatários que não tivessem requerido a publicação; *c)* o Ministério Público. Em todos os casos, as pessoas, que não fossem encontradas na Comarca, seriam intimadas por edital (parágrafo único do então art. 1.131).

Em sentido próximo, determina o § 1.º do art. 737 do CPC/2015 que serão intimados os herdeiros que não tiverem requerido a publicação do testamento, o que corresponde aos incisos I e II do dispositivo anterior. Porém, não há mais referência ao Ministério Público para essa inquirição inicial, mais uma vez porque o interesse, no caso, é privado. Todavia, como se verá a seguir, o Ministério Público continua sendo ouvido para a confirmação final da disposição de última vontade. Também se retirou a menção à intimação por edital das pessoas não encontradas da Comarca, procedimento que não é mais cabível.

Ademais, não se reproduziu o antigo art. 1.132 do CPC/1973, segundo o qual, se inquiridas as testemunhas, poderiam os interessados, no prazo comum de cinco dias, manifestar-se sobre o testamento. Mais uma vez, não cabe tal procedimento, em uma análise preliminar do Estatuto Processo emergente.

O art. 1.133 do CPC/1973 foi alterado substancialmente pelo art. 737, § 2.º, do CPC/2015. Conforme a regra anterior, "se pelo menos três testemunhas contestes reconhecerem que é autêntico o testamento, o juiz, ouvido o órgão do Ministério Público, o confirmará, observando-se quanto ao mais o disposto nos arts. 1.126 e 1.127". O art. 737, § 2.º, do CPC de 2015 se resumiu a dizer que, verificando a presença dos requisitos da lei, ouvido o Ministério Público, o juiz confirmará o testamento.

De toda sorte, continua tendo aplicação o art. 1.878 do Código Civil, que traz um sentido muito próximo ao anterior art. 1.133 do revogado Código de Processo Civil. Consoante a norma material, "se as testemunhas forem contestes sobre o fato da disposição, ou, ao menos, sobre a sua leitura perante elas, e se reconhecerem as próprias assinaturas, assim como a do testador, o testamento será confirmado. Parágrafo único. Se faltarem testemunhas, por morte ou ausência, e se pelo menos uma delas o reconhecer, o testamento poderá ser confirmado, se, a critério do juiz, houver prova suficiente de sua veracidade".

Como se nota, não há menção ao MP na norma privada. No entanto, a sua oitiva parece ser necessária, pela previsão do dispositivo instrumental. Entendo que o CPC/2015 não deveria fazer tal alusão, pois o interesse do testamento – ainda mais no caso de testamento particular – é puramente privado.

Além disso, fica em xeque, novamente, a necessidade de procedimentos judiciais para se confirmarem todas as formas de testamento. Se o Estatuto Processual de 2015 foi guiado pela *desjudicialização* em vários de seus artigos, não seria mais interessante estabelecer a abertura perante o Tabelionato de Notas? Penso que sim.

Vistas as regras procedimentais de abertura do testamento particular e voltando ao Código Civil, presentes circunstâncias excepcionais declaradas na cédula testamentária, o testamento particular de próprio punho e assinado pelo testador, sem testemunhas, poderá ser confirmado, a critério do juiz (art. 1.879 do CC/2002). Trata-se do chamado *testamento de emergência*, que constitui uma forma simplificada de testamento particular, conforme aponta Maria Helena Diniz, citando as seguintes hipóteses de sua viabilização jurídica: *a)* situação anormal: incêndio, sequestro, desastre, internação em UTI, revolução, calamidade pública; *b)* situação em que é impossível a intervenção de testemunhas para o ato (*Código...*, 2010, p. 1.324).

Como exemplo atual, cite-se o paciente que se encontrava na iminência de ser entubado, por ter contraído o coronavírus (Covid-19), e que queira fazer o *testamento de emergência ou hológrafo simplificado*. Pontue-se que tentamos a inclusão de regra a respeito dessa hipótese no então projeto de lei que deu origem à Lei 14.010/2020, que criou o regime emergencial em Direito Privado em tempos de pandemia, o que não foi aceito no âmbito do Congresso Nacional. Todavia, isso não obsta que tal situação se enquadre na figura em estudo.

Ainda sobre essa forma de testamento, na *VII Jornada de Direito Civil*, promovida pelo Conselho da Justiça Federal em setembro de 2015, aprovou-se a seguinte proposta: "o testamento hológrafo simplificado, previsto no art. 1.879 do Código Civil, perderá eficácia se, nos 90 dias subsequentes ao fim das circunstâncias excepcionais que autorizam a sua confecção, o disponente, podendo fazê-lo, não testar por uma das formas testamentárias ordinárias" (Enunciado n. 611).

O objetivo do enunciado aprovado é a aplicação das mesmas premissas previstas para as modalidades especiais de testamento para a categoria tratada no art. 1.879 do Código Civil, o que é correto tecnicamente. Vejamos as suas justificativas:

> "O Código Civil permite que, em circunstâncias extraordinárias (que deverão ser declaradas na cédula), o disponente elabore testamento particular de próprio punho sem a presença de testemunhas. As formalidades são flexibilizadas em função da excepcionalidade da situação em que se encontra o testador, permitindo-se que este exerça sua manifestação de última vontade. Ocorre que, em se verificando o desaparecimento das mencionadas circunstâncias extraordinárias, não se justifica a subsistência do testamento elaborado com mitigação de solenidades. Destaque-se que esta é a regra aplicável para as formas especiais de testamento (marítimo, aeronáutico e militar), para as quais de modo geral se aplica um prazo de caducidade de 90 dias, contados a partir da data em que se faz possível testar pelas formas ordinárias. Por essa razão, conclui-se que, não havendo mais o contexto de excepcionalidade, o testamento hológrafo simplificado perde sua razão de ser, devendo o testador se utilizar de uma das formas testamentárias revestidas das devidas e necessárias solenidades".

No atual Projeto de Reforma do Código Civil, pretende-se a inclusão do citado enunciado doutrinário no texto de lei, além da viabilidade do *testamento hológrafo simplificado digital ou por vídeo*. Nesse contexto, o seu art. 1.879 passará a prever que, "em circunstâncias excepcionais declaradas pelo testador, o testamento particular escrito e assinado de próprio punho ou em meio digital, ou gravado em qualquer programa ou dispositivo audiovisual pelo testador, sem testemunhas ou demais formalidades, poderá ser confirmado, se, a partir dos demais elementos de prova, não houver dúvida fundamentada sobre a autenticidade da assinatura, das imagens ou sobre a higidez das declarações manifestadas pelo testador". E, conforme o parágrafo único que é proposto pela Comissão de Juristas: "perde a eficácia o testamento particular excepcional, se o testador não morrer no prazo de noventa dias, contados da cessação das circunstâncias excepcionais declaradas na cédula ou no dispositivo eletrônico".

Mais uma vez, como se pode perceber, o objetivo é incluir na norma jurídica a posição doutrinária majoritária, resolvendo-se dilema verificado nos mais de vinte anos de vigência da codificação privada de 2002.

Encerrando o tratamento da matéria, o art. 1.880 do Código Civil vigente enuncia que o testamento particular pode ser escrito em língua estrangeira, contanto que as testemunhas a compreendam. Aqui o entendimento da língua por parte das testemunhas é essencial pelo fato de elas terem que comprovar o conteúdo do ato, ao contrário do que ocorre no testamento místico, antes estudado. Conforme aponta Sílvio de Salvo Venosa, "uma única testemunha que não compreende o ato poderá viciar o ato. Como todas as testemunhas devem ouvir a leitura do testamento, não haveria sentido na sua presença sem que todas pudessem compreender o que foi lido. Se as testemunhas não compreendem o idioma, é como se nada tivessem ouvido" (*Código...*, 2010, p. 1.708). Todavia, não se pode esquecer que a jurisprudência superior tem afastado ou mitigado o rigor formal quanto ao número de testemunhas, o que relativiza as palavras do doutrinador.

Para fechar o tópico, é preciso incluir na norma a possibilidade do testamento com o uso das tecnologias assistivas, em prol da proteção das pessoas com deficiência, fazendo que a norma passe a prever o seguinte: "Art. 1.880. O testamento particular pode ser escrito em língua estrangeira ou em Braille, contanto que as testemunhas o compreendam. Parágrafo único. O testamento particular em sistema digital de som e imagem poderá ser gravado em língua estrangeira ou em Língua Brasileira de Sinais (LIBRAS), compreensível das testemunhas".

Em prol da dignidade da pessoa humana, e do que está previsto no EPD e na Convenção de Nova Iorque, espera-se a aprovação dessa proposição constante do atual Projeto de Reforma do Código Civil, assim como das anteriores.

3.4.3 Dos testamentos especiais

3.4.3.1 Do testamento marítimo e do testamento aeronáutico

Diante de um tratamento unitário que consta da legislação privada, o testamento marítimo e o aeronáutico serão abordados na mesma seção. A grande novidade do Código Civil de 2002 é o tratamento relativo à última forma testamentária, celebrada a bordo de aeronave militar ou comercial, perante pessoa designada pelo comandante, em forma similar ao testamento público ou cerrado. Nosso sistema segue, por tal previsão, o exemplo do Código Civil italiano, que regula tal instituto no seu art. 616, diante das necessidades oriundas do patente incremento da atividade de transporte aéreo, perceptível principalmente nas últimas décadas.

Mantido ficou o *testamento marítimo*, celebrado a bordo de navio mercante ou de guerra, em viagem marítima, lacustre ou fluvial. Nessa linha, preconiza o art. 1.888 do Código Civil brasileiro que "quem estiver em viagem, a bordo de navio nacional, de guerra ou mercante, pode testar perante o comandante, em presença de duas testemunhas, por forma que corresponda ao testamento público ou ao cerrado. Parágrafo único. O registro do testamento será feito no diário de bordo". Trata-se de norma com previsão em quase todas as legislações do Direito Comparado, podendo ser citadas as codificações da França, da Itália, de Portugal, da Espanha, da Argentina, do México, do Uruguai, entre outras.

Pela regra, há a possibilidade de testar em viagens em alto-mar, desde que preenchidas as formalidades previstas para os testamentos público ou cerrado, havendo necessidade, ademais, de registro do ato no diário de bordo da embarcação. Trata-se, esse último preceito (art. 1.888 do CC/2002), de inovação louvável, eis que o antigo parágrafo único do art. 1.656 do CC/1916 não mencionava sua previsão, o que traz mais segurança à confirmação da disposição de última vontade.

No mais, todas as solenidades previstas no comando legal devem ser observadas, como regra, sob pena de nulidade absoluta do ato jurídico formal. De qualquer maneira, mais uma vez, não se pode esquecer a tendência contemporânea de mitigação das solenidades testamentárias, na linha de vários arestos do Superior Tribunal de Justiça, o que igualmente tem incidência para os testamentos emergenciais.

Quando o ato assume forma assemelhada ao testamento público, após a lavratura do ato, perante duas testemunhas e o escrivão de bordo (ou comandante), assinarão o instrumento o testador e os presentes. As testemunhas podem ser membros da tripulação ou meros passageiros. Não há exigência expressa de assinatura do comandante ou oficial do navio, mas é forçoso concluir que esta, sendo possível, deverá constar, trazendo maior certeza à manifestação de última vontade.

Assumindo a forma de testamento cerrado, o documento é escrito pelo testador ou por outra pessoa a seu rogo – a seu pedido –, sendo entregue a cédula testamentária, em seguida, ao comandante ou escrivão de bordo, perante duas testemunhas. Após o ato de entrega, o comandante certificará todo o ocorrido, datando e assinando o documento, com o testador e as duas testemunhas. Ato contínuo, deverá lacrar o documento, segundo a forma prevista para o testamento ordinário cerrado.

Forçoso deduzir que somente será possível esse testamento especial se o meio de transporte encontrar-se em navegação, eis que, no caso de possibilidade de desembarque, uma das formas ordinárias de testamento poderá ser efetivada. Ademais, o testamento marítimo regulado por lei brasileira somente será aquele celebrado perante embarcação nacional, de guerra ou mercante, diante da regra *locus regit actum*.

Questão discutível é sobre a possibilidade de o clandestino ou náufrago fazerem testamento marítimo. Tal debate é levantado por Giselda Maria Fernandes Novaes Hironaka, citando Zeno Veloso, respondendo positivamente ambos os juristas, pois mesmo o clandestino ou o náufrago é um passageiro, devendo ser tratado como tal para todos os fins (HIRONAKA, Giselda Maria Fernandes Novaes. *Direito*..., 2012, p. 316). Essa também é a minha opinião doutrinária, servindo como argumento complementar o direito de autodeterminação relativo à autonomia privada, retirado da tutela da dignidade humana, constante do art. 1.º, inciso III, do Texto Maior.

Por outra via, o *testamento aeronáutico* consta do art. 1.889 do Código Civil brasileiro de 2002, pelo qual quem estiver em viagem, a bordo de aeronave militar ou comercial, pode testar perante pessoa designada pelo comandante, nos termos do artigo anterior, ou seja, perante duas testemunhas e por forma que corresponda ao testamento público ou cerrado. Do mesmo modo, o testamento aeronáutico deve ser registrado no diário de bordo. O surgimento dessa nova modalidade tem origem no incremento do transporte aéreo, principalmente após a Segunda Guerra Mundial.

Por analogia, e pela clara intenção do legislador em igualar o tratamento das categorias, devem ser aplicadas ao testamento aeronáutico as mesmas regras do testamento marítimo. Adotando esse caminho, tudo o que ora foi antes comentado quanto ao testamento marítimo deverá ser aplicado à presente forma extravagante de testamento, especialmente as formalidades quanto aos modos público e cerrado, bem como a possibilidade de o clandestino celebrar o testamento. Além disso, "apesar de a lei não fazer referência ao fato de se tratar de aeronave nacional, há que se entender que a aeronave deve portar o pavilhão brasileiro, uma vez que a regra comumente aceita é a de que os atos jurídicos devam ser aperfeiçoados segundo as regras do local da sua constituição (*locus regit actum*), tendo-se em conta que as aeronaves brasileiras são um prolongamento do território nacional, aplicando-se, portanto, a lei brasileira aos testamentos realizados em seu interior, ainda que estrangeiro o eventual testador" (HIRONAKA, Giselda Maria Fernandes Novaes. *Direito...*, 2012, p. 310).

Tanto o testamento marítimo quanto o aeronáutico ficarão sob a guarda do comandante, que o entregará às autoridades administrativas do primeiro porto ou aeroporto nacional, contra recibo averbado no diário de bordo (art. 1.890 do CC). Assim, após a celebração do ato, por uma das duas formas antes descritas, assemelhando-se o testamento marítimo ou aeronáutico ao testamento público ou cerrado, o documento é entregue ao comandante do navio ou do avião, que deve guardá-lo, cabendo o encargo de enviá-lo à autoridade do local de desembarque.

Percebe-se, pela imputação material, uma nomeação legal para a administração do testamento. O comandante passa a ser uma espécie de *testamenteiro legal ad hoc*, que deverá representar a fidúcia ou confiança do testador, guardando, com máxima diligência, o seu ato de última vontade. Esse representante, após a viagem, deve entregar o documento à autoridade local, mediante recibo a constar no diário de bordo, o que traz mais uma vez segurança ao ato, intenção perceptível do legislador atual em vários dispositivos testamentários.

Esclareça-se que, por haver uma administração de curta duração, o comandante não tem direito à vintena ou prêmio, natural da testamentaria, sendo o seu trabalho menos complexo, de mero depósito de coisa. No encargo ora comentado, não há, como na testamentaria, o dever de prestar contas, de requerer o início do processo de inventário ou de levar o testamento à abertura judicial, o que afasta a remuneração.

O conceito de *autoridade local* deve ser tido na maneira mais ampla possível, mas sem perder de vista a certeza e a segurança do aperfeiçoamento do testamento. A título de exemplo, o instrumento do testamento especial pode ser entregue ao prefeito local, a uma autoridade policial, a uma autoridade portuária ou aeroportuária ou a um juiz de direito que estiver exercendo suas funções próximo ao local de desembarque. O comandante somente poderá entregar o testamento após a identificação dessa autoridade, sob pena de responder por perdas e danos, nos casos de negligência ou imprudência no ato de entrega.

Seguindo no estudo da matéria, caducará o testamento marítimo, ou o aeronáutico, se o testador não morrer na viagem, nem no prazo de noventa dias subsequentes ao seu desembarque em terra, onde possa fazer, na forma ordinária, outro testamento (art. 1.891 do CC). Sobre a última norma, como pondera Zeno Veloso, as modalidades ordinárias de testamento não estão sujeitas à prescrição ou à decadência, ao contrário das modalidades especiais. Assim, leciona que os testamentos especiais podem perder a eficácia – caducam pela decadência –, se o testador não morrer na circunstância que o justificou ou se decorrer certo tempo, quando supostamente poderia ser elaborado testamento pela modalidade ordinária (VELOSO, Zeno. *Código...*, 2012, p. 2.118-2.119).

De fato, pela essência emergencial do testamento marítimo ou aeronáutico, não se pode admitir sua eficácia se o testador sobreviver à viagem, ou após noventa dias, ao desembarque em terra, tempo que a lei considerou relevante para que o falecido possa testar por uma das modalidades ordinárias, se assim entenda como viável para a perpetuação da sua última vontade. Contudo, somente valerá tal regra se no local de desembarque for possível a celebração do ato em uma das formas ordinárias.

O desembarque em território estrangeiro não afasta a possibilidade de elaboração do testamento ordinário, sendo razão de declinação o da regra somente o caso de desembarque onde efetivamente não se possa efetuar um ato testamentário, como um local ermo, não dotado de órgão de registro ou de pessoas idôneas que possam vir a ser testemunhas. Contudo, é razão relevante a ser considerada o agravamento da saúde do testador, impedindo a sua manifestação de vontade. Entretanto, não se pode perder de vista a intenção do legislador alertando Clóvis Beviláqua que o "impedimento deverá, porém, ser real e invencível, e não uma dificuldade capaz de ser removida sem grande esforço" (*Código*..., 1977, v. VI, p. 854).

Em sentido próximo ao seu antecessor, estabelece o art. 1.892 do Código Civil de 2002 que não valerá o testamento marítimo, ainda que feito no curso de uma viagem, se, ao tempo em que se fez, o navio estava em porto onde o testador pudesse desembarcar e testar da forma ordinária. Apesar de a lei mencionar que a questão envolve o plano da validade, a mim parece que a questão se resolve no *terceiro plano do negócio jurídico*, sendo caso de ineficácia.

Mais uma vez, a regra está fundada na natureza emergencial e excepcional do testamento marítimo. Por certo é que tanto o testamento marítimo quanto o aeronáutico somente serão admitidos nos casos em que não são possíveis as formas testamentárias ordinárias. Desse modo, se há possibilidade de a pessoa testar normalmente, por estar o navio atracado no porto, não se justifica a forma extraordinária.

Eventualmente, se o navio estiver em porto acometido por uma imprevisibilidade, sendo impossível o desembarque imediato, também será validado e tido como eficaz o testamento marítimo. Forçoso concluir que, também no caso do navio atracado, sendo impossível a remoção do testador, por grave acidente ou situação de saúde delicada, poderá também ser admitido o testamento marítimo. Pela grande oferta de possibilidades do mundo prático, as situações devem ser encaradas caso a caso, como pondera a mais atenta doutrina que expõe tais situações (HIRONAKA, Giselda Maria Fernandes Novaes. *Direito*..., 2012, p. 311).

Por fim, quanto aos procedimentos judiciais de confirmação das modalidades especiais em apreço, estabelecia o Código de Processo Civil de 1973 a subsunção dos mesmos preceitos relativos ao testamento particular. Por razões óbvias, o art. 1.134 do CPC/1973 apenas mencionava o testamento marítimo, pois, à época, não existia o testamento aeronáutico. Todavia, pelo tratamento unitário relativo às duas modalidades especiais constante do presente tópico, a conclusão sempre foi a mesma para a forma aeronáutica. A premissa foi firmada pelo art. 737, § 3.º, do CPC/2015, segundo o qual, "aplica-se o disposto neste artigo ao codicilo e aos testamentos marítimo, aeronáutico, militar e nuncupativo".

3.4.3.2 Do testamento militar. O tratamento relativo ao testamento nuncupativo

O art. 1.893 da codificação privada em vigor admite testamento feito por militares e demais pessoas a serviço das Forças Armadas em campanha, dentro do País ou fora dele, assim como em praça sitiada, ou que esteja de comunicações interrompidas.

O *testamento militar* poderá ser feito, não havendo tabelião ou seu substituto legal, ante duas testemunhas. Se o testador não puder ou não souber assinar, o número de testemunhas aumenta para três, hipótese em que assinará pelo testador uma das testemunhas. Não é necessário aprofundar que essa forma testamentária não tem qualquer aplicação concreta no País, pois são bem conhecidas nossas tradições militares para a guerra.

Por isso, reitere-se, o atual Projeto de Reforma do Código Civil pretende retirar do sistema civil essa forma de testamento especial, assim como as demais, revogando-se expressamente todas as normas que tratam do tema.

De todo modo, consagra-se o direito do combatente à disposição patrimonial de última vontade. Essa possibilidade inclusive é inerente ao *Direito de Guerra*, consagrado pelo Direito Internacional Público, havendo sua previsão no art. 720 do Código Civil espanhol e no art. 1.579 do Código Civil mexicano, por exemplo. Também já era consolidada tal forma testamentária no Direito Romano (Institutas de Justiniano, 2, 11, § 1.º). O testamento militar é tão velho quanto a antiga prática de conflito do homem, passando a constituir regra nos primórdios da legislação humana. Por isso, o Código Civil de 1916, utilizando elementos do Direito Comparado, passou a prever tal instituto, fazendo o mesmo a reforma geral de 2002.

Existe, nesta forma testamentária excepcional, um requisito essencial subjetivo, pois o testamento, pela letra da lei, somente pode ser efetuado por "militar e mais pessoas ao serviço em campanha, dentro ou fora do país, em praça sitiada, ou que esteja de comunicações cortadas" (BEVILÁQUA, Clóvis. *Código*..., 1977, v. VI, p. 856). Pelo texto normativo, percebe-se uma ampliação subjetiva, eis que também podem testar desse modo eventuais voluntários envolvidos no embate, bem como aquelas pessoas que prestam auxílio indireto aos que desempenham as funções militares.

A título de exemplo, podem ser citados os médicos, os enfermeiros, os faxineiros, os responsáveis pelas comunicações, os motoristas e até mesmo os prisioneiros, como sujeitos ativos dessa forma emergencial de disposição de última vontade.

Efetuando a interpretação do art. 1.893 do CC/2002 e dos dispositivos seguintes, percebe-se que o testamento militar pode assumir formas assemelhadas ao testamento público, ao testamento cerrado ou mesmo à forma oral, denominada desde antigamente como *nuncupativa*. Vale lembrar que a expressão *nuncupare* significa expressar em viva voz.

Inicialmente, pelo dispositivo citado em vigor, percebe-se uma forma assemelhada ao *testamento público*. Como visto, se o testador souber e estiver em condições de assinar, o testamento é celebrado perante a autoridade militar – que substitui o oficial público – e duas testemunhas. Não sabendo ou estando o mesmo impedido de assinar por alguma razão, o número de testemunhas aumenta para três, sendo a terceira responsável pela assinatura, a seu rogo.

Vale reforçar as críticas de Zeno Veloso, no sentido de que a forma em questão deveria ter sido simplificada, com a redução do número de testemunhas, assim como ocorreu com as formas ordinárias (*Código*..., 2012, p. 2.121). Como é cediço, as menções aos números de duas e três testemunhas já constava no art. 1.660 do Código Civil de 1916.

De acordo com os §§ 1.º, 2.º e 3.º do art. 1.893 do Código Civil, são percebidas algumas peculiaridades quanto à forma do ato, sendo o primeiro dispositivo regra geral e os subsequentes exceções que podem ocorrer no mundo prático. Segundo o magistério de Clóvis Beviláqua, analisando a legislação anterior, este dispositivo legal não foi elaborado da maneira como se esperava, eis que "diz por quem há de ser escrito o testamento, em casos particulares, mas não diz para o caso geral. Posto que se lê no artigo seguinte, e para dar certa uniformidade a esta matéria, entendo que se deve atribuir essa função, em geral, ao auditor ou oficial que nesse mister o substitua. E, nos casos especiais considerados nos três parágrafos, às pessoas nele designadas" (BEVILÁQUA, Clóvis. *Código...*, 1977, t. II, p. 857). A crítica do clássico jurista vale para o sistema em vigor, pois tais reparos não foram efetuados pelo legislador.

A regra geral é que o testamento deve ser efetuado perante o comandante do destacamento, mesmo que em grau militar inferior em relação ao autor da herança. Imagine-se o eventual caso de um general ferido em combate, restando, no local, um capitão ou mesmo um sargento, que, no caso de falecimento, irá substituir o ferido de patente oficial superior. Não restam dúvidas de que esses assumirão, no momento, o encargo de oficial público.

No entanto, em caso emergencial ao extremo, estando o ferido em hospital ou casa de saúde, poderá tal regra ser afastada, caso em que o testador formulará sua disposição de última vontade, na forma assemelhada à pública, perante o oficial médico ou o diretor do estabelecimento em que se encontra.

Se o testador for o oficial mais graduado, o testamento será escrito por aquele que o substituir. A ilustrar, se o testador for o capitão da tropa em combate, havendo um tenente, dois sargentos, três cabos e quatro soldados, o ato será elaborado pelo tenente.

Observe-se, contudo, que a presente forma testamentária não será admitida se houver a possibilidade de celebração de testamento público, como é o caso de eventual presença de tabelião na praça sitiada. Isso pela natureza excepcional e extraordinária também do testamento militar, conforme comentado quando do estudo do testamento marítimo e aeronáutico.

Se o testador souber escrever, poderá fazer o testamento de seu punho, contanto que o date e assine por extenso, e o apresente aberto ou cerrado, na presença de *duas testemunhas* ao auditor, ou ao oficial de patente, que lhe faça as vezes neste mister (art. 1.894, *caput*, do CC). O auditor, ou o oficial a quem o testamento se apresente, anotará, em qualquer parte dele, lugar, dia, mês e ano, em que lhe for apresentado, nota esta que será assinada por ele e pelas testemunhas (art. 1.894, parágrafo único, do CC).

Constata-se, pelas normas expostas, que o testamento militar seguirá a forma assemelhada ao testamento ordinário cerrado, se escrito pelo próprio testador e autenticado pelo auditor ou oficial que possui as funções notariais, perante duas testemunhas. Pela intenção do legislador, percebe-se que só será possível tal forma testamentária se for elaborado documento por escrito e pelo próprio punho do autor da herança, o que pode ser difícil no ambiente de guerra, especialmente se o testador estiver seriamente ferido.

Após escrever o testamento, o testador o datará, assinando por extenso. Aberto ou fechado, o testamento será apresentado ao auditor ou à autoridade, na presença das testemunhas. Ato contínuo, o auditor irá autenticar o documento, lançando a nota autenticadora em qualquer papel, indicando local e tempo do referido ato jurídico.

Por admitir somente a letra e assinatura do testador, essa forma de disposição de última vontade, segundo a melhor doutrina, seria *hológrafa* – inteiramente escrita –, *autógrafa* – escrita pelo próprio testador – e *demógrafa* – escrita pelo punho e letra do testador (HIRONAKA, Giselda Maria Fernandes Novaes. *Direito*..., 2012, p. 314).

Consigne-se que o legislador atual, a exemplo do de 1916, não faz menção à recomendação formal final dessa forma testamentária, qual seja, a efetuação do lacre e dos cincos pontos de retrós. Por essa ausência é que se afirma *ser forma assemelhada em parte* ao testamento cerrado, e não *forma totalmente igual*, constando na expressão do art. 1.894 do CC/2002 as opções entre *aberto* ou *fechado*.

Por essas expressões contidas na norma em vigor, deduz-se que, mesmo não contendo tais elementos finais, o testamento militar cerrado não pode ser revogado. Outro argumento é que, pelo caráter emergencial ao extremo da guerra, diferente do que ocorre com o testamento marítimo e aeronáutico e ao contrário do que lá foi exposto, deve-se concluir que, no presente ato excepcional, as formalidades finais podem ser dispensadas. De qualquer modo, mais uma vez pode ser citada a tendência da jurisprudência superior em afastar o rigor formal na análise das solenidades testamentárias.

Assim como ocorre com as outras modalidades emergenciais, caduca o testamento militar, desde que, depois dele, o testador esteja, noventa dias seguidos, em lugar onde possa testar na forma ordinária. Isso, salvo se esse testamento apresentar as solenidades prescritas no parágrafo único do artigo antecedente (art. 1.895 do CC). Mais uma vez, trata-se de um prazo decadencial que gera a ineficácia do ato testamentário. A regra é antiga, eis que a *Consolidação das Leis Civis* de Teixeira de Freitas já previa no seu art. 1.067 que o testamento militar perdia a sua eficácia se o testador não falecesse na guerra, ou até mesmo depois de dar baixa honestamente. No entanto, essa regra, conforme antes comentado no estudo do testamento marítimo e aeronáutico, comporta exceções, como são os casos em que efetivamente não se pode efetuar o ato ordinário, como a péssima situação de saúde do autor da herança testamentária.

Outra exceção prevista em lei é o caso de ter assumido o testamento a forma cerrada, sendo certo que, por ter sido ele escrito, datado e assinado pelo testador, e devidamente assinado pela autoridade e pelas testemunhas, não há necessidade de se elaborar testamento na forma ordinária. Sendo ato jurídico que não necessita ser substituído por outro, percebe-se que, para Beviláqua, o *testamento militar cerrado hológrafo* merece tratamento diferenciado dos demais (BEVILÁQUA, Clóvis. *Código*..., 1977, t. II, p. 858). Filia-se mais uma vez ao clássico doutrinador, diante do princípio da conservação do negócio jurídico, com grande prestígio na contemporaneidade.

Os militares, estando empenhados em combate, ou feridos, podem testar oralmente, confiando a sua última vontade a duas testemunhas (art. 1.896, *caput*, do CC). Trata-se do *testamento militar nuncupativo*, feito *a viva voz*. Não terá efeito tal modalidade de testamento se o testador não morrer na guerra ou convalescer do ferimento (art. 1.896, parágrafo único, do CC). Portanto, nota-se que mantida está a tradição dessa forma excepcional, com a sua estrutura básica anterior, como a necessidade da presença de duas testemunhas.

Confrontando o dispositivo com o art. 1.663 do Código Civil de 1916, seu correspondente, podem ser encontradas algumas diferenças pontuais. Primeiro, a expressão *nuncupativamente* foi substituída por *oralmente*, com o fim de facilitar a sua compreensão.

Foi retirada do texto legal expressão de origem latina (*nuncupare*, como visto quer dizer chamar, nomear ou dizer de viva voz), substituída por outra de origem portuguesa e de fácil compreensão. A modificação está mais uma vez fundada no princípio da operabilidade, no sentido de facilitação dos institutos civil, de *simplicidade*.

Uma segunda alteração acabou por reparar um engano. O antigo Código Civil, no parágrafo único do art. 1.663, previa a caducidade dessa forma de testamento quando o testador não morresse *e* convalescesse do ferimento. O dispositivo atual substitui tal conjunção aditiva pela adversativa *ou*, sendo certo que nas duas hipóteses ocorrerá a caducidade do testamento, simplesmente porque o fato aleatório do que dependia o ato jurídico não ocorreu.

Mister observar a existência de repreensão doutrinária ao testamento militar oral, pela insegurança jurídica a que conduz, grupo de juristas que conta com a voz de Silvio Rodrigues, para quem "o grande absurdo da atual legislação – que o projeto de reforma mantém – é a possibilidade do testamento nuncupativo, ou seja, do testamento verbal" (*Direito*... 1983, v. 7, p. 125). Também Clóvis Beviláqua já previa, no início do século passado, um *romantismo perigoso* nesta forma testamentária, eis que a vontade do testador ferido pode ser trilhada por emoções perigosas, na iminência da morte (*Código*..., 1977, v. VI, p. 859).

Entre os contemporâneos, o sempre citado Zeno Veloso sugere a ampliação de formalidades para essa modalidade (*Código*..., 2012, p. 2.124). Concorda-se que há certo risco nesse testamento extraordinário, principalmente quanto à prova efetiva da vontade do testador, no caso de não sobrevivência das testemunhas. De toda sorte, o risco é diminuído no mundo real pela inexistência de tradição bélica do Brasil.

Por derradeiro, também a respeito do testamento militar, o novo Estatuto Processual em vigor determina a sua confirmação judicial pela incidência das mesmas regras relativas ao testamento particular (art. 737, § 3.º, do CPC/2015, correspondente ao art. 1.134, inciso III, do CPC/1973).

3.4.4 Do denominado testamento vital ou biológico

A partir da 4.ª edição desta obra, então em coautoria com José Fernando Simão, resolvemos incluir um tópico a respeito do tema do *testamento vital* ou *biológico*, assunto amplamente debatido no Brasil nos últimos anos. Tal modalidade é também denominada *testamento em vida*, *testament de vie* ou *living will*.

Roxana Cardoso Brasileiro Borges conceitua o instituto como "o documento em que a pessoa determina, de forma escrita, que tipo de tratamento ou não tratamento deseja para a ocasião em que se encontrar doente, em estado incurável ou terminal, e incapaz de manifestar sua vontade" (*Disponibilidade*..., 2005, p. 239). Para a jurista, o declarante, por meio do *testamento vital*, visa a influir sobre os profissionais da área de saúde, "no sentido do não tratamento, como vontade do paciente, que pode vir a estar impedido de manifestar sua vontade, em razão da doença" (BORGES, Roxana Cardoso Brasileiro. *Disponibilidade*..., 2005, p. 239).

Nesse contexto de definição, a primeira dúvida que surge em relação ao testamento vital é se se trata de um exercício admissível da autonomia privada ou de um exercício ilícito, com conteúdo nulo. Para responder a tal questão, é importante aqui, antes de qualquer conclusão, esclarecer os conceitos de *eutanásia*, *distanásia* e *ortotanásia* (como referências para pesquisa e conceituação: DINIZ, Maria Helena. *O estado*..., 2003, p. 320-361; BORGES, Roxana Cardoso Brasileiro. *Disponibilidade*..., 2005, p. 233-239).

De início, a *eutanásia* – na tradução etimológica literal *boa morte* – significa a facilitação da morte, engendrada pelos profissionais da área da saúde. A eutanásia se dá por meio de utilização de técnicas que permitam a ocorrência da morte, de modo a ser menos dolorosa quanto possível ao paciente. Para tal prática, há a utilização de condutas ativas, como a conhecida *máquina de suicídio*, criada pelo médico norte-americano Jack Kevorkian, conhecido como *Doutor Morte*.

Por outra via, a *distanásia* significa o prolongamento do processo de morte, por meio artificial, o que traz sofrimento ao paciente. Há, portanto, um prolongamento exagerado, uma *obstinação terapêutica*, que se mostra, na maioria das vezes, totalmente inútil. Como bem explica Maria Helena Diniz, "Pela distanásia, também designada obstinação terapêutica (*L'acharment thérapeutique*) ou futilidade médica (*medical futility*), tudo deve ser feito mesmo que cause sofrimento atroz ao paciente. Isso porque a distanásia é a morte lenta e com muito sofrimento. Trata-se do prolongamento exagerado da morte de um paciente terminal ou tratamento inútil" (DINIZ, Maria Helena. *O estado*..., 2003, p. 336).

Em suma, trata-se de medida que deve ser evitada tanto pelos profissionais da área da saúde quanto pelos componentes do meio social, pois "distorce objetivos da medicina", como bem esclarece Leo Pessini (Questões... In: GARRAFA, Volnei; Pessini, Leo (Org.). *Bioética*..., 2003, p. 400).

Por fim, a *ortotanásia* – na etimologia *morte correta* – é justamente a situação oposta à *distanásia*, ou seja, representa o não prolongamento, de forma artificial, do processo de morte (BORGES, Roxana Cardoso Brasileiro. *Disponibilidade*..., 2005, p. 235). A *ortotanásia* é prática utilizada para não gerar ao paciente um sofrimento físico, psicológico e espiritual, presente, por exemplo, pelo *não* emprego de técnicas terapêuticas inúteis de prolongamento da vida.

As três expressões devem ser esclarecidas, pois, aqui, será trabalhada a ideia de *testamento vital* ou *biológico* somente para os casos de *ortotanásia*. Quanto ao primeiro caso, da *eutanásia*, ainda estão pendentes muitas reflexões.

Desse modo, delimitada a aplicação do conceito, a minha resposta é positiva quanto à possibilidade jurídica do instituto. A partir do conceito de autonomia privada, que vem a ser o direito que a pessoa tem de regulamentar os seus interesses, decorrentes dos princípios constitucionais da liberdade e da dignidade, trata-se de um exercício admissível da vontade humana. Isso porque a *ortotanásia* representa um correto *meio-termo* entre a *eutanásia* e a *distanásia*, uma *sabedoria* a ser procurada por todos os envolvidos com o fato, de todas as áreas do pensamento. Nesse contexto, merecem transcrições as palavras de Leo Pessini, teólogo estudioso do assunto:

> "Nasce uma *sabedoria* a partir da reflexão, da aceitação e da assimilação do cuidado da vida humana no sofrimento do adeus final. Entre dois limites opostos: de um lado, a convicção profunda que brota das culturas das religiões de não matar ou abreviar a vida

humana sofrida (eutanásia); de outro lado, a visão e o compromisso para não prolongar a dor, o sofrimento, a agonia, ou pura e simplesmente adiar a morte (distanásia, tratamento fútil, obstinação terapêutica). No não matar e no não agredir terapeuticamente está o amarás, isto é, o cuidado da dor e do sofrimento humano, que em última instância aceita a morte e faz desta experiência o último momento de crescimento de vida, como revela todo o trabalho pioneiro da médica psiquiatra norte-americana Elizabeth Kübler-Ross. É o ideal da ortotanásia" (PESSINI, Leo. Questões... In: GARRAFA, Volnei; Pessini, Leo (Org.). *Bioética...*, 2003, p. 406).

O conteúdo do que se denomina *testamento vital* ou *biológico* visa, assim, a proteger a dignidade do paciente terminal, dentro da ideia do binômio *beneficência/não maleficência*, sendo o art. 15 do Código Civil de 2002 o suporte legal para a viabilidade do que se propõe pelo instituto. Mais do que isso, há uma proteção indireta da dignidade dos familiares do paciente terminal, que também sofrem com todos os males e as dores pelas quais passa a pessoa amada e querida. Nesse sentido, pode-se falar em *solidariedade familiar*, estribada na proteção constitucional da solidariedade social, nos termos do art. 3.º, inciso I, da Constituição Federal de 1988. Compartilha-se, portanto e em certo sentido, com a opinião de Diaulas Costa Ribeiro, sendo pertinente transcrever suas palavras:

> "A suspensão de esforço terapêutico necessita de uma manifestação de vontade do paciente, a qual deve ser feita antes da perda de sua capacidade civil, no contexto das diretivas antecipadas. Para que isso seja possível, quatro alternativas se apresentam: uma escritura pública feita em cartório, na qual o paciente declara não aceitar a obstinação terapêutica, nem ser mantido vivo por aparelhos, especificando, ainda, que tipo de tratamento tolerará; uma declaração escrita em documento particular, uma simples folha de papel assinada, de preferência com firma reconhecida; uma declaração feita a seu médico assistente – registrada em seu prontuário, com sua assinatura. A quarta alternativa refere-se àquele paciente que não teve oportunidade de elaborar diretivas antecipadas mas que declarou a amigos, familiares etc. sua rejeição ao esforço terapêutico nos casos de estado vegetativo permanente ou de doença mental: a justificação testemunhal da vontade" (RIBEIRO, Diaulas Costa. Um novo testamento... In: PEREIRA, Rodrigo da Cunha (Org.). *Anais...*, 2006, p. 281).

A partir das palavras transcritas, insta perceber, quanto às formalidades, que o doutrinador coloca à disposição do paciente medidas formais e informais, bastando a prova de sua manifestação de vontade para que as suas decisões sejam respeitadas pelos envolvidos.

No que tange à ética médica, a prática da ortotanásia foi reconhecida como válida e eficaz, inicialmente, pela Resolução 1.805/2006 do Conselho Federal de Medicina, cujos dispositivos fundamentais merecem transcrição integral, para leitura e reflexões:

> "Art. 1.º É permitido ao médico limitar ou suspender procedimentos e tratamentos que prolonguem a vida do doente em fase terminal, de enfermidade grave e incurável, respeitada a vontade da pessoa ou de seu representante legal.
>
> § 1.º O médico tem a obrigação de esclarecer ao doente ou a seu representante legal as modalidades terapêuticas adequadas para cada situação.
>
> § 2.º A decisão referida no *caput* deve ser fundamentada e registrada no prontuário.

§ 3.º É assegurado ao doente ou a seu representante legal o direito de solicitar uma segunda opinião médica.

Art. 2.º O doente continuará a receber todos os cuidados necessários para aliviar os sintomas que levam ao sofrimento, assegurada a assistência integral, o conforto físico, psíquico, social e espiritual, inclusive assegurando-lhe o direito da alta hospitalar".

Todavia, a citada resolução do Conselho Federal de Medicina foi suspensa por decisão da 14.ª Vara Federal do Distrito Federal, com efeitos *erga omnes*. Vejamos o seu trecho principal que, apesar de longo, merece ser lido para as devidas reflexões:

"Trata-se de ação civil pública, com pedido de antecipação de tutela, ajuizada pelo MINISTÉRIO PÚBLICO FEDERAL contra o CONSELHO FEDERAL DE MEDICINA, questionando a Resolução CFM n.º 1.805/2006, que regulamenta a ortotanásia. Aduz, em apertada síntese, que o Conselho Federal de Medicina não tem poder regulamentar para estabelecer como conduta ética uma conduta que é tipificada como crime. O processo foi ajuizado em 09 de maio de 2007. (...). Na verdade, trata-se de questão imensamente debatida no mundo inteiro. Lembre-se, por exemplo, da repercussão do filme espanhol 'Mar Adentro' e do filme americano 'Menina de Ouro'. E o debate não vem de hoje, nem se limita a alguns campos do conhecimento humano, como o Direito ou a Medicina, pois sobre tal questão há inclusive manifestação da Igreja, conforme a 'Declaração sobre a Eutanásia' da Sagrada Congregação para a Doutrina da Fé, aprovada em 05 de maio de 1980, no sentido de que 'na iminência de uma morte inevitável, apesar dos meios usados, é lícito em consciência tomar a decisão de renunciar a tratamentos que dariam somente um prolongamento precário e penoso da vida, sem, contudo, interromper os cuidados normais devidos ao doente em casos semelhantes. Por isso, o médico não tem motivos para se angustiar, como se não tivesse prestado assistência a uma pessoa em perigo'. Entretanto, analisada a questão superficialmente, como convém em sede de tutela de urgência, e sob a perspectiva do Direito, tenho para mim que a tese trazida pelo Conselho Federal de Farmácia nas suas informações preliminares, no sentido de que a ortotanásia não antecipa o momento da morte, mas permite tão somente a morte em seu tempo natural e sem utilização de recursos extraordinários postos à disposição pelo atual estado da tecnologia, os quais apenas adiam a morte com sofrimento e angústia para o doente e sua família, não elide a circunstância segundo a qual tal conduta parece caracterizar crime de homicídio no Brasil, nos termos do art. 121, do Código Penal. E parece caracterizar crime porque o tipo penal previsto no sobredito art. 121, sempre abrangeu e parece abranger ainda tanto a eutanásia como a ortotanásia, a despeito da opinião de alguns juristas consagrados em sentido contrário. Tanto assim que, como bem asseverou o representante do Ministério Público Federal, em sua bem-elaborada petição inicial, tramita no Congresso Nacional o 'anteprojeto de reforma da parte especial do Código Penal, colocando a eutanásia como privilégio ao homicídio e descriminando a ortotanásia' (fl. 29). Desse modo, a glosa da ortotanásia do mencionado tipo penal não pode ser feita mediante resolução aprovada pelo Conselho Federal de Medicina, ainda que essa resolução venha de encontro aos anseios de parcela significativa da classe médica e até mesmo de outros setores da sociedade. Essa glosa há de ser feita, como foi feita em outros países, mediante lei aprovada pelo Parlamento, havendo inclusive projeto de lei nesse sentido tramitando no Congresso Nacional. (...). Mas a mera aparência desse conflito já é bastante para impor a suspensão da Resolução CFM n.º 1.805/2006, mormente quando se considera que sua vigência, iniciada com a publicação no *DOU* do dia 28 de novembro de 2006, traduz o *placet* do Conselho Federal de Medicina com a prática da ortotanásia, ou seja, traduz o *placet* do Conselho Federal de Medicina com a morte ou o fim da vida de pessoas doentes, fim da vida essa que é irreversível e não pode destarte aguardar a solução final do processo para ser tutelada judicialmente. Do exposto, defiro A antecipação de tutela para suspender os efeitos da Resolução CFM n.º 1.805/2006. Intimem-se. Cite-se. Brasília, 23 de outubro de 2007. Roberto Luis Luchi Demo. Juiz Federal Substituto da 14.ª Vara/DF".

Cabe anotar que a ação foi julgada improcedente no mérito, em dezembro de 2010, cassando-se a liminar antes concedida. O anterior Código de Ética Médica (Resolução 1.931/2009 do Conselho Federal de Medicina) retomou o tema, no seu art. 41, ao estabelecer que é vedado ao médico abreviar a vida do paciente, ainda que a pedido deste ou de seu representante legal. O parágrafo único da norma é que merece destaque, ao enunciar que, "nos casos de doença incurável e terminal, deve o médico oferecer todos os cuidados paliativos disponíveis sem empreender ações diagnósticas ou terapêuticas inúteis ou obstinadas, levando sempre em consideração a vontade expressa do paciente ou, na sua impossibilidade, a de seu representante legal". A norma foi repetida pelo *Novo Código de Ética Médica* – Resolução 2.217/2018 –, em vigor a partir de maio de 2019. Os dispositivos autorizam a ortotanásia, dando suporte ético ao testamento vital ou biológico em casos tais.

Em complemento, o mesmo Conselho Federal de Medicina editou a Resolução 1.995/2012, que trata das "Diretivas Antecipadas de Vontade". Pela norma, a vontade do paciente deve prevalecer sobre a dos seus representantes, o que representa uma notável valorização da autonomia privada. De acordo com a nova norma ética, "nas decisões sobre cuidados e tratamentos de pacientes que se encontram incapazes de comunicar-se, ou de expressar de maneira livre e independente suas vontades, o médico levará em consideração suas diretivas antecipadas de vontade" (art. 2.º, *caput*). Eventualmente, caso o paciente tenha designado um representante para tal fim, suas informações serão levadas em consideração pelo médico (§ 1.º). Entretanto, de acordo com o § 3.º do dispositivo, "as diretivas antecipadas do paciente prevalecerão sobre qualquer outro parecer não médico, inclusive sobre os desejos dos familiares". Cumpre ressaltar por fim, que as diretivas antecipadas de vontade poderão ser registradas no prontuário médico, não se exigindo maiores formalidades para tanto (§ 4.º).

Tendo sido consolidada a questão no âmbito da ética médica, espera-se que a prática seja disciplinada e autorizada por lei, aguardando-se a aprovação de um dos projetos de lei em trâmite no Congresso Nacional. No plano doutrinário, destaque-se a aprovação, na *V Jornada de Direito Civil*, evento do ano de 2011, de enunciado reconhecendo a possibilidade do testamento vital ou biológico, nos seguintes termos: "é válida a declaração de vontade, expressa em documento autêntico, também chamado 'testamento vital', em que a pessoa estabelece disposições sobre o tipo de tratamento de saúde, ou não tratamento, que deseja no caso de se encontrar sem condições de manifestar a sua vontade" (Enunciado n. 528).

Ademais, merecem ser citadas as lições de doutrinadores contemporâneos de destaque, que tratam do assunto em seus *Manuais* de Direito das Sucessões.

De início, como explica Maria Berenice Dias, "o direito ao consentimento informado encontra fundamento nos princípios da bioética. O princípio da autonomia é o reconhecimento da liberdade individual que deve compreender também o respeito à escolha da maneira de morrer e controlar a assistência médica que o paciente deseja receber no futuro. O princípio da beneficência se consubstancia no respeito à pessoa e às suas opções de vida. Não maleficência é não fazer o mal, e significa respeitar as promessas e os compromissos firmados pelo médico com o paciente" (*Manual...*, 2011, p. 379).

Para Paulo Lôbo, "o testamento vital é, pois, negócio jurídico válido de última vontade, haurido da autonomia privada do declarante. A fundamentação ética deve ser entendida como de ordem pública" (*Direito...*, 2013, p. 238). Apesar de inexistência de lei federal sobre o assunto, o último professor citado destaca a Lei 10.241/1999, do Estado de São Paulo, que regulamenta o direito dos pacientes médicos, em hospitais públicos paulistas, de se recusarem a tratamentos dolorosos ou extraordinários para prolongar a vida. Pablo Stolze Gagliano e Rodolfo Pamplona Filho igualmente reconhecem que o testamento biológico "é somente uma forma de permitir que a pessoa possa declarar antecipadamente que recusa terapias médicas que prolongariam dolorosamente a sua existência, em detrimento da sua qualidade de vida" (*Novo Curso...*, 2014, v. 7, p. 322).

Em complemento às lições expostas, acredito na existência de um *direito de morrer com dignidade*, o que é retirado da cláusula geral de tutela da pessoa humana constante do art. 1.º, inciso III, da Constituição Federal. Trata-se de verdadeiro direito da personalidade, que deve ser reconhecido amplamente nas relações privadas existentes entre médicos e pacientes; e entre ambos e o hospital, seja ele público ou privado. Em reforço, tal direito deve prevalecer na *ponderação* ou na *escolha moral* em relação ao direito de se prolongar a vida de forma desnecessária.

Cabe destacar que, no plano da jurisprudência estadual, alguns julgados já reconhecem a validade e a eficácia do denominado testamento vital ou biológico, cabendo trazer à colação o seguinte, da segunda instância do Tribunal de Justiça do Rio Grande do Sul:

> "Apelação cível. Assistência à saúde. Biodireito. Ortotanásia. Testamento vital. 1. Se o paciente, com o pé esquerdo necrosado, se nega à amputação, preferindo, conforme laudo psicológico, morrer para 'aliviar o sofrimento'; e, conforme laudo psiquiátrico, se encontra em pleno gozo das faculdades mentais, o estado não pode invadir seu corpo e realizar a cirurgia mutilatória contra a sua vontade, mesmo que seja pelo motivo nobre de salvar sua vida. 2. O caso se insere no denominado biodireito, na dimensão da ortotanásia, que vem a ser a morte no seu devido tempo, sem prolongar a vida por meios artificiais, ou além do que seria o processo natural. 3. O direito à vida garantido no art. 5.º, *caput*, deve ser combinado com o princípio da dignidade da pessoa, previsto no art. 1.º, III, ambos da CF, isto é, vida com dignidade ou razoável qualidade. A constituição institui o direito à vida, não o dever à vida, razão pela qual não se admite que o paciente seja obrigado a se submeter a tratamento ou cirurgia, máxime quando mutilatória. Ademais, na esfera infraconstitucional, o fato de o art. 15 do CC proibir tratamento médico ou intervenção cirúrgica quando há risco de vida, não quer dizer que, não havendo risco, ou mesmo quando para salvar a vida, a pessoa pode ser constrangida a tal. 4. Nas circunstâncias, a fim de preservar o médico de eventual acusação de terceiros, tem-se que o paciente, pelo quanto consta nos autos, fez o denominado testamento vital, que figura na Resolução n.º 1995/2012, do Conselho Federal de Medicina. 5. Apelação desprovida" (TJRS, 1.ª Câmara Cível, Apelação Cível 223453-79.2013.8.21.7000, Viamão, Rel. Des. Irineu Mariani, j. 20.11.2013, *DJERS* 28.11.2013).

Ressalte-se, contudo, que o aresto parece confundir a eutanásia com a ortotanásia, o que coloca o seu conteúdo em xeque, no meu entendimento.

Reconhecida a sua viabilidade ético-jurídica, fica uma dúvida. O *testamento vital* ou *biológico* constitui realmente um *testamento*, no sentido jurídico da expressão, ou o instituto é uma mera disposição unilateral de vontade? Como enquadrar esse instituto como categoria jurídica? Entendo que o instituto que se propõe não é realmente um *testamento*, porque, conforme exposto, o testamento é instituto jurídico para produzir efeitos após a morte. Não é o que ocorre em regra com o que se denomina *testamento vital* ou *biológico*, que nos casos envolvendo o tratamento médico produz efeitos ainda antes da morte da pessoa, particularmente nos casos em que o paciente é terminal.

A propósito, pontua Luiz Paulo Vieira de Carvalho, com precisão, que "o testamento vital ou biológico não traduz uma disposição de última vontade, e sim em um negócio jurídico *inter vivos* de conteúdo não patrimonial, pelo qual a pessoa natural, alicerçada na autonomia privada, no princípio constitucional da dignidade humana (art. 1.º, inciso III, da CRFB) e nas autorizações normativas acerca da liberdade que tem para se decidir sobre a própria saúde e o tratamento a que se deseja submeter ou não (arts. 1.º, inciso II, 5.º, II, III, VI, VIII e X, ambos da CRFB, arts. 13, 14 e 15 do CC e Lei 9.434/1997), antecipa manifestação de vontade nesse campo, de molde a evitar eventual impossibilidade física de fazê-lo ulteriormente" (CARVALHO, Luiz Paulo Vieira de. *Direito*..., 2014, p. 534).

Ademais, a forma desse ato é livre, nos termos do art. 107 do Código Civil, bastando que seja devidamente constatada e provada, não se enquadrando nas complexas solenidades relativas ao testamento, um dos atos que apresenta um maior número de formalidades entre todos de Direito Privado.

Em suma, trata-se, em regra, de um ato jurídico *stricto sensu* unilateral, que pode, sim, produzir efeitos, uma vez que o seu conteúdo é perfeitamente lícito. Eventualmente, apenas nos casos em que houver disposições não patrimoniais, como aquelas relativas à doação *post mortem* de partes do corpo (nos termos do art. 14 do Código Civil), ao destino do corpo, ao sufrágio da alma, ao enterro, entre outros, é que o instituto seria assemelhado a um *testamento*, na verdade, mais próximo de um codicilo, nos termos do art. 1.881 do atual Código Civil brasileiro.

Por tudo que foi exposto, o que se percebe é que a expressão *testamento vital* ou *biológico* não é correta quanto à categorização jurídica, pois o que se propõe não é um *testamento* em si. Por isso, sugiro que a sua denominação, na prática, seja alterada para *declaração vital* ou *biológica*, termos que melhor explicam essa categoria que está em amplo debate nos meios jurídicos nacionais.

Para encerrar o tópico, fica a conclusão pela necessidade de se inserir no texto da lei a viabilidade dessa declaração, o que está sendo proposto pelo recente Projeto de Reforma do Código Civil elaborado pela Comissão de Juristas nomeada no Senado Federal, para a sua Parte Geral, no tratamento dos direitos da personalidade.

Consoante a nova redação do art. 15 da Lei Privada, ninguém pode ser constrangido a submeter-se a tratamento médico ou a intervenção cirúrgica. O seu § 1.º passará a prever que é assegurada à pessoa natural a elaboração de diretivas antecipadas de vontade, indicando o tratamento que deseje ou não realizar, em momento futuro de incapacidade. Nos termos do seu § 2.º, também é assegurada a indicação de representante para a tomada de decisões a respeito de sua saúde, desde que formalizada em prontuário médico, instrumento público ou particular, datados e assinados, com eficácia de cinco anos. Por fim, o seu § 3.º enunciará que a recusa válida a tratamento específico não exime o profissional de saúde da responsabilidade de continuar a prestar a melhor assistência possível ao paciente, nas condições em que ele se encontre ao exercer o direito de recusa.

Mais especificamente sobre o tema aqui estudado, o projetado art. 15-A do Código Civil preceituará que, plenamente informadas por médicos sobre os riscos atuais de morte e de agravamento de seu estado de saúde, as pessoas capazes para o exercício de atos existenciais da vida civil podem manifestar recusa terapêutica para não serem constrangidas a se submeterem à internação hospitalar, a exame, a tratamento médico, ou à intervenção cirúrgica. Em complemento, o seu parágrafo único prescreverá a possibilidade de toda pessoa fazer constar do assento de seu nascimento a averbação dessas declarações.

Por tudo o que foi aqui estudado, espera-se a sua mais do que necessária aprovação pelo Parlamento Brasileiro.

3.5 DO CODICILO

O codicilo ou *pequeno escrito* constitui uma disposição testamentária de pequena monta ou extensão. Como leciona Carlos Maximiliano, "é um ato de última vontade, que dispõe sobre assuntos de pouca importância, despesas e dádivas de pequeno valor" (*Direito...*, 1952, v. I, p. 557). Relata o *clássico* que o instituto tem origem do costume "de escreverem os hereditandos, após fazer o testamento, um ou mais bilhetes aos herdeiros instituídos, ordenando-lhes várias liberalidades, fazendo advertências e recomendações. A princípio eram atendidos espontaneamente; não se atribuía a esses papéis autoridade compulsória. Assim aconteceu até o reinado de Augusto, em Roma" (MAXIMILIANO, Carlos. *Direito...*, 1952, v. I, p. 557).

Ainda entre os doutrinadores mais remotos, concluiu Orosimbo Nonato, então como Ministro do Supremo Tribunal Federal, que "em nosso Direito vigente perdeu o codicilo feição de testamento menos solene, para tornar-se apenas, numa declaração hológrafa, de efeitos e objeto limitados, escrito, datado e assinado por pessoa capaz de testar" (STF, RE 18012, 2.ª Turma, Rel. Min. Orosimbo Nonato, j. 23.01.1951).

Avançando doutrinariamente no tempo, Orlando Gomes afirma que o codicilo é um *pequeno testamento* que se tornou obsoleto, assumindo a forma hológrafa e com conteúdo bem restrito (GOMES, Orlando. *Sucessões*, 2001, p. 93). Caio Mário da Silva Pereira sinaliza que a expressão, etimologicamente, traz a ideia romana de um diminutivo de *codex*, um pequeno código, sem as características complexas do ato testamentário (PEREIRA, Caio Mário da Silva. *Instituições...*, 2012, v. VI, p. 232).

Entre os contemporâneos, leciona Paulo Lôbo que o codicilo "é o escrito particular singelo, sem as formalidades exigíveis para os testamentos, que pode ser utilizado para disposições de última vontade de fins não econômicos ou de fins econômicos de pequena monta" (LÔBO, Paulo. *Direito...*, 2013, p. 236). Por fim, na dicção de Zeno Veloso, apesar de se parecerem, o codicilo é "muito menos que o testamento. Não é um testamento menos solene, como acontecia no regime das Ordenações (Livro IV, Título 86). Trata-se, por sinal, de figura em extinção no tempo da promulgação do Código Civil de 1916" (*Código...*, 2012, p. 2.113).

Em suma, na minha definição e na linha dos doutrinadores citados, o codicilo é um ato particular de última vontade simplificado e de expressão não considerável, para o qual a lei não exige maiores solenidades, em razão de ser o seu objeto de menor importância tanto para o falecido quanto para os seus herdeiros.

Vista a conceituação do instituto, dispõe o art. 1.881 do CC/2002 que toda pessoa capaz de testar poderá, mediante escrito particular seu, datado e assinado, fazer disposições especiais sobre o seu enterro, sobre esmolas de pouca monta a certas e determinadas pessoas, ou, indeterminadamente, aos pobres de certo lugar, assim como legar móveis, roupas ou joias, de pouco valor, de seu uso pessoal.

Cabe destacar que proposta constante do antigo Projeto Ricardo Fiuza pretendia instituir um parágrafo único no dispositivo, a fim de que fosse possível o codicilo redigido mecanicamente, por computador ou máquina de escrever, desde que o seu autor numere e autentique, com a sua assinatura, todas as páginas. E não poderia ser diferente, eis que as formas ordinárias de testamento podem ser feitas desse modo, mais comum na contemporaneidade do que a escrita de próprio punho. Esclareça-se, contudo, que mesmo no sistema atual o codicilo é ato que não exige maiores formalidades, podendo ser feito à mão e sem a presença de testemunhas.

O atual Projeto de Reforma do Código Civil, elaborado pela Comissão de Juristas nomeada no Senado Federal, vai além, possibilitando o *codicilo digital* e *por vídeo*, na linha da necessária redução de burocracias proposta na sua elaboração. Nesse contexto, o art. 1.881 da Lei Privada passará a prever que "toda pessoa capaz de testar poderá, mediante escrito particular seu, datado e assinado, em formato físico ou digital, ou ainda mediante gravação em programa audiovisual, fazer disposições especiais sobre o seu enterro, sobre esmolas de pouca monta a certas e determinadas pessoas, ou, indeterminadamente, aos pobres de certo lugar, assim como legar móveis, roupas ou joias, de pouco valor, de seu uso pessoal".

Em prol da segurança jurídica, pretende-se incluir na norma um § 1.º, prevendo-se que deve ser considerada como de pouca monta ou de pouco valor a disposição que não exceder a 10% (dez por cento) do monte-mor partilhável. Voltarei ao tema mais à frente.

Por fim, o comando receberá um necessário § 2.º, prevendo que, em se tratando de bens digitais, tais como vídeos, fotos, livros, senhas de redes sociais, e outros elementos armazenados exclusivamente na rede mundial de computadores, em nuvem, o codicilo em vídeo dispensa a assinatura para sua validade. Assim, e como não poderia ser diferente, por tudo o que está sendo proposto pela Comissão de Juristas, os bens digitais ou o patrimônio digital poderá ser objeto de codicilo.

Voltando-se ao sistema atual e ora vigente, fica a dúvida acerca da necessidade de ser o documento datado, sob pena de nulidade absoluta, por desrespeito à forma. Carlos Alberto Dabus Maluf e Adriana Caldas Dabus Maluf, citando Eduardo de Oliveira Leite, respondem positivamente, pois pode ser necessária a verificação da capacidade do falecido quando do ato (MALUF, Carlos Alberto Dabus; MALUF, Adriana Caldas Dabus. *Curso...*, 2013, p. 326).

No entanto, nesse ponto, filia-se a Paulo Lôbo, que afirma: "o codicilo é informal, por sua natureza e destinação. O escrito particular pode ser feito à mão ou mediante processo mecânico ou eletrônico. A lei não impõe que seja escrito de próprio punho. Não há exigência de testemunhas ou qualquer outro requisito formal. Vale por si e produz efeitos com a morte do autor" (*Direito*..., 2013, p. 236). Como argumento complementar, cite-se a sempre invocada premissa segundo a qual o material deve prevalecer sobre o formal na civilística contemporânea.

Além dos conteúdos expostos, é possível nomear ou substituir testamenteiros por meio de codicilo, conforme consta do art. 1.883 da própria codificação privada. É possível, ainda, fazer disposição sobre sufrágios da alma, como para celebração de uma missa ou culto em nome do falecido (art. 1.998). No que concerne aos valores relativos ao *bom recebimento da alma*, julgou bem o Tribunal do Distrito Federal ao deduzir que "as despesas funerárias, haja ou não herdeiros legítimos, sairão do monte da herança; mas as de sufrágio por alma do falecido só obrigarão a herança quando ordenadas em testamento ou codicilo" (TJDF, Apelação Cível 2006.10.1.001285-3, Acórdão 259792, 3.ª Turma Cível, Rel. Des. Nídia Corrêa Lima, *DJU* 30.11.2006, p. 131).

Por meio de codicilo, é viável também fazer o perdão do herdeiro indigno (art. 1.818 do CC). Nesse último caso, fica em xeque a afirmação de que o codicilo tem pouca expressão, inclusive patrimonial, pois o perdão do indigno pode gerar uma atribuição de bens considerável da herança, pela via indireta ou oblíqua. Apesar dessa conclusão, advirta-se, o codicilo continua sendo possível em casos tais, pelos exatos termos da lei.

Cabe esclarecer que a análise do que sejam *bens de pequeno valor* no conteúdo codicilar deve ser feita caso a caso, de acordo com o montante dos bens do espólio, segundo aponta a grande maioria da doutrina (DINIZ, Maria Helena. *Curso*..., 2013, v. 6, p. 343; HIRONAKA, Giselda Maria Fernandes Novaes. *Direito*..., 2012, p. 304; VELOSO, Zeno. *Código*..., 2012, p. 2.113). Em suma, os critérios não são absolutos, mas relativos, sendo dotados de uma subjetividade casuística, de acordo com as circunstâncias fáticas. Na mesma esteira da jurisprudência, cabe colacionar:

> "Codicilo. 'Donativo de pequeno valor'. Relatividade. Na falta de um critério legal para se aferir o 'pequeno valor' da doação, será este considerado em relação ao montante dos bens do espólio, além de dever-se respeitar a última vontade do doador, máxime não havendo herdeiro necessário" (TJMG, Apelação Cível 1.0000.00.160919-7/000, 1.ª Câmara Cível, Belo Horizonte, Rel. Des. Orlando Adão Carvalho, j. 14.12.1999, *DJMG* 17.12.1999).

> "Codicilo só pode ser bem de pequeno valor, porém, mesmo em relação ao inventário, o valor em dinheiro era considerável. Afastada corretamente a qualificação de codicilo, que não procede porque o documento foi declarado falso. Embora não se atribua a falsidade a ela, tão logo apurada a falsidade, deveria entregar ao monte o valor recebido. Recurso não provido" (TJRJ, Apelação Cível 5810/1997, 4.ª Câmara Cível, Rel. Des. Semy Glanz, j. 18.12.1997).

Em prol da segurança jurídica, como visto, no Projeto de Reforma do Código Civil pretende-se incluir no seu art. 1.881 um § 1.º, prevendo-se que deve ser considerada como de pouca monta ou de pouco valor a disposição que não exceder a 10% (dez por cento) do monte-mor partilhável. Com isso, mais um dilema verificado nos mais de vinte anos de vigência do Código Civil será resolvido, o que se espera seja aprovado pelo Parlamento Brasileiro.

Além dos conteúdos descritos, entendo que é perfeitamente possível o ato de reconhecer voluntariamente um filho por meio de codicilo, interpretação retirada do art. 1.609, inciso III, do Código Civil, que elenca o ato de perfilhação por testamento, ainda que a declaração seja incidental. A conclusão também é retirada do inciso anterior do comando citado, que aponta a possibilidade de reconhecer filho por meio de escrito particular. Também nesse caso, que prestigia a figura do filho, a pequena monta do conteúdo codicilar fica em dúvida, o que não retira a sua viabilidade jurídica.

Na doutrina contemporânea, Maria Berenice Dias também responde pela plena possibilidade da *perfilhação codicilar*, lecionando que "mediante codicilo não se pode instituir herdeiro, mas é possível o reconhecimento de filho. Tem validade, senão para proceder-se ao registro, ao menos como início da prova da filiação (CC 1.605, I) para subsidiar ação investigatória de paternidade" (*Manual...*, 2011, p. 376). Todavia, esclareça-se que a questão não é pacífica entre os juristas atuais.

Para Carlos Alberto Dabus Maluf e Adriana Caldas Dabus Maluf, "não poderá, entretanto, o seu autor ir além de suas disposições, como utilizar-se para reconhecer filhos, posto que, com essa perfilhação, transpõe os limites traçados pelos citados arts. 1.881 e 1.883 do Código Civil" (*Curso...*, 2013, p. 326-327). Cabe frisar que estou filiado à primeira corrente, em consonância com a plena efetivação do princípio da igualdade entre os filhos, retirado do art. 227, § 6.º, da Constituição Federal e do art. 1.596 do Código Civil.

Os atos até aqui descritos, salvo direito de terceiro, valerão como codicilos, deixe ou não testamento o autor (art. 1.882 do CC). Assim, é perfeitamente possível a coexistência de um testamento e um codicilo, desde que os seus objetos não coincidam. Dessa forma concluindo, da sempre atenta jurisprudência gaúcha:

> "Direito das sucessões. Testamento público e codicilo simultâneos. Possibilidade. Não inquina de nulidade o codicilo a superveniência de testamento, mormente se este dispõe sobre bens diversos daquele, que, por sua vez, limitou-se a dispor acerca de joias e dólares. Deram provimento. Unânime" (TJRS, Agravo de Instrumento 70008859803, 7.ª Câmara Cível, Porto Alegre, Rel. Des. Luiz Felipe Brasil Santos, j. 30.06.2004).

Em complemento, como se nota, os direitos de terceiros adquirentes estão assegurados pelo último diploma citado. A título de ilustração, se o veículo de pequeno valor objeto de codicilo for vendido antes do falecimento do autor da herança, há que resguardar o interesse do terceiro de boa-fé.

Deve ficar claro que o instrumento não pode gerar dúvidas quanto à existência efetiva da disposição de bens e interesses de pequena monta. Assim sendo, se o falecido escreve apenas declarações esparsas em um diário, sem que se possa retirar a finalidade de disposição, não há que falar em codicilo. Nesse sentido, da antiga jurisprudência paulista, concluiu-se que "escritos esparsos do *de cujus*, sem especificação de que seus bens passassem para a autora, não equivalem a codicilo. Neste, teria que ficar nítida, como no caso do veículo, a vontade de que certos e determinados bens de pequeno valor seriam da autora, após seu óbito" (TJSP, Apelação Cível 253.609-4, 3.ª Câmara de Direito Privado, São Bernardo do Campo, Rel. Des. Alfredo Migliore, j. 26.11.2002).

Mencione-se, ainda, do Tribunal Gaúcho, aresto que afasta o codicilo, pela existência apenas de um rascunho do testamento futuro (TJRS, Apelação Cível 29927-21.2011.8.21.7000, 8.ª Câmara Cível, Porto Alegre, Rel. Des. Rui Portanova, j. 16.06.2011, *DJERS* 22.06.2011). Além disso, se o documento estiver rasgado ou se for impossível verificar o seu conteúdo com clareza, não gerará efeitos. Nessa linha julgando, do Tribunal de Justiça de São Paulo:

> "Codicilo. Documento rasgado e borrado. Invalidade para registro e cumprimento. Carência da ação reconhecida. Sentença mantida. Recurso desprovido" (TJSP, Apelação 9172250-42.2007.8.26.0000, Acórdão 5499906, 1.ª Câmara de Direito Privado, São Paulo, Rel. Des. Elliot Akel, j. 25.10.2011, *DJESP* 13.02.2012).

Os atos praticados por meio de codicilo revogam-se por atos iguais, e consideram-se revogados, se, havendo testamento posterior, de qualquer natureza, este não confirmá-los ou modificá-los (art. 1.884 do CC). Em suma, a *revogabilidade essencial* do mesmo modo atinge o documento pela sua natureza de *testamento menor* ou de *pequeno código testamentário*. Deve ser advertido, porém, que o codicilo não pode modificar ou revogar testamento, como ensina Paulo Lôbo, pois a extensão do seu conteúdo é menor do que o testamento em si (*Direito...*, 2013, p. 236).

Determina o art. 1.885 do Código Civil em vigor que, se o codicilo estiver fechado, será aberto do mesmo modo que o testamento cerrado, inclusive quanto aos requisitos de abertura judicial, antes estudados. Nesse contexto, conforme anota Maria Helena Diniz, "para a publicação e confirmação de codicilo fechado e até cosido (CC, art. 1.868), o magistrado o abrirá, da mesma forma que o testamento cerrado, e, se inexistir vício externo que o invalide, ordenará seu cumprimento, fazendo-o registrar e arquivar pelo cartório a que tiver sido distribuído" (*Código...*, 2010, p. 1.326).

Por fim, pode ser necessária uma ação para declarar a existência, validade e eficácia do codicilo, confirmando plenamente o ato de última vontade. Nesse contexto, o art. 1.134, inciso IV, do Código de Processo Civil de 1973 determinava a subsunção das mesmas regras previstas para a confirmação do testamento particular, assim como ocorre com as modalidades especiais de testamento. Como visto, a regra foi totalmente mantida pelo art. 737, § 3.º, do Código de Processo Civil de 2015, ora em vigor.

A propósito dessa demanda, como se retira de outro julgado do Tribunal de Justiça do Rio Grande do Sul, "o objetivo da ação de reconhecimento de codicilo é justamente demonstrar a autenticidade do codicilo feito em favor da agravante" (TJRS, Agravo de Instrumento 70037939600, 8.ª Câmara Cível, Porto Alegre, Rel. Des. Rui Portanova, j. 09.08.2010, *DJERS* 13.08.2010). Anote-se que tal entendimento deve ser considerado correto na vigência do Código de Processo Civil de 2015.

3.6 DAS DISPOSIÇÕES TESTAMENTÁRIAS. REGRAS FUNDAMENTAIS A RESPEITO DA INTERPRETAÇÃO DO TESTAMENTO

Como visto, o testamento constitui um negócio jurídico diferenciado, *sui generis* e especial, com regras específicas em livro próprio da codificação privada, dedicado ao Direito das Sucessões. Sendo assim, o testamento possui preceitos específicos também a respeito do seu conteúdo e de sua interpretação no Código Civil de 2002, normas essas que estão reunidas em tópico próprio da codificação intitulado "Das Disposições Testamentárias". Na linha das palavras de Carlos Alberto Dabus Maluf e Adriana Caldas Dabus Maluf, "uma vez examinadas as formalidades extrínsecas do testamento, passa-se à análise de seus elementos intrínsecos, e estes referem-se à instituição de herdeiro ou legatário, bem como quanto ao título ou fundamento pelo qual estes são chamados a recolher a massa hereditária, parte desta, ou coisa determinada" (*Curso*..., 2013, p. 331).

Consigne-se, por oportuno, que muitas das premissas a seguir estudas também incidem para os casos de sucessão singular, presentes no legado, como será percebido dos exemplos a seguir construídos e expostos. Vejamos, pontualmente e de forma sucessiva:

1.ª Regra – A nomeação de herdeiro – a título universal –, ou legatário – a título singular –, pode fazer-se pura e simplesmente, sob condição, para certo fim ou modo, ou por certo motivo (art. 1.897 do CC).

De início, nota-se que a nomeação de herdeiro ou legatário pode ser *pura ou simples*, ou seja, sem a presença de qualquer elemento acidental descrito entre os arts. 121 a 137, na Parte Geral do Código Civil, quais sejam a *condição*, o *termo* e o *encargo*. Todavia, algum ou alguns desses elementos podem estar presentes na nomeação.

Para explicar essa regra interpretativa, vale lembrar, de início, que a condição é o elemento acidental do negócio jurídico que subordina a sua eficácia a evento futuro e incerto (art. 121 do CC). Quanto aos seus efeitos, a condição pode ser *suspensiva* ou *resolutiva*.

Presente uma condição suspensiva, enquanto esta não for verificada, não se terá adquirido o direito, a que ele visa (art. 125 do CC). Nota-se que a condição suspensiva suspende a aquisição e o exercício do direito, não se cogitando a presença de um direito adquirido em casos tais. A título de exemplo, imagine-se a seguinte disposição testamentária: "atribuo meus bens a meu filho Carlos, SE ele se formar em Direito". O meu filho Carlos não terá qualquer direito adquirido quanto aos meus bens antes de se graduar na Faculdade de Direito. Como se percebe, a condição suspensiva é geralmente identificada pela conjunção *SE*.

Por seu turno, se for resolutiva a condição, enquanto esta não for realizada, vigorará o negócio jurídico, sendo ele existente, válido e eficaz (art. 127 do CC). Sendo assim, será possível exercer desde a conclusão do negócio o direito por ele estabelecido, havendo direito adquirido em casos tais. No entanto, conforme o art. 128 da própria codificação privada, sobrevindo a condição resolutiva, extingue-se, para todos os efeitos, o direito a que ela se opõe. Partindo para um caso testamentário específico, imagine-se a seguinte disposição: "deixo meu carro para meu sobrinho Joaquim enquanto ele estiver cursando a faculdade". Durante o curso descrito, o direito de Joaquim estará assegurado, sendo extinto quando ele terminar os estudos, ocasião em que o carro será destinado a todos os herdeiros legítimos do falecido.

Consoante consta do dispositivo específico em estudo – art. 1.897 do CC/2002 –, a condição testamentária pode também estar relacionada a certo motivo, sendo este um aspecto subjetivo ou pessoal da causa do negócio subjacente, variando enormemente, de acordo com a vontade do testador. Como exemplo, imagine-se a seguinte disposição testamentária: "nomeio como herdeiro meu amigo José, pois ele salvou a vida do meu filho". Ou, ainda: "faço o testamento a favor de meu filho João, por ser ele mais trabalhador do que os meus outros filhos". Por fim: "deixo minha mansão ao meu filho Carlos, pois ele é advogado como eu fui".

Sem prejuízo de tudo isso, quando o art. 1.897 do CC/2002 utiliza as expressões *fim* ou *modo*, é forçoso concluir pela possibilidade da presença de um encargo no testamento, sendo este um *fardo* ou *ônus* introduzido em ato de liberalidade. Como é notório, o encargo ou modo não suspende a aquisição ou o exercício do direito como regra, a não ser que seja imposto como condição suspensiva, o que altera sua natureza (art. 136 do CC). Maria Helena Diniz demonstra a plena possibilidade do testamento modal, apresentando exemplo interessante: "a nomeação de herdeiro ou legatário será modal ou com encargo se se impuser ao beneficiado uma contraprestação (*RT* 183/927). P. ex., se se estipular que 'A' receberá o terreno 'y', para nele construir um orfanato" (*Código*..., 2010, p. 1.331).

Como bem expõe Carlos Roberto Gonçalves, existe uma profunda polêmica doutrinária a respeito da possibilidade de se pleitear a ineficácia do testamento pela inexecução do encargo pelo herdeiro (*Curso*..., 2010, v. 7, p. 343-345). A respeito da exigência da *execução* do encargo não há maiores divergências, como bem expõe o próprio professor paulista, incidindo o art. 553 do Código Civil em vigor, dispositivo relativo à doação que é aplicável por analogia ao testamento.

De acordo com tal comando, o donatário – no caso, o herdeiro – é obrigado a cumprir os encargos da doação, caso sejam a benefício do doador, de terceiro, ou do interesse geral. Se desta última espécie for o encargo, ou seja, do interesse geral, o Ministério Público poderá exigir sua execução, depois da morte do doador, se este não tiver feito.

Quanto à possibilidade de se pleitear a ineficácia do testamento por inexecução do encargo, aponta o mesmo doutrinador que Caio Mário da Silva Pereira e Orlando Gomes, por exemplo, sempre foram contrários à sua viabilidade, enquanto Silvio Rodrigues, Pontes de Miranda, Carlos Maximiliano, Orosimbo Nonato e Zeno Veloso pensam de forma contrária (GONÇALVES, Carlos Roberto. *Curso*..., 2010, v. 7, p. 343-345).

Ficamos com a última corrente, ao contrário do que sustentava José Fernando Simão em edições anteriores desta obra (TARTUCE, Flávio; SIMÃO, José Fernando. *Direito*..., 2013, v. 6, p. 354). Desse modo, entendo que devem ser aplicadas as mesmas regras relativas à inexecução do encargo na doação. Deve ser esclarecido, para os devidos fins, que a questão não se revolve no plano da validade, mas da eficácia do testamento.

Trazendo a última solução, que traduz o entendimento majoritário, cabe colacionar, do Tribunal de Justiça do Rio Grande do Sul e então relatoria da doutrinadora Maria Berenice Dias:

> "Cláusula testamentária. Condicionado o legado ao cumprimento de determinados encargos, o seu inadimplemento implica a revogação do benefício. Apelo improvido. O testador, em seu testamento, determinou que a universalidade de seus bens passasse aos apelantes, desde que cumpridas certas condições, as quais, em síntese, diziam com seu bem-estar. E previa que, em caso de inadimplemento, os bens passariam ao sobrinho. (...) O contexto dos autos corrobora as alegações da inicial no sentido de que os recorrentes

efetivamente não se desincumbiram dos encargos a que se condicionava o benefício. Farta é a prova documental evidenciando as ameaças e os maus-tratos infligidos ao falecido enquanto sob os cuidados dos apelantes. Portanto, não resta dúvida de que os encargos estipulados não foram satisfatoriamente adimplidos pelos recorrentes, o que impõe que se reconheça caberem exclusivamente ao apelado os bens deixados pelo falecido, conforme estabelecido no próprio testamento" (TJRS, Apelação Cível 70001169655, 7.ª Câmara Cível, Rel. Maria Berenice Dias, j. 09.08.2000).

Dessa forma, em regra, deve-se considerar o eventual prazo fixado pelo próprio testador para a execução do encargo. Não havendo, pode o interessado notificar o herdeiro que tem o ônus contra si para que o faça em tempo razoável, o que representa aplicação analógica do art. 562 do Código Civil, outro comando relativo à doação. O prazo para a ação de anulação é de um ano a contar de quando chegue ao conhecimento do interessado o fato que a autorizar (art. 559, também por analogia). Esclareça-se, contudo, que há quem entenda pela incidência do prazo geral de prescrição de dez anos para os casos de inexecução do encargo, conforme consta do Volume 3 desta coleção.

Consigne-se, a propósito, que o legatário que tem contra si o encargo ou o modo pode ser obrigado pelo beneficiário a prestar uma caução, chamada de *muciana*. Tal nomenclatura é relacionada a Múcio Sevola, cônsul romano em 95 a.C. e um dos maiores juristas da época, com influências marcantes para o desenvolvimento do Direito Romano (MONTEIRO, Washington de Barros. *Curso...*, 2003, v. 6, p. 161).

Por fim, pontue-se que, em relação à possibilidade de inserir um termo no testamento – elemento acidental relativo a evento futuro e certo, geralmente identificado pela conjunção *QUANDO* –, há clara proibição no art. 1.898 do Código Civil. De acordo com tal diploma, a designação do tempo em que deva começar ou cessar o direito do herdeiro, salvo nas disposições fideicomissárias, ter-se-á por não escrita.

Em suma, nota-se que o termo é considerado ineficaz quando inserido no testamento com esses termos, pois incompatível com o seu conteúdo, salvo nos casos de substituições fideicomissárias, que ainda serão abordados neste capítulo. Como se verá mais à frente, abre-se exceção também para os casos de legados, diante da existência de regras próprias e específicas.

2.ª Regra – Quando a cláusula testamentária for suscetível de interpretações diferentes, prevalecerá a que melhor assegure a observância da vontade do testador (art. 1.899 do CC).

A menção à vontade do testador guia a prevalência do aspecto subjetivista ou intencional, na esteira do que consta do art. 112 do Código Civil em vigor, segundo o qual "nas declarações de vontade se atenderá mais à intenção nelas consubstanciadas do que ao sentido literal da linguagem". Na linha do que ensina Maria Helena Diniz, há a consagração do princípio *voluntas spectanda*, "por requerer a determinação precisa da verdadeira intenção do testador, mediante a aplicação de normas interpretativas, fazendo com que o sentido subjetivo prevaleça sobre o objetivo, para que se possa respeitá-lo como ato de última vontade, que produz efeitos *post mortem*" (*Código...*, 2010, p. 1.353). A mesma doutrinadora afirma a adoção da *teoria da interpretação subjetiva do testamento* pelo diploma citado.

Em complemento, entre os *sucessionistas clássicos*, vale destacar as lições de Orosimbo Nonato, na confrontação da interpretação do conteúdo dos testamentos com os demais atos e negócios jurídicos, caso dos contratos:

> "As disposições de última vontade não se identificam às inteiras aos negócios do comércio jurídico.
>
> (...).
>
> A sua natureza própria, a índole especial, a feição particularíssima e inconfundível dos atos de última vontade suscitam, no assunto, regras diferentes das que se geralmente guardam, e observam nos demais.
>
> Destaque-se uma dessas diferenças: constitui *ius receptum* o princípio de se receberem as palavras de um ato jurídico em seu sentido *usual* e *comum*.
>
> Outra, porém, é a norma em matéria de testamento: atende-se à linguagem do testador no sentido pessoal e próprio em que ele a empregara.
>
> Falando pela via ordinária, devem as palavras ser tomadas em sua acepção natural e vulgarizada, ou como escreve Vitali (liv. cit., vol. I, n.º 324), '*nel senso volgare, e che si presume noto alla comune degli uomini*'" (NONATO, Orosimbo. *Estudos...*, 1957, v. III, p. 254).

As palavras transcritas têm plena aplicação na atualidade, sendo citadas, entre os contemporâneos, por Zeno Veloso, prefaciador deste livro (*Código...*, 2012, p. 2.129-2.130). Em complemento aos ensinamentos transcritos, acrescente-se que os contratos e os outros negócios jurídicos *inter vivos* são regidos fundamentalmente pelas *regras de tráfego* e pelos *costumes do lugar da celebração*, o que é retirado da segunda parte do art. 113 da codificação privada. Isso, pelo menos *a priori*, não ocorre com os negócios jurídicos *mortis causa*.

Partindo para os casos concretos de subsunção da regra, ementa do Tribunal de Justiça de Minas Gerais deduz, com razão, que, "na interpretação de cláusula testamentária, deve-se buscar a vontade do testador, a teor do art. 1.899". Desse modo, ainda de acordo com o julgamento, "se o testador quis conferir ao legatário determinada parte de um imóvel rural, onde fica a sede da Fazenda, não importa tal benesse em lhe contemplar com todo o imóvel, ou com maior quinhão que os demais herdeiros" (TJMG, Agravo 1.0123.02.002867-6/001, 7.ª Câmara Cível, Capelinha, Rel. Des. Edivaldo George dos Santos, j. 17.02.2004, *DJMG* 1.º.04.2004).

Também para ilustrar, do Tribunal de Justiça do Rio de Janeiro merece relevo preciso aresto que teve como relator o desembargador, professor e doutrinador Marco Aurélio Bezerra de Melo, aduzindo o seguinte:

> "A renúncia do usufruto vitalício feita pela viúva e mãe dos herdeiros, por si só, não gera a convicção de que a vontade do testador estaria preservada se fosse cancelado o gravame da inalienabilidade para os filhos. Duas vontades dirigidas a fins distintos e que devem ser preservadas (arts. 112 e 1.899 do Código Civil). Ausência de situação fática que justifique a flexibilização da obrigatoriedade da cláusula restritiva da inalienabilidade em atenção aos princípios constitucionais da função social da propriedade e da dignidade da pessoa humana. Manutenção da decisão interlocutória" (TJRJ, Agravo de Instrumento 0060354-06.2011.8.19.0000, 16.ª Câmara Cível, Rel. Des. Marco Aurélio Bezerra de Melo, *DORJ* 10.02.2012, p. 239).

Em sede de Superior Tribunal de Justiça, aplicando a prevalência da vontade do testador, podem ser retomados os acórdãos antes transcritos que fazem a manifestação de vontade prevalecer sobre eventuais problemas de forma ou de solenidades no ato testamentário. Por todos os anteriores, vejamos julgado aqui já mencionado, mas que deve ser transcrito mais uma vez para os devidos fins didáticos: "a análise da regularidade da disposição de última vontade (testamento particular ou público) deve considerar a máxima preservação do intuito do testador, sendo certo que a constatação de vício formal, por si só, não deve ensejar a invalidação do ato, máxime se demonstrada a capacidade mental do testador, por ocasião do ato, para livremente dispor de seus bens" (STJ, AgRg no REsp 1.073.60/PR, 4.ª Turma, Rel. Min. Antonio Carlos Ferreira, j. 21.03.2013, *DJe* 1.º.04.2013). Ou, ainda, para complementar as exposições anteriores e com didática ímpar:

> "O testamento é um ato solene que deve submeter-se a numerosas formalidades que não podem ser descuradas ou postergadas, sob pena de nulidade. Mas todas essas formalidades não podem ser consagradas de modo exacerbado, pois a sua exigibilidade deve ser acentuada ou minorada em razão da preservação dos dois valores a que elas se destinam – razão mesma de ser do testamento –, na seguinte ordem de importância: o primeiro, para assegurar a vontade do testador, que já não poderá mais, após o seu falecimento, por óbvio, confirmar a sua vontade ou corrigir distorções, nem explicitar o seu querer que possa ter sido expresso de forma obscura ou confusa; o segundo, para proteger o direito dos herdeiros do testador, sobretudo dos seus filhos. Recurso não conhecido" (STJ, REsp 302.767/PR, 4.ª Turma, Rel. Min. Cesar Asfor Rocha, j. 05.06.2001, *DJ* 24.09.2001, p. 313).

Igualmente, do Superior Tribunal de Justiça, deve ser citado relevante julgado que afasta o direito sucessório do cônjuge – em momento anterior ao sistema vigente, em que não era tido como herdeiro necessário –, pelo fato de não ter sido contemplado em testamento, presumindo-se a real vontade do testador pela não inclusão do seu consorte:

> "Direito civil. Sucessões. Usufruto vidual. Exclusão testamentária. Prevalência. O art. 1.574 do CC/1916 estabelece que, na hipótese de morrer a pessoa sem testamento, transmite-se a herança a seus herdeiros legítimos. Se houver disposição testamentária, resguardada a legítima aos herdeiros necessários, prepondera a última vontade transmitida pelo testador, notadamente quando manifestada por meio de testamento público, com o cumprimento de todos os requisitos e solenidades legalmente previstos no art. 1.632 e seguintes do CC/1916. O testamento é a expressão da liberdade no direito civil, cuja força é o testemunho mais solene e mais grave da vontade íntima do ser humano. Se, ao dispor de seu patrimônio por meio de testamento público, silencia o testador a respeito do cônjuge que a ele sobreviver, opera-se a exclusão deste, conforme disposto no art. 1.725 do CC/1916, o que se contrapõe, diretamente, ao direito de usufruto pleiteado pelo viúvo com base no art. 1.611, § 1.º, do mesmo Código, que não deve ter guarida na hipótese; sobrepõe-se, dessa forma, a vontade explícita do testador em excluir o cônjuge sobrevivente da sucessão, ao direito de usufruto pleiteado pelo viúvo, que somente seria resguardado se não houvesse a referida disposição testamentária. Recurso especial provido" (STJ, REsp 802.372/MG, 3.ª Turma, Rel. Min. Nancy Andrighi, j. 16.09.2008, *DJe* 10.12.2008).

Por derradeiro, releve-se trecho de outra decisão, agora de relatoria do então Ministro Ruy Rosado de Aguiar Jr., em que se conclui, com perfeição jurídica, que "a interpretação da cláusula testamentária deve, o quanto possível, harmonizar-se com a real vontade do testador, em consonância com o art. 1.666 do Código Civil anterior. Estabelecida, pelo testador, cláusula restritiva sobre o quinhão da herdeira, de incomunicabilidade, inalienabilidade e impenhorabilidade, o falecimento dela não afasta a eficácia da disposição testamentária, de sorte que procede o pedido de habilitação, no inventário em questão, dos sobrinhos da *de cujus*" (STJ, REsp 246.693/SP, 4.ª Turma, Rel. Min. Ruy Rosado de Aguiar, j. 04.12.2001, *DJ* 17.05.2004, p. 228).

3.ª Regra – Algumas cláusulas inseridas no testamento são consideradas nulas de pleno direito, por incompatibilidade com o ato de última vontade, por diversas razões (art. 1.900 do CC).

O dispositivo ora em análise traduz uma norma proibitiva relevante, ao elencar um rol taxativo ou *numerus clausus* de cláusulas testamentárias não admitidas pelo sistema jurídico nacional. Os casos são claramente de *nulidade absoluta textual*, conforme o art. 166, inciso VII, primeira parte, da própria codificação.

De início, prevê o diploma em comento que é nula a disposição que institua herdeiro ou legatário sob a *condição captatória* de que este disponha, também por testamento, em benefício do testador, ou de terceiro (art. 1.900, inciso I). Como consta da obra de Clóvis Beviláqua, *condição captatória* é aquela em que a vontade do morto não é externada de forma livre, quer seja porque houve dolo, quer porque houve *pacto sucessório*, proibido pelo art. 426 do CC/2002 e pelo art. 1.089 do CC/1916. Explica o doutrinador que, "em qualquer dos casos, a instituição está viciada, e a lei fulmina de nulidade, porque contraria a liberdade essencial às disposições de última vontade e transforma em convenção o que a lei quer que seja espontânea manifestação de ato unilateral" (BEVILÁQUA, Clóvis. *Código...*, 1977, v. VI, p. 864). A título de exemplo, imagine-se o caso em que João lega dois veículos para José, desde que este faça a disposição de todos os seus bens para o primeiro ou para sua esposa, em uma espécie de troca ou *escambo sucessório*.

Também é nula a disposição testamentária que se refira a pessoa incerta, cuja identidade não se possa averiguar (art. 1.900, inc. II, do CC). A título de exemplo, vejamos uma disposição com encaixe na vedação: "deixo meus bens para meu amigo". Mas para qual amigo? Consigne-se que a incerteza deve ser absoluta, no sentido de uma indeterminação, não havendo meios para que a pessoa se torne certa: "a incerteza relativa da pessoa não é proibida, como na hipótese de o testador fazer um legado para quem tirar o primeiro lugar no concurso para juiz que ocorrer após o seu falecimento" (VELOSO, Zeno. *Código...*, 2012, p. 2.130).

Em complemento, cite-se a hipótese: "deixo meus bens para meu amigo flamenguista". Se for possível identificar o beneficiário, pois o testador só tem um amigo que torça pelo Clube de Regatas Flamengo, do Rio de Janeiro, o ato será válido e plenamente eficaz. Todavia, não se pode esquecer que existem outros clubes com o mesmo nome, como o Flamengo de Varginha (Minas Gerais) e o Flamengo de Teresina (Piauí).

Aplicando a norma em questão, do Tribunal de São Paulo, colaciona-se, com o fim de completar os exemplos criados:

> "Disposição testamentária que se refere a pessoa incerta, cuja identidade não se pode averiguar (art. 1.900, II, do Código Civil). Tratando-se de nulidade de negócio jurídico, pode ser pronunciada de ofício pelo juiz (art. 168, parágrafo único, do Código Civil). Decisão

que deve ser mantida. Agravo de instrumento improvido" (TJSP, Agravo de Instrumento 601.717.4/9, Acórdão 3498593, 1.ª Câmara de Direito Privado, São Paulo, Rel. Des. Paulo Razuk, j. 17.02.2009, *DJESP* 23.04.2009).

Seguindo, é nula disposição testamentária que favoreça a pessoa incerta, atribuindo a determinação de sua identidade a terceiro (art. 1.900, III, do Código Civil). Ora, tanto neste quanto no caso anterior a proibição tem sua razão de ser, pois o beneficiado pela herança testada deve ser pessoa determinada ou determinável, não se admitindo a *absoluta indeterminação subjetiva*. Em complemento, aqui entra em cena uma hipótese em que a determinação é feita por terceiro, o que quebra o caráter personalíssimo do ato de última vontade. Imagine-se a previsão: "deixo meus bens ao meu amigo que será indicado pelo meu irmão José".

Do mesmo modo, é nula a disposição que deixe a arbítrio do herdeiro, ou de outrem, fixar o valor do legado, atribuição que cabe ao testador (art. 1.900, IV, do CC/2002). A título de ilustração, é vedada uma disposição assim: "atribuo a Carlos, meu empregado, o poder de fixar o valor dos bens que serão atribuídos a meu filho José". Além da quebra do caráter personalíssimo do testamento, há a presença de uma *condição puramente potestativa*, aquela que é deixada ao livre arbítrio de apenas uma das partes. O art. 122 do próprio Código Civil considera tal condição como ilícita, o que gera a nulidade do negócio jurídico correspondente (art. 123, inciso II, do CC/2002). Nos ensinamentos de Carlos Alberto Dabus Maluf e Adriana Caldas Dabus Maluf, "a instituição sujeita ao mero arbítrio de outrem invalida a disposição, condição puramente potestativa. Esse também é o motivo pelo qual o art. 1.900, IV, do Código Civil cominou com nulidade a estipulação que deixe *ad libitum* do herdeiro, ou de outrem, a fixação do valor do legado" (MALUF, Carlos Alberto Dabus; MALUF, Adriana Caldas Dabus. *Curso...*, 2013, p. 335).

Por fim, conforme o quinto e último inciso do art. 1.900 da codificação material, é nula a disposição testamentária que favoreça as pessoas a que se referem os arts. 1.801 e 1.802 da própria legislação privada. Vale lembrar que os últimos preceitos vedam que sejam nomeadas como herdeiras ou legatárias: *a)* a pessoa que, a rogo, escreveu o testamento, o seu cônjuge ou companheiro, ou os seus descendentes e irmãos; *b)* as testemunhas do testamento; *c)* o concubino do testador casado, salvo se este, sem culpa sua, estiver separado de fato do cônjuge há mais de cinco anos; e *d)* o tabelião, civil ou militar, ou o comandante ou escrivão perante quem se fizer o testamento, assim como o que fizer ou aprovar o testamento. Tais sujeitos são reconhecidos como pessoas não legitimadas a suceder, ainda quando a disposição tenha sido simulada, sob a forma de contrato oneroso, ou feitas mediante interposta pessoa. Nessa última previsão, do inciso V do art. 1.900 do CC/2002, visa-se a manter a idoneidade e a moralidade testamentária.

4.ª Regra – Algumas cláusulas testamentárias são permitidas pelo sistema sucessório nacional (art. 1.901 do CC).

O diploma em questão é norma permissiva a respeito de disposições testamentárias. De início, é válida a disposição em favor de pessoa incerta que deva ser determinada por terceiro, dentre duas ou mais pessoas mencionadas pelo testador, ou pertencentes a uma família, ou a um corpo coletivo, ou a um estabelecimento por ele designado. Confirmando o que foi antes exposto, é possível que o beneficiado pelo testamento seja determinável, desde que haja uma especificação inicial mínima. O que não se admite, como se viu, é a *indeterminação subjetiva absoluta*. Nessa seara, a título de exemplo: "Deixo a minha fazenda em Passos, Minas Gerais, para um dos meus filhos, o que será determinado por Rodrigo Danese, meu primo".

Ato contínuo, pelo mesmo art. 1.901 da codificação privada é válida a disposição testamentária em remuneração de serviços prestados ao testador, por ocasião da moléstia de que faleceu, ainda que fique ao arbítrio do herdeiro ou de outrem determinar o valor do legado. A ilustrar: "deixo meu a apartamento no Guarujá para o meu enfermeiro, que cuidou de mim durante o meu tratamento de câncer". Neste último caso, é ainda possível que o valor do bem legado seja atribuído por um familiar do falecido.

5.ª Regra – A disposição geral em favor dos pobres, dos estabelecimentos particulares de caridade, ou dos de assistência pública, entender-se-á relativa aos pobres do lugar do domicílio do testador ao tempo de sua morte, ou dos estabelecimentos ali situados (art. 1.902 do CC).

A norma tem origem em raízes históricas remotas, "pois os testamentos tiveram no passado o amplo sentido de benemerência, por influência da Igreja. Cuida-se do testamento ou de disposição *ad pias causas*" (VENOSA, Sílvio de Salvo. *Código*..., 2010, p. 1.722). Em havendo no testamento um intuito filantrópico genérico, os beneficiados devem ser aqueles que se localizam no último domicílio do testador, o que representa uma presunção da sua vontade.

A concretizar, se é feita a seguinte disposição por alguém que não tenha herdeiros necessários e resida na cidade de São Paulo: "deixo todos os meus bens para instituições de caridade"; os beneficiados serão as entidades filantrópicas dessa Comarca. Em casos tais, há que se considerar a localização interna do disponente. Assim sendo, se ele residia no bairro de Vila Mariana, devem ser beneficiadas as entidades dessa localidade.

Quando se mencionam os *pobres*, pode existir certa dificuldade de determinação dos beneficiários. Se houver uma *indeterminação absoluta subjetiva*, a disposição poderia ser considerada nula. Todavia, deve-se sempre priorizar a vontade do testador, sendo melhor destinar os bens para instituição de caridade do último domicílio do *de cujus*. Seguindo tal caminho, do Tribunal de Justiça de São Paulo:

> "Testamento. Benefício genérico aos pobres. Entendimento de que ele favorece instituições de caridade com sede na residência da falecida. Instituição de outro local que pretende recebê-lo, sob as alegações de que a falecida a conhecia e contribuía para ela. Recurso não provido" (TJSP, Agravo de Instrumento 102.918-4, 10.ª Câmara de Direito Privado, São João da Boa Vista, Rel. Des. Maurício da Costa Carvalho Vidigal, j. 20.08.1999).

Ressalve-se que o testador pode beneficiar manifestamente uma entidade ou pobres específicos, conforme consta da parte final do art. 1.902 do Código Civil. A título de ilustração: "deixo meu numerário depositado em conta poupança para a Associação dos Pais e Amigos dos Excepcionais (APAE), de Passos, Minas Gerais". Ou, ainda: "deixo minha única fazenda para os pobres que estão sob o viaduto Pedroso, em São Paulo". Neste caso, é forçoso concluir que os bens serão divididos entre todos os pobres ali localizados quando da execução do ato de última vontade.

Para os fins de tais disposições, as instituições particulares preferirão sempre às públicas, presumindo o legislador que as primeiras merecem ser protegidas em primeiro lugar (art. 1.902, parágrafo único, do CC).

6.ª Regra – O erro na designação da pessoa do herdeiro, do legatário, ou da coisa legada anula a disposição, em regra (art. 1.903 do CC).

Como ocorre com as demais modalidades de negócio jurídico (art. 171, inciso II, do CC), o erro também gera a anulação do testamento. Cabe lembrar que o erro é vício do consentimento presente quando há um engano substancial quanto a um elemento do ato correspondente. No caso do testamento, o erro mencionado que gera a sua nulidade relativa diz respeito à indicação da pessoa do herdeiro ou legatário (*error in persona*), ou quanto à coisa legada (*error in corpore*). Deve ficar claro que não há nulidade absoluta do ato testamentário, mas nulidade relativa.

A nulidade relativa é afastada se, pelo contexto do testamento, por outros documentos, ou por fatos inequívocos, se puder identificar a pessoa ou coisa a que o testador queria referir-se. A última exceção, que trata de *erro acidental*, segue a linha do que consta do art. 142 do CC/2002 para os negócios em geral, segundo o qual "o erro de indicação da pessoa ou da coisa, a que se referir a declaração de vontade, não viciará o negócio quando, por seu contexto e pelas circunstâncias, se puder identificar a coisa ou a pessoa cogitada".

Ilustrando, imagine-se que consta do testamento a seguinte cláusula: "deixo os meus carros para o meu motorista". Obviamente, os bens devem ser transmitidos ao motorista do falecido, e não ao seu caseiro. Pelas circunstâncias, é perfeitamente possível identificar quem é um e quem é o outro, não sendo justificável qualquer engano entre os dois.

7.ª Regra – Se o testamento nomear dois ou mais herdeiros, sem discriminar a parte de cada um, partilhar-se-á por igual, entre todos, a porção disponível do testador (art. 1.904 do CC).

Em suma, aplica-se a máxima *concursu partes fiunt*, própria das obrigações divisíveis, presumindo-se de forma relativa a divisão igualitária entre os herdeiros. A título de exemplo, vejamos uma disposição de legado: "deixo minha fazenda em Passos, Minas Gerais, para meus filhos". Tendo o falecido três filhos, cada um deles receberá um terço da fazenda.

A disposição ainda poderá determinar: "deixo minha fazenda em Passos, Minas Gerais, para meus três filhos. Metade ficará com meu filho João e a outra metade com meus filhos Maria e José". Nesta situação, não há necessidade de socorro ao que consta do artigo em questão, pois o disponente determinou a parte de cada um.

8.ª Regra – Se o testador nomear certos herdeiros individualmente e outros coletivamente, a herança será dividida em tantas quotas quantos forem os indivíduos e os grupos designados (art. 1.905 do CC).

Essa é uma regra importante, com grande incidência prática. Em havendo *disposição mista*, com nomeações *individuais* e *coletivas*, deve-se interpretar a vontade do autor do testamento de acordo com as correspondentes atribuições, se com o intuito pessoal ou de benefício do grupo.

Vale transcrever as lições de Zeno Veloso, inclusive o seu exemplo: "a instituição é mista: certos herdeiros são nomeados individualmente; Lygia, Odette; e outros são nomeados coletivamente: os filhos de Elias. Para cumprir o disposto neste artigo, a herança no exemplo dado, é dividida em três partes iguais: uma para Lygia, outra para Odette, e a terceira parte para os filhos de Elias, herdando estes por estirpe" (*Código*..., 2012, p. 2.133). O jurista aponta que o Direito brasileiro acompanha o sistema romano, constante no Digesto, mas que o Direito espanhol e o Direito português trazem solução diferente, pois os beneficiados coletivamente são havidos como herdeiros individuais.

9.ª Regra – Se forem determinadas as quotas de cada herdeiro, e se tais quotas não absorverem toda a herança, o remanescente pertencerá aos herdeiros legítimos, segundo a ordem da vocação hereditária (art. 1.906 do CC).

Como esclarece Beviláqua, "a sucessão legítima prefere a testamentária; prevalece todas as vezes que esta falha ou é deficiente. Se não houver cônjuge nem parente sucessível, o remanescente será devolvido ao Estado. O projeto primitivo mandava preferir os herdeiros inscritos ao Estado, procurando aproximar-se da vontade do testador, mas não prevaleceu essa norma excepcional" (*Código*..., 1977, v. VI, p. 869). Os comentários do doutrinador, obviamente, dizem respeito ao projeto de então Código Civil de 1916. Como tenho ressalvas a respeito da destinação dos bens ao Estado, melhor seria que os herdeiros testamentários fossem beneficiados.

De toda sorte, ilustrando com a regra vigente, se o autor da herança testar duas casas para um herdeiro e duas casas para outro, restando ainda três casas, as últimas seguirão à sucessão legítima, que tem caráter subsidiário. Não havendo herdeiros, tais bens serão destinados ao Município, ao Distrito Federal ou a União, na forma do art. 1.844 do Código Civil.

10.ª Regra – Se forem determinados os quinhões de alguns herdeiros, mas não os de outros, o que restar da herança será distribuído por igual aos últimos, depois de completas as porções hereditárias dos primeiros (art. 1.907 do CC).

O diploma em análise trata de hipótese em que o testador dispôs de toda a herança, determinando as quotas de alguns herdeiros, mas não de outros. A título de concretização, o autor da herança deixa dois imóveis para um filho, três imóveis para outro. O testamento é feito também a favor de um terceiro filho, mas não se determina quais são os seus bens. Se ainda restarem duas casas do *de cujus*, essas serão do terceiro filho, depois de asseguradas as quotas dos dois primeiros. Todavia, se nada restar, o herdeiro que não teve a quota determinada não poderá reclamar.

11.ª Regra – Dispondo o testador que não caiba ao herdeiro instituído certo e determinado objeto, dentre os da herança, tocará ele aos herdeiros legítimos (art. 1.908 do CC).

Trata-se de *cláusula testamentária exclusiva* ou *negativa*, no sentido de excluir o direito de determinado herdeiro sobre o acervo. Com a referida cláusula, o bem é destinado para os herdeiros legítimos. Para exemplificar, o autor da herança institui cláusula negativa: "meu filho Enzo ficará com os meus direitos autorais. Porém, meu imóvel localizado em Passos, Minas Gerais, não será transmitido ao meu filho Enzo". Então, o último bem deve ser partilhado entre os demais herdeiros daquele que fez a instituição.

12.ª Regra – São anuláveis as disposições testamentárias inquinadas de erro, dolo ou coação (art. 1.909 do CC).

O dispositivo estabelece que o testamento e o legado podem ser anulados pelos vícios do erro – conforme outrora exposto –, dolo e coação. Os casos são de nulidade relativa, e não de nulidade absoluta. O dolo, como se sabe, é o artifício ardiloso ou malicioso utilizado por alguém com intuito de um benefício próprio, gerando anulação do negócio jurídico se for a sua causa (art. 145 do CC). Já a coação tratada pelo dispositivo é a *moral* ou *psicológica* (*vis compulsiva*) que gera no paciente fundado temor de dano iminente e considerável à sua pessoa, à sua família, a uma pessoa próxima ou aos seus bens (art. 151 do CC).

Como está tratado no Volume 1 desta coleção, havendo coação física (*vis absoluta*) – a pressão que retira totalmente a vontade da parte –, há que se reconhecer a nulidade absoluta do ato, de acordo com a corrente por mim seguida. Todavia, como ali está exposto, há visão doutrinária segundo a qual a coação física gera a inexistência do negócio jurídico.

Apesar de não haver menção ao estado de perigo e à lesão, reafirme-se que entendo ser plenamente possível a anulação do testamento por tais vícios. E nem se argumente que o dispositivo em questão não trata desses vícios do negócio jurídico, pois a sua elaboração parece remontar o momento em que o estado de perigo e a lesão não constavam da codificação material. O mesmo deve ser dito quanto à fraude contra credores, vício social do negócio jurídico que deve ser considerado com o fim de anular a disposição testamentária.

Quanto à simulação, outro vício social do negócio jurídico, a possibilidade de esta gerar a nulidade absoluta da disposição ganha ainda mais força, eis que o Código Civil estabelece, por interpretação do seu art. 167, que qualquer hipótese de simulação envolve a ordem pública, eis que atingida pela mais grave das invalidades.

Pois bem, o prazo decadencial da ação de anulação pelos vícios descritos no testamento é de quatro anos, a contar de quando o interessado tiver conhecimento do vício (art. 1.909, parágrafo único, do CC). O preceito tem incidência clara para as hipóteses de erro, dolo e coação moral, prevalecendo sobre o art. 178, inciso II, da mesma codificação, que estabelece que o prazo geral ali mencionado de quatro anos é contado da realização do negócio, no sentido de sua celebração.

Também prevalece tal preceito em relação ao art. 1.859 do Código Civil, segundo o qual se extingue em cinco anos o direito de impugnar a validade do testamento, contado o prazo da data do seu registro. Vale lembrar que, no meu entendimento doutrinário, este último comando atualmente só se aplica para a nulidade relativa, e não para a nulidade absoluta. Fica em dúvida qual a regra que se subsome para as hipóteses de estado de perigo, lesão e fraude contra credores, relacionadas ao testamento, podendo-se concluir pela incidência desse art. 1.859, como antes foi aduzido.

A respeito da simulação, reafirme-se que sigo, no atual quadro legislativo, a ideia de que a ação declaratória de nulidade não é sujeita à prescrição ou à decadência, pois a nulidade não convalesce pelo decurso do tempo (art. 169 do CC). Todavia, como visto, a doutrina majoritária entende que o art. 1.859 do CC incide para a nulidade absoluta, como é o caso desse vício social do negócio jurídico.

Cabe pontuar que o antigo Projeto Ricardo Fiuza, atual PL 699/2011, pretendia alterar o parágrafo único do art. 1.909, estabelecendo que o prazo deve ser contado do registro do testamento. Como não poderia ser diferente, seguia-se anteriormente a proposta de Zeno Veloso, em prol de maior certeza e segurança quanto ao conhecimento do ato pelo interessado em pleitear a nulidade relativa, sintonizando o diploma com o art. 1.859 da própria codificação (*Código...*, 2012, p. 2.135).

Porém, no Projeto de Reforma do Código Civil, elaborado pela Comissão de Juristas, como visto, sugere-se a revogação desse comando, passando o art. 1.859 a concentrar o prazo de cinco anos para todas as hipóteses de invalidade do testamento, a incluir a nulidade absoluta ou relativa, o que me parece a melhor solução neste momento.

13.ª Regra – A ineficácia de uma disposição testamentária importa a das outras que, sem aquela, não teriam sido determinadas pelo testador (art. 1.910 do CC).

Essa regra não constava da codificação material anterior, prescrevendo o sistema em vigor que se o conteúdo de uma cláusula tiver o condão de prejudicar outras, a ineficácia de uma cláusula contamina as demais.

Trata-se de exceção à máxima pela qual a parte inútil do negócio, em regra, não prejudica a parte útil (*utile per inutile non vitiatur*), retirada do art. 184 do próprio Código Civil, *in verbis:* "Respeitada a intenção das partes, a invalidade parcial de um negócio jurídico não o prejudicará na parte válida, se esta for separável; a invalidade da obrigação principal implica a das obrigações acessórias, mas a destas não induz a da obrigação principal".

Em suma, nota-se que, em matéria testamentária, quanto a tal aspecto, não se aplica o *princípio da conservação dos negócios jurídicos*, com grande prestígio no Direito Privado Contemporâneo. Todavia, como se verá, em outras passagens da codificação tal princípio é prestigiado em relação à disposição de última vontade.

3.7 DAS CLÁUSULAS RESTRITIVAS NO TESTAMENTO: INALIENABILIDADE, INCOMUNICABILIDADE E IMPENHORABILIDADE

Expostas as regras fundamentais a respeito do conteúdo e da interpretação do testamento, cumpre estudar as cláusulas restritivas de *inalienabilidade*, de *incomunicabilidade* e de *impenhorabilidade*, tema importante para o Direito Privado, tão bem desenvolvido no Brasil por Carlos Alberto Dabus Maluf (*Cláusulas...*, 2006). Como aponta o Professor Titular da USP, as categorias têm origem no Direito Romano, podendo ser citadas como fontes importantes: "a *Lex Iulia de fundo dotali*, que impedia o marido de alienar o imóvel dotal sem a anuência de sua mulher; um edito de Augusto que proibia a venda de terrenos itálicos litigiosos; e, mais tarde, a proibição de Justiniano da alienação, de uma maneira geral, das coisas litigiosas" (MALUF, Carlos Alberto Dabus. *Cláusulas...*, 2006, p. 14).

No caso brasileiro, segundo o mesmo jurista, já havia previsão sobre a cláusula de inalienabilidade nas Ordenações do Reino de Portugal, com o tratamento apenas da *inalienabilidade relativa* nos contratos e testamentos, no sentido de que toda a proibição de alienar não impediria a translação do domínio, quando a parte, alterando a sua vontade, alienasse a coisa. Nesta hipótese, o ato proibido geraria apenas a possibilidade de satisfação das perdas e danos (MALUF, Carlos Alberto Dabus, *Cláusulas...*, 2006, p. 24-26).

Sucessivamente, como marco legal relevante a respeito da matéria, destaque-se a emergência de tratamento específico relativo às cláusulas de incomunicabilidade e de inalienabilidade constante do outrora citado Decreto 1.839, de 31.12.1907, conhecido como *Lei Feliciano Pena*. Enunciava o art. 3.º desse diploma legal: "O direito dos herdeiros, mencionados no artigo precedente, não impede que o testador determine que sejam convertidos em outras espécies os bens que constituírem a legitima, prescreva-lhes a incomunicabilidade, atribua à mulher herdeira a livre administração, estabeleça as condições de inalienabilidade temporária ou vitalícia, a qual não prejudicará a livre disposição testamentaria e, na falta desta, a transferência dos bens aos herdeiros legítimos, desembaraçados de qualquer ônus".

Como leciona o próprio Clóvis Beviláqua (*Código*..., 1977, v. VI, p. 922), tal comando influenciou a elaboração do art. 1.723 do Código Civil de 1916, ora revogado, que assim dispunha, com alteração legislativa realizada pelo Decreto do Poder Legislativo 3.725/1919:

> "Não obstante o direito reconhecido aos descendentes e ascendentes no art. 1.721, pode o testador determinar a conversão dos bens da legítima em outras espécies, prescrever-lhes a incomunicabilidade, confiá-los à livre administração da mulher herdeira, e estabelecer-lhes condições de inalienabilidade temporária ou vitalícia. A cláusula de inalienabilidade, entretanto, não obstará, à livre disposição dos bens por testamento e, em falta deste, à sua transmissão, desembaraçados de qualquer ônus, aos herdeiros legítimos" (BEVILÁQUA, Clóvis. *Código*..., 1977, v. VI, p. 922).

No sistema atual, há tratamento não só das cláusulas de inalienabilidade e de incomunicabilidade, mas também da de impenhorabilidade, conforme o art. 1.848 do Código Civil brasileiro de 2002. Tal diploma passou a impor a necessidade de se justificarem as referidas cláusulas restritivas, o que ainda merecerá o devido estudo, com os aprofundamentos necessários para a proposta desta obra. Antes, é preciso demonstrar os conceitos e os conteúdos das referidas cláusulas.

De início, a *cláusula de inalienabilidade* veda a alienação ou transmissão do bem clausulado, seja de forma gratuita ou onerosa. Quebra-se com a regra geral de sua transmissibilidade ou alienabilidade, passando este a ser um *bem inconsumível juridicamente*, conforme a segunda parte do art. 86 do Código Civil em vigor. A vedação atinge atos como a venda, a doação, a dação em pagamento, a transação, a hipoteca, o penhor, a anticrese, a alienação fiduciária em garantia, entre outros negócios de transmissão.

Conforme consta de didático acórdão superior, "a cláusula de inalienabilidade implica num ônus real que limita o direito de propriedade, impedindo temporariamente o exercício do direito de dispor da coisa" (STJ, REsp 856.699/MS, 3.ª Turma, Rel. Min. Nancy Andrighi, j. 15.09.2009, *DJe* 30.11.2009). Nesse contexto, sendo imposta a cláusula e ocorrendo a posterior alienação, esta será nula de pleno direito, por ilicitude do objeto ou fraude à lei imperativa (art. 166, inciso II ou VI, do Código Civil).

De qualquer modo, deve ser esclarecido que a cláusula de inalienabilidade não veda que o bem seja adquirido por usucapião, pois a restrição diz respeito às formas de aquisição derivada expostas, e não à aquisição originária como é a usucapião. Julgando dessa maneira, cabe transcrever, por todos: "o bem objeto de legado com cláusula de inalienabilidade pode ser usucapido. Peculiaridade do caso" (STJ, REsp 418.945/SP, 4.ª Turma, Rel. Min. Ruy Rosado de Aguiar, j. 15.08.2002, *DJ* 30.09.2002, p. 268).

Carlos Alberto Dabus Maluf apresenta classificação importante a respeito das cláusulas de inalienabilidade, consolidadas perante a civilística nacional (*Cláusulas...*, 2006, p. 47-48). Vejamos, de forma pontual.

Na *inalienabilidade absoluta* está presente uma proibição de alienação de todos os bens para quem quer que seja. Há assim uma *proibição universal objetiva*, quanto a qualquer bem, e *subjetiva,* pois envolve qualquer sujeito para quem há a pretensão de transmissão da coisa.

Por outra via, no caso de *inalienabilidade relativa*, existe a permissão de alienação para determinadas pessoas e vedação para outras (*inalienabilidade relativa subjetiva*) ou restrição a certos bens da herança e para outros não (*inalienabilidade relativa objetiva*).

A *inalienabilidade vitalícia* é aquela em que a restrição dura toda a vida do beneficiado do bem, extinguindo com a sua morte, conforme o acórdão a seguir, referente a fatos ocorridos na vigência do Código Civil de 1916: "Testamento. Inalienabilidade. Com a morte do herdeiro necessário (art. 1.721 do CC), que recebeu bens clausulados em testamento, os bens passam aos herdeiros deste, livres e desembaraçados. Art. 1.723 do Código Civil" (STJ, REsp 80.480/SP, 4.ª Turma, Rel. Min. Ruy Rosado de Aguiar, j. 13.05.1996, *DJ* 24.06.1996, p. 22.769). Ou, ainda, mais recentemente, da mesma Corte Superior: "a cláusula de inalienabilidade vitalícia tem vigência enquanto viver o beneficiário, passando livres e desembaraçados aos seus herdeiros os bens objeto da restrição" (STJ, REsp 1.101.702/RS, 3.ª Turma, Rel. Min. Nancy Andrighi, j. 22.09.2009, *DJe* 09.10.2009).

Como alerta o Professor das Arcadas, mencionando a firme posição de Clóvis Beviláqua, o nosso sistema não admite a *inalienabilidade perpétua*, aquela que é transmitida por direito sucessório (MALUF, Carlos Alberto Dabus. *Cláusulas...*, 2006, p. 47-48). Esse é considerado o entendimento majoritário, para todos os fins, pois alinhado com o princípio função social da propriedade, estabelecido no art. 5.º, incisos XXII e XXIII, da Constituição Federal e no art. 1.228, § 1.º, do Código Civil em vigor. Nessa linha, da jurisprudência paulista:

> "Penhora que recaiu sobre os direitos que a apelante possui sobre imóveis oriundos de herança que se encontravam gravados com cláusula de impenhorabilidade, inalienabilidade por cinco anos, incomunicabilidade e usufruto vitalício. Pretensão da sucessora de reconhecimento de que mencionadas cláusulas subsistem. Descabimento. Cláusulas restritivas que beneficiam aquele em favor de quem foram instituídas. Com a morte deste, elas se extinguem, recebendo os herdeiros os bens livres e desembaraçados. Cláusula que pode ser vitalícia e não perpétua" (TJSP, Apelação 0004409-55.2003.8.26.0344, Acórdão 6582089, 12.ª Câmara de Direito Privado, Marília, Rel. Des. Jacob Valente, j. 13.03.2013, *DJESP* 21.03.2013).

Ou, do Superior Tribunal de Justiça, confirmando os acórdãos anteriores e citando a doutrina de Dabus Maluf: "Conforme a doutrina e a jurisprudência do STJ, a cláusula de inalienabilidade vitalícia tem duração limitada à vida do beneficiário – herdeiro, legatário ou donatário –, não se admitindo o gravame perpétuo, transmitido sucessivamente por direito hereditário". O acórdão merece ser colacionado pelo fato de concluir que "as cláusulas de inalienabilidade, incomunicabilidade e impenhorabilidade não tornam nulo o testamento que dispõe sobre transmissão *causa mortis* de bem gravado, haja vista que o ato de disposição somente produz efeitos após a morte do testador, quando então ocorrerá a transmissão da propriedade" (STJ, REsp 1641549/RJ, 4.ª Turma, Rel. Min. Antonio Carlos Ferreira, j. 13.08.2019, *DJe* 20.08.2019).

Encerrando as modalidades referentes à *cláusula de inalienabilidade*, a *inalienabilidade temporária* é aquela que desaparece com a ocorrência de uma condição – evento futuro e incerto –, ou de um termo – evento futuro e certo. Cite-se uma inalienabilidade condicionada ao nascimento de um filho, ou ainda aquela que dura por cinco anos, com termo final conforme reconhece o último julgado colacionado.

Seguindo na exposição dos três institutos de restrição testamentária, a *cláusula de incomunicabilidade* afasta a comunicação de bens havidos antes ou depois da constituição da entidade familiar, seja por casamento ou união estável, mesmo sendo o seu regime o da comunhão universal de bens (art. 1.668, inciso I, do CC). Nota-se que em qualquer regime de bens a referida cláusula pode gerar efeitos, sendo relevante observar a sua instituição mesmo no regime da separação convencional, em que já há uma separação absoluta, pois nada se comunica. Isso porque, conforme bem observa Maria Berenice Dias, sempre é cabível uma ação judicial para a modificação do regime de bens, nos termos do art. 1.639, § 2.º, do Código Civil, o que pode dizer respeito ao regime em questão (DIAS, Maria Berenice. *Manual*..., 2011, p. 290).

Advirta-se que a cláusula de incomunicabilidade somente impede que a pessoa receba o bem em vida. Portanto, conforme pontuou corretamente aresto do STJ de 2016, "a cláusula de incomunicabilidade imposta a um bem não se relaciona com a vocação hereditária. Assim, se o indivíduo recebeu por doação ou testamento bem imóvel com a referida cláusula, sua morte não impede que seu herdeiro receba o mesmo bem" (STJ, REsp 1.552.553/RJ, 4.ª Turma, Rel. Min. Maria Isabel Gallotti, j. 24.11.2015, *DJe* 11.02.2016). E, ainda, nos termos do mesmo acórdão: "a linha exegética segundo a qual a incomunicabilidade de bens inerente ao regime de bens do matrimônio teria o efeito de alterar a ordem de vocação hereditária prevista no CC/2002 não encontra apoio na jurisprudência atualmente consolidada na Segunda Seção (REsp 1.472.945/RJ, Terceira Turma, *DJe* 19/11/2014; REsp 1.382.170/SP, Segunda Seção, *DJe* 26/5/2015; AgRg nos EREsp 1.472.945/RJ, Segunda Seção, *DJe* 29/6/2015)" (STJ, REsp 1.552.553/RJ, Rel. Min. Maria Isabel Gallotti, j. 24.11.2015, *DJe* 11.02.2016).

Por fim, pela *cláusula de impenhorabilidade,* o bem relacionado não pode ser objeto de penhora judicial, ou seja, não pode ser constrito para os fins de satisfação patrimonial de terceiros, caso de credores da parte relacionada. Em resumo, o bem não ingressa na responsabilidade patrimonial do devedor, mormente nos casos de inadimplemento obrigacional.

De todo modo, a cláusula de impenhorabilidade não é óbice para que ocorra a alienação do bem, ou que ele seja dado em garantia. Consoante ementa doutrinária aprovada na *I Jornada de Direito Notarial e Registral*, em 2022, "a cláusula de impenhorabilidade, imposta em doação ou testamento, não obsta a alienação do bem imóvel, nem a outorga de garantia real convencional ou o oferecimento voluntário à penhora, pelo beneficiário" (Enunciado n. 27).

Três pontuações importantes devem ser feitas a respeito dessa cláusula que afasta a penhora. A primeira concerne ao fato de que a cláusula restritiva se opõe às dívidas do herdeiro, e não do autor da liberalidade, como leciona Carlos Alberto Dabus Maluf (*Cláusulas*..., 2006, p. 62-63). Seguindo essa premissa, da jurisprudência superior:

> "Agravo regimental no agravo em recurso especial. Embargos à execução. Testamento. Cláusula de inalienabilidade e impenhorabilidade. Dívida do *de cujus* – penhora dos bens deixados aos herdeiros. Possibilidade. Precedente. Agravo improvido" (STJ, AgRg no AREsp 29.802/RS, 3.ª Turma, Rel. Min. Massami Uyeda, j. 15.12.2011, *DJe* 02.02.2012).

> "Recurso especial. Sucessão. Dívidas do morto. Testamento que grava os imóveis deixados com cláusulas de inalienabilidade e impenhorabilidade. Possibilidade de penhora, em execução movida por credor do *de cujus*. 1. Os bens deixados em herança, ainda que gravados com cláusula de inalienabilidade ou de impenhorabilidade, respondem pelas dívidas do morto. 2. Por força do art. 1.676 do Código Civil de 1916, as dívidas dos herdeiros não serão pagas com os bens que lhes foram transmitidos em herança, quando gravados com cláusulas de inalienabilidade e impenhorabilidade, por disposição de última vontade. Tais bens respondem, entretanto, pelas dívidas contraídas pelo autor da herança. 3. A cláusula testamentária de inalienabilidade não impede a penhora em execução contra o espólio" (STJ, REsp 998.031/SP, 3.ª Turma, Rel. Min. Humberto Gomes de Barros, j. 11.12.2007, *DJ* 19.12.2007, p. 1.230).

A segunda pontuação técnica, também levantada com profundidade pelo Professor do Largo de São Francisco, diz respeito a saber se impenhorabilidade alcança os frutos do bem principal, que são bens acessórios retirados deste sem diminuir sua quantidade (MALUF, Carlos Alberto Dabus. *Cláusulas*..., 2006, p. 62-63). A questão estava tratada parcialmente pelo art. 650 do Código de Processo Civil de 1973, segundo o qual: "podem ser penhorados, à falta de outros bens, os frutos e rendimentos dos bens inalienáveis, salvo se destinados à satisfação de prestação alimentícia" (redação dada pela Lei 11.382, de 2006). Consigne-se que a regra foi repetida pelo art. 834 do CPC/2015, com a retirada da exceção relativa aos alimentos, *in verbis*: "podem ser penhorados, à falta de outros bens, os frutos e os rendimentos dos bens inalienáveis".

Em edições anteriores deste livro, seguia-se o entendimento de Maria Helena Diniz e Sílvio de Salvo Venosa, no sentido de que a impenhorabilidade ou inalienabilidade do principal, em regra, não atinge os frutos que, como acessórios que são, poderão ser penhorados. Somente se houver menção expressa na cláusula aposta é que a impenhorabilidade deve atingir tais bens (TARTUCE, Flávio; SIMÃO, José Fernando. *Direito*..., 2013, v. 6, p. 340-342). A premissa, sustentada pelo então coautor José Fernando Simão, continua a ser seguida nesta edição, escrita solitariamente.

De qualquer modo, atente-se ao fato de que há divergência jurisprudencial a respeito do tema. De início, alinhando-se ao entendimento de que, em regra, a impenhorabilidade não alcança os frutos:

> "Agravo de instrumento. Cobrança de despesas médico-hospitalares. Execução. Penhora de bens gravados com cláusula de inalienabilidade, impenhorabilidade e incomunicabilidade. Insurgência do agravante. Acolhimento parcial. Bens inalienáveis que não estão sujeitos à

execução. Manto da impenhorabilidade, entretanto, que não se estende aos frutos e rendimentos de ditos bens. Inteligência do artigo 650, do Código de Processo Civil. Agravo parcialmente provido" (TJSP, Agravo de Instrumento 994.09.271706-2, Acórdão 4734134, 10.ª Câmara de Direito Privado, São Paulo, Rel. Des. João Carlos Saletti, j. 23.03.2010, *DJESP* 28.10.2010).

"Monitória. Execução de sentença. Penhora. Incidência sobre frutos civis de imóveis gravados com cláusula de inalienabilidade, incomunicabilidade e impenhorabilidade. Artigo 650, do CPC. Possibilidade. Tratando-se de imóvel impenhorável, mostra-se admissível a realização de penhora sobre os aluguéis dele resultantes, a falta de prova de que se destinam à subsistência do executado e sua família. Recurso não provido" (TJSP, Agravo de Instrumento 991.09.054059-0, Acórdão 4467794, 19.ª Câmara de Direito Privado, São Paulo, Rel. Des. Paulo Hatanaka, j. 23.03.2010, *DJESP* 19.05.2010).

"Apelação cível. Direito privado não especificado. Embargos à execução e de terceiros. Penhora. Cotas sociais de empresa gravadas com cláusula de impenhorabilidade. Possibilidade de penhora somente dos frutos e rendimentos. 1. Impenhorabilidade das cotas sociais gravadas com cláusula de impenhorabilidade. Tendo em vista a cláusula de impenhorabilidade existente no contrato de doação que transferiu a propriedade de tais cotas à executada, impende seja desconstituída a penhora lavrada. 2. Possibilidade da penhora sobre os frutos e rendimentos decorrentes das cotas sociais. Sendo possível a penhora sobre os frutos e rendimentos das cotas sociais, tendo em vista estarem estas gravadas pela impenhorabilidade, merece ser deferido o pedido do exequente em tais termos. O fato de terceiro possuir usufruto vitalício das cotas sociais pertencentes à executada não impede a penhora dos frutos e rendimentos, ressalvando-se, contudo, que, embora lavrada a penhora, esta somente passará a gerar efeitos práticos após extinto o usufruto. (...)" (TJRS, Apelação Cível 70023669948, 9.ª Câmara Cível, Garibaldi, Rel. Des. Odone Sanguiné, j. 30.07.2008, *DOERS* 07.08.2008, p. 44).

No entanto, perfilhando-se a outra ideia, fundada no *princípio da gravitação jurídica,* segundo o qual o acessório segue o principal e admitindo que a impenhorabilidade também diz respeito aos frutos do bem principal, cabe colacionar:

"Agravo de instrumento. Tratando-se de imóvel gravado com cláusulas de inalienabilidade, impenhorabilidade e incomunicabilidade são impenhoráveis os frutos e rendimentos do bem. Agravo improvido" (TJRS, Agravo de Instrumento 198103491, 11.ª Câmara Cível, Rel. Manoel Velocino Pereira Dutra, j. 28.04.1999).

Nesse *choque jurisprudencial* e com o fim de complementar, cabe trazer à colação ementa do Tribunal de Justiça do Distrito Federal, que admite a penhora quando houver previsão expressa na cláusula de impenhorabilidade, tese seguida por mim:

"Cláusula testamentária. Interpretação. Vontade do testador. Impenhorabilidade e inalienabilidade. Obrigação alimentícia. Gravações não extensíveis ao legatário. Aceitação. Obrigação de cumprimento de encargos. (...). Na interpretação da cláusula testamentária, prevalecerá sempre aquela que assegure a vontade do testador. Assim, se existentes cláusulas testamentárias prevendo a impenhorabilidade e inalienabilidade extensivas aos frutos e rendimentos, como também cláusula impondo ao herdeiro o cumprimento de obrigações alimentícias, deixadas por legado, resta claro que as mencionadas gravações são oponíveis apenas a terceiros e não àquela mencionada como legatária no ato de liberalidade, vez que tais gravames visam a garantir, também, o cumprimento desta última disposição do testador. Obrigatório é o cumprimento do encargo em havendo aceitação do testamento em que há previsão de tal modalidade, porquanto sua anuência implica subordinação do benefício recebido ao dever imposto sob forma do *modus*" (TJDF, Apelação Cível 19990710070875, Acórdão 135204, 5.ª Turma Cível, Rel. Des. Ana Maria Duarte Amarante, j. 02.10.2000, *DJU* 09.05.2001, p. 44).

Por fim, quanto ao acórdão, conforme antigo e remoto julgado do Supremo Tribunal Federal, que acaba por condensar e resumir a correta interpretação que deve ser dada ao tema: "a inalienabilidade dos bens não importa necessariamente a dos frutos e rendimentos. Nada obsta a que, porém, por vontade expressa do testador, a impenhorabilidade dos frutos acompanhe a impenhorabilidade dos bens" (STF, RE 12.478, 1.ª Turma, Rel. Min. Barros Barreto, j. 03.11.1950, *DJU* 04.08.1952).

A encerrar as pontuações a respeito da cláusula de impenhorabilidade, consigne-se que o Superior Tribunal de Justiça tem admitido a penhora do bem clausulado diante de dívidas condominiais, o que está amparado no princípio da função social da propriedade. Assim julgando: "O imóvel, ainda que gravado com a cláusula de inalienabilidade, está sujeito à penhora na execução de crédito resultante da falta de pagamento de quotas condominiais" (STJ, REsp 209.046/RJ, 3.ª Turma, Rel. Min. Ari Pargendler, j. 08.11.2002, *DJ* 16.12.2002, p. 311). E, mais recentemente, amparando-se no fato de ser a obrigação condominial uma dívida própria da coisa ou *propter rem*: "As despesas condominiais são consideradas dívidas *propter rem*, de modo que podem ensejar a penhora da unidade autônoma devedora, não prevalecendo contra o condomínio cláusulas de impenhorabilidade e inalienabilidade em contratos celebrados com terceiros" (STJ, AgRg no REsp 650.570/SP, 4.ª Turma, Rel. Min. Maria Isabel Gallotti, j. 07.08.2012, *DJe* 15.08.2012).

Feitas tais pontuações, insta saber se as classificações expostas para a cláusula de inalienabilidade também servem para as demais previsões restritivas, assunto bem enfrentado por Marcelo Truzzi Otero em sua tese de doutorado defendida na PUCSP. Expõe o professor paulista, em análise conjunta das três modalidades e estudo específico da cláusula de impenhorabilidade, que, "como característica comum a todas as cláusulas, a impenhorabilidade pode ser consignada sobre todo o patrimônio, ou sobre parte dele; ser vitalícia, ou temporária. Se temporária, implementando a condição ou advindo o termo, dá-se a liberação do patrimônio, sujeitando-o à constrição dos credores, posição incontroversa na doutrina" (OTERO, Marcelo Truzzi. *Justa*..., 2012, p. 60-67).

Entretanto, destaca o doutrinador que a mesma uniformidade de posicionamento não é encontrada quando a impenhorabilidade é imposta vitaliciamente e ocorre a morte do herdeiro, prevalecendo a ideia de que o patrimônio será mantido impenhorável mesmo após a morte, "sob o argumento de que não se penhora com a morte o que os credores, afetados pela limitação, não penhorariam em vida" (OTERO, Marcelo Truzzi. *Justa*..., 2012, p. 60). São citados na última obra, como adeptos de tal posição, José Ulpiano Pinto de Souza, Clóvis Beviláqua, Carlos Alberto Dabus Maluf e Cláudio Luiz Bueno de Godoy, posição que também conta com o meu apoio doutrinário.

Expostas tais categorizações, vejamos a redação do dispositivo em vigor, fundamental para as *três cláusulas restritivas*, qual seja o art. 1.848 do CC/2002, a saber:

"Art. 1.848. Salvo se houver justa causa, declarada no testamento, não pode o testador estabelecer cláusula de inalienabilidade, impenhorabilidade, e de incomunicabilidade, sobre os bens da legítima.

§ 1.º Não é permitido ao testador estabelecer a conversão dos bens da legítima em outros de espécie diversa.

§ 2.º Mediante autorização judicial e havendo justa causa, podem ser alienados os bens gravados, convertendo-se o produto em outros bens, que ficarão sub-rogados nos ônus dos primeiros".

De início, pelo *caput* do comando, nota-se que as referidas cláusulas de restrição devem ser devidamente justificadas quando inseridas sobre a legítima, quota dos herdeiros necessários. Trata-se essa de uma das principais alterações a respeito da matéria, em confronto com a codificação anterior, recebendo elogios de alguns e críticas de outros.

Aliás, ressalte-se que as próprias cláusulas, em si mesmas, sempre foram objeto de ressalvas e censuras na doutrina, especialmente pelas duras restrições existentes ao direito de propriedade e à liberdade individual. Da obra de Carlos Alberto Dabus Maluf podem ser retiradas, com minúcias, objeções práticas, econômicas e constitucionais, especialmente à cláusula de incomunicabilidade, que impede a desejável plena circulação dos bens (*Cláusulas...*, 2006, p. 35-41). Como se verá, diante dessas críticas e ressalvas, o Projeto de Reforma do Código Civil, elaborado pela Comissão de Juristas nomeada no Senado Federal, pretende retirar essa justa causa testamentária do texto da lei.

Expondo ainda a crítica, Jones Figueirêdo Alves e Mário Luiz Delgado, juristas que participaram do processo final de elaboração do Código Civil vigente, anotam que "há até quem entenda que essas cláusulas são inconstitucionais, por ofenderem o direito de propriedade e sua função social, com a ampla garantia do direito de herança" (*Código...*, 2005, p. 960). Adotando esse caminho, Maria Berenice Dias afirma que "é flagrante a afronta à garantia constitucional do direito à herança, a possibilidade de serem impostas cláusulas restritivas ao direito de propriedade do herdeiro necessário. Praticamente o transforma em mero usufrutuário dos bens que lhe pertencem" (*Manual...* 2011, p. 283). Paulo Lôbo sustenta posição similar, ao lecionar que, "sob a dimensão constitucional, essas cláusulas limitativas constituem restrição a direitos fundamentais garantidos na Constituição" (*Direito...*, 2013, p. 251).

A priori, não vejo inconstitucionalidades *às claras* nas estipulações restritivas em estudo, pois igualmente decorrem da tutela da herança como direito fundamental e da liberdade individual do instituidor, como incremento da dignidade humana nas relações privadas. Não se olvide que esta obra já apresentou restrições à ampla e irrestrita proteção da legítima em vários trechos dos capítulos anteriores.

Em reforço, em muitos casos concretos, é com o intuito de proteger o herdeiro ou a própria família – base da sociedade, com especial proteção do Estado, na dicção do art. 226, *caput*, da CF/1988 – que as cláusulas são impostas, conforme se depreende da doutrina de ontem e de hoje que analisa a matéria. Nesse contexto, pode-se dizer que o próprio legislador *ponderou* os direitos envolvidos e resolveu manter tais restrições no sistema civilístico nacional. Em reforço, a instituição da exigência da justa causa acabou por diminuir o impacto social das cláusulas restritivas testamentárias.

Todavia, cabe a reflexão se já não é o momento de se retirarem as categorias da lei geral privada, até pelo arcaísmo que os institutos representam, o que está sendo proposto pelo Projeto de Reforma do Código Civil. Valem aqui as palavras de Marcelo Truzzi, no sentido de que o legislador brasileiro de 2002 perdeu a excepcional oportunidade de "voltar a assegurar, em termos absolutos, a intangibilidade da legítima, como ocorre em Itália, Portugal, Argentina, Chile, Peru, Equador e Venezuela" (OTERO, Marcelo Truzzi. *Justa*..., 2012, p. 60).

Partindo para a expressão *justa causa*, trata-se de um conceito legal indeterminado, uma *cláusula geral* a ser preenchida pelo aplicador do Direito, de acordo com as circunstâncias do caso concreto. Como dito em outros trechos deste livro e desta série bibliográfica, a adoção de um sistema recheado de conceitos abertos está em sintonia com a *teoria tridimensional do Direito* de Miguel Reale, organizador e sistematizador da codificação privada em vigor no Brasil.

Antes de partir para os exemplos concretos do que seria a tal *justa causa*, fica em xeque a eficiência social de tal exigência. Ora, imagine-se que um pai queira postar as referidas cláusulas no testamento a um filho, pois duvida da idoneidade de sua nora, casada com ele pelo regime da comunhão universal de bens. Como justificar sua intenção? Destaquem-se, mais uma vez, os apontamentos de Zeno Veloso: "Mas não é só isso! O Código exige que a causa seja 'justa', e a questão vai ser posta quando o estipulante já morreu, abrindo-se uma discussão interminável, exigindo uma prova diabólica, dado o subjetivismo do problema" (VELOSO, Zeno. *Código*..., 2012, p. 2081).

Apesar de todo o *clamor doutrinário* e das ressalvas dos juristas, anote-se que o anterior Projeto de Lei do Deputado pretendia apenas retirar a menção à exigência da justa causa do *caput* do art. 1.848 no tocante à cláusula de incomunicabilidade, mantendo-se a restrição subjetiva para as demais restrições. Com a projeção, o diploma passaria a ter a seguinte redação: "Salvo se houver justa causa, declarada no testamento, não pode o testador estabelecer cláusula de inalienabilidade e de impenhorabilidade, sobre os bens da legítima". Além disso, inclui-se um § 3.º no art. 1.848, com a seguinte expressão: "ao testador é facultado, livremente, a cláusula de incomunicabilidade". As justificativas da proposta legislativa merecem mais uma vez ser destacadas, para as cabíveis reflexões:

> "O art. 1.848, *caput*, em sua redação atual só admite a imposição de cláusulas restritivas à legítima – inalienabilidade, impenhorabilidade e incomunicabilidade –, se houver justa causa, declarada no testamento. Não devia ter sido incluída na previsão do art. 1.848 a cláusula de incomunicabilidade. De forma alguma ela fere o interesse geral, prejudica o herdeiro, desfalca ou restringe a legítima, muito ao contrário. O regime legal supletivo de bens é o da comunhão parcial (art. 1.640, *caput*), e, neste, já estão excluídos da comunhão os bens que cada cônjuge possuir ao casar, e os que lhe sobrevierem, na constância do casamento, por doação ou sucessão (art. 1.659, I). Assim sendo, se o testador impõe a incomunicabilidade quanto aos bens da legítima de seu filho, que se casou sob o regime da comunhão universal, nada mais estará fazendo do que seguir o próprio modelo do Código, e acompanhando o que acontece na esmagadora maioria dos casos".

No atual Projeto de Reforma do Código Civil, elaborado pela Comissão de Juristas, sugere-se a retirada da justa causa nas três modalidades. Assim, o *caput* do art. 1.848 passará a prever que "pode o testador estabelecer cláusula de inalienabilidade, impenhorabilidade e de incomunicabilidade, sobre os bens da legítima". Essa me parece ser, sem dúvidas, a melhor proposição.

Expostas essas intenções *de lege ferenda*, no mundo real e prático do Direito das Sucessões, nota-se que muitos julgados afastam a incidência das cláusulas justamente por entender que não há a citada *justa causa* para as imposições das restrições. Assim entendendo, vejamos o seguinte ementário, que serve para resumir e demonstrar tal dificuldade:

> "Agravo de instrumento. Execução título extrajudicial. Penhora no rosto dos autos do inventário. Ausência de justa causa. Art. 2.042. Regra de transição. Prazo para aditamento do testamento sob pena de ineficácia das restrições. Segundo o art. 1.848 do CC/2002, o testador não poderá estabelecer cláusula de impenhorabilidade sobre os bens da legítima, salvo se houver justa causa. Deve haver um motivo que justifique a gravação de bens da legítima ainda que o testamento tenha sido feito perante as regras do Código Civil de 1916, entretanto, se até janeiro de 2004 o testador não providenciar o aditamento do testamento, para que possa justificar o gravame, perderá eficácia a cláusula impenhorabilidade, inalienabilidade e incomunicabilidade (art. 2.042 CC)" (TJMG, Agravo de Instrumento 0606481-44.2010.8.13.0000, 15.ª Câmara Cível, Belo Horizonte, Rel. Des. Antônio Bispo, j. 26.05.2011, *DJEMG* 14.06.2011).

> "Inventário. Indeferimento do pedido de levantamento de juros sobre depósito decorrente da venda de bem gravado com cláusulas restritivas. Disposição testamentária que gravou os frutos e rendimentos apenas com as cláusulas de impenhorabilidade e incomunicabilidade. Inexistência de óbice, portanto, ao levantamento dos juros, já que preservado o capital, com a incidência de correção monetária. Ademais, ausência de justa causa declarada no testamento a justificar a manutenção do gravame em tamanha extensão. Inteligência do art. 1.848 do Código Civil. Decisão reformada. Recurso provido" (TJSP, Agravo de Instrumento 994.09.301650-7, Acórdão 4486447, 8.ª Câmara de Direito Privado, São Paulo, Rel. Des. Salles Rossi, j. 12.05.2010, *DJESP* 28.05.2010).

> "Testamento. Cláusulas de impenhorabilidade e incomunicabilidade. Ausência de justa causa para imposição das restrições. Execução ajuizada antes da lavratura do testamento. Inteligência do art. 1848 do Código Civil vigorante. Agravo provido para autorizar a penhora no rosto dos autos do inventário" (TJSP, Agravo de Instrumento 991.09.097732-8, Acórdão 4233664, 21.ª Câmara de Direito Privado, São Paulo, Rel. Des. Silveira Paulilo, j. 02.12.2009, *DJESP* 12.01.2010).

De qualquer modo, há quem elogie a previsão, caso de Marcelo Truzzi Otero, para quem "a justa causa, como conceito indeterminado, revela-se altamente positiva por traduzir eficiente mecanismo de concretude e integração da norma, de modo a assegurar a possibilidade de o Magistrado confrontar os motivos apontados pelo autor da liberdade, por vezes declarados há anos e anos, com a realidade jurídica, moral e ética contemporânea à abertura da sucessão" (*Justa*..., 2012, p. 70). Na sequência são apresentados pelo autor citado alguns exemplos interessantes com o intuito de concretizar a citada cláusula geral, apesar de ser tímida ou até – pode-se dizer – inexistente a manifestação jurisprudencial positiva a respeito de tal preenchimento:

> "Infinitos são os motivos que, teoricamente, autorizam a clausulação da legítima. Em rol exemplificativo, o vício de jogo, a dependência química, a incapacidade para reger sua pessoa e seus bens, a malversação do patrimônio pessoal, a inexperiência de vida,

todos esses casos motivam a inalienabilidade. Por sua vez, a insolvência, a existência de condenações judiciais ou pendências bancárias motivam a impenhorabilidade. Já a incomunicabilidade tem como motivos a condenação por crime contra o patrimônio, ou a existência de casamentos anteriores nos quais o cônjuge experimentou vantagem patrimonial decorrente da contratação de regime da comunhão universal de bens" (OTERO, Marcelo Truzzi. *Justa...*, 2012, p. 71).

Pois bem, sempre me posicionei com entusiasmo em relação às *cláusulas gerais* e aos *conceitos legais indeterminados*, mecanismos que têm o condão de manter o *Direito Civil vivo*, de acordo com a realidade social que o cerca. Todavia, no que diz respeito à expressão *justa causa* constante do art. 1.848 do Código Civil, tem total razão Zeno Veloso quanto às suas críticas, sendo o melhor caminho a sua retirada do texto da lei.

Questão importante do ponto de vista técnico concerne às consequências no caso de não se observar o requisito da *justa causa* nas cláusulas de impenhorabilidade, incomunicabilidade e impenhorabilidade. A ausência do motivo na restrição gera a sua nulidade ou a sua ineficácia? Em outras palavras, a questão é resolvida no *plano da validade* (segundo degrau da *Escada Ponteana*) ou no *plano da eficácia* (terceiro degrau)? A jurisprudência varia em seus julgamentos sobre essa importante consequência técnica. De início, concluindo pela nulidade absoluta ou pela invalidade da cláusula de restrição, mas mantendo o restante da disposição testamentária:

> "Apelação cível e recurso adesivo. Direito de sucessões. Gravame testamentário. Testamento elaborado na vigência do Código Civil de 1916. Imóvel gravado com cláusula de inalienabilidade, impenhorabilidade e incomunicabilidade. Abertura da sucessão na regência do Código Civil de 2002. Ausência de justificação de ônus real sobre bens da legítima. Inadmissibilidade. Cláusula restritiva da propriedade afastada. (...). Sucessão testamentária. Cláusulas de incomunicabilidade, inalienabilidade e impenhorabilidade dos bens, sem que apontada a justa causa. Invalidade. Testamento elaborado na vigência do Código Civil de 1916, mas abertura da sucessão na vigência do Código Civil de 2002. Observância às normas de transição. Testadora falecida em 14.09.2005. Aplicação do artigo 1.848 c/c art. 2.042, ambos do CC/2002. Intenção em não aditar que se delineia ante o decurso do prazo legal. Restrição que não prevalece. Sentença mantida. Apelação cível e recurso adesivo conhecidos e improvidos" (TJGO, Apelação Cível 481221-77.2008.8.09.0051, Goiânia, Rel. Des. Leobino Valente Chaves, *DJGO* 24.06.2011, p. 108).

> "Apelação cível. Ação declaratória. Nulidade de cláusulas em testamento. Incomunicabilidade. Impenhorabilidade. Ausência de situação excepcional. De acordo com o disposto no Código Civil de 1916, diploma aplicável às sucessões abertas em sua vigência, pode o testador gravar os bens da legítima com cláusulas de incomunicabilidade e inalienabilidade, temporárias ou vitalícias, e que não poderiam ser invalidadas ou dispensadas, mesmo por decisão judicial de qualquer espécie, sob pena de nulidade. Se não comprovada situação excepcional ou justa causa, deve ser assegurada a última disposição de vontade do testador. Recurso conhecido, mas não provido" (TJMG, Apelação Cível 1.0002.07.013173-1/0011, 3.ª Câmara Cível, Abaeté, Rel. Des. Albergaria Costa, j. 16.04.2009, *DJEMG* 29.05.2009).

> "Testamento. Declaratória de ineficácia e nulidade de testamento. Não havendo justa causa determinante da restrição à legítima, a disposição de última vontade não mais prevalecerá, de acordo com o artigo 1.848 do Código Civil. Testador não efetivou o devido aditamento no prazo estabelecido no artigo 2.042, do referido Código, tornando insubsistentes as

cláusulas restritivas. Sentença reformada. Recurso provido" (TJSP, Apelação com revisão n. 565.224.4/8, Acórdão 3339792, 3.ª Câmara de Direito Privado, Ribeirão Bonito, Rel. Des. Adilson de Andrade, j. 11.11.2008, *DJESP* 15.01.2009).

Contudo, em sentido contrário, julgando que a ausência da justa causa gera a mera ineficácia da cláusula de restrição, igualmente mantendo o restante da disposição de última vontade:

"Agravo de instrumento. Execução de título extrajudicial. Penhora no rosto dos autos do inventário. Ausência de justa causa. Art. 2.042. Regra de transição. Prazo para aditamento do testamento sob pena de ineficácia das restrições. Segundo o art. 1.848 do CC/2002, o testador não poderá estabelecer cláusula de impenhorabilidade sobre os bens da legítima, salvo se houver justa causa. Deve haver um motivo que justifique a gravação de bens da legítima ainda que o testamento tenha sido feito perante as regras do Código Civil de 1916, entretanto, se até janeiro de 2004 o testador não providenciar o aditamento do testamento, para que possa justificar o gravame, perderá eficácia a cláusula impenhorabilidade, inalienabilidade e incomunicabilidade (art. 2.042 CC)" (TJMG, Agravo de Instrumento 0606481-44.2010.8.13.0000, 15.ª Câmara Cível, Belo Horizonte, Rel. Des. Antônio Bispo, j. 26.05.2011, *DJEMG* 14.06.2011).

"Testamento. Alienação, pela herdeira, de bens imóveis gravados com cláusula de inalienabilidade, incomunicabilidade e impenhorabilidade. Deferimento. Sujeição, contudo, do levantamento de rendimentos do produto da venda, sub-rogados nas obrigações dos bens, à prévia apresentação do motivo pela herdeira. Inadmissibilidade. Injustificável a situação pela qual não se possa tirar proveito do dinheiro depositado judicialmente, considerando-se, inclusive, a maioridade da herdeira. Ineficácia, portanto, da cláusula na parte em que sujeita os rendimentos aos mesmos gravames dos bens e que, ademais, não possui a justa causa exigida pelo artigo 1.848, *caput*, do novo Código Civil. Interesse tão somente no reconhecimento do direito aos juros remuneratórios do futuro depósito, não da correção monetária. Decisão reformada. Recurso provido" (TJSP, Apelação Cível 280.837-4/8, 4.ª Câmara de Direito Privado, São Paulo, Rel. Des. José Geraldo de Jacobina Rabello, j. 29.04.2004).

Na doutrina, a questão também é divergente. Marcelo Truzzi Otero afirma categoricamente que a ausência de justa causa gera a nulidade absoluta da cláusula de inalienabilidade, incomunicabilidade ou impenhorabilidade:

"A declaração da causa é requisito imposto por lei para a aposição de restrições à legítima. Daí por que a sua ausência (da justa causa) franqueia o magistrado, de ofício ou a requerimento do interessado, proclamar a nulidade da disposição testamentária no próprio procedimento de abertura, registro e cumprimento do testamento ou mesmo no inventário, independentemente de ação específica para tal fim, mesmo porque não é razoável obrigá-lo a silenciar diante de disposição testamentária contrária a texto literal de lei sob frágeis argumentos de que o procedimento é de cognição superficial ou que não há contraditório" (OTERO, Marcelo Truzzi. *Justa...*, 2012, p. 101).

Em outra obra, escrita com Adriana Caldas Dabus Maluf, Carlos Alberto Dabus Maluf segue a premissa da ineficácia, ensinando ambos que, "se o testador deixar de justificar as razões que o motivam, tais cláusulas serão despidas de qualquer eficácia, recebendo o herdeiro os bens inteiramente livres e desembaraçados de qualquer ônus" (*Curso...*, 2013, p. 354). Giselda Maria Fernandes Novaes Hironaka igualmente parece seguir a ideia de cessação dos efeitos, ao afirmar que, "apesar de não estar expresso, é ilação logicamente admissível a de que o juiz, reconhecendo a ausência de justa causa ao interpretar o testamento, possa considerar não escrita uma tal disposição" (*Direito...*, 2012, p. 331). Da mesma esteira, assevera Carlos Roberto Gonçalves que "não terá eficácia, no sistema inaugurado em janeiro de 2003, a imposição pura e simples dessas cláusulas, sem sua motivação declarada no testamento" (*Direito...*, 2010, v. 7, p. 355).

Na linha do que constava em edições anteriores desta obra sigo plenamente a primeira corrente exposta, entendendo que a ausência de justa causa gera a nulidade absoluta da cláusula restritiva, por fraude à lei imperativa, nos termos do art. 166, inciso VI, do Código Civil de 2002 (TARTUCE, Flávio; SIMÃO, José Fernando. *Direito...*, 2013, v. 6, p. 343).

Sendo assim, pode a nulidade ser arguida por qualquer interessado ou até pelo Ministério Público, cabendo conhecimento de ofício pelo juiz da ausência da motivação (art. 168 do CC). Em complemento, como a nulidade não convalesce pelo decurso do tempo (art. 169 do CC), a ação declaratória de nulidade pode ser proposta a qualquer tempo, não se sujeitando à prescrição ou à decadência.

Discussão interessante reside em saber se o art. 1.848 do Código Civil de 2002, particularmente no tocante à exigência da *justa causa*, de igual modo tem incidência na doação com as referidas cláusulas. Mais uma vez, Marcelo Truzzi Otero enfrenta bem a questão em sua tese de doutorado, sustentando o seguinte:

> "O art. 1.848 do Código Civil é absolutamente claro ao restringir a exigência de justa causa apenas para a clausulação da legítima feita em testamento. Não fez semelhante exigência para a clausulação da legítima antecipada em doação. Portanto, em princípio, não há se dar interpretação extensiva ao art. 1.848 do Código Civil para obrigar o doador a declarar justa causa nas doações que antecipem e clausulem a legítima. Contudo, isso não significa que o doador não deva apresentar justificativa para as cláusulas restritivas em momento posterior à doação" (*Justa...*, 2012, p. 83).

Em complemento, sustenta o doutrinador que a exigência de justa causa para a doação pode gerar disputas familiares infindáveis: "partindo dessa premissa, a exigência de justa causa para as doações, mesmo aquelas feitas em antecipação da legítima, afronta ao princípio da proteção da família posto, não raro, representar um relevante fator de desarmonia e desunião familiar" (OTERO, Marcelo Truzzi. *Justa...*, 2012, p. 84). De fato, se a Constituição Federal de 1988 protege especialmente a família, em seu art. 226, não se pode incentivar as práticas jurídicas que motivam ou intensificam os conflitos familiares.

Apesar das palavras transcritas, que contam com o meu apoio doutrinário, muitas decisões respondem positivamente quanto à necessidade de justa causa na doação clausulada restritivamente, caso dos seguintes, do Tribunal Paulista:

> "Arrolamento. Doação. Imposição de cláusula de impenhorabilidade. Retificação da doação, a fim de constar a justa causa da restrição a ser imposta. Necessidade. Não aceitação de cláusula genérica de justificação. Aplicação do art. 1.848 do Código Civil. Decisão

mantida. Recurso desprovido" (TJSP, Agravo de Instrumento 990.10.001924-4, Acórdão 528084, 5.ª Câmara de Direito Privado, Limeira, Rel. Des. Silvério Ribeiro, j. 02.06.2010, *DJESP* 25.06.2010).

"Doação. Cancelamento do gravame de inalienabilidade do imóvel. Art. 1.676 do Código Civil de 1916 que deve ser interpretado com temperamento. Doação que se tornou demasiado onerosa. Art. 1.848, *caput*, do Código Civil de 2002 que exige justa causa para previsão dessa cláusula. Aplicabilidade na hipótese. Inteligência do art. 2.042, do novo Código Civil. Restrição insubsistente. Recurso desprovido" (TJSP, Apelação com Revisão 613.184.4/8, Acórdão 3499722, 1.ª Câmara de Direito Privado, Presidente Venceslau, Rel. Des. Luiz Antonio de Godoy, j. 03.03.2009, *DJESP* 08.05.2009).

No entanto, com o fito de demonstrar a existência de mais uma controvérsia relativa ao Direito Sucessório nacional, vejamos *decisum* do Tribunal Catarinense que adotou a outra ideia, de dispensa da justa causa na doação instituída com as cláusulas restritivas:

"Apelação cível. Ação de divórcio litigioso. Regime de comunhão universal de bens. Irresignação do réu. Divisão igualitária de dívidas. Inviabilidade. Ausência de demonstração de persistência de débitos contraídos na constância do matrimônio. Inclusão na partilha dos frutos auferidos de fração de imóvel herdado pelo cônjuge virago. Porção cedida aos filhos do casal com cláusula de usufruto vitalício. *Quantum* a ser apurado em liquidação de sentença. Doação de parte de imóvel, com cláusula de incomunicabilidade. Exclusão da divisão igualitária. Dispensabilidade da justa causa. Inexistência de previsão legal. Não incidência do art. 1.848 do Código Civil de 2002. Regra aplicável às disposições testamentárias. Manutenção dos ônus sucumbenciais na forma *pro rata*. Recurso conhecido e parcialmente provido. Desnecessária a justa causa para o estabelecimento de cláusulas de inalienabilidade, impenhorabilidade e incomunicabilidade de bens doados, por inexistência de previsão legal, tornando-se inviável a aplicação analógica do art. 1.848 do Código Civil de 2002, sendo tal regramento correspondente à disposição testamentária" (TJSC, Apelação Cível 2012.030919-4, 6.ª Câmara de Direito Civil, Lages, Rel. Des. Subst. Stanley da Silva Braga, j. 1.º.11.2012, *DJSC* 13.11.2012, p. 177).

Com o devido respeito à posição contrária, penso de acordo com o que consta do último aresto e na forma como exposto o problema por Marcelo Truzzi Otero. Em complemento, vale dizer que o Colégio Notarial do Brasil aprovou enunciado em seu *XIX Congresso Brasileiro*, realizado em 2014, prescrevendo que "nas escrituras públicas de doação não é necessário justificar a imposição de cláusulas restritivas sobre a legítima. A necessidade de indicação de justa causa (CC, art. 1.848) limita-se ao testamento, não se estendendo às doações".

Reafirme-se que o art. 1.848 do Código Civil em vigor é norma restritiva da autonomia privada e, como tal, não admite interpretação extensiva ou analogia para outras hipóteses ou tipos não previstos. Em suma, o seu campo de incidência é apenas o testamento e a legítima, e não a doação.

No Projeto de Reforma do Código Civil, elaborado pela Comissão de Juristas nomeada no Senado Federal, faltou tratar do tema, o que ainda poderá ser feito no âmbito do Congresso Nacional, para que se resolva mais essa polêmica verificada nos mais de vinte anos de vigência da codificação privada de 2002.

Analisado o *caput* do art. 1.848 da codificação material, o seu § 1.º preceitua que não é permitido ao testador estabelecer a conversão dos bens da legítima em outros de espécie diversa. Como explica Zeno Veloso, "não se permite, ainda, que o testador estabeleça a conversão dos bens da legítima em outros de espécie diversa, como, p. ex., que a legítima de um filho deva ser integrada apenas por imóveis, ou somente por bens móveis, ou por quotas de empresas, ou por ações de sociedades anônimas ou por dinheiro, ou por títulos de crédito. Mas não se confunde com a conversão dos bens da legítima em outros de diversas espécies, com o preenchimento da legítima com bens da herança, indicados pelo testador (arts. 2.014 e 2.018)" (*Código*..., 2012, p. 2.083).

Igualmente trazendo exemplo interessante, aduz José Fernando Simão que "a conversão significa que o testador determina em seu ato de última vontade a venda de bens deixados que devem ser trocados por outros. Exemplo disso se verificaria se fosse determinado à herdeira que, após a morte do testador, a venda da fazenda para a aquisição de títulos da dívida pública" (SIMÃO, José Fernando. *Código Civil*..., 2019, p. 1478).

Voltando-se à doutrina de Zeno Veloso, demonstra ele que havia divergência no sistema anterior – do Código Civil de 1916 – quanto à viabilidade da citada conversão, prevalecendo a premissa que afirmava a sua possibilidade. No mesmo sentido, Carlos Alberto Dabus Maluf expõe que a legislação anterior permitia a conversão, o que vale para os processos em curso que dizem respeito a fatos ocorridos antes de 11 de janeiro de 2003: "não obstante o direito reconhecido dos herdeiros legítimos, autorizava a lei civil de 1916 a conversão dos bens da legítima em outras espécies. É o que estabelecia o art. 1.723. Com essa permissão, abandonou-se o princípio tradicional de que a legítima é uma quota legalmente reservada sobre os mesmos bens do espólio. Diz-se, contudo, que não está sacrificada, porque se tem de considerar não a natureza dos bens, mas o seu valor" (MALUF, Carlos Alberto Dabus. *Cláusulas*..., 2006, p. 77).

Na mesma linha, explica José Luiz Gavião de Almeida que, no sistema em vigor, a conversão ficou proibida. Antigamente, "poderia o testador, para melhor garantir a igualdade dos herdeiros, determinar a transformação dos bens em outros da mesma espécie, ou estabelecer que fossem substituídos por outros de melhor ou mais fácil administração. Nada disso hoje se permite. Inspirado na forte posição doutrinária que criticava qualquer possibilidade de vinculação dos bens da legítima, cedeu o legislador a essa pressão, mantendo apenas, e de forma mitigada, a permissão para que os bens sejam clausulados" (ALMEIDA, José Luiz Gavião de. *Código*..., 2003, v. XVIII, p. 263).

Observo que no Projeto de Reforma do Código Civil pretende-se incluir uma exceção na norma em vigor, admitindo que a conversão seja feita em dinheiro, e passando o § 2.º do art. 1.848 a prever que "não é permitido ao testador estabelecer a conversão dos bens da legítima em outros de espécie diversa, salvo se a conversão for determinada em dinheiro". Penso que a solução é equilibrada, chegando a um bom termo para a temática.

Seguindo no estudo do tema, como se pode perceber da leitura do § 2.º do art. 1.848 da codificação material, por meio de autorização judicial e havendo mais uma vez *justa causa* para tanto, é possível a alienação dos bens clausulados, cancelando-se as cláusulas restritivas. Apesar de a lei mencionar expressamente apenas o cancelamento da inalienabilidade, forçoso concluir que as outras cláusulas, de incomunicabilidade e impenhorabilidade, também podem ser extintas nos termos do diploma em questão.

Vale lembrar que o sistema do Código Civil de 1916 era bem rígido sobre tal cancelamento, estabelecendo o seu art. 1.676 que "a cláusula de inalienabilidade temporária, ou vitalícia, imposta aos bens pelos testadores ou doadores, não poderá, em caso algum, salvo os de expropriação por necessidade ou utilidade pública, e de execução por dívidas provenientes de impostos relativos aos respectivos imóveis, ser invalidada ou dispensada por atos judiciais de qualquer espécie, sob pena de nulidade". Como se nota, a exigência da justa causa dá uma abertura maior, de natureza objetiva, para afastamento das restrições testamentárias.

Em casos tais, o produto da venda deve ser destinado para a aquisição de outros bens, em substituição ou *sub-rogação real*, que permanecerão com as cláusulas dos primeiros. Partindo para os exemplos concretos desse cancelamento, o Tribunal de Justiça de São Paulo admitiu a extinção das três restrições em doação, pelo fato de a morte dos instituidores ter ocorrido muito tempo atrás, há mais de quatorze anos, havendo enormes dificuldades na manutenção de imóvel recebido com as restrições (TJSP, Apelação 994.09.319607-4, Acórdão 4647619, 4.ª Câmara de Direito Privado, Rio Claro, Rel. Des. Natan Zelinschi de Arruda, j. 05.08.2010, *DJESP* 31.08.2010).

Ainda para ilustrar, tem-se entendido que o desaparecimento da justa causa que motivou a instauração da restrição é razão a ser considerada para o seu cancelamento, cabendo trazer à colação a seguinte ementa do Tribunal de Justiça de Minas Gerais: "se a justa causa que motivou a imposição da cláusula sobre o imóvel não mais persiste, e a proprietária deseja desfazer-se do mesmo, por falta de condições na sua manutenção, necessária se faz a sua desconstituição, a fim de se dar função social ao bem" (TJMG, Apelação Cível 1.0000.00.322130-6/000, 4.ª Câmara Cível, Canápolis, Rel. Des. Audebert Delage, j. 07.08.2003, *DJMG* 09.09.2003).

Anote-se que o julgamento cita o princípio da função social da propriedade, que deve ser igualmente considerada para os fins de se manter ou não a cláusula de inalienabilidade. Adotando o mesmo caminho, do Tribunal de Justiça do Rio de Janeiro:

> "Testamento. Imóvel gravado. Cláusula de inalienabilidade. Ineficácia da cláusula. Alienação de imóvel. Apelação cível. Jurisdição voluntária. Testamento. Imóveis gravados com cláusula de inalienabilidade. Possibilidade fática. Gravame que onera o beneficiário. Princípio da razoabilidade. O cancelamento da cláusula de inalienabilidade imposta pelo instituidor objetivando a proteção do patrimônio herdado, em regra, é vedado. Entretanto, se o gravame vem onerando aquele que, em tese, deveria ser protegido, é ilógica a sua manutenção. A hipótese é de imóvel recebido em sucessão que se tornou uma fonte de despesas e certamente de problemas ao agora proprietário. Ademais, em casos tais devem ser levados em conta não somente o princípio da igualdade, como também a função social da propriedade, garantias, de índole constitucional (arts. 5.º, *caput*, XXII, XXIII, 170, II e III, da CRFB). Considerando que na aplicação da Lei o juiz deve atender, igualmente, aos fins sociais e às exigências do bem comum (art. 5.º, LICC), nada mais razoável do que acolher o pedido de cancelamento das cláusulas e, consequentemente, autorizar a venda do bem, o que, ainda que de forma transversa, poderá trazer os benefícios que o ascendente, instituidor do gravame, pretendeu proporcionar. Afinal, nas declarações de vontade se atenderá mais à sua intenção que ao sentido literal da linguagem (art. 85, Código Civil de 1916). Inobservância do critério da legalidade estrita relativamente à atividade processual nos procedimentos de jurisdição voluntária. Provimento do recurso" (TJRJ, Apelação Cível 15131/2005, 18.ª Câmara Cível, Rio de Janeiro, Rel. Des. Jorge Luiz Habib, j. 19.07.2005).

Não tem sido diferente a forma de julgar do Superior Tribunal de Justiça, eis que, "se a alienação do imóvel gravado permite uma melhor adequação do patrimônio à sua função social e possibilita ao herdeiro sua sobrevivência e bem-estar, a comercialização do bem vai ao encontro do propósito do testador, que era, em princípio, o de amparar adequadamente o beneficiário das cláusulas de inalienabilidade, impenhorabilidade e incomunicabilidade" (STJ, REsp 1.158.679/MG, 3.ª Turma, Rel. Min. Nancy Andrighi, j. 07.04.2011, *DJe* 15.04.2011). De data mais recente, concluiu o mesmo Tribunal Superior, de forma correta, que: "possibilidade de cancelamento da cláusula de inalienabilidade após a morte dos doadores, passadas quase duas décadas do ato de liberalidade, em face da ausência de justa causa para a sua manutenção. Interpretação do art. 1.848 do Código Civil à luz do princípio da função social da propriedade" (STJ, REsp 1.631.278/PR, 3.ª Turma, Rel. Ministro Paulo de Tarso Sanseverino, j. 19.03.2019, *DJe* 29.03.2019).

A título de ilustração, imagine-se o caso de um imóvel rural que se encontra improdutivo porque a cláusula de inalienabilidade obsta que se obtenha um financiamento para o desenvolvimento da atividade agrária. Entendo que essa situação já basta para o cancelamento da cláusula.

Em 2022, surgiu outro aresto do Tribunal da Cidadania, que leva em conta as regras do Estatuto da Pessoa Idosa para o cancelamento da restrição, trazendo, ainda, critérios que devem ser levados em conta pelo julgador:

> "Cinge-se a controvérsia a definir se o cancelamento das cláusulas de inalienabilidade e impenhorabilidade melhor promoveria os direitos fundamentais dos recorrentes, pessoas idosas, e se existente ou não justa causa para o levantamento dos gravames no imóvel rural dos recorrentes. No caso, a alegação de afronta aos arts. 2.º, 3.º e 37 do Estatuto da Pessoa Idosa deve ser analisada em conjunto com a arguição de violação do art. 1.848 do CC/2002, por meio de interpretação sistemática e teleológica. A possibilidade de cancelamento das cláusulas de inalienabilidade e impenhorabilidade instituída pelos doadores depende da observação de critérios jurisprudenciais: (i) inexistência de risco evidente de diminuição patrimonial dos proprietários ou de seus herdeiros (em especial, risco de prodigalidade ou de dilapidação do patrimônio); (ii) manutenção do patrimônio gravado que, por causa das circunstâncias, tenha se tornado origem de um ônus financeiro maior do que os benefícios trazidos; (iii) existência de real interesse das pessoas cuja própria cláusula visa a proteger, trazendo-lhes melhor aproveitamento de seu patrimônio e, consequentemente, um mais alto nível de bem-estar, como é de se presumir que os instituidores das cláusulas teriam querido nessas circunstâncias; (iv) ocorrência de longa passagem de tempo; e, por fim, nos casos de doação, (v) se já sejam falecidos os doadores. Na hipótese, todos os critérios jurisprudenciais estão presentes" (STJ, REsp 2.022.860/MG, 3.ª Turma, Rel. Min. Ricardo Villas Bôas Cueva, j. 27.09.2022, *DJe* 30.09.2022).

Essa tem sido a forma de julgar o tema na Corte, sobretudo na sua Terceira Turma, podendo ser considerada hoje a posição majoritária para a prática.

Outra decisão a ser destacada, do Tribunal Mineiro, demonstra que as referidas cláusulas não podem ensejar *absolutismos proibitórios ao extremo*, devendo o magistrado sempre analisar a possibilidade de cancelamento visando à função social da propriedade e com temperamentos, como antes se expôs:

> "Apelação cível. Doação de apartamento. Cláusulas de inalienabilidade e impenhorabilidade. Cancelamento. Possibilidade. Recurso conhecido e provido. Modernamente, a vitaliciedade das cláusulas de inalienabilidade e impenhorabilidade não pode ensejar o absolutismo proibitório, em face dos preceitos constitucionais que asseguram o direito de propriedade e impõem a sua finalidade social. Ademais, é sabido que mediante a análise do caso concreto, com apresentação de justa causa, podem ser cancelados tais gravames, já que é judicialmente possível o abrandamento ou a mitigação das normas contidas nos arts. 1.676, do CC/1916, e 1.911, do CC/2002, valendo destacar ainda que os interesses da doadora estarão garantidos com o registro de usufruto. Voto vencido. Procedimento de jurisdição voluntária. Alvará judicial. Imóvel gravado com cláusulas de inalienabilidade e impenhorabilidade. Pretensão de transferir o imóvel para parente colateral de 3.º grau. Situação excepcional não configurada. A alienação de imóvel gravado com cláusula de inalienabilidade e impenhorabilidade é possível somente nas situações previstas no parágrafo único do art. 1.911 do Código Civil. O desejo de transferir imóvel a parente colateral de 3.º grau não configura situação excepcional capaz de ensejar a autorização de transferência do imóvel" (TJMG, Apelação Cível 1.0145.11.049920-2/001, Rel. Des. Corrêa Camargo, j. 16.10.2012, *DJEMG* 19.10.2012).

A ementa transcrita merece duas observações. A primeira é que exigiu a justa causa em caso de doação, posição que não conta com a minha concordância, como antes exposto. A segunda é que houve um voto vencido sobre o cancelamento da restrição, o que demonstra como a questão da análise da justa causa é difícil na prática.

No Tribunal Paulista, assim como tem julgado o STJ, entendeu-se que, se o fim objetivado pelo gravame restou abrandado pelo tempo, há a possibilidade de suspender a inalienabilidade sobre o bem, permitindo-se o levantamento das restrições impostas ao bem herdado (TJSP, Agravo de Instrumento 990.10.329986-8, Acórdão 4725911, 9.ª Câmara de Direito Privado, São Paulo, Rel. Des. Grava Brasil, j. 31.08.2010, *DJESP* 26.10.2010). Desse modo, constata-se que a função social também da restrição tem sido considerada para os fins de cancelar a proibição, especialmente a cláusula de inalienabilidade, o que novamente traz uma análise menos rígida a respeito do cancelamento das restrições, o que deve prevalecer, no meu entendimento.

Anoto que no atual Projeto de Reforma do Código Civil pretende-se facilitar o levantamento dos gravames e a alienação dos bens, o que segue a linha de se *destravar* a vida das pessoas, adotada pela Comissão de Juristas nomeada no Senado Federal. Assim, o § 1.º do art. 1.848, com menor rigidez, passará a prever que, "com autorização judicial e havendo justa causa, podem ser alienados os bens gravados, mediante sub-rogação, ou levantados os gravames".

Como se nota, não haverá mais menção quanto à sub-rogação das cláusulas em outros bens, o que representa indesejada intervenção na propriedade. Além disso, sugere-se a inclusão de um § 3.º no mesmo comando, prevendo que pode o testador nomear curador especial aos bens da legítima dos filhos com menos de dezoito anos de idade. Espera-se a sua aprovação pelo Congresso Nacional.

Vistos tais exemplos concretos e as propostas de alteração do art. 1.848, nos termos do art. 1.911 do Código Civil ora vigente, inovação festejada frente ao sistema do CC/1916, a cláusula de inalienabilidade, imposta aos bens por ato de liberalidade, implica automaticamente em impenhorabilidade e incomunicabilidade dos bens. O dispositivo é reprodução parcial da outrora citada Súmula 49 do STF, segundo a qual "A cláusula de inalienabilidade inclui a incomunicabilidade dos bens". Deve ficar claro, entretanto, que a cláusula de incomunicabilidade não gera a inalienabilidade e a impenhorabilidade, como a última não gera as duas anteriores.

Exatamente nesse sentido, explicando o teor do comando, recente julgado do STJ aduziu as seguintes afirmações: "a) há possibilidade de imposição autônoma das cláusulas de inalienabilidade, impenhorabilidade e incomunicabilidade, a critério do doador/instituidor; b) uma vez aposto o gravame da inalienabilidade, pressupõe-se, *ex vi lege*, automaticamente, a impenhorabilidade e a incomunicabilidade; c) a inserção exclusiva da proibição de não penhorar e/ou não comunicar não gera a presunção do ônus da inalienabilidade; e d) a instituição autônoma da impenhorabilidade, por si só, não pressupõe a incomunicabilidade e vice-versa" (STJ, REsp 1.155.547/MG, 4.ª Turma, Rel. Min. Marco Buzzi, j. 06.11.2018, *DJe* 09.11.2018).

Ato contínuo de estudo do sistema vigente, prevê o parágrafo único do art. 1.911 da codificação privada que, no caso de desapropriação de bens clausulados, ou de sua alienação, por conveniência econômica do donatário ou do herdeiro, mediante autorização judicial, o produto da venda converter-se-á em outros bens, sobre os quais incidirão as restrições apostas aos primeiros. Mais uma vez, a atual codificação privada consagra a sub-rogação dos bens clausulados, mantendo-se as restrições.

Para encerrar o estudo da matéria, cabe comentar o art. 2.042 do Código Civil de 2002, dispositivo de direito intertemporal que trata do assunto. De acordo com a norma, aplica-se o art. 1.848 quando aberta a sucessão no prazo de um ano após a entrada em vigor do atual Código Civil – ou seja, até 11 de janeiro de 2004 –, ainda que o testamento tenha sido feito na vigência do Código Civil de 1916.

Assim, se nesse prazo de um ano o testador não aditou o testamento para declarar a justa causa de cláusula aposta na legítima, não subsistirá a restrição. Conforme anota Maria Helena Diniz, a finalidade da lei foi conceder um tempo razoável ao testador para viabilizar as restrições impostas na vigência da lei anterior (*Código*..., 2010, p. 1.428).

Da jurisprudência podem ser encontrados vários arestos aplicando a questão intertemporal, afastando a restrição pela falta de aditamento. Dentre todos, colaciona-se e destaca-se lúcida ementa do Superior Tribunal de Justiça a seguir transcrita:

> "Direito civil e processual civil. Sucessões. Recurso especial. Arrolamento de bens. Testamento feito sob a vigência do CC/1916. Cláusulas restritivas apostas à legítima. Inalienabilidade, impenhorabilidade e incomunicabilidade. Prazo de um ano após a entrada em vigor do CC/2002 para declarar a justa causa da restrição imposta. Abertura da sucessão antes de findo o prazo. Subsistência do gravame. Questão processual. Fundamento do acórdão não impugnado. Conforme dicção do art. 2.042 c/c o *caput* do art. 1.848 do CC/2002, deve o testador declarar no testamento a justa causa da cláusula restritiva aposta à legítima, no prazo de um ano após a entrada em vigor do CC/2002; na hipótese de o testamento ter sido feito sob a vigência do CC/1916 e aberta a sucessão no referido prazo, e não tendo até então o testador justificado, não subsistirá a restrição. Ao testador são asseguradas medidas conservativas para salvaguardar a legítima dos herdeiros necessários, sendo que, na interpretação das cláusulas testamentárias, deve-se preferir a inteligência que faz valer o ato, àquela que o reduz à insubsistência; por isso, deve-se interpretar o testamento, de

preferência, em toda a sua plenitude, desvendando a vontade do testador, libertando-o da prisão das palavras, para atender sempre a sua real intenção. Contudo, a presente lide não cobra juízo interpretativo para desvendar a intenção da testadora; o julgamento é objetivo, seja concernente à época em que dispôs da sua herança, seja relativo ao momento em que deveria aditar o testamento, isto porque veio a óbito ainda dentro do prazo legal para cumprir a determinação legal do art. 2.042 do CC/2002, o que não ocorreu, e, por isso, não há como esquadrinhar a sua intenção nos três meses que remanesciam para cumprir a dicção legal. Não houve descompasso, tampouco descumprimento, por parte da testadora, com o art. 2.042 do CC/2002, conjugado com o art. 1.848 do mesmo Código, isto porque foi colhida por fato jurídico – morte – que lhe impediu de cumprir imposição legal, que só a ela cabia, em prazo que ainda não se findara. O testamento é a expressão da liberdade no direito civil, cuja força é o testemunho mais solene e mais grave da vontade íntima do ser humano. A existência de fundamento do acórdão recorrido não impugnado, quando suficiente para a manutenção de suas conclusões em questão processual, impede a apreciação do recurso especial no particular. Recurso especial provido" (STJ, REsp 1.049.354/SP, 3.ª Turma, Rel. Min. Fátima Nancy Andrighi, j. 18.08.2009, *DJE* 08.09.2009).

Com essa decisão, encerra-se o estudo da matéria, passando-se à abordagem dos legados, instituto de sucessão testamentária singular.

3.8 DOS LEGADOS

3.8.1 Conceito e modalidades específicas

O legado constitui uma disposição específica sucessória, realizada a título singular. Contrapõe-se ao testamento pelo fato de ser este uma disposição da herança a título universal. Em suma, pode-se dizer que no legado há uma especificidade dada pela autonomia privada. São partes do instituto sucessório em questão: o *legante* ou *testador* que faz a disposição de última vontade a título singular; e o *legatário*, aquele que é beneficiado pela disposição.

Entre os clássicos, de acordo com Orosimbo Nonato, "chama-se legado o benefício quando um direito patrimonial, como unidade e independente, se separa do todo e a sucessão singular é assegurada. A classificação não muda, pelo fato de todos os grupos transmitidos, o complexo de objetos, ou as somas deixadas esgotaram o acervo" (NONATO, Orosimbo. *Estudos...*, 1957, v. III, p. 11).

Entre os contemporâneos, nos dizeres de Giselda Maria Fernandes Novaes Hironaka, "entende-se o legado – segundo o direito brasileiro – como a atribuição de certo ou certos bens a outrem por meio de testamento e a título singular. Envolve, assim, uma sucessão *causa mortis* que produzirá efeitos apenas com o falecimento do testador. Consiste, sem dúvida, numa liberalidade deste para com o legatário, o que não exige dizer que se deva sempre traduzir em benefício para este último, já que pode ocorrer a vir a ser o legado pelos encargos que o acompanham ou mesmo vir a se converter num ônus pesado demais para quem o recebe" (*Direito...*, p. 322-323).

Deve ficar claro que a lei admite o *sublegado*, tratado pelo art. 1.913 do Código Civil. Determina tal comando que, se o testador ordenar que o herdeiro ou legatário entregue coisa de sua propriedade a outrem – o *sublegatário* –, não o cumprindo ele, entender-se-á que renunciou à herança ou ao legado. Como se pode perceber, há uma firme penalidade no caso de a parte não cumprir o encargo, equiparada à renúncia à herança.

Além dessa categoria, consigne-se que é possível a figura do *prelegado* ou *legado precípuo*, presente quando o herdeiro legítimo também é beneficiado com o ato de disposição testamentária singular. Conforme as lições de Carlos Alberto Dabus Maluf e Adriana Caldas Dabus Maluf a respeito das pessoas que podem ser nomeadas como legatárias, há legitimação "de qualquer pessoa, parente ou estranha, natural ou jurídica, civil ou comercial. Nada impede, nesse sentido, que o herdeiro legítimo seja beneficiado com um legado, participando da sucessão como herdeiro e como legatário. Assim, atribuído a herdeiro legítimo, recebe o nome de prelegado ou legado precípuo. Em tal hipótese, numa só pessoa, reúnem-se as duas qualidades: a de herdeiro e de legatário" (*Curso...*, 2013, p. 366).

Pois bem, em relação ao seu conteúdo, o legado admite várias espécies ou formas, a seguir expostas com base no que consta do Código Civil e na doutrina de ontem e de hoje, utilizada para a elaboração desta obra.

3.8.1.1 Do legado de coisa alheia

O legado de coisa alheia está tratado pelo art. 1.912 da codificação privada em vigor, segundo o qual é ineficaz o legado de coisa certa que não pertença ao testador no momento da liberalidade. A título de exemplo, imagine-se a disposição: "deixo o carro Ferrari que ainda comprarei do meu irmão para meu filho Pietro". Ou: "deixo minha mansão no Rio de Janeiro, localizada na Rua X, n.º Y, para meu filho Enzo", sendo certo que o legante não é o proprietário do bem, mas um primo seu.

Como se nota, o legislador procurou resolver o legado de coisa alheia no *plano da eficácia* do negócio jurídico, ou seja, no *terceiro degrau* da *Escada Ponteana*. Assim, não se cogita a inexistência do ato, ou a sua invalidade, com os vícios da nulidade absoluta ou relativa. Como é notório, o art. 1.678 do Código Civil de 1916 estabelecia a pena da nulidade absoluta no caso de legado de coisa incerta, expressando que "é nulo o legado de coisa alheia. Mas, se a coisa legada, não pertencendo ao testador, quando testou, se houver depois tornado sua, por qualquer título, terá efeito a disposição, como se sua fosse a coisa, ao tempo em que ele fez o testamento".

Demonstra Paulo Lôbo que "a crítica de Pontes de Miranda (1973, v. 57, § 5.762) à nulidade de tal legado, fixada no art. 1.678 do anterior Código, influenciou a correta alusão do novo Código à ineficácia. Também repercutiu sua crítica ao momento a ser considerado, que não poderia ser o da data do testamento (como se a aquisição posterior operasse a retroeficácia, ou, o que é pior, a convalescença), mas sim o da data da morte do testador. No direito atual, apenas se leva em conta o que está na titularidade do testador na data da sua morte, para que o legado possa ser considerado ineficaz" (*Direito...*, 2013, p. 255). As reprimendas anteriores, em todos os seus aspectos, eram totalmente fundadas, na minha opinião doutrinária, andando bem o legislador de 2002 no tocante às alterações realizadas pelo dispositivo em vigor. Nesse contexto de modificação, já aplicando a solução de ineficácia constante da atual lei civil, colaciona-se:

"Ação declaratória de ineficácia de cláusulas testamentárias. Inteligência do artigo 1.912 do Código Civil. Testadora que, em suas disposições de última vontade, deu em legado imóveis que não mais lhe pertenciam. Imóveis anteriormente utilizados para integralizar o capital de sociedade da qual a testadora era sócia majoritária. Ausência de registro da transferência que é mera irregularidade. Empresa ainda ativa. Sentença mantida. Apelo improvido" (TJSP, Apelação Cível 9181401-61.2009.8.26.0000, Acórdão 6686055, 7.ª Câmara de Direito Privado, São Paulo, Rel. Des. Ramon Mateo Júnior, j. 24.04.2013, *DJESP* 16.05.2013).

Na linha das palavras dos juristas por último citados, a opção do legislador de 2002 pela ineficácia é clara e deve ser respeitada para os atos celebrados após 11 de janeiro de 2003, nos moldes do que foi feito quanto à alienação *a non domino* – por quem não é dono – de bens móveis. Nos termos do art. 1.268, *caput,* do Código Civil em vigor, "feita por quem não seja proprietário, a tradição não aliena a propriedade, exceto se a coisa, oferecida ao público, em leilão ou estabelecimento comercial, for transferida em circunstâncias tais que, ao adquirente de boa-fé, como a qualquer pessoa, o alienante se afigurar dono". Em suma, pode-se falar em ineficácia do legado *a non domino,* realizado por aquele que não é proprietário do bem objeto da disposição testamentária singular.

Todavia, advirta-se que, nos termos do que consta do art. 2.035, *caput,* do Código Civil de 2002, se o legado de coisa alheia for celebrado antes de 11 de janeiro de 2003 – na vigência do sistema anterior –, deve ser considerado como nulo de pleno direito (nulidade absoluta). Isso porque, nos termos desse comando de direito intertemporal, quanto ao plano da validade do negócio jurídico, deve ser aplicada a norma do momento da sua constituição ou celebração.

Para encerrar o tópico, cabe destacar que no Projeto de Reforma do Código Civil pretende-se incluir no art. 1.912 regra a respeito da possibilidade de legado sobre bens incorpóreos ou imateriais, que poderá abranger o patrimônio e a herança digital do falecido, na linha de outras proposições feitas pela Comissão de Juristas nomeada pelo Senado Federal. Assim, nos termos do projetado parágrafo único para esse comando, poderão ser objeto de legado bens corpóreos e incorpóreos, inclusive aqueles de natureza existencial.

Em complemento, será incluído um necessário art. 1.918-A na codificação privada, prevendo que o legado de bens digitais pode abranger dados de acesso a qualquer aplicação da internet de natureza econômica, perfis de redes sociais, canais de transmissão de vídeos, bem como dados pessoais expressamente mencionados pelo testador no instrumento ou arquivo do testamento. Será possível, pela mesma norma, a nomeação de administrador aos bens digitais, sob a forma de administrador digital, por decisão judicial, negócio jurídico entre vivos, testamento ou codicilo. Nesses casos de nomeação do administrador digital pelo autor da herança por decisão judicial, ficarão os bens digitais submetidos à sua administração imediata até que se ultime a partilha, com a obrigação de prestação de contas.

Diante da necessidade de regulamentação das situações jurídicas digitais, trazendo o Código Civil para o século XXI, é fundamental a aprovação das propostas pelo Congresso Nacional, o que se espera em curto espaço de tempo.

3.8.1.2 Do legado de coisa comum

Nos termos do art. 1.914 do Código Civil de 2002, se a coisa legada pertencer somente em parte ao testador, só quanto a essa parte *valerá* o legado em benefício do legatário. Trata-se de limite imposto pela lei ao legado de coisa comum, que está em condomínio entre o legante e terceiro. A título de ilustração, se o imóvel estiver em condomínio igualitário com o irmão do legante e ele fizer a seguinte disposição: "deixo minha casa no Guarujá para meu filho Carlos", apenas na metade a deixa testamentária gerará efeitos.

Observe-se que, apesar de a lei mencionar que somente *valerá* o testamento na parte que corresponder à propriedade do autor da disposição, deve-se entender por sua *eficácia* nesse montante, como bem expõe atenta doutrina, que prega a sua necessária interpretação com o art. 1.912 da própria codificação (VELOSO, Zeno. *Código...*, 2012, p. 2.138; VENOSA, Sílvio de Salvo. *Código...*, 2010, p. 1.729; MALUF, Carlos Alberto Dabus; MALUF, Adriana Caldas do Rêgo Freitas Dabus. *Curso...*, 2013, p. 373).

Alerte-se, contudo, que a questão não é pacífica, pois há quem afirme, com base na literalidade da lei, que o legado de coisa comum será inválido ou nulo naquilo que exceder a parte do legante (DINIZ, Maria Helena. *Código...*, 2010, p. 1.340; GONÇALVES, Carlos Roberto. *Direito...*, 2010, p. 364). Seguindo tal forma de pensar, reconhecendo a nulidade da parte excedente:

> "Ação de nulidade de testamento. Parte excedente a disponível. Disposição de coisa não pertencente na integralidade ao testador. As disposições que excederem a parte disponível serão reduzidas ao limite correto, consoante previsão do artigo 1.967 do CC/2002. O legado valerá tão somente na parte em que pertencer ao testador, na forma do artigo 1.914 do CC/2002" (TJMG, Apelação Cível 1316891-88.2006.8.13.00, 8.ª Câmara Cível, Barbacena, Rel. Des. Teresa Cristina da Cunha Peixoto, j. 05.08.2010, *DJEMG* 29.11.2010).

Pontue-se, porém, certa contradição no aresto, porque reconhece a nulidade do ato, mas traz solução de ineficácia, qual seja a redução da disposição testamentária.

Apesar dessa relutância jurisprudencial, cabe reafirmar que a razão parece estar com a primeira corrente doutrinária, pois o legado de coisa comum que diz respeito à fração que não é do autor da herança não deixa de ser um *legado a non domino*, sendo correta a afirmação de sua ineficácia. De qualquer modo, para que não pairem mais dúvidas, melhor seria modificar a expressão *valerá*, constante do atual art. 1.914 do Código Civil, para *será eficaz*.

Como se verá a seguir, muitos dos dispositivos da codificação anterior que mencionavam a *validade* dos legados de acordo com certos requisitos foram alterados, passando a constar tratamento relativo à *eficácia*. Desse modo, a menção à *validade* no diploma analisado parece ter sido mais um *cochilo legislativo*.

3.8.1.3 Do legado de coisa genérica

A lei privada admite o *legado de coisa genérica*, sendo o seu objeto determinável, indicado pelo gênero e pela quantidade, a exemplo da obrigação de dar coisa incerta, tratada pelo art. 243 do CC/2002. Conforme o art. 1.915 da codificação civil, se o legado for de coisa que se determine pelo gênero, será ele cumprido, ainda que tal coisa não exista entre os bens deixados pelo testador.

Há uma mudança substancial em relação à codificação anterior, que tratava do *legado de coisa móvel genérica*, no seu dispositivo correspondente (art. 1.681 do CC/1916). No sistema em vigor, forçoso concluir que o dispositivo igualmente tem incidência para os imóveis, desde que existam forças na herança, como ensina Sílvio de Salvo Venosa (*Código*..., 2010, p. 1.729). Ilustra o doutrinador paulista com a hipótese em que alguém dispõe: "Deixo uma casa de veraneio em determinada região".

A respeito da escolha de qual bem será transmitido dentro do gênero determinado pelo falecido, estabelece o art. 1.929 do CC/2002 que caberá ao herdeiro, como regra, guardando o *meio-termo* entre as congêneres da melhor e pior qualidade. Em outras palavras, a escolha competirá ao devedor, que é o herdeiro não beneficiário, cabendo previsão em contrário nesse sentido. Existe, nesse contexto, uma presunção relativa ou *iuris tantum* quanto à escolha no legado de coisa incerta, que pode ser afastada pelo próprio legante ou testador.

No entanto, em qualquer escolha devem ser excluídas as coisas de pior e melhor qualidade, com o fim de manter o equilíbrio da disposição testamentária. Aproveitando o exemplo dado da casa de veraneio, havendo cinco casas do testador, as de pior e de maior valor não poderão ser escolhidas. O dispositivo equivale em parte ao art. 244 da própria Lei Geral Privada, segundo o qual, "nas coisas determinadas pelo gênero e pela quantidade, a escolha pertence ao devedor, se o contrário não resultar do título da obrigação; mas não poderá dar a coisa pior, nem será obrigado a prestar a melhor". Como há um objetivo de manter o equilíbrio da relação jurídica, entendo que as normas, obrigacionais e sucessórias, são de ordem pública, não cabendo seu afastamento pelo exercício da autonomia privada, sob pena de nulidade absoluta, por ilicitude do objeto (art. 166, inciso II, do CC/2002) ou fraude à lei imperativa (art. 166, inciso VI, do CC/2002).

A máxima do *meio-termo* também rege a escolha que eventualmente for deixada ao arbítrio de terceiro (art. 1.930 do CC). Conforme o mesmo diploma, se este terceiro não a quiser ou não a puder exercer, ao juiz competirá fazê-la, guardado igualmente o disposto a respeito da necessidade se manter o equilíbrio na prestação.

A possibilidade de a escolha ser efetuada pelo juiz está na contramão da tendência atual de *desjudicialização*, de fuga do Poder Judiciário, premissa adotada pelo Código de Processo Civil de 2015. Como é notório, o Código Civil de 2002, em vários de seus trechos, consagra tal intervenção judicial, que não é mais o mote jurídico do momento, ao contrário de quando de sua elaboração inicial, na década de 70, em que se festejava muito o *acesso à Justiça*. Cite-se a propósito a possibilidade de o magistrado, em ação judicial, determinar qual prestação deve ser cumprida na obrigação alternativa (art. 252, §§ 3.º e 4.º, do CC/2002).

Eventualmente, se, no ato de disposição, a opção foi deixada ao legatário, que é o credor da obrigação, este poderá escolher, do gênero determinado, a melhor coisa que houver na herança (art. 1.931 do CC). Como aponta a doutrina de ontem e de hoje, trata-se do que se denomina como *legatum optionis* (ver, por todos: DINIZ, Maria

Helena. *Código*..., 2010, p. 1.348). A norma claramente protege o legatário, pois, se o testador atribuiu a escolha a ele, "é de se supor que o testador queria que o beneficiado ficasse com a melhor coisa que houver na herança" (VELOSO, Zeno. *Código*..., 2012, p. 2.146). Entretanto, conforme o mesmo comando, se na herança não existir coisa de tal gênero, dar-lhe-á de outra congênere ao herdeiro, observado o meio-termo mencionado na parte final do art. 1.929 da própria codificação.

3.8.1.4 Do legado de coisa singular

Trata-se de hipótese em que a coisa está individualizada, sendo o objeto do legado determinado, não havendo a necessidade de qualquer escolha, ao contrário da categoria anterior. Equivale, portanto, à obrigação de dar coisa certa ou *específica*, tratada entre os arts. 233 a 242 do Código Civil em vigor. A título de exemplo, pode ser citada a disposição: "Deixo minha única casa em São Paulo, localizada no bairro de Moema, na Rua X, n.º Y, para o meu filho Carlos".

Na expressão do art. 1.916 do Código Privado de 2002, se o testador legar coisa sua, singularizando-a, só terá eficácia o legado se, ao tempo do seu falecimento, ela se achava entre os bens da herança. Se a coisa legada existir entre os bens do testador, mas em quantidade inferior à do legado, este será eficaz apenas quanto ao que for existente. Festeja-se a menção à eficácia, e não à validade, conforme comentários antes expostos, sendo a questão resolvida no *terceiro degrau* da *Escada Ponteana.*

Como é cediço, impropriamente, o Código Civil de 1916 utilizava o termo *valerá* no seu art. 1.682, que equivale ao comando em comento. Por isso, podem ser encontrados arestos que concluem pela nulidade absoluta do legado de coisa singularizada *a non domino*, ou seja, de bem que não pertencia ao testador (TJRJ, Apelação Cível 11540/1998, 4.ª Câmara Cível, Valença, Rel. Des. Wilson Marques, j. 22.02.2000).

Deve ficar claro que, quanto aos atos praticados na vigência do Código Civil de 2002, haverá ineficácia em casos tais, mantida a nulidade absoluta para os atos anteriores a 11 de janeiro de 2003, por decorrência natural do sempre citado art. 2.035, *caput,* do CC/2002.

3.8.1.5 Do legado de coisa localizada

Pode ocorrer que o testador faça disposição de coisa que deva ser encontrada em determinado lugar, como no caso a seguir: "Deixo meu relógio de ouro, que está no cofre da minha casa, para o meu sobrinho José". Em casos tais, a disposição só terá eficácia se nele for achada, salvo se removida a título transitório (art. 1.917 do CC/2002).

Festeja-se, na linha dos institutos anteriores a substituição da menção ao plano da validade pelo plano da eficácia, uma vez que o art. 1.683 da codificação anterior assim dispunha: "o legado de coisa, ou quantidade, que deva tirar-se de certo lugar, só valerá se nele for achada, e até a quantidade, que ali achar".

A respeito da citada remoção dos bens a título transitório, vale trazer a lume a ilustração de Zeno Veloso: "se, p. ex., o testador legou os móveis da sala de jantar de sua casa, esse legado será eficaz ainda que, na data da abertura da sucessão, os móveis não estejam na mencionada sala, mas numa oficina, sendo restaurados" (*Código*..., 2012, p. 2.140).

3.8.1.6 Do legado de crédito e de quitação de dívida

Como explica Maria Helena Diniz, "o legado de crédito (*legatum nominis*) tem por objeto um título de crédito, do qual é devedor terceiro pessoa, que é transferido pelo testador ao legatário e que somente terá eficácia até a concorrente quantia do crédito ao tempo da abertura da sucessão". A título de concreção, imagine-se: "Deixo para o meu filho João a nota promissória emitida por Maria, minha devedora". Com tal disposição, há uma cessão de crédito a favor do legatário.

Por seu turno, ensina ainda a Professora Titular da PUCSP que o "legado de quitação de dívida (*legatum liberationis*), existente até a data em que se deu a elaboração da cédula testamentária, importa o perdão desta por parte do testador, que é o credor, ao legatário devedor, cumprindo-se pela entrega do título ou passando-se a quitação, abrangendo, salvo disposição em contrário, os juros" (DINIZ, Maria Helena. *Código*..., 2010, p. 1.342). A ilustrar: "Deixo para meu sobrinho José a quitação da dívida de R$ 1.000.00,00 que ele tem comigo".

Ambas as categorias estão tratadas no atual art. 1.918 da codificação privada, prescrevendo o seu *caput* que "O legado de crédito, ou de quitação de dívida, terá eficácia somente até a importância desta, ou daquele, ao tempo da morte do testador". Mais uma vez, festeja-se a menção à eficácia, e não à validade, como estava no art. 1.685 da lei anterior, ora revogada.

Cumpre-se o legado, entregando o herdeiro ao legatário o título respectivo, seja o título de crédito ou o documento que representa a dívida perdoada (art. 1.918, § 1.º, do CC/2002). A efetivação da disposição testamentária pela entrega do título representativo correspondente diz respeito ao fato de exigir uma situação análoga à cessão de crédito a à remissão ou perdão da dívida, como bem aponta a atenta doutrina (VENOSA, Sílvio de Salvo. *Código*..., 2010, p. 1.730-1.731).

Por fim, o legado de quitação de dívida não compreende as dívidas posteriores à data do testamento (art. 1.918, § 2.º), o que é decorrência da regra segundo a qual as disposições testamentárias não admitem interpretação extensiva, diante do seu caráter gratuito ou benéfico. Ademais, para os legados é preciso verificar o momento em que a disposição é realizada, e não a realidade posterior.

3.8.1.7 Do legado de alimentos

O *legado de alimentos* está regulado pelo art. 1.920 do Código Civil em vigor, abrangendo o sustento, a cura, o vestuário e a casa, enquanto o legatário viver, além da educação, se ele for menor. Não se trata de novidade, ao contrário do que muitos poderiam imaginar, pois havia tratamento similar no art. 1.687 do Código Civil de 1916, afirmando Carlos Maximiliano que "o legado de alimentos, desacompanhado de esclarecimentos limitativos ou ampliadores, abrange casa, para o instituído e pessoas que vivam com ele – mulher, filhos, pais, criados etc.; sustento; cura (médico, farmácia, hospitalização); vestuário; luz, aquecimento, e, em se tratando de menor, educação e instrução correspondentes à condição social do legatário" (*Direito*..., 1943, v. 2, p. 384). Pelo conceito de antes e de agora, percebe-se uma oneração do espólio ou dos herdeiros, que deve ser entendida *intra vires hereditatis*, ou seja, até os limites da herança (art. 1.792 do CC/2002).

De qualquer maneira, cabe esclarecer que a categoria em estudo não se confunde com os *alimentos familiares*, tratados pelo Código Civil de 2002 entre os seus arts. 1.694 a 1.710, e impostos por um dever legal. Na esteira das palavras de Paulo Lôbo, tal diferenciação faz com que não se aplique ao legado de alimentos o binômio alimentar, composto pelos conceitos de necessidade do alimentando e possibilidade do alimentante (*Direito*..., 2013, p. 258). Acrescente-se, por oportuno, que diante de tal diferenciação não se admite a prisão civil em caso de inadimplemento do legado por parte dos sucessores do testador.

O mesmo jurista também demonstra que o legado de alimentos não se confunde com os *alimentos indenizatórios*, tratados pelo art. 948, inciso II, do Código Civil, fixados aos dependentes do falecido em caso de homicídio (LÔBO, Paulo. *Direito*..., 2013, p. 258). Como é cediço, essa última categoria é afeita à responsabilidade civil, tendo origem também em um dever legal. O legado de alimentos, muito ao contrário, decorre do exercício da autonomia privada no ato de testar.

Não se olvide que o legado de alimentos tem natureza personalíssima ou *intuitu personae*, assim como ocorre com as duas categorias confrontadas. Sendo assim, o falecimento do legatário-beneficiário gera a extinção da categoria, nos termos expressos do que consta do art. 1.920 da codificação privada em vigor.

Outro ponto em comum quanto aos alimentos familiares tem relação com o tratamento relativo à educação do menor. Devem ser aplicadas as mesmas conclusões referentes àquela categoria. Portanto, o legado de alimentos será reputado como extinto quando o menor completar dezoito anos, como regra. Abre-se a exceção para o maior universitário ou que desenvolva curso técnico, assim como faz a jurisprudência superior, até o encerramento de seus estudos de graduação. A prova de necessidade, nesses últimos casos, deve ser realizada por quem faz a alegação. Nessa linha, entre os arestos mais recentes:

> "O entendimento do Egrégio Tribunal de origem está de acordo com a orientação desta Corte Superior, de que, em se tratando de filho maior, a pensão alimentícia é devida pelo seu genitor em caso de comprovada necessidade ou quando houver frequência em curso universitário ou técnico, por força do entendimento de que a obrigação parental de cuidar dos filhos inclui a outorga de adequada formação profissional. Contudo, cabe ao alimentado a comprovação de que permanece tendo necessidade de receber alimentos, o que não foi o caso dos autos. Nesse sentido: REsp 1.198.105/RJ, Relatora a Ministra Nancy Andrighi, *DJe* de 14.09.2011" (STJ, AgRg no AREsp 13.460/RJ, 4.ª Turma, Rel. Min. Raul Araújo, j. 19.02.2013, *DJe* 14.03.2013).

Não se pode esquecer, contudo, que o próprio Superior Tribunal de Justiça não estende tal dever alimentar para cursos de pós-graduação, caso de especializações, mestrado e doutorado, premissa que igualmente tem incidência para o legado de alimentos:

> "Porém, o estímulo à qualificação profissional dos filhos não pode ser imposto aos pais de forma perene, sob pena de subverter o instituto da obrigação alimentar oriunda das relações de parentesco, que tem por objetivo, tão só, preservar as condições mínimas de sobrevida do alimentado. Em rigor, a formação profissional se completa com a graduação, que, de regra, permite ao bacharel o exercício da profissão para a qual se graduou, independentemente de posterior especialização, podendo assim, em tese, prover o próprio sustento, circunstância que afasta, por si só, a presunção *iuris tantum* de necessidade do filho estudante. Persistem, a partir de então, as relações de parentesco, que ainda possibilitam a percepção de alimentos, tanto de descendentes quanto de ascendentes, porém desde que haja prova de efetiva necessidade do alimentado" (STJ, REsp 1.218.510/SP, 3.ª Turma, Rel. Min. Nancy Andrighi, j. 27.09.2011, *DJe* 03.10.2011).

Em todos os casos, a extinção da obrigação alimentar a favor do menor não pode ser reputada como automática, na expressão da Súmula 358 do mesmo Tribunal Superior: "o cancelamento de pensão alimentícia de filho que atingiu a maioridade está sujeito à decisão judicial, mediante contraditório, ainda que nos próprios autos". Entendo que tal dedução deve igualmente incidir para o legado de alimentos, em mais um ponto em comum quanto aos alimentos familiares, inclusive com o intuito de prestigiar a vontade do falecido.

Em reforço, não se pode tutelar as atitudes sem compromisso do beneficiado, que retarda o encerramento do seu curso onerando sobremaneira o espólio daquele que instituiu o benefício. Nessa seara, pode ser adotado o parâmetro de vinte e quatro anos de idade do beneficiado – geralmente utilizado pelo Superior Tribunal de Justiça para os alimentos familiares, pensões e alimentos indenizatórios –, como premissa-regra da extinção do legado de alimentos com os fins de educação (LÔBO, Paulo. *Direito*..., 2013, p. 259). Julgando dessa forma do próprio Tribunal da Cidadania:

> "A pensão pela morte do pai será devida até o limite de vinte e um anos de idade, salvo se inválido, não se podendo estender até os 24 anos para os estudantes universitários, pois não há amparo legal para tanto. Recurso provido" (STJ, REsp 639.487/RS, 5.ª Turma, Rel. Min. José Arnaldo da Fonseca, j. 11.10.2005, *DJ* 1.º.02.2006, p. 591).

Feitas tais comparações, partindo para as aplicações jurisprudenciais específicas do legado de alimentos, entendeu o Tribunal de Justiça de São Paulo que é possível associar a sua instituição à retirada de renda de imóvel locado, pertencente ao espólio. O *decisum* determina o levantamento das quantias depositadas em juízo em favor da legatária, bem como ordena à locatária que faça o pagamento da quantia correspondente ao legado de alimentos diretamente à beneficiária da quantia (TJSP, Agravo de Instrumento 994.09.272937-0, Acórdão 4371741, 1.ª Câmara de Direito Privado, São Paulo, Rel. Des. De Santi Ribeiro, j. 16.03.2010, *DJESP* 22.04.2010).

Da 8.ª Câmara Cível do Tribunal de Justiça do Rio Grande do Sul é interessante comentar a Apelação Cível 70045815438, originária da Comarca de Porto Alegre, julgada em 26 de janeiro de 2012, e que teve como relator o Desembargador Alzir Felippe Schmitz. O julgado debate a possibilidade de revisão judicial do legado de alimentos, assim como ocorre com os alimentos familiares.

Todavia, a discussão diz respeito não à alteração do binômio alimentar, mas à oneração de somente uma herdeira, pelo falecimento de outra legatária sobre a qual também recaia o encargo alimentar testamentário. Julga-se ao final que, "considerando que uma das legatárias era pré-morta à época do falecimento da testadora, recaiu sobre a outra legatária a responsabilidade integral acerca do cumprimento do legado a ela especificamente designado. O fato de outros herdeiros haverem se habilitado em razão da legatária pré-morta não altera a responsabilidade sobre o legado".

Por fim, quanto às concretizações da mesma Corte Gaúcha, cabe trazer a lume aresto mais antigo, que analisa situação em que havia dúvidas quanto à existência do legado de alimentos (TJRS, Apelação Cível 70009068198, 7.ª Câmara Cível, Comarca de Porto Alegre, Des. José Carlos Teixeira Giorgis, j. 03.11.2004). No testamento, a legante, ao dispor de seus bens, estabeleceu que as legatárias deveriam proteger a beneficiária providenciando a ela "local onde morar e destinando-lhe atenção moral e financeira".

De acordo com o culto relator, "ao interpretar-se a cláusula, deve-se obedecer à vontade da testadora, o que somente não ocorre quando o instrumento é dúbio, pouco explícito ou complexo a não ensejar uma exegese adequada e justa. Ao aplicador da lei cumpre respeitar finalmente a disposição do testador. Resta positivo que N. instituiu um legado de alimentos, ao usar vocábulos como 'sustento, vestuário, casa'" (TJRS, Apelação Cível 70009068198, 7.ª Câmara Cível, Comarca de Porto Alegre, Des. José Carlos Teixeira Giorgis, j. 03.11.2004).

Eis mais um louvável julgamento daquele Tribunal Estadual, prestigiando a vontade da testadora e interpretando corretamente a disposição de última vontade, com o fito de manter o *patrimônio mínimo* da beneficiária.

3.8.1.8 Do legado de usufruto

Como é cediço, o usufruto é o direito real de gozo ou fruição por excelência, em que são distribuídos, de forma equânime e igualitária, os atributos da propriedade, elencados no art. 1.228, *caput,* da codificação privada. O usufrutuário tem os atributos de usar da coisa e de dela gozar ou fruir, retirando os seus frutos de qualquer natureza. Tem assim o usufrutuário o domínio útil do bem, podendo locá-lo a terceiros, por exemplo. Por outra via, o nu-proprietário tem os atributos de dispor da coisa, de aliená-la ou transmiti-la a terceiros, com intuito gratuito ou oneroso, e de reivindicá-la de quem injustamente a possua ou detenha.

Em relação ao legado de usufruto, estabelece o art. 1.921 da codificação civil em vigor que, sendo realizado pelo testador sem fixação de tempo, entende-se como vitalício, ou seja, deixado para toda a vida do legatário. Concretizando, o legante estabelece que um imóvel será atribuído aos seus filhos, com o estabelecimento do usufruto a favor de um primo seu. Ou ainda, com o intuito de substituir o usufruto vidual, extinto pelo Código Civil de 2002, o testador pode atribuir a nua propriedade de seus imóveis aos filhos, com a reserva do usufruto de tais bens para sua esposa ou companheira. Julgando, dessa maneira, do Superior Tribunal de Justiça destaca-se o seguinte trecho:

> "Tendo sido legado à companheira do falecido propriedade equivalente a que recairia eventual usufruto, tem-se que tal solução respeita o que dispõe o art. 1.611, § 1.º, do CC/1916, uma vez que, juntamente com a deixa testamentária de propriedade, transmitem-se, por consequência, os direitos de usar e de fruir da coisa, na proporção exigida pela lei" (STJ, REsp 594.699/RS, 4.ª Turma, Rel. Min. Luis Felipe Salomão, j. 1.º.12.2009, *DJe* 14.12.2009).

Como se constata, o legado de usufruto pode ser utilizado como eficiente e interessante mecanismo de planejamento sucessório.

Em todos os casos, é possível instituir o *usufruto a termo*, por determinado tempo, pelo próprio permissivo legal. Não havendo a fixação desse caráter temporário, o usufruto é vitalício, sendo extinto com a morte do legatário-usufrutuário, o que denota o seu caráter personalíssimo ou *intuitu personae*. No caso de ser o usufrutuário uma pessoa jurídica, como esta não tem *vida humana*, deve-se entender pela extinção no prazo de trinta anos, se a pessoa jurídica durar até então, nos termos do art. 1.410, inciso III, da própria legislação privada (VELOSO, Zeno. *Código...*, 2012, p. 2.141).

Da prática, cabe destacar acórdão do Tribunal de Justiça do Rio Grande do Sul, do ano de 2003, que trata daquele caso antes citado de legado de usufruto de marido para mulher, concluindo que, "se o testador deixou legado de usufruto de todos os seus bens para a sua esposa, com quem era casado pelo regime da separação de bens, evidentemente queria ampará-la, mas não pretendia que ela ficasse com a propriedade plena dos seus bens, pois que não tinha herdeiros necessários e ela seria chamada à sucessão em primeiro lugar. A utilização da expressão herdeiros necessários em vez de consanguíneos ou herdeiros colaterais não impede que se reconheça a sua vontade clara em aquinhoar tais parentes. Nas manifestações de vontade atende-se mais à intenção do que ao sentido literal. Inteligência do art. 85 do CCB/1916 (e art. 112 do NCCB)" (TJRS, Apelação Cível 70006474555, 7.ª Câmara Cível, Rio Pardo, Rel. Des. Sérgio Fernando Silva de Vasconcellos Chaves, j. 1.º.10.2003).

Do Tribunal Paulista, um conhecido aresto afastou a possibilidade de os herdeiros legítimos receberem os frutos de coisa legada com usufruto – valores depositados em conta bancária –, prestigiando a vontade do autor da herança. A conclusão final foi pela presença de sonegação de tais bens, penalizando os herdeiros necessários com a perda do direito em relação a tal bem (TJSP, Agravo de Instrumento 588.952.4/8, Acórdão 3944042, 7.ª Câmara de Direito Privado, São Paulo, Rel. Des. Luiz Antonio Costa, j. 22.07.2009, *DJESP* 31.07.2009).

Por derradeiro, a respeito das ilustrações da jurisprudência, não se pode esquecer que a existência de um legado de usufruto fundamenta a posse do beneficiário com um justo título e com a boa-fé, a ensejar a possibilidade de tutela possessória. Julgando por este caminho, concluiu o sempre citado Tribunal Gaúcho que "posse exercida pela recorrida que decorre de testamento, onde existe legado de usufruto vitalício em seu favor, razão pela qual é legítima e de boa-fé. Merece proteção, portanto, a posse da agravada em que pese o bem faça parte de Espólio, cuja administração coube ao inventariante, ora recorrente" (TJRS, Agravo de Instrumento 70037790003, 18.ª Câmara Cível, Porto Alegre, Rel. Des. Nelson José Gonzaga, j. 23.07.2010, *DJERS* 30.07.2010).

3.8.1.9 Do legado de imóvel

O *legado de bem imóvel* tem regra específica no Código Civil de 2002, prevendo o seu art. 1.922 que, se aquele que legar um imóvel lhe ajuntar depois novas aquisições, estas, ainda que contíguas, não se compreendem no legado, salvo expressa declaração em contrário do testador. Conforme o seu parágrafo único, tal premissa não se aplica às benfeitorias necessárias, úteis ou voluptuárias feitas no prédio legado, que devem ser tidas como incorporadas ao legado.

Pelo que consta do comando em questão, deve-se entender que todos os bens acessórios existentes no momento da disposição por legado seguem o bem principal, o que é decorrência natural do *princípio da gravitação jurídica*, segundo o qual o acessório segue o principal. A premissa vale para os frutos, para os produtos, para as partes integrantes e para as benfeitorias.

Em relação às pertenças, tratadas pelos arts. 93 e 94 do Código Civil, diante do que consta do último dispositivo, não seguem a sorte do bem principal, em regra. Como é notório, as pertenças são bens acessórios que, não constituindo partes integrantes, se destinam de modo duradouro ao uso, ao serviço ou ao embelezamento do bem principal. Geralmente, as pertenças são bens móveis incorporados a um imóvel pela vontade do proprietário (*acessão intelectual*), conforme está desenvolvido no Volume 1 desta coleção de Direito Civil.

Todavia, em relação aos bens acessórios ajuntados e incorporados após a disposição, ou seja, tratando-se de bens acessórios supervenientes ou posteriores, não seguem a coisa legada, pelo estrito texto legal, a não ser que a disposição testamentária preveja o contrário. O que se constata, portanto, é não incidência, em relação a tais bens posteriores, do *princípio da gravitação jurídica*. A exceção é feita para as benfeitorias, que são acréscimos e melhoramentos realizados no principal. Em suma, todas as benfeitorias, sejam elas necessárias – essenciais, pois visam à conservação do bem principal –, *úteis* – aquelas que facilitam o uso do principal – ou voluptuárias – de mero luxo, recreio ou deleite –, compõem o legado, mesmo sendo acrescidas posteriormente.

A propósito dessa inclusão das benfeitorias, julgou o Tribunal de Justiça do Rio Grande do Sul, em decisão de relatoria da então Desembargadora Maria Berenice Dias, que, "ao dispor sobre o montante que cabe ao legatário – metade disponível dos bens rurais –, o testador especificou que tal porção se dá apenas sobre os bens situados em determinada localidade, e não naqueles encontrados fora desta. Não há falar em dedução das benfeitorias existentes sobre o legado, quando aquelas estão incluídas nas terras legadas" (TJRS, Apelação Cível 70016542607, 7.ª Câmara Cível, Comarca de Santa Vitória do Palmar, j. 06.12.2006).

Conforme consta do voto prevalecente, "ao cuidar do legado de imóvel, o art. 1.689 do Código Civil de 1916 – vigente à época – estabelece não se incorporarem ao legado de imóvel as propriedades adquiridas pelo testador, após a sua deixa testamentária, salvo declaração expressa em sentido contrário. Contudo, como ordena o parágrafo único, não se aplica o *caput* do referido dispositivo (art. 1.689) às benfeitorias, pois elas tornam-se acessórias, como parte integrante do bem legado, e para isso não importa se, quando executadas pelo testador, eram necessárias, úteis ou voluptuárias, basta que sejam existentes ao tempo da abertura da sucessão".

Feitas essas considerações, apesar do rigor do texto legal e da menção apenas à disposição testamentária em contrário e às benfeitorias, valem as considerações de Zeno Veloso, no sentido de que a interpretação da vontade do testador, o bom senso e a lógica podem determinar solução diferente. Cita o exemplo do testador que elaborou um legado de uma casa e, posteriormente, comprou o terreno ao lado onde fez uma piscina, uma garagem e um salão de jogos, "que estão inseridos na unidade jurídico-econômica da casa, que forma com ela um todo ou conjunto, e não tem sentido, valia, serventia separados dela. O mesmo se pode dizer do terreno contíguo, nos fundos da casa legada, depois comprado pelo testador, que derrubou o muro que separava os imóveis, e o terreno adquirido passou a ser o quintal que a casa primitivamente não tinha" (VELOSO, Zeno. *Código*..., 2012, p. 2.142-2.143).

Tem razão o Mestre, que ensina que tal forma de pensar – pela prevalência da vontade do legante – já era suscitada por Clóvis Beviláqua, Carlos Maximiliano e Carvalho Santos, citando o clássico exemplo do legado do terreno em que se ergue posteriormente um edifício. Menciona, nesse contexto, a máxima romana atribuída a Ulpiano, no sentido de que a construção na área legada deve-se ao legatário, decorrência da regra *superficies solo cedit* (a superfície acede ao solo). Essa também é a minha opinião doutrinária, podendo-se acrescer como o sempre pertinente argumento suplementar da função social da propriedade, estampada no Texto Constitucional e no Código Civil de 2002 (art. 5.º, inciso XXIII, da CF/1988 e art. 1.228, § 1.º, do CC).

Advirta-se, contudo, que todo esse raciocínio jurídico desenvolvido somente vale para bens acessórios que mantêm conexão com o bem imóvel principal, e não para outros que sejam totalmente separados, sem qualquer relação de reciprocidade. Nesse contexto, vale citar acórdão do Tribunal de Justiça de São Paulo que afastou a comunicação de valores depositados em conta bancária com o legado de imóvel, "diversamente do que querem fazer crer os agravantes, somente o imóvel descrito na escritura de testamento (fls. 19 e v.) lhes foi legado, não havendo qualquer disposição com relação àqueles objeto do arrolamento em questão, sendo totalmente vedada a interpretação extensiva do instrumento, conforme disposto no art. 1.922, do Código Civil" (TJSP, Agravo de Instrumento 0123958-48.2008.8.26.0000, 6.ª Câmara de Direito Privado, Rel. Des. Percival Nogueira, Comarca de São Paulo, j. 18.09.2008, Data de registro: 25.09.2008).

3.8.1.10 Do legado de dinheiro

Conforme o art. 1.925 do Código Civil de 2002, é possível que a coisa legada seja dinheiro, só vencendo os juros desde o dia em que se constituir em mora a pessoa obrigada a prestá-los. Imagine-se a seguinte disposição: "Deixo R$ 100.000,00 do meu patrimônio ao meu amigo Simão". Os juros, que são frutos civis ou rendimentos, somente serão contados a partir da constituição em mora do herdeiro, e não do falecimento do legante.

Fica em dúvida a possibilidade de o legante estipular a taxa de juros caso o herdeiro não cumpra a disposição. A título de exemplo: "deixo R$ 100.000,00 do meu patrimônio ao meu amigo Simão, estipulando a taxa de juros de 3% ao mês, caso não seja atendida a presente declaração pelos meus herdeiros". Entendo que a previsão entra em conflito com o caráter unilateral e gratuito do testamento, dando-lhe certa onerosidade, em conflito com a natureza jurídica do instituto. Assim, deve ser considerada como ineficaz tal estipulação, preservando-se o restante do ato de última vontade.

Em todos os casos, portanto, os juros que devem ser pagos são os juros legais, tratados pelo art. 406 do Código Civil, segundo o qual, "quando os juros moratórios não forem convencionados, ou o forem sem taxa estipulada, ou quando provierem de determinação da lei, serão fixados segundo a taxa que estiver em vigor para a mora do pagamento de impostos devidos à Fazenda Nacional". Em que pese a divergência existente sobre o assunto, conforme está devidamente desenvolvido no Volume 2 desta coleção, sigo o entendimento de que a taxa de juros legais moratórios é de 1% ao mês ou 12% ao ano, conforme consta do art. 161, § 1.º, do Código Tributário Nacional.

A esse propósito, o Enunciado n. 20 da *I Jornada de Direito Civil*, realizada pelo Conselho da Justiça Federal e pelo Superior Tribunal de Justiça em 2002, que afasta a aplicação da taxa SELIC, entre outras razões, por incluir juros com correção monetária e diante do seu caráter variável, distante da certeza e da mínima segurança que se espera do Direito.

3.8.1.11 Do legado alternativo

Conceito similar à obrigação alternativa – arts. 252 a 256 da codificação privada –, o *legado alternativo* é aquele em que o herdeiro tem a opção de escolher entre alguns bens, de gêneros distintos, descritos pelo autor da herança (art. 1.932 do CC). Diante da menção à *opção* do herdeiro, o testamento pode prever o contrário, de que caberá ao legatário ou até a um terceiro essa escolha, presente uma presunção relativa ou *iuris tantum*.

Sobre essa presunção, nos dizeres de Orosimbo Nonato, entre os clássicos, "já se viu caber, por presunção *legis tantum*, ao herdeiro a escolha no legado alternativo. É este, pois, salvo determinação contrária do testador, um *legatum electionis*, nele duas ou mais coisas se acham *in obligatione, sede uma tantum in solutione*. É quanto à obrigação alternativa, conceito tradicional, apesar das objeções de Pescatore e Ryck. É um legado disjuntivo no objeto" (*Estudos*..., 1957, v. III, p. 104).

Dúvida categórica muito comum diz respeito ao modo de se diferenciar o legado alternativo do legado de coisa genérica. Para distingui-los, cabem as mesmas afirmações feitas, guardadas as devidas proporções, para a diferenciação da obrigação alternativa e a obrigação de dar coisa certa. Aliás, ao comentar sobre o legado alternativo, aponta Clóvis Beviláqua que "não muda a natureza da obrigação por ser a sua causa o legado, e não o contrato" (*Código*..., 1977, v. VI, p. 892).

Nessa linha de raciocínio, no legado alternativo trabalha-se com gêneros diferentes, havendo duas obrigações impostas ao herdeiro ou ao espólio e a possibilidade de escolha entre elas, identificada pela conjunção alternativa OU (obrigação composta objetiva). A título de exemplo: "deixo para o primo Rodrigo Danese o meu carro ou o meu único relógio, cabendo ao meu filho escolher entre eles". Ou ainda: "deixo para o meu amigo Pablo Stolze toda a minha coleção de livros ou o meu apartamento no Rio de Janeiro". No silêncio, a escolha caberá aos legatários indicados.

Por seu turno, o legado de coisa incerta diz respeito ao mesmo gênero, havendo apenas um vínculo obrigacional (obrigação simples). Para ilustrar: "deixo para o meu amigo Pablo dois livros da minha biblioteca". Nesse caso, cabe a escolha ao herdeiro ou devedor, por força da regra geral constante do antes citado art. 1.929 do Código Civil de 2002. No entanto, é possível que o testador deixe a escolha para o próprio legatário, assim estipulando, para concretizar: "deixo um dos meus carros para meu amigo André, cabendo a ele a escolha do bem". Como palavras finais, constata-se uma abertura dada à autonomia privada, à vontade do autor da herança, seja no legado alternativo ou no legado de coisa genérica.

3.8.1.12 Do legado puro ou simples e o legado com elementos acidentais

Assim como ocorre com o testamento, o legado pode apresentar ou não a presença de elementos acidentais, quais sejam a condição, o termo e o encargo, tratados genericamente na Parte Geral do Código Civil de 2002 (arts. 121 a 137).

De início, o *legado puro* ou *simples* é aquele que não contém qualquer elemento acidental. A título de exemplo, podem ser citadas as disposições comuns de bens móveis ou imóveis para determinadas pessoas, sem qualquer imposição: "Deixo meu carro para meu filho João", "deixo minha casa no Guarujá para meu amigo José Fernando Simão", "deixo as minhas joias de família para minha esposa", entre outras. A respeito dessa categoria, estabelece o *caput* do art. 1.923 do CC/2002, diploma que será devidamente aprofundado no tópico a seguir, que desde a abertura da sucessão pertence ao legatário a coisa certa, existente no acervo, salvo se o legado estiver sob condição suspensiva.

O *legado condicional* é aquele cuja eficácia depende de evento futuro e incerto. Assim: "deixo meu carro para Carlos se ele se formar em Direito"; "deixo minha casa em São Paulo para meu filho Pietro enquanto ele estudar"; "deixo meu apartamento no Rio de Janeiro para meu amigo Zeno Veloso se ele realizar o caminho de Santiago de Compostela a pé"; entre outras disposições.

O *legado a termo* ou *a prazo* tem a sua eficácia subordinada a evento futuro e certo, como nos seguintes exemplos: "deixo o meu carro para meu amigo Carlos quando o seu pai morrer" ou "deixo minha casa em Passos, Minas Gerais, quando meu filho atingir a maioridade". Quanto a essas situações, vale lembrar a previsão constante do art. 1.898 do Código Civil, segundo a qual a designação do tempo em que deva começar ou cessar o direito do herdeiro, salvo nas disposições fideicomissárias, ter-se-á por não escrita. Fica a dúvida se esse dispositivo também se aplica aos legados, pelo fato de o art. 1.921 do mesmo Código Civil abrir a possibilidade do legado de usufruto relacionado a termo, estabelecendo que "O legado de usufruto, sem fixação de tempo, entende-se deixado ao legatário por toda a sua vida".

Em reforço, os arts. 1.923, § 2.º, e 1.924 do CC/2002 mencionam, nos seus trechos finais, a possibilidade de ser o legado fixado com termo inicial ou a prazo (termo final). Na doutrina, autores contemporâneos admitem tal figura de legado a termo, caso de Maria Helena Diniz (*Curso...*, 2013, v. 6, p. 351), Giselda Maria Fernandes Noves Hironaka (*Direito...*, 2012, p. 382), Carlos Alberto Dabus Maluf e Adriana Caldas Dabus Maluf (*Curso...*, 2013, p. 370). Também Clóvis Beviláqua afirmava com veemência que o legado pode ser condicional ou a termo (*Código...*, 1977, v. VI, p. 887). Em conclusão, a doutrina majoritária admite a categoria exposta, o que deve ser considerado para os devidos fins, teóricos e práticos.

Por fim, no *legado modal* ou *com encargo*, a liberalidade testamentária vem acompanhada de um ônus ou fardo, o que é plenamente possível, sem maiores discussões. A título de concreção: "deixo meu carro para que meu filho o utilize para o trabalho";

"deixo meu terreno em Santos, São Paulo, para o meu primo construir ali um asilo" e "deixo meu avião para a instituição caridade X, com o fim de distribuir alimentos para os pobres". O instituto está tratado pelo art. 1.938 do Código Civil, analisado no próximo tópico deste livro.

Superada tal visualização, parte-se para o estudo dos efeitos do legado e do seu pagamento, tema que tem total interação com as categorias expostas.

3.8.2 Dos efeitos do legado e do seu pagamento

O Código Civil de 2002, seguindo a linha do seu antecessor, continua a trazer regras relativas à eficácia dos legados, fundamentais para a sua concreção no mundo prático. Como primeiro e fundamental efeito do legado, desde a abertura da sucessão, o que se dá com a morte do autor da herança, pertence ao legatário a coisa certa, existente no acervo. Isso, salvo se o legado estiver sob condição suspensiva, o que é juridicamente possível, como antes exposto (art. 1.923, *caput*, do CC). Como se pode notar, o *droit de saisine* do mesmo modo se aplica aos legados.

Entretanto, como restrição a tal direito, enuncia o § 1.º da norma em comento que não se defere de imediato a posse direta da coisa, nem nela pode o legatário entrar por autoridade própria. Em outras palavras, a posse imediata ou corpórea sobre o bem deve ser atribuída em posterior momento, por decisão judicial no inventário ou em ação reivindicatória, ou, ainda, por atribuição voluntária de um herdeiro. A título de exemplo, se faço a disposição, "deixo meu apartamento na Vila Mariana para meu sobrinho João", com a minha morte receberá ele a propriedade do referido bem, mas não a sua posse direta.

Outro preceito importante é o § 2.º do art. 1.923 da codificação material, segundo o qual o legado de coisa certa existente na herança transfere também ao legatário os frutos que produzir, desde a morte do testador, exceto se dependente de condição suspensiva, ou de termo inicial. Com tom prático, se o imóvel objeto de legado estiver locado, o legatário terá direito aos aluguéis desde a morte do testador. Concluindo desse modo, vejamos dois arestos estaduais:

> "Agravo de instrumento. Inventário. Imóvel legado. Levantamento de valores, atinente a aluguel. É cabível o levantamento de valores depositados em juízo, atinente a aluguéis oriundos de imóvel legado à recorrente pela falecida, conforme o disposto no art. 1.923, § 2.º, do CC/2002, se não há mais discussão a respeito da validade do testamento. Agravo de instrumento provido" (TJRS, Agravo de Instrumento 70031854169, 8.ª Câmara Cível, Porto Alegre, Rel. Des. José Ataídes Siqueira Trindade, j. 29.09.2009, *DJERS* 07.10.2009, p. 49).

> "Inventário. Decisão pela qual se indeferiu pedido da legatária, ora agravante, para expedição de alvará a fim de que ela celebrasse contrato de locação ou a respectiva renovação, bem como, por outro lado, se determinou houvesse depósito em Juízo pela locatária em relação a aluguéis. Inadmissibilidade. Hipótese na qual o legatário, como titular do domínio, tem direito a receber os frutos da coisa, em conformidade ao artigo 1.923, § 2.º, do Código Civil. Inventariante que concorda com o recebimento direto pela agravante em relação aos aluguéis pagos pela locatária, a cujo respeito prestará contas. Recurso provido" (TJSP, Agravo de Instrumento 561.274.4/6, Acórdão 2642861, 6.ª Câmara de Direito Privado, Valinhos, Rel. Des. Encinas Manfré, j. 29.05.2008, *DJESP* 26.06.2008).

O direito de pedir o legado não se exercerá, enquanto se litigar sobre a validade do testamento. A premissa, do mesmo modo, serve para os *legados condicionais* (sujeitos a condição) e para os *legados a prazo* (sujeitos a termo final), enquanto esteja pendente a condição ou o prazo não se vença (art. 1.924 do CC). Como bem conclui a jurisprudência, tais pendências não impedem que o legatário continue intervindo no processo de inventário, com a finalidade de receber o que lhe é de direito (TJSP, Agravo de Instrumento 266.852-4/3, 3.ª Câmara de Direito Privado, São Paulo, Rel. Des. Waldemar Nogueira Filho, j. 25.02.2003).

Em havendo legado de renda vitalícia ou pensão periódica, como nos casos de legado de alimentos, a renda ou pensão correrá da morte do testador, outra decorrência do *droit de saisine* (art. 1.926 do CC). A norma não é de ordem pública, podendo ser afastada pelo legante ou testador. A esse propósito, esclarece Sílvio de Salvo Venosa, representando a posição majoritária da doutrina, que "há que se ver, no entanto, se o testador não estabeleceu outro prazo para o início do benefício. Os períodos de pagamento fixados (dias, meses, anos) são contados a partir da morte" (*Código*..., 2010, p. 1.736).

Por outra via, se o legado for composto de quantidades certas, em prestações periódicas, datará da morte do testador o primeiro período, e o legatário terá direito a cada prestação, uma vez encetado cada um dos períodos sucessivos, ainda que venha a falecer antes do termo dele (art. 1.927 do CC). A título de ilustração, imagine-se a disposição: "Deixo para meu amigo de infância Juliano a renda mensal de R$ 5.000,00". Se o testador falecer no dia 30 de abril de 2010, a partir deste dia surgirá o direito do legatário, que deverá receber a mesma quantia em todos os dias iguais dos meses sucessivos.

Vale ainda para ilustrar o caso criado pelo *clássico* Carvalho Santos, citado por Maria Helena Diniz, que esclarece a integralidade do comando: "se o testador ordenar ao herdeiro que entregue a quantia 'x', todos os meses, a 'A' (legatário) e falece no dia 10 de fevereiro, nesse mesmo dia 'A' adquire o direito de perceber aquele *quantum* e em todos os meses, sucessivamente, em igual data. Se 'A' falecer dia 9 de outubro, a mesada, que deveria ser paga no dia 10, não é devida aos herdeiros de 'A', porque este faleceu antes do início do período, logo o legado dessa mesada e das sucessivas se extinguiu. Se no dia 15 de fevereiro, morrer o legatário 'A', seu herdeiro terá direito à prestação integral, cujo período teve início no dia 10" (DINIZ, Maria Helena. *Código*..., 2010, p. 1.347).

Sendo periódicas as prestações, só no termo de cada período poderão ser exigidas (art. 1.928, *caput*, do CC). Todavia, se as prestações forem deixadas a título de alimentos, pagar-se-ão no começo de cada período, sempre que outra coisa não tenha disposto o testador (art. 1.928, parágrafo único). A concretizar, vejamos a seguinte disposição: "Deixo para meu primo Rodrigo Danese uma renda mensal de R$ 5.000,00".

Nessa situação descrita, aplica-se a regra do *caput* do comando e após um mês do falecimento é que haverá o dever de pagamento do espólio. O adiantamento do valor só vale para o caso de alimentos, como regra, desde que fique claro que o objetivo da disposição é o sustento, a cura, o vestuário e a casa, enquanto o legatário viver, além da educação, se ele for menor (art. 1.920 do CC). Como a norma é de ordem privada, dispositiva, pode ser contrariada por expressa vontade do testador ou legante.

Como antes exposto, havendo um legado de coisa genérica, ao herdeiro ou devedor tocará escolhê-la, guardando o meio-termo entre as congêneres da melhor e pior qualidade (art. 1.929 do CC). Reafirme-se que a norma tem sua razão de ser, eis que a escolha no gênero intermediário tende a afastar o enriquecimento sem causa, estando presente, por exemplo, na escolha que ocorre na obrigação de dar coisa incerta (art. 244 do CC). A premissa também vale para os casos em que a escolha é deixada ao arbítrio de terceiro e se este não quiser ou não puder efetivar a escolha. Como visto, a escolha deve ser efetivada pelo juiz da causa a quem a questão é levada, tendo como parâmetros as regras expostas (art. 1.930 do CC).

Na linha do que foi antes analisado e ainda no legado de coisa genérica, se a opção de escolha foi deixada ao legatário, este poderá escolher, do gênero determinado, a melhor coisa que houver na herança (art. 1.931 do CC). No entanto, se na herança não existir coisa de tal gênero, dar-lhe-á de outra congênere o herdeiro, observadas as disposições expostas a respeito do gênero intermediário.

Em relação ao *legado alternativo*, aquele em que o legatário tem a opção entre vários bens da herança, presume-se relativamente deixada ao herdeiro tal opção (art. 1.932 do CC). Por razões óbvias, o testador pode instituir de forma contrária, como outrora comentado, o que deve ser repetido pelo fato de ser regra importante relativa aos efeitos do legado.

Preceito ainda não analisado é aquele que estabelece que, eventualmente, se o herdeiro ou legatário a quem couber a opção falecer antes de exercê-la, passará este poder aos seus herdeiros (art. 1.933). Segundo Maria Helena Diniz, o dispositivo também traz um *legado electionis*, em que o testador faz a indicação para que a escolha no legado alternativo seja feita pelo herdeiro ou pelo legatário (*Código*..., 2010, p. 1.348). A citada transmissão demonstra que a escolha não é um ato personalíssimo ou *intuitu personae*, podendo ser exercida pelo herdeiro do beneficiário.

A respeito do cumprimento do legado, no silêncio do testamento, este incumbe aos herdeiros e, não os existindo, aos legatários, na proporção do que herdaram, havendo *legado conjuntivo* (art. 1.934, *caput*, do CC).

Esse encargo, não havendo disposição testamentária em contrário, caberá ao herdeiro ou legatário incumbido pelo testador da execução do benefício que foi instituído. Quando indicados mais de um, os onerados dividirão entre si o ônus, na proporção do que recebam da herança (art. 1.934, parágrafo único, do CC). Em suma, aplica-se a regra relativa às obrigações divisíveis, de fracionamento de acordo com o número de partes (*concursu partes fiunt*).

Como visto, a lei civil admite a figura do *sublegado* no seu art. 1.913. Nos termos de tal diploma, cabe relembrar, se o testador ordenar que o herdeiro ou legatário entregue coisa de sua propriedade a outrem – o *sublegatário* –, não o cumprindo ele, entender-se-á que renunciou à herança ou ao legado.

Em complemento, estabelece o art. 1.935 do mesmo Código Civil em vigor que, se algum sublegado consistir em coisa pertencente a herdeiro ou legatário, só a ele incumbirá cumpri-lo, com regresso contra os coerdeiros, pela quota de cada um, na proporção *concursu partes fiunt*. Mais uma vez, a própria norma estabelece que o instrumento do legado pode dispor de forma contrária.

As despesas e os riscos da entrega do legado correm à conta do legatário, igualmente se não dispuser diversamente o testador (art. 1.936 do CC). Trata-se de uma especialização, em matéria sucessória, da antiga máxima *res perit domino* – a coisa perece para o dono –, com aplicação corriqueira no campo do direito das obrigações.

Ainda a respeito da execução do legado, a coisa legada deve ser entregue, com seus acessórios, no lugar e estado em que se achava ao falecer o testador, passando ao legatário com todos os encargos que a onerarem (art. 1.937 do CC). Eis mais uma incidência do *princípio da gravitação jurídica*, segundo o qual o *acessório segue o principal*.

Nesse contexto, se são transmitidos os bônus, casos dos frutos, dos produtos e das benfeitorias do principal, também o são os ônus, cabendo a menção aos encargos relacionados a obrigações *propter rem*, hipóteses dos impostos relacionados ao imóvel (*v.g.*, IPTU) e das despesas de condomínio. Zeno Veloso, do mesmo modo, ilustra que, "se o imóvel está sob o regime de enfiteuse, p. ex., terá que pagar os foros e submeter-se às regras do aforamento; se pesa sobre o bem uma servidão de passagem, o legatário terá de suportá-la; se o imóvel tem usufruto, o legatário respeitará o ônus" (*Código*..., 2012, p. 2.151).

Por fim, como visto, a lei admite o legado com encargo ou modo (*legado modal*). Em hipóteses tais, o art. 1.938 do Código Civil determina a aplicação das mesmas regras da doação modal ou com encargo. Dessa forma, conforme consta do antes citado art. 553 da mesma norma privada, devidamente adaptado à sucessão singular, os herdeiros são obrigados a cumprir os encargos do legado, caso forem a benefício do testador de terceiro, ou do interesse geral.

Pelo parágrafo único do último diploma, havendo o interesse geral, o Ministério Público poderá exigir sua execução, depois da morte do testador. Cite-se, por oportuno, a situação de um legado de um imóvel para que nele se construa uma instituição de caridade, cabendo a intervenção do Ministério Público nessas situações, para a efetivação do ônus pelos herdeiros.

Em complemento, como outrora exposto, entendo caber a ineficácia do legado, caso o encargo não seja executado pelos herdeiros, nos termos do art. 555 do Código Civil. Anote-se que a premissa foi aplicada pela jurisprudência paulista, com a seguinte ementa:

> "Revogação de legado com encargo. Possibilidade. Em tese é possível a anulação do legado com encargo, por aplicação das disposições relativas à doação com encargo. Art. 1.938 do CC. Recurso improvido" (TJSP, Apelação Cível 339.905.4/2, Acórdão 2587650, 5.ª Câmara de Direito Privado, Jundiaí, Rel. Des. Carlos Giarusso Santos, j. 02.04.2008, *DJESP* 30.05.2008).

Lamenta-se o fato de o aresto mencionar a *anulação* do legado, pois a revogação envolve a ineficácia do ato testamentário, e não a sua invalidade. Houve, assim, uma confusão a respeito dos planos do negócio jurídico, sobre degraus diferentes da *Escada Ponteana*, o que é muito comum na prática do Direito Civil.

3.8.3 Da caducidade dos legados

Como explica Clóvis Beviláqua, a caducidade do legado representa a sua *ineficácia por causa posterior* (*Código*..., 1977, v. VI, p. 898-899). Sendo desse modo, conforme o fechamento do tópico anterior do capítulo, não se pode confundir a ineficácia da categoria com a sua invalidade, pois a caducidade diz respeito ao terceiro plano do negócio jurídico, ao *terceiro degrau* da *Escada Ponteana*.

Entre os juristas atuais, Zeno Veloso leciona muito bem que "não se deve confundir caducidade com invalidade. A caducidade inutiliza disposição originalmente válida, atuando, pois, não no plano da validade, mas no da eficácia. Caducidade é a ineficácia do testamento ou de cláusula testamentária por fato superveniente" (*Código*..., 2012, p. 2.152). Frise-se que a caducidade tem origem em causas supervenientes, surgidas após o legado. Por seu turno, a invalidade, como é notório, diz respeito, em regra, a um vício de formação que atormenta o negócio jurídico.

O art. 1.939 do CC/2002, a exemplo do que fazia o art. 1.708 do CC/1916, elenca cinco hipóteses em que caducará o legado. Vejamos de forma pontual.

De acordo com o seu inciso I, caducará o legado se, depois do testamento, o testador modificar a coisa legada, a ponto de já não ter a forma nem lhe caber a denominação que possuía. Em suma, o legado perde a eficácia se ocorrer a alteração substancial do bem objeto da disposição singular, o que acaba atingindo a causa sucessória, frustrando a vontade inicialmente manifestada na atribuição patrimonial.

A título de exemplo, cite-se o caso em que o testador deixa uma barra de ouro a um filho, que é posteriormente dividida por determinação do próprio autor da herança em várias peças pequenas, devidamente ornamentadas. Ou, ainda, como ilustra Sílvio de Salvo Venosa, o caso de um anel de formatura legado, que depois se transforma em aliança de casamento (*Código*..., 2010, p. 1.742). O último doutrinador traz a lume a questão relativa ao prédio construído no terreno, antes analisada quando do estudo do art. 1.922 do Código Civil, concluindo, como antes se expôs, que é necessário prestigiar a vontade do legante. E arremata, com total razão:

> "A transformação de que fala a lei é aquela substancial, que altera até mesmo a denominação da coisa. De qualquer forma, se a transformação ocorrer por caso fortuito ou por terceiro, à revelia do testador, e ainda puder ser identificada a coisa, o legado será eficaz. O dispositivo é mais uma minúcia legal a que desce o testador na interpretação da vontade testamentária. A situação pode dar margem a infindáveis discussões. Imagine que o testador tenha deixado ações da companhia A, da qual era grande acionista. Ao falecer, só tem ações da companhia B. O juiz deve dar um paradeiro, sempre decidindo de acordo com a lógica" (VENOSA, Sílvio de Salvo. *Código*..., 2010, p. 1.742).

A hipótese mencionada pelo doutrinador brasileiro, no trecho acima, está relacionada ao célebre caso envolvendo Wesley Moore e Ida White, relatado pelo jurista, filósofo e sociólogo mexicano Recaséns Siches para explicar a sua *teoria da lógica do razoável* (*Nueva*..., 1973, p. 267-269). Vejamos esse episódio para as devidas reflexões dos estudiosos do Direito das Sucessões.

Com base nas próprias palavras do autor, em tradução livre, nos Estados Unidos da América, em uma cidade do Estado de Nova York, o Sr. Wesley Moore era um próspero homem de negócios, cujas empresas geraram uma vida com muita qualidade para seus sócios e para sua família. Certo dia, o Sr. Moore empregou como taquígrafa de uma de suas empresas uma jovem, chamada Ida White, sobrinha de sua esposa.

O trabalho de White mostrou-se muito eficiente e ela foi promovida paulatinamente pelo Sr. Moore, até se tornar sua secretária particular e passar a dividir com ele as decisões administrativas de suas empresas. Logo depois, a senhorita White tornou-se também administradora dos interesses particulares do Sr. Moore, ganhando a admiração de todos os que o cercavam, inclusive de sua família.

A senhorita Ida White conhecia com detalhes todos os negócios do Sr. Moore, com exceção de um só: o conteúdo das cláusulas do testamento que o seu chefe havia outorgado. Ignorava que o Sr. Moore, em seu testamento, havia instituído a favor dela um legado de todas as ações que possuía da Companhia de Luz, que ele dirigia e da qual era um dos sócios principais.

No entanto, infelizmente, a esposa do Sr. Wesley Moore veio a falecer e, como decorrência da sua morte, o empresário afastou-se do trabalho, começou a beber intensamente e perdeu o interesse em seus negócios, demonstrando sinais de grave enfermidade. Ciente de suas responsabilidades, sua auxiliar Ida White seguiu cuidando dos negócios do patrão, atuando em sua representação e na gerência de todas as suas empresas.

Pouco tempo depois, a demência mental do Sr. Moore tornou-se muito grave, sendo necessária a sua interdição civil, internando-se em um manicômio. Por decisão unânime da família do Sr. Moore, a senhorita Ida White foi nomeada como sua curadora, tendo a confiança de todos os seus filhos.

Veio a grave crise econômica de 1929, a *Grande Depressão* que atingiu todo o País e, obviamente, as empresas e os negócios do Sr. Moore. Como resultado do desemprego geral, um grande número de proprietários de imóveis sobre as quais o Sr. Moore tinha hipotecas deixou de honrar com suas dívidas e as leis emergenciais surgidas com a crise autorizaram uma moratória geral. Desse modo, as entradas de capital do Sr. Moore foram diminuindo rapidamente.

Ida White, em suas funções de curadora, quis reduzir os gastos na manutenção da residência dos Moore. Entretanto, os membros da família opuseram-se a esse plano, pois temiam que qualquer sinal externo de fragilidade econômica pudesse atingir o seu orgulho e o bom nome da família. A senhora White atendeu a tais desejos da família e as aparências de bem-estar foram mantidas.

Todavia, os ingressos de capital de Moore continuavam a diminuir. Então, a Senhorita White, contando agora com o apoio da família, resolveu que era necessário vender algumas ações do interditado. As únicas que poderiam ser vendidas com alguma vantagem econômica, naquele momento, eram justamente as da Companhia de Luz, objeto do legado desconhecido. Ida White, com sua notória habilidade, efetuou a venda em condições muito favoráveis, pelo montante de duzentos e vinte mil dólares.

Seis meses depois da efetivação do negócio, o Sr. Wesley Moore faleceu, procedendo, a família, à abertura do seu testamento, no qual figurava uma cláusula em que o testador atribuía todas as suas ações da Companhia de Luz que possuísse, no momento da morte, à Ida White. Imperioso informar que a inteligente administração efetivada pela Senhorita White, inclusive na venda de tais ações, tinha gerado um lucro para a família do Senhor Moore no montante de um milhão de dólares, grande parte em dinheiro vivo. Foram gastos apenas vinte mil dólares no processo de venda, sendo notável o lucro obtido pela atuação da curadora e estando todo o restante do dinheiro depositado em um banco.

Nesse contexto, a Senhorita White supôs, quando soube da existência do legado, que iria receber o valor recebido pela venda das ações da Companhia de Luz, ou seja, a soma de duzentos e vinte mil dólares, descontadas as despesas com a venda, o que totalizava duzentos mil dólares.

Contudo, o executor da propriedade de Moore disse a ela que o legado que o Sr. Moore instituiu em seu favor era o denominado *legado de coisa determinada*, e que, sob a lei do Estado de Nova York – seguindo a tradição do Direito Romano –, era considerada nula tal disposição se a sua individualidade única desaparecesse, antes da morte do testador. Em outras palavras, o legado a favor de Ida White não era um legado de certa quantidade em dinheiro, mas sim um legado de certas ações, que não faziam mais parte da herança do falecido no momento da sua morte. Sendo assim, a eficiente Senhorita White nada deveria receber.

Cabe esclarecer, nesse ponto, que, na jurídica realidade brasileira, o legado, nessas circunstâncias, é considerado ineficaz, por caducidade, nos termos do art. 1.939, inciso I, do Código Civil de 2002. Assim, apesar de o texto de Recaséns Siches falar em *nulidade,* será feita a devida adaptação do termo para *ineficácia*, diante da modificação da coisa legada, no caso descrito.

Voltando aos fatos, os herdeiros do Sr. Moore, aconselhados por seus advogados, seguiram a premissa de que a Senhorita White não teria direito algum em decorrência do legado, sendo este de coisa determinada que já havia desaparecido quando da morte do testador.

Diante da divergência de interesses gerada pelos fatos, a Senhorita White ingressou em juízo, e a discussão central da ação dizia respeito ao fato de Ida White não saber da existência da disposição quando celebrou a venda das ações da Companhia de Luz. Em reforço, alegava ela que sempre atuou nos interesses do Sr. White e de seus filhos e que teria direito de ser recompensada por sua atuação, no montante de U$ 220.000,00, equivalentes justamente à venda das ações objeto do legado, com o abatimento de eventuais despesas pela venda. Ao final, pontue-se que a Suprema Corte Americana acabou por concluir que a autora não teria qualquer direito, pelo fato de ter desaparecido o objeto do legado por fato posterior.

Julgando de forma apegada ao estrito texto legal, no caso brasileiro, a conclusão também seria pelo afastamento dos direitos da Senhorita White, tendo ocorrido a caducidade do legado, nos exatos termos do art. 1.939, inciso I, do atual Código Civil, pela modificação substancial da coisa legada.

No entanto, aplicando a própria *lógica do razoável*, a lógica do ser humano, pregada por Recaséns Siches, tal conclusão não pode prevalecer. Como consta do art. 5.º da nossa Lei de Introdução às Normas do Direito Brasileiro, ao aplicar a lei, o juiz deve levar em conta os seus fins sociais e a busca do bem comum, qual seja a pacificação da sociedade. Em complemento, vale citar o art. 8.º do Código de Processo de 2015, segundo o qual, "ao aplicar o ordenamento jurídico, o juiz atenderá aos fins sociais e às exigências do bem comum, resguardando e promovendo a dignidade da pessoa humana e observando a proporcionalidade, a razoabilidade, a legalidade, a publicidade e a eficiência".

Assim, pelas duas normas, deve-se buscar sempre o *preceito máximo de justiça*, o *dar a cada um o que é seu* e, no caso analisado, a Senhorita White teria direito a duzentos mil dólares, referentes à venda das ações (duzentos e vinte mil), descontadas as despesas da operação (vinte mil dólares).

A equidade, fundada na máxima aristotélica da *justiça do caso concreto*, também guia o pagamento de algum valor para a Senhorita White. Esta é a minha opinião, que é a mesma de Recaséns Siches, prestigiando-se também a vontade do falecido e a atuação sempre eficiente e merecedora de tutela da Senhorita White. De qualquer modo, o caso descrito é polêmico, e, não só pode, como deve ser aplicado em salas de aula do ensino jurídico, desde a graduação até os estudos mais avançados de pós-graduação *stricto sensu*.

Retornando ao estudo das hipóteses de caducidade do legado, estabelece o inciso II do art. 1.939 do CC/2002 que ocorrerá a sua ineficácia se o testador, por qualquer título, alienar no todo ou em parte a coisa legada. Em casos de alienação parcial, caducará a disposição até onde a coisa alienada deixou de pertencer ao testador, podendo ser eficaz em parte. A título de exemplo, havendo a seguinte disposição, "Deixo minha casa no Guarujá para meu filho João", se ocorrer a venda de metade da casa, o filho beneficiado ficará com a outra metade, instituindo-se um novo condomínio entre o comprador e o herdeiro beneficiado.

Na prática, vários são os acórdãos que aplicam essa hipótese de caducidade. Assim, por exemplo, do Tribunal de Justiça de Minas Gerais: "como o imóvel objeto do testamento foi posteriormente alienado pela própria testadora, através de outorga de procuração, ocorreu a caducidade do testamento" (TJMG, Apelação Cível 1.0325.08.009703-4/001, Rel. Des. Arnaldo Maciel, j. 13.11.2012, *DJEMG* 21.11.2012). Também para ilustrar, do Tribunal Catarinense: "Alienação feita pela testadora posterior ao testamento. Caducidade do legado. Exegese do artigo 1.939, II, do Código Civil. Sentença mantida. Recurso conhecido e não provido. A conduta da testadora ao alienar bens que compunham o legado resulta na caducidade deste, conforme artigo 1.939 do Código Civil (art. 1.708, II, CC de 1916)" (TJSC, Apelação Cível 2006.009404-3, 4.ª Câmara de Direito Civil, Ibirama, Rel. Des. Victor Ferreira, j. 10.08.2010, *DJSC* 20.08.2010, p. 188).

Consigne-se que se admite a caducidade do legado não só quando o bem foi vendido diretamente, mas havendo sua troca ou permuta, conforme a seguinte ementa, do Tribunal de Justiça do Paraná:

> "Tendo o testador, após a formalização do testamento, celebrado contrato de permuta com terceiro, envolvendo especificamente o bem objeto de legado, sem fazer referência posteriormente, ainda em vida, quanto ao alcance de sua vontade em relação ao testamento, ou mesmo formalizar outro, impõe-se reconhecer a caducidade do legado" (TJPR, Apelação Cível 0394219-8, 12.ª Câmara Cível, Curitiba, Rel. Juiz Conv. Joatan Marcos de Carvalho, *DJPR* 08.08.2008, p. 177).

Todavia, de maneira correta, tem-se entendido que não há falar em caducidade do legado, por alienação do bem, tendo em vista que a transmissão do objeto do legado não espelhava a vontade da testadora, interditada à época, mas, sim, a vontade dos filhos dela. Nessa esteira, "sopesadas as peculiaridades do caso, é de ser reconhecido o direito do agravante de receber o produto da venda do imóvel objeto do legado, que está depositado em conta poupança, como forma de recebimento do próprio legado" (TJRS, Agravo de Instrumento 168925-95.2013.8.21.7000, 8.ª Câmara Cível, Porto Alegre, Rel. Des. Luiz Felipe Brasil Santos, j. 04.07.2013, *DJERS* 10.07.2013). Constata-se que esse último julgado segue a linha da *lógica do razoável*, pregada para solucionar o caso do Sr. Moore e da Senhorita White.

A terceira hipótese de caducidade do legado diz respeito às situações em que a coisa legada perece ou é evicta, vivo ou morto o testador, sem culpa do herdeiro ou legatário incumbido do seu cumprimento (art. 1.939, inciso III, do Código Civil). Consigne-se que a evicção é a perda da coisa objeto do negócio, diante de uma decisão judicial ou apreensão administrativa, tema que está aprofundado no próximo capítulo da obra, pois há uma garantia dos quinhões hereditários contra tal perda (arts. 2.024 a 2.026 do CC/2002).

Como comenta Eduardo de Oliveira Leite, houve uma melhora da redação em relação ao art. 1.708, inciso III, do Código Civil de 1916, "que só se referia à culpa do herdeiro ou manifesto erro e deficiência da lei, conforme já alertara Pontes de Miranda, referindo-se agora, tanto à culpa do herdeiro quanto à do legatário, já que a este último também se aplica o disposto no inciso III do art. 1.939" (*Comentários...*, 2003, v. XXI, p. 564).

Cabe lembrar que a caducidade gera a ineficácia do legado, não subordinando as partes envolvidas a qualquer dever. Sendo assim, por óbvio, se houver dolo ou culpa do herdeiro ou do legatário pela perda da coisa, a questão se resolverá no plano das perdas e danos, respondendo o eventual culpado perante aquele que sofreu os prejuízos correspondentes.

Ainda sobre esse inciso III do art. 1.939, o doutrinador por último adverte que, se o bem perecer em parte, mas ainda é utilizável, o legado prevalece. Imagine-se a hipótese de um legado que diz respeito a alguns animais – cabeças de gado –, e somente parte deles se perde. Obviamente, em casos tais, o legado ainda gerará efeitos (LEITE, Eduardo de Oliveira. *Comentários...*, 2003, v. XXI, p. 564). Mais uma vez, a função social da propriedade entra em cena para guiar a conclusão de que a perda é relevante ou não.

A quarta hipótese de caducidade do legado é relativa à indignidade sucessória (art. 1.939, inciso IV, do CC/2002). Interessante verificar que o diploma faz menção ao art. 1.815, quando o certo seria fazer alusão ao art. 1.814 da codificação que traz as seguintes situações de indignidade, devidamente adaptadas para o legado: *a)* nos casos de o legatário ter sido autor, coautor ou partícipe de homicídio doloso, ou tentativa deste, contra o testador, seu cônjuge, companheiro, ascendente ou descendente; *b)* se o legatário tiver acusado caluniosamente em juízo o autor da herança ou incorrer em crime contra a sua honra, ou de seu cônjuge ou companheiro; *c)* se o beneficiado, por violência ou meios fraudulentos, inibir ou obstar o autor da herança de dispor livremente de seus bens por ato de última vontade.

Anote-se que no Projeto de Reforma do Código Civil, elaborado pela Comissão de Juristas, pretende-se resolver mais esse problema técnico, passando o inciso IV do art. 1.939 a expressar a caducidade do legado, "se o legatário for excluído da sucessão por sentença transitada em julgado, sendo vedado o cumprimento do legado enquanto pendente a ação".

O último inciso a tratar da caducidade do legado está relacionado à morte do legatário antes do testador – *pré-morte* ou *premoriência do legatário* –, o que faz desaparecer a razão de ser da disposição testamentária, a vontade do legante em beneficiar determinada pessoa a título singular (art. 1.939, inciso V, do Código Civil de 2002).

Aplicando esse preceito, julgou o Tribunal Gaúcho que "mostra-se correta também a decisão que declarou a caducidade do legado com relação ao beneficiário, pois não se pode exigir cumprimento de testamento que se tornou caduco por ter a morte do legatário precedido a do testador, pois não incide na hipótese o direito de representação por parte dos sucessores dos legatários. Inteligência do art. 1.939, inc. V, do Código Civil. Recurso desprovido" (TJRS, Agravo de Instrumento 70032180259, 7.ª Câmara Cível, Porto Alegre, Rel. Des. Sérgio Fernando Silva de Vasconcellos Chaves, j. 26.05.2010, *DJERS* 08.06.2010. Ver, no mesmo sentido: TJRS, Agravo de Instrumento 70028748341, 7.ª Câmara Cível, São Luiz Gonzaga, Rel. Des. José Conrado de Souza Júnior, j. 13.05.2009, *DOERS* 21.05.2009, p. 58).

Por fim, enuncia o art. 1.940 da Norma Geral Privada que, no caso de legado alternativo com duas ou mais coisas, se algumas delas perecerem, subsistirá quanto às restantes. Mais uma vez reproduz-se o sentido de regra relativa às obrigações alternativas, pois, segundo o art. 253 da própria codificação, "se uma das duas prestações não puder ser objeto de obrigação ou se tornada inexequível, subsistirá o débito quanto à outra".

Pelo mesmo comando, perecendo parte de uma, valerá – no sentido de ser eficaz –, quanto ao seu remanescente, o legado. Se todas as coisas perecerem, por razões óbvias, o legado caducará, por força do inciso III do art. 1.939 do CC/2002. Havendo culpa de alguém nesse perecimento, não se olvide a responsabilização do culpado por perdas e danos, como sinaliza a atenta doutrina (DINIZ, Maria Helena. *Código*..., 2010, p. 1.352).

3.8.4 Do direito de acrescer entre herdeiros e legatários

A encerrar o tratamento relativo aos legados, a codificação privada continua a trazer regras relacionadas ao *direito de acrescer* entre herdeiros e legatários (*ius accrescendi*). Na definição de Orosimbo Nonato, "ocorre o direito de acrescer quando apelidadas várias pessoas à mesma herança ou ao mesmo legado, em partes não determinadas, falta, por qualquer motivo, um dos concorrentes. Sua parte se enumera à dos outros, assim acrescida" (*Estudos*..., 1957, p. 218).

Ainda entre os doutrinadores mais antigos, explica Caio Mário da Silva Pereira que, se houver uma designação coletiva no testamento, com o benefício atribuído a mais de uma pessoa para o recebimento da herança ou do legado, "é preciso interpretar sua vontade, esclarecendo se, em falta de aceitação, a nomeação conjunta opera a transferência para os sucessores da outra classe, ou se o quinhão do faltoso vai beneficiar os demais instituídos. Esta última hipótese consiste no 'direito de acrescer', em torno do qual ainda vige alguma indecisão entre os doutores e entre os sistemas jurídicos" (*Instituições*..., 2012, v. VI, p. 302). O clássico jurista demonstra que tais dúvidas já existiam no Direito Romano, com debates relativos a *conjunções* que ainda serão expostas na presente seção.

Entre os autores contemporâneos, nos dizeres de Giselda Maria Fernandes Novaes Hironaka, o direito de acrescer "consiste no direito de o herdeiro ou legatário também

Igualmente para ilustrar, vejamos acórdão do Tribunal de Justiça de Minas Gerais que aplicou com precisão tal regra e o seu artigo subsequente:

> "Agravo de instrumento. Inventário. Determinação judicial de regularização de representação processual de herdeiros dos herdeiros testamentários falecidos antes da testadora. Cláusula testamentária existente a respeito. Caducidade do legado ou transmissão aos colegatários. Norma, ademais, que dispõe de forma específica. Decisão reformada. Juntada de nova guia de ITCD. Vencimento. Medida que se impõe. Recurso provido em parte. Falecidos os herdeiros testamentários antes da testadora, o legado nesse ponto fica sem sujeito e não pode subsistir, não podendo ser transmitido aos herdeiros do beneficiário, sem cláusula nesse sentido, sendo desnecessária a regularização da representação processual do Espólio dos falecidos. Consoante art. 1.942 do Código Civil, o direito de acrescer competirá aos colegatários, quando nomeados conjuntamente a respeito de uma só coisa. Tendo sido juntada guia para pagamento de ITCD com prazo de vencimento expirado, mantém-se a determinação de juntada de nova guia com data de validade posterior. Comprovada a impossibilidade de se obter nova guia, cabe ao juízo, responsável pela mora na juntada, a requisição judicial de nova guia" (TJMG, Agravo de Instrumento 1.0024.12.335431-8/001, Rel. Des. Vanessa Verdolim Hudson Andrade, j. 03.12.2013, *DJEMG* 12.12.2013).

Em complemento e conforme consta da última ementa, se um dos coerdeiros ou colegatários, em tais condições, morrer antes do testador; se renunciar a herança ou legado, ou destes for excluído; e, se a condição sob a qual foi instituído não se verificar, acrescerá o seu quinhão, salvo o direito do substituto, à parte dos coerdeiros ou colegatários conjuntos (art. 1.943, *caput*, do CC).

Ainda a exemplificar, se o autor da herança deixar um imóvel para dois legatários, falecendo um deles, a metade do imóvel do legatário morto será transmitida ao colegatário. Deve ficar claro que, em casos tais, os coerdeiros ou colegatários, aos quais se acresceu a parte daquele que não quis ou pôde suceder, ficam sujeitos às obrigações ou encargos que o oneravam, caso de impostos e obrigações de condomínio relativos ao imóvel legado (art. 1.943, parágrafo único, do CC).

Não sendo o caso de aplicar o direito de acrescer entre herdeiros e legatário, transmite-se aos herdeiros legítimos a quota vaga do nomeado (art. 1.944, *caput*, do CC). Como efeito concreto da não incidência do direito de acrescer, a quota do que faltar acresce ao herdeiro ou ao legatário incumbido de satisfazer esse legado, ou a todos os herdeiros, na proporção dos seus quinhões, se o legado se deduziu da herança (art. 1.944, parágrafo único, do CC).

Pois bem, não pode o beneficiário do direito de acrescer repudiá-lo separadamente da herança ou legado que lhe caiba. Isso, salvo se o acréscimo comportar encargos especiais impostos pelo testador. Nesse caso, uma vez repudiado, reverte o acréscimo para a pessoa a favor de quem os encargos foram instituídos (art. 1.945 do CC). Esse dispositivo não constava do Código Civil de 1916, sendo novidade da codificação material de 2002.

Como explicam Jones Figueirêdo Alves e Mário Luiz Delgado, "o Código passa a esclarecer que, em regra, não pode o beneficiário do acréscimo se negar a recebê-lo, sem renunciar também à herança ou ao legado. Salvo se a parte acrescida contiver encargos especiais impostos pelo testador e, neste caso, uma vez repudiado o acréscimo, ele reverte para a pessoa a favor de quem os encargos foram instituídos" (ALVES, Jones Figueirêdo; DELGADO, Mário Luiz. *Código...*, 2005, p. 991).

Por derradeiro, vejamos a última regra para encerrar o estudo do direito de acrescer e dos legados. Havendo legado de um só usufruto conjuntamente a duas ou mais pessoas, a parte da que faltar acresce aos colegatários (art. 1.946, *caput*, do CC). Para ilustrar, o autor da herança lega um usufruto para B, C e D, sem qualquer outra estipulação de montante, fração ou percentual. Em regra, se D falece antes do testador, a sua parte do usufruto é transmitida para B e C.

Deve ficar claro que, conforme decidiu o Tribunal de Justiça do Paraná, tal regra somente se aplica à instituição de usufruto por legado, e não por ato *inter vivos*, por ser regra excepcional, que não admite analogia. Consta da ementa do *decisum* que, "na comunhão usufrutuária efetiva, o instituidor deve ser expresso sobre o acréscimo. Se não o for, não cabe o direito de acrescer, motivo pelo qual o usufruto extingue-se parcialmente em relação ao usufrutuário falecido, passando o nu-proprietário a ter a integralidade dos direitos de propriedade" (TJPR, Apelação Cível 0455257-2, 18.ª Câmara Cível, União da Vitória, Rel. Des. Carlos Mansur Arida, *DJPR* 22.02.2008, p. 86).

Contudo, atente-se que, se não houver conjunção entre os colegatários, ou se, apesar de conjuntos, só lhes foi legada certa parte do usufruto (conjunção *verbis tantum*), consolidar-se-ão na propriedade as quotas dos que faltarem, à medida que eles forem faltando (art. 1.946, parágrafo único, do CC). Exemplificando, se a estipulação é feita no sentido de se estabelecer 50% do usufruto para B e 50% do usufruto para C, se B falece, a sua quota não vai para C, mas para o nu-proprietário, consolidando-se a propriedade.

Encerro o tópico para pontuar que no Projeto de Reforma do Código Civil pretende-se alterar esse art. 1.946, para que o legado também possa abranger a totalidade da herança, desde que preservada a legítima na quota de cada herdeiro, assim como se propõe para o art. 1.857 da Lei Civil, em prol da valorização da autonomia privada para os atos de disposição de última vontade. Também se almeja uma melhor organização do comando, com divisão em parágrafos.

Assim, a norma passará a ter a seguinte redação: "Art. 1.946. O legado de usufruto pode abranger a totalidade dos bens hereditários. § 1º Legado um só usufruto conjuntamente a duas ou mais pessoas, a parte da que faltar acresce aos colegatários. § 2º Se não houver conjunção entre os colegatários, ou se, apesar de conjuntos, só lhes foi legada certa parte do usufruto, consolidar-se-ão na propriedade as quotas dos que faltarem, à medida que eles forem faltando".

De fato, com a proposição, a norma ficará mais bem sistematizada, aguardando-se a sua aprovação pelo Parlamento Brasileiro.

3.9 DAS SUBSTITUIÇÕES TESTAMENTÁRIAS

Conforme as lições de Eduardo de Oliveira Leite, a substituição testamentária é "a instituição da pessoa que receberá a herança, ou a alíquota da mesma, se o herdeiro designado faltar" (*Comentários...*, 2003, v. XXI, p. 594). Para Maria Helena Diniz, "a substituição é a disposição testamentária na qual o testador chama uma pessoa para receber, no todo ou em parte, a herança ou o legado, na falta ou após o herdeiro ou legatário nomeado em primeiro lugar, ou seja, quando a vocação deste ou daquele cessar por qualquer causa" (*Código*..., 2010, p. 1.355).

Voltando aos clássicos, pontua Orosimbo Nonato que a verdadeira substituição testamentária é a *sucessiva*, "quando um herdeiro, ou legatário é convocado na falta e em lugar de outro" (*Estudos*..., 1957, p. 138). Cita o autor que havia previsão de exemplo concreto de substituição nas Ordenações do Reino, no seu livro 4, título 80, a saber: "Instituo Pedro por meu herdeiro, e não for meu herdeiro seja Paulo. As quais palavras compreendem dois casos, por cada um dos quais pode acontecer que o dito Pedro não seja herdeiro: o primeiro, se o não quiser ser, o segundo se não o puder, e por qualquer deles que aconteça Pedro, instituído, não ser herdeiro, haverá lugar a substituição vulgar e Paulo substituto haverá a herança".

Portanto, na substituição que está tratada na lei brasileira como instituto sucessório já consta do testamento quem será o herdeiro a ser chamado em segundo lugar, de forma sucessiva no tempo. Quebra-se, pela nomeação testamentária, a ordem de vocação hereditária prevista em lei.

Como efeito a ser destacado da substituição, o substituto fica sujeito à condição ou encargo imposto ao substituído, quando não for diversa a intenção manifestada pelo testador, ou não resultar outra coisa da natureza da condição ou do encargo (art. 1.949 do CC). Vale o notório exemplo de Pontes de Miranda: "Se o instituidor era pintor e a parte da herança lhe foi deixada com o *modus* de pintar o retrato da filha, nomeado substituto terceira pessoa, e a verba diz que 'esta terá os mesmos encargos', ou o substituto em sendo pintor, executará o quadro ou, não no sendo, convidará pintor do mesmo valor que o outro" (MIRANDA, Pontes de. *Tratado*..., 1973, t. LVIII, p. 114).

Feitas tais considerações, vejamos as modalidades de substituições testamentárias tratadas pelo Código Civil de 2002, tendo como parâmetro toda a doutrina, clássica e contemporânea, utilizada como fonte de pesquisa nesta obra.

A primeira modalidade é a *substituição vulgar* ou *ordinária*, aquela em que o testador substitui diretamente outra pessoa ao herdeiro ou ao legatário nomeado, para o caso de um ou outro não querer ou não poder aceitar a herança ou o legado. Em casos tais, enuncia o art. 1.947 do Código Civil, presume-se que a substituição foi determinada para as duas alternativas, ainda que o testador só a uma se refira. Esse comando foi inspirado na previsão das Ordenações do Reino de Portugal antes transcrita, servindo aquele caso outrora exposto como seu exemplo.

A segunda categoria é a *substituição recíproca*, presente quando um herdeiro substitui o outro e vice-versa (art. 1.948 do CC). Pelo que consta de tal comando, a substituição recíproca pode ser subclassificada nos institutos expostos no parágrafo a seguir, na esteira de melhor doutrina (por todos: VELOSO, Zeno. *Código*..., 2008, p. 2.126-2.127; DINIZ, Maria Helena. *Código*..., 2010, p. 1.356).

De início, na *substituição recíproca geral* todos substituem o herdeiro ou legatário que não suceder. Assim, "João, José e Carlos, meus herdeiros, substituem a herdeira Maria". A *substituição recíproca particular* é a que somente determinados herdeiros ou legatários são apontados como substitutos recíprocos. A título de ilustração: "somente João e José, legatários, substituem a herdeira Maria". Pela *substituição coletiva* vários herdeiros são nomeados como substitutos para o herdeiro que não sucede. Para exemplificar: "Nomeio meus filhos João, José, Carlos e Daniel como substitutos da legatária Maria". Por fim, na *substituição singular* somente um herdeiro é nomeado como substituto do herdeiro ou legatário que não sucede. Exemplo: "Meu filho José será a substituta de Maria".

Em complemento, dispõe o art. 1.950 do Código Civil que, se entre muitos coerdeiros ou legatários de partes desiguais for estabelecida substituição recíproca, a proporção dos quinhões fixada na primeira disposição entender-se-á mantida na segunda, ou seja, na substituição. Pelo mesmo dispositivo, se, com as outras pessoas anteriormente nomeadas, for incluída mais alguma pessoa na substituição, o quinhão vago pertencerá, em partes iguais, aos substitutos. Desse modo, por razões óbvias, o novo substituto deve ser incluído na divisão.

Como terceira grande categoria que interessa ao presente tópico, pela *substituição fideicomissária* pode o testador instituir herdeiros ou legatários, estabelecendo que, por ocasião de sua morte, a herança ou o legado se transmita ao fiduciário, resolvendo-se o direito deste, por sua morte, a certo tempo ou sob certa condição, em favor de outrem, que se qualifica de fideicomissário (art. 1.951 do CC).

Esclarecendo, de forma sucessiva, o *fideicomitente* (testador ou autor da herança) faz uma disposição do patrimônio para o *fiduciário* (1.º herdeiro) e para o *fideicomissário* (2.º herdeiro). Ocorrendo o termo ou a condição fixada, o bem é transmitido para o fideicomissário. O esquema a seguir demonstra como funciona a categoria:

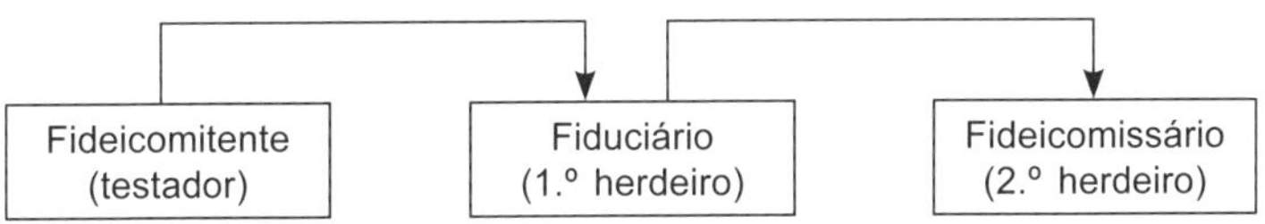

Cabe consignar que a substituição fideicomissária diferencia-se da vulgar, pelo fato de que o fiduciário assume a efetiva posição de herdeiro, podendo exercer os direitos e ter os deveres relativos à herança. Sucessivamente, por ocasião de sua morte ou do implemento da condição, os bens são transmitidos ao fideicomissário que terá a mesma condição. Como pontua Carlos Roberto Gonçalves, estão presentes *vocações sucessivas,* eis que "os dois beneficiários ordinariamente se tornam titulares da herança (vocação dupla), mas em momentos diversos" (*Direito*..., 2010, v. 7, p. 404).

Como é óbvio, no sistema atual, o fideicomisso não pode ser instituído por contrato, sob pena de infringir a proibição do pacto sucessório ou *pacta corvina*, constante do art. 426 do Código Civil em vigor, segundo o qual não pode ser objeto de contrato a herança de pessoa viva. Nessa linha, na *V Jornada de Direito Civil* aprovou-se o seguinte enunciado doutrinário: "o fideicomisso, previsto no art. 1.951 do Código Civil, somente pode ser instituído por testamento" (Enunciado n. 529). De toda sorte, no Projeto de Reforma do Código Civil almeja-se *destravar* a regra do art. 426 do Código Civil, inserindo nele exceções à vedação do pacto sucessório, como a possibilidade de renúncia prévia à herança por cônjuges e conviventes. O mesmo caminho é percorrido em relação ao fideicomisso, como ainda será aprofundado neste capítulo, criando-se também a possibilidade, no texto da lei, do fideicomisso entre vivos ou de feição contratual.

Nesse contexto, a Lei Geral Privada receberá um novo art. 426-A, prevendo que "é admitido o fideicomisso por ato entre vivos, desde que não viole normas cogentes ou de ordem pública". Segundo as justificativas da Subcomissão de Direito das Sucessões – constituída por Mário Luiz Delgado, Giselda Hironaka, Gustavo Tepedino e Cesar Asfor Rocha –, "outra proposta importante refere-se à reintrodução do instituto da substituição fideicomissária como livre opção do testador, o que pode ser muito útil nas operações de planejamento sucessório". Voltarei ao tema mais à frente.

Aprofundando o seu estudo no sistema ora em vigor, demonstra Sílvio de Salvo Venosa que o instituto tem origem em Roma, eis que, "como muitas pessoas estavam impedidas de concorrer à herança, o testador burlava eventuais proibições pedindo a um herdeiro que se encarregasse de entregar seus bens ao terceiro que o testador queria verdadeiramente beneficiar. O disponente confiava na boa-fé do herdeiro (*fidei tua committo*), de onde proveio a palavra fideicomisso (*fideicomissium*). O testador 'cometia' (entregava) a herança a alguém sob confiança de sua boa-fé (*fidei tua*)" (*Código*..., 2010, p. 1.755). Pontue-se que o instituto já estava tratado no Código Civil de 1916 (arts. 1.733 a 1.740).

A verdade é que o fideicomisso sempre teve reduzida ou nenhuma aplicação entre nós, e o Código Civil de 2002 encarregou-se de diminuir ainda mais a sua incidência prática, porque, nos termos do seu art. 1.952, a substituição fideicomissária *somente se permite* em favor dos *não concebidos* ao tempo da morte do testador.

Em suma, somente é possível fideicomisso para beneficiar como fideicomissário a prole eventual ou *concepturo*, o que torna sem sentido atual toda a jurisprudência anterior sobre o tema. Não é mais viável, juridicamente, o fideicomisso em benefício de pessoa já nascida ou concebida (nascituro), como era no sistema do Código Civil de 1916. No último caso, prevê o parágrafo único do art. 1.952 do Código Privado vigente que, se ao tempo da morte do testador já houver nascido o fideicomissário, adquirirá este a propriedade dos bens fideicometidos, convertendo-se em usufruto o direito do fiduciário.

Alguns julgados sobre o fideicomisso podem ser encontrados em sede de Superior Tribunal de Justiça, mas todos dizem respeito às pessoas existentes ao tempo da disposição como fideicomissárias, o que não pode mais ocorrer na prática atual. A ilustrar, vejamos dois arestos:

> "Exame de eventual boa-fé e eventual direito de retenção por parte do adquirente relegada para a execução, na peculiaridade do caso. Eventual ação de regresso contra o fiduciário ressalvada. Patenteando-se que a venda de imóvel objeto de fideicomisso realizou-se em prejuízo de menor fideicomissária, ainda que mediante alvará judicial em que representada pelo fiduciário, ante a aquisição de imóvel de valor sensivelmente menor, anula-se a venda do imóvel fideicomitido, reservada, nas peculiaridades do caso, da discussão a respeito de eventuais boa-fé e direito de retenção por parte do adquirente do imóvel, bem como ressalvado eventual direito de regresso contra o fiduciário e, finalmente, ressalvada a possibilidade de acionamento da fideicomissária quanto ao destino do imóvel adquirido em sub-rogação, matéria situada fora do objeto do presente processo. Recurso especial conhecido apenas em parte, por maioria de votos, sem interferência na sucumbência determinada pelo acórdão recorrido" (STJ, REsp 945.027/BA, 3.ª Turma, Rel. Min. Ari Pargendler, Rel. p/ Acórdão Ministro Sidnei Beneti, j. 19.08.2008, *DJe* 24.11.2008).

> "Direito processual e civil. Sucessões. Recurso especial. Disposição testamentária de última vontade. Substituição fideicomissária. Morte do fideicomissário. Caducidade do fideicomisso. Obediência aos critérios da sucessão legal. Transmissão da herança aos herdeiros legítimos, inexistentes os necessários. Não se conhece do recurso especial quanto à questão em que a orientação do STJ se firmou no mesmo sentido em que decidido pelo Tribunal de origem. A substituição fideicomissária caduca se o fideicomissário morrer antes dos fiduciários, caso em que a propriedade destes consolida-se, deixando, assim, de ser restrita e resolúvel (arts. 1.955 e 1.958 do CC/2002). Afastada a hipótese de sucessão por disposição de última vontade, oriunda do extinto fideicomisso, e, por consequência, consolidando-se a propriedade nas mãos dos fiduciários, o falecimento de um destes sem deixar testamento impõe estrita obediência aos critérios da sucessão legal, transmitindo-se a herança, desde logo, aos herdeiros legítimos, inexistindo herdeiros necessários. Recurso especial parcialmente conhecido e, nessa parte, provido" (STJ, REsp 820.814/SP, 3.ª Turma, Rel. Min. Nancy Andrighi, j. 09.10.2007, *DJ* 25.10.2007, p. 168).

Pontue-se, a propósito, que, em pesquisas realizadas até o presente momento, não encontrei um julgado sequer, de qualquer Corte Julgadora, aplicando o art. 1.952 da codificação nos seus exatos termos, quanto à prole eventual. Foi utilizado programa de busca que leva em conta praticamente todos os Tribunais do País.

De toda sorte, apesar dessa restritíssima aplicação prática do fideicomisso na atualidade, cabe trazer ao debate problema levantado por Zeno Veloso, que interroga: o que acontecerá se, ao tempo da morte do fiduciário, do advento do termo ou do implemento da condição, o fideicomissário ainda estiver concebido?

Cita o doutrinador que Arnoldo Wald e Guilherme Calmon Nogueira da Gama sustentam que não deverá ser aplicado o art. 1.800, § 4.º, do Código Civil, que determina a reserva de bens pelo período de dois anos após a morte do testador, caducando a disposição nesse caso. Para eles, a caducidade só não existiria se houvesse expressa previsão no testamento de um prazo para que a pessoa fosse concebida. Por outra via, Caio Mário da Silva Pereira, Carlos Roberto Barbosa Moreira, Sílvio de Salvo Venosa, Paulo Nader e o próprio Zeno Veloso opinam pela aplicação do comando em questão, devendo-se aguardar o prazo de dois anos após a morte do disponente para que a pessoa seja concebida (VELOSO, Zeno. *Código*..., 2012, p. 2.165).

Esta última também é minha opinião doutrinária, uma vez que a primeira corrente retira mais ainda a possibilidade de aplicação prática da categoria. E, na linha da *operabilidade*, um dos princípios do Código Civil de 2002, deve-se buscar a efetividade das categorias privadas. Em reforço, o preceito em questão parece ter subsunção perfeita ao fideicomisso, parecendo ter sido essa a intenção do legislador, *in verbis*: "se, decorridos dois anos após a abertura da sucessão, não for concebido o herdeiro esperado, os bens reservados, salvo disposição em contrário do testador, caberão aos herdeiros legítimos" (art. 1.800, § 4.º, do CC/2002).

Feitas tais considerações e partindo para a análise dos efeitos do fideicomisso, determina o art. 1.953 do Código Civil, a respeito de sua estrutura, que o fiduciário tem a propriedade restrita e resolúvel da herança ou legado, porque o bem permanece inicialmente com o fiduciário. Entretanto, ocorrendo o termo ou a condição, a propriedade é transmitida ao fideicomissário. Ato contínuo, o fiduciário é obrigado a proceder ao inventário dos bens gravados e a prestar caução de restituí-los se o exigir o fideicomissário.

Por outra via, também em decorrência dessa sua estrutura, caduca ou decai o fideicomisso se o fideicomissário morrer antes do fiduciário (*premoniência*), ou antes de realizar-se a condição resolutória do direito deste último. Em casos tais, dispõe o art. 1.958 da codificação que a propriedade plena será consolidada em nome do fiduciário. Anota Maria Helena Diniz que, "como o fideicomissário tem tão somente direito eventual à propriedade do bem sujeito ao fideicomisso, consolidar-se-á o domínio na pessoa do fiduciário, que ficará sendo proprietário definitivo do bem, que não se transmitirá aos sucessores do falecido fideicomissário, uma vez que este nem mesmo chegou a adquirir a herança ou legado" (DINIZ, Maria Helena. *Código...*, 2010, p. 1.360).

Em havendo renúncia à herança ou legado pelo fiduciário, salvo disposição em contrário do testador, defere-se ao fideicomissário o poder de aceitar (art. 1.954 do CC). Em casos tais, o fideicomissário pode renunciar à herança ou ao legado, e, neste caso, o fideicomisso caduca, deixando de ser resolúvel a propriedade do fiduciário, se não houver disposição contrária do testador (art. 1.955 do CC).

Por seu turno, se o fideicomissário aceitar a herança ou o legado, terá direito à parte que, ao fiduciário, em qualquer tempo acrescer (art. 1.956 do CC). A respeito de suas responsabilidades, ocorrendo a sucessão, o fideicomissário responde pelos encargos da herança que ainda restarem (art. 1.957 do CC).

Enuncia a lei que são nulos os fideicomissos além do segundo grau (art. 1.959 do CC). Desse modo, não se pode nomear um *segundo fideicomissário* por expressa proibição legal, sendo o caso de nulidade absoluta textual, nos termos da segunda parte do art. 166, inciso VI, do Código Civil. Em casos tais, a nulidade da substituição ilegal não prejudica a instituição, que valerá sem o encargo resolutório (art. 1.960 do CC).

Em suma, é válido o fideicomisso até a instituição do primeiro fideicomissário, aplicação direta do *princípio da conservação dos negócios jurídicos*. A propósito da nulidade do fideicomisso de segundo grau, vejamos recente julgado do Superior Tribunal de Justiça que aplicou essas e outras regras antes abordadas, dizendo respeito a pessoas já existentes e a fatos ocorridos na vigência da codificação anterior, de 1916:

> "Direito civil e processual civil. Sucessão testamentária. Fideicomisso. Fideicomissário premoriente. Cláusula do testamento acerca da substituição do fideicomissário. Validade. Compatibilidade entre a instituição fiduciária e a substituição vulgar. Condenação de terceiro afastada. Efeitos naturais da sentença. (...). De acordo com o art. 1.959 do Código Civil, 'são nulos os fideicomissos além do segundo grau'. A lei veda a substituição fiduciária além do segundo grau. O fideicomissário, porém, pode ter substituto, que terá posição idêntica a do substituído, pois o que se proíbe é a sequência de fiduciários, não a substituição vulgar do fiduciário ou do fideicomissário. A substituição fideicomissária é compatível com a substituição vulgar e ambas podem ser estipuladas na mesma cláusula testamentária. Dá-se o que a doutrina denomina substituição compendiosa. Assim, é válida a cláusula testamentária pela qual o testador pode dar substituto ao fideicomissário para o caso deste vir a falecer antes do fiduciário ou de se realizar a condição resolutiva, com o que se impede a caducidade do fideicomisso. É o que se depreende do art. 1958 c.c. 1955, parte final, do Código Civil Recurso especial de Nova Pirajuí Administração S.A. NOPASA a que se dá parcial provimento" (STJ, REsp 1.221.817/PE, 4.ª Turma, Rel. Min. Maria Isabel Gallotti, j. 10.12.2013, *DJe* 18.12.2013).

A propósito do teor do acórdão, cumpre esclarecer o sentido da expressão *substituição compendiosa*, conforme constava em edições anteriores desta obra com José Fernando Simão, em pesquisa realizada pelo coautor, a quem são dados mais uma vez todos os créditos do trabalho (TARTUCE, Flávio; SIMÃO, José Fernando. *Direito...*, 2013, v. 6, p. 387).

De acordo com tal pesquisa, para Silvio Rodrigues e Itabaiana de Oliveira, substituição compendiosa é sinônimo de substituição fideicomissária. Todavia, para Washington de Barros Monteiro, Maria Helena Diniz e Sílvio de Salvo Venosa, a substituição compendiosa seria um misto de substituição vulgar com substituição fideicomissária. Exemplo citado, para a última corrente doutrinária, que é a que prevalece na contemporaneidade e seguida por mim, agora escrevendo de forma solitária: "Deixo meus bens para João, que transmitirá ao primeiro filho de José. Caso João não queira ou não possa receber, os bens ficarão com José, que deverá transmiti-los ao seu primeiro filho".

Outra questão que deve ser pontuada diz respeito à *substituição pupilar* e à *quase pupilar*, ambas com origem no Direito Romano. Como ensina Zeno Veloso, "o direito romano conheceu a substituição pupilar, pela qual o *pater familias* designava herdeiro para seu filho, se este falecesse impúbere (*pupillus*). Na época de Justiniano, consolidou-se outro tipo de substituição, denominada *quase pupilar* (ou *exemplar*, ou *justinianeia*), em que o ascendente nomeava herdeiro para o descendente que sofresse das faculdades mentais, e morresse no estado de alienação" (VELOSO, Zeno. *Substituição...* Disponível em: <www.flavitartuce.adv.br>. Acesso em 1.º out. 2018).

O jurista entendia e propunha que a última figura fosse introduzida no Código Civil Brasileiro, com a inclusão dos arts. 1.960-A e 1.960-B. De acordo com a primeira proposta, "o ascendente que não teve suspenso nem extinto o poder familiar (arts. 1.635, 1.637, 1.638), cujo filho não pode manifestar a sua vontade, por enfermidade ou deficiência mental, poderá, por testamento, nomear herdeiros ou legatários para este filho". A segunda proposição passaria a prever a caducidade do testamento "se o filho recobrar a razão, ou deixar descendentes, ascendentes, cônjuge ou companheiro". De fato, as sugestões são louváveis, devendo ser debatidas no âmbito do Direito Sucessório Brasileiro, *de lege ferenda*.

O Projeto de Reforma do Código Civil, como visto, pretende inserir essas figuras no art. 1.857 da Lei Civil, inclusive em homenagem ao saudoso Mestre Zeno Veloso. Com as propostas, a norma receberá dois novos parágrafos, sendo certo que, de acordo com o seu novo § 3.º, "os pais, no exercício da autoridade parental, podem instituir, por testamento público, herdeiros ou legatários aos filhos absolutamente incapazes, para o caso de eles falecerem nesse estado, ficando sem efeito a disposição logo que cesse a incapacidade". E, conforme o § 4.º, o disposto da norma anterior tem aplicação "a todos os filhos, sem distinção de idade, que não estiverem em condições de expressar sua vontade de forma livre e consciente, no momento do ato, ficando sem efeito a disposição logo que cesse a limitação volitiva". Espera-se a sua introdução na lei civil, prestigiando-se a autonomia privada.

Em comparação categórica necessária, reafirme-se, na linha do que está exposto no Volume 4 desta coleção, que o fideicomisso não se confunde com o usufruto, sendo comum encontrar na doutrina a diferenciação de tais categorias (ver, por exemplo: BARROS MONTEIRO, Washington de; MALUF, Carlos Alberto Dabus. *Curso*..., 2009, v. 3, p. 347; VELOSO, Zeno. *Código*..., 2012, p. 2.163). Entendo que a diferenciação é até despicienda, pois os institutos pouco têm em comum, sendo distantes.

De qualquer maneira, o usufruto é instituto de direito real; o fideicomisso é categoria sucessória, forma de substituição testamentária. No usufruto, a propriedade é desmembrada entre usufrutuário e nu-proprietário, de maneira igualitária quanto aos atributos do domínio. No fideicomisso, as partes envolvidas têm a propriedade plena, todos os atributos do domínio, mas de forma sucessiva.

Por fim, o usufruto recai sobre pessoas já existentes, concebidas e nascidas. O fideicomisso abrange apenas a prole eventual pelo Código Civil de 2002, ou seja, os não concebidos ao tempo da morte do testador (art. 1.952). A fim de facilitar, as diferenças entre usufruto e fideicomisso estão no quadro a seguir:

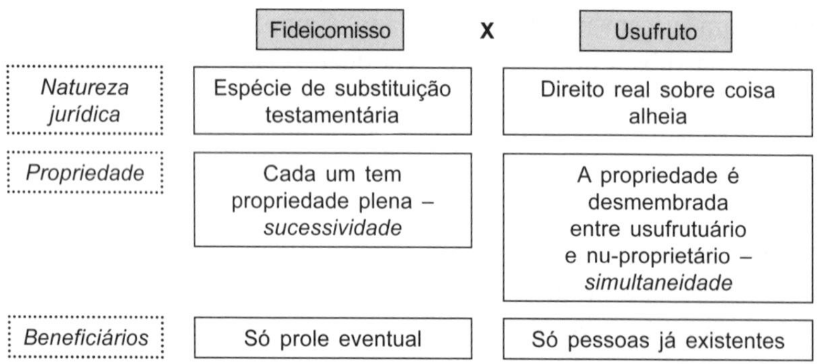

Para encerrar o tópico, importante comentar brevemente as ousadas e interessantes propostas que são feitas para o instituto do fideicomisso pelo atual Projeto de Reforma do Código Civil, para que ele passe a ter aplicação efetiva, em prol da operabilidade, como forma de planejamento sucessório. Como pontuaram Mário Luiz Delgado, Giselda Hironaka, Gustavo Tepedino e Cesar Asfor Rocha, integrantes da Subcomissão de Direito das Sucessões, na comissão constituída no âmbito do Senado Federal, "o novo fideicomisso, ora proposto, guarda alguma semelhança com o *trust* anglo saxão, no sentido de operação socioeconômica voltada ao planejamento sucessório, mas sem a pretensão de simplesmente internalizar um instituto do direito alienígena, não obstante a Lei nº 14.754, de 12 de dezembro de 2023, que dispõe sobre a tributação da renda auferida por pessoas físicas em *trusts* no exterior, já tenha trazido ao direito interno, ao menos, os conceitos do instituto e de seus personagens".

Como primeira proposta, ampliando-se o fideicomisso para além do concepturo, visando a sua utilização prática, o novo art. 1.952 passará a defini-lo como o negócio jurídico por meio do qual o testador, na qualidade de instituidor, ou fideicomitente, transfere, fiduciariamente, bens ou direitos, sob condição resolutiva, a um ou mais fiduciários, que assumirão os deveres de gestão, conservação e ampliação desses bens, nos termos previstos no ato de instituição e com o propósito específico de transmiti-los, sob condição ou termo, a um ou mais beneficiários finais que se qualificam fideicomissários.

Portanto, pelas proposições, qualquer pessoa viva poderá ser beneficiada pela categoria, o que, na minha opinião, vem em boa hora. E, dialogando com o novo livro de *Direito Civil Digital* e com outras propostas da Comissão de Juristas, o novo art. 1.952-A da Lei Privada propiciará que podem ser objeto do fideicomisso quaisquer bens e direitos, incluindo bens digitais.

Como seus requisitos mínimos, o projetado art. 1.952-B passará a prever que a disposição testamentária que institui esse *novo fideicomisso* deve conter os seguintes elementos: *a)* a qualificação precisa do fiduciário e do fideicomissário ou os elementos que permitam a determinação dos beneficiários finais, caso não se encontrem perfeitamente identificados pelo testador; *b)* o prazo de vigência, podendo ser vitalício, se o fiduciário ou qualquer dos fideicomissários for pessoa natural, ou por até vinte anos, se todos os fideicomissários e o fiduciário forem pessoas jurídicas com prazo indeterminado de existência; *c)* o propósito a que se destina o patrimônio objeto do fideicomisso; *d)* as condições ou termos a que estiver sujeito o fideicomisso; *e)* a identificação dos bens e direitos componentes do patrimônio objeto do fideicomisso, bem como a indicação do modo como outros bens e direitos poderão ser incorporados; *f)* a extensão dos poderes e deveres do fiduciário na gestão do fideicomisso, em especial especificando se há ou não autorização para alienar bens do acervo em fideicomisso, gravar ou onerar os bens do patrimônio correspondente, comprar novos ativos e realizar investimentos, em todos os casos especificando as situações em que esses atos são permitidos e o modo como devem ser conduzidos; *g)* os critérios de remuneração do fiduciário, se houver; *h)* a destinação dos frutos e rendimentos do patrimônio em fideicomisso; *i)* as hipóteses e as formas de substituição do fiduciário; *j)* as hipóteses de sua extinção, antes de cumprida a sua finalidade ou do advento do termo ou do implemento da condição a que estiver sujeito; e *k)* previsão sobre a possibilidade de o fiduciário contratar, por sua conta e risco, terceiros para exercer a gestão do patrimônio objeto do fideicomisso, inalteradas as suas responsabilidades legais e contratuais. Essas regras com amplos requisitos para a instituição do fideicomisso visam a trazer segurança jurídica e previsibilidade para o instituto.

Como já se pode perceber, caberá ao fiduciário fazer a conservação e a administração dos bens em fideicomisso, o que é retirado da proposta de um novo art. 1.952-C. Deve ele também exercer todas as ações atinentes à defesa dos bens e direitos objeto do fideicomisso, inclusive em face do fideicomissário (proposta de um art. 1.952-D). Se for o caso, o fiduciário será pessoalmente responsável pelos prejuízos que, por dolo ou culpa, der causa; respondendo também pelos prejuízos causados por atos que violem as cláusulas previstas no ato de instituição do fideicomisso (art. 1.952-E). Terá, assim, uma responsabilidade civil subjetiva pelos danos de qualquer natureza causados pela má administração ou conservação dos bens em fideicomisso.

Se for o caso, prevê o proposto art. 1.952-F para a codificação privada que o fiduciário poderá ser substituído, por decisão judicial: *a)* quando houver conflito de interesses com relação aos interesses do fideicomissário ou com os propósitos estabelecidos pelo testador no instrumento de instituição de fideicomisso; *b)* quando, por dolo ou culpa, causar prejuízo ao patrimônio fideicometido por sua administração; e *c)* por morte ou incapacidade superveniente ou quando se tornar impedido de administrar o fideicomisso ou descumprir as obrigações impostas pelo contrato ou pela lei na administração do patrimônio fideicometido.

Nos termos do proposto § 1.º para a última norma, a ação de destituição de fiduciário poderá ser intentada pelo fideicomissário, seus sucessores ou qualquer interessado. Não mencionando o testador quem deva substituir o fiduciário, designará o juiz um substituto (§ 2.º do art. 1.952-E).

Como não poderia ser diferente, sugere-se a alteração também do art. 1.953 da Lei Civil, passando a prever que o fiduciário tem a propriedade resolúvel da herança ou do legado, nos limites previstos no ato de instituição do fideicomisso, não se mencionando mais a existência de uma propriedade restrita, diante da inserção das regras anteriores. E, conforme o seu parágrafo único, com a possibilidade de previsão em contrário no ato de última vontade: salvo disposição em contrário no testamento, o fiduciário é obrigado a trazer ao inventário os bens gravados e a prestar caução de restituí-los se o exigir o fideicomissário".

Como outra inovação no sistema civil, inclui-se o art. 1.953-A no CC, assegurando-se que pode ser fideicomissário qualquer sujeito de direito, ente jurídico despersonalizado ou pessoa determinável, ainda que não concebida no momento da instituição do fideicomisso. Mantém-se a possibilidade de ser beneficiário o concepturo, pessoa sequer concebida, mas também o nascituro, pessoas naturais já nascidas, pessoas jurídicas e mesmo entes despersonalizados como o espólio e a massa falida, o que vem em boa hora, como antes pontuado.

A mesma norma, em seu parágrafo único, também considerará como fideicomissário tanto a pessoa beneficiária da administração dos bens como aquela destinatária dos bens ao final do fideicomisso.

Por fim, como última previsão alterada pelo Projeto de Reforma do Código Civil, o seu art. 1.958 passará a prever, de forma mais técnica e sem mais utilizar o termo "caduca", que será ineficaz o fideicomisso se o fideicomissário, a quem o testador não houver designado substituto, morrer antes do fiduciário, ou antes de realizar-se o termo ou a condição resolutória do direito deste último. E, conforme o seu novo parágrafo único, de forma mais bem organizada, "nos casos previstos no *caput*, a propriedade consolida-se em nome do fiduciário, nos termos do art. 1.955".

Encerro novamente com as palavras dos juristas que compuseram a Subcomissão de Direito das Sucessões – Mário Luiz Delgado, Giselda Hironaka, Gustavo Tepedino e Cesar Asfor Rocha –, para quem "aguarda-se, assim, que o fideicomisso remodelado se torne realmente útil e sirva aos interesses brasileiros, realizando dois objetivos primordiais: (i) possibilitar, na prática, novos arranjos sucessórios que hoje não são possíveis em razão das restrições atualmente incidentes sobre o fideicomisso; (ii) possibilitar a instrumentalização, no Brasil, de operações que, no exterior, são veiculadas por meio do *trust*".

Vencidas as minhas resistências doutrinárias iniciais, pelo voto da maioria dos membros da Comissão de Juristas, havendo inclusive proposta para a regulamentação do *trust* pela Comissão de Direito das Coisas, espera-se uma apurada análise dessas importantes proposições para a prática, pelo Parlamento Brasileiro.

3.10 DA REDUÇÃO DAS DISPOSIÇÕES TESTAMENTÁRIAS

Conforme desenvolvido em vários trechos desta obra até o presente ponto, o sistema legislativo do Código Civil de 2002 consagra a tutela da *legítima*, da quota de 50% do patrimônio de determinada pessoa em favor de seus herdeiros necessários. Vale lembrar que, como herdeiros necessários, o art. 1.845 da codificação privada reconhece os descendentes, os ascendentes e o cônjuge.

Mais uma vez, cabe pontuar que, com a decisão do Supremo Tribunal Federal, que reconheceu a inconstitucionalidade do art. 1.790 do CC e equiparou a união estável ao casamento para fins sucessórios, reiteramos que o companheiro deve ser incluído como herdeiro necessário (STF, Recurso Extraordinário 878.694/MG, Rel. Min. Luís Roberto Barroso, j. 10.05.2017, publicado no seu *Informativo* n. *864*).

Nesse contexto de tutela dessa reserva, assim como ocorre com a *doação inoficiosa* – aquela que excede os citados cinquenta por cento de proteção reservada (art. 549 do CC) –, pode ser necessária a redução das disposições testamentárias, a fim de não prejudicar legítima. De qualquer modo, insta verificar que o Código Civil em vigor traz regras diferenciadas em relação ao testamento e à doação, tratada a última como objeto do próximo capítulo, referente ao inventário e à partilha. A presente obra seguirá a mesma divisão do Código Civil em vigor, abordando, nesta seção, apenas a redução das disposições testamentárias.

Como primeira regra a respeito da *redução testamentária*, se o testador fizer disposição que exceda a proteção da legítima, a disposição somente será eficaz nos limites de sua metade. O remanescente pertencerá aos herdeiros legítimos, respeitada a ordem de vocação hereditária (art. 1.966 do CC). Ilustrando, se alguém faz por testamento a disposição de 70% do seu patrimônio, a disposição é eficaz apenas em 50%. Em relação aos outros 20%, os bens devem ser destinados aos herdeiros legítimos, ocorrendo em tal proporção a redução testamentária, o que pode ser efetivado por meio de uma ação judicial, de rito ordinário, chamada de *ação de redução.*

Deve ficar bem claro que "o fato de o testador ter extrapolado os limites da legítima não enseja a nulidade do testamento, impondo-se tão somente a redução das disposições testamentárias" (TJRS, Acórdão 70026646075, 8.ª Câmara Cível, Erechim, Rel. Des. Claudir Fidelis Faccenda, j. 19.03.2009, *DOERS* 26.03.2009, p. 43). Ou, ainda: "eventual apuração de indevido avanço do testamento sobre a parte legítima da herança não é causa de nulidade ou anulabilidade, mas, sim, de redução das disposições testamentárias, nos termos do art. 1.967 do Código Civil. Contudo, o procedimento para redução das disposições testamentárias, por demandar amplo conhecimento acerca do acervo hereditário, deve se dar no bojo do inventário, ou, conforme o caso, mediante a propositura de ação de redução" (TJRS, Apelação Cível 253090-75.2013.8.21.7000, 8.ª Câmara Cível, Tramandaí, Rel. Des. Luiz Felipe Brasil Santos, j. 17.10.2013, *DJERS* 22.10.2013). No mesmo sentido, "a existência de liberalidades *ultra vires* não contamina de nulidade o testamento, impondo-se tão somente a redução das disposições testamentárias, a fim de que não excedam a porção disponível, a teor do artigo 1.967 do Código Civil" (TJMG, Apelação Cível 1.0024.06.201047-5/0011, 1.ª Câmara Cível, Belo Horizonte, Rel. Des. Armando Freire, j. 29.09.2009, *DJEMG* 27.10.2009).

Sintetizando, na linha dos técnicos arestos, é necessário atentar que a redução não atinge o *plano da validade* do testamento, mas a sua *eficácia;* não o segundo degrau da *Escada Ponteana*, mas o terceiro. A lei usa o termo *redução*, e não *declaração de nulidade* ou *anulação*, ficando patente tal opção do legislador. Eis um ponto diferencial importante em relação à doação inoficiosa, aquela que excede a proteção da legítima, pois o art. 549 do Código Civil estabelece sua nulidade absoluta, pelos exatos termos de sua dicção: "nula é também a doação quanto à parte que exceder à de que o doador, no momento da liberalidade, poderia dispor em testamento".

As disposições que excederem a parte disponível reduzir-se-ão aos limites dela, de conformidade com as *duas regras fundamentais da redução*, previstas pelo art. 1.967 do Código Civil de 2002, especialmente em seus parágrafos.

Como *primeira regra da redução testamentária*, verificando-se excederem as disposições testamentárias a porção disponível, serão proporcionalmente reduzidas as quotas do herdeiro ou herdeiros instituídos, até onde baste, e, não bastando, também os legados, na proporção do seu valor.

Como ensina Zeno Veloso, "se o testador cometeu excesso, isto é, fez ato de liberalidade que foram além da metade disponível, não fica sem efeito todo o testamento, mas o excesso é decotado" (*Código*..., 2012, p. 2.178). Ilustrando, se alguém que tem dois filhos faz uma disposição a favor de terceiro de 60% do patrimônio, a redução ocorre em 10%, sendo a quota do excesso distribuída de forma igualitária entre os herdeiros necessários, seus dois filhos, que receberão 5% cada um.

A respeito de tal previsão, dessa primeira regra da redução, na *I Jornada de Direito Civil*, realizada pelo Conselho da Justiça Federal e pelo Superior Tribunal de Justiça no ano de 2002, aprovou-se o Enunciado n. 118, segundo o qual "o testamento anterior à vigência do novo Código Civil se submeterá à redução prevista no § 1.º do art. 1.967 naquilo que atingir a porção reservada ao cônjuge sobrevivente, elevado que foi à condição de herdeiro necessário". Explicando o seu teor, mesmo tendo sido o testamento celebrado na vigência da codificação anterior – antes de 11 de janeiro de 2003 –, se os efeitos da redução forem produzidos na vigência da atual codificação, deve-se considerar a proteção do cônjuge como herdeiro necessário. O entendimento doutrinário do enunciado em questão representa mais uma correta subsunção do art. 2.035, *caput*, da atual codificação, segundo o qual ao plano da eficácia devem ser aplicadas as regras do momento da produção dos efeitos do ato ou negócio jurídico.

Como *segunda regra fundamental da redução testamentária*, se o testador, prevenindo o caso de redução, dispuser que se inteirem, de preferência, certos herdeiros e legatários, a redução far-se-á nos outros quinhões ou legados, observando-se, a seu respeito, a ordem estabelecida na regra anterior. Isso demonstra que a regra anterior não é cogente ou de ordem pública, mas dispositiva ou de ordem privada, pois cabe previsão em contrário pelo próprio testador, que pode estipular como deve ser feita a redução.

Vejamos o exemplo que constava em edições anteriores desta obra, desenvolvido por José Fernando Simão, a quem cabem os créditos da ilustração:

> "Se o testador, tendo filho, deixa todo o seu patrimônio distribuído em testamento da seguinte forma: seus bens a seu amigo João (conta bancária de R$ 20.000,00) e

suas ações legadas em favor do sobrinho José (que valem R$ 50.000,00). Contudo, determina no testamento que a redução se faça primeiramente no legado. Considerando-se que o total de seu patrimônio é de R$ 70.000,00, a redução será feita assim: caberá a entrega ao filho do testador da importância de R$ 35.000,00 correspondentes às ações legadas que pertenceriam a José, que então receberá apenas R$ 15.000,00. Já com relação ao herdeiro João, como a redução do legado atingiu o valor necessário, a herança lhe será entregue integralmente" (TARTUCE, Flávio; SIMÃO, José Fernando. *Direito*... 2010, v. 6, p. 406).

Além dessas duas regras fundamentais relativas à redução, a Lei Geral Privada traz ainda preceitos específicos sobre a redução testamentária quando houver legado de imóvel, cabendo sempre a análise específica da disposição para a redução. Nesse contexto de aplicação, prevê o seu art. 1.968, *caput*, que, quando consistir em prédio divisível o legado sujeito à redução testamentária, far-se-á esta dividindo-o proporcionalmente, de acordo com o número de beneficiados (*concursu artes fiunt*). Aqui não há maiores problemas, pois a divisão é cômoda e eficiente. De qualquer modo, esclareça-se que na prática é difícil encontrar um imóvel cuja divisão é facilitada, sendo a regra o seu estado de indivisão.

No entanto, se não for possível a divisão, e o excesso do legado montar a mais de um quarto do valor do prédio, o legatário deixará inteiro na herança o imóvel legado, porque o montante de ¼ foi considerado como excessivo pelo legislador.

Em casos tais, o legatário fica com o direito de pedir aos herdeiros o valor que couber na parte disponível. Se o excesso não for superior ao montante de um quarto, aos herdeiros fará tornar em dinheiro o legatário, que ficará com o prédio (art. 1.968, § 1.º, do CC). Como a indivisão não é desejada pelo Direito, procura-se solucionar a sua pendência, dentro daquilo que é possível. Para elucidar a previsão, vejamos três exemplos concretos demonstrados pela doutrina, clássica e contemporânea.

*Exemplo 1. Desenvolvido por Clóvis Beviláqua (*Código...*, 1977, v. VI, p. 933).*

Como objeto da redução, há uma casa de menos de cinco andares que não é divisível. Deve-se atender ao valor do excesso sobre a metade disponível do testador. Quando o excesso montar a mais de um quarto, o legatário receberá não o prédio, mas o valor do legado reduzido de acordo com a metade disponível. Se o prédio legador valer dez contos de réis, o legado deverá sofrer a redução de quatro contos. O legatário recebe seis contos. Quando o excesso não formar mais de um quarto, o legatário terá direito ao prédio, mas terá que indenizar os herdeiros necessários, pagando-lhes o excesso. No exemplo criado, a redução é de dois contos de réis, ficando o legatário com o bem e repondo os dois contos para que a legítima seja satisfeita.

*Exemplo 2. Desenvolvido por Washington de Barros Monteiro, constante de obra ora em coautoria com sua filha Ana Cristina de Barros Monteiro França Pinto (*Direito...*, 2009, v. 6, p. 252-253).*

O prédio indivisível, objetivado no legado, vale $ 100.000,00, tendo havido excesso de $ 40.000,00 sobre a legítima. Nesse caso, como ele monta mais de um quarto do valor, o imóvel permanece na herança, e o legatário recebe do herdeiro, ou dos herdeiros, em dinheiro, a quantia de $ 60.000,00. Vejamos outro exemplo em que o prédio fica para o legatário, e não para a herança: no imóvel indivisível, do mesmo valor de $ 100.000,00, o excesso sobre a legítima, sujeito a redução, foi de $ 20.000,00 apenas, portanto menos de um quarto do valor do imóvel. Fica este, em tal hipótese, para o legatário, que reporá os herdeiros a parte inoficiosa, no valor de $ 20.000,00.

Exemplo 3. Desenvolvido por Gustavo Rene Nicolau (Direito..., *2011, p. 129-130).*

A disponível equivale a R$ 10.000 e o imóvel testado vale R$ 15.000, havendo um excesso de R$ 5.000. Como o excesso é muito elevado, o legatário não terá direito ao imóvel, ficando apenas com um quarto do valor, qual seja R$ 3.750,00.

Por outra via, se o legatário for ao mesmo tempo herdeiro necessário, poderá inteirar sua legítima no mesmo imóvel, de preferência aos outros herdeiros, sempre que ela e a parte subsistente do legado lhe absorverem o valor (art. 1.968, § 2.º, do CC).

Aproveitando a ilustração de Washington de Barros Monteiro, "o prédio vale $ 100.000, a redução deve montar a $ 40.000,00 e a legítima do herdeiro é de $ 60.000,00. Somando esse último valor com a parte subsistente do legado ($ 60.000,00 + $ 60.000,00 = $ 120.000,00), absorvido fica o valor de todo o prédio. O interessado receberá assim o imóvel, de preferência aos demais herdeiros, repondo apenas o excesso ($ 120.000,00 – $ 100.000,00 = $ 20.000,00) (BARROS MONTEIRO, Washington de; FRANÇA PINTO, Ana Cristina de Barros Monteiro. *Direito...*, 2009, v. 6, p. 252-253). Como se vê, há um prestígio ao ato de última vontade, pois o legatário permanece com o bem disposto.

3.11 DA REVOGAÇÃO DO TESTAMENTO

Como antes exposto, a *revogabilidade essencial* – na expressão de Pontes de Miranda – é uma das principais características do testamento. Categoricamente, deve ser esclarecido que a revogação constitui um ato unilateral de vontade, visando à extinção de um determinado ato ou negócio jurídico. Trata-se, portanto, do exercício de um direito potestativo, assegurado pela lei, que se contrapõe a um estado de sujeição. Assim como ocorre com a caducidade e com a redução testamentária, a revogação do testamento situa-se no plano da sua eficácia (terceiro degrau da *Escada Ponteana*).

Nesse contexto, deve ficar claro que a revogação não se confunde com nulidade absoluta ou relativa do testamento, que se situam no seu plano da validade (segundo degrau da *Escada Ponteana*). Como analisado, além dos casos de nulidade absoluta, previstos entre os arts. 166 e 167 do CC/2002, o testamento será nulo nas hipóteses tratadas pelo art. 1.900 da codificação, antes estudadas.

Em relação à nulidade relativa, o testamento será anulável, se houver erro, dolo e coação, por expressa dicção do art. 1.909 do CC/2002. Todavia, reafirme-se que sigo o entendimento de que é possível anular o testamento nas demais situações constantes do art. 171 do Código Civil, quais sejam no caso de ser efetuado por relativamente incapaz – com as devidas adaptações em relação aos menores púberes e quanto às pessoas que tenham discernimento específico para o ato – e pela presença dos vícios da lesão, do estado de perigo e da fraude contra credores.

Partindo para as regras específicas quanto à revogação, dispõe o art. 1.969 do Código Civil que o testamento pode ser revogado expressamente pelo mesmo modo e forma como pode ser feito. Apesar da redação do comando, é possível revogar um testamento público ou cerrado por outro testamento particular, e vice-versa, com ampla variação e liberdade de forma na revogação. Conforme leciona Zeno Veloso, a quem se filia, "não é necessário que se utilize a mesma forma seguida para o testamento anterior" (*Código*..., 2008, p. 2.149).

Na mesma esteira, pondera Maria Helena Diniz, citando jurisprudência, que "o testamento só tornará ineficaz o anterior se feito sob qualquer uma das formas legais de testar e se for válido (*RT* 158/678; *JSTJ* 143/112). Logo, não mais se exige que o testamento revocatório use a mesma forma do anterior (*RT* 467/84, 158/697; *JB* 81/79, 97, 207 e 250). Nada obsta a que um testamento particular seja revogado por um público" (*Código*..., 2010, p. 1.366). Concluindo desse modo, pela plena variação das formas de revogação, do Tribunal Paulista, aplicando a vedação do comportamento contraditório ao ato testamentário (*venire contra factum proprium*), vejamos a seguinte ementa:

> "Partilha. Nulidade de partilha cumulada com petição de herança. Herdeiros testamentários que não foram parte no inventário nem foram contemplados na partilha. Homologação da partilha em desrespeito à disposição testamentária firmada pelo *de cujus*, o que não implica, de modo algum, caducidade do ato jurídico. Possibilidade de revogação do testamento apenas por outro testamento, embora elaborado não necessariamente da mesma forma. Herdeiro legítimo que assume comportamento contraditório (*venire contra factum proprium*) ao reconhecer a necessidade de retificação do formal de partilha, e posteriormente se opor ao pedido de anulação. Ação procedente. Recurso improvido" (TJSP, Apelação Cível 584.506.4/4, Acórdão 3272433, 4.ª Câmara de Direito Privado, Santo André, Rel. Des. Francisco Eduardo Loureiro, j. 25.09.2008, *DJESP* 17.10.2008).

Apoia-se essa forma de pensar, seguindo a premissa de que o *formal não pode prevalecer sobre o material*. De qualquer modo, vale a advertência da última doutrinadora citada, de que o codicilo e uma simples escritura pública não têm a força de revogar o testamento, mas o testamento pode revogar o codicilo (DINIZ, Maria Helena. *Código*..., 2010, p. 1.366). Aliás, tratando da impossibilidade da revogação testamentária por simples escritura:

> "Declaração de vontade formalizada pelo testador *a posteriori*, mediante simples escritura pública, não tem o condão de revogar o conteúdo do testamento, ainda que parcialmente. Disposição de última vontade que apenas poderia ter sido revogada pelo mesmo modo e forma como pode ser feita. Inteligência do artigo 1.969 do Código Civil. Agravo desprovido" (TJSP, Agravo de Instrumento 994.09.278978-0, Acórdão 4431665, 4.ª Câmara de Direito Privado, Guarulhos, Rel. Des. Natan Zelinschi de Arruda, j. 08.04.2010, *DJESP* 20.05.2010).

Quanto ao modo, a revogação do testamento pode ser *expressa*, quando há uma clara declaração de vontade, ou *tácita*, quando houver um novo testamento em claro conflito com o anterior ou quando ele dispor do mesmo conteúdo do anterior (sobre a última, ver: STJ, REsp 830.791/MG, 3.ª Turma, Rel. Min. Castro Filho, j. 10.04.2007, *DJ* 07.05.2007, p. 320).

Em relação à extensão, a revogação do testamento pode ser *total* ou *parcial*, conforme se retira do art. 1.970, *caput*, do CC/2002. Havendo revogação parcial ou se o testamento posterior não contiver cláusula revogatória expressa, o anterior subsistirá em tudo o que não for contrário ao posterior, como prevê seu parágrafo único. Essa última regra representa clara aplicação do *princípio da conservação do negócio jurídico*, prestigiando fortemente a autonomia privada.

Nesse contexto, por exemplo, a revogação pode dizer respeito a apenas a alguns bens, permanecendo a disposição em relação aos outros, não contemplados no ato revocatório. Como se retira de aresto superior, "embora admissível, a revogação parcial do testamento não se presume, dependendo, obrigatoriamente, da existência de declaração de que o testamento posterior é apenas parcial ou da inexistência de cláusula revogatória expressa, que não se pode inferir pelo simples exame de compatibilidade entre o conteúdo do testamento anterior e o posterior, sobretudo se existente longo lapso temporal entre ambos" (STJ, REsp 1.694.394/DF, 3.ª Turma, Rel. Min. Nancy Andrighi, j. 22.03.2018, *DJe* 26.03.2018).

Admite-se, assim, a revogação parcial tácita, mas não pode haver dúvidas quanto à sua existência, ou seja, deve haver claro conflito entre a nova disposição de última vontade e a anterior.

A revogação produzirá seus efeitos, ainda quando o testamento, que a encerra, vier a caducar por exclusão, incapacidade ou renúncia do herdeiro nele nomeado (art. 1.971 do CC). No entanto, não valerá a revogação – no sentido de gerar plenos efeitos –, se o testamento revogatório for anulado por omissão ou infração de solenidades essenciais ou por vícios intrínsecos.

Por derradeiro, a respeito da revogação, vale lembrar que o testamento cerrado que o testador abrir ou dilacerar, ou for aberto ou dilacerado com seu consentimento, será tido como revogado (art. 1.972 do CC). Em suma, como antes exposto, a lei trata as hipóteses de abertura ou estrago do conteúdo do testamento cerrado como de *revogação tácita total*. Não se pode admitir a revogação parcial do testamento cerrado, pois a sua finalidade mística é seriamente atingida nos casos descritos no comando.

3.12 DO ROMPIMENTO DO TESTAMENTO

No Código Civil de 2002, o rompimento do testamento mereceu um tratamento em separado da revogação, uma vez que no Código Civil de 1916 estava regulado dentro do tópico relativo a esta (arts. 1.750 a 1.752), diante da premissa de que se tratava de uma forma de *revogação presumida*. Nesse partido, comentava Clóvis Beviláqua a respeito daquele primeiro comando sobre o tema que "denomina-se presumida ou legal ou revogação, de que trata este artigo, porque se funda na presunção de que o testador não teria disposto de seus bens, se tivesse descendente, ou se não ignorasse a existência do que tinha" (*Código...*, 1977, v. VI, p. 964).

No sistema atual, ensina Zeno Veloso, representando as lições da doutrina contemporânea, que "a ruptura, rupção ou rompimento do testamento é também chamada de revogação presumida, ficta ou legal. (...) Basicamente, o testamento fica roto, cai completamente, não terá efeito algum, quando o testador não tem descendente e lhe sobrevém um descendente sucessível, ou quando o testador tem descendente, mas não sabia que tinha, e o descendente aparece. A rupção é denominada revogação ficta porque seu fundamento é a presunção de que o testador não teria disposto de seus bens, ou, pelo menos, não teria decidido daquele modo, se tivesse descendente, ou se não ignorasse a existência do que tinha" (*Código*..., 2008, p. 2.153). Como se nota, trata-se de mais um instituto que se situa no *plano da eficácia* do testamento, e não no seu plano da validade.

As suas consequências dizem respeito apenas ao conteúdo patrimonial do testamento, não atingindo questões existenciais ou extrapatrimoniais. Nesse sentido, o Enunciado n. 643, aprovado na *VIII Jornada de Direito Civil* (2018): "o rompimento do testamento (art. 1.973 do Código Civil) se refere exclusivamente às disposições de caráter patrimonial, mantendo-se válidas e eficazes as de caráter extrapatrimonial, como o reconhecimento de filho e o perdão ao indigno".

Nesse sentido, dispõe o art. 1.973 do Código Civil em vigor que, sobrevindo descendente sucessível ao testador, que não o tinha ou não o conhecia quando testou, rompe-se o testamento em todas as suas disposições, se esse descendente sobreviver ao testador. Deve ficar claro que, se o testador já sabia da existência do filho, a norma não se subsome. Nessa esteira, da jurisprudência:

> "Rompimento de testamento. Parte disponível deixada à viúva. Testador que já tinha outros descendentes. Posterior sentença proferida em ação de investigação de paternidade que não provoca a revogação presumida do testamento. Testador que tinha conhecimento prévio da existência do filho, pois contestou a ação antes da lavratura do testamento. Não incidência de revogação presumida do artigo 1.973 do Código Civil. Decisão que determinou o registro e o cumprimento do testamento que se mantém. Recurso não provido" (TJSP, Apelação Cível 449.894.4/8, Acórdão 3297466, 4.ª Câmara de Direito Privado, Campinas, Rel. Des. Francisco Eduardo Loureiro, j. 09.10.2008, *DJESP* 02.12.2008).

Na mesma trilha, do Superior Tribunal de Justiça, cabe destacar julgado do ano de 2013, deduzindo da seguinte forma:

> "O art. 1.973 somente tem incidência se, à época da disposição testamentária, o falecido não tivesse prole ou não a conhecesse, mostrando-se inaplicável na hipótese de o falecido já possuir descendente e sobrevier outro(s) depois da lavratura do testamento. Precedentes desta Corte Superior. Com efeito, a disposição da lei visa a preservar a vontade do testador e, a um só tempo, os interesses de herdeiro superveniente ao testamento que, em razão de uma presunção legal, poderia ser contemplado com uma parcela maior da herança, seja por disposição testamentária, seja por reminiscência de patrimônio não comprometido pelo testamento. Por outro lado, no caso concreto, o descendente superveniente – filho havido fora do casamento – nasceu um ano antes da morte do testador, sendo certo que, se fosse de sua vontade, teria alterado o testamento para contemplar o novo herdeiro, seja apontando-o diretamente como sucessor testamentário, seja deixando mais bens livres para a sucessão hereditária. Ademais, justifica-se o tratamento diferenciado conferido pelo morto aos filhos já existentes – que também não eram decorrentes do casamento com a então inventariante –, porque depois do reconhecimento do filho biológico pelo marido a viúva pleiteou sua adoção unilateral, o que lhe foi deferido. Assim, era mesmo de supor que os filhos já existentes pudessem receber, em testamento, quinhão que não receberia o filho superveniente, haja vista que se tornou filho (por adoção) da viúva-meeira e também herdeira testamentária" (STJ, REsp 1.169.639/MG, 4.ª Turma, Rel. Min. Luis Felipe Salomão, j. 11.12.2012, *DJe* 04.02.2013).

Outro aresto da Corte, agora com conteúdo bem polêmico, considerou que o testamento não deveria ser rompido no caso de adoção *post mortem* realizado pelo testador. Vejamos trecho da ementa:

> "No caso concreto, o novo herdeiro, que sobreveio, por adoção *post mortem*, já era conhecido do testador que expressamente o contemplou no testamento e ali consignou, também, a sua intenção de adotá-lo. A pretendida incidência absoluta do art. 1.750 do Código Civil de 1916 (art. 1.973 do Código Civil de 2002), em vez de preservar a vontade esclarecida do testador, implicaria a sua frustração. A aplicação do texto da lei não deve violar a razão de ser da norma jurídica que encerra, mas é de se recusar, no caso concreto, a incidência absoluta do dispositivo legal, a fim de se preservar a *mens legis* que justamente inspirou a sua criação" (STJ, REsp 985.093/RJ, 3.ª Turma, Rel. Min. Humberto Gomes de Barros, Rel. p/ Acórdão Ministro Sidnei Beneti, j. 05.08.2010, *DJe* 24.09.2010).

A propósito deste último caso, interessante questão pode ser trazida para o debate, geralmente exposta e analisada por mim em seminários de cursos de pós-graduação *lato sensu*, elaborada pelo Professor Carlos Otávio Limongi França.

Imagine-se que um casal sem filhos se submete a um tratamento para fertilização *in vitro*. Antes mesmo de ser procedida a técnica de reprodução assistida, mas já tendo seu material genético coletado, o marido falece. Contudo, o cônjuge prossegue com o tratamento, cumprindo vontade expressa do falecido e dá à luz uma criança. Sabe-se que o *de cujus* deixara testamento, contemplando seus dois sobrinhos com a totalidade de sua parte disponível, na proporção de 50% cada. Com base no caso relatado, pergunta-se: trata-se de hipótese para o rompimento do testamento?

Ora, se for considerado que o autor da disposição já sabia – ou até que deveria saber – da existência do filho, o testamento não será rompido. Caso contrário, afasta-se a disposição testamentária, havendo sua ineficácia. Opino que a mera cessão do material genético para a reprodução assistida não pode gerar a conclusão de que o testador *sabia efetivamente* da existência filho, pois a técnica pode não ser efetivada na prática. Maior complexidade pode surgir se já houver a fecundação no caso descrito, mas o embrião não tiver sido implantado.

De qualquer modo, mantenho a minha premissa de conclusão. A questão é complexa e pode ser apresentada aos estudantes do Direito das Sucessões, desde os bancos da graduação até em ambientes de reflexões mais avançadas, como nos cursos de pós-graduação *stricto sensu* (mestrado e doutorado).

Continuando nas ilustrações a respeito do rompimento do testamento, a jurisprudência superior entendeu que o art. 1.973 do Código Civil não deverá ser aplicado, quando já houver o resguardo da legítima de herdeiro. Vejamos a ementa de tal aresto:

> "Recurso especial. Civil e processo civil. Herdeiro neto. Sucessão por representação. Testamento. Ruptura. Art. 1.973 do CC/2002. Não ocorrência. Legado. Direito de acrescer possibilidade. Recurso não conhecido. (...). Com efeito, quando a Lei fala em superveniência de descendente sucessível, como causa determinante da caducidade do testamento, leva em consideração o fato de que seu surgimento altera, por completo, a questão relativa às legítimas. Aqui, tal não ocorreu, já que resguardou-se a legítima do filho e, consequentemente, do neto.

4. Não havendo determinação dos quinhões, subsiste o direito de acrescer ao colegatário, nos termos do artigo 1.712 do Código de 1916. 5. Recurso não conhecido" (STJ, REsp 594.535/SP, 4.ª Turma, Rel. Min. Hélio Quaglia Barbosa, j. 19.04.2007, *DJU* 28.05.2007, p. 344).

Também no âmbito superior, entendeu o Tribunal da Cidadania, com razão, que o rompimento do testamento somente se admite em casos excepcionais, preservando-se ao máximo a vontade manifestada no ato de última vontade. Nos termos do acórdão: "o cumprimento da vontade do testador tem sido a tônica que gerencia a interpretação dos testamentos, se não por outras motivações, ao menos para dar credibilidade ao instituto e a certeza, àquele que redige um testamento, de que, ressalvadas nulidades, erros evidentes, ou raríssimas presunções que podem desconstituir o testamento, sua manifestação de vontade será integralmente cumprida. Buscando-se a consecução desse objetivo primário, sempre que houver necessidade de se interpretar um testamento, deve-se buscar a real expressão da vontade do *de cujus*, perscrutando no seu cotidiano, no seu ambiente, nas relações sociais por ele instituídas, como, efetivamente, queria ou deveria querer dispor de seu patrimônio". Nessa realidade jurídica, arremata o acórdão que "o rompimento de um testamento, com a sua consequente invalidade geral, é medida extrema que somente é tomada diante da singular revelação de que o testador não tinha conhecimento da existência de descendente sucessível" (STJ, REsp 1.615.054/MG, 3.ª Turma, Rel. Min. Nancy Andrighi, julgado em agosto de 2017).

Lamenta-se apenas o fato de o julgado falar em invalidade, pois o rompimento gera a ineficácia do ato testamentário. Em suma, houve confusão sobre dois planos distintos do negócio jurídico.

Por igual, rompe-se o testamento feito na ignorância de existirem outros herdeiros necessários, por exemplo, o caso de um neto (art. 1.974 do CC). Existe polêmica a respeito da inclusão dos ascendentes e do cônjuge nessa regra, uma vez que ambos são herdeiros necessários pelo Código Civil de 2002. Duas correntes bem definidas são encontradas na doutrina.

De início, Zeno Veloso responde positivamente a respeito do cônjuge e dos ascendentes, aduzindo que "deve-se compreender o art. 1.974 como complemento do art. 1.973. Este tratou dos descendentes, e esgotou o assunto. Os outros herdeiros necessários, mencionados no art. 1.974, são, por óbvio, os ascendentes e o cônjuge (art. 1.845). O testamento se rompe se o testador distribuiu os seus bens e não sabia que tinha tais herdeiros, obrigatórios ou forçados, imaginando, *p. ex.*, que eles já tivessem morrido" (*Código...*, 2012, p. 2.184).

Do mesmo modo posiciona-se Paulo Lôbo, estendendo a regra até ao companheiro, pelo fato de entender se tratar de herdeiro necessário no sistema em vigor, o que, já visto, é corrente minoritária: "também há ineficácia do testamento se houver outros herdeiros necessários, cuja existência era desconhecida do testador quando fez o testamento. Os outros herdeiros necessários são os ascendentes e o cônjuge ou companheiro. Em situações raras, porém possíveis, o testador pode ter afastado de seus pais ou de seu cônjuge ou companheiro, após conflitos familiares, passando a viver em outro local, sem comunicação por eles, podendo supor que já estavam mortos quando testou" (*Direito...*, 2013, p. 216).

Com a recente decisão do STF, que equiparou a união estável ao casamento para todos os fins sucessórios (STF, Recurso Extraordinário 878.694/MG, Rel. Min. Luís Roberto Barroso, j. 10.05.2017, publicado no seu *Informativo* n. *864*). Essa posição ganha força, devendo se consolidar nos próximos anos. Como já defendido, entendo que o convivente, diante do *decisum* superior, deve, sim, ser tratado como herdeiro necessário.

Voltando à questão relativa ao cônjuge – incluindo agora também o companheiro – e aos ascendentes, por outra via, José Fernando Simão defendia, em edições anteriores deste livro, que a resposta seria negativa (TARTUCE, Flávio; SIMÃO, José Fernando. *Direito*..., 2013, v. 6, p. 414).

Para amparar suas conclusões, citava mensagem eletrônica enviada por Euclides de Oliveira, com a seguinte posição a respeito de situação fática que aprofunda o assunto:

> "Intrigante questão diz respeito ao cônjuge que passou a ser considerado como herdeiro necessário pelo Código Civil de 2002 (art. 1.845), mas não o era pela sistemática do Código Civil de 1916. Imaginemos o testamento elaborado na vigência do Código Civil de 1916 por um sujeito casado, que não tenha descendentes ou ascendentes, deixando todos os seus bens para um sobrinho. Seu falecimento se dá na vigência do Código Civil de 2002. Será que o testamento considera-se rompido?
>
> A resposta é negativa. Euclides de Oliveira, em *e-mail* pessoal enviado ao coautor José Fernando Simão afirma que 'parece-me que a hipótese não é de rompimento, mas de simples redução testamentária. O rompimento a que alude o art. 1.974 do Código Civil diz com o desconhecimento da existência de pessoa sucessível. Aplica-se, por exemplo, quando o testador supõe que o pai, desaparecido, esteja morto, quando em verdade permanece vivo. Da mesma forma, se o cônjuge ausente reaparece, então o testamento que omitisse seus direitos como herdeiro necessário estaria rompido, por força da lei, na suposição de que, se o testador soubesse, não teria disposto em benefício de outrem. Ainda que depois, pela mudança do Código, o cônjuge tenha passado a ser herdeiro necessário, tal fato não atinge por inteiro a prévia disposição de última vontade. A solução, portanto, será simplesmente a de reduzir o testamento à parte disponível, nos termos do art. 1.967 do CC, de modo a garantir a legítima que a lei agora manda atribuir ao cônjuge sobrevivo'" (TARTUCE, Flávio; SIMÃO, José Fernando. *Direito*..., 2013, v. 6, p. 415).

De fato, essa segunda corrente parece ser a mais correta, até porque há a alternativa da redução testamentária. Em suma, esta continua sendo a premissa seguida por mim, agora escrevendo de forma solitária, devendo ser aplicada também ao companheiro.

No plano da jurisprudência, vale reproduzir decisão que também estava em edições anteriores deste livro, em pesquisa realizada pelo então coautor José Fernando Simão. Decidiu o Tribunal de Justiça do Rio Grande do Sul que, se o cônjuge casado pelo regime da separação convencional de bens foi beneficiado pelo testamento com a metade dos bens do falecido e a outra metade foi destinada a um sobrinho, não há falar em rompimento do testamento. Sintetizando, deve-se dar cumprimento ao ato de última vontade do autor da herança. Consta do acórdão o seguinte trecho, que merece ser destacado:

> "O testamento foi lavrado enquanto vigente o Código Civil de 1916, onde a cônjuge não estava contemplada, ainda, como herdeira necessária, o que veio a se materializar agora com o seu ordenamento, além de que o casal não tinha filhos ou pais. Desta forma, e por

isso, o testador instituiu sua mulher como herdeira universal, junto com o agravante, pois era casado pelo regime da separação obrigatória, podendo dispor da 'totalidade do acervo'. Ou seja, em vista do regime adotado não havia meação nem herança, o que possibilitava o testador dispor de todo o seu patrimônio, endereçando metade a cada um. Em outras palavras, não havia 'sucessão legítima' pela falta de herdeiros necessários, nem 'meação', eis que o regime adotado era da separação universal. Portanto, restava uma 'sucessão testamentária', onde ditas partes foram instituídas. Não há porque se cogitar, agora, de eventual 'meação' ou 'herança', mas apenas de 'legados' aos herdeiros testamentários, tal como ordenou a primeira decisão judicial, com o que se respeita a vontade do testador" (TJRS, Agravo de Instrumento 70008701724, 7.ª Câmara Cível, Rel. José Carlos Teixeira Giorgis, j. 26.05.2004).

Como se pode perceber, o art. 1.974 gera muitas polêmicas e divergências doutrinárias e jurisprudenciais, razão pela qual a Comissão de Juristas nomeada no âmbito do Senado Federal propõe a sua revogação expressa. Além disso, sugere-se uma melhora na redação do art. 1.973, para que tenha maior efetividade, passando a prever que, "sobrevindo descendente sucessível ao testador que não tinha outros descendentes ou não os conhecia quando testou, rompe-se o testamento em todas as suas disposições patrimoniais, se esse descendente sobreviver ao testador".

Além disso, como se pode perceber, inclui-se no texto de lei o teor do Enunciado n. 643 da *VIII Jornada de Direito Civil*, para que o rompimento do testamento se refira expressamente apenas às disposições de caráter patrimonial.

A encerrar o estudo do instituto do rompimento do testamento, conforme o art. 1.975 do Código Civil não se rompe o testamento se o testador dispuser da sua metade, não contemplando os herdeiros necessários de cuja existência saiba, ou quando os exclua dessa parte.

Preserva-se a vontade do testador que não quis beneficiar determinado herdeiro necessário, é o caso, por exemplo, de um filho. Aplicando a norma da jurisprudência: "Rompimento de cédula testamentária inadmissível na espécie. Hipótese em que há fortes dados confirmando que o *de cujus* tinha inequívoca ciência da prole, ainda se afirmasse solteiro ao testar. Incidência da norma do artigo 1.975 do Código Civil. Recurso improvido" (TJSP, Agravo de Instrumento 528.596.4/3, Acórdão 3255976, 6.ª Câmara de Direito Privado, São Paulo, Rel. Des. Isabela Gama de Magalhães, j. 25.09.2008, *DJESP* 29.10.2008). O julgado tem conteúdo perfeito, contando com meu apoio.

3.13 DO TESTAMENTEIRO

3.13.1 Conceito, natureza jurídica e modalidades

Para findar a abordagem da sucessão testamentária, cumpre estudar o tema da *testamentaria*, atribuição exercida pelo testamenteiro, cujo tratamento fecha a sucessão legítima no Código Civil de 2002, assim como fazia a sua codificação antecessora. Conforme aponta José de Oliveira Ascensão, "a testamentaria é uma instituição que pode surgir quando a vocação opera por força de testamento. O autor da sucessão pode nomear uma ou mais pessoas que fiquem encarregadas de vigiar o cumprimento do seu testamento ou de o executar, no todo ou em parte" (*Direito...*, 2000, p. 491). Para De Plácido e Silva, o testamenteiro é a "pessoa a quem se cometem os encargos de uma testamentaria, para que cumpra as disposições de um testamento" (*Vocabulário*..., 1976, v. IV, p. 1.550).

Conforme ensina Washington de Barros Monteiro, em edição remota de sua obra, "pode acontecer que o testador não tenha herdeiros, nestes não confie inteiramente, tenha dúvida sobre sua diligência e capacidade, ou ocorra a colisão de interesse entre várias disposições" (*Curso*..., 1974, v. 6, p. 228). Nesses casos, surgem a necessidade e o intuito da nomeação de um administrador do testamento ou legado, por ato de última vontade. Tal instituto tem caráter personalíssimo (*intuitu personae*), constituindo uma atribuição ou *munus* de ordem privada, sempre no interesse dos herdeiros. Essa atribuição é estritamente baseada na confiança, na fidúcia depositada no testamenteiro, como não poderia ser diferente.

Quanto à natureza jurídica do instituto, sempre foram calorosos os debates, encarando alguns juristas a testamentaria como um mandato especial, *post mortem*. Para outra visão, haveria na categoria um mandato sem representação, assemelhado a uma gestão de negócios.

Sigo a primeira corrente, que parece ser a majoritária, podendo-se afirmar que na testamentaria há um mandato legal *sui generis*, autônomo e diferenciado em relação aos demais institutos de representação consagrados pelo Direito Privado. Aqui, o cargo de mandatário somente é exercido após a morte, uma modalidade de mandato a termo, indelegável e intransmissível.

Esclareça-se, por oportuno, que a testamentaria não pode ser exercida por pessoa jurídica ou ente despersonalizado, especialmente pelo fato de não se admitir a *profissionalização* do instituto, baseado fundamentalmente em uma relação de confiança. Abordagem interessante quanto a tal impossibilidade fazia Clóvis Beviláqua, em comentários ao artigo 1.753 do Código Civil de 1916, equivalente ao atual art. 1.976 da codificação material de 2002 (*Código*..., 1977, v. VI, p. 970).

O testamenteiro pode ser nomeado pelo autor da herança por meio de testamento ou até mesmo de um codicilo. Os arts. 1.984 e 1.985 do Código Civil em vigor trazem a ordem de vocação à testamentaria, no caso de negação do primeiro nomeado, o que será oportunamente estudado. A capacidade para ser testamenteiro encontra os mesmos pressupostos da capacidade civil da pessoa natural, nos termos dos arts. 3.º e 4.º também da vigente codificação. Não se olvide, nesse contexto, a alteração desses últimos comandos pelo Estatuto da Pessoa com Deficiência.

Partindo para as suas modalidades, estabelece o art. 1.976 do Código Civil em vigor que o testador pode nomear um ou mais testamenteiros, conjuntos ou separados, para lhe darem cumprimento às disposições de última vontade.

Como se pode perceber, o testamenteiro pode ser um único sujeito (*testamentaria singular*), o que não afasta a possibilidade da *testamentaria plural*, exercida por mais uma pessoa. Pode ser o caso de o cumprimento do testamento exigir uma administração especial, multidisciplinar, impossível de ser exigida somente por uma pessoa, como no caso de serem os bens testados várias empresas com atuações diferenciadas no mercado.

No último caso, havendo *testamentaria plural*, assim como ocorre com o mandato, esta pode ser *solidária*, *conjuntiva*, *fracionária* ou *sucessiva*. Vale lembrar que no mandato solidário é possível a atuação isolada de qualquer mandatário, *in solidum*. No mandato conjuntivo, eles devem atuar sempre em conjunto. No fracionário, é estabelecida qual a atuação de cada um, de forma divisível. Por fim, no mandato sucessivo, um testamenteiro atua em substituição sucessiva do outro. Admitindo tais figuras, vejamos o seguinte aresto, fulcrado no Código Civil de 1916:

> "Testamento. Nomeação de mais de um testamenteiro para atuação conjunta, inobstante a ordem de nomeação. Admissibilidade. Inteligência do art. 1.753 do código civil e 1.127 do código de processo civil. Recurso não provido" (TJSP, Agravo de Instrumento 244.169-1, 1.ª Câmara Cível, Rel. Erbetta Filho, j. 11.04.1995).

Ainda sobre a *testamentaria plural*, cabe esclarecer que se deve aplicar, como primeira regra, a previsão de última vontade do testador. Se há na administração, por exemplo, ordem sucessiva estipulada pelo testador, assim deverão agir os testamenteiros, um na falta do outro, como ocorre no mandato sucessivo e na substituição fideicomissária. Se não há previsão de ordem sucessiva, a testamentaria assume a forma de mandato conjuntivo ou solidário.

Mais uma vez, a autonomia privada é dominante, uma vez que, se o autor da herança não prever a atividade isolada de qualquer um dos instituídos (*mandato plural solidário*), deverão eles atuar conjuntamente. Nesses casos, havendo divergência entre os testamenteiros e empate no caso de decisão quanto à administração, decidirá o herdeiro, ou o magistrado, caso seja incitado para tanto.

Sem prejuízo de tais modalidades e classificação, conforme a doutrina, quanto à extensão de sua atuação, duas são as modalidades de testamenteiro (Ver: DINIZ, Maria Helena. *Código...*, 2010, p. 1.369-1.370).

O primeiro é o *testamenteiro universal*, que é aquele que tem a posse e a administração da herança, ou de parte dela, não havendo cônjuge ou herdeiros necessários, nos termos do que consta do art. 1.977 do Código Civil. Pelo mesmo comando, em seu parágrafo único, em casos tais, qualquer herdeiro pode requerer partilha imediata, ou devolução da herança, habilitando o testamenteiro com os meios essenciais para o cumprimento dos legados, ou dando caução de prestá-los. Além disso, presente essa testamentaria universal e plena, incumbe ao testamentário requerer inventário e cumprir o testamento, sendo esses os seus deveres fundamentais (art. 1.978 do CC).

No atual Projeto de Reforma do Código Civil há proposta de alteração do seu art. 1.977, para que passe a prever que "o testador pode conceder ao testamenteiro a posse e a administração da herança, ou de parte dela, não havendo cônjuge ou convivente em regime de comunhão universal ou parcial de bens, ou herdeiros necessários". Como se pode observar, há a inclusão do convivente na norma, para os casos de união estável, restringindo-a também para os dois regimes mencionados, o que se justifica diante da presença neles de comunicação de bens. De fato, não há razão para que a norma se aplique na separação convencional de bens.

Por outra via, há o *testamenteiro particular*, quando a sua atuação restringe-se à mera fiscalização da execução testamentária, podendo exigir, judicialmente, os meios aptos ao cumprimento do testamento, nos termos do que estava no art. 1.137, inciso IV, do Código de Processo Civil de 1973. No entanto, como se verá, esse dispositivo não foi reproduzido pelo CPC de 2015, mas a regra é inerente à testamentaria. Assim sendo, persiste a afirmação segundo a qual, como há uma atuação diminuta do testamenteiro, existe certa atipicidade na categoria.

Analisados o conceito, a natureza jurídica e as modalidades de testamentaria, parte-se para o estudo das suas atribuições e efeitos.

3.13.2 Principais atribuições e efeitos da testamentaria

O Código de Processo Civil de 1973, em complemento ao que constava do Código Civil, trazia regras fundamentais a respeito da testamentaria, especialmente quanto à execução desse mister. Havia um capítulo próprio na Norma Processual, intitulado "Da Execução dos Testamentos", que deveria ser analisado com a Norma Material, em diálogo entre as fontes legislativas.

No entanto, tais dispositivos não foram reproduzidos pelo CPC de 2015, que não trouxe o citado capítulo, sendo pertinente verificar quais as regras que prevalecem ou não no sistema, abstraídas ou não dos diplomas materiais do Código Civil de 2002.

Nesse contexto, preconizava o art. 1.137 do CPC/1973 que incumbiria ao testamenteiro: *a)* cumprir as obrigações do testamento; *b)* propugnar a validade do testamento; *c)* defender a posse dos bens da herança; *d)* requerer ao juiz que lhe concedesse os meios necessários para cumprir as disposições testamentárias. Esse dispositivo não foi reproduzido pelo CPC de 2015, sendo clara a preferência do legislador processual em concentrar a matéria no Código Civil.

Nesse contexto, tais atribuições ou deveres são retirados dos arts. 1.980, 1.981 e 1.982 do Código Civil de 2002, a seguir estudados. Em complemento, adianta-se que outros comandos processuais que tratavam de questões materiais também não encontram correspondentes no Estatuto Processual emergente, caso dos arts. 1.138, 1.139, 1.140 e 1.141 do CPC/1973. Tais preceitos ainda serão abordados pontualmente a seguir.

Como bem assinala Paulo Lôbo, o exercício da testamentaria não é obrigatório, dependendo da aceitação do testamenteiro: "ninguém é obrigado a aceitar tal função, mas, uma vez aceita, tem de exercê-la. O juiz poderá intimar o testamenteiro para dizer se aceita, não se exigindo forma especial para tal, podendo ser feita mediante requerimento ou contrafé da intimação. Se houver recusa da sua parte, a execução do testamento será assumida pelo cônjuge ou companheiro ou, na falta deles, por herdeiro que seja nomeado pelo juiz" (LÔBO, Paulo. *Direito*..., 2013, p. 197).

No que concerne às atribuições do testamenteiro, a jurisprudência superior vinha concluindo que ele não tem legitimidade para pleitear a colação de bens doados, o que somente pode ser efetuado pelos herdeiros. Assim, deduzindo, vejamos dois arestos, um mais atual e outro remoto. Acredito que tais entendimentos devam ser mantidos na vigência do Estatuto Processual de 2015:

> "Recurso especial. Civil. Direito das sucessões. Processo de inventário. Distinção entre colação e imputação. Direito privativo dos herdeiros necessários. Ilegitimidade do testamenteiro. Interpretação do art. 1.785 do CC/1916. 1. O direito de exigir a colação dos bens recebidos a título de doação em vida do *de cujus* é privativo dos herdeiros necessários, pois a finalidade do instituto é resguardar a igualdade das suas legítimas. 2. A exigência

de imputação no processo de inventário desses bens doados também é direito privativo dos herdeiros necessários, pois sua função é permitir a redução das liberalidades feitas pelo inventariado que, ultrapassando a parte disponível, invadam a legítima a ser entre eles repartida. 3. Correto o acórdão recorrido ao negar legitimidade ao testamenteiro ou à viúva para exigir a colação das liberalidades recebidas pelas filhas do inventariado. 4. Doutrina e jurisprudência acerca do tema. 5. Recursos especiais desprovidos" (STJ, REsp 167.421/SP, 3.ª Turma, Rel. Min. Paulo de Tarso Sanseverino, j. 07.12.2010, *DJe* 17.12.2010).

"Processual civil. Agravo de instrumento. Direito de exigir colação em pleito sucessório. Herdeiros necessários. Jurisprudência do STJ. I – O direito de exigir colação é privativo dos herdeiros necessários, a teor do art. 1.785 do CCB. Ilegitimidade de o testamenteiro exigir a colação, a fim de possibilitar imputação legitimária. Recurso provido. II – Matéria de fato (Súmula 07/STJ). III – Recursos não conhecidos" (STJ, REsp 170.037/SP, Rel. Min. Waldemar Zveiter, 3.ª Turma, j. 13.04.1999, *DJ* 24.05.1999, p. 164).

Em relação ao art. 1.981 do Código Civil, antes citado, estabelece o comando que compete ao testamenteiro, com ou sem o concurso do inventariante e dos herdeiros instituídos, defender a validade do testamento. Apesar da menção apenas à *validade*, por óbvio que o testamenteiro também deve defender a sua *eficácia plena*.

Em resumo, atividade inerente à fidúcia ou confiança da testamentaria, deve o testamenteiro, para fazer *jus* aos poderes atribuídos, defender o testamento a qualquer custo, dentro dos limites legais e jurídicos. Nessa incumbência, poderá agir em conjunto ou separadamente com herdeiros e inventariante. Na *testamentaria universal*, como o testamenteiro tem a posse e a administração da herança, poderá, sozinho, defender os termos do testamento, contra qualquer impugnante, mesmo que seja um herdeiro.

Em qualquer uma das situações relativas ao *munus*, o testamenteiro nomeado, ou qualquer parte interessada, pode requerer, assim como o juiz pode ordenar, de ofício, ao detentor do testamento, que o leve a registro (art. 1.979 do CC). Tal registro, segundo Zeno Veloso, "constitui a formalidade preliminar para que as disposições mortuárias sejam cumpridas ou executadas" (*Código...*, 2008, p. 2.157). Se o testamenteiro não exercer tal atribuição, poderão ser a ele imputadas *culpa in omittendo* e a consequente responsabilidade civil por má administração. Ademais, pode-se falar em destituição do testamenteiro em casos tais.

No que concerne aos seus deveres, prevê o art. 1.980 do Código Civil que o testamenteiro é obrigado a cumprir as disposições testamentárias, no prazo marcado pelo testador, e a prestar contas do que recebeu e despendeu, subsistindo sua responsabilidade enquanto durar a execução do testamento.

A responsabilidade civil do testamenteiro depende da prova de culpa, sendo de natureza subjetiva, uma vez que ele assume uma obrigação de meio ou diligência. Observe-se que responsabilidade do testamenteiro é *temporária*, persistindo até a prestação de contas, cabendo, nesse tempo, indenização de qualquer natureza por má gestão na testamentaria.

A prestação de contas é outro encargo principal, inerente à atividade do testamenteiro, não podendo o testador o eximir nem por ato de última vontade. Durante a execução, o testamenteiro deve, além de prestar contas do que recebeu, também informar o que foi despendido, levando tais informações ao juízo da abertura testamentária, na grande maioria das vezes o mesmo que aprecia o inventário.

Não concedendo o testador prazo maior, o testamenteiro deve cumprir o testamento e prestar contas no prazo de 180 dias, contados da aceitação da testamentaria (art. 1.983, *caput*, do CC). Tal prazo pode ser prorrogado se houver motivo suficiente para tanto, o que deve ser analisado caso a caso pelo juiz (art. 1.983, parágrafo único, do CC).

Em comparação com o texto de 1916 (art. 1.762), percebe-se que o legislador diminuiu tal prazo, que era de um ano (em geral, 365 dias), para 180 dias, entendendo ser o anterior exagerado, dispendioso para os herdeiros e interessados na herança. Pode-se dizer que, diante da *operabilidade*, no sentido de facilitação dos institutos civil o prazo na codificação material foi diminuído.

Admite-se a nomeação de um *testamenteiro dativo*, eis que, na falta de testamenteiro nomeado pelo testador, a execução testamentária compete a um dos cônjuges, e, em falta destes, ao herdeiro nomeado pelo juiz (art. 1.984 do CC).

Na esteira da melhor doutrina e do recente julgado do STF de equiparação sucessória das entidades familiares (Recurso Extraordinário 878.694/MG, Rel. Min. Luís Roberto Barroso, j. 10.05.2017), deve ser incluído no dispositivo o companheiro com quem o falecido vivia em união estável, diante da proteção constitucional dessa entidade familiar, constante do art. 226, § 3.º, do Texto Maior (LÔBO, Paulo. *Direito*..., 2013, p. 197; VELOSO, Zeno. *Código*..., 2008, p. 2.159).

O Projeto de Reforma do Código Civil pretende fazer o mesmo, o que virá em boa hora, passando a norma a ter a seguinte redação: "Art. 1.984. Na falta de testamenteiro nomeado pelo testador, a execução testamentária compete ao cônjuge, ou convivente sobrevivente e, na falta deste, a um herdeiro nomeado pelo juiz".

Para amparar ainda mais essa afirmação, frise-se que a opção do Código de Processo Civil de 2015 foi a de equalização do companheiro ao cônjuge, para todos os fins instrumentais. Acrescente-se que devem também ser considerados os casamentos homoafetivos e as uniões estáveis homoafetivas, conforme alertado em vários outros trechos desta obra.

A propósito desta *testamentaria dativa*, cabe lembrar as lições de Clóvis Beviláqua, que aponta casos em que a escolha do juiz não pode ser feita entre os herdeiros (*Código*..., 1977, v. VI, p. 980). O *primeiro caso* ocorre quando não há herdeiros, por ter sido a herança toda distribuída em legados, ausente também a nomeação de testamenteiro. Nesse caso, deve o juiz chamar o legatário que possui o maior quinhão ou aquele que possui, pelo convencimento do magistrado, maior idoneidade. A *segunda exceção* é observada quando os herdeiros ou legatários forem incapazes. Não havendo testamenteiro nomeado, o juiz pode nomear pessoa de sua confiança.

Como antes demonstrado, o exercício da testamentaria é considerado personalíssimo ou *intuito personae*. Por isso, tal encargo não se transmite aos herdeiros do testamenteiro, nem é delegável (art. 1.985 do CC). No entanto, o testamenteiro pode fazer-se representar em juízo e fora dele, mediante mandatário com poderes especiais, havendo uma representação convencional. Pela lógica retirada do Direito das Obrigações, como não há transmissão sucessória da obrigação personalíssima, não se pode falar em delegação ou transmissão do mandato *ad negotia*, via substabelecimento. Nesse aspecto está presente outra justificativa para atribuir à testamentaria um caráter de mandato especial ou *sui generis*.

Entretanto, o testamenteiro pode se fazer representar via mandato *ad judicia*, o que não é uma delegação de poderes da testamentaria, mas a formação de uma representação de outra natureza jurídica. Pode ocorrer de o testamenteiro não ter poderes para tanto, razão pela qual se admite essa representação do executor em juízo.

Contudo, somente pode ocorrer a representação *ad judicia* após a aceitação da testamentaria, efetuada pelo próprio testamenteiro. Ocorrendo a aceitação, o mandatário poderá celebrar o mandato judicial com outrem, investido que está de todos os poderes estabelecidos pela lei e pela vontade do testador.

A propósito, anotava Beviláqua que aos sucessores do testamenteiro não se transmitem os encargos da testamentaria, mas sim as dívidas contraídas da função, *aplicação natural do Direito Comum*, nos termos do art. 928 do Código de 1916 (*Código...*, 1977, v. VI, p. 980). Todavia, não se pode esquecer que esse artigo do antigo Livro do Direito das Obrigações da codificação anterior não tem correspondente no Código Civil de 2002, razão pela qual se pode até sustentar que tal regra não se aplica. A questão, assim, fica em debate.

Também conforme antes exposto, é possível juridicamente a pluralidade de testamenteiros que tenham aceitado o cargo (*testamentaria plural*). Em casos tais, nos termos do art. 1.986 do CC/2002, poderá cada qual exercer o ato, um em falta dos outros, em atuação sucessiva. Entretanto, todos ficam solidariamente obrigados a dar conta dos bens que lhes forem confiados, salvo se cada um tiver, pelo testamento, funções distintas, e a elas se limitar, em atuação fracionária. A solidariedade estabelecida é *passiva legal*, conforme determina o art. 265 do Código Civil, segundo o qual a solidariedade não se presume.

Como retribuição pelo encargo exercido, salvo disposição testamentária em contrário, o testamenteiro, que não seja herdeiro ou legatário, terá direito a um prêmio. Tal prêmio, denominado como *vintena*, não sendo fixado pelo testador, será de um a cinco por cento, arbitrado pelo juiz, sobre a herança líquida, conforme a importância dela e maior ou menor a dificuldade na execução do testamento (art. 1.987, *caput*, do CC).

No cálculo dessa herança líquida, devem ser retirados a meação, as dívidas do falecido e os tributos que recaem sobre a operação de divisão dos bens. Nessa esteira, do Tribunal Gaúcho: "A base de cálculo do prêmio do testamenteiro é a herança líquida, conforme o art. 1.766 do CCB/1916, vigente à época da abertura da sucessão, e do art. 1.138, § 2.º, do CPC, devendo ser deduzidos do monte-mor exclusivamente a meação, as dívidas e os tributos. Todavia, a legítima dos herdeiros necessários não responde pelo valor apurado da vintena testamentária, devendo este ser pago à conta da parte disponível da herança" (TJRS, Agravo de Instrumento 408546-18.2013.8.21.7000, 8.ª Câmara Cível, Porto Alegre, Rel. Des. Luiz Felipe Brasil Santos, j. 28.11.2013, *DJERS* 05.12.2013).

Cabe pontuar que várias codificações privadas trazem a previsão dessa remuneração, como o Código Civil alemão, o espanhol, o mexicano, o argentino e o suíço. De Plácido e Silva demonstra a origem histórica da expressão, até o conceito do Código Civil de 1916:

> "Na linguagem testamentária, a vintena vem, tradicionalmente, designando a retribuição, ou a comissão que cabe ao testamenteiro, em compensação aos serviços que presta na execução do testamento.

E, originariamente, assim se fixou a expressão porque era essa retribuição correspondente à vigésima parte do valor apurado no espólio.

Modernamente, o Cód. Civil chama-a de prêmio. E, nos termos no Dec. n.º 834, de 1.851, deixou de ser a vigésima parte (vintena), para ser fixada na base de 5% sobre a terça, quando não estipulada expressamente pelo testador.

O Cód. Civil estabeleceu nova regra, no art. 1.766. A vintena será de um quinto (5%) sobre o valor líquido da herança, quando não há herdeiros necessários, ou sobre a metade disponível, em caso contrário, desde que o testador não a tenha estabelecido" (SILVA, De Plácido e. *Vocabulário...*, 1976, v. VI, p. 1.657).

Deixando bem clara a questão relativa a tal remuneração, a primeira regra aplicada quanto ao seu percentual é a prevista pela autonomia privada do testador. A grande inovação da lei atual – em confronto com o art. 1.767 do Código Civil de 1916 – é a possibilidade de aumento da quota prevista no comando em vigor, eis que o diploma legal atual traz a expressão *salvo disposição testamentária em contrário*. Mais uma vez, valorizam-se a vontade do autor da herança e a fidúcia depositada no testamenteiro.

Sendo silente a determinação do autor da herança, o prêmio deve ser fixado no percentual determinado pela lei, qual seja entre 1 e 5% do valor líquido da herança, segundo os critérios do magistrado. Pontue-se que o grau de dificuldade do trabalho do testamenteiro irá determinar o percentual da remuneração, sendo atributo de tal auferição do juiz da causa. Nesses casos, penso que poderão até ser aplicadas, por analogia, as regras previstas no Código de Processo Civil a respeito da quantificação dos honorários (art. 85 do CPC/2015, correspondente ao art. 20 do CPC/1973).

Ainda no que diz respeito à *vintena*, recente julgado do Superior Tribunal de Justiça, publicado no seu *Informativo* n. *553*, acabou por concluir que "a perda de finalidade de testamento – elaborado apenas para que os bens imóveis herdados pelos filhos do testador fossem gravados com cláusula de incomunicabilidade – não ocasiona a perda do direito do testamenteiro de receber um prêmio pelo exercício de seu encargo (art. 1.987 do CC/2002) caso a execução da disposição testamentária só tenha sido obstada em razão de omissão do próprio testador que, após a vigência do novo Código Civil, deixou de aditar o testamento para indicar a justa causa da restrição imposta (art. 1.848 c/c art. 2.042 do CC/2002)". Ainda nos termos do aresto, com correção, "a despeito de a ineficácia da referida cláusula afetar todo o testamento, não há que se falar em afastamento do pagamento do prêmio ao testamenteiro, a pretexto de que a sua atuação no feito teria sido singela, uma vez que o maior ou menor esforço no cumprimento das disposições testamentárias deve ser considerado apenas como critério para a fixação da vintena, que poderá variar entre o mínimo de 1% e o máximo de 5% sobre a herança líquida (art. 1.987 do CC/2002), mas não para ensejar a sua supressão" (STJ, REsp 1.207.103/SP, Rel. Min. Marco Aurélio Bellizze, j. 02.12.2014, *DJe* 11.12.2014).

No caso de *testamentaria plural*, se entre os testamenteiros não se estabelecer a divisão do trabalho, presentes as mesmas funções, o prêmio será dividido em quotas iguais. Entretanto, se estiverem presentes atribuições discriminadas, o valor será pago de forma proporcional ao trabalho de cada um e ao valor da parte do espólio compreendidas nas suas atribuições (BEVILÁQUA, Clóvis. *Código...*, 1977, v. VI, p. 986; NONATO, Orosimbo. *Estudos...*, 1957, v. III, p. 393; VELOSO, Zeno. *Código...*, 2012, p. 2.191).

Tal prêmio arbitrado será pago à conta da parte disponível, quando houver herdeiro necessário (art. 1.987, parágrafo único, do CC). Eventualmente, na prática, na linha do que foi demonstrado, o valor fixado pelo testador pode ser aumentado até o limite fixado em lei, de acordo com a atuação do testamenteiro. Entendendo dessa forma:

> "Agravo de instrumento. Decisão que fixou a vintena devida ao testamenteiro. Pretendida majoração da verba pelo agravante. Hipótese em que se deve observar o disposto no artigo 1.987 do Código Civil. Majoração parcialmente concedida. Agravo provido em parte" (TJSP, Agravo de Instrumento 994.09.271581-0, Acórdão 4447247, 6.ª Câmara de Direito Privado, São Paulo, Rel. Des. Sebastião Carlos Garcia, j. 15.04.2010, *DJESP* 19.05.2010).

Do mesmo modo, ao testamenteiro poderá ser pago um valor menor ao previsto, se a sua atuação for irregular e insuficiente, conforme já concluiu o Superior Tribunal de Justiça, diante de uma atividade insatisfatória exarada:

> "Civil. Sucessões. Testamento. Vintena. Irregular e negligente execução do testamento. Se é lícito ao juiz remover o testamenteiro ou determinar a perda do prêmio por não cumprir as disposições testamentárias (CPC, art. 1.140), é-lhe possível arbitrar um valor compatível para remunerar o trabalho irregular e negligente na execução do testamento" (STJ, REsp 418.931/PR, 3.ª Turma, Rel. Min. Humberto Gomes de Barros, j. 25.04.2006, *DJ* 1.º.08.2006, p. 430).

Destaque-se que, conforme o dispositivo processual citado no último julgado (art. 1.140 do CPC/1973), o testamenteiro seria removido e perderia o prêmio se: *a)* lhe fossem glosadas as despesas por ilegais ou em discordância com o testamento; *b)* não cumprisse as disposições testamentárias. O dispositivo processual não foi reproduzido pelo CPC/2015, sendo certo que os atos que geram a sua remoção não estão mais sujeitos ao controle de qualquer norma, cabendo a análise do caso concreto, como defendido a seguir.

Em suma, houve a troca de um modelo *supostamente fechado* de substituição por *um modelo aberto*. De toda sorte, os antigos casos que estavam previstos no art. 1.140 do CPC/1973 até servem como exemplos de enquadramento, pela prática jurisprudencial anterior existente sobre o tema.

Em hipóteses tais, o prêmio perdido será revertido em proveito da herança (art. 1.989 do CC). Nota-se que, não obstante a não reprodução do último preceito processual, esse comando material fundamenta a possibilidade de remoção do testamenteiro. A título de exemplo, se for *testamenteiro universal*, pode ser ele removido quando não toma as providências para abertura do inventário, no prazo legal. Também poderá ser removido quando é negligente ou prevaricador (BEVILÁQUA, Clóvis. *Código*..., 1977, v. VI, p. 988).

Pertinente pontuar que o Código Civil de 2002 não reproduziu o art. 1.759 do Código Civil de 1916, ora revogado, que previa a perda do cargo e da vintena, por parte do testamenteiro que assumia dívidas ilegais ou próprias. Todavia, concluo que a menção dessa situação foi extraída taxativamente do ordenamento, mas é caso a ser perfeitamente incluído no art. 1.989 do Código Civil em vigor, eis que o diploma não faz referências expressas às situações concretas de remoção, ficando a sua possibilidade dependente da interpretação do juiz da causa. Nesse sentido, o testamenteiro que assume dívidas ilegais pelo cargo é prevaricador, ou pelo menos imprudente, devendo ser removido.

Como exposto em vários trechos deste livro, o Código Civil de 2002 adotou um modelo aberto, baseado em cláusulas gerais, que permite grande flexibilização na análise das categorias civis. Reafirme-se, nesse contexto, que veio em boa hora o CPC/2015 ao não reproduzir a antiga regra do art. 1.140 do seu antecessor instrumental. Ainda quanto ao prêmio, o herdeiro ou o legatário nomeado como testamenteiro poderá preferir o prêmio à herança ou ao legado, o que decorre do exercício de sua autonomia privada (art. 1.988 do CC).

Nos termos da antiga norma processual, somente efetuar-se-ia o pagamento da vintena mediante adjudicação de bens se o testamenteiro fosse seu meeiro, caso do cônjuge (art. 1.139 do CPC/1973). Novamente, tal preceito instrumental não foi reproduzido pelo CPC/2015. Como não existe mais essa restrição, pensamos que o pagamento mediante adjudicação de bens será cabível em qualquer hipótese, independentemente de quem for o testamenteiro. De toda sorte, é prudente aguardar como a doutrina e a jurisprudência resolverão esse dilema no futuro.

Desse modo, explicando as regras, o autor da herança pode deixar ao testamenteiro coisa individualizada ou a própria herança a título universal, bens esses que já englobam a remuneração pelos trabalhos prestados. É essa a inteligência da norma ora verificada, que em complemento ao artigo substituído – art. 1.767 do Código Civil de 1916 – acrescentou à regra a situação do herdeiro, além do legatário. Se o testamenteiro entender que o valor do legado é insuficiente perante o exaustivo e complexo trabalho de representação, poderá optar pelo prêmio ou vintena, de acordo com a autonomia de sua escolha.

Sem prejuízo de tais preceitos, prescreve o art. 1.990 da codificação material privada que, se o testador tiver distribuído toda a herança em legados, exercerá o testamenteiro as funções de inventariante. Como analisado, nos termos do art. 1.984 do CC/2002, pode ocorrer de o testador não nomear o administrador, cabendo a atribuição ao cônjuge do autor da herança – ou ao seu companheiro –, em um primeiro momento, como testamenteiro dativo.

Na falta deste, caberá a testamentaria ao herdeiro nomeado pelo juiz da causa. Aqui, a regra é bem diferente, partindo-se da menor administração para o maior encargo. No caso de uma herança toda dividida em legados, onde há uma nomeação pelo testador de um administrador, a este também serão atribuídos os encargos de inventariante ou representante do espólio.

Por derradeiro, enunciava o art. 1.141 do Código de Processo Civil de 1973 que o testamenteiro, que quisesse demitir-se do encargo, poderia requerer ao juiz a escusa, alegando causa legítima, o que depende de análise caso a caso. Ouvidos os interessados e o órgão do Ministério Público, o juiz decidiria de acordo com as circunstâncias do caso concreto.

Esse diploma também não encontra correspondente no CPC/2015. No entanto, entendo que a escusa ainda é possível, retirada da lógica da testamentaria e da afirmação segundo a qual ninguém pode ser obrigado a praticar ato contra a sua vontade.

Em relação aos procedimentos, opinamos que seja seguido o mesmo caminho expresso na lei anterior, por costume judiciário. Ressalve-se apenas a atuação do Ministério Público, que parece desnecessária, com exceção dos casos que envolvam incapazes.

3.14 RESUMO ESQUEMÁTICO

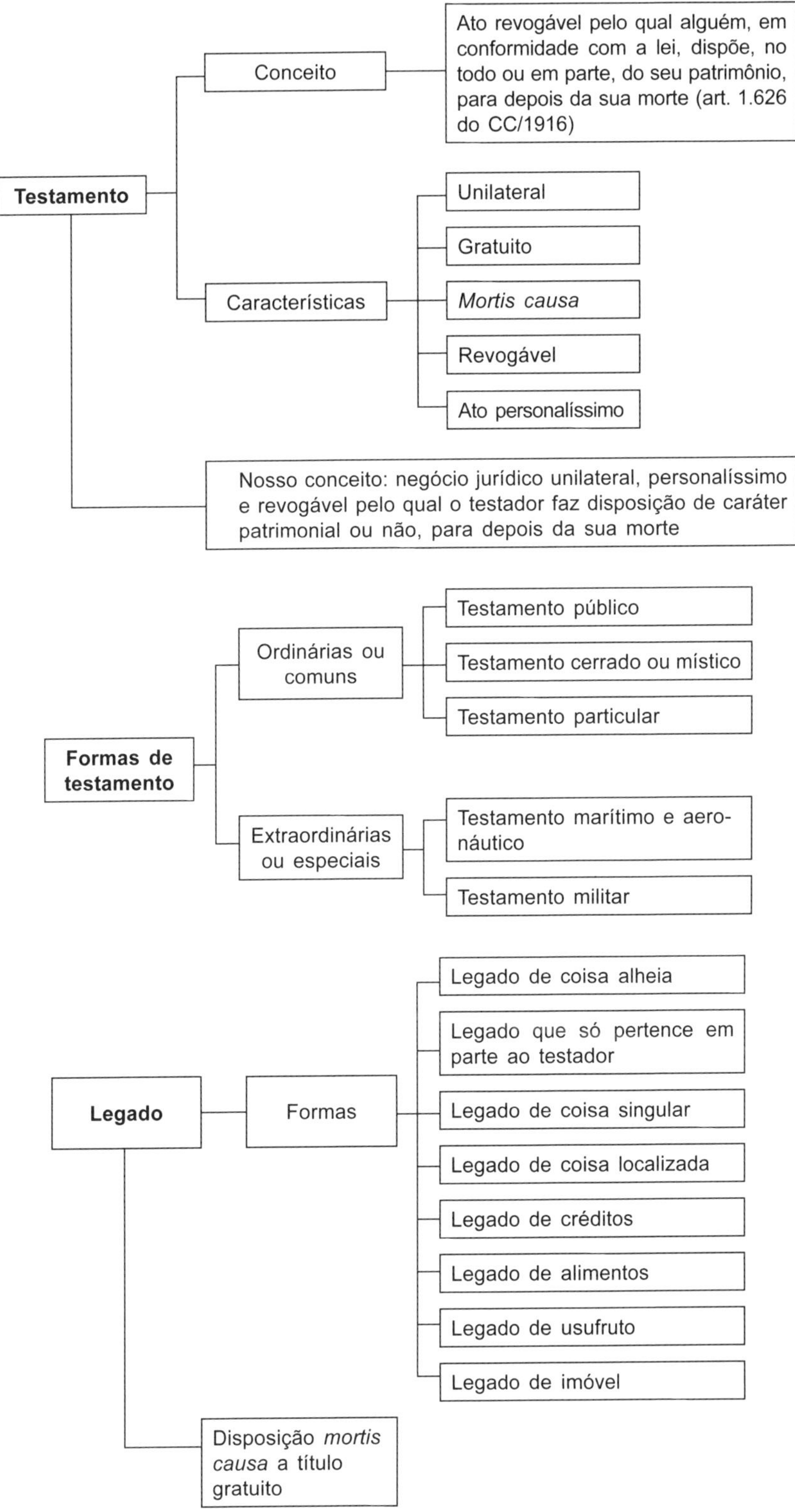

3.15 QUESTÕES CORRELATAS

01. (MPE-SP – Promotor de Justiça – 2015) Sobre o testamento cerrado, é correto afirmar que:

(A) A pessoa portadora de cegueira total poderá testar sob a forma cerrada.

(B) O analfabeto poderá dispor de seus bens em testamento cerrado.

(C) O testador surdo-mudo poderá fazer o testamento por intermédio de outra pessoa, a seu rogo.

(D) Não obstante a deficiência auditiva do testador, o auto de aprovação do testamento cerrado deverá ser lido na presença dele e das testemunhas.

(E) O testamento cerrado deverá obrigatoriamente ser escrito em língua nacional, pelo próprio testador, ou por outrem, a seu rogo.

02. (TJPE – FCC – Juiz Substituto – 2015) João, que possui dois filhos – José e Joaquim –, em 2010, doou a José, com dispensa de colação, alguns imóveis que totalizaram R$ 2.000.000,00 e que representavam 25% de seu patrimônio, avaliado em R$ 8.000.000,00. Por testamento, lavrado em 2012, João deixa parte de seus bens, distribuídos em legados, também a José e sem prejuízo de sua legítima. Aberta a sucessão de João, em 2014, verificou-se que os bens deixados a José, no testamento, equivaliam a R$ 3.000.000,00, e o patrimônio do testador se reduzira a R$ 6.000.000,00. Segundo o que dispõe o Código Civil,

(A) o testamento de João é nulo, porque não respeitou a legítima dos filhos.

(B) tanto as doações como os legados são válidos, porque respeitaram a legítima dos filhos que deverá, respectivamente, ser calculada no momento da doação e no momento da abertura da sucessão.

(C) José terá de optar entre receber os legados ou permanecer com os bens doados, salvo se os trouxer à colação, porque não se admite que o ascendente beneficie um mesmo descendente com doações e legados, que ultrapassem o disponível calculado na data da abertura da sucessão.

(D) a cláusula que dispensou o donatário da colação tornou-se ineficaz, porque, somados os legados e as doações, João desrespeitou a legítima de Joaquim.

(E) haverá necessariamente redução das disposições testamentárias para que a legítima de Joaquim seja respeitada, levando-se em conta as doações e os legados.

03. (PGR – Procurador da República – 2015) Relativamente as restrições que pode sofrer a legítima:

(A) O testador, segundo o Código Civil de 2002, não pode estabelecer cláusula de impenhorabilidade, incomunicabilidade e inalienabilidade.

(B) Em relação a cláusula de inalienabilidade, não são ineficazes o penhor e a hipoteca, uma vez que não implicam a alienação do bem, mas apenas garantia ao credor.

(C) A cláusula da inalienabilidade implica necessariamente a incomunicabilidade, não se podendo presumi-la se não vier expressa em testamento.

(D) Havendo justa causa, o testador pode estabelecer cláusula de inalienabilidade se considerar que o herdeiro é um perdulário e que poderá dissipar seus bens.

04. (IPSMI – Vunesp – Procurador – 2016) No que diz respeito ao testamento, é correto afirmar que

(A) podem testar os maiores de dezesseis anos.

(B) a incapacidade superveniente do testador invalida o testamento.

(C) os absolutamente incapazes podem testar com anuência de seu representante legal e mediante instrumento público.

(D) o testamento conjuntivo é válido desde que testado por marido e mulher.

(E) o testamento do incapaz se valida com a superveniência da capacidade.

05. (TJRS – Outorga de Delegações de Notas e de Registro do Estado do Rio Grande do Sul – Remoção – FAURGS – 2015) Assinale a alternativa que apresenta afirmação correta a respeito da disciplina das Sucessões no Código Civil.

(A) É eficaz o legado de coisa certa que não pertença ao testador no momento da abertura da sucessão.

(B) Não o declarando expressamente o testador, reputar-se-á compensação da sua dívida o legado que ele faça ao credor.

(C) Se aquele que legar um imóvel lhe ajuntar depois novas aquisições, estas se compreendem no legado, salvo expressa declaração em contrário do testador.

(D) O legado de alimentos abrange o sustento, a cura, o vestuário e a casa, enquanto o legatário viver, além da educação, se ele for menor.

06. (TJPI – FCC – Juiz Substituto – 2015) Quando o testamento foi aberto, Rubião quase caiu para trás. Advinhas por quê. Era nomeado herdeiro universal do testador. Não cinco, nem dez, nem vinte contos, mas tudo, o capital inteiro, especificados os bens, casa na Corte, uma em Barbacena, escravos, apólices, ações do Banco do Brasil e de outras instituições, joias, dinheiro amoedado, livros – tudo finalmente passava às mãos do Rubião, sem desvios, sem deixas a nenhuma pessoa, nem esmolas, nem dívidas. Uma só condição havia no testamento, a de guardar o herdeiro consigo o seu pobre cachorro Quincas Borba, nome que lhe deu por motivo da grande afeição que lhe tinha. Exigia do dito Rubião que o tratasse como se fosse a ele próprio testador, nada poupando em seu benefício, resguardando-o de moléstias, de fugas, de roubo ou de morte que lhe quisessem dar por maldade; cuidar finalmente como se cão não fosse, mas pessoa humana. Item, impunha-lhe a condição, quando morresse o cachorro, de lhe dar sepultura decente, em terreno próprio, que cobriria de flores e plantas cheirosas; e mais desenterraria os ossos do dito cachorro, quando fosse tempo idôneo, e os recolheria a uma urna de madeira preciosa para depositá-los no lugar mais honrado da casa. (ASSIS, Machado de. *Quincas Borba*. p. 25. Saraiva, 2011).

As exigências feitas a Rubião consubstanciam

(A) termo final.

(B) condição resolutiva.

(C) condição suspensiva.

(D) termo inicial.

(E) encargo.

07. (TJ-SP – Vunesp – Titular de Serviços de Notas e de Registros – Provimento – 2016) Sobre o testamento, é correto afirmar que

(A) não possuem capacidade testamentária o cego, o analfabeto e o surdo.

(B) é por natureza revogável, no exercício da autonomia privada, salvo quanto ao reconhecimento de filhos, ainda que incidentalmente manifestado.

(C) a revogação do testamento correspectivo exige manifestação de vontade de ambos os testadores.

(D) é possível ao testador gravar livremente os bens da legítima com cláusula de inalienabilidade.

08. (TJ-PA – Ieses – Titular de Serviços de Notas e de Registros – Provimento – 2016) Em relação à elaboração de testamento, responda:

I. A nomeação de herdeiro pode ser pura e simples, ou por certo motivo.

II. Podem ser chamados a suceder as pessoas jurídicas, cuja organização, sob qualquer forma, seja determinada pelo testador.

III. Não é possível a nomeação de herdeiro à termo, ou sob condição.

Assinale a alternativa correta

(A) Apenas a assertiva I é verdadeira.

(B) Apenas as assertivas I e III são verdadeiras.

(C) Apenas a assertiva II é verdadeira.

(D) Todas as assertivas são verdadeiras.

09. (DPE-PA – FMP – Defensor Público Substituto – 2015) Assinale a alternativa CORRETA.

(A) A exclusão de herdeiro, por indignidade, alcança seus descendentes.

(B) A renúncia à herança de uma pessoa não impede que o renunciante a represente na sucessão de terceiro.

(C) O testamento particular que não obedecer ao requisito de ser lido perante três testemunhas, que o subscreverão, não poderá ser confirmado, se, ao tempo de sua confirmação, quaisquer delas faltar, impedindo que testemunhem sobre o ato da leitura e assinatura.

(D) É inválido o legado de coisa certa que já não pertença ao testador ao tempo da abertura da sucessão.

(E) Não há prazo decadencial previsto em lei para anulação de disposições testamentárias realizadas sob coação, sendo, pois, perpétuo, o direito de invalidá-las.

10. (TJ-MG – Consulplan – Outorga de Delegações de Notas e de Registro do Estado de Minas Gerais – Remoção – 2015) "Em 2006, Olavo, que não tinha herdeiros necessários, lavrou um testamento público contemplando como sua herdeira universal Maria. Em 2007, arrependido, Olavo revogou o testamento de 2006, lavrando novo testamento nomeando como seu herdeiro universal Mário, sem cláusula expressa de substituição. Em 2009, Mário faleceu, deixando seu neto Pedro. No mês de setembro de 2011, faleceu Olavo, deixando seu sobrinho Lucas, como único parente vivo".

Assinale a alternativa que indique a quem caberá a herança de Olavo.

(A) Maria.

(B) Lucas.

(C) Pedro.

(D) A herança será vacante.

11. (TJ-RJ – Cetro – Titular de Serviços de Notas e de Registros – 2017) No tocante ao instituto do testamento, marque V para verdadeiro ou F para falso e, em seguida, assinale a alternativa que apresenta a sequência correta.

( ) A elaboração do testamento particular, no entendimento do STJ, deve se revestir inteiramente das formalidades prescritas na lei civil, inclusive assinatura do testador e testemunhas idôneas.

( ) A morte prévia de irmão do testador, sem a existência de cláusula de reversão do quinhão no bojo do testamento e ausência de herdeiros necessários, por si só, determina que tal parcela do patrimônio deva ser arrecadada como herança jacente, sem necessidade de apreciação das demais disposições testamentárias.

( ) Não há prejuízo o fato de o pai socioafetivo não ter interesse em figurar da certidão de nascimento da criança, uma vez que tal fato não afeta a possibilidade de ele, a qualquer tempo, dispor de seu patrimônio, na forma da lei, por meio de testamento em favor do menor.

(A) V – F – F.

(B) V – V – F.

(C) V – V – V.

(D) F – V – F.

(E) F – F – V.

12. (TJ-MG – Consulplan – Titular de Serviços de Notas e de Registros – Remoção – 2017) Acerca do testamento, assinale a alternativa correta:

(A) Se o testador não souber, ou não puder assinar, o tabelião ou seu substituto legal assim o declarará, assinando, neste caso, pelo testador, e, a seu rogo, um dos herdeiros.

(B) O erro na designação da pessoa do herdeiro, do legatário, ou da coisa legada anula a disposição, ainda que pelo contexto do testamento, por outros documentos, ou por fatos inequívocos, se puder identificar a pessoa ou coisa a que o testador queria referir-se.

(C) A revogação do testamento poderá ser lavrada por qualquer Tabelionato de Notas, de livre escolha do testador, sem qualquer vinculação à serventia em que tenha praticado o ato a ser revogado.

(D) O testamento cerrado não pode ser escrito em língua estrangeira.

13. (TJ-MG – Titular de Serviços de Notas e de Registros – Remoção – Consulplan – 2018) São testamentos ordinários, EXCETO:

(A) O militar.

(B) O público.

(C) O cerrado.

(D) O particular.

14. (TJ-MG – Titular de Serviços de Notas e de Registros – Remoção – Consulplan – 2018) Em relação às disposições testamentárias, é nula a disposição, EXCETO

(A) Que se refira a pessoa incerta, cuja identidade não se possa averiguar.

(B) Que deixe a arbítrio do herdeiro, ou de outrem, fixar o valor do legado.

(C) Que institua herdeiro ou legatário sob a condição captatória de que este disponha, também por testamento, em benefício do testador, ou de terceiro.

(D) Em favor de pessoa incerta que deva ser determinada por terceiro, dentre duas ou mais pessoas mencionadas pelo testador, ou pertencentes a uma família, ou a um corpo coletivo, ou a um estabelecimento por ele designado.

15. (TJ-MG – Titular de Serviços de Notas e de Registros – Remoção – Consulplan – 2018) São requisitos essenciais do testamento público, EXCETO:

(A) Ser escrito apenas manualmente.

(B) Ser o instrumento, em seguida à leitura, assinado pelo testador, pelas testemunhas e pelo tabelião.

(C) Lavrado o instrumento, ser lido em voz alta pelo tabelião ao testador e a duas testemunhas, a um só tempo; ou pelo testador, se o quiser, na presença destas e do oficial.

(D) Ser escrito por tabelião ou por seu substituto legal em seu livro de notas, de acordo com as declarações do testador, podendo este servir-se de minuta, notas ou apontamentos.

16. (MPE-PB – Promotor de Justiça Substituto – FCC – 2018) Deixando o testador legado

(A) de alimentos, abrange o sustento, a cura, o vestuário e a casa, enquanto o legatário viver, além da educação, se ele for menor.

(B) de alimentos, abrangerá apenas o indispensável para a subsistência do legatário e sua educação, se for menor, salvo disposição em contrário acrescentando outras vantagens.

(C) de coisa incerta, só será cumprido se ela existir entre os bens deixados pelo testador.

(D) de bem que não mais lhe pertencer por ocasião da abertura da sucessão, receberá o legatário seu equivalente em dinheiro, inclusive mediante alienação de algum bem, para satisfazer a deixa testamentária.

(E) de coisa certa, que não pertença ao testador no momento de abertura da sucessão, rompe-se o testamento nesta parte.

17. (TJ-AM – Titular de Serviços de Notas e de Registros – Remoção – Ieses – 2018) Segundo a legislação Civilista Brasileira, no que corresponde ao instituto da Sucessão Testamentária podemos afirmar, EXCETO:

(A) Toda pessoa capaz pode dispor, por testamento, da totalidade dos seus bens, ou de parte deles, para depois de sua morte.

(B) Extingue-se em cinco anos o direito de impugnar a validade do testamento, contado o prazo da data do seu registro.

(C) A legítima dos herdeiros necessários poderá ser incluída no testamento.

(D) O testamento é ato personalíssimo, podendo ser mudado a qualquer tempo.

18. (TJ-AM – Titular de Serviços de Notas e de Registros – Provimento – Ieses – 2018) Sobre o testamento, responda:

I. Por meio de testamento é possível instituir legado de usufruto em favor de pessoa indicada pelo testador.

II. No caso de instituição de legado de usufruto sem fixação de tempo, entende-se deixado ao legatário por toda a sua vida.

III. Se o legado for de coisa que se determine pelo gênero, será o mesmo cumprido, ainda que tal coisa não exista entre os bens deixados pelo testador.

IV. As despesas e os riscos da entrega do legado correm à conta do legatário, se não dispuser diversamente o testador.

Assinale a correta:

(A) Todas as assertivas são verdadeiras.
(B) Apenas as assertivas I, II e III são verdadeiras.
(C) Apenas as assertivas II, III e IV são verdadeiras.
(D) Apenas as assertivas I, II e IV são verdadeiras.

19. (Titular de Serviços de Notas e de Registros – Remoção – TJ-MG – Consulplan – 2019) De acordo com as disposições do Código Civil Brasileiro, analise as afirmativas a respeito da sucessão testamentária. I. A cláusula de inalienabilidade, gravada sobre bens no testamento, implica, necessariamente, as de impenhorabilidade e incomunicabilidade. II. A redução das disposições testamentárias visa garantir a preservação da legítima. III. Quando o testador fixa a cota ou o objeto de cada sucessor, não há direito de acrescer entre os demais herdeiros ou legatários. IV. O legatário sucede o autor da herança a título universal. Estão corretas as afirmativas.

(A) I, II, III e IV.
(B) II e IV, apenas.
(C) I, II e III, apenas.
(D) I, III e IV, apenas.

20. (Titular de Serviços de Notas e de Registros – Provimento – TJ-MG – Consulplan – 2019) De acordo com as disposições do Código Civil Brasileiro, analise as seguintes afirmativas a respeito da sucessão testamentária.

I. Havendo herdeiros necessários, a sucessão testamentária e a sucessão legítima podem coexistir. II. As pessoas casadas entre si podem fazer um testamento simultâneo, em um só ato, instituindo benefícios mútuos. III. Admite-se cláusula testamentária que proíba, total ou parcialmente, a revogação do testamento (cláusula derrogatória). IV. O testamento público exige, sob pena de nulidade, que seja escrito por tabelião ou seu substituto legal em seu livro de notas, de acordo com as declarações do testador.

Estão corretas as afirmativas

(A) I, II, III e IV.
(B) I e IV, apenas.
(C) I, II e III, apenas.
(D) II, III e IV, apenas.

21. (Titular de Serviços de Notas e de Registros – Provimento TJ-MG – Consulplan – 2019) Diretivas Antecipadas de Vontade, também conhecidas como Testamento Vital, acerca desse ato é correto afirmar que:

(A) Deverá ser lavrado por instrumento público.
(B) É instrumento hábil para dispor sobre sucessão patrimonial.
(C) De acordo com o Provimento n.º 260/CGJ/2013, será lavrado nos mesmos livros dos Testamentos (Livro T).
(D) O declarante poderá constituir procuradores para, na eventualidade de não poder expressar sua vontade, administrar seus bens e representá-lo perante médicos e hospitais sobre cuidados e tratamentos a que será submetido.

22. (Juiz Substituto – TJ-AL – FCC – 2019) Nos testamentos,

(A) é válida a disposição que deixe ao arbítrio de terceiro, desde que suficientemente identificado, fixar o valor do legado.
(B) é ilícita a deixa ao filho do concubino, quando também o for do testador.
(C) pode ser nomeada herdeira, mas não legatária, a pessoa que nele figurou como testemunha instrumentária.

(D) presume-se o prazo em favor do herdeiro.

(E) são inválidas as disposições de caráter não patrimonial, se o testador tiver se limitado somente a elas.

23. (Promotor de Justiça Substituto MPE-MT – FCC – 2019) Em relação ao testamento, considere os enunciados:

I. Podem testar os maiores de dezesseis anos; não podem fazê-lo os incapazes e o surdo-mudo, permitindo-se ao cego o testamento público.

II. A incapacidade superveniente do testador invalida o testamento, mas o testamento do incapaz convalida-se com a superveniência da capacidade.

III. É defeso o testamento conjuntivo, seja simultâneo, recíproco ou correspectivo.

IV. A legítima dos herdeiros necessários não poderá ser incluída no testamento.

V. São válidas as disposições testamentárias de caráter não patrimonial, ainda que o testador somente a elas se tenha limitado.

Está correto o que se afirma APENAS em

(A) I, II e IV.

(B) III, IV e V.

(C) I, II, IV e V.

(D) I, III e V.

(E) II, III, IV e V.

24. (Promotor de Justiça Substituto – MPE-MT – FCC – 2019) Um avô dispõe por testamento público em favor de seu neto, já concebido mas ainda não nascido. Tendo esse neto nascido morto, esse testamento, de acordo com o Código Civil,

(A) inicialmente válido, será tido por ocasião da morte do nascituro como ineficaz mas não nulo, pois era juridicamente possível que o avô beneficiasse o neto concebido, dentro da teoria adotada pela legislação civil.

(B) será tido por válido de início, mas ato jurídico inexistente quando do nascimento sem vida, desaparecendo todos os efeitos jurídicos pelo não implemento da condição prevista em relação ao neto concebido.

(C) inicialmente válido, será tido por ocasião da morte do nascituro como nulo, pelo não implemento da condição prevista no testamento, ou seja, o nascimento com vida do neto concebido.

(D) será tido por ineficaz desde a disposição testamentária, pela impossibilidade de beneficiar por testamento quem ainda não possui personalidade jurídica.

(E) será válido e eficaz apesar do nascimento sem vida do neto beneficiado pelo testamento, pois a teoria adotada pelas normas civis, concepcionista, prescinde do nascimento com vida para gerar efeitos jurídicos permanentes e incondicionados.

25. (Promotor de Justiça – Matutina – MPE-SC – 2019) Conforme estabelece o Código Civil, o testamento particular não pode ser escrito em língua estrangeira, mesmo que as testemunhas a compreendam.

( ) Certo

( ) Errado

26. (Titular de Serviços de Notas e de Registros – Remoção – TJ-SC – Ieses – 2019) Relativamente ao testamento:

I. Só podem testar os maiores de dezesseis anos de idade.

II. Ao cego são permitidos os testamentos público e o cerrado.

III. O testamento cerrado pode ser escrito em língua nacional ou estrangeira, pelo próprio testador, ou por outrem, a seu rogo.

IV. O testamento particular pode ser escrito de próprio punho pelo testador, proibido o processo mecânico, assinado pelo testador na presença de três testemunhas.

Com base nessas assertivas, assinale a alternativa que corresponda às assertivas verdadeiras:

(A) III e IV.

(B) II e IV.

(C) I e II.

(D) I e III.

27. (Titular de Serviços de Notas e de Registros – Remoção – TJ-RS – Vunesp – 2019) Imagine a seguinte situação hipotética: alguém faz um testamento público, onde dispõe de toda a sua parte disponível para terceiros, com a intenção manifesta de não proporcionar a seus filhos a totalidade de seu patrimônio, porém respeitando a legítima dos herdeiros necessários. Posteriormente à lavratura do testamento, descobre e reconhece a paternidade de outro filho; porém, de forma proposital, não altera o testamento anteriormente lavrado. Então ocorre a morte do testador. É correto afirmar que o testamento

(A) é um ato válido, tendo em vista que foi respeitada a legítima dos herdeiros necessários.

(B) é um ato nulo de pleno direito, podendo ser revisto a qualquer momento.

(C) não tem efeitos, em razão do rompimento.

(D) é um ato anulável, podendo os herdeiros pleitearem seu desfazimento em até três anos.

(E) apenas o filho reconhecido após a lavratura do testamento tem legitimidade para pleitear o desfazimento do testamento.

28. (Titular de Serviços de Notas e de Registros – Provimento – TJ-RS – Vunesp – 2019) Assinale a alternativa correta sobre a sucessão testamentária, de acordo com as disposições do Código Civil de 2002.

(A) Na lavratura de testamento público, é dispensada a presença de testemunhas na leitura do instrumento.

(B) É nula a disposição testamentária que favoreça as testemunhas do testamento.

(C) Os relativamente incapazes, em razão da idade, não possuem capacidade para testar.

(D) O testador não poderá nomear mais de um testamenteiro para exercer, em conjunto, as funções inerentes ao cargo.

(E) É inválido o legado de usufruto quando não houve expressa fixação de tempo.

29. (Promotor de Justiça de Entrância Inicial – MPE-CE – Cespe/Cebraspe – 2020) Ao estabelecer disposições testamentárias conjuntas, o testador pode utilizar-se de três modalidades de conjunções, listadas a seguir.

I. real (*res tantum*)

II. verbal (*verbis tantum*)

III. mista (*res et verbis*)

Nesse contexto, eventual direito de acrescer entre herdeiros e legatários decorre

(A) apenas da modalidade I.

(B) apenas da modalidade II.

(C) apenas das modalidades I e III.

(D) apenas das modalidades II e III.

(E) de qualquer dessas modalidades de conjunções.

30. (Juiz de Direito Substituto – TJ-PA – Cespe/Cebraspe – 2019) O testamento vital consiste em

(A) ato de disposição de última vontade utilizado para bens de pouca monta que sejam essenciais para a subsistência do beneficiário.

(B) ato de disposição de última vontade escrito de próprio punho ou mediante processo mecânico, assinado pelo testador e lido por três testemunhas.

(C) ato de disposição de última vontade sobre questões que envolvam o uso ou não de terapias para prolongar, de forma artificial, o processo natural de morte, em casos de doenças terminais.

(D) ato de disposição de última vontade de quem estiver em viagem, em alto-mar, a bordo de navio nacional, de guerra ou mercante, feito perante o comandante e registrado no diário de bordo.

(E) ato de disposição de última vontade de militares e demais membros das Forças Armadas em campanha, assim como em praça sitiada, ou que estejam com comunicações interrompidas, sem acesso a tabelião ou substituto legal.

31. (Juiz de Direito Substituto – TJ-BA – Cespe/Cebraspe – 2019) À luz do Código Civil e da teoria das invalidades dos atos e negócios jurídicos, a elaboração de testamento conjuntivo nas modalidades simultânea, recíproca ou correspectiva é ato eivado de vício de

(A) anulabilidade em qualquer uma das três modalidades.

(B) nulidade em qualquer uma das três modalidades.

(C) ineficácia em qualquer uma das três modalidades.

(D) nulidade, nas modalidades recíproca e correspectiva, e anulabilidade na modalidade simultânea.

(E) anulabilidade, na modalidade correspectiva, e nulidade nas modalidades recíproca e simultânea.

32. (Auditor Fiscal da Receita Estadual – Bloco I – Sefaz-RS – Cespe/Cebraspe – 2019) Décio, plenamente capaz, faleceu e deixou um testamento cerrado, escrito a rogo por sua amiga Leila e assinado por ele – testamento válido, pois aprovado, antes de seu falecimento, por tabelião, na presença de duas testemunhas. Décio era casado e tinha três filhos com sua esposa, com quem vivia, além de uma filha adulterina com sua concubina. Considerando essa situação hipotética e as disposições do Código Civil, Décio pode nomear como herdeiro testamentário

(A) uma das testemunhas do seu testamento.

(B) sua esposa e sua concubina.

(C) sua filha adulterina.

(D) o cônjuge de Leila.

(E) o tabelião que aprovou o testamento.

33. (Titular de Serviços de Notas e de Registros – Remoção – TJ-SC – Ieses – 2019) O "Testamento Vital" ou "Diretiva Antecipada de Vontade":

(A) Deve se limitar a assuntos relacionados a tratamento médico e disposições de última vontade, não sendo possível englobar, por exemplo, cláusula de representação empresarial.

(B) Ainda não possui previsão legal em nosso País, mas é juridicamente possível diante dos princípios da autonomia da vontade e da dignidade da pessoa humana, desde que tenha objeto lícito e não contrarie a ordem pública.

(C) Consubstancia-se, perante o Notário, na forma de Ata Notarial.

(D) Tem sua eficácia suspensa, passando a surtir efeitos após a morte do estipulante.

34. (Procurador do Município – PGM-Criciúma-SC – Unesc – 2021) Acerca dos testamentos, assinale a alternativa correta:

(A) Podem testar os maiores de dezesseis anos; não podem fazê-lo os incapazes absolutamente e o surdo-mudo, permitindo-se ao cego o testamento público.

(B) A incapacidade superveniente do testador invalida o testamento, mas o testamento do incapaz convalida-se com a superveniência da capacidade.

(C) Não são válidas as disposições testamentárias de caráter não patrimonial, ainda que o testador somente a elas se tenha limitado.

(D) A legítima dos herdeiros necessários não poderá ser incluída no testamento.

(E) É facultado o testamento conjuntivo, seja simultâneo, recíproco ou correspectivo.

35. (Defensor Público – DPE-RJ – FGV – 2021) Eduardo é casado com Josefa, pelo regime de comunhão parcial de bens. Eduardo trabalhou com carteira assinada até se aposentar, em janeiro de 2018. Da união nasceram Lúcio e Nádia, maiores, casados e com filhos. Antes do casamento, Eduardo já possuía um imóvel de sua propriedade e adquiriu mais um após o matrimônio. Em fevereiro de 2021, Eduardo começou a se sentir mal e foi levado para a emergência, ocasião em que foi constatada uma doença cardíaca. Eduardo ficou preocupado, pois, além de Lúcio e Nádia, criou sua enteada, Cecília, e optou por realizar um testamento particular no próprio hospital, eis que Cecília não era sua herdeira legítima. Contudo, por estar acamado, Eduardo não conseguiu redigir o testamento de próprio punho, e o ditou para a enfermeira do hospital, tendo aposto sua digital no documento. O testamento foi feito na presença de três técnicos de enfermagem, que o subscreveram. Horas depois, Eduardo faleceu em razão de infarto fulminante.

Diante da situação, é correto afirmar que:

(A) tratando-se de circunstância excepcional, o testamento feito por Eduardo poderia ser confirmado pelo juiz, independentemente da presença de testemunhas;

(B) esse testamento pode ser validado, mesmo sem a assinatura do testador, em razão do princípio da prevalência da vontade do testador;

(C) Josefa não é herdeira de Eduardo, eis que já é meeira, possuindo, no entanto, direito real de habitação;

(D) na hipótese de um dos filhos de Eduardo renunciar à herança, os netos dele sucedem por cabeça;

(E) Cecília não poderá receber quinhão maior do que os filhos biológicos de Eduardo, eis que herdeira testamentária.

36. (Promotor de Justiça – MPE-RS – MPE-RS – 2021) Sobre o direito das sucessões, assinale a alternativa INCORRETA.

(A) O Ministério Público tem legitimidade para demandar a exclusão do herdeiro ou legatário que houver sido autor, coautor, ou partícipe do homicídio doloso ou de tentativa deste, contra a pessoa de cuja sucessão se tratar, ou contra seu cônjuge, companheiro, ascendente ou descendente.

(B) Observados os requisitos legais, é possível a estipulação de cláusula testamentária que preveja substituto ao fideicomissário para o caso deste vir a falecer antes do fiduciário.

(C) O testamento será rompido no caso de o testador ignorar a existência de outros herdeiros necessários, mas não o se romperá se o testador dispuser da sua metade, não contemplando os herdeiros necessários de cuja existência saiba, ou quando os exclua dessa parte.

(D) Na linha transversal, somente se dá o direito de representação em favor dos filhos de irmãos do falecido, quando com irmãos deste concorrerem.

(E) Será válida a disposição testamentária que deixa a arbítrio de terceiro a fixação do valor do legado.

37. (Promotor de Justiça e Promotor de Justiça Substituto – MPE-PE – FCC – 2022) As modalidades ordinárias de testamento previstas em nosso ordenamento jurídico são:

(A) testamento conjuntivo, místico e eletrônico.

(B) testamento particular e público.

(C) testamento ordinário, particular e público.

(D) testamento particular, público e cerrado.

(E) testamento eletrônico, público e particular.

38. (Juiz de Direito Substituto – TJMG – FGV – 2022) Sobre testamentos, assinale a afirmativa correta.

(A) A Resolução do Conselho Federal de Medicina n.º 1995/2012 autoriza a elaboração do chamado "testamento vital", uma diretiva antecipada de vontade que exterioriza unicamente o desejo, prévia e expressamente manifestado pelo paciente, de receber, no momento em que estiver incapacitado de expressar livre e autonomamente sua vontade, todos os tratamentos que a moderna medicina propicia, como corolário dos direitos fundamentais à vida e à dignidade humana.

(B) Clóvis Beviláqua realçou a poderosa força das disposições testamentárias. Segundo ele, "prepondera na sucessão testamentária o individualismo, a força da vontade humana, que se afirma e se eleva à categoria de lei – (*uti legassit ita jus esto*)." Atualmente, ademais, reviu-se de modo amplo o conceito de "autonomia privada" e se tornaram irrevogáveis as disposições testamentárias.

(C) Na sucessão testamentária, o objetivo a ser alcançado é a preservação da manifestação de última vontade do falecido, devendo as formalidades previstas em lei serem examinadas à luz dessa diretriz máxima, sopesando-se, caso a caso, se a ausência de uma delas é suficiente para comprometer a validade do testamento em confronto com os demais elementos de prova produzidos, sob pena de ser frustrado o real desejo do testador.

(D) Orlando de Souza considerava o testamento ato de magnificência, inspirado nos mais sublimes sentimentos do homem. Sua elaboração se faz premente em determinadas situações, podendo consistir ato de grande alcance moral e mesmo em dever de consciência. Não obstante esse conteúdo ético, a moderna concepção de "segurança jurídica" impõe, de modo preferencial, a prevalência das formalidades legais sobre a vontade do testador.

39. (Juiz de Direito Substituto – TJAP – FGV – 2022) Mário é viúvo e, após sérias desavenças com sua única parente e irmã, Adalberta, resolve deixar seus bens para o amigo de infância Roberto. Para tanto, elabora testamento público.

Considerando a situação hipotética, é correto afirmar que:

(A) Mário somente poderá revogar o testamento público por outro testamento público;

(B) apesar de o testamento de Mário ser público, é sigiloso;

(C) caso Mário tenha a sua incapacidade supervenientemente declarada, o testamento será inválido;

(D) a disposição testamentária é válida, pois os colaterais são herdeiros facultativos;

(E) o testamento de Mário poderá ser impugnado no prazo de dez anos contados da data do registro.

40. (Titular de Serviços de Notas e de Registros – TJTO – Ieses –2022) O Código Civil, ao tratar sobre inventário, dispõe sobre a colação de bens. Com base nestas regras, lei as assertivas:

I. A dispensa de colação de bens doados deve constar no ato da liberalidade, não sendo possível dispensar mediante testamento.

II. O testamento cerrado que o testador abrir ou dilacerar será considerado revogado.

III. A revogação de testamento somente pode ser total, não se admitindo revogação parcial.

IV. Ainda que se declare a causa legal, não é possível inserir em testamento disposição para deserdar herdeiros necessários.

Com base nas assertivas acima, assinale a alternativa correta:

(A) Estão corretas apenas as assertivas I e III.

(B) Estão corretas apenas as assertivas I, II e IV.

(C) Todas as assertivas estão corretas.

(D) Apenas a assertiva II está correta.

41. (Titular de Serviços de Notas e de Registros – TJAM – TJAM – 2023) A elaboração de testamento é ato de liberalidade, previsto no Código Civil. No entanto, em determinadas situações previstas em lei, pode ocorrer o rompimento do testamento. A respeito do assunto, leia as assertivas abaixo.

I. Se as disposições testamentárias excederem a parte disponível, ocorrerá o rompimento do testamento em sua integralidade.

II. Sobrevindo descendente sucessível ao testador, que não o tinha ou não o conhecia quando testou, rompe-se o testamento em todas as suas disposições, se esse descendente sobreviver ao testador.

III. Não se rompe o testamento, se o testador dispuser da sua metade, não contemplando os herdeiros necessários de cuja existência saiba, ou quando os exclua dessa parte.

Considerando as assertivas acima, assinale a alternativa correta:

(A) Apenas a assertiva III está correta.

(B) Apenas estão corretas as assertivas II e III.

(C) Apenas estão corretas as assertivas I e II.

(D) Estão corretas as assertivas I, II, III.

42. (Promotor de Justiça Substituto – MPE-BA – Cespe/Cebraspe – 2023) Conforme previsto no Código Civil, disposição testamentária em favor de pessoa não legitimada a suceder será considerada

(A) inexistente.

(B) anulável.

(C) nula.

(D) válida, se não ultrapassar cinquenta por cento do monte.

(E) ineficaz.

43. (Promotor de Justiça Substituto – MPE-RR – Instituto AOCP – 2023) José, viúvo de Maria, falecida em 2019, com quem teve 2 filhos, faleceu em 2022. Em testamento cerrado, reconheceu a paternidade de uma filha fora do casamento; a ela, no mesmo testamento, deixou sua parte disponível, instituindo-a na qualidade de herdeira testamentária. Nesse caso, como será partilhada a herança de José?

(A) Os filhos de José com Maria partilharão a parte indisponível, por serem herdeiros legítimos, e a filha a disponível, por ser herdeira testamentária.

(B) A filha de José, por ser irmã unilateral de seus filhos com Maria, na parte indisponível, herdará metade da cota parte de seus irmãos.

(C) Os filhos de José com Maria, por serem herdeiros necessários, partilharão todo o patrimônio de José, em partes iguais, tanto a parte disponível como a indisponível.

(D) A parte indisponível da herança de José será partilhada entre seus filhos e sua filha, em partes iguais; a filha será a herdeira testamentária na parte disponível.

44. (Promotor de Justiça Substituto – MPE-MG – Fundep – 2023) Analise as assertivas a seguir e assinale a alternativa CORRETA:

I. Em acordo firmado entre ascendente e descendente, é válida a renúncia pelo descendente ao direito à sucessão aberta do ascendente, desde que se limite a um bem específico, não alcançando toda a legítima, e que conste expressamente de instrumento público.

II. É nula a cessão de direito hereditário sem prévia autorização do juiz da sucessão, podendo a nulidade ser alegada pelo Ministério Público, quando lhe couber intervir.

III. Até a partilha, o direito dos coerdeiros regula-se pelas normas relativas ao condomínio e, em caso de cessão e de direito hereditário, o herdeiro cedente deve observar o direito de preferência dos demais coerdeiros.

IV. Na sucessão testamentária podem suceder pessoas nascidas, apenas concebidas ou ainda não concebidas indicadas pelo testador.

(A) Apenas as assertivas I, II e IV são verdadeiras.

(B) Apenas as assertivas I, II e III são verdadeiras.

(C) Apenas as assertivas III e IV são verdadeiras.

(D) Apenas as assertivas II e III são verdadeiras.

45. (Promotor de Justiça Substituto – MPE-RR – Instituto AOCP – 2023) O direito de sucessão hereditária será legítimo ou testamentário. Assim sendo, é correto afirmar que

(A) possuem vocação hereditária à sucessão legítima pessoa natural e nascituro; à testamentária, também prole eventual de determinada pessoa – desde que viva quando da abertura da sucessão –, e pessoa jurídica, constituída ou a ser constituída sob a forma de fundação.

(B) o sobrinho do falecido é seu herdeiro legítimo, não necessário, e herda em igualdade de condições com eventual tio do falecido, também herdeiro legítimo, não necessário.

(C) o direito de representação aplica-se à sucessão legítima, não à testamentária, na linha reta, e na colateral aos filhos de irmãos do falecido, quando com irmãos deste concorrerem.

(D) a pessoa com absoluta ou relativa incapacidade civil está impossibilitada de dispor de seus bens por testamento.

46. (TJSC – Juiz Substituto – FGV – 2024) O testamento deixado por Hermenegildo gerou significativas controvérsias quando ele faleceu, em virtude da imprecisão dos legados cujo cumprimento impôs a seus dois herdeiros, seus filhos Alberto e Bento.

Dentre os legados que constavam do testamento, o único válido é:

(A) "deixo a meu colega de infância Marcelo meus livros de literatura" (apesar dos esforços dos herdeiros, não foi possível identificar de quem se tratava);

(B) "deixo a meu motorista, José das Couves, quantia de dinheiro a ser livremente fixada por meu filho Alberto";

(C) "deixo minhas roupas de gala a um dos associados de meu Clube de Valsa, a ser escolhido pela minha secretária, dona Letícia Macieira";

(D) "deixo cinco mil reais a Osvaldo Laranjeira, meu leal assistente, que gentilmente se dispôs a figurar como testemunha deste testamento";

(E) "deixo meu automóvel a meu vizinho, Virgílio Limoeiro, contanto que ele deixe o automóvel para um dos meus filhos no testamento dele".

47. (TJSP – Titular de Serviços de Notas e de Registros – Vunesp – 2024) Nos termos do artigo 1.976 do Código Civil, o testador pode nomear um ou mais testamenteiros, conjuntos ou separados, para darem cumprimento às disposições de última vontade. Em testamento público, João nomeou Maria como testamenteira. Tempos depois, promoveu a substituição de Maria por Pedro, por meio de codicilo, em que também fazia disposições especiais sobre o seu enterro e sobre o legado de bens móveis de pouco valor, de uso pessoal. Em face do exposto, é correto afirmar que

(A) é válida e eficaz a substituição de Maria por Pedro, visto que, por meio de codicilo, se permite complementar o testamento, com a nomeação de testamenteiro; ou retificá-lo, substituindo o testamenteiro anteriormente nomeado.

(B) é inválida a substituição de Maria por Pedro, pois somente se admite a modificação de um testamento pelo mesmo modo e forma como pode ser feito. Preservam-se, porém, as demais disposições feitas no codicilo.

(C) é ineficaz o codicilo, salvo quanto às disposições especiais sobre o enterro. Afinal, João não estava autorizado a legar bens móveis, independentemente do valor e do uso que fazia deles, porque já estavam contemplados no testamento público.

(D) se considera o codicilo inexistente, na medida em que já existia testamento público prévio.

48. (MPE-RO – Promotor de Justiça Substituto – Vunesp – 2024) Matheus, filho de um milionário, aos dezesseis anos, decide escrever, de próprio punho, seu testamento. No testamento, escrito em língua francesa, Matheus decide dispor da totalidade de seus bens. Passados cinco meses, mediante escrito particular seu, datado e assinado, Matheus decide fazer disposições especiais sobre o seu enterro. Além disso, decide alterar seu testamento, dispondo apenas de seus bens imóveis. Passados dois meses, decide novamente alterar seu testamento, dispondo novamente da totalidade de seus bens. Tanto a elaboração do testamento quanto suas retificações foram lidas e assinadas por Matheus na presença de três testemunhas, que o subscreveram. Diante da situação hipotética, assinale a alternativa correta.

(A) O codicilo só é válido se não houver testamento; havendo testamento, as disposições de última vontade deverão nele ser incluídas.

(B) O testamento não é válido, sendo necessária a maioridade para sua validade ou a participação do Ministério Público, enquanto menor.

(C) O testamento é ato personalíssimo, podendo ser alterado a qualquer tempo mediante manifestação favorável do Ministério Público.

(D) Extingue-se em três anos o direito de impugnar a validade do testamento, contado o prazo de sua abertura.

(E) O testamento pode ser escrito em língua estrangeira desde que as testemunhas a compreendam.

GABARITO

01 – D	02 – B	03 – C
04 – A	05 – D	06 – E
07 – B	08 – A	09 – B
10 – B	11 – E	12 – C
13 – A	14 – D	15 – A
16 – A	17 – C	18 – A
19 – C	20 – B	21 – D
22 – D	23 – B	24 – A
25 – ERRADO	26 – D	27 – A
28 – B	29 – C	30 – C
31 – B	32 – C	33 – B
34 – D	35 – B	36 – E
37 – D	38 – C	39 – D
40 – D	41 – B	42 – C
43 – D	44 – C	45 – A
46 – C	47 – A	48 – E

4

DO INVENTÁRIO E DA PARTILHA. VISÃO ATUALIZADA DIANTE DO CPC/2015

4.1 DO INVENTÁRIO. CONCEITO E PROCEDIMENTOS

A encerrar a presente obra, é interessante o estudo do último título do Direito Sucessório, referente à sua instrumentalização, particularmente do inventário e da partilha. Na verdade, os institutos abordados a partir do presente momento complementam tudo o que foi visto anteriormente neste livro.

No que diz respeito aos instrumentos, o Código de Processo Civil de 2015, a exemplo do seu antecessor, traz um amplo tratamento relativo ao inventário e à partilha, procedimentos atinentes ao Direito das Sucessões e que, como tais, necessariamente devem ser abordados por esta obra.

Iniciando-se pela ideia de inventário, categoria essencial para o presente capítulo, Maria Helena Diniz, ainda citando a norma processual anterior, conceitua o instituto como "o processo judicial (CC, art. 1.796; CPC, art. 982) tendente à relação, descrição, avaliação e liquidação de todos os bens pertencentes ao *de cujus* ao tempo de sua morte, para distribuí-los entre seus sucessores" (DINIZ, Maria Helena. *Curso*..., 2005, v. 6, p. 368). Na mesma linha, ensinava o saudoso Mestre Zeno Veloso que o inventário tem por objetivo a arrecadação, a descrição e a avaliação dos bens e outros direitos pertencentes ao morto, bem como a discriminação, o pagamento das dívidas e dos impostos e os demais atos indispensáveis à liquidação do montante que era do falecido (VELOSO, Zeno. *Código*..., 2008, p. 1.657).

Lecionam Euclides de Oliveira e Sebastião Amorim que, "quando morre uma pessoa deixando bens, abre-se a sucessão e procede-se ao inventário, para regular apuração dos bens deixados, com a finalidade de que passem a pertencer, legalmente, aos seus sucessores. O inventário é o procedimento obrigatório para a atribuição legal dos bens aos sucessores do falecido, mesmo em caso de partilha extrajudicial" (AMORIM, Sebastião; OLIVEIRA, Euclides. *Inventários*..., 2009, p. 299). Em sentido próximo, esclarece Francisco José Cahali que "o inventário é o meio pelo qual se promove a efetiva transferência da herança aos respectivos herdeiros, embora, no plano jurídico (e fictício, como visto), a transmissão do acervo se opere no exato instante do falecimento" (CAHALI, Francisco José. *Direito*..., 2007, p. 357).

Por fim, no tocante a essa conceituação inaugural, conforme se retira da obra de Dimas Messias de Carvalho e Dimas Daniel de Carvalho:

> "O termo inventário vem do latim *inventarium*, de *invenire*, que significa agenciar, diligenciar, promover, achar, encontrar. No sentido amplo, significa o processo ou a série de atos praticados com o objetivo de ser apurada a situação econômica de uma pessoa ou instituição, relacionando os bens e direitos, de um lado, e as obrigações ou encargos, do outro, assemelhando-se ao balanço de uma empresa, com a verificação do ativo e do passivo. No sentido estrito, é o relacionamento de bens ou de valores pertencentes a uma pessoa, ou existentes em determinado lugar, anotados e arrolados com os respectivos preços sabidos ou estimados, tratando-se, pois, de um mero arrolamento de bens. No direito das sucessões, entende-se como a ação especial intentada para que se arrecadem todos os bens e direitos do falecido, encontrados em seu poder quando de sua morte ou de terceiros, formando-se o balanço com as obrigações e encargos, a fim de serem apurados os resultados que irão ser objetos a partilhar, bem como reconhecer a qualidade dos herdeiros" (CARVALHO, Dimas Messias; CARVALHO, Dimas Daniel. *Direito*..., 2012, v. VIII, p. 215-216).

Não restam dúvidas que o que se almeja, nesse contexto, é a liquidação dos bens e a divisão patrimonial do acervo hereditário, cessando o condomínio legal *pro indiviso* existente entre os herdeiros, situação não desejada pelas partes envolvidas. O encerramento do inventário também tem um efeito psicológico, terminando uma etapa do *luto* pela perda do familiar ou da pessoa querida.

Quanto ao instituto em estudo, há uma única norma inicial no Código Civil de 2002, o art. 1.991, segundo o qual, "desde a assinatura do compromisso até a homologação da partilha, a administração da herança será exercida pelo inventariante". Como é notório, o *inventariante* é o administrador do espólio, conjunto de bens formado com a morte de alguém, que constitui um ente despersonalizado. Age o inventariante com um mandato legal, após a devida nomeação pelo juiz da causa.

Na realidade, os principais procedimentos quanto ao inventário sempre estiveram previstos no Código de Processo Civil. No Estatuto Processual de 1973, o tratamento estava entre os seus arts. 982 a 1.038. No Código de Processo Civil de 2015, as regras estão dispostas entre os arts. 610 a 667. Adiante-se, de antemão, que o Estatuto Processual ora em vigor acabou por repetir a maioria das previsões que estavam na legislação instrumental anterior, não havendo grandes modificações estruturais.

O primeiro dispositivo processual a ser citado é o art. 982 do Código de Processo Civil de 1973, que foi alterado pela edição da Lei 11.441, de 4 de janeiro de 2007. Em sua redação original, determinava a norma que se procederia sempre ao inventário judicial, ainda que todas as partes fossem capazes. Assim, em regra, o procedimento judicial de inventário era tido como necessário para a partilha de bens do falecido, mesmo havendo plena capacidade e acordo entre os seus herdeiros.

Com a aprovação pelo Congresso Nacional do Projeto de Lei 4.725/2004, convertido na Lei 11.441/2007, a questão foi modificada de forma considerável. A redação anterior do art. 982 do CPC de 1973, já alterada pela Lei 11.965/2009, pela menção ao defensor público, era a seguinte:

> "Art. 982. Havendo testamento ou interessado incapaz, proceder-se-á ao inventário judicial; se todos forem capazes e concordes, poderá fazer-se o inventário e a partilha por escritura pública, a qual constituirá título hábil para o registro imobiliário.
>
> § 1.º O tabelião somente lavrará a escritura pública se todas as partes interessadas estiverem assistidas por advogado comum ou advogados de cada uma delas ou por defensor público, cuja qualificação e assinatura constarão do ato notarial.
>
> § 2.º A escritura e demais atos notariais serão gratuitos àqueles que se declararem pobres sob as penas da lei".

O Código de Processo Civil de 2015 praticamente repetiu o preceito, no seu art. 610, *in verbis*:

> "Art. 610. Havendo testamento ou interessado incapaz, proceder-se-á ao inventário judicial.
>
> § 1.º Se todos forem capazes e concordes, o inventário e a partilha poderão ser feitos por escritura pública, a qual constituirá documento hábil para qualquer ato de registro, bem como para levantamento de importância depositada em instituições financeiras.
>
> § 2.º O tabelião somente lavrará a escritura pública se todas as partes interessadas estiverem assistidas por advogado ou por defensor público, cuja qualificação e assinatura constarão do ato notarial".

Como se pode perceber, a única diferença substancial diz respeito à falta de menção à gratuidade do ato para os que se declararem pobres, assim como ocorreu com a separação e o divórcio extrajudiciais. De todo modo, entendo que a gratuidade permanece por estar prevista em lei especial anterior, qual seja a Lei 11.441/2007, que não foi recepcionada nem revogada nessa parte. Em complemento, a gratuidade tem índole constitucional, pela tutela da pessoa humana (art. 1.º, inciso III, da CF/1988) e pelo *espírito de solidariedade* que guia o Texto Maior (art. 3.º, inciso I, da CF/1988).

Mais especificamente, há referência expressa à gratuidade no art. 5.º, inciso LXXIV, da Norma Fundamental, *in verbis:* "o Estado prestará assistência jurídica integral e gratuita aos que comprovarem insuficiência de recursos". Como bem escreveu Fernanda Tartuce, o acesso efetivo à justiça dispensa previsão textual em lei de gratuidade para determinado ato, devendo as relações legais de atos gratuitos ser lidas como meramente exemplificativas (*numerus apertus*), e não como taxativas (*numerus clausus*) (TARTUCE, Fernanda. *Gratuidade...*, In: REGIS, Mário Luiz Delgado; COLTRO, Antonio Carlos Mathias (Org.). *Separação...*, 2010, v. 1, p. 127).

Como outro argumento substancial, merece destaque o que consta no art. 1.º do vigente Código de Processo Civil, comando que aproxima as normas processuais da Constituição Federal de 1988, *constitucionalizando* o Direito Processual Civil brasileiro: "o processo civil será ordenado, disciplinado e interpretado conforme os valores e as normas fundamentais estabelecidos na Constituição da República Federativa do Brasil, observando-se as disposições deste Código".

Exatamente nesse sentido, e citando a minha posição doutrinária, merece relevo decisão prolatada no âmbito do Conselho Nacional de Justiça (CNJ), publicada em abril de 2018, no sentido de que "a consulta é respondida no sentido que a gratuidade de justiça deve ser estendida, para efeito de viabilizar o cumprimento da previsão constitucional de acesso à jurisdição e a prestação plena aos atos extrajudiciais de notários e de registradores. Essa orientação é a que melhor se ajusta ao conjunto de princípios e normas constitucionais voltados a garantir ao cidadão a possibilidade de requerer aos poderes públicos, além do reconhecimento, a indispensável efetividade dos seus direitos (art. 5.º, XXXIV, XXXV, LXXIV, LXXVI e LXXVII, da CF/88), restando, portanto, induvidosa a plena eficácia da Resolução n.º 35 do CNJ, em especial seus artigos 6.º e 7.º" (CNJ, Consulta 0006042-02.2017.2.00.0000, requerente: Corregedoria-Geral da Justiça do Estado da Paraíba). Assim, a gratuidade das escrituras de inventário está mantida em todo o território nacional, na linha desse importante julgado do CNJ, que teve como relator o Conselheiro Arnaldo Hossepian.

Destaco que, no mesmo sentido é o texto do art. 6.º da Resolução n. 35 do CNJ, na redação dada pela sua nova Resolução n. 571/2024: "a gratuidade prevista na norma adjetiva compreende as escrituras de inventário, partilha, divórcio, separação de fato e extinção da união estável consensuais".

Voltando-se à essência do tema, pelos dois textos instrumentais, o anterior e o atual, constata-se que, nos termos exatos da lei, sendo as partes capazes e inexistindo testamento, poderão os herdeiros optar pelo inventário extrajudicial. O requisito da inexistência do testamento já vinha sendo contestado por muitos no meio jurídico, existindo decisões de primeira instância anteriores que afastavam tal elemento essencial, quando todos os herdeiros forem maiores, capazes e concordantes com a via extrajudicial.

A questão foi anteriormente julgada pela 2.ª Vara de Registros Públicos da Comarca de Capital de São Paulo, tendo sido prolatada a decisão pelo magistrado Marcelo Benacchio, em abril de 2014. A dúvida havia sido levantada pelo 7.º Tabelião de Notas da Comarca da Capital, com pareceres favoráveis à dispensa do citado requisito de representante do Ministério Público e do Colégio Notarial do Brasil – Seção São Paulo; este último apoiado em entendimento do Instituto Brasileiro de Direito de Família (IBDFAM).

Ponderou o julgador, naquela ocasião, que as posições que admitem o inventário extrajudicial havendo testamento "são entendimentos respeitáveis voltados à eficiente prestação do imprescindível serviço público destinado à atribuição do patrimônio do falecido aos herdeiros e legatários. Ideologicamente não poderíamos deixar de ser favoráveis a essa construção na crença da necessidade da renovação do Direito no sentido de facilitar sua aplicação e produção de efeitos na realidade social, econômica e jurídica". No entanto, seguindo outro caminho, deduziu o magistrado em trechos principais de sua sentença do seguinte modo:

> "Não obstante, é necessário adequar a compreensão ao ordenamento jurídico conforme nossos estudos e ditames da ciência jurídica, pena da ausência de legitimidade de sua concreção no meio social. Não estamos aqui a defender um retorno ao positivismo, tampouco uma interpretação limitada em conformidade à célebre assertiva de Montesquieu: o juiz é a boca que pronuncia as sentenças da lei. (...). Diante disso, a construção e interpretação dos fundamentos da presente decisão administrativa passará pelo equilíbrio e comunicação do Direito com suas finalidades, todavia, sempre preso ao dado legislativo como emanação das opções estatais pelo fio condutor da soberania estatal. (...). Mesmo assim, modestamente, no momento, pensamos não ser possível a lavratura de inventário extrajudicial diante da presença de testamento válido. Há diversidade entre a sucessão legítima e testamentária no campo da estrutura e função de cada qual, para tanto, conforme Norberto Bobbio (*Da estrutura à função*. Barueri: Manole, 2007, p. 53), devemos indagar não apenas a estrutura ('como o direito é feito'), mas também a função ('para que o direito serve') e, nesse pensamento, vamos concluir pela diversidade estrutural e funcional das espécies de sucessão. Somente na sucessão testamentária existe um negócio jurídico a ser cumprido, o que, por si só, implica a diversidade dos procedimentos previstos em lei para atribuição dos bens do falecido. (...). Enfim, o ordenamento jurídico aproxima, determina e impõe o processamento da sucessão testamentária em unidade judicial como se depreende dos regramentos atualmente incidentes e dos institutos que cercam a sucessão testamentária; daí a razão da parte inicial do art. 982, *caput,* do Código de Processo Civil iniciar excepcionando expressamente a possibilidade de inventário extrajudicial no caso da existência de testamento independentemente da existência de capacidade e concordância de todos interessados na sucessão; porquanto há necessidade de se aferir e cumprir (conforme os limites impostos à autonomia privada na espécie) a vontade do testador, o que não pode ser afastado mesmo concordes os herdeiros e legatários".

Com o devido respeito, os diplomas legais que exigem a inexistência de testamento para que a via administrativa do inventário seja possível devem ser mitigados, especialmente nos casos em que os herdeiros são maiores, capazes e concordam com esse caminho facilitado. Nos termos do art. 5.º da Lei de Introdução, o fim social da Lei 11.441/2007 foi a redução de formalidades, devendo essa sua finalidade sempre guiar o intérprete do Direito. O mesmo deve ser dito quanto ao CPC/2015, inspirado pelas máximas de *desjudicialização* e de celeridade.

Pontue-se que o próprio Colégio Notarial do Brasil aprovou enunciado em seu *XIX Congresso Brasileiro*, realizado entre 14 e 18 de maio do mesmo ano de 2014, estabelecendo que "é possível o inventário extrajudicial ainda que haja testamento, desde que previamente registrado em Juízo ou homologado posteriormente perante o Juízo competente".

Como reforço para a tese na *VII Jornada de Direito Civil*, promovida pelo Conselho da Justiça Federal em 2015, foi aprovado enunciado prevendo que, após registrado judicialmente o testamento e sendo todos os interessados capazes e concordes com os seus termos, não havendo conflito de interesses, é possível que se faça o inventário extrajudicial (Enunciado n. 600). Como se destaca desde a 9.ª edição desta obra, no contexto dessas afirmações, aguardávamos que novas decisões judiciais surgissem, sob a égide do Código de Processo Civil de 2015, pensando o Direito das Sucessões de outro modo, mais concreto e efetivo socialmente.

Foi justamente o que aconteceu em 2016, pois o Provimento n. 37 da Corregedoria-Geral do Tribunal de Justiça de São Paulo passou a aplicar exatamente o teor do

Enunciado n. 600 da *VII Jornada de Direito Civil*. Conforme decisão do Desembargador-Corregedor Manoel de Queiroz Pereira Calças em trecho que merece destaque:

> "Diante da expressa autorização do juízo sucessório competente, nos autos do procedimento de abertura e cumprimento de testamento, sendo todos os interessados capazes e concordes, poderão ser feitos o inventário e a partilha por escritura pública, que constituirá título hábil para o registro imobiliário. Poderão ser feitos o inventário e a partilha por escritura pública, também, nos casos de testamento revogado ou caduco, ou quando houver decisão judicial, com trânsito em julgado, declarando a invalidade do testamento, observadas a capacidade e a concordância dos herdeiros. Nas hipóteses do subitem 129.1, o Tabelião de Notas solicitará, previamente, a certidão do testamento e, constatada a existência de disposição reconhecendo filho ou qualquer outra declaração irrevogável, a lavratura de escritura pública de inventário e partilha ficará vedada, e o inventário far-se-á judicialmente".

Em suma, por bem, a posição aqui defendida acabou por ser a vencedora no Tribunal Paulista. A propósito, ainda em 2016, no mês de agosto, o mesmo Conselho da Justiça Federal promoveu a *I Jornada sobre Solução Extrajudicial de Conflitos*, sob a coordenação do Ministro Luís Felipe Salomão, também com a aprovação de enunciados sobre a *extrajudicialização do direito*. Umas das propostas aprovadas amplia o sentido do Enunciado 600 da *VII Jornada de Direito* Civil, possibilitando o inventário extrajudicial se houver testamento nos casos de autorização do juiz do inventário. Nos termos do Enunciado n. 77, "havendo registro ou autorização do juízo sucessório competente, nos autos do procedimento de abertura e cumprimento de testamento, sendo todos os interessados capazes e concordes, o inventário e partilha poderão ser feitos por escritura pública, mediante acordo dos interessados, como forma de pôr fim ao procedimento judicial".

Em agosto de 2017, dando ainda mais sustento doutrinário a tal posição, foi aprovado outro enunciado e com o mesmo teor do último, quando da realização da *I Jornada de Direito Processual Civil*, promovida pelo mesmo Conselho da Justiça Federal, o que contou com o meu pleno apoio (Enunciado n. 51). Em suma, nota-se que há uma saudável tendência de quebra da regra que afasta o inventário administrativo presente uma disposição de última vontade.

No mesmo ano de 2017, o Tribunal de Justiça do Rio de Janeiro seguiu o exemplo paulista, e passou a admitir que, se todos os interessados forem maiores de idade, lúcidos e não discordarem entre si, o inventário e a partilha de bens poderão ser feitos por escritura pública, mediante acordo, se isso for autorizado pelo juiz da Vara de Órfãos e Sucessões onde o testamento foi aberto.

Citando enunciados doutrinários aqui destacados, houve alteração do art. 297 da Consolidação Normativa da Corregedoria-Geral da Justiça da Corte, por meio do Provimento n. 21/2017, que passou a ter a seguinte redação:

> "A escritura pública de inventário e partilha conterá a qualificação completa do autor da herança; o regime de bens do casamento; pacto antenupcial e seu registro imobiliário se houver; dia e lugar em que faleceu o autor da herança; data da expedição da certidão de óbito; livro, folha, número do termo e unidade de serviço em que consta o registro do óbito, além da menção ou declaração dos herdeiros de que o autor da herança não deixou

> testamento e outros herdeiros, sob as penas da lei. § 1.º Diante da expressa autorização do juízo sucessório competente nos autos da apresentação e cumprimento de testamento, sendo todos os interessados capazes e concordes, poderá fazer-se o inventário e a partilha por escritura pública, a qual constituirá título hábil para o registro. § 2.º Será permitida a lavratura de escritura de inventário e partilha nos casos de testamento revogado ou caduco, ou quando houver decisão judicial, com trânsito em julgado, declarando a invalidade do testamento".

Outros Estados percorreram o mesmo caminho, sucessivamente, caso da Paraíba e do Paraná, que editaram normas administrativas na mesma linha.

Esperava-se que outras unidades da Federação seguissem esse sadio caminho da *desjudicialização*, ou que a questão fosse definitivamente regulamentada pelo Conselho Nacional da Justiça, valendo para todo o País, o que acabou ocorrendo em agosto de 2024, por meio da sua nova Resolução n. 571, que alterou o seu anterior Provimento n. 35, analisado a seguir com essas modificações.

Essa possibilidade de regulamentação pelo CNJ ganhou força pelo fato de que, em 2019, a Quarta Turma do Superior Tribunal de Justiça acabou por admitir a realização de inventário extrajudicial, mesmo havendo testamento, desde que a sua abertura seja feita anteriormente, no âmbito judicial. O acórdão cita todos os enunciados doutrinários aqui referenciados e também a minha posição doutrinária, representando um passo importante para a sadia desburocratização (STJ, Recurso Especial 1.808.767/RJ, Rel. Min. Luis Felipe Salomão, j. 15.08.2019).

Em 2022, surgiu outro precedente, no âmbito da Terceira Turma do mesmo STJ, a demonstrar que a questão se consolidou na Segunda Seção da Corte. Assim, ficou ainda mais imperiosa a necessidade de norma do CNJ, admitindo tal possibilidade, em âmbito nacional. Consoante trecho da ementa do acórdão, que cita a minha posição e do último *decisum*. Vejamos trecho da sua ementa:

> "A primeira interpretação, literal do *caput* do art. 610 do CPC/15, tornaria absolutamente desnecessário e praticamente sem efeito a primeira parte do § 1.º do mesmo dispositivo, na medida em que a vedação ao inventário judicial na hipótese de interessado incapaz já está textualmente enunciada no *caput*. Entretanto, em uma interpretação teleológica decorrente da análise da exposição de motivos da Lei n.º 11.441/2007, que promoveu, ainda na vigência do CPC/73, a modificação legislativa que autorizou a realização de inventários extrajudiciais no Brasil, verifica-se que o propósito do legislador tencionou impedir a partilha extrajudicial quando existente o inventário diante da alegada potencialidade de geração de conflitos que tornaria necessariamente litigioso o objeto do inventário. A partir desse cenário, verifica-se que, em verdade, a exposição de motivos reforça a tese de que haverá a necessidade de inventário judicial sempre que houver testamento, salvo quando os herdeiros sejam capazes e concordes, justamente porque a capacidade para transigir e a inexistência de conflito entre os herdeiros derruem inteiramente as razões expostas pelo legislador. Anote-se ainda que as legislações contemporâneas têm estimulado a autonomia da vontade, a desjudicialização dos conflitos e a adoção de métodos adequados de resolução das controvérsias, de modo que a via judicial deve ser reservada somente à hipótese em que houver litígio entre os herdeiros sobre o testamento que influencie na resolução do inventário. Finalmente, uma interpretação sistemática do art. 610, *caput* e § 1.º, do CPC/15, especialmente à luz dos arts. 2.015 e 2.016, ambos do CC/2002, igualmente demonstra

ser acertada a conclusão de que, sendo os herdeiros capazes e concordes, não há óbice ao inventário extrajudicial, ainda que haja testamento, nos termos, inclusive, de precedente da 4.ª Turma desta Corte" (STJ, REsp 1.951.456/RS, 3.ª Turma, Rel. Min. Fátima Nancy Andrighi, j. 23.08.2022).

Diante de todas essas afirmações doutrinárias e jurisprudenciais, em agosto de 2024, surgiu a nova Resolução n. 571 do Conselho Nacional de Justiça, que, entre outras modificações, passou a admitir o inventário extrajudicial mesmo havendo testamento, e também filhos menores ou incapazes, o que passa a ser aplicado para a prática sucessória. Tive a honra de atuar na sua elaboração, fazendo sugestões de texto ao então Corregedor-Geral de Justiça do CNJ, Ministro Luis Felipe Salomão, e sua assessoria.

Assim, nos termos do seu novo art. 12-A, o inventário poderá ser realizado por escritura pública, ainda que inclua interessado menor ou incapaz, desde que o pagamento do seu quinhão hereditário ou de sua meação ocorra em parte ideal em cada um dos bens inventariados e haja manifestação favorável do Ministério Público, que atuará perante o Tabelionato de Notas.

O § 1.º dessa mesma norma enuncia que nessa hipótese, é vedada a prática de atos de disposição relativos aos bens ou direitos do interessado menor ou incapaz, o que visa à sua proteção. E, consoante o seu § 2.º, havendo nascituro do autor da herança, para a lavratura da escritura, aguardar-se-á o registro de seu nascimento com a indicação da parentalidade, ou a comprovação de não ter nascido com vida.

Ademais, a eficácia da escritura pública do inventário com interessado menor ou incapaz dependerá da manifestação favorável do Ministério Público, devendo o tabelião de notas encaminhar o expediente ao respectivo representante (novo art. 12-A, § 3.º, da Resolução n. 35 do CNJ). Em caso de impugnação pelo Ministério Público ou terceiro interessado, o procedimento deverá ser submetido à apreciação do juízo competente, ou seja, a análise da questão deve ser levada ao Poder Judiciário, como é comum preverem as normas administrativas do CNJ (§ 4.º da mesma norma administrativa).

Sobre a atuação do Ministério Público, acrescente-se que, em novembro de 2024, o Conselho Nacional do Ministério Público (CNMP) publicou a sua nova Resolução n. 301/2024, que regula justamente a atuação do MP nesses inventários e partilhas quando envolvem o interesse de crianças, adolescentes e incapazes. Consoante o seu art. 2.º, confirma-se a atuação do MP nesses procedimentos administrativos, devendo ser eles encaminhados na íntegra. O membro do Ministério Público terá o prazo de quinze dias para solicitar a apresentação de documentação complementar, manifestar-se favoravelmente à lavratura do ato ou impugná-lo (art. 3.º). Esse procedimento será denominado como "extrajudicial Classificador" e a comunicação entre as serventias extrajudiciais e as unidades do Ministério Público será realizada por meio eletrônico, através de interoperabilidade entre os sistemas (art. 4.º).

Voltando-se à normatização do Conselho Nacional de Justiça, com o estudo das modificações engendradas pela sua nova Resolução n. 571/2024, o seu novo art. 12-B preceitua, exatamente na linha da posição majoritária da doutrina e da jurisprudência, que é autorizado o inventário e a partilha consensuais promovidos extrajudicialmente por escritura pública, ainda que o autor da herança tenha deixado testamento, desde que obedecidos os seguintes requisitos: *a)* os interessados estejam todos representados por advogado devidamente habilitado; *b)* exista expressa autorização do juízo sucessório competente em ação de abertura e cumprimento de testamento válido e eficaz, em sentença transitada em julgado; *c)* todos os interessados sejam capazes e concordes; *d)* no caso de haver interessados menores ou incapazes, sejam também observadas as exigências do art. 12-A da própria Resolução, aqui antes analisadas; e, *e)* nos casos de testamento invalidado, revogado, rompido ou caduco, a invalidade ou ineficácia tenha sido reconhecida por sentença judicial transitada em julgado na ação de abertura e cumprimento de testamento.

O mesmo comando estabelece, a respeito do inventário extrajudicial com testamento, que, formulado o pedido de escritura pública, deve ser apresentada, junto com o pedido, a certidão do testamento, e, constatada a existência de disposição reconhecendo filho ou qualquer outra declaração irrevogável, a lavratura de escritura pública de inventário e partilha ficará vedada e o inventário deverá ser feito obrigatoriamente pela via judicial (art. 12-B, § 1.º, da Resolução n. 35 do CNJ, incluído pela sua Resolução n. 571/2024). Ademais, sempre que o tabelião tiver dúvidas quanto ao cabimento da escritura de inventário e partilha consensual, deverá suscitá-la ao juízo competente em matéria de registros públicos, norma que, como visto, sempre consta das regulamentações do CNJ (§ 2.º). Nesse contexto, sempre que houver alguma dúvida no âmbito extrajudicial, a questão será remetida para o judicial.

Sem dúvidas que todas essas alterações são louváveis, para a efetivação da extrajudicialização do Direito Privado, resolvendo-se com maior celeridade os problemas das pessoas, reduzindo-se burocracias e visando a3 circulação patrimonial, algo tão caro ao Direito Civil. Voltarei ao estudo de outras regras previstas nessas normas mais à frente.

De todo modo, expostas as principais regras administrativas introduzidas na Resolução n. 35 do CNJ pela sua nova Resolução n. 571, não se pode negar que a melhor solução é a reforma legislativa dos dispositivos relativos ao tema, admitindo-se o inventário extrajudicial mesmo com a existência de testamento – desde que todos os herdeiros concordem – e de filhos incapazes ou menores do *de cujus*.

Tais alterações eram almejadas anteriormente pelo grande *Projeto de Lei de Desburocratização*, originário de comissão mista formada no Senado Federal, e que acatou algumas sugestões por mim formuladas. Pelo PL 217/2018, que é específico sobre o preceito em comento, passaria ele a ter a seguinte dicção:

> "Art. 610. Havendo testamento, proceder-se-á ao inventário judicial.
>
> § 1.º Se todos forem concordes, o inventário e a partilha poderão ser feitos por escritura pública, a qual constituirá documento hábil para qualquer ato de registro, bem como para levantamento de importância depositada em instituições financeiras.
>
> § 2.º O tabelião somente lavrará a escritura pública se todas as partes interessadas estiverem assistidas por advogado ou por defensor público, cuja qualificação e assinatura constarão do ato notarial.
>
> § 3.º Havendo interessado incapaz, o Ministério Público deverá se manifestar no procedimento, para fiscalizar a conformidade com a ordem jurídica do inventário e da partilha feitos por escritura pública.

§ 4.º Na hipótese do § 3.º, caso o tabelião se recuse a lavrar a escritura nos termos propostos pelas partes, ou caso o Ministério Público ou terceiro a impugnem, o procedimento deverá ser submetido à apreciação do juiz".

Pela projeção, portanto, nota-se que o MP passaria a atuar nos inventários extrajudiciais, o que já ocorre em outros países, como em Portugal, e como acabou sendo admitido pela nova normatização do Conselho Nacional de Justiça.

No Projeto de Reforma do Código Civil, elaborado pela Comissão de Juristas nomeada no Senado Federal, almeja-se revogar expressamente o art. 610 do Código de Processo Civil, para que o tema seja tratado na Lei Geral Privada, visando à retomada do seu *protagonismo legislativo*, um dos *nortes* do Anteprojeto. Assim, consoante a nova redação que será dada ao art. 2.016 da codificação privada, "serão sempre submetidos à jurisdição o inventário e a partilha, se os herdeiros ou legatários divergirem".

Conforme o seu § 1.º, que encerrará qualquer resistência a respeito dos aspectos aqui aduzidos, "se todos os herdeiros e os legatários forem concordes, o inventário e a partilha poderão ser feitos por escritura pública, a qual constituirá documento hábil para qualquer ato de registro, bem como para levantamento de importância depositada em instituições financeiras". Também será incluída previsão no sentido de que "o tabelião somente lavrará a escritura pública se todas as partes interessadas estiverem assistidas por advogado ou por defensor público, cuja qualificação e assinatura constarão do ato notarial" (§ 2.º).

Como já está hoje na normatização administrativa do CNJ e do CNMP, "se houver herdeiro incapaz ou testamento, a eficácia da escritura pública dependerá de anuência do Ministério Público" (§ 3.º). Por fim, como última proposição, "com a discordância do Ministério Público, o tabelião de notas não lavrará a escritura" (§ 4.º do art. 2.016 do CC/2002).

Por tudo o que acabo de expor e desenvolver, espera-se a sua imediata aprovação pelo Parlamento Brasileiro, sendo o seu tratamento no Código Civil o melhor caminho para a regulamentação legal desse importante e necessário mecanismo para a *extrajudicialização do Direito Privado*.

Superados os estudos dessas propostas, e voltando-se ao sistema vigente, o inventário extrajudicial não é forma obrigatória, e sim facultativa, como ainda será devidamente aprofundado. Caso as partes prefiram o inventário judicial ao extrajudicial, poderão os herdeiros dele se utilizar, seguindo todas as normas do Estatuto Processual Civil, que serão comentadas no presente capítulo. Essa forma de apreciação persiste com a emergência do Código Processual de 2015.

Ainda com o intuito de introdução do tema do inventário e da partilha, cumpre expor o Provimento 56 do Conselho Nacional de Justiça, de julho de 2016; incorporado em parte ao Código Nacional de Normas elaborado pelo CNJ em 2023 (art. 442) e que ainda tem aplicação. A norma exige a consulta ao Registro Central de Testamentos *on-line* para que se processem os inventários e as partilhas judiciais ou extrajudiciais. Assim, é preciso verificar a existência de testamentos como requisito essencial prévio para os procedimentos de inventário judicial ou extrajudicial.

Penso ser a norma administrativa louvável, com o claro intuito de preservar a última vontade do falecido, a sua autonomia privada manifestada em testamento. Nesse contexto, nos termos do que está expresso atualmente no art. 441 do Código Nacional de Normas, em se tratando da lavratura dos atos notariais relacionados a inventário, partilha, separação consensual, divórcio consensual e extinção consensual de união estável por via administrativa, observar-se-á, sem prejuízo de outros atos normativos vigentes: *a)* a Resolução n. 35/2007 do CNJ; e *b)* a obrigatoriedade de consulta ao Registro Central de Testamentos On-Line (RCTO), módulo de informação da Central Notarial de Serviços Compartilhados (CENSEC), na forma do Provimento n. 56/2016, que foi preservado.

Nos termos do art. 1.º desse Provimento n. 56, "os Juízes de Direito, para o processamento dos inventários e partilhas judiciais, e os Tabeliães de Notas, para a lavratura das escrituras públicas de inventário extrajudicial, deverão acessar o Registro Central de Testamentos *On-Line* (RCTO), módulo de informação da CENSEC – Central Notarial de Serviços Compartilhados, para buscar a existência de testamentos públicos e instrumentos de aprovação de testamentos cerrados".

A norma administrativa, em complemento, considera obrigatório para o processamento dos inventários e partilhas judiciais, bem como para lavrar escrituras públicas de inventário extrajudicial, a juntada de certidão acerca da inexistência de testamento deixado pelo autor da herança, expedida pela CENSEC (art. 2.º do Provimento n. 56 do CNJ).

O diploma não afasta as normas editadas pelas correspondentes Corregedorias-Gerais da Justiça, pelos Juízes Corregedores e pelos Juízes competentes na forma da organização de cada Estado (art. 3.º do Provimento n. 56 do CNJ). Por fim, está previsto que as Corregedorias-Gerais de Justiça deverão dar ciência do seu teor obrigatório aos responsáveis pelas unidades do serviço extrajudicial (art. 4.º).

Também é importante relembrar que, nos termos do então Provimento n. 100/2020 do mesmo CNJ, com regras incorporadas ao Código Nacional de Normas, o inventário extrajudicial, assim como outros atos e negócios jurídicos que exigem a escritura pública lavrada por Tabelionato de Notas, pode ser efetivado pelo meio digital ou eletrônico, desde que observadas as suas regras de validade, sobretudo as previstas nos seus arts. 286 e 289, aqui antes estudados. O Projeto de Reforma do Código Civil, mais uma vez de forma necessária, pretende incluir essas normas administrativas como texto de lei no novo livro de *Direito Civil Digital* que está sendo proposto pela Comissão de Juristas.

Feitas tais considerações, pontue-se que o Código de Processo Civil em vigor, pela ordem, também traz regras quanto às colações (arts. 639 a 641 do CPC/2015; correspondentes aos arts. 1.014 a 1.016 do CPC/1973), ao pagamento das dívidas (arts. 642 a 646 do CPC/2015; arts. 1.017 a 1.021 do CPC/1973), à partilha (arts. 647 a 658 do CPC/2015; que correspondem aos arts. 1.022 a 1.030 do CPC/1973) e ao arrolamento (arts. 659 a 667 do CPC/2015; arts. 1.031 a 1.038 do CPC/1973).

Trata-se de um conjunto de regras procedimentais também importantes no processo de inventário, que aqui devem ser estudadas com as devidas atualizações. Por razões didáticas, essas regras serão abordadas nos tópicos correspondentes a seguir, após a análise das espécies de inventário e seus correspondentes procedimentos.

4.2 DAS ESPÉCIES DE INVENTÁRIO E SEUS PROCEDIMENTOS

Após a edição da Lei 11.441/2007, resta claro que a classificação do inventário sofreu relevantes alterações. Isso porque o inventário deve ser dividido, inicialmente, em *judicial* e *extrajudicial*. Assim, primeiramente, serão analisados todos os dispositivos do Código de Processo Civil sobre o inventário judicial e, por fim, a forma extrajudicial.

4.2.1 Inventário judicial

Conforme as lições de Euclides de Oliveira e Sebastião Amorim, o inventário judicial é classificado em três espécies, divisão a ser mantida na vigência do novo CPC (AMORIM, Sebastião; OLIVEIRA, Euclides. *Inventário...*, 2016, p. 320).

A primeira delas é o *inventário judicial pelo rito tradicional (inventário comum)*, tratado nos arts. 982 a 1.030 do CPC/1973 e nos arts. 610 a 658 do CPC/2015.

A segunda modalidade é o *inventário judicial pelo rito ou procedimento do arrolamento sumário*, previsto no art. 1.031 do CPC/1973 e no art. 659 do CPC/2015, sendo cabível quando todos os interessados forem maiores e capazes, abrangendo bens de quaisquer valores.

Por fim, o *inventário judicial pelo rito* ou *procedimento do arrolamento comum* era regulamentado no art. 1.036 do CPC/1973, viável quando os bens do espólio fossem de valor igual ou menor que 2.000 OTN. No CPC de 2015 está tratado pelo art. 664 que, felizmente, utiliza parâmetro mais fácil de ser aferido, qual seja o montante de mil salários mínimos.

Parte-se para o estudo dessas modalidades de inventário judicial, de forma pontual, seguindo, sucessivamente, a abordagem do inventário extrajudicial.

4.2.1.1 Inventário judicial pelo rito ou procedimento tradicional (inventário comum)

Iniciando-se o estudo do inventário pelo rito tradicional ou procedimento, o art. 983 do CPC/1973 enunciava que o inventário e a partilha deveriam ser requeridos dentro de 60 dias a contar da abertura da sucessão, ultimando-se nos 12 meses subsequentes.

Deve-se ressaltar que o parágrafo único desse dispositivo, que previa a possibilidade de o juiz da causa dilatar o último prazo havendo motivo justo, foi revogado pela Lei 11.441/2007. Com a modificação, determinava o art. 983 do antigo CPC que o magistrado poderia prorrogar o prazo, de ofício ou a requerimento das partes.

O Código de Processo Civil de 2015 alterou a menção aos sessenta dias para abertura do inventário para dois meses, mantendo-se o que é previsto quanto ao seu encerramento (art. 611). Também foi preservada a possibilidade de prorrogação, por pedido do interessado ou de ofício pelo juiz.

A crítica que se fazia ao dispositivo anterior, e que deve permanecer com o Estatuto Processual emergente, é que ele não consagrava expressamente sanção em caso de descumprimento do mencionado prazo. No entanto, a ausência de previsão não impedia – e não impedirá – que cada Estado da Federação institua uma multa pelo retardamento do início ou da ultimação do inventário, não havendo qualquer inconstitucionalidade nessa instituição, conforme consta da Súmula 542 do Supremo Tribunal Federal.

Geralmente é isso o que se impõe nos casos de desobediência a esses prazos, como bem comentam Euclides de Oliveira e Sebastião Amorim, tendo como parâmetro o sistema processual anterior:

> "É comum haver atraso na abertura do inventário. Diversas as razões, como o trauma decorrente da perda de um ente familiar, dificuldades financeiras, problemas na contratação de advogado ou necessidade de diligências para localização dos bens e sua documentação. A inércia do responsável poderá ensejar a atuação de outro interessado na herança, que tenha legitimidade concorrente (art. 988 do CPC), ou providência *ex officio* (art. 989 do CPC). Requerimento fora do prazo não implica indeferimento de abertura do inventário pelo juiz, mesmo porque se trata de procedimento obrigatório, não sujeito a prazo fatal. Mas o atraso na abertura do processo de inventário, quando superior a 60 (sessenta) dias, acarretará acréscimo dos encargos fiscais, pela incidência de multa de 10% sobre o importe a recolher, além dos juros de mora. Se o atraso for superior a 180 (cento e oitenta) dias, a multa será de 20% (previsão da Lei paulista 9.591/1966, art. 27, repisada pela Lei 10.705/2000, artigo 21, inciso I)" (AMORIM, Sebastião; OLIVEIRA, Euclides. *Inventários...*, 2009, p. 328-329).

Também sobre o art. 611 do CPC/2015 é preciso comentar e aprofundar o teor da Lei 14.010/2020, que criou um Regime Jurídico Emergencial e Transitório das relações jurídicas de Direito Privado no período da pandemia do coronavírus. A nova norma tem origem no Projeto de Lei 1.179/2020, proposto originalmente pelo Senador Antonio Anastasia, após iniciativa dos Ministros Dias Toffoli, do Supremo Tribunal Federal, e Antonio Carlos Ferreira, do Superior Tribunal de Justiça. Para o trabalho de sua elaboração foi composta uma comissão de juristas, liderada pelos Professores Otavio Luiz Rodrigues Jr. e Rodrigo Xavier Leonardo, que elaborou o texto, contando com minha participação, mediante sugestões enviadas à coordenação dos trabalhos e também ao Senador Rodrigo Pacheco e ao Deputado Vanderlei Macris, na tramitação no Congresso Nacional. As propostas feitas por mim também foram assinadas pelos Professores José Fernando Simão e Maurício Bunazar.

Sobre o Direito das Sucessões, o art. 16 da Lei 14.010/2020 tratou da suspensão dos prazos para a instauração e o encerramento dos processos de inventário e de partilha, previstos no art. 611 do CPC/2015. Para as sucessões abertas a partir de 1.º de fevereiro de 2020, o termo inicial para a instauração será o dia 30 de outubro de 2020, e não mais dois meses da abertura da sucessão, como consta da norma processual. Além disso, está previsto no comando que o prazo de doze meses para que seja ultimado o processo de inventário e de partilha, caso iniciado antes de 1.º de fevereiro de 2020, ficará suspenso a partir da entrada em vigor da lei – 12 de junho de 2020, quando foi publicada –, até a citada data de 30 de outubro.

Como anotei, as sanções para o descumprimento dessa norma processual dizem respeito à possibilidade de cada Estado da Federação ou o Distrito Federal instituir uma multa pelo retardamento do início ou da ultimação do inventário. No caso de São Paulo, por exemplo, o tema está tratado pela Lei Estadual n. 10.705/2000, no seu art. 21, inc. I, que prevê uma multa de 10% a 20%, calculada sobre o ITCMD, a última se houver um atraso superior a 180 dias no seu requerimento. No Rio de Janeiro, o art. 37, inc. V, da Lei Estadual n. 7.174/2015 também prevê uma multa de 10% sobre o imposto, cobrada em dobro quando constatada a infração no curso de um procedimento fiscal. Outras unidades da Federação, como Santa Catarina e o Distrito Federal, preveem multas fixas de 20% sobre o ITCMD, nas Leis 13.136/2004 e 5.452/2015, respectivamente.

Rodrigo Reis Mazzei e Deborah Azevedo Freire entendem que todas essas multas fiscais foram afastadas pelo artigo da nova lei emergencial, eis que "como é a lei federal que trata do prazo de instauração do inventário *causa mortis*, os diplomas estaduais e o distrital estão atrelados a tal comando, somente podendo aplicar a multa se não for descumprido o preceito que emana da legislação produzida pela União Federal, em respeito ao art. 22, I, da CF/88. Em suma, somente a União Federal pode regular Direito Civil e Direito Processual Civil, sendo o prazo para a instauração do inventário *causa mortis* assunto íntimo à competência prevista no art. 22, I, do Diploma Constitucional. O fato faz com que, inclusive, não seja incomum que a legislação local traga menção à aplicação de legislação federal em relação ao prazo para a instauração do inventário *causa mortis*" (MAZZEI, Rodrigo Reis; FREIRE, Deborah Azevedo. A instauração... *Revista Nacional...*, n. 35, p. 23, mar./abr. 2020).

Sendo assim, concluem, na sequência, que a suspensão dos prazos do art. 611 do CPC/2015 pela Lei 14.010/2020 afasta essas multas fiscais: "isso, porque como os ditames do citado dispositivo do CPC estão afetados pelo art. 19 do RJET, caso se obedeça à normatização transitória não há conduta contrária à legislação que permita a imposição de qualquer multa, inclusive de natureza fiscal". Anote-se que os autores comentaram o art. 19 do então Projeto 1.179/2020, que hoje equivale ao art. 16 da Lei 14.010/2020.

Todavia, a questão não é pacífica. José Fernando Simão – em artigo escrito em coautoria comigo e com Maurício Bunazar – sustenta que essa conclusão não vale para o Estado de São Paulo, citando os últimos autores e rebatendo os seus argumentos. Vejamos as suas palavras:

> "Curiosa é a conclusão, em meu sentir, equivocada, sobre a legislação tributária do Estado de São Paulo. Afirmam os autores que: 'Em São Paulo, por exemplo, o art. 21, I, da Lei n.º 10.705/2000, prevê que se o inventário (ou arrolamento) não for requerido dentro do prazo fixado pela legislação federal, o ITCMD será calculado com acréscimo de multa equivalente a 10% (dez por cento) do valor do imposto, mas se o atraso exceder a 180 (cento e oitenta) dias, a multa será de 20% (vinte por cento)'.
>
> Com a devida vênia, a lei estadual de São Paulo não diz isso. O artigo 21 deve ser lido conjuntamente com o artigo 17. Seguindo máxima de Jean Portalis, um dos autores do Code Napoleón, uma lei não se interpreta por leitura de um artigo isoladamente, mas sim, um artigo pelo outro. E o artigo 17 da Lei 10.705 de 2000 assim determina:
>
> 'Artigo 17 – Na transmissão *causa mortis*, o imposto será pago até o prazo de 30 (trinta) dias após a decisão homologatória do cálculo ou do despacho que determinar seu pagamento, observado o disposto no artigo 15 desta lei. § 1.º – O prazo de recolhimento do imposto não poderá ser superior a 180 (cento e oitenta) dias da abertura da sucessão, sob pena de sujeitar-se o débito à taxa de juros prevista no artigo 20, acrescido das penalidades cabíveis, ressalvado, por motivo justo, o caso de dilação desse prazo pela autoridade judicial'.
>
> Há prazo limite para recolhimento do tributo expresso e que, como se sabe, o prazo da lei especial (para recolhimento do tributo), ao não mencionar a abertura do inventário, não se suspende pela lei especial. Aliás, a interpretação em sentido contrário ignora um fato: o tributo pode ser recolhido, mesmo se inventário não houver. Uma tabela ajuda na compreensão da questão. (...).

Em conclusão, a data da abertura do inventário, para fins da lei paulista, é irrelevante, pois o ITCMD deve ser recolhido em 180 dias da abertura da sucessão, da morte, sem qualquer relação com o prazo de 2 meses do artigo 611 agora 'dilatado' pelo RJET.

Para o caso de São Paulo, o RJET é inócuo caso o recolhimento do ITCMD não ocorra no prazo máximo de 180 dias contados da morte: haverá multa de 20%. Vamos agora explicar, então, o texto do artigo 21, I da lei paulista, compilado por Rodrigo Mazzei e Deborah Azevedo Freire:

'I – no inventário e arrolamento que não for requerido dentro do prazo de 60 (sessenta) dias da abertura da sucessão, o imposto será calculado com acréscimo de multa equivalente a 10% (dez por cento) do valor do imposto; se o atraso exceder a 180 (cento e oitenta) dias, a multa será de 20% (vinte por cento)'.

Se o inventário não for requerido em 60 dias da abertura da sucessão (o que não corresponde aos dois meses do art. 611 do CPC, pois prazo que se conta em dias difere de prazo que se conta em meses), mas o tributo for recolhido nesse prazo, multa não há. Se o inventário for requerido nesse prazo e o tributo não for recolhido, multa haverá de 10%, salvo dilação desse prazo pela autoridade judicial (art. 17 da Lei 10.705/2000). Essa é a interpretação sistemática da lei paulista. Não por fatias, mas um artigo lido pelo outro. O artigo 17 é a chave de interpretação do artigo 21" (TARTUCE, Flávio; SIMÃO, José Fernando; BUNAZAR, Maurício. Comentários... *Revista de Direito Civil Contemporâneo*, vol. 26, 2021, p. 115-152).

De fato, essa é uma questão tormentosa, havendo fortes argumentos nas duas teses levantadas. *A priori*, estou filiado às primeiras lições, diante da competência da União Federal para tratar de temas atinentes ao Direito das Sucessões, correlato ao Direito Civil e Processual Civil.

Ademais, a lei emergencial de 2020 parece ser mais específica do que as normas estaduais, como o seu próprio nome demonstra. Além disso, vale lembrar que o fim social da norma emergencial – nos termos do art. 5.º da LINDB –, foi justamente o de suspender esses prazos processuais e, como consequência, as multas fiscais. Sendo assim, concluir o contrário esvaziaria sobremaneira a nova regra.

De toda sorte, reitero a minha percepção de que o debate exposto existirá no futuro, com interesses conflitantes de contribuintes e do Fisco Estadual. Veremos como a jurisprudência brasileira se comportará e julgará sobre essa questão, se casos concretos sobre ela surgirem na prática.

Exposto esse importante e emergencial tema, a legitimidade para solicitar a abertura do inventário e a respectiva partilha consta do art. 615 do CPC/2015, que repete o art. 987 do Estatuto Processual revogado, a favor de quem estiver na posse e na administração do espólio. Sem qualquer novidade, estabelece o parágrafo único do novo preceito que esse requerimento será instruído com a certidão de óbito do autor da herança.

A legitimidade concorrente para a abertura do inventário está no art. 616 do CPC/2015, equivalente ao art. 988 do CPC/1973, sendo pertinente a seguinte tabela comparativa:

Código de Processo Civil de 2015	Código de Processo Civil de 1973
"Art. 616. Têm, contudo, legitimidade concorrente:	"Art. 988. Tem, contudo, legitimidade concorrente:
I – o cônjuge ou companheiro supérstite;	I – o cônjuge supérstite;

Código de Processo Civil de 2015	Código de Processo Civil de 1973
II – o herdeiro;	II – o herdeiro;
III – o legatário;	III – o legatário;
IV – o testamenteiro;	IV – o testamenteiro;
V – o cessionário do herdeiro ou do legatário;	V – o cessionário do herdeiro ou do legatário;
VI – o credor do herdeiro, do legatário ou do autor da herança;	VI – o credor do herdeiro, do legatário ou do autor da herança;
VII – o Ministério Público, havendo herdeiros incapazes;	VII – o síndico da falência do herdeiro, do legatário, do autor da herança ou do cônjuge supérstite;
VIII – a Fazenda Pública, quando tiver interesse;	VIII – o Ministério Público, havendo herdeiros incapazes;
IX – o administrador judicial da falência do herdeiro, do legatário, do autor da herança ou do cônjuge ou companheiro supérstite."	IX – a Fazenda Pública, quando tiver interesse."

Partindo para a análise comparada dos comandos, nota-se a inclusão expressa do companheiro como legitimado, o que já era reconhecido pela doutrina e pela jurisprudência antes do CPC/2015. Conforme outrora destacamos, essa equiparação entre casamento e união estável guiou a elaboração do *Codex* instrumental. Entre os arestos anteriores, seguindo essa trilha e a título de ilustração:

> "Descabe extinguir o processo de inventário, sem exame do mérito, por ilegitimidade ativa, quando o pedido de abertura foi feito pela sedizente companheira, que, apesar de não ter requerido o reconhecimento da união estável em ação própria, está com a posse dos bens do espólio, não tendo sido sequer citados os herdeiros nominados. A legitimidade para promover a abertura do inventário é tanto de quem estiver na posse e administração dos bens do espólio como também das demais pessoas a quem o legislador conferiu legitimação concorrente. Inteligência dos art. 987 e 988 do CPC. Recurso parcialmente provido" (TJRS, Apelação Cível 459012-50.2012.8.21.7000, 7.ª Câmara Cível, Canoas, Rel. Des. Sérgio Fernando de Vasconcellos Chaves, j. 21.11.2012, *DJERS* 27.11.2012).

A ementa transcrita já evidenciava que a relação constante do antigo art. 988 do Código de Processo Civil de 1973 era exemplificativa (*numerus apertus*), e não taxativa (*numerus clausus*), premissa que deve prosperar com a Nova Lei Geral Processual Privada. A propósito, debatia-se no passado e com grande intensidade se o companheiro homoafetivo também teria a referida legitimidade. Com a decisão do Supremo Tribunal Federal, de maio de 2011, não resta a menor dúvida quanto à equiparação total da união homoafetiva à união estável entre pessoas de sexos distintos, o que engloba as regras relativas ao inventário (ver *Informativo* n. *625* do STF).

Ademais, a partir da decisão do STF de 2016 que reconheceu amplos efeitos para a parentalidade socioafetiva e a viabilidade jurídica da multiparentalidade, pode-se defender a plena inclusão do herdeiro socioafetivo no rol transcrito, sem prejuízo ao herdeiro biológico (ver *Informativo* n. *840* do STF).

Outra alteração a ser pontuada no atual art. 616 do CPC diz respeito à substituição do termo *síndico da falência* por *administrador judicial da falência*, na linha das mudanças engendradas pela Lei de Falências (Lei 11.101/2005). Em complemento, deve ser mantida a posição jurisprudencial segundo a qual, se o herdeiro não realiza a abertura, poderá fazê-lo qualquer credor, justamente pela legitimidade concorrente prevista nesse dispositivo processual. Nesse sentido, por todos:

> "Inventário. Abertura. Legitimidade do credor, mas que apenas pode requerer a abertura do inventário após decorrido o prazo de 60 dias previsto no art. 983 do CPC *in albis* para aquele que estiver na posse e administração do espólio (arts. 983, 987 e 988 do CPC). (...)" (TJSP, Agravo de Instrumento 0116275-81.2013.8.26.0000, Acórdão 7210901, 10.ª Câmara de Direito Privado, Taubaté, Rel. Des. João Carlos Saletti, j. 25.06.2013, *DJESP* 07.01.2014).

> "Inventário. Reclamação. Art. 1.000, inc. II, CPC. Pedido de abertura do processo de inventário e exercício da inventariança. Legitimidade do credor. Existência de herdeiros necessários. Ordem legal. 1. Decorrido *in albis* o prazo para a abertura do inventário de que trata o art. 983 do CPC, tem legitimidade concorrente qualquer interessado, inclusive o credor do herdeiro. Inteligência do art. 988, inc. VI, CPC. 2. No entanto, essa legitimidade para abrir o inventário não afeta a legitimação para o exercício da inventariança, devendo ser nomeado para tal múnus o herdeiro necessário que estiver na posse dos bens e administração do espólio, já que não há cônjuge supérstite. Inteligência do art. 990, II, do CPC. Recurso provido, por maioria" (TJRS, Processo 70010615953, 7.ª Câmara Cível, Comarca de Caxias do Sul, Juiz Rel. Sérgio Fernando de Vasconcellos Chaves, j. 23.02.2005).

Não há mais menção à possibilidade de abertura do inventário de ofício pelo juiz como constava do art. 989 do CPC/1973. O fundamento para tal retirada é o fato de que o inventário envolve interesses substancialmente patrimoniais, de determinados interessados, e não a ordem pública. Ademais, essa impossibilidade atual segue o *princípio da inércia da jurisdição.*

Feitas tais considerações de comparação, reafirme-se que o administrador do inventário é denominado inventariante. Entre os clássicos, explica Itabaiana de Oliveira que o termo "nada mais significava senão a pessoa incumbida de inventariar os bens, independentemente da qualidade de cônjuge meeiro ou de herdeiro, qualidade esta essencial no cabeça do casal, propriamente dito" (ITABAIANA DE OLIVEIRA, Arthur Vasco. *Tratado...* 1952, v. III, p. 793). Entre os contemporâneos, leciona Maria Helena Diniz que "a inventariança é encargo pessoal, pois gera responsabilidade própria daquela que a exerce, e da investidura isolada, não podendo ser exercida conjuntamente por duas ou mais pessoas, mesmo que no inventário se tenha mais de um espólio" (DINIZ, Maria Helena. *Curso...*, 2013, v. 6, p. 415).

Até que o inventariante preste o compromisso, continuará o espólio na posse do *administrador provisório* nomeado pelo juiz. Trata-se do conteúdo do art. 613 do CPC/2015, correspondente ao art. 985 do CPC/1973, sem qualquer mudança. Esse *administrador provisório* ou *ad hoc* representa ativa e passivamente o espólio, sendo obrigado a trazer ao acervo os frutos que desde a abertura da sucessão percebeu. Tem ele direito ao reembolso das despesas necessárias e úteis que fez.

Por fim, responde esse administrador pelo dano a que, por dolo ou culpa, der causa, clara hipótese de responsabilidade subjetiva. Todos esses efeitos estão no art. 614 do CPC/2015, reprodução literal do antigo art. 986 do revogado Estatuto Processual. O direito de reembolso e a existência de uma responsabilidade subjetiva têm fundamento no fato de ser o administrador um possuidor de boa-fé e com justo título, investido por um *mandato legal*.

Ainda no que diz respeito ao administrador provisório, o art. 1.797 do CC/2002 prevê a seguinte ordem para a sua nomeação:

I) Ao cônjuge ou companheiro, se com o outro convivia ao tempo da abertura da sucessão.
II) Ao herdeiro que estiver na posse e administração dos bens, e, se houver mais de um nessas condições, ao mais velho.
III) Ao testamenteiro, pessoa responsável pela administração do testamento.
IV) À pessoa de confiança do juiz, na falta ou escusa das indicadas nos incisos antecedentes, ou quando tiverem de ser afastadas por motivo grave levado ao conhecimento do magistrado.

Pelos exatos termos do dispositivo legal, pode parecer que a ordem deve ser rigorosamente obedecida, pois se utiliza a expressão *sucessivamente*. Todavia, o Código Civil brasileiro de 2002 adota um *sistema aberto*, baseado em cláusulas gerais e conceitos legais indeterminados, com esteio na *teoria tridimensional do Direito* – segundo a qual Direito é fato, valor e norma –, e na *ontognoseologia* de seu principal idealizador, o jurista Miguel Reale. Dessa forma, filosoficamente, é inconcebível ter as relações que constam da codificação material privada, em regra, como relações fechadas e rígidas. A nós, parece que o Novo Código de Processo Civil segue a mesma linha, *aberta e principiológica* em vários de seus dispositivos, notadamente nos seus comandos inaugurais.

Nesse contexto, melhor concluir, como fazem Euclides de Oliveira e Sebastião Amorim, que a ordem de nomeação do administrador provisório é apenas uma *ordem de preferência*, devendo o juiz analisar, de acordo com as circunstâncias do caso concreto, quem tem melhores condições de exercer o encargo (AMORIM, Sebastião; OLIVEIRA, Euclides. *Inventários...*, 2009, p. 344-345; *Inventário...*, 2016, p. 326-327). Adotando tal premissa, vejamos aresto do Superior Tribunal de Justiça, assim publicado no *Informativo* n. *432* daquele Tribunal Superior:

> "Representação judicial. Administrador provisório. A Turma reiterou o entendimento de que, enquanto não nomeado inventariante e prestado o compromisso (arts. 985 e 986 do CPC), a representação ativa e passiva do espólio caberá ao administrador provisório, o qual, usualmente, é o cônjuge supérstite, uma vez que detém a posse direta e a administração dos bens hereditários (art. 1.579 do CC/1916, derrogado pelo art. 990, I a IV, do CPC e art. 1.797 do CC/2002). Assim, apesar de a herança ser transmitida ao tempo da morte do *de cujus* (princípio *saisine*), os herdeiros ficarão apenas com a posse indireta dos bens, pois a administração da massa hereditária será, inicialmente, do administrador provisório, que representará o espólio judicial e extrajudicialmente, até ser aberto o inventário com a nomeação do inventariante, a quem incumbirá representar definitivamente o espólio (art. 12, V, do CPC). Precedentes citados: Resp 81.173/GO, *DJ* 02.09.1996, e Resp 4.386/MA, *DJ* 29.10.1990" (STJ, Resp 777.566/RS, Rel. Min. Vasco Della Giustina (Desembargador convocado do TJRS), j. 27.04.2010).

Como se depreende da leitura da ementa, o julgado, implicitamente, admite a tese de que cabe ao juiz estabelecer quem deve assumir o encargo, pois afirma que, *usualmente* e *não obrigatoriamente*, o administrador provisório será o cônjuge do falecido. Sintetizando, traz a conclusão de que a ordem de nomeação não é obrigatória, nem rígida.

Todavia, a questão não é pacífica, pois há quem entenda pela necessidade de observação da ordem descrita no art. 1.797 da Norma Geral Privada. Nesse sentido, afirma Zeno Veloso que "o art. 1.797 indica quem deve ser o administrador provisório da herança. A ordem é sucessiva" (VELOSO, Zeno. *Código*..., 2012, p. 2.023).

Na mesma linha, essa parece ser a conclusão de Paulo Lôbo, para quem "a ordem é obrigatória e o investido legalmente na administração da herança apenas pode dela se eximir, justificadamente, por decisão judicial" (LÔBO, Paulo. *Direito*..., 2013, p. 63). Também na jurisprudência nacional são encontradas ementas estaduais que seguem tal forma de pensar (a título de exemplo: TJSP, Agravo de Instrumento 0048281-36.2013.8.26.0000, Acórdão 6693448, 6.ª Câmara de Direito Privado, São Paulo, Rel. Des. Paulo Alcides, j. 25.04.2013, *DJESP* 10.05.2013; e TJPR, Agravo de Instrumento 351099-2, Acórdão 3340, 16.ª Câmara Cível, Curitiba, Rel. Juiz Convocado Joatan Marcos de Carvalho, j. 19.07.2006, *DJPR* 04.08.2006).

Com o devido respeito aos professores por último citados, verdadeiros *ícones doutrinários*, melhor deduzir pela existência de mera ordem de preferência, o que está mais bem adaptado aos valores do Direito Contemporâneo, material e processual. Anoto novamente que o Projeto de Reforma do Código Civil adota a posição hoje considerada como majoritária, passando o parágrafo único do art. 1.797 a prever que "a ordem estabelecida nos incisos I a IV deste artigo poderá ser alterada pelo juiz, de acordo com as circunstâncias".

O art. 617 do CPC/2015 equivale ao art. 990 da norma anterior, o Código de Processo Civil, enunciando as pessoas que podem ser nomeadas pelo juiz como inventariante. Mais uma vez faz-se necessária uma análise confrontada dos dois preceitos, pela importância dessas regras:

Código de Processo Civil de 2015	Código de Processo Civil de 1973
"Art. 617. O juiz nomeará inventariante na seguinte ordem:	"Art. 990. O juiz nomeará inventariante:
I – o cônjuge ou companheiro sobrevivente, desde que estivesse convivendo com o outro ao tempo da morte deste;	I – o cônjuge ou companheiro sobrevivente, desde que estivesse convivendo com o outro ao tempo da morte deste; (Redação dada pela Lei n.º 12.195, de 2010.)
II – o herdeiro que se achar na posse e na administração do espólio, se não houver cônjuge ou companheiro sobrevivente ou se estes não puderem ser nomeados;	II – o herdeiro que se achar na posse e administração do espólio, se não houver cônjuge ou companheiro sobrevivente ou estes não puderem ser nomeados; (Redação dada pela Lei n.º 12.195, de 2010.)
III – qualquer herdeiro, quando nenhum deles estiver na posse e na administração do espólio;	III – qualquer herdeiro, nenhum estando na posse e administração do espólio;
IV – o herdeiro menor, por seu representante legal;	IV – o testamenteiro, se lhe foi confiada a administração do espólio ou toda a herança estiver distribuída em legados;
V – o testamenteiro, se lhe tiver sido confiada a administração do espólio ou se toda a herança estiver distribuída em legados;	V – o inventariante judicial, se houver;

Código de Processo Civil de 2015	Código de Processo Civil de 1973
VI – o cessionário do herdeiro ou do legatário;	VI – pessoa estranha idônea, onde não houver inventariante judicial.
VII – o inventariante judicial, se houver;	
VIII – pessoa estranha idônea, quando não houver inventariante judicial.	
Parágrafo único. O inventariante, intimado da nomeação, prestará, dentro de 5 (cinco) dias, o compromisso de bem e fielmente desempenhar a função."	Parágrafo único. O inventariante, intimado da nomeação, prestará, dentro de 5 (cinco) dias, o compromisso de bem e fielmente desempenhar o cargo."

Anote-se que o dispositivo anterior, do Código de Processo Civil de 1973, já havia sido alterado pela Lei 12.195, de 2010, que trouxe duas interessantes mudanças.

A *primeira* é aquela que extirpou do Código de Processo Civil anterior a regra pela qual apenas seria nomeado inventariante o cônjuge casado pelo regime da comunhão de bens. A mudança tinha sua razão de ser, pois, pelas regras sucessórias em vigor, ainda que o cônjuge seja casado pelo regime da separação convencional de bens, e inexista meação, poderá ser herdeiro em concorrência com os descendentes, nos termos literais do art. 1.829, inciso I, do Código Civil.

Ressalve-se que essa dedução pela concorrência na separação convencional de bens é seguida pela maioria da doutrina e, agora, também pela jurisprudência do Superior Tribunal de Justiça, como exposto no Capítulo 2 deste livro. Por isso, não se menciona apenas a comunhão universal de bens. O CPC ora em vigor, como se nota, reproduziu essa alteração, em boa hora.

A *segunda alteração* engendrada pela Lei 12.195/2010 no CPC/1973 foi a inclusão do companheiro ou convivente no rol de possíveis inventariantes. Cabe pontuar que, mesmo antes da alteração legal de 2010, em razão da proteção constitucional da união estável constante do art. 226, § 3.º, da CF/1988, era garantido, ao convivente, tal direito.

Por óbvio que a norma do Estatuto Processual anterior estava desatualizada, uma vez que foi elaborada originalmente em período anterior ao reconhecimento da união estável como entidade familiar. A propósito, antes da reforma geral processual, entendendo pela possibilidade de o companheiro ser inventariante, cabe trazer à colação, com destaque especial para o primeiro acórdão:

> "Inventariante. Nomeação de companheira, esposa eclesiástica. Não contraria o artigo 990 do Código de Processo Civil, que não se reveste de caráter absoluto. A decisão que mantém como inventariante a pessoa que, casada pelo religioso com o extinto, com ele viveu, em união familiar estável, durante longos anos, tendo o casal numerosos filhos. Improcedência da impugnação manifestada por alguns dos filhos do leito anterior. Interpretação a mais razoável da lei federal. Recurso não conhecido" (STJ, Resp 520/CE, 4.ª Turma, Rel. Min. Athos Carneiro, j. 12.09.1989, *DJ* 04.12.1989, p. 17.885).

> "Inventário. Companheira do *de cujus* que pretende nomeação como inventariante. Inteligência do art. 990, inciso I, do CPC. Observados o § 3.º do art. 226 da CF e arts. 1.790 e 1.797 do Código Civil. Recurso provido" (TJSP, Agravo de Instrumento 378.513-4/9, 5.ª Câmara de Direito Privado, São Paulo, Rel. Francisco Casconi, j. 27.07.2005, v.u.).

O Código de Processo Civil de 2015 também repetiu a previsão, sendo pertinente reforçar que a união estável é entidade familiar constitucionalmente protegida, não havendo qualquer razão para não se admitir o companheiro do falecido como inventariante.

A afirmação ganha amparo relevante na recente decisão do STF, que reconheceu a inconstitucionalidade do art. 1.790 do Código Civil, por maioria, encerrado em maio de 2017 (Recurso Extraordinário 878.694/MG). No tocante ao tema, alguns Tribunais Estaduais vinham admitindo, inclusive, a legitimidade do companheiro homoafetivo, cabendo transcrever as seguintes ementas, por todas, com entendimento a ser seguido na vigência do Estatuto Processual que agora está em vigor:

> "Arrolamento de bens. União homoafetiva. Companheiro que quer ser nomeado inventariante. Cabimento. Inexistência de ascendentes, descendentes ou herdeiros conhecidos até o 4.º grau. Farta prova documental carreada, inclusive com declaração de convivência de longa data. Presunção legal de que melhor inventariante é aquele que tem a posse e administra os bens, conhecendo mais profundamente o estado do patrimônio. Agravo a que se dá provimento" (TJSP, Agravo de Instrumento 586.511.4/1, Acórdão 3244598, 6.ª Câmara de Direito Privado, São Paulo, Rel. Des. Albano Nogueira, j. 18.09.2008, *DJESP* 08.10.2008).

> "Sucessões. Inventário. Agravo de instrumento. União homoafetiva. Nomeação do sedizente companheiro como inventariante. Possibilidade no caso concreto. Ainda que a alegada união homoafetiva mantida entre o recorrente e o *de cujus* dependa do reconhecimento na via própria, ante a discordância da herdeira ascendente, o sedizente companheiro pode ser nomeado inventariante por se encontrar na posse e administração consentida dos bens inventariados, além de gozar de boa reputação e confiança entre os diretamente interessados na sucessão. Deve-se ter presente que inventariante é a pessoa física a quem é atribuído o múnus de representar o espólio, zelar pelos bens que o compõem, administrá-lo e praticar todos os atos processuais necessários para que o inventário se ultime, em atenção também ao interesse público. Tarefa que, pelos indícios colhidos, será mais eficientemente exercida pelo recorrente. Consagrado o entendimento segundo o qual a ordem legal de nomeação do inventariante (art. 990, CPC) pode ser relativizada quando assim o exigir o caso concreto. Ausência de risco de dilapidação do patrimônio inventariado. Recurso provido (art. 557, § 1.º-A, CPC)" (TJRS, Agravo de Instrumento 70022651475, 7.ª Câmara de Direito Privado, Rel. Maria Berenice Dias, j. 19.12.2007).

Reafirme-se que, com a decisão do Supremo Tribunal Federal, de maio de 2011, não resta a menor dúvida sobre a legitimidade do companheiro homoafetivo para o inventário, pois as regras relativas à união estável aplicam-se, por analogia, à união homoafetiva (*Informativo* n. *625* do STF), interpretação que permanece com a emergência do CPC/2015. A conclusão também deve atingir os casos de casamentos homoafetivos, plenamente possíveis no Brasil, também por força da decisão do Supremo Tribunal Federal e de outros Tribunais que passaram a seguir tal entendimento.

Vale lembrar que o Conselho Nacional de Justiça, por meio da sua Resolução n. 175, de 2013, determinou que os Cartórios de Registros de Pessoas Naturais têm o dever de celebrar os casamentos homoafetivos. Além disso, por oportuno, com a decisão de 2017 do Supremo Tribunal Federal, quando do julgamento do Recurso Extraordinário 646.721/RS, tanto o companheiro como o cônjuge homoafetivo estão submetidos às mesmas regras sucessórias, concentradas no art. 1.829 do Código Civil (*Informativo* n. *864* do STF).

Observo que, no Projeto de Reforma do Código Civil, pretende-se incluir expressamente que o casamento e a união estável serão constituídos entre duas pessoas, não importando o seu gênero, o que resolverá definitivamente essa questão no plano legislativo, o que se espera.

Seguindo no estudo dos dois preceitos, eles tratam do *inventariante judicial* (art. 617, inciso VII, do CPC/2015 e art. 990, inciso V, do CPC/1976), presente "quando exercida pelos órgãos auxiliares do juiz, onde houver, que assume a representação legal do espólio. Somente funcionará se não for possível nomear o legal" (CARVALHO, Dimas Messias; CARVALHO, Dimas Daniel. *Direito*..., 2012, v. VIII, p. 220). Entre os sucessionistas nacionais, Sebastião Amorim e Euclides de Oliveira sempre apontaram tratar-se de uma figura que estaria em desuso entre nós; os que continuam afirmando (AMORIM, Sebastião; OLIVEIRA, Euclides. *Inventários*..., 2004, p. 344; *Inventário*..., 2016, p. 325-326). Todavia, apesar da anotação dos últimos juristas, alguns acórdãos podem ser encontrados sobre a figura em apreço, reafirmada pelo CPC/2015, diante de uma suposta utilidade.

De início, cite-se acórdão do Tribunal de Justiça de Santa Catarina, que determinou a nomeação do inventariante judicial diante do grande conflito existente entre os herdeiros. Conforme se retira da ementa do aresto:

> "Patente a situação conflituosa entre os herdeiros, é recomendável a nomeação de um inventariante judicial, consubstanciado na pessoa de um terceiro, que não possua interesse direto na destinação do patrimônio a ser administrado, e que esteja distante dos contornos do conflito familiar inerente ao inventário. A respeito da ordem de nomeação do inventariante, esposada no art. 990 do CPC, é certo que não constitui um mandamento absoluto, podendo ser relativizado se as circunstâncias do caso assim o exigirem. Havendo desavenças entre os sucessores, é forçoso observar que a nomeação de um deles para o encargo da inventariança pode gerar outros pontos de discordância, postergando ainda mais a conclusão do feito" (TJSC, Agravo de Instrumento 2002.024992-6, 3.ª Câmara de Direito Civil, Florianópolis, Rel. Des. José Volpato de Souza, j. 04.04.2003).

Ainda merece ser citado *decisum* do Tribunal Paulista, que afastou o arquivamento do inventário pelo fato de que nenhum dos herdeiros quis assumir a inventariança. A conclusão final é pela necessidade de nomeação de um inventariante judicial (TJSP, Agravo de Instrumento 612.133.4/9, Acórdão 3630478, 1.ª Câmara de Direito Privado, São Paulo, Rel. Des. De Santi Ribeiro, j. 12.05.2009, *DJESP* 18.06.2009).

Por fim, cabe trazer à colação outros julgamentos mais recentes, igualmente ilustrando a aplicação da categoria do inventariante judicial, que não está tão em desuso assim, tanto que foi confirmada pelo novel Estatuto Processual:

> "Agravo interno em agravo de instrumento. Inventário. Falecimento da viúva e dos filhos do falecido. Nomeação de inventariante judicial. Inconformismo. Não se pode dizer teratológica a decisão que obedece à ordem estabelecida no art. 990 do Código de Processo Civil. Decisão que não causou à agravante qualquer ofensa de natureza processual. Recurso a que se nega provimento" (TJRJ, Agravo de Instrumento 0024964-72.2011.8.19.0000, 16.ª Câmara Cível, Rel. Des. Carlos José Martins Gomes, j. 17.01.2012, *DORJ* 27.01.2012, p. 213).

> "Agravo de instrumento. Inventário. Impossibilidade de administração dos bens do espólio por um dos herdeiros. Manifestas desavenças. Nomeação de inventariante judicial.

Indispensabilidade. A teor do art. 990, V, do CPC, cabe ao juiz nomear inventariante judicial, na condição de auxiliar do juízo, quando manifestas as desavenças existentes entre os herdeiros do *de cujus*, primitivamente nomeados para tal *eleb*, em nome de regular e célere andamento do inventário. Agravo conhecido e desprovido" (TJGO, Agravo de Instrumento 416664-69.2010.8.09.0000, Aparecida de Goiânia, Rel. Des. Eudelcio Machado Fagundes, *DJGO* 15.07.2011, p. 192).

Sobre a figura do *inventariante dativo* – pessoa estranha idônea, quando não houver inventariante judicial (art. 617, inciso VIII, do CPC/2015 e art. 990, inciso VI, do CPC/1973) –, cabe lembrar que este "assume os direitos e deveres da inventariança, mas não é o representante legal do espólio em juízo, uma vez que, em tal hipótese, todos os herdeiros e sucessores do falecido serão autores ou réus nas ações em que o espólio for parte (art. 12, § 1.º, do CPC/1973). O art. 75, § 1.º, do CPC de 2015 contém determinação similar, de que, sendo o inventariante dativo, os sucessores do falecido serão intimados no processo no qual o espólio seja parte. No entanto, não serão apenas os sucessores do falecido a ser intimados, pois também são interessados o cônjuge e o companheiro sobreviventes, em vista do possível direito de meação sobre os bens deixados pelo autor da herança" (AMORIM, Sebastião; OLIVEIRA, Euclides de. *Inventário*..., 2016, p. 326). Aplicando essa forma de pensar do Superior Tribunal de Justiça, cabe colacionar:

> "No caso de inventariante dativo, o legislador entendeu que não haveria legitimidade para representação plena do espólio, razão pela qual todos os herdeiros e sucessores são chamados a compor a lide. Recurso especial não provido" (STJ, REsp 1.053.806/MG, 2.ª Turma, Rel. Min. Herman Benjamin, j. 14.04.2009, *DJe* 06.05.2009).

Conforme anotam Dimas Messias de Carvalho e Dimas Daniel de Carvalho, a jurisprudência dominante tem exigido que o *inventariante dativo* seja domiciliado na Comarca onde corre o inventário, o que facilita o seu processamento (CARVALHO, Dimas Messias; CARVALHO, Dimas Daniel. *Direito*..., 2012, v. VIII, p. 220). Na prática, assim como ocorre com a figura do inventariante judicial, o dativo tem nomeação nos casos em que existem grandes conflitos entre os herdeiros, ou seja, alta litigiosidade ou beligerância. Nessa linha, igualmente da jurisprudência:

> "Civil e processual. Inventariança. Remoção. Nomeação de inventariante dativo. Beligerância entre as partes. Possibilidade de inviabilização do processo. Súmula 7/STJ. Controvérsia afeta em parte a competência do Supremo Tribunal Federal. Recurso extraordinário não interposto. Súmula 126/STJ. I. A remoção do inventariante, substituindo-o por outro, dativo, pode ocorrer quando constatada a inviabilização do inventário pela animosidade manifestada pelas partes. II. 'A pretensão de simples reexame de prova não enseja recurso especial' – Súmula 7-STJ. III. Pretensão de reforma do julgado que ademais se sustenta na violação de dispositivos constitucionais sem que tenha sido interposto o recurso competente. IV. Recurso especial não conhecido" (STJ, Resp 988.527/RS, 4.ª Turma, Rel. Min. Aldir Passarinho Junior, j. 24.03.2009, *Dje* 11.05.2009).

> "Inventariante. Remoção. Nomeação de dativo. Código de Processo Civil, arts. 995 e 990. A ordem de nomeação não é absoluta. O fato de não se observar a ordem não implica ofensa ao art. 990. Precedente do STJ: Resp 520, *DJ* 04.12.1989. Caso em que a nomeação do inventariante dativo se deveu 'a necessidade de eliminar as discórdias atuais e prevenir

outras". Recurso especial não conhecido" (STJ, Resp 88.296/SP, 3.ª Turma, Rel. Min. Nilson Naves, j. 03.11.1998, *DJ* 08.02.1999, p. 275).

Voltando à essência do quadro de confronto dos dois dispositivos processuais, são percebidas duas inclusões no art. 617 do CPC/2015, notadamente nos seus incisos IV e VI.

O inciso IV do comando instrumental em estudo estabelece a viabilidade jurídica da nomeação, como inventariante, de herdeiro menor, por seu representante legal, caso dos pais ou tutores. Afasta-se, dessa forma, o entendimento jurisprudencial em contrário, que não admitia essa possibilidade. Assim, por exemplo, do Superior Tribunal de Justiça, agora superado pela novel legislação instrumental:

> "Herdeiro menor ou incapaz não pode ser nomeado inventariante, pois é impossibilitado de praticar ou receber diretamente atos processuais; sendo que para os quais não é possível o suprimento da incapacidade, uma vez que a função de inventariante é personalíssima. Os herdeiros testamentários, maiores e capazes, preferem ao testamenteiro na ordem para nomeação de inventariante. Existindo herdeiros maiores e capazes, viola o inciso III, do art. 990, do CPC, a nomeação de testamenteiro como inventariante" (STJ, Resp 658.831/RS, 3.ª Turma, Rel. Min. Nancy Andrighi, j. 15.12.2005, *DJ* 1.º.02.2006, p. 537).

A inovação segue a linha de redução de burocracias e de facilitação dos procedimentos, adotada pela novel legislação, merecendo elogios. Eventualmente, caso os interesses dos menores sejam violados, caberá a intervenção do Ministério Público, conforme os arts. 176 a 178 do Novo *Codex*.

Seguindo o estudo, o inciso VI do art. 617 do CPC/2015 reconhece a legitimidade do cessionário do herdeiro ou do legatário para figurar como inventariante, o que vem em boa hora, diante da possibilidade de cessão de direitos hereditários, admitida pelo art. 1.793 do Código Civil de 2002. De acordo com o *caput* do diploma material, o direito à sucessão aberta, bem como o quinhão de que disponha o coerdeiro, pode ser objeto de cessão por escritura pública. Aqui, a novidade segue a linha da anterior jurisprudência do Superior Tribunal de Justiça, e não a contraria como no caso do inciso anterior, cabendo trazer à colação o seguinte aresto:

> "Inventário. Nomeação de inventariante. Alegação de ofensa ao art. 990 do Código de Processo Civil. Impugnação formulada por um dos herdeiros do *de cujus* à pessoa nomeada, cessionário de direitos hereditários e dela credor por vultosa soma. Matéria fático-probatória. Recurso especial inadmissível. A ordem prevista no art. 990 do CPC não é absoluta, podendo ser alterada em situação de fato excepcional. Em sede de recurso especial não se reexamina matéria fático-probatória. Incidência da Súmula n. 7/STJ. Recurso especial não conhecido" (STJ, Resp 402.891/RJ, 4.ª Turma, Rel. Min. Barros Monteiro, j. 1.º.03.2005, *DJ* 02.05.2005, p. 353).

Consigne-se que alguns arestos estaduais seguiam essa mesma forma de julgar, podendo ser colacionado o seguinte, a ilustrar, do Tribunal Paulista:

> "Cessionário que também era inventariante. Inexistência de impedimento legal. Alegação de incapacidade da cedente que não restou comprovada. Hipóteses de erro ou

dolo igualmente não verificadas. Sentença mantida. Recurso desprovido" (TJSP, Apelação 0217534-23.2007.8.26.0100, Acórdão 7395033, 6.ª Câmara de Direito Privado, São Paulo, Rel. Des. Eduardo Sá Pinto Sandeville, j. 27.02.2014, *DJESP* 06.05.2014).

Expostas as duas inovações do art. 617 do CPC/2015, cabe pontuar que o entendimento majoritário da doutrina sempre foi no sentido de que o art. 990 do CPC/1973 traria uma ordem que deveria ser respeitada pelo magistrado, o que é sustentado da mesma forma em relação ao CPC de 2015 (por todos, podem ser citados: NERY JR., Nelson; NERY, Rosa Maria de Andrade. *Comentários...*, 2015, p. 1444. No sistema anterior: DINIZ, Maria Helena. *Curso...* 2005, v. 6, p. 371).

Assim sendo, para essa corrente não caberia uma nomeação aleatória pelo juiz da causa, pois a lei presume que as pessoas constantes do dispositivo são, pela ordem, as mais indicadas para assumir a incumbência. Entretanto, dessa constatação surgem algumas dúvidas práticas.

A primeira delas refere-se, a saber, se essa ordem é absoluta. O Superior Tribunal de Justiça tem entendido que não, conforme se retira do último aresto aqui colacionado, que reconheceu a legitimidade do cessionário do herdeiro, antes mesmo do CPC/2015 (Resp 402.891/RJ). Destaque-se que a premissa foi confirmada em outro julgado, assim publicado no *Informativo* n. *373* do STJ, em caso envolvendo a nomeação de inventariante dativo:

> "Nomeação. Inventariante dativo. Noticiam os autos que a justificativa para a nomeação de inventariante dativo foi a animosidade entre as partes: de um lado a viúva, casada sob regime de comunhão universal de bens, e a, até então, única filha conhecida do falecido; do outro, o recém-descoberto filho menor, possível herdeiro, representado pela mãe. Apontam que tal animosidade é compreensível e até mesmo esperada, assim como o questionamento quanto à filiação do menor, uma vez que a esposa e a filha só souberam da existência do filho a partir de observação na certidão de óbito lançada em função da apresentação da certidão de nascimento do menor, em que o ora falecido anteriormente o reconhecera como filho. Questiona o Resp se houve violação à ordem legal de nomeação de inventariante conforme prevista no art. 990 do CPC. Isso posto, a Ministra Relatora observa que este Tribunal já definiu não ter caráter absoluto aquela ordem para nomeação de inventariante, podendo ser alterada em situação de fato excepcional, quando o juiz tiver fundadas razões para tanto, como no caso de existência de litigiosidade entre partes. Diante do exposto, a Turma não conheceu do recurso, pois a firme convicção do juízo formada a partir dos elementos fáticos do processo veda o reexame em Resp (Súm. 7/STJ). Precedentes citados: Resp 402.891/RJ, *DJ* 02.05.2005; Resp 283.994/SP, *DJ* 07.05.2001, e Resp 88.296/SP, *DJ* 08.02.1999" (STJ, REsp 1.055.633/SP, Rel. Min. Nancy Andrighi, j. 21.10.2008).

De datas mais próximas, destaque-se a clara posição, no sentido de que "a jurisprudência desta Corte compreende que 'a ordem legal de preferência para nomeação do inventariante não é absoluta, podendo ser relativizada para atender às necessidades do caso concreto' (Ag. Int. no AREsp n. 1.397.282/GO, Relator Ministro Marco Buzzi, Quarta Turma, julgado em 2/4/2019, *DJe* de 5/4/2019), o que ocorreu nos presentes autos" (STJ, AgInt no AREsp 1.935.361/AM, 4.ª Turma, Rel. Min. Antonio Carlos Ferreira, j. 08.05.2023, *DJe* 12.05.2023).

A segunda dúvida é saber se a ordem do dispositivo pode ser quebrada por força de testamento que nomeia o inventariante. Entendo que a previsão de cláusula que designa inventariante não obsta que o juiz siga a ordem estabelecida nas leis instrumentais, pois esta deve ser analisada de acordo com o caso concreto. Pode-se até defender que os dispositivos processuais, o antigo e o novo, constituem preceitos cogentes, de ordem pública, que não podem ser contrariados pela última disposição de vontade do morto. De qualquer forma, como contraponto, vale repetir que a ordem não é absoluta, mesmo sendo as normas cogentes.

Como outra última questão controversa, reafirme-se que sigo a premissa de que o rol de nomeação do inventariante não é taxativo, mas exemplificativo. Nessa linha, vale relembrar os julgados do Superior Tribunal de Justiça que incluíam o companheiro como inventariante, antes da alteração legislativa realizada no CPC/1973 pela Lei 12.195/2010.

Por fim quanto à confrontação dos dois preceitos, estabelece o parágrafo único do art. 617 do CPC/2015 que o inventariante, intimado da nomeação, prestará, dentro de cinco dias, o compromisso de bem e fielmente desempenhar *a função*. Nesse ponto, houve a substituição da palavra *cargo* pelo termo destacado, o que vem em boa hora, pois a expressão anterior poderia dar a impressão de uma atuação remunerada, o que não ocorre no exercício da inventariança (art. 990, parágrafo único, do CPC/1973).

Para encerrar a análise dessa norma processual, deve-se observar que, no atual Projeto de Reforma do Código Civil, a Comissão de Juristas fez uma série de propostas para esse art. 617 do CPC/2015. A primeira delas é a alteração da ordem do comando, passando a constar do seu inciso I o testamenteiro ou a pessoa indicada pelo testador, o que visa prestigiar a autonomia privada, um dos *nortes* do Anteprojeto. Além disso, as expressões "companheiro" e "menor" são substituídas por "convivente" e "criança e adolescente", que são mais técnicas e na linha de outras proposições.

Vale ainda citar que, pelo mesmo projeto, mas alterando-se o Código Civil, também passa a ser possível a nomeação como inventariante a pessoa jurídica, o que visa à *profissionalização da inventariança*, e o art. 1.991 receberá novos parágrafos. Enunciará o seu § 1.º que "tem preferência legal sobre os demais legitimados ao exercício da inventariança a pessoa natural ou jurídica designada pelo testador em testamento". E mais, "a pessoa jurídica nomeada inventariante deverá declarar, no termo de compromisso, o nome de profissional responsável pela condução do inventário, que não poderá ser substituído sem autorização do juiz" (proposta de um § 2.º do novo art. 1.991 do CC).

A citada norma civil ainda receberá dois parágrafos para tratar sobre o conflito de interesses entre os herdeiros, o que vem em boa hora. Nos termos do seu novo § 3.º, "sem prejuízo das causas de remoção previstas na legislação processual, não será nomeado inventariante, e, se nomeado, será removido, o herdeiro que possuir conflito de interesses com os demais herdeiros". Consoante o projetado § 4.º do art. 1.991 do CC/2002, "se a maioria dos herdeiros divergir da nomeação do inventariante, na ausência de previsão em contrário em testamento, será designado inventariante dativo". De fato, há lacuna a respeito desse tema, que precisa ser incluído na legislação.

Por fim a respeito das projeções, retira-se o exíguo prazo de cinco dias, hoje previsto no parágrafo único do art. 617 do CPC, para que o inventariante preste compromisso, deixando-se esse lapso temporal a critério do julgador, pelas peculiaridades do caso concreto. Todas as propostas são excelentes, para a teoria e a prática, contando com o meu total apoio, desde os seus debates na Comissão de Juristas nomeada no âmbito do Senado Federal.

Voltando-se ao sistema em vigor, no tocante às atribuições do inventariante, dispunha o art. 12, inciso V, do CPC/1973 que ele deve representar ativa e passivamente o espólio, o que foi totalmente mantido pelo art. 75, inciso VII, do CPC/2015. Também foi repetida a regra do antigo art. 991 do CPC/1973 pelo novo art. 618 do CPC/2015, tratando das incumbências do inventariante.

A primeira atribuição é a de representar o espólio ativa e passivamente, em juízo ou fora dele, observando-se, quanto ao inventariante dativo, o disposto no art. 75, § 1.º, do CPC/2015, ou seja, no que concerne à necessidade de intimação dos herdeiros. O inventariante deve, como segunda incumbência, administrar o espólio, velando-lhe os bens com a mesma diligência como se seus fossem. Na visão atual do Direito Privado, pode-se associar a sua conduta à lealdade decorrente da boa-fé objetiva. O seu terceiro dever é o de prestar as primeiras e últimas declarações pessoalmente ou por procurador com poderes especiais.

Deve ele, ainda, exibir em cartório, a qualquer tempo, para exame das partes, os documentos relativos ao espólio. Incumbe também ao inventariante o dever de juntar aos autos certidão do testamento, se houver. A sexta atribuição é a de trazer à colação no inventário os bens recebidos pelo herdeiro ausente, renunciante ou excluído. O sétimo dever é o de prestar contas de sua gestão ao deixar o cargo ou sempre que o juiz lhe determinar. Por fim, como oitava atribuição, incumbe ao administrador do inventário requerer a declaração de insolvência do falecido, se for o caso.

O art. 619 do CPC/2015 lista outras de suas incumbências, que necessitam, no entanto, de autorização do juiz da causa e da oitiva dos interessados, como fazia o art. 992 do CPC/1973, sob pena de nulidade absoluta do ato, como sustentado pela doutrina (NERY JR., Nelson; NERY, Rosa Maria de Andrade. *Comentários...*, 2015, p. 1448; ASSUMPÇÃO NEVES, Daniel Amorim. *Novo CPC...*, 2016, p. 1.033). Esses atos continuam sendo: *a)* a alienação de bens de qualquer espécie; *b)* a transação em juízo ou fora dele; *c)* o pagamento de dívidas do espólio; *d)* o pagamento das despesas necessárias para a conservação e o melhoramento dos bens do espólio.

Em suma, os dois comandos – arts. 618 e 619 do CPC/2015, correspondentes aos arts. 991 e 992 do CPC/1973 – consagram a ideia de que o inventariante deve gerir o patrimônio deixado pelo falecido. Porém, como concluiu a Terceira Turma do STJ, em julgamento realizado em junho de 2017, "não há como entender que o voto do inventariante para modificar a natureza das ações e a própria estrutura de poder da sociedade anônima esteja dentro dos limites estabelecidos pelo artigo 991, II, do CPC/1973" (REsp 1.627.286/GO, 3.ª Turma, Rel. Min. Ricardo Villas Bôas Cueva, j. 20.06.2017, *DJe* 03.10.2017).

Conforme pontuado pelo Ministro Cueva nesse julgamento, nos termos dos dispositivos aludidos, deve o inventariante conservar o patrimônio que integra o espólio, com a possibilidade de realização de atos como o pagamento de tributos e de aluguéis, a fim de que, ao final da divisão, os bens tenham o seu valor mantido. Entretanto, ponderou o magistrado que, se realizada a alteração societária da empresa do falecido, os herdeiros detentores de ações preferenciais, que não têm direito a voto, passariam a ter esse direito, com a consequente possibilidade de modificação do controle acionário da companhia. Por isso, foi afastada a possibilidade de modificação societária da empresa da qual o falecido era sócio (STJ, REsp 1.627.286/GO, 3.ª Turma, Rel. Min. Ricardo Villas Bôas Cueva, j. 20.06.2017, *DJe* 03.10.2017).

Seguindo na análise dos procedimentos relacionados com o inventário judicial, o Estatuto Processual continua a prever que dentro de vinte dias, contados da data em que prestou o compromisso, fará o inventariante as primeiras declarações, das quais se lavrará termo circunstanciado (art. 620 do CPC/2015, equivalente ao art. 993 do CPC/1973, sem modificação). O dispositivo determina, ainda, que no termo assinado pelo juiz, escrivão e inventariante serão exarados alguns dados.

No primeiro inciso há menção ao nome, ao estado, à idade e ao domicílio do autor da herança, dia e lugar em que faleceu o *de cujus*, bem ainda a expressão se deixou testamento. A segunda previsão diz respeito ao nome, ao estado, à idade e à residência dos herdeiros e, havendo cônjuge supérstite ou companheiro, ao regime de bens do casamento ou da união estável. Pontue-se que a referência à última entidade familiar é inovação do comando, na linha de equalização adotada pelo CPC vigente. Devem constar também a qualidade dos herdeiros e o grau de parentesco com o inventariado (art. 620, inciso III, do CPC/2015).

Quanto aos bens do espólio, inclusive aqueles que devem ser conferidos à colação, e dos bens alheios que nele forem encontrados, deve estar incluída relação completa, nos termos do inciso IV do art. 620 do CPC/2015. A norma estabelece a necessidade de descrição dos seguintes bens: *a)* os imóveis, com as suas especificações, nomeadamente local em que se encontram, extensão da área, limites, confrontações, benfeitorias, origem dos títulos, números das transcrições aquisitivas e ônus que os gravam; *b)* os móveis, com os sinais característicos; *c)* os semoventes, caso dos animais, seu número, espécies, marcas e sinais distintivos; *d)* o dinheiro, as joias, os objetos de ouro e prata, e as pedras preciosas, declarando-se-lhes especificadamente a qualidade, o peso e a importância; *e)* os títulos da dívida pública, bem como as ações, quotas e títulos de sociedade, mencionando-se-lhes o número, o valor e a data; *f)* as dívidas ativas e passivas, indicando-se-lhes as datas, títulos, origem da obrigação, bem como os nomes dos credores e dos devedores; *g)* direitos e ações; *h)* o valor corrente de cada um dos bens do espólio. Como se pode perceber, a relação, sem qualquer mudança perante a norma anterior, é bem detalhada pela lei, e deve ser respeitada para que o processamento do inventário tenha correto seguimento, sem qualquer nulidade processual.

Em relação aos bens imóveis, recente julgado do Superior Tribunal de Justiça, prolatado ainda sob a égide do art. 993 do CPC/1973, considerou que é correta a decisão judicial que determina a averbação, no Cartório de Registro de Imóveis, das modificações realizadas em bens imóveis submetidos à partilha, como condição de procedibilidade da ação de inventário. Nos exatos termos do aresto, "a regra contida na Lei de Registros Públicos que determina a obrigatoriedade de averbar as edificações efetivadas em bens imóveis autoriza a suspensão da ação de inventário até que haja a regularização dos referidos bens no respectivo registro, inclusive porque se trata de medida indispensável a adequada formação do conteúdo do monte partível e posterior destinação do quinhão hereditário" (STJ, REsp 1.637.359/RS, 3.ª Turma, Rel. Min. Nancy Andrighi, j. 08.05.2018, *DJe* 11.05.2018). Resta saber se tal interpretação prevalecerá sob a incidência do CPC/2015. Como não houve alteração a respeito do tema no seu art. 620, a resposta parece ser positiva.

O § 1.º do art. 620 do CPC/2015 estabelece que nesse procedimento o juiz determinará que se proceda: *a)* ao balanço do estabelecimento, se o autor da herança era empresário individual; e *b)* à apuração de haveres, se o autor da herança era sócio de sociedade que não anônima. Houve uma mudança de nomenclatura em confronto com o inc. I do parágrafo único do art. 993 do CPC/1973, que mencionava o *comerciante em nome individual.* A alteração se deu tendo em vista a superação do Direito Comercial pelo Direito Empresarial.

A título de exemplo de subsunção da última norma do preceito anterior, que não foi alterada, cabe trazer à nota recente aresto do Tribunal de Justiça de São Paulo, com entendimento que vale para o novel diploma:

> "Inventário. Impugnação de herdeiro ora agravado. Nas primeiras declarações devem ser incluídos todos os bens do espólio e as dívidas ativas e passivas (CPC, art. 993, IV). Cotas da Padaria e Confeitaria devem ser incluídas, para que sejam partilhadas entre os herdeiros, na proporção da meação do autor da herança, a fim de que se proceda à apuração de haveres, mediante arbitramento por perito (CPC, art. 993, parágrafo único, inc. II). Dívidas passivas do espólio ressentem-se de demonstração convincente quanto à sua existência, devendo ser excluídas das primeiras declarações. Recurso provido em parte" (TJSP, Agravo de Instrumento 0090761-29.2013.8.26.0000, Acórdão 7111550, 1.ª Câmara de Direito Privado, São Paulo, Rel. Des. Paulo Eduardo Razuk, j. 15.10.2013, *DJESP* 08.11.2013).

Como novidade diante do sistema anterior, o § 2.º do art. 620 do CPC/2015 passou a enunciar expressamente que as primeiras declarações podem ser prestadas mediante petição, firmada por procurador com poderes especiais, à qual o termo se reportará. A nova regra segue a ideia de redução de burocracias e agilização, adotada pelo *Novo Codex,* na linha do que ocorria na prática sucessionista.

Seguindo no estudo da matéria, o Código de Processo Civil de 2015, na esteira do seu antecessor, continua a elencar algumas penalidades contra o inventariante. De início, no que concerne à *pena de sonegados*, expressa que só é possível argui-la ao inventariante depois de encerrada a descrição dos bens, com a declaração, por ele feita, de não existirem outros por inventariar (art. 621 do CPC/2015 e art. 994 do CPC/1973, sem alteração).

Vale lembrar que a *pena de sonegados* é imposta ao herdeiro que deixa de informar o inventário sobre a existência de um bem a ser partilhado, caso daqueles recebidos em doação, sem a dispensa de colação. A penalidade é a perda do direito em relação a tal bem, como determina o art. 1.992 do Código Civil. Como se sabe, quando for citado, nos termos do art. 626 do CPC/2015 e art. 999 do CPC/1973, o inventariante herdeiro terá a oportunidade de informar e descrever quais os bens do falecido estão na sua posse. Se assim não o fizer, estará sujeito a essa e a outras sanções legais. O tema ainda será aprofundado no presente capítulo.

A remoção do inventariante consta do art. 622 do Estatuto Processual vigente, equivalente ao art. 995 do CPC anterior. A primeira hipótese de remoção ocorre se não prestar, no prazo legal, as primeiras e as últimas declarações. A segunda se efetiva se não der ao inventário andamento regular, se suscitar dúvidas infundadas ou se praticar atos meramente protelatórios. O terceiro caso de remoção ocorre se, por culpa sua, se deteriorarem, forem dilapidados ou sofrerem danos os bens do espólio, hipótese de responsabilidade subjetiva.

Também será removido o inventariante que não defender o espólio nas ações em que for citado, deixar de cobrar dívidas ativas ou não promover as medidas necessárias para evitar o perecimento de direitos. O quinto caso de remoção está presente quando o inventariante não presta contas ou se aquelas que prestar não forem julgadas boas. Por fim, haverá remoção do inventariante se ele sonegar, ocultar ou desviar bens do espólio.

Não houve alteração no tocante às hipóteses de remoção. No entanto, como novidade, o Código de Processo Civil de 2015 passa a admitir a remoção do inventariante de ofício, como fazia a jurisprudência superior, por exemplo, no caso da seguinte ementa:

> "Remoção de inventariante. Ausência de cerceamento de defesa. 1. Não se configura o cerceamento de defesa no caso de remoção de inventariante quando está presente o contraditório, e pode o Juiz, constatado qualquer dos vícios do art. 995 do Código de Processo Civil, promover de ofício a remoção. 2. Recurso especial não conhecido" (STJ, Resp 539.898/MA (200300644088), 616051 Recurso Especial, 3.ª Turma, Rel. Min. Carlos Alberto Menezes Direito, j. 29.03.2005, *DJ* 06.06.2005, p. 318).

Os procedimentos para essa remoção, antes previstos nos arts. 996 a 998, foram repetidos pelos arts. 623 a 625 do CPC de 2015. Primeiramente, requerida a remoção com fundamento em quaisquer dos motivos elencados, o inventariante será intimado para, no prazo de cinco dias, defender-se e produzir provas. O incidente da remoção correrá em apenso aos autos do inventário. Decorrido o prazo, com ou sem a defesa do inventariante, o juiz decidirá. Se remover o inventariante, o juiz nomeará outro, observada a ordem antes analisada.

Como não poderia ser diferente, o contraditório deve ser instituído no processo de remoção do inventariante. Até aqui (arts. 623 a 624 do CPC/2015), houve apenas uma pequena alteração perante o sistema anterior, qual seja o aumento do prazo para defesa do inventariante em caso de remoção, que era de cinco e agora é de quinze dias (confrontação entre o art. 623 do CPC/2015 e o art. 996 do CPC/1973).

Decidindo-se pela remoção, o inventariante entregará imediatamente ao substituto os bens do espólio. No entanto, se deixar de fazê-lo, será compelido mediante mandado de busca e apreensão, no caso de bens móveis, ou de imissão na posse, no caso de bens imóveis (art. 625 do CPC/2015, equivalente ao art. 998 do CPC/1973). O preceito que ora vigora traz um aditivo que não existia no sistema anterior, qual seja a aplicação de uma multa em caso de não devolução dos bens, a ser fixada pelo juiz, em montante não superior a três por cento do valor dos bens inventariados.

Penso que a multa pode eventualmente ser reduzida em casos de excessos, mesmo sendo fixada judicialmente, aplicando-se o art. 413 do Código Civil de 2002, que trata do controle equitativo da cláusula penal. É a redação desse importante diploma material: "a penalidade deve ser reduzida equitativamente pelo juiz se a obrigação principal tiver sido cumprida em parte, ou se o montante da penalidade for manifestamente excessivo, tendo-se em vista a natureza e a finalidade do negócio".

Dando continuidade ao estudo do procedimento de inventário judicial, apresentadas as primeiras declarações, o juiz mandará citar, para os termos do inventário e partilha, o cônjuge, o companheiro, os herdeiros, os legatários, a Fazenda Pública, o Ministério Público, se houver herdeiro incapaz ou ausente, e o testamenteiro, se o finado deixou testamento (art. 626, *caput*, do CPC/2015). A inclusão do companheiro constitui novidade considerando o que estava no art. 999, *caput*, do CPC/1973, o que vem em boa hora, pela tutela constitucional da união estável, conforme exaustivamente pontuado nesta obra.

A citação do cônjuge, do companheiro, do herdeiro ou do legatário, pelo novo sistema, dar-se-á pelo correio (art. 626, § 1.º, do CPC/2015). Assim, não ocorrerá mais a citação por oficial de justiça, nos casos de pessoas domiciliadas na Comarca por onde corria o inventário ou que aí fossem encontradas, e por edital, com prazo de 20 e 60 dias, para todas as demais, residentes no Brasil ou no estrangeiro (art. 999, § 1.º, do CPC/1973). Sem dúvida, a mudança visa à agilização dos procedimentos, demorados em muitas situações concretas, o que até já entrou para o *folclore* da prática sucessionista. Visando à ampla publicidade dos atos de inventariança, o novo sistema determina que em todas as hipóteses do procedimento sejam publicados editais.

Consigne-se que em todas as situações concretas em que não há a manifestação do herdeiro, sem que se possa concluir pela aceitação ou recusa, a jurisprudência tem admitido a nomeação de um curador especial e provisório, o que deve ser mantido com a nova legislação. Assim, concluindo, por todos:

> "Citação. Edital. Inventário. Ausência de manifestação das legatárias. Comunicação havida entre as duas legatárias e a advogada do antigo testamento que não permite concluir pela aceitação ou recusa do legado por não aceitação do encargo. Necessidade de nomeação de curador especial que deve ser estendida na espécie. Art. 9.º, II, do Código de Processo Civil. Recurso provido em parte, dispensada a expedição de carta rogatória, devendo ser nomeado curador especial às legatárias citadas por edital" (TJSP, Agravo de Instrumento 315.142-4/4, 1.ª Câmara de Direito Privado, São Paulo, Rel. Elliot Akel, j. 02.03.2004, v.u.).

Cumpre destacar que o Supremo Tribunal Federal debateu a constitucionalidade da norma anterior (art. 999, § 1.º, do CPC/1973), especialmente pela discrepância de tratamento de herdeiro, assim concluindo, conforme o seu *Informativo* n. *523*:

> "O Tribunal, por maioria, desproveu recurso extraordinário interposto contra acórdão do Tribunal de Justiça do Estado do Rio Grande do Norte, e declarou a constitucionalidade do art. 999, § 1.º, do CPC ["Art. 999. Feitas as primeiras declarações, o juiz mandará citar, para os termos do inventário e partilha, o cônjuge, os herdeiros, os legatários, a Fazenda Pública, o Ministério Público, se houver herdeiro incapaz ou ausente, e o testamenteiro, se o finado deixou testamento. § 1.º Citar-se-ão, conforme o disposto nos arts. 224 a 230, somente as pessoas domiciliadas na comarca por onde corre o inventário ou que aí foram encontradas; e por edital, com o prazo de 20 (vinte) a 60 (sessenta) dias, todas as demais, residentes, assim no Brasil como no estrangeiro."]. O acórdão recorrido reputara válida a citação, por edital, de herdeiro e de seu cônjuge domiciliados em comarca diversa daquela em que processado o inventário. Os recorrentes alegavam que não deveriam ter

sido citados por esse modo, haja vista possuírem endereço certo, e sustentavam ofensa aos princípios da isonomia, da ampla defesa, do contraditório e do devido processo legal no reconhecimento da constitucionalidade do referido dispositivo – v. *Informativo* n. *521*. Salientando tratar-se de dispositivo vetusto, que já constava do Código de Processo Civil anterior, entendeu-se que a citação por edital em processo de inventário seria perfeitamente factível, até mesmo para se acelerar a prestação jurisdicional. Ressaltou-se, também, que qualquer irregularidade poderia ser enfrentada nas instâncias ordinárias. Vencido o Min. Marco Aurélio, que dava provimento ao recurso e assentava a inconstitucionalidade do art. 999, § 1.º, do CPC, ao fundamento de que o inventário se processa sob o ângulo da jurisdição voluntária, mas, a partir do momento em que a legislação indica o necessário conhecimento de herdeiros, sabendo-se quem eles são e onde estão, a ciência não poderia ser ficta, e sim realizada por meio de carta precatória, sob pena de se colocar em segundo plano a regra segundo a qual se deve, tanto quanto possível, promover a ciência de fato quanto ao curso do processo de inventário. Vencido, também, o Min. Celso de Mello, que acompanhava a divergência, e afirmava que a citação ficta, mediante edital, teria caráter excepcional e não viabilizaria o exercício pleno do direito ao contraditório" (STF, RE 552.598/RN, Rel. Min. Menezes Direito, 08.10.2008).

Como se observou, houve divergência no julgamento na Corte Suprema brasileira e, talvez por isso, a mudança veio em boa hora, sem qualquer diferenciação quanto à forma de citação dos interessados no inventário.

Ainda no que interessa aos procedimentos de citação, preceitua o § 2.º do art. 626 do CPC/2015 que das primeiras declarações extrair-se-ão tantas cópias quantas forem as partes, na linha exata do que estava no mesmo parágrafo do antigo art. 999. Houve alteração no parágrafo seguinte, pois a citação por oficial de justiça não é mais a regra. Antes, mencionava-se que o oficial de justiça, ao proceder à citação, entregaria um exemplar a cada parte (art. 999, § 3.º, do CPC/1973). Agora apenas se expressa que a citação por carta será acompanhada de cópia das primeiras declarações, o que igualmente facilitou o procedimento (§ 3.º do art. 626 do CPC/2015).

No que tange à Fazenda Pública, ao Ministério Público e eventual testamenteiro, incumbe ao escrivão remeter cópias dos autos (art. 626, § 4.º, do CPC/2015, equivalente ao art. 999, § 4.º, do CPC/1973). A última regra do mesmo modo vale para o advogado da parte que já estiver representada nos autos, visando a dar mais agilidade ao processamento do inventário.

Concluídas as citações, abrir-se-á vista às partes, em cartório e pelo prazo comum de quinze dias, para se manifestarem sobre as primeiras declarações (art. 627, *caput*, do CPC/2015). O prazo foi aumentado dos dez dias anteriores, como estava na cabeça do art. 1.000 do CPC/1973. Sem qualquer alteração, conforme os incisos dos dois comandos, em casos tais cabe à parte do processo de inventário arguir erros e omissões, reclamar contra a nomeação do inventariante e contestar a qualidade de quem foi incluído no título de herdeiro.

Em havendo impugnação quanto a erros e omissões, e julgada esta procedente, o juiz mandará retificar as primeiras declarações (art. 627, § 1.º, do CPC/2015, correspondente ao art. 1.000, parágrafo único, do CPC/1973). Se o juiz acolher o pedido de reclamação da nomeação do inventariante, nomeará outro, observada a preferência legal (art. 627, § 2.º, do CPC/2015, também correspondente ao art. 1.000, parágrafo único, do CPC/1973).

Verificando o magistrado que a disputa sobre a qualidade de herdeiro demanda *produção de provas que não a documental*, o juiz remeterá a parte para as *vias ordinárias* e sobrestará, até o julgamento da ação, a entrega do quinhão que na partilha couber ao herdeiro admitido (art. 627, § 3.º, do CPC/2015). Aqui houve uma alteração relevante perante a parte final do antigo parágrafo único do art. 1.000 do CPC/1973, que fazia menção à *matéria de alta indagação*, expressão substituída pelo termo anteriormente destacado.

Em suma, um conceito legal indeterminado, com alto grau de subjetividade, foi substituído por uma construção mais objetiva, baseada na produção de prova documental. A substituição pode trazer mais certeza e segurança para o procedimento do inventário, cabendo elogios em tal aspecto. Entretanto, por outra via, um termo mais fechado retira a possibilidade de o juiz considerar novas situações no futuro, como é comum quando se utilizam conceitos legais indeterminados e cláusulas gerais. Em tal ponto, a mudança pode ser desfavorável. Somente a prática consolidada por anos poderá demonstrar se a alteração foi boa ou ruim, havendo ainda dúvidas da minha parte neste momento.

De qualquer maneira, uma situação que encontrará maior estabilidade com a mudança apontada diz respeito ao reconhecimento da união estável e à inclusão da companheira ou convivente como herdeira no inventário. Nesse contexto, pontue-se que muitos arestos das Cortes Estaduais vinham entendendo que a existência dessa união livre e informal seria uma questão de alta indagação, que deveria ser resolvida no âmbito próprio, nas citadas vias ordinárias. Por todos, cabe colacionar:

> "Inventário. O caso encerra típica hipótese de questão de alta indagação, a qual deve ser solucionada em ação própria, tal como decorre do artigo 984 do CPC. O fato de a agravante receber benefício previdenciário na qualidade de companheira do falecido é insuficiente para habilitá-la como herdeira nos autos do inventário, seja porque a união estável é objeto de impugnação consistente, seja pela necessidade de se definirem os termos inicial e final da convivência, o que é dado relevante para a partilha dos bens do autor da herança. Recurso provido em parte" (TJSP, Agravo de Instrumento 0157144-23.2012.8.26.0000, Acórdão 6847896, 9.ª Câmara de Direito Privado, São Paulo, Rel. Des. Piva Rodrigues, j. 25.06.2013, *DJESP* 18.07.2013).

> "Agravo de instrumento. Ação de inventário. Reconhecimento incidental de união estável. Impossibilidade, no caso. Questão de alta indagação. Matéria remetida às vias ordinárias. Recurso conhecido e desprovido" (TJPR, Agravo de Instrumento 0695525-1, 11.ª Câmara Cível, Londrina, Rel. Juiz Conv. Antonio Domingos Ramina Junior, *DJPR* 16.12.2010, p. 389).

> "Inventário. Alegação de união estável. Necessidade de ação própria. Matéria de alta indagação. Recurso improvido" (TJSP, Agravo de Instrumento 990.10.137818-3, Acórdão 4648928, 8.ª Câmara de Direito Privado, Guarulhos, Rel. Des. Caetano Lagrasta, j. 18.08.2010, *DJESP* 07.10.2010).

> "Agravo de instrumento. Inventário. Reconhecimento de união estável. Questão de alta indagação. Remessa às vias ordinárias. 1. O inventário é um processo com contornos próprios, não havendo como nele serem discutidas questões de alta indagação. 2. Deve a pretensa ex-companheira ajuizar a ação própria para o reconhecimento da alegada união estável constituída com o falecido para ter reconhecido o seu direito, sendo aconselhável a suspensão do processo de inventário em razão de aparentemente não existirem ascendentes

> e descendentes do *de cujus*, caso em que, confirmada aquela união, terá a companheira direito à totalidade da herança (art. 2.º, inc. III, da Lei 8.971/1994). 3. Nega-se provimento ao recurso" (TJMG, Proc. 1.0515.05.014147-9/0001, 4.ª Câmara Cível, Piumhi, Rel. Célio César Paduani, j. 06.04.2006, v.u.).

Em regra, sempre me filiei a essa forma de julgar, pois os elementos caracterizadores da união estável previstos pelo art. 1.723 do CC/2002 podem levantar dúvidas concretas, sendo necessária uma ação específica para o seu reconhecimento e posterior dissolução. Em reforço, muitas vezes existem dificuldades para se determinarem o início e o fim da união estável, o que é fundamental para a questão sucessória.

Como é notório, esse comando civil dispõe que são requisitos essenciais da união estável a existência de um relacionamento público, contínuo e duradouro, estabelecido com o objetivo de constituição de família. Os conceitos, como se notam, são abertos, havendo grande variação de interpretação na doutrina e na jurisprudência nacionais, conforme está exposto no Volume 5 desta coleção de Direito Civil.

Todavia, sempre entendi também que, se a união estável estivesse devidamente provada no feito, tal forma de julgar ficaria em xeque. A concretizar, podem ser citadas as hipóteses de existência de uma escritura pública de união estável, não contestada por qualquer herdeiro. Com a redação do CPC/2015, não restam dúvidas de que a inclusão da companheira deve ser imediata em situações tais, sem a necessidade de debate nas vias ordinárias. Seguindo esse entendimento, da jurisprudência anterior:

> "Agravo de instrumento. Inventário. Decisão que remete as partes às vias ordinárias para alcançar o reconhecimento de união estável havida com o *de cujus*. Inadequação. Farta prova documental da convivência e ausência de contrariedade dos herdeiros. Questão que não se configura como de alta indagação. Inteligência do art. 984 do Código de Processo Civil. Decisão reformada. Recurso provido" (TJPR, Agravo de Instrumento 0790238-5, 12.ª Câmara Cível, Londrina, Rel. Des. Clayton Camargo, *DJPR* 06.10.2011, p. 524).

> "Agravo de instrumento. Inventário. Insurgência da agravante contra a decisão que houve por alta indagação os pedidos por ela formulados, de meação, participação na herança e direito real de habitação. União estável é fato e como tal satisfatoriamente comprovado nos autos, por escritura pública outorgada pelo falecido, pela sociedade igualitária na compra de imóvel, igualmente constante de escritura pública e pela declaração de óbito feita pela agravante junto ao cartório civil. Necessidade de interpretar a dicção alta indagação com o sentido voltado para os princípios jurídicos e a realidade da vida. Questões decorrentes, como meação, direito sucessório e direito real de moradia, devem, à evidência, ser resolvidas pelo juiz do inventário, por serem exclusivamente de direito. Agravo provido em parte para afastar a existência de questão de alta indagação e devolver a solução das questões jurídicas suscitadas ao juiz do inventário" (TJSP, Agravo de Instrumento 0124334-63.2010.8.26.0000, Acórdão 4938338, 9.ª Câmara de Direito Privado, São Paulo, Rel. Des. João Carlos Garcia, j. 24.08.2010, *DJESP* 1.º.03.2011).

> "Agravo de instrumento. Inventário. Reconhecimento de união estável. Ausente questão de alta indagação. Situação incontroversa. Fartamente comprovada por documentos, a união estável havida entre a agravante e o falecido, não há razão para a remessa da discussão às vias ordinárias. Deram provimento" (TJRS, Agravo de Instrumento 70037325495, 8.ª Câmara Cível, São Leopoldo, Rel. Des. Alzir Felippe Schmitz, j. 28.10.2010, *DJERS* 08.11.2010).

Adotando tal premissa, merece destaque julgado do Superior Tribunal de Justiça do ano de 2017, segundo o qual "o reconhecimento de união estável em sede de inventário é possível quando esta puder ser comprovada por documentos incontestes juntados aos autos do processo. Em sede de inventário, a falta de determinação do marco inicial da União Estável só importa na anulação de seu reconhecimento se houver demonstração concreta de que a partilha será prejudicada pela indefinição da duração do relacionamento marital" (STJ, Resp 1.685.935/AM, 3.ª Turma, Rel. Min. Nancy Andrighi, j. 17.08.2017, *DJe* 21.08.2017).

Além da existência de escritura pública de união estável, a convivência foi provada por cópia do *Diário Oficial da União,* que continha o ato que concedeu pensão vitalícia à recorrida em virtude da morte de seu companheiro. Apesar de prolatado na vigência do atual Código de Processo Civil, os fatos ocorreram na vigência do Estatuto Processual anterior. De todo modo, a conclusão deve ser a mesma para os casos julgados sob a subsunção do CPC/2015.

Destaco, a propósito, que existem muitos julgados estaduais, prolatados recentemente, que seguem a mesma conclusão. Somente a ilustrar, do Tribunal de Justiça de Minas Gerais:

> "Considerando que a escritura pública declaratória de união estável é dotada de fé pública e goza de presunção *iuris tantum* de veracidade, que sequer foi desconstituída pelo agravante; e considerando, ainda, que não compete ao juízo sucessório processar e julgar matéria de alta indagação no bojo do processo de inventário, remetendo-se para as vias ordinárias as questões que dependem de outras provas, a teor do art. 612 do CPC, impõe-se a manutenção da decisão agravada que nomeou o companheiro do de cujus como inventariante, em observância à ordem de preferência prevista pelo art. 617 do CPC/2015" (TJMG, Agravo de Instrumento 0204772-53.2021.8.13.0000, 6.ª Câmara Cível, Rel.ª Des.ª Yeda Athias, j. 19.10.2021, *DJEMG* 26.10.2021).

Ou, ainda, do Tribunal Paulista:

> "Existência de escritura pública contendo a declaração de vontade das partes. Documento que possui fé pública. Questão, ademais, cuja validade não pode ser discutida no bojo do arrolamento. Decisão mantida" (TJSP, Agravo de Instrumento 2226756-96.2021.8.26.0000, Acórdão 15094636, Itanhaém, 5.ª Câmara de Direito Privado, Rel. Des. Erickson Gavazza Marques, j. 09.10.2021, *DJESP* 18.10.2021, p. 2.250).

Por fim, como marco importante para a tese que se defende, em 2023 foi aprovado enunciado doutrinário a respeito do tema na *III Jornada de Direito Processual Civil*, conforme proposta por mim formulada. Consoante o Enunciado n. 179, "nos termos do art. 627, § 3.º, do CPC, é possível o reconhecimento incidental da união estável em inventário, quando comprovada documentalmente". Espero, assim, que a ementa doutrinária sirva como impulso para o surgimento de outros acórdãos com idêntica solução, em prol da instrumentalidade e da redução de entraves burocráticos, inclusive nos processos judiciais.

Em outro exemplo que pode ser citado, para a devida confrontação prática entre o CPC/2015 e o CPC/1973, o Tribunal de Justiça do Rio Grande do Sul entendeu que

TJMG, Agravo de Instrumento 1.0024.10.149948-1/001, Rel. Des. Sandra Fonseca, j. 31.07.2012, *DJEMG* 10/08/2012; e TJSP, Agravo de Instrumento 599.873.4/2, Acórdão 3364476, 8.ª Câmara de Direito Privado, Socorro, Rel. Des. Salles Rossi, j. 19.11.2008, *DJESP* 12.12.2008). Novamente, pontue-se que, com a tão comentada decisão do STF, que equiparou a sucessão do companheiro ao cônjuge, tal afirmação ganha ainda mais força (Recurso Extraordinário 878.694/MG, julgada em maio de 2017, por maioria).

O que muda é a análise da impugnação para a remessa às vias ordinárias. Havendo prova documental que ateste a existência da união estável, a habilitação deve ser deferida imediatamente.

Nesse ponto, cabe fazer mais uma confrontação entre os arts. 612 do CPC/2015 e 984 do CPC/1973, para verificar como deve ser guiado o juiz no processo de inventário, presente outra alteração significativa:

Código de Processo Civil de 2015	Código de Processo Civil de 1973
"Art. 612. O juiz decidirá todas as questões de direito desde que os fatos relevantes estejam provados por documento, só remetendo para as vias ordinárias as questões que dependerem de outras provas."	"Art. 984. O juiz decidirá todas as questões de direito e também as questões de fato, quando este se achar provado por documento, só remetendo para os meios ordinários as que demandarem alta indagação ou dependerem de outras provas."

Como primeira mudança, nota-se que o texto atual ficou mais claro, pois são mencionadas as *questões de direito com fatos relevantes que estejam provados por documentos*, e não mais *questões de direito e de fato provadas por documentos*, totalmente desconectadas. Em relação à remessa às vias ordinárias, somente ocorrerá se houver dependência de outras provas, que não a documental, caso da oitiva de testemunhas. Não há mais previsão quanto às questões de alta indagação, termo indeterminado que foi retirado do sistema processual.

Encerrando essa fase, enuncia o art. 629 do Código de Processo de 2015 que a Fazenda Pública, no prazo de quinze dias, após a vista para a manifestação quanto às primeiras declarações, informará ao juízo, de acordo com os dados que constam de seu cadastro imobiliário, o valor dos bens de raiz descritos nas primeiras declarações. A única modificação, perante o art. 1.002 do CPC/1973, é a redução do prazo de vinte para quinze dias, em uniformidade com outros preceitos relativos ao processo de inventário.

Depois dessa previsão, o Estatuto Processual em vigor continua a seguir o exemplo do anterior, trazendo regras quanto à avaliação dos bens e ao cálculo do imposto (arts. 630 a 638 do CPC/2015, equivalente aos arts. 1.003 a 1.013 do CPC/1973).

A primeira delas estatui que, findo o prazo de quinze dias para a manifestação quanto às primeiras declarações – prazo que era de dez dias no sistema anterior, repise-se –, e não havendo qualquer impugnação ou já decidida a que tiver sido oposta, o juiz nomeará um perito para avaliar os bens do espólio se não houver na comarca avaliador judicial (art. 630, *caput*, do CPC/2015, corresponde ao art. 1.003, *caput*, do CPC/1973). Continuam anotando Nelson Nery Jr. E Rosa Maria de Andrade Nery, com razão, que essa avaliação será dispensada, do ponto de vista fiscal, "quando já há prova do valor dos bens cadastrados pelo poder público municipal para fim de cobrança de IPTU"

(NERY JR., Nelson; NERY, Rosa Maria de Andrade. *Comentários...*, 2015, p. 1.457). Imagino que esse entendimento deve ser mantido com o CPC de 2015, que procurou agilizar os procedimentos judiciais.

Determina a norma, ainda, que, nos casos envolvendo estabelecimento empresarial, o juiz nomeará um perito para avaliação das quotas e apuração de haveres (art. 630, parágrafo único, do CPC/2015). Não há mais menção ao contador, como estava no parágrafo do antigo art. 1.003, pois o *expert* pode até ser de outra área do conhecimento. Também melhor tecnicamente, fala-se em *avaliação das quotas*, e não mais em *levantamento do balanço.*

No que diz respeito aos procedimentos da avaliação, o perito deve seguir, no que forem aplicáveis, as regras previstas nos atuais arts. 872 e 873 do CPC/2015. É o que determina o art. 631 do Estatuto Processual em vigor, equivalente ao antigo art. 1.004 do antigo CPC, com referência aos seus arts. 681 a 683. Vejamos as regras mencionadas nesse último dispositivo processual, devidamente confrontadas com a norma anterior.

Conforme o novel art. 872, a avaliação realizada pelo oficial de justiça constará de vistoria e de laudo anexados ao auto de penhora ou, em caso de perícia efetuada por avaliador, de laudo apresentado no prazo fixado pelo juiz, devendo-se, em qualquer hipótese, especificar: *a)* os bens, com as suas características, e o estado em que se encontram; *b)* o valor dos bens. Insta verificar que a norma atual manda aplicar a regra relativa à avaliação feita por oficial de justiça, o que não ocorria no passado, pois esta estava prevista no antigo art. 680, que não era referido pelo anterior art. 1.004. Quanto aos requisitos do laudo, são os mesmos que já estavam no art. 681, *caput,* do CPC anterior.

O § 1.º do art. 872 do CPC/2015 estabelece que, quando o imóvel for suscetível de cômoda divisão, a avaliação, tendo em conta o crédito reclamado, será realizada em partes, sugerindo-se, com a apresentação de memorial descritivo, os possíveis desmembramentos para alienação. A única mudança perante o art. 681, parágrafo único, do CPC/1973 é a expressão do memorial descritivo, que já era considerado anteriormente, na prática sucessionista. Efetivada a avaliação e, sendo o caso, apresentada a proposta de desmembramento, as partes serão ouvidas no prazo de cinco dias (art. 872, § 2.º, do CPC/2015). A inclusão desse curto lapso é novidade no sistema, com os bons fins de agilizar o procedimento, mais uma vez.

Outra mudança a ser pontuada é que foi retirada a menção aos títulos da dívida pública, de ações de sociedades e de títulos de crédito negociáveis em bolsa. Previa o antigo art. 682 do CPC/1973 que o valor a ser fixado seria o da cotação oficial do dia, provada por certidão ou publicação no órgão oficial. Essa regra não se aplica mais ao inventário. Ademais, muito ao contrário, diante de dúvidas quanto ao seu valor real e para todos os casos, o Estatuto Processual emergente passou a dispor, em seu art. 871, inciso II, que não se procederá à avaliação quando se tratar de títulos ou de mercadorias que tenham cotação em bolsa, comprovada por certidão ou publicação no órgão oficial.

Como o perito-avaliador é dotado de fé pública, a regra é a não repetição da avaliação. Entretanto, essa premissa comporta exceções, pois o art. 873 do CPC/2015, equivalente ao art. 683 do CPC anterior, trata da possibilidade de reiteração do estudo quando: *a)* se provar erro ou dolo do avaliador; *b)* se verificar, posteriormente à avaliação, que houve majoração ou diminuição do valor dos bens; *c)* houver fundada dúvida sobre o valor atribuído ao bem. Em sentido quase semelhante, aliás, era o art. 1.010 do CPC/1973, quanto ao inventário, norma que não foi repetida, por desnecessidade.

Também não foi repetida a premissa fixada no art. 1.005 do CPC/1973, segundo o qual, o herdeiro que requeresse, durante a avaliação, a presença do juiz e do escrivão pagaria as despesas da diligência. Pela retirada da regra em questão, parece que não será mais possível ao herdeiro fazer essa exigência, o que, aliás, nunca foi usual.

Não se expedirá carta precatória para a avaliação de bens situados fora da Comarca por onde corre o inventário, se eles forem de pequeno valor ou perfeitamente conhecidos do perito nomeado (art. 632 do CPC/2015, repetição do art. 1.006 do CPC/1973). A norma tem a sua razão de ser, visando a uma maior agilidade ao processo de inventário, eis que, na grande maioria das vezes, as partes ou herdeiros estão muito ansiosos pelo seu fim. Em razão do pequeno valor, a demorada expedição da precatória traria mais ônus que benefícios aos interessados. A análise do que seja bem de pequeno valor deve ser feita caso a caso, considerando também o patrimônio objeto da sucessão.

Mais uma vez visando à facilitação e à agilidade do procedimento, preconiza o art. 633 do CPC/2015 – sem mudanças quanto ao art. 1.007 do CPC/1973 – que, sendo capazes todas as partes, não se procederá à avaliação se a Fazenda Pública concordar expressamente com o valor atribuído, nas primeiras declarações, aos bens do espólio. Se os herdeiros concordarem com o valor dos bens declarados pela Fazenda Pública, a avaliação cingir-se-á aos demais, no caso, aos bens móveis (art. 634 do CPC/2015, reprodução literal do art. 1.008 do CPC).

Entregue o laudo de avaliação, o juiz mandará que sobre ele se manifestem as partes no prazo de quinze dias, que correrá em cartório (art. 635, *caput,* do CPC/2015). Novamente, o prazo foi aumentado, sendo de dez dias na *cabeça* do antigo art. 1.009 do CPC/1973. Consigne-se que é bem comum que as partes envolvidas com o inventário requeiram esclarecimentos ao perito avaliador. Os parágrafos do comando legal continuam a trazer outros detalhamentos importantes.

Em primeiro lugar, havendo impugnação quanto ao valor atribuído aos bens pelo perito, o juiz a decidirá de plano, à vista do que constar dos autos (art. 635, § 1.º, do CPC/2015 e art. 1.009, § 1.º, do CPC/1973). Julgando procedente a impugnação, determinará o juiz que o perito retifique a avaliação, observando os fundamentos da decisão (art. 635, § 2.º, do CPC/2015 e art. 1.009, § 2.º, do CPC/1973). Em tais diplomas, também não houve qualquer mudança.

O mesmo deve ser dito quanto ao art. 636 do Novo Estatuto, segundo o qual, sendo aceito o laudo pelas partes, ou sendo resolvidas as impugnações suscitadas a seu respeito, lavrar-se-á em seguida o termo de últimas declarações, no qual o inventariante poderá emendar, aditar ou completar as primeiras. O comando equivale ao art. 1.011 do CPC/1973, igualmente sem alterações.

Ouvidas as partes sobre as últimas declarações no prazo comum de quinze dias, proceder-se-á ao cálculo do tributo, que varia de acordo com a legislação específica de cada Estado (art. 637 do CPC/2015). Duas foram as modificações, perante o art.

1.012 do CPC/1973. Primeiro, o prazo foi aumentado de dez para quinze dias. Segundo, substituiu-se a expressão *imposto* por *tributo*, melhor tecnicamente empregada, na nossa opinião.

Não se pode esquecer, o que ainda terá aplicação e na linha da Súmula 112 do Supremo Tribunal Federal, que o imposto de transmissão *causa mortis* é devido pela alíquota vigente ao tempo da abertura da sucessão, ou seja, da morte do *de cujus*. Trata-se de decorrência natural do *droit de saisine*, regra segundo a qual, com a abertura da sucessão, transmitem-se os bens para os herdeiros do falecido.

A encerrar essa fase, feito o cálculo, sobre ele serão ouvidas todas as partes no prazo comum de cinco dias, que correrá em cartório e, em seguida, a Fazenda Pública (art. 638 do CPC/2015 e art. 1.013 do CPC/1973). Se houver impugnação julgada procedente, ordenará o juiz novamente a remessa dos autos ao contabilista ou contador, determinando as alterações que devam ser feitas no cálculo. Cumprido o despacho, o juiz julgará o cálculo do imposto. Após, seguem o recolhimento de imposto e das custas e a partilha, que ainda será estudada neste capítulo. Em relação aos dois comandos, não houve qualquer alteração, inclusive quanto ao prazo de cinco dias.

Para findar o estudo do inventário judicial pelo rito comum (*inventário comum*), note-se que, em razão de lei especial (art. 1.º da Lei 6.858/1980, e art. 1.º, parágrafo único, inciso I, do Decreto 85.845/1981), o pagamento dos valores devidos ao empregado é feito aos sucessores independentemente de inventário ou arrolamento. Em suma, tratando-se de verbas trabalhistas, os valores podem ser partilhados entre os herdeiros diretamente pelo juízo do Trabalho, independentemente do inventário na esfera cível. Não houve qualquer mudança quanto a tal regra em face do CPC/2015, continuando ela a ter plena subsunção.

4.2.1.2 Inventário judicial pelo rito ou procedimento sumário

Quanto ao *arrolamento sumário*, é primaz a confrontação entre o art. 659 do CPC/2015 e o art. 1.031 do CPC/1973, o último com a nova redação dada pela anterior Lei 11.441/2007.

Vejamos a tabela comparativa:

Código de Processo Civil de 2015	Código de Processo Civil de 1973
"Art. 659. A partilha amigável, celebrada entre partes capazes, nos termos da lei, será homologada de plano pelo juiz, com observância dos arts. 660 a 663.	"Art. 1.031. A partilha amigável, celebrada entre partes capazes, nos termos do art. 2.015 da Lei n.º 10.406, de 10 de janeiro de 2002 – Código Civil, será homologada de plano pelo juiz, mediante a prova da quitação dos tributos relativos aos bens do espólio e às suas rendas, com observância dos arts. 1.032 a 1.035 desta Lei.
§ 1.º O disposto neste artigo aplica-se, também, ao pedido de adjudicação, quando houver herdeiro único.	§ 1.º O disposto neste artigo aplica-se, também, ao pedido de adjudicação, quando houver herdeiro único.

Código de Processo Civil de 2015	Código de Processo Civil de 1973
§ 2.º Transitada em julgado a sentença de homologação de partilha ou de adjudicação, será lavrado o formal de partilha ou elaborada a carta de adjudicação e, em seguida, serão expedidos os alvarás referentes aos bens e às rendas por ele abrangidos, intimando-se o fisco para lançamento administrativo do imposto de transmissão e de outros tributos porventura incidentes, conforme dispuser a legislação tributária, nos termos do § 2.º do art. 662."	§ 2.º Transitada em julgado a sentença de homologação de partilha ou adjudicação, o respectivo formal, bem como os alvarás referentes aos bens por ele abrangidos, só serão expedidos e entregues às partes após a comprovação, verificada pela Fazenda Pública, do pagamento de todos os tributos."

Começando pelo dispositivo anterior, como o art. 1.031 fazia remissão ao art. 1.773 do Código Civil de 1916, a Lei 11.441, de 4 de janeiro de 2007, apenas alterou sua redação para que se mencionasse o artigo correspondente, qual seja, o art. 2.015 do Código Civil de 2002. Frise-se que não houve mudança no conteúdo da norma, mas simples adequação ao atual Código Civil.

Estabelece o art. 2.015 do CC/2002 que, "se os herdeiros forem capazes, poderão fazer partilha amigável, por escritura pública, termo nos autos do inventário, ou escrito particular, homologado pelo juiz". No entanto, o CPC/2015 não faz mais menção a esse dispositivo civil, o que não prejudica a sua incidência. No mais, os arts. 660 a 663 agora referidos, que tratam especificamente do arrolamento sumário, equivalem aos antigos arts. 1.032 a 1.035. Pontue-se que, apesar de o rito sumário ter desaparecido no Código de Processo Civil de 2015, pela não repetição do art. 275 do CPC/1973, acredito que essa nomenclatura ainda pode ser utilizada sob a sua égide, para o inventário.

Como bem ensinam Euclides de Oliveira e Sebastião Amorim, o *arrolamento sumário* é uma forma abreviada de inventário e partilha de bens, havendo concordância de todos os herdeiros, desde que maiores e capazes. Observam os juristas que, aqui, não importam os valores dos bens a serem partilhados (AMORIM, Sebastião; OLIVEIRA, Euclides de. *Inventário...*, 2016, p. 431).

Ainda em sede doutrinária, de acordo com Dimas Messias de Carvalho e Dimas Daniel de Carvalho, trata-se de "um procedimento judicial simplificado de inventário e partilha e ocorre quando as partes são capazes e podem transigir, estiverem representadas e acordarem sobre a partilha dos bens, qualquer que seja o valor (arts. 1.031/1.035 do CPC). Os herdeiros apresentam o plano de partilha ao juiz que somente o homologa, em um procedimento de jurisdição voluntária, portanto não decide" (CARVALHO, Dimas Messias; CARVALHO, Dimas Daniel. *Direito...*, 2012, v. VIII, p. 225). Em suma, pode-se dizer que o seu fator predominante é justamente o acordo entre as partes envolvidas e a sua capacidade plena.

Para findar a confrontação constante da última tabela, podem ser percebidas algumas alterações no § 2.º do novo comando instrumental. O antigo art. 1.031 do CPC/1973 estabelecia que, transitada em julgado a sentença de homologação de partilha ou adjudicação, o respectivo formal, bem como os alvarás referentes aos bens por ele abrangidos, só seriam expedidos e entregues às partes após a comprovação, constatada pela Fazenda Pública, do pagamento de todos os tributos. Pelo novel diploma, transitada em julgado a sentença de homologação de partilha ou adjudicação, será lavrado o formal de partilha ou elaborada a carta de adjudicação.

Em seguida, serão expedidos os alvarás referentes aos bens e rendas por ele abrangidos, intimando-se o fisco para lançamento administrativo do imposto de transmissão e de outros tributos porventura incidentes, como dispuser a legislação tributária. Em suma, parece-me que pela nova norma os documentos mencionados são expedidos antes mesmo da verificação pelo Fisco, cabendo a sua entrega se tudo estiver pago conforme a legislação tributária.

Entretanto, decisão do STJ acabou por mitigar a amplitude dessa última regra. Como consta do seu teor, que merece ser colacionado em destaque:

> "O CPC/1973, em seu art. 1.031, em conformidade com o art. 192 do CTN, exigia a prova de quitação dos tributos relativos aos bens do espólio e às suas rendas como condição para a homologação da partilha (*caput*) e o pagamento de todos os tributos devidos, aí incluído o imposto de transmissão, para a ultimação do processo, com a expedição e a entrega dos formais de partilha (§ 2.º). O novo Código de Processo Civil, em seu art. 659, § 2.º, traz uma significativa mudança normativa no tocante ao procedimento de arrolamento sumário, ao deixar de condicionar a entrega dos formais de partilha ou da carta de adjudicação à prévia quitação dos tributos concernentes à transmissão patrimonial aos sucessores". Porém, concluiu-se que "essa inovação normativa, todavia, em nada altera a condição estabelecida no art. 192 do CTN, de modo que, no arrolamento sumário, o magistrado deve exigir a comprovação de quitação dos tributos relativos aos bens do espólio e às suas rendas para homologar a partilha e, na sequência, com o trânsito em julgado, expedir os títulos de transferência de domínio e encerrar o processo, independentemente do pagamento do imposto de transmissão" (STJ, Resp 1.704.359/DF, 1.ª Turma, Rel. Min. Gurgel de Faria, j. 28.08.2018, *Dje* 02.10.2018).

Foi vencido o Ministro Napoleão Maia, para quem o "intuito do Código Fux, como todos sabemos, foi celerizar as operações à vida econômica, dinamizar os negócios, as transações e tudo o que diz respeito à modernização jurídica dos procedimentos sociais, econômicos e financeiros"; posicionando-se pela dispensa dessas quitações.

Porém, sucessivamente e no mesmo ano de 2018, surgiu novo entendimento na Segunda Turma da Corte, no seguinte sentido:

> "A homologação da partilha no procedimento do arrolamento sumário não pressupõe o atendimento das obrigações tributárias principais e tampouco acessórias relativas ao imposto sobre transmissão *causa mortis*. Consoante o novo Código de Processo Civil, os artigos 659, § 2.º, cumulado com o 662, § 2.º, com foco na celeridade processual, permitem que a partilha amigável seja homologada anteriormente ao recolhimento do imposto de transmissão *causa mortis*, e somente após a expedição do formal de partilha ou da carta de adjudicação é que a Fazenda Pública será intimada para providenciar o lançamento administrativo do imposto, supostamente devido" (STJ, Resp 1.751.332/DF, 2.ª Turma, Rel. Min. Mauro Campbell Marques, j. 25.09.2018, *Dje* 03.10.2018).

Como não poderia ser diferente, ficava eu com este último entendimento, de acordo com o que consta do Estatuto Processual emergente, havendo a necessidade anterior de o tema ser pacificado no âmbito do Tribunal da Cidadania, pois há divergência entre Turmas Distintas.

Em 2022, essa pacificação ocorreu no âmbito da Corte Especial do Tribunal, que seguiu a segunda orientação, com a afirmação da seguinte tese: "no arrolamento

Código de Processo Civil de 2015	Código de Processo Civil de 1973
"Art. 664. Quando o valor dos bens do espólio for igual ou inferior a 1.000 (mil) salários mínimos, o inventário processar-se-á na forma de arrolamento, cabendo ao inventariante nomeado, independentemente de assinatura de termo de compromisso, apresentar, com suas declarações, a atribuição de valor aos bens do espólio e o plano da partilha.	"Art. 1.036. Quando o valor dos bens do espólio for igual ou inferior a 2.000 (duas mil) Obrigações do Tesouro Nacional – OTN, o inventário processar-se-á na forma de arrolamento, cabendo ao inventariante nomeado, independentemente da assinatura de termo de compromisso, apresentar, com suas declarações, a atribuição do valor dos bens do espólio e o plano da partilha. (Redação dada pela Lei n.º 7.019, de 31.08.1982.)
§ 1.º Se qualquer das partes ou o Ministério Público impugnar a estimativa, o juiz nomeará avaliador, que oferecerá laudo em 10 (dez) dias.	§ 1.º Se qualquer das partes ou o Ministério Público impugnar a estimativa, o juiz nomeará um avaliador que oferecerá laudo em 10 (dez) dias. (Incluído pela Lei n.º 7.019, de 31.08.1982.)
§ 2.º Apresentado o laudo, o juiz, em audiência que designar, deliberará sobre a partilha, decidindo de plano todas as reclamações e mandando pagar as dívidas não impugnadas.	§ 2.º Apresentado o laudo, o juiz, em audiência que designar, deliberará sobre a partilha, decidindo de plano todas as reclamações e mandando pagar as dívidas não impugnadas. (Incluído pela Lei n.º 7.019, de 31.08.1982.)
§ 3.º Lavrar-se-á de tudo um só termo, assinado pelo juiz, pelo inventariante e pelas partes presentes ou por seus advogados.	§ 3.º Lavrar-se-á de tudo um só termo, assinado pelo juiz e pelas partes presentes. (Incluído pela Lei n.º 7.019, de 31.08.1982.)
§ 4.º Aplicam-se a essa espécie de arrolamento, no que couber, as disposições do art. 672, relativamente ao lançamento, ao pagamento e à quitação da taxa judiciária e do imposto sobre a transmissão da propriedade dos bens do espólio.	§ 4.º Aplicam-se a esta espécie de arrolamento, no que couberem, as disposições do art. 1.034 e seus parágrafos, relativamente ao lançamento, ao pagamento e à quitação da taxa judiciária e do imposto sobre a transmissão da propriedade dos bens do espólio. (Incluído pela Lei n.º 7.019, de 31.08.1982.)
§ 5.º Provada a quitação dos tributos relativos aos bens do espólio e às suas rendas, o juiz julgará a partilha."	§ 5.º Provada a quitação dos tributos relativos aos bens do espólio e às suas rendas, o juiz julgará a partilha. (Incluído pela Lei n.º 7.019, de 31.08.1982.)"

Em relação ao parâmetro de valor dos bens para o *arrolamento comum*, reafirme-se que o Código de Processo Civil de 2015 constitui um notável avanço. Isso porque a lei anterior utilizava o montante correspondente a 2.000 Obrigações do Tesouro Nacional (OTN). Cabia e continua cabendo ao inventariante nomeado, independentemente da assinatura de termo de compromisso, apresentar, com suas declarações, a atribuição do valor dos bens do espólio e o plano da partilha. Como se pode perceber, essa forma de arrolamento não leva em conta eventual acordo entre as partes interessadas capazes, como é no arrolamento sumário, mas sim o valor dos bens inventariados.

Sobre o *malfadado* valor de 2.000 OTN (Obrigações do Tesouro Nacional), tendo em vista a extinção do indexador pela Lei 7.730/1989, sua quantificação em moeda nacional corrente sempre foi conturbada. O índice anterior sempre se revelou inadequado e defasado, sendo praticamente impossível saber o valor exato, como pontuavam Euclides de Oliveira e Sebastião Amorim, já propondo, anteriormente, a mudança desse parâmetro para 500 salários mínimos (AMORIM, Sebastião; OLIVEIRA, Euclides. *Inventários*..., p. 523-524). Para os juristas citados, no ano de 2009, se seguida a Tabela de atualização do Tribunal de Justiça de São Paulo, o valor de 2.000 OTN corresponderia a cerca de R$ 38.826,41 (trinta e oito mil, oitocentos e vinte e seis reais e quarenta e um centavos).

Com o fim de demonstrar a divergência anterior sobre tal intricado cálculo, Dimas Messias de Carvalho e Dimas Daniel de Carvalho chegavam a outros montantes. Levando em conta as informações constantes do *site* do Tribunal de Justiça de Minas Gerais, ponderavam que:

> "Por simples operação aritmética, uma OTN, com inclusão dos expurgos, possui o valor de 35,305. Sem expurgos, valor 11,2314. Logo, 2.000 OTNS (que substituem as ORTNS) com inclusão dos expurgos inflacionários totalizam R$ 70.610,00 (setenta mil, seiscentos e dez reais), valores que devem ser considerados para autorizar o inventário na forma de arrolamento sumário, por melhor se aproximar da inflação real do período e dos valores que corresponderiam a duzentos salários mínimos, fixados antes das modificações promovidas pela Lei 7.019, de 31 de agosto de 1982. Considerando-se a OTN sem os expurgos inflacionários, o valor de 2.000 OTNs seria reduzido sensivelmente a R$ 22.462,80; valor insignificante para fins de direitos sucessórios" (CARVALHO, Dimas Messias; CARVALHO, Dimas Daniel. *Direito*..., 2012, v. VIII, p. 233-234).

Diante das enormes dificuldades dos cálculos, em boa hora, o Código de Processo Civil de 2015 corrigiu tal forma de cálculo, adotando o parâmetro de mil salários mínimos, conforme se depreende da tabela exposta. Como comentam Euclides de Oliveira e Sebastião Amorim em versão mais recente de sua *clássica obra*, "a disposição relativa ao valor, que gerava tantas dúvidas em vista da extinção daquele título governamental usado para fins de correção, é modificada no CPC 2015, art. 664, com adoção de parâmetro mais adequado, com base no valor do salário mínimo" (AMORIM, Sebastião; OLIVEIRA, Euclides de. *Inventário*..., 2016, p. 445). Diante desse grande avanço, espera-se que o arrolamento sumário atinja a efetividade prática não alcançada na prática do Direito das Sucessões no Brasil.

Aprofundando os procedimentos, se qualquer das partes ou o Ministério Público impugnar a estimativa anteriormente realizada pelo inventariante, o juiz nomeará avaliador que oferecerá laudo em dez dias (art. 664, § 1.º, do CPC/2015 e art. 1.036, § 1.º, do CPC/1973). O que se percebe é que a elaboração desse laudo diferencia o arrolamento comum do arrolamento sumário.

Apresentado o laudo, o juiz, em audiência que designar, deliberará sobre a partilha, decidindo de plano todas as reclamações e mandando pagar as dívidas não impugnadas (art. 664, § 2.º, do CPC/2015 e art. 1.036, § 2.º, do CPC/1973). Lavrar-se-á de tudo um só termo, assinado pelo juiz, pelo inventariante e pelas partes presentes (art. 664, § 3.º, do CPC/2015). A menção à assinatura do inventariante é novidade, pois não constava do art. 1.036, § 2.º, do CPC/1973; formalidade que deve ser observada a partir da vigência do Novo CPC.

O art. 664, § 4.º, do CPC/2015, equivalente ao art. 1.036, § 4.º, do CPC/1973, estabelece a aplicação das regras previstas no art. 672 do CPC/2015, relativamente ao lançamento, ao pagamento e à quitação da taxa judiciária e do imposto sobre a transmissão da propriedade dos bens do espólio. Porém, houve um erro material na primeira norma processual citada, pois o art. 672 não trata das citadas questões de taxas e tributos, mas da cumulação de inventários.

Assim, a referência deve ser lida em relação ao art. 662 do CPC/2015. Nesse sentido, o Enunciado n. 131, aprovado na *II Jornada de Direito Processual Civil*, promovida pelo Conselho da Justiça Federal em setembro de 2018, com a seguinte dicção: "a remissão ao art. 672, feita no art. 664, § 4.º, do CPC, consiste em erro material decorrente da renumeração de artigos durante a tramitação legislativa. A referência deve ser compreendida como sendo ao art. 662, norma que possui conteúdo integrativo adequado ao comando expresso e finalístico do art. 664, § 4.º". Como não poderia ser diferente, a proposta doutrinária contou com o nosso total apoio naquele evento.

Para findar os procedimentos, provada a quitação dos tributos relativos aos bens do espólio e às suas rendas, o juiz julgará a partilha (art. 664, § 5.º, do CPC/2015 e art. 1.036, § 5.º, do CPC/1973). Como outra novidade a ser pontuada, o CPC em vigor passou a dispor, em seu art. 665, que será possível o caminho do arrolamento comum para o inventário, ainda que haja incapaz, desde que concordem todas as partes e o Ministério Público. O comando introduziu alternativa para um procedimento abreviado para casos de menores, caso seja seguida a literalidade de vedação para o inventário extrajudicial, tema que será analisado a seguir.

Antes de adentrar no tema, consigne-se que, com enorme aplicação prática, é interessante aqui anotar a existência de outras modalidades de *inventário judicial*, que são muito bem apresentadas por Flávio Augusto Monteiro de Barros (*Manual...*, 2005, v. 1, p. 304 e 305):

- *Inventário orfanológico* – havendo herdeiro menor, maior incapaz, ausente ou desconhecido.
- *Inventário de provedoria* – quando o *de cujus* houver deixado testamento ou codicilo.
- *Inventário de maiores* – quando, não havendo testamento, todos os herdeiros forem maiores e capazes.
- *Inventário conjunto* – aquele que abrange mais de um espólio.
- *Inventário negativo* – nas hipóteses em que o *de cujus* não deixa bens. No Volume anterior desta coleção vimos que há interesse em fazer esse inventário para que não se imponha a causa suspensiva do casamento prevista no art. 1.523, inciso I, do CC. A jurisprudência vem reconhecendo sua viabilidade e possibilidade, mesmo que não haja um interesse patrimonial direto: "Inventário negativo. Possibilidade da declaração judicial da inexistência de bens em nome do *de cujus*. Interesse jurídico reconhecido. Afastamento do decreto de extinção do feito. Recurso provido" (TJSP, Apelação Cível 261.452-4/1, 1.ª Câmara de Direito Privado, Suzano, Rel. Elliot Akel, j. 08.04.2003, v.u.).

Quanto ao *inventário conjunto*, é pertinente comentar o art. 672 do CPC/2015, equivalente ao art. 1.043 do CPC/1973. De acordo com o diploma emergente, é lícita a cumulação de inventários para a partilha de heranças de pessoas diversas, quando houver: *a)* identidade de pessoas entre as quais devam ser repartidos os bens; *b)* heranças deixadas pelos dois cônjuges ou companheiros; e *c)* dependência de uma das partilhas em relação à outra. No caso desta última previsão, se a dependência for parcial, por haver outros bens, o juiz pode ordenar a tramitação separada, se melhor convier ao interesse das partes ou à celeridade processual (parágrafo único do art. 672 do CPC/2015).

A norma do Novo CPC é mais abrangente, o que vem em boa hora, pois a lei anterior mencionava a possibilidade de cumulação de inventários somente em relação ao cônjuge supérstite que falecesse antes da partilha. Ademais, não há mais a exigência expressa de inventariante único, como constava do art. 1.043, § 1.º, do CPC/1973. Apesar dessa ausência, acreditamos que a premissa será mantida, por ser costume anterior e diante da própria natureza da inventariança. Além disso, não há previsão a respeito da necessidade de distribuição de dependência do segundo inventário, que correria em apenso com o primeiro (art. 1.043, § 1.º, do CPC/1973), o que dependerá da praxe de cada Tribunal.

Como exemplo prático de admissão de inventário conjunto, recente decisão do Tribunal Gaúcho aduziu que "o art. 672 do CPC permite a cumulação de inventários, ressaltando-se que os incisos não são cumulativos, mas autônomos, cada um, portanto, com previsão de uma situação em que é permitida a cumulação" (TJRS, Apelação Cível 70074327214, 7.ª Câmara Cível, Rel. Des. Liselena Schifino Robles Ribeiro, j. 16.08.2017). Ou, ainda ilustrando, do Tribunal de Justiça de São Paulo, afastando-se a possibilidade de inventário conjunto, ementou-se o seguinte:

> "Agravo de instrumento – Inventário – Indeferimento do inventário conjunto de três irmãs falecidas em datas distintas. Inconformismo do agravante, defendendo a dependência das partilhas. Juízo que, acertadamente, aplicou o quanto disposto no artigo 672, parágrafo único, do Código de Processo Civil – Uma das inventariadas que detinha bens próprios e distintos das irmãs – Decisão mantida – Recurso improvido" (TJSP, Agravo de Instrumento 22276530320168260000, 2.ª Câmara de Direito Privado, Rel. Des. José Joaquim dos Santos, j. 21.03.2017, Data de Publicação: 27.03.2017).

Por derradeiro, sem qualquer mudança estrutural relevante, estabelece o art. 673 do CPC/2015, equivalente ao art. 1.045 do CPC/1973, que, no caso de inventário conjunto que envolva cônjuge ou companheiro, prevalecerão as primeiras declarações, assim como o laudo de avaliação, salvo se alterado o valor dos bens.

4.2.2 Inventário extrajudicial ou por via administrativa

Conforme antes ressaltado, com a edição da Lei 11.441/2007, o art. 982 da antiga Norma Processual recebeu nova redação, atualizada posteriormente com a Lei 11.965/2009, com a introdução do inventário extrajudicial. O antigo comando foi repetido pelo art. 610 do CPC/2015, cuja transcrição é novamente primaz, para os devidos fins didáticos e de aprofundamento:

> "Art. 610. Havendo testamento ou interessado incapaz, proceder-se-á ao inventário judicial;
>
> § 1.º Se todos forem capazes e concordes, o inventário e a partilha poderão ser feitos por escritura pública, a qual constituirá documento hábil para qualquer ato de registro, bem como para levantamento de importância depositada em instituições financeiras.
>
> § 2.º O tabelião somente lavrará a escritura pública se todas as partes interessadas estiverem assistidas por advogado ou por defensor público, cuja qualificação e assinatura constarão do ato notarial".

Como visto, infelizmente, não há mais menção à possibilidade de gratuidade para o inventário na norma processual, como estava no antigo § 2.º do art. 982 do CPC/1973. Entretanto, reafirme-se a sua viabilidade, pelos argumentos aqui antes aduzidos, no início do capítulo, o que foi adotado pelo CNJ, em decisão de 2018, e incorporado ao art. 6.º da sua Resolução n. 35.

Dúvida prática diz respeito à possibilidade de se fazer o inventário extrajudicial se houver nascituro já concebido do falecido. Como se pode notar, o dispositivo por último destacado não faz qualquer alusão a tal hipótese, mas apenas a interessados incapazes.

Na verdade, a menção à existência de nascituro consta apenas do art. 733 do CPC/2015, no tocante ao divórcio extrajudicial e à extinção da união estável, *in verbis*: "o divórcio consensual, a separação consensual e a extinção consensual de união estável, não havendo nascituro ou filhos incapazes e observados os requisitos legais, poderão ser realizados por escritura pública, da qual constarão as disposições de que trata o art. 731".

De todo modo, apesar da falta de expressão quanto ao nascituro para o inventário administrativo, o Conselho Nacional de Justiça editou, em 6 de junho de 2016, a Recomendação n. 22, que teve como objetivo "recomendar aos Tabelionatos de Notas dos Estados e do Distrito Federal que promovam a realização de inventário, partilha, separação consensual, divórcio consensual e extinção consensual de união estável, não havendo nascituro ou filhos incapazes" (art. 1.º). Nos termos do parágrafo único da norma, "a existência de filhos ou herdeiros emancipados não obsta a realização, por escritura pública, de inventário, partilha, separação consensual, divórcio consensual e extinção consensual de união estável"; aspecto que ainda será aqui aprofundado. No mais, está estabelecido que "a utilização desta via extrajudicial, deverá observar, no que couber, as regras dispostas pela Resolução CNJ 35/2007" (art. 2.º).

Com o devido respeito, resta claro que a norma administrativa confundiu as situações jurídicas, pois somente há menção ao nascituro no citado art. 733 do CPC/2015, para a dissolução do casamento e da união estável, e não para o inventário. De toda sorte, a recomendação vinha sendo seguida na prática

Em 2024, a questão foi tratada pela Resolução n. 571 do próprio CNJ, que passou a admitir o inventário extrajudicial mesmo havendo filhos menores ou incapazes. Ademais, nos termos do seu § 2.º, havendo nascituro do autor da herança, para a lavratura da escritura, aguardar-se-á o registro de seu nascimento com a indicação da parentalidade, ou a comprovação de não ter nascido com vida.

Feito tal esclarecimento, não se olvide que os principais objetivos da Lei 11.441/2007 – reafirmados pelo CPC/2015 – foram as reduções de burocracias e de formalidades para os atos de transmissão hereditária, bem como a celeridade, na linha da tendência atual de *desjudicialização* das contendas e dos pleitos. Assim como ocorreu com o divórcio extrajudicial, a lei de 2007 foi concisa e trouxe muito pouco a respeito do assunto, cabendo à doutrina e à jurisprudência sanar as dúvidas decorrentes desses institutos.

No sistema anterior, a ser mantido com o *Codex*, com o intuito de facilitar a prática dos inventários extrajudiciais, a Resolução n. 35/2007 do Conselho Nacional de Justiça (CNJ) revelou-se de grande importância para a compreensão desse novo instituto. Essa resolução foi integralmente mantida pelo Código Nacional de Normas do CNJ, do ano de 2023, e alterada em 2024, pela sua nova Resolução n. 571, que trouxe grandes avanços sobre a temática. Vejamos os seus aspectos principais, de forma detalhada e com a retomada das inovações consagradas pela última.

De início, é livre a escolha do tabelião para lavrar a escritura de inventário, não havendo competência territorial para tanto (art. 1.º da Resolução n. 35 do CNJ). E não poderia ser diferente, pelo fato de não existir a citada competência territorial para a lavratura de escrituras públicas no País. Esse entendimento, sem dúvida, deve ser mantido com o CPC/2015, tendo sido confirmado pela Resolução n. 571 do CNJ, de agosto de 2024, incluindo-se menção à escritura pública de separação de fato: "para a lavratura dos atos notariais relacionados a inventário, partilha, divórcio, declaração de separação de fato e extinção de união estável consensuais por via administrativa, é livre a escolha do tabelião de notas, não se aplicando as regras de competência do Código de Processo Civil".

O inventário extrajudicial não é obrigatório, mas facultativo. Pode ser solicitada, a qualquer momento, a suspensão, pelo prazo de trinta dias, ou a desistência da via judicial, para promoção da via extrajudicial (art. 2.º da Resolução n. 35 do CNJ). Concluindo pela não obrigatoriedade do inventário extrajudicial, cabe trazer à colação, da jurisprudência, na linha principiológica adotada pelo Estatuto Processual de 2015:

> "Apelação cível. Abertura de inventário. Presença do interesse de agir. Herdeiros necessários, capazes e concordes. Determinação do uso da via extrajudicial com extinção do processo por falta de interesse de agir. Faculdade dos interessados. Art. 1.º da Lei 11.441/2007 do CPC. Sentença anulada. Recurso provido. A Lei 11.441/2007, que alterou o art. 982 do CPC, tão somente facultou a utilização do procedimento extrajudicial para o inventário, não tornando obrigatório o uso daquela via para o inventário quando todos forem capazes e concordes. A via administrativa é uma opção e uma faculdade dos interessados, não uma obrigação. Assim, não há falar em falta de interesse de agir quando todos os herdeiros, de comum acordo, optam pela via judicial para processamento do inventário, devendo o feito ter seu curso natural perante o juízo *a quo*. Recurso conhecido e provido para tornar insubsistente a sentença e determinar o prosseguimento do processo" (TJMS, Apelação Cível 2011.019812-7/0000-00, Paranaíba, 4.ª Turma Cível, Rel. Des. Dorival Renato Pavan, *DJEMS* 21.07.2011, p. 31).

> "Apelação cível. Inventário cumulado com adjudicação. Extinção do feito, por carência de ação. Lei 11.441/2007. Opção das partes, mediante requisitos, para realização do inventário na via judicial ou fora dele. A Lei 11.441, de 2007, que deu nova redação ao art. 982 do CPC, confere faculdade às partes de promoverem o inventário na via judicial ou por escritura pública, se não houver testamento e interessado incapaz, estando todos herdeiros e interessados concordes e representados por advogado. Assim, não pode o juízo extinguir a ação proposta para determinar às partes a realização do inventário extrajudicial. Sentença desconstituída para prosseguimento do inventário. Apelação parcialmente provida" (TJRS, Apelação Cível 242983-40.2011.8.21.7000, 7.ª Câmara Cível, Candelária, Rel. Des. André Luiz Planella Villarinho, j. 19.10.2011, *DJERS* 26.10.2011).

> "Arrolamento de bens. Procedimento extrajudicial. Faculdade da parte. 1. O ordenamento jurídico faculta, às partes, realizarem inventário extrajudicial, desde que observados os requisitos estabelecidos em Lei. Todavia, não impõe sua observância e quiçá veda a realização do inventário judicial. Assim, tendo a parte escolhido a via judicial, impõe-se a cassação da sentença que extinguiu o feito. 2. Recurso provido" (TJMG, Apelação Cível 0034496-07.2010.8.13.0151, 8.ª Câmara Cível, Cássia, Rel. Des. Vieira de Brito, j. 31.03.2011, *DJEMG* 20.07.2011).

Seguindo no estudo da Resolução n. 35 do CNJ em sua versão em vigor, as escrituras públicas de inventário e de partilha consensuais não dependem de homologação judicial e são títulos hábeis para o registro civil e o registro imobiliário, para a transferência de bens e direitos, bem como para promoção de todos os atos necessários à materialização das transferências de bens e levantamento de valores no DETRAN, na Junta Comercial, no Registro Civil das Pessoas Jurídicas, em instituições financeiras, nas companhias telefônicas, entre outros, como está no seu art. 3.º, na sua redação ampliada quanto aos atos que podem ser efetivados, consoante a nova Resolução n. 571. Nesse contexto, com a escritura pública é possível realizar a transferência dos imóveis do falecido, bem como de ações nominais, valores depositados em contas bancárias e veículos de sua propriedade.

Sobre os bens móveis, o Colégio Notarial do Brasil aprovou claro enunciado em seu *XIX Congresso Brasileiro*, realizado em 2014, estabelecendo que "os arts. 982 do CPC e 3.º da Resolução n. 35 do CNJ referem-se inclusive aos bens móveis, de forma que as instituições financeiras devem acatar as escrituras públicas para fins de levantamento de valores, bem como a solicitação dos tabeliães de notas para expedir extrato de contas correntes de titularidade do *de cujus*". Esse enunciado doutrinário ainda tem aplicação, diante do novo texto da citada resolução administrativa.

Confirmando a desnecessidade de qualquer homologação judicial, aresto do Tribunal de Minas Gerais aduziu que, "com o advento da Lei Federal 11.441/2007, que alterou dispositivos do CPC, passou-se a admitir a realização de inventário e partilha por via administrativa, sede em que se prescinde da homologação judicial" (TJMG, Agravo de Instrumento 1.0708.11.002240-5/001, Rel. Des. Corrêa Junior, j. 20.08.2013, *DJEMG* 30/08/2013). Ainda a título de exemplo, tratando da possibilidade de levantamento de quantias apenas com a escritura pública de inventário:

> "Redação da Lei 11.441/2007. Título hábil para levantamento de valores. Resolução CNJ 35/2007, art. 3.º. Outorga de poderes a herdeiro para esse fim. Formação de litisconsórcio com os restantes sucessores, concordes no pedido de levantamento de saldo existente em conta-corrente bancária. Retenção indevida" (TJSP, Apelação 0013594-34.2012.8.26.0011, Acórdão 6718257, 22.ª Câmara de Direito Privado, São Paulo, Rel. Des. Matheus Fontes, j. 25.04.2013, *DJESP* 21.05.2013).

Como já adiantado, a Resolução n. 35 também reconhece a gratuidade prevista para o inventário extrajudicial. Para a obtenção de tal benefício, sempre bastou a simples declaração dos interessados de que não possuíam condições de arcar com os emolumentos, ainda que as partes estivessem assistidas por advogado constituído (arts. 6.º e 7.º da Resolução n. 35 do CNJ). Em suma, não há maiores formalidades para tal declaração. Reafirme-se a minha posição doutrinária de manutenção dessa gratuidade, na linha da norma do Conselho Nacional de Justiça, mesmo não havendo menção expressa no CPC/2015.

Nos termos da norma jurídica anterior e da nova – e também da resolução –, é sempre necessária a presença de advogado, dispensada a procuração, ou de defensor público na lavratura de escritura pública de inventário extrajudicial (art. 8.º da Resolução n. 35 do CNJ).

Em todos os casos, norma que precisa ser cumprida, é vedada ao tabelião a indicação de advogado às partes, que deverão comparecer para o ato notarial acompanhadas de profissional de sua confiança. Eventualmente, se as partes não dispuserem de condições econômicas para contratar advogado, o tabelião deverá recomendar-lhes a Defensoria Pública, onde houver, ou, na sua falta, a Seccional da Ordem dos Advogados do Brasil (art. 9.º da Resolução n. 35 do CNJ).

Seguindo nos estudos, é também obrigatória a nomeação de interessado, na escritura pública de inventário e partilha, para representar o espólio, com poderes de inventariante, no cumprimento de obrigações ativas ou passivas pendentes, sem necessidade de seguir a ordem prevista no CPC (art. 11 da Resolução n. 35 do CNJ).

Em 2022, a Resolução n. 452 do CNJ acrescentou três parágrafos a respeito da atuação desse inventariante, todos com vistas a uma maior funcionalidade de sua atuação, o que veio em boa hora. Conforme o primeiro deles, o meeiro e os herdeiros poderão, em escritura pública anterior à partilha ou à adjudicação de bens, nomear o inventariante. Além disso, passou-se a estabelecer que esse inventariante nomeado poderá representar o espólio na busca de informações bancárias e fiscais necessárias à conclusão de negócios essenciais para a realização do inventário, bem como no levantamento de quantias para pagamento do imposto devido e dos emolumentos do inventário. O novo § 3.º da norma administrativa prescreve que a nomeação de inventariante será considerada o termo inicial do procedimento de inventário extrajudicial.

Também a respeito desse inventariante nomeado pelas partes, importante e louvável ementa doutrinária aprovada na *I Jornada de Direito Notarial e Registral*, promovida em agosto de 2022 pelo Conselho da Justiça Federal e com o apoio do STJ, preceitua que "o inventariante nomeado pelos interessados poderá, desde que autorizado expressamente na escritura de nomeação, formalizar obrigações pendentes do falecido, a exemplo das escrituras de rerratificação, estremação e, especialmente, transmissão e aquisição de bens móveis e imóveis contratados e quitados em vida, mediante prova ao tabelião" (Enunciado n. 48).

Destaco que, em 2024, a Resolução n. 35 recebeu, por meio de sua Resolução n. 571, o acréscimo de um art. 11-A, que passou a admitir, em boa hora, que o inventariante seja autorizado, através de escritura pública lavrada no Tabelionato de Notas, a alienar móveis e imóveis de propriedade do espólio, independentemente de autorização judicial, observado o seguinte: *a)* discriminação das despesas do inventário com o pagamento dos impostos de transmissão, honorários advocatícios, emolumentos notariais e registrais e outros tributos e despesas devidos pela lavratura da escritura de inventário; *b)* vinculação de parte ou todo o preço ao pagamento de todas essas despesas; *c)* não constar indisponibilidade de bens de quaisquer dos herdeiros ou do cônjuge ou convivente sobrevivente; *d)* a menção de que as guias de todos os impostos de transmissão foram apresentadas e os seus respectivos valores; *e)* a consignação no texto da escritura pública dos valores dos emolumentos notariais e registrais estimados e a indicação das serventias extrajudiciais que expedirem os respectivos orçamentos; e *f)* prestação de garantia, real ou fidejussória, pelo inventariante quanto à destinação do produto da venda para o pagamento das despesas ora mencionadas na primeira previsão.

Pela mesma norma do CNJ, em seus parágrafos, o prazo para o pagamento das despesas do inventário não poderá ser superior a um ano a contar da venda do bem, autorizada a estipulação de prazo inferior pelas partes (§ 1.º). Cumprida a obrigação do inventariante de pagar as despesas discriminadas, fica extinta a garantia por ele prestada (§ 2.º). O bem alienado será relacionado no acervo hereditário para fins de apuração dos emolumentos do inventário, cálculo dos quinhões hereditários, apuração do imposto de transmissão *causa mortis*, mas não será objeto de partilha, consignando-se a sua venda prévia na escritura do inventário (§ 3.º).

Ademais, admitem-se o inventário e a partilha extrajudiciais com viúvo, viúva ou herdeiros capazes, inclusive por emancipação, representados por procuração formalizada por instrumento público com poderes especiais (art. 12 da Resolução n. 35 do CNJ, alterado pela Resolução n. 179/2013, do mesmo CNJ). A possibilidade de emancipação de menores para os fins de possibilitar a lavratura da escritura pública tornou a categoria mais eficaz no plano prático.

Seguindo-se esse caminho, sempre contou com a minha concordância, perdeu um pouco de eficácia prática a regra do art. 665 do CPC/2015, segundo o qual será possível o caminho do arrolamento comum para o inventário, ainda que haja incapaz, desde que concordem todas as partes e o Ministério Público.

De toda sorte, como já adiantado, a principal inovação sucessória da nova Resolução n. 571 do Conselho Nacional de Justiça, de agosto de 2024, é a admissão do inventário extrajudicial mesmo havendo testamento, e também filhos menores ou incapazes, o que passou a valer para a prática sucessória, atendendo-se a um antigo clamor doutrinário.

Nesse contexto, como visto, nos termos do novo art. 12-A da Resolução n. 35 do CNJ, o inventário poderá ser realizado por escritura pública, ainda que inclua interessado menor ou incapaz, desde que o pagamento do seu quinhão hereditário ou de sua meação ocorra em parte ideal em cada um dos bens inventariados e haja manifestação favorável do Ministério Público, que atuará perante o Tabelionato de Notas. Consoante o seu § 1.º, é vedada nessas situações a prática de atos de disposição relativos aos bens ou direitos do interessado menor ou incapaz, o que visa à sua proteção. E, como está no seu § 2.º, aqui antes exposto, em havendo nascituro do autor da herança, para a lavratura da escritura, aguardar-se-á o registro de seu nascimento com a indicação da parentalidade, ou a comprovação de não ter nascido com vida.

A eficácia da escritura pública do inventário com interessado menor ou incapaz dependerá da manifestação favorável do Ministério Público, devendo o tabelião de notas encaminhar o expediente ao respectivo representante (novo art. 12-A, § 3.º, da Resolução n. 35 do CNJ). Em caso de impugnação pelo Ministério Público ou terceiro interessado, o procedimento deverá ser submetido à apreciação do juízo competente, ou seja, a análise da questão deve ser levada ao Poder Judiciário, como é comum preverem as normas administrativas do CNJ (§ 4.º). Sobre a atuação do Ministério Público, como visto, em novembro de 2024, o Conselho Nacional do Ministério Público (CNMP) publicou a sua nova Resolução n. 301/2024, que regula o tema.

Seguindo-se com a norma do CNJ em sua atual versão, o seu novo art. 12-B preceitua autoriza expressamente o inventário e a partilha consensuais promovidos extrajudicialmente por escritura pública, ainda que o autor da herança tenha deixado testamento, desde que obedecidos os seguintes requisitos, que devem ser retomados: *a)* os interessados estejam todos representados por advogado devidamente habilitado;

b) exista expressa autorização do juízo sucessório competente em ação de abertura e cumprimento de testamento válido e eficaz, em sentença transitada em julgado; *c)* todos os interessados sejam capazes e concordes; *d)* no caso de haver interessados menores ou incapazes, sejam também observadas as exigências do art. 12-A da própria Resolução, aqui antes analisadas; e *e)* nos casos de testamento invalidado, revogado, rompido ou caduco, a invalidade ou ineficácia tenha sido reconhecida por sentença judicial transitada em julgado na ação de abertura e cumprimento de testamento.

O mesmo comando estabelece, a respeito do inventário extrajudicial, que, formulado o pedido de escritura pública, deve ser apresentada, junto com o pedido, a certidão do testamento, e, constatada a existência de disposição reconhecendo filho ou qualquer outra declaração irrevogável, a lavratura de escritura pública de inventário e partilha ficará vedada e o inventário deverá ser feito obrigatoriamente pela via judicial (art. 12-B, § 1.º, da Resolução n. 35 do CNJ, incluído pela sua Resolução n. 571/2024). Sempre que o tabelião tiver dúvidas quanto ao cabimento da escritura de inventário e partilha consensual, deverá suscitá-la ao juízo competente em matéria de registros públicos, norma que, como visto, sempre consta das regulamentações do CNJ (§ 2.º).

Feitas essas importantes notas de atualização, a escritura pública de inventário pode ser retificada desde que haja o consentimento de todos os interessados. Os erros materiais poderão ser corrigidos, de ofício ou mediante requerimento de qualquer das partes, ou de seu procurador, por averbação à margem do ato notarial ou, não havendo espaço, por escrituração própria lançada no livro das escrituras públicas e anotação remissiva (art. 13 da Resolução n. 35 do CNJ). Quanto ao recolhimento dos tributos incidentes, este deve anteceder à lavratura da escritura de inventário (art. 15 da Resolução n. 35 do CNJ).

Além disso, é possível a promoção de inventário extrajudicial por cessionário de direitos hereditários, mesmo na hipótese de cessão de parte do acervo. Isso, desde que todos os herdeiros estejam presentes e concordes (art. 16 da Resolução n. 35 do CNJ). Esse entendimento ganhou reforço com o CPC/2015 que, como visto, admite que o cessionário do herdeiro ou legatário seja inventariante. Aplicando essa norma da resolução, em caso de dúvida levantada por tabelião, do Tribunal de Justiça do Paraná, cabe trazer para a devida exemplificação:

> "Apelação cível. Suscitação de dúvida. Registro de escritura pública de adjudicação. Cessão de parte do acervo hereditário. Parte ideal de imóvel. Resolução 35 do Conselho Nacional de Justiça. Ausência da presença e concordância dos herdeiros. Impossibilidade de registro como unidade autônoma. 1. Havendo condomínio decorrente de sucessão hereditária e considerando que a herança transmitida é indivisível até a efetiva partilha dos bens entre os herdeiros, a fração ideal não pode ser registrada como unidade autônoma. 2. A Resolução 35 do Conselho Nacional de Justiça autoriza a promoção de inventário extrajudicial, por cessionário de direitos hereditários na hipótese de cessão de parte do acervo, desde que todos os herdeiros estejam presentes e concordes. Recurso desprovido" (TJPR, Apelação Cível 0698224-1, 11.ª Câmara Cível, Clevelândia, Rel. Des. Vilma Régia Ramos de Rezende, *DJPR* 16.12.2010, p. 390).

Os cônjuges dos herdeiros deverão comparecer ao ato de lavratura da escritura pública de inventário e partilha quando houver renúncia ou algum tipo de partilha que importe em transmissão, exceto se o casamento se der sob o regime da separação absoluta de bens, entendida como a separação convencional (art. 17 da Resolução n. 35 do CNJ).

Como não poderia ser diferente, diante da proteção constitucional da união estável, a norma previa anteriormente que o companheiro ou companheira que tenha direito à sucessão seria parte para a escritura de inventário, observada a necessidade de ação judicial, se o autor da herança não deixasse outro sucessor ou não houvesse consenso de todos os herdeiros, inclusive quanto ao reconhecimento da união estável (art. 18 da Resolução n. 35 do CNJ).

A norma foi melhorada e tornou-se mais efetiva com o novo texto dado pela Resolução n. 571/2024, passando a expressar que, no inventário extrajudicial, o convivente sobrevivente é herdeiro quando reconhecida a união estável pelos demais sucessores, ou quando for o único sucessor e a união estável estiver previamente reconhecida por sentença judicial, escritura pública ou termo declaratório, desde que devidamente registrados. Assim, presente um prévio reconhecimento extrajudicial, não há mais necessidade de uma ação judicial, o que visa a operabilidade da norma.

Em casos tais, a meação do convivente pode ser reconhecida na escritura pública, desde que todos os herdeiros e interessados na herança, absolutamente capazes, estejam de acordo ou, havendo menor ou incapaz, estejam cumpridos os requisitos do novo art. 12-A. (art. 19 da Resolução n. 35 do CNJ na redação dada pela Resolução n. 571, de 26 de agosto de 2024). Diante da equalização da união estável ao casamento realizada pelo CPC/2015 – e também com a decisão do STF de equiparação sucessória das duas entidades familiares –, essas normas são perfeitas, devendo ser efetivamente aplicadas.

As partes e respectivos cônjuges ou conviventes devem estar, na escritura pública de inventário ou partilha, nomeados e qualificados, constando: nacionalidade, profissão, idade, estado civil, regime de bens, data do casamento, pacto antenupcial e seu registro imobiliário, número do documento de identidade, número de inscrição no CPF/MF, domicílio e residência (art. 20 da Resolução n. 35 do CNJ).

A escritura pública de inventário e partilha conterá a qualificação completa do autor da herança; o regime de bens do casamento; pacto antenupcial e seu registro imobiliário, se houver; dia e lugar em que faleceu o autor da herança; data da expedição da certidão de óbito; livro, folha, número do termo e unidade de serviço em que consta o registro do óbito; e a menção ou declaração dos herdeiros de que o autor da herança não deixou testamento e outros herdeiros, sob as penas da lei (art. 21 da Resolução n. 35 do CNJ).

Para que o ato seja plenamente válido e eficaz, na lavratura da escritura deverão ser apresentados os seguintes documentos: *a)* certidão de óbito do autor da herança; *b)* documento de identidade oficial e CPF das partes e do autor da herança; *c)* certidão comprobatória do vínculo de parentesco dos herdeiros; *d)* certidão de casamento do cônjuge sobrevivente e dos herdeiros casados e pacto antenupcial, se houver; *e)* certidão de propriedade de bens imóveis e direitos a eles relativos; *f)* documentos necessários à comprovação da titularidade dos bens móveis e direitos, se houver; *g)* certidão negativa de tributos; e *h)* certificado de Cadastro de Imóvel Rural (CCIR), se houver imóvel rural a ser partilhado (art. 22 da Resolução n. 35 do CNJ). Acredito que todas essas exigências formais serão conservadas com a égide do CPC/2015.

O mesmo se diga quanto a outras exigências. Os documentos apresentados no ato da lavratura da escritura devem ser originais ou em cópias autenticadas, salvo os de identidade das partes, que sempre serão originais (art. 23 da Resolução n. 35 do CNJ). A escritura pública deverá fazer menção a tais documentos apresentados (art. 24 da Resolução n. 35 do CNJ). Seguindo, é admissível a sobrepartilha por escritura pública, ainda que referente a inventário e partilha judiciais já findos, mesmo que o herdeiro, hoje maior e capaz, fosse menor ou incapaz ao tempo do óbito ou do processo judicial (art. 25 da Resolução n. 35 do CNJ).

Em havendo um só herdeiro com direito à totalidade da herança, não haverá partilha, lavrando-se a escritura de inventário e adjudicação dos bens, respeitadas as disposições do art. 12-A quando se tratar de herdeiro menor ou incapaz. Essa é a regra do art. 36 da Resolução n. 35 do CNJ, também alterada pela sua Resolução n. 571, na sua locução final.

A existência de credores do espólio não impedirá a realização do inventário e partilha, ou adjudicação, por escritura pública (art. 27 da Resolução n. 35 do CNJ).

Sobre este último aspecto, surgiu polêmica no Tribunal de Justiça de São Paulo no ano de 2019 sobre a necessidade de se aplicar o art. 663 do CPC/2015 ao inventário extrajudicial, que impõe a necessidade de reserva de bens em havendo credores do falecido, no arrolamento de bens judicial. Nos termos desse comando, "a existência de credores do espólio não impedirá a homologação da partilha ou da adjudicação, se forem reservados bens suficientes para o pagamento da dívida. Parágrafo único. A reserva de bens será realizada pelo valor estimado pelas partes, salvo se o credor, regularmente notificado, impugnar a estimativa, caso em que se promoverá a avaliação dos bens a serem reservados". O entendimento do Tribunal Paulista foi pela necessidade dessa reserva:

> "É possível concluir pela possibilidade da realização de sobrepartilha de bens com o reconhecimento pela meeira e herdeiros das dívidas do espólio, ainda que os credores não tenham participado do ato, por meio de escritura pública. Não obstante, como é expresso o artigo 663 do Código de Processo Civil, deve ser realizada a reserva de bens para o pagamento das dívidas, cuja exigibilidade é incontroversa. Essa previsão é correlata ao disposto no artigo 1.997 do Código Civil a fixar a responsabilidade da herança pelo pagamento das dívidas do falecido e, realizada a partilha, responderem os herdeiros, cada qual em proporção da parte que na herança lhe coube. A natureza extrajudicial da sobrepartilha não exclui a incidência dos dispositivos legais referidos que têm aplicação no âmbito judicial ou extrajudicial ante sua natureza cogente. Nestes termos foi correta a recusa ante a necessidade do aditamento para constar a reserva de bens e, igualmente, o valor das dívidas reconhecidas pela meeira e herdeiros" (TJSP, Conselho Superior de Magistratura, Apelação 1005161-58.2016.8.26.0019, Apelante: Alexandre de Almeida Zogbi, Apelado: Oficial de Registro de Imóveis e Anexos da Comarca de Americana, Voto 37.706, j. 14.03.2019).

Apesar do argumento do caráter cogente da norma, nota-se a aplicação por analogia de uma regra processual restritiva, que acaba burocratizando de forma excessiva o inventário extrajudicial. Por isso, em uma primeira análise, não me filio ao *decisum*, devendo o tema ser analisado no âmbito do Superior Tribunal de Justiça ou do Conselho Nacional de Justiça.

O inventário negativo pode ser efetuado por escritura pública (art. 28 da Resolução n. 35 do CNJ). Cabe lembrar que o inventário negativo é feito para mostrar que o falecido e o cônjuge supérstite não tinham bens a partilhar, visando a afastar a imposição do regime da separação obrigatória de bens, diante da existência de causa suspensiva do casamento (arts. 1.523, inciso I, e 1.641, inciso I, do CC).

Diante da existência de uma norma de direito material e processual interno, é vedada a lavratura de escritura pública de inventário e partilha referente a bens localizados no exterior (art. 29 da Resolução n. 35 do CNJ). A Lei 11.441/2007 pode ser aplicada aos casos de óbitos ocorridos antes de sua vigência, lavrando-se escrituras de inventário para as pessoas falecidas antes da lei (art. 30 da Resolução n. 35 do CNJ). Isso porque a sucessão está no plano da eficácia dos atos e negócios jurídicos, aplicando-se a norma do momento da produção dos efeitos, ou seja, a lei em vigor. Essa posição é reafirmada perante o CPC/2015.

A escritura pública de inventário e partilha pode ser lavrada a qualquer tempo, cabendo ao tabelião fiscalizar o recolhimento de eventual multa, conforme previsão em legislação tributária estadual e distrital específicas (art. 31 da Resolução n. 35 do CNJ). Eis outro preceito administrativo que não deve ser alterado no futuro.

Por fim, a respeito da temática, o art. 32 da Resolução n. 35 do CNJ foi substancialmente alterado pela recente e tão comentada Resolução n. 571, de 2024. Nos seus termos anteriores, o tabelião poderia se negar a lavrar a escritura de inventário ou partilha se houvesse fundados indícios de fraude ou em caso de dúvidas sobre a declaração de vontade de algum dos herdeiros, fundamentando a recusa por escrito.

Conforme a nova regulamentação administrativa, muito mais clara e detalhada, o *caput* desse art. 32 da Resolução n. 35 passou a expressar que é de responsabilidade do inventariante declarar o valor dos bens do espólio para que conste da escritura pública de inventário e partilha. O seu novo § 1.º passou a prever que, em caso de discordância manifestada pela Fazenda Pública, o tabelião tem legitimidade para efetuar a cobrança do valor adicional devida pelos serviços prestados. Por fim, como já estava expresso e conforme o § 2.º da norma, "o tabelião poderá se negar a lavrar a escritura de inventário ou partilha se houver fundados indícios de fraude, simulação ou em caso de dúvidas sobre a declaração de vontade de algum dos herdeiros e/ou inventariante, fundamentando a recusa por escrito".

Sem dúvidas que a norma ficou mais bem organizada e, na linha das mudanças anteriores, representa grandes avanços para que se efetive a *extrajudicialização do Direito Privado*, resolvendo-se os problemas das pessoas em menor tempo e com mais efetividade.

4.3 DA PENA DE SONEGADOS

Sonegados são os bens que deveriam ter sido inventariados ou trazidos à colação, sendo ocultados pelo inventariante ou por algum dos herdeiros. Como bem define Carlos Maximiliano, entre os *clássicos*, "sonegado é tudo aquilo que deveria entrar em partilha, porém foi ciente e conscientemente omitido na descrição de bens pelo inventariante, não restituído pelo mesmo por sucessor universal, ou doado a herdeiro e não trazido à colação pelo beneficiado pela liberalidade. A falta propositada constitui ato de má-fé; por isso, a lei a fulmina com especial penalidade" (*Direito...*, 1952, v. III, p. 404).

Enuncia o art. 1.992 do Código Civil em vigor que "o herdeiro que sonegar bens da herança, não os descrevendo no inventário quando estejam em seu poder, ou, com o seu conhecimento, estejam no poder de outrem; ou que os omitir na colação, a que os deva levar, ou ainda que deixar de restituí-los, perderá o direito que sobre eles lhe cabia". O dispositivo conceitua a *pena de sonegados*, que vem a ser uma sanção ou penalidade civil imposta para os casos mencionados, de ocultação de bens da herança, gerando a perda do direito sobre os bens ocultados. Conforme leciona Rubens Limongi França, trata-se de um "instituto complementar à execução da herança que tem por fim prevenir, compor e punir a omissão de bens do espólio, por parte de algum herdeiro, do inventariante ou do testamenteiro" (*Instituições...*, 1999, p. 925).

Para essa imposição, segundo o entendimento majoritário, exige-se a presença de dois elementos: um *objetivo* – a ocultação dos bens em si – e outro *subjetivo* – o ato malicioso do ocultador, o seu dolo, a sua intenção de prejudicar. O Código de Processo Civil de 2015 determina no seu art. 669, inciso I – correspondente ao art. 1.040, inciso I, do CPC/1973 –, que os bens sonegados ficarão sujeitos à sobrepartilha.

Em relação ao elemento subjetivo, a doutrina se divide quanto à sua prova. Euclides de Oliveira, Sebastião Amorim (*Inventários e partilhas...*, 2006, p. 363), Maria Helena Diniz (*Curso...*, 2005, v. 6, p. 391), Zeno Veloso (*Comentários...*, 2003, p. 398), Dimas Messias de Carvalho e Dimas Daniel de Carvalho (*Direito...*, 2012, v. VIII, p. 287-288) entendem pela necessidade da prova do dolo por quem alega a ocultação.

Por outra via, Sílvio de Salvo Venosa se posiciona no sentido de que, provado o elemento objetivo por parte do autor da ação – a sonegação dos bens –, cabe ao réu provar que a omissão não se deu por dolo (*Direito civil...*, 2003, v. 7, p. 355). Haveria, portanto, uma presunção simples contra o sonegador, com a inversão do ônus da prova, que poderia provar a ausência de dolo para se livrar da penalidade imposta por lei. No mesmo sentido opina Paulo Lôbo, para quem "não há necessidade de haver dolo ou intenção de omitir os bens. Basta a omissão como fato. Se o dolo ou a intencionalidade tivesse de ser provada, o ônus recairia sobre os demais herdeiros, que foram prejudicados com a omissão, o que seria inversão desarrazoada" (*Direito...*, 2013, p. 281).

A primeira corrente doutrinária parece predominar atualmente em nossos Tribunais, razão pela qual deve ser considerada como majoritária para os devidos fins. Nesse sentido, trazendo a necessidade da presença da interpelação pessoal do herdeiro e sua posterior manifestação, para que pena possa ser imposta, pelo menos em regra, transcrevo:

> "Recursos especiais. Civil. Sucessões. Bens não declarados pela inventariante, viúva e segunda esposa do *de cujus*. Pena de sonegados. Aplicável somente aos herdeiros. Impossibilidade de extensão à meação do cônjuge. Perda da herança. Exigência de dolo ou má-fé na ocultação. Necessidade de interpelação. Requisito não verificado. 1. A aplicação da pena de sonegados exige prova de má-fé ou dolo na ocultação de bens que deveriam ser trazidos à colação, o que, via de regra, ocorre somente após a interpelação do herdeiro sobre a existência de bens sonegados. 2. No caso em análise, a interpelação promovida pela parte autora foi dirigida somente à viúva inventariante, não havendo sequer menção aos nomes dos herdeiros do segundo casamento, um deles menor à época. 3. A colação

possui como finalidade equalizar as legítimas dos herdeiros necessários, de modo que a pena de sonegados é inaplicável à meação pertencente à viúva não herdeira. 4. Recurso das autoras parcialmente conhecido e, na extensão, não provido. 5. Recurso da parte ré conhecido e parcialmente provido para afastar a aplicação da pena de sonegados à viúva meeira e da multa cominada a título de embargos protelatórios" (STJ, REsp 1.567.276/CE, 4.ª Turma, Rel. Min. Lázaro Guimarães (Desembargador Convocado do TRF 5.ª Região), Rel. p/ Acórdão Min. Maria Isabel Gallotti, j. 11.06.2019, *DJe* 1.º.07.2019).

"Sonegados. Sobrepartilha. Interpelação do herdeiro. Prova do dolo. A ação de sonegados não tem como pressuposto a prévia interpelação do herdeiro, nos autos do inventário. Se houver a arguição, a omissão ou a negativa do herdeiro caracterizará o dolo, admitida prova em contrário. Inexistindo arguição nos autos do inventário, a prova do dolo deverá ser apurada durante a instrução. Admitido o desvio de bens, mas negado o dolo, não é aplicável a pena de sonegados, mas os bens devem ser sobrepartilhados. Ação parcialmente procedente. Recurso conhecido e provido em parte" (STJ, REsp 163.195/SP, 4.ª Turma, Rel. Min. Ruy Rosado de Aguiar, j. 12.05.1998, *DJ* 29.06.1998, p. 217).

"A existência de dolo é imanente ao instituto da sonegação, razão pela qual a intenção de ocultação dos bens pelo inventariante é pressuposto para aplicação da pena de perda do direito sobre os bens sonegados, a qual não se aplica, pois, nos comportamentos culposos, como os decorrentes de omissão involuntária, erro, ignorância etc. Não demonstrado o dolo da inventariante em ocultar bens, no intuito deliberado de fraudar o inventário e se beneficiar em prejuízo dos demais herdeiros, não se vislumbra a aplicação da sanção de sonegação, prevista na parte final do art. 1.992 do CC, cabendo, contudo, a sobrepartilha dos bens do falecido ainda não partilhados" (TJMG, Apelação Cível 1.0518.11.012053-3/001, Rel. Des. Ana Paula Caixeta, j. 22.08.2013, *DJEMG* 28.08.2013).

"Apelação. Ação de sonegados. Preliminar de nulidade afastada. Não comprovada a interpelação do réu para declarar os bens ditos como sonegados. Um dos bens está relacionado no inventário. Outros bens são litigiosos e quanto a eles não há que se falar em sonegação, devendo submeter-se à sobrepartilha caso depois passem a integrar o espólio (art. 1.040, inc. III, do CPC). (...). Não demonstrado, contudo, que houve dolo, sendo este imprescindível para a aplicação da pena de sonegados. Sentença mantida por seus próprios fundamentos (art. 252 do RITJSP). Recurso desprovido" (TJSP, Apelação 0097075-45.2000.8.26.0000, Acórdão 5551413, 7.ª Câmara de Direito Privado, Ribeirão Preto, Rel. Des. Gilberto de Souza Moreira, j. 14.09.2011, *DJESP* 07.12.2011).

Alerte-se, contudo, que em alguns casos a interpelação pessoal do herdeiro tem sido até dispensada. Como decidiu a Quarta Turma do STJ em novembro de 2022, "é possível aplicar a pena de perdimento da herança aos herdeiros, ainda que estes não tenham sido interpelados pessoalmente, quando comprovados o conhecimento acerca da ocultação de bens da herança e o dolo existente na conduta de sonegação desses bens" (EDcl no REsp 1.567.276/CE, Rel. Min. Maria Isabel Gallotti, Rel. Acd. Raul Araújo, por maioria, j. 22.11.2022).

Observe-se, contudo e ainda nos termos do aresto, que o elemento doloso pode ser comprovado de outra maneira. Sobre as peculiaridades fáticas, tratou-se de hipótese em que, "já após alcançarem a maioridade, os mesmos coerdeiros tornaram censurável a prática, reiterando a mesma postura sonegadora dos bens adotada quando representados e assistidos pela genitora, ao contestarem a presente ação de sonegados contra si manejada. Com isso, associaram-se ao dolo da inventariante, quando os representara e assistira por ocasião da interpelação, em evidente prejuízo às irmãs unilaterais". E mais, como ressaltado pelo Ministro Luis Felipe Salomão em seu voto, "'configurar-se-á o dolo, revelando-se descabido exigir do herdeiro preterido (ou do credor do espólio) uma prova diabólica – impossível ou excessivamente difícil de ser produzida'. Sob essa ótica, é inaceitável impor o refazimento de um ato processual já providenciado há muito tempo, exigindo-se uma nova, pessoal e específica interpelação àquele herdeiro silente e renitente em cumprir um dever que é só dele, pois incumbe a quem foi beneficiado com o adiantamento da legítima trazer o patrimônio ao monte do inventário" (EDcl no REsp 1.567.276/CE).

Feitas essas notas, além dessa pena civil, se o sonegador for o próprio inventariante, será ele removido da inventariança (art. 1.993 do CC). Para tanto, deve-se provar a sonegação ou que ele negou a existência de bens indicados. O ônus dessa prova, por óbvio, também cabe a quem alega, nos termos do art. 373, inciso I, do CPC/2015, correspondente ao art. 333, inciso I, do CPC/1973. Em suma, percebe-se que no caso de inventariante a pena de sonegados é dupla.

Relativamente aos procedimentos, Euclides de Oliveira e Sebastião Amorim ensinam que a sonegação deve ser arguida nos próprios autos do inventário e "havendo apresentação do bem, serão aditadas as declarações, para o regular seguimento do processo. Mas se persistir a recusa, a controvérsia haverá de ser resolvida em vias próprias, por meio da *ação de sonegados*" (*Inventário*..., 2016, p. 343). Entendo que essa posição deve ser mantida na vigência do CPC/2015, pois de acordo com a instrumentalidade e a facilitação retiradas do Estatuto Processual emergente.

Na grande maioria das vezes, no sistema anterior, estar-se-ia diante de uma questão de alta indagação, o que justificaria a ação específica. Concluindo dessa maneira, a ilustrar, vejamos aresto do Superior Tribunal de Justiça, do ano de 2013:

> "Direito civil. Direito processual civil. 1) Ação ordinária de colação e sonegados. Depósito expressivo em caderneta de poupança conjunta do *de cujus* com herdeiros. Apropriação pelos herdeiros mediante a saída do *de cujus* da titularidade da conta. Valor não levado pelos herdeiros à partilha no inventário. Ação de colação de sonegados procedente. 2) Julgamento por vara cível, a que remetidos os autos pelo juízo do inventário, por decisão irrecorrida. Questão de alta indagação ou dependente de provas. Inexistência de nulidade no julgamento pela vara cível. Ausência de prejuízo. 3) Ação ordinária de colação adequada. 4) Preclusão de homologação inexistente. Partilha amigável que não impede de colação de bens sonegados. 5) Recurso especial improvido. 1. Devem ser relacionados no inventário valores vultosos de caderneta de poupança conjunta, mantida por herdeiros com o *de cujus*, ante a retirada deste da titularidade da conta, permanecendo o valor, não trazido ao inventário, em poder dos herdeiros. 2. Válido o julgamento da matéria obrigacional, antecedente do direito à colação, de alta indagação e dependente de provas, por Juízo de Vara Cível, para o qual declinada, sem recurso, a competência, pelo Juízo do Inventário. Matéria, ademais, não cognoscível por esta Corte (Súmula 280/STF). 3. Ação de colação adequada, não se exigindo a propositura, em seu lugar, de ação de sobrepartilha, consequência do direito de colação de sonegados cujo reconhecimento é antecedente necessário da sobrepartilha. 4. O direito à colação de bens do *de cujus* em proveito de herdeiros necessários subsiste diante da partilha amigável no processo de inventário, em que omitida a declaração dos bens doados inoficiosamente e que, por isso, devem ser colacionados. 5.

Recurso especial improvido" (STJ, REsp 1.343.263/CE, 3.ª Turma, Rel. Min. Sidnei Beneti, j. 04.04.2013, *DJe* 11.04.2013).

No entanto, como visto, o Código de Processo Civil em vigor não faz mais menção às *questões de alta indagação* no seu art. 612, correspondente ao antigo art. 984 do CPC/1973, mas apenas às *questões que dependerem de outras provas*. Sendo assim, se a ação de sonegados demandar um aprofundamento da questão probatória, haverá necessidade de uma ação específica, agora pelo procedimento comum, devendo assim a questão ser analisada sob a ótica do Estatuto Processual de 2015. No mais, acredito que aquele antigo entendimento jurisprudencial deva ser mantido, com as devidas adaptações das expressões.

Essa *ação de sonegados* somente pode ser promovida pelos herdeiros ou pelos credores da herança, conforme determina o art. 1.994 do Código Civil, correndo no mesmo foro do inventário. Não se reconhece a legitimidade para o cônjuge ou companheiro do herdeiro; muito menos ao seu filho, diante do caráter personalíssimo da demanda.

Nessa linha, didático acórdão do Tribunal Gaúcho concluiu o seguinte:

> "Conforme disposto no art. 1.994 do Código Civil, a pena de sonegados somente pode ser requerida e imposta em demanda promovida pelos herdeiros ou pelos credores do autor da herança. No caso, os autores são, respectivamente, esposa e filho de um herdeiro, logo, partes ilegítimas para figurar no polo ativo da demanda. Ainda, não existindo notícia a respeito do falecimento desse herdeiro, que não integra o polo ativo da demanda, bem como ausente qualquer demonstração de que este tenha impugnado a doação pretendida nulificar, outro caminho não há senão o de confirmar a sentença que julgou extinto o feito, sem resolução do mérito. Negaram provimento. Unânime" (TJRS, Apelação Cível 300525-16.2011.8.21.7000, 8.ª Câmara Cível, Porto Alegre, Rel. Des. Luiz Felipe Brasil Santos, j. 1.º.09.2011, *DJERS* 09.09.2011).

Ainda com o intuito ilustrativo, do Tribunal Mineiro: "pelo contido no art. 1.994 do Código Civil de 2002, a pena de sonegados, só se pode requerer e impor em ação movida pelos herdeiros ou pelos credores da herança; *in casu*, os autores são filhos, tão somente, da viúva do falecido, isto é, da meeira; daí, patente a ilegitimidade ativa dos mesmos" (TJMG, Apelação Cível 1.0713.04.035110-6/001, 7.ª Câmara Cível, Viçosa, Rel. Des. Antônio Marcos Alvim Soares, j. 07.02.2006, *DJMG* 17.03.2006). Acredito que essa posição deve ser mantida na vigência do CPC/2015, no atual sistema jurídico brasileiro.

Quanto ao prazo prescricional para a sua propositura, a jurisprudência do Superior Tribunal de Justiça vinha aplicando o prazo de 20 anos, constante do art. 177 do CC/1916, que deveria ser contado da prática de cada ato irregular (STJ, AgRg no Ag 740.560/SP, 4.ª Turma, Rel. Min. Raul Araújo, j. 22.06.2010, *DJe* 02.08.2010. Ver, ainda: REsp 26.650/SP, *Lex-STJ* 51/261, *RSTJ* 50/267, REsp 330.953/ES e REsp 259.406/PR).

Adaptando-se esse tratamento ao atual Código Civil, o prazo é de 10 anos, pelo que consta do seu art. 205, ao consagrar esse prazo geral (AMORIM, Sebastião e OLIVEIRA, Euclides. *Inventários...*, 2006, p. 360). Anote-se que no Projeto de Reforma do Código Civil pretende-se reduzir esse prazo geral para cinco anos, pois o lapso temporal vigente é considerado muito longo na atual realidade.

De toda sorte, existem acórdãos que entendem que o prazo de prescrição para a ação de sonegados tem início a partir do encerramento do inventário, o que parece ser bem plausível, pois a partir daí é possível saber a extensão do prejuízo patrimonial suportado. Nesse sentido, já aplicando o prazo de dez anos do art. 205 do CC/2002: "a prescrição da ação de sonegados, de dez anos, conta-se a partir do encerramento do inventário, pois, até essa data, podem ocorrer novas declarações, trazendo-se bens a inventariar" (STJ, REsp 1.196.946/RS, 3.ª Turma, Rel. Min. Sidnei Beneti, Rel. p/ Acórdão Min. João Otávio de Noronha, j. 19.08.2014, *DJe* 05.09.2014). Ou, ainda, de data mais recente: "a prescrição da ação de sonegados, conta-se a partir do encerramento do inventário, o que não ocorreu no presente caso" (STJ, Ag.Int. nos EDcl no REsp 1.723.801/DF, 3.ª Turma, Rel. Min. Moura Ribeiro, j. 18.02.2019, *DJe* 20.02.2019).

No que concerne à sentença que for proferida nessa ação, ela aproveitará aos demais interessados (art. 1.994, parágrafo único, do CC). Isso faz com que os bens sonegados voltem ao monte para serem sobrepartilhados, denotando efeitos *erga omnes* da decisão declaratória. Como leciona Maria Helena Diniz, o benefício da sentença é geral, com exceção ao sonegador, "ante o princípio da individualidade da herança, visto que os bens sonegados são restituídos ao espólio para sobrepartilha" (*Código*..., 2010, p. 1.377).

Em casos excepcionais, não sendo possível a restituição dos bens sonegados pelo sonegador, tendo em vista que já não os tem em seu poder, este pagará a importância correspondente aos valores que ocultou mais as perdas e danos. Essa é a regra prevista no art. 1.995 do Código Civil, que deve ser analisada tendo como parâmetro o *princípio da reparação integral dos danos.*

Desse modo, é possível a reparação dos danos materiais – nas modalidades danos emergentes (valores que a pessoa efetivamente perdeu) e lucros cessantes (valores que a pessoa efetivamente deixou de lucrar) –, nos termos do art. 402 do CC. Sendo o caso, também são reparáveis os danos morais se o herdeiro ou credor sofrer um prejuízo imaterial que possa ser demonstrado. Anote-se que, nos termos dos arts. 403 do CC e 373, inciso I, do CPC/2015, cabe ao autor do pedido também provar esse prejuízo suportado.

A terminar o tratamento da pena civil de sonegados, determina o art. 1.996 da codificação material quais os são momentos oportunos para arguir a sonegação, ou seja, para ingressar com a ação de sonegados. Quanto à sonegação praticada pelo inventariante, a alegação somente poderá ser feita depois de encerrada a descrição dos bens, com a declaração, por ele feita, de não existirem outros bens por inventariar (em regra, após as últimas declarações). Em relação ao herdeiro, somente cabe a arguição de sonegados depois de ele declarar no inventário que não possui tais bens.

Se a ação for proposta antes desses momentos, deverá ser extinta sem a resolução do mérito, por falta de interesse de agir ou processual, de adequação, nos termos do art. 485, inciso VI, do CPC/2015, correspondente parcial ao art. 267, inciso VI, do CPC/1973. Concluindo desse modo, para ilustrar, da jurisprudência anterior: "Sonegação de bens. Inventário. Inexistência da declaração do inventariante, afirmando que não existem outros bens a inventariar. Exegese dos artigos 1.996 do Código Civil e 994 do Código de Processo Civil. Ausência de interesse processual. Desnecessidade do procedimento. Extinção mantida. Recurso não provido" (TJSP, Apelação 0005322-79.2005.8.26.0566, Acórdão 6998034, 5.ª Câmara de Direito Privado, São Carlos, Rel. Des. Erickson Gavazza

Marques, j. 04.09.2013, *DJESP* 19.09.2013). Mais uma vez, acredito que essa posição será mantida na vigência do Estatuto Processual emergente.

4.4 DO PAGAMENTO DAS DÍVIDAS

O Código Civil e também o Código de Processo Civil preveem importantes regras quanto ao pagamento das dívidas do falecido, e que interessam diretamente ao inventário e à partilha. Mais uma vez, vejamos as principais alterações instrumentais introduzidas pelo CPC de 2015.

Inicialmente, dispõe o art. 1.997 da Norma Geral Privada que a herança responde pelo pagamento das dívidas do falecido. No entanto, se a partilha já tiver sido feita, só respondem os herdeiros, cada qual em proporção da parte que na herança lhe coube. Vale dizer que havia norma semelhante no art. 597 do CPC/1973, segundo o qual "o espólio responde pelas dívidas do falecido; mas, feita a partilha, cada herdeiro responde por elas na proporção da parte que na herança lhe coube". O dispositivo foi praticamente repetido pelo art. 796 do CPC/2015, com pequena alteração de redação, *in verbis*: "o espólio responde pelas dívidas do falecido, mas, feita a partilha, cada herdeiro responde por elas dentro das forças da herança e na proporção da parte que lhe coube".

Por todos esses dispositivos, os herdeiros não podem responder além das forças da herança (*ultra vires hereditatis*), o que também é retirado do art. 1.792 do CC/2002, estudado no primeiro capítulo deste livro. Não há previsão legal que determine que o herdeiro deva, com seu próprio patrimônio, pagar as dívidas do falecido. Se o falecido deixou mais dívida que patrimônio, faleceu em estado de insolvência e os credores não receberão o que lhes é devido.

Ilustrando a subsunção dessas premissas jurídicas, a respeito da ação de execução fiscal, julgou o Superior Tribunal de Justiça que: "por tais razões, é imperioso concluir que: 1) antes de se efetuar a partilha, é viável o pedido de redirecionamento do processo executivo fiscal para o espólio, que será representado pelo administrador provisório, caso não iniciado o inventário, ou pelo inventariante, caso contrário; 2) efetuada a partilha, por força do disposto no art. 4.º, VI, da Lei n.º 6.830/80 ('a execução fiscal poderá ser promovida contra sucessores a qualquer título'), é possível redirecionar a execução para o herdeiro, que responde nos limites da herança (art. 1.792 do CC/2002), 'cada qual em proporção da parte que na herança lhe coube' (art. 1.997 do CC/2002). Assim, como bem ressaltou o Tribunal *a quo*, inexistindo inventário, mostra-se inviável, desde logo, incluir os herdeiros no polo passivo do processo executivo fiscal. Ressalva-se, entretanto, a possibilidade de novo pedido de redirecionamento, dentro das circunstâncias supramencionadas" (STJ, REsp 877.359/PR, 1.ª Turma, Rel. Min. Denise Martins Arruda, j. 18.03.2008, *DJE* 12.05.2008). No mesmo sentido, mais recentemente, o mesmo Tribunal da Cidadania julgou, já citando o CPC/2015:

> "Em execução de dívida divisível do autor da herança ajuizada após a partilha, cada herdeiro beneficiado pela sucessão responde na proporção da parte que lhes coube na herança. De fato, os herdeiros e legatários do autor da herança não respondem pelas dívidas do *de cujus* acima das forças dos bens que receberam. Destarte, com a abertura da sucessão, há a formação de um condomínio necessário, que somente é dissolvido com a partilha,

estabelecendo o quinhão hereditário de cada beneficiário no tocante ao acervo transmitido. Nesse contexto, a herança é constituída pelo acervo patrimonial e dívidas (obrigações) deixadas por seu autor, sendo que aos credores do autor da herança é facultada, antes da partilha dos bens transmitidos, a habilitação de seus créditos no juízo do inventário ou o ajuizamento de ação em face do espólio. Ultimada a partilha, o acervo outrora indiviso, constituído pelos bens e direitos que pertenciam ao *de cujus*, transmitidos com o seu falecimento, estará discriminado e especificado, de modo que só caberá ação em face dos beneficiários, que, em todo caso, responderão até o limite de seus quinhões. Com efeito, é nítido do exame do art. 1.997, *caput*, do CC, c/c o art. 597 do CPC [correspondente ao art. 796 do novo CPC] que, feita a partilha, cada herdeiro responde pelas dívidas (divisíveis) do falecido dentro das forças da herança e na proporção da parte que lhe coube, e não necessariamente no limite de seu quinhão hereditário. Portanto, após a partilha, não há cogitar em solidariedade entre os herdeiros de dívidas divisíveis, motivo pelo qual caberá ao credor executar os herdeiros *pro rata*, observando a proporção da parte que lhes coube (quinhão) no tocante ao acervo partilhado" (STJ, REsp 1.367.942/SP, Rel. Min. Luis Felipe Salomão, j. 21.05.2015, *DJe* 11.06.2015).

Ainda a ilustrar a incidência de todas essas regras, o mesmo STJ confirmou a legitimidade para que o herdeiro ingresse, após a partilha, com ação revisional de negócio jurídico celebrado pelo falecido. Vejamos a ementa:

"Processual civil. Agravo regimental no recurso especial. Ação revisional c/c repetição de indébito. Concessão de crédito. Legitimidade dos herdeiros. Partilha de bens homologada e transitada em julgado. Agravo desprovido. 1. O c. Tribunal de Justiça Estadual concluiu pela legitimidade dos herdeiros para ajuizar ação revisional de contrato de concessão de crédito, consubstanciado em Cédula de Crédito Rural Pignoratícia e Hipotecária, sob o fundamento de que, tendo sido a partilha de bens homologada e já transitada em julgado, seria devida a incidência, na hipótese, da última parte do art. 1.997 do Código Civil de 2002 e do art. 597 do Código de Processo Civil. 2. Nesse contexto, para afastar a legitimidade dos herdeiros seria necessário afastar o entendimento daquela Corte local de que se efetivou a partilha. Contudo, seria necessário o reexame do acervo fático-probatório dos autos, o que, conforme consignado na decisão agravada, não é admissível na via estreita do recurso especial (Súmula n.º 7/STJ). 3. Fica inviabilizado o conhecimento de tema trazido na petição de recurso especial, mas não debatido e decidido nas instâncias ordinárias, porquanto ausente o indispensável prequestionamento. 4. Agravo regimental não provido" (STJ, AgRg-REsp 758.984MA, 4.ª Turma, Rel. Min. Raul Araújo, j 04.08.2011, *DJE* 05.09.2011).

Ademais, os herdeiros têm alguns bens protegidos, caso do bem de família, seja *legal* (Lei 8.009/1990) seja *convencional* (arts. 1.711 a 1.722 do CC), mesmo que destinado à residência da pessoa solteira, divorciada ou viúva (Súmula n. 364 do STJ). Além do bem de família, podem ser citados os bens impenhoráveis, constantes do próprio Estatuto Processual (art. 833 do CPC/2015 e art. 649 do CPC/1973), que mitigam a regra de responsabilidade patrimonial dos bens do devedor, também constante do art. 391 do atual Código Civil brasileiro.

Em relação ao pagamento das dívidas, estabelece o § 1.º do art. 1.997 do CC que, quando, antes da partilha, for requerido no inventário o pagamento de dívidas constantes de documentos – desde que revestidos de formalidades legais, constituindo prova bastante da obrigação –, e houver impugnação, que não se funde na alegação de pagamento, acompanhada de prova valiosa, o juiz mandará reservar, em poder do inventariante, bens suficientes para a solução do débito, sobre os quais venha a recair oportunamente a execução.

Nessa hipótese, o credor será obrigado a iniciar a ação de cobrança no prazo de trinta dias, sob pena de tornar sem nenhum efeito a reserva dos bens (art. 1.997, § 2.º, do CC). O prazo constante do dispositivo é decadencial, de perda ou caducidade do direito. Vale dizer que o prazo não se refere à prescrição da pretensão de cobrança da dívida, cujo caráter é eminentemente patrimonial e relacionado com a ação condenatória, mas apenas quanto à reserva de bens. Para tal conclusão são adotados os critérios clássicos de Agnelo Amorim Filho, que associou as ações condenatórias à prescrição, e as ações constitutivas à decadência (*RT* 300/7).

No tocante às despesas funerárias do *de cujus*, haja ou não herdeiros legítimos, sairão do monte da herança (art. 1.998 do CC). É o caso de despesas com enterro, caixão, coroa de flores, velório, cremação e túmulo. Pelo mesmo comando legal, as despesas de *sufrágios por alma* do falecido só obrigarão a herança quando ordenadas em testamento ou codicilo. Como despesas de sufrágios por alma entendam-se todas aquelas relacionadas com os valores gastos com missas e cultos em nome do falecido. Por essas despesas o monte só responde no caso de previsão decorrente da autonomia privada do morto. Aplicando a norma, a título de exemplo:

> "Agravo de instrumento. Inventário. Despesas com o funeral do inventariado. Responsabilidade da herança. Artigo 1.998 do CC/2002. Saldo de FGTS. Insuficiência. Reserva dos quinhões dos herdeiros menores. Impossibilidade. Decisão reformada. O inventariante que comprova a realização das despesas com o funeral do inventariado tem direito ao ressarcimento do montante respectivo, haja vista tratar-se de gasto de responsabilidade da herança, *ex vi* do disposto no artigo 1.998 do CC/2002. Não há se falar em reserva do quinhão em favor dos herdeiros menores quando o valor pecuniário que integra o monte mor está resumido ao saldo de FGTS, cujo montante revela-se insuficiente para fazer frente aos gastos havidos com o funeral do inventariado" (TJMG, Agravo de Instrumento 1.0363.13.000323-1/001, Rel. Des. Afrânio Vilela, j. 12.11.2013, *DJEMG* 26.11.2013).

> "Ação de cobrança. Despesas funerárias. Responsabilidade do espólio. Nos termos do art. 1.998 do Código Civil de 2002, as despesas funerárias devem ser suportadas pelo espólio. Desprovimento do apelo" (TJRS, Apelação Cível 70038136396, 16.ª Câmara Cível, Caxias do Sul, Rel. Des. Paulo Sergio Scarparo, j. 26.08.2010, *DJERS* 06.09.2010).

Por outra via, deve ficar claro que a norma não se aplica às despesas relativas à manutenção do túmulo onde se encontra o falecido, questão que deve ser resolvida pelas regras que vedam o enriquecimento sem causa e por outros preceitos. Nessa seara, aresto do Tribunal Paulista relativo à demanda proposta por parente que pretendia o levantamento de numerário depositado em conta poupança do falecido, seu colateral em 5.º grau, para construção de benfeitorias em seu túmulo e no de sua irmã, também falecida e sua única herdeira, dez anos após as mortes destes. Afastou-se o mandamento do art. 1.998 do Código Civil, "pois não se trata propriamente de despesa funerária paga diretamente por terceiro, que se reembolsa do espólio". Concluiu-se por inviável o levantamento de quantia supostamente de herança jacente ou vacante, sem previamente ouvir o Poder Público, indeferindo-se o pedido (TJSP, Apelação 0002973-58.2011.8.26.0416, Acórdão 6543023, 6.ª Câmara de Direito Privado, Panorama, Rel. Des. Francisco Loureiro, j. 28.02.2013, *DJESP* 09.04.2013).

No Projeto de Reforma do Código Civil há proposta de se simplificar a norma e organizá-la melhor, passando o *caput* do seu art. 1.998 a prever que "as despesas funerárias, existindo ou não herdeiros, sairão do monte da herança". E, no seu novo parágrafo único, retira-se menção aos *sufrágios por alma* do falecido, hoje com aplicação reduzida, passando o preceito a prever que, "se, nos casos deste artigo, o falecido era insolvente ou verificar-se a hipótese de ser negativo o inventário, responderá o herdeiro contratante de tais despesas, com direito de exigir de cada um dos herdeiros a respectiva quota".

De acordo com as justificativas da Subcomissão de Direito das Sucessões, "foi suprimida a referência às despesas com 'sufrágios por alma', desnecessária por não se tratar de despesa funerária, restrita às providências com sepultamento ou cremação, ao mesmo tempo em que esclareceu a responsabilidade subsidiária do contratante dessas despesas nos casos de insolvência do *de cujus* ou de inventário negativo". Sem dúvidas, a inovação introduzida tem muito maior utilidade prática, sendo imperiosa a sua aprovação pelo Parlamento Brasileiro.

Eventualmente, pode estar presente uma situação em que um herdeiro deve determinada quantia a outro, particularmente porque o herdeiro pagou dívida do espólio com quantia própria. Nesses casos, havendo ação regressiva de um herdeiro contra os outros, já que pagou dívida comum, a parte do coerdeiro insolvente dividir-se-á proporcionalmente entre os demais (art. 1.999 do CC). Consagra-se o rateio da quota do insolvente, porque o pagamento realizado por apenas um herdeiro beneficiou a todos os demais. Em suma, incide a máxima comum às obrigações divisíveis, o *concursu partes fiunt*.

Ainda no tocante ao pagamento das dívidas, enuncia o art. 2.000 da codificação material civil que os legatários e os credores da herança podem exigir que do patrimônio do falecido se discrimine o do herdeiro e, em concurso com os credores do morto, serão preferidos no pagamento.

Trata-se do que a doutrina denomina *separação de bens do herdeiro*, pois, como o herdeiro é titular da herança desde a abertura da sucessão, pode ocorrer dúvida quanto aos bens que compõem o seu patrimônio pessoal e aqueles que compunham o patrimônio do morto. A separação "tem o objetivo de evitar a confusão de patrimônios, e tornar discriminada a massa sobre a qual incidirá a execução dos credores e da qual sairá o pagamento dos legados. É a *separatio bonorum* do direito romano" (VELOSO, Zeno. *Comentários...*, 2003, p. 404).

Por derradeiro quanto aos aspectos materiais, expressa o art. 2.001 do Código Civil que, "se o herdeiro for devedor ao espólio, sua dívida será partilhada igualmente entre todos, salvo se a maioria consentir que o débito seja imputado inteiramente no quinhão do devedor". O que se percebe é que a lei traz aqui uma espécie de compensação. Como regra, a compensação é proporcional a favor de cada um dos herdeiros restantes. Como exceção, a compensação ocorrerá somente em relação ao próprio crédito do herdeiro devedor.

No tocante aos procedimentos, é necessário confrontar as duas normas processuais, mais uma vez.

Existe um profundo debate sobre a necessidade de se colacionar os valores relacionados a plano de previdência complementar privada aberta, atribuídos a determinado herdeiro. Em 2021, a Terceira Turma do Superior Tribunal de Justiça respondeu positivamente, citando a minha posição no sentido de se tratar de aplicações financeiras. Como está em trecho de sua publicação, que conta com o meu total apoio:

> "Os planos de previdência privada aberta, de que são exemplos o VGBL e o PGBL, não apresentam os mesmos entraves de natureza financeira e atuarial que são verificados nos planos de previdência fechada e que são óbices à partilha, pois, na previdência privada aberta, há ampla flexibilidade do investidor, que, repise-se, poderá escolher livremente como e quando receber, aumentar ou reduzir contribuições, realizar aportes adicionais, resgates antecipados ou parcelados a partir da data que porventura indicar. A natureza securitária e previdenciária complementar desses contratos é evidentemente marcante no momento em que o investidor passa a receber, a partir de determinada data futura e em prestações periódicas, os valores que acumulou ao longo da vida, como forma de complementação do valor recebido da previdência pública e com o propósito de manter um determinado padrão de vida. Entretanto, no período que antecede a percepção dos valores, ou seja, durante as contribuições e formação do patrimônio, com múltiplas possibilidades de depósitos, de aportes diferenciados e de retiradas, inclusive antecipadas, a natureza preponderante do contrato de previdência complementar aberta é de investimento, semelhantemente ao que ocorreria se os valores das contribuições e dos aportes fossem investidos em fundos de renda fixa ou na aquisição de ações e que seriam objeto de partilha por ocasião da dissolução do vínculo conjugal ou da sucessão. Na hipótese, tendo havido a comoriência entre o autor da herança, sua cônjuge e os descendentes, não havendo que se falar, pois, em sucessão entre eles, devem ser chamados à sucessão os seus respectivos herdeiros ascendentes. Assim, é induvidosa a conclusão de que o valor existente em previdência complementar privada aberta de titularidade do autor da herança compunha a meação da cônjuge igualmente falecida, razão pela qual a sua colação ao inventário é verdadeiramente indispensável, a fim de que se possa, ao final, adequadamente partilhar os bens comuns existentes ao tempo do falecimento simultâneo" (STJ, REsp 1.726.577/SP, 3.ª Turma, Rel. Min. Nancy Andrighi, j. 14.09.2021, *DJe* 1.º.10.2021).

A situação julgada é peculiar, envolvendo comoriência entre cônjuges e descendentes, nos termos do art. 8.º do Código Civil. A votação foi apertada, por 3 a 2, sendo certo que seguiram a Ministra Relatora os Ministros Bellizze e Sanseverino. Os Ministros Moura Ribeiro e Cueva foram vencidos, por concluírem pela natureza previdenciária pessoal de tais valores, a afastar a comunicação entre os cônjuges e o consequente dever de colacionar.

O próprio art. 2.002 da codificação material disciplina a sanção para o caso de o descendente não trazer o bem à colação, qual seja a *pena civil de sonegados*, outrora estudada. Dispõe o seu parágrafo único que, para o cálculo da legítima, o valor dos bens conferidos será computado na parte indisponível, sem aumentar a disponível.

Conforme os julgados citados, a colação está justificada na possibilidade de doação do ascendente ao descendente ou mesmo entre cônjuges, implicando esta em adiantamento da legítima, conforme consagra o art. 544 do atual Código Civil. Ensina Zeno Veloso que "a regra de que a doação é feita como adiantamento da legítima não é absoluta, cogente, inafastável, pois o ascendente-doador pode dispensar da colação as doações feitas ao descendente, seu herdeiro necessário, determinando que saiam de sua metade disponível, contanto que não a excedam, e computando o seu valor ao tempo da doação (art. 2.003, parágrafo único). Porém, se o ascendente silenciar, se não fizer expressamente a dispensa da colação, mandando embutir o que foi doado na sua parte disponível, a regra do art. 544 incide" (Veloso, Zeno. *Comentários*..., 2003, p. 405).

Desse modo, a colação tem por fim igualar, na proporção estabelecida no próprio Código Civil, as legítimas dos descendentes e do cônjuge sobrevivente, obrigando também os donatários que, ao tempo do falecimento do doador, já não possuírem os bens doados. É o que enuncia o art. 2.003 do atual Código Civil, dispositivo que coloca o cônjuge sobrevivente, ao lado dos descendentes, como pessoa obrigada a colacionar.

Apesar de não mencionado nos comandos legais anteriores, estou filiado à corrente doutrinária pela qual o cônjuge também é destinatário do referido dever legal (por todos: DINIZ, Maria Helena. *Código*..., 2003, p. 1.356. LÔBO, Paulo. *Direito*..., 2013, p. 89; DIAS, Maria Berenice. *Manual*..., 2011, p. 594; e Veloso, Zeno. *Comentários*..., 2003, p. 417). Desse modo, é imperioso rever aquele antigo conceito de que a colação somente cabe aos descendentes. Além do que está expresso no art. 2.003 da codificação, a opinião endossada tem por fundamento a dicção do art. 544 da mesma norma que expressamente consagra a doação entre cônjuges como adiantamento de legítima ("Art. 544. A doação de ascendentes a descendentes, ou de um cônjuge a outro, importa adiantamento do que lhes cabe por herança").

Anote-se que, para afastar qualquer dúvida, o antigo Projeto Ricardo Fiuza pretendia incluir no art. 2.002 do Código Civil menção expressa ao cônjuge, passando o comando a ter a seguinte redação: "os descendentes que concorrerem à sucessão do ascendente comum, e o cônjuge sobrevivente, quando concorrer com os descendentes, são obrigados, para igualar as legítimas, a conferir o valor das doações que em vida receberam do falecido, sob pena de sonegação". De acordo com as suas precisas justificativas:

> "O artigo 2.002 se omitiu quanto à necessidade de o cônjuge colacionar, embora o art. 544 enuncie que a doação de um cônjuge a outro importa adiantamento de legítima. Esta questão, no entanto, necessita ficar bem clara e explícita. Como sabemos, o cônjuge foi muito beneficiado no direito sucessório, e aparece, neste Código, numa posição realmente privilegiada. Não é razoável e justo que ele não fique obrigado a trazer à colação os valores de bens que recebeu em doação do *de cujus*, enquanto os descendentes têm este dever. Se forem chamados os descendentes e o cônjuge sobrevivente à herança do falecido, os descendentes precisam restituir o que receberam antes, como adiantamento de legítima, enquanto que as liberalidades feitas em vida pelo falecido ao cônjuge não estão sujeitas à colação. Ademais, se o doador quiser imputar na sua metade disponível a doação que fizer ao cônjuge, basta que mencione isto, expressamente, no ato de liberalidade ou em testamento (arts. 2.005 e 2.006). Assim, entendo que deve ser prevista a obrigação de o cônjuge sobrevivo conferir as doações recebidas do outro cônjuge, quando for chamado à herança, conjuntamente com os descendentes. Se concorrer com os ascendentes, não seria o caso, pois estes não estão sujeitos à colação".

Não há menção ao dever de colacionar do companheiro, pelo fato de não ser este considerado herdeiro necessário pela dicção expressa do art. 1.845 da codificação material; e por não constar do art. 544 do CC/2002. Como não poderia ser diferente, a falta de menção ao companheiro sempre foi objeto de críticas. Para Paulo Lôbo, diante do princípio constitucional da igualdade, o companheiro deve ser considerado como herdeiro necessário, sendo incluído no tratamento relativo ao instituto que se estuda: "sendo assim, qualquer doação que o outro companheiro lhe faça é adiantamento da legítima e, consequentemente, dever de colação" (*Direito*..., 2013, p. 89).

Apesar de ser louvável a crítica, como visto, a maioria da doutrina sempre entendeu que o convivente não teria a qualidade de herdeiro *reservatário* ou *necessário*, não sendo o caso de ser incluído no rol daqueles que têm o dever de colacionar. Julgando dessa maneira, vejamos acórdãos anteriores do Tribunal de Justiça de São Paulo:

> "Inventário. Partilha de bens. Determinação de exclusão de imóvel doado em vida, pelo falecido, a sua companheira, ante a desnecessidade de ser trazido à colação. Correção. Convivente que não é herdeira necessária, não incidindo, com relação a ela, a obrigatoriedade da colação. Doação que, ademais, não foi inoficiosa. Decisório agravado e sentença homologatória da partilha que merecem confirmação. Agravo retido de fls. 497/502 e recurso de apelação desprovidos" (TJSP, Apelação 0001482-17.1999.8.26.0099, Acórdão 5688052, 1.ª Câmara de Direito Privado, Bragança Paulista, Rel. Des. De Santi Ribeiro, j. 14.02.2012, *DJESP* 1.º.03.2012).

> "Inventário. Pedido de colação de bem que teria sido doado pelo falecido à companheira. Descabimento. Hipótese restrita a descendente ou cônjuge. Art. 544 do Código Civil. Indeferimento mantido. Agravo conhecido em parte e não provido" (TJSP, Agravo de Instrumento 990.10.085594-8, Acórdão 4802023, 2.ª Câmara de Direito Privado, São João da Boa Vista, Rel. Des. José Roberto Bedran, j. 26.10.2010, *DJESP* 1.º.12.2010).

De toda sorte, podem ser encontradas ementas de julgamento que já reconheciam o dever de colação da companheira. A título de exemplo, julgado do Tribunal Gaúcho traz essa conclusão, merecendo destaque o seguinte trecho: "sonegados são os bens ocultados ao inventário ou que não tenham sido levados à colação. Se a companheira deixou de referir que era titular de contas bancárias, abertas em datas anteriores ao falecimento do companheiro, correta a decisão que condenou o seu espólio a restituir às herdeiras do companheiro metade do valor existente nas contas, por ocasião do óbito do *de cujus*, bem como a metade de eventuais valores sacados pela companheira das contas de titularidade do companheiro, após o falecimento dele, quantia a ser apurada em liquidação de sentença" (TJRS, Apelação Cível 51580-79.2011.8.21.7000, 7.ª Câmara Cível, Porto Alegre, Rel. Des. Sérgio Fernando de Vasconcellos Chaves, j. 29.02.2012, *DJERS* 02.03.2012).

Com a recente decisão do STF, que equiparou a união estável ao casamento para os fins sucessórios, deve ganhar força, na doutrina e na jurisprudência, a visão que impõe ao companheiro o dever de colacionar (Recurso Extraordinário 878.694/MG, j. 10.05.2017). O meu entendimento, reafirme-se, é pela equiparação sucessória total das entidades familiares, inclusive para que o convivente seja tratado como herdeiro necessário e incluído no rol do art. 1.845 do CC.

Em complemento para a premissa, acrescente-se que o CPC/2015 equiparou o companheiro ao cônjuge para os fins processuais, especialmente quanto ao inventário e à partilha. Assim, penso que o companheiro ou convivente tem o dever de trazer os bens recebidos por doação à colação, sob pena de imposição da pena de sonegados, anteriormente estudada.

De todo modo, com a aprovação da atual Reforma do Código Civil, esse dilema desaparecerá, pois tanto o cônjuge como o convivente não estarão previstos no rol dos herdeiros necessários, resolvendo-se mais um intrincado debate verificado em mais de vinte anos de vigência da atual Lei Privada, em prol da simplificação e de uma maior efetividade do Direito Sucessório Brasileiro.

Quanto aos descendentes, saliente-se que os filhos sempre terão o dever de colacionar. O direito de requerer a colação pelos irmãos é reconhecida mesmo não estando o filho preterido sequer concebido. Nos termos de aresto do Superior Tribunal de Justiça:

> "O filho do autor da herança tem o direito de exigir de seus irmãos a colação dos bens que receberam via doação a título de adiantamento da legítima, ainda que sequer tenha sido concebido ao tempo da liberalidade. De fato, para efeito de cumprimento do dever de colação, é irrelevante se o herdeiro nasceu antes ou após a doação, não havendo também diferença entre os descendentes, se são eles irmãos germanos ou unilaterais ou se supervenientes à eventual separação ou divórcio do doador. O que deve prevalecer é a ideia de que a doação feita de ascendente para descendente, por si só, não é considerada inválida ou ineficaz pelo ordenamento jurídico, mas impõe ao donatário obrigação protraída no tempo, de à época do óbito do doador, trazer o patrimônio recebido à colação, a fim de igualar as legítimas, caso não seja aquele o único herdeiro necessário (arts. 2.002, parágrafo único, e 2.003 do CC). Importante destacar que o dever de colacionar os bens recebidos a título de liberalidade só se dispensa por expressa manifestação do doador, determinando que a doação seja extraída da parte disponível de seus bens, o que também não ocorre na hipótese em análise, na qual a liberalidade de fato configura adiantamento da legítima" (STJ, REsp 1.298.864/SP, Rel. Min. Marco Aurélio Bellizze, j. 19.05.2015, *DJe* 29.05.2015).

Pontue-se, pela sua relevância prática, que, mesmo havendo tal dever de colação, não se pode dizer que o filho não concebido no momento da liberalidade terá direito à divisão dos bens, o que demanda análise caso a caso. Em regra, aliás, não terá qualquer direito à sucessão.

No que diz respeito aos netos, a questão merece observações importantes. Se os netos receberam a herança *por representação*, colacionam o que seus pais colacionariam, ou seja, os bens que seu pai (premorto) recebeu diretamente por doação do avô, mesmo que o bem não mais exista.

A título de exemplo, um pai recebe uma casa do avô em doação como adiantamento de legítima. Quando o avô falece, o pai já é premorto e seu filho – neto do falecido – é chamado a suceder em representação, por estirpe. Como o pai deveria colacionar a casa, seu filho – neto do falecido – colaciona, ainda que a casa já tenha sido vendida. Por outra via, se os netos receberam a herança por *direito próprio*, por cabeça, devem colacionar os bens que eles mesmos receberam por doação de seu avô.

Essa é a disposição do art. 2.009 do Código Civil. Assim, quando os netos, representando os seus pais, sucederem aos avós, serão obrigados a trazer à colação, ainda que não o hajam herdado, o que os pais teriam de conferir. O dispositivo, assim, acaba transferindo o dever aos herdeiros daquele que deveria colacionar, quebrando com a regra pela qual a colação é pessoal.

Esclareça-se que os netos não colacionam os bens a eles doados diretamente por seu avô, se o seu pai estiver vivo no momento do óbito do avô, pois não são herdeiros do avô. O herdeiro é o pai que, por ser descendente de 1.º grau, exclui os netos, descendentes de 2.º grau. Também os netos não colacionam bens recebidos diretamente do avô quando herdarem por representação (pois estão substituindo o pai premorto).

O quadro a seguir, elaborado pelo Professor José Fernando Simão, e constante em edições anteriores desta obra, serve para esclarecer tudo o que foi exposto a respeito da colação dos descendentes:

Partes na doação	Quem recebeu a herança do avô?	Devem os netos colacionar?
Doação feita pelo avô ao pai	Os netos em representação ao pai premorto	**SIM**. Se o seu pai vivo fosse, deveria colacionar, então os netos, como representantes, devem colacionar
Doação feita diretamente pelo avô aos netos	Os netos, por direito próprio, e não houve representação	**SIM**. Os netos deverão colacionar os bens que receberam
Doação feita diretamente pelo avô aos netos	O pai, pois está vivo no momento da sucessão do avô	**NÃO**. Os netos não devem colacionar, pois não são herdeiros de seu avô (são descendentes de 2.º grau)
Doação feita diretamente pelo avô aos netos	Os netos em representação ao pai premorto	**NÃO**. Os netos não devem colacionar os bens, pois, na sucessão, estão representando seu pai falecido

Ficam os créditos para o então coautor, que elaborou a citada tabela, com importante feição didática e prática.

Os ascendentes e colaterais estão dispensados da colação, pois a lei não consagra que tais pessoas tenham o referido dever. Como a norma é restritiva de direitos, não merece interpretação extensiva ou analogia, premissa que é a mesma a respeito do companheiro, no sistema vigente e apesar das críticas e divergência antes expostas.

Seguindo no estudo da categoria, o parágrafo único do art. 2.003 do Código Civil expressa que, "se, computados os valores das doações feitas em adiantamento de legítima, não houver no acervo bens suficientes para igualar as legítimas dos descendentes e do cônjuge, os bens assim doados serão conferidos em espécie, ou, quando deles já não disponha o donatário, pelo seu valor ao tempo da liberalidade". Interpretando o dispositivo, conforme ensina Maria Helena Diniz, nosso ordenamento jurídico adotou o sistema da *colação em substância*, pois "a mesma coisa doada em adiantamento da legítima ao descendente e ao cônjuge (arts. 544 e 2.003, parágrafo único, segunda parte, do Código Civil) deve ser trazida à colação" (*Código*..., 2010, p. 1.382).

O ideal e esperado seria que o bem doado permanecesse com o donatário, seja ele descendente ou cônjuge e que, com os demais bens do acervo, fossem igualadas as legítimas dos outros herdeiros necessários. Entretanto, "se, ao tempo da abertura da sucessão por morte do doador, não houver no acervo hereditário bens suficientes para igualar a legítima, a coisa doada deverá ser conferida em espécie (TJSP, Ap. 530.150-4/9-00,

Rel. Francisco Loureiro, j. 08.11.2007), e se os donatários (descendentes ou cônjuge) não mais a tiverem, deverão trazer à colação o seu valor correspondente, hipótese em que se terá a '*colação ideal*' (*RT* 697:154). Tal valor é o que a coisa doada possuía ao tempo da liberalidade" (DINIZ, Maria Helena. *Código*..., 2010, p. 1.382). Na mesma linha, leciona Paulo Lôbo que "esse valor é nominal e histórico, não sendo suscetível de atualização monetária, porque a verificação do limite das legítimas dos futuros herdeiros necessários leva em conta o valor do patrimônio do doador, no momento da doação e não posteriormente" (*Direito*..., 2013, p. 86).

No que concerne ao valor de colação dos bens doados, será aquele, certo ou estimativo, que lhes atribuir o ato de liberalidade, ou seja, quando da doação (art. 2.004, *caput*, do CC). Relativamente ao *valor estimativo*, o juiz do inventário pode nomear um perito para a sua determinação, se houver dificuldades na fixação do *quantum*.

Pois bem, havia certa contradição entre esse último comando legal e o art. 1.014 do CPC/1973, segundo o qual "no prazo estabelecido no art. 1.000, o herdeiro obrigado à colação conferirá por termo nos autos os bens que recebeu ou, se já os não possuir, trar-lhes-á o valor. Parágrafo único. Os bens que devem ser conferidos na partilha, assim como as acessões e benfeitorias que o donatário fez, calcular-se-ão pelo valor que tiverem ao tempo da abertura da sucessão".

Incrivelmente, a contradição foi mantida em relação ao CPC/2015, pois o seu art. 639 é praticamente uma repetição do seu correspondente anterior. Senão, vejamos: "no prazo estabelecido no art. 627, o herdeiro obrigado à colação conferirá por termo nos autos ou por petição à qual o termo se reportará os bens que recebeu ou, se já não os possuir, trar-lhes-á o valor. Parágrafo único. Os bens a serem conferidos na partilha, assim como as acessões e as benfeitorias que o donatário fez, calcular-se-ão pelo valor que tiverem ao tempo da abertura da sucessão".

Na doutrina, a solução era apontada por Zeno Veloso, que afirmava que o art. 2.004 do Código Civil de 2002 revogou o art. 1.014 do Código de Processo Civil de 1973 a respeito desse tratamento (*Comentários*..., 2003, p. 419); posição compartilhada por Paulo Lôbo (*Direito*..., 2013, p. 86) e Giselda Maria Fernandes Novaes Hironaka (*Direito*..., 2012, p. 459). Mantendo esse raciocínio, o art. 639 do Código de Processo Civil de 2015 teria revogado o art. 2.004 do Código Civil de 2002, devendo agora prevalecer.

De toda sorte, acreditamos que se trata de uma questão de direito intertemporal. Assim sendo, caso o falecimento tenha ocorrido em período anterior à vigência do Código Civil de 2002 – antes de 11 de janeiro de 2003 –, as suas regras não produzem efeitos, aplicando-se apenas o previsto no Código de Processo Civil de 1973, ou seja, o valor dos bens a ser colacionado seria o do tempo da abertura da sucessão.

Por outro turno, para as sucessões abertas na vigência do novo Código Civil, o valor deveria ser o do tempo da liberalidade, subsumindo-se o art. 2.004 do Código Civil de 2002. Como a sucessão envolve o plano da eficácia, deve ser aplicada a norma do momento da produção dos efeitos, pensamento retirado do *caput* do art. 2.035 da codificação material privada em vigor.

Com a emergência do CPC/2015, é forçoso concluir que o seu conteúdo passa a ter incidência para os falecimentos ocorridos após a entrada em vigor da nova legislação processual, a partir de março de 2015.

Adotando as premissas anteriores, antes da emergência do CPC/2015, a ilustrar, ementas do Superior Tribunal de Justiça e do Tribunal de Justiça do Rio Grande do Sul, respectivamente:

> "Processo civil. Recurso especial. Inventário. Preclusão. Prequestionamento. Ausência. Colação. Avaliação do bem. Valor à época da abertura da sucessão. Inviável o recurso especial na parte em que suscita questão federal não apreciada pelo Tribunal de origem. Os bens trazidos à colação, para efeito de acertamento das legítimas, devem ser avaliados com base no valor que possuírem à época da abertura da sucessão, conforme o disposto no art. 1.014, parágrafo único, do CPC, dispositivo esse que corresponde à norma vigente à época da abertura das sucessões examinadas nos presentes autos. Recurso especial parcialmente conhecido e provido" (STJ, REsp 595.742/SC, 3.ª Turma, Rel. Min. Nancy Andrighi, j. 06.11.2003, *DJ* 1.º.12.2003, p. 356). "Inventário. Colação. Conferência dos bens. Avaliação. Sucessão aberta antes do vigente Código Civil. Valor do acervo à época da abertura e não da liberalidade. Revogação do preceito material por regra do processo civil. Os bens colacionados devem ser conferidos por seu valor à época da abertura da sucessão e não da liberalidade, para atender simetria com a estimativa dos demais integrantes do acervo que observam atualização, bem como para superar a erosão patrimonial decorrente do processo inflacionário ainda existente. Embora o CC/1916 estabelecesse como termo o momento da liberalidade, a posterior edição do CPC determinou uma revogação legislativa daquele preceito, adaptando-o às codificações modernas que buscam a equidade da partilha e o respeito às legítimas, atentas à realidade contemporânea. Exame dos artigos 1.577 e 1.792 do CC/1916, artigos 1.787 e 2.004 do CC/2002 e artigo 1.014 e parágrafo do CPC. Agravo desprovido" (TJRS, Agravo de Instrumento 70007536436, 7.ª Câmara Cível, Porto Alegre, Rel. Des. José Carlos Teixeira Giorgis, j. 17.12.2003).

Do final do ano de 2017 e novamente no âmbito do Superior Tribunal de Justiça, entendeu-se que, "tendo sido aberta a sucessão na vigência do Código Civil de 2002, deve-se observar o critério estabelecido no art. 2.004 do referido diploma, que modificou o art. 1.014, parágrafo único, do Código de Processo Civil de 1973, pois a contradição presente nos diplomas legais, quanto ao valor dos bens doados a serem trazidos à colação, deve ser solucionada com observância do princípio de direito intertemporal *tempus regit actum*. O valor de colação dos bens deverá ser aquele atribuído ao tempo da liberalidade, corrigido monetariamente até a data da abertura da sucessão. Existindo divergência quanto ao valor atribuído aos bens no ato de liberalidade, poderá o julgador determinar a avaliação por perícia técnica para aferir o valor que efetivamente possuíam à época da doação" (STJ, REsp 1.166.568/SP, 4.ª Turma, Rel. Min. Lázaro Guimarães (Desembargador convocado do TRF 5.ª Região), j. 12.12.2017, *DJe* 15.12.2017). No mesmo sentido, da Terceira Turma da Corte, de 2019, e citando a minha posição doutrinária:

> "Civil. Processual civil. Ação de inventário. Coincidência de questões decididas em dois diferentes acórdãos. Matérias distintas. Inocorrência de preclusão. Colação de bens. Valor do bem ao tempo da liberalidade ou ao tempo da abertura da sucessão. Antinomia entre o Código Civil e o Código de Processo Civil. Indiscutibilidade acerca das sucessivas revogações promovidas pela legislação. Colação que é tema de direito material e de direito processual. Solução da antinomia exclusivamente pelo critério da temporalidade. Impossibilidade de aplicação do critério da especialidade. Autor da herança falecido antes da entrada em vigor do CC/2002. Aplicação do CPC/73. (...). É indiscutível a existência de

antinomia entre as disposições do Código Civil (arts. 1.792, *caput*, do CC/1916 e 2.004, *caput*, do CC/2002), que determinam que a colação se dê pelo valor do bem ao tempo da liberalidade, e as disposições do Código de Processo Civil (arts. 1.014, parágrafo único, do CPC/73 e 639, parágrafo único, do CPC/15), que determinam que a colação se dê pelo valor do bem ao tempo da abertura da sucessão, de modo que, em se tratando de questão que se relaciona, com igual intensidade, com o direito material e com o direito processual, essa contradição normativa somente é resolúvel pelo critério da temporalidade, e não pelo critério de especialidade. Precedentes. Na hipótese, tendo o autor da herança falecido antes da entrada em vigor do CC/2002, aplica-se a regra do art. 1.014, parágrafo único, do CPC/73, devendo a colação se dar pelo valor do bem ao tempo da abertura da sucessão. 6. Recurso especial conhecido e desprovido" (STJ, REsp 1.698.638/RS, 3.ª Turma, Rel. Min. Nancy Andrighi, j. 14.05.2019, *DJe* 16.05.2019).

No que interessa ao valor do bem ao tempo da doação, pontue-se que alguns autores entendiam que eventual valorização ou desvalorização do bem deveria ser desconsiderada, mas, de qualquer forma, o valor histórico deveria ser monetariamente corrigido até o momento da abertura da sucessão (RODRIGUES, Silvio. *Direito...*, 2002, v. 7, p. 319; AMORIM, Sebastião; OLIVEIRA, Euclides de. *Inventários...*, 2006, p. 378).

Assim julgando: "houve antecipação de herança, devendo o valor que o bem tinha ao tempo da liberalidade ser levado à colação devidamente atualizado (artigos 2.002, 2.003 e 2.004 do Código Civil)" (TJSP, Apelação Cível 0082071-65.2000.8.26.0000, Acórdão 5414109, 4.ª Câmara de Direito Privado, Lorena, Rel. Des. Francisco Loureiro, j. 15.09.2011, *DJESP* 24.01.2012). Ou, ainda, do Superior Tribunal de Justiça:

> "O legislador civil estabeleceu critério específico e objetivo para a quantificação do valor do bem para fins de colação, a saber, o valor certo ou estimado do bem, a fim de que a doação não sofra influências de elementos externos de natureza econômica, temporal ou mercadológica, que, se porventura existentes, deverão ser experimentados exclusivamente pelo donatário, não impactando o acertamento igualitário da legítima, de modo que não é possível substituir o critério legal pelo proveito ou benefício econômico representado por imóveis obtidos a partir do crédito cedido. Na hipótese, o valor do crédito recebido pelo autor da herança em decorrência da venda de terreno à construtora, posteriormente cedido a parte dos herdeiros, deve ser levado à colação pelo seu valor estimado e não pelo proveito ou pelo benefício econômico representado pelos bens imóveis posteriormente escriturados em nome dos cessionários do referido crédito" (STJ, REsp 1.713.098/RS, 3.ª Turma, Rel. Min. Nancy Andrighi, j. 14.05.2019, *DJe* 16.05.2019).

Em sentido contrário ao que acabo de expor sobre a questão de direito intertemporal, apresentando solução diferente, estatui o Enunciado n. 119 do CJF/STJ, aprovado na *I Jornada de Direito Civil*, que, "para evitar o enriquecimento sem causa, a colação será efetuada com base no valor da época da doação, nos termos do *caput* do art. 2.004, exclusivamente na hipótese em que o bem doado não mais pertença ao patrimônio do donatário. Se, ao contrário, o bem ainda integrar seu patrimônio, a colação se fará com base no valor do bem na época da abertura da sucessão, nos termos do art. 1.014 do CPC, de modo a preservar a quantia que efetivamente integrará a legítima quando esta se constituiu, ou seja, na data do óbito (resultado da interpretação sistemática do art. 2.004 e seus parágrafos, juntamente com os arts. 1.832 e 884 do Código Civil)".

Em 2018, na *VIII Jornada de Direito Civil*, aprovou-se uma nova ementa doutrinária, em complemento a essa anterior e em atualização ao CPC/2015, segundo a qual "os arts. 2.003 e 2.004 do Código Civil e o art. 639 do CPC devem ser interpretados de modo a garantir a igualdade das legítimas e a coerência do ordenamento. O bem doado, em adiantamento de legítima, será colacionado de acordo com seu valor atual na data da abertura da sucessão, se ainda integrar o patrimônio do donatário. Se o donatário já não possuir o bem doado, este será colacionado pelo valor do tempo de sua alienação, atualizado monetariamente" (Enunciado n. 644). Trata-se de proposta formulada pelo Professor Gustavo Tepedino (defendida em: TEPEDINO, Gustavo. A disciplina..., In: PEREIRA, Rodrigo da Cunha; DIAS, Maria Berenice (Coord.). *Família...*, 2018, p. 327-345).

Com o devido respeito, penso que os enunciados doutrinários parecem estar distantes do texto legal, e da devida solução técnica de direito intertemporal, como antes exposto e na linha do que era defendido nas edições anteriores desta obra. Como visto, a regra no vigente sistema privado é a *colação em substância*, caso o bem ainda integre o patrimônio do donatário.

Todavia, não se pode negar que os argumentos da vedação do enriquecimento sem causa e da coerência do ordenamento jurídico são sedutores, pela relação que mantêm com os princípios da eticidade e da socialidade, dois dos baluartes do Código Civil de 2002. Porém, recomenda-se a análise casuística do problema, devendo prevalecer a solução de direito intertemporal, de aplicação da norma do momento da disposição, conforme antes desenvolvido, e na linha do que vêm entendendo a Terceira e a Quarta Turma do STJ, que tendem a pacificar o tema no mesmo sentido do que defendo nesta obra.

Ainda merece ser citada a posição doutrinária da Professora Giselda Hironaka, para quem o sistema de *colação em substância* seria inconstitucional. Vejamos as suas palavras:

> "É altamente discutível se a *teoria da substância* não seria inconstitucional. Conforme exposto, esta teoria, que é a atualmente vigente, legitima o enriquecimento em causa, notoriamente algo repudiado pelo ordenamento jurídico como um todo. E, deveres, a Constituição Federal de 1988 reconhece, no art. 1.º, inciso IV, o 'valor social do trabalho', como um fundamento da república, ao lado da dignidade da pessoa humana (inc. III do mesmo artigo), sabidamente o *summun bonum* do direito contemporâneo. Ora, se a aplicação de uma norma legitima a apropriação indevida do trabalho alheio, é claro que existe, aí, uma violação ao valor do social do trabalho, norma constitucionalmente tutelada". Ao final, a jurista defende a aplicação da regra prevista no art. 2.004 do Código Civil, ou seja, a *teoria da estimação*, com fortes argumentos, a deixar o debate ainda mais intenso (HIRONAKA, Giselda Maria Fernandes Novaes. Antecipação..., In: PEREIRA, Rodrigo da Cunha; DIAS, Maria Berenice (Coord.). *Família...*, 2018, p. 308-309).

Como se pode notar, apesar de prevalecer a solução dada pelo Superior Tribunal Justiça, o tema é de enorme divergência doutrinária, razão pela qual a Comissão de Juristas encarregada da Reforma do Código Civil pretende resolvê-la definitivamente. A proposta é pela adoção da *teoria da estimação*, concentrando-se o tema no Código Civil e revogando-se expressamente o art. 639 do CPC, fazendo que a *teoria da substância* seja totalmente retirada do sistema privado brasileiro.

Assim, o art. 2.003 da Lei Privada passará a prever, com a retirada do cônjuge como herdeiro necessário, superando-se outra divergência, que "a colação tem por fim igualar, na proporção estabelecida neste Código, as legítimas dos descendentes e dos ascendentes obrigando também os donatários que, ao tempo do falecimento do doador, já não possuírem os bens doados". Em complemento, o seu parágrafo único estatuirá que, "se, computados os valores das doações feitas em adiantamento de legítima, não houver no acervo bens suficientes para igualar as legítimas dos descendentes e dos ascendentes, os bens assim doados serão conferidos em espécie, ou, quando deles já não disponha o donatário, pelo seu valor ao tempo da liberalidade".

Quanto ao seu art. 2.004, passará a prever, de forma mais técnica, mencionando a correção monetária do valor estimado, que "o valor de colação dos bens doados será o valor certo ou estimativo que lhes atribuir o ato de liberalidade, corrigido monetariamente até a data de abertura da sucessão". Nos termos do seu § 1.º, no mesmo sentido: "se do ato de doação não constar valor certo, nem houver estimação feita naquela época, os bens serão conferidos pelo que se calcular valessem ao tempo da liberalidade, corrigido monetariamente até a data da abertura da sucessão". Ainda, preverá o § 2.º deste último comando quais serão as benfeitorias excluídas, mais uma vez de forma mais técnica: "só o valor dos bens doados entrará em colação; excluindo-se as benfeitorias necessárias e úteis realizadas no bem e os acréscimos decorrentes do seu trabalho, os quais pertencerão ao herdeiro donatário". Por fim, como dito, é revogado expressamente o art. 639 do Estatuto Processual, sepultando-se de forma definitiva um debate que existe há tempos, entre civilistas e processualistas.

Fica evidente, mais uma vez, que o Projeto elaborado pela Comissão de Juristas procurou resolver as principais polêmicas existentes nos mais de vinte anos de aplicação do Código Civil de 2002, trazendo uma maior previsibilidade, segurança jurídica e estabilidade para as relações privadas, sendo imperiosa a aprovação dessa proposta pelo Parlamento Brasileiro.

Exposta a divergência e um caminho para a sua solução, seguindo no estudo do tema no sistema ora vigente, se do ato de doação não constar valor certo, nem houver estimação feita naquela época, os bens serão conferidos na partilha de acordo com o seu valor ao tempo da liberalidade (art. 2.004, § 1.º, do CC). Só o valor dos bens doados entrará em colação (art. 2.004, § 2.º, do CC). Pelo último dispositivo, não entram na colação os valores correspondentes às benfeitorias acrescidas, as quais pertencerão ao herdeiro donatário, correndo também à conta deste os rendimentos ou lucros (frutos civis), assim como as perdas e danos que os bens sofrerem, que deverão ser suportados pelo donatário. Como visto há pouco, há propostas de aprimoramentos dessas regras no Projeto de Reforma do Código Civil.

O art. 2.005 do atual Código Civil trata da dispensa da colação das doações que saíram da parte disponível da herança. A dispensa é possível, desde que tais liberalidades não excedam essa parte disponível, ou seja, desde que não ingressem na parte da legítima (50% do patrimônio), computado o seu valor ao tempo da doação. Em suma, a dispensa da colação não pode configurar a doação inoficiosa, hipótese de nulidade absoluta parcial, tratada pelo art. 549 da própria codificação.

A lei presume *imputada* na parte disponível a liberalidade feita a descendente que, ao tempo do ato, não seria chamado à sucessão na qualidade de herdeiro necessário (art.

2.005, parágrafo único, do CC). A presunção é relativa ou *iuris tantum*, e o exemplo a ser citado é o de uma doação realizada a um neto, cujo pai, sucessor legítimo, está vivo.

Conforme julgado do Superior Tribunal de Justiça, não haveria diferença entre a colação e essa imputação. Como se extrai do acórdão, "o direito de exigir a colação dos bens recebidos a título de doação em vida do *de cujus* é privativo dos herdeiros necessários, pois a finalidade do instituto é resguardar a igualdade das suas legítimas. A exigência de imputação no processo de inventário desses bens doados também é direito privativo dos herdeiros necessários, pois sua função é permitir a redução das liberalidades feitas pelo inventariado que, ultrapassando a parte disponível, invadam a legítima a ser entre eles repartida" (STJ, REsp 167.421/SP, 3.ª Turma, Rel. Min. Paulo de Tarso Sanseverino, j. 07.12.2010, *DJe* 17.12.2010).

Ainda no tocante à dispensa da colação, esta pode ser outorgada pelo doador em testamento, ou no próprio título de liberalidade (art. 2.006 do CC). Assim, a dispensa da colação também pode constar do próprio instrumento de doação, como decorrência da autonomia privada do doador. Para tanto, devem-se respeitar todos os requisitos de validade do negócio jurídico, extraídos do art. 104 do Código Civil, a saber: partes capazes; vontade livre (sem vícios); objeto lícito, possível e determinado ou determinável; forma prescrita e não defesa em lei. Isso sob pena de nulidade absoluta (arts. 166 e 167 do CC) ou anulabilidade (art. 171 do CC), do ato de dispensa da colação.

O ato de dispensa não pode ser presumido, devendo ser expresso e inequívoco. Conforme outro *decisum* do Superior Tribunal de Justiça, com didática exemplar, "a dispensa do dever de colação só se opera por expressa e formal manifestação do doador, determinando que a doação ou ato de liberalidade recaia sobre a parcela disponível de seu patrimônio" (STJ, REsp 730.483/MG, 3.ª Turma, Rel. Min. Nancy Andrighi, j. 03.05.2005, *DJ* 20.06.2005, p. 287).

Anoto que no Projeto de Reforma do Código Civil pretende-se simplificar, dentro de suas possibilidades, a dispensa da colação, incluindo-se também a escritura pública efetivada posteriormente, perante o Tabelionato de Notas. Assim, o seu art. 2.006, em boa hora, passará a prever que "a dispensa da colação pode ser concedida pelo doador em testamento, no próprio título de liberalidade ou por simples declaração do doador, por escritura pública subsequente ao ato".

De volta ao sistema vigente, não virão à colação os gastos ordinários do ascendente com o descendente, enquanto menor, em sua educação, estudos, sustento, vestuário, tratamento de enfermidades, enxoval, assim como as despesas de casamento, ou as feitas no interesse de sua defesa em processo-crime. É o que enuncia o art. 2.010 da atual codificação material, que apesar da vedação do enriquecimento sem causa, traz a ideia segundo a qual tais valores foram gastos não como liberalidades, mas como *dever* do ascendente em relação ao descendente.

Com o fito de demonstrar que o diploma tem aplicação prática, pode ser colacionado julgamento do Tribunal Gaúcho que conclui: "o valor doado pelo pai a fim de custear as despesas do casamento de uma das filhas deve ser dispensado da colação por expressa disposição do art. 2.010 do Código Civil" (TJRS, Apelação Cível 486290-60.2011.8.21.7000, 8.ª Câmara Cível, Porto Alegre, Rel. Des. Luiz Felipe Brasil Santos, j. 26.01.2012, *DJERS* 1.º.02.2012).

Também com o intuito de se aprimorar a norma, no Projeto de Reforma do Código Civil pretende-se limitar os gastos até a idade de vinte e cinco anos do descendente, em que cessa a suposta dependência econômica. Nesse contexto, em boa hora, o seu art. 2.010 passará a prever que "não virão à colação os gastos ordinários do ascendente com o descendente, com menos de dezoito anos de idade, incapaz ou dependente econômico do autor da herança, até 25 anos, para sua educação, estudos, sustento, vestuário, tratamento nas enfermidades, enxoval, assim como as despesas de casamento, ou as feitas no interesse de sua defesa em processo-crime". Segue-se igualmente a linha de outras proposições, no sentido de se retirar o termo "menor", pois a menoridade deixará de ser uma condição jurídica pelas propostas formuladas pela Comissão de Juristas.

Voltando-se ao sistema vigente, no mesmo sentido, as doações remuneratórias de serviços feitos ao ascendente também não estão sujeitas à colação (art. 2.011 do CC). As doações remuneratórias, nos termos do art. 540 da Norma Geral Privada, não constituem *atos de liberalidade pura*, como regra, mas sim valores pagos por um serviço prestado. A liberalidade somente está presente no montante que exceder o serviço executado. Se o serviço for feito pelo descendente no interesse do ascendente, não haverá necessidade de colacionar o bem doado.

Ilustrando, cite-se o caso de um filho que salva a vida de seu pai que iria se afogar em uma piscina, e recebe um imóvel em doação por sua atitude heroica. Ou, ainda, a hipótese do filho que é médico e que faz uma cirurgia cardíaca de emergência em seu pai, salvando a sua vida e que recebe dois veículos em doação. Por fim, mais concretamente, "a doação feita pelo pai a um dos filhos, que com ele trabalhou a vida toda, ajudando a manter e aumentar o patrimônio, não é adiantamento de legítima, mas sim remuneratória" (TJRS, Apelação Cível 70026006635, 8.ª Câmara Cível, Cacequi, Rel. Des. Rui Portanova, j. 18.06.2009, *DOERS* 29.06.2009, p. 48). A regra é correta e perfeitamente justificável. Vale lembrar que justamente pela inexistência de liberalidade, com regra, é que a doação remuneratória não pode ser revogada por ingratidão (art. 564, inciso I, do CC).

Encerrando o tratamento no Código Civil, prescreve o seu art. 2.012 que, sendo feita a doação por ambos os cônjuges, no inventário de cada um se conferirá por metade. No caso em questão, serão aplicadas, de forma concomitante, as regras de procedimento vistas anteriormente. Como a norma não é restritiva de direitos ou de exceção, não há problema em aplicá-la também para a união estável. Nesse sentido, ensina Zeno Veloso que, "dando uma interpretação compreensiva ao dispositivo, havemos de concluir que se aplica ao caso de a doação ser feita ao descendente por ambos os companheiros, se a família é constituída por uma união estável" (VELOSO, Zeno. *Comentários...*, 2003, p. 432).

Observo que o atual Projeto de Reforma do Código Civil, como não poderia ser diferente, pretende incluir na norma a pessoa que viva em união estável: "Art. 2.012. Sendo feita a doação por ambos os cônjuges ou conviventes, no inventário de cada um se conferirá por metade".

No campo prático e processual, mais uma vez vejamos o tratamento constante do CPC/2015 a respeito da colação, em comparação ao sistema anterior.

Conforme o seu art. 641, equivalente ao art. 1.016 do CPC/1973, se o herdeiro negar o recebimento dos bens ou a obrigação de os conferir, o juiz, ouvidas as partes

ante a inexistência de previsão legal específica. Precedentes" (STJ, REsp 1.321.998, 3.ª Turma, Rel. Min. Nancy Andrighi, j. 07.08.2014).

No entanto, merece destaque o voto vencido do Min. João Otávio de Noronha, seguindo o mesmo entendimento aqui defendido, de imprescritibilidade da pretensão. Ponderou o julgador o seguinte:

> "Discute-se, em ação declaratória de nulidade de partilha e doação, qual o prazo para que a herdeira necessária possa insurgir-se contra a transferência da totalidade dos bens do pai para a ex-esposa e para a filha do casal, sem observância da reserva da legítima, circunstância que caracteriza a doação inoficiosa. Trata-se, portanto, de caso de nulidade expressamente previsto no art. 549 do atual Código Civil, em razão do disposto nos arts. 1.789 e 1.846 do mesmo diploma legal. E, a teor da norma contida no art. 169 do mesmo Código, 'o negócio jurídico nulo não é suscetível de confirmação, nem convalesce pelo decurso do tempo', a significar que a nulidade é imprescritível. Essa é a tese que defendo. Não desconheço a discussão existente a respeito dessa norma e que, em nome da paz social, levou ao entendimento jurisprudencial de que tal nulidade não fica imune à ocorrência de prescrição. Reservo-me o direito de, em momento oportuno, trazer a matéria a debate na profundidade que entendo necessária" (REsp 1.321.998/RS).

De fato, o tema merece ser debatido e aprofundado pela civilística nacional, sendo ele de enorme divergência.

A propósito, vale acrescentar que a temática voltou a ser debatida no âmbito da Terceira Turma da Corte em 2019, prevalecendo mais uma vez o entendimento pela incidência do prazo geral de prescrição e vencido o argumento pela não sujeição a prazo. Também foi analisado se o caso seria de nulidade absoluta ou relativa – tendo o Ministro Moura Ribeiro votado pela última solução –, vencendo mais uma vez a primeira posição. O aresto traz citações à doutrina contemporânea, inclusive do meu posicionamento, ao lado de Pablo Stolze, José Fernando Simão, entre outros. Como constou da sua ementa, "o Superior Tribunal de Justiça há muito firmou entendimento no sentido de que, no caso de ação anulatória de doação inoficiosa, o prazo prescricional é vintenário e conta-se a partir do registro do ato jurídico que se pretende anular. Precedentes. Na hipótese, tendo sido proposta a ação mais de vinte anos após o registro da doação, é de ser reconhecida a prescrição da pretensão autoral" (STJ, REsp 1.755.379/RJ, 3.ª Turma, Rel. Min. Moura Ribeiro, Rel. p/ Acórdão Min. Ricardo Villas Bôas Cueva, j. 24.09.2019, *DJe* 10.10.2019). A menção ao prazo de vinte anos novamente se deu pois os fatos ocorreram na vigência do Código Civil de 1916.

No atual Projeto de Reforma do Código Civil, a Comissão de Juristas sugere aperfeiçoamentos mais do que necessários para o seu art. 549. De início, para o *caput*, a proposta é que a doação inoficiosa passe a gerar a ineficácia parcial do contrato, o que encerra polêmica doutrinária e jurisprudencial hoje existente e facilita ao tráfego jurídico: "salvo na hipótese do art. 544, é ineficaz a doação quanto à parte que exceder à de que o doador poderia dispor em testamento, no momento da liberalidade". Também se almeja um § 1.º no dispositivo, para que fique claro, em termos gerais, o cálculo da parte a ser restituída pelo injusto beneficiário da liberalidade: "o cálculo da parte a ser restituída considerará o valor nominal do excesso ao tempo da liberalidade, corrigido monetariamente até a data da restituição, ainda que o objeto da doação não tenha sido dinheiro". Insere-se, ainda, uma imperiosa regra a respeito das doações sucessivas, ou realizadas em trato sucessivo: "§ 2º Em casos de doações realizadas de forma sucessiva, o excesso levará em conta todas as liberalidades efetuadas".

Por fim quanto às projeções, é urgente trazer regra a respeito do prazo a ser aplicado, prevendo o proposto § 3.º do art. 549 que, "não sendo proposta a ação de reconhecimento da ineficácia no prazo de cinco anos, a doação considerar-se-á eficaz desde a data em que foi realizada". Não se pode negar, portanto, que todas as proposições visam a alcançar a necessária segurança jurídica, resolvendo-se dilemas práticos hoje existentes.

Superada essa questão controvertida, e voltando-se ao sistema vigente, os parágrafos do art. 2.007 do Código Civil disciplinam a forma dessa redução. O excesso será apurado com base no valor que os bens doados tinham no momento da liberalidade (§ 1.º). A redução da liberalidade far-se-á pela restituição ao monte do excesso assim apurado (§ 2.º). De início, a restituição será em *espécie*. Se não mais existir o bem em poder do donatário, a redução será em dinheiro, segundo o seu valor ao tempo da abertura da sucessão. Em todos os casos, preceitua a lei que devem ser observadas, no que forem aplicáveis, as regras previstas na codificação para a redução das disposições testamentárias.

Também estará sujeita à redução a parte da doação feita a herdeiros necessários que exceder a legítima e mais a quota disponível (art. 2.007, § 3.º, do CC/2002). Dessa forma, um herdeiro necessário que foi beneficiado além do que deveria também pode, por óbvio, ser atingido pela redução. Por fim, sendo várias as doações a herdeiros necessários, feitas em diferentes datas, serão elas reduzidas a partir da última, até a eliminação do excesso (art. 2.007, § 4.º).

Além disso, enuncia o art. 2.008 da Norma Geral Privada que aquele que renunciou à herança ou dela foi excluído deve, mesmo assim, conferir as doações recebidas, para o fim de repor o que exceder a parte disponível. Em suma, mesmo o renunciante à herança e o excluído por indignidade devem trazer à colação, no que tange à parte inoficiosa, os bens recebidos. A doutrina majoritária entende que o dispositivo também deve incluir aquele que foi deserdado, entendimento este que deve ser considerado para os devidos fins práticos (por todos: VELOSO, Zeno. *Comentários...*, 2003, p. 427; e DINIZ, Maria Helena. *Código...*, 2003, p. 1.359). Como exposto no Capítulo 1 desta obra, a tendência é de equiparação dos efeitos da indignidade e da deserdação.

No mesmo sentido, aliás, determinava o art. 1.015 do CPC/1973 que "o herdeiro que renunciou à herança ou o que dela foi excluído não se exime, pelo fato da renúncia ou da exclusão, de conferir, para o efeito de repor a parte inoficiosa, as liberalidades que houve do doador". A norma foi reproduzida pelo art. 640, *caput*, do CPC/2015, segundo o qual "o herdeiro que renunciou à herança ou o que dela foi excluído não se exime, pelo fato da renúncia ou da exclusão, de conferir, para o efeito de repor a parte inoficiosa, as liberalidades que obteve do doador".

Os parágrafos do art. 640 do CPC/2015 mantêm os procedimentos anteriores. Assim, conservou-se a licitude do ato do donatário ao escolher, dentre os bens doados, tantos quantos bastem para perfazer a legítima e a metade disponível, entrando na partilha o excedente para ser dividido entre os demais herdeiros (§ 1.º do art. 640). Em casos de exceção, se a parte inoficiosa da doação recair sobre bem imóvel, que não comporte divisão cômoda, o juiz determinará que sobre ela se proceda entre os herdeiros à licitação. Em situações tais, o donatário poderá concorrer na licitação e, em igualdade de condições, tendo preferência sobre os herdeiros (art. 640, §§ 2.º e 3.º, do CPC/1973). Como se pode perceber, os dispositivos processuais trazem aqui um direito de preferência a favor do donatário.

Não se deve confundir a redução da doação inoficiosa com a redução das disposições testamentárias, que, conforme visto ao se estudar o art. 1.967 do CC/2002, trata das cláusulas previstas em testamento que invadem a legítima, as quais só produzirão efeitos após a morte do testador. A doação inoficiosa sujeita à redução que acabamos de estudar é realizada em vida pelo falecido.

Como palavras finais sobre o tema, cabe trazer para o estudo interessante conclusão do Superior Tribunal de Justiça sobre a redução de doação inoficiosa. Deduziu o Tribunal da Cidadania que, em caso de antecipação de todos os bens pelo autor da herança aos seus herdeiros, eventual redução deve ser pleiteada em ação própria, não sendo possível o seu deferimento dentro de um processo de inventário. Conforme o julgado publicado no seu *Informativo* n. *573*, do final de 2015, que merece destaque:

> "Na hipótese em que o autor da herança tenha promovido em vida a partilha da integralidade de seus bens em favor de todos seus descendentes e herdeiros necessários, por meio de escrituras públicas de doação nas quais ficou consignado o consentimento de todos eles e, ainda, a dispensa de colação futura, a alegação de eventual prejuízo à legítima em decorrência da referida partilha deve ser pleiteada pela via anulatória apropriada, e não por meio de ação de inventário. (...). No caso em análise, os atos de liberalidade foram realizados abrangendo todo o patrimônio do cedente, com a anuência dos herdeiros, o que configura partilha em vida dos bens, tendo constado, ainda, das escrituras públicas de doação a dispensa de colação futura. Para a doutrina, 'no caso do que vulgarmente se denomina doação-partilha, não existe dádiva, porém inventário antecipado, em vida; não se dá colação; rescinde-se ou corrige-se a partilha, quando ilegal ou errada'. Desse modo, considera-se que os autores são carecedores de interesse de agir para o processo de inventário, o qual, ante o ato constitutivo de partilha em vida e consequente dispensa de colação, não teria nenhuma utilidade. Ressalte-se que eventual prejuízo à legítima do herdeiro necessário em decorrência de partilha em vida dos bens feita pelo autor da herança deve ser buscada pela via anulatória apropriada, e não por meio de ação de inventário. Afinal, se não há bens a serem partilhados, não há a necessidade de processo do inventário" (STJ, REsp 1.523.552/PR, Rel. Min. Marco Aurélio Bellizze, j. 03.11.2015, *DJe* 13.11.2015).

De fato, o julgamento parece correto, pois, se todos os bens foram divididos em vida por um ascendente aos seus descendentes, não há que se falar em inventário posterior.

4.6 DA PARTILHA

Como é notório, a partilha é o instituto jurídico pelo qual cessam a indivisibilidade e a imobilidade da herança, uma vez que os bens são divididos entre os herdeiros do falecido. Trata-se do momento pelo qual os herdeiros aguardam ansiosamente, sendo certo que a partilha tem efeito declaratório e não constitutivo, como bem ensina Zeno Veloso (*Comentários...*, 2003, v. 21, p. 1.870). Ou, ainda, é a "repartição ou distribuição dos bens do falecido. É o ponto culminante da liquidação da herança, pondo termo ao estado de indivisão, discriminando e especificando os quinhões hereditários. Fixa o momento em que o acervo deixa de ser uma coisa comum e se transforma em coisas particulares" (CARVALHO, Dimas Messias; CARVALHO, Dimas Daniel. *Direito*..., 2012, v. VIII, p. 291).

Em relação à matéria, mais uma vez devem ser estudadas as regras previstas tanto no Código Civil (arts. 2.013 a 2.022) quanto no Código de Processo Civil. Na antiga norma instrumental, o tratamento estava entre os seus arts. 1.022 a 1.030. No CPC/2015, sem grandes modificações, devem ser observados os arts. 647 a 658.

De início, determina o Código Civil que o herdeiro pode sempre requerer a partilha, ainda que o testador o proíba, cabendo igual faculdade aos seus cessionários e credores (art. 2.013 do CC/2002). Percebe-se que o direito à partilha constitui um direito do herdeiro, inafastável pela vontade do testador; até pelo reconhecimento de que o direito à herança é um direito fundamental (art. 5.º, inciso XXX, da CF/1988).

A partir dos ensinamentos da melhor doutrina, e pelo que consta do Código Civil e do Código de Processo Civil, podem ser apontadas três espécies de partilha: a *amigável (ou extrajudicial)*, a *judicial* e a *partilha em vida* (DINIZ, Maria Helena. *Curso*..., 2005, v. 6, p. 412). Vejamos, de forma sucessiva e pontual.

4.6.1 Partilha amigável ou extrajudicial

Iniciando-se pela primeira categoria, a partilha será *amigável* na hipótese em que todos os herdeiros forem capazes, fazendo-se por escritura pública, por termo nos autos do inventário ou por escrito particular, homologado pelo juiz (arts. 2.015 do CC/2002, 657 do CPC/2015 e 1.029 do CPC/1973). Nesse caso, não há qualquer conflito entre os herdeiros.

Cabe consignar que a Lei 11.441, de 4 de janeiro de 2007, que instituiu o inventário extrajudicial, alterou a redação do art. 1.031 do então Código de Processo Civil, para os devidos fins de adequação da remissão legislativa. Isso porque o CPC anterior fazia remissão ao art. 1.773 do Código Civil de 1916 e, com a alteração, a menção que passou a ser feita foi ao art. 2.015 do Código Civil de 2002. Frise-se que não houve alteração de conteúdo e, assim, tal mudança não produziu qualquer efeito prático. O CPC/2015 não repetiu a referência ao dispositivo material no seu art. 659, mas é ele que deve guiar a modalidade, no meu entendimento.

Aliás, a partir dessa constatação, conforme mensagem eletrônica enviada por Euclides de Oliveira a José Fernando Simão, então nosso coautor, pode-se dizer que o inventário extrajudicial feito por escritura pública não necessita de posterior homologação judicial (TARTUCE, Flávio; SIMÃO, José Fernando. *Direito*..., 2013, v. 6, p. 486).

Explica Euclides de Oliveira, nessa mensagem enviada em 19 de janeiro de 2007, que, com efeito, o art. 1.º da Lei 11.441/2007, ao dar nova redação ao art. 982 do CPC/1973, trouxe a seguinte dedução:

> "Contém duas disposições separadas por ponto e vírgula: primeiro, mantém o inventário judicial, 'havendo testamento ou interessado incapaz'; depois, abre exceção para a hipótese de serem todos 'capazes e concordes', proclamando que poderão fazer o inventário e a partilha por escritura pública, 'a qual constituirá título hábil para o registro imobiliário'. Nada fala sobre homologação judicial. Sucede que o art. 2.º da nova lei, ao modificar o art. 1.031 do

CPC, que cuida do arrolamento sumário, diz que a partilha amigável, celebrada por partes capazes, nos termos do art. 2.105 do CC, será 'homologada de plano pelo juiz'. Então, nesses termos, seria necessária a homologação de todas as partilhas amigáveis celebradas por pessoas capazes e concordes? Não. O art. 1.031 do CPC precisava ser reparado, e por isso a nova redação, mas apenas para substituir a antiga referência ao art. 1.773 do CC revogado, pondo, em seu lugar, o art. 2.015 do atual CC, que cuida da partilha amigável".

Vai além o jurista, pontuando o seguinte:

> "O procedimento judicial, para tais casos, permanece, mas fica reservado aos casos de exigência dessa via, quando haja testamento, ou quando as partes optem pela abertura do inventário em Juízo. Por outras palavras, mantém-se o art. 1.031 do CPC, com arrolamento sumário pela via judicial, mas só para as hipóteses em que seja necessária essa forma procedimental ou que essa seja escolhida pelas partes. Nos outros casos, quando não haja testamento e as partes maiores e capazes optem pela via administrativa, será bastante a escritura pública, como título hábil para o registro imobiliário, nos precisos termos da nova redação dada pelo art. 1.º da nova lei ao art. 982 do CPC. Não fosse assim, teríamos retornado à estaca zero do sistema legal anterior que sempre admitiu partilhas amigáveis por escritura pública nos inventários e arrolamentos sob homologação judicial. E a lei, nessa absurda situação, somente teria inovado com relação aos processos de separação e divórcio consensuais, fazendo tábula rasa da extensão ao inventário e partilha, constante da própria ementa que explicita o objetivo da norma inovadora. Anoto que os notários já estão praticando escrituras de inventário e partilha com plenos efeitos, independente de homologação judicial, e sem maiores questionamentos a esse respeito" (TARTUCE, Flávio; SIMÃO, José Fernando. *Direito*..., 2013, v. 6, p. 486).

Como os principais objetivos da Lei 11.441/2007 foram a celeridade e a diminuição da burocracia, deve-se concordar plenamente com as palavras de Euclides de Oliveira, na linha da tendência atual de desjudicialização das contendas civis. Esse entendimento deve ser mantido integralmente com a vigência do CPC de 2015, mesmo não havendo mais menção ao art. 2.015 do CC/2002 no atual art. 659 do CPC/2015, equivalente ao antigo art. 1.031 do CPC/1973.

Para encerrar o tema e o tópico, anoto que no Projeto de Reforma do Código Civil, além da regra a respeito do inventário extrajudicial, proposta para o seu art. 2.016, almeja-se alterar esse art. 2.015 a respeito da partilha amigável, para que passe a mencionar o inventário negativo, aquele efetivado para demonstrar que o falecido não tinha bens. Pela proposição, que também inclui menção a advogado ou defensor público, o *caput* do comando passará a prever que, "se o inventário for negativo ou se todos os herdeiros forem concordes, poderão fazer o inventário ou a partilha amigável, por escritura pública, no tabelionato de notas, independente de homologação judicial e desde que as partes estejam assistidas por advogado ou defensor público, cuja qualificação e assinatura constarão do ato notarial".

Também aqui, e como a outra proposta, é preciso incluir previsões a respeito de haver herdeiro incapaz, o que é feito pelos seus novos parágrafos, a saber: "§ 1º Se houver herdeiro incapaz, a eficácia da escritura pública dependerá de anuência do Ministério Público", e, "§ 2º Com a discordância do Ministério Público, não se lavrará a escritura".

Espera-se a sua aprovação pelo Parlamento Brasileiro, assim como das proposições, em prol da sadia e cada vez mais necessária extrajudicialização do Direito Privado.

4.6.2 Partilha judicial

Partindo para a *partilha judicial*, esta é obrigatória para os casos em que há divergência entre os herdeiros ou quando algum deles for incapaz (art. 2.016 do CC/2002). O Estatuto Processual ora vigente continua a trazer procedimentos específicos.

De início, dispõe o art. 647 do CPC/2015, correspondente ao antigo art. 1.022 do CPC/1973, que, separados os bens para pagamento dos credores para a respectiva praça ou leilão, o juiz facultará às partes que, no prazo comum de quinze dias, formulem o pedido de quinhão. Mais uma vez houve aumento de prazo, que antes era de dez dias. Pela mesma norma, em seguida o juiz proferirá a decisão de deliberação da partilha, resolvendo os pedidos das partes e designando os bens que devem constituir quinhão de cada herdeiro e legatário.

No trecho final do diploma foram feitas duas alterações. Primeiro, não há mais menção ao prazo de dez dias para decisão do juiz, o que causa estranheza, pois o vigente CPC procurou agilizar os procedimentos. Segundo, houve a substituição do termo *despacho* por *decisão* que, de fato, parece ser melhor tecnicamente.

O parágrafo único do art. 647 do CPC/2015 traz regra que não existia no sistema anterior, estabelecendo que o juiz poderá, em decisão fundamentada, deferir antecipadamente a qualquer dos herdeiros o exercício dos direitos de usar e fruir de determinado bem. Todavia, a norma estabelece a condição de que, ao término do inventário, tal bem integre a cota desse herdeiro.

Em continuidade, enuncia-se que, desde o deferimento do exercício dos direitos de usar e fruir do bem, cabem ao herdeiro beneficiado todos os ônus e bônus decorrentes do exercício daqueles direitos. Como se nota, o objetivo do novo preceito é que o herdeiro possa fruir plenamente do que tem direito, concretizando-se a herança como direito fundamental. Em suplemento, há a efetivação do *droit de saisine*, retirado do art. 1.784 do Código Civil, pelo qual, aberta a sucessão, a herança transmite-se, desde logo, aos herdeiros legítimos e testamentários.

Sobre a natureza jurídica do instituto previsto no parágrafo único do art. 647 do CPC/2015, Daniel Amorim Assumpção Neves expõe a existência de incertezas. De acordo com suas palavras, "não resta dúvida sobre a natureza de decisão interlocutória, recorrível por agravo de instrumento (art. 1.015 do Novo CPC), nesse caso, mas sobram dúvidas a respeito de qual espécie de julgamento versa o dispositivo legal ora comentado. Não se trata de julgamento parcial de mérito, porque o herdeiro recebe apenas o exercício dos direitos de usar e usufruir do bem, e não a sua propriedade. Por outro lado, embora se assemelhe a tutela provisória (da evidência, porque a lei não prevê o *periculum in mora* como requisito para sua concessão, parte da certeza de que o bem integra a cota do herdeiro beneficiado pela concessão da tutela, o que contraria o juízo de mera probabilidade típico das tutelas provisórias" (ASSUMPÇÃO NEVES, Daniel Amorim. *Novo CPC*..., 2016, p. 1058). Filia-se à sua posição, cabendo à doutrina especializada e à jurisprudência delinear o enquadramento da nova categoria.

há consenso geral quanto ao tema – tanto assim que o enunciado sobre o tema, apesar de aprovado de forma unânime no Grupo de Procedimentos Especiais, restou vetado quando da votação Plenária (que reúne todos os participantes do encontro) no III Fórum Permanente sobre o novo Código de Processo Civil (Rio de Janeiro, abril de 2014, IDP)" (TARTUCE, Fernanda; MAZZEI, Rodrigo Reis. *Inventário...*, n. 1, p. 87, jul.-ago. 2014).

Salientam os doutrinadores que a proposta vetada tinha a seguinte redação: "Art. 663. As regras do art. 663 têm natureza dispositiva na partilha amigável celebrada entre as partes". Concordo integralmente com o seu teor e com as palavras transcritas, mais adequadas com um sistema aberto e dialogal adotada pela nova legislação processual, nos termos do que está desenvolvido no capítulo inaugural desta obra.

A segunda regra de interpretação da partilha, constante do inciso II do art. 648 do CPC/2015, é a de prevenção de litígios futuros, seguindo a linha de diminuição de conflitos adotada pela nova norma instrumental (*cultura de paz*). Em casos tais, a mediação e a conciliação sempre poderão ser utilizadas para os fins de facilitar a partilha.

Como terceira premissa para a interpretação de como se dá a partilha, fixa-se a máxima comodidade dos coerdeiros, do cônjuge ou do companheiro (art. 648, inciso III, do CPC/2015). A propósito dessa *comodidade*, estabelece o art. 649 da Norma Instrumental que os bens insuscetíveis de divisão cômoda que não couberem na parte do cônjuge ou companheiro supérstite ou no quinhão de um só herdeiro serão licitados entre os interessados ou vendidos judicialmente. Em casos tais, será partilhado o valor apurado, a não ser que haja acordo para serem adjudicados a todos. O objetivo da norma é o de afastar um indesejado condomínio comum entre herdeiros, especialmente aqueles que não têm uma boa convivência.

Em verdade, a solução já estava no art. 2.019 do Código Civil de 2002, *in verbis*:

> "Art. 2.019. Os bens insuscetíveis de divisão cômoda, que não couberem na meação do cônjuge sobrevivente ou no quinhão de um só herdeiro, serão vendidos judicialmente, partilhando-se o valor apurado, a não ser que haja acordo para serem adjudicados a todos.
>
> § 1.º Não se fará a venda judicial se o cônjuge sobrevivente ou um ou mais herdeiros requererem lhes seja adjudicado o bem, repondo aos outros, em dinheiro, a diferença, após avaliação atualizada.
>
> § 2.º Se a adjudicação for requerida por mais de um herdeiro, observar-se-á o processo da licitação".

Como se pode perceber, o CPC de 2015 avança ao incluir a menção ao companheiro, na linha de outros de seus preceitos.

Consigne-se que, como não houve revogação expressa, continuam tendo aplicação os parágrafos do art. 2.019 do Código Civil, que tratam de um direito de preferência em relação aos herdeiros. Ora, as regras não são incompatíveis com o CPC/2015, não se cogitando a revogação tácita, nos termos do art. 2.º da Lei de Introdução às Normas do Direito Brasileiro. Muito ao contrário, os parágrafos expostos complementam o sentido do art. 649 do novel *Codex* Processual, em um sadio *diálogo entre as fontes*. De toda sorte, opinamos que também deve ser considerado o direito de preferência do companheiro no § 1.º do art. 2.019 do CC/2002, assim como está na última norma processual.

Para concretizar o que passa a constar expressamente do CPC/2015, vejamos alguns julgados aplicando o art. 2.019 do Código Civil, com os cabíveis fins práticos:

> "Inventário. Pedido de alvará judicial para venda de imóvel pertencente ao espólio. Possibilidade. 1. O inventário é o processo judicial destinado a apurar o acervo hereditário e verificar as dívidas deixadas pelo *de cujus*, bem como as contraídas pelo espólio para, após o pagamento do passivo, estabelecer a divisão dos bens deixados entre os herdeiros, consistindo, assim, no procedimento destinado a entregar os bens herdados aos seus titulares, fazendo-os ingressar efetivamente no patrimônio individual dos herdeiros. 2. Tratando-se de um estado de administração patrimonial transitório, cabível liberar a venda do imóvel postulada, quando existem vários herdeiros e um único bem imóvel, que não comporta divisão cômoda, é cabível autorizar a sua alienação, mormente quando se trata de um imóvel antigo e que demanda gastos com sua conservação. Inteligência do art. 2.019 do Código Civil. 4. Para que o bem seja alienado é imprescindível que seja feita a avaliação judicial do bem, a fim de ser apurado o seu valor real e o valor deverá ser depositado em conta judicial, somente sendo admitida a liberação dos quinhões hereditários após a exibição das certidões negativas fiscais. Recurso provido" (TJRS, Agravo de Instrumento 287570-45.2014.8.21.7000, 7.ª Câmara Cível, Caxias do Sul, Rel. Des. Sérgio Fernando de Vasconcellos Chaves, j. 24.09.2014, *DJERS* 1.º.10.2014).

> "'Art. 2.019 do Código Civil. Alienação judicial no próprio inventário. Possibilidade. Reforma da decisão. Se para a instituição de condomínio das quotas-partes que caberão aos herdeiros, havendo mais de um bem imóvel, não concordarem os herdeiros comodamente com a divisão, haverá ofensa ao art. 2.019 do Código Civil, a determinação judicial que reconhece a impossibilidade de hasta pública no próprio inventário, mesmo que o magistrado possibilite a alienação através de hasta pública a ser providenciada pelos próprios herdeiros, com a extração de alvará para tal, devendo a venda ser judicial, no próprio inventário, não concordando os herdeiros com a venda extrajudicial" (TJMG, Agravo de Instrumento 1.0657.07.000953-2/001, Rel. Des. Vanessa Verdolim Hudson Andrade, j. 29.01.2013, *DJEMG* 07.02.2013).

Como não poderia ser diferente, com vistas à redução de burocracias, o Projeto de Reforma do Código Civil propõe aperfeiçoamentos a respeito da atual partilha judicial, *extrajudicializando-a*. Nesse contexto de mudança, o art. 2.019 passará a possibilitar que os bens insuscetíveis de divisão cômoda, que não couberem na meação do cônjuge ou convivente sobrevivente ou no quinhão de um só herdeiro, poderão ser vendidos judicial ou extrajudicialmente, partilhando-se o valor apurado, a não ser que haja acordo para serem adjudicados a todos. Também se inclui a via extrajudicial no seu novo § 1.º, pelo qual não se fará a venda judicial ou extrajudicial se o cônjuge ou convivente sobrevivente ou um ou mais herdeiros requererem lhes seja adjudicado o bem, repondo aos outros, em dinheiro, a diferença, após avaliação atualizada.

Mantém-se integralmente o § 2.º do preceito, no sentido de que, se a adjudicação for requerida por mais de um herdeiro, observar-se-á o processo da licitação. Conforme o seu novo § 3.º, a venda extrajudicial somente será possível em se tratando de bens imóveis, e será efetivada perante o Cartório de Registro de Imóveis, em procedimento próprio a ser regulamentado posteriormente pelo Conselho Nacional de Justiça. Por fim, insere-se no projetado § 4.º do preceito a possibilidade de alienação, judicial ou extrajudicial, de bens digitais, o que dialoga com o novo livro de *Direito Civil Digital*, em que é proposto: "em se tratando de bens digitais, é possível a avaliação posterior para fins de composição da sobrepartilha".

Além dessas importantes mudanças, fazendo que o dispositivo trate *da partilha judicial e da extrajudicial*, o Código Civil receberá, em boa hora, um novo art. 2.019-A, prevendo que qualquer herdeiro poderá requerer ao juiz que lhe seja antecipadamente adjudicado bem determinado que couber no seu quinhão, ou repondo ao espólio, em dinheiro, eventual diferença, após avaliação atualizada. Em complemento, o seu parágrafo único preverá que, se a adjudicação for requerida por mais de um herdeiro, terá preferência aquele que aceitar o bem por maior valor. Segundo os juristas que compuseram a Subcomissão de Direito das Sucessões, assim como a proposta do novo art. 2.014-A, a projeção exposta faz-se necessária para uma maior efetividade do art. 647 do CPC/2015, sobretudo do seu parágrafo único, de modo a antecipar, pelo menos em parte, o desfecho do inventário judicial com a partilha prévia de bens.

Voltando-se ao sistema em vigor, tutelando os direitos do nascituro, aquele que foi concebido e ainda não nasceu, o art. 650 do CPC/2015 estabelece que, se um dos interessados estiver nessa condição, o quinhão que lhe caberá será reservado em poder do inventariante até o seu nascimento. A norma, outra novidade, acaba especializando, no campo processual, o que consta do art. 1.798 do Código Civil, segundo o qual "legitimam-se a suceder as pessoas nascidas ou já concebidas no momento da abertura da sucessão". Como antes foi apontado no Capítulo 1 desta obra, o sigo a posição segundo a qual o nascituro deve ter o direito sucessório reconhecido a partir de sua concepção.

Seguindo no estudo dos procedimentos, estabelece o novo art. 651 do CPC/2015, correspondente ao antigo art. 1.023 do CPC/1973, que o *partidor* – denominação dada ao agente do órgão do Poder Judiciário responsável pela organização da partilha – organizará o esboço da partilha de acordo com a decisão judicial, observando no pagamento a seguinte ordem: 1.º) dívidas atendidas; 2.º) meação do cônjuge; 3.º) meação disponível; 4.º) quinhões hereditários, a começar pelo coerdeiro mais velho. Feito o esboço, dirão sobre ele as partes no prazo comum de quinze dias.

Apesar de a norma não mencionar a meação do companheiro ou convivente – o que aqui parece ter sido um *esquecimento legislativo* –, deve ser ela incluída na linha de outros comandos instrumentais do vigente CPC e da tão citada decisão do STF, em repercussão geral, que equiparou a sucessão do companheiro à do cônjuge (Recurso Extraordinário 878.694/MG, j. 10.05.2017). Nesse sentido, adotando proposta formulada por mim, o Enunciado n. 52, aprovado na *I Jornada de Direito Processual Civil*, promovida pelo Conselho da Justiça Federal em agosto de 2017: "na organização do esboço da partilha, tratada pelo art. 651 do CPC/2015, deve-se incluir a meação do companheiro".

Resolvidas as reclamações, será a partilha lançada nos autos (art. 652 do CPC/2015 e art. 1.024 do CPC/1973). Houve alteração no prazo comum para manifestação das partes, aumentado de 5 para 15 dias.

Enuncia o art. 653 do CPC/2015 que a partilha constará de: I) um *auto de orçamento*, que mencionará: *a)* os nomes do autor da herança, do inventariante, do cônjuge ou companheiro, dos herdeiros, dos legatários e dos credores admitidos; *b)* o ativo, o passivo e o líquido partível, com as necessárias especificações; *c)* o valor de cada quinhão; e II) de uma folha de pagamento para cada parte, declarando a quota a pagar-lhe, a razão do pagamento e a relação dos bens que lhe compõem o quinhão, as características que os individualizam e os ônus que os gravam. O auto e cada uma das folhas serão assinados pelo juiz e pelo escrivão.

A única alteração, diante do art. 1.025 do CPC anterior, é a inclusão do companheiro ou convivente, na festejada linha de equalização adotada pela nova norma instrumental. Pago o imposto de transmissão a título de morte e juntada aos autos a certidão ou a informação negativa de dívida para com a Fazenda Pública, o juiz julgará por sentença a partilha (art. 654, *caput,* do CPC/2015 e art. 1.026 do CPC/1973). Trata-se da sentença homologatória da partilha, que é passível de recurso de apelação. Consigne-se que, como novidade, o parágrafo único do novo art. 654 passou a estabelecer que a existência de dívida para com a Fazenda Pública não impedirá o julgamento da partilha, desde que o seu pagamento esteja devidamente garantido. Trata-se de mais uma norma que visa a agilizar os procedimentos de inventário e partilha, mas que parece atribuir excesso de poder à Fazenda Pública.

A propósito, concorda-se com a posição segundo a qual, havendo herdeiros hipossuficientes, sem condições de pagar os impostos, a norma deve ser afastada, conforme consta do Enunciado n. 71 do *Fórum Permanente de Processualistas Civis.* Esse também é o pensamento de Fernanda Tartuce e Rodrigo Mazzei, que criticam duramente o novo diploma:

> "Contudo, ao ainda revelar preocupações com a garantia do pagamento, o legislador revela condicionar a resposta processual final à Fazenda de um modo servil e injustificável. Afinal, dúvida não há que a Fazenda tem plenas condições de executar o valor devido por meio do eficiente sistema executivo de que é titular. Como já terá ciência do processo de inventário, o que impedirá de executar o herdeiro que porventura deixou de pagar os tributos sucessórios?
>
> Nada justifica deixar o bem em nome do morto e causar graves prejuízos à eficiência do acesso à justiça, à segurança jurídica e à transparência nas relações jurídicas por uma pendência tributária cuja superação poderá ser buscada pela Fazenda posteriormente.
>
> É forçoso considerar que os litigantes hipossuficientes, não tendo condições econômicas, poderão deixar de conseguir a almejada partilha. Viola a isonomia considerar que, por não terem como garantir o feito, os litigantes marcados por precariedade econômica deixem de ter acesso à justiça com eficiência.
>
> Da mesma forma que o sistema prevê facilitações para aquele que pode apresentar em juízo valores significativos, cria óbices ilegítimos a quem, a despeito da pobreza, possa ter razão quanto ao direito material; é, pois, de suma importância que o juiz coteja a impossibilidade financeira e considere outros elementos para decidir" (TARTUCE, Fernanda; MAZZEI, Rodrigo Reis. *Inventário...*, n. 1, p. 91, jul.-ago. 2014).

Transitada em julgado essa sentença, receberá o herdeiro os bens que lhe tocarem e um formal de partilha, que serve de prova da divisão dos bens, do qual constarão as seguintes peças: I) termo de inventariante e título de herdeiros; II) avaliação dos bens que constituíram o quinhão do herdeiro; III) pagamento do quinhão hereditário; IV) quitação dos impostos; V) sentença (art. 655 do CPC/2015, equivalente ao art. 1.027 do CPC/1973, sem modificações). Vale dizer que o formal de partilha é fundamental para o registro da aquisição da propriedade imóvel, visando prová-la.

Nos termos de enunciado aprovado na *I Jornada de Direito Notarial e Registral*, promovida pelo Conselho da Justiça Federal e do Superior Tribunal de Justiça em agosto de 2021, "para fins de ingresso no registro de imóveis, a carta de sentença ou formal de partilha pode ser aditada ou rerratificada por meio de escritura pública, com a participação de advogado e dos interessados" (Enunciado n. 21). A ideia é louvável, em vista da tendência de *desjudicialização*.

Se for o caso, o formal de partilha poderá ser substituído por certidão de pagamento do quinhão hereditário, quando este não exceder cinco vezes o salário mínimo. Nesse caso, se transcreverá na certidão a sentença de partilha transitada em julgado. Esse é o parágrafo único do art. 655 do CPC/2015, reprodução do antigo art. 1.027, parágrafo único, do CPC revogado.

A partilha, mesmo depois de transitada em julgado a sentença, poderá ser emendada nos mesmos autos do inventário, convindo todas as partes, quando tenha havido erro de fato na descrição dos bens (art. 656 do CPC/2015, com pequenas alterações de redação, e não de conteúdo perante o art. 1.028 do CPC/1973). Sem prejuízo disso, preconiza o mesmo comando legal que o juiz, de ofício ou a requerimento da parte, poderá, a qualquer tempo, corrigir-lhe as inexatidões materiais.

4.6.3 Partilha em vida

Abordadas as regras sobre a partilha judicial, a última modalidade a ser estudada é a partilha em vida, que somente tem tratamento no Código Civil, e não no Código de Processo Civil. Trata-se de importante mecanismo de planejamento sucessório, legitimado pelo nosso sistema jurídico.

Constitui a forma de partilha feita por ascendente a descendentes, por ato *inter vivos* ou de última vontade, abrangendo os seus bens de forma total ou parcial, desde que respeitados os parâmetros legais, caso da reserva da legítima (art. 2.018 do CC). Cite-se, ainda, a tutela do mínimo para que o estipulante viva com dignidade, na linha da tese do *estatuto jurídico do patrimônio mínimo*, que pode ser retirada, por exemplo, do art. 548 do Código Civil, dispositivo que veda *a doação universal*, de todos os bens, sem a reserva do mínimo para a sobrevivência do doador.

Nesse sentido, também, pode o testador indicar os bens e valores que devem compor os quinhões hereditários (art. 2.014 do CC). Mais especificamente, determina tal dispositivo que pode o testador deliberar o procedimento da partilha, que prevalecerá, salvo se o valor dos bens não corresponder às quotas estabelecidas. Segundo Maria Helena Diniz, essa forma de partilha facilita a fase de liquidação do inventário no processo de partilha, "homologando-se a vontade do testador que propôs uma divisão legal e razoável" (*Curso...*, 2005, v. 6, p. 415).

Como bem explica Zeno Veloso, a partilha em vida pode se realizar de duas maneiras. A primeira equivale a uma doação, e a divisão dos bens entre os herdeiros tem efeito imediato, antecipando o que estes iriam receber somente após a morte do ascendente (partilha-doação). A segunda é a partilha-testamento, feita no ato *mortis causa*, que só produz efeitos com a morte do ascendente e deve seguir a forma de testamento (*Comentários...*, 2003, p. 437). Tratando da primeira modalidade, a ilustrar, da jurisprudência superior:

"Recurso especial. Sucessões. Inventário. Partilha em vida. Negócio formal. Doação. Adiantamento de legítima. Dever de colação. Irrelevância da condição dos herdeiros. Dispensa. Expressa manifestação do doador. Todo ato de liberalidade, inclusive doação, feito a descendente e/ou herdeiro necessário nada mais é que adiantamento de legítima, impondo, portanto, o dever de trazer à colação, sendo irrelevante a condição dos demais herdeiros: se supervenientes ao ato de liberalidade, se irmãos germanos ou unilaterais. É necessária a expressa aceitação de todos os herdeiros e a consideração de quinhão de herdeira necessária, de modo que a inexistência da formalidade, que o negócio jurídico exige, não o caracteriza como partilha em vida. A dispensa do dever de colação só se opera por expressa e formal manifestação do doador, determinando que a doação ou ato de liberalidade recaia sobre a parcela disponível de seu patrimônio. Recurso especial não conhecido" (STJ, REsp 730.483/MG, 3.ª Turma, Rel. Min. Nancy Andrighi, j. 03.05.2005, *DJ* 20.06.2005, p. 287).

Cite-se, ainda, a corriqueira forma de *planejamento sucessório*, em que um dos ascendentes – principalmente nos casos de falecimento de seu cônjuge –, realiza a doação de todos os seus bens aos descendentes, mantendo-se a igualdade de quinhões e a proteção da legítima. É comum, em casos tais, a reserva para o doador do usufruto dos bens, que será extinto quando da sua morte, consolidando a propriedade plena em favor dos herdeiros antes beneficiados. O planejamento sucessório terá estudo específico no último tópico deste capítulo.

Destaco que, no Projeto de Reforma do Código Civil, pretende-se ampliar as possibilidades a respeito da partilha em vida, valorizando-se ainda mais o planejamento sucessório. De início, altera-se o art. 2.014 para que seja possível que a partilha em vida trate da legítima, quota dos herdeiros necessários, desde que se tutele a parte mínima de cada herdeiro, na linha da proposta que é formulada para o art. 1.857, § 1.º. Assim, o comando ora em estudo passará a prever que "pode o testador indicar os bens e valores que devem compor os quinhões hereditários, incluindo a legítima dos herdeiros necessários, deliberando ele próprio a partilha, que prevalecerá, salvo se o valor dos bens não corresponder às quotas estabelecidas".

Nas justificativas da Subcomissão de Direito das Sucessões, formada por Mário Delgado, Giselda Hironaka, Gustavo Tepedino e Cesar Asfor Rocha, "a proposta de alteração do art. 2.014 pretende deixar mais clara a possibilidade de o testador indicar, no testamento, quais os bens que integrarão o quinhão legitimário de cada herdeiro necessário. É o chamado preenchimento da legítima, que sempre foi admitido entre nós. No âmbito do Superior Tribunal de Justiça, já se decidiu que não existe 'óbice para que a parte indisponível destinada aos herdeiros necessários conste e seja referida na escritura pública de testamento pelo autor da herança, desde que isso, evidentemente, não implique em privação ou em redução dessa parcela que a própria lei destina a essa classe de herdeiros' (REsp n. 2.039.541/SP)". Como se pode notar, portanto, chancela-se entendimento jurisprudencial superior, trazendo-o para lei, em prol da segurança jurídica.

Como não poderia ser diferente, faz-se proposta semelhante para o art. 2.018 do CC, para que passe a preceituar que "toda pessoa capaz de dispor por testamento poderá fazer a partilha em vida da totalidade de seus bens ou de parte deles, contando que respeite a legítima dos herdeiros e não viole normas cogentes ou de ordem pública". Em verdade, como ainda se verá, essas mudanças se justificam também pela alteração do art. 426 da codificação privada, inserindo-se exceções para a vedação dos pactos sucessórios ou *pacta corvina*, destravando-se o sistema e ampliando-se as possibilidades de exercício da autonomia privada para o planejamento sucessório.

Ademais, como antes visto, é incluído o novo art. 2.014-A no Código Civil, que, a exemplo do projetado art. 2.019-A, possibilitará a atribuição preferencial de alguns bens a serem partilhados, nos termos do que está consagrado pelo art. 647, parágrafo único, do CPC. Assim, o novo comando enunciará que, não havendo disposição testamentária em contrário, o juiz poderá determinar, a pedido do interessado, a atribuição preferencial, na partilha: *a)* das participações societárias titularizadas pelo falecido ao herdeiro que já integre o quadro social ou exerça cargo de administração na sociedade, com a obrigação de pagamento do saldo aos demais herdeiros, se houver; e *b)* do imóvel utilizado como residência ou exercício da profissão pelo herdeiro.

A última proposta do Projeto de Reforma elaborado pela Comissão de Juristas a respeito do tema é de uma norma que traga a irrevogabilidade da partilha em vida e as possibilidades de sua invalidação, nos termos do que é consagrado na Parte Geral do Código Civil. Assim, o novo art. 2.018-A terá a seguinte dicção: "a partilha em vida é irrevogável e poderá ser invalidada nas mesmas hipóteses previstas nos arts. 166 e 171 deste Código".

Superada a análise dessa relevante classificação, bem como dos seus respectivos procedimentos e das propostas de alteração do sistema legal brasileiro, o art. 2.017 do Código Civil de 2002 traz uma importante recomendação para todas as espécies de partilha, ao prever que, "no partilhar os bens, observar-se-á, quanto ao seu valor, natureza e qualidade, a maior igualdade possível". Trata-se do *princípio da igualdade da partilha*, regramento importantíssimo para o instituto em estudo.

Também no tocante aos procedimentos de todas as espécies de partilha, os bens insuscetíveis de divisão cômoda, que não couberem na meação do cônjuge sobrevivente ou no quinhão de um só herdeiro, serão vendidos judicialmente, partilhando-se o valor apurado, a não ser que haja acordo para serem adjudicados a todos (art. 2.019, *caput*, do CC).

Contudo, não se fará a venda judicial se o cônjuge sobrevivente ou um ou mais herdeiros requererem lhes seja adjudicado o bem, reembolsando aos outros, em dinheiro, a diferença, após avaliação atualizada (art. 2.019, § 1.º, do CC). Se a adjudicação for requerida por mais de um herdeiro, observar-se-á o processo da licitação, e aquele que pagar o melhor preço ficará com o bem disputado (art. 2.019, § 2.º, do CC).

Os herdeiros em posse dos bens da herança, o cônjuge sobrevivente e o inventariante são obrigados a trazer ao acervo os frutos que perceberam desde a abertura da sucessão (art. 2.020 do CC). Como os frutos são bens acessórios, por óbvio seguem o principal, compondo o acervo hereditário. Entretanto, os herdeiros que estão com tais bens têm direito ao reembolso das despesas necessárias e úteis que fizeram, e respondem pelo dano a que, por dolo ou culpa, deram causa. Como se vê, o tratamento é semelhante ao *possuidor de boa-fé*, constante dos arts. 1.219 e 1.217 do CC, respectivamente.

Se parte da herança consistir em bens remotos do lugar do inventário, litigiosos, ou de liquidação morosa ou difícil, poderá proceder-se, no prazo legal, à partilha dos outros, sobre os quais não paira a dificuldade de partilha ou a litigiosidade (art. 2.021 do CC). Nesse caso, deve-se reservar aqueles bens para uma ou mais *sobrepartilhas*, sob a guarda e a administração do mesmo ou de diverso inventariante, e consentimento da maioria dos herdeiros.

Como última regra a respeito da temática, na normatização ora vigente, preconiza o Código Civil em vigor que também ficam sujeitos à sobrepartilha os bens sonegados e quaisquer outros bens da herança de que se tiver ciência após a partilha (art. 2.022 do CC).

Somente para lembrar, a sobrepartilha importa em uma nova partilha de bens, devendo ser observados os procedimentos de acordo com as espécies já comentadas.

4.7 DA GARANTIA DOS QUINHÕES HEREDITÁRIOS. A RESPONSABILIDADE PELA EVICÇÃO

Julgada a partilha no processo de inventário, cada um dos herdeiros terá direito aos bens correspondentes ao seu quinhão. Essa é a regra do art. 2.023 do Código Civil, que traz como conteúdo a cessação do caráter imóvel e indivisível da herança, bem como o outrora citado caráter declaratório da partilha.

Como efeito dessa declaração, os coerdeiros são reciprocamente obrigados a indenizar-se no caso de *evicção* dos bens aquinhoados (art. 2.024 do CC). A garantia quanto à evicção é a única prevista em relação à partilha, não havendo tratamento quanto aos vícios redibitórios, como acontece com relação aos contratos comutativos.

Como é notório, a evicção, antigo instituto civil que remonta ao Direito Romano, constitui a perda de uma coisa em virtude de uma decisão judicial ou de ato administrativo que a atribui a terceiro (arts. 447 a 457 do CC). Esclareça-se que o conceito clássico de evicção é que ela decorre de uma sentença judicial. Entretanto, o Superior Tribunal de Justiça tem entendido que a evicção pode estar presente em casos de apreensão administrativa, não decorrendo necessariamente de uma decisão judicial (nesse sentido: STJ, REsp 259.726/RJ, 4.ª Turma, Rel. Min. Jorge Scartezzini, j. 03.08.2004, *DJ* 27.09.2004, p. 361). Observo que o Projeto de Reforma do Código Civil pretende incluir um § 1.º no seu art. 447 exatamente na linha dessa melhor jurisprudência, passando a prever que "a evicção pode decorrer de decisão judicial ou de ato administrativo de apreensão que tenham por fundamento fato anterior à alienação".

Seguindo em parte este último entendimento, a mesma Corte Superior, em acórdão mais recente, deduziu que a evicção não exige o trânsito em julgado da decisão para o devido exercício do direito. Conforme aresto publicado no seu *Informativo* n. *519*, julgou o STJ da seguinte maneira:

> "Para que o evicto possa exercer os direitos resultantes da evicção, na hipótese em que a perda da coisa adquirida tenha sido determinada por decisão judicial, não é necessário o trânsito em julgado da referida decisão. A evicção consiste na perda parcial ou integral do bem, via de regra, em virtude de decisão judicial que atribua seu uso, posse ou propriedade a outrem em decorrência de motivo jurídico anterior ao contrato de aquisição. Pode ocorrer, ainda, em razão de ato administrativo do qual também decorra a privação da coisa. A perda do bem por vício anterior ao negócio jurídico oneroso é o fator determinante da evicção, tanto que há situações em que os efeitos advindos da privação do bem se consumam a despeito da existência de decisão judicial ou de seu trânsito em julgado, desde que haja efetiva ou iminente perda da posse ou da propriedade, e não uma mera cogitação da perda ou limitação desse

direito. Assim, apesar de o trânsito em julgado da decisão que atribua, a outrem, a posse ou a propriedade da coisa conferir o respaldo ideal para o exercício do direito oriundo da evicção, o aplicador do direito não pode ignorar a realidade comum do trâmite processual nos tribunais que, muitas vezes, faz com que o processo permaneça ativo por longos anos, ocasionando prejuízos consideráveis advindos da constrição imediata dos bens do evicto, que aguarda, impotente, o trânsito em julgado da decisão que já lhe assegurava o direito" (STJ, REsp 1.332.112/GO, Rel. Min. Luis Felipe Salomão, j. 21.03.2013).

Como se nota, a categoria é analisada socialmente e de acordo com as mudanças das práticas negociais, como deve ocorrer com os institutos privados na contemporaneidade. E, ponderando sobre a mudança conceitual de perspectiva na doutrina, arremata o Ministro Luis Felipe Salomão que, "com efeito, os civilistas contemporâneos ao CC/1916 somente admitiam a evicção mediante sentença transitada em julgado, com base no art. 1.117, I, do referido código, segundo o qual o adquirente não poderia demandar pela evicção se fosse privado da coisa não pelos meios judiciais, mas por caso fortuito, força maior, roubo ou furto. Ocorre que o Código Civil vigente, além de não ter reproduzido esse dispositivo, não contém nenhum outro que preconize expressamente a referida exigência. Dessa forma, ampliando a rigorosa interpretação anterior, jurisprudência e doutrina passaram a admitir que a decisão judicial e sua definitividade nem sempre são indispensáveis para a consumação dos riscos oriundos da evicção" (STJ, REsp 1.332.112/GO, Rel. Min. Luis Felipe Salomão, j. 21.03.2013).

Seguindo no estudo do instituto contratual em questão, da leitura do art. 447 do CC constata-se que há uma *garantia legal* em relação a essa perda da coisa, objeto do negócio jurídico celebrado, que atinge os contratos bilaterais, onerosos e comutativos, mesmo que tenha sido adquirida em hasta pública. A responsabilidade pela evicção de bem arrematado em hasta pública é novidade do Código Civil de 2002.

Partindo para o direito das sucessões, também quando da partilha há uma garantia legal em relação à evicção. A norma do art. 2.024 do Código Civil se justifica, pois a regra da responsabilidade e dos efeitos referentes à evicção são contratuais e, como se sabe, os institutos de direito sucessório não recebem o mesmo tratamento que os contratos, havendo a notória separação de categorias no art. 426 da própria codificação, que veda os pactos sucessórios.

No entanto, eventualmente, cessa essa obrigação mútua, havendo convenção em contrário (art. 2.025 do CC). Nesse contexto, são aplicáveis à partilha as regras de exclusão referentes à evicção previstas na teoria geral dos contratos. Nessa última seara, estatui o art. 448 do Código Civil que podem as partes envolvidas por cláusulas expressas afastar, reforçar ou atenuar os efeitos da evicção.

No que concerne à exclusão da responsabilidade, esta pode ocorrer desde que feita de forma expressa (cláusula de *non praestaenda evictione* ou cláusula de irresponsabilidade pela evicção), não se presumindo tal exclusão em hipótese alguma. Todavia, mesmo excluída a responsabilidade pela evicção, se esta ocorrer, o alienante responde pelo preço da coisa. Isso, se o evicto não sabia do risco da evicção ou, informado do risco, não o assumiu (art. 449 do Código Civil). Fica claro que sigo o entendimento dominante, retirado do texto legal, pelo qual o alienante somente ficará totalmente isento de responsabilidade se pactuada a cláusula de exclusão e o adquirente for informado sobre o risco da evicção (sabia do risco e o aceitou).

Voltando ao plano sucessório, pelo mesmo art. 2.025 do CC/2002, cessa a garantia legal quanto à evicção e a responsabilidade dos demais herdeiros, se a perda ocorrer por culpa do evicto, ou por fato posterior à partilha. Em resumo, como se pode perceber, três são os casos em que não haverá mais a responsabilidade recíproca pela evicção:

a) Em havendo acordo entre as partes sobre exclusão dessa responsabilidade.
b) Se a perda se der por culpa exclusiva de um dos herdeiros, não respondendo os demais.
c) Se a perda da coisa se der por fato posterior à partilha, como é o caso de extravio da coisa ou de usucapião de um imóvel, como bem explica Zeno Veloso (*Código...*, 2012, p. 2.225).

Por fim, dispõe o art. 2.026 da codificação material privada que o evicto será indenizado pelos coerdeiros na proporção de suas quotas hereditárias. Mas, se algum dos herdeiros se achar insolvente, responderão os demais na mesma proporção pela sua parte, menos a quota que corresponderia ao indenizado.

4.8 DA ANULAÇÃO, DA RESCISÃO E DA NULIDADE DA PARTILHA

Encerrando o livro do Direito das Sucessões, o CC/2002 trata da anulação da partilha em um único dispositivo (art. 2.027), cuja redação foi alterada pelo Código de Processo Civil de 2015. Vejamos a modificação que foi realizada pelo art. 1.068 do CPC/2015 em relação a esse comando:

Código Civil de 2002. Redação dada pelo CPC/2015	Código Civil de 2002. Redação anterior
"Art. 2.027. A partilha é anulável pelos vícios e defeitos que invalidam, em geral, os negócios jurídicos.	"Art. 2.027. A partilha, uma vez feita e julgada, só é anulável pelos vícios e defeitos que invalidam, em geral, os negócios jurídicos.
Parágrafo único. Extingue-se em um ano o direito de anular a partilha."	Parágrafo único. Extingue-se em um ano o direito de anular a partilha."

O regramento civil era completado pelo art. 1.029 do CPC anterior, que foi substituído pelo art. 657 do CPC emergente. Atente-se para os seus parágrafos únicos, que tratam dos vícios e defeitos do negócio jurídico com mais detalhes. Vejamos também em quadro de confrontação:

Código de Processo Civil de 2015	Código de Processo Civil de 1973
"Art. 657. A partilha amigável, lavrada em instrumento público, reduzida a termo nos autos do inventário ou constante de escrito particular homologado pelo juiz, pode ser anulada por dolo, coação, erro essencial ou intervenção de incapaz, observado o disposto no § 4.º do art. 966.	"Art. 1.029. A partilha amigável, lavrada em instrumento público, reduzida a termo nos autos do inventário ou constante de escrito particular homologado pelo juiz, pode ser anulada, por dolo, coação, erro essencial ou intervenção de incapaz. (Redação dada pela Lei n.º 5.925, de 1.º.10.1973.)

Código de Processo Civil de 2015	Código de Processo Civil de 1973
Parágrafo único. O direito à anulação de partilha amigável extingue-se em 1 (um) ano, contado esse prazo:	Parágrafo único. O direito de propor ação anulatória de partilha amigável prescreve em 1 (um) ano, contado este prazo: (Redação dada pela Lei n.º 5.925, de 1.º.10.1973.)
I – no caso de coação, do dia em que ela cessou;	I – no caso de coação, do dia em que ela cessou; (Redação dada pela Lei n.º 5.925, de 1.º.10.1973.)
II – no caso de erro ou dolo, do dia em que se realizou o ato;	II – no de erro ou dolo, do dia em que se realizou o ato; (Redação dada pela Lei n.º 5.925, de 1.º.10.1973.)
III – quanto ao incapaz, do dia em que cessar a incapacidade."	III – quanto ao incapaz, do dia em que cessar a incapacidade. (Redação dada pela Lei n.º 5.925, de 1.º.10.1973.)"

Na confrontação das normas processuais, nota-se que o CPC de 2015 não menciona mais a existência de *prescrição*, pois os prazos são claramente decadenciais, tratando de anulação do negócio jurídico. De acordo com o Código Civil de 2002 e na linha dos critérios científicos de Agnelo Amorim Filho, tratando-se de ação desconstitutiva, ou constitutiva negativa de ato ou negócio, o prazo é de decadência. Os prazos prescricionais, por seu turno, são próprios das ações condenatórias, caso da cobrança e da reparação de danos. No mais, não houve alteração substancial nos preceitos adjetivos.

Consigne-se que nos termos de enunciado doutrinário aprovado na *VII Jornada de Direito Civil*, esse prazo de um ano também deve ser aplicado para as partilhas amigáveis judiciais realizadas em demandas de dissolução de casamento ou união estável. Eis o teor da ementa doutrinária: "o prazo para exercer o direito de anular a partilha amigável judicial decorrente de dissolução de sociedade conjugal ou de união estável, se extingue em 1 (um) ano da data do trânsito em julgado da sentença homologatória, consoante dispõe o art. 2.027, parágrafo único, do Código Civil de 2002 e o art. 1.029, parágrafo único, do Código de Processo Civil (art. 657, parágrafo único, do Novo CPC)" (Enunciado n. 612).

De toda sorte, recente julgado da Quarta Turma do Superior Tribunal de Justiça entendeu que, se houver coação ou outro vício da vontade no acordo realizado em vida, o prazo para anulação da partilha nas citadas demandas, na vigência do Código Civil de 2002, é decadencial de quatro anos. Isso porque deve ter aplicação o art. 178 do Código Civil, com encaixe perfeito à espécie, não sendo necessário fazer uso da analogia. Vejamos o *decisum*, que no meu entender é preciso e correto:

> "É de quatro anos o prazo de decadência para anular partilha de bens em dissolução de união estável, por vício de consentimento (coação), nos termos do art. 178 do Código Civil. É inadequada a exegese extensiva de uma exceção à regra geral – arts. 2.027 do CC e 1.029 do CPC/73, ambos inseridos, respectivamente, no Livro 'Do Direito das Sucessões' e no capítulo intitulado 'Do Inventário e Da Partilha' – por meio da analogia, quando o próprio ordenamento jurídico prevê normativo que se amolda à tipicidade do caso (CC, art. 178). Pela interpretação sistemática, verifica-se que a própria topografia dos dispositivos remonta ao entendimento de que o prazo decadencial ânuo deve se limitar à seara do sistema do direito das sucessões, submetida aos requisitos de validade e princípios

específicos que o norteiam, tratando-se de opção do legislador a definição de escorreito prazo de caducidade para as relações de herança" (STJ, REsp 1.621.610/SP, 4.ª Turma, Rel. Min. Luis Felipe Salomão, j. 07.02.2017, *DJe* 20.03.2017).

Pelas próprias razões transcritas, fico com o conteúdo do julgado para as hipóteses de vícios da vontade ou do consentimento, e não com o enunciado doutrinário antes transcrito.

Feitas tais considerações, constata-se, ademais, que o CPC/2015 alterou apenas o *caput* do dispositivo material, permanecendo o prazo decadencial de um ano para anular a partilha, constante do parágrafo único do art. 2.027 do CC/2002. O último dispositivo é completado pelo art. 657 do CPC/2015, no tocante aos inícios dos lapsos temporais.

Permanece viva uma polêmica instigante, pois o dispositivo civil menciona *todos* os vícios ou defeitos do negócio jurídico para se anular qualquer partilha, enquanto o Código de Processo Civil ora em vigor apenas alguns para a anulação da partilha amigável, na linha do seu antecessor.

Em outras palavras, haverá anulação da partilha amigável nos casos de lesão, estado de perigo e fraude contra credores? Pontuava-se que o estado de perigo e a lesão não constavam do Código de Processo de 1973, pois a lei processual revogada era anterior ao Código Civil de 2002, que introduziu essas duas novas modalidades de vícios da vontade no negócio jurídico. De qualquer forma, sempre entendi possível anular a partilha pela presença desses defeitos, desde que estes ocorressem na vigência do atual Código Civil, o que é outra aplicação do art. 2.035, *caput*, do CC. Em relação à fraude contra credores, deve-se compreender que esta pode gerar a anulação da partilha que não seja amigável, por incidência do art. 2.027 do Código Civil.

A minha posição é mantida mesmo com a emergência do Código de Processo Civil de 2015, que teve a chance de resolver o dilema, mas, infelizmente, não o fez. Muito ao contrário, pode-se dizer que até aprofundou o debate, pois há o argumento de que o Código de Processo é posterior ao Código Civil e mais especial que o último por estar relacionado com a partilha amigável, sem a menção a respeito dos dois vícios do consentimento que não estavam na codificação de 1916. De todo modo, como se verá, o Projeto de Reforma do Código Civil pretende resolver mais essa controvérsia, em boa hora.

A respeito de se anular a partilha por estado de perigo ou lesão, as situações até podem ser raras, mas não são impossíveis. Quanto à possibilidade de lesão na partilha, adverte Sílvio de Salvo Venosa que "não resta a menor dúvida de que a partilha pode ser anulada por lesão, vício que foi reintroduzido no ordenamento" (*Código*..., 2011, p. 2.087).

Nesses casos, o aplicador do direito deve procurar socorro em uma regra analógica, ou seja, incidente em hipótese próxima. Nessa seara, utilizando-se o art. 657 do CPC/2015 (art. 1.029 do CPC/1973), o prazo a ser considerado é de natureza decadencial e é de um ano, contado da data em que se realizou o ato (partilha). Essa é a minha opinião doutrinária. De todo modo, vejamos como a doutrina e a jurisprudência se posicionarão a respeito desse assunto no futuro.

Além dos casos de anulação da partilha analisados, o art. 658 do CPC/2015 repete o art. 1.030 do CPC/1973 e trata da rescisão da partilha julgada por sentença, por motivo posterior, a saber: *a)* nos casos de anulação, expressos no comando anterior: *b)* se a partilha for feita com preterição de formalidades legais; e *c)* se a partilha preteriu herdeiro ou incluiu quem não o seja. Aqui não houve alteração substancial. Relativamente ao prazo para essa rescisão, a doutrina apontava a aplicação do prazo decadencial de dois anos que era previsto para o ajuizamento de ação rescisória (art. 485 e seguintes do CPC/1973), contados do trânsito em julgado da homologação da partilha (por todos, novamente: VENOSA, Sílvio de Salvo. *Código...*, 2011, p. 2.087). Esse prazo foi mantido pelo art. 975 do CPC/2015 e continuará sendo aplicado, pelo menos em uma primeira análise.

Interessante perceber que a lei silencia quanto à nulidade absoluta da partilha. Por óbvio, aqui devem ser aplicadas as regras de nulidade do negócio jurídico, que envolvem ordem pública, previstas nos arts. 166 e 167 do Código Civil. Além do próprio Sílvio de Salvo Venosa, assim concluem Maria Helena Diniz (*Curso...*, 2013, v. 7, p. 479), Carlos Roberto Gonçalves (*Direito...*, 2014, v. 7, p. 573-574). e Zeno Veloso (*Código...*, 2012, p. 2.226), que sintetizam a posição majoritária. Como os casos de nulidade absoluta não convalescem com o tempo (art. 169 do CC), mais uma vez entendo que a ação de nulidade não está sujeita à prescrição ou decadência.

Em relação ao último doutrinador, é sempre citado o seu convencimento de que, independentemente da forma como foi feita a partilha, se amigável ou judicial, havendo exclusão do herdeiro, a hipótese é de nulidade absoluta, "e o herdeiro prejudicado não fica adstrito à ação de anulação nem à rescisória, e seus respectivos prazos de decadência, podendo utilizar da *querela nullitatis*, da ação de nulidade ou de petição de herança, existindo decisões do STF (RE 97.546-2) e do STJ (REsp 45.693-2) que afirmam estar sujeita a prazo de prescrição *longi temporis*, de vinte anos, devendo ser observado que, por este Código, o prazo máximo de prescrição é de dez anos (art. 205)" (VELOSO, Zeno. *Código...*, 2012, p. 2.226).

A única ressalva que deve ser feita é que o jurista, ao lado de outros e da posição largamente prevalecente, defende a aplicação da regra geral dos prazos de prescrição, que antes era de vinte anos (art. 177 do CC/1916), e agora é de dez anos (art. 205 do CC/2002). Nessa linha, aliás, do Superior Tribunal de Justiça e por todos: "Regimental. Inventário. Partilha. Anulação. Vintenário. Precedentes. Súmula 07. É de vinte anos o prazo para o herdeiro que não participou da partilha pedir sua anulação em juízo" (STJ, AgRg no Ag 719.924/RJ, 3.ª Turma, Rel. Min. Humberto Gomes de Barros, j. 20.04.2006, *DJ* 15.05.2006, p. 205).

Esse entendimento consolidou-se no âmbito da Segunda Seção da Corte no ano de 2020, ao julgar do seguinte modo:

> "A inclusão no inventário de pessoa que não é herdeira torna a partilha nula de pleno direito, porquanto contrária à ordem hereditária prevista na norma jurídica, a cujo respeito as partes não podem transigir ou renunciar. A preterição de herdeiro ou a inclusão de terceiro estranho à sucessão merecem tratamento equânime, porquanto situações antagonicamente idênticas, submetendo-se à mesma regra prescricional prevista no art. 177 do Código Civil de 1916, qual seja, o prazo vintenário, vigente à época da abertura da sucessão para hipóteses de nulidade absoluta, que não convalescem" (STJ, EAREsp 226.991/SP, 2.ª Seção, Rel. Min. Ricardo Villas Bôas Cueva, j. 10.06.2020, *DJe* 1.º.07.2020).

Como antes sustentado, entendo que não há prazo para se requerer a nulidade absoluta da partilha, pela dicção do art. 169 da codificação material vigente e pelo fato de ser a matéria de ordem pública. Essa minha posição, a propósito, é citada no voto vencido do Ministro Paulo Dias Moura Ribeiro, no último acórdão.

Como se pode notar, muitas são as divergências que envolvem o art. 2.027 do Código Civil, que gera intensos debates doutrinários e jurisprudenciais e causa insegurança jurídica, o que não se pode mais admitir.

Para resolver essa situação de instabilidade, a Comissão de Juristas encarregada da Reforma do Código Civil sugere que o dispositivo, de forma bem direta, objetiva e simplificada, passe a prever que "a partilha sucessória é anulável pelos vícios e defeitos que invalidam, em geral, os negócios jurídicos, previstos no art. 171 deste Código". Assim, serão mencionadas apenas as hipóteses de nulidade relativa ou anulabilidade, e, quanto ao prazo decadencial para essa ação anulatória, será "de um ano o direito de anular a partilha sucessória nos casos previstos no *caput*".

Por outra via, no que diz respeito à nulidade absoluta da partilha, continuará sujeita às hipóteses previstas no art. 166 da Lei Geral Privada, a incluir a simulação, podendo ser aplicado prazo prescricional para afastar os seus efeitos patrimoniais, nos termos do § 1.º que será inserido no art. 169, a saber: "prescrevem conforme as regras deste Código as pretensões fundadas em consequências patrimoniais danosas decorrentes do negócio jurídico nulo". No caso da nulidade absoluta da partilha, entendo que será eventualmente aplicado o novo prazo geral de prescrição, que, pelo Projeto, será de cinco anos, conforme a nova redação do seu art. 205.

Com isso, penso que todas as divergências aqui expostas a respeito da invalidade da partilha restarão totalmente superadas, sendo fundamental a aprovação também dessas propostas pelo Parlamento Brasileiro, na busca de um sistema sucessório mais justo, efetivo e simplificado.

4.9 DOS PEDIDOS DE ALVARÁS EM INVENTÁRIO

Além de todos os procedimentos analisados neste capítulo, é possível que, no inventário ou no arrolamento, constem pedidos de alvarás por parte dos herdeiros, premissa mantida na vigência do CPC/2015, eis que da tradição sucessionista brasileira. Quanto ao tema, ensinam Euclides de Oliveira e Sebastião Amorim que a expressão *alvará* tem o sentido de *autorização*, "por ser uma faculdade ou permissão ao interessado, sem obrigá-lo à utilização do instrumento. No campo dos inventários e arrolamentos, várias são as espécies de alvarás, conforme sejam requeridos nos autos do processo, ou em peças autônomas" (*Inventário*..., 2016, p. 475-476).

Aqui serão demonstradas algumas formas de autorização que interessam à prática, seguindo o roteiro trilhado pela ótima obra dos doutrinadores paulistas aqui muitas vezes citados.

A forma mais comum de alvará é aquela denominada *alvará incidental*, "que será juntado aos autos, independentemente de distribuição, ensejando decisão interlocutória. As hipóteses mais comuns são de levantamento de depósitos, alienação, recebimento ou permuta de bens, outorga de escrituras, aplicação de numerários etc." (AMORIM, Sebastião; OLIVEIRA, Euclides. *Inventário*..., 2016, p. 477-478).

e supostamente eficiente, para evitar conflitos entre herdeiros, bem como para almejar uma distribuição da herança conforme a vontade do morto, prestigiando a sua autonomia privada. O seu estudo fecha este livro, por trazer vários conceitos e construções abordadas nos capítulos anteriores.

Muito se tem debatido e até publicado sobre o assunto nos últimos tempos, merecendo destaque a obra *Arquitetura do planejamento sucessório*, lançada no *VI Congresso de Direito Civil* do IBDCIVIL, em Fortaleza, entre os dias 18 e 20 de outubro de 2018. O livro é coordenado pela Professora Daniele Chaves Teixeira, que tem outro trabalho monográfico sobre o assunto, sendo ambos publicados pela Editora Fórum. Participo da 2.ª edição do livro, de 2019. Os tomos II e III do livro coletivo citado foram lançados em datas mais recentes, ampliando os debates sobre a temática.

Ademais, como já ficou claro, o Projeto de Reforma do Código Civil, elaborado pela Comissão de Juristas nomeada no âmbito do Senador Federal, procurou ampliar as suas possibilidades, valorizando a autonomia privada e procurando *destravar* o sistema sucessório brasileiro, incluindo exceções à proibição dos pactos sucessórios ou *pacta corvina* no art. 426 da Lei Privada, como ainda será devidamente aprofundado. Como justificaram Mário Luiz Delgado, Giselda Maria Fernandes Novaes Hironaka, Gustavo Tepedino e Cesar Asfor Rocha, "há um engessamento no ordenamento jurídico quanto aos instrumentos do planejamento sucessório, em virtude do artigo 426 do CC, que veda que herança de pessoa viva seja objeto de contrato". De fato, várias são as proposições para se possibilitar até mesmo uma *contratualização do Direito das Sucessões*, como a relativa ao fideicomisso entre vivos, aqui antes exposta e analisada, com a proposta de um novo art. 426-A nesse sentido.

Feita essa nota a respeito da normatização proposta, que ainda será abordada pontualmente, tentarei responder a algumas indagações para os devidos fins de estudos gerais do Direito Privado. O que é o planejamento sucessório? Quais as suas possibilidades e principais instrumentos? Quais as suas premissas básicas, quais as suas *regras de ouro* que devem ser respeitadas para que tais instrumentos sejam válidos e eficazes perante o Direito?

Sobre o seu *conceito*, a própria coordenadora da obra aqui referenciada define-o como "o instrumento jurídico que permite a adoção de uma estratégia voltada para a transferência eficaz e eficiente do patrimônio de uma pessoa após a sua morte" (TEIXEIRA, Daniele. Noções prévias..., 2018, p. 35). Para Pablo Stolze Gagliano e Rodolfo Pamplona Filho, em seu *Manual* de Direito das Sucessões, "consiste o planejamento sucessório em um conjunto de atos que visa a operar a transferência e a manutenção organizada e estável do patrimônio do disponente em favor dos seus sucessores" (GAGLIANO, Pablo Stolze; PAMPLONA FILHO, Rodolfo. *Novo curso*..., 2016, p. 404).

Alguns dos instrumentos de planejamento sucessório merecem ser destacados, muitos deles retirados dos trabalhos citados, a saber: *a)* escolha por um ou outro regime de bens no casamento ou na união estável, até além do rol previsto no Código Civil (regime atípico misto) e com previsões específicas; *b)* constituição de sociedades, caso das *holdings* familiares, para a administração e até partilha de bens no futuro; *c)* formação de negócios jurídicos especiais, como acontece no *trust*, analisado em textos seguintes a este; *d)* realização de atos de disposição em vida, como doações – com ou reserva de usufruto –, e *post mortem*, caso de testamentos, inclusive com as cláusulas restritivas de incomunicabilidade, impenhorabilidade e inalienabilidade; *e)* efetivação de partilhas em vida e de cessões de quotas hereditárias após o falecimento; *f)* celebrações prévias de contratos onerosos, como de compra e venda e cessão de quotas, dentro das possibilidades jurídicas do sistema; *g)* eventual inclusão de negócios jurídicos processuais nos instrumentos de muitos desses mecanismos; *h) pacto parassocial*, como se dá em acordos antecipados de acionistas ou sócios; e *i)* contratação de previdências privadas abertas, seguros de vida e fundos de investimento.

Dentre os mecanismos de planejamento sucessório, pode ser citada, ainda, a utilização da mediação, como forma de incentivar o diálogo entre as partes envolvidas e evitar ou solucionar o conflito. Segundo o Enunciado n. 167, aprovado na *II Jornada de Prevenção e Solução Extrajudicial dos Litígios*, promovida pelo Conselho da Justiça Federal em agosto de 2021, "a mediação é instrumento extrajudicial adequado de planejamento sucessório, com aplicação preventiva aos conflitos entre herdeiros, sobre conteúdos patrimoniais e extrapatrimoniais". Trata-se de ementa doutrinária que tem origem em proposta por mim formulada.

Vejamos as justificativas que apresentei, citando doutrina:

> "A mediação já é reconhecida como um dos mais eficientes mecanismos de planejamento sucessório, com o fim de colaborar preventivamente para que os herdeiros resolvam os seus conflitos de conteúdos patrimoniais e extrapatrimoniais. Como bem lecionam Fernanda Tartuce e Débora Brandão, 'o planejamento sucessório dialogado e participativo deve ser incentivado pelos advogados. A comunicação fluida deve prevalecer para que todos os envolvidos possam entender as razões do contratante do planejamento. Assim ele poderá identificar futuros rompimentos, dissabores ou estremecimentos, com algumas de suas escolhas, de modo que poderá valer-se da mediação, preventivamente. A utilização da mediação entre os futuros herdeiros necessários e o contratante do planejamento para esclarecimento de dúvidas, eliminação de ruídos e inferências que poderão culminar com ações no Poder Judiciário é medida que deve ser considerada pelos profissionais do Direito' (TARTUCE, Fernanda; BRANDÃO, Débora. Mediação em conflitos sucessórios: possibilidades antes, durante e depois da abertura da sucessão. In *Arquitetura do planejamento sucessório*. Coordenadora Daniele Chaves Teixeira. Belo Horizonte: Fórum, 2021, v. II, p. 221-222). As autoras citam como exemplos de conteúdo extrapatrimonial as questões relativas às diretrizes antecipadas de vontade e disposições de última vontade concernentes à cerimônia fúnebre, ao seu enterro e a bens de pouco valor do falecido".

Em complemento, visando a dar efetividade prática à mediação no âmbito do inventário, destaco que, no mesmo evento, a *II Jornada de Prevenção e Solução Extrajudicial dos Litígios*, foi aprovado o Enunciado n. 183, segundo o qual: "nas ações de inventário envolvendo partilha de bens que compõem o espólio, instruído o processo; identificados o patrimônio; os herdeiros e os pontos controversos; o juiz, respeitada a autonomia das partes, poderá encaminhá-las para a mediação". Também merece destaque o anterior Enunciado n. 79 da *I Jornada de Prevenção e Solução Extrajudicial de Litígios*, segundo o qual "o Judiciário estimulará o planejamento sucessório, com ações na área de comunicação que esclareçam os benefícios da autonomia privada, com o fim de prevenir litígios e desestimular a via judiciária".

da realidade jurisprudencial, tem-se entendido pela nulidade de transações que digam respeito a heranças ainda não recebidas por um dos transatores. A título de exemplo:

> "Acórdão recorrido que manteve a nulidade de cessão de direitos hereditários em que os cessionários dispuseram de direitos a serem futuramente herdados, expondo motivadamente as razões pelas quais entendeu que o negócio jurídico em questão não dizia respeito a adiantamento de legítima, e sim de vedada transação envolvendo herança de pessoa viva. (...). Embora se admita a cessão de direitos hereditários, esta pressupõe a condição de herdeiro para que possa ser efetivada. A disposição de herança, seja sob a forma de cessão dos direitos hereditários ou de renúncia, pressupõe a abertura da sucessão, sendo vedada a transação sobre herança de pessoa viva" (STJ, Ag. Int. no REsp 1341825/SC, 4.ª Turma, Rel. Min. Raul Araújo, j. 15.12.2016, *DJe* 10.02.2017).

No mesmo sentido, concluiu-se como "nula a partilha de bens realizada em processo de separação amigável que atribui ao cônjuge varão promessa de transferência de direitos sucessórios ou doação sobre imóvel pertencente a terceiros, seja por impossível o objeto, seja por vedado contrato sobre herança de pessoas vivas" (STJ, REsp 300.143/SP, 4.ª Turma, Rel. Min. Aldir Passarinho Junior, j. 21.11.2006, *DJ* 12.02.2007, p. 262). Merece ser também citado o remoto aresto superior que entendeu pela nulidade absoluta de cláusula que previa a destinação dos rendimentos produzidos pelos ativos líquidos de uma sociedade após a morte dos fiduciantes, pois estava condicionada à sua inclusão no testamento deles (STJ, Ag. Rg. no Ag 375.914/RJ, 4.ª Turma, Rel. Min. Sálvio de Figueiredo Teixeira, j. 18.12.2001, *DJ* 11.03.2002, p. 263).

Por esses julgados, não se pode negar que o art. 426 do Código Civil representa um sério entrave para muitos instrumentos que são buscados por herdeiros ou mesmo por pessoas que querem antecipar a divisão patrimonial de seus bens, evitando conflitos futuros. Por isso, existem propostas para que sejam incluídas exceções a essa regra ou mesmo que o comando seja revogado, *contratualizando-se* definitivamente o Direito das Sucessões brasileiro.

Propondo uma mitigação, José Fernando Simão, no seu texto aqui antes citado, sugere a inclusão de um parágrafo único no comando, passando a prever que, "por meio de pacto antenupcial, os nubentes podem convencionar que em caso de dissolução do casamento por morte, a partilha se faça por qualquer dos regimes previstos no Código Civil, ainda que distinto daquele convencionado". Segundo ele, tal regra possibilitaria que os cônjuges tivessem uma dupla faculdade: *a)* adotar um regime restritivo como forma de se proteger de eventual divórcio e *b)* garantir uma proteção ao viúvo ou viúva que, em caso de morte do seu consorte, passaria a ter direito à meação. A proposta é louvável, sendo interessante incluir regra semelhante para a união estável e o contrato de convivência.

Também no sentido de relativizar o comando, Rolf Madaleno sugere que, mesmo no sistema em vigor, não se aplica o art. 426 do CC/2002 à renúncia prévia da herança pelo cônjuge ou companheiro, por dois motivos. Primeiro, porque se trata de renúncia abdicativa, e não aquisitiva, como temiam os romanos com a *pacta corvina*. Segundo, porque o herdeiro concorrente é herdeiro irregular e credor de um benefício *ex lege*, e não de uma herança universal, a que o cônjuge ou convivente sobrevivo só tem direito quando vocacionados em terceiro lugar, nos termos do art. 1.829 do Código Civil (MADALENO, Rolf. Renúncia..., *Revista de Direito das Famílias e Sucessões*, p. 9-57).

Com o devido respeito ao último doutrinador, acredito que a renúncia à herança antecipada por cônjuge ou companheiro ainda não é possível no atual sistema, como já ocorre em Portugal, sendo necessária a alteração da lei civil brasileira para que tal mecanismo de planejamento sucessório seja admissível juridicamente entre nós. Naquele país, está em vigor, desde setembro de 2018, a Lei 48/2018. Com a nova redação dada ao art. 1.700, item 1, da codificação portuguesa, a "convenção antenupcial pode conter: c) renúncia recíproca à condição de herdeiro legitimário do outro cônjuge". Sem prejuízo de outras previsões, foi inserido um item 3 no dispositivo, passando a estabelecer que "a estipulação referida na alínea c) do n. 1 apenas é admitida caso o regime de bens, convencional ou imperativo, seja o da separação".

Em suma, somente no regime da separação total de bens, seja legal ou convencional, é possível essa renúncia prévia à herança em Portugal, o que demonstra uma aplicação bem restrita. Penso que já é o momento para que o Brasil siga esse exemplo, como passo inicial a respeito da possibilidade da renúncia prévia à herança.

No atual sistema, entretanto, a cláusula de renúncia à herança em pacto antenupcial ou contrato de convivência é nula de pleno direito, presente a nulidade absoluta, como julgou inicialmente o Conselho Superior da Magistratura do Estado de São Paulo, em decisão de setembro de 2023. Consoante o seu teor, que reconhece a impossibilidade legal de registro imobiliário do contrato de convivência com essa previsão, "não se desconhece a controvérsia doutrinária sobre o tema, bem como a existência de alguns julgados em sentido contrário, mas o fato é que, no sistema dos registros públicos, impera o princípio da legalidade estrita, de sorte que, tal como se apresenta, o título não comporta registro" (TJSP, Apelação Cível 1007525-42.2022.8.26.0132, Apelantes: Guilherme Rojas Fernandes e Rafaella Ghannage Pereira, Apelado: 1.º Oficial de Registro de Imóveis e Anexos da Comarca de Catanduva, Rel. Corregedor-Geral de Justiça Des. Fernando Torres de Garcia, j. 22.09.2023). Para o Estado de São Paulo, portanto, esse era o entendimento a ser considerado, para os devidos fins práticos.

De toda sorte, gerando enorme insegurança jurídica, o próprio Conselho Superior da Magistratura do Tribunal Paulista reviu o seu entendimento anterior, outubro de 2024, passando a concluir que o ato de renúncia prévia à herança pode até ser registrado, o que não afasta a possibilidade de eventual discussão de sua invalidade posteriormente (TJSP, Apelação Cível 1000348-35.2024.8.26.0236, Apelantes: Maria Teresa Antonelli Caldas e João Anselmo Montanari da Cunha, Apelado: Oficial de Registro de Imóveis e Anexos da Comarca de Ibitinga, Rel. Corregedor-Geral de Justiça Des. Francisco Loureiro, j. 1.º.10.2024).

Ao final, concluiu-se que "o registro não significa a chancela judicial à validade da cláusula, mas tão somente que não se deve negar eficácia perante terceiros ao pacto antenupcial, até que em momento e na esfera própria a questão da nulidade eventualmente seja arguida e decidida na esfera jurisdicional". Não se pode negar que essa variação de entendimentos gera dúvidas e incertezas na prática, sendo necessário alterar o tratamento do tema, sobretudo o conteúdo do art. 426 do Código Civil, o que está sendo proposto pelo Projeto de Reforma, elaborado pela Comissão de Juristas nomeada no âmbito do Senado Federal.

Com essas mudanças do texto legal, as *cláusulas sucessórias nos estatutos e contratos societários* passarão a ser possíveis na realidade brasileira, como importantes instrumentos de planejamento sucessório. De toda sorte, mesmo com a sua inclusão, penso que restarão debates quanto a eventual exclusão de determinados herdeiros, como filhos havidos fora do casamento, e debates quanto a eventual ofensa à legítima, que traduzem matérias cogentes ou de ordem pública.

Voltando-se mais uma vez ao sistema vigente, partindo-se para a análise pontual dos mecanismos para a efetivação do planejamento sucessório, de início, aprofundarei três deles, tidos como *tradicionais*. São eles: *a)* a escolha por um ou outro regime de bens no casamento ou na união estável; *b)* a realização de atos de disposição de vida, de doações; *c)* a elaboração de testamentos. Anote-se que se utiliza o termo *tradicionais* pelo fato de estarem essas categorias consolidadas na teoria e na prática do Direito Privado Brasileiro, havendo previsão sobre elas já na codificação anterior, de 1916. Acrescente-se que a partilha em vida constitui outro mecanismo tradicional, sendo certo que ela foi abordada em tópico anterior deste capítulo.

A *escolha por um ou outro regime de bens* ganhou notável importância sucessória no Código Civil de 2002, pelo fato de influenciar a concorrência do cônjuge – e agora também do companheiro, no mesmo preceito –, em relação aos descendentes do falecido. Como exposto no Capítulo 2 desta obra, não haverá concorrência sucessória do cônjuge ou companheiro com os descendentes nos seguintes regimes de bens: *a)* comunhão universal de bens; *b)* separação obrigatória ou legal, imposta pela norma jurídica, nos termos do art. 1.641 da codificação; *c)* comunhão parcial de bens, não havendo bens particulares.

Por exclusão, haverá concorrência sucessória nas hipóteses relativas aos regimes não mencionados no dispositivo, a saber: *a)* participação final nos aquestos; *b)* separação convencional de bens, decorrente de pacto antenupcial ou contrato de convivência; e *c)* comunhão parcial de bens, havendo bens particulares, situação mais comum na prática.

Como ali demonstrei, intensos foram os debates no âmbito da jurisprudência superior a respeito das duas últimas hipóteses, justamente porque se chegou a entender no Superior Tribunal de Justiça que a escolha do regime de bens geraria efeitos não só em vida, mas também após a morte (STJ, REsp 992.749/MS, 3.ª Turma, Rel. Min. Nancy Andrighi, j. 1.º.12.2009, *DJe* 05.02.2010; e STJ, REsp 1.117.563/SP, 3.ª Turma, Rel. Min. Nancy Andrighi, j. 17.12.2009, *DJe* 06.04.2010).

Essa solução jurisprudencial antes adotada *potencializava* a escolha pelo regime como instrumento de planejamento sucessório e acabava por baralhar os contratos – representados pelos regimes de bens – e as heranças, em afronta indireta ao art. 426 do Código Civil de 2002.

Todavia, ao final, seguiu-se a linha adotada pelo legislador codificado, no sentido de que, *se o cônjuge (ou companheiro) meia, ele não herda; se herda, não meia*. Sendo assim, como principal questão de debate para os fins de planejamento sucessório, foi confirmada a concorrência sucessória do cônjuge em relação aos descendentes no regime da separação convencional de bens (STJ, REsp 1.382.170/SP, Rel. Min. Paulo Dias Moura Ribeiro, Rel. para acórdão Min. João Otávio de Noronha, j. 22.04.2015, *DJe* 26.05.2015).

Apesar de parecer plausível, e até baseada em um suposto *bom senso*, a afirmação de que na separação convencional não deve haver concorrência sucessória entra em conflito com as balizas estruturais do sistema sucessório previsto no Código Civil de 2002. Para corrigir este suposto equívoco, apontado muitas vezes na prática, há a necessidade de uma profunda reforma legislativa, o que está sendo proposto pelo sistema de Reforma do Código Civil, elaborado pela Comissão de Juristas, com a retirada da concorrência sucessória do cônjuge ou convivente com descendentes e ascendentes do falecido.

Como segundo mecanismo tradicional de planejamento sucessório, e talvez o mais utilizado em nosso país na atualidade, destaque-se a *doação*, ato de liberalidade por excelência definido pelo art. 538 do Código Civil como "o contrato em que uma pessoa, por liberalidade, transfere do seu patrimônio bens ou vantagens para o de outra". Com relação a tal negócio jurídico, muitas são as possibilidades de sua utilização como forma de concretizar a partilha em vida, facilitando a divisão posterior dos bens. Vejamos três desses instrumentos.

O primeiro deles, o mais comum, é a doação com reserva de usufruto ou doação com *usufruto deducto*. Esse mecanismo geralmente é utilizado em casos de vasto patrimônio imobiliário em que um dos cônjuges falece. Estabelece-se então a divisão equânime desse patrimônio em lotes de imóveis, realizando um sorteio e atribuindo a nua-propriedade aos filhos. O cônjuge sobrevivente fica com o usufruto sobre todo o monte.

Sucessivamente, com o seu falecimento, esse usufruto é extinto, não havendo a necessidade de abrir um novo inventário, pois os bens já se encontram divididos entre os seus herdeiros. Não se pode admitir que algum entrave tributário vede essa forma de planejamento sucessório, sendo possível atribuir a fração de 1/3 ao monte representado pelo usufruto e 2/3 sobre a nua-propriedade, para fins de incidência de impostos. Com isso, ademais, o equilíbrio na partilha é mantido, sem que haja *oficiosidade*, ou seja, afronta à quota dos herdeiros necessários.

Outra forma de doação que pode ser utilizada para efetivar o planejamento sucessório é a *doação com cláusula de reversão*, prevista no art. 547 do Código Civil. Conforme o seu teor, o doador pode estipular que os bens doados voltem ao seu patrimônio, se sobreviver ao donatário. É possível conciliar essa cláusula com a reserva de usufruto, completando o mecanismo sucessório ora citado, retornando o patrimônio ao cônjuge sobrevivente, caso haja a morte de seus filhos, para uma nova partilha. Não se pode esquecer, contudo, que a cláusula de retorno é atualmente personalíssima para o doador, não prevalecendo em favor de terceiro (parágrafo único do art. 547). Trata-se de hipótese de nulidade absoluta, por afronta à proibição do art. 426 da própria codificação. Vedada está, assim e no atual sistema, a *doação sucessiva*, pois, para gerar efeitos a ela similares, existem o testamento e as formas de substituição testamentária.

No atual Projeto de Reforma do Código Civil, mais uma vez, pretende-se *destravar* o sistema, revogando-se expressamente o seu art. 547, para que seja possível a doação sucessiva e sem que se configure o pacto sucessório.

Como terceiro instrumento de liberalidade a ser citado, o art. 551 do Código Civil trata da *doação conjuntiva*, que pode ser estabelecida em favor de dois filhos, por exemplo, ou para um filho e o seu cônjuge. Determina o comando citado que, salvo declaração em contrário, a doação em comum a mais de uma pessoa entende-se distribuída entre elas por igual. Há, assim, a presunção relativa de divisão igualitária entre os donatários (*concursu partes fiunt*), o que pode ser afastado pelo teor do ato de liberalidade. Em complemento, o mesmo diploma enuncia, em seu parágrafo único, que, "se os donatários, em tal caso, forem marido e mulher, subsistirá na totalidade a doação para o cônjuge sobrevivo". Tem-se, portanto, um *direito de acrescer legal* entre os donatários, se eles forem casados, havendo debate se a norma se aplica ou não aos companheiros. *A priori*, a minha opinião é negativa, pelo fato de ser a norma de cunho especial e afeita ao Direito Contratual. Reitero que a minha interpretação sobre o *decisum* do STF aqui tão comentado é que ele repercute apenas para o plano sucessório. A afirmação de ser o companheiro herdeiro necessário, contudo, não tem o condão de atingir a regra da doação conjuntiva.

Novamente, é preciso pontuar que o Projeto de Reforma do Código Civil pretende afastar as polêmicas e dilemas a respeito desse comando, passando ele a prever, em seu novo § 1.º, e com a inclusão do convivente, que, "se os donatários, em tal caso, forem casados entre si ou viverem em união estável, subsistirá na totalidade a doação para o cônjuge ou convivente sobrevivos, desde que haja estipulação expressa nesse sentido".

Também se almeja acrescentar no sistema civil, de forma expressa, o direito de acrescer convencional, como instrumento de planejamento sucessório, prevendo o projetado § 2.º do art. 551 que, "se os doadores indicarem como donatários mais de uma pessoa, e pretenderem que, na falta de uma, os donatários remanescentes recebam a parte que ao outro cabia, devem expressamente fazer constar da escritura pública disposição fixando o direito de acrescer".

Por fim, o testamento também é um importante e tradicional mecanismo de planejamento sucessório. Talvez seja um dos mais eficientes, por fugir do entrave da segunda *regra de ouro*, constante do art. 426 do Código Civil. Além da possibilidade de ter um conteúdo patrimonial, o Código Civil em vigor é expresso ao prever as disposições testamentárias de caráter não patrimonial, como antes demonstrado, no Capítulo 3 da obra (art. 1.857, § 2.º).

Apesar de um aumento, nos últimos anos, das elaborações de testamento, motivado por um incremento de uma *consciência patrimonial* e, pelos problemas sucessórios criados pelo Código de 2002 e pela pandemia, a verdade é que o brasileiro pouco testa, como demonstrado no capítulo anterior deste livro. É preciso superar esses antigos *costumes negativos*, de não planejar o futuro e de deixar para os herdeiros a divisão de bens e as muitas vezes intermináveis disputas sucessórias.

Porém, não se pode negar a persistência de enormes paredes burocráticas em relação aos atos de última vontade, que deveriam ser facilitados, como com a possibilidade de realização de manifestações de vontade pela via digital e por pessoas com deficiência, o que o Projeto de Reforma do Código Civil pretende resolver, como está no capítulo anterior deste livro, a incluir a viabilidade de o testamento e o codicilo disporem sobre a herança e o patrimônio digital, o que virá em boa hora.

Sem prejuízo desses mecanismos tradicionais, que parecem ser mais seguros e efetivos, vejamos dois instrumentos tidos como *novos* e que geram muitas dúvidas e divergências a respeito do planejamento sucessório, quais sejam a *holding familiar* e o *trust*.

Sobre o primeiro, explica Rodrigo Toscano de Brito que o verbo *to hold* significa segurar, manter, controlar, guardar, sendo a *holding familiar* uma sociedade que detém participação societária em outra pessoa jurídica com a finalidade de controlar "o patrimônio da família para fins de organização patrimonial, diminuição de custo tributário e planejamento sucessório" (Planejamento sucessório... 2018, p. 672).

Ainda segundo o autor, a constituição pode se dar por meio de uma sociedade simples ou empresária, o que é definido pelos próprios membros da família. Dentre as suas funções e utilidades, destaca ele a maior possibilidade de conter os conflitos entre os membros da família, sem afetar a sociedade controlada, que continua produzindo riquezas, mantendo os seus funcionários e pagando os tributos.

Apesar das palavras de incentivo do jurista, que vê no instituto um importante instrumento de planejamento sucessório, a verdade é que a categoria esbarra na *segunda regra de ouro* aqui antes apontada, qual seja a vedação dos pactos sucessórios ou *pacta corvina*, retirada do art. 426 do Código Civil. Conforme esse preceito, como antes exposto, não pode ser objeto de contrato a herança de pessoa viva. Reitere-se que a situação é de nulidade absoluta virtual, situada na segunda parte do art. 166, inc. VII, da própria codificação privada, uma vez que a lei proíbe a prática do ato sem cominar sanção. O próprio Rodrigo Toscano de Brito acaba por reconhecer esse sério entrave, apesar de não se filiar a ele:

> "Por um lado, teríamos que admitir que se as pessoas se reúnem em sociedade cujo objeto principal é a detenção e administração de todo patrimônio da família, por exemplo, e ali se planeja a sucessão, não haveria como negar, *a priori*, a afronta à regra da vedação do pacto sucessório, se analisado de modo pontual, apenas à luz do art. 426 do Código Civil. Esse é um viés relevante em relação ao tema aqui tratado, mas se assim admitirmos, todos os atos praticados no Brasil com essas características seriam nulos. E não são poucos.
>
> Preferimos pensar diferente. De fato, é possível se organizar em sociedade ou por meio de outras formas de constituição de pessoas jurídicas, dentro dos limites da autonomia privada e desde que não se afronte a legítima, que é segunda regra que não se pode perder de vista. Assim, parece-nos que todos os contratos existentes dentro dos limites das normas sucessórias são válidos e eficazes, inclusive de constituição de *holdings*, para fins de planejamento sucessório, diante de uma interpretação conforme a harmonização das regras sobre liberdade e as limitações aqui referidas, presentes no Código Civil" (TOSCANO DE BRITO, Rodrigo. Planejamento sucessório..., 2018, p. 671).

Discorda-se, com o devido respeito e no sistema em vigor, uma vez que, como têm sido estabelecidos no Brasil, tais negócios jurídicos são claramente nulos. Se são muitos, então temos uma realidade em que a nulidade absoluta acabou por ser propagada de forma continuada em nosso País, sob o *manto* do planejamento sucessório. Se há uma sociedade – que tem natureza contratual –, instituída com o objetivo de administrar os bens de alguém ou de uma família e de dividir esses mesmos bens em caso de falecimento, a afronta ao art. 426 do Código Civil é clara e cristalina.

Pontue-se que esse argumento independe da existência de fraude ou simulação na constituição da sociedade, o que pode ensejar a invalidade ou ineficácia por outros argumentos, a depender do vício presente no ato. Não se olvide que a própria jurisprudência superior já reconheceu a viabilidade de debater o vício da simulação no caso de instituição de uma *holding*:

> "Comercial. Civil e processo civil. Usufruto. Conservação da coisa. Dever do usufrutuário. Nulidade. Simulação. Legitimidade. Terceiro interessado. Requisitos. Operação societária.

Anulação. Legitimidade. Condições da ação. Análise. Teoria da asserção. Aplicabilidade. Dispositivos legais analisados. Arts. 168 do CC/02, e 3.º, 6.º e 267, VI, do CPC. (...). 2. Recurso especial que discute a legitimidade do nu-proprietário de quotas sociais de *holding* familiar para pleitear a anulação de ato societário praticado por empresa pertencente ao grupo econômico, sob a alegação de ter sido vítima de simulação tendente ao esvaziamento do seu patrimônio pessoal. 3. O usufruto. Direito real transitório de fruir temporariamente de bem alheio como se proprietário fosse. Pressupõe a obrigação de preservar a substância da coisa, sem qualquer influência modificativa na nua-propriedade, cabendo ao usufrutuário a conservação da coisa como *bonus pater familias*, restituindo-a no mesmo estado em que a recebeu. 4. As nulidades decorrentes de simulação podem ser suscitadas por qualquer interessado, assim entendido como aquele que mantenha frente ao responsável pelo ato nulo uma relação jurídica ou uma situação jurídica que venha a sofrer uma lesão ou ameaça de lesão em virtude do ato questionado. 5. Ainda que, como regra, a legitimidade para contestar operações internas da sociedade seja dos sócios, hão de ser excepcionadas situações nas quais terceiros estejam sendo diretamente afetados, exatamente como ocorre na espécie, em que a administração da sócia majoritária, uma *holding* familiar, é exercida por usufrutuário, fazendo com que os nu-proprietários das quotas tenham interesse jurídico e econômico em contestar a prática de atos que estejam modificando a substância da coisa dada em usufruto, no caso pela diluição da participação da própria *holding* familiar em empresa por ela controlada. (...)" (STJ, REsp 1.424.617/RJ, 3.ª Turma, Rel. Min. Nancy Andrighi, *DJe* 16.06.2014).

Cite-se, ainda, situação de maior gravidade analisada pelo Tribunal de Justiça de São Paulo, em que se reconheceu que a *holding* familiar foi utilizada com intuito de desvio de dinheiro público, caracterizando improbidade administrativa:

"Ação civil pública. Improbidade administrativa. Itapetininga. Hospital Regional. Gestão terceirizada. Oscip. Fraude. *Holding* familiar. Patrimônio. Origem. Desvio de dinheiro público. Fortes indícios. Indisponibilidade de bens. Possibilidade: Cabível a indisponibilidade de bens quando presentes fortes indícios de que o patrimônio da sociedade, constituída como *holding* familiar, proveio do desvio de dinheiro público" (TJSP, Agravo de Instrumento 2110897-08.2016.8.26.0000, Acórdão 9581506, 10.ª Câmara de Direito Público, Itapetininga, Rel. Des. Teresa Ramos Marques, j. 04.07.2016, *DJESP* 1.º.08.2016).

Quanto ao Projeto de Reforma do Código Civil, não se pode negar que a abertura dada ao art. 426 e a inserção de outras propostas trazem uma maior viabilidade de chancela legal para as *holdings*. De todo modo, por outro lado, insere-se no sistema um maior controle quanto às invalidades, com várias previsões no sentido de que não se pode contrariar normas cogentes ou de ordem pública pelo exercício da autonomia privada, como no caso do fideicomisso entre vivos (novo art. 426-A).

Além disso, o instituto da simulação é aperfeiçoado e aprofundada a sua aplicação, incluindo-se novos parágrafos no art. 167 do Código Civil, prevendo-se que, "sendo a simulação causa de nulidade do negócio jurídico, pode ser alegada por uma das partes contra a outra" (§ 4.º), e que "o reconhecimento da simulação prescinde de ação judicial própria, mas a decisão incidental que a reconhecer fará coisa julgada" (§ 5.º). Sendo assim, penso que os argumentos pela sua invalidade permanecerão no sistema civilístico, sobretudo pela presença da simulação e de negócio jurídico indireto, pela fraude à lei imperativa.

Demonstrados esses entraves e a possibilidade de configuração de fraudes, no que diz respeito ao *trust*, como aponta Milena Donato Oliva, a categoria é comum nos países do sistema da *Common Law*, tendo "instrumentos compatíveis com os ordenamentos da família romano-germânica". A autora demonstra o tratamento constante da Convenção de Haia, que reconhece na figura a presença de um patrimônio em separado, estruturado da seguinte forma:

> "Nessa esteira, a Convenção de Haia estabelece que (i) os bens em trust constituem patrimônio separado, que não se confunde com o patrimônio pessoal do *trustee*; (ii) a titularidade dos bens em *trust* fica em nome do *trustee*; (iii) o *trustee* tem o poder e o dever, do qual deve prestar contas, de administrar, gerir ou dispor dos bens, de acordo com os termos do trust e com os deveres específicos que lhe são impostos por lei; (iv) os credores pessoais do *trustee* não podem excutir os bens em *trust*; (v) os bens em trust não serão arrecadados na hipótese da insolvência ou falência do *trustee*; e (vi) os bens em *trust* não integram o patrimônio da sociedade conjugal nem o espólio do *trustee*" (OLIVA, Milena Donato. Trust, 2018, p. 367-368).

Esclareça-se, na linha das lições da mesma doutrinadora, que o *trustee* é quem recebe a titularidade das situações jurídicas conferidas em *trust*, sendo proprietário desses direitos e responsável pela sua administração. Existem, ainda, duas figuras envolvidas, sendo a primeira delas o seu instituidor, que é o *settlor*. A segunda é o *cestui que trust*, que é o beneficiário da instituição, sendo o destinatário de todos os benefícios econômicos que derivam do *trust*. Como conclui a jurista por último citada, o *trust* não é equiparável a qualquer instituto jurídico do ordenamento jurídico brasileiro.

A compreensão da estrutura descrita já demonstra uma série de problemas que podem surgir na realidade jurídica brasileira, notadamente diante da existência de autonomia entre o patrimônio em *trust* e os bens pessoais do *trustee*, sendo necessária a alteração legislativa para sua inclusão no sistema brasileiro

Em uma realidade social na qual prosperam mecanismos jurídicos utilizados com intuito de fraude e a busca de *sofisticados* meios de blindagem patrimonial, criados para que os interessados se furtem de dívidas antes constituídas, a instituição do *trust* não pode nem deve resistir perante as alegações de simulação, fraude contra credores, fraude à execução, ou mesmo diante da possibilidade de aplicação do instituto da desconsideração da personalidade jurídica, em qualquer uma de suas modalidades.

Eventualmente, caso haja lesão aos bens que compõem a quota dos herdeiros necessários, pode-se falar, ainda, em fraude à legítima, presente a nulidade absoluta da sua instituição por lesão a preceitos de ordem pública, havendo o objetivo de fraude à lei imperativa (art. 166, inc. VI, do CC).

Ademais, parece-me que muitas vezes a instituição do *trust* como mecanismo de planejamento sucessório tem como objetivo a gestão e a divisão futura de bens de uma pessoa ainda viva, entrando em conflito com o teor do antes citado art. 426 do Código Civil, em sua redação atual. Haveria, assim, problema similar ao que ocorre com a *holding* familiar e que ora descrevi.

Na verdade, para uma maior possibilidade jurídica de efetivação do planejamento sucessório, é necessário alterar a legislação brasileira, mitigando-se a regra relativa às vedações dos pactos sucessórios prevista na codificação privada, como está sendo proposto pelo Projeto de Reforma do Código Civil. Esse é o melhor caminho para que o planejamento sucessório seja concretizado na realidade jurídica brasileira, prestigiando-se a autonomia privada e a possibilidade de as famílias buscarem as melhores estratégias para a divisão futura de seus bens.

Para encerrar o tema, no que diz respeito ao *trust*, como exposto no capítulo anterior desta obra, há a intenção de regulamentá-lo, pelo menos indiretamente, com as alterações das regras do fideicomisso, pelo Projeto de Reforma elaborado pela Comissão de Juristas. Como reconheceram os próprios membros da Subcomissão de Direito das Sucessões, "o novo fideicomisso, ora proposto, guarda alguma semelhança com o *trust* anglo saxão, no sentido de operação socioeconômica voltada ao planejamento sucessório, mas sem a pretensão de simplesmente internalizar um instituto do direito alienígena".

Além da possibilidade inédita do fideicomisso entre vivos, no art. 426-A, vale lembrar a sua nova e proposta conceituação no renovado art. 1.952 da Lei Privada, e próxima ao *trust*, segundo o qual o fideicomisso consiste em negócio jurídico por meio do qual o testador, na qualidade de instituidor, ou fideicomitente, transfere, fiduciariamente, bens ou direitos, sob condição resolutiva, a um ou mais fiduciários, que assumirão os deveres de gestão, conservação e ampliação desses bens, nos termos previstos no ato de instituição e com o propósito específico de transmiti-los, sob condição ou termo, a um ou mais beneficiários finais que se qualificam como fideicomissários. Merece ainda ser lembrada a previsão do novo art. 1.952-C, pelo qual os bens e direitos objeto do fideicomisso serão administrados ou conservados pelo fiduciário, o que visa à proteção dos bens dispostos.

Termino a obra lembrando que a Subcomissão de Direito das Coisas também inseriu proposição para que o art. 1.361 da Lei Civil trate da categoria, de forma implícita, passando a prever que "considera-se fiduciária a propriedade transmitida com a finalidade de garantia ou de cumprimento de determinada função". Segundo justificaram os juristas que participaram da Subcomissão de Direito das Coisas – Marco Aurélio Bezerra de Melo, Marcelo Milagres, Maria Cristina Santiago e Carlos Fernandes Vieira Filho –, o objetivo é que a codificação privada passe a regular a "propriedade fiduciária em sentido amplo, não apenas de garantia, tratando-se de regra geral que será esmiuçada nos artigos seguintes, trazendo para o ordenamento jurídico a propriedade fiduciária para fins de gestão ou administração (*trust* ou fidúcia), tema muito importante nos negócios jurídicos de investimento como, por exemplo, nos fundos de investimento imobiliário".

Vencidas as minhas resistências doutrinárias iniciais, prevalecendo as propostas pelo *espírito democrático* que orientou a Comissão de Juristas nomeada no âmbito do Senado Federal, aguardemos qual será o posicionamento do Parlamento Brasileiro a respeito dessas arrojadas propostas de alteração do nosso Código Civil, valorizando a autonomia privada e o planejamento sucessório, em uma verdadeira *Contratualização do Direito das Sucessões*.

4.11 RESUMO ESQUEMÁTICO

Esquema 1 – Modalidades de Inventário

Inventário
Judicial
Rito ou Procedimento Tradicional
– procedimento comum
Rito ou Procedimento Sumário
– herdeiros capazes
– acordo
Arrolamento Comum
– bens com valor igual ou inferior a 1.000 salários mínimos
Extrajudicial
CPC 2015 e Res. 35 CNJ

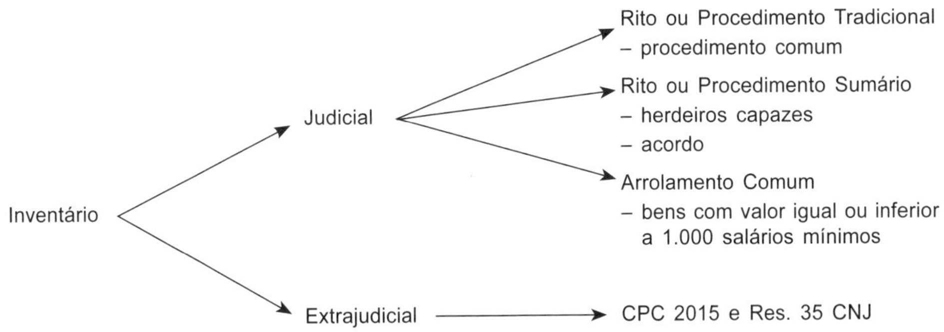

Esquema 2 – Inventário Judicial – Rito ou Procedimento Tradicional CC/2002 e CPC/2015

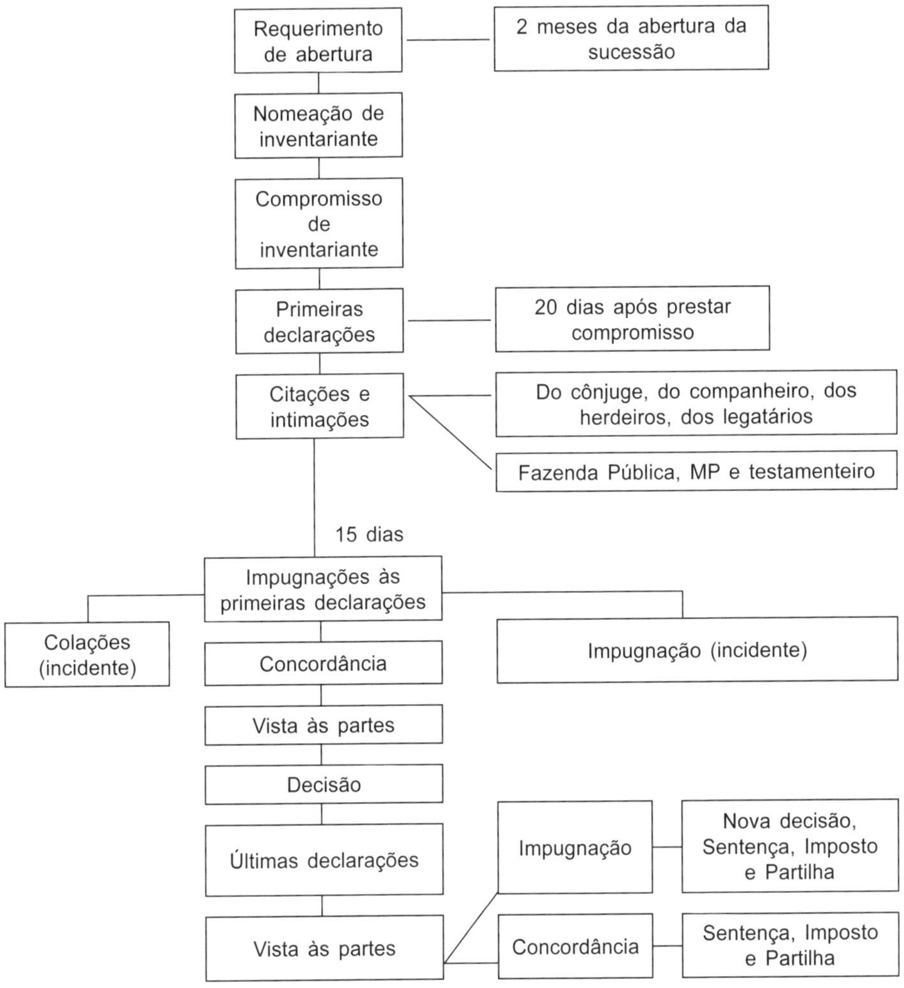

Requerimento de abertura
2 meses da abertura da sucessão
Nomeação de inventariante
Compromisso de inventariante
Primeiras declarações
20 dias após prestar compromisso
Citações e intimações
Do cônjuge, do companheiro, dos herdeiros, dos legatários
Fazenda Pública, MP e testamenteiro
15 dias
Impugnações às primeiras declarações
Colações (incidente)
Concordância
Impugnação (incidente)
Vista às partes
Decisão
Últimas declarações
Impugnação
Nova decisão, Sentença, Imposto e Partilha
Vista às partes
Concordância
Sentença, Imposto e Partilha

4.12 QUESTÕES CORRELATAS

01. (Sefaz-PI – FCC – Auditor Fiscal da Fazenda Estadual – 2015) Feita a partilha, os herdeiros respondem pelas dívidas do falecido

(A) em partes iguais, ainda que tenha sido desproporcional a divisão da herança.

(B) solidariamente, porém somente até os limites da herança.

(C) solidariamente, porém somente se houver prova documental da obrigação.

(D) proporcionalmente à parte que lhes coube na herança.

(E) solidariamente, ainda que superem o valor da herança.

02. (Assembleia Legislativa-GO – CS-UFG – Procurador – 2015) O livro V do Código Civil de 2002 trata da normatização jurídica da transmissão do patrimônio em decorrência da morte, fato que se justifica em aspectos religiosos, políticos, familiares e psicológicos. No atinente ao Direito das Sucessões, disciplina o Código Civil que

(A) o companheiro não pode ser escolhido e nomeado inventariante em processo de inventário, por expressa vedação legal.

(B) a administração da herança será exercida pelo inventariante desde a morte do *de cujus* até a homologação da partilha.

(C) a partilha será sempre judicial, se os herdeiros divergirem, assim como se algum deles for incapaz.

(D) a pretensão de anular a partilha prescreve em 3 (três) anos.

03. (TJ-MG – Consulplan – Outorga de Delegações de Notas e de Registro do Estado de Minas Gerais – Provimento – 2016) Dentre as alternativas abaixo, relativamente ao pagamento das dívidas deixadas pelo falecido, autor da herança, apenas uma é INCORRETA. Assinale-a:

(A) Antes da partilha, poderão os credores do espólio requerer ao juízo do inventário o pagamento das dívidas vencidas e exigíveis; a petição, acompanhada de prova literal da dívida, será distribuída por dependência e autuada em apenso aos autos do processo de inventário.

(B) Os donatários serão chamados a pronunciar-se sobre a aprovação das dívidas, ainda que não haja possibilidade de resultar delas a redução das liberalidades, atendendo-se ao devido processo legal.

(C) Separados os bens, tantos quantos forem necessários para o pagamento dos credores habilitados, o juiz mandará aliená-los, observando-se as disposições legais relativas à expropriação.

(D) Concordando as partes com o pedido, o juiz, ao declarar habilitado o credor, mandará que se faça a separação de dinheiro ou, em sua falta, de bens suficientes para o pagamento.

04. (TJ-SP – Vunesp – Titular de Serviços de Notas e de Registros – Provimento – 2016) O montante que compõe a legítima dos herdeiros necessários, na doação e no testamento, será verificado no momento

(A) da abertura da sucessão.

(B) da liberalidade e da elaboração, respectivamente.

(C) da abertura da sucessão e da liberalidade, respectivamente.

(D) da liberalidade e da abertura da sucessão, respectivamente.

05. (TJ-SP – Vunesp – Juiz Substituto – 2017) Aberto o inventário dos bens deixados pelo falecimento de José, o automóvel, único bem a ser partilhado entre seus dois filhos, Pedro e Antônio, passa a ser reivindicado na totalidade por Pedro sob a alegação de que o veículo foi objeto de doação feita a ele verbalmente 1 (um) ano antes da morte do pai.

Considerando o processo de inventário, é correto afirmar que o veículo deve ser

(A) partilhado entre os dois herdeiros, ainda que tenha sido entregue ao donatário incontinenti à doação verbal.

(B) destinado a Pedro, ainda que não tenha saído da parte disponível do patrimônio do doador, uma vez que a doação, mesmo que verbal, não perde o caráter de liberalidade e torna obrigatório o prevalecimento da manifestação de vontade do falecido doador.

(C) levado à colação e partilhado entre os dois herdeiros, exceto se foi entregue ao donatário incontinenti à doação verbal.

(D) destinado a Pedro, considerando que a doação tem preferência sobre a herança e não a torna sujeita à colação.

06. (TJ-CE – Titular de Serviços de Notas e de Registros – Provimento – Ieses – 2018) Em relação a sonegação, responda:

I. Só se pode arguir de sonegação o inventariante depois de encerrada a descrição dos bens, com a declaração, por ele feita, de não existirem outros por inventariar e partir.

II. A pena de sonegadas independe de ação própria, podendo ser aplicada no inventário mediante requerimento fundamentado formulado pelos herdeiros.

III. Está sujeito à pena de sonegação o herdeiro que deixar de apresentar bens que deveria colacionar.

Assinale a correta:

(A) Apenas as assertivas I e III são verdadeiras.

(B) Apenas as assertivas I e II são verdadeiras.

(C) Apenas a assertiva II é verdadeira.

(D) Todas as assertivas são verdadeiras.

07. (Titular de Serviços de Notas e de Registros – Remoção – TJ-MG – Consulplan – 2018) Assinale a alternativa correta.

(A) A sentença que se proferir na ação de sonegados aproveita apenas aos herdeiros.

(B) A pena de sonegados só se pode requerer e impor em ação movida pelos herdeiros, exclusivamente.

(C) Desde a assinatura do compromisso até a homologação da partilha, a administração da herança será exercida pelo inventariante.

(D) Se não se restituírem os bens sonegados, por já não os ter o sonegador em seu poder, não pagará ele a importância dos valores que ocultou, nem perdas e danos.

08. (Promotor de Justiça Substituto – MPE-SP – 2019) Os descendentes que concorrerem à sucessão do ascendente comum são obrigados, para igualar as legítimas, a conferir o valor das doações que dele em vida receberam.

Esse conceito corresponde ao instituto da

(A) colação.

(B) sonegação.

(C) conferência.

(D) colmatação.

(E) substituição.

09. (Procurador Legislativo – Câmara de Boa Esperança – ES – IDCAP – 2019) Desde a assinatura do compromisso até a homologação da partilha, a administração da herança será exercida pelo inventariante. De acordo com o Código Civil, o herdeiro que sonegar bens da herança, não os descrevendo no inventário quando estejam em seu poder, ou, com o seu conhecimento, no de outrem, ou que os omitir na colação, a que os deva levar, ou que deixar de restituí-los, perderá o direito que sobre eles lhe cabia. Sobre os sonegados na herança, assinale a alternativa incorreta de acordo com o Código Civil:

(A) Se o sonegador for o próprio inventariante, remover-se-á, em se provando a sonegação, ou negando ele a existência dos bens, quando indicados.

(B) A pena de sonegados só se pode requerer e impor em ação movida pelos herdeiros ou pelos credores da herança.

(C) A sentença que se proferir na ação de sonegados, movida por qualquer dos herdeiros ou credores, não aproveita aos demais interessados.

(D) Só se pode arguir de sonegação o inventariante depois de encerrada a descrição dos bens, com a declaração, por ele feita, de não existirem outros por inventariar e partir, assim como arguir o herdeiro, depois de declarar-se no inventário que não os possui.

(E) Se não se restituírem os bens sonegados, por já não os ter o sonegador em seu poder, pagará ele a importância dos valores que ocultou, mais as perdas e danos.

10. (Agente Fiscal Tributário – Prefeitura de Campinas – SP – Vunesp – 2019) Assinale a alternativa correta sobre a colação.

(A) Aquele que renunciou a herança ou dela foi excluído é dispensado de conferir as doações recebidas, para o fim de repor o que exceder o disponível.

(B) Os gastos ordinários do ascendente com o descendente, enquanto menor, na sua educação, devem vir à colação.

(C) O valor de colação dos bens doados será aquele, certo ou estimativo, que lhes atribuir o ato de liberalidade.

(D) As doações remuneratórias de serviços feitos ao ascendente estão sujeitas à colação.

(E) É vedada a doação com dispensa de colação prevista pelo doador em testamento, ou no próprio título de liberalidade.

11. (Promotor de Justiça Substituto – MPE-SE – Cespe/Cebraspe – 2022) O herdeiro que não descrever no inventário bens do falecido que estejam em seu poder

(A) será considerado indigno.

(B) pagará multa a ser arbitrada pelo juiz.

(C) perderá a posse dos bens.

(D) perderá o direito que lhe cabia sobre os referidos bens.

(E) pagará multa no percentual legal aos demais herdeiros.

12. (Titular de Serviços de Notas e de Registros – TJMS – Instituto Consulplan – 2021) Assinale a alternativa INCORRETA em relação às escrituras de inventário e partilha.

(A) É inadmissível o inventário com partilha parcial, pois configura sonegação de bens no rol inventariado.

(B) Os documentos apresentados serão arquivados em pasta própria, devendo ser consignado no ato notarial lavrado em qual pasta ou caixa estes ficarão arquivados.

(C) O traslado da escritura pública deverá ser instruído com o documento comprobatório do recolhimento do ITCD, e com eventuais guias de recolhimentos de outros tributos, se houver.

(D) Não há restrição na aquisição, por sucessão legítima, de imóvel rural por estrangeiro e, portanto, desnecessária autorização do INCRA para lavratura de escritura pública de inventário e partilha, salvo quando o imóvel estiver situado em área considerada indispensável à segurança nacional, que depende do assentimento prévio da Secretaria-Geral do Conselho de Segurança Nacional.

13. (Titular de Serviços de Notas e Registros – TJGO – Vunesp – 2021) Assinale a alternativa correta, no tocante às escrituras de inventário e partilha.

(A) Não é possível a escolha do tabelião de notas, aplicando-se as regras de competência do Código de Processo Civil.

(B) É vedada a simultaneidade da via judicial e administrativa.

(C) O inventário negativo pode ser realizado somente na via judicial.

(D) A lavratura de escritura é compulsória, se preenchidos os requisitos para tanto, não sendo possível aos interessados optar pela via judicial.

14. (Juiz Substituto – TJES – FGV – 2023) Valentina, ao completar 27 anos, descobre que sua madrasta, Fátima, havia sonegado, quando do inventário de seu pai, que falecera antes mesmo de seu nascimento, bens que deveriam ser trazidos à colação.

Ajuíza, então, ação de sonegados, postulando a pena de perdimento desses bens ocultados.

Sobre o tema, é correto afirmar que:

(A) Valentina não tem legitimidade para o pleito, porque não era nascida quando do inventário nem quando da abertura da sucessão;

(B) a demanda está há muito prescrita, considerando o trânsito em julgado da sentença que homologou a partilha em 2004;

(C) Fátima, viúva, que, no inventário, só teve direito à meação, não está sujeita à pena de sonegados, mesmo que tenha realmente ocultado bens;

(D) a mera ocultação de bens traz ínsita a presunção de dolo, de modo que será necessária anterior interpelação ou alguma comprovação específica;

(E) somente se algum herdeiro trouxe à tona a matéria no curso do inventário terá cabimento a ação de sonegados, caso contrário, já precluiu a oportunidade de trazer os bens à colação.

15. (Titular de Serviços de Notas e de Registros – TJSC – Cespe/Cebraspe – 2023) De acordo com o disposto no CPC acerca do procedimento especial do inventário e partilha, terá preferência para figurar como inventariante, em relação a todos os demais, de acordo com a ordem legalmente estabelecida,

(A) o Ministério Público, caso haja herdeiro incapaz.

(B) o herdeiro com maior quinhão na herança.

(C) o inventariante judicial que aceite atuar como auxiliar da justiça pelo menor custo.

(D) o companheiro ou cônjuge supérstite que convivia com o falecido ao tempo do óbito.

(E) o testamenteiro, em todos os casos em que haja cumprimento de testamento.

16. (Promotor de Justiça Substituto – MPE-PA – Cespe/Cebraspe – 2023) A respeito da partilha dos bens deixados por pessoa falecida, assinale a opção correta.

(A) Por meio de instrumento público, o testador poderá proibir o herdeiro de requerer a partilha.

(B) É vedado ao testador indicar os bens e os valores que devem compor os quinhões hereditários.

(C) Sendo capazes os herdeiros, a partilha amigável pode ser efetuada por escrito particular.

(D) É nula a partilha feita por ascendente por ato de última vontade.

(E) Se os bens forem insuscetíveis de divisão cômoda, a alienação deverá ser realizada mediante autorização judicial.

17. (TJSP – Titular de Serviços de Notas e de Registros – Vunesp – 2024) A colação, segundo Maria Helena Diniz, é a "conferência dos bens da herança com outros transferidos pelo *de cujus*, em vida, aos seus descendentes, promovendo o retorno ao monte das liberalidades feitas pelo autor da herança antes de finar, para uma equitativa apuração das cotas hereditárias dos sucessores legitimários" (Diniz, Maria Helena. *Curso de direito civil brasileiro*. São Paulo: Saraiva, 1983. p. 277). Como os artigos 2.005 e 2.006 do Código Civil facultam ao doador a dispensa da colação, é possível afirmar que

(A) a colação das doações de bens que saiam da parte disponível não pode ser dispensada porque as liberalidades afetam diretamente o elemento igualdade da partilha da legítima, pois constituem seu adiantamento. A igualdade é o princípio fundamental.

(B) embora possam ser sujeitas à redução, se inoficiosas, as doações declaradas como saídas da metade disponível não se confundem com a legítima. A colação tem o escopo de igualar as legítimas, ao passo que a redução visa a conter as liberalidades praticadas nos limites da parte disponível.

(C) a colação das doações realizadas como adiantamento da legítima se equipara à circunstância que emerge do reconhecimento da inoficiosidade da doação.

(D) a recomposição da legítima, pelo reconhecimento de hipotética inoficiosidade, transforma em adiantamento os bens restituídos à legítima, sem tornar ineficaz a doação realizada.

18. (1.º Exame Nacional da Magistratura – Enam – FGV – 2024) João ajuizou ação de inventário, sob a forma de arrolamento comum, referente aos bens deixados por seu pai, Jonas. Os herdeiros são maiores e capazes, à exceção de Pedro, irmão caçula de João, que possui

10 (dez) anos de idade. O Ministério Público não se opôs ao processamento do inventário pelo rito do arrolamento.

Apresentado o esboço de partilha, João mostrou o comprovante de recolhimento dos impostos referentes aos bens do espólio. Ato contínuo, o juiz julgou a partilha e determinou a expedição dos formais em favor dos herdeiros.

Sobre o caso acima, assinale a afirmativa correta.

(A) Ainda que o membro do Ministério Público tenha concordado com o processamento do inventário sob o rito do arrolamento comum, a presença de menor absolutamente incapaz torna impositiva a adoção do procedimento comum de inventário, havendo nulidade processual na hipótese.

(B) A Fazenda Pública não ficará adstrita ao valor dos bens do espólio atribuídos pelos herdeiros quando do lançamento administrativo do imposto de transmissão.

(C) O juiz não poderia julgar a partilha sem que João apresentasse prova da quitação do imposto de transmissão, não bastando a mera comprovação de que os bens do espólio estão com sua regularidade fiscal em dia.

(D) Por se tratar de inventário processado sob a forma de arrolamento comum, é certo dizer que o valor dos bens do espólio é igual ou inferior a 2.000 (dois mil) salários mínimos.

(E) O arrolamento comum ou sumaríssimo permite o exame das questões relativas ao lançamento, ao pagamento e à quitação de taxas judiciárias e de tributos incidentes sobre a transmissão da propriedade dos bens do espólio.

GABARITO

01 – D	02 – C	03 – B
04 – D	05 – A	06 – A
07 – C	08 – A	09 – C
10 – C	11 – D	12 – A
13 – B	14 – C	15 – D
16 – C	17 – B	18 – B

BIBLIOGRAFIA

ALEXY, Robert. *Teoria dos direitos fundamentais*. Tradução de Virgílio Afonso da Silva. São Paulo: Malheiros, 2008.

ALMEIDA, José Luiz Gavião de. *Código Civil comentado*. Coordenação de Álvaro Villaça Azevedo. São Paulo: Atlas, 2003. v. XVIII.

ALMEIDA, Renata Barbosa de; RODRIGUES JR., Walsir Edson. *Direito das famílias*. Rio de Janeiro: Lumen Juris, 2010.

ALVES, Jones Figueirêdo. *A extensão existencial por testamentos afetivos*. Disponível em: <www.flaviotartuce.adv.br>. Acesso em: 31 jul. 2017.

ALVES, Jones Figueirêdo. *Testamento genético*. Disponível em: <www.flaviotartuce.adv.br>. Acesso em: 9 mar. 2014.

ALVES, Jones Figueirêdo; DELGADO, Mário. *Código Civil anotado*. São Paulo: Método, 2005.

AMARAL, Francisco. *Direito civil*. Introdução. 5. ed. Rio de Janeiro: Renovar, 2003.

AMORIM, Sebastião. Heranças jacente e vacante no atual Código Civil. In: ALVES, Jones Figueirêdo; DELGADO, Mário Luiz. *Questões controvertidas no direito de família e das sucessões*. São Paulo: Método, 2005. v. 3.

AMORIM, Sebastião; OLIVEIRA, Euclides. *Inventários e partilhas*. 18. ed. São Paulo: Leud, 2004.

AMORIM, Sebastião; OLIVEIRA, Euclides. *Inventários e partilhas*. 20. ed. São Paulo: Leud, 2006.

AMORIM, Sebastião; OLIVEIRA, Euclides. *Inventários e partilhas*. 22. ed. São Paulo: Leud, 2009.

AMORIM, Sebastião; OLIVEIRA, Euclides. *Inventário e Partilha. Teoria e prática*. 24. ed. São Paulo: Saraiva, 2016.

ARAÚJO, Paulo Dorón Rehder. Testamento público e publicidade registral. Desmistificando uma crença normatizada. In: HIRONAKA, Giselda Maria Fernandes Novaes; TARTUCE, Flávio; SIMÃO José Fernando (Coord.). *Direito de família e das sucessões*. Temas atuais. São Paulo: GEN/Método, 2009. p. 543.

ASCENSÃO, José de Oliveira. *Direito civil*. Sucessões. 5. ed. Coimbra: Coimbra Editora, 2000.

ASCENSÃO, José de Oliveira. *Introdução à ciência do direito*. 3. ed. Rio de Janeiro: Renovar, 2005.

ASSUMPÇÃO NEVES, Daniel Amorim. *Novo CPC comentado*. Salvador: JusPodivm, 2016.

AZEVEDO, Álvaro Villaça. *Estatuto da Família de fato*. São Paulo: Atlas, 2002.

BARROS, Flávio Augusto Monteiro de. *Manual de direito civil*. Direito de família e das sucessões. São Paulo: Método, 2004. v. 4.

BARROS, Flávio Augusto Monteiro de. *Manual de direito civil. Lei de Introdução e Parte Geral*. São Paulo: Método, 2005. v. 1.

BARROS MONTEIRO, Washington de. *Curso de direito civil*. Direito das sucessões. 10. ed. São Paulo: Saraiva, 1974. v. 6.

BARROS MONTEIRO, Washington de; FRANÇA PINTO, Ana Cristina de Barros Monteiro. *Direito civil*: direito das sucessões. 37. ed. São Paulo: Saraiva, 2009. v. 6.

BEVILÁQUA, Clóvis. *Código Civil dos Estados Unidos do Brasil*. Edição histórica. 2.ª tiragem. Rio de Janeiro: Rio Editora, 1977.

BEVILÁQUA, Clóvis. *Direito das sucessões*. Edição histórica. Rio de Janeiro: Rio Editora, 1983.

BORGES, Roxana Cardoso Brasileiro. *Disponibilidade dos direitos de personalidade e autonomia privada*. São Paulo: Saraiva, 2005.BUNAZAR, Maurício. Pelas portas de Villela: um ensaio sobre a pluriparentalidade como realidade sociojurídica. *Revista IOB de Direito de Família*, n. 59, p. 63-73, abr.-maio 2010.

CAHALI, Francisco José. *Família e sucessões no Código Civil de 2002*. São Paulo: RT, 2005. v. 2.

CAHALI, Francisco José. *Direito das sucessões*. 3. ed. São Paulo: RT, 2007.

CAHALI, Francisco José; HIRONAKA, Giselda Maria Fernandes Novaes. *Direito das sucessões*. 3. ed. São Paulo: RT, 2007.

CAHALI, Francisco José; HIRONAKA, Giselda Maria Fernandes Novaes. *Direito das sucessões*. 4. ed. São Paulo: RT, 2012.

CALDERON, Ricardo Lucas. Primeiras impressões sobre o Provimento 83 do CNJ. Disponível em: <http://ibdfam.org.br>. Acesso em: 23 ago. 2019.

CALDERON, Ricardo Lucas. *Princípio da afetividade no direito de família*. Rio de Janeiro: Renovar, 2013.

CALDERON, Ricardo Lucas. *Princípio da afetividade no direito de família*. 2. ed. Rio de Janeiro: Forense, 2017.

CAMPOS, Diogo Leite de; CHINELLATO, Silmara Juny de Abreu. *Pessoa humana e direito*. Coimbra: Almedina, 2009.

CARVALHO, Dimas Messias; CARVALHO, Dimas Daniel. *Direito das sucessões*: inventário e partilha. 3. ed. Belo Horizonte: Del Rey, 2012. v. VIII.

CARVALHO, Luiz Paulo Vieira de. *Direito das sucessões*. São Paulo: Atlas, 2014.

CARVALHO NETO, Inácio. *A constitucional discriminação entre filhos germanos e unilaterais na sucessão dos colaterais*. Disponível em: <www.flaviotartuce.adv.br>. Acesso em: 5 jan. 2014.

CASSETTARI, Christiano. *Direito civil*: direito das sucessões. Orientação de Giselda Maria Fernandes Novaes Hironaka. Coordenação de Christiano Cassettari e Márcia Maria Menin. São Paulo: RT, 2008.

CASSETTARI, Christiano. *Multiparentalidade e parentalidade socioafetiva*. Efeitos jurídicos. São Paulo: Atlas, 2014.

CASTANHEIRA NEVES, A. Metodologia jurídica. Problemas fundamentais. *Stvdia Ivridica* 1, Boletim da Faculdade de Direito, Universidade de Coimbra. Coimbra: Coimbra Editora, 1993.

CHINELLATO, Silmara Juny. *Comentários ao Código Civil*. Coordenação de Antonio Junqueira de Azevedo. São Paulo: Saraiva, 2004. v. 18.

CRETELLA JÚNIOR, José. *Direito romano moderno:* introdução ao direito civil brasileiro. 4. ed. Rio de Janeiro: Forense, 1986.

DE PLÁCIDO E SILVA. *Vocabulário jurídico*. 3. ed. Rio de Janeiro: Forense, 1976. v. IV.

DELGADO, Mário Luiz. A união estável e os direitos sucessórios do convivente sobrevivente. In: LEITE, Eduardo de Oliveira (Coord.). *Grandes temas da atualidade*: união estável – aspectos polêmicos e controvertidos. Rio de Janeiro: Forense, 2009. v. 8, p. 265-286.

DELGADO, Mário Luiz. *Código Civil comentado*. Rio de Janeiro: Forense, 2019.

DELGADO, Mário Luiz. Controvérsias na sucessão do cônjuge e companheiro no novo Código Civil. *Revista Brasileira de Direito de Família*, Porto Alegre: Síntese/IBDFAM, n. 15, v. 4, 2002.

DELGADO, Mário Luiz; MARINHO JÚNIOR, Jânio Urbano. Fraudes no planejamento sucessório. In: TEIXEIRA, Daniele. (Coord.). Arquitetura do planejamento sucessório. Belo Horizonte: Fórum, 2018.

DIAS, Maria Berenice. *Manual das sucessões*. São Paulo: RT, 2008.

DIAS, Maria Berenice. *Manual das sucessões*. 2. ed. São Paulo: RT, 2011.

DIAS, Maria Berenice. *Ponto e vírgula*. Disponível em: <www.mariaberenice.com.br>. Acesso em: 30 dez. 2013.

DIAS, Maria Berenice. *Ponto final*. Disponível em: <http://www.mariaberenice.com.br/uploads/2_-_ponto_final.pdf>.

DIAS, Maria Berenice. *O inc. I do art. 1.829 do CC*: algumas interrogações. Disponível em: <http://www.flaviotartuce.adv.br/index2.php?sec=artigosc&totalPage=6>.

DINIZ, Maria Helena. *Código Civil anotado*. 15. ed. São Paulo: Saraiva, 2010.

DINIZ, Maria Helena. *Comentários ao Código Civil*. Coordenação de Antonio Junqueira de Azevedo. São Paulo: Saraiva, 2003. v. 22.

DINIZ, Maria Helena. *Curso de direito civil brasileiro*: direito das coisas. 22. ed. rev. e atual. São Paulo: Saraiva, 2007. v. 4.

DINIZ, Maria Helena. *Curso de direito civil brasileiro: direito de família*. 17. ed. São Paulo: Saraiva, 2002. v. 5.

DINIZ, Maria Helena. *Curso de direito civil brasileiro*. São Paulo: Saraiva, 2005. v. 6.

DINIZ, Maria Helena. *Curso de direito civil brasileiro*. 21. ed. São Paulo: Saraiva, 2007. v. 6.

DINIZ, Maria Helena. *Curso de direito civil brasileiro*. 27. ed. São Paulo: Saraiva, 2013. v. 6.

DINIZ, Maria Helena. *O estado atual do biodireito*. São Paulo: Saraiva, 2003.

FACHIN, Luiz Edson. *Estatuto jurídico do patrimônio mínimo*. Rio de Janeiro: Renovar, 2001.

FARIA, Mário Roberto Carvalho de. Novas "Formas" de Testamento. *Revista IBDFAM*, edição 10, abr. 2014.

FARIAS, Cristiano Chaves; ROSENVALD, Nelson. *Curso de direito civil*. Direito das sucessões. São Paulo: Atlas, 2015. v. 7.

FERREIRA, Pinto. *Tratado das heranças e dos testamentos*. São Paulo: Saraiva, 1990.

GAGLIANO, Pablo Stolze; PAMPLONHA FILHO, Rodolfo. *Novo curso de direito civil:* direito de família. São Paulo: Saraiva, 2011. v. VI.

GAGLIANO, Pablo Stolze; PAMPLONHA FILHO, Rodolfo. *Novo curso de direito civil*. São Paulo: Saraiva, 2014. v. 7. Direito das Sucessões.

GAGLIANO, Pablo Stolze; PAMPLONHA FILHO, Rodolfo. *Novo curso de direito civil*. 3. ed. São Paulo: Saraiva, 2016. v. 7. Direito das sucessões.

GAVIÃO DE ALMEIDA, José Luiz. *Código Civil comentado*. Coordenação de Álvaro Villaça Azevedo. São Paulo: Atlas, 2003. v. XVIII.

GOMES, Orlando. *Direitos reais*. Atualização de Luiz Edson Fachin. 19. ed. Rio de Janeiro: Forense, 2004.

GOMES, Orlando. *Sucessões*. Atualização de Humberto Theodoro Jr. 11. ed. Rio de Janeiro: Forense, 2001.

GONÇALVES, Carlos Roberto. *Direito civil brasileiro*. Direito das sucessões. 4. ed. São Paulo: Saraiva, 2010. v. 7.

GONÇALVES, Carlos Roberto. *Direito civil brasileiro*. Contratos e atos unilaterais. 3. ed. São Paulo: Saraiva, 2007. v. III.

GONÇALVES, Carlos Roberto. *Direito civil brasileiro*. Direito das sucessões. 8. ed. São Paulo: Saraiva, 2014. v. 7.

GROENINGA, Giselle Câmara. Direito de família. In: HIRONAKA, Giselda M. F. Novaes (Orientação); BARBOSA, Aguida Arruda; VIEIRA, Cláudia Stein (Coord.). *Direito civil*. São Paulo: RT, 2008. v. 7, p. 28.

HIRONAKA, Giselda Maria Fernandes Novaes. Antecipação da legítima e colação no sistema brasileiro: estado da arte, depois de 2015. In: PEREIRA, Rodrigo da Cunha; DIAS, Maria Berenice (Coord.). *Família e sucessões*. Polêmicas, tendência e inovações. Belo Horizonte: IBDFAM, 2018.

HIRONAKA, Giselda Maria Fernandes Novaes. *Boletim Informativo do IBDFAM*, n. 33, p. 9, jun./jul. 2017.

HIRONAKA, Giselda Maria Fernandes Novaes. *Comentários ao Código Civil*. Coordenação de Antonio Junqueira de Azevedo. São Paulo: Saraiva, 2003. v. 20.

HIRONAKA, Giselda Maria Fernandes Novaes. *Comentários ao Código Civil*. Coordenação de Antonio Junqueira de Azevedo. 2. ed. São Paulo: Saraiva, 2007. v. 20.

HIRONAKA, Giselda Maria Fernandes Novaes. *Concorrência do companheiro e do cônjuge, na sucessão dos descendentes*. Disponível em: <www.flaviotartuce.adv.br>. Acesso em: 20 dez. 2013.

HIRONAKA, Giselda Maria Fernandes Novaes. Direito das sucessões: introdução. In: HIRONAKA, Giselda Maria Fernandes Novaes; PEREIRA, Rodrigo da Cunha (Coord.). *Direito das sucessões*. 2. ed. Belo Horizonte: Del Rey, 2007.

HIRONAKA, Giselda Maria Fernandes Novaes. Famílias paralelas. *Revista Magister de Direito Civil e Direito Processual Civil*, Porto Alegre: Magister, edição eletrônica para assinantes, n. 50, set.-out. 2012.

HIRONAKA, Giselda Maria Fernandes Novaes. *Morrer e suceder*. Passado e presente da transmissão sucessória concorrente. São Paulo: RT, 2011.

ITABAIANA DE OLIVEIRA, Arthur Vasco. *Tratado de direito das sucessões*. São Paulo: Max Limonad, 1952. v. I.

ITABAIANA DE OLIVEIRA, Arthur Vasco. *Tratado de direito das sucessões*. São Paulo: Max Limonad, 1952. v. II.

ITABAIANA DE OLIVEIRA, Arthur Vasco. *Tratado de direito das sucessões*. São Paulo: Max Limonad, 1952. v. III.

LEITE, Eduardo de Oliveira. *A nova ordem de vocação hereditária e a sucessão dos cônjuges*. In: ALVES, Jones Figueirêdo; DELGADO, Mário Luiz. *Questões controvertidas*. São Paulo: Método, 2003. v. 1, p. 459.

LEITE, Eduardo de Oliveira. *Comentários ao Novo Código Civil*. Coordenação de Sálvio de Figueiredo Teixeira. 3. ed. Rio de Janeiro: Forense, 2003. v. XXI.

LEITE, Eduardo de Oliveira. *Direito civil aplicado*: direito de família. São Paulo: RT, 2005. v. 5.

LIMA, Frederico Henrique Viegas de. *Condomínio em edificações*. São Paulo: Saraiva, 2010.

LIMONGI FRANÇA, Rubens. *Direito intertemporal brasileiro*. 2. ed. São Paulo: RT, 1968.

LIMONGI FRANÇA, Rubens. *Enciclopédia Saraiva de Direito*. São Paulo: Saraiva, 1977. v. 73.

LIMONGI FRANÇA, Rubens. *Instituições de direito civil*. 5. ed. São Paulo: Saraiva, 1999.

LÔBO, Paulo. *Direito civil*. Sucessões. São Paulo: Saraiva, 2013.

LÔBO, Paulo. *Famílias*. São Paulo: Saraiva, 2008.

MADALENO, Rolf. *Concorrência sucessória e o trânsito processual*. Disponível em: <http://www.rolfmadaleno.com.br/rs/index2.php?option=com_content&do_pdf=1&id=42>. Acesso em: 28 set. 2010.

MADALENO, Rolf. *Curso de direito de família*. 4. ed. Rio de Janeiro: Forense, 2011.

MADALENO, Rolf. Renúncia de herança em pacto antenupcial. *Revista de Direito das Famílias e Sucessões*, Belo Horizonte, IBDFAM, n. 27, p. 9-57, 2018.

MALUF, Carlos Alberto Dabus. *A sucessão do cônjuge sobrevivente casado pelo regime da separação convencional de bens*. Disponível em: <http://www.direitofamilia.net/? pagina =detalhaartigo&idartigo=64>. Acesso em: 5 jun. 2008.

MALUF, Carlos Alberto Dabus. *Cláusulas de inalienabilidade, incomunicabilidade e impenhorabilidade*. 4. ed. São Paulo: RT, 2006.

MALUF, Carlos Alberto Dabus; MALUF, Adriana Caldas Dabus. *Curso de direito das sucessões*. São Paulo: Saraiva, 2013.

MAXIMILIANO, Carlos. *Direito das Sucessões*. Rio de Janeiro: Freitas Bastos, 1952. v. 3.

MAXIMILIANO, Carlos. *Direito das Sucessões*. 2. ed. Rio de Janeiro: Freitas Bastos, 1943. v. 2.

MAXIMILIANO, Carlos. *Direito das Sucessões*. 3. ed. Rio de Janeiro: Freitas Bastos, 1952. v. 1.

MAXIMILIANO, Carlos. *Direito intertemporal ou teoria da retroatividade das leis*. Rio de Janeiro: Freitas Bastos, 1946.

MAZZEI, Rodrigo Reis; FREIRE, Deborah Azevedo. A instauração do inventário *causa mortis*. Breves (mas não óbvias) anotações a partir do regime jurídico emergencial e transitório das relações jurídicas de Direito Privado (RJET) no período da pandemia do coronavírus (Covid-19). *Revista Nacional de Direito de Família e das Sucessões*, Porto Alegre, n. 35, p. 23, mar./abr. 2020.

MELO, Marco Aurélio Bezerra de. *Código Civil comentado*. Rio de Janeiro: Forense, 2019.

MÔNACO, Gustavo F. de Campos. *Código Civil interpretado*. Organização de Costa Machado. Coordenação de Silmara Juny Chinellato. 4. ed. São Paulo: Manole, 2011.

MONTEIRO DE BARROS, Flávio Augusto. *Manual de direito civil*. Família e sucessões. São Paulo: Método, 2004. v. 4.

NERY JR., Nelson; NERY, Rosa Maria de Andrade. *Código Civil comentado*. 2. ed. São Paulo: RT, 2005.

NERY JR., Nelson; NERY, Rosa Maria de Andrade. *Código de Processo Civil comentado e legislação extravagante*. 9. ed. São Paulo: RT, 2006.

NERY JR., Nelson; NERY, Rosa Maria de Andrade. *Comentários ao Código de Processo Civil*. São Paulo: RT, 2015.

NERY JR., Nelson; NERY, Rosa Maria de Andrade. *Novo Código Civil anotado*. São Paulo: RT, 2003.

NEVARES, Ana Luiza Maia. *A função promocional do testamento*. Rio de Janeiro: Renovar, 2009.

NICOLAU, Gustavo Rene. *Direito civil*: sucessões. São Paulo: Atlas, 2005.

NICOLAU, Gustavo Rene. *Direito civil*: sucessões. 4. ed. São Paulo: Atlas, 2011.

NONATO, Orosimbo. *Estudos sobre sucessão testamentária*. Rio de Janeiro: Forense, 1957. v. I.

NONATO, Orosimbo. *Estudos sobre sucessão testamentária*. Rio de Janeiro: Forense, 1957. v. III.

NORONHA, Fernando. Direito intertemporal. *Cadernos de Direito Civil distribuídos aos alunos da Universidade Federal de Santa Catarina*, p. 1, 2004.

OLIVA, Milena Donato. Trust. In: TEIXEIRA, Daniele Chaves (Coord.). Arquitetura do planejamento sucessório. Belo Horizonte: Fórum, 2018.

OLIVEIRA, Euclides Benedito de. *Direito de herança*. A nova ordem de sucessão. São Paulo: Saraiva, 2005.

OLIVEIRA, Euclides Benedito de. *União estável*. São Paulo: Método, 2003.

OTERO, Marcelo Truzzi. *Justa causa testamentária*. Inalienabilidade, impenhorabilidade e incomunicabilidade sobre a legítima do herdeiro necessário. Porto Alegre: Livraria do Advogado, 2012.

PEREIRA, Caio Mário da Silva. *Instituições de direito civil*. Direito das sucessões. Atualização de Carlos Roberto Barbosa Moreira. 19. ed. Rio de Janeiro: Forense, 2012. v. VI.

PEREIRA, Rodrigo da Cunha. *Concubinato e união estável*. 7. ed. Belo Horizonte: Del Rey, 2004.

PESSINI, Leo. Questões éticas-chave no debate hodierno sobre a distanásia.In*:* GARRAFA, Volnei; Pessini, Leo (Org.). *Bioética:* poder e injustiça. São Paulo: Sociedade Brasileira de Bioética, 2003.

PONTES DE MIRANDA, Francisco Cavalcanti. *Tratado de direito privado*. Rio de Janeiro: Borsoi, 1972. t. III.

PONTES DE MIRANDA, Francisco Cavalcanti. *Tratado de direito privado*. Rio de Janeiro: Borsoi, 1972. t. IV.

PONTES DE MIRANDA, Francisco Cavalcanti. *Tratado de direito privado*. Rio de Janeiro: Borsoi, 1972. t. V.

PONTES DE MIRANDA, Francisco Cavalcanti. *Tratado de direito privado*. Rio de Janeiro: Borsoi, 1972. t. LVI.

PONTES DE MIRANDA, Francisco Cavalcanti. *Tratado de direito privado*. 3. ed. Rio de Janeiro: Borsoi, 1973. t. LVIII.

PÓVOAS, Maurício Cavallazzi. *Multiparentalidade*. A possibilidade de múltipla filiação registral e seus efeitos. Florianópolis: Conceito Editorial, 2012.

REALE, Miguel. *História do novo Código Civil*. São Paulo: RT, 2005.

REALE, Miguel. *Teoria tridimensional do direito*. Situação atual. 5. ed. 6. tir. São Paulo: Saraiva, 2003.

RIBEIRO, Diaulas Costa. Um novo testamento: Testamentos vitais e diretivas antecipadas. In: PEREIRA, Rodrigo da Cunha (Org.). *Anais do V Congresso Brasileiro de Direito de Família*, Belo Horizonte, 2006.

RIZZARDO, Arnaldo. *Direito de família*. 2. ed. Rio de Janeiro: Forense, 2004.

RODRIGUES, Sílvio. *Direito civil*: direito das sucessões. 11. ed. São Paulo: Saraiva, 1983. v. 7.

RODRIGUES, Sílvio. *Direito civil*: direito das sucessões. 25. ed. atual. São Paulo: Saraiva, 2002. v. 7.

RODRIGUES, Sílvio. *Direito civil*: direito das sucessões. Atualizada por Zeno Veloso. 26. ed. 3.ª tiragem. São Paulo: Saraiva, 2007. v. 7.

RODRIGUES JÚNIOR, Walsir Edson. *Código das Famílias comentado*. Coordenação de Leonardo Barreto Moreira Alves. 2. ed. Belo Horizonte: Del Rey/IBDFAM, 2011.

SCHREIBER, Anderson. *STF, Repercussão Geral 622*: multiparentalidade e seus efeitos. Disponível em: <http://flaviotartuce.jusbrasil.com.br/artigos>. Acesso em: 3 out. 2016.

SCHREIBER, Anderson. *Código Civil comentado*. Rio de Janeiro: Forense, 2019.

SICHES, Recaséns. *Nueva filosofía de la interpretación del derecho*. Ciudad de México: Porrúa, 1973.

SIMÃO, José Fernando. *A concorrência dos pais e ou das mães com o cônjuge sobrevivente.* Disponível em:<www.flaviotartuce.adv.br>. Acesso em: 17 out. 2018.

SIMÃO, José Fernando. *Código Civil comentado.* Doutrina e jurisprudência. Rio de Janeiro: Forense, 2019.

SIMÃO, José Fernando. Comentários ao que sobrou da Lei n. 14.010/2020, que cria um sistema emergencial de Direito Privado em Tempos de pandemia. Inédito.

SIMÃO, José Fernando. Efeitos patrimoniais da união estável. In: SIMÃO, José Fernando; CHINELLATO, Silmara Juny de Abreu; FUJITA, Jorge; ZUCCHI, Maria Cristina (Coord.). *Direito de família no novo milênio*: estudos em homenagem ao Professor Álvaro Villaça Azevedo. São Paulo: Atlas, 2010.

SIMÃO, José Fernando. *Poligamia, casamento homoafetivo, escritura pública e dano social*: uma reflexão necessária. Disponível em: <www.cartaforense.com.br>. Acesso em: 5 jan. 2014.

SIMÃO, José Fernando. Repensando a noção de pacto sucessório: de lege ferenda. Disponível em: <www.cartaforense.com.br>. Acesso em: 25 out. 2018.

SIMÃO, José Fernando. Separação convencional, separação legal e separação obrigatória: reflexões a respeito da concorrência sucessória e o alcance do artigo 1.829, I, do CC – Recurso Especial n. 992.749/MS. *Revista Brasileira de Direito das Famílias e Sucessões*, Porto Alegre: Magister, ano 12, n. 15, p. 5-19, abr.-maio 2010.

TARTUCE, Fernanda. Gratuidade em divórcio e inventário extrajudiciais. In: REGIS, Mário Luiz Delgado; COLTRO, Antonio Carlos Mathias (Org.). *Separação, divórcio, partilhas e inventários extrajudiciais*. 2. ed. Rio de Janeiro: Forense, 2010. v. 1.

TARTUCE, Fernanda; MAZZEI, Rodrigo Reis. Inventário e partilha no projeto de Novo CPC: pontos de destaque na relação entre os direitos material e processual. *Revista Nacional de Direito de Família e Sucessões*, Porto Alegre: Lex Magister, n. 1, p. 92-94, jul.-ago. 2014.

TARTUCE, Flávio. Dação em pagamento. Simulação. *Revista de Direito Privado,* São Paulo: RT, n. 56, out.-dez. 2013.

TARTUCE, Flávio. *Direito civil.* Lei de introdução e parte geral. 21. ed. Rio de Janeiro: Forense, 2025. v. 1.

TARTUCE, Flávio. *Direito civil.* Direito das obrigações e responsabilidade civil. 20. ed. Rio de Janeiro: Forense, 2025. v. 2.

TARTUCE, Flávio. *Direito civil.* Teoria geral dos contratos. 20. ed. Rio de Janeiro: Forense, 2025. v. 3.

TARTUCE, Flávio. *Direito civil.* Direito das coisas. 17. ed. Rio de Janeiro: Forense, 2025. v. 4.

TARTUCE, Flávio. *Direito civil.* Direito de família. 20. ed. Rio de Janeiro: Forense, 2025. v. 5.

TARTUCE, Flávio *Manual de Direito Civil.* 15. ed. São Paulo; Método, 2025.

TARTUCE, Flávio. *Código Civil comentado.* 7. ed. Rio de Janeiro: Forense, 2025.

TARTUCE, Flávio; OLIVEIRA, Carlos Elias de. *Lei do Sistema Eletrônico de Registros Públicos.* Rio de Janeiro: Forense, 2023.

TARTUCE, Flávio; SALOMÃO, Luis Felipe. *Direito civil* – diálogos entre a doutrina e a jurisprudência. São Paulo: Atlas, 2018.

TARTUCE, Flávio; SIMÃO, José Fernando. *Direito civil.* Direito das sucessões. 3. ed. São Paulo: Método, 2010. v. 6.

TARTUCE, Flávio; SIMÃO, José Fernando. *Direito civil.* Direito das sucessões. 6. ed. São Paulo: Método, 2013. v. 6.

TEIXEIRA, Ana Carolina Brochado; RODRIGUES, Renata de Lima. Multiparentalidade como efeito da socioafetividade nas famílias recompostas. *O direito das famílias entre a norma e a realidade.* São Paulo: Atlas, 2010. p. 190-218.

TEIXEIRA, Daniele. Noções prévias do direito das sucessões. Sociedade, funcionalização e planejamento sucessório. In: TEIXEIRA, Daniele (Coord.). Arquitetura do planejamento sucessório. Belo Horizonte: Fórum, 2018.

TELLES, Galvão. *Direito das sucessões.* Noções e fundamentos. 6. ed. Reimpressão. Coimbra: Coimbra Editora, 1996.

TEPEDINO, Gustavo. A disciplina da colação no Código Civil: proposta para um diálogo com o Código de Processo Civil. In: PEREIRA, Rodrigo da Cunha; DIAS, Maria Berenice (Coord.). *Família e sucessões.* Polêmicas, tendência e inovações. Belo Horizonte: IBDFAM, 2018.

TEPEDINO, Gustavo; BARBOZA, Heloísa Helena; MORAES, Maria Celina Bodin de. *Código Civil interpretado.* Rio de Janeiro: Renovar, 2014. v. IV.

TOSCANO DE BRITO, Rodrigo. Planejamento sucessório por meio de holdings: limites e suas principais funções. Família e sucessões: polêmicas, tendências e inovações. Belo Horizonte: IBDFAM, 2018.

VELOSO, Zeno. *Código Civil comentado.* Coord. Ricardo Fiuza e Regina Beatriz Tavares da Silva. 6. ed. São Paulo: Saraiva, 2008.

VELOSO, Zeno. *Código Civil comentado.* Coordenação de Ricardo Fiuza e Regina Beatriz Tavares da Silva. 8. ed. São Paulo: Saraiva, 2012.

VELOSO, Zeno. *Código Civil comentado.* 10. ed. São Paulo: Saraiva, 2016.

VELOSO, Zeno. *Comentários ao Código Civil.* São Paulo: Saraiva, 2003. v. 21.

VELOSO, Zeno. *Controle jurisdicional de constitucionalidade.* 3. ed. Belo Horizonte: Del Rey, 2003.

VELOSO, Zeno. *Direito hereditário do cônjuge e do companheiro.* São Paulo: Saraiva, 2010.

VELOSO, Zeno. *Novo Código Civil comentado.* Coord. Ricardo Fiuza. São Paulo: Saraiva, 2006.

VELOSO, Zeno. *Substituição quase pupilar – deve ser introduzida no Direito brasileiro.* Artigos de convidados. Disponível em: <www.flavitartuce.adv.br>. Acesso em: 1º out. 2018.

VENOSA, Sílvio de Salvo. *Código Civil interpretado.* São Paulo: Atlas, 2010.

VENOSA, Sílvio de Salvo. *Código Civil interpretado.* 2. ed. São Paulo: Atlas, 2011.

VENOSA, Sílvio de Salvo. *Direito civil. Direito das sucessões.* 3. ed. atual. São Paulo: Atlas, 2003. v. 7.

VILLELA, João Baptista. Desbiologização da paternidade. Separata da *Revista da Faculdade de Direito da Universidade Federal de Minas Gerais.* Disponível em: <http://www.ibdfam.com.br/public/artigos.aspx?codigo=150>. Acesso em: 31 jul. 2007.